1,000,000 Books

are available to read at

Forgotten Books

www.ForgottenBooks.com

Read online
Download PDF
Purchase in print

ISBN 978-0-365-73420-8
PIBN 11055007

This book is a reproduction of an important historical work. Forgotten Books uses state-of-the-art technology to digitally reconstruct the work, preserving the original format whilst repairing imperfections present in the aged copy. In rare cases, an imperfection in the original, such as a blemish or missing page, may be replicated in our edition. We do, however, repair the vast majority of imperfections successfully; any imperfections that remain are intentionally left to preserve the state of such historical works.

Forgotten Books is a registered trademark of FB &c Ltd.
Copyright © 2018 FB &c Ltd.
FB &c Ltd, Dalton House, 60 Windsor Avenue, London, SW19 2RR.
Company number 08720141. Registered in England and Wales.

For support please visit www.forgottenbooks.com

1 MONTH OF FREE READING

at
www.ForgottenBooks.com

By purchasing this book you are eligible for one month membership to ForgottenBooks.com, giving you unlimited access to our entire collection of over 1,000,000 titles via our web site and mobile apps.

To claim your free month visit: www.forgottenbooks.com/free1055007

* Offer is valid for 45 days from date of purchase. Terms and conditions apply.

English
Français
Deutsche
Italiano
Español
Português

www.forgottenbooks.com

Mythology Photography **Fiction** Fishing Christianity **Art** Cooking Essays Buddhism Freemasonry Medicine **Biology** Music **Ancient Egypt** Evolution Carpentry Physics Dance Geology **Mathematics** Fitness Shakespeare **Folklore** Yoga Marketing **Confidence** Immortality Biographies Poetry **Psychology** Witchcraft Electronics Chemistry History **Law** Accounting **Philosophy** Anthropology Alchemy Drama Quantum Mechanics Atheism Sexual Health **Ancient History Entrepreneurship** Languages Sport Paleontology Needlework Islam **Metaphysics** Investment Archaeology Parenting Statistics Criminology **Motivational**

BIBLIOTHECA

RERUM GERMANICARUM

EDIDIT

PHILIPPUS JAFFÉ

TOMUS QUINTUS

MONUMENTA BAMBERGENSIA

BEROLINI
APUD WEIDMANNOS
MDCCCLXIX

MONUMENTA

BAMBERGENSIA

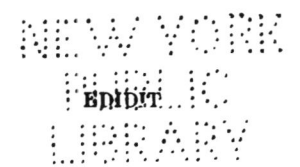

EDIDIT

PHILIPPUS JAFFÉ

BEROLINI
APUD WEIDMANNOS
MDCCCLXIX

ERNESTO DUEMMLER

NEW YORK
PUBLIC
LIBRARY

PROOEMIUM.

Quinti huius tomi monumenta ad Bambergam pertinent, praeclaram Franconiae urbem, ab Heinrico II imperatore provectam, ab Ottone Pomeranorum apostolo nobilitatam, quae et suavitate situs aedisque cathedralis splendore excellit et praecipue studiosos litterarum magnificis bibliothecae opibus convertere ad sese solet. Mihimet ipsi contigit, ut cum saepe alias, quotiescumque eo venissem, exquisitae illius codicum manuscriptorum copiae pervestigandae venia daretur, tum huius quoque voluminis parandi causa liberrimus in penetralia bibliothecae aditus pateret.

Sed licet indidem totius materiae hoc tomo complexae partem haud spernendam transtulerim, plurimum tamen ex aliis bibliothecis requiri necesse erat. Unde variis horum trium annorum susceptis itineribus minime frustra aggrediebar etiam bibliothecam et tabularium Monacense, bibliothecas Zwetlensem, Carlsruhensem, Argentinensem, Parisiensem, Londinenses, Lipsiensem. Multum etiam aliter adiutus sum a bibliothecariis, qui codices petenti perhumaniter miserunt; atque ita est quod gratias agam bibliothecis Caesareae Vindobonensi et universitatis Erlangensis, Ludovico Bethmann b. m. Guelferbytano, Carolo Halm Monacensi, Schiffmanno Stettinensi, M. Stengleinio Bambergensi, Iulio Zelenka Zwetlensi. Nec paulum praeterea liberalitatis auxiliique diversi in me contulerunt Ernestus Dümmler, Maximilianus Duncker tabulariis regiis praefectus, Mauritius Haupt, Fridericus Keinz, Richardus Kiepert, Franciscus de Loeher tabulario regio Monacensi praefectus, Gabriel Monod, Rudolfus Reuss, Chr. Fr. de Stälin. Porro Willelmi de Giesebrecht recordari convenit, cuius studia diuturna codici Udalrici tributa ad meum quoque fructum redundabant.

Indicem autem rerum memorabilium Maximilianus Lehmann confecit.

Berolini pridie Kalendas Maias 1869.

INDEX.

		pag.
I.	Udalrici Babenbergensis codex	1—469
II.	Epistolae Bambergenses cum aliis monumentis permixtae	470—536
III.	Ex Heimonis de decursu temporum libro	537—552
IV.	Annales S. Michaelis Babenbergenses	552—553
V.	Annales S. Petri Babenbergenses	553—554
VI.	Necrologium S. Petri Bambergense antiquius	555
VII.	Ex necrologio capituli S. Petri Bambergensis	555—560
VIII.	Necrologium S. Michaelis Bambergense antiquius	560—563
IX.	Ex necrologio S. Michaelis Bambergensi posteriore	563—579
X.	Ebonis yita Ottonis episcopi Bambergensis	580—692
XI.	Herbordi dialogus de Ottone episcopo Bambergensi	698—835
XII.	Ex miraculis Ottonis episcopi Bambergensis	836—841
	Initia epistolarum huius tomi	842—845
	Index rerum memorabilium, scripsit Maximilianus Lehmann	846—865

MONUMENTA BAMBERGENSIA

UDALRICI BABENBERGENSIS CODEX.

Udalricus, scholae Bambergensis alumnus[1], *saeculo duodecimo fuit; qui cum Gebehardi adolescentis comitis Hennebergensis, ab Heinrico V imperatore anno 1122 ecclesiae Herbipolensi praefecti episcopi*[2], *clientela uteretur*[3], *eidem domino suo*[4] *despondit inito anno 1125*[5] *eum, quem proposituri sumus, librum multo opere magnaque impensa*[6] *constitutum atque a Vito librario descriptum*[7]. *Hunc oppido probabile est eundem fuisse Udalricum, quem reperimus*[8] *presbyterum et monachum coenobii S. Michaelis Bambergensis, postquam fratribus „multos libros scripserit", die 3 Ianuarii a. 1147 de vita migravisse.*

Is igitur sane navus et industrius conservator antiquitatis concludit illo opere ad Gebehardum misso varia genera minorum monumentorum, ad recordandas res saeculis XI et XII gestas vim maximam afferentium. Inter haec autem non solum multitudine verum fructuosis rebus etiam plurimum praestant epistolae; quas undique mutuando et cum opusculis historicis, actis synodalibus, iuramentorum verbis, versibus coniungendo

1. V. infra 1 vers. 15: „Sis memor Ôdalrici Bavenbergensis alumpni".
2. V. Ekkehardi chron. (Mon. Germ. SS. VI 258) 1122: „adolescentem nomine Gebehardum". Eundem comitem Hennebergensem fuisse, intelligimus ex Popponis tabula ap. Lang Regesta T. I p. 199.   3. V. infra 1 vers. 5, 6: „digneris — clientis — tui munuscula sumere".   4. V. infra 1 v. 10: „Do tibi nunc, domine —".   5. V. infra 1 v. 18, 19.   6. ibid. v. 15, 16: „Qui collegit eum — haut minimo sane precio vilique labore".   7. V. ibid. v. 17.   8. in necrologio S. Michaelis Bambergensis: „3 Non. Ianuar. Ôdalricus presbyter et monachus nostrae congregationis 1147; hic multos libros scripsit nobis".

Jaffé, Bibliotheca V.

sicque interitui extortas prodendo posteris Udalricus in viris de historia nostra meritis illustrem locum obtinuit. Exilior minusque utilis est apparatus formularum atque tabularum multarum, quibus inserendis Udalricus, nihil omnino de historia curans, id unum assequebatur, ut scribendi similitudines discipuli haberent. Qua de causa in repetendis sive adeo decurtandis tabulis, summa rerum incuria usus, saepenumero et signa chronologica mutilavit et titulos ita neglexit, ut pro „*imperator augustus*" aliquoties „*rex*" poneret, et ipsa nomina modo prorsus omisit modo commutavit sive cum vulgari littera N. sive cum alia eaque plane falsa littera singulari. Sed haec vitia ideo modice ferenda sunt, quod vel plurimarum tabularum illarum aut omnino meliora exempla aut ipsa denique archetypa etiam hodie manent.

Ille vero codex Gebehardo episcopo dedicatus periit. Nec dubitandum est, quin aut ex eodem libro posterius adaucto iis monumentis, quae ad annorum 1125—1137 spatium pertinent, aut ex alio consimili eiusdem exemplo item perdito provenerint duo qui supersunt totius operis codices, quorum neutrum alteri servivisse liquet. Qui quidem hi sunt:

(V) Codex bibliothecae caesareae Vindobonensis 398 (ius can. 45) membranaceus, forma maxima, foliorum 150, quem unus librarius et intervallo quidem annorum 1154—1159 exaravit, sicut ex pontificum Romanorum catalogo manifestum est, eiusdem manu admixto[1]. Tenebatur saeculo XIII in Cisterciensi S. Crucis coenobio prope Vindobonam, ubi tres eiusdem saeculi manus inter se differentes in novissima codicis folia 149 v et 150 retulerunt nonnulla scripta ad idem coenobium spectantia; a quarum manuum prima est infra caput 280, ab altera cap. 282 et 283, a tertia cap. 281. Aliquanto post codicem in bibliothecam universitatis Vindobonensis devenisse, comperiri potest ex erasis folii 1 verbis his: „*Est universitatis bibliothecae*". Attamen fuit ineunte saeculo XVII (1608—1636) „*ex libris Sebastiani Tengnagel I. V. D. et Caes. bibliothecae praefecti*", id quod item in fol. 1 legimus. Atque is non solum Gretserum,

1. V. infra caput 279.

anno 1611 opus hoc: "Divi Bambergenses" edentem, quibusdam codicis monumentis uti concessit, sed ipse etiam alia complura capita anno 1612 in libro, qui "Vetera monumenta" appellatur, indidem prodidit. Collocato deinde codice in bibliotheca caesarea, ad omne Udalrici opus pervulgandum intendebat animum et anno 1673 Lambecius[1] et ineunte saeculo XVIII Leibnitius[2]. Sed a Iohanne Georgio Eccardo demum effecta res est, qui in Corporis historici medii aevi tomo II 1—374 anno 1723 desumptum ex codice Vindobonensi librum publicavit; tametsi haec unica adhuc editio omnibus vitiorum generibus vehementissime laborat. Itaque nihil mihi accidere potuit utilius, quam ut editionis meae adiuvandae causa ipse codex caesareus maxima eaque iam saepius experta liberalitate ad me mitteretur. Quem quidem cum Richardus Kiepert diligentissime contulisset, iterum ipse contuli.

(Z) Codex monasterii Zwetlensis 283, membranaceus, forma quadrata, paginarum 336, una manu saeculi XII scriptus, qui iam saeculo XV in eodem coenobio fuisse videtur[3], ibidem saeculo XVII signatus est in pagina 1 his verbis: "Monasterii B. V. M. In Zwethl". Hunc ubi Bernardus Pez in bibliotheca Zwetlensi invenit, breve argumentum omnium codicis capitum in "Actis eruditorum anno 1717 publicatis Lipsiae" p. 30—48 proposuit, plenam operis universi editionem accuraturus. Sed quod intenderat Pezius, non effecit[4]. Ego autem, cupidus cogno-

---

1. V. "Catalogus librorum, quos Petrus Lambecius composuit". 2. V. fragmentum epistolae Gentiloti, Lambecii Commentarii de bibliotheca caesarea ed. Kollar T. I 736: "Udalrici Babenbergensis codex epistolaris membraneus — cum Leibnitio, immortalis memoriae viro, qui eius editionem meditabatur, iussu caesaris communicatus". 3. Collocavit enim in pag. 335 manus saeculi XV quatuor versus de ordinis grisei i. e. Cisterciensis coenobiis; e quorum quidem numero est etiam monasterium Zwetlense. 4. Pezii enim consilio opposuit sese sub Fonteii nomine Gentilotus bibliothecae caesareae Vindobonensis praefectus (1706—1723), qui totum Udalrici librum edendum esse negavit, propterea quod et quaedam monumentorum illorum pars iam foras data esset et nonnulla haeretica in iis reperirentur. Exstat eius contra Pezium libellus, sic inscriptus: "Angeli Fonteii Veronensis epistola ad v. cl. Io. Burchardum Menckenium Lipsiensem de conspectu codi-

scendi huius codicis, postquam Septembri anni superioris mense ad ipsum coenobium Zwetlense profectus ibidemque omni hospitalitate receptus sum, reverendissimi viri Steinringer abbas et Iulius Zelenka bibliothecarius voluntate perquam liberali concesserunt, ut nobilis liber Berolinum delatus mihi perdiu pateret.

Alia auxilia habebam a tribus codicibus, qui mihi, licet integrum Udalrici opus in iis non insit, tamen ad multa illius capita recognoscenda materiam iustam afferebant:

(C) Codex bibliothecae caesareae Vindobonensis 611 (ius can. 130) membranaceus, forma octonaria, saeculi XII, fere centum triginta quinque capita Udalricana tenens, quem Wattenbach commemoravit in Archiv der Gesellschaft für ältere deutsche Geschichtskunde X 491. Eo quoque uti licuit hic domi meae.

(B) Codex latinus Monacensis 4594 (quondam Benedictoburanus 94) membranaceus, forma quadrata, in cuius foliis 30—47v manus saeculi XII sexaginta sex operis Udalricani capita descripsit. Quem humanitate maxime grata huc ad me afferri iussit Carolus Halm.

(G) Codex bibliothecae Guelferbytanae 1024, forma quadrata, membranaceus saeculi XII, qui et Hahnio in edendo Collectionis monumentorum tomo primo (Brunsvigae 1724) prae manibus fuit et a Ludovico Bethmann, cuius amici mortem acerbe fero, mihi commodatus est. Eius foliis 29—69v comprehenduntur unum et quadraginta capita Udalricana[1] neque vero ex ipsius Udalrici opere selecta sed aliunde arcessita, proptereaque summe digna visa quae consulerentur.

Itaque et ex communibus his editionis meae fontibus hau-

cis diplomatico-historico-epistolaris, dato ad Actorum erud. Lips. collectores a R. P. Bernardo Pez; Veronae 1717". Adversus quem libellum post paullo prodiit: „P. Bernardi Pezii dissertatio apologetico-litteraria ad Io. Benedictum Gentilottum pro editione integri syntagmatis Udalrici Babenbergensis ex codice Zwetlensi, impugnata a v. cl. Angelo Fonteio Veronensi, Augustae Vindel. et Graecii 1717". Cf. etiam Kollarii supplementa in Lambecii Commentarii T. I 735 sq.

1. quibus quinque aliae epistolae additae sunt, in his confictae quatuor.

riens et nonnullis singularibus quoque, quorum in adnotationibus mentio fiet, adiumentis utens, ad germanam suam speciem, quoad fieri potuit, revocata ea omnia operis monumenta proposui, quae prorsus repetenda esse videbantur. Non enim modo non opus esse sed ne licere quidem arbitrabar, depromere quodcunque tabularum ab Udalrico, ut ante p. 2 tetigi, negligenter praveque exceptarum. Sed iis tantum tabulis assumptis, quarum exempla manu scripta nusquam alibi comparent, exclusi ceteras una cum nonnullis formulis ex ordine Romano et decretis Reginonis Burchardi Ivonis arreptis atque paucis epistolis aliunde commodius cognoscendis.

Capita autem, quorum editione supersederi oportuit, hoc loco sic commemoranda duxi, ut reperias, unum quodque scriptum in quibus codicum foliis habeatur, quo numero in Eccardi editione notatum sit (ad hunc modum: E 4, E 6 cet.), quo in libro denique eiusdem capitis vel exemplum exemplo Udalricano melius insit vel archetypum memoretur ad id tempus exstans. Quae quidem enumeratio tempori convenienter disposita haec est:

Formata epistola Nicaenae synodi. V 6v, Z p. 12 sq. — Regino de synodalibus causis I c. 449, Ivonis decr. VI c. 433, Rozière Recueil général des formules T. II p. 909 n. 643. (E 4)

„Exemplar libertatis de proprio servo". V 7—7v, Z 14, C 3v—4. — Burchardi decr. L. II c. 30; cf. Rozière Formules T. I p. 91 n. 66. (E 6)

„Decretum, quod clerus et populus firmare debet de electo episcopo, sumptum ex ordine Romano". V 7v, Z 14, C 4. — Ordo Romanus ap. Hittorp De divinis officiis p. 95; cf. Rozière Recueil général des formules T. II p. 611 n. 512. (E 7)

„Epistola notatoria" (vocatoria). V 7v, Z 15. — Ordo Romanus ap. Hittorp De divinis officiis p. 96; cf. Rozière Recueil général des formules T. II p. 637 n. 522. (E 7a)

c. 648, Sigibertus II rex Austrasiae coenobium Casegonguindinense confirmat. Ex cod. quondam Stabulensi, hodie Bamberg. E III 1 f. 129 manu saec. IX: V 21v—22, Z p. 44, C 13. — Martene Coll. II 6. (E 46)

651, Sigibertus II rex Austrasiae monasteria Stabulense et Malmundariense muneratur. Ex cod. Bamberg. E III 1 f. 112 manu saec. IX: V 22, Z p. 44—45, C 13—13v. — Martene Coll. II 7—9. (E 47)

666 Sept. 6, Hildericus II rex Austrasiae coenobio Stabulensi silvam

asserit. Ex cod. Bamberg. E III 1 f. 118v manu saec. IX: V 24—24v,
Z p. 49. — Martene Coll. II 10—11. (E 55)

c. 673, Theodericus III rex Francorum monasterii Stabulensis bona
confirmat. Ex cod. Bamberg. E III 1 f. 125v manu saec. IX: V 24v, Z
p. 49. — Martene Coll. II 12. (E 56)

788 Iul. 14, Carolus M. rex episcopatum Bremensem condere videtur.
V 44v—45, Z p. 70—71. — Lappenberg Hamburgisches Urkundenbuch I 4. (E 117)

c. 809—812, Carolus I imperator N. archiepiscopo mandat, ut baptizandi ritum sibi exponat. V 13v, Z p. 28. — Epistolae Carolinae 31, 32,
Bibliotheca rer. Germ. IV 401, 402. (E 17)

768—814, Caroli I M. diploma adulterinum quasi monasterio S. Emmerammi datum. V 13v—14, Z p. 28—29, C 8—8v. — Cf. diploma
d. d. 22 Febr. 794, Mon. Boica XXVIII p. 3. (E 18)

814 Oct. 1, Ludovicus I imp. monasteriorum Stabulensis et Malmundariensis bona confirmat. Ex cod. Bamberg. E III 1 f. 103 manu saec. IX:
V 21, Z p. 43, C 12v—13. — Martene Coll. II 23. (E 44)

795—816, Leonis III bulla adulterina de monasterio S. Emmerammi
Ratisbonensi. V 13, Z p. 27—28, C 7v—8. — Regesta pont. Rom., litt.
spur. n. CCCXXV. (E 16)

821 Febr. 8, Sigifridus abbas coenobium S. Emmerammi muneratur.
V 19—19v, Z p. 39—40, C 12. — Ried Cod. dipl. Ratisb. I p. 18. (E 38)

817—825, Ludovicus I imp. ecclesiam Remensem muneratur. V 17—18,
Z p. 36—37. — Flodoardi Hist. Rem. II c. 19, Bouquet VI 510. (E 33)

825—830, Ludovicus I et Lotharius I impp. ecclesiae Remensi ablata
reddunt. V 17, Z p. 35—36, C. 11. — Flodoardi Hist. Rem. II c. 19, Bouquet VI 543. (E 32)

831 Aug. 18, Ludovicus II Germanicus rex Baturici episcopi Ratisbonensis pactionem confirmat. V 19v—20, Z p. 40—41. — Ried Cod. dipl.
Rat. I p. 26, cf. Mon. Boic. XXVIII p. 20. (E 40)

834 Mai. 15, Ludovicus I imp. archiepiscopatum Hamburgensem confirmat. V 45—46, Z p. 71—73. — Lappenberg Hamburgisches Urkundenbuch I 10. (E 118)

c. 834, Gregorius IV papa archiepiscopatum Hamburgensem confirmat.
V 46—46v, Z p. 73—74. — Regesta pont. Rom. n. 1959. (E 119)

837 Aug. 28, Baturicus episcopus Ratisbonensis bona quaedam permutat. V 19, Z p. 39, C 11v—12. — Ried Codex diplomaticus Ratisbonensis I p. 34 n. 34. (E 37)

840 (Iun. 24?), Lotharius I Ebbonem archiepiscopum Remensem restituit. V 16v—17, Z p. 35, C 10v—11. — Flodoardi Hist. Rem. II c. 20,
Bouquet VIII 366. (E 31)

814—840, Ludovici I imp. diploma adulterinum quasi coenobio S. Em-

merammi datum. V 20 v — 21, Z p. 42 — 43. — Monumenta Boica XXXI
P. I p. 52. (E 43)
844 Iul. 28, Ludovicus II Germanicus rex coenobio S. Emmerammi
bona quaedam asserit. V 19 v, Z p. 40. — Mon. Boica XXVIII p. 39 ex
archetypo. (E 89)
827—844, Gregorii IV bulla adulterina quasi Rabano abbati Fuldensi
data. V 12 — 13, Z p. 25 — 27, C 6 v—7 v. — Cf. Silvestri II bulla ap.
Dronke cod. dipl. Fuld. p. 341. (E 15)
845 Oct. 1, Carolus II Calvus rex ecclesiae Remensi ablata restituit.
V 16 v, Z p. 34 — 35, C 10 v. — Flodoardi Hist. Rem. III c. 4, Bouquet
VIII 478. (E 30)
847 Sept. 2, Carolus II Calvus rex ecclesiae Remensi bona quaedam
asserit.- V 15 v—16, Z p. 33. — Flodoardi Hist. Rem. III c. 4, Bouquet
VIII 492. (E 28)
850 Mai. 27, Carolus II Calvus rex ecclesiae Remensis ius quoddam
confirmat. V 16—16 v, Z p. 33—34, C 10—10 v. — Flodoardi Hist. Rem.
III c. 4, Bouquet VIII 510. (E 29)
869 Mai. 1, Ludovicus II Germanicus rex monachos S. Emmerammi
muneratur. V 20—20 v, Z p. 41—42, C 12—12 v. — Mon. Boica XXVIII
p. 50 ex archetypo. (E 41)
874 Febr. 2, Ludovicus II Germanicus rex permutationem ab Embri-
chone episcopo Ratisponensi factam confirmat. V 20 v, Z p. 42. — Mon.
Boica XXVIII p. 57 ex archetypo. (E 42)
878 Dec. 3, Carolomannus rex Iob presbyterum muneratur. V 14 v, Z
p. 30—31, C 9. — Mon. Boica XXVIII p. 78 ex archetypo. (E 22)
879 Apr. 9, Carolomannus rex Hittonis abbatis et monachorum Manin-
seensium pactionem confirmat. V 15, Z p. 31. — Monumenta Boica XXXI
P. I p. 111. (E 24)
881 Sept. 22, Ludovicus III Iunior rex fideli suo praedium concedit.
V 10 v, Z p. 24. — Codex Lauresham. T. I p. 82. (E 13)
883 Mart. 23, Carolus III imp. cuidam fideli suo capellam tribuit. V 14,
Z p. 29, C 8 v. — Mon. Boica XXVIII p. 69 ex archetypo. (E 19)
883 Mart. 28, Carolus III Crassus imp. permutationem ab Ambrichone
episcopo Ratisbonensi factam confirmat. V 44, Z p. 69. — Mon. Boica
XXVIII 70 ex archetypo. (E 115)
884 Sept. 19, Carolus III imp. capellam S. Mariae Ratisbonensem muneratur. V 14—14 v, Z p. 29—30. — Monumenta Boica XXVIII p. 74 ex
archetypo. (E 20)
885 Aug. 23, Carolus III imp. Engilmarum abbatem muneratur. V 14 v,
Z p. 30, C 8 v—9. — Mon. Boica XXVIII p. 76 ex archetypo. (E 21)
896 Aug. 2, Arnolfus imp. capellam Rotagensem muneratur. V 44—44 v,
Z p. 69—70. — Mon. Boica XXVIII p. 113 ex archetypo. (E 116)

897 Ian. 30, Arnulfus imp. monachis Laureshamensibus ius eligendi abbatis tribuit. V 11 v — 12, Z p. 24 — 25. — Codex Laureshamensis T. I p. 95. (E 14)

898 Mai. 18, Arnolfus imp. pactionem a Tutone ep. Ratisponensi factam confirmat. V 15—15 v, Z p. 32, C 9 v. — Mon. Boica XXVIII p. 116 ex archetypo. (E 26)

896—898, Arnulfi imperatoris diploma adulterinum quasi civitati Ratisbonensi datum. V 15 v, Z p. 32—33, C 9 v — 10. — Mon. Boica XXXI P. I p. 148. (E 27)

903 Febr. 14, Ludovicus IV Infans rex Tutonem episcopum Ratisbonensem muneratur. V 18, Z p. 37. — Mon. Boica XXVIII p. 127 ex archetypo. (E 34)

903 Aug. 12, Ludovicus IV Infans rex Tutonem episcopum Ratisbonensem munere donat. V 18 — 18 v, Z p. 37 — 38, C 11 — 11 v. — Mon. Boica XXVIII p. 131 ex archetypo. (E 35)

904 Mart. 5, Ludovicus IV Infans rex coenobium S. Emmerammi muneratur. V 18 v — 19, Z p. 38 — 39. — Monumenta Boica XXVIII p. 136 ex archetypo. (E 36)

914 Mai. 24, C(onradus) I rex mutationem a Tutone ep. Ratisponensi factam confirmat. V 14 v—15, Z p. 31, C 9 — 9 v. — Mon. Boica XXXI P. I p. 183. (E 23)

916 Iun. 29, C(onradus) I rex coenobium S. Emmerammi muneratur. V 15, Z p. 31—32, C 9 v. — Mon. Boica XXVIII p. 152 ex archetypo. (E 25)

973 Iun. 27, Otto II Heinrico duci civitatem Babenbergensem dono dat. V 24, Z p. 48—49. — Mon. Boica XXVIII p. 201 ex archetypo. (E 54)

979 Oct. 14, Otto II imp. ecclesiam Ratisbonensem muneratur. V 23— 23 v, Z p. 47—48. — Mon. Boica XXVIII p. 227 ex archetypo. (E 52)

980 Iun. 4, Otto II imp. monachis Stabulensibus ius eligendi abbatis asserit. Ex cod. quondam Stabulensi, hodie Bamberg. E III 1 f. 183 v manu saec. X: V 22 v, Z p. 45—46. — Martene et Durand Coll. II 50—51. (E 49)

981 Apr. 2, Otto II imp. monasterium S. Emmerammi muneratur. V 23, Z p. 47. — Mon. Boica XXVIII p. 233 ex archetypo. (E 51)

983 Iun. 1, Otto II imp. ecclesiam S. Lamberti muneratur. V 22 v — 23, Z p. 46—47, C 13 v. — Mon. Boica XXVIII p. 234 ex archetypo. (E 50)

983 Iun. 5, Otto II imp. coenobio S. Emmerammi bona quaedam asserit. V 23 v — 24, Z p. 48, C 14. — Monumenta Boica XXVIII p. 240 ex archetypo. (E 53)

987 Febr. 27, Otto III rex monasteria Stabulense et Malmundariense confirmat. Ex cod. Bamberg. E III 1 fol. 136 manu saec. X: V 22 — 22 v, Z p. 45. — Martene Coll. II 51—52. (E 48)

989 Oct. 19, Iohannes XV papa monasterii Laureshamensis privilegia confirmat. V 11—11 v, Z p. 23—24. — Regesta pont. Rom. n. 2935. (E 12)

1002 Nov. 16, Heinricus II rex capellam veterem Ratisbonensem muneratur. V 29 v — 30, Z p. 59. — Monumenta Boica XXVIII 298 ex archetypo. (E 75)

1007 Iun., Iohannes XVIII papa episcopatum Bambergensem confirmat. V 31 v — 32, Z p. 62 — 63, C 17. — Regesta pont. Rom. n: 3024. (E 79)

1008 Mai. 7, Heinricus episcopus Wirzeburgensis Heinrico II regi Bambergam cum Radenzegewi pago et partem pagi Volgfeld tradit. V 20 v, Z p. 51 — 52, C 15. — Heyberger Landeshoheit, codex probat. n. 12 ex archetypo. (E 58)

· 1008 Iul. 6, Heinricus II rex ecclesiae Bambergensi locum Chunigeshof donat. V 25 v — 26, Z p. 52, C 15 — 15 v. — Mon. Boica XXVIII 401 ex archetypo. (E 59)

1009 Iun. 1, Heinricus II rex ecclesiae Bambergensi capellam Ratisbonensem tribuit. V 28 v — 29, Z p. 57. — Mon. Boica XXVIII p. 393 ex archetypo. (E 70)

1010 Apr. 28, Heinricus II rex ecclesiae Bambergensi Scerstedde praedium tribuit. V 26 v, Z p. 53. — Mon. Boica XXVIII 423 ex archetypo. (E 61)

1010 Iun. 1, Heinricus II rex ecclesiae Bambergensi Egininhusa et Strewe praedia donat. V 26 v — 27, Z p. 53 — 54. — Mon. Boica XXVIII 427 ex archetypo. (E 62)

1012 Mart. 15, Formata epistola. V 6 v — 7, Z, C 3 v. — Burchardi decr. L. II c. 227; cf. Rozière Formules T. II p. 914 n. 646. (E 5)

1012 Mai. 12, Heinricus II rex monasterium Laureshamense muneratur. V 27 v, Z p. 55. — Codex Laureshamensis T. I p. 153. (E 65)

1013 Ian. 21, Benedictus VIII papa ecclesiae Bambergensis iura confirmat. V 30 v — 31 v, Z p. 61 — 62, C 16 — 16 v. — Regesta pont. Rom. n. 3051. (E 78)

1013 Oct. 2, Heinricus II rex monasterium Laureshamense muneratur. V 27 — 27 v, Z p. 54 — 55. — Codex Laureshamensis T. I p. 155. (E 64)

1014 Febr. 15, Heinricus II imp. ecclesiam Bambergensem muneratur. V 29 — 29 v, Z p. 58. — Mon. Boica XXVIII p. 446 ex archetypo. (E 72)

1014 Febr., Benedictus VIII papa cum Heinrico II imp. permutationem bonorum facit. V 32, Z p. 63. — Regesta pont. Rom. n. 3056. (E 80)

1015 Iul. 5, Heinricus II imp. Popponem praepositum Bambergensem muneratur. V 29 v, Z p. 58 — 59. — Monumenta Boica XXVIII 457 ex archetypo. (E 74)

1016 Mai. 18, Heinricus II imp. ecclesiae Bambergensi praedium Ostheim · dono dat. V 28 v, Z p. 57. — Monumenta Boica XXVIII p. 458 ex archetypo. (E 69)

1018 Febr. 8, Heinricus II imp. ecclesiam Bambergensem muneratur. V 32 — 32 v, Z p. 63 — 64, C 17 — 17 v. — Monumenta Boica XXVIII 468 ex archetypo. (E 81)

1019 Mai. 10, Heinricus II imp. ecclesiae Bambergensi Berga locum donat. V 28—28v, Z p. 56—57. — Mon. Boica XXVIII p. 483 ex archetypo. (E 68)

1019 Mai. 12, Heinricus II imp. ecclesiae Bambergensi curtem Schersteti dono dat. V 26—26v, Z p. 52—53. — Mon. Boica XXVIII 485 ex archetypo. (E 60)

1020 Ian. 3, Calixtus II monasterii Schafhusensis possessiones et privilegia confirmat. V 121v—122, Z p. 266—267. — De archetypo huius bullae v. Fickler Quellen und Forschungen II, Urk. p. 38. (E 301)

1020 Mai. 1, Benedictus VIII papa Eberhardo episcopatum Bambergensem asserit. V 30—30v, Z p. 60—61, C 15v—16. — Regesta pont. Rom. n. 3075. (E 77)

1020 Mai. 1, Heinricus II imp. parthenonem Gossensem confirmat. V 35v—36, Z p. 151—152. — Pusch et Froehlich Diplomataria Stiriae I 10. (E 90)

1021 Iul. 3, Heinricus II imp. coenobii S. Emmerammi possessiones confirmat. V 27v—28, Z p. 55. — Monumenta Boica XXVIII 489 ex archetypo. (E 66)

1021 Nov. 13, Heinricus II imp. ecclesiae Bambergensi Uraha curtem tribuit. V 33v, Z p. 147. — Mon. Boica XXVIII 504 ex archetypo. (E 85)

1022 Nov. 11, Heinricus II imp. ecclesiae Bambergensi Irlocha et Crumbele donat. V 29v, Z p. 58. — Mon. Boica XXXI P. I p. 295. (E 73)

1022 Nov. 11, Heinricus II imp. ecclesiae Bambergensi Hormunzi praedium concedit. V 30, Z p. 59—60. — Mon. Boica XXVIII 508 ex archetypo. (E 76)

1024 Mart. 8, Heinricus II imp. ecclesiae Bambergensi praedium Slopece donat. V 29, Z p. 57—58. — Mon. Boica XXVIII p. 510 ex archetypo. (E 71)

1024 Oct. 17, Conradus II rex ecclesiae Bambergensi abbatiam Kitzingensem asserit. V 33v, Z p. 146—147. — Monumenta Boica XXXI P. I 301. (E 84)

1039 Iul. 10, Heinricus III rex episcopatum Bambergensem confirmat. V 35—35v, Z p. 149—150. — Monumenta Boica XXIX P. I 51 ex archetypo. (E 88)

1024—1040, Eberhardus episcopus Bambergensis canonicis Uraha et Zenni tribuit. V 33—33v, Z p. 146. — Schneidawind Beschreibung von Bamberg II p. 107. (E 83)

1045 Nov. 13, Heinricus (VII) dux Bavariae ecclesiae Bambergensi praedia vendit. V 41—41v, Z p. 163. — Wirtembergisches Urkundenbuch I p. 268 ex archetypo. (E 107)

1047 Sept. 24, Clemens II papa ecclesiae Bambergensis bona confirmat. V 34—35, Z p. 147—149, C 18—19. — Regesta pont. Rom. n. 3154. (E 87)

1048 Oct. 2, Heinricus III imp. ecclesiae Bambergensi praedium Ingelenheimense asserit. V 27, Z p. 54. — Mon. Boica XXIX P. I 92 ex archetypo. (E 63)

1049 Oct. 23, Leo IX papa monasterium Laureshamense tuendum suscipit. V 10v—11, Z p. 22—23. — Regesta pont. Rom. n. 3188. (E 11)

1047—1051, Hartwicus episcopus cum canonicis Bambergensibus permutationem bonorum facit. V 41, Z p. 163 et 65. — V. Lang Regesta T. I p. 81. (E 108)

1051 Oct. 25, Heinricus III imp. ecclesiae Heimenburgensi Sigeharteschiricham donat. V 36v—37, Z p. 153. — Mon. Boica XXIX P. I 105 ex archetypo. (E 93)

1051 Oct. 25, Heinricus III imp. ecclesiam Heimenburgensem muneratur. V 37, Z p. 153, C 19. — Monumenta Boica XXIX P. I 108 ex archetypo. (E 94)

1052 Nov. 6, Leo IX papa ecclesiae Bambergensis privilegia confirmat. V 38v—40, Z p. 158—160. — Regesta pont. Rom. n. 3256. (E 100)

1053 Ian. 2, Leo IX papa Hartwigo episcopo Bambergensi pallium tribuit. V 38—38v, Z p. 157—158, C 19—19v. — Regesta pont. Rom. n. 3257. (E 99)

1055 Mart. 22, Heinricus III imperator ecclesiam Salzburgensem muneratur. V 36v, Z p. 152—153. — Kleimayrn Nachrichten von Iuvavia p. 240. (E 92)

1056 Iul. 4, Heinricus III imperator ecclesiam Salzburgensem muneratur. V 36—36v, Z p. 152. — Kleimayrn Nachrichten von Iuvavia p. 241. (E 91)

1057 Aug. 17, Heinricus IV rex ecclesiam Bambergensem muneratur. V 37—37v, Z p. 153—154. — Monumenta Boica XXIX P. I 140 ex archetypo. (E 95)

1058 Sept. 25, Heinricus IV rex episcopatum Bambergensem confirmat. V 41v—42, Z p. 65. — Mon. Boica XXXI P. I p. 339. (E 109)

1068 Aug. 12, Heinricus IV rex ecclesiae Bambergensi comitatus quosdam asserit. V 42v, Z p. 66. — Monumenta Boica XXIX P. I 177 ex archetypo. (E 111)

1069 Oct. 27, Heinricus IV rex ecclesiae Bambergensi Wrzaha praedium donat. V 40—40v, Z p. 161. — Mon. Boica XXIX P. I 179 ex archetypo. (E 102)

1069 Dec. 29, Heinricus IV rex ecclesiae Bambergensi wildbannum concedit. V 37v, Z p. 154. — Monumenta Boica XXIX P. I 181 ex archetypo. (E 96)

1074 Febr. 16, Gregorius VII Mathildem hortatur, ut eucharistiam frequenter sumat. V 70—70v, Z p. 125—126. — Registr. I 47, Bibliotheca rer. Germ. II 65. (E 157)

1074 Dec., Gregorius VII Ottonem Constantiensem ad synodum vocat. V 60—60v, Z p. 103—104, G 43v—44v. — Bibliotheca rer. Germ. II 528. (E 142)

1074 Dec., Gregorius VII Constantiensibus Ottonem episcopum ad synodum vocatum nunciat. V 60v—61, Z p. 104—105, G 44v—45v. — Bibliotheca rer. Germ. II 529. (E 143)

1075 Iul. 20, Gregorius VII Heinricum IV laudat, quod simoniacis resistat cet. V 57v, Z p. 97—98, C 28—28v. — Registr. III 3, Bibliotheca rer. Germ. II 205. (E 136)

1075 Iul. 20, Gregorius VII Sigifrido archiepiscopo Moguntino de Bamberga scribit. V 58—58v, Z p. 99—100, C 28v. — Registr. III 2, Bibliotheca rer. Germ. II 204. (E 138)

1075 Iul. 20, Gregorius VII Bambergensibus de Herimanno anathematizato significat. V 58v, Z p. 100, C: „Dat. Albani 12 Kal. Aug. indictione 2". — Registr. III 1, Bibliotheca rer. Germ. II 203. (E 139)

1075, Gregorius VII Heinrico IV de victis Saxonibus gratulatur cet. V 57v—58, Z p. 98—99, G 51v—52v. — Registr. III 7, Bibliotheca rer. Germ. II 212. (E 137)

1076, Gregorius VII omnibus fidelibus causas excommunicati Heinrici regis explicat. V 61v—63, Z p. 107—109, B 44—45, C 31—32v, G 87. — Bibliotheca rer. Germ. II 535. (E 146)

1076 Nov. Dec., Gregorius VII Teutonicis nuntiat, se iter ad eos habere. V 63, Z p. 109—110. — Bibliotheca rer. Germ. II 543—544. (E 146a)

1076 Nov. Dec., Gregorius VII Teutonicis significat, se accelerare ad eos iter statuisse. V 63, Z p. 110, G 38—38v. — Bibliotheca rer. Germ. II 542—543. (E 147)

1077 c. Ian. 28, Gregorius VII Teutonicis nuntiat de Heinrico IV Canusii excommunicatione liberato. V 63—63v, Z p. 110—111, G 40—41. — Registr. IV 12, Bibliotheca rer. Germ. II 256. (E 148)

1077 Mai. 31, Gregorius VII omnes fideles legatorum suorum sententiis obsequi iubet. V 63v—64, Z p. 111—112, G 41—42. — Registr. IV 24, Bibliotheca rer. Germ. II 277. (E 149)

1077 Sept. 20, Gregorius VII Udoni Trevirensi de suo pacis desiderio scribit. V 65—65v, Z p. 114—115, G 42v—43. — Registr. V 7, Bibliotheca rer. Germ. II 294. (E 151)

1080 Mart. 7, Gregorius VII Heinricum IV excommunicat. V 64—65, Z p. 112—114, G 45v—47. — Registr. VII 14a, Bibliotheca rer. Germ. II 401—404. (E 150)

1081 Mart. 15, Gregorius VII Herimanno Metensi de suo iure excommunicandi regis respondet. V 66v—70, Z p. 117—125. — Registr. VIII 21, Bibliotheca rer. Germ. II 453. (E 156)

1095 Oct. 8, Urbanus II monasterii Schafhusensis possessiones et iura confirmat. V 82v — 83v, Z p. 172—174. — Fickler Quellen und Forschungen II Urk. p. 27 ex archetypo. (E 177)

1096, Heinricus IV imp. ecclesiae Hamburgensi comitatum Bernhardi reddit. V 40v, Z p. 161—162. — Lappenberg Hamburgisches Urkundenbuch I 115. (E 103)

1112, Daimbertus archiepiscopus Senonensis Iohanni archiepiscopo Lugdunensi ad synodum Ansanam vocanti respondet. V 114v — 116, Z p. 248 — 253. — Ivonis Carnotensis ep. 236, Opp. T. II p. 100. (E 281)

Nunc, ostentis iis capitibus, a quibus edendis me continebam, nihil amplius opus est, nisi ut, totum editionis Eccardianae ordinem ordini codicis V accommodatum quemadmodum immutaverim, doceam hoc indice:

Ordo Eccardi	noster	Ordo Eccardi	noster	Ordo Eccardi	noster	Ordo Eccardi	noster
I 1	1	I 28	279	22	v. pag. 7	45	4
I 2	79	1	258	23	v. pag. 8	46	v. pag. 5
I 3	51	2	5	24	v. pag. 7	47	v. pag. 5
I 4	100	3	185	25	v. pag. 8	48	v. pag. 8
I 5	99	4	v. pag. 5	26	v. pag. 8	49	v. pag. 8
I 6	98	5	v. pag. 9	27	v. pag. 8	50	v. pag. 8
I 7	276	6	v. pag. 5	28	v. pag. 7	51	v. pag. 8
I 8	277	7	v. pag. 5	29	v. pag. 7	52	v. pag. 8
I 9	278	7a	v. pag. 5	30	v. pag. 7	53	v. pag. 8
I 10	12	8	3	31	v. pag. 6	54	v. pag. 8
I 11	15	9	21	32	v. pag. 6	55	v. pag. 6
I 12	16	10	56	33	v. pag. 6	56	v. pag. 6
I 13	30	11	v. pag. 11	34	v. pag. 8	57	7
I 14	111	12	v. pag. 8	35	v. pag. 8	58	v. pag. 9
I 15	270	13	v. pag. 7	36	v. pag. 8	59	v. pag. 9
I 16	272	14	v. pag. 8	37	v. pag. 6	60	v. pag. 10
I 17	271	15	v. pag. 7	38	v. pag. 6	61	v. pag. 9
I 18	273	16	v. pag. 6	39	v. pag. 7	62	v. pag. 9
I 19	18	17	v. pag. 6	40	v. pag. 6	63	v. pag. 11
I 20	274	18	v. pag. 6	41	v. pag. 7	64	v. pag. 9
I 20a	275	19	v. pag. 7	42	v. pag. 7	65	v. pag. 9
I 21	269	20	v. pag. 7	43	v. pag. 7	66	v. pag. 10
I 22	2	21	v. pag. 7	44	v. pag. 6	67	11

UDALRICI CODEX

Ordo Eccardi	noster	Ordo Eccardi	noster	Ordo Eccardi	noster	Ordo Eccardi	noster
68	v. pag. 10	104	68	140	41	175	78
69	v. pag. 9	105	67	141	44	176	74
70	v. pag. 9	106	13	142	v. pag. 12	177	v. pag. 18
71	v. pag. 10	107	v. pag. 10	143	v. pag. 12	178	72
72	v. pag. 9	108	v. pag. 11	144	49	179	80
73	v. pag. 10	109	v. pag. 11	145	53	180	83
74	v. pag. 9	110	141	146	v. pag. 12	181	82
75	v. pag. 9	111	v. pag. 11	146a	v. pag. 12	182	75
76	v. pag. 10	112	85	147	v. pag. 12	183	94
77	v. pag. 10	113	25	148	v. pag. 12	184	84
78	v. pag. 9	114	166	149	v. pag. 12	185	85
79	v. pag. 9	115	v. pag. 7	150	v. pag. 12	186	46
80	v. pag. 9	116	v. pag. 7	151	v. pag. 12	187	66
81	v. pag. 9	117	v. pag. 6	152	50	188	19
82	8	118	v. pag. 6	153	59	189	126
83	v. pag. 10	119	v. pag. 6	154	58	190	76
84	v. pag. 10	120	6	155	52	191	70
85	v. pag. 10	121	14	156	v. pag. 12	192	102
86	10	122	36	157	v. pag. 11	193	103
87	v. pag. 10	123	87	158	63	194	104
88	v. pag. 10	124	88	159	62	195	106
89	9	125	84	160	61	196	105
90	v. pag. 10	126	81	161	60	197	91
91	v. pag. 11	127	88	162	48	198	81
92	v. pag. 11	128	28	163	47	199	107
93	v. pag. 11	129	32	164	64	200	88
94	v. pag. 11	130	40	165	57	201	87
95	v. pag. 11	131	24	166	71	202	23
96	v. pag. 11	132	42	167	69	203	27
97	127	133	45	168	} 73	204	26
98	222	134	39	169		205	20
99	v. pag. 11	135	43	170	90	206	29
100	v. pag. 11	136	v. pag. 12	171	89	207	86
101	17	137	v. pag. 12	172	190	208	101
102	v. pag. 11	138	v. pag. 12	173	108	209	65
103	v. pag. 18	139	v. pag. 12	174	77	210	121

Ordo		Ordo		Ordo		Ordo	
Eccardi	noster	Eccardi	noster	Eccardi	noster	Eccardi	noster
211	122	247	267	283	55	314e	206
212	112	248	182	284	176	314f	207
213	123	249	188	285	179	314g	208
214	134	250	147	286	180	315	223
215	120	251	224	287	221	316	209
216	129	252	144	288	168	317	175
217	96	253	145	289	188	318	178
218	95	254	140	290	189	319	177
219	97	255	173	291	187	320	225
220	109	256	142	292	169	321	191
221	110	257	148	293	186	322	226
222	114	258	161	294	192	323	215
223	115	259	162	295	193	324	227
224	116	260	143	296	194	325	228
225	117	261		297	195	326	229
226	128	262	149	298	196	327	230
227	125	263		299	197	328	231
228	118	264		300	200	329	235
229	131	265	150	301	v. pag. 10	330	234
230	133	266	154	302	198	331	211
231	132	267	157	303	199	332	210
232	151	268	152	304	212	333	213
233	146	269	155	305		334	262
234	113	270	156	306	214	335	238
235	92	271	158	307	219	336	232
236	93	272	163	308	218	337	236
237	181	273	174	309	159	338	240
238	139	274	170	310	119	339	243
239	124	275	165	311	22	340	244
240	136	276	164	312	268	341	242
241	130	277	167	313	184	342	241
242	137	278	171	314	201	343	256
243	138	279	172	314a	202	344	257
244	153	280	185	314b	203	345	245
245	220	281	v. pag. 18	314c	204	346	246
246	266	282	54	314d	205	347	255

Ordo		Ordo		Ordo		Ordo	
Eccardi	noster	Eccardi	noster	Eccardi	noster	Eccardi	noster
348	249	354	238	360	259	366	264
349	254	355	250	361	160	367	265
350	253	356	251	362	263	368[1]	280
351	237	357	216	363	261	370	282
352	248	358	217	364	239	371	283
353	247	359	260	365	252	372	281

Berolini Kalendis Iuniis 1868.

1. Nullum caput ab Eccardo signatum est numero 369.

1. *Udalricus Gebehardo episcopo Wirzeburgensi dedicat lectorique commendat librum*[a]. (E I 1)

Sancti[b] Spiritus assit nobis gratia.

Gemma sacerdotum! Qui sese dat tibi totum,   1125
Pauper Ŏdalricus hoc parvum dat tibi munus.
Si sum rite memor, Cato dicit parvulus auctor:
Exiguum munus cum dat tibi pauper amicus,
5 *Accipito placide*[1]. Tu nunc, presul[2] Gebeharde[c],
Queso, digneris solita pietate: clientis
Qualiacumque tui munuscula sumere. Quodsi
Res mihi magna domi, si par affectibus esset,
Munera digna tibi devotio nostra dedisset.
10 Do tibi nunc, domine, quod possum pauper habere;
Cuius non precium, vel parvum vel prope nullum,
Sed magis affectum penset tua gratia nostrum.

Quisquis eris, dominus vel lector codicis huius,
Sis memor Ŏdalrici[d] Bavenbergensis alumpni,
15 Qui collegit eum corpusque redegit in unum
Haut minimo sane precio vigilique labore.
Conscripsit Vitus sed eundem, scriba peritus,   anno dominice incarnationis
Cum iam, curriculis annorum mille peractis
Centum viginti, cepisset quintus haberi,   MCXXV
20 Ex quo dignatus Deus est assumere corpus.

a. *ex V 1, Z p. 1.*   b. Sancti — gratia *om. Z.*   c. Gebharde *V.*   d. Ŏlrici *V.*
1. Dionysii Catonis distichorum L. I dist. 20.   2. Wirziburgensis.

Dic igitur, lector dulcissime: *Qui fuit auctor*
Istius libri, sit propicius Deus illi;
Scriptori pariter. Sit, lector, pax tibi semper,
Omnibus atque bonis, Domino praestante, fruaris;
25 Cui decus, imperium, laus est, honor omne per evum.

2. *Inscriptionum epistolarium exempla*[a]. (E I 22)

Incipiunt salutationes epistolarum. Salutatio pape.

N.[b] episcopus servus servorum Dei omnibus ortodoxis fratribus archiepiscopis episcopis abbatibus atque universis sanctae ecclesiae ordinibus salutem et apostolicam benedictionem.   Episcopus s. s. D. N. olim dicto episcopo et sequacibus suis, quae merentur.   Episcopus s. s. D. archiepiscopis episcopis abbatibus in Gallia constitutis, qui in gremio sanctae Romanae ecclesiae permanere videntur, s. et a. b.   Episcopus s. s. D. omnibus archiepiscopis episcopis[c] abbatibus ducibus marchionibus comitibus omnibusque christianam fidem[d] et beati Petri principis apostolorum[e] doctrinam defendentibus et observantibus in omni regno Theutonicorum salutem et apostolorum beatorum Petri et Pauli benedictionem et omnium peccatorum absolutionem.   Episcopus s. s. D. dilecto in Christo filio .N. Romanorum imperatori augusto s. et a. b.

Salutatio regis vel imperatoris ad papam et ad Romanos.

Domno .N. summo pontifici .N. Dei gratia Romanorum imperator augustus obedientiam et dilectionem in Christo velud patri filius.   N. Dei gratia Romanorum imperator[f] consulibus senatui populo Romano, maioribus et minoribus, gratiam suam cum bona voluntate.   N. Dei gratia Romanorum imperator augustus[g] .N. regine Anglorum salutem et omne bonum.   N. Dei gratia rex clero populoque Romano, maioribus et minoribus, gratiae suae et optime voluntatis sincerissimum affectum.

Salutatio regis[h].

N. imperatori .N. Dei gratia rex Anglorum intimo suo dilectionem et veram amicitiam.   N. matri sue .N. Dei gratia rex ex toto corde dilectionem et si quid est melius et ultra.   N. non usurpative sed pia Dei ordinatione rex .N. non iam apostolico sed falso monacho.

---

a. *ex V 3—4v, Z p. 6—10, C 1—3.*   b. E. V.   c. *sequitur iterum* ep. *in* V.   d. *om.* Z.   e. fidem et *add.* Z.   f. rex Z.   g. *om.* V.   h. *hoc lemma om.* Z.

Salutationes episcoporum ad papam*.

Specialis reverentie patri .N. prime sedis antistiti .N., Moguntinus id quod est Dei gratia, quod patri filius quod praelato subiectus. Apostolico sacerdoti et universali papae .N. speculator Moguntinae ecclesiae debitam ut patri reverentiam et promptam ut tanto pastori obedientiam. Reverentissimo patri et sanctissimo primae sedis antistiti debitam ut summo sacerdoti subiectionem et sedulam ut tanto patri devotionem. Domno beatissimo et vere apostolici culminis honore reverendo debite subiectionis reverentiam et omnimode servitutis obsequelam. Patri patrum apostolico et universali papae .N. quidquid filius patri, quidquid menbrum capiti, id quod est Dei gratia et sanctae apostolice sedis archidiacono et archicancellario salutem[b] et dilectionis integram veritatem. Summo et universali pape debite subiectionis reverentiam et omnimode servitutis exhibitionem. Sancto patrum patri et summo praesulum praesuli. Reverentissimo patri et sacerdocio prime sedis apostolicae* infulato sedulam benivolentie servitutem et debitam obedientie subiectionem. Domno venerabili et patri in Christo amabili .N., id quod est Dei gratia, obedientie subiectionem et sedulam obsequii devotionem. Reverentissimo sacrosanctae apostolicae sedis gubernatori .N. cum singulari servitutis devotione unicam in omnibus obedientiam. Domno apostolico, praerogativa meritorum et morum sanctitate Romane sedis apice condigne sublimato, N. Dei gratia Babenbergensis electus cum omni subiectione spiritus orationes devotissimas et servicium tam voluntarium quam debitum.

Patri ac pastori suo quam venerabili tam desiderabili oves pascue eius, scilicet clerus et populus, senes cum iunioribus, divites cum pauperibus, unanimi devotione sedulas orationes. Reverentissimo episcopo et in Christi menbris valde honorando tota Babenbergensis congregatio servitium cum perpetua orationum instantia.

N. Dei gratia rex archiepiscopis et episcopis, marchionibus et comitibus et cuiusque dignitatis ordini bonae suae voluntatis gloriosam dignationem.

Beatissimo domino et sincera caritate diligendo ill. ecclesiae venerabili episcopo fraternam dilectionem in eo, qui prior dilexit nos et tradidit semet ipsum pro nobis, Iesu Christo domino nostro. Dilectis in Christo dominis et fratribus archiepiscopis episcopis ducibus marchionibus comitibus principibus imperii Romani, maioribus et minoribus, clero et populo sanctae ecclesiae cultoribus .N., Dei gratia id quod est, fraternam dilectionem, debitam servitutem et perpetuam in Domino salutem. Domino et patri venerando cum fideli orationum instantia .N. devotissima ac semper parata servicia.

a. *hoc lemma om.* V.   b. *s.* V.   c. *om.* V.

Invictissimo Romanorum principi, tocius regni monarchiam strennue gubernanti, .N. Dei suique gratia id quod est, Christo sub principe quieta pace quandoque triumphare; orationis et servitutis devotionem; tam promptam quam debitam servitutis et orationis[a] certitudinem.

Dignissimo praesuli .N. indignus et exiguus .N. claustri decanus licet exiguum orationis et servitutis suae munus. Domino suo et venerabili patri .N. humilis ecclesia ex sincero affectu devotissimas orationes cum debite subiectionis obsequio. N. comes .N. comiti salutem fidelitatem et perpetuum bonum. Domno regi .N. comes a Deo coronam aeterni regni, ex se promptissima servicia. Domino et patri suo, quidquid in vera dilectione nunc et semper patri debetur ac domino. Domno episcopo humilis congregatio, si quid contritorum valet oratio. Singulari domino suo vere suus, quidquid suus. Domino suo tam devotum quam debitum tocius dilectionis et humilitatis obsequium. Dilecto domino et amico suus praesens, suus absens, salutem ac debite caritatis affectionem. Serenissimis dominis et reverentissimis fratribus .N. episcopus cum orationis instantia servile obsequium ac semet ipsum ad omnia deditissimum. Domino suo inperatori humilis congregatio exultare in Domino et feliciter triumphare de adversario. Dei gratia ill. ecclesiae provisor indignus sincerae caritatis obsequium; summae devotionis obsequium cum orationum instantia. Dei gratia imperator augustus dilecto episcopo gratiam habunde et omne bonum. Excellentissimo domino suo imperatori maiestatis suae et N. ecclesiae servus incolomis vite longitudinem cum victoriae corona; purissimae fidelitatis obsequium. Venerabili episcopo N. Dei gratia id quod est, in orationibus et obsequio quidquid vere fraternitatis non ociosa efficit dilectio. Dominis et fratribus suis praelatis et universae congregationi .N. ecclesiae, fructifere arbori in agricultura Dei, .N. humillima congregatio cum orationum instantia debitae caritatis obsequia in Christo devotissima.

N. Dei gratia rex N. venerando pontifici, suo videlicet dilecto nepoti, gratiam suam et debitum dilectionis donum. N. Dei gratia Romanorum imperator augustus omnibus episcopis comitibus capitaneis civibus castellanis tocius marchiae, maioribus et minoribus suis fidelibus, gratiam et bonam voluntatem. N. Dei gratia imperator augustus N.[b] venerabili episcopo et dilecto compatri gratiae suae optimam voluntatem. Desiderantissimo domino suo N. serenissimo Romanorum imperatori augusto .N. Dei gratia episcopus cum orationum instantia servile in omnibus obsequium.

N. reverentissime diligendo et dilectissime verendo domino archipraesuli N. licet indignus episcopus, quidquid devotionis et obsequii homini ab homine praestari potest inpensius. Domino et patri venerando .N.

a. et orationis *om. V.*   b. *om. V.*

dignissimo archipraesuli .N. licet indignus suus suffraganeus orationum et obsequii perpetuam devotionem. Domino exoptatissimo et a Deo patre praeelecto et praedestinato pastori .N. praepositus decanus cumque his totus Babenbergensis clerus inpensissimas in Christo et perseverantissimas orationes. Reverentissimo sacrosanctae ecclesiae episcopo .N. decanus tam perpetuam quam debitam devotissime orationis instantiam. Domino et patri .N. ecclesiae archipontifici[a] N. Dei gratia episcopus cum instantia precum fidele servitium. N. dilectissimo confratri et coepiscopo N. suus in dilectione quidquid iocundius, in oratione et servitio quidquid devotius.

N. Dei gratia Romanorum imperator augustus O. episcopo gratiam dilectionem et omne bonum. Domino suo et vere dilectissimo .N. Romanorum imperatori augusto ill. ecclesiae humiles servi cum universis ministris ac civibus inibi manentibus, quidquid fidelis oratio valet ac devota servitus. N. Romanorum imperator augustus .N. regi Francorum coronam fidei et propinquitatis inviolabilem constantiam.

Sacrosanctae ill. ecclesie archipontifici .N. primevae indoli virtutum ac dignitatum assecutione respondenti .N. praepositus cum toto fratrum collegio inpensissima utriusque hominis obsequia. Sanctae ill. ecclesiae praesuli N. solidissime in domo Domini columpne N. praepositus, N. decanus cum universo fratrum collegio non sine frequentia precum suae devotionis obsequium. Summe venerationis magistro N. sollertia virtutum ad unguem limato N. praepositus A. decanus cum toto fratrum collegio solidissimum[b] fraternae dilectionis vinculum. N. Dei gratia ill. ecclesiae episcopus N. praepositus N. decanus cum universa congregatione sancti Georii N. scolastice discipline viro paternae fraterneque dilectionis affectum. Domino suo ill. ecclesiae archiepiscopo N. mille votis exoptatum praesentis et futurae vitae felicem statum.

Romanae sedis dignissimo cardinali N. Dei gratia Babenbergensis electus utriusque hominis devotissimos conatus. N. Dei gratia venerabili episcopo, domino et patri suo dilectissimo, N. nunc usque cancellarius, nunc autem ill. sedis electus, quidquid in vera dilectione patri nunc et semper debetur ac domino. Preposito dominisque ac fratribus Aquensibus congregatio sanctae Mariae et sancti Lamberti saniorem insistere sententiam. N. universali Romanorum[c] pontifici ill. ecclesiae fratres fidem et obedientiam. Socio suo et amico N. Coloniensi archimagistro N., suus et vere suus totusque suus, sanctae et verae fidei sinceritatem. N. Dei gratia episcopo suo dilecto N. cancellarius indissolubilem dilectionem et aeternam iocunditatem.

N. Dei gratia Romanorum imperator augustus N. ecclesiae capitaneis clero et populo gratiam suam et omne bonum. Confratribus et dominis

a. pontifici V.   b. solidissimae V.   c. R. V.

suis omnibus sacrosanctae ill. ecclesiae canonicis N. gratia Dei Wormatiensis electus servicium suum et orationes*. Domino suo Romanorum imperatori augusto N. suus omnimodo N. non episcopale sed servile obsequium in omnibus. Reverentissimo episcopo N. humilis et luctuosus Babenbergensis clerus obsequium et devotas in Christo orationes. Illustri et magnifico N. duci humilis et luctuosus Babenbergensis clerus devotas in Christo orationes. N.[b] tam glorioso quam magnifico Dei gratia Romanorum imperatori augusto clerus Spirensis salutem et victoriam cum devotissima orationum instantia. Serenissimo domino suo N. imperatori cesari semper augusto Babenbergensis ecclesia speciali quadam fidelitate, sibi suisque antecessoribus semper devincta, fidele et stabile servicium cum devotis orationibus. Dei gratia Wirzeburgensis ecclesiae episcopus praeposito et decano sanctae Babenbergensis ecclesiae cum tota fratrum congregatione fraternae dilectionis exhibitionem. N. Dei gratia Romanorum imperator augustus N. Ratisponensium episcopo gratiam suam et omne bonum ut fideli karissimo.

A. Moguntinus, F. Coloniensis, Ô. Constantiensis, B. Wormatiensis, A. Spirensis per Dei misericordiam archiepiscopi et episcopi, Ô. Fuldensis abbas, H. quoque dux, F. dux, G. palatinus comes, B. comes, et ceteri utriusque professionis principes, qui exequiis imperatoris intererant, venerabili fratri O. Babenbergensi episcopo hinc fraternas in Christo orationes inde fidelissimum devote servitutis obsequium. N. in Christi membris vero verae religionis speculo D., Dei gratia si quid est, inter erumpnas inminentis procellae, ad ea, que sursum sunt, indesinenter suspirare. N. sanctae Moguntinae ecclesiae humilis servus et apostolice sedis legatus venerabili et in Christo dilecto fratri et coepiscopo domno O. salutem et obsequium fraternae dilectionis. N. amico suo plenae dilectionis affectum. Dominis et fratribus conprovincialium ecclesiarum N. illius ecclesiae utinam in gratia Dei praepositus decanus magister cum devotissimis orationibus sincerae caritatis obsequium. Domino N. venerabili ill. ecclesiae archiepiscopo N. clericorum minimus cum devotis orationibus fidele servicium. N. venerabili sanctae Traiectensis ecclesiae praeposito decano magistro Monasteriensis qualiscunque ecclesia se ipsam cum fidelissimae servitutis et orationis frequentia. Sanctae ill. ecclesiae dominis ac fratribus S. qualiscunque ill. ecclesiae praepositus decanus ceterique fratres, quae nunquam excidit caritatem et quae semper invigilat orationem. Sanctae ill. ecclesiae dominis et fratribus praeposito decano scolastico ceterisque omnibus confratres ill. ecclesiae ex plena fraternitate devotas orationes in Domino. N. Dei gratia sanctae Moguntinae ecclesie[c] humilis minister et apostolicae sedis legatus dilectis in Christo filiis Wirzeburgensis eccle-

a. et omne bonum V.   b. non add. V.   c. om. V.

siae praelatis et subditis, clero et populo, esse in Christo cor unum et anima una. N., Dei gratia Wirzeburgensis quod est, E. decano ceterisque confratribus sanctae Babenbergensis ecclesiae sincerae dilectionis affectum in omnibus.

3. Epistola commendaticia pergentibus fratribus facta*. (E 8)

Dominis et fratribus fidelibus sancte Dei aecclesiae circumquaque manentibus N. humilis et exiguus servorum Dei servulus in Domino salutem.

Noverit reverentia beatitudinis vestrae, hunc fratrem nostrum N. a nobis copiam eundi quesisse. Quam et nos ei benivola mente concessimus, ut, ubicunque ei ire remanere libitum fuerit, licitum sit. Et has nostrae mediocritatis literas ideo ei faciendas censuimus, ut, quocunque perrexerit, non pro profugo nec pro abiecto habeatur, sed pro eo, qui sponte susceperit copiam eundi et victitandi, ubicunque ei Dominus facultatem concesserit. Obsecramus etiam, ut in eius susceptione memores sitis divine illius sententie: *Hospes eram et collegistis me*[1], et hoc ei beneficii vestra benevolentia exhibeat, quod a Domino exhiberi praeceptum est et unde plenam ab eo retributionem suscipiatis.

4. *Ludovicus IV Infans capellam S. Mariae Ratisbonensem muneratur*[b]. (E 45)

In nomine sanctae et individuae trinitatis. L(udovicus) divina favente clementia rex. Si servorum Dei, qui ecclesiasticis impliciti pervigiles studiis nocturno sacri propositi conamine atque diurno votiva in sanctuariis Christo domino persolvunt officia, curam gerimus, eorumque utilitati instigante Deo pie consulentes, ope largitatis nostrae eos aliquantisper consolari studuerimus, perpetuae felicitatis tripudia nobis inde accumulari minime dubitamus. Quocirca katholicae ecclesiae religio praesens et futura cognoscat, quoniam fidelium prudentissimorum nostrorum consilio tam episcoporum quam laicorum principum

900—911

---

a. *ex V 7v—8, Z p. 15, C 4—4v.*   b. *ex V 21—21v, Z p. 43—44.*
1. Matth. 25, 35.

900—911 quasdam iuris nostri res, quas de quodam nobili matris nostrae[1] vasallo iure concambii in potestatis nostrae dominium nos constat attraxisse, que semotim sunt sitae in pago N. in comitatibus N. et N. in locis N. nuncupatis, et quicquid idem in ipsis locis proprietatis habuit, exceptis quindecim mancipiis cetera omnia canonicis, in capella Radisponensis civitatis in honore sanctae Dei genitricis constructa Domino salvatori famulantibus, in proprietatis stipem perpetim delegavimus. cum curtilibus et aedificiis, mancipiis utriusque sexus, parschalhis eorumque censibus, terris cultis et incultis campis pratis pascuis silvis viis et inviis, aquis aquarumve decursibus, exitibus et reditibus, quesitis et[a] inquirendis et cum omnibus appendiciis suis. Unde hoc quoque praesens auctoritatis nostrae praeceptum fieri iussimus, firmiter praecipientes, ut praedicti servi Dei easdem res ex hoc nunc et in aevum iure firmissimo integre ad usus sustentationis suae teneant atque possideant; ea videlicet ratione, ut nulli eorum, quicunque ipsam per succedentia tempora sub iure dominationis retineant capellam, liceat praefatas res cuiquam in beneficium praestare. Sed liceat ipsis fratribus has ipsas donationis nostrae absque diminutione vel alicuius personae molestatione secure et quiete perpetim possidere et iuxta propriae utilitatis commodum exinde universa disponere; quatenus eos pro nobis et antecessoribus nostris Domini misericordiam attentius exorare delectet. Et ut hec largitionis nostrae auctoritas deinceps firmior habeatur et per futura tempora verius credatur ac diligentius observetur, manu propria subtus eam roborantes anulo nostro insigniri iussimus.

5. *Nonnulli synodi Papiensis canones*[b][2]. (E 2)

997 Placuit sanctae synodo, ut omnes episcopi occidentales, qui in depositione Arnolfi Remensis archiepiscopi fuerunt et, certis

a. aut Z. - b. *ex V. 6, Z p. 11—12:* Capitula constituta a Gregorio Romano pontifice, filio Ottonis regis.

1. Otae imperatricis, uxoris Arnulfi. 2. Cf. Gregorii V papae epistolam supra T. III p. 351.

induciis vocati, Papiensem synodum spreverunt et inconvenientes 997
causas ad confutandam synodum per laicalem personam miserunt,
ab episcopali officio suspendantur. Adelberonem Laudunensem
episcopum, qui etiam metropolitanum suum apprehendit et tradidit, ab episcopali officio suspendimus, quia ad synodum venire
contempsit. Auctoritate enim Iulii papae hoc sanctitum est, qui
etiam occidentales episcopos, ad synodum venire spernentes[a],
depositione reos iudicavit; illos vero, abque apostolica auctoritate
depositos, innocentes remanere. Decretum est etiam, ut rex
Rotbertus[b], qui consanguineam suam contra interdictionem apostolicam in coniugium duxit, ad satisfactionem convocetur cum
episcopis, his nuptiis incestis consentientibus. Si autem rennuerint,
conmunione priventur. Cum[c] his etiam sancta synodus sanctivit: ut Neapolitanus invasor, qui illius loci archiepiscopum
apprehendi fecit et se in eundem locum per symoniacam heresim
constitui fecit, ni satisfaciat, anathematizetur. Constituit etiam
sancta synodus: ut, si quis episcopus presbyter diaconus aut
clericus, papa incolume et eo inconsulto, aut subscriptionem pro
Romano pontificatu commodare aut pitatio promittere aut sacramentum praebere temptaverit aut aliquod certe suffragium pollicitus fuerit, loci sui dignitate et omnium fidelium communione
privetur et anathematizetur.

---

6. *Heinricus II rex ecclesiae Moguntinae possessiones et iura confirmat*[d]. (E 120)

In nomine sanctae et individuae trinitatis. H(einricus) divina favente clementia rex. Cum regiae dignitatis hoc ius velut praerogativa meritorum constet, ecclesiarum Dei[e] commodis prae omnibus rebus officiosius inservire earumque rectoribus, prout opus fuerit, ipsarum causa stabiliendarum subvenire, inde etiam nos secundum consultum et consensum nostrorum fidelium animum nostrum eodem inducendo formare, nutu divino cooperante,

1007
Mai. 27

---

a. contempnentes *V*.   b. Robertus *V*, Rotbertus *Z*.   c. Cum his — anathematizetur *in V leguntur post* communione privetur et anathematizetur.   d. *ex V 46 v —* 47, *Z p.* 74.   e. *om. V*.

1007 disponimus ac praedecessores nostros equiparare hac in re
Mai. 27 maxime satagimus. Unde fidelibus nostris quibusque per hanc
cartulam pateat, rogatu et interventu Willigisi[a] archiepiscopi,
erga nostram fidelitatem prae omnibus fideliter extantis, omnia
regum et imperatorum ecclesiae suae archiepiscopali Moguntinae
data tradita et concessa nos more regio iterum roborando dedisse et firmissime concessisse: monasteria, abbatias tam canonicas quam monachicas, atque alias sitas ubicunque ecclesias
cum earum utilitatibus, monetas cum theloneis integre, villas
etiam in quacunque regione sitas, eidem metropolitanae sedi
appertinentes, colonos liberos ac servos eiusdem potestatis quacunque terrarum parte habitantes, cum omnibus rebus ac possessionibus illuc iure legaliterque respicientibus. Ad haec antecessorum nostrorum pie concessa confirmando iubemus, quatinus
nullus iudex comes advocatus vel alius quilibet iudicariae potestatis sine licentia archiepiscopi Moguntini seu suorum alicuius
ecclesias parrochias cellulas agros sive reliquas possessiones invadere praesumat, vel suis cuiuslibet personae familiis aliquam
iniuriarum molestiam inferre audeat. Si quid autem in eos ab
aliquo exigatur, coram archiepiscopo vel advocato suo aut aliis
ministerialibus, prout res fuerit, incipiatur, et determinando pro-
grediendo ad finem usque peroretur. Insuper in omnibus abs
quolibet eidem sedi archiepiscopali iam attributis vel adhuc tri-
buendis emunitatis ius archiepiscopus, qui praesit vel quibus ipse
concesserit, potestative habeant et possideant; et sui, cuiuscunque
condicionis sint, causas suas alienis audiendas non dent; freda
seu thelonea non sine suo advocato ab aliquo exigantur, aut
mansiones aut aliquae redibitiones illicitae requirantur. Et ut
tuicio illius emunitatis, traditionis, vel pocius renovationis ac
iteratae confirmationis auctoritas rata firma stabilisque perpetim
maneat ac diligenter observata in posterum constet, hoc praeceptum, iussu nostro secundum consultum quorundam primorum
nostrorum auctoritative conscriptum nostroque sigillo signatum,
manu nostra subtus firmatum roboravimus. Data anno domi-

a. N. V.

nicae incarnationis 1007, indictione 5, anno quinto Heinrici 1007 gloriosissimi regis, 6 Kal. Iunii. Actum est autem Moguntiae Mai. 27 feliciter amen.

7. *Episcopatus Bambergensis ab episcopis synodi Francofurtensis confirmatur* [a]. (E 57)

⁊ Anno dominicae incarnationis 1007, indictione 5, Kalendis Novembris, regnante piissimo ac serenissimo Heinrico secundo, anno regni sui sexto, pro statu et augmento sanctae matris aecclesiae in loco Frankonofurt dicto magna synodus habita est et celebrata. 1007 Nov. 1

Nam idem rex Heinricus magnus et pacificus, ut in Deum erat credulus et in homines pius, dum alta mentis deliberatione sepenumero cogitaret, in quo Deum sibi maxime placaret, summa inspirante divinitate cogitando disposuit: ut Deum sibi heredem eligeret et conscriberet, et episcopatum in honorem[b] sancti Petri principis apostolorum in quodam suae paternae hereditatis loco Babenberc dicto ex omnibus suis[c] rebus hereditariis construeret; ut et paganismus Sclavorum destrueretur et christiani nominis memoria perpetualiter inibi celebris haberetur. Sed dum parroechiam ad eundem locum respicientem non haberet, et sanctum pentecosten in eodem sui regni anno sexto[1] Mai. 25 Mogontiae celebraret, quandam partem Wirciburgensis dioceseos, comitatum videlicet Ratenzgowi dictum et quandam partem pagi Volcfelt dicti, inter fluvios Uraha et Ratenza sitam, ab Heinrico[d] Wirciburgensi episcopo firma ac legali commutatione[d] acquisivit; tradens e contra Wirciburgensi ecclesiae centum quinquaginta mansos in vico Meinungun dicto et in proxime adiacentibus[e] locis; hoc consentientibus et perspicientibus venerabilibus pa-

---

a. *Ex archetypo edidit Heyberger (Landeshoheit des Bisthums Bamberg über Fürth, Bamberg 1774, Probationes diplomaticae n. 5). Cuius editionem potissimum secutus sum, adhibitis etiam V 24v—25v, Z p. 50—51, ubi hoc lemma habetur:* De Heinrico primo imperatore et de constitutione Babenbergensis ecclesie; *et C 14—15:* De Heinrico primo imperatore. b. honore *VZ.* c. om. *V.* d. traditione *VZC.* e. et in adproxime iacentibus *Heyb.*

1. imo quinto. 2. I.

1007 tribus, inprimis videlicet Wirciburgensis aecclesiae episcopo
Mai. 25 Heinrico; et Willigiso reverendo archiepiscopo Mogontino et Burchardo¹ Wormaciensi et Walthero Spirensi et Werinhario² Strazburgensi et Adalberone Basilensi et Lanberto Constantiacensi et Ödalrico³ Curiensi; et Liudolfo archiepiscopo Treverensi et Theodorico⁴ Mettensi et Berahtoldo Tollensi et Heimone Virdunensi; et Hereberto archiepiscopo Coloniensi et Notkero Leodicensi et Eralwino Kameracensi; et Daginone⁵ archiepiscopo Magideburgensi; et Hildolfo Mantuano.

Gloriosissimus vero rex Heinricus, tunc voti compos effectus, pari supra dictorum patrum consultu duos suis ex capellanis Albericum videlicet et Ludowikum, adiunctis Heinrici Wirciburgensis episcopi literis, Romam usque direxit; quatinus hic bene incepta in melius proficerent auctoritate Romana. Romanus vero pontifex et universalis papa Iohannes⁵, precatorias praedicti Heinrici episcopi literas inspiciens et piissimi regis Heinrici devotioni congaudens, habita in sancti Petri basilica sinodo, pro
Iun. confirmando Babenbergensi episcopatu privilegium⁶ fecit conscribi et apostolica auctoritate corroborari; universis Galliae et Germaniae episcopis rescribens, ut et ipsi pari communique auctoritate eundem episcopatum corroborarent et confirmarent.

Quod videlicet privilegium venerabiles patres, in supra
Nov. 1 dicto Frankonofurt habito generali concilio consistentes, summa veneratione legendo suscipientes et apostolice auctoritati obedientes, devotis mentibus subscribendo unanimiter laudaverunt communiterque corroboraverunt.

✝ Willigisus sancte Mogontiensis aecclesiae archiepiscopus, qui eidem synodo vice Romanae aecclesiae praesidebam, conlaudavi et subscripsi.

✝ Radherius Padelbrunnensis aecclesiae episcopus interfui et subscripsi.

✝ Megingaudus Eihstatensis episcopus interfui et subscripsi.

a. Daginino *Heyb*.
1. I.   2. I.   3. I.   4. II.   5. XVIII.   6. Regesta pont. Rom. n. 3024.

+ Berenwardus Hildinisheimensis episcopus interfui et subscripsi. 1007 Nov. 1
+ Lambertus Constantiensis episcopus interfui et subscripsi.
+ Arnolfus Halberstatensis interfui et subscripsi.
+ Ŏdalricus Curiensis episcopus interfui et subscripsi.
+ Burchardus Wormaciensis episcopus interfui et subscripsi.
+ Werinharius Argentinensis episcopus interfui et subscripsi.
+ Walterius Spirensis episcopus interfui et subscripsi.
+ Brun Augustensis episcopus interfui collaudavi et subscripsi.
+ Liudolfus Treverensis archiepiscopus interfui et subscripsi.
+ Berahtoldus Tollensis episcopus interfui et subscripsi.
+ Heimo Wirdunensis episcopus interfui et subscripsi.
+ Hartwigus Iuvavensis archiepiscopus interfui et subscripsi.
+ Christianus Pataviensis episcopus interfui et subscripsi.
+ Gebehardus [1] Radesponensis episcopus interfui et subscripsi.
+ Egilbertus Frisingensis[a] episcopus interfui et subscripsi.
+ Adalbero Bricxiensis episcopus interfui et subscripsi.
+ Heribertus archiepiscopus Coloniensis interfui ad vota[b] sinodi et subscripsi.
+ Suidgerus Mimigardvordensis episcopus interfui et subscripsi.
+ Ansfridus Traiectensis episcopus interfui et subscripsi.
+ Teodricus[2] Mindensis episcopus interfui et subscripsi.
+ Thietmarus episcopus Osneburcgensis interfui et subscripsi.
+ Dagino archiepiscopus Magedeburcgensis interfui et subscripsi.
+ Hildiwardus Citicensis episcopus interfui et subscripsi.
+ Burchardus[3] archiepiscopus Laudunensis[4] interfui et subscripsi.
+ Baldolfus archiepiscopus Tarentasiensis interfui et subscripsi.

a. Frigingensis *Heyb*.   b. advoca *Heyb*., ad votum *VZC*.
1. I.   2. II.   3. II.   4. Lugdunensis.

1007 Nov. 1
✝ Anastasius[1] Ungrorum archiepiscopus interfui et subscripsi.

✝ Adalbero Basilensis interfui et subscripsi.

✝ Hugo Genuensis[2] subscripsi.

✝ Heinricus[3] Lausonensis subscripsi.

✝ Eckehard Sleswigensis subscripsi.

✝ Albericus Cumanus episcopus interfui et subscripsi.

✝ Richolfus Tergestinensis ecclesie episcopus*✝.

---

8. *Iohannes IV patriarcha Aquileiensis Heinrico I episcopo Wirzeburgensi de episcopatu Bambergensi condito gratulatur*[b].

(E 82)

1007   Beatissimo domino et sincera caritate diligendo H(einrico) sanctae Wirzeburgensis ecclesiae venerabili episcopo Iohannes sanctae Aquileiensis[c] ecclesiae patriarcha cum omnibus suae dioceseos episcopis fraternam dilectionem in eo, qui prior dilexit nos et tradidit semet ipsum pro nobis, Iesu Christo domino nostro.

Licet, reverende frater, fraternae dilectionis cura nos admoneat, ut in omnibus operibus bonis, que conditor humani generis misericorditer ad salutem cottidie disponit, inmensas gratiarum actiones ipsi agere debeamus, quandocunque tamen vel ubicunque ex provectu sanctae ecclesiae vel eius exaltatione locatione[d] aliquid nos magnifici operis audire contigerit[e], inmensae devotionis affectu et spiritalis exultationis effectu illum laudare et benedicere et praedicare debemus, cuius haec dona sunt et a quo bona cuncta ineffabiliter procedunt. Qui inter innumerabilia sempiternae dignationis sacramenta ea etiam in suorum cordibus principum dictat, que ad multorum exemplum et salutem profutura procurat.

In quibus unum est, quod nuper divinitus factum maximam mentibus nostris laeticiam generavit. Audivimus namque, quod

---

a. interfui et subscripsi *add.* VZC.   b. *ex* V 32v—33, Z *p.* 64 *et* 146, C 17v —18.   c. Aquileigensis V.   d. *sic; an* locatione?   e. contingerit C.

1. a. Ascricus archiep. Strigoniensis.   2. Genevensis.   3. I.

dominus noster H(einricus) gloriosissimus et invictissimus^a rex, 1007
divina sibi inspirante gratia, ex suis praediis et paterna hereditate in loco, qui dicitur Babenberc, episcopatum in honore
beatissimi Petri apostolorum principis construxit et, commutatione facta digne et legaliter cum vestra ecclesia, partem quandam
ex eius diocesi acquisivit atque^b hoc concambium apostolicae
sedis privilegio corroboravit. Quod quidem eximium et laudabile opus et eius dignissimam liberalitatem^c et vestram caritatem satis egregie praedicabilem^d commendat; cum et suum
est per operationem et vestrum fit^e per dilectionem. In quo
omnipotenti Deo inmensas gratias referimus, ad cuius inestimabilem gloriam spectat, quod per regem nostrum H(einricum),
bonum et fidelem ministrum suum, fundatissimam pacem omnibus ecclesiis praestat et insuper novam ecclesiam format; per
quam et de inimico humani generis in vicinas Sclavorum gentes
Deo opitulante triumphabit et innumerabilem familiam per lavacrum regenerationis sibi multiplicabit. Nos autem cum omnibus
nostrae dioceseos episcopis hoc divinum opus in commune laudamus atque, in eo iuste consentientes et subter conscribentes,
in perpetuum valere confirmamus.

9. *Benedictus VIII papa parthenonem Gossensem confirmat*^f.
(E 89)

Benedictus episcopus servus servorum Dei Cuonigunde^g 1020
venerabili abbatissae eternam in Domino salutem. Convenit Apr.
apostolico moderamini pia religione pollentibus benivola compassione succurrere et poscentium animis alacri devotione praebere assensum. Ex hoc enim lucri potissimum praemium apud
conditorem omnium Dominum promeremur, si venerabilia loca
sanctorum oportune ordinata ad meliorem fuerint statum perducta. Et ideo, quia postulastis a nobis, quatenus apostolica
auctoritate concederemus et confirmaremus vobis et eis, que vobis
in perpetuum succedere debent, monasterium in honore sanctae

a. invinctissimus Z.　　b. at C.　　c. libertatem C.　　d. laudabilem V.
e. om. V.　　f. ex V 85v, Z p. 150—151.　　g. Chŏnigunde Z.

1020 Mariae et sancti Andreae, situm in loco qui vocatur Gossia
Apr. in comitatu Liubana, a bonae memoriae Aribone et Adala coniuge sua inceptum et a filio eorum Aribone venerabili diacono perfectum et in libertate dilectissimi filii H(einrici) imperatoris commissum, inclinati precibus vestris et praecipue deprecatione dicti imperatoris et interventu eiusdem Aribonis venerabilis diaconi perfectoris eiusdem loci, concedimus et confirmamus vobis et eis, quae vobis succedere debent in perpetuum, dictum monasterium cum omnibus pertinenciis suis et integritatibus, vel[a] que modo[b] habet vel habiturum est in perpetuum; ita sane, ut singulis quibusque indictionibus pensionis nomine unus aureus solidus sanctae Romanae ecclesiae persolvatur. Statuentes igitur apostolica auctoritate censemus, ut nulli umquam mortalium liceat contra tenorem huius nostri privilegii insurgere usurpando et invadendo aliquid de possessionibus monasterii vel de rebus ecclesiasticis sive de hoc, quod modo habet vel habiturum est in perpetuum, seu inquietando vos posterasque vestras. Si quis, quod non optamus, nefario ausu hoc nostrum privilegium pie a nobis promulgatum in quoquam perfringere aut evacuare temptaverit, iram Dei incurrat et principis apostolorum, atque cum Iuda traditore Domini in inferno inferiori dampnetur. Qui vero pio intuitu custos et observator huius nostri privilegii extiterit, gratiam Dei consequatur et apostolorum principis benedictionem mereatur atque cum electis in caelesti tabernaculo in aeternum laetetur. Scriptum per manus Stephani scriniarii Romanae ecclesiae in mense Aprili, indictione tercia.

10. *Eberhardus I episcopus Bambergensis cum N. comite bonorum permutationem facit*[c]. (E 86)

1020? Notum sit omnibus Christi fidelibus tam futuris quam prae-
Nov. 16 sentibus, qualiter ergo E(berhardus), primus sanctae Babenbergensis ecclesiae Deo annuente episcopus, quoddam bonum N. dictum cum suis pertinentiis, sumptum de stipendio fratrum inibi Deo servientium, comiti N. communi consilio tam cleri

a. *om. V.* b. que quomodo *V.* c. *ex V 33v—34, Z p. 147.*

quam populi in precariam et in usum fructuarium concessimus, 1020? situm in pago N. in comitatu N.; recipientes ab eo quoddam Nov. 16 praedium N. dictum cum omnibus suis utensilibus, ea videlicet ratione, ut praenominatus comes et uxor eius et filius illius praefatum bonum ipsis quidem tribus viventibus omni remota contradictione libere obtinerent; morientibus vero tribus illis, praenominata bona in usum et proprietatem praedictorum fratrum libere et absque contradictione redirent. Isti sunt testes, qui aderant, N. et N. Ego E(berhardus) primus sanctae Babenbergensis ecclesiae episcopus subscripsi. Scripta 16 Kal. Decembris, anno dominicae incarnationis 1020, indictione 1, anno autem episcopi 18[1]. Actum Aterse in Dei nomine feliciter amen.

---

11. *Heinricus II imperator monasterio S. Michaelis Bambergensi praedium tribuit*[a]. (E 67)

In nomine sanctae et individuae trinitatis. H(einricus) di- 1014-1024 vina favente[b] clementia Romanorum imperator augustus. Si pietatis nostrae celsitudinem adeuntibus digne postulata largimur, praecipue convenit, ut nostrae dilectissimae coniugis atque consortis nostrae regni nostri C(unigundae) postulationibus libentissime acclinemur ac nostrorum fidelium dignis peticionibus assensum condonemus. Proinde omnium sanctae Dei ecclesiae[c] fidelium nostrorum, praesentium scilicet ac futurorum, noverit industria, dilectissimam coniugem nostram ac consortem regni ac multos ex fidelibus nostris pietatis nostrae clementiam suppliciter postulasse, quatinus pro amore Dei animaeque nostrae[d] remedio nostra praeceptali concederemus pagina monasterio sancti Michahelis archangeli et sancti Benedicti abbatis, quod est situm sub territorio Babenbergensis civitatis, omne illud praedium, quod N. dilectus capellanus nobis contulit et condonavit et in nostrum ius ac dominium de suo iure ac dominio penitus trans-

a. *ex V 28, Z p. 56.* b. *om. V.* c. *om. V.* d. *nostraeque V.*

1. Notae temporis vehementer discrepant. Indictio enim 1 ad annum 1018 pertinet, episcopique annus 18 ad a. 1024.

Jaffé, Bibliotheca V.

1014-1024 fudit et condonavit. Cuius dignas peticiones nos libentissime amplectentes, id fieri annuimus, hanc nostrae donationis paginam scribi iubentes, per quam supra nominatum praedium deinceps in proprium usum fratrum supra dicti monasterii transfundimus et donamus in integrum, sicut praedictus N. nostrae imperiale illud substituit potestati. Unde praecipientes iubemus, ut nulli abbatum supradicti monasterii liceat praetaxatum praedium alicui donare seu commutare vel pro beneficio dare; sed ad proprium usum fratrum libere relinquatur omni tempore et praelibato monasterio servetur in integrum. Quod et verius credatur et diligentius ab omnibus observetur, hanc paginam propriis manibus roborantes sigillo nostro inferius iussimus insigniri.

12. *Elogium sepulcrale Heinrici II imperatoris*[a]. (E I 10)

1024 Iul. 13
Anno dominice incarnationis MXXIIII, indictione V, III Idus Iulii Heinricus christianissimus Romanorum imperator augustus feliciter migravit ad Christum, anno regni sui vicesimo quarto, imperii XI, vitae LII; huius Babenbergensis[b] ecclesiae conditor et auctor; praesidente huic sedi Eberhardo[c] primo pontifice anno XVII.

Versus
Heinricus cunctis semper laudandus in actis!
 Quale sit eius opus, conprobat iste locus.
Ille quidem templum fabricaverat hoc opulentum
 Multiplici dono, dans sua cuncta Deo.
Et mundi finem iam nunc expectat ibidem;
 Quem prece continua, tu Petre sancte, iuva.
Idibus in ternis, cum Iulius estuat arvis,
 Spiritus, ossa suo sunt data principio.

13. *Conradus II rex A. ancillam Cunigundae imperatricis in libertatem vindicat*[d]. (E 106)

1024-1026
In nomine sanctae et individuae trinitatis. C(onradus) Dei gratia rex. Noverit omnium Christi nostrique fidelium univer-

a. *ex V 2, Z p. 3:* Epitaphium Heinrici imperatoris in Bavenberg.
b. Babergensis *V.*   c. Eberardo *Z.*   d. *V 41, Z p. 163.*

sitas, praesentium scilicet ac futurorum, qualiter nos ob inter- 1024-1026
ventum ac peticionem C(unigundae) imperatricis quandam sui
iuris ancillam A. nomine, per manum cuiusdam H. nobis prae-
sentatam, manu nostra de manu illius excusso denario, liberam
fecimus omnique iugo debitae servitutis absolvimus. Proinde per
nostram regalem iubemus potentiam, ut tali deinceps utatur lege
ac iure, quali ceterae manumissae huc usque sunt usae, eodem
modo regibus vel imperatoribus liberae factae. Et ut haec nostra auctoritas firma et inconvulsa omni permaneat aevo, hanc
paginam inde conscriptam sigillo nostro iussimus insigniri.

14. *Conradus II imperator, ab Ernosto II duce (Sueviae) accepto Wizenburgo eidemque tradito Bavariae ducatu, de
eius clientum iuribus statuit*[a][1]. (E 121)

In nomine sanctae et individuae trinitatis. Cuonradus di- 1029
vina favente clementia Romanorum imperator augustus. Omnium Mai. 20
Dei nostrique fidelium, praesentium scilicet ac futurorum, universitati notum esse volumus, qualiter nos interventu ac peticione
dilectae coniugis nostrae Giselae imperatricis augustae et aman-
tissimae nostrae prolis Heinrici regis nec non fidelis nostri
Ekkehardi comitis tradicionem Ernosti ducis suscepimus, scilicet
Wizenburch cum omnibus appendiciis suis, ob honorem regni;
petentibus quoque clientibus atque assentientibus, eo videlicet
tenore, ut infra quatuordecim dies liceret eis excogitare[b], qualiter eidem regno apte possent contingere. Petebant itaque
primum in hunc modum: *Optamus et obsecramus, imperator
auguste, ut iura beneficiorum nobis firmentur praeceptis imperialis potestatis. Deinde pro filiis ac posteris nostris efflagitamus, ut, dum primum curiam vestram frequentare nituntur,
per praesentem annum propriis bonis suis vobis deserviant;
nichil accipientes, excepto in prima anni festivitate pelles cum
pellicio. Expleto autem hoc anno, accipiant iuxta iusticiam*

a. *ex V 47—47v, Z p. 335.* b. cogitare *V.*

1. Facile cognitu est, huius diplomatis excerpta tantum ab Udalrico
tradita esse.

1029
Mai. 20

suam beneficium suum, scilicet mansos regales tres. Sin autem, potestatem habeant ubivis terrarum degere, nisi iusto beneficio revocentur. Denique pro filiabus nostris petimus, ne umquam cogantur in servicium pedissequarum, excepta Italica expedicione. Tunc quidem proficiscantur Wizenburch feria secunda ad resarciendas[a] *vestes seu quaelibet necessaria usque in feriam quartam*[b]. *His singulis ad servicium decrevimus dandum urnam unam medonis, dimidiam vini, quinque cervisiae*[c] *singulis diebus, similaginem unam et subtilem panem unum et duodecim vocatias, modium unum de pabulo. Venationes nemoris, scilicet ferarum bestiarum avium piscium apum examen, feni secationem eo iure petimus, quo a domino nostro hactenus habuimus.* Hec est tradicio comitis Ernosti[d], pro qua recompensato sibi honore ducatum Baioaricum tradidimus. Primi servitorum eius fuerunt Reginzo[e] de Salebach, Wizo de Wimeresheim, Adelger de Curte. Igitur, ut hec nostra auctoritas stabilis et inconvulsa omni permaneat evo, hanc cartam inde scriptam subtusque manu propria roboratam sigilli nostri impressione iussimus insigniri. Iusticia eorundem clientum, scilicet singulorum, est: ut in Italica expedicione singuli ab imperiali tradicione accipiant decem talenta et ferramenta quinque equorum, pelles caprarum duas, et burdonem unum, oneratum duabus manticis plenis necessariorum, cum serviente trahente, alio pellente; et uterque talentum unum et caballum accipiat. Domino eorum victus post alpes[f] transcursas de curia detur. Ubicunque rex vadat in expedicione alterius terrae, dentur clientibus quinque talenta et caballus absque onere et ferramenta quinque equorum et duae pelles caprarum. Ŏdalricus[g] cancellarius vice Arbonis archicapellani recognovi. Data 13 Kal. Iunii, indictione 12, anno ab incarnatione Domini 1029, anno vero regni domni Cuonradi 5, imperii autem 3. Actum Tungirde.

a. resarciandas *V.*   b. in feria quarta *V.*   c. cervise *Z.*   d. Ernusti *V.*
e. Rengoz *V*, Reginzo *Z.*   f. alpell *Z.*   g. Ŏadalricus *V.*

15. *Elogium sepulcrale Cunigundae imperatricis*[a]. (E I 11)

Anno dominice incarnationis MXXXIII[b], indictione I, V Non. Marcii Cōnegunt[c] imperatrix, mater pauperum, dives ipsa divitem migravit ad Christum.

 Equali merito Cōnigunt[c] sociata marito,
  Quem vivens coluit, morte locum tenuit,
 Felix morte sua. Cui vitam contulit illa
  Mors inmortalem continuamque[d] diem.
 Nam — veluti granum moriendo vivificatum —
  Que bene premisit, centuplicata metit.

1033
Mart. 3

16. 'Epitaphium'[e] Eberhardi primi Babenbergensis episcopi. (E I 12)

 Qui legis hunc titulum, reminiscere, quod sumus unum:
  En ego sum pulvis, tu quoque pulvis eris.
 Est breve, quod fueram; quod ero, non desinet unquam,
  Respirat rursus cum cinis occiduus.
 Parce, superstes homo, fallenti credere mundo,
  Cum bona promittat; fallere semper amat.

1040
Aug. 13

17. *Heinricus III imperator interdicit, ne quis in Ismaelis quondam Apuliae ducis sepulcro condatur*[g]. (E 101)

In nomine sanctae et individuae trinitatis. H(einricus) divina favente clementia Romanorum imperator augustus. Si voluntati atque peticionibus fidelium nostrorum assensum praebemus, ad honorem atque utilitatem nostri regnique id provenire non dubitamus. Quapropter omnium Christi nostrorumque fidelium tam praesentium quam futurorum sollertem industriam scire volumus, qualiter ex nostris fidelibus quidam Argiro dictus per nuncios suos nostram clementiam suppliciter peciit[h], ut in sepulchro patris sui felicis memoriae Ismahel nominati Baben-

1054
Mai. 29

---

 a. *ex V 2, Z p. 3:* Epitaphium Chunigunde imperatricis in Babenberg. b. Anno MXXXIII incarnationis dominice *V*. c. Chunegunt *Z*. d. continuumque *V*. e. *ex V 2; Z p. 3, ubi lemma erasum est.* f. Ephithaphium *V*. g. *ex V 40, Z p. 160—161.* h. postulavit *Z*.

1054 berc sito neminem ab hac re in antea sepeliri, nostra imperiali
Mai. 29 auctoritate firmiter interdiceremus. Cuius peticioni condescendentes ob interventum nostri thori ac regni karissimae consortis scilicet A(gnetis) imperatricis augustae ac peticione filii nostri H(einrici), statuimus atque nostra imperiali potestate praecipimus, ut in tumulo, in quo praedicti Ismahel ducis Apuliae[1], qui et Melo vocabatur, ossa clauduntur, nullus per omne aevum post ipsum ponatur seu sepeliatur. Ad hoc etiam praecipientes iussimus modisque omnibus confirmavimus, ne hoc nostrum imperiale praeceptum aliqua magna seu parva nostri imperii persona infringere aut violare praesumat. Et ut haec nostra imperialis interdictio stabilis et inconvulsa omni permaneat aevo, hanc paginam inde conscriptam manu propria, ut inferius videtur, corroborantes sigilli nostri impressione iussimus insigniri. Datum 4 Kal. Iunii anno dominicae incarnationis 1054, indictione 7, anno domni H(einrici) tercii regis, imperatoris secundi, ordinationis 27, regni 16, imperii 8.

18. *Herimannus Contractus in libro de virtutibus*[b].

(E I 19)

ante
1054
Sept. 24

Si non sufficiant tibi res, tu suffice rebus;
Sufficiens[c] fueris nil cupiendo magis[2].

19. *Heinricus IV rex Adalberonem episcopum Bambergensem rogat, concedat sibi, ut haranscarae poena, in militem quendam statuta, ab imperatore a seque compensetur*[d]. (E 188)

1054-1056   Heinricus[e] Dei gratia rex A(dalberoni) sanctae Babenbergensis ecclesiae venerando pontifici, suo scilicet dilecto nepoti[f][3], gratiam suam et debitum dilectionis donum.

a. *ex V 2v, Z p. 4.*   b. virtibus *V.*   c. Suffiens *Z.*   d. *ex V 85v—86, Z p. 180, C 40, B 33v.*   e. H. *ZCB.*   f. scilicet dilecto nepoti suo *V.*

1. mortui Bambergae die 23 Apr. 1020.   2. De his versibus cf. quae affert Dümmler in Haupt Zeitschrift für deutsches Alterthum XIII 433.   3. Cf. Herimanni Aug. chron. (Mon. Germ. SS. V 133) 1054: „(Imperator) .. natalem Domini in villa Otinga egit, ibique Babinbergensis ecclesiae praesulatum consobrino suo Adalberoni donavit".

Si omnia vestra prosperitatis tenore diriguntur, ut iustum 1054-1056 est, congaudemus; et si quid adversi[a] vobis occurrerit, quod divina repellat obumbracio, ut decens est, condolemus. Et hanc eandem caritatis vicem vos erga nos servaturum non dubitamus. Quapropter dilectionis vestrae rogamus privilegium[1] — quia quidam miliciae vestrae N.[b] nomine misericordiam nostram et auxilium petens venit, ut sibi illam haranscaram[c,2] cum vadimonio, quam vobis iureiurando promisit, nostri amoris et[d] rogatus causa dimittatis —: ut ego ex parte mea[e] vobis compensem patremque meum[3], ut et ipse vobis compenset, instigem.

20. *Canonici Bambergenses Guntherum electum episcopum hortantur, ut praedium ipsis ablatum restituat[4].* (E 205)

Domino exoptatissimo et a Deo patre praeelecto et prae- 1057 destinato pastori G(unthero) H(erimannus) praepositus[f] P(oppo) decanus cumque his totus Babenbergensis clerus impensissimas in Christo et perseverantissimas orationes.

Tempestatem[g] quidem persecutionis et invidiae, qua ille antiquus hostis in ecclesiam nostram in ipsis pene fundamentis per membra sua, id est per iniustos et perditos principes, grassari consueverat, eam inquam tempestatem iam tandem aliquando sedatam cessasse, compositam desuevisse speravimus, lucemque tranquillitatis et securitatis nobis illuxisse credidimus; tum profecto, cum divina pietas, universali nostrum voto satisfaciens, te nobis ex nostro corpore pastorem exoptatissimum concessit et dominum. Atque adeo ea te prudentia in tantarum rerum amministracione, ea te modestia per Dei gratiam huc usque egisti, ut minime nos tam sani desiderii, minime[h] tam consultae electionis penitere debuerit.

Verum nunc non mediocris nos cura sollicitat, scilicet: ut tam existimatio tua quam nostrum iudicium periclitari incipiat;

a. aversi *VZ*. b. H. *V*. c. harascaram *V*, haranscaram *ZCB*. d. *om. B*. e. mea parte *V*. f. *ex V 88 v — 89, Z p. 187 — 188*. g. Tempestatis *VZ*. h. *om. V*.

1. licentiam. 2. Cf. supra T. III p. 615 n. 3; et p. 644. 3. Heinricum III imperatorem. 4. postea episcopus.

1057 et quod his gravius est et periculosius, ne divinam tibi parias offensam, veremur. Et ut cetera omittamus, animam illam beatissimam H(einrici) christianissimi imperatoris, conditoris et auctoris nostri, cuius memoriam omnis aetas, omnia secula benedicent, illam inquam ne in accusationem et, quod dictu luctuosum est, ne in dampnationem tui provoces, valde horremus et contremiscimus. Solacium enim, quo ille vir beatissimus reliquas facultates nostras in libertatem quandam a procuratoribus nostris vendicaverat[a], quo ille nobis contra proventuum varietatem consuluerat, quo ille nobis intercalares benedictiones instituerat, quo ille diversis temporum calamitatibus occurrerat, illud denique, quo ille nobis et habundantiae nostrae ornamentum et inopiae singulare remedium providerat, sub te, indigena domino, pastore domestico, contra morem contra legem contra omnia divina et humana iura amisimus. Quodsi ordo textusque causae prudentiam tuam fugisset, hoc est si ignorasses, hoc ipsum praedium, cum quondam per violentam dominationem ereptum fuisset[b], quanto sudore quam examinatis probatissimorum fratrum sacramentis et testimoniis in ius proprietatemque Sancti Petri fuerit revocatum, profecto per obtentum ignorantiae te nobis excusare possemus. Neque vero iacturam, quam patimur, tametsi vix tolerari posse videatur, tantopere gravamur; fiduciam enim plurimam per merita beati Petri habemus de recuperatione. Verum tuam, domine piissime, vicem pro debita tibi caritate deploramus, si tuis in nos, quod ne dici fas est, iniuriis locum et occasionem alienis parias beneficiis.

Quam ob rem pedibus tuis una devotione provoluti, unice misericordiam tuam obsecramus et obtestamur: ut causae nostrae, cui Deus favet et iusticia, pietatis tuae favor adesse dignetur; remque nostram in pristinum statum restituere non graveris. Hec profecto via est, qua[c] ad divinam proxime accedere poteris propiciationem; hec ratio est, qua in congregatione deditissima[d] et devotissima et animae tuae eternum praesidium et nomini tuo perenne[e] comparabis monimentum.

a. vindicaverat Z.   b. fugisset V.   c. que Z.   d. deditssima V.   e. perhenne V.

Magnus ille pastor et bonus, id est filius Dei vivi, te nobis 1057 pastorem et dominum plurimo tempore dignetur concedere.

21. *Nicolai II papae de pontificibus creandis lex*ᵃ¹. (E 9)

In nomine domini dei etᵇ salvatoris nostri Iesu Christi. 1059 Anno ab incarnationeᶜ eiusdem 1059, Idus Aprilis, indictione 12, Apr. 13 propositisᵈ sacrosanctis euangeliis, praesidente quoque reverentissimo ac beatissimo Nicolao apostolico in basilica Lateranensis patriarchii, que agnominatur Constantiniana; considentibusᵉ etiam reverentissimis archiepiscopis et episcopis, abbatibus ac venerabilibus presbyteris atqueᶠ diaconibus, idem venerabilis pontifex, auctoritateᵍ apostolica decernens deʰ electione summi pontificis, inquitⁱ:

*Novit beatitudo vestra, dilectissimi fratres et coepiscopi, et*ᵏ *interiora*ˡ *Christi menbra non latuit: defuncto piae memoriae domno Stephano*ᵐ *praedecessore nostro, haec apostolica sedes, cui Deo auctore deservio, quot*ⁿ *adversa pertulerit, quot*ᵐ *denique per symoniacae heresis trapezitas malleis crebrisque tunsionibus subiacuerit; adeo ut columpna Dei*ⁿ *viventis iam*ᵒ *pene concussa videretur nutare et sagena summi piscatoris procellis intumescentibus cogeretur in naufragii profundum*ᵖ *submergi. Unde, si placet fraternitati vestrae, debemus futuris casibus auxiliante Deo prudenter occurrere, et ecclesiastico statui, ne rediviva quod absit mala praevaleant, in posterum providere*ᑫ.

*Quapropter, instructi praedecessorum nostrorum aliorumque sanctorum patrum*ⁿ *auctoritate, decernimus atque statuimus: ut,*

a. *ex V 8—8v, Z p. 16:* Decretum Nicolai pape de electione Romani pontificis. *Legitur etiam in* (B) *cod. bibl. Bamberg.* Q VI 31 *membr. saec. XII fol.* 65—70v. b. ac *B.* c. incartione *V.* d. prepositis *B.* e. consedentibus *B.* f. ac *V.* g. auctoritate apostolica *om. V.* h. de — pontificis *om. B.* i. inquid *V,* ait *B.* k. quia *B pro* et. l. interiora *VB; super* interiora *scripsit in Z alia manus:* vel an(teriora). m. quod *VZ.* n. *om. B.* o. iamiam *B.* p. profunda *B.* q praevidere *B.*

1. De diversis legis huius exemplis egerunt Waitz (in Forschungen zur deutschen Geschichte IV 105 sq.) Will (ibid. 537 sq.) Giesebrecht (in Münchner historisches Jahrbuch für 1866 p. 156 sq.); neque rem ad liquidum perduxerunt. At quantum ea, quam hic propono, legis forma differat cum duabus formis adhuc respectis, facile apparet. 2. X.

1059
Apr. 13

obeunte huius Romanae universalis ecclesiae pontifice, inprimis cardinales diligentissima simul consideratione tractent[a]*, salvo debito honore et reverentia filii nostri Heinrici, qui inpraesentiarum rex habetur et futurus inperator Deo concedente speratur. Sicut iam sibi, mediante eius nuntio Longobardie cancellario Wiberto*[b]*, concessimus, et successor*[c] *illius, qui ab hac apostolica sede personaliter hoc ius*[d] *impetraverit, ad consensum novae electionis*[e] *accedat. Ut nimirum*[f] *venalitatis morbus qualibet occasione non*[g] *subrepat*[h]*, religiosi viri cum serenissimo filio nostro rege H(einrico)*[i] *praeduces sint in promovendi summi*[k] *pontificis electione; reliqui autem sequaces. Eligant autem de ipsius ecclesie gremio, si reperitur idoneus; vel si de ipsa non reperitur, ex alia assumatur. Quodsi pravorum atque*[l] *iniquorum hominum perversitas ita invaluerit, ut pura sincera atque gratuita electio in urbe fieri non possit, licet pauci sint, ius tamen potestatis obtineant eligere*[m] *apostolice sedis pontificem, ubi cum invictissimo rege congruentius iudicaverint. Sane*[n] *postquam fuerit electio*[o] *facta, si bellica tempestas vel qualiscunque hominum conatus malignitatis studio restiterit, ut is, qui electus est, in apostolicam sedem iuxta*[p] *consuetudinem intronizari non valeat, electus tamen, sicut papa auctoritatem obtineat regendi sanctam*[s] *Romanam ecclesiam et disponendi omnes facultates eius*[q]*; quod beatum Gregorium ante suam consecrationem fecisse cognoscimus.*

Quodsi quis contra hoc nostrum decretum, synodali sententia promulgatum, per sedicionem vel praesumptionem aut quodlibet ingenium electus aut etiam ordinatus seu intronizatus fuerit, non papa sed satanas, non apostolicus sed apostaticus ab omnibus habeatur et teneatur; et auctoritate divina et sanctorum apostolorum Petri et Pauli perpetuo anathemate[r] *cum suis auctoribus fautoribus et sequacibus, a liminibus sanctae ecclesiae separatus, abiciatur*[s] *sicut antichristus et invasor atque*[t] *destructor*

a. tractantes *B*.   b. Wiperto *B*.   c. successori *B*.   d. hoc ius om. *VZ*. e. dilectionis *B*.   f. ne add. *B*.   g. om. *B*.   h. surrepat *V*, surripiat *B*. i. N. *VZ*, H. *B*.   k. om. *B*.   l. atque iniquorum om. *B*.   m. ius tamen obtineant eligendi *B* pro ius — eligere.   n. Plane *B*.   o. om. *B*.   p. iuxta consuetudinem om. *B*.   q. illius *B*.   r. anathemati *B*.   s. subiciatur *B*.   t. ac *B*.

tocius christianitatis. Nec aliqua super hac audacia venia ei aliquando reservetur; sed ab omni ecclesiastico gradu, in quocunque* prius fuerat, sine retractatione* deponatur*. Cui quisquis adheserit vel qualemcunque tanquam pontifici reverentiam exhibuerit aut in aliquo illum defendere praesumpserit, pari sententiae sit* mancipatus*.*

Quisquis autem huius nostrae decretalis sententie temerator extiterit et Romanam ecclesiam sua praesumptione confundere et perturbare contra hoc statutum temptaverit, perpetuo anathemate atque excommunicatione* dampnetur et cum impiis, quo* non resurgunt in iudicio*, deputetur*. Omnipotentis scilicet dei Patris et Filii et Spiritus sancti* contra se iram sentiat, et sanctorum apostolorum* Petri et Pauli, quorum praesumit confundere ecclesiam, in hac vita et in futura furorem reperiat. Fiat habitatio eius deserta, et in tabernaculis eius non sit, qui inhabitet*. Fiant filii eius orphani et uxor eius vidua*. Commotus amoveatur ipse atque eius filii et mendicent et eiciantur de habitationibus suis*. Scrutetur fenerator omnem substantiam eius et diripiant alieni labores eius*. Orbis terrarum pugnet contra eum* et cuncta elementa sint contraria ei, et omnium sanctorum Rome quiescentium merita illum confundant et in hac vita super eum apertam vindictam ostendant. Observatorem autem huius nostri decreti Dei omnipotentis gratia protegat et auctoritate beatorum principum apostolorum* Petri et Pauli ab omnibus peccatorum vinculis absolvat. Amen*.*

Nicolaus episcopus sanctae catholicae et apostolicae Romanae ecclesiae huic decreto a nobis, sicut superius legitur*, promulgato subscripsi.

Bonifacius Dei gratia Albanensis* episcopus, Umbertus*

a. nec aliqua super hoc audientia aliquando ei reservetur *B*. b. quo *B*.
c. retractione *B*. d. puniatur *B*. e. sit sit *V*. f. pari sentencia mancipetur *B*.
g. et *V*. h. atque excommunicatione om. *B*. i. qui *B*. k. dampnetur *B*.
l. s. *V* (*pro* Spiritus sancti). m. om. *VZ*. n. om. *V*; principum apostolorum om. *B*.
o. om. *VZ*. p. om. *B*. q. Abbanensis *B*. r. Humbertus *B*.

1. Ps. 1, 5. 2. Ps. 68, 26. 3. Ps. 108, 9. 4. Ps. 108, 10.
5. Ps. 108, 11. 6. cf. Sap. 5, 21.

1059 Silve candide^a, Petrus^1 Hostiensis, Petrus Lavicanensis. Hi Ro-
Apr. 13 mani episcopi subscripserunt una cum Iohanne episcopo Portuensi.

Iohannes cardinalis tituli sancti Marci, Leo cardinalis tituli sancti Damasi, Vivus cardinalis tituli sanctae Mariae trans Tyberim, Desiderius cardinalis tituli sanctae Ceciliae. Hi omnes subscripserunt.

Mancius archidiaconus, Crescentius diaconus, Amantius diaconus; omnes sanctae Romanae aecclesiae subscripserunt.

Hildebrandus monachus et subdiaconus et ceteri Romanae aecclesiae subscripserunt.

Wido archiepiscopus[2], Dominicus[2] Gradensis patriarcha, Hugo Chrisopolitanus archiepiscopus, Hildebrandus Capuanus archiepiscopus, Udelricus Beneventanus archiepiscopus, Alphanus Salernitanus archiepiscopus. Hi omnes subscripserunt.

Iohannes episcopus Sabinensis, Rolandus episcopus Sutriensis, Airardus episcopus abbas Sancti Pauli, Leo episcopus Gaitanae, Iohannes episcopus Terracinensis, Pandolfus episcopus Narniensis[4], Atto episcopus Theatensis, Dominicus episcopus Babensis[5], Iohannes episcopus Pennensis, Palumbo episcopus Suranensis[6], Petrus episcopus Civitatis Castalensis, Iohannes episcopus Tyburtinus, Heinricus episcopus Spolitanus, Meinardus episcopus Urbinensis, Godefridus episcopus Perusinus, Agano episcopus Edunensis[7], Gosfridus episcopus Attelanensis, Udelricus episcopus Firmanensis[8], Berardus episcopus Esculanus, Hugo episcopus Camerinensis, Wilelmus episcopus Humanus^b, Trasmuldus episcopus Phesulanus, Iohannes episcopus Suanae^c, Ludowicus episcopus[9], Herimannus episcopus Castellanus[10], Teuzo episcopus Urbivetanus^d, Iohannes episcopus Clusinus, Iohannes episcopus Senensis, Wido episcopus Vulturnensis[11], Petrus episco-

a. et ceteri *VZ* pro *omnibus, quae in B sequuntur, nominibus.* b. numanus *B.*
c. Suanae *B.*   d. Urbibecanus *B.*

1. Damiani.   2. Mediolanensis; cf. Bonithonis librum ad amicum, supra T. II p. 643.   3. III.   4. al. Marsiensis.   5. al. Balbensis.   6. sic.   7. Augustodunensis.   8. Firmensis.   9. Nucerinus.   10. Tiphernensis.   11. Volaterrensis.

pus, Benedictus Suesanus[1], Azo episcopus Fulligensis[2], Petrus 1059
episcopus Apprüciensis, Gerardus episcopus Rosellanus, Ansel- Apr. 18
mus[3] episcopus Lucensis, Petrus episcopus Pensauriensis, Andulphus episcopus Feretranus[a], Rodulfus episcopus Egubinus,
Teudicius episcopus Sengaliensis, Harduwicus episcopus Tudertinus, Arnulfus episcopus Cusentinae, Stephanus episcopus Troianensis, Benedictus episcopus Synphroniensis, Hugo episcopus
Callensis[4], Gerardus episcopus Reatinus[b], Giselbertus episcopus
Tuscanensis, Achinus episcopus Asisinus, Rofredus episcopus
Atesrensis[5], Marinus episcopus Fundensis, Albertus Mutinensis
episcopus, Bernardus episcopus Agatensis[6], Ingo episcopus Bal-
neoregis, Tegrino episcopus Populoniensis, Hubertus episcopus
Ianuensis, Deodatus episcopus Corbinensis[7], Iohannes episcopus
Trebensis[8], Placitus episcopus Berolanensis[9], Erasmus episcopus
Sigensis[10], Arechis episcopus Alifanae, Gunibertus[c] episcopus Tau-
rinensis[d], Obizo episcopus Bobiensis, Benzo episcopus Albensis,
Heinricus episcopus Yporegiensis, Otto episcopus Novariensis,
Wilelmus episcopus Apuliae. Hi omnes confirmaverunt[11].

22. Berengarii diaconi S. Mauricii Andegavensis iusiurandum[e].

(E 311)

Ego Berengarius indignus diaconus ecclesiae sancti Mau- 1059
ricii Andegavensis, cognoscens veram catholicam et apostolicam Apr.
fidem, anathematizo omnem heresim; praecipue eam, de qua
hactenus infamatus sum, quae astruere conatur: panem et vinum,
que in altari ponuntur, post consecrationem solummodo sacra-

<sub>a. Fererranus B. b. Reantinus B. c. Gumbertus B. d. Paurinensis B.
e. ex V 125v, Z p. 275—276, C 60v—61: Iuramentum Perengarii, cum he-
resin abiuraret.</sub>

1. Suessanus. 2. Fulgineensis. 3. I, postea Alexander II papa.
4. Calliensis. 5. sic. 6. S. Agatae. 7. Montis Corbini, prov. Beneventanae. 8. Trebiensis. 9. Verulensis. 10. Signiensis. 11. In
codice Vaticano 1984, quo Pertzius in Mon. Germ. LL. II 176—180 usus
est, sequitur: „AŪG Si quis laicus iuramentum — percipiat. Amen".
Quem canonem et Pertzius et Watterich (Pont. Rom. vitae T. I 232) sic
imprimi iussit: „Augmentum: Si quis cet." At legendum est: „Augustinus: Si quis cet."; cf. Gratiani Decr. P. II C. 22 c. 19.

1059 mentum et non verum corpus et sanguinem domini nostri Iesu
Apr. Christi esse nec posse sensualiter nisi in solo sacramento manibus sacerdotum tractari vel frangi aut fidelium dentibus atteri. Consentio autem sanctae Romanae et apostolicae sedi et ore et corde profiteor, de sacramentis dominicae mensae eam fidem tenere, quam dominus et venerabilis papa Nicolaus [1] et haec sancta synodus [2] auctoritate euangelica et apostolica tenendam tradidit mihique firmavit; scilicet: panem et vinum, quae in altari ponuntur, post consecrationem non solum sacramentum sed etiam verum corpus et sanguinem domini nostri Iesu Christi esse, et sensualiter non solum in sacramento sed in veritate manibus sacerdotum tractari frangi et fidelium dentibus atteri; iurans per sanctam omousion [a] et individuam trinitatem et per haec sacrosancta Christi euangelia. Eos vero, qui contra hanc fidem venerint, cum dogmatibus et sectatoribus suis aeterno anathemate dignos esse pronuntio. Quodsi ego ipse aliquando contra haec sentire aliquid ac praedicare praesumpsero, subiaceam canonum severitati. Lecto et perlecto sponte subscripsi.

23. *Guntherus episcopus Bambergensis Annoni archiepiscopo Coloniensi de disturbatis adversariorum consiliis gratulatur. Cautionem suadet. Alia addit, in his de sua cum Agnete imperatrice disceptatione* [b][3]. (E 202)

1062 Reverentissime diligendo ac [c] dilectissime verendo domno archipraesuli [d] A(nnoni) [4] G(untherus) licet indignus episcopus [5], quicquid devotionis et obsequii homini ab homine prestari potest inpensius.

Quod vestra dignatio de fidei devotionisque nostrae [e] constantia tam sincero praesumit iudicio, id vero et debita me afficit [f] gratulatione et multa in futuris onerat sollicitudine, ut tam bonam de me persuasionem perpetuam vobis [g] commen-

a. omousyon *V*.   b. *ex V 88—88v, Z p. 186—187, C 44, B 35—35v.*
c. et *CB*.   d. archiepiscopo *CB*.   e. om. *V*.   f. affecit *CB*.   g. om. *B*.

1. II.   2. Romae die 13 Apr. 1059 habita.   3. De hac epistola cf. Floto Kaiser Heinrich der Vierte I 195 et Giesebrecht Geschichte der deutsch. Kaiserzeit III 1062.   4. archiepiscopo Coloniensi.   5. Bambergensis.

dem. Porro quod nostrae parvitatis officium erga vos exile 1062 nimis et ieiunum tam magnifica appenditis estimatione, ne quidem meum meritum sed propensum vestrae caritatis intelligo affectum. Est enim hoc sollempne prorsus et familiare sincere diligentibus, ut tenuissimam operam eorum, quos diligunt, velut egregiam et singularem admirentur.

Et nostro et totius regni nomine gratulor vobis, quod, perditis emulorum consiliis tam mature vos occurrisse, tam prudenter ea dissipasse, ex litteris vestris cognovi. Verumtamen, dum singula mecum etiam[a] atque etiam retracto, solidum sincerumque gaudium vix audeo concipere. Suspectum quippe mihi est, quod de marchione D. et de[b] archiepiscopo Moguntino[1], qui se velut caput coniurationis effert, nichil scripsistis. Movet me etiam ducis Bawariorum[c,2] tam facile recepta purgatio, tam facile credita excusatio. Dolosis enim consiliis nichil dissimulatione aptius est[d]. Quam ob rem velim vos unice commonitum, ut in omnes partes circumspecte vos agatis, nichil de priori diligentia remittatis. Nostis mores, nostis tempora; quid credat aut cui credat, nemo habet. Et in tam dubiis rebus periculosa est securitas, dampnosa facilitas, perniciosa credulitas. Novi, quam supereffluenti hec instillem; sed exacto amori difficile modum persuaseris.

De comite N. quam sim exacerbatus, utinam dissimulare possem. Verumtamen[e] — quia id non licet mihi nolle, quod vos tantopere velle intelligo[f] — imperavi dolori, extorsi animo; ut, cum ad vos venero, ex vestra praecipue sententia et ducis B(ertholdi)[3] consilio rem paciar[g] componi.

Comitis N. causam etiam atque etiam vestrae fiduciae commendatam[h] esse volo, ne comes N. in nostram iniuriam sub alieno nomine de illo triumphet.

De mea cum domna imperatrice disceptatione[4] id solum

a. etiam *erasum est in* V. b. de om. VZ. c. Bauwariorum V. d. om. B. e. Sed CB. f. intelligo velle V. g. pacior VZ. h. commendam B.

1. Sigefrido I. 2. Ottonis de Northeim. 3. ducis Carinthiae. 4. Bernoldi chron. (Mon. Germ. SS. V 428) 1062: „Magna dissensio facta

1062 volo ad praesens rogare: ut, ubi* occasio aliqua dederit, solitam ecclesiae nostrae opem et tutelam praetendere non gravemini.

24. *Alexander II papa canones in synodo Constantiniana sancitos promulgat*[b]. (E 131)

1063? Alexander episcopus servus servorum Dei omnibus episcopis catholicis cunctoque clero et populo salutem et apostolicam benedictionem.

Vigilantia universalis regiminis assiduam sollicitudinem omnibus debentes, quae in Constantiniana[c] synodo nuper celebrata coram centum et amplius episcopis, nobis licet[d] inmeritis praesentibus, sunt canonice instituta, vobis notificare curamus; quia ad salutem vestram executores eorum vos optamus et ex apostolica auctoritate iubendo mandamus.

Primo namque inspectore Deo, sicut a sancto papa Leone et beatae memoriae papa Nicolao[e] inprimis statutum est, erga symoniacos[1] nullam misericordiam in dignitate conservanda habendam esse decernimus; sed iuxta canonum sanctiones et decreta sanctorum patrum eos omnino dampnamus ac in ecclesia non praeesse apostolica auctoritate sanctimus.

De his, qui non per pecuniam sed gratis a symoniacis sunt ordinati, quesita iam longo tempore et diutius questione ventilata, omnem nodum dubietatis absolvimus; ita ut super hoc capitulo neminem deinceps ambigere permittamus. Quia igitur usque adeo hec venenata pernicies hactenus inolevit, ut vix quaelibet ecclesia valeat reperiri, quae hoc morbo non sit aliqua ex parte corrupta, eos, qui usque modo gratis sunt consecrati a symoniacis, non tam censura iusticiae quam intuitu misericordiae in acceptis ordinibus manere permittimus; nisi forte alia culpa

---

a. ù *C,* cum *B.* b. *ex V 54v—55, Z p. 91—92:* Decretum Alexandri pape; *B 32—32v:* Epistola. c. Constantiana *V.* d. licet nobis *VZB.* e. Nycholao *V,* Nikolao *B.*

est inter imperatricem Agnetem et Gundharium Babenbergensem episcopum".

1. „Erga simoniacos — sancimus" leguntur in Gratiani decr. P. II C. I q. 1 c. 110.

ex vita eorum secundum canones eis obsistat. Tanta quippe 1063? talium multitudo est, ut, dum rigorem canonici vigoris super eos servare non possumus, necesse sit, ut dispensatorie ad piae condescensionis studium animos nostros ad praesens inclinemus; ita tamen, ut auctoritate sanctorum apostolorum Petri et Pauli omnimodis interdicamus: ne aliquis successorum nostrorum ex hac nostra permissione regulam sibi vel alicui praesumat vel praefigat; quia non hanc antiquorum patrum auctoritas iubendo aut concedendo promulgavit, sed turpis et nimia necessitas permittendo a nobis extorsit.

De cetero autem, si quis hinc in posterum ab eo, quem symoniacum esse non dubitat, se consecrari permiserit, et consecrator et consecratus non disparem dampnationis sententiam ineat; et uterque depositus penitenciam agat et privatus a propria dignitate persistat.

Preter haec autem[1] praecipiendo mandamus, ut nullus missam audiat presbiteri, quem scit concubinam indubitanter habere vel subintroductam mulierem. Unde sancta synodus haec[a] a capite sub excommunicatione statuit dicens: *Quicunque sacerdos vel diaconus vel subdiaconus — post constitutum beatae memoriae praedecessoris nostri sanctissimi papae Leonis aut Nicolai*[b] *de castitate clericorum — concubinam duxit palam vel ductam non reliquit, ex parte omnipotentis Dei et auctoritate Petri et Pauli praecipimus et omnino contradicimus: ut missam non cantet neque euangelium ad missam legat neque epistolam legat; neque in presbiterio ad divina officia cum his, qui praefatae constitutioni obedientes fuerint, maneat; neque partes ab ecclesia suscipiat.*

Et praecipientes[2] statuimus, ut hi[c] praedictorum ordinum, qui eisdem praedecessoribus nostris obedientes castitatem servaverint, iuxta ecclesias, quibus ordinati sunt, sicut oportet re-

a. hoc *B*.   b. Nicholai *V*.   c. hii *V*.

1. „Praeter hoc autem — ab ecclesia suscipiat" leguntur in Gratiani decr. P. I D. 32 c. 6.   2. „Praecipientes — mereantur ascribi" sunt ap. Gratianum l. l.

Jaffé, Bibliotheca V.

1063? ligiosos clericos, simul manducent et dormiant et, quicquid eis ab ecclesiis competit, communiter habeant. Et rogantes monemus, ut ad apostolicam secundum communionem vitam pervenire studeant, quatinus perfectionem cum his consequi, qui centesimo fructu ditantur, et in caelesti patria mereantur asscribi.

Deinde[1] et primitiae seu oblationes vivorum et mortuorum ecclesiis Dei fideliter reddantur a laicis, ut in dispositione episcoporum sint. Qui eas retinuerint[a], a sanctae ecclesiae communione separentur.

Et per laicos[2] nullo modo quilibet clericus aut presbiter obtineat ecclesiam, nec gratis nec precio.

Nec aliquis presbiter[3] duas ecclesias obtineat.

Ut per symoniacam heresim nemo ordinetur vel promoveatur ad quodlibet officium ecclesiasticum; ne de ecclesiis eiciatur.

Et[b] ut nullus[4] monachilem habitum suscipiat, spem aut promissionem habens ut abbas fiat.

Ut nullus laicus ad quemlibet gradum ecclesiasticum repente promoveatur, nisi post mutatum habitum secularem diutina conversatione inter clericos fuerit comprobatus.

Vos ergo haec et alia sanctorum patrum statuta fideliter christiana reverentia observate, si vultis sanctae Romanae ecclesiae[c] et apostolicae sedis pace et communione atque benedictione et absolutione gaudere.

---

25. *Fridericus ecclesiae Bambergensi praedia et ministeriales legat*[d]. (E 113)

1057-1064 Notum sit omnibus Christi fidelibus tam posteris quam

a. rennuerint V, *ubi alia manus addendo superscripsit* reddere; rennuerint Z; retinuerint B. b. ut nullus — abbas fiat *om.* B. c. ecclesiae et *om.* B. d. *Descripsi ex cod. bibl. Bamberg. D II 16 membr. formae maximae saec. XII fol. 28 v. Habetur in Udalrici codicibus V 43—43v, Z p. 67—68, cum hoc lemmate:* Privilegium de iusticia ministerialium Babenbergensis ecclesiae; C 19v—20.

1. „Deinde — separentur" sunt ap. Gratianum l. l. 2. „Per laicos — nec precio" sunt in Gratiani decr. P. II C. XVI q. 7 c. 20. 3. „Nullus presbyter duas habeat ecclesias" leguntur ap. Gratianum l. l. 4. „Nullus habitum monachilem — abbas fiat" sunt ap. Gratianum l. l.

modernis, qualiter Fridericus rogatu domini sui Guntheri, quinti 1057-1064 sanctae Babenbergensis[a] aecclesiae episcopi[1], alodium quoddam Wŏuezesdorf et[b] Haga, quod idem prenominatus episcopus antea per manum advocati sui in manum eiusdem Friderici legaverat, cum omnibus ad ea loca pertinentibus — hoc est quicquid supra dictus episcopus predii inter duos fluvios, videlicet Isiam[c], quam nos vulgariter Einsam[d] dicimus, et Ibisiam[e] habuerat — ad altare sancti Petri maioris monasterii in Babenberc legavit pro remedio animae eiusdem prenominati episcopi G(untheri) nec non patris et matris.

Legavit etiam ministeriales, ad idem predium pertinentes, ad supradictum altare sancti Petri in Babenberc; eo deinceps sibi suisque posteris retento iure, quod veri[f] ministeriales habent eiusdem aecclesiae; quod etiam infra subscriptum[g] est.

Haec est iusticia ministerialium Babenbergensium:

„Si quem ex his dominus suus accusaverit de quacumque re, licet illi iuramento se cum suis coaequalibus absolvere; exceptis tribus, hoc est: si in vitam domini sui aut in cameram eius aut in munitiones eius consilium habuisse arguitur. Coeteris vero hominibus de quacumque obiectione absque advocato cum suis coaequalibus iuramento se poterit absolvere; et coeteris hominibus non plus debent quam 7 personas, suis vero sociis 12".

„Si occisus fuerit, reconpensatio eius 10 librae sunt, quae ad alium[h] non pertinent, nisi ad agnatos[i] occisi".

„Si beneficium ab episcopo non habuerit et representaverit se in eius ministerio et beneficium non potuerit[k] obtinere, militet cui vult non beneficiarius sed libere".

„Si absque liberis obierit et uxorem pregnantem habuerit, expectetur dum pariat. Et si masculus fuerit, ille habeat beneficium patris; si non, proximus agnatus defuncti vel[l] loricam

a. Babergensis *D.* b. Wŏuezesdorf et *om. VZC.* c. Ysiam *VZC.* d. Ensam *VZC.* e. Tibisiam *D,* Tybisiam *VZ*; Tibisam *corr. in* Ibisam *C.* f. veri *DC,* inde *VZ.* g. scriptum *C.* h. alios *VZC.* i. cognatos *VZC.* k. poterit *V.* l. *om. VZC.*

1. 1057—1065.

1057-1064 suam vel equum, quem* meliorem habuerit, domino suo offerat et beneficium cognati sui accipiat".

„In expeditionem iturus, ex suo sumptu ad dominum veniat; deinceps ex eius inpensa alatur".

„Si expeditio est in Italiam, dominus per singulas loricas unum equum det et 3 libras. Si vero aliô, duo ex illis tercio dent inpensas, beneficium habentes".

„A domino suo non constringantur nisi ad 5 ministeria; hoc est: ut aut dapiferi sint aut pincernae aut cubicularii[b] aut marescalchi aut venatores".

Legavit etiam prenominatus F(ridericus) aliud predium inter Trunam et Isiam situm, quod item prenominatus episcopus G(untherus)[c] illi per manum advocati sui legaverat, cum utriusque sexus mancipiis ad supradictum altare sancti Petri maioris monasterii in Babenberc pro remedio animae eiusdem G(untheri) episcopi nec non patris et matris eius.

Harum ergo traditionum testes per aurem tracti sunt: palatinus comes Chuono et filius eius Chuono[d][1]. Noppo, Eberhart, Perenhart, Timo, milites eius. Megenhardus comes de Charinthia. Adalbero comes; Hartwigus comes, miles eius. Perehctolt signifer et milites eius Marcwart, Egelsclac, Gozpreht. Gebehardi milites: Huc, Werenhart. Gotescalc et milites eius: Garehere, Adalbero, Chuonerich, Ascuuinus, Liutpoldus, Wolferam, Chuono, Lagep. Hartwigus frater patriarchae et milites eius Einuuic, Regil, Perehctolt. Milites episcopi: Ruotpreht, Immo, Wolfdrigel, Aribo, Regil, Aribo de Tanna, Heinricus, Reginhart. Miles advocati Timo. Milites Heremanni: Wecil, Hereman. Fridericus de Carinthia et milites eius: Adelbero, Eppo, Perehctolt, Altman.

a. quam *D.*   b. aut cubicularii *om. V.*   c. F. *V.*   d. N. et ceteri *VZC* pro: Chuono — Altman.

1. occisus a. 1081; v. Ekkehardi chron. (Mon. Germ. SS. VI 205).

26. *Guntherus episcopus Bambergensis archiepiscopo cuidam scribit, se ad curiam pentecoste venturum esse*[a]. (E 204)

Reverentissimo archipraesuli N. G(untherus)[1] vestrae voluntati in omnibus et per omnia deditissimus. 1057-1064

Omnes difficultates superare, omnes domesticas necessitates, quae certe maximae sunt, statui dissimulare, ut in pentecoste[b] ad curiam — quia id vos magnopere velle intelligo — veniam. Et quia in id ipsum tempus controversiam nostram dilatam esse meministis, maxime id velim nosse: utrumnam sic parato et instructo mihi veniendum sit, ut ibidem finem exitumque rei expectaturus sim, necne; scilicet ut personas ad negocium necessarias mecum exhibeam. Verumtamen, qualemcunque eventum causae nostrae divinus favor et vestra dederit fiducia, me non pigebit laboris et impensae, quam in obsequium dilectissimi domini nostri et vestrae voluntatis arbitrium impendam.

27. *Guntherus episcopus Bambergensis Sigifrido I archiepiscopo Moguntino de pallio sibi misso significat*[c]. (E 203)

Domino et patri venerando S(igifrido)[2] dignissimo sanctae Moguntinae sedis archipraesuli G(untherus)[3] licet indignus suus suffraganeus orationum et obsequii perpetuam devotionem. 1060-1064

Non arbitror vestram prudentiam fugisse, qualiter H(einricus) imperator piae memoriae nostram ecclesiam, cuius ipse fundator divinitus extitit, Romanae sedis mundiburdio[d] assignaverit certamque pensionem suo tempore illi solvendam nobis perpetuo imposuerit. Tunc Romanus pontifex, ut hanc singularem nostram subiectionem magis celebrem et insignem faceret, omnibus ecclesiae nostrae praesulibus usum pallii generali privilegio concessit; et subinde alii papae nostris antecessoribus, commoniti et appellati, idem sollempniter indulsere. Quorum exemplo et auctoritate iste[4] quoque provocatus, nostrae humilitati pallium secundum

---

a. *ex V 88v, Z p. 187.*   b. *pentechoste V.*   c. *ex V 88v, Z p. 187, C 44v —45, B 35v.*   d. *in margine superiore V legitur, manu saec. XII scriptum:* mundiburdium id est proprietas.

1. episcopus Bambergensis.   2. I 1060--1084.   3. ep. Bambergensis.   4. aut Nicolaus II aut Alexander II.

1060-1064 antiqui privilegii tenorem transmisit. Quam rem* ne quis apud vos, ut sunt hominum ingenia, superbe aut contumeliose interpretari possit, seriem et modum rei vobis insinuare curavi; certus nimirum, quicquid pro ecclesiarum stabilitate agitur, vestram caritatem sincere congratulari.

28. *Sigifridus I archiepiscopus Moguntinus Alexandro II papae de sua Hierosolymam eundi voluntate significat. Iam denuo petit, ut Burchardo II episcopo Halberstatensi pallii in ecclesia crucisque in equitatu usum interdicat*[b]. (E 128)

1064 Alexandro[c] summo pontifici et universali papae S(igifridus)[d] Moguntinae sedis speculator debitae subiectionis reverentiam et omnimodae servitutis exhibitionem.

Caput nostrum Iesus Christus ita menbrorum suorum compagem[e] glutino caritatis cohererē[f] facit in unum, ut, cum in uno corpore multa sint menbra non eundem actum habentia, in unam tamen conveniant perfecti corporis pulcritudinem, in unam consentiant verae fidei sanitatem. Ea namque est corporis Christi, quod est ecclesia, vera perfectio et[g] perfecta pulcritudo, que, euangelicae veritatis soliditate fundata et apostolicae confessionis petra solidata, uni Deo in Trinitate fide servit[s] et opere. In hoc ergo[h] Christi corpore et inter haec summi capitis menbra quemcunque teneam locum, quodlibet[i] geram officium, ad vestram, mi sanctissime patrum pater, auctoritatem refero. Vestris opitulantibus meritis, illi caelesti Ierusalem[k] inter vivos lapides incorporari confido.

Quapropter, sicut filius omnia sua ad patrem referens, notum facio vestrae sanctitati: me pro remedio delictorum et desiderio supernorum sanctam adire Ierosolimam et sacram dominici corporis venerari et osculari velle sepulturam[l]. Quem quia corporaliter nequeo videre in sede maiestatis eius, saltem vel hoc[l]

a. Quam rem *scripsi pro* Quam ob rem *VZCB.* b. *ex V 52v—53, Z p. 85— 86, G 30v—32.* c. A. *VZ;* Alexandro *G.* d. A. sancte *G (pro* S). e. com *G (pro* compage). f. cohercere *G.* g. om. *G.* h. quoque *G.* i. quod *G.* k. Hierusalem *Z.* l. breviter *G (pro* hoc).

1. Sigifridus auctumno anni 1064 in Syriam profectus est.

recreet[a] desiderium meum, si detur adorare in loco, ubi steterunt 1064 pedes eius. Apud quem[b] si humillimae preces nostrae aliquid valebunt, vitam salutem et omnia vobis[c] optata fideliter obtinebunt. Qua vicissitudine vestris orationibus et ipse peto[b] adiuvari; ut, quod in me minus perfectum est, vestris meritis possit impleri.

Praeterea sanctissimo apostolatui vestro humili suggero devotione, ut meminisse dignemini antiquae conquestionis[d] meae et sanctae promissionis vestrae[e] super[f] Halberstatensi[g] episcopo[1]. Qui, non contentus honore praedecessorum suorum, illustrium utique virorum, novum sibi usurpavit papatum; abiectoque superhumerali et rationali[h], quo illi inter[i] sacra missarum sollempnia utebantur, novo in ecclesia pallio[2] stupentibus parietibus gloriatur, nova cruce non ad orandum[k] sed ad iactandum inter erubescentes lanceas vel gladios in equitatu suo extollitur; non adtendens scriptum[l]: ne transgrediamur terminos antiquos, quos posuerunt patres nostri[3]; neque sacris obediens canonibus, in quibus salubriter cautum est, in ecclesia propter scandalum novitates[m] induci. Si enim in rebus secularibus suum[n] cuique ius et proprius[o] ordo observatur[p], quanto magis oportet, ut in ecclesiasticis disposicionibus nulla confusio inducatur. Non enim fas est, ibi discordiam locum habere, ubi praecipue inter sacerdotes Christi pax et concordia debet regnare. Quod tum[q] diligenter observatur in ecclesiasticis negociis, si plus valet equitas quam[r] potestas. Quapropter apostolatus vestri auctoritate hoc novitatis scandalum de ecclesia auferatur; et unanimitas fratrum, que hoc usurpativo tumore[s] pocius quam honore graviter[t] concussa est, ad suam pacem revocetur. Non enim haec causa mea est, sed genera-

a. recreat *G*. b. *om. G*. c. nobis *G*. d. questionis *G*. e. nostre *Z*. f. *om. G*. g. Halberstetensi *G*. h. rationabili *G*. i. intra *G*. k. horandum *Z*. l. *om. G*. m. novitatis *VZ*, novitates *G*. n. *om. G*. o. piorum *G*. p. servatur *G*. q. cum *VZ*, tum *G*. r. et *G*. s. timore *G*. t. *om. VZ*.

1. Burchardo II. 2. Pallii enim mitraeque usum scimus Burchardo II. episcopo Halberstatensi ab Alexandro II concessum esse die 13 Ian. 1063; v. Regesta pont. Rom. n. 3383. 3. Prov. 22, 28: „Ne transgrediaris terminos antiquos, quos posuerunt patres tui".

1064 liter fratrum. Nec ego solus haec sanctitati vestrae suggero, sed omnium fratrum querelas et preces ad vestram sanctitatem defero^a. Igitur auctor scandali ad rectam viam auctoritate vestra reducatur et id, quod fratres scandalizans usurpat, ea potestate, qua caelum aperitis et clauditis, deponere cogatur. Et ita cessabit conquestio fratrum; et fideliter vobis deserviet unanimitas[b] sacerdotum.

Qui[c] vos olivam fructiferam plantavit in domo Domini, multiplicet sanctitatem vestram ut cedrum Libani.

29. Canonici Bambergenses Adelbertum I archiepiscopum Bremensem rogant, ut litem sibi illatam in Guntheri episcopi reditum differri iubeat[d]. (E 206)

1065 Reverentissimo sacrosanctae Bremensis ecclesiae episcopo [1] N. decanus cum universo[e] Babenbergensi clero tam perpetuam quam debitam devotissimae orationis constantiam.

Quod in tanta rerum humanarum tempestate vestris consiliis vestra auctoritate tam negociosa imperii amministratio divina disposicione gubernatur [2], universali quodam gaudio omnes, quos recta ducit existimatio, amplectuntur. Verumtamen interius et quodammodo familiarius haec voluptas nostris illabitur animis; utpote qui, tociens rebus perditis tociens desperatis, praesentissimam in vobis opem, singulare in vobis experti sumus praesidium.

Sed etsi nullo experientiae gustu gratiae vestrae suavitatem libassemus, praesentis tamen temporis difficultas urgeret: ut nos vestrae, quamvis inexploratae, committeremus[f] benivolentiae[g]. Summam ergo rei paucis advertite.

Domino nostro [3] praedium est ecclesiasticum, quod N. vocatur, amplum sane et fructuosum, de quo episcopus N. contro-

a. refero *VZ*, defero *G*.   b. unitas *G*.   c. Qui — Libani *om. VZ*.   d. *ex V 89—89v, Z p. 188—189*.   e. toto *Z*.   f. committere *V*.   g. debeamus *alia manu in margine V additum est*.

1. Adalberto I.   2. regni curam scimus inde a medio fere a. 1064 usque ad vergentem annum 1065 ab Adalberto sustentam esse.   3. Gunthero episcopo.

versiam aliquando movit in placito comitis et partes nostras vehementer impulit. Stetimus tamen, tum iuris praesidio tum bonorum patrocinio suffulti. Nunc ergo in eodem comitatu placitum est indictum; haut dubium est, quin in nostram ecclesiam. Dominus noster, rerum ignarus, in alio quodam orbe — quod ipsum emuli nostri aucupati sunt — moratur[1]; eos etiam, qui idonee in tanto discrimine consulere poterant, secum abduxit[2]. Adversarii nostri tum consiliis, quae iam multo tempore coxere, tum omni reliquo apparatu vigent, instant. Causa nostra, omni advocatione viduata, in medio posita est, non tam extorquenda quam[a] sumenda.

Tantis ergo curarum angustiis suffocati, ad unicam vestrae pietatis opem confugimus: ut regii sigillaris[3] intercessione in reditum domini nostri[b] causae ipsius actionem differri faciatis. Ecce locus, ecce occasio, qua et dominum nostrum perpetua vobis devotione mancipetis et apud fratres vobis deditissimos eternum animae vestrae remedium comparetis. Modus non erit verbis, si, quantum opus est, tanta loquamur. Nullae enim preces, nullae obsecrationes sollicitudinem nostram explebunt. Et quia operosior supplicatio quaedam videtur desperatio, id breviter vobis supplicatum velimus, ut vos in rem praesentem et domini nostri in vos propensa valde excitet fiducia et vestra ipsius erga nos singularis illa indulgencia, postremo H(einrici) imperatoris, quo conditore et auctore gloriamur, quam[c] vobis gratissimam[d] esse novimus, sancrosancta memoria.

1065

30. 'Epitaphium Guntheri[f] Babenbergensis episcopi.
(E I 13)

Insigni forma, statura, stemate, norma
Presul Guntharius claruit; eximius

1065
Iul. 23

a. confundenda *addidit manus alia in margine* V.   b. scilicet episcopi *alia manus superscripsit in* V.   c. quem Z.   d. gratissimū VZ.   e. *ex* V 2, Z *p.* 4.
f. Eberhardi primi V.

1. Guntherum episcopum auctumno anni 1064 cum aliis Hierosolymam ivisse revertentemque die 23 Iulii 1065 obiisse constat.   2. in his Herimannum praepositum.   3. qui sigillum custodit.

1065
Iul. 23

Heinrici[a] templo, vivis gemmis opulento;
Virtutum radiis praeditus est aliis.
Dum solvit votum, quo se vovit dare totum,
Exul abit Solimam[1], repperit et patriam.

31. *Sigifridus I archiepiscopus Moguntinus Alexandro II papae de suo erga eum studio scribit. Miratur, quod ad litteras suas non rescripserit. Rogat, faveat Heinrico IV regi. Quendam, qui consanguineum suum interfecerit, commendat*[b][2]. (E 126)

1066 ex.
— 1067 in.

A(lexandro) patri patrum, apostolico et[c] universali papae, S(igifridus) Moguntinae speculator ecclesiae, quicquid filius patri, quicquid menbrum capiti.

Ea est corporis Christi, quod est ecclesia, vera perfectio et perfecta pulcritudo, quae, euangelicae veritatis soliditate fundata et apostolicae confessionis petra solidata, uni Deo in Trinitate fide servit et opere. In hoc ergo Christi corpore et inter haec[d] summi capitis menbra quemcunque[e] teneamus locum, quodcunque geramus officium, ad vestram, mi sanctissime patrum, auctoritatem referimus. Vestris opitulantibus meritis, illi caelesti Ierusalem inter vivos lapides[3] incorporari confidimus. Et quia ecclesiam, quam Domino miserante regendam suscepimus, sanctissimae[f] apostolicae sedis, cui auctore Christo[g] praesidetis, specialis est filia, iccirco[h] sanctissimo apostolatui vestro, ut patri filius, specialem exhibemus reverentiam; et ut vestrae sanctitatis auctoritas inter seculi turbines incolomi tranquillitate potiatur, cottidianam Deo orationum et supplicationum offerimus victimam[i]. Noverit autem excellentia vestra, quod hodie non vivit homo[k], quem pax et tranquillitas vestra magis letificet et, si quid secus est, quod absit, quem magis contristet.

a. Henrici *V*.   b. *ex V 51v—52, Z p. 84—85; B 31v*: Item; *C 24—24v*.
c. *om. BC*.   d. hoc *BC*.   e. quecunque *Z*.   f. sanctae *C*.   g. Deo *B*.
h. idcirco *V*.   i. victoriam *B*.   k. homo non vivit *V*.

1. Hierosolymam.   2. Hanc epistolam non multo ante ep. 82 infra scriptam esse, ex illa cognosci potest.   3. Cf. 1 Petr. 2, 5.

Sed unum est, quod pace vestra dictum est, quod vehementer miramur; scilicet quia ad ᵃ apostolatum vestrum devotionis nostrae aliquando scripta misimus et nulla sanctitatis vestrae rescripta meruimus.

Quomodocunque ᵇ ergo illud ᶜ contigerit, nunc humili supplicatu vestram exoramus paternitatem: ut, quia regni nostri estis corona et tocius Romani imperii diadema, filii vestri domini mei regis H(einrici) ᵈ semper in bono meminisse dignemini; et sicut ei ᵉ hactenus consilio et auxilio cum vera fide affuistis, ita cum eo usque ad coronam imperii apostolica constantia persistatis.

Preterea, quia vice magni illius Petri vobis specialiter iniuncta est sollicitudo omnium ecclesiarum et ad apostolicum verticem referendae sunt maiorum causae negociorum, iccirco hunc litterarum portitorem ᶠ ad vestram dirigimus sanctitatem; qui heu, diaboli fallente instinctu, consanguineum suum interfecit. Cuius rei seriem, quia longum est epistolari scedae inserere, ipse, si ᵍ dignemini, viva voce melius explicabit. Complevit autem penitenciale ieiunium et cetera, quae ecclesiastico more penitentibus traduntur ad remedium. Penitentiam eius humilem nimis et devotam accepimus; quod reliquum est, vestrae auctoritati reservavimus. Nunc vestrae sit mansuetudinis, ut eum clementissima apostolicae medicinae manu ad integrum sanetis; et quia ad restitutionem suam devotum eum accepimus, nostri causa quaesumus medicamentum vestrum sentiat lenius.

Qui vos olivam fructiferam plantavit in domo ʰ Domini, multiplicet sanctitatem vestram sicut cedros Libani.

1066 ex. — 1067 in.

a. *om.* ZBC.   b. Quomodo BC.   c. *om.* B.   d. domini mei H. regis V.   e. et VZBC.   f. portitorum Z.   g. audire *excidisse videtur*.   h. dno B.

32. *Sigifridus I archiepiscopus Moguntinus ab Alexandro II papa iam iterum petit, ut Heinrico IV regi propitius sit. Adversus Thuringos opem eius implorat, et ob id ipsum ad synodum agendam ut legatus mittatur optat. Monet, ut Cunonis designati archiepiscopi Trevirensis necem vindicet*[a].

(E 129)

1066 ex. — 1067 in.

Domino beatissimo et vere apostolici culminis honore reverendo, sancto patrum patri et summo praesulum praesuli A(lexandro) S(igifridus)[b] Moguntinae[c] speculator ecclesiae, quicquid filius patri et membrum capiti.

Apostolicae institutionis documento didicimus, matrem ac radicem virtutum esse caritatem[1]; cui quicquid inseritur boni operis, Christo incrementum dante, parit fructum aeternae beatitudinis. Hec[d] in sanctissimo pectore vestro eternam posuit sedem et in fecundissima cordis vestri terra altam fixit radicem. De qua, rore caelestis gratiae irrigante, per totam sanctae ecclesiae arcam[e] multiplices sacrae doctrinae et bonorum operum protenduntur rami; quorum fructifera ubertate aluntur et umbra proteguntur oves, quas pascendas suscepistis vice illius magni Petri.

Hac[f] ergo dictante, nos quoque, qui sanctissimo apostolatui vestro in fructiferam olivam[2] sumus inserti et sub clavigera tanti pontificis manu in opus ministerii assumpti, nos inquam semper paternae dilectionis benivolentia gratanter accepistis; et quicquid vel[g] consulendum vel corrigendum ad apostolicum vestri culminis verticem retulimus, nostrae[h] favendo parti, ut patrem decuit, ad meliora direxistis. Unde, sicut oportet, reverentissimae celsitudini vestrae multiplices gratiarum actiones et humile exhibemus inclinium[i]; continuis orationum victimis divinam exorantes clementiam, ut ad stabilitatem sanctae ecclesiae suae longevum et incolomem custodiat apostolatum vestrum.

a. *ex V 53—53v, Z p. 86—88; B 31v—32:* Epistola; *G 31v—33.*   b. S(igifridus) *om. VZB; legitur in G.*   c. Maguntinae *Z,* Mogontine *G.*   d. Hoc *VZB.*   e. aream *VZB;* arcam *G.*   f. Hanc *G.*   g. *om. V.*   h. vestrae *Z.*   i. inclivium *G.*

1. Cf. 1 Corinth. 13, 13.   2. Cf. Ps. 51, 10.

Porro, sicut* in proximis quas ad sanctam sedem vestram direximus[b] litteris[1], ita nunc quoque humili supplicatu vestram deprecamur sanctitatem: ut — quia corona regni et diadema Romani imperii in manu vestra est per manum Petri — filii vestri domini mei Heinrici[c] regis semper in bono meminisse dignemini; et, sicut a[d] primitivis sanctae intronizationis vestrae exordiis[e] primicias regni eius adhuc pueriles consilio et auxilio fovistis et enutristis, ita apostolici vigoris constancia usque ad coronam imperii cum eo persistatis.

1066 ex.
— 1067 in.

Preterea adhuc antiquam nostram super rebellibus Thuringis conquestionem ad noticiam almae sedis vestrae referimus; obnixe rogantes: ut, armata manu gladio Spiritus sancti, usque ad expugnationem[f] eorum nobis dexteram feratis auxilii.   Suggerimus quoque sanctitati vestre, quod synodum super his post pascha[2] celebrare decrevimus. Ad quam de latere vestro legatos mitti postulamus, qui auctoritate vestra et ipsi synodo praesint; et haec, quae de Thuringis[g] agimus, canonice terminent, et si qua alia corrigenda[h] occurrerint.   Quod si fieri nequit, aliis vos occupantibus negociis, saltim[i] petimus: ipsam synodum nostram[k], quae utique et[k] vestra est, apostolicis sanctitatis vestrae[k] litteris roborari; quae et rebellibus anathema denuncient et quaeque inibi canonice gesta vestra auctoritate confirment.

Quia vero maxima quaeque ecclesiasticae disciplinae negocia ab ipso[l] praesulum vertice debent examinari — cuius ex iniuncta omnium ecclesiarum sollicitudine speciale privilegium est, quod per nos non possimus corrigere, ab ipso corrigi[m] — ad patrocinium almitatis vestrae referimus, quod etiam iam[n] pridem ad vos[o] pervenisse cognovimus, de crudelissima et inaudita nece designati Treverensium episcopi[3]. Qui christianis

1066
Iun. 1

a. sicut — persistatis. Preterea om. B.   b. direxistis G.   c. H. VZB, Heinrici G.   d. a — sanctae om. G.   e. exortationis exordiis G.   f. expurgationem B.
g. Turingis G.   h. om. G.   i. saltem V.   k. vestram G.   l. ipsa G.
m. non possumus corrigere VZB; non possimus, ab ipso corrigi G.   n. tam G.
o. ad vos om. G.

1. ep. 31 supra p. 59.   2. post diem 8 Apr. 1067.   3. Cuononis (praepositi Coloniensis) die 1 Iunii 1066 a Treverensibus interfecti.

1066 ex. temporibus nefandissima et sceleratissima Neronianae[a] et De-
—1067 in. cianae[b] persecutionis cruciamenta expertus, horribili et execrabili penarum genere addictus est morti. Ad cuius monstruosae
necis ultionem, testamenti sui recordatus[1], primum assurgat dominus Iesus Christus, dein vestrae auctoritatis fortissima et pa-
trocinalis manus.

Sacris namque canonum decretis sancitum est[c]: ut, sicubi
episcopus ordinetur, qui vita vel moribus a tanta discrepet
dignitate vel qui ad tantum adscendat apicem subreptione non
electione, ei audientiam non negari[d]; et hoc[e] etiam praeter sententiam Romani pontificis non debere fieri. In qua re si se
clerus vel populus cuiuslibet civitatis seculari potentia viderit
praegravari, ad sacram vestrae[f] sedis defensionem habeat con-
fugium, cui, praecipiente Domino, delegatus est primatus omnium
ecclesiarum.

Nunc vero — nedum isti de quo agitur canonica daretur
audientia, nedum vestri examinis expectaretur sententia —
quasi[g] furtiva latrocinantium manu captus et spoliatus, dein
gravissima de loco ad locum transportatione afflictus, tandem,
ut asserunt communi illorum consilio, morte turpissima multatus
est. Qua de re quam graviter unanimitas[h] fratrum sit concussa, quam atrociter audax facinorosorum hominum violentia
ad sacri ordinis iniuriam sit erecta, vestrae sanctitatis est prudenter perpendere et, hoc nefarium scelus canonice ulciscendo,
ne de cetero tale quid praesumatur, posteris exemplum relinquere. Orat ergo sanctitatem vestram socialis fratrum nostrorum[i] concordia et hoc a vestri culminis patrocinio tota implorat
ecclesia: ut tanti sceleris auctores diligentissime perquiratis;
inventos districtissime puniatis; qui si forte dissimulando latent,
gladio Spiritus sancti velut putrida membra de corpore Christi
abscidatis et, ut omnes etiam consacerdotes[k] nostri eos perpetuae
maledictionis anathemate feriant, firmissime praecipiatis.

a. Neroniacae *B*.   b. Dacianae *B*.   c. sanctitum *Z*, sanccitum *G*.   d. denegari *B*.   e. haec *VZ*.   f. om. *VZ*.   g. quas *G*.   h. unimitas *G*.   i. om. *G*.
k. et ut omnes sacerdotes *G*.

1. Cf. Matth. 23, 35.

33. *Sigifridus I archiepiscopus Moguntinus Hildebrando archidiacono et archicancellario sedis apostolicae pro ope sibi lata gratias agit. Dona offert. Ad synodum contra Thuringos habendam legatum apostolicum mitti cupit*ª. (E 127)

S(igifridus)ᵇ, Moguntinus id quod est Dei gratia, H(ildebrando)ᶜ sanctae apostolicae sedis archidiacono et archicancellario salutem et fraternae dilectionis integram veritatem.

1066 ex. — 1067 in.

Plurimum gratiarum vestrae referimus caritati pro eo, quod omnibus et legationibus et rationibus nostris, quas ad sedem apostolicam direximus, semper dexter stetistis et inᵈ omni disceptatione et negocio semper partes nostras sapientiae et bonae voluntatis vestrae scuto defendistis. Proinde multiplices primum vobis grates referimus. Deinde, ut quandoque occasio subluceat, qua vobis vicem dilectionisᵉ rependere possimus, vehementerᶠ exoptamus. Licet enim inter multimoda ecclesiae, quae cotidieᶠ portatis, negocia nichil nisi Dei gratiam requiratis; neque de terrenis rebus quicquam nisi ad ordinandum pocius quam ad possidendum attingere velitis; tamen, quia hilaremᵍ datoremˡ, ut pro Deo multa possit dare, necesse est multa iuste habere, mandamus vestre dilectioni: ut si quid nostrum est, quod vestro sedeat beneplacito, si nobis scire detur, statim vestrum fiet ex nostro. Quis enim tantum virum possit nonʰ diligere? Quis ei quicquam audeatⁱ denegare?

Rogamus autem dulcedinem vestrae caritatis, ut per vos legationi nostrae, quam nunc ad sacram sedem apostolicamᵏ dirigimus, aditus pateat et de his, que postulamus, vestra ope effectum obtineat; scilicet: ut ad synodum, quam super rebellibus Thuringis pro decimationibus decrevimus celebrare², domnus apostolicus de latere suoˡ dignetur mittere, qui et synodo praesint et auctoritate eius determinentᵐ, quaecunqueⁿ determinanda

---

a. *ex V 52—52v, Z p. 85; B 31v:* Epistola; *C 24v, G 30—30v.* b. S. om. *G.* c. W (pro H) *G.* d. om. *G.* e. vehementius *G.* f. cottidiana *G.* g. hylarem *Z.* h. non possit *V.* i. debeat *G.* k. om. *G.* l. de latere suo om. *V.* m. determinentur *VZBC,* determinent *G.* n. quaeque *Z.*

1. 2 Corinth. 9, 7: „hilarem enim datorem diligit Deus". 2. post diem 8 Apr. 1067; v. ep. 32 supra p. 61 n. 2.

1066 ex. occurrerint. Quodsi hoc fieri nequit, saltem* scriptis beatitudi-
—1067 in. nis eius nostra synodus roboretur et rebellium temeritas tali
auctore comprimatur. Annitatur ergo dilectio vestra, ut hoc*
obtinere valeat peticio nostra.   Divina* protectio s(emper)
v(os) t(ueatur).

34. *Sigifridus I archiepiscopus Moguntinus Alexandro II papae de Heinrico IV rege divortium cum Bertha uxore facturo committit*[d].   (E 125)

1069 Iun.   Domino beatissimo et vere apostolici culminis honore reverendo A(lexandro) S(igifridus)* Moguntinae speculator ecclesiae debitae subiectionis reverentiam et omnimodae servitutis obsequelam.

Licet universalis ecclesiae status generaliter innitatur super fundamentum apostolorum et prophetarum et in ipso sui verticis culmine angularem gestet lapidem, dominum scilicet Iesum Christum, specialiter tamen magnus ille Petrus iuxta solidissimam sui nominis firmitatem et firmissimam fidei et confessionis suae soliditatem eius totam sustentat fabricam; ad hoc[f] quidem electus a Domino, ubi dicit: *Super hanc petram edificabo ecclesiam meam*[1]. Inde namque omnis apostolicorum patrum beata successio auctoritate ipsius Domini sedi eius, Romanae scilicet ecclesiae, hanc dedicavit excellentiam et in cunctis semper huius privilegii servavit reverentiam, ut maiora ecclesiae negocia et difficiliores causarum exitus ad ipsam velut ad caput[g] referantur eiusque iudicio cuncta salubriter examinata in portum salutis dirigantur.

Quia vero divinae miserationis gratia vos in hanc sedem intronizavit et vice ipsius Petri vobis[h] omnium ecclesiarum sollicitudinem imposuit, necessarium duximus: vestro reservari iudicio ea, quae novimus nec posse nec debere sine vestra

a. saltim *Z*.   b. haec *Z*.   c. Divina — s. v. t. *om. VZBC*.   d. *ex V 51—51v, Z p. 83—84; B 31*: Item alia; *C 23—24*.   e. S. *om. ZBC*.   f. haec *B*.   g. caput *V*.   h. vobis *addidi*.

1. Matth. 16, 18.

auctoritate nostro terminari studio*. Inter multimoda ecclesiae 1069
negocia, quae vestrum exspectant examen, sollicitudini nostrae Iun.
quiddam tale incubuit, quod et ecclesiasticis iudiciis valde est
insolitum et omni moderni temporis etati et memoriae[b] pene
inauditum.

Filius enim vester H(einricus), rex noster, ante paucos dies[c]
coniugem suam[1] voluit dimittere; et eam, quam legitimis spon-
salibus et coniugali dote, regali consecratione et publicis[d] nuptiis,
regali corona et sacramento sibi firmatam sociavit, nullam primo
interponens discidii culpam vel causam, omnino a se separari[e]
voluit. Quo nos veluti monstro attoniti et insolita rei facie permoti, consilio magnatum, quotquot[f] tunc aderant in palatio[2], in
faciem ei restitimus; et nisi certam exponeret discidii causam,
sine respectu regiae potestatis, sine metu gladii imminentis eum
— si vestra praecederet auctoritas — a sinu et communione
ecclesiae nos segregaturos praediximus. Ille vero retulit[g] nobis,
ea de causa ab ea se velle separari, quia non posset ei tam naturali quam maritali coitus federe copulari. Quod inquisitum
cum et ipsa fateretur, omnium nostrum animos nimio merore
affecit et ipsa rei magnitudo nimia dubietate turbavit.

Super qua re sanctissimum apostolatum vestrum sicut divinum consulimus oraculum et velut membra ad caput[h] tantum
referimus negocium. Et quia hoc valde rarum quaestionibus
occurrit ecclesiasticis et de regiis pene inauditum est personis,
vestrae sanctitatis erit, quid[i] super tanta re facto opus sit, de-
cernere[k] et ad consulta nostra de sanctuario sacri pectoris
vestri responsalia remittere; ut et instans negocium ad salutem
modernae etatis ecclesiastica pace finiatur et de tam insolita et
dubia re vestra auctoritate posteritas instruatur.

Denique fratres nostri, qui tunc huic rei intererant, condixerunt: ut concilium, quod tanto negocio competeret, in urbe

a. iudicio V.   b. et memoriae om. V.   c. diē C.   d. puplicis V.   e. separare BC.   f. quodquot Z.   g. rettulit V.   h. capud V.   i. quod B.   k. discernere B.

1. Bertham.   2. Wormatiae post pentecosten, post d. 1 Iunii 1069
(v. Lamberti annal., Mon. Germ. SS. V 174).

1069 nostra congregaretur¹ et utrique, regi scilicet et reginae, ad synodalem venire audientiam et super hac re terminalem subire sentenciam indiceretur.

Nos autem, dubia tantae rei consideratione habita, nullo modo hoc sine vestra auctoritate fieri decrevimus. Et tocius negocii terminum ad vestre exspectationem sententiae suspendimus; postulantes sanctitatem vestram: ut, si id, quod instat, ratum ducitis per nos synodaliter terminari, de latere vestro personas cum scriptis vestrae auctoritatis ad examen et iudicium tantae rei mittere dignemini, quorum et audientia res ventiletur et conniventia[b] in beneplacito Dei terminetur.

35. *Hermannus marchio et eius uxor Alberada praeposituram Heidenfeldensem ecclesiae Wirziburgensi tradunt*. (E 112)

1068-1069 Iul. 7

In nomine sanctae et individuae trinitatis. Sciat et recognoscat sancta et universalis ecclesia, qualiter ego H(ermannus) marchio et uxor mea A(lberada), pro aeterna iugiter meditantes retributione, aliquam partem praediorum nostrorum ad reliquias sancti et preciosi martiris Christi Chiliani Wirzeburc[d] decrevimus delegare. Inventa igitur oportunitate, communicato tam cum ipsius praedictae sedis venerabili A(dalberone) antistite³ quam cum nostris fidelibus consilio, praeposituram N., in pago N. in comitatu N. sitam, cum omnibus ad eam pertinentibus, scilicet praediis mobilibus et inmobilibus areolis silvis pascuis pratis[e] viis et inviis exitibus et reditibus molendinis, firma traditione delegavimus stabilique delegatione firmavimus. Et ut gratior apud Deum nostrae devotionis esset oblatio, servientem nostrum N. cum uxore et filiis et filiabus tradidimus; ea pacti cautione, ut optimum et absolutissimum ius habeat servientium sancto Chiliano[f]; ita tamen, ut ego usque ad finem vitae meae illorum servicium habeam. Deinde, communicato ut prius consilio cum

a. rei *VZBC.* b. conventia *BC.* c. *ex V 42v—43, Z p. 67.* d. Wirzeburch *V.* e. *om. Z.* f. Chy(liano) *Z.*

1. „proxima post festum S. Michaelis ebdomada" (Oct. 4—10); v. Lamberti annal. l. l. 2. 1045—1085. 3. Heidenvelt. 4. Volkvelt.

praefato antistite suisque fidelibus, ad praenominatam villam venimus et omnem dominatum*' nostrum ad eundem locum pertinentem ad altare eiusdem ecclesiae in usum canonicorum ibidem Deo famulantium firma legatione tradidimus; excepta dimidia parte vinearum cum suis vinitoribus et suis stipendionariis agris, ad eandem medietatem pertinentibus, et paucis mancipiis, quorum haec nomina sunt .. Sciant etiam universi tam futuri quam praesentis aevi fideles, nos praedictam praeposituram ad praenominatas reliquias ea condicione delegasse, ut idem episcopus canonicam illam tam in aedifficiis quam ecclesiasticis ornamentis et necessaria fratrum ibidem Deo servientium sustentatione ita sublimet et exornet, ut et Dei servicium iuge perpetuumque cum nostra nostrorumque parentum et ipsius episcopi memoria inibi perseveret. Hanc etiam cautionem in eadem tradicione sub exceptione praevidimus: ut super eadem bona nullus praeter me, dum vixero, sit advocatus; et uxor mea, dum vivat, eandem praeposituram in potestate habeat. Quodsi vel praenominatus antistes vel aliquis successorum eius vel in praediis vel in canonice illius institutione aliquid, uxore mea vivente, vel minuere vel monasterium illud vel praeposituram transferre praesumat, praedicta A(lberada) praedium suum recipere ius habeat. Si vero post mortem eius id eveniat, qui ei proximus sit consanguinitatis linea, hereditario iure succedat. Isti sunt testes: A(dalbero) episcopus et ceteri. Hi omnes liberae conditionis. De servientibus vero N.; de urbanis civibus N. Facta est tradicio in cripta dominicalis ecclesiae Wirzeburc ad sarcophagum[b] sancti martiris Chiliani anno dominicae incarnationis 1068, indictione 7[1], Non. Iulii, H(einrico) quarto rege regnante, A(dalberone) venerabili antistite praenominatam sedem regente.

a. dominicatum Z.   b. sarchophagum V.

1. Anno 1068 obtigit indictio 6; quare haec tabula aut anno 1068 ind. 6 aut anno 1069 ind. 7 data est.

36. *Sigifridus I archiepiscopus Moguntinus Alexandro II papae scribit, se, quia Karolum electum Constantiensem non consecrasset, iniuriis affectum esse. De synodo non habita. Rogat, ne Karolum, Romam venturum, consecret*[a]. (E 122)

1070 ex.
—1071 in.

Apostolico sacerdoti et universali papae Alexandro[b] S(igifridus)[c] Moguntinae speculator ecclesiae debitam ut patri reverentiam et promptam ut tanto pastori obedientiam.

Altissimus ille deorum Deus, qui caelestis miliciae ordines ita disposuit, ut alter alteri praemineat et ad obsequium conditoris minor dignitas maiori pareat, ipse in ecclesia sua ita distinxit celos suos opera digitorum suorum, ut, sicut stella ab stella differt in claritate, ita alter alterum praecedat excellentiae[d] dignitate. Hanc autem graduum et officiorum diversitatem ita ad unam reducit concordiam unitas caritatis, ut sicut[e] in sanctis angelis ita et hic non sit invidia imparis claritatis. Quia ergo idem Altissimus vos, mi reverende pater, constituit in hac arce praelationis, ut vice illius magni Petri sitis caput tocius ecclesiasticae dignitatis, iure se vobis[d] omnis inferior ordo summittit, merito omnis menbrorum articulata contextio[e] vobis ut[d] capiti obedit, iuxta quod praecipit vas electionis: *Omnis anima potestatibus sublimioribus subdita sit*[1].

Ad hanc ergo formam cum vobis exhiberem debitae subiectionis obedientiam, multis sepe[f] iniuriis affectus sum, multa vobis indigna et mihi intolerabilia passus sum. Namque mihi Romae posito viva voce et postea apostolica legatione interdixistis, ne eum, qui designatus est in Constantiensem episcopum[2], ullo[g] modo consecrarem; quia audistis elogio symoniacae hereseos eum esse notabilem. In quo quia vobis obedivi, multa, ut praemissum est, a domino meo[3] adversa sustinui[h]. Timeoque, me adhuc graviora passurum et ecclesiae meae

a. *ex V 47v—48, Z p. 75—76, B 31, C 22v—23:* Epistole (Epistola *BC*) Sigifridi Moguntini archiepiscopi ad Alexandrum papam; *G 29—30.*
b. *om. BC.* c. sc̄e *G pro* S(igifridus). d. *om. G.* e. contexio *G.* f. se *BC.*
g. nullo *G.* h. sustineo *B.*

1. Rom. 13, 1.   2. Karolum.   3. Heinrico IV rege.

magnum fore detrimentum, nisi benignus ille Petrus clave sua 1070 ex.
me defendat et vestrae auctoritatis potestas adversus regiam —1071 in.
potestatem zelo iusticiae me* protegendo se accingat.

Accepi autem litteras vestrae sanctitatis, in quibus continebatur: ut ex praecepto vestro Coloniensem archiepiscopum¹ invitarem et convocatis fratribus concilium celebrarem, in quo eiusdem designati episcopi causa iuxta veritatem discuteretur ᵇ; ut aut reus criminis, quo insimulatur, a dignitate reiceretur aut innocens canonice consecraretur. In hoc etiam parui vestrae auctoritati, invitatis praedicto archiepiscopo ᶜ et fratribus locum et diem praescripsi. Sed concilium celebrandum perturbavit indictio regiae potestatis; cogens me et alios regni principes in miliciam suae expedicionis. In qua re obsecro, ut sanctitas vestra obsequium meum habeat excusatum; quia, nisi impedirer, implessem praeceptum vestrum.

Preterea relatum est nobis, quia ᵈ regia legatio eundem designatum episcopum ad vos discutiendum consecrandumque ᵉ deducat. In qua re quid equitatis et iusticiae sit, discretionis vestrae libra recte diiudicet. Rogo autem excellentiam vestrae paternitatis ᶠ, quodsi ᵍ ita verum est: ne ipse hoc a vobis accipiat, quod mihi, qui hoc canonice facere debeo, auctoritas vestra interdixerat. Quia, si ita fiet, inde magis videbor peccasse principi meo, quod ʰ plus odio ⁱ eum consecrare noluerim quam iusta causa vel ᵏ praecepto vestro. Si ergo a vobis discussus innocens fuerit inventus, remittite eum mihi et fratribus meis consecrandum; ut, sicut oportet, a nobis canonice accipiat oleum consecrationis.

Hoc autem in fronte et in calce nostra teneat epistola, quod ˡ non est ᵐ homo vivens, qui promptior me sit ad omnia vestrae iussionis obsequia. Qui vos praevenit in benedictionibus dulcedinis, ponat super caput ⁿ vestrum coronam eterne beatitudinis ᵒ.

a. *om. G.*   b. episcopi iuxta veritatem discuteretur electio *G.*   c. episcopo *V.*
d. quod *G.*   e. et consecrandum *G.*   f. dignitatis *G.*   g. quia si *G.*   h. qui *G.*
i. studio *VZBC,* odio *G.*   k. *om. G.*   l. quid *G.*   m. sit *G.*   n. capud *VZ.*
o. Valete *add. G.*

1. Annonem.

1069-1071 Accedunt etiam canonici Constantiensis ecclesiae ex communi tocius cleri et populi legatione, unanimiter asserentes: Karolum nulla ratione consecrari debere; quia, ex quo eum inviti et sub condicione elegerunt et receperunt, nullam eis pastoralis officii impendisset curam; quin potius tyrannicae dominationis non cessasset super eos exercere pressuram; nec manum continuisset a sacris, nec pepercisset in diripiendis ecclesiae thesauris; et quaecunque rapaci violentia undecunque corradere potuisset, hoc totum ministris magni immo magi illius Symonis, id est suis fautoribus, distribuisset; ut, quorum annisu adulterinam meruisset electionem, eorum venali mercimonio consequeretur mercennaria[a] pro consecratione execrationem, pro benedictione maledictionem.

At metropolitanus antistes[b] inter huiusmodi[c] legationum[d] varietates, velut inter duros tempestatum turbines, laudabili constantia in se ipso fixus heret et inmobilis; et nusquam favore vel gratia, terrore vel munere inflectitur a statu canonicae rectitudinis[e].

Multis itaque nunciis et renunciis hinc inde missis et remissis, multis quoque diebus huic audientiae delegatis et — cognitores causae principis occupante praecepto — non impletis, cum ecclesia Constantiensis, suo viduata pastore[f], iam fere biennio sacerdotali careret benedictione, tandem miseratione divina potestati[g] praeponderavit auctoritas et Christi sacerdotibus divina aspiravit voluntas. Unde eorum communi assensu syn-
1071 odalis concilii certa legitimaque dies denunciatur, et coepiscoporum unanimitas ad concilium invitatur. Quorum alii, ut oportebat, sine dilatione affuerunt; alii vero, qui certa de causa adesse non poterant, canonice excusati subparem[h] praesentiam vicaria legatione subpleverunt.

Aug. 15 Primo igitur concilii die, quem sanctae Mariae dormitio tunc celeberrimum exhibebat, cum spiritualis curiae senatores, patrocinante Spiritu sancto, intra regiam maioris ecclesiae ante

a. mercennariam *VZ*. b. *om. V*. c. huius *BC*. d. legationis *B*. e. institutionis *V*. f. pastore *om. VZ*. g. tandem *B pro* potestati. h. supparem *V*.

cancellos altaris protomartiris ᵃ Stephani, quod in orientali ab- 1071
side consecratum est, convenissent in unum, primo, ut par erat, Aug. 15
sanctae et individuae Trinitati debitas referunt graciarum actiones
et pro incolomi ᵇ tocius ecclesiae statu supplices Deo offerunt
preces. Deinde post mutuam fratrum salutationem et debitam
sedium recognitionem iuxta autenticam ᶜ paternae tradicionis synodum conferunt ad invicem de veritate catholicae fidei; dampp-
nantes Symonem et omnes heresiarchas cum dogmatibus suis
et sequacibus suis. Pauca pro tempore tractant ᵈ de qualitate
instantis negocii. Ac sic demum propter celebranda tantae
sollempnitatis officia solvunt concilium; crastino maturius redi-
turi in id ipsum.

Postera vero die, certa concilii hora, cum iterum aposto- Aug. 16
lici sacerdotes in unum convenissent et, praemissis Deo laudibus
et precibus et salutari, consedissent ᵉ, quod cuique sacerdoti in
sua diocesi venit in dubium, rationabili disciplina deducunt ad ᶠ
medium. Et prout res postulabat, unum quodque tractatum aut
terminatum est synodali iudicio aut, ut melius de eo consule-
retur, dilatum est sapienti consilio. Illud vero, quod maxime
in causa fuit, de Constantiensi apposito inter fratres studiose
ventilatur. Sed iterum ᵍ interveniente principis [1] mandato, in
sequentem diem procrastinatur; agentibus internunciis, ut ʰ sacerdotes Domini a constantiae suae rigore ad regiam se inflecte-
rent voluntatem; aliis vero ⁱ instantibus, ut designatus ille male
usurpatum sponte dimitteret honorem.

Tercia vero die ᵏ Christi sacerdotes, huius negocii longa ex- Aug. 17
spectatione suspensi et libera quadam indignatione immo zelo
iusticiae accensi, sacerdotali constantia principem suum [2] adeunt.
Eumque de salute animae suae, de pace ecclesiarum deque statu
regni ˡ spirituali disciplina conveniunt; proponentes ei de scripturis et gestis veteris ac novi testamenti congrua doctrinae sa-

 a. prothomartiris *VC*.   b. incolomitate *VZ*.   c. auctenticum *VC*, autenticum *Z*,
autenticam *B*.   d. telāt *B*.   e. sede consedissent *BC*.   f. in *B*.   g. iterum
om. *BC*.   h. ut sacerdotes — instantibus om. *B*.   i. om. *C*.   k. dei *VZ*.   l. regis *B*, regi *C*.

 1. Heinrici IV regis.   2. Heinricum IV.

1071
Aug. 17

lutaris exempla, quibus animus eius, adhuc cereus et indocilis, formaretur ad similia; dicentes et docentes: solium regni eius nullatenus posse stabiliri, nisi firmetur[a] iusticia et observatione mandatorum Dei. Summus autem ille dominorum Dominus, qui omni potentatui dominatur, ita temperavit animum principis, ita mitigavit eum ad verba sanctae exhortationis, ut nulla iuvenili moveretur acerbitate et — quod in potestatibus difficile est — nulla sacerdotes insolenti lederet responsione; multum tamen[b] se excusans: in hoc[c] suae potestatis dono nullam se exercuisse venalitatem, nullam super hac re cum eodem Karolo[c] se pepigisse conventionem; si quid autem cum domesticis et familiaribus suis propter opem intercessionis ipso ignorante pepigerit, suum non esse[d] accusare vel excusare, hoc ipse viderit. De dextera vero sua, quae illi propter antiquam in praepositura[1] benivolentiam gratiae suae donum porrexit, omnem avariciae labem dixit se excutere et, quod ipse simpliciter fecit, si ille veneno alicuius maliciae corruperit, se ob id divinae iusticiae nolle contraire.

Hac autem salubri sermocinatione cum sacerdotibus habita, cum eis venit in concilium. Et ille Constantiensis designatus intromittitur ad audiendum. Assunt etiam pro foribus Constantienses clerici; postulantes per legatos, ut et ipsi mererentur admitti.

Tunc vero videres[e] laetissima sanctae ecclesiae gaudia et vera mundi convenisse luminaria, quando circumfulgebat nobilis corona sacrorum ordinum, vivis gemmata lapidibus christorum sacerdotum, velut fulgoribus micantium astrorum. Tunc caeli enarrabant[f] gloriam Dei[2] et verbum eructabat[g] dies diei[3], quando sacerdos sacerdoti sententiam iusticiae exponebat et sanctam ecclesiam salutaris eorum doctrina instruebat. Tunc vasa electionis[4] supereffluebant ambrosium liquorem Spiritus sancti et

a. firmatur *V*; firmaretur *corr. in* firmatur *Z*; firmetur *BC*.   b. *om.* B.   c. *om.* V.   d. esse non *V*.   e. videns *VZB*, videres *C*.   f. narrabant *B*.   g. eructuabat *VZ*.

1. Harcisburgensi; v. Bertholdi annal. 1069, Mon. Germ. SS. V 274.
2. Ps. 18, 2: „Coeli enarrant gloriam dei".   3. Ps. 18, 3: „Dies diei eructat verbum".   4. Cf. Act. ap. 9, 15.

iusti fulgebant sicut splendor firmamenti, quando sacerdotes Do- 1071
mini verba sapientiae velut nubes pluebant et corda audientium Aug. 17
velut terram fructiferam ad germinandum infundebant.

His ergo ita dispositis et digito Dei ordinante distinctis, utrique admittuntur ad audientiam: praedictus scilicet K(arolus) et hi, qui accusationibus pulsabant personam.

Prima autem ᵃ actione regularis praelatus ᵇ Constantiensis ecclesiae protulit libellum accusationis, in quo continebantur causae, quibus indignus haberetur et iudicaretur sacramento apostolicae benedictionis. Quarum prima et maxima erat, quod exemplo magistri sui Symonis pestiferi per pecuniam invasisset sedem; cetera omnia, quae ibi legebantur, proclamabant violentia eiusdem ecclesiae devastationem. Ille idem praelatus ᶜ et fratres eius, qui aderant, item offerunt suae testificationis libellos, in quibus, singuli nomen et officium suum designantes, quicquid accusando vel testificando proposuerant, asserunt se canonice probaturos.

Karolus e contra nititur improbare personas; dicens: quod eius infamiae nota essent respersi, quod nec se nec quemquam alium possent canonice accusare. Adiungit quoque, se omnia obiecta synodali iudicio purgaturum; et in omnibus, quibus eum inpetebant, se esse innoxium.

Longa igitur altercatione hinc inde disceptatum est. Et multis tota die in adversum nitentibus, usque in profundam noctem concilium protractum est; dum inter multos ambigitur de numero accusatorum et testium; dum longa deliberatione quaeritur iudicium: utrum isti liceat se excusare adversus accusationem istorum. Dum res inter fratres diutissime disseritur ᵈ, concilium propter intempestam noctem adhuc sine opere precio dirimitur.

Quid autem ipse K(arolus) secum illa nocte egerit, quibus retractationum verberibus ream conscientiam flagellaverit, sequens utique dies declaravit. Nam, ut ex ipso effectu gestae rei pro-

a. om. BC.   b. procurator secunda manus superscripsit et sub praelatus puncta posuit in V.   c. procurator secunda manus superscripsit in V.   d. diseritur VZ.

1071 bari potest, vere credimus, quod Deus, conscientiae index et
Aug. 17 testis, in corde suo sederit pro tribunali et cum eo exercuerit censuram iudicii sui, ubi peccatrix conscientia cogitationum accusantium non excusantium testimonio, ne veritati et aequitati resisteret, dampnata est et constricta.

Aug. 18 In crastinum namque, quando sperabamus, quod[a] iuxta promissum suum obiecta purgaret et consecratione dignum, innocentiam suam monstrando, se probaret, ille — iam mente confusus; non ultra ferens aspectum concilii; et, interius iudicatus, non extra sustinens pondus imminentis iudicii — ultroneus ipse in se sentenciam tulit. Et anulum et ferulam pastoralem ei[1] a quo iniuste acceperat resignans, sacerdotum spem et metum, quem pro eo gerebant, labore longioris quaestionis absolvit; culpam suam uno tegens pallio excusationis: quod iuxta decretalia Caelestini[b] papae episcopus dari nollet invitis[2].

Videntes autem sanctissimi sacerdotes magnalia, quae fecit Dominus, et fideli ammiratione retractantes, quam incomprehensibilia sunt iudicia eius et investigabiles viae eius[c,3], corde et ore et omnimoda devotione benedicunt Deo altissimo, qui longos eorum labores tam inopino terminavit compendio; orantes et deprecantes: ut de regno suo eliminet omnem apostasiam et omnia scandala, nec ultra sathan[d] eiusque apostolos in sua sancta regnare sinat ecclesia; sed in omnibus consiliis et operibus eorum dignetur servos suos consolari et clementer implere, quod ecclesiae suae se promisit affuturum omnibus diebus[e] usque ad consummationem seculi[4].

Communi autem decreto praecipiunt, ea, quae in hac synodo gesta sunt, ecclesiasticis inseri gestis, et in archivis sanctae Moguntinae[f] ecclesiae servari ad perpetuam memoriam et erudicionem venturae posteritatis; ut, hoc maiorum exemplo minores instructi, non timeant resistere, si in huiusmodi negocio se vi-

---

a. qui *VZC.*   b. celestina *B.*   c. s̄ *B pro* eius.   d. satan *Z,* satanan *BC.*
e. vitae *add. VZ.*   f. Mogontinae *Z.*

1. Heinrico IV regi.   2. Burchardi decr. L. I c. 7 (ex decretis Caelestini): „Nullus invitis detur episcopus".   3. Rom. 11, 33.   4. Matth. 28, 20.

derint praegravari; certissime scientes, nullo modo graciam sancti Spiritus fidelibus defuturam, si in sanctitate et iusticia restiterint iniusticiae usque ad perseverantiae coronam.

Decernunt praeterea ex antiqua patrum tradicione et autentica priscorum conciliorum rectitudine: ut hec omnia Romano pontifici[1] seriatim litteris inserta nuncientur; ut, cuius mandato et hortatu cepta et perfecta sunt, eius apostolica auctoritate roborata firmentur; et omnipotenti Deo, qui omnium bonorum auctor est, Romae et Moguntiae, et ubicunque terrarum hec lecta vel audita fuerint, debitae gratiarum actiones fideli devotione solvantur.

Acta sunt autem hec apud Moguntiam, metropolim orientalis Franciae, anno ab incarnatione Domini 1071, indictione octava, 18 Kal. Septembris[2] regnante serenissimo H(einrico) rege huius nominis quarto, anno regni eius 13[3], ordinationis vero eiusdem 17, apud Moguntiam vero praesulante reverentissimo primate S(igifrido) anno ordinationis eius 12, super omnia autem regnante domino nostro Iesu Christo, cui non accedit cras futurum nec recedit heri praeteritum, sed permanet sempiternum hodie in secula seculorum. Amen.

38. *Sigifridus I archiepiscopus Moguntinus Alexandro II papae de synodo Moguntiae habita refert. Rogat, ut contra Thuringos auxilio sibi sit*[a]. (E 124)

Reverentissimo patri et sanctissimo primae sedis antistiti A(lexandro) S(igifridus) Moguntinae[b] speculator ecclesiae cum fratribus et coepiscopis suis debitam ut summo sacerdoti subiectionem et[c] sedulam ut tanto patri devotionem.

Gratias agimus domino Deo omnipotenti, qui ad salutem animarum elegit sacerdotium vestrum et in kathedra Petri vobis tradidit claves regni caelorum, quique super hanc petram ita edificavit ecclesiam suam, ut portae inferi non praevaleant ad-

a. *ex V 50—51, Z p. 81—83.*   b. *Motinae V.*   c. *et — devotionem om. V.*

1. Alexandro II.   2. et tribus sequentibus diebus.   3. imo 15.

1071 versus eam[1]. Ad hoc namque opus vere vos ea instruit et confirmat fides, quam beatum Petrum caro et sanguis non docuit sed Deus pater de unigenito suo per Spiritum sanctum ei revelavit[2]; quae utique fides, sicut dominus Iesus pro eo rogavit, nunquam deficiet[3], sed per beatas successiones apostolicorum praesulum ad confirmandos fratres usque in finem proficiet. Huius itaque fidei soliditate fundatus, beatus Petrus Symonem[a], donum Spiritus sancti per imposicionem manus precio affectantem et kathedram ecclesiae venalitatis questibus obnoxiam facientem, a sorte apostolicae benedictionis exclusit et perpetuae maledictionis inexpiabili pena dampnavit[4]. Ex illo usque in hodiernum diem, sicut tunc apostolica Petri fides, ita deinde eius apostolica sedes diabolum eiusque antichristos eiusdem fidei firmitate perdomuit, omnes quoque inferi portas, heresiarchas[b] scilicet cum dogmatibus et sequacibus suis, non quidem obstruxit sed penitus destruxit.

Inde est, quod, cum nos multis iam diebus expetisset satanas[c], ut cribraret nos sicut triticum[5] et nos ad vestrum, cui Christus claves caeli et vicem Petri in manus dedit, confugeremus patrocinium, ita vestra sumus auctoritate firmati, ut apostolum satanae[d], qui nos inpugnabat, expugnaremus gladio verbi Dei et, cum pestiferi Symonis virulenta satio in Constantiensem ecclesiam malam extendisset radicem, nos ei ad succidendum adhiberemus iusticiae falcem.

Nam cum regia potestas nos urgeret, quendam[6] de execrabili perditissimi[e] Simonis[f] scola eidem ecclesiae ordinare episcopum; nos vero diceremus, quia sacris canonibus omnibus modis cautum esset, hoc in nostrum nos facere non posse praeiudicium; cumque rex[7] iugiter instaret, nos super hac re consentire ad nutum praecepti sui, et nos obiceremus ei, hoc[g] apostolica auctoritate prohiberi; tandem huic scismati sopiendo sanc-

a. Simonem Z.   b. heresyarchas V.   c. sathanas V.   d. sathanae V.
e. perdidissimi V.   f. Symonis V.   g. haec Z.

1. Matth. 16, 18.   2. Matth. 16, 17.   3. Luc. 22, 32.   4. Act. ap. 8, 18—20.   5. Luc. 22, 31.   6. Karolum.   7. Heinricus IV.

titas vestra salubre dedit consilium; praecipiens: super hac re 1071
concilium celebrari, in quo idem appositus aut innocens purga- Aug.
retur aut reus obiectorum reiceretur. Quantis autem laboribus
quibusve difficultatibus ad eiusdem concilii celebracionem per-
ventum sit, quibus vero modis et quam multiplicibus argumentis regia potestas praefinitum concilii tempus anticipando ad voluntatem suam inflectere aut omnino illud dissipare voluerit, non
est modo referendum per singula; quia nec vestrum fatigare
debemus[a] animum, divinioribus intentum, et regali excellentiae
ducimus assurgendum[1]. Vicit tamen Christus in Petro, et Petrus in vobis, et vos in nobis.

Et collectum est concilium eo, quo fuerat tempore praefinitum. In quo apostolica sunt functi legatione reverentissimi
sacerdotes Domini Gebehardus archiepiscopus Iuvavensis et Uto
archiepiscopus Treverensis; aderant et coepiscopi et cooperatores nostri nec non et inferiorum ordinum quam plures magnae
auctoritatis et sapientiae viri. Omnesque in unum collecti unanimiter postulabamus dominum nostrum Iesum Christum, ut,
quia in nomine eius fueramus congregati, se nobis secundum
promissionem suam[b] dignaretur exhibere medium[2]. Prima Aug. 15. 16
ergo et secunda concilii die de his, quae unicuique fratri in sua
diocesi obvenerant, actum et determinatum est. Illud autem,
quod maxime in causa erat, dilationibus protractum[c] est agentibus internunciis; aliis quidem, ut ad regiam voluntatem a propositi rigore nos inflecteremus; aliis vero instantibus, ut designatus ille propter pondus iudicii et magnitudinem periculi, male
affectatum, sponte dimitteret honorem. Tercia vero die omnes Aug. 17
quotquot[d] aderamus episcopi, invocata in auxilium divinitate,
adivimus principem nostrum, viva voce ammonentes eum de
salute animae suae, quodque divinam voluntatem semper suae
debeat[e] voluntati anteponere, neque regnum eius ullo modo posse
firmari nisi iusticia et observatione mandatorum Dei. Deus

a. debeo *VZ*. b. om. *V*. c. protractibus *VZ*. d. quodquod *Z*. e. debebat *Z*.
1. honorem habendum. 2. Matth. 18, 20.

1071 autem, in cuius manu sunt corda regum et omnia iura regno-
Aug. 17 rum, ita principis animum mitigavit, ut ad exhortationem sacerdotum nichil responderet asperum, nichil christianae disciplinae adversum. Dixit tamen: se id, quod fecerat, si posset, iuste velle* defendere; quod si minus procederet, nichil se divinae auctoritati contraire. Ita verbis sacerdotum delinitus, nobiscum concilium intravit; et ille, de quo questio erat, ad audientiam venit. Vocati vero intraverunt et filii Constantiensis ecclesiae, libellos accusationis porrigentes et, se canonice probaturos ea, quibus personam insimulabant, protestantes. Multis autem accusationibus ultro citroque decursis, quia multis in adversum nitentibus res in profundam noctem protracta est, concilium huius diei, infecto adhuc negocio, necessario diremptum[b] est. In
Aug. 18 crastinum autem designatus ille, Deo ut credimus eius conscientiam coartante, non ultra expectans audienciam concilii nec sustinens pondus imminentis iudicii, ipse in se sentenciam tulit. Et anulum et ferulam pastoralem ei, a quo acceperat, reddens, nos longa questione et fatigatione absolvit; hoc tantum praetendens excusationis: quod iuxta Caelestini papae decretalia episcopus dari nollet invitis[1].

Super his ergo et super omnibus beneficiis misericordiae suae gratias primum agimus patri misericordiarum, qui nos humiles servos suos in temptatione clementer exaudivit; dein apostolicae sedi eiusque reverentissimo praesuli, a qua petra profluxit hec tota perseverantiae nostrae fortitudo; orantes et postulantes dominum Deum nostrum: ut interventu sui Petri huius sanctissimae sedis apicem stabili fide pace et in confessione sui nominis ita solidare et confirmare dignetur, quatinus universalis ecclesie plenitudo, quae est corpus Christi, huius capitis sanitate perpetuo proficiat et glorietur.

Ratum autem duximus, huius concilii ordinem et exitum vestrae significare sanctitati; ut, cuius auctoritate ceptum et confectum est, eius et assensu mereatur roborari.

a. vellet *VZ*.   b. direptum *V*.
1. v. supra p. 76 n. 2.

Rogamus etiam sanctissimam paternitatem vestram, ut sicut 1071
in hoc ita et in ceteris ecclesiae negociis nobis dexteram Aug. 18
porrigatis; scilicet contra rebelles Thuringos, contra quosdam
praepotentes et nobiles, adversus quos propter consanguinitatis
coniugia multum laboramus. Occurrunt etiam multa, quae, sicut
specialis filius et ex antiqua traditione apostolicae sedis legatus,
vestra debeo auctoritate et praecepto terminare; ut, dum in
omnibus vobis obediens fuero, vestrae sanctitati sicut membrum
capiti valeam coherere.

Sanctissimum apostolatum vestrum, domne pater, longevum
et incolomem Samarites ille custodiat, qui in custodiendo suum
Israel non dormit neque dormitat[1].

---

39. *Moguntini Sigifridum I archiepiscopum obtestantur, ut relicto coenobio Moguntiam revertatur*[a][2]. (E 134)

Patri ac pastori suo quam venerabili tam desiderabili S(igi- 1072
frido) archipraesuli[b] oves pascuae eius, scilicet universus Mogun- Oct. Nov.
tinae sedis clerus et populus, senes cum iunioribus, divites cum
pauperibus, unanimi devotione sedulas orationes easque cum
lacrimis solito impensiores.

Obsecramus te, venerande pater, et obtestamur per eum,
cuius precioso sanguine sumus redempti, per pastoralem curam,
qua tibi sumus commissi, per tremendum superni regis iudicium
perque illud terribile tribunal, cui in die iudicii debes astare et
de nobis principi pastorum rationem reddere: ut memineris diei
illius, in qua, divinae consecrationis oleo delibutus, suscepisti
curam animarum nostrarum et, in apostolicam promotus bene-

a. *ex V 56—57, Z p. 95—97: Epistola Maguntine ecclesie ad Sigifridum archiepiscopum suum; B 33, G 34—35v.* b. archiepiscopo *G.*

1. Isai. 5, 27.   2. Scripserunt hanc epistolam Moguntini, certiores facti, Sigifridum archiepiscopum Cluniaci se ordini monastico addixisse. Mariani Scotti chron. (Mon. Germ. SS. V) 1072 (1094): „Sigfridus — cum monasterium monachorum, quod est Cluaneca, dominico die ante missam sancti Michaelis (Sept. 23) esset, intrans claustrum, respuit seculum. Sed dum mercenarii Moguntinum episcopatum comparare vellent precio, Sigfridus — Moguntiam 8 Id. Decembris rediit". Cf. Lamberti annales 1072, ibid. p. 191.

1072 dictionem[a], vice Christi factus es pastor ovium; scilicet, quando
Oct. Nov. datus est tibi anulus desponsationis[b] ecclesiae et baculus pastoralis curae, accepisti quoque claves regni caelorum et iudiciariam sedem in choro apostolorum. Recordare, quaesumus, illius dulcissimi verbi, quod tibi eadem die dictum est, ut semper memineris Dei et eiusdem[c] diei.

Ergo, pater, cur nos deseris aut cui nos desolatos relinquis?[1] Nonne accepisti anulum, ut ecclesiam tuam velut sponsam diligeres; baculum quoque[d], ut eam a luporum incursione defenderes? Ubi est caritas illa, illa[e], qua Christus pro ovibus suis animam suam posuit[2], et eadem caritate tibi regendas commisit? Quare proicis a manibus[f] tuis claves regni caelorum? Quare te ipsum detrudis de sede immo de choro apostolorum?

Optaremus quidem tuae paternitati: ut ascenderes ad ea, si qua essent, altiora; non te detruderes de summis ad inferiora. Fatemur, pater: eos bene facere, qui seculum relinquunt quique, se ipsos sibi abnegantes et crucem suam baiulantes[g], post Christum vadunt[3]. Sed hoc[h] utique eorum est, qui sibi solis vivunt; qui in vinea domini Sabaoth nullam colendi curam acceperunt; quibus satis est, si tantum possint[i] se salvare, quia de nullo habent nisi de se rationem reddere. Tu autem, pater, melius regis seculum quam relinquis. Propensius sequeris et diligis Christum, si oves eius pascis; quia ipse probationem dilectionis suae in pascendis ovibus suis constituit, dicens: *Si diligis me, pasce oves meas*[4]. Ut ergo salva reverentia dixerimus, tanto convinceris minus Christum diligere, quanto te subtrahis a credita tibi ovium eius pastione. Num quidnam gratior[k] ei erit, qui solus et vacuus a messe ad aream redibit, aut qui multos animarum manipulos et purgatum a[l] zizaniis triticum ad horreum domini sui reportabit[5]? Cur non recordaris euangelici illius

a. in apostolica promotus benedictione *B*. b. desponsionis *VZB*. c. eius *B*.
d. baculumque *G*. e. om. *VZB*. f. animabus *G*. g. baiolantes *BG*. h. hec *V*,
ñ *Z*. i. possunt *G*. k. gravior *B*. l. a om. *VZB*.

1. Sulp. Sev. ep. III, 10. 2. Ioh. 10, 11. 3. V. Matth. 16, 24.
4. Ioh. 21, 17. 5. Cf. Matth. 13, 30.

dispensatoris, qui, cum fidelis et prudens distribuit familiae domini sui tritici mensuram¹ et crediti talenti felicem usuram* reportat, in modico fidelis supraᵇ multa constituitur et, beatificum audiens: *Euge*, gaudium domini sui intrare iubetur²?

Numquid Petrus et Paulus et ceteri apostoli, quorum officio fungeris, itaᶜ crucem suam baiolantes sequebantur Dominum, ut, seculum relinquentes, relinquerent etiamᵈ curam animarum? Nonne Petrus etᵉ pro lucrandis animabus exemplo magistri crucem subiit et Paulus gladio cervicem praebuitᶠ? Nonne ipse Christus, vita et salus nostra, coeternus et coomnipotens in sinu patris sui, caritate salvandi hominis homo mortalis factus est in sinu virginis matris?

Omnis ordo, omnis dignitas, omnis professio apostolicae subditur dignitati. Nec quicquam estᵍ in mundo eminentius vel vicinius Deo vita episcopali; cui cedit ut minor omnis monachus vel reclususʰ, omnis cenobita vel heremita.

Ergo, pater sanctissime, oramus te per Deum perque salutem animae tuae: ut eorum, quae diximus, velisⁱ recordari; et vigilanter ante oculos habeas tribunal Christi; nec deseras nos oves eius, quas suscepisti tuendas, ut ab eo non penam negligentiae sed mercedem obedientiae accipias. Festina ad sedem tuam quantocius redire et eos, qui in luctu et merore sunt, paterno affectu consolare.

Iam enim res episcopii tui hac illac diripiuntur; et multa alia ab officialibus regis invaduntur; per plurimas regiones tuas multa fitᵏ perturbatio; de invasione sedis tuae inter multos contentio. Hec, pater, tuum unum caput omnia sedabit, has omnes perturbationes et contentiones sola praesentia tua in pacemˡ reformabit. Denique, si ecclesiae scita et canonum iura permitterentᵐ te sedem tuam relinquere et alterius professionis vitam instituere, tu tamen nichil umquam Deo posses melius

a. fructum *G*.   b. super *G*.   c. et ita *G*.   d. et *G*.   e. om. *G*.
f. addixit *G*.   g. om. *G*.   h. cui cedit omnis monachus ut minor vel reclusus *VZB*.
i. semper vel *G*.   k. sit *G*.   l. pace *B*.   m. pertimerent *G*.

1. Luc. 12, 42.   2. Matth. 25, 21.

1072
Oct. Nov.

servire, quam si intentionem illam exueres et sedem et episcopatum tuum ab his, qui invadere volunt, defenderes. Nunc ergo te patrem rogamus nos filii, te pastorem oves gregis tui: ut quantocius ad nos redeas et dolorem et mesticiam[a] cordis nostri serenitate vultus tui detergas[b].

Sin autem, primo invocabimus Deum patrem omnium, inclinabimur[c] Christo principi pastorum; apostolicam adversum te adibimus sedem; in adiutorium nostrum[d] invocabimus omnem[e] ordinem et dignitatem; nullum in toto regno, quem non rogemus, dimittemus episcopum. Te vivente, nunquam pro pastore recipiemus mercennarium[f].

---

40. *Sigifridus I archiepiscopus Moguntinus Gregorio VII papae constituto gratulatur. Queritur, quod Alexander II papa, ipsius auctoritate neglecta, Ieromirum episcopum Pragensem excommunicaverit. Excusat, valetudinem causae esse, cur Romam non accedat. Rogat, ut contra Thuringos sibi succurrat*[g]. (E 130)

1074
c. Febr.

Reverentissimo patri novo Gregorio[h], sacerdocio primae sedis apostolicae infulato, S(igifridus) Moguntinae dispensator ecclesiae sedulam benivolentiae servitutem et debitam obedientiae subiectionem.

Semper quidem desiderio desiderabamus, eum apostolicae sedis praesulem esse, qui vita et moribus verbis et[i] exemplis ad salutem praeesset et prodesset sanctae Dei[k] ecclesiae. Nunc vero, quoniam[l] melliflui facti sunt caeli, solito dulcius distillantes rorem gratiae Dei, divina miseratio votis nostris solito[k] cumulatius satisfecit; et eum, quem maxime optabamus, eidem[m] sanctae Romanae ecclesiae praefecit, qui nobis semper dexter stetit in omnibus negociis, numquam nobis defuit vel[n] nostris. Unde totis praecordiorum medullis gratias agimus[o] Deo altissimo, qui cathedram Petri, caput[p] scilicet ecclesiarum, vestro, mi re-

a. misticam *G*. b. defendas *G*. c. inclinabimus *G*. d. om. *G*.
e. omnium *V*. f. Vale add. *G*. g. ex *V 59v — 54v, Z p. 88 — 91, G 33 — 34*.
h. Gregorio reverentissimo patri novo *G*. i. om. *VZ*. k. om. *G*. l quando *G*.
m. eundem *G*. n. in *V,Z*. o. agamus *G*. p. capud *V*.

verende pater, illustravit et ornavit[a] sacerdocio; humili supplicatu orantes et deprecantes: ut, qui primicias[b] apostolatus vestri perfudit oleo leticiae prae participibus vestris[1], gratiam et pacem multiplicet ecclesiae suae[c] cunctis diebus vestris.

1074
c. Febr.

Optamus autem promereri, ut peculiarem gratiam apud vos obtineamus; et a vestra paternitate specialem nobis provenire clementiam, non solum ea caritate, quam universali debetis ecclesiae, sed etiam eo gratiae privilegio, quod semper sancta sedes vestra Moguntinae impendit ecclesiae ut pia mater speciali filiae. Hac ergo[d] freti gratia, in omnibus, quae nobis obviant, ad vos[e] recurrimus; et quicquid nobis adversatur, ad vos[e] velut membra ad caput referimus.

Unde humiliter inclinamus vestrae sanctitati, quod sub antecessore vestro piae recordationis papa A(lexandro) contigit, nos, ut salva reverentia dixerimus[f], iniuste praeiudicium pati et inclementer deturbatos esse ab eo iure, quod sacri canones et patrum scita metropolitanis iubent servari. Denique eidem sanctissimo patri de fratre et suffraganeo nostro Pragensi episcopo[2] sinistra relatione suggestum est et, me ignorante, ab inimicis apud eum accusatus est. Unde et hactenus[g] insolitum ab[h] eo exiit edictum, ut eundem fratrem et coepiscopum nostrum — nec inter fratres suos canonice[i] prius auditum, nec canonice ad se vocatum, nec inobedientiae culpa denotatum — non solum ab officio suo suspenderit[k] sed etiam rebus et reditibus suae ecclesiae omnino spoliaverit et exstruserit; ita ut missis nuntiis publice nunciari fecerit in[l] clero et populo, ut, eum quasi excommunicatum habentes, nichil, quod episcopi esset, vel quaererent vel acciperent ab eo. Quod factum si apostolicam deceat mansuetudinem, si decretorum servet auctoritatem, vestram non praeterit sanctitatem. Debuit[m] namque iuxta decreta ca-

a. ordinavit *G*. b. miticias *G*. c. suae cunctis *om. G*. d. igitur *G*. e. ad vos *om. G*. f. dixerimus *G*. g. actenus *G*. h. ex *G*. i. *om. G*. k. suspendit — spoliavit et extrusit *G*. l. *om. G*. m. Debuit — ad internicionem in nos desaevisset *om. G*.

1. Hebr. 1, 9: „unxit te Deus — oleo exultationis prae participibus tuis". 2. Ieromiro.

1074 nonum ad nos primum causa deferri et ille*, ad concilium vo-
c. Febr. catus, intra provinciam inter fratres suos audiri¹. Ego vero
et fratres mei deberemus ad apostolicam sedem velut ad caput
nostrum referre, si tanta res esset, ut per nos nec posset nec
deberet terminari.   Nunc autem frater noster et coepiscopus
— a sede sua vagus et profugus et, ut diximus, rebus et reditibus ecclesiae suae iniuste spoliatus et exstrusus — indignum
patitur praeiudicium. Et omnibus fratribus et coepiscopis nostris
magnum inde provenit scandalum; et episcopale nomen et
officium, quod apud Deum et homines sanctum est, intolerabile
patitur obprobrium.   Porro ecclesia illa iam multis diebus
pastorali caret amministratione et, vivente pastore vidua, episcopali vacat benedictione; nisi quod episcopus ille², qui ex-
pulsionis et perturbationis huius auctor est, eius sibi usurpat
officium et, quod omnibus conciliis et decretis maxime cautum
est, consecrando et confirmando eundem circuit episcopatum.
Quod maxime ob hoc periculosum est, quod gens illa catholicae
fidei novella est plantatio et nondum radicata et fundata in
christianismo; et facile ad antiquum paganismi revolabit errorem,
si inter pastores suos tantam viderit durare dissensionem.
Quapropter ego et omnes fratres mei, vestigiis vestrae sanctitatis affusi, oramus et obsecramus^b . . . . .

. . . . . primum ecclesiae rationes nec non maligni huius temporis inclamare inportunitates. Habebam quoque de quibusdam agere
vobiscum ipse praesens, quae nec litteris intexere nec nuncio
etiam alicui fidelissimo habeo aperire.   Quapropter praesentes
fratres cum litteris meae excusationis ad vos dirigo; qui vobis
suggerant: quod ad vos non veni, non esse temeritatis sed in-
evitabilis et supremae necessitatis. Noverit autem sancta paternitas vestra, quod non est homo in terra me vobis fidelior et
ad omne praeceptum vestrum implendum devotior. Nec ad-

a. *om. V.*   b. *sequitur continuo in codd. (VZ) primum ecclesiae cet.; sed quaedam hic excidisse, sole clarius est. Quare puncta interposui.*

1. Cf. Gregorii VII responsum die 18 Mart. 1074 datum, Registr. I 60,
supra T. II 78.   2. Iohannes ep. Moraviensis.

ventum meum ad vos aliquod posset negocium retardare, si tantumᵃ iuvarer virium valitudine. 1074 c. Febr.

Pro inveterata autem Thuringorum obduratione novam vobis facio conquestionem. Qui sicut semper sic etiam adhuc Spiritui sancto eiusque iustissimis resistunt legibus, redituum suorum negando decimationem, usque adeo, ut, dum monerem eos, ut omnipotenti Deo obedirent, ipsi e contra armata manu promiscuae plebis me et meos obsiderent. Et nisi Dominus omnipotenti manu liberavisset, forsitan crudelitas eorum usque ad internicionem in nos desevisset. Unde rogo sanctam paternitatem vestram[b], ut contra tamᶜ nefarium tamque insolitum facinus respectu ecclesiasticae disciplinae quasi caput membris compaciendo succurratis et contra inimicos Dei gladium sancti Spiritus arripiatis; quatinus sentiat contumax et rebellis serva[d] Thuringia, quod adhuc in clavigera manu Petri vivit et regnat imperatrix Roma.

41. *Heinricus IV rex Bambergenses hortatur, ne contra Herimannum I legitimum episcopum ullam legationem suscipiant neve accusationem eiusdem audiant*ᵉ. (E 140)

H(einricus) Dei gratia Romanorum rex[f] ecclesiae Babenbergensi gratiam et omne bonum. 1075 in.

Memores fidei et devotionis praedecessorum vestrorum in nos et nostros, spem bonam de vobis prae omnibus habemus; quoniam in nullo adhuc vos a via tantae virtutis exorbitasse videmus. Amplectimur ergo toto affectu in vobisᵍ tantam constanciam; antecessorum nostrorum in vobis semper et ubique renovare studentes gratiam. Sed ecce, ut nostis, humanae salutis hostis studio antiquae maliciae tantae salutis profectui nititur obsistere. Vos autem, qui, spiritu Dei illuminati, nostis

a. tm *VZ.* b. sanctitatem paternitatis vestrae *G.* c. om. *G.* d. seva *G.*
e. *ex V 58v—59:* Epistola eiusdem de quo supra ad Babenbergensem ecclesiam; *Z p. 100—101:* Epistola Heinrici regis ad Babenbergensem ecclesiam pro Hermanno Babenbergensi. f. *Pro* imperator augustus *VZ scripsi* rex, *corrigens depravationem ab Udalrico etiam alias factam; v. infra epp. 140 et 142. Cf. etiam lemma huic epistolae praepositum in codice Zwetlensi (supra n. e).*
g. in vobis *om. V.*

1075 in. eius dolos et insidias, perpendite, qualiter vos doctoris gentium praemonuerit auctoritas. Quomodo enim non vere praevideret commissae sibi ecclesiae periculum, qui vidit etiam archana Dei raptus ad tercium caelum[1]? Dicit enim[a]: *In novissimis temporibus instabunt tempora periculosa, et erunt homines se ipsos amantes*[2], *questum pietatem existimantes*[3] et cetera. His non ad erubescentiam vestram ammonemus dilectionem, scientes in istis velut in aliis vestram perfectionem. Sed ut ad cautelae et discretionis studium evigiletis, pia exhortationis manu pulsamus; ne iuxta vocem apostoli credatis omni spiritui[4], qui, speciem quidem habentes pietatis, opera exercent impietatis et, variis et vanis insudantes laboribus, inserunt se multis doloribus. Hec cum nobis melius videatis, perpendite, quid iusticiae et veritati debeatis.

Mandamus enim, mandando monemus, monendo rogamus: ne adversus episcopum vestrum[5] ullam suscipiatis legationem; cum nullam iustam in eum audire possitis accusationem. Testor enim Deum et utriusque nostri conscientiam: eum legitime et canonice venisse ad hanc regiminis curam.

Hec nos vobis scribere suasit Moguntina mater ecclesia, super filiorum salute satis sollicita; ut, sicut vos prae ceteris fide et dilectione amplectitur, ita vos secum in fide Christi et nostra perseverare gratuletur.

42. *Sigifridus I archiepiscopus Moguntinus Gregorio VII papae respondet, se ob valetudinem ad concilium Romanum non venire. De suo in eum obsequio. Delicatiorem vitae suae cultum excusat. De episcopis examinandis aliisque papae mandatis moderationem suadet*[b]. (E 132)

1075 Ian. Domino venerabili et patri in Christo amabili Gregorio[c] primae sedis antistiti S(igifridus), Moguntinus id quod est gratia

---

a. Dicit enim *om. V*, Dit enim *Z*.   b. *ex V 55—55v, Z p. 92—93:* Epistole Sigifridi Moguntini archiepiscopi ad Gregorium papam; *B 32v;* Epistola.   c. G. *ZB.*

1. 2 Corinth. 12, 2.   2. 2 Timoth. 3, 1. 2.   3. 1 Timoth. 6, 5.
4. 1 Petr. 4, 1.   5. Herimannum I.

Dei, debitae obedientiae subiectionem et sedulam obsequii devotionem. 1075 Ian.

Quid causae intercedat* et quid impedimenti intercipiat, quod sancto huic sanctae apostolicae sedis concilio¹ interesse non possum, sicut iam priori legatione significavi, ita et nunc sanctae paternitati vestrae ex ipsa veritate denuncio; videlicet quod eodem paralisis morbo, quo tunc laborabam, non quidem remissius sed in dies auctius acriusque laboro. Nec hoc praetermitto aut fastu superbiae aut contemptu inobedientiae; quem animae morbum divina miseratio longe faciat a me. Non enim cuiuslibet negocii quamlibet maximi me retinere posset impedimentum, quem ad vos non sola ducit voluntas sed et ardens trahit desiderium. Mea namque intererat et hoc obedienciae racio et caritatis ordo poscebat, ut huic consorcio sanctorum interessem et de praesencia vel allocutione atque de salutifera collatione divini patris mei Gregorii[b] et Christi sacerdotum hilarescens in melius proficerem. Nec penitendum esset longae viae et magni laboris, quippe ubi proveniret fructus magnae salutis.

Maximas autem grates cum humili inclinio vestrae refero sanctitati, quod legationi nostrae tam clementer aurem inclinastis ipsosque legatos bene admisistis et melius dimisistis; quodque placuit vestrae sanctitati antiquae dilectionis et germanae affectionis nostrae tam benigne reminisci², nec in summa speculationis arce et in ipsa omnium ecclesiarum sollicitudine duxistis praetereundum, quod olim adhuc in ipsa privata conversatione Christi inter nos fuerat caritate coniunctum. Proinde multiplicis erga me benignitatis vestrae gratia nulla temporum longinquitate deleri, nulla umquam rerum vel eventuum inequalitate poterit oblitterari. Sed ad hoc promerendum* nostra sedulo vigilabit industria: ut in hoc perseverare vestra dignetur benivolentia.

a. intercidat *VB*, *corr. in* intercedat *Z*. b. G. *ZB*. c. pro remedium *V*.

1. mensis Febr. a. 1075; cf. Gregorii VII Registr. II 29 supra T. II 141.
2. „Recordari credimus fraternitatem tuam, quam puro amore ante huius nostrae administrationis sarcinam te dileximus" Greg. VII Registr. II 29 l. l.

1075 Jan.   Quod autem in commonitorio vestro posuistis, me vestrae paternitati[a] secretorum immo salutis meae commisisse consilium[1], et alia quaedam quasi correctionis limam addidistis ad castigationem vitae et morum; hoc semper feci et semper faciam, nec ab hoc opere umquam vita comite desistam. Et quod ibi cautum est, cautissime cavebo; et quod ibi praeceptum est, prout vires dederit Deus, pleniter adimplebo.

Et si aliter de me alicuius adversantis vobis suggeret relatio[2], noverit sanctitas vestra, quod unitatem scindere et caritatem corrumpere suo mendatio conetur. Nisi forte haec[b] accuset, quod aliquando illud, quo me castigo, frenum disciplinae aliquantum laxare[3] consilio fratrum compellor causa medicinae.

Porro quod de examinandis episcopis, quos mihi nominastis[4], et introitum eorum et conversationem diligentissime inquirere et per nuncios nostros vobis insinuari mandastis, perpendat vigilans ille oculus sapientiae vestrae: quod a reditu legatorum nostrorum usque ad hanc iteratam legationem non tantum erat[c] temporis intersticium, ut vel fratres colligere vel examinationis inde possem habere iudicium. Nec aliud super hac re adhuc vobis de his intimare valeo, nisi quod vel vos scitis vel communis habet opinio. Verumtamen litteras vestras illis quantocius direxi; et ut[d] mandatum vestrum impleant, etiam nostris litteris diligenter submonui[e].

De penitentia autem Strazburgensis episcopi nichil certi possum[f] vobis respondere. Quia nec, si ei iniuncta esset, ante-

a. paternitatis *V.*   b. hoc *B.*   c. om. *B.*   d. ut et *B.*   e. summonui *B.*
f. possumus *V.*

1. „et quomodo secretorum tuorum nobis paucisque aliis commisisti consilium", Gregorii VII Registr. II 29 l. l.   2. „Verum iuxta quorundam relationem, aliter quam sperabamus te egisse, comperimus", Greg. l. l. 3. „ex eo tamen, quod Cluniacensi monasterio reliquum vitae tuae conferre voluisti, maiorem ex religione tua fidem suscepimus", Greg. l. l. 4. Ottonem I Constantiensem, Guarnerium Strazburgensem, Heinricum Spirensem, Herimannum I Babenbergensem, Imbriconem Augustensem, Adelberonem Wirzburgensem; v. Greg. l. l.

hac scivi; nec, si eam observet, propter temporis compendium 1075 Ian.
inquirere potui.

De castitate vero clericorum et de symoniaca heresi, ad summam de omnibus, quae mihi mandastis, semper, prout ipse adiuverit, obediam Deo et vobis.

Erit autem apostolicae mansuetudinis et paternae discretionis: sic ad fratres ecclesiastica mandata dirigere, ut et temporum oportunitates et singulorum possibilitatem dignemini inspicere; ut et deviantibus et discolis adhibeatur* disciplina que debetur, et infirmis et opus habentibus medico compassio caritatis non negetur. Sicque examinatis negociorum causis adhibeatur iudicii censura, ut apostolicae discretionis et paternae pietatis modum non excedat iusticiae mensura.

Sanctum apostolatum vestrum pro nobis orantem Samarites ille custodiat, qui in custodiendo suum Israel non dormit neque[b] dormitat. Et divisiones gratiarum, quas in clave Petri adunavit, ipse in vobis unitas integrasque conservet, qui ipsam clavem vobis commisit.

43. *Herimannus I episcopus Bambergensis Gregorio VII papae exponit, quare ad eum nondum accesserit neque ad synodum Romanam venturus sit. Diaconum mittit[c].* (E 135)

Reverentissimo sacrosanctae sedis apostolicae gubernatori 1075 Ian. Febr.
N. cum singulari servitutis devotione unicam in omnibus obedientiam.

Benedictus Deus et pater domini nostri Iesu Christi, qui in tam periculosa multiplicium scandalorum tempestate celeberrimam vestri prudentiam ecclesiae suae gubernaculis praesidere voluit, ubi nec nocens fallit per astuciam nec innocens periclitatur per invidiam.

Et mea quidem humilitas ab ipsis fere primordiis ordinationis vestrae ad obsequium vestrum desideravit occurrere; sed emergentes ecclesiae nostrae necessitates desiderium nostrum

a. adhybeatur Z.   b. nec B.   c. *ex V 57—57v, Z p. 97*: Epistola Herimanni Babenbergensis ad Hilthebrandum papam.

1075
Ian. Febr.

impediere. Verum cum has gratia Dei per vigilantiam nostram sopisset, ecce me domini et excellentissimi regis dignatio invitum et reluctantem ad suas et imperii curas ᵃ adtraxit. Quam tamen difficultatem ego nullatenus praesumpsissem, nisi quendam gratissimum tam laboriosi oneris fructum certa spe suscepissem; scilicet: ut ecclesiae meae, utpote rudis, innumera dispendia resarcirem; et fluctuanti regno aliqua, si possem, ope consilii subvenirem. Accessit etiam minime negligenda ᵇ occasio: ut animum domni regis, pravorum consiliis inconsiderate a vobis alienatum, in vestrae paternitatis caritatem et concordiam reformari laborarem; quod tam regno quam ecclesiae usui fore sapientibus patet.

In medio vero talium negociorum estu litterae vestrae [1] me convenere, id monentes, ut synodo [2] me pro inscripta causa praesentarem.

Intelligo, pater sancte: profanas invidorum emulationes — dum commenta eorum domi evanuerunt, ubi veritas exagitata resplenduit — foris maximeque apud ᶜ aures vestras, quae possunt et dum possunt, conari. Quorum impudentissima calumpnia in facie ipsorum per gratiam Dei confutabitur.

Verumtamen prudentia vestra provide, praescripti temporis angustias vix tumultuariae profectioni sufficere posse, perpendat; nedum ad tantae causae disceptationem, que tam festinato apparatu nullatenus valet expediri. Ne tamen vel inobedientiae suspicionem vel conscienciae scrupulum apud ᵃ vos incurrerem, in excusationem non difficultatis sed impossibilitatis predictae diaconum nostrum ad vestigia vestra transmisi.

Et quia susceptae regni rationes Burgundiae et ulterioris Galliae fines me adire compulerunt, qua etiam occasione votiva beati Iacobi [3] visitatione me decrevi absolvere, cum illius intercessio et vestra oratio me ᵈ . . . .

a. causas *V*.   b. negligentia *V*.   c. aput *V*.   d. *complura liquet hoc loco excidisse in codicibus (VZ); ubi post* oratio me *statim leguntur* invocaverit ipse cet. *Atque ita puncta interponenda duxi.*

1. data circ. d. 4 Dec. 1074; cf. Registr. II 29 supra T. II 141.   2. habendae spatio dierum 22—28 Febr. 1075.   3. Compostellani.

...... invocaverit, ipse mihi quantocius, Dei et vestro opitulante suffragio, consulam; ne diutius contra me emulorum meorum grassetur invidia nec mea iam ultra laboret innocentia. Omnipotens Deus apostolatum vestrum ad ecclesiae suae defensionem multo evo custodiat, domine sancte ac beatissime pater.

1075
Ian. Febr.

44. Bambergenses E. episcopo, qui pro Herimanno I episcopo se interposuerat, rescribunt[a]. (E 141)

Reverentissimo episcopo et in Christi membris valde honorando E.[1] tota Babenbergensis congregatio devotissimam servitutem cum perpetua orationum constantia.

1075
c. Mai.

Susceptis litteris sanctitatis vestrae, quibus animum vestrum[b] gravi ammiratione pulsari dicitis, quod rem tantam et tam inusitatam privata quasi temeritate praesumpsimus, omnino intelleximus: totum negocii tenorem longe aliter vobis, quam res esset, innotuisse. Quam ob rem, ut et disciplinae ecclesiasticae apud nos[c] illibata integritas et tocius actionis veritas, remota omni falsitatis nebula, elucescat, rem gestam, quantum epistolaris modus patitur, breviter[d] vobis exprimere temptabimus.

Cum pro persona, de qua[e] agitur, diram infamiam symoniacae hereseos execrabilemque confusionem evidentissimi periurii[f] ab omni ecclesia sustineremus; et omnes fere vestri ordinis, episcopi scilicet et archiepiscopi, publice ipso rege audiente omnia Christi sacramenta profanari deplorarent et chrisma[g] corpusque Domini, quod ipse confecerat, velut inmundicias menstruatae[2] exhorrerent, gradus etiam ecclesiasticos, quos ille instituisset, detestabili illusione deumbratos assererent — malum enim inscitiae, quod in eo quantum sit vos optime nostis, ad inmanitatem aliorum, licet intolerabile, leve duce-

a. ex V 59—60, Z p. 101—103, C 29—30: Epistola Babenbergensis ecclesie de Herimanno ad quendam episcopum.   b. nostrum V.   c. vos V.   d. brevi VZ.   e. qua de C.   f. periuri VZ.   g. crisma VZ.

1. tum fuerunt episcopi Ellenhardus Frisingensis, Embrico Augustensis, Egilbertus Mindensis, Eberhardus Numburgensis.   2. Isai. 30, 22: „et disperges ea sicut immunditiam menstruatae".

1075 bamus — hec itaque aliaque id generis infinita, quae verecundia
c. Mai. modestiaque nostra Deo teste dissimulat, cum iam ecce in decimum annum[1] tristissima pacientia pertulissemus; tandem aliquando, tacti dolore intrinsecus[2] et plane divinitus ammoniti,
c. Ian. humiliter nos[a] ad pedes illius abiecimus[b]; obsecrantes et obtestantes: ut, quia ad synodum sedis apostolicae[3] vocatus fuisset, si[c] in innocentia sua confideret, iter arriperet et tam se quam nos tam detestabili obprobrio tamque inmani periculo liberaret; aut, si aliud sibi conscientia sua suggereret, tum vero per timorem Dei ut sibi nobisque alia ratione consuleret.

Et ecce, dum hec agebantur, Deo sic ordinante, supervenit domnus metropolitanus[4]. Cui dum omnia retractata fuissent et ipse querelas nostras, utpote omnium gnarus, plurimum accumulasset, tandem ipsius auctoritate id statutum est, illo nostro[5] approbante atque etiam obsecrante: ut ex collegio fratrum duo vel tres Romam irent, in quorum praesentia se ab impositis criminibus secundum canonum statuta expurgaret. Quod nisi factum fuisset, iam ultra nullam obedientiam a nobis expostulaturam aut aliquod episcopale ius sibi inter nos vendicaturum, ipse ultroneus sacrosancte[d] se obstrinxit. Atque hec domi acta sunt.

Febr. 24-28 Ecce autem Romae — dum terminum vocationis suae supersedisset et vix interventu querundam officium suum, quo privandus erat, usque in diem palmarum[6], quia tunc venturus sperabatur, obtinuisset — cum vero et has inducias frustrasset, tum
Apr. 12 domnus papa ipsis in albis[7], cardinalibus suis in unum congregatis, praesente archiepiscopo nostro[8] qui illuc inopinatus advenerat, assidentibus etiam reverentissimis nostratibus episcopis

a. om. V.   b. abiecimus *alia manus cod.* V corr. *in* nos prociecimus.   c. ut si V.   d. iurationis vinculo *alia manus addidit in margine* V.

1. Hermannus I enim anno 1065 ecclesiae Bambergensi praefectus erat.   2. Gen. 6, 6: „Et tactus dolore cordis intrinsecus".   3. diebus 22—28 Febr. 1075 agendam.   4. Sigifridus I archiepiscopus Moguntinus.   5. Herimanno.   6. Mart. 29. V. Gregorii Registr. II 52a (supra T. II 170): „Herimannum Babenbergensem, si ante pascha (ante 5 Apr.) non venerit satisfacturus, suspendit".   7. dominica in albis, die 12 Apr. 1075.   8. Sigifrido I Moguntino.

Wirzeburgensi*[1] et Metensi*[2], ibi inquam papa ipsum archiepi- 1075
scopum aliosque nostrates terribili obtestatione convenit: ut, que Apr. 12
de Babenbergensi vere sibi comperta essent, edicerent. Tum
archiepiscopus, cum ab omnibus ultro citroque fuissent ventilata, vere et absque omni controversia eum symoniacum pro-
nunciavit in tantum, ut grandem suae ipsius* pecuniae in id
facinus expensam diceret. Omnibus qui aderant ipsum uno
ore succlamantibus, ita negocium diffinitum est: ut, si ipse
noster Romam perveniret, ibi suae causae sentenciam exciperet;
sin vero retrogradus fieret, tum archiepiscopus ex praecepto
domni papae clero populoque Babenbergensi* denunciaret, ne
ullam sibi obedientiam utpote dampnato exhiberent omnemque
eius communionem et consorcium, ut plane symoniaci, decli-
narent. Atque hec Romae acta sunt.

Interea noster cum fiducia cuiusdam intercessoris sui —
quem ingenti pecunia redemerat quemque infinitis variarum spe-
cierum opibus ad explendos Romanae cupiditatis hiatus* prae-
miserat — dum illius inquam fiducia propius Romam accessisset,
ita ut vix bidui iter restaret*, ibi, tristi nuncio rei gestae perculsus, substitit. Fratres vero, qui cum eo venerant quasi
testes innocentiae ipsius astituri, Romam progressi, cum litteras
fratrum papae obtulissent, post multa, quae longum est persequi*, id demum ab* eo mandatum accepere: ut, si ipse ad
suscipiendam sententiam Romae se non praesentaret, fratres eum
omnino excommunicatum scirent atque ab omni eius contagione,
nisi secum perire mallent, praecaverent. Hec, ut executi
sumus, teste ipsa veritate ita domi forisque gesta sunt.

Quid ergo hic a nobis abusive factum quisquam proba- c. Mai.
verit? Quid inquam hic factum, quod religiosi et servi Dei
tantopere mirari et non magis summopere lamentari debeant?
Nam quid taciturnitate nostra decennali pacientius? aut quid
tandem suggestione nostra, quae lacrimis gemitibusque insinuata

a. Wirzburgensi Z.   b. om. V.   c. hyatus VZ.   d. restare C.   e. prosequi V.   f. om. VZ.

1. Adalberone.   2. Hermanno.   3. Sigifridi.

est, humilius? Quid autem disciplinae ecclesiasticae congruentius, quam ut tantorum malorum exitus et remedium consensu et rogatu ipsius, consilio et auctoritate metropolitani, a sede apostolica peteretur?

Nam quod reverencia vestra nos monet, ut vos in partem consilii admittamus, non vos in partem consilii admittimus quin immo totum consilium vobis secundum ea, quae gesta sunt, committimus [a]; certi omnino, prudentiam vestram terminos patrum aut decreta Spiritus sancti nullatenus excessuram.

Quod autem in spe absolutionis illum adhuc esse dicitis, hanc profecto et nos ei a Deo patre misericordiarum omnibus votis exposcimus. Que tamen nulla umquam esse poterit [b], nisi abrenunciata peste, qua tenetur; nam, ut beatus Gelasius ait: *Christum mortuos suscitasse legimus, in errore positos absolvisse non legimus.*

Porro quod eum bono recompensaturum, si quid nos lesit, promittitis, absit absit ut eum aliquo carnali aut privato, quod verba vestra subinnuunt, sed vere perfecto et spirituali odio persequamur [c]; quo et ipse se, si sapit, maxime omnium persequitur.

Quod autem privatis et publicis fortunis nostris et periculis consulendum esse ammonetis, nichil horum inopinatum, nichil inprovisum nobis occurret. Et Deo gratias, si inter eos computabimur, quibus scribit apostolus: *Vobis datum est pro Christo, ut non solum in eum credatis, sed ut etiam pro illo paciamini*[1]. Et ad Hebreos: *Rapinam* inquit *bonorum vestrorum cum gaudio suscepistis, cognoscentes, vos habere meliorem et permanentem substantiam*[2]. Ubi etiam magnifice nos exhortans subicit: *Nolite itaque amittere confidentiam vestram, quae habet remunerationem*[3].

Porro quod in calce litterarum dicitur: *si emendatus recipietur*, id vero est omni ammiratione stupendum. Cum enim, si emendatus fuerit, non sit episcopus, quomodo et reci-

a. committimus *V.*   b. patitur *VZ,* poterit *C.*   c. *sic.*
1. Philipp. 1, 29.   2. Hebr. 10, 34.   3. Hebr. 10, 35.

pietur? Aut, si emendatus fuerit, cum sit excommunicatus, quomodo recipietur?

1075
c. Mai.

En longius et brevius quam vellemus paternitati vestre respondimus; verumtamen sapienti sat dictum est. Nunc ergo per Christum vos rogamus, ut ipsi Christo supplicetis, quatinus ecclesiam tam periculose fluctuantem placito sibi pastore mature componat et gubernet. Multum enim valet deprecatio iusti assidua[1]; et bene nostis, quam gratum acceptumque illi sit, quando pro suo sibi corpore, quod est ecclesia, suum sibi corpus per inestimabile misterium offertur.

Omnem fraternitatem, sub vobis et vobiscum Deo servientem, omnium nostrum[a] humilitas unice in Christo salutat.

---

45. *Sigifridus I archiepiscopus Moguntinus Gregorio VII papae scribit, episcopos quosdam concilium, quod agi iusserit, propter tumultum belli differendum esse censere. Se vero omnem rem arbitrio eius proponere*[b][2]. (E 133)

Specialis reverentiae patri Gregorio[c] primae sedis antistiti S(igifridus), Moguntinus id quod est Dei gratia, quod patri filius quod praelato subiectus.

1075
Iul. Aug.

Adhibito desidiae pastorum et negligentiae sanctae exhortationis et ammonitionis incitamento, vigilantia pastoralis officii vestri, mi reverende pater, nos quasi de somno excitavit; et, ut opus euangelii, ad quod servi patris familias deputati sumus[3], indesinenter curemus implere, quam studiose incitat tam religiose invitat. Sancta namque et pia sollicitudo providi pastoris, beata et remunerabilis executio[d] huius divini operis! Sed heu multum reclamat rerum vertigo et iniquitas temporis. At vero, etsi[e] dies mali sunt, tamen ad monita[f] vestra vigilanti cautela tempus redimendum est[4]; ne, si propter aurae intemperiem vineam Domini culturare desistat, de negligentia con-

a. om. C.   b. ex V 55v—56, Z p. 93—95.   c. G. Z.   d. excusatio V, execusatio Z.   e. si V.   f. āmonita corr. in ad monita V; āmonita Z.

1. Iacob. 5, 16.   2. Rescripsit Gregorius die 3 Sept. 1075 (Registr. III 4, supra T. II p. 207).   3. Cf. Matth. 24, 45.   4. Ephes. 5, 16: „redimentes tempus, quoniam dies mali sunt".

Jaffé, Bibliotheca V.

1075 dempnetur quilibet inutilis operarius; et, si tempestas hodie in-
Iul. Aug. gruit, quae nos ab opere repellat, cras caelitus reddita serenitate studium nostrum in id ipsum recurrat.

Itaque indixit auctoritas vestrae sanctae paternitatis: ut, statuta die collectis fratribus, ex apostolicae legationis mandato concilium debeamus celebrare; et quicquid in provincia aut in regno nostro vel per symoniacam heresim vel quomodocunque[a] contra regulam ecclesiasticae rectitudinis perperam gestum aut male usurpatum vel temere praesumptum occurrerit, iudicio fratrum recidere non differamus falce iusticiae.

Quod praecipitis, mi pater, equum est et iustum; et haec per provincias bis in anno fieri mandant decreta sacrorum canonum[1]. Sed ad quod et decretorum auctoritas et vestra paternitas impellit, ab hoc et rerum inequalitas et huius maligni temporis importunitas nos longe repellit. Denique auditum credimus vestrae paternitati: quantus in regno nostro motus, quanta sit perturbatio, quam perniciose bella grassantur et seditiones, sicut audivimus ex[b] euangelio[2]. Auditum inquam vobis credimus de bello, quod a domino nostro rege factum est contra
Iun. 9 Saxones et Thuringos, et quomodo dextera Domini prostraverit et fugaverit rebelles et impios[3]. Et tamen adhuc in eadem obstinatione[c] perdurant etiam victi; et iterum perfidum caput levant ac, tocius regni gladios contra se acuentes, iterum recidua bella parant. Unde timemus, quod pro peccato populi de vagina sua eductus sit gladius Domini; et nisi per vestram aliorumque sanctorum propicietur intercessionem, forsitan deseviet usque ad internicionem. Soluto namque pacis vinculo et rupto disciplinae freno, gens insurgit contra gentem; de terminis regni hostilis gladius exterminavit concordiam et pacem; et ita obmutescentibus euangelii tubis, nec praeco clamoris vocem nec populus habet audiendi aurem.

a. quocunque modo Z.   b. in V, ex Z.   c. ostinatione Z.

1. Burchardi decr. I 43 (Gratiani decr. P. I D. 18 c. 2).   2. Luc. 21, 9: „Cum autem audieritis praelia et seditiones, nolite terreri".   3. die 9 Iunii 1075.

Hostili praeda et pervasione magna ex parte disperierunt res et reditus episcopii nostri. Et hoc idem paciuntur quam plurimi fratres nostri. Neque haec rerum angustia eos patitur venire ad concilium; quin pocius pro recuperandis rebus suis coguntur ire ad comitatum¹. Huc accedit, quod plures coepiscopi nostri, qui ad concilium vocati sunt, non sunt in gratia principis; nec usquam audent progredi sine dispendio salutis suae. Et si consideremus eos episcopos, qui accusantur[a], et eos, qui adesse non audent, si concilium congregetur, vix invenientur[b], qui iudicent.

1075
Iul. Aug.

Accedit hoc etiam ad cumulum nostri timoris et exaggerat vim nostri doloris: quod — si de diversis immo adversis regionibus ad concilium convocentur, qui ad invicem[c] inimicantur — dum putamus nos colligere fratres ad concilium, paratas habeamus acies ad bellum; et dum corrigendis erroribus et sopiendis querelis in unam tendimus ecclesiasticae pacis communionem, forsitan, nisi Deus prospiciat, conventus noster turbabitur usque ad internicionem.   Recordetur autem sanctitas vestra: quid propter Wultensem abbatem² aliquando³ contigerit Goslariae[d]; quod boni milites in ipsa vespera pentecostes[e] gladio perempti sunt intra septa ecclesiae, perfusa sunt altaria sanguine interfectorum et instigante diabolo totum profanatum est sanctuarium. Et tunc certe omnes convenerant ad curiam sub specie pacis, nisi quod inter eos latebat quaedam simultas quasi doloso cineri subpositus ignis. Et quid credimus futurum, si illi, qui aperte inimicantur, congregentur in unum?

1063
Iun. 8

Pro his et pro huiusmodi fratres nostri, qui sunt sanioris sentenciae, dicunt: sibi bonum videri, ut adhuc concilium differatur; donec videamus, si quo modo reddita pace Dominus propicietur.

Nos autem omnibus consiliis et conciliis vestram praeferimus sententiam; et quod nobis indicitis, nullo modo praeter vestram obmittemus conscientiam. Unde statim post regiam ex-

---

a. acusantur Z.   b. inveniuntur V.   c. vicem Z.   d. Gloslariae V.
e. penthecostes V.

1. ad aulam.   2. Wideradum.   3. 1063 Iun. 8.

1075
Iul. Aug.
pedicionem multa cum festinantia nostram vobis dirigemus legationem; nec ad hoc intemperiem consideramus anni, ut advertatis, quanti nobis constet auctoritas praecepti vestri. Ergo sapientia vestra, quae in se ipsa cuncta metitur, retractet: quis huius perturbationis provenire possit exitus; et pericula, quae timemus, consilio et ratione praeveniens, disponat in melius; et quicquid dictante Spiritu sancto super huiusmodi fieri decernitis, nobis de oraculo sacri pectoris vestri respondere velitis. Quodsi probatis, propter pericula, quae timemus, ad praesens indictum concilium differatur, et quando vobis placuerit et oportunitas evenerit, celebretur in id ipsum.

46. *Heinricus IV rex Agneti imperatrici significat, de restituendis episcopis quid concesserit*[a]: (E 186)

1075
anno exeunte
Matri benedictionis et salutis H(einricus) Dei gratia rex ex toto corde dilectionem et si quid est melius et ultra.

Omnem successum nostrum quoniam te scire sanum est, quid hec curia et conventus[b] dictaverint et senserint[c], tibi, utpote dulcissimae matri nostrae, mandare voluimus[d]. Post multum causae nostrae tractatum tandem, victi apostolica legatione et omnium fidelium nostrorum, qui multi aderant, consilio et persuasione, restitutionem transfugarum[e] episcoporum concessimus et permisimus; sic tamen: ut de his, quoquo modo[f] velimus, interim[g] parti nostrae caveamus donec in diem, quem nos causae eorum ventilandae constituimus. Quem diem et terminum eosdem papae legatos hic expectare scias. Tu vero — pro bona, quam de te habemus, fiducia — uti[h] res nostra diu expectatum eventum accipiat[i], a Deo sedulo[k] inquiras.

Hoc autem, quod nos rogasti, ea conditione, qua[l] vis et mandasti, certissime hoc, et quicquid tuae dilectioni[m] impendere poterimus, accipies[n].

a. *ex V 85v, Z p. 179, G 56.* b. et conventus *om. VZ.* c. dictaverit et senserit *VZ.* d. volumus *G.* e. transfugorum *G.* f. quomodo *G.* g. interim *om. V.* h. ut tibi *VZ*, uti *G.* i. excipiat *G.* k. sedula *G.* l. quam *VZ*, qua *G.* m. caritati *G.* n. Vale *add. G.*

47. *Heinricus IV rex Gregorium VII papam pontificatu abire iubet*[a]. (E 163)

Heinricus[b] non usurpative sed pia Dei ordinatione rex Hildebrando[c], iam non apostolico sed falso monacho.

Hanc talem pro confusione tua salutationem promeruisti; qui nullum in ecclesia ordinem praeteristi[d]; quem confusionis non honoris, maledictionis non benedictionis participem non feceris.

Ut enim de multis pauca et egregia loquamur, rectores sanctae ecclesiae, videlicet archiepiscopos episcopos vel[e] presbiteros, non modo non tangere sicut christos Domini[1] timuisti, quin sicut servos, nescientes quid faciat dominus eorum[1], sub pedibus tuis calcasti. In quorum conculcatione tibi favorem ab ore vulgi comparasti. Quos omnes nichil scire, te autem solum omnia nosse iudicasti. Qua utique scientia non ad edificationem sed ad destructionem[2] uti studuisti, ut iure hoc beatum Gregorium, cuius nomen tibi usurpasti[g], de te prophetasse credamus sic dicentem: *Ex affluentia subiectorum plerumque animus praelati extollitur, et estimat se plus omnibus nosse, cum se videt plus omnibus posse*[3].

Et nos quidem hec omnia sustinuimus, dum apostolicae sedis honorem servare[h] studuimus. Sed tu humilitatem nostram timorem fore intellexisti; ideoque et[i] in ipsam[k] regiam potestatem nobis a Deo concessam exurgere non timuisti. Quam te[l] nobis auferre ausus es minari; quasi nos a te regnum susceperimus[m], quasi in tua et non in[l] Dei manu sit vel[l] regnum vel imperium. Qui dominus noster Iesus Christus nos ad regnum, te autem[n] non vocavit ad sacerdotium.

<small>a. *ex V 72v—73, Z p. 131—132*: Item epistola Heinrici regis contra quem supra; *C 33—33v et 63v, B 45*: Epistola H. regis contra Hildebrandum; *E (cod. lat. Monac. 14096, S. Emmerammi 96, membr. saec. XII)*. b. H. VZCB. c. H. VZ. d. praetermisisti *E*. e. om. *VZCB*. f. non add. *V*. g. vendicasti *E*. h. conservare *E*. i. om. *E*. k. om. *V*. l. ex *E*. m. acceperimus *E*. n. om. *VZCB*.

1. Ioh. 15, 15: „quia servus nescit, quid faciat dominus eius". 2. V. 2 Cor. 10, 8. 3. Cf. S. Gregorii regulae pastoralis L. II c. 6, Opp. ed. Benedictini T. II 21.</small>

1076
c. Ian. 24

Tu enim his* gradibus ascendisti. Scilicet astutia, quod monachica abhominatur professio, pecuniam[b], pecunia favorem, favore ferrum, ferro sedem pacis adisti. Et de sede pacis pacem turbasti; dum subditos in praelatos armasti; dum episcopos nostros a Deo vocatos tu, non vocatus, spernendos docuisti; dum laicis ministerium eorum super sacerdotes usurpasti, ut ipsi deponant vel condempnent[c], qui ipsos a manu Dei per impositionem manuum episcopalium docendos[d] acceperant.

Me quoque, qui[e] licet indignus inter christos[f] ad regnum sum unctus[g], tetigisti[h]. Quem sanctorum patrum tradicio soli Deo iudicandum docuit, nec pro aliquo crimine, nisi a fide quod absit exorbitaverim, deponendum asseruit; cum etiam Iulianum apostatam prudentia sanctorum patrum[i] non sibi sed soli Deo iudicandum deponendumque[k] commiserit. Ipse[l] quoque verus papa beatus Petrus clamat: *Deum timete, regem honorificate*[1]. Tu autem, qui[m] Deum non times, in[n] me constitutum eius inhonoras.

Unde beatus Paulus, ubi angelo de caelo, alia si praedicaverit, non pepercit, te quoque — in terris alia praedicantem[o] — non excepit. Ait enim: *Si quis vel ego vel angelus e caelo praeter id, quod euangelizavimus[p] vobis, euangelizaverit, anathema sit*[2]. Tu ergo, hoc anathemate et omnium episcoporum nostrorum iudicio et nostro[q] dampnatus, descende; vendicatam tibi[r] sedem apostolicam relinque; alius in solium beati Petri ascendat, qui nulla violentiam religione palliet[s], sed beati Petri sanam doceat doctrinam. Ego H(einricus) Dei gratia rex cum omnibus episcopis nostris tibi dicimus: Descende, descende, per[t] secula dampnande.

   a. om. *CB.*   b. om. *VZCB.*   c. sic *E*; contempnant *VZCB.*   d. sic *E*; quos ipsi a manu Dei — docendi *VZCB.*   e. om. *E.*   f. christianos *E.*   g. vocatus *E.*   h. te teste *E.*   i. episcoporum *E.*   k. deponendum *E* pro iudicandum deponendumque.   l. vero add. *E.*   m. quia *E.*   n. om. *E.*   o. docentem *E.*   p. euangelizatum est *VZCB.*   q. et nostro om. *E.*   r. om. *VZCB.*   s. sic *E*; qui nullam violentiam belli *VZCB.*   t. per secula dampnande om. *E.*

   1. 1 Petr. 2, 17.   2. Galat. 1, 8.

48. *Episcopi concilii Wormatiensis Gregorio VII papae obsequium renunciant*[a]. (E 162)

Sigifridus[1] Mogontinus archiepiscopus, Udo Treverensis archiepiscopus, Willehelmus[2] Traiectensis episcopus, Herimannus Metensis episcopus, Heinricus[3] Leodiensis episcopus, Ricbertus Verdonensis[4] episcopus, Bibo Tullensis episcopus, Hozemannus Spirensis episcopus, Burchardus[5] Halberstadensis episcopus, Wernherus[6] Strasburgensis episcopus, Burchardus Basiliensis episcopus, Otto[7] Constantiensis episcopus, Adalbero Wirciburgensis episcopus, Rōtbertus Babenbergensis episcopus, Otto Ratisponensis episcopus, Ellinardus Frisingensis episcopus, Odalricus[8] Eistetensis episcopus, Fridericus[9] Monasteriensis episcopus, Eilbertus Mindensis episcopus, Hezil Hiltinisheimensis episcopus, Benno[10] Oseneburgensis episcopus, Eppo Neapolitanus[11] episcopus, Imadus Paderbrunnensis episcopus, Tiedo Brandaneburgensis episcopus, Burchardus[12] Losannensis episcopus, Bruno Veronensis episcopus, Hildebrando fratri[b].

Cum primum ecclesiae gubernaculum invasisses — etsi bene nobis cognitum esset, quam illicitam et nefariam rem contra ius et fas familiari tibi arrogantia praesumpsisses — dissimulanda tamen dispensatoria quadam taciturnitate tam viciosa introitus tui exordia putavimus; sperantes videlicet tam criminosa principia consequentis[c] regiminis tui probitate et industria emendanda et aliquatenus oblitteranda[d].

Verum nunc, ut lamentabilis universalis ecclesie status clamat et deplorat, malis initiis tuis peiores actionum decretorumque tuorum progressus infelici tenore et pertinatia respondent[e]. Cum enim dominus et redemptor noster pacis et

a. *ex V 72—72v, Z p. 130—131:* Item epistola quorundam episcoporum ad Hildebrandum papam; *G 58v—60; sine lemmate. In omnibus his codicibus desideratur initium epistolae:* Sigifridus — Hildebrando fratri; *quae verba assumpsi ex Goldasti Coll. constit. imp. p. 237 et ex editione Pertzii (Mon. Germ. LL. II 44), qui codicem Hannoveranum saec. XVI adhibuit.* b. etc. *sequitur apud Goldastum.* c. consequentes *VZ.* d. emendata — oblitterata *G.* e. respondes *G.*

1. I.   2. I.   3. I.   4. Verdensis.   5. II.   6. II.   7. I.
8. I.   9. I.   10. II.   11. Naumburgensis.   12. III.

caritatis bonum quasi singularem fidelibus suis caracterem impresserit¹ — cuius rei ᵃ testimonia plura extant, quam ut epistolari brevitate comprehendi valeant — tu e contrario, dum profanis studes novitatibus, dum magis amplo quam bono nomine delectaris, dum inaudita elatione distenderis ᵇ velut quidam signifer scismatis, omnia membra ecclesiae, quae secundum apostolum quietam et tranquillam vitam ᵃ ante hec tua tempora agebant², superba crudelitate crudelique superbia lacerasti, flammasque ᵉ discordiae ᵈ in Romana ecclesia diris factionibus excitasti, quas ᶜ per omnes ecclesias Ytaliae Germaniae Galliae ᶠ et Hyspaniae furiali dementia sparsisti.

Sublata enim, quantum in te ᵍ fuit, omni potestate ab episcopis — que eis divinitus per gratiam Spiritus sancti, qui maxime in ordinationibus operatur, collata esse dinoscitur — omnique rerum ecclesiasticarum amministracione plebeio furori per te attributa; dum nemo iam alicui episcopus aut presbiter est, nisi qui hoc ʰ indignissima assentatione a fastu tuo ⁱ emendicavit; omnem apostolicae institutionis vigorem illamque pulcherrimam ᵏ membrorum Christi distributionem, quam doctor gentium totiens commendat et inculcat³, miserabili confusione miscuisti. Sicque per hec tua gloriosa decreta, quod sine lacrimis dici non potest, Christi fere nomen periit. Quis autem illud ˡ pro indignitate rei non ᵐ stupeat, quod novam quandam indebitamque potentiam tibi usurpando arrogas, ut debita universae fraternitati iura destruas? Asseris enim: cuiuscunque nostrum parrochiani aliquod delictum vel sola fama ad te perveniat, ultra iam non habere quemquam nostrum aliquam potestatem vel ligandi eum ⁿ vel solvendi praeter te solum aut eum, quem tu specialiter ᵒ ad hoc delegeris. Que sententia quam ᵖ

a. om. V.   b. ostenderis VZ.   c. flammas quia G.   d. quas add. G. e. om. G.   f. om. VZ.   g. in te om. G.   h. hac G.   i. suo G.   k. pulcherrimam V.   l. om. V.   m. om. G.   n. om. G.   o. spiritualiter G. p. quod G.

1. Ioh. 13, 35: „In hoc cognoscent omnes, quia discipuli mei estis, si dilectionem habueritis ad invicem".   2. 1 Tim. 2, 2: „ut quietam et tranquillam vitam agamus".   3. Cf. 1 Corinth. 12, 12.

omnem insaniam excedat, quis in sacris litteris eruditus non videat?

Quia ergo, per hos aliosque praesumptionum tuarum spiritus ecclesiam Dei tam graviter periclitantem immo fere pessumdatam diutius tolerare, omni malo deterius iudicavimus; placuit, ut communi omnium nostrum consilio tibi, quod actenus tacuimus, innotescat: quam ob rem nec modo possis[a] nec umquam potueris sedi apostolicae praeesse.

Tu ipse bonae memoriae H(einrico) imperatori[b] te ipsum corporali sacramento obstrinxisti[c]: quod nunquam, vivente ipso imperatore aut filio eius glorioso domino nostro rege, qui modo summae rerum praeest, papatum aut ipse susciperes aut alium, quantum in te esset, suscipere patereris absque assensu et laudamento vel patris, dum viveret, et filii, dum et ipse viveret[d]. Atque huius sacramenti[e] sunt hodie testes plerique episcopi, qui hoc tunc et oculis suis[f] videre et auribus audiere.

Illud etiam recordare: quomodo tu ipse[f], aliquos ex cardinalibus cum ambitio papatus titillaret, ad tollendam emulationem — hac occasione et condicione, ut ipsi hoc idem facerent — sacramento te obligasti, quod nunquam papatum habiturus esses. Utraque hec sacramenta quam sancte quam caute[g] observaveris[h], tu ipse[i] videris.

Preterea, cum tempore Nicolai[k] papae synodus celebraretur, in qua 125 episcopi consederant, sub anathemate hoc[l] statutum et decretum est: ut nullus umquam[l] papa fieret nisi per electionem cardinalium et approbationem populi et per consensum et auctoritatem regis. Atque huius consilii[m] seu decreti tu ipse auctor et[l] persuasor subscriptorque fuisti.

Qui etiam[n] quasi fetore quodam gravissimi scandali totam ecclesiam replesti de convictu et cohabitatione alienae mulieris familiariori, quam necesse sit. In qua re verecundia

---

a. possit *G*.   b. imperatorem *G*.   c. obstruxisti *G*.   d. *sic Goldastus et cod. Hannoveranus;* absque assensu vel laudamento patris, dum viveret *VZG*.   e. Ad hoc sacramentum *G*.   f. *om. V*.   g. quam caute *om. VZ*.   h. servaveris *VZ*. i. *om. G*.   k. Nycolai *V*.   l. *om. VZ*.   m. concilii *G*.   n. Atque hoc *G*, Ad haec *Goldastus pro* Qui etiam.

1076
c. Ian. 24

nostra magis quam causa laborat. Quamvis hec generalis querela ubique personuerit: omnia iudicia* omnia decreta per feminas in sede apostolica actitari, denique per feminas[b] totius orbis et ecclesiae iura[c] amministrari.

Nam de iniuriis et contumeliis episcoporum, quos fornicarios et[d] filios meretricum et cetera id genus indignissime appellas, nulla querimonia sufficit.

Quia ergo[e] introitus tuus tantis periuriis est iniciatus; et ecclesia Dei tam gravi tempestate per abusionem novitatum tuarum periclitatur; et vitam conversationemque[f] tuam tam multiplici infamia dehonestasti; obedientiam, quam tibi nullam promisimus, nec de cetero ullam servaturos essè, renuntiamus; et quia nemo nostrum, ut[g] publice declamabas, tibi actenus fuit episcopus, tu[h] quoque[i] nulli nostrum amodo eris apostolicus.

49. *Heinricus IV rex A. episcopum rogat, ut propter iniurias a Gregorio VII sibi illatas Wormatiam die 15 Maii veniat*[k][1].

(E 144)

1076
Mart. Apr.

Heinricus[l] Dei gratia rex A.[2] gratiam salutem et[m] dilectionem, non[n] omnibus sed paucis eandem.

In maximis negotiis maximis maximorum opus est consiliis, qui et facultatem habeant exterius et voluntate non careant interius; ut rei, cui bene cupiunt, bene consulere et velint et

a. indicia *G*.   b. eas *G*; (denique per hunc feminarum novum senatum *Goldastus* pro denique per feminas).   c. totum orbem ecclesiae *VZ*, totius — iura *G*.   d. fornicarios et *leguntur ap. Goldastum; om. VZG*.   e. et add. *Goldastus*.   f. et conversationem *G*.   g. tu add. *Goldastus*.   h. ita tu *Goldastus*.   i. tunc *G* pro tu quoque.   k. *ex V 61—61v, Z p. 105—106, C 30v—31; B 45:* Epistola H. regis; *G 36—36v. Adhibui etiam (E) codicem Lat. Mon. 14096 B IV, S. Emmerammi 96, membr. saec. XII, ubi hoc lemma habetur:* Epistola regis Heinrici ad Annonem Coloniensem archiepiscopum.   l. H. *VZCB*.   m. et om. *GE*.   n. non — eandem om. *VZCB*.

1. V. Lamberti annales (Mon. Germ. SS. V 246): „Missis circumquaque nunciis, omnes regni principes in pentecosten Wormaciae sibi occurrere iussit" (Heinricus IV rex).   2. Haec epistola in cod. S. Emmerammi saec. XII (v. huius paginae not. k) perperam fertur missa esse ad Annonem archiepiscopum Coloniensem, iam die 4 Dec. 1075 mortuum. At ratio habenda est horum episcoporum: Altwini Brixinensis, Altmanni Pataviensis, Adalberti Wirzeburgensis, Adalberti Wormatiensis.

possint. Quia in cuiuslibet rei profectum[a] nec facultas sine voluntate nec voluntas sine facultate proderit. Quod utrumque tu, fidelissime[b], ut arbitramur, equaliter possides. Vel, ut[c] verius dicamus, licet maximo tibi maxima non desit facultas[d], maior tamen adhuc maxima facultate — si bene te novimus, si fidem tuam diligenter notavimus — in nostram et regni utilitatem[e] exuberat voluntas. De praeteritis enim fideliter exhibitis in futuris crescit spes[f] fidelius exhibendis. Tuae autem dilectioni committimus, ne spe nostra minor sit fides tua[g]. Quia de nullius regni principum[h] fidelitate quam[i] tua speramus maiora; sicut[k] hactenus non modo in praeteritarum rerum exhibitione verum etiam in sperandarum promissione tua gavisi sumus.

Assit igitur[l] hoc in tempore oportuno tua cum facultate voluntas; quam[m] non modo nostra verum etiam[n] omnium coepiscoporum fratrumque[o] tuorum immo[p] totius obpressae ecclesiae exoptat necessitas[q]. Non enim hanc obpressionem ignoras. Tantum vide[r], ne obpressae ecclesiae solatium[s] subtrahas; sed regno et sacerdotio condoleas.

Quo utroque sicut huc usque[t] ecclesia est exaltata, ita nunc[u] humiliatur, heu utroque viduata. Nam unus, dum utrumque sibi vendicavit, utrumque[v] dissipavit. Nec in uno profuit, qui in neutro prodesse voluit nec potuit. Et ne diutius notati nomine te suspendamus, accipe[w], quem[x] dicimus; Hiltebrandum scilicet, monachum habitu[y] quidem, dictum apostolicum, non pastoris cura sed invasoris violentia apostolicae sedi praesidentem, et de sede pacis catholicae unicae pacis vinculum dissipantem, ut timibet ipsi[z] in promptu est scire.

Ut enim de pluribus pauca referamus, regnum et sacerdotium Deo nesciente sibi usurpavit. In quopiam Dei ordinationem contempsit; que[a] non in uno, sed in duobus duo, id

a. profectu *VZGE*. b. fidelisse *E*. c. ut om. *G*. d. voluntas *V*. e. tibi add. *E*. f. de add. *VZCB*. g. ne spes nostra maior sit fide tua *E*. h. vel episcoporum add. *E*. i. de add. *E*. k. sicut — gavisi sumus om. *CB*. l. ergo *G*. m. quia *VZCB*. n. hoc add. *CB*. o. fratrum *VZCBG*. p. in unam et *VZCB*, in uno *G*, immo *E*. q. voluntas *G*. r. om. *G*. s. te *E*. t. usque om. *G*. u. ita nunc om. *G*. v. utrimque *E*. w. accipere *G*. x. quae *VZCB*. y. om. *G*. z. om. *E*. a. quē *G*.

1076
Mart. Apr.

est regnum et sacerdotium principaliter consistere voluit, sicut ipse dominus* salvator in passione sua de duorum gladiorum sufficientia typice[b] intelligi innuit. Cui cum diceretur: *Domine, ecce duo gladii hic*, respondit: *satis est*[1]; significans hac sufficienti dualitate: spiritualem et carnalem[c] gladium in ecclesia esse gerendum, quibus omne nocivum foret amputandum; videlicet sacerdotali ad obedientiam regis post Deum[d], regali vero gladio ad expugnandos[e] Christi[f] inimicos exterius et[f] ad obedientiam sacerdocii[f] interius omnes homines docens fore constringendos; ut[g] ita de alio in alium caritate[h] tenderetur[i], dum nec sacerdotii regnum nec sacerdotium regni honore privaretur. Hanc Dei ordinationem qualiter Hildebrandica[k] insania confuderit, tu ipse nosti, si scire voluisti[l].

Nam[m] nullum eius iudicio licet esse sacerdotem, nisi qui hoc a fastu suo emendicaverit. Me quoque, quem Deus in regnum — non autem ad sacerdotium illum — vocavit, quia me de Deo et non de ipso[n] regnare velle vidit, quia ipse me regem non constituit, regno me privare studuit; minitans, regnum et animam se mihi tollere, quorum neutrum[o] concessit.

Hec et his similia cum sepius in nostram, ut ipse nosti, contumeliam struxerit, non tamen adhuc sufficere credit; quin[p] de die in diem nova et inexquisita confusionis genera nobis ingerat[q]; ut in nostris nuntiis noviter[r] argumentum dedit. Nam carta exponere non sufficit: qualiter eosdem nuncios nostros[s]

Febr. tractaverit[2], quam indignis modis eos[s] affecerit, quam crudeliter eos incarceraverit et incarceratos[t] nuditate frigore fame siti et plagis contriverit, sicque demum martyrum exemplo[u] per medium civitatis circumductos omnibus spectaculum praebere

a. *om. VZCBG.* b. tipyce *Z*, typica *GE.* c. materialem *G.* d. pro Deo *GE.* e. expurgandos *CB*, expellendos *E.* f. *om. VZCBG.* g. constringendum et *G;* omnem hominem — constringendum et *E.* h. *om. G.* i. intenderetur *VZ.* k. Hildebrandaica *B*, Hillibrandica *E.* l. si scire voluisti *om. VZCB.* m. si scire novisti vel voluit *G pro* Nam — pentecosten. n. illo *E.* o. illi Deus *add. VZCB.* p. qui *E.* q. ingerit *E.* r. *om. VZCB.* s. *om. E.* t. carceratos *E.* u. exemplum *E pro* martyrum exemplo.

1. Luc. 22, 38. 2. in synodo Romae spatio dierum 14—22 Febr. 1076 habita.

iusserit; ita ut* eundem cum Decio tyranno insanire et sanctos assare credas et dicas.

Unde ne pigeat[b], karissime, ne pigeat[c], omnium[d] nostrum, scilicet et[e] meae et coepiscoporum tuorum, peticioni satisfacere: ut in pentecosten[1] Wormatiam venias; et ibi plura, quorum pauca docet cartula[2], cum ceteris principibus audias, et quid agendum sit doceas; rogatus per dilectionem coepiscoporum[f], monitus[g] per ecclesiae utilitatem, obligatus per vitae nostrae et regni totius honorem[h].

---

50. *Gregorius VII papa Heinricum I episcopum Tridentinum miratur ad suas litteras non respondisse. Heinricum IV regem iuste excommunicatum esse, ante diem 1 Augusti perspectum iri. Hortatur, ut milites sibi auxilio mittat*[i].

(E 152)

Gregorius[k] episcopus servus servorum Dei fratri et coepiscopo Tridentino Heinrico[l] salutem et apostolicam benedictionem.

Miramur, fraternitatis tuae prudentiam verba nostra neglexisse, ut secundum ea nullum decreveris dare responsum, maxime cum post synodalem sententiam in Heinricum[m] regem prolatam dilectio tua minime differre debuerit. Ad cuius nimirum sententiae promulgationem nos, iusticiae zelo impulsos et non aliqua commotione[n] iniuriae concitatos, manum exeruisse[o], neque sollertiam tuam ignorare neque aliquem sanae mentis hominem putamus posse ambigere. Quod tamen si in dubium cuiquam deveniret, constat, eius rei rationem prius ex nobis fore scrutandam[p] quam in illum praeiudicium factum temere esse[q] credendum. Verum, utcunque sese opinio habeat factumve interpretentur[r], illud procul dubio de[s] clementia divina sperantes pro-

---

a. in add. E. b. te add. CB. c. ne pigeat om. E. d. communi E. e. et om. CBE. f. et add. VZCB. g. moratus G. h. Valete add. G. i. ex V 65v—66, Z p. 115—116, G 47v—48. k. G. VZ. l. om. VZ. m. H. VZ. n. promotione G. o. exercuisse G. p. scrutandum G. q. esse esse G. r. interpretetur G. s. om. G.

1. die 15 Maii 1076. 2. quae cartula, epistolae addita, non iam superest.

1076
Mart.—Iul.

mittimus: festum beati Petri[1] non prius transeundum, quam in cunctorum noticia certissime clareat, illum iustissime esse excommunicatum. Et inde fraternitatem tuam monemus[a], ut certos nos studeat facere, utrum[b] Deo obedire an hominibus magis elegerit utrumve iustitiae obtemperando fidem Deo et sanctae Romanae ecclesiae observare, quam filiis iniquitatis adherendo[c] conculcare censuerit.

Rogamus etiam atque invitamus: ut ad servitium beati Petri pro posse tuo milites mittere studeas; eosque si decreveris mittere, Mathildae[d] filiae nostrae notificare procures, cuius ope conducti securi[e] possint ad nos et sine impedimento, favente Domino, pervenire.

51. *Versus de Gregorii VII et Heinrici IV inimicitiis*[f]. (E I 3)

1076

Querit apostolicus regem depellere regno.
Rex furit e contra, papatum tollere papae.
Si foret in medio[g], qui litem rumpere posset
Sic, ut rex regnum, papatum papa teneret,
Inter utrumque malum fieret discrecio magna.

52. *Heinricus IV rex Gregorio VII papae obediturum et satisfacturum se esse promittit. Delicta graviora in sedem apostolicam et in papam sibi attributa se aut redargruturum aut expiaturum. Sperat fore, quae papae obiecta sint, ut ea etiam pacis causa removeantur*[h]. (E 155)

Promissio Heinrici regis, quam fecit Hildebrando[i] papae, qui et Gregorius.

1076
Oct.

Consilio fidelium nostrorum ammonitus, sedi apostolicae et tibi Gregorio papae debitam in omnibus obedientiam servare promitto; et quaecunque eiusdem sedis vel tui honoris inmi-

---

a. volumus atque monemus *G*.   b. utrumque *G*.   c. herendo *G*.   d. Melthildae *V*; Methildae *corr. in* Mathildae *Z*.   e. secure *G*.   f. *ex* V 1v, Z p. 2: De papa Gregorio septimo (septimo *om.* Z) et rege Heinrico quarto.   g. immedio *Z*.   h. *ex* V 66v, Z p. 117.   i. Hilbrando *V*.

1. Aug. 1.

natio per nos orta videtur, devota satisfactione emendare curabo. 1076 Oct.

Quia vero graviora quaedam de nobis iactantur, quae in eandem sedem et tuam reverentiam statuerim, ea congruo tempore vel innocentiae suffragio et* opitulante Deo expurgabo, vel tum demum pro his competentem penitentiam libenter amplectar.

Condecet autem et sanctitatem tuam: ea, quae de te vulgata scandalum ecclesiae pariunt, non dissimulare; sed, remoto a publica conscientia et hoc scrupulo, universalem tam ecclesiae quam regni tranquillitatem per tuam sapientiam stabiliri.

53. *Heinricus IV rex principibus significat, iam se Gregorio VII papae satisfacturum esse; omnesque, ut idem faciant, hortatur*[b]. (E 145)

Heinricus[c] Dei gratia rex archiepiscopis et[d] episcopis, ducibus[d] marchionibus comitibus et cuiuscunque dignitatis ordini bonae suae voluntatis gloriosam dignationem. 1076 Oct.

Quia, mansuetudini nostrae contra sedem apostolicam eiusque venerandum praesulem domnum Gregorium papam ab aliquibus subreptum esse, fidelium nostrorum suggestione recognovimus, placuit nobis: priorem sententiam salubri[e] consilio mutare; et more[f] antecessorum progenitorumque nostrorum eidem sacrosanctae sedi et, qui ei praeesse dinoscitur[g], domno Gregorio papae per omnia debitam servare obedientiam et, si quid in eum gravius praesumptum est, competenti[h] satisfactione componere[i]. Volumus autem, ut et vos, serenitatis nostrae[k] exemplo ammoniti, sollempnem beato Petro eiusque vicario satisfactionem[l] exhibere non dubitetis[m]; et quicunque eius banno se astrictos intelligunt, ab ipso, videlicet domno papa Gregorio, sollempniter absolvi[l] elaborent[n].

a. *et scripsi pro vel* VZ.   b. *ex* V 61v, Z p. 106—107, C 31, G 37.
c. H. VZC.   d. *om.* VZC.   e. salubriori G.   f. morum G.   g. et qui ei praesidet G.   h. competenti V.   i. imponere G.   k. vestre G.   l. *om.* G.
m. recusetis G.   n. elaboret C.

54. *Clerus Bambergensis episcopum quendam admonet, agat, ut Rupertus episcopus, a Welfone I duce Bavariae captus, liberetur*. (E 282)

1077
Ian.—Aug.

Reverentissimo N. episcopo humili et luctuosus Babenbergensis clerus obsequium et devotas in Christo orationes.

Quia viscera christianae pietatis et fraternae compassionis in vobis habundare et ecclesiastici zeli tenorem vigere omnino speramus, horrendum facinus, quod in Deum et christum eius, dominum nostrum videlicet episcopum[1], contra omnia divina et humana iura praesumptum est, vestrae sanctitati lacrimosa suggestione deploramus. Auctorem[2] vero tam diri sceleris omnemque rei eventum plenaria a nobis[b] narratione explicari[c], ociosum esse credimus. Quo enim iam tam inauditae praesumptionis fama non pervolavit? Unum hoc fideli attestatione confirmamus, eum nullius noxiae reum in hanc calamitatem incidisse. Sed cum eum nullo genere persuasionis impellere potuissent, ut sacrosanctum Dei nomen, fidem videlicet iuratam[3], fallendo violaret, viderentque eum, fretum innocentia, ad sedem apostolicam pro diluendis properare criminibus, quae ipsi ei commentitiis[d] accusationibus imposuerant[4], tum demum in aper-

a. *ex V 116—116v, Z p. 253—254.* b. vobis Z. c. explicare VZ.
d. commentiis V.

1. Rupertum episcopum, exeunte anno 1076 in Italiam euntem, quem captum Welfo I dux Bavariae a d. 25 Dec. 1076 ad d. 24 Aug. 1077 („a natale Domini usque ad festivitatem sancti Bartholomaei"; v. Lamberti annal. 1077, Mon. Germ. SS. V 257) retinebat. Penitus vero falluntur, qui hanc et eam quae sequitur epistolam ad Ottonem I episcopum Bambergensem mense Februario a. 1106 Tridenti tres fere dies custoditum (v. Ekkehardi chron. 1106, Mon. Germ. SS. VI 234—235) referri volunt. Cf. adnotationes sequentes. 2. Welfonem I ducem Bavariae. 3. Heinrico IV regi. 4. Testis est Lambertus (annal. 1075 l. l. 236), Rupertum fuisse „virum pessimae existimationis in populo, eo quod — omnium, quae rex perperam gessisset, potissimus incentor exstitisse putaretur"; eundem Bertholdus (annal. 1075 l. l. p. 279) „pene omni clero et populo ingratum" appellat (cf. etiam epistolam ap. Brunonem De bello Saxonico c. 110 l. l. p. 373). Et contendit Rupertus in Italiam a. 1076, ut a Gregorio VII „excommunicatione absolveretur" (v. Lamberti ann. 1077 l. l. p. 257). In Rupertum igitur quadrant epistolae huius „diluenda crimina", neutiquam in

tam execrandi furoris prorupere violentiam. Et certe, cum pro fide ac veritate paciatur, quis dubitet, hoc vel sibi vel nobis non magis calamitosum esse quam gloriosum? Sperantes ergo, ut praediximus, animum vestrum in fraterno casu debito iustoque dolore incendi, per ipsum vos dominum nostrum Iesum Christum omni genere humillimae supplicationis obsecramus: ut ad liberandum eum omne quod potestis consilium conferatis neve inultam* tam insignem nominis ordinisque vestri contumeliam ulla ratione patiamini. Providendum est enim, ne haec profana pestis latius grassetur; simulque cavendum, ne dissimulatio iniuriae singulorum fiat subinde pernicies omnium. Ostendite in vobis, obsecramus, illum dominici discipulatus caracterem, quo ipse praecepit, ut dilectionem habeatis ad invicem[1].

55. *Clerus Bambergensis ducem quendam rogat, ut Rupertum episcopum vinculis Welfonis I ducis Bavariae eximat*[b]. (E 283)

Illustri et magnifico N. duci humilis et luctuosus Babenbergensis clerus devotas in Christo orationes[2].

Quia magnificentiam vestram non magis fortitudine insignem quam clementia placabilem[c], ex bonae opinionis vestrae odore late diffunditur, contra indignissimum facinus, quod in Deum et episcopum nostrum admissum est[3], ut pro indignitate rei christianissimus animi vestri zelus insurgat, per ipsum vos Christum obsecramus. Neque enim simplici in eum genere sevitum est. Cum enim et episcopo et ad sedem apostolicam religioso habitu proficiscenti[4] sacrilegas manus iniecissent, deinde ingentes pecunias, quas ad tanti itineris inpensas paraverat, di-

a. multā *VZ*.   b. *ex V 116v, Z p. 254.*   c. inplacabilem *Z*.

Ottonem I episcopum, quem scimus anno 1106 non „criminum diluendorum" causa sed regiae legationis officio functum in Italiam se contulisse.
1. Cf. Ioh. 13, 35.   2. Hanc epistolam a superiore separari non posse, iam indicat eadem utriusque salutatio haec: „Babenbergensis clerus devotas in Christo orationes". V. not. 3.   3. Cf. ep. 54 p. 112: „horrendum facinus, quod in Deum et — dominum nostrum — episcopum — praesumptum est".   4. Cf. supra p. 112 n. 4.

1077 ripuere¹. Nec adhuc tanta praeda contenti, nunc² ab eo mille
Ian.—Aug. mansos, id est totum episcopii patrimonium, extorquere conantur. Quis, rogo, barbarus crudelius in aliquem captivum seviret? Certe periculosus iste temporum motus hunc quasi titulum praefert*: pro correctione morum et meliorando statu ecclesiarum ea, quae usque quaque patimur, actitari. Itane vero per sacrilegia et rapinas boni illi mores nobis revocantur? Itane vero per vastationem et direptionem florentissimae ecclesiae dampna ecclesiarum resarcienda sperabimus? Vestram ergo gloriosam eminentiam et pro liberatione pastoris nostri, qui innocentissimus tenetur, et pro incolomitate ecclesiae nostrae omni genere supplicationis imploramus; ut a patronis nostris, beato videlicet Petro, Georio, dignam compensationem meritorum vestrorum ante illud terribile Christi tribunal consequi mereamini.

56. *Epistola sancto Udalrico episcopo Augustensi afficta, qua Nicolaus papa reprehenditur, quod sacerdotes matrimonio abstinere cogat*[b*]. (E 10)

Epistola sancti* Ŏdalrici Augustensis episcopi ad Nicolaum[d] papam, de continentia clericorum tractantem.

1074-1078   Nicolao[e] domino et patri, pervigili sanctae Romanae eccle-

a. praefert scripsi pro non fert VZ (pfert pro ñfert).   b. ea V 8v—10v, Z p. 17—22, C 4v—6v. Edita est a. 1555 in Orthodoxographa, theologiae sacrosanctae doctores, Basileae, p. 1254—1257 et ex (L) cod. S. Laurentii Leodiensi ap. Martene et Durand Coll. ampl. I 449—454, cum hoc lemmate: Haec est rescriptio sancti Ulrici episcopi, in qua papae Nicolao, de continentia clericorum non iuste sed impie, non canonice sed indiscrete tractanti, ita respondet.   c. om. V.   d. Nycholaum V.   e. Nicolao om. VZ.

1. Welfo I dux (ut declarat Lambertus annal. 1077 l. l. p. 257) Ruperto episcopo capto „sustulit omnia, quae illius fuerant peculiaria" et tantummodo „vestes pontificales et ceterum ecclesiasticum ornatum ecclesiae Babenbergensi resignavit". Sed qui anno 1106 complures simul legatos regios cepit Adelbertus Tridentinus, ab eo „reliqui magnates tractabantur indigne preter Ottonem Babenbergensem episcopum, cui idem Adelbertus, eo quod suus esset miles, parcere cogebatur" (v. Ekkehardi Chron. 1106, Mon. Germ. SS. VI 234).   2. Ex quo perspicuum est, diutinam Ruperti captivitatem in his epistolis agi, non Ottonis custodiam per triduum sustentam. V. supra p. 112 n. 1.   3. Nemo est quin perspiciat, hanc epistolam non esse sancti Udalrici; quippe qui ecclesiam

siae provisori, Ŏ. solo nomine episcopus amorem ut filius, ti- 1074-1078
morem ut servus.

Cum tua, o pater et domine, super clericorum continentia scripta, nuper mihi missa, a discretione invenirem aliena, timor me turbavit cum tristicia. Timor quidem propter hoc, quod dicitur: *Pastoris sententia, sive iusta sive iniusta sit, timenda est*; timebam enim infirmis scripturae auditoribus, qui vel iuste vix obediunt sententiae, ne, iniustam[a] conculcantes libere, onerosa immo inportabili pastoralis praevaricatione praecepti se obligarent. Tristicia vero vel compassio, dum cogitabam[b], qua ratione menbra carere possent suo capite, tam gravi morbo laborante. Quid enim gravius, quid tocius ecclesiae compassione dignius, quam te, summae sedis pontificem, ad quem tocius ecclesiae spectat examen, a sancta discretione vel minimum exorbitare?

Non parum quippe ab hac deviasti, cum clericos, quos ad abstinentiam coniugii monere debueras, ad hanc inperiosa quadam violentia cogere volebas. Nunquid[c] non omnium sapientium communi iudicio haec est violentia, cum contra euangelicam institutionem ac sancti Spiritus dictationem ad privata aliquis cogitur decreta exequenda?

Cum ergo plurima novi et veteris testamenti suppetant exempla, sanctam ut nosti discretionem docentia[d], tuae rogo ne grave sit paternitati, vel pauca ex pluribus[e] huic paginae interseri. Dominus quidem in veteri lege sacerdoti coniugium constituit. Quod illi postmodum interdixisse[f] non legitur; sed idem in euangelio loquitur: *Sunt eunuchi, qui se castraverunt*

a. iniuste VZ. b. ne L, pro dum cogitabam. c. Numquidnam L. d. decentia L. e. multis L. f. interdicere L.

Augustensem spatio annorum 923—973 regens, neque ad Nicolaum I papam (858—867) neque ad Nicolaum II (1059—1061) mittere litteras potuerit. At facile apparet, sub Gregorio VII papa in Germania libellum hunc fabricatum esse, idque intervallo annorum 1074—1078. Haec enim leguntur in Bernoldi chronico (Mon. Germ. SS. V 436) ad a. 1079: „In hac synodo (Febr. 1079) papa scriptum, quod dicitur sancti Uodalrici ad papam Nicolaum, de nuptiis presbiterorum et capitulum Pafnutii de eadem re damnavit".

1074-1078 *propter regnum caelorum*[1]; *sed non omnes capiunt hoc verbum*[2]. *Qui potest capere, capiat*[3]. Quapropter[a] apostolus quoque ait: *De virginibus praeceptum Domini non habeo, consilium autem do*[4]. Qui etiam, iuxta praeceptum[b] Domini non omnes hoc consilium capere posse considerans, sed multos eiusdem consilii assentatores — hominibus, non Deo, pro falsa specie continentiae placere volentes — graviora videns committere[c]: patrum scilicet uxores subagitare, masculorum ac pecudum amplexus non abhorrere; ne, morbi huius conspersione ad usque pestilentiam convalescente, status nimirum labefactaretur ecclesiae: *Propter fornicationem* dixit *unus quisque habeat suam uxorem*[5].

Quod specialiter ad laicos pertinere, idem mentiuntur ypocritae; qui, licet[d] in quovis sanctissimo ordine constituti, alienis tamen uxoribus non dubitant abuti et, quod flendo dicimus, in supradictis seviunt sceleribus. Hi nimirum non recte intellexerunt scripturam; cuius mamillam quia durius presserunt, sanguinem pro lacte biberunt.

Nam illud apostolicum: *Unus quisque suam uxorem habeat* nullum excipit nisi professorem verae continentiae vel eum[e], qui de continuanda virginitate votum[f] in Domino praefixit. Quod nichilominus tuam, pater venerande, condecet strennuitatem: ut omnem, qui, tibi votum continentiae vel manu vel ore faciens, postea voluerit apostatare, aut ad votum exequendum ex debito constringas aut ab omni ordine canonica auctoritate deponas. Et ut viriliter hoc inplere sufficias, me omnesque mei ordinis viros adiutores habebis non pigros.

Verum ut huius voti nescios omnino scias non esse cogendos, audi apostolum dicentem ad Timotheum: *Oportet* inquit *episcopum inreprehensibilem esse unius uxoris virum*[6]. Quam ne quis sententiam ad solam verteret ecclesiam, subiunxit: *Qui*

---

a. *om. VZ.* b. praedictum *L, ubi deest* Domini. c. considerans *V pro* committere. d. quamvis *L.* e. *om. L.* f. votum in *om. L.*

1. Matth. 19, 12. 2. Matth. 19, 11. 3. Matth. 19, 12. 4. 1 Cor. 7, 25. 5. 1 Cor. 7, 2. 6. 1 Tim. 3, 2.

autem domui suae praeesse nescit, quomodo ecclesie Dei dili- 1074-1078
gentiam adhibebit[a]*?*[1] Similiter inquit: *Diacones sint unius uxoris viri, qui filiis suis bene praesint et domibus suis*[2]. Hanc autem uxorem a sacerdote benedicendam esse, sancti Silvestri papae scio te decreta sufficienter docuisse. His et huiuscemodi sanctae scripturae sententiis regule canonicorum[b] scriptor non inmerito[c] concordans ait: *Clericus sit pudicus, aut certe unius matrimonii vinculo federetur.*

Ex quibus omnibus veraciter colligitur: quod episcopus et diaconus reprehensibiles esse notantur, si in mulieribus multis dividuntur. Si unam vero sub optentu religionis abiciunt, utrumque, scilicet episcopum et diaconum, sine graduum differentia haec canonica dampnat sententia: *Episcopus aut presbyter uxorem propriam nequaquam sub optentu religionis abiciat; si vero reiecerit*[d]*, excommunicetur; et si perseveraverit, deiciatur*[3]. Sanctus quoque Augustinus, sanctae discretionis non inscius: *Nullum* inquit *tam grave facinus est, quin admittendum sit, ut devitetur peius.* Legimus praeterea in secundo tripartitae ecclesiasticae libro hystoriae, quia, cum synodus Nicena haec eadem vellet sancire[e] decreta: ut videlicet episcopi diaconi presbyteri post consecrationem a propriis uxoribus[f] vel omnino abstinerent vel gradum deponerent, *surgens in medio Pafnutius* — unus ex illis martyribus, quos Maximianus[g] imperator, oculis eorum dextris evulsis et sinistris poblitibus[h] incisis, dampnavit — *contradixit, honorabiles confessus nuptias, et castitatem esse dicens concubitum cum propria uxore. Persuasitque concilio, ne talem poneret legem; gravem esse asserens causam, quia aut*[i] *ipsis aut*[i] *eorum coniugibus occasio fornicationis existeret. Et haec quidem Pafnutius, licet nuptiarum expers, exposuit; synodusque sententiam eius laudavit, et nichil ex hac parte sanctivit, sed hoc in unius cuiusque voluntate non necessitate dimisit*[4].

a. adibebit *V*, habebit *L*.   b. canonicae *L*.   c. non inmerito om. *L*.   d. deiecerit *V*.   e. sanctire *V*.   f. om. *V*.   g. Maximinus *L*.   h. suris *L*.   i. ab *add. V*.

1. 1 Tim. 3, 5.   2. 1 Tim. 3, 12.   3. Canon. apost. 6, Burchardi decr. I 78.   4. V. Hist. trip. II c. 14, in Cassiodori Opp. ed. Garetius I 230.

1074-1078 Sunt vero aliqui, qui sanctum Gregorium suae sectae sumunt adiutorium, quorum quidem temeritatem rideo, ignorantiam doleo. Ignorant etenim ª, quod periculosum huius heresis decretum, a sancto Gregorio factum, condigno penitentiae fructu ab eo postmodum sit purgatum. Quippe cum vice quadam in vivarium suum misisset propter[b] pisces; et allata inde plus quam sex[b] milia infantum capita videret, intima mox ductus poenitentia, ingemuit. Et factum a se de abstinentia decretum tantae cedis causam esse confessus, condigno illud, ut dixi, penitentiae fructu purgavit. Suoque decreto prorsus dampnato, apostolicum illud laudavit consilium: *Melius est nubere, quam uri*[1]; addens ex sui parte: *Melius est nubere, quam mortis occasionem praebere*[2]. Hunc forsitan rei eventum si illi mecum legissent, non tam temere, credo, iudicarent; dominicum saltem timentes praeceptum: *Nolite iudicare, et non iudicabimini*[c],[3]. Inde Paulus dicit: *Tu quis es, qui iudicas alienum servum? Suo domino stat, aut cadit. Stabit autem; potens est enim Deus statuere illum*[4].

Cesset ergo tua sanctitas cogere, quos tantum debet ammonere; ne privato quod absit praecepto tam veteri quam novo contrarius inveniaris testamento. Nam, ut ait sanctus Augustinus ad Donatum: *Solum est, quod in tua iusticia pertimescimus, ne non pro lenitatis christianae consideratione*[d] *sed pro inmanitate facinorum censeas cohercendum. Quod te per ipsum Christum ne facias obsecramus. Sic enim peccata compescenda sunt, ut supersint, quos peccasse poeniteat*[5]. Illud etiam Augustini volumus te recordari, quod ait: *Nichil nocendi fiat cupiditate, omnia consulendi caritate; et nichil fiat inmaniter, nichil inhumaniter.* Idem de eodem: *In timore Christi, in nomine Christi exhortor, quicunque non habetis temporalia, habere non cupiatis; quicunque habetis, in eis non praesumatis. Dico autem, non,*

a. enim *V.*   b. om. *L.*   c. ut non iudicemini *Z.*   d. considerationis *VZ.*

1. 1 Corinth. 7, 9.   2. De hac fabula cf. S. Gregorii Opp. ed. Benedict. T. IV 230.   3. Luc. 6, 37.   4. Rom. 14, 4. 5.   5. S. Augustini ep. 100, Opp. ed. Benedict. II 269—270.

si ista habeatis, dampnamini; sed dampnamini, si in eis prae- 1074-1078
sumatis, si propter talia magni vobis videamini, si generis humani conditionem communem propter excellentem humanitatem obliviscamini. Quod nimirum poculum discretionis ex illo fonte hauserat[a] apostolice praedicationis, quo dicitur: *Solutus es ab uxore? noli quaerere uxorem. Alligatus es uxori? noli quaerere solutionem*[1]. Unde subditur: *Qui habent uxores, tanquam non habentes sint*[2], *et qui utuntur hoc mundo, tanquam non utantur*[3]. Idem dicit de vidua: *Cui vult, nubat, tantum in Domino*[4]. Nubere autem in Domino est: nichil in contrahendo conubio, quod Dominus prohibeat, attemptare. Ieremias quoque propheta ait: *Nolite confidere in verbis mendacii, dicentes: "Templum Domini, templum Domini est"*[5]. Quod Ieronimus exponens: *Potest* inquit *hoc illis virginibus convenire, quae iactant pudicitiam et inpudenti vultu praeferunt castitatem, cum aliud habeat conscientia et nesciunt illam apostoli diffinitionem de virgine: "ut sit sancta corpore et spiritu"*[6]. *Quid enim prodest corporis pudicicia animo constuprato, si ceteras virtutes, quas propheticus sermo describit, non habueris?*[7]

Quas quidem quia te aliquatenus videmus habere et quia discretionem, licet in hac re neglectam, in aliis tamen vitae tuae institutionibus eam honeste conservatam non ignoramus, huius intentionis pravitatem[b] te cito correcturum, non desperamus[c]. Et ideo, non quanta possumus, gravitate istam licet gravissimam negligentiam corripimus vel iudicamus. Quamvis[d] enim secundum[e] vocabula, quae usus obtinuit, sit episcopus presbytero maior, Augustinus tamen[f] Ieronimo minor est; licet a minore quolibet non sit refugienda vel dedignanda correptio, praesertim cum is[g], qui corripitur, et contra veritatem et pro hominibus niti invenitur.

Neque enim, ut ait sanctus[h] Augustinus ad Bonifacium,

a. sumit *L*.   b. pravitatis intentionem *L*.   c. dubitamus *L*.   d. Quamquam *Z*.   e. iuxta *V*.   f. om. *VZ*.   g. his *V*, ille *L*.   h. om. *V*.
1. 1 Corinth. 7, 27.   2. 1 Corinth. 7, 29.   3. 1 Corinth. 7, 31.
4. 1 Corinth. 7, 39.   5. Ier. 7, 4.   6. 1 Corinth. 7, 34.   7. Hieronymi comment. in Ieremiam L. II c. 7, Opp. ed. Vallarsius T. V 891.

1074-1078 quorumlibet disputationes, quamvis catholicorum et laudatorum virorum, velut scripturas canonicas debemus habere; ut non liceat nobis, salva honorificentia quae illis debetur, aliquid in eorum scriptis inprobare atque respuere, si forte invenerimus, quod aliter senserint, quam veritas habeat, divino adiutorio vel ab aliis intellecta vel a nobis. Quid autem veritati magis contrarium inveniri potest quam hoc — cum ipsa veritas, de abstinentia loquens, non unius hominis sed omnium plane, excepto numero professorum continentiae, dicat: *Qui potest capere, capiat*[1] — quod isti, nescio unde instigati, dicunt: *Qui non potest capere, feriatur anathemate.*

Quid vero pro hominibus fieri potest stolidius, quid divine maledictioni obligatius, quam — cum aliqui eorum, vel episcopi videlicet vel[a] archidiaconi, ita praecipites sint in libidinem, ut neque adulteria neque incestus neque masculorum, proh pudor, turpissimos sciant abhorrere concubitus[b] — quod[c] casta[d] clericorum coniugia sibi[e] dicunt fetere; et ab eis non vere iusticiae conpassione sed falsae iusticiae dedignatione clericos, non ut conservos[e] rogent vel moneant continere, sed ut servos iubeant vel cogant abstinere.

Ad cuius imperii, ne dicam consilii, persuasionem[f] tam fatuam tamque turpem addunt[g] suggestionem, ut dicant: *Honestius*[h] *est, pluribus*[i] *implicari occulte, quam — in hominum videlicet conscientia — cum una ligari aperte.* Quod profecto non dicerent, si ex illo aut in illo essent, qui per prophetam dicit: *Ve vobis Phariseis, qui omnia facitis propter homines;* et per psalmistam: *Qui hominibus placent, confusi sunt, quoniam Deus sprevit eos*[2]. Preposteri homines, qui prius deberent nobis persuadere, ut in conspectu eius, cui omnia nuda et aperta sunt[3], erubescamus peccatores esse quam in conspectu hominum homines esse.

Licet ergo sue merito pravitatis nullum mereantur con-

a. et *V*.   b. amplexus *L*.   c. om. *L*.   d. revera add. *L*.   e. servos *L*.
f. om. *VZ*.   g. om. *V*.   h. melius *V*.   i. plurimis *V*.

1. Matth. 19, 12.   2. Ps. 52, 6.   3. Hebr. 4, 13.

silium pietatis, nos tamen, memores humanitatis divine, eis con- 1074-1078
silium auctoritatis nunquam a pietate vacantis per viscera
ostendimus* caritatis. Dicimus nempe[b]: *Eice primum, ypocrita,
trabem de oculo tuo, et tunc prospicies[c], ut educas festucam[d]
de oculo fratris tui*[1]. Illud quoque rogamus adtendere, quod
Dominus ait de meretrice: *Qui sine peccato est vestrum, primus
in eam mittat lapidem*[2], quasi dicat[e]: *Si lex iubet, si Moyses
iubet, iubeo et ego; sed competentes legis ministros exigo*[f]. Adtenditis quid adducatis, adtendite quaeso et quod estis; quia si
te ipsum, ut ait scriptura, perspexeris, nulli unquam detraxeris.

Significatum est etiam nobis de quibusdam eorum, quod
tanta apud se intumescant elatione, ut gregem Domini, pro quo
boni pastores animas non dubitant ponere, isti verberibus absque
ratione praesumant laniare. Quorum seviciam sanctus Gregorius
deplorans ait: *Quid[g] fiet de ovibus* inquit *quando pastores lupi
fiunt?*[3] Sed quis vincitur, nisi qui sevit? Quis vero persecutores iudicabit, nisi qui dorsum suum ad flagella paciente ministravit? Opere precium est, ut ostendant[h], quo fructu tantum
ecclesiae Dei scandalum inducatur, tantum clerus despectum vel
ab ipsis episcopis vel ab eorum infidelibus paciatur. Nec enim
infideles eos dicere dubitaverim, de quibus apostolus[i] dixit ad
Timotheum: *In novissimis temporibus discedent quidam a fide,
attendentes spiritibus erroris et doctrinis demoniorum, in ypocrisi loquentium mendatium et cauteriatam habentium suam conscientiam, prohibentium nubere*[4].

Hic est autem, si diligenter inspicitur[k], totius eorum manipulus zizaniae[l], totius eventus vesaniae[m]: ut — dum clerici licita
unius uxoris coniugia, scilicet unius mulieris consortia, pharisayco devicti furore, quod absit, relinquere cogantur — fornicatores et adulteri et aliarum pravitatum turpissimi ministri cum

a. ministramus *L.*   b. namque *L.*   c. et perspicies *VZ.*   d. om. *V.*
e. diceret *L.*   f. eligo *L.*   g. Qui *V.*   h. audiant *Z.*   i. Paulus add. *L.*
k. inspicitis *L.*   l. sizaniorum *V.*   m. insaniae *Z*, virentus sizaniae *L.*

1. Matth. 7, 5.   2. Ioh. 8, 7.   3. S. Gregorii homilia 17 c. 14, Opp.
ed. Benedictini T. I p. 1508: „quid de gregibus agatur, quando pastores
lupi fiunt?"   4. 1 Timoth. 4, 1—3.

1074-1078 ipsis efficiantur, qui hanc in ecclesia Dei heresim, sicut ceci duces cece* machinantur; ut videlicet illud inpleatur, quod psalmista eis, utpote eorum praescius erroris, taliter imprecatur: *Obscurentur oculi eorum, ne videant; et dorsum eorum semper incurva*[1].

Quia ergo nemo, qui[b] te o apostolice novit, ignorat, quod, si tu per tui decreti sententiam tantam futuram esse pestilentiam solitae[c] discretionis claritate perspexisses, nunquam quorumlibet tam pravis suggestionibus consensisses, debite tibi subiectionis fidelitate consulimus: ut vel nunc ad tanti scandali ab ecclesia Dei propulsionem evigiles; et per, quam[d] nosti, discretionis disciplinam, pharisaicam ab ovili Dei exstirpes doctrinam; ne scilicet unica Domini Sunamitis, adulterinis diutius abusa maritis, gentem sanctam, regale sacerdocium[2] per inrecuperabile a suo sponso, Christo videlicet, evellat divortium; dum nemo sine castimonia, non tantum in virginali flore sed etiam in coniugali habita coniunctione, visurus sit dominum nostrum, qui cum Deo patre et Spiritu sancto vivit et regnat per omnia secula seculorum[e]. Amen.

57. *Synodi Romanae actorum particula*[f]. (E 165)

1078
Febr. 27 —
Mart. 3

Anno[a] ab incarnatione Domini 1078, pontificatus vero Gregorii papae septimi anno quinto, celebravit ipse domnus papa Gregorius Romae synodum in ecclesia domini Salvatoris, quae dicitur Constantiniana, ubi interfuerunt archiepiscopi et[g] episcopi[h] diversarum urbium fere[i] numero centum, nec non et abbatum ac[g] diversorum ordinum clericorum et laicorum innumerabilis multitudo. In qua, apostolica constituta[k] corroborans, multa quae corrigenda erant correxit et quae corroboranda Mart. 3 firmavit. Inter cetera namque in fine synodalis absolutionis hoc annexuit et perpetuae memoriae posteris[l] scribenda man-

a. om. VZ. b. qui – novit om. L. c. sollicitae L. d. postquam L. e. seculorum. Amen om. Z. f. ex V 73v—74, Z p.133—134, C 32v—33, B 45: Decretum Gregorii papae, qui et Hildebrandus; G 47. g. om. VZB. h. om. VZ. i. om. B. k. om. G. l. praeposteris G.

1. Ps. 68, 24. 2. Cf. 1 Petr. 2, 9. 3. V. supra T. II 305.

davit, ita dicendo: *Quoniam¹ multos, peccatis nostris exigentibus, pro causa excommunicationis perire cottidie cernimus partim ignorantia, partim etiam nimia simplicitate, partim timore, partim etiam necessitate, devicti misericordia, anathematis sententiam ad tempus, prout possumus, oportune temperamus. Apostolica namque auctoritate anathematis vinculo hos subtrahimus: videlicet uxores liberos servos ancillas seu mancipia nec non rusticos et servientes et omnes alios*ᵃ*, qui non adeo sunt curiales, ut eorum consilio scelera perpetrentur; et illos, qui ignoranter excommunicatis communicant, seu illos, qui communicant cum eis, qui communicant excommunicatis. Quicunque autem orator*ᵇ *sive peregrinus aut viator in terram excommunicatorum devenerit, ubi non possit emere vel non habet unde emat, ab excommunicatis licentiam damus accipiendi. Et si quis de*ᶜ *excommunicatis non pro*ᵈ *sustentatione superbiae sed humilitatis causa aliquid ei*ᵈ *dare voluerit, fieri non prohibemus.* Actum*ᵉ* Romae 5 Non. Martii.

1078
Mart. 3

---

58. *Gregorius VII papa praelatos Galliae reprehendit, quod sibi maximis difficultatibus conflictato non sint auxilio. Mandat, ad synodum veniant medio mense Novembri gerendam*ᶠ. (E 154)

G(regorius) episcopus*ᵍ* servus servorum Dei archiepiscopis episcopis abbatibus in Gallia constitutis, qui in gremio sanctae Romanae ecclesiae permanere videntur, salutem et apostolicam benedictionem.

1078

Quantas tribulationum angustias et persecutionum procellas ac pondera periculorum universalis mater sancta Romana ecclesia perpessa sit temporibus istis, quia credi vix potest, ex maiori parte latet scientiam vestram. Ad hec quoque quid consilii quidve suffragii per vos, filios suos*ʰ*, debitae compassionis

a. *om. V.*   b. arator *G.*   c. *om. G.*   d. sua add. *G.*   e. quoque add. *G.*   f. *ex V 66—66v, Z p. 116—117.*   g. episcopus addidi.   h. ex officio excidisse videtur.

1. V. supra T. II 808.

1078 perceperit, vos ipsi cognoscitis. Quod enim sine dolore vix possumus vel reminisci, ita caritas multorum circa eam refrigescit, ut haec tempora per euangelium praesignata quodammodo specialiter videantur, ubi dicitur: *Quoniam habundavit iniquitas, refrigescet caritas* multorum*[1]. Unde quid aliud dixerim, nisi quod vos, qui aut segniter neglexistis aut[b] pavide refugistis matri vestrae in tanta pressura solaciari, nomine filiorum indignos et caritatis visceribus alienos vos ostenditis? Quem vero pudorem vel potius quantum dolorem, quisquis est sanae mentis, non sentiat, cum consideret: persecutores christianae religionis tanta factionis conspiratione, sic omnimodis annisibus, non solum res suas profundendo sed etiam se ipsos morti tradendo, ad explendam animi atrocitatem huc usque desudasse; neminem autem vel vix paucissimos iusticiae fautores aut corporum laborem subire, aut rerum dispendia pati, aut de bonis suis opem matri[c] suae ecclesiae ferre curavisse. Verum, utcunque fraternitas vestra sese habuerit, benedictus Deus et pater domini nostri Iesu Christi, pater misericordiarum et deus[d] totius consolationis, qui consolatur nos in omni tribulatione nostra[2], qui, nos ab adversariorum manibus et persecutorum violentia protegens, hactenus in manu nostra iusticiam secundum testimonium conscientiae nostrae defendit atque, potentiae suae vigore humanae infirmitatis inbecillitatem nostram corroborans, ad iniquitatem converti nullis nos promissionum blanditiis, nullis vexantium terroribus sinit. Ipsi igitur gratias inmensas referimus, qui nos, infractos huc usque in pressurae tempestate conservans, ad quandam spem tranquillitatis sic liberis incessibus duxit, ut non, nos contra principalem iusticiae intentionem egisse, aut propria conscientia aut religiosorum, qui noverunt, examinatio reprehendat.

De cetero, fratres, ut causa iurgiorum et discordia, quae inter regnum et apostolicam sedem iam dudum agitatur, annuente Domino congruum valeat finem sortiri, vos ad synodum, quam

a. c. *VZ.*   b. ac *VZ.*   c. matris *VZ.*   d. om. *V.*
1. Matth. 24, 12.   2. 2 Corinth. 1, 3. 4.

in medio Novembri celebrare disponimus, praesentium litterarum 1078
convocatione[a] ex parte beati Petri apostolorum principis praecipientes invitamus. Hoc etiam fraternitatem vestram scire volumus: quia, ut secure ad nos venire et in vestram potentiam Deo protegente possitis redire, fideles nostri a maioribus, qui sunt in curia H(einrici) dicti regis, iuramento securitatem receperunt. Desideramus enim una vobiscum tractare, divino fulti auxilio, qualiter possimus pacem confirmare atque ad gremium sanctae matris ecclesiae scismaticos Deo auxiliante revocare.

---

59. *Gregorius VII papa Rudolfum regem et Saxones ad perseverantiam cohortatur. De synodo addit et de archiepiscopatu Magdeburgensi*[b]. (E 153)

Gregorius[a] episcopus servus servorum Dei Rodulfo[d] regi 1079 omnibusque secum in regno Saxonum commanentibus, tam episcopis quam ducibus et[e] comitibus nec non maioribus et minoribus, peccatorum absolutionem et apostolicam benedictionem.

Febr.

Cum Veritas ipsa dicat: omnium, qui propter iusticiam persecutionem patiuntur, regnum esse celorum [1], et apostolus clamet: neminem, nisi qui legitime certaverit, posse coronari [2], nolite, filii mei, in hoc, qui vos iam multo tempore exagitat, bellico furore deficere; nolite per ullius fallentis personae mendacia de nostro fideli adiutorio dubitare. Sed magis magisque pro tuenda veritate ecclesiastica, pro defendenda vestrae nobilitatis libertate[f], labori iam cicius[g] finiendo incumbite et ex adverso ascendendo vos et corpora vestra quasi murum pro domo Dei[h] obponere[a] satagite. Quid[i] iam in duabus synodi nostrae conventionibus[k] de rege Rodulfo[l] et de Heinrico[m] statutum[n] quidque[o] ibi de pace et concordia regni etiam[p] cum iuramentis sit diffinitum, per nostras litteras et per vestros[q] legatos, nisi forte

a. vocatione *V.*   b. *ex V 66, Z p. 116, G 48—48v. Legitur etiam (B) ap. Bruuonem De bello Saxonico, Mon. Germ. SS. V 379.*   c. G. *VZ*; S. *G.*   d. R. *VZG.*   e. et om. *VZ.*   f. liberalitate *G.*   g. iam cicius om. *G.*   h. Israel *B.*
i. Quicquid *VZ*, Quicquam *G*, Quid *B.*   k. synodis nostre conventionis *G.*   L. R. *VZG.*   m. H. *VZ.*   n. sit add. *VZ.*   o. quicquid *VZ.*   p. et *G.*   q. nostros *G.*

1. Matth. 5, 10.   2. 2 Timoth. 2, 5.   3. Ezech. 13, 5.

1079 capti sint, apertissime potestis cognoscere*. Et si quid adhuc
Febr. remanserit, per episcopos Metensem' et Pataviensem*² et abbatem
Augiensem*³, qui nobiscum finem rei praestolando morantur,
cum ad vos ipsi pervenerint⁴, quasi in promptu habetis audire.
Postremo hoc vos ignorare nolumus, quia omni qua oportet instantia, cum orationis nostrae assiduitate tum officii nostri gravitate, et prospiciendo consulere et consulendo prospicere vestrae
necessitati non dubitamus.

Audivimus* de vestro archiepiscopatu' Magdeburgensi: in-
disciplinatam quorundam eiusdem ecclesiae filiorum pro acqui-
rendo seculari ambitu* honore obortam fuisse contentionem; et
eorundem, quod ʰ etiam cum erubescentia ⁱ dicimus, bonam et con-
venientem ad hoc opus non esse conversationem. Quos modis
omnibus ex praecepto ᵏ Dei omnipotentis et sancti Petri et nostro,
ne sibi in locum dampnationis culmen arripiant regiminis, prohibete; et Deo ˡ dignum dispensatorem, prout ius postulat et
ordo, cum nostra voluntate et apostolica benedictione et communi omnium bonorum tam clericorum quam laicorum electione
disponite. Vos enim ipsi nostis, quod in constituendis episcopis
neglecta sanctorum patrum instituta hunc, qui modo funditur,
sanguinem genuerunt; et adhuc, nisi provideantur, peiores
prioribus errores fovendo parturiunt.

---

60. *Huzmannus episcopus Spirensis episcopis et principibus
Longobardis significat, Moguntiae decretum esse, ut Gregorio VII papae exauctorato successor daretur. Monet, ut
secum consentiant*. (E 161)

1080   In domino dominorum diligendis archiepiscopis episcopis
Iun. ineunte ducibus ⁿ marchionibus comitibus nec non etiam totius Longo-

a. agnoscere *GB*.   b. Papiensem *V*, Papyensem *Z*.   c. Augustensem *VZG*.
d. venerint *VZ*.   e. Audivimus — parturiunt *om. B*.   f. archiep *G*.   g. habitu *VZ*, ambitu *G*. *Sequitur in codicibus* et, *quod verbum tollendum duxi*.   h. qui *G*.
i. cum erubescentia *VZ*, erubescendo *G*.   k. excepto *G*.   l. Dei *G*.   m. *ex V
72, Z p. 129—130, C 63, B 46:* Item (*om. B*) epistola Heinrici Spirensis
episcopi contra quem supra; *G 57v — 58 sine lemmate*.   n. ducibus
om. VZCB.

1. Hermanaum.   2. Altmannum.   3. Ecardum.

bardiae tam minoribus quam maioribus* H(uzmannus) Spirensis 1080 Iun. ineunte
episcopus servitutem et orationem ᵇ.

Super regni perturbatione regiaeque potestatis derogatione nec non etiam super vacillante statu ecclesiae non minus ego dolens quam ceteri principes regni, decrevimus Moguntiae inire simul* consilium: si fieri possit, ut et regni perturbatio sedetur ᵈ regiaque* potestas redintegretur et sanctae matri ᶠ ecclesiae, ne omnino naufragium patiatur, succurramus ᵍ. Quonam autem modo hoc fieri possit ʰ, excogitare nequivimus, nisi caput pestiferae serpentis penitus absciderctur, cuius venenoso afflatu hec exorta hactenus intumuerunt. Manente vero causa efficiente, quomodo poterit effectus ⁱ extirpari?

Quo inito consilio ʲ, tam primates quam minores firmiter Mai. 31 fideliterque decrevimus: ut Hildebrandus ᵏ, ille sedis apostolicae subdolus invasor, divinarum humanarumque legum ˡ execrabilis perturbator, Deo opitulante omnimodis abdicetur; aliusque dignior illo ᵐ in sedem apostolicam eligatur, qui dispersa colligat, confracta consolidet, non discordiam non bella sed pacem in sancta ecclesia ⁿ ut bonus pastor ᵒ desideret.

Nec ab hoc negocio perficiendo strennuitatem vestram absterreat, quod prius in simili ᵖ consilio² nos, portum tenentes, periculosae procellarum iactationi vos commisimus. Sed pocius viriliter agite et confortetur cor vestrum, qui speratis in Domino; pro certo scientes, levius extorqueri clavam de manu Herculis, quam in praesenti negotio divellamur vita comite a vobis ᵠ.

61. *Egilbertus electus Trevirensis exponit, se Gregorium VII non iam putare papam¹.* (E 160)

Patribus non fratribus, dominis non amicis E(gilbertus) de- 1080
Iun. ineunte

a. tam maioribus quam minoribus V.   b. honorem G.   c. simul om. VZCB.
d. sedaretur — redintegraretur G.   e. regia VZCB, regiaque G.   f. sanctae matri om. VZCB.   g. pateretur, succurreremus G.   h. posset G.   i. effectū VZ.
k. Hiltebrandus Z.   l. om. G.   m. dignior illo om. VZCB.   n. om. B.   o. ut bonus pastor om. VZCB.   p. om. B.   q. Valete add. G.   r. ex V 71v—72, Z p. 128—129, C 62v, B 45v—46: Item epistola Egilberti Treverensis archiepiscopi contra quem supra; G 58—58v.

1. Moguntiae, die 31 Mai. 1080.   2. anno 1076.

1080
Iun. ineunte

signatus episcopus Treverensis ecclesiae devotissimas in Christo orationes.

Ferre sententiam contra apostolicum, non est tutum immo insanum; et omnino nefarium, aliquid audere in illum, qui in vice sancti Petri fungitur legatione ipsius Christi. Isti[a] autem, qui invasit sedem apostolicam, qui inaudita elatione effertur, qui profanis novitatibus studet, amplo nomine delectatur — quem neque christianum appellem, quia non habet Christi[b] caracterem, id est pacem et caritatem, quam Christus suis militibus impressit, qua Christus suos notavit — non occurrere huic[c], non insurgere contra hunc[d], magnum sanctae matris ecclesiae est periculum et plane contra Deum.

Quis enim nescit, ex hoc quasi fonte omnis dissensionis et capite omnis scismatis, exclusa pace[e] ecclesie, discordiam totius mundi emersisse? Quis inquam non videt per hunc quasi signiferum tantum sanguinem mundi effusum[f]? De multis rationibus, qui non sequitur Christum, nequeo vere appellare christianum; ita certe nec papam, quem video totiens et tam manifestum homicidam. En bonus et sanctus papa, cuius consiliis, cuius instinctu et ductu membra Christi tot et tam perditis modis sunt dilacerata. En bonus pastor, qui in[g] illos tanta crudelitate grassatur[h], pro quibus Christus in cruce pependit, quos ipse[i] proprio sanguine redemit. En verus pontifex et iustus[k] sacerdos, qui, sicut[l] dubitat, si illud, quod sumitur in dominica mensa, sit verum corpus et sanguis Christi, ita[m] non penitentibus etiam ea, que iuste fracta sunt, condonat sacramenta. Nichil certe ita est impium et nefarium, nichil ita est detestabile et exsecrabile, quod ipse curet, dum alios contra regem armet, dum alios ad bellum, quod ipse omnibus intendit, excitet.

Inter has multiplices calamitates et miserias, quas patitur et conqueritur sancta ecclesia, mihi quoque illata est ab eo tam

a. Iste codd.　　b. om. G.　　c. contra hunc VZG, huic CB.　　d. contra hunc om. G.　　e. paci G.　　f. est add. G.　　g. om. G.　　h. crassatur G.　　i. ipso G.　　k. verus VZCB.　　l. sicut om. VZCB.　　m. ita — sacramenta om. VZCB.

superba quam violenta iniuria. Cum enim Treveris pari consensu tam cleri quam plebis essem electus episcopus, tamen eo impediente, nullam culpam obtendente, fere per biennium consecrationem habere* non potui, omnibus eiusdem ecclesiae filiis et suffraganeis intercedentibus et inusitatam suae metropolis viduitatem multum querentibus. Nichil mihi profuit sincerus introitus et legitima mea[b] electio, nichil valuit apud illum consona auctoritas episcoporum et studiosa loci intercessio. Ut taceam mea, ut praetermittam privata; quia[c] malus et non purus introitus eius, quem initiatus[d] est, pervenit ad perditissima exempla, ne plus per hunc sancta, quae modo vix[e] trahit extremum spiritum, periclitetur ecclesia, ex me dico: quod nullam ei obedientiam posthinc servabo; neque[f] meo iudicio amplius sedebit in loco et in vice sancti Petri, quem ipse non sequitur obstupenda abusione novitatis suae et inauditi decreti.

62. *Theodericus episcopus Virdunensis episcopos et principes adversus Gregorium VII papam commovet. De novo papa creando addit*[g]. (E 159)

Dilectis in Christo fratribus et dominis archiepiscopis episcopis ducibus marchionibus comitibus principibus Romani imperii, maioribus et minoribus, clero et populo, sanctae ecclesiae cultoribus T(heodericus), Virdunensis[h] Dei gratia id quod est[i], fraternam dilectionem, debitam servitutem et[k] perpetuam in Domino salutem.

Regni nostri perturbatio et, ut verius dicam, nisi Deus avertat, proxima nimis annullatio[l] in maximum dolorem nos excitat, in lacrimas vocat, in miserabilem querimoniam coram Deo et hominibus nos animat. Hildebrandus, qui dicebatur[m] caput, iam est cauda ecclesiae; qui fundamentum, iam detri-

a. *om. G.* b. *om. VZCB.* c. quam *VZCB.* d. qui minatus *VZ,* que minatus *G,* quem initiatus *CB.* e. *om. G.* f. nec *G.* g. *ex V 71—71v, Z p. 128, C 62, B 45v*: Epistola Titrici (Dietrici *ZC,* Dieteri *B*) Virdunensis episcopi contra Hildebrandum papam (contra quem supra *B*); *G 50—50v.* h. Verdunensis *G.* i. episcopus *G* pro id quod est. k. *om. G.* l. annllatio *VZC.* m. d: *G.*

1080
Iun. ineunte

mentum est ecclesiae; qui decus, iam dedecus est* ecclesiae. Hic dispergit, qui dicebatur congregare; hic ecclesiam odit, qui dicebatur diligere; iam usque ad omnimodam heresim infirmat, qui dicebatur sanctam ecclesiam confirmare. O inaudita arrogantia hominis supra omnem gloriam[b] de* se gloriantis, supra omnem maliciam male agentis, unitatem ecclesiae scindentis; quod inauditum est, regnum et regem catholicum destruere praesumentis; impios iustificantis, pios iniuste[d] dampnantis, decreta patrum pervertentis; regem adulterinum[1] extollentis, regem liberum et legitimum etiam cum memoria nominis regii extinguere meditantis et minantis[2]. O temporibus nostris nunquam audita* heresis. Periuria fidelitates[f] dicit, fidem sacrilegium facit; immo, quia ab initio pater eius mendax fuit[3], per omnia mentitur et in omnibus veritati contradicit. Videat Deus et iudicet; videte vos et iudicate. Hominem impium, hominem abbominatum, membra ecclesiae subvertentem, caput nobis[g] faceremus? nos omni ecclesiastico honore verendissime[h] destituentem patrem nobis constitueremus? Vita sua accusat illum, perversitas dampnat, obstinatio maliciae illum anathematizat. In qua re vobiscum[i] esse, vobiscum facere, vobiscum laborem subire, assensus consilium et[k] auxilium nostrum non recusat.

De eligendo autem summo[k] pontifice, qui errata corrigat, qui destituta restituat, qui huiusmodi fortia confundat, Deo cooperante vobiscum operabimur; Deo consentiente vobiscum sentiemus; et pro honore ecclesiae et pro recuperatione regis et regni in nullo vobis deerimus[l].

---

63. *Theodericus episcopus Virdunensis Egilberto electo Trevirensi exponit, quare ad eum consecrandum non sit venturus. Suadet, ne hoc tempore consecretur*[m].   (E 158)

1080
Iun.

E(gilberto)[n] sanctae Treverensis ecclesiae patri reverentissimo

a. sanctae *add. G.*   b. ecclesiam *G.*   c. in *G.*   d. iniustissime *G.*
e. est *add. G.*   f. fidelitatem *G.*   g. nostrum *G.*   h. *sic scripsi pro* veredissime *G; om.* VZCB.   i. nobiscum VZ.   k. *om. G.*   l. Valete *add. G.*
m. *ex* V 70v—71, Z p. 126—128, G 43—43v.   n. *om. G.*

1. Rodulfum.   2. in synodo Romana, 1080 Mart. 7.   3. Cf. Ioh. 8, 44.

unanimiter electo, canonice admisso, T(heodericus)¹ Dei gratia id quod est debitam dilectionem, ex dilectione subiectionem, ex subiectione servitutem, ex servitute intimam in omnibus servata ratione devotionem.

1080 Iun.

Teste conscientia, teste et illo qui omnia novit, nemo est qui dignitati vestrae* melius velit, nemo qui unanimi electioni vestrae* magis applauserit, nemo inquam qui de* tam iocunda patris ad filium, praelati ad subditum affinitate, rationabiliter incepta rationabilius finienda, maiorem me* fiduciam consilii et auxilii sibi assumpserit. Fateor, me in omnibus vobis et ecclesiae Treverensi debitorem esse*, utpote quem elegi et laudavi mihi* in dulcissimum patrem²; immo quia ecclesiam Treverensem semper habui et habiturus sum vita superstite in dulcissimam matrem. Ecclesia Virdunensis* ecclesiam* Treverensem ut filia matrem digna dilectione, debita subiectione amplectitur, ut subiecta praelatam veneratur. Menbrum enim capiti suo* connexum proficit, divisum omnino deficit.

Legati vestri — F. archidiaconus, miles H. — monuerunt* me: ut Treverim venirem, obedientiam vobis et ecclesiae persolverem, ordinationi vestrae interessem*; consecrationem vestram — in tanta omnium necessitate non modo vobis sed et¹ nobis, qui affligimur, qui angustiamur, valde necessariam — ulterius non* differrem.

Tam iustae tam saluberrimae monitioni non moram non difficultatem aliquam praetendissem, si in hoc tum meam tum vestram salutem non adtendissem, si non benedictionem pro maledictione, consecrationem* pro execratione, ordinationem pro depositione hoc tempore reputassem.

Quod¹ enim maximo cum dolore vobis refero, ab ordine suspensum vos ordinare, periculosum esset. Ut miserabilius dicam, execratum de consecratione vestra praesumere, pernitio-

a. dignitate vestra *G.*   b. electione vestra *G.*   c. om. *G.*   d. me *addidi.*
e. iustum debitorem *G pro* debitorem esse.   f. Wirdunensis *G.*   g. sub *G.*
h. moverunt *G.*   i. om. *VZ.*   k. consecrationem — depositione om. *G.*   l. Quod — electionem nondum locato om. *G.*

1. episcopus Virdunensis.   2. die 6 Ian. 1079.

1080 sissimum esset. Consilio meorum, satis importuno et teste
Mai. 31 Deo mihi contrario, in pentecosten[1] veni ad curiam[2]. Terribiliter
astrictus, multipliciter coactus sum ibi agere contra ordinem,
contra salutem meam, immo contra dignitatem ecclesiasticam.
Abrenuntiavi sedenti in sede apostolica[3]; et hoc sine ratione
aliqua, cum praesens non audiretur, auditus discuteretur, discussus
convinceretur. Abrenuntiavi illi, cui in examinatione
meae ordinationis professus fueram obedientiam, cui subiectionem
pollicitus eram, cui post beatum Petrum, suscepto regimine mihi
commissae ecclesie, commissus fueram.

Iun. Reversum solito gravius ecclesia me suscepit; usitatum processionis
ordinem non exhibuit; et quod miserabilius est: osculum
pacis non obtulit; quod infelicius: propter auditam tam
temere abrenuntiationem et inauditam prius tantam temeritatem
non modo ab episcopali sed a sacerdotali officio — sub ostentatione
meae salutis et mei ordinis saluberrimo consilio — usque
ad dignam beato Petro et vicario eius satisfactionem me
submovit.

Hoc me impedit; hoc in Christo Iesu ordinationi vestrae
me subtraxit. Quodsi alius pro voluntate vestra et peticione,
Tullensis[4] videlicet vel quivis, vicem nostram suppleverit, non
indignor nec adversor. Neque rationabiliter ordinanti improperabo,
neque in aliquo detraham rationabiliter ordinato.

Adhuc vobiscum agam familiarius; ut cum patre filius, ut
cum praelato subiectus, ut cum amico nemo iocundior amicus,
cum consanguineo proximus admodum consanguineus. Hoc tempore
tribulationis, in hoc scismate ecclesiasticae dignitatis, hoc
errore apostolicae sedis videndum est: quomodo ordinari velitis
in examinatione ordinis; cui promissionem, cui obedientiam, cui
dignam subiectionem vovere debeatis, hoc per abrenuntiationem
nostram expulso, alio per legitimam electionem nondum relocato[a].

a. recollocato V.

1. d. 31 Maii 1080. 2. Moguntiam. 3. Gregorio VII. 4. Pibo
ep. Tullensis.

Non hoc dico [a], ut voluntati vestrae contradicam, ut ordinationem impediam, ut promotionem suspendam; cum pro caritate et paternitate vestra paratus sim [b] ultro offerre corpus et animam. Adaperiat Dominus cor vestrum in lege sua et in praeceptis suis [1] et in praesenti causa [c].

1080 Iun.

64. Acta synodi Brixinensis [d]. (E 164)

Anno dominicae incarnationis 1080, mediante serenissimo rege H(einrico) quarto, anno regni eius 26 [e], 7 Kalend. Iulii, feria quinta, indictione 3, cum apud Brixinam Noricam triginta episcoporum conventus nec non et optimatum exercitus non solum Italiae sed et Germaniae iussu regio congregaretur, facta est vox una velut ab ore omnium, terribiliter conquerentium super truculenta vesania cuiusdam Hildebrandi [f] pseudomonachi, Gregorii papae septimi cognominati: cur tam diu ipsam rex semper invictus sevire pateretur intactam; cum vas electionis Paulus testetur, principem non sine causa gladium ferre [2], et Petrus apostolorum [g] primus non solum regem praecellere verum duces ab eo mittendos clamet esse, ad vindictam videlicet malorum, ad laudem vero bonorum [4].

1080 Iun. 25

Ad quorum igitur [h] satisfactionem visum est ipsi gloriosissimo regi principibusque eius iustum: ut iudicium episcoporum divinae animadversionis sententia gladium materialem in ipsum Hildebrandum praecederet; ut, quem praesules ecclesiarum prius a superba praelatione deponerent, eundem postmodum regalis potentia licentius persequendum decerneret.

Quis ergo fidelium, qui illum novit, dampnationis iaculum contra ipsum metueret intorquere? qui ab ineunte etate mundo [i]

a. ago *G.* b. sum *G.* c. Valete *add. G.* d. *ex* V 73—73v, Z p. 132—133: De depositione Hildebrandi papae, qui et Gregorius septimus (Gregorii septimi *V*); H (*cod. Hannoveranus saec. XVI, quo Pertzius usus est in Mon. Germ. LL. II 51*). e. XXIII *VZ*, 26 *H.* f. Hiltebrandi *Z.* g. pastor *VZ*, apostolorum *H.* h. *om.* VZ. i. modo *VZ*, mundo *H.*

1. 2 Maccab. 1, 4. 2. ordinationis a. 26, regni 24. 3. Rom. 13, 4: „non enim sine causa gladium portat". 4. 1 Petr. 2, 13. 14: „Subiecti igitur estote — sive regi quasi praecellenti, sive ducibus tanquam ab eo missis ad vindictam malefactorum, laudem vero bonorum".

se studuit per inanem gloriam nullis suffragantibus meritis super* hominem commendare¹; somnia et divinationes proprias et* aliorum divinae dispositioni praeponere; habitu monachus videri et professione non esse; ecclesiasticae disciplinae, nulli subditus magistro, se extorrem iudicare; obscenis theatralibus ludicris ultra laicos* insistere; mensas nummulariorum in porticu transigentium* turpis lucri gratia publice observare. His itaque questibus pecunia cumulata, abbatiam beati Pauli invasit, supplantato abbate. Inde arripiens archidiaconatum, quendam nomine Mancium, ut sibi officium venderet, decipiendo seduxit; et, Nicolao* papa nolente, tumultu populari stipatus, in economum se promoveri coegit. Quatuor namque Romanorum pontificum super inproba morte — per manus cuiusdam sibi intimi Iohannis scilicet Brachiuti* propinato veneno — homicida extitisse convincitur; ut, ceteris tacentibus*, ipse minister mortis, urgente mortis articulo, diris clamoribus, licet sero penituerit, testabatur. Hic denique sepe dictus pestifer ipsa nocte, qua funus Alexandri papae in basilica Salvatoris exequiarum officio fovebatur*, portas Romanae urbis et pontes, turres ac triumphales arcus armatorum cuneis munivit; Lateranense palatium militia comparata hostiliter occupavit; clerum, ne auderet contradicere, cum nullus eum vellet eligere, gladiis satellitum evaginatis mortem minando perterruit; et prius diu obsessam assiliit cathedram, quam corpus defuncti obtineret tumbam. Dum vero quidam ex ipsis decretum Nicolai papae — a centum viginti quinque episcopis sub anathemate promulgatum, eodem Hildebrando laudante — ad memoriam sibi vellent reducere: „quod, si quis sine assensu Romani principis papari praesumeret, non papa sed apostata ab omnibus haberetur", negavit, se regem uspiam scire; et se posse asseruit sentenciam praedecessorum vacuam iudicare. Quid plura? Non solum quidem Roma sed

a. supra *H*.   b. et om. *VZ*.   c. lucos *H*.   d. transigentium *scripsi pro* transeuntium *VZH*.   e. Nycolao *V*.   f. Brachtuti *V*, Brachinti *Z*, Brachinti *H*.   g. caetero tacente *H*.   h. foveretur *H*.

1. 2 Corinth. 10, 18: „Non enim, qui se ipsum commendat, ille probatus est".

ipse Romanus orbis testatur: illum non a Deo fuisse* electum, sed a se ipso vi fraude pecunia impudentissime obiectum. Cuius fructus patefaciunt radicem, cuius opera manifestant intentionem; qui ecclesiasticum subvertit ordinem; qui christiani imperii perturbavit regimen; qui regi catholico ac pacifico corporis et animae intentat mortem; qui periurum et proditorem defendit regem; qui inter concordes seminavit discordiam, inter pacificos lites, inter fratres scandala, divortia inter coniuges et, quicquid quieti[b] inter pie viventes stare videbatur, concussit.

Quapropter, ut praelibatum est, nos[c] auctore Deo congregati in unum — legatis ac litteris freti decem et novem episcoporum, die sancto preteriti pentecostes[1] Mogontiae congregatorum[d] — eundem procacissimum[e] Hildebrandum[f] sacrilegia ac incendia praedicantem, periuria et homicidia defendentem; catholicam atque apostolicam fidem de corpore et sanguine Domini[g] in questionem ponentem, heretici Beringarii antiquum discipulum; divinationum et somniorum cultorem, manifestum nicromanticum[h], phytonico[i] spiritu laborantem et idcirco a vera fide exorbitantem; iudicamus canonice deponendum et expellendum et, nisi ab ipsa sede his auditis descenderit, in perpetuum condempnandum.

Ego[k] Hugo Candidus, sanctae Romanae ecclesiae presbyter cardinalis de titulo S. Clementis regionis tertiae Urbis, huic decreto a nobis promulgato assensum praebui et subscripsi vice omnium cardinalium Romanorum.

Ego Diepoldus Mediolanensis archiepiscopus subscripsi.
Ego Cuono Brixiensis episcopus subscripsi.
Ego Otto Terdonensis electus subscripsi.
Ego Wilhelmus Papiensis episcopus subscripsi.
Ego Regenaldus Bellunensis episcopus subscripsi.

a. esse *H.* b. quiete *VZ,* quieti *H et Ekkehardus, v. not.* c.   c. nos — Mogontiae congregatorum om. *VZH; leguntur ap. Ekkehardum (Mon. Germ. SS. VI 204), qui actorum horum fragmentum in chronico suo posuit.*   d. non recepi contra, quod verbum sequitur ap. Ekkehardum.   e. procatissimum *Z.*   f. Hiltebrandum *Z.*   g. om. *V.*   h. nycromanticum *V.*   i. phitonico *Z.*   k. *Quae sequuntur, in uno codice H insunt; unde ea protulit Pertzius.*

1. die 31 Mai. 1080.

1080 Iun. 25

Ego Bruno[a] Veronensis episcopus subscripsi.
Ego Dionisius Placentinus episcopus subscripsi.
Udo Astensis[b] episcopus subscripsi.
Ego Hugo Firmanus electus episcopus subscripsi.
Milo Patavianus subscripsit.
Ego Conradus[1] Traiectensis episcopus subscripsi.
Henricus patriarcha[2] subscripsit.
Didaldus Vicentinus episcopus subscripsit.
Regengerus Vercellensis episcopus subscripsit.
Rubertus Babenbergensis episcopus subscripsit.
Norberdus Curiensis episcopus subscripsit.
Eurardus[c] episcopus Parmensis subscripsit.
Rolandus Dei gratia episcopus Tarvisianus libentissime subscripsit.
Arnoldus Cremonensis episcopus subscripsit.
Arnoldus Pergamensis episcopus subscripsit.
Ego Diedo Brandenburgensis episcopus subscripsi.
Liemarus[d] sanctae Hamaburgensis ecclesiae archiepiscopus.
Ego Wernherus Dei gratia Bobiensis episcopus subscripsi.
Ego Althwinnus Brihsinensis episcopus subscripsi.
Ego Meginwardus Frisingensis episcopus subscripsi.
Ego Burchardus[3] Lausanensis episcopus subscripsi.
Ego Conrodus Ianuensis[e] episcopus subscripsi.
Henricus Dei gratia rex subscripsi.

65. *Conradus I episcopus Traiectensis Ruperto episcopo Bambergensi de nuntiis sibi allatis scribit. Adalberonem episcopum Wirzeburgensem vituperat. De domo hiemali gratias agit. Clericum et artificem commendat*[f]. (E 209)

1081 R(uperto) dilectissimo confratri et coepiscopo[4] C(onradus)[5]

a. Ego Bruno *scripsi pro* Ego Segebono *H.*   b. Astensis *scripsit Pertzius pro* Ostiensis *H.*   c. Eurardus *scripsi pro* Eucharius *H.*   d. Leodiarus *H; correxit Pertzius.*   e. *sic scripsit Pertzius pro* Lanuensis *H.*   f. *ex V 90—90v, Z p 190—191, C 45v—46.*

1. I.   2. Aquileiensis.   3. III.   4. Bambergensi.   5. I Traiectensis, 1076—1099.

suus, in dilectione quicquid iocundius, in oratione et servitio 1081 quicquid devotius.

Sinistra fama hoc anno a partibus illis veniens multum me exacerbavit; referens: vestros a fide et dilectione, sub qua vos in Saxoniam ᵃ dimiserant¹, defecisse et contra dignitatem vestram conspirasse². Unde mihi duplex nata est tristicia, tum quia debita ᵇ caritate vestro honori non parum timebam, tum quia communi omnium miseriae condolebam; quia omne nefas irrupit in hoc evum et a traditione domini² vix aliquem revocat respectus fidei vel sacramenti⁴. Sed alius rumor dolorem meum mutavit in gaudium; quia audivi, quicquid turbationis fuerat, sedatum esse et omnia ad honorem vestrum cessisse. Novit autem Dominus, quod, si vobis ita vicinus essem, uti Wirzeburgensis ᶜ episcopus⁵, vel in illa vel in alia causa vestra nullus vobis affuisset paratius, nemo fidelius vel devotius opem tulisset quam ego. Quia vero nimis remotus sum, quod solum absens ᵈ valeo, bonae meae voluntatis munus offero. Sed sive in curia sive alibi, ubi praesens esse potero, pro honore vestro modis omnibus, acsi frater carnalis essem, laborabo.

Gratias autem uberrimas refero bonitati vestrae, quia per vos hiemalem ᵉ domum talem habeo, ut in terra nostra talem se habere nullus dicat omnino. Si fieri posset, ut vestris humeris mihi eam attulissetis, non maiores inde vobis gratias haberem ᶠ quam modo, nec ad reddendum, quibuscunque modis vobis placuerit, paratior essem quam modo.

Pro communi clerico ᵍ nostro vestram rogo clementiam, ut

a. Saxonia *C*.   b. debita — tum quia *om*. *V*.   c. Wirzburgensis *Z*.   d. ad praesens *VZ*, absens *C*.   e. hyemalem *VZ*.   f. referrem *VZ*, haberem *C*. g. concilio *V*.

1. Rupertus enim Bambergensis et Conradus Traiectensis episcopi, causam Heinrici IV regis sequentes, in Saxonia mense Februario 1081 colloquio illi Kaufungensi simul interfuerant. V. Bruno de bello Saxonico c. 126, Mon. Germ. SS. V 382.   2. mense Iunio 1081 adversarii Heinrici IV „non longe a Babenberg" fuerunt, teste Brunone de bello Sax. c. 130, l. l. p. 384.   3. Heinrici IV.   4. circ. die 9 Aug. 1081 ab Heinrici adversariis Hermannus rex creatus est.   5. Adalbero (quem anno 1085 ab Heinrico IV defectum esse scimus).

1081 ei bonus sitis in omnibus; et si fratres eius tam diuturnam eius egre ferunt absentiam, auctoritatem vestram illis opponite; et ne inde aliquid molestiae* paciatur, mea causa providete.

Artificem etiam vestrae pietati commendo; quia mihi fideliter et utiliter servivit, utpote bonus christianus. Et ut eum adiuvetis, rogo enixius, et gratiam vestram per me obtineat plenius.

66. *Heinricus IV rex Romanis significat, se pacis componendae causa ad eos appropinquare*[b]. (E 187)

1081 Apr.—Mai.

Heinricus[c] Dei gratia rex clero populoque[d] Romano, maioribus et minoribus, gratiae suae et optimae voluntatis* sincerissimum affectum.

Quanta fide et benivolentia nostrum sacrosanctae memoriae parentem colueritis, quantaque ipse honorificentia et ecclesiae vestrae dignitatem et universam Romani nominis amplitudinem publice privatimque provexerit, plurima seniorum procerum imperii nostri relatione cognovimus. Neque vero post obitum ipsius minori amore et reverentia infanciam nostram fovistis; et omnino fideli constancia nobis[f], in quantum per quorundam pestilentium et superborum improbitatem licuit, affuistis.

Sed quod nos tam[g] perpetuae caritati vestrae debita vicissitudine in referenda[h] gratia[i] non respondimus, primum etatis inbecillitas in[k] causa fuit. Postquam vero virum induimus, tantus in nos tyrannicae perfidiae furor intumuit, ut ad eum opprimendum omnem curam laboris nostri[l] nos intendere necessitas suprema cogeret.

Nunc vero, quoniam[m] non nostra sed Dei virtute atrocissimorum hostium tam vitam quam superbiam ferro truncavimus et membra disturbati et disiecti imperii maxima ex parte composuimus, ad vos venire intendimus; scilicet ut debitam et

---

a. moleste *VZ*, molestiae *C*.   b. *ex V 85 v, Z p. 179—180, C 39v—40, B 33, G 50v—51v*.   c. H. *ZCB*.   d. et populo *G*.   e. sue *add. G*.   f. quantum vobis *G pro* nobis, in quantum.   g. tum *G*.   h. ferenda *CB*.   i. referendis gratiis *G*.   k. in *om. VZCB*.   l. laboremque *G pro* laboris nostri.   m. ubi *G*.

hereditariam dignitatem communi omnium vestrum[a] assensu et favore a vobis accipiamus, et meritas vobis gratias omni honoris genere impertiamur[b].

Miramur autem, quod, cognito adventu nostro, nulla nobis legatio vestra sollempni more occurrit. Nam quod nostros ad vos legatos mittere supersedimus, ipsi vos nostis, legati nostri[1] — viri honorati et reverendi — quam infami contumelia ab eo, unde minime oportuit, supra omnium barbarorum inmanitatem anno praeterito[2] affecti sunt. Quod autem idem ipsi[c] disturbatores pacis et concordiae nobis imposuere et in nos[d] sparsere, eam adventus nostri esse[e] intentionem, ut beati Petri principis apostolorum honor imminuatur et vestrum omnium res publica per nos evertatur, nichil illi quidem[f] novum suis moribus fecere[g]. Verum nos fideliter vobis insinuamus: quod hec nostra omnino[h] voluntas et sententia est, ut vos[i], quod in nobis est, pacifice invisamus; ac[k] deinde, collato omnium vestrum inprimis aliorumque fidelium nostrorum consilio, diuturna discordia regni et sacerdotii de medio tollatur[l] et omnia ad pacem et unitatem in Christi nomine revocentur[m].

1081
Apr.—Mai.

---

67. *Heinricus IV (?) rex H. servienti suo mansum regalem dono dat*[n]. (E 105)

In nomine sanctae et individuae trinitatis. H(einricus) divina favente clementia rex. Omnibus Christi nostrique fidelibus tam futuris quam praesentibus notum esse volumus, quia nos ob interventum ac peticionem O. comitis nec non et A. dilecti capellani nostri et G. camerarii nostro servienti H. nominato unum regalem mansum cum omnibus suis pertinentiis, hoc est mancipiis utriusque sexus areis edificiis pratis pascuis agris terris cultis et incultis silvis venationibus campis aquis aqua-

1056—1084 (?)

---

a. vestrorum *G.*   b. inpertiamus *G.*   c. om. *VZCB.*   d. vos *VZCB.*
e. om. *B.*   f. quod *G.*   g. facere *G.*   h. omnium *B.*   i. vos om. *V.*
k. tunc deinde *G.*   l. tolletur *G.*   m. revocetur. Valete *G.*   n. *ex V 41,
Z p. 162—163.*

1. Liemarus archiepiscopus Bremensis et Rupertus episcopus Bambergensis.   2. 1080.

1056—
1084 (?) rumve decursibus molis molendinis piscationibus exitibus et reditibus, viis et inviis, quesitis et inquirendis, et cum omni utilitate, que ullo modo inde provenire poterit, in proprium dedimus atque donavimus^a; ea videlicet ratione, ut praedictus H. liberam de praefato praedio sibi a nobis tradito dehinc potestatem habeat, scilicet tenere tradere vendere commutare precariare vel quicquid sibi inde placuerit facere. Et ut hec nostrae tradicionis regalis auctoritas nunc et per succedentia temporum curricula stabilis et inconvulsa permaneat, hanc paginam inde conscriptam manu propria, ut infra videtur, corroboravimus et sigilli nostri impressione iussimus insigniri.

68. *Heinricus IV rex R. servienti suo quatuor mansos non regales tribuit*[b]. (E 104)

1077-1084 In nomine sanctae et individuae trinitatis. H(einricus) divina favente clementia rex. Omnibus Christi nostrique fidelibus tam futuris quam praesentibus notum esse volumus, qualiter nos ob interventum B(erthae) regni et thori sociae, H(einrici) patriarchae[1], R(uperti)[c] Babenbergensis, Ö(dalrici) Eistetensis episcoporum ceterorumque fidelium nostrorum[d] cuidam servienti nostro R. nomine, militi laudabili, quatuor non regales mansus[e], quos idem in beneficium habuit, in proprium tradendo firmavimus, firmando tradidimus, sitos in villa N. in comitatu N. comitis, cum omnibus appendiciis, hoc est utriusque sexus mancipiis areis[f] aedificiis pratis pascuis terris cultis et incultis, viis et inviis, silvis venationibus aquis aquarumve decursibus, molis molendinis piscationibus exitibus et reditibus, quesitis et inquirendis ac cum omni utilitate, que ullo modo inde provenire poterit. Dedimus autem devote in hereditariam proprietatem tale praedium eidem nostro servienti, quia nobis pergratus erat, utpote vir fidelis, miles strennuus, dies et noctes ad omne servitium nostrum promptus et paratus. Et ut hec tradicio firma

a. tradidimus *Z*.   b. *ex V 40v—41, Z p.162, C.*   c. H. *VZ*, R. *C.*
d. .N. *VZC.*   e. mansos *C.*   f. areis — inquirendis *om. C.*

1. Aquileiensis, 1077—1084.

et inconvulsa omni permaneat evo, hanc cartam° inde conscribi 1077-1084
iussimus, quam, ut infra videtur, nostra manu corroboratam
sigilli nostri impressione[b] insigniri iussimus.

69. *Gebehardus archiepiscopus Salzburgensis Herimanno episcopo Mettensi de consecratione Wiberti antipapae scribit[c].*

(E 167)

G(ebehardus)[d] Salzburgensis episcopus H(erimanno) Mettensi 1084
episcopo salutem.

Wigbertus[e] quondam Ravennas[f] archiepiscopus, cum obedientiam, quam apostolicae sedi iuramento[g] promiserat, non adtenderet sed contra ipsam modis omnibus[h] superbire studuisset, in Romana synodo inrecuperabiliter depositus et anathematizatus est ab apostolica sede[1] et ab episcopis totius ecclesiae; nec hoc semel in una synodo sed in omnibus synodis, quotquot sunt septennio Romae celebratae[i]. Hic igitur, in periuriis ita inveteratus et pro eisdem inrecuperabiliter depositus et anathematizatus, sedem Romani pontificis, cui obedientiam iuravit, per manus anathematizatorum, utpote sui similium, invasit, legitimo pastore adhuc eidem sedi praesidente. Ipsorum autem excommunicatorum nullus eum consecrare vel potius execrare praesumpsit praeter Mutinensem[2] et Aretinum[3] exepiscopos[k], qui Mart. 24 ambo pro suis criminibus iam annis tribus officio et communione caruerunt[k]. Sed hi, etsi[l] officium et communionem haberent et Romana sedes pastore careret[m], nullum tamen eidem sedi pontificem ordinare possent. Huius enim ordinationis privilegium solis cardinalibus et episcopis Hostiensi et[n] Albanensi

a. kar. Z.   b. sigillo nostro C.   c. ex V 74—74v, Z p. 134—135, C 33v, B 46: De Wiberto papa quem rex Heinricus constituit, expulso Hildebrando (G 35v—36). Legitur haec epistola etiam in Hugonis Flaviniacensis chronico, Mon. Germ. SS. VIII 459.   d. G(ebehardus) — salutem recepi ex Hugonis Flav. chron.; om. VZCB G.   e. Wipertus CB, Wibertus Hug.; Sipertus G.   f. Romanus G.   g. om. VZCB.   h. omnimodis Hug.   i. quotquot iam septennio Romae celebratae sunt Hug.   k. caruerant Hug.   l. etiamsi Hug.   m. vacaret Hug.   n. et om. CBHug.

1. anno 1078. V. Gregorii VII Reg. V 14 a, supra T. II 305.   2. Heribertum.   3. Constantinum.

1084 et Portuensi a sanctis patribus concessum est. Ergo Mutinensis et Aretinensis exepiscopi[a] iuxta testimonium sanctissimi papae Innocentii non benedictionem sed dampnationem, quam habuerant, suo Ravennati imponere potuerunt; nec illum in Romanum patriarcham sed in perditissimum heresiarcham promoverunt.

Caveat igitur omnis christianus, caput antichristo inclinare et statuam quam Nabuchodonosor[b] erexit adorare[1], sicque se ipsius heresiarchae perniciosissimo[c] anathemati innodare. Nam quicunque illi obedierit[d], ei[2] obedit[e], qui dixit: *Ponam sedem meam ad aquilonem et ero similis altissimo*[3]; certissime in eternam dampnationem ibit cum ipsis[f]. Amen[g].

---

70. *Heinricus IV imperator Rupertum episcopum Bambergensem ad colloquium Moguntiae die 24 Novembris habendum vocat*[h]. (E 191)

1084 ante Nov. 24

Heinricus[1] Dei gratia Romanorum imperator augustus R(uperto) Babembergensis ecclesiae episcopo gratiam et omne bonum.

Notum est tibi: quanto periculo tota fluctuat ecclesia; quantus error in omni surgit Saxonia; quantaque desolatione nobilis illa Metensis penitus destruitur ecclesia; et non solum ibi sed et in diversis partibus ecclesia nostri dividitur imperii.

Igitur consilio nostrorum fidelium statuimus, fieri Moguntiae colloquium in dominico die ante proximum sancti Andreae festum[4]. Huic colloquio omnes regni principes nostri fideles intersunt; et praeterea omnes, quorum nobis utilis declaratur aut fides aut consilii providentia. Ad quod venire te quam intime rogamus. Quia nullatenus tam ardua negotia regni et

---

a. episcopi *Hug.* b. Nabuchodonosor quam *VZCB.* c. perniciosissimo *VZ.* d. illi ob&dit ei ob&dit *B.* e. ei obedit recepi ex *B; om. VZCGHug.* f. ille *VZCBG;* ipsis *Hug.* g. Amen add. *G et Hug.; om. VZCB.* h. ex V 86—86v, Z p. 181, C 40v—41, B 33v. i. H. *ZCB.*

1. Dan. 3, 5. 2. diabolo. Cf. Glossam ordinariam ad Isai. 14, 13. 14. 3. Sic sunt versus Isai. 14, 13. 14 in S. Augustini enarratione in Ps. 1, 4, Opp. ed. Benedict. T. IV p. 3. 4. die 24 Nov. 1084.

divisio ecclesiae coadunari poterit sine tua maxima sapientia et egregio consilio et fide, quae hactenus nobis frequenter in necessitatibus et in[a] huiusmodi controversiis regni, prout nos voluimus et res exegerat, praesto fuit.

1064
ante Nov. 24

Ad quod colloquium omnes Saxones nostri fideles venient; rogantes summopere[b], nos in Saxoniam venire et hos novos errores componere.

Metenses autem e contrario Metim clamant nos transire, quatinus illic tandem pax et securitas reddatur ecclesiae.

Nos quoque, invitante archiepiscopo[1], Coloniae nativitatem Domini celebraturi sumus[2]. Et idcirco[c] statuimus, hoc colloquium ante fieri; ut huiusmodi dissensiones regni prius componeremus, quam nos in remotiora transiremus loca. Sed idcirco praedictam expeditionem distulimus, quatinus communi omnium nostrorum consilio, quae nobis agenda sint, considerentur.

Ergo rogamus te per eam, qua compater nobis effectus es, dilectionem, ne te[d] corporis egritudo vel quaelibet alia res impediat, quin ad praefatum colloquium tempore statuto venias et ibi iuxta magnam sapientiam et solitam fidem tuam de nostra et regni utilitate, quae necessaria sunt, nobiscum disponas.

71. *Quae Gregorius VII papa moriens locutus sit*[e,3]. (E 166)

Piae memoriae donanus Gregorius papa septimus cum apud Salernum infirmitate, qua mox obiit, egrotare cepisset, astiterunt ei cardinales Romani aliarumque civitatum episcopi, viri religiosi, sciscitantes ab eo, ut[f], quem sibi in episcopatu subrogari vellet, illis indicare dignaretur. At ille, secum pauca cogitans, tandem illis hec verba dedit: *Quemcunque horum trium habere*

1085
Mai. 25

a. in om. V.   b. sumopere V.   c. iccirco Z.   d. te om. B.   e. ex V 74, Z p. 134: De obitu Hildebrandi papae.   f. ut om. V.

1. Sigewino.   2. V. Annal. Sax. 1085 (Mon. Germ. SS. VI 721): „Nativitatem dominicam — Heinricus imperator Colonie, confluentibus ad eius curiam plurimis utpote novi dominii cupidis".   3. Similia in quadam Urbani II papae epistola fuisse, retulit Hugo Flaviniacensis in chronico, Mon. Germ. SS. VIII 466.

1085 *possitis, videlicet Lucensem episcopum*[1] *vel Hostiensem*[2] *vel Lug-*
Mai. 25 *dunensem*[3]*, hunc in episcopatum eligite.*

Item de excommunicatis requisitus respondit: *Preter H(einricum), regem dictum, et Wicbertum Ravennatem archiepiscopum et alias principales personas, quae consilio vel auxilio favent impietati aut nequiciae illorum, omnes in vice apostolorum Petri et Pauli absolvo et benedico; et quicunque me hanc potestatem habere credunt indubitanter.*

Hec autem ultima eius verba fuerunt: *Dilexi iusticiam et odivi iniquitatem; propterea morior in exilio.*

72. Urbanus II papa Gebehardo episcopo Constantiensi mandat, ut Tutonem ab iniuriis in monasterium S. Salvatoris Schafhusense dehortetur contumacemque excommunicet[a].

(E 178)

1089 Urbanus episcopus servus servorum Dei dilecto fratri et
Apr. 13 coepiscopo G(ebehardo) Constantiensi salutem et apostolicam benedictionem.

Dilectissimus filius noster Sigefridus abbas Scaphusensis[b] conquestus est nobis, quod quidam vir nomine Tuoto[c], postquam se suaque omnia super altare domini Salvatoris et omnium sanctorum in Scaphusa[d] obtulerat, instinctu diaboli apostatando se suaque ab eodem monasterio alienare praesumpserit. Volumus ergo tuaeque caritati iniungimus: ut eundem virum secundum euangelicam auctoritatem secundo et tercio canonice, ut revertatur, commoneas. Si vero, quod absit, in pravitate sua perstiterit, tu, in promptu ulcisci habens omnem inobedientiam, pro officii tui debito gladium excommunicationis in illum evaginare non differas; ut, si ipse incorrigibilis permanserit, ceteri timorem habeant. Labores et angustias universalis matris

a. *ex V 83v, Z p. 174. Edidit ex cod. ms. LV bibl. Scafhusensis saec. XII Neugart Cod. dipl. Al. II 37.* b. N. *VZ*; Sigefridus — Scaphusensis *Neugart.* c. N. *VZ*; Tuoto *Neugart.* d. Scafhusen *VZ*, Scaphusa *Neugart.*

1. Anselmum II. 2. Ottonem (postea Urbanum II papam).
3. Hugonem.

Romanae ecclesiae tibi tamquam fideli filio commendamus. Data 1089 Romae Idus Aprilis. Apr. 13

73. *Clemens III antipapa omnibus ecclesiasticis, quid actum sit in synodo a sese in ecclesia S. Petri habita, significat*[a].

(E 168. 169)

Clemens episcopus servus servorum Dei omnibus ortho- 1089 doxis fratribus archiepiscopis episcopis abbatibus atque universis sanctae ecclesiae ordinibus salutem et apostolicam benedictionem.

Quantae et quam pestiferae scismaticorum adinventiones nostris[b] temporibus sanctam ecclesiam perturbaverint et quantos populos, peccatis nostris exigentibus, erroribus suis infecerint, fraternitatem vestram credimus non latere. Venenum siquidem eorum, a capite sanctae ecclesiae usque ad ultima membra passim diffusum, vobis et subditis vestris constat non modicum certamen generasse et usque ad medullas cordis vestri dolorem tantae praesumptionis intrasse.

Hac itaque necessitate compulsi, ne beati Petri navicula, tot perturbationum fluctibus illisa et pene ad naufragii discrimen inflexa, praeceps laberetur, ad arma, quibus patres in defensionem christianae fidei usi sunt, nos convertimus; atque episcopos et abbates et quam plures honestos viros ad synodum in ecclesia beati Petri celebrandam ex diversis partibus convocavimus. Quibus Spiritus sancti inspiratione congregatis, inter cetera, quae synodalis conventus tractanda susceperat, quaestionum impia dogmata, ad perniciem multorum noviter exorta, a nonnullis communi audientiae inferuntur. Quae fraternitati vestrae dignum duximus notificare, quatinus ad ea devitanda immo Deo auxiliante destruenda promptiores vos et vigilantiores redderemus.

Ibi namque de periuriis, quae ipsi ad periculum imperialis dignitatis fieri hortantur, non parvus clamor exoritur. Et quia

a. *ex V 74v—76, Z p. 135—138, B 46—47:* Decretum Wiberti papae, qui et Clemens. b. nostribus Z.

1089 negocium illud radix et origo ceterorum flagiciorum videbatur, placuit: de eo^a primum tractari debere et, quam pessima et quam^b periculosa sit huiusmodi adhortatio, ostendi. Unde in imperatorem[1] excommunicationem promulgatam necessariis documentis improbavimus; quia illius ex occasione periuriorum et omnium assertionum suarum vires contraxisse videbantur. Ad convincendam itaque eorum temeritatem cum plurima tam ex sacris canonibus quam etiam ex mundanis legibus exempla occurrerent, illa tantum^c ad auxilium nostrum sufficere documenta visa sunt; scilicet: quod in eos, qui non sunt legitime vocati et rationabiliter convicti quique bonis suis sunt expoliati, sententia dampnationis non sit proferenda; Niceno^d concilio approbante: *Incerta nemo pontificum iudicare praesumat; quia, quamvis vera sint, non tamen credenda sunt, nisi quae manifestis indiciis comprobantur, nisi quae manifesto iudicio convincuntur, nisi que iudiciario*^e *ordine publicantur*[2]. In eodem: *Caveant iudices ecclesiae, ne absente eo, cuius causa ventilatur, sentenciam proferant; quia irrita erit*[2]. In eodem: *Non est privilegium, quo spoliari possit iam nudatus*. Item beatus Augustinus plenius in libro penitentiali tractans ita inter cetera dicit: *Nos a communione quemquam prohibere non possumus, nisi aut sponte confessum aut in aliquo sive seculari sive ecclesiastico iudicio nominatum atque convictum*[4]. Et ut manifestissime omnibus pateret, eos ipsos eiusdem excommunicationis sententiam subisse, utile visum fuit hec ex dictis beati Augustini recitare: *Quidam — intuentes praecepta severitatis, quibus iubemur non dare sanctum canibus, ut ethnicum habere ecclesiae contemptorem, a compage corporis membrum, quod scandalizat, evellere — ita perturbant ecclesias pacem, ut conentur ante tempus zizania eruere; atque hoc errore cecati ipsi potius a Christi unitate separantur.* His itaque ad medium recitatis, adiudicante

---

a. deo *V.* b. om. *VZ.* c. tamen *B.* d. Nyceno *V.* e. indicario *VZ.*

1. Heinricum IV.   2. Ivo Pan. IV 115; cf. Sixti II ep. II cap. 7, Decretales Ps. Isid. ed. Hinschius p. 193.   3. Burchardi decr. XVI 14.
4. V. Gratiani decr. P. II C. II qu. 1 c. 18.

universa.ᵃ synodo, constituimus: ut nullus deinceps ad iniuriamᵇ 1089 domni imperatoris praesumat de hac quaestione disceptare et ei subditos a servitio et communione ipsius subtrahere.

Ad hoc etiam, quid ultionis mereantur subire, qui hortatu scismaticorum iuramenta regi et principibus facta non timent violare, sancti Augustini auctoritatem induximus: *Si quis laicus iuramentum violando profanat, quod regi et domino suo iurat, et postmodum perverse eius regnum et dolose tractaverit, et in mortem ipsius aliquo machinamento insidiatur, quia sacrilegium peragit, manum suam in christum Domini mittens, anathema sit; nisi per dignam penitentiae satisfactionem emendaverit, sicut constitutum est a sancta synodo; id est seculum relinquat, arma deponat, in monasterium eat et peniteat omnibus diebus vitae suae; verumtamen communionem cum eucharistia*ᶜ *in exitu suo accipiat. Episcopus vero, presbiter, diaconus, si hoc crimen perpetraverit, degradetur*[1].

His vero diligenter expositis, summa nos necessitas compulit: ad ea, quae de sacramentis ecclesiasticis inimici christianae religionis adversus catholicam fidem oblatrant, discretas auctoritates obponere et, quae dicere et audiri nefas est, probabilibus argumentis confutare. Dicunt enim: sacramentum corporis et sanguinis domini nostri Iesu Christi, consecrationes crismatis, immo quaecunque ad episcopale et sacerdotale officium pertinent, ab his qui sectae eorum non communicant celebrata, nulla prorsus esse sacramenta et nichil aliud suscipientibus nisi dampnationem conferre. Nam panem illum, qui de caelo descendit, in quo tota salus et vita nostra consistit, impio ore blasphemantes, pollui potius quam consecrari astruunt. Aquam quoque baptismatis, per sacerdotum preces ac benedictiones et crismatum admixtiones nichil sanctificationis suscipientem, his, qui regenerandi sunt, potius sordiditatis maculas quam spiritualesᵈ mundicias aiunt praestare. Sic etiam pessime sentiunt de reiterandis ecclesiasticis ordinibus, de reconsecran-

a. universo *Z*.   b. iuriam *Z*.   c. eukaristia *V*.   d. spiritales *B*.
1. Ps. Ivo XII 78, Gratiani decr. P. II C. XXII q. 5 c. 19.

1089 dis ecclesiis et pueris reconsignandis[a]. Postremo de omnibus idem testantur, quae per sacerdotale officium christianis conferuntur. De his itaque diutius laborantibus, has sanctorum patrum sententias subnotatas singulis eorum erroribus opponendas censuimus; quibus manifeste declaratur: non solum apud nos, Dei gratia catholicos, verum etiam apud scismaticos et hereticos hec omnia esse rata nec ulla umquam ratione iteranda. Augustinus super Iohannem: *Sive ait baptizet servus bonus sive servus malus, non sciat se ille baptizari, qui baptizatur, nisi ab eo, qui sibi tenuit baptizandi[b] potestatem*[1]. Et paulo post: *Non exhorreat columba[c] ministerium malorum, respiciat Domini potestatem. Quid tibi facit malus minister, ubi est bonus dominus? Et te non decipiant seductores. Agnosce, quod docuit columba: „Hic est, qui baptizat in Spiritu sancto"*[2]. Et in sequentibus: *Dicit seductor: Non habes baptismum, malus tibi dedit; traditor nescio quis dedit. De officiali non disputo, iudicem adtendo. Ego a Christo baptizatus sum. Non, inquit, sed ille episcopus te baptizavit et ille episcopus illis communicavit. A Christo sum baptizatus, ego novi; docuit me columba, quam vidit Iohannes. O milve, non me dilanias male*[3]. *Iustos, inquiunt, oportet esse tanti iudicis ministros. Sint ministri iusti, si velint; si autem superbus fuerit minister, cum diabolo computatur, sed per illum donum Christi non contaminatur. Quod per illum fluit, purum est; quod per illum transit, liquidum est. Puta, quia ipse lapideus est, quia ex aqua fructum ferre[d] non potest, et in canali lapideo aqua nichil generat, sed hortis fructum afferet. Spiritualis vero virtus sacramenti ita est, ut lux, quae et ab illuminandis pura excipitur; etsi per inmundos transeat, non inquinatur*[4]. *Quos baptizat ebriosus, quos baptizat[e] homicida, quos baptizat[e] adulter, Christus baptizat*[5]. Idem ad Vincentium Donatistam: *Non[f] sacramenta christiana faciunt*

a. conresignandis *VZ*, resignandis *B*.   b. paptizandi *V*.   c. coluba *B*.
d. afferre *ZB*.   e. vel *B* pro quos baptizat.   f. Non — dissensio om. *B*.

1. Augustini in euang. Iohann. Tract. V 8, Opp. ed. Benedictini T. III 2, 236.   2. ibid. Tract. V 11, l. l. p. 237.   3. ibid. Tract. V 13, l. l. p. 238.
4. ibid. Tract. V 15, l. l. p. 238, 239.   5. ibid. Tract. V 17, l. l. p. 240.

te hereticum, sed prava dissensio. Non propter malum, quod processit a te, negandum est bonum, quod remansit in te; quod malo tuo habes, si ibi non habes, unde est bonum, quod habes. Ex catholica enim ecclesia sunt omnia sacramenta dominica, quae sic habetis et datis, quomodo habebantur et dabantur, etiam priusquam inde exiretis. Non tamen ideo non habetis, quia non estis ibi, unde sunt quae habetis. Non in vobis mutamus, in quibus estis nobiscum. Nam et de talibus dictum est: „Quoniam in multis erant mecum". Sed ea corrigimus, in quibus non estis nobiscum, et ea vos hic accipere volumus, quae non habetis illic ubi estis. Nobiscum autem estis in baptismo, in simbolo, in ceteris dominicis sacramentis. In spiritu autem unitatis et in vinculo pacis, in ipsa denique catholica ecclesia nobiscum non estis¹. Item in quarto libro contra Donatistas: *Sicut urgeri videor, cum mihi dicitur: „Ergo hereticus dimittit peccata, cum iuxta te baptizet?", sic et ego, cum dico: „Ergo avarus religionis simulator peccata dimittit?" Si per vim sacramenti, sicut ille ita et ille; si per meritum suum, nec ille nec ille. Illud enim sacramentum et in malis hominibus Christi esse cognoscitur*². Item in quinto libro contra Donatistas: *Quomodo aquam mundat et sanctificat homicida? Quomodo benedicunt oleum tenebrae? Si autem Deus adest sacramentis et verbis suis, per qualeslibet*ᵃ *amministrentur, et sacramenta Dei ubique recta sunt; et mali homines, quibus nichil prosunt, ubique subversi*³. Itemᵇ in eodem: *Quomodo exaudiet Deus homicidam deprecantem, vel super aquam baptismi vel super oleum vel super eucharistiam, vel super capita eorum, quibus manus imponitur? Que tamen omnia et*ᶜ *fiunt et valent etiam per homicidas, id est, qui oderunt fratres etiam in ipsa intus ecclesia*⁴. In eodem: *Sicut victi veraciter conversi recipiuntur nec tamen eorum baptisma reprobatur, sic et illa, quae scismatici vel heretici non aliter habent*

---

a. quaslibet B.   b. Idem B.   c. et om. B.

1. Augustini ep. 93, Opp. ed. Bened. T. II 188—189.   2. Augustini de baptismo contra Donatistas L. IV 5, Opp. T. IX 88.   3. ibid. V 27, l. l. p. 104.   4. ibid. V 28, l. l. p. 104.

1089 *nec aliter agunt quam vera ecclesia, cum ad nos veniunt, non emendamus, sed potius approbamus*[1]. *Ita ergo nec foris sicut nec intus quisquam, qui ex parte diaboli est, potest vel in se vel in quoquam maculare sacramentum, quod Christi est.* Ieronimus ad Luciferianum: *Sicut hic est, qui baptizat, id est Christus, ita hic est, qui sanctificat.* Idem: *Oro* inquit *te, ut aut sacrificandi licentiam ei tribuas, cuius baptisma probas, aut reprobes eius baptisma, quem non putas sacerdotem. Neque enim fieri potest, ut, qui in baptisterio sanctus est, sit apud altare peccator*[2]. Papa quoque Anastasius scribens ad Anastasium imperatorem asserit, omnes, quos ordinavit Acatius, licet a beato Felice papa excommunicatus et heretica pravitate infectus, debere in suis ordinibus absque omni reordinatione[a] permanere; sic inter cetera dicens: *Malus, bonum male ministrando, sibi tantum nocuit; nam inviolabile sacramentum, quod per illum datum est, aliis perfectionem suae virtutis obtinuit*[3].

His et aliis pluribus diversorum patrum sententiis recitatis, illam synagogam satane ad reddendam impietatis suae rationem litteris et nuntiis nostris ad synodum convocavimus; non tamen, ut ipsi audientiam, in praeteritis conciliis iam prorsus eis exclusam, mererentur, sed ut pacem sanctae ecclesiae, quae per ipsos omnino divisa est, in unitatem componeremus. Litterarum autem hic tenor fuit[b]:

„[c]Clemens episcopus servus servorum Dei O(ttoni), olim dicto Hostiensi episcopo[4], et sequacibus suis, quae merentur".

„Licet synodali audientia vos indignos fecissetis, quia ad synodum sanctae Romanae ecclesiae multociens vocati venire renuistis et hac de causa excommunicati estis; tamen, ut murmur populi erroribus vestris infecti auferatur, apostolica aucto-

---

a. reordatione Z.   b. *in B sequuntur haec:* Augustinus dicit: „Quisquis, malorum operum sine condigna penitentia quemquam veniam a Deo percipere posse, dixerit, penitus errat; et cum deceptus alios decipere festinat, duplici noxa constringitur, hoc est proprii erroris et alienae deceptionis".   c. *ex V 76—76v, Z p. 138—140.*

1. Cf. Gratiani decr. II C. I q. 1 c. 35.   2. Hieron. adv. Luciferianos cap. 6, Opp. ed. Vallarsius T. II 177.   3. Reg. pont. Rom. n. 464.
4. Urbano II papae.

ritate praecipimus: ut ad synodum, quam in ecclesia beati 1089 Petri Deo auxiliante celebramus, securi penitus veniatis; ut de eo, quod sanctam ecclesiam perturbastis, sicut decet, rationem reddatis".

Verum ipsi, nec Deum timentes nec hominem reverentes, legatos et litteras nostras nec audire nec videre voluerunt. Unde in erroribus suis perdurantes, ex latebris, quas serpentino more incolunt, ad decipiendos incautos et simplices dira sibila emittunt, acuentes linguas suas sicut serpentes, venenum aspidum sub labiis eorum; veloces pedes eorum ad effundendum sanguinem [1]. Quantae enim humani sanguinis effusiones in Ytalico et Teutonico regno occasione praedicationis eorum factae sint, quantae ecclesiarum destructiones, quanti viduarum et orphanorum gemitus, postremo quantae universi pene Romani regni depopulationes, lucidius ex eorum gemitibus, qui obprimuntur, quam nostra relatione comprobatur.

Preterea placuit sancto conventui: ut in symoniacos, qui ecclesiam Dei latronum speluncam faciunt [a], debita animadversione inveheremur, et redivivum caput illius hereseos, totiens a sanctis patribus abscisum, gladio beati Petri amputaremus. Unde eorundem patrum sanctorum documenta sectantes, apostolica auctoritate praecipimus: ut nullus deinceps alicui manum praesumat imponere pro cuiusquam pessimi commertii conventione. Si vero, quod absit, hoc crimen in aliquo deinceps repertum fuerit, et ordinator [b] propria in perpetuum careat dignitate, et ordinatus nichil ex ea, quae per commercium facta est, proficiat ordinatione.

Preterea quod silentio pretermittendum non fuit, quia murmur populi adversus incontinentiam clericorum passim crescit ac dilatatur, utile visum fuit: ut ea qua debetis diligentia ministros altaris secundum statuta canonum vivere atque mundiciam castitatis, sine qua teste apostolo placere Deo non possunt, irreprehensibiliter custodire commoneatis; quatenus de

a. fecerunt *corr. in* faciunt *V;* faciunt *Z.*   b. ordinat *V.*

1. Ps. 13, 3.

1089 correctione eorum ab his qui foris sunt bonum testimonium habeatis et murmurantis populi insolentiam quiescere faciatis. Hi vero, qui missas peccatorum sacerdotum respuunt et qui eis ante iudicii nostri censuram opinionis suae praeiudicium inferunt, communione sanctae ecclesiae usque ad emendationem priventur. Coniunctiones autem consanguineorum fieri prohibete; quoniam has et divinae et seculi prohibent leges.

Consideret vero, fratres dilectissimi, vestra excellens prudentia, quam bonum sit, persistere in dispensatione vobis credita et in fide recta, atque hereticis et emulis Christi repugnare, et nunquam a veritatis tramite declinare; quoniam dominus et salvator omnium, cuius fidem tenemus, qui pro nobis mori non dubitavit et proprio nos sanguine redemit, fidem beati Petri non defecturam promisit, et confirmare eum fratres suos admonuit[a]. Quod apostolicos pontifices, meae exiguitatis praedecessores[b], confidenter fecisse semper, cunctis est cognitum; quorum et pusillanimitas mea, licet impar et minima, pro suscepto tamen divina dignatione ministerio pedissequa cupit existere. Ve enim erit nobis, qui huius ministerii onus suscepimus, si veritatem fidei ad huius destructionem erroris praedicare neglexerimus. Ve erit nobis, si veritatem silentio obpresserimus, quam erogare nummulariis iubemur. Idcirco, fratres, hortor dilectionem vestram, obtestor et moneo: ut, qua debetis et potestis, sollicitudine vigiletis ad investigandos hereticos et inimicos sanctae Dei ecclesiae, et a sanis mentibus, ne pestis hec latius divulgetur, severitate qua potestis pro viribus exstirpetis. Quoniam, sicut habebit a Deo dignae remunerationis praemium, qui diligentius, quod ad salutem commissae sibi plebis proficiat, fuerit executus, ita ante tribunal Domini de reatu negligentiae se non poterit excusare, quicunque plebem suam contra tam sacrilegae persuasionis auctores noluerit custodire.

a. ammonuit Z.   b. praecessores Z.

74. *Urbanus II papa episcopis Germaniae indicat, pro excommunicatis qui homines habendi sint*[a]. (E 176)

Urbanus episcopus servus servorum Dei episcopis Germaniae in unitate ecclesiae constitutis salutem et apostolicam benedictionem. 1089

Fratrum nostrorum communicato consilio diuque excommunicationis quaestione tractata, sancti praedecessoris[b] nostri Gregorii sententiam confirmantes, ita eam Domino inspirante determinavimus. Primo siquidem gradu Ravennatem heresiarcham, Romanae ecclesiae invasorem[1], cum eiusdem perversitatis capite ab omnibus ecclesiae catholicae membris alienum et excommunicatum esse censemus. Secundo eos, qui armis pecunia consilio aut obedientia, ecclesiasticos maxime ordines aut honores ab eis aut eorum fautoribus accipiendo, eorum nequitiae amminiculum subministrant, hos igitur principaliter anathematis vinculis astringentes; in tercio gradu communicantes eis nos quidem non excommunicamus, sed, quia se eorum communione commaculant, nequaquam in nostram societatem sine penitentiae ultione et absolutione recipimus. Sanctis quippe canonibus sancitum constat: ut, qui excommunicatis communicaverit, excommunicetur. Ipsius tamen penitentiae atque absolutionis modos ea moderatione discrevimus: ut, quicunque seu ignorantia seu timore seu necessitate negocii cuiusquam maximi et maxime necessarii eorum se convictu salutatione oratione vel osculo contaminaverit, cum minoris penitentiae absolutionisque medicina nostrae societatis participium sortiatur. Eos vero, qui spontanee aut negligenter inciderint, sub ea volumus disciplinae cohercione suscipi, ut ceteris metus incutiatur.

a. *ex V 82v, Z p. 173.*   b. praedecessores *Z.*

1. Clementem III antipapam.

75. *Urbanus II papa Hartwicum archiepiscopum Magdeburgensem commonet, ne Heinricum IV imperatorem sequatur. Clementem III antipapam iam male se habere. Nuntium commendat*. (E 182)

1089? Urbanus episcopus servus servorum Dei H(artwico) Magdeburgensi archiepiscopo [b] salutem et apostolicam benedictionem.

Indolis tuae, dilecte in Christo frater, strennuitatem miramur; immo aliquantulum circa pietatis viscera timemus, ne incurrentis erroris persuasio infra praecordia iam dudum [c] tibi pullulasset, quod absit. Quandoquidem [d] per utriusque sexus religiosos, fideles [e] veraciter tibi expertos, aliquotiens nostras direximus litteras tuae — ut speramus — fidelitati, raroque, aut prorsus nullum [f] uti talem ac tam [g] strennuum decet virum, nobis dedisti responsum. Cave ergo, cave, iterum quaeso, ne collum tuum Pharaoni [1] subdatur. Quoniam, decidente veteri controversia — quae peccatis nostris exigentibus magno temporis spacio ecclesiam Dei per diversa orbis climata pene usque ad [h] interiores medullas fatigavit, salvo tamen paucorum interiore homine — Baal [2] paulatim confusus est, et mundo obsordet [3] donorum Spiritus sancti fraudulentus mercator. Tu ergo, qui [k] ut a Deo ita et ab istis [l] hominibus culmen accepisti, quid magistro apostolorum, cuius vicissitudinem [m] adeptus es, suisque digne [n] successoribus spopondisti? Quodsi perseverare valeas, salvus eris. Nemo enim mittens manum suam [o] in aratrum, si retro respiciat [p], faciens iniustum sulcum, aptus est regno Dei [4]; et qui tetigerit picem, inquinabitur ab ea [q][5]. Me-

---

a. *ex V 84v, Z p. 177, G 55v—56.* b. episcopo *V.* c. pridem *G.*
d. quoniam quidem *G.* e. fideles religiosos *VZ*, religios fideles *G.* f. raroque aut prorsus nullum *scripsi pro* nullumque ut prorsus raro *VZ*, nullum aut prorsus raro *G.*
g. a *G* pro ac tam. h. per *VZ*, usque ad *G.* i. *sequitur* qui in *G.* k. Tu ergo qui *om. G.* l. istis *om. VZ.* m. vicem *VZ.* n. *om. VZ.* o. *om. G.*
p. prospiciat *VZ.* q. eo *Z.*

1. Heinrico IV imperatori. 2. Clemens III antipapa; quem anno 1089 Roma expulsum esse, refert Bernoldus in chronico, Mon. Germ. SS. V 450. 3. Isai. 33, 9: „confusus est Libanus et obsorduit". 4. Luc. 9, 62; cf. Eccli. 7, 3. 5. Eccli. 13, 1.

mento*, fili, quoniam pauperem vitam gerimus; habebis multa 1089?
bona, si timueris Deum¹.

Sunt autem alia, non modo ᵇ cartulae commendanda, quae
Deo disponente praesens legatus verbis auri secrete intimabit.
Quem precamur honeste remittas, quo ᶜ ei oportunitas securius
denotabit iter, quantocius ᵈ poteris. Gloriosus Deus mentem
tuam atque tuos provideat actus.

---

76. *Heinricus IV imperator Hartwicum archiepiscopum Magdeburgensem hortatur, ut fidem sibi praestare pergat. De praepositi cuiusdam beneficio addit**. (E 190)

Heinricus ᶠ Dei gratia Romanorum imperator augustus H(art- 1089?
wico) Magdeburgensi archiepiscopo gratiam et omne bonum.

Laborem tuum et studium circa honorem nostrum quam
maximum esse audivimus. Ideoque dignas tibi gratias, prout
iustum est, referimus; nunc quidem paucis verbis, multis autem
factis, cum Deo annuente ad te venerimus. Tu tantum, sicut
cepisti, interim pro obtinendo nobis regni honore in his partibus sis sollicitus. Nos enim, qui specialem tibi prae ceteris
fidem habemus, proxime quando a te discessimus, omnia nostra
tuae fidei commisimus. Quod quia fideliter erga nos hactenus
observasti, et adhuc te conservaturum veraciter credimus. Fac
igitur ut bonus ac discretus; et fidem, quam in te firmam esse
credimus, usque ᵉ ad finem perduc in omnibus. Nos vero in
loco intimi amici te habemus; et, quodcunque habet perfecta
fides, de te nobis fieri confidimus. In huius itaque fidei testimonium iterum tibi nos et omnia nostra committimus, ut ita
agas in omnibus, sicut bene tibi confidimus.

Beneficium autem N. praepositi, fidelis nostri, quod et antea
tibi commisimus, iterum tibi committimus; ut ad utilitatem eius
illud conserves, et illi, qui iniuste tenet, ex nostra parte inter-

---

a. Memento — Deum *om. VZ.* b. *om. G.* c. quo — iter *om. VZ.* d. qua
dicius *G.* e. *ex V 86, Z p. 180—181, C 40v, B 33v.* f. H. *ZCB.* g. usque — confidimus *om. B.*

1. Tob. 4, 23: „pauperem quidem vitam gerimus; sed multa bona habebimus, si timuerimus Deum".

1089? dicas*. Quia dominus eius, qui modo idem* beneficium sibi illicite usurpavit, nobis, dum querimonia inde esset, reddidit.

77. Urbanus II papa Carnotensibus Ivonem episcopum a se consecratum commendat°.

(E 174)

1090 Nov. 24

Urbanus episcopus servus servorum Dei dilectis in Christo filiis clero ac populo Carnotensi salutem et apostolicam benedictionem.

Nos quidem, tum pro beatae Mariae semper virginis devotione ac reverentia tum pro officii nostri debito ecclesiae vestrae dilectionem protectionem et curam specialius impendentes eiusque labores diuturnos, quos a Gaufrido quondam episcopo passa est, propensiore animo perpendentes, rei veritate diutius atque diligentius pertractata, largiente Domino iusticiae satisfecimus. Bonam itaque vestri animi voluntatem praevenientes ac subsequentes, venerabilem virum Ivonem presbyterum, quem, Gaufrido per nos deposito, catholice atque canonice secundum nostra monita elegistis, ne quod ulterius hac in re impedimentum vestra ecclesia pateretur, sine morae longioris obstaculo consecravimus. Nunc eum ad vos remittentes, tamquam beati Petri manibus consecratum, beati Petri vice vos[d] rogamus et obsecramus: quatinus eum benigne suscipientes, debita ut pastoris veri[e] membrum obedientia honoretis; debita sollicitudine, quae vobis annunciaverit, observetis. Et ut Deo ipse placere et ut eum pro vestris valeat excessibus digne intercedendo placare, vos quoque placere Deo totis conaminibus procurate. Si enim Deo placere studueritis, pastorem procul dubio Deo placentem habebitis, nos quoque in vestris oportunitatibus ad exaudiendum paratos invenietis.

Porro de Gaufrido, qui sine omni conditione nostris in manibus episcopatum reddidit, indignum se patenter[f] agnoscens, praecepimus et praecipimus: ne quis ei[g] ullo modo ad episco-

a. interdicat *B*. b. idem *om. CB*. c. *ex V 82, Z p. 171*: Epistole Urbani papae, qui successit Hiltebrando (Hilbrando *V*), superpositus Wiberto (Wicberto *V*). *Edidit Fronto in Ivonis Opp. T. II 1.* d. vos *om. VZ*.
e. veri *om. VZ*. f. *om. VZ*. g. *om. V*.

patum reinvadendum aut infestandum assensum accomodare[a] 1090 Nov. 24
praesumat. Alias et ipsum et ipsius fautores excommunicationi
subiacere censemus. Obedientes vero[b] nostris monitis gratia
divina cutodiat. Data Capuae 8 Kal. Decembris.

---

78. *Urbanus II papa Richerio archiepiscopo Senonensi Ivonem episcopum Carnotensem commendat*[c]. (E 175)

Urbanus episcopus servus servorum Dei R(icherio) Seno- 1090 Nov. 25
nensi archiepiscopo salutem et apostolicam benedictionem.

Quantas pro Gaufrido quondam episcopo Carnotensis ecclesia molestias sustinuerit, quantae ad apostolicam sedem perlatae querelae fuerint, dilectionis tuae[d] strennuitas recognoscit. Tandem, rei veritate diligentius perquisita, largiente Domino iusticiae satisfecimus; et ab ipso in nostris manibus sine cuiuslibet tenore conditionis episcopatus refutatus est. Tunc ad tuam fraternitatem scripta direximus, rei gestae ordinem indicantes et, ut tuum Carnotensibus ad eligendum et consecrandum antistitem auxilium contribueres, flagitantes. Nostra[e] itaque fulti licentia, Carnotenses venerabilem presbiterum Ivonem canonico ordine in episcopum elegerunt. Cum autem a te consecrationis gratiam pro more[f] ecclesiae petivissent, tua ei fraternitas manum imponere recusavit. Ad nos igitur ipsis venientibus et consecrationis eiusdem gratiam deposcentibus, nos, qui viri religionem iam dudum noveramus et eius eligendi licentiam dederamus, peticioni iustae deesse nequivimus. Consecratum igitur[g] eum salva tuae ecclesiae obedientia remittentes, dilectionis tuae dulcedinem postulamus: ut, omnis litis fomite consopito, benignitate eum debita complectaris et ad ecclesiae suae[h] regimen ei auxilium tuum largiaris. Porro Gaufridum, si episcopium[i] invadere aut ecclesiam infestare temptaverit, ipsum ipsiusque fautores anathemati subiacere decrevimus. Data[k] Capuae 7 Kal. Decembris.

a. acomodare *V.* b. vos *VZ.* c. *ex V 82—82v, Z p. 171—172. Edidit Fronto in Ivonis Opp. T. II 1.* d. vestrae *VZ.* e. Nr̄i *VZ.* f. amore *VZ.* g. ergo *Fronto.* h. suae *om. VZ.* i. episcopatum *Fronto.* k. Data — Decembr. *om. VZ.*

79. *Versus de synodo Romae die 6 Ianuarii 1091 habenda, ubi Urbani II et Clementis III antipapae controversia diiudicetur*[a][1]. (E I 2)

1090   Altercatio inter Urbanum et Clementem.

Urbanus.

Nomen habes Clemens; sed clemens non potes esse,
Tradita solvendi cum sit tibi nulla potestas.

Clemens.

Diceris Urbanus, cum sis proiectus ab urbe[1].
Vel muta nomen, vel regrediaris ad urbem.

Urbanus.

5 Cum sine papatu fueris, vis papa videri:
Nemo tibi potuit donare[2], quod alter[3] habebat.

Clemens.

Hac, Urbane, tuum papatum destruo lege.
Nam, cum papa forem, fis[b] papa[4] per ambitionem.

Urbanus.

Non — Urbanus ait — mea non bene verba notasti.
10 Proposui: tradi non posse, quod alter habebat.
Gregorii papatus erat; tunc alter habebat.
Consequitur: non posse dari; nec papa fuisti.
Sic igitur lex ista mihi contraria non est.

Clemens.

Quod placet, assumis, nimium temerarius infers.
15 Gregorius neque[c] papa fuit neque[c] debuit esse.
Causa patet. Precium promisit, ut eligeretur.
Preterea firmante manu iuraverat ante:
Quod non papa foret, nisi laudem regis haberet.
Non habuit laudem. Sententia Symonis inde

a. *ex V 1—1v, Z p. 1—2.*   b. *sis V.*   c. *nec V.*

1. Inde a medio anno 1090 usque ad m. Novembrem a. 1093 Urbanum II scimus propter Romanorum inimicitias extra Romam versatum esse. Idcirco, cum nihil sit dubitationis, quin vivus Heinricus I episcopus Leodiensis († 1091 Mart. 31) commemoretur infra (v. pag. 160 n. 1 et 2), hi versus anno 1090 adiudicandi sunt; diesque 6 Ianuarii, qui infra profertur, anno 1091.   2. anno 1080.   3. Gregorius VII.   4. anno 1088.

20 Dampnat eum; dampnant fidei periuria fracte. 1090
   Sic ab Alexandro vacuam decernimus esse
   Romanam sedem, donec successimus illi.
           Urbanus.
   Quod dicis, sonus est, sonus et sine pondere verba.
   Nam satis est notum, testatur circulus orbis:
25 Gregorium sine sorde virum sanctumque fuisse
   Pontificem. Sed, pestiferis imbuta venenis,
   Non tua lingua virum timuit mordere beatum.
      Ecce revolvamus canones decretaque patrum.
   Sed prius accedant, qui tanta negocia debent
30 Iudiciis tractare suis, sententia quorum
   Nec prece nec precio moveatur ab integritate.
   His accersitis, in ius ponatur utrimque.
      Eligo Lugdunum[1], fultam ratione columpnam,
   Cuius in eloquio statuit sibi regula sedem.
35 Clamo Bisontinum[2], donum Danielis habentem;
   Qui nova processit plantacio[3] nec sine fructu.
   Lingonis[4] accedat, vitae persona pudice,
   Exemplum fidei, mundae via religionis.
   Remis erat[a] Remus[5]. Per cuius[6] strennuitatis
40 Remigium curret navis portumque tenebit.
   Senonis[7] accurrat, cuius discretio magna
   Plus aliena suis componere iurgia novit.
   Parisiacensem[8] quero, qui semper amavit
   Solvere litigium, discordes pacificare.
45 Eligo Bremensem[9], qui non levitate movetur;
   Et licet ipse tuus, iuris tamen equa tenebit.
   Clamo Traiectensem[b,10] dubiis in rebus acutum;

a. erit V.   b. Traiectensem V.

1. Hugonem archiepiscopum Lugdunensem. 2. Hugonem II archiep. Bisuntinum. 3. Cf. Ps. 143, 12. 4. Robertus I ep. Lingonensis. 5. Cf. supra T. III p. 575 n. 1. 6. Reinaldi I archiepiscopi Remensis. 7. Richerius archiepiscopus Senonensis. 8. Gaufridum archiepiscopum Parisiensem. 9. Liemarum archiepiscopum Bremensem. 10. Conradum episcopum Traiectensem.

1090   Strennuus in multis, fit ad hoc studiosus agendum.
Leodii patrem[1] censemus in ordine fratrum,
50 Sedis apostolicae diuturnum scisma dolentem[2].
Iudicii partem committimus Yporiensi[a],
Ingenii venam, rivum sermonis habenti.
Assit et Astensis, causis succinctus agendis.
Nec sine vate suo, qui non minus utilis illo,
55 Iudicet et nostram prudens Populonia causam;
Cuius ad arbitrium disponi talia debent.
Ipse palatinos in prima. fronte vocassem;
Sed non ammonitos in prima fronte videbis.
His, et quos istis sibi consociare placebit,
60 In medium ratione prius cum pace relata,
Iudicii tanti libram concedo tenendam.
           C l e m e n s.
Quos clamas, clamo; quos eligis, eligo tales.
Audio personas, quarum sollertia tantum
Finiat errorem; cognoscat mundus ut[b] omnis:
65 Quem nostrum via iusticie comitetur; et[c] ille,
Qui convictus erit, sedem non occupet ultra.
Nunc locus atque dies statuantur. Roma videtur
Congruus esse locus, quae totum iudicat orbem;
Nunc sibi provideat, sapiat sua iura tueri.
70 Sitque dies talis, quae causae congruat isti;
Scilicet illa dies, qua[d] praevia stella Magorum
Fixit iter certique novo de rege fuere[4].
Illa dies, oro, sit nostri meta laboris;
Illa suae faciat certum rationis utrumque.

75   Annuit Urbanus. Venit hoc ad cesaris aures,
Cesaris Henrici[e] quarti dominantis in orbe.

  a. Iporiensi Z.   b. et Z.   c. ut *correctum est in* et V.   d. quae V.
e. Hienrici Z.
    1. Heinricum I episcopum Leodiensem, 1075—1091 Mart. 31.   2. Cf.
Sigeberti chronica (Mon. Germ. SS. VI 366) 1091: „Bonae memoriae Heinricus Leodicensium episcopus, amator pacis et religionis, obit".
3. Ogerio, cancellario Heinrici IV imperatoris.   4. dies 6 Ianuarii (1091).

Pontifices, locus atque dies laudantur ab illo,
Pontifices illi dico, quos ambo vocarant.
Cesar et hec dicit: quoniam, si cuilibet horum
80 Papatum laudent, laudabit et ipse libenter;
Si neutri, quemcunque Deo donante levabunt,
Hunc velit, hunc laudet, si convenit, adiuvat armis.

80. *Urbanus II Gebehardo episcopo Constantiensi et Welfoni ac Bertholdo ducibus mandat, ne monasterio Schafhusensi donatum praedium auferri a Tuotone patiantur*. (E 179)

Urbanus episcopus servus servorum G(ebehardo)[b] Constantiensi episcopo, ducibus Welfo[1] et B(ertholdo)[2], comiti B.[c] salutem et apostolicam benedictionem.

Venerunt ad nos littere abbatis monasterii sancti Salvatoris conquerentes[d] Deo et sancto Petro, quod vir quidam nomine Tuoto[e] veniens ad praedictum monasterium seculo renunciavit[f], promissionem stabilitatis secundum consuetudinem monasterii fecit, se et sua eidem ecclesiae secundum legem Swevorum multis coram testibus tradidit et confirmavit. Abbas autem, ut est devotus et prudens dispensator et fidelis, in eodem praedio monasterium venuste construxit, fratres ordinavit et cetera, quae ad monasticam regulam pertinent, instituit. Predictus autem Tuoto[e], ut omnia vidit abbatis labore et studio ordinata atque perfecta, postquam praedictum monasterium idem praedium per septennium et eo amplius sine omni contradictione obtinuit, instinctu diaboli nunquam se tradidisse fatetur; et si quicquam ob hoc molestiae sustinuerit, non solum praedium[g] auferre sed et ipsum monasterium minatur evertere.

Quapropter, filii excellentissimi, obnixe vos exoramus: ut pro domini salvatoris devotione ac reverentia beati Petri et nostri amore eundem virum a tanta apostasia[h] prohibere et abbati ac

a. *ex V 83v, Z p. 174—175. Edidit Neugart Cod. dipl. Al. II 36 ex cod. ms. LV bibliothecae Scafhus. saec. XII.* b. G. om. VZ. c. N. et N. comitibus VZ pro ducibus — B. d. conquerentis *Neugart.* e. N. VZ. f. renunciaverit — fecerit — tradiderit et confirmaverit *Neugart.* g. om. VZ. h. apostasya V.

1. (IV) I duci Bavariae. 2. II duci Sueviae.

1092
Ian. 28

monasterio curetis assistere. Dicit enim Innocentius: *Error, cui non resistitur, approbatur*[1]; et apostolus: *Non solum, qui faciunt, digni sunt morte, sed et qui consentiunt facientibus*[2].

Volumus autem, fili G(ebeharde): te eundem pestilentem virum, si iam non factum est, secundo et tercio canonice commonere, ut resipiscat; quod si contempserit, ut ceteri metum habeant, gladium anathematis in illum evaginare; quatinus, in interitum carnis traditus satanae, discat non blasphemare et spiritus salvus sit in die Domini. Incolomes vos et monitis nostris obedientes divina gratia custodiat et ab omni malo defendat. Data[a] Anagnie[b] 5 Kal. Febr.

81. *M. comes Heinrico IV imperatori de Vicentinorum cum Patavinis societate significat*[c]. (E 198)

c. 1093

Heinrico[d] Dei gratia Romanorum imperatori augusto[e] M. comes et alii fidelissimi sui promptum per omnia servicium.

Quoniam honoris vestri et excellentiae vestrae culmen desideramus, loci nostri et gentis nostrae statum vobis indicare curamus. Notificamus itaque vobis: quod Vincentini cives sub occasione navigii acquirendi trecentas libras Paduanis tribuere festinant; seseque[f] ad invicem adiuturos de omni werra per decennium firmare laborant[3]. Quod si factum fuerit, nobis et aliis fidelibus vestris, pro honore vestro laborantibus, maximum impedimentum erit. Quod consilium cum dirimere vellemus, nobis nullo modo acquieverunt; sed hec et alia, nescimus que, magna adhuc machinantur.

At si in hoc tempore adventus vester[g] proximus foret, cunctis fidelibus vestris et honori vestro utilissimum[h] existeret. Verumtamen, si id modo fieri non potest, aliquem cautum et

a. Data — Febr. om. VZ.   b. Anagnis *Neugart.*   c. ex V 87—87v, Z p. 183—184, C 42, B 34.   d. H. ZCB.   e. om. B.   f. sese V.   g. At si adventus vester in hoc tempore V.   h. utillimum CB.

1. V. Gratiani decr. P. I D. 83 c. 3.   2. Rom. 1, 32.   3. V. Bernoldi chron. (Mon. Germ. SS. V 456) 1093: „Civitates quoque de Longobardia, Mediolanum Cremona Lauda Placentia, contra Heinricum in viginti annos coniuraverunt".

providum nuntium in partes nostras ne differatis mittere; quia c. 1093
adhuc cum Dei adiutorio et vestro omnium inimicorum machinationes, servato honore vestro, ad nichilum speramus deducere.

82. *Urbanus II papa Hartwico archiepiscopo Magdeburgensi et Hartwico episcopo Verdensi commendat Herrandum episcopum Halberstatensem a sese consecratum. Fridericum invasorem eiusdem ecclesiae reprobat*. (E 181)

Urbanus episcopus servus servorum Dei dilectis fratribus 1094
H(artwico) Magdeburgensi archiepiscopo et H(artwico) Virdu- Febr. 6
nensi¹ episcopo et ceteris episcopis et abbatibus Saxoniae in catholica fide persistentibus salutem et apostolicam benedictionem.

Qualiter in Halberstatensi ecclesia venerabilis frater noster H(errandus), cui nos Stephani nomen inposuimus, iam dudum electus fuerit, quemadmodum dolis et blandiciis minis ac terroribus ab eadem ecclesia sit exturbatus, prudentiam vestram latere non credimus. Respexit tamen populum suum miserationis supernae dignatio, cum eundem electum ad sanctorum apostolorum limina et ad nostram praesentiam adduxit et — quia in metropolitana Moguntinae ecclesiae sede pro tanta scismaticorum tempestate ordinari non poterat — eum in ipsa catholicorum omnium matris Romanae ecclesiae sede consecrari concessit.

Cum enim venisset ad nos, quibus licet indignis apostolorum principis vice ac loco cunctarum per orbem ecclesiarum cura ac disposicio cernitur imminere, ipsius electionem iustam atque canonicam cognoscentes praesentisque temporis necessitatem considerantes, communicato confratrum nostrorum episcoporum et cardinalium ac nobilium Romanorum consilio, eum annuente Domino consecravimus². Oportuit siquidem nos pro commissi nobis officii servitute tam diutinam eiusdem ecclesiae desolationem attendere et tot animarum saluti largiente Domino providere. Hunc itaque nostri laboris socium cum litterarum praesentium commendatione remittimus; obsecrantes pro Christo

a. *ex V 84—84v, Z p. 176—177.*
1. Verdensi.   2. die 29 Ian. 1094; v. Regesta pont. Rom. p. 459.

1094 atque praecipientes, ut ad evellendas agri dominici sentes com-
Febr. 6 muni consilio et auxilio insudetis*. Nulla vos dissimulatio re-
trahat, nulla segnicies impediat, quin ipsum ad recuperandam
ecclesiae suae sedem viriliter adiuvetis et ei resistentes tam clericos quam laicos potentia vestra cohercere curetis.

Illum nimirum[1], qui se in Halberstatensem ecclesiam post
canonicam huius electionem praesumptuose ac irreverenter ingessit, nos eum pro personae inutilitate tum ecclesiae ipsius
necessitate ab usurpatione indebita per praesentis decreti paginam sequestramus; et omnes, qui ei sacramento astricti sunt,
quantum ad episcopatus honorem, a vinculo ipsius fidelitatis absolvimus.

In illis sane parrochiis, ubi catholici non habentur episcopi,
si quid ex habundanciori[b] apostolicae gratiae et nostrae auctoritatis plenitudine disposuerit, ratum habetote; ipsum et divinorum et secularium negociorum consiliis socium adhibete. Ita
circa eum vos in omnibus agite, ut et nos pro eo vobis gratias
debeamus et catholicae veritatis lumen circumquaque resplen-
deat. Fraternitatem vestram superna dignatio per tempora
multa servet incolomem. Data Romae 8 Idus Febr.

83. *Urbanus II papa Halberstatensibus Herrandum episcopum
a sese consecratum commendat. Fridericum ecclesiae invasorem repudiat[c].* (E 180)

1094
(Febr. 6)
Urbanus episcopus servus servorum Dei dilectis filiis clero
et populo Halberstatensi[d] salutem et apostolicam benedictionem.

Non exigua salutis vestrae iactura perpenditur, quod tam
diu ecclesia vestra pastoris est[e] solatio destituta. Venerabilis
siquidem frater noster H(errandus)[f] qui et Stephanus, quem communi consensu[g] secundum sanctorum canonum scita in pontificem vobis elegeratis[h], scismaticorum vi cogente, partim dolis
et blandiciis partim terroribus et minis a vestra est ecclesia

a. insudemus *VZ.* b. habundaciori *V.* c. *ex V 83v—84, Z p. 175—176,
G 49v—50.* d. Halberstetensi *G.* e. om. *G.* f. H. qui et Stephanus
om. *VZ.* g. assensu *G.* h. eligeratis *V.*

1. Fridericum I episcopum Halberstatensem.

contra sanctiones canonicas et consuetudines ecclesiasticas exturbatus*. Neque enim licuit, susceptam semel iuste et canonice pro apostolicae sedis obedientia electionem[b] sine apostolicae sedis licentia vel permissione deserere. Respexit tamen vos supernae miserationis dignatio, cum eum ad sanctorum apostolorum limina et ad praesentiam nostram venire concessit.

Nos igitur, quibus licet indignis pro apostolorum principis vice ac loco cunctarum per orbem ecclesiarum[c] cura ac dispositio cernitur[d] inminere, ipsius electionem iustam atque canonicam cognoscentes — praesentisque temporis necessitatem, quod[e] a sancta[f] Moguntina sede accipere[g] consecrationem in tanta scismaticorum tempestate non posset, considerantes — eum in prima primorum[h] apostolorum principis sede annuente Domino consecravimus. Consecratum ad vos cum praesentium litterarum commendatione remittimus. Vos itaque, antiquae fidei et obedientiae memores, tanto eum devotius alacriusque[i] suscipite, quanto amplius vos vestrae salutis et fidei vestrae apostolicae ecclesiae[k] debitores esse cognoscitis. Sanctae siquidem memoriae noster in sede apostolica praedecessor Gregorius secundus[l], primum vestrae gentis archiepiscopum beatum[m] Bonifacium pallio donans et[m] vicis suae auctoritate corroborans, vestrae religionis instruxit ecclesias. Et nos igitur, diuturnam vestrae ecclesiae desolationem pro nostri officii[n] debito perpendentes, hunc ad vos salutis vestrae dirigimus instructorem. Quem[o] vos eo reverentius suscipere et obedientius convenit exaudire, quo eum ab ipso fidei et salutis vestrae fonte conspicitis destinatum. Omnem[p] autem, qui eum ut pastorem suum debito honore atque affectione tractaverit, nos omnipotentis Dei et apostolorum eius benedictione donamus. Qui vero huic nostrae constitutioni obviam ire temptaverit, clericos quidem a clericatus officio removemus, laicis autem gratiae apostolicae consortium interdicimus.

a. conturbatus *V*. b. electione *VZ*. c. terrarum *V*. d. cernatur *G*.
e. qui *G*. f. om. *VZ*. g. suscipere *G*. h. primarum *VZ*. i. alacrius *G*.
k. sedi *G*. l. secundum *G*. m. om. *G*. n. officio *G*. o. Quem — inconvulsumque permaneat om. *G*. p. Omnis *VZ*.

1094
(Febr. 6)
Illum nimirum, qui se in vestram ecclesiam post huius catholici pastoris electionem praesumptuose ac inreverenter ingessit, nos eum pro personae inutilitate tum pro vestrae ecclesiae necessitate ab usurpatione indebita per praesentis decreti paginam omnibus modis sequestramus; et omnes, qui ei sacramento astricti sunt, quantum[a] ad episcopatus honorem, ab eius fidelitate absolvimus.

Hunc ergo, dilecti in Christo filii, tanquam angelum Domini et catholicae fidei legatum excipite; huic tam in divinorum quam in secularium negociorum consiliis obedite. Sane, quia catholicorum in vestris partibus episcoporum magna est raritas, si quid etiam in alienis parrochiis ex habundantiori apostolicae gratiae et nostrae auctoritatis plenitudine disposuerit, ratum inconvulsumque permaneat. Omnipotens Dominus apostolorum suorum meritis vos a peccatis absolvat et eternae vitae consortes efficiat.

84. *G. abbas vel praepositus Heinrico IV imperatori se excusat, quod mandata non effecerit. De iniuriis monasterio illatis queritur. Imperatorem redire cupit*[b]. (E 184)

1091—
1096?
Invictissimo Romanorum principi Heinrico[c] tocius regni monarchiam strennue gubernanti G., Dei suique gratia id[d] quod est, cum contione sibi commissa, Christo sub principe quieta pace quandoque triumphare.

Quoniam vestrae legationis imperium minime adimplevimus[e] operis per effectum, in quantum salva vestri gratia licebit, nos cupimus excusatos[f] iri; maiestatem vestram praevenientes humili precatu, ne[g] malae voluntatis asscribatur negligentiae[h], impossibilitatis quod impedivit[i] inopia.

Nam ingravescens praesentis etatis tempestas, tocius regni quae conturbat partes et incolas, tanto graviori infortunio nos perturbat ac ferit, quanto minus quisque dictante iusticia nobis

a. quantus *V*.   b. *ex V 85, Z p.178, G 48v—49v*.   c. H. *VZ*.   d. om. *G*.
e. non implevimus *VZ*.   f. excusatas *G*.   g. neu *G*.   h. negligentia *G*.
i. impediunt *V*.

clypeum defensionis praetendit. Insuper ipse defensor nostrae 1091— ecclesiae et advocatus, pia* vestrae dominationis cura quem 1096? praevidit ad tutelam nostri respectus[b], non zelo iusticiae, non censura regiae severitatis terrente, protectionis suae brachia adversus nostri pericula extendit; sed[c], quod gravius est, per se suosque fideles hostili infestacione nostra bona devastat et incurrit. Sed ne hec nostra querela supervacua videatur et iniusta, pietati vestrae nominatim perstringere volumus gravius et intolerabilius malis ómnibus, quod ferimus. Nam[d] is[e] praenominatus[f] ad augmentum suae dampnationis monasterium nostrum[g] hostili manu quaesivit; claustralisque habitationis officinas[h] comites[i] illius violenter irruperunt[k], monasticae religionis confundentes disciplinam; fidelesque nostros, ad sanctorum patrocinia confugientes, captivos abduxerunt; omniaque illorum rapinae et calumpniae patuerunt. Re vera quoniam tantae calamitatis nostrae molestia maxime[l] post Deum regiae vestrae dignitatis respicit iniuriam, nos ad nichilum ducimur nec non divinae servitutis locus, nisi[m] ocius nobis serenitatis[n] vestrae succurrat prospectus; quoniam absque potenti vestrae providentiae gubernaculo nequaquam emergimus, usque quaque fluctuantes[o] tempestatis profundo.

Quapropter triumphalem vestri reditus successum per continuum nostrae devotionis exoptamus suspirium. Et quanto minus carnali famulatu laboris vestri sarcinam sublevamus, tanto devotius spiritalis miliciae arma, in quantum gratia divina concesserit, dominationi[p] vestrae subministramus[q].

a. pie *G*.   b. nostram *VZ pro* nostri respectus.   c. et *VZ*.   d. om. *VZ*.
e. his *G*.   f. praenotatus *G*.   g. om. *G*.   h. officia *G*.   i. comitis *Z*.
k. irruerunt *G*.   l. maxima *G*.   m. quin *G*.   n. potestatis *G*.   o. fluctuantis *G*.   p. dominationis *G*.   q. subministravimus *G*.

85. *Wilhelmus II rex Angliae Heinrico IV imperatori suadet, bello quodam prospere gesto, ne aliam rem ad honorem suum pertinentem differat, utque postea Robertum bello persequatur*[a][1]. (E 185)

1092-1096 Heinrico imperatori W(ilhelmus)[2] Dei gratia rex Anglorum intimo suo dilectionem et veram amicitiam.

De prosperitate atque deliberatione tua scias me gaudere; et de adversitate, quod absit, sicut temet ipsum dolere.

Audivi a legatis meis atque tuis et duce Boemiensi[3], te in exercitum iturum super inimicos tuos ad praesens. Gaudeo plane, quia multos tecum ituros de fidelibus tuis audivi, ita quod facillime poteris eos devincere Deo auxiliante.

Modo suggero prudentiae tuae: si hoc Deus annuerit, quod adimplere possis, quod velis, videlicet de exercitu, nullo modo dimittas in hoc anno sive per bellum sive per placitum, quod ad honorem tuum pertineat, ad finem quin perducas. Quod si protelaveris, scio re vera, maximum impedimentum tibi fore futuro anno ad hoc perficiendum.

Et quando Dęo adiuvante ad unguem perduxeris, nullum negocium incipias huiusmodi, donec super Rŏbertum[b][4] exercitum tuum dirigas. Et ego et tu simul loquamur; et habilem locum inveniamus. Vale in Domino et bene agas in seculo; prosperaque[c] utriusque vitae percipias commoda et quicquid exoptatur in amicicia.

---

86. *Ruthardus archiepiscopus Moguntinus Ruperto episcopo Bambergensi scribit de synodo ab Egilberto archiepiscopo Trevirensi exoptata*[d]. (E 207)

1093-1096 R(uthardus) Dei gratia Moguntinae sedis humilis provisor R(uperto) karissimo fratri et coepiscopo[5] in Domino salutem.

a. *ex V 85—85v, Z p. 178—179.* b. Rŏpertum *Z.* c. prospera *V.*
d. *ex V 89v—90, Z p. 189—190, C 45, B 35v.*

1. Haec epistola in confictionum numerum videtur reponenda esse.
2. II. 3. Bracizlao II. 4. II ducem Normanniae. 5. Bambergensi.

Sicut ecclesiasticae pacis status, bene ac salubriter dispo- 1093-1096
situs, magnum nobis ingerit gaudium; ita merore non parvo
afficimur*, si quando hostis antiqui invidia concordia scinditur,
ius perit, fasque nefasque confunditur.

Litteras reverentissimi confratris nostri Treverensis archi-
episcopi¹ accepi, quarum series mihi notificavit: que et quanta
episcopi, Urbano adherentes, machinentur; quantis minis et terroribus et diversarum oppositionum obiectionibus ᵇ se suamque
sedem inquietare non desinant; utque ᶜ, nichil languidi pacientes,
conventu frequenter partes roborent; die noctuque sacris litteris
non parum insudent, ut habeant, unde eum nosque cum eo im-
pugnent ᵈ; praecipue Metensis² Tullensis³ nec non Virdunensis⁴.
Hi⁵ quippe, non ignorantes, quantae sit ᶠ temeritatis: contra metropolitanae sedis ius et auctoritatem in provinciali kathedra
quemquam sibi episcopalis officii dignitatem usurpare⁶, cum prae-
sumptioni suae sanctorum patrum decreta sentiant repugnare,
reatum suum nova quadam ac simulata religione satagunt pal-
liare. Asserentes enim se solos iustos solosque cum suo Urbano
catholicos episcopos, ceteros, papae Clementi adherentes, excommunicatos habentes aspernantur; eorumque polluto ministerio
templum Dei profanari, christianitatem multimode· periclitari,
divulgant. Ad haec, quibusdam blandis et supersticiosis sermonibus secularium aures permulcentes, in odium et contemptum
omnium nostrum eorum animos concitare non cessant.   Respectu
tamen fraternae pietatis aiunt: metropolitanae ecclesiae praesu-
lem⁶ in communionem velle suscipere eique ᵍ primatum recognoscere, si eorum consiliis tandem velit acquiescere.

Quibus omnibus non parum sollicitus, rogat: ut constituto

a. efficimur *C*.   b. dictionibus *B*.   c. ut neque *B*.   d. impugnet *C*.
e. Hii *V*.   f. sint *VZC*.   g. eique — recognoscere *om. B*.

1. Egilberti.   2. Poppo.   3. Pibo.   4. Richerus.   5. Nam
Poppo ep. Mettensis a. 1092 et Richerus ep. Virdunensis a. 1093 non ab
Egilberto sed ab Hugone archiepiscopo Lugdunensi consecrati erant. V.
Hugonis Flav. chron. (Mon. Germ. SS. VIII 473) et Laurentii gesta epp.
Virdun. (ibid. X 497).   6. Egilbertum.

1093-1096 tempore et loco convenire velimus; quatinus de his nobiscum conferre aut, quid sibi agendum sit, naviter deliberare queat.

Huic itaque tam iustae petitioni occurrere atque in unum convenire, mihi quidem non pigrum, nobis autem omnibus multis de causis esset valde necessarium; nisi quod, fraternitatem vestram pro temporis huius instanti periculo circa commissi gregis tutelam multimode occupatam esse, non dubito. Moneo itaque et obtestor vos: ut causam istam, pro qua inclitus frater noster Treverensis praesul nos convenire voluit, vobiscum et una cum vestrae ecclesiae prudentioribus diligenter[a] pertractetis et, quod rectius ac melius divina gratia vobis inspiraverit, per litteras vestras mihi intimare velitis; quatinus prudentiae vestrae[a] salubri consilio quovis modo enervari queat tanta tamque intolerabilis malignantium praesumptio.

87. *Rupertus episcopus Bambergensis atque G. et E. Heinrico IV imperatori de Germaniae rebus referunt*[b]. (E 201)

1093-1096 Desiderantissimo domino suo H(einrico) serenissimo Romanorum imperatori augusto R(upertus) Dei gratia Babenbergensis episcopus ceterique sui fideles[c] Nurenbergenses[d] cum instantia[e] orationum servile in omnibus obsequium.

Sicut in omnibus vestris negociis ego R(upertus) devotissimum me semper exhibui, sic[f] etiam usque in finem maiori quoque studio in omnibus vestrae obediam voluntati. Et quicquid per domnum G. mihi iniunxistis, omni circumspectionis diligentia ad vestram voluntatem perficere studeo. Perfectae vero dilectionis ardore nullatenus celare vos audeo, tam amicos quam inimicos nova quaedam machinando confederari. Et valde necessarium est, ut quantocius ad nos redeatis; quoniam praesens corpore facillime potestis universa ad vestram voluntatem componere, quae vestri absentia in incorrigibile malum formidamus excrescere[g]. Valete.

a. *om. V.*   b. *ex V 88, Z p. 185—186, C 42—42v, B 34.*   c. fideles sui *B.*   d. Nurbergenses *V.*   e. constantia *B.*   f. sic *ZB.*   g. *hic desinit epistola in C et B.*

Ego G. et E. summopere vos obsecrando monemus: qua- 1093-1096
tinus, domino nostro episcopo Babenbergensi intime litteris vestris gratias agendo, benignissimum vobis eum exhibeatis; quoniam nunquam maiori studio ad vestram legationem devotiorem
se exhibuit.

Comitem H(einricum) de Saxonia[1] nondum convenire potui.
Quia, cum exercitu Westphaliam ingressus, nondum est reversus.
Brevi autem ambo pro vestra eum utilitate conveniemus. Quantum autem ex nuntio ei transmisso perpendimus, nichil vobis in
eo oberit, si tantummodo praedium suum Gredingin, ut ei promissum est, receperit. Si autem in hac expectatione frustretur,
profecto omnino a vobis abalienabitur. Huius autem[a] praedii
restitutionem, nullius invasionem in vacuis illis partibus Saxoniae, nullius violentiam in tota illa patria oportet vos, sicut
ipse promittit, formidare. Fratres etiam suos, postquam con-
venerimus, in quantum arbitramur, usque ad vestrum adventum
in vestra fidelitate detinebimus. Vos autem, sicut eis promittimus, condigna liberalitate ipsos redimendo benivolos vobis efficite.

De colloquio VIII Kal. Iulii a principibus indicto omnino
vos sollicitari non oportet; quoniam nostra sollercia illud praeveniendo penitus adnichilabimus. Inceptio enim causaque sua[2]
erga vos amicis inimicis universoque displicet regno. Sed quamvis universi inde mussitent[b], nichil tamen, Deo annuente vestrisque fidelibus annitentibus, vobis orietur formidabile.

Ceterum universus status imperii vestri maiori in dies inter
nos prosperatur tranquillitate.

Episcopus Eistetensis[3] legationem vestram, quae absque litteris vestris ei venit, minus autenticam habuit. Nunc autem cum
sigillo litterarum vestrarum rursus rogando et sub optentu gratiae vestrae praecipiendo efficite: quatinus comiti H(einrico) prae-

a. post *excidisse videtur*.   b. musitent inde *V*.

1. Heinricum Crassum comitem, filium Ottonis de Northeim ducis Bavariae, qui, Gertrude sorore Ekberti marchionis in matrimonium ducta,
Gredingen praedium (v. infra p. 172 n. 1) vindicabat. Cf. Giesebrecht Gesch.
der deutschen Kaiserzeit III 1135.   2. colloquii.   3. Udalricus I.

1093-1096 dium suum Gredingin reddat¹; sin autem, profecto ipsius culpa tantus vir penitus a servitio vestro alienabitur. Similiter N. et N. militibus eius sigillo vestro idem praedium interdicite.

Pro episcopatu Mersburgensi*² intime vos obsecramus: quatinus, si electione cleri et populi fieri possit, magistro Babenbergensi concedatis; quem vobis in omnibus fidelem ac devotum probavimus.

Quicquid de his omnibus vobis complacuerit, certissima legatione litterarum vestrarum tam domino nostro episcopo quam nobis renuntiate.

88. *Heinricus IV imperator Almi ducis erga se studium laudat. Mandat, hortetur fratrem suum Colomanum regem Ungariae, ut Welfonem I ducem Bavariae infestet*ᵇ. (E 200)

1096 Heinricusᶜ Dei gratia Romanorumᵈ imperator augustus A(lmo) glorioso duci et amico fideli, quicquid in amici affectibus poterit esse fidelius.

Cum aliquis privatum commodum suum postponit et in amici utilitatibus insudat, ea est firma amicicia. Quam amiciciae benivolentiam te nobis impendisse gaudemus; etᵉ sicut optimo fideli et intimo amico dignam facere remunerationem intendimus. Nam, cum velles contra Grecos ire, et cum dux Poloniae³ tuus et amicus et consanguineus auxilium tuum contra hostes suos peteret, propter nos sicut amicus fidelissimus re-

a. Mesburgensi *VZ.*   b. *ex V 87v—88, Z p.184—185, C 41v, B 34.*
c. H. *ZCB.*   d. *om. VZC.*   e. tibi *excidisse videtur.*

1. Die enim 5 Maii a. 1091 Udalrico I episcopo Eistetensi „Gredingen in pago Nortgowe, in comitatu Heinrici" dederat imperator diplomate (Mon. Boic. XXIX. I 214), ubi sic est: „Hoc predium Gredingen ab Eggeberto marchione" (regni aemulo a. 1090 necato) „possessum, liberando expedivimus, expeditum Eichstetensi aecclesiae in perpetuum firmando tradidimus. Quia Eggebertus marchio iuste idem praedium amiserat, quod iniuste retinebat; quod etsi iuste possedisset, tamen amittere iustum erat, qui, in regnum et in personam nostram mortem totiens dictasse deprehensus, omnium principum iudicio non solum in bonis suis sed etiam in vita sua damnationis sententiae subiacuerat". 2. Wernherus episcopus Merseburgensis obierat d. 12 Ian. 1093; v. Bernoldi chron., Mon. Germ. SS. V 455.   3. Boleslaus III.

mansisti; ut, nostris inimicis* resistens, tuum commodum pro 1096 nichilo computans, tantummodo ut nostram causam promovendo adiuvares. Quid igitur restat, nisi ut^b, maximas tibi grates referentes sicut nostro optimo fideli, votis omnibus exoptemus: eam nobis dari occasionem, qua tibi amantissime vicissitudinem meritam rependamus?

Et sicut in nos bono usus es principio, ita rogamus dulcedinem tuae dilectionis, ut perseveres; et deleas et conculces adversarios nostros; non parcas eis, donec ex toto conterantur. Nam nos simili modo, sicut tuos amicos amplectimur, ita inimicis tuis erimus infestissimi inimici. Et fedus, quod cum patruo tuo[1] inivimus, ab hac die in antea volumus tibi illibatum servare omni tempore vitae nostrae.

Rogamus etiam te, karissime: ut, te interveniente, frater tuus[2] futura opera emendet, si quid hactenus propter suas necessitates in causa nostra negligentius egit; et, quia victrici dextera suas angustias[3] recuperavit, ad nostras iniurias sicut fidelis amicus respiciat. Nam quia se cum praesidio in illas partes contulit, ubi inimici nostri morantur[4] et bona ipsorum* sita sunt, ecce locus, ecce occasio, qua et inimicis nostris nocere et sibi nos poterit amicissimos comparare. Tu ergo, dilectissime, id modis omnibus, quibus vales, fratri tuo persuade, ut N.[5] non ducem sed iudiciario^d ordine abiudicatum persequatur, et in omnibus ei adversetur sicut infestissimo hosti nostro.

Quicunque autem de familia Salzburgensis archiepiscopi[6] et aliorum fidelium nostrorum ducti sunt captivi[7], rogamus ut causa nostrae dilectionis facias reddi.

a. nostris *iterum addit* V.   b. *om.* CB.   c. eorum CB.   d. iudicario VZ.

1. Ladislao I rege Ungariae (mortuo a. 1095).   2. Colomanus rex Ungariae.   3. a crucesignatis occupatas.   4. V. Annales Augustani (Mon. Germ. SS. III 134) 1096: „Nam Ungari de provintia egressi, viatores illos — loca adiacentia devastantes et proposito suo contraria agentes — invaserunt".   5. Welfonem (IV) I ducem Bavariae.   6. Thiemonis.   7. v. supra not. 4.

89. *Clemens III antipapa Ruthardum archiepiscopum Moguntinum ad synodum Vercellis habendam iam iterum vocat*[a].

(E 171)

1089-1097

C(lemens) episcopus servus servorum Dei R(uthardo) confratri et coepiscopo Moguntino salutem et apostolicam benedictionem.

Nuperrime per confratrem nostrum episcopum Faventinum[1] fraternitati tuae, ut ad synodum, quam pro tocius ecclesiae necessariis causis in iam dicto loco et tempore celebraturi sumus, omni postposita occasione advenires, mandavimus et per summam obedientiam praecepimus. Et primum quidem bene promisisti; verum postea, voluntate tua in aliqua parte peracta, cum praedictus nuntius rediens veram tibi ut ceteris obedientiam iniungeret, dixisti, te a nobis per tuum nuntium esse relaxatum. Quod ut audivimus, quam graviter tulerimus, nequit efferri. Hoc enim dictum magna perturbatio synodi videbatur; cum omnes pene suffraganei tui ad te respiciant, cum omnium vox sit: *Quod magister meus fecerit, hoc faciam.* Quapropter eidem N., qui tam nefandum tam execrabile tam nocivum sanctae et universali ecclesiae mendacium protulit, omne divinum officium apostolica auctoritate interdicimus; donec, ad nos veniens, de tanta tam detestandi mendacii iniquitate satisfaciat. Quod nisi usque ad festum sancti Michaelis[2] ad nos, de hac re satisfacturus, venerit, ampliori quam forsitan estimet excommunicationi subiacebit.

Tibi vero apostolica auctoritate et per veram obedientiam iterum atque iterum praecipimus: ut ad synodum, in festo sancti Dyonisii[3] Vercellis celebrandam, venias; et omnes suffraganeos tuos per eandem obedientiam admoneas.

a. *ex V 76 v — 77, Z p. 140.*
1. Robertum; v. Clementis ep. supra T. III 377.   2. Sept. 29.
3. Oct. 9.

90. *Clemens III antipapa Ruperti episcopi Bambergensis erga se studium laudat. Monet, mittat ea, quae sibi ab ecclesia eius debeantur. Ruthardum archiepiscopum Moguntinum evocatum esse. Ne Iudaeis concedatur, ut suscepta sacra christiana deserant* a.

(E 170)

C(lemens) episcopus servus servorum Dei R(uperto) confratri et coepiscopo Babenbergensi salutem et apostolicam benedictionem. 1097-1098

Quod contra ecclesiae demolitores et nostros emulos iuste disputando fortiter stabas, audivimus et gavisi sumus. Ideoque tibi gratias referimus.

Quod autem, que de ecclesia tua Romanae debes ecclesiae, te diu iniuste detinuisse, diu b pacienter expectavimus, non propter ignorantiam fecimus; sed gratuitam obedientiae tuae praestolati sumus benivolentiam. In hoc quoniam parum profecimus, monemus te et firmiter praecipimus: ut, quod debes, solvas ablatumque temere restituere non differas. Si hoc non feceris, inde advocato nostro imperatori et omnibus fratribus nostris publice et per legatos nostros querimoniam faciemus.

Moguntino episcopo 1, quem nobis pessimis criminibus accusando detulistis, ad respondendum nobis inducias dedimus ad festum sancti Michaelis c 2. Huic rei te cum ceteris fratribus nostris volumus interesse; ut, sicut eum accusastis absentem, ita illum veris testimoniis sub nostra auctoritate praesentem convincatis.

Relatum est nobis a quibusdam, quod Iudeis baptizatis nescio qua ratione permissum sit apostatare d ritumque Iudaismi excolere. Quod quia inauditum est et prorsus nefarium, te et omnes fratres nostros verbo Dei constringimus: quatinus id secundum canonicam sanctionem et iuxta patrum exempla corrigere festinetis; ne sacramentum baptismi et salutifera invocatio nominis Domini videatur annullari.

a. *ex V 76v:* Item cuius supra; *Z p. 140.* b. *om. V.* c. Michahelis *Z.*
d. apostare *V.*

1. Ruthardo. 2. Sept. 29.

91. *Heinricus IV imperator Ruperto episcopo Bambergensi N. quendam commendat. Petit, Wormatiam ad se accedat. De pecunia quadam addit*ª.

(E 197)

1098 Heinricusᵇ Dei gratia Romanorum imperator augustus R(uperto) sanctae Babenbergensis ecclesiae venerando episcopo fedus antiquae gratiae et omne bonum.

Quiddam, quod ad nostram intimam voluntatem spectat, N. nostro erga te diligenter agendum studiose commendavimus. Cui ut te exorabilem praebeas et, quod petit, nostri causa ei annuas, unice postulamus. Sin autem, usque ad nostram praesentiam differ; ita ut nichil inde agas.

Nam id omni dubietateᶜ remota volumus et accuratissime petimus: ut, postposito omni negocio et remota omni occasione, Wormatiam ad nos venias; quia plurimum consilii tui prudentissimi et auxilii indigemus. Illic negócium ducis W(elfonis)[1] et filiorum suorum[2] tractaturi sumus et nostrum. Et praeterea multos Saxones et eorum legatos illic habebimus.

Relatum est nuperrime nobis, quod adhuc pecuniamᵈ illam non dedisses, pro qua rogavimus. Quapropter rogo te, ut, si nondum in hac re nostram impleveris peticionem, festines quantocius dare. Quia magnum impedimentum est nobis et incommodum, illos tam diu morari.

92. *Principes cruciferorum de rebus in Syria gestis referunt*ᵉ[3].

(E 235)

1099 Domno papae sanctaeᶠ Romanae ecclesiae et omnibus epi-

a. *ex V 87, Z p. 183.*   b. *H. Z.*   c. *dubietati V.*   d. *peccuniam V.*
e. *ex V 104—105v, Z p. 225—228, B 36—36v*: Epistola Ierosolimitanae ecclesiae ad occidentales ecclesias (ad —ecclesias *om. B*); *G 53—55v. Haec epistola legitur etiam in Annalibus S. Disibodi ad a. 1100 (Mon. Germ. SS. XVII 17) et in Baronii annal. ad. 1100; eadem usus est Ekkehardus et in chron. universali ad 1098 et in Hierosolimita, Mon. Germ. SS. VI 209 et 265.*   f. *om. VZB.*

1. Welfonis (IV) I ducis Bavariae. V. Ekkehardi chron. (Mon. Germ. SS. VI 209) 1098: „Welefo, Baioariorum denuo dux, filios suos, et ipsos rebellare temptantes, gratiae imperatoris reconciliavit; et uni eorum ducatum post se committi impetravit".   2. Welfonis (V; postea II ducis Bavariae) et Heinrici (item postea ducis Bavariae).   3. Hanc epistolam utique adulterinam esse, censet Wilken Gesch. der Kreuzzüge II 10 n. 23.

scopis universisque fidei christianae cultoribus Pisanus archiepiscopus[1] et alii episcopi et[a] Gotefridus[b], gratia Dei ecclesiae sancti sepulcri nunc advocatus, et R(egimunt) comes Sancti Egidii cum universo Dei exercitu, qui est in terra Israel, salutem et orationem[c].

Multiplicate preces cum iocunditate[d] et exultatione[e] in conspectu Domini; quoniam magnificavit misericordiam suam, complendo in nobis ea, quae promisit in[f] temporibus antiquis.

Etenim cum, capta Nicea[g], cunctus exercitus discederet[h], plus quam trecenta milia armatorum illic fuerunt. Et licet hec tanta multitudo universam Romaniam occupare[i], flumina epotare, segetes omnes una die depascere posset, tanta tamen plenitudine conduxit vitae necessaria Deus, ut de ariete nummus, de bove vix duodecim acciperentur. Preterea etsi principes et reges Sarracenorum contra nos surrexerunt, Deo tamen volente facile vieti et conculcati sunt.

Ob hec itaque feliciter acta quia quidam intumuerant[k], obposuit nobis Deus Antiochiam urbem, humanis viribus inexpugnabilem; ubi per novem menses detentos in obsidione eiusdem ita humiliavit, ut omnis superbiae nostrae tumor desideret[l]. Igitur nobis sic humiliatis, ut in toto exercitu vix centum boni equi invenirentur[m], aperuit Deus copiam suae benedictionis et misericordiae nosque in civitatem induxit atque Thurcos et eorum omnia potestati nostrae tribuit. Cum[n] hec quasi viribus nostris acquisita obtineremus nec Deum, qui contulerat, digne magnificaremus, tanta Sarracenorum multitudine obsessi sumus, ut de civitate nullus egredi auderet. Preterea fames in civitate convaluerat, ut vix ab humanis dapibus se continerent aliqui. Longum est, enarrare miserias, quae in civitate fuere. Respiciens autem Dominus populum, quem tam diu flagellaverat, benigne consolatur. Ac primo quasi pro satisfactione tribula-

a. et om. VZ.   b. Gothefridus V, Gotifridus B.   c. perpetuam benedictionem G.   d. iocundite V.   e. exultate G.   f. om. G.   g. Nicena B.   h. descenderet B.   i. occuparet G.   k. intumuerunt B.   l. desineret G.   m. reperirentur ZG.   n. Cumque V.

1. Daibertus.

1099 tionis lanceam suam, munus non visum[a] a tempore apostolorum, pignus victoriae nobis obtulit; deinde corda omnium[b] adeo[c] animavit, ut illis, quibus egritudo vel fames ambulandi vires negaverat, arma sumendi et viriliter contra hostes dimicandi virtutem infunderet.

Inde, cum triumphatis hostibus fame et tedio exercitus deficeret Antiochiae, maxime propter discordias principum, in Syriam profecti, Barram et Marram urbes Sarracenorum expugnavimus[d] et castella regionis obtinuimus. Cumque ibidem[e] moram disposuimus, tanta fames in exercitu fuit, ut corpora Sarracenorum iam fetentium a populo christiano comesta sint.

Deinde cum divino monitu in[f] interiora Hispaniae[g] progrederemur, largissimam atque misericordem et victoriosissimam[h] manum omnipotentis patris nobiscum habuimus. Etenim cives et castellani regionis illius, per[i] quam procedebamus, ad nos cum multis donariis legatos praemittebant, parati servire et oppida sua reddere. Sed quia exercitus noster non multus erat, et in Ierusalem unanimiter festinabant, acceptis securitatibus tributarios eos fecimus; quippe cum[k] de multis una civitatibus, quae in maritimis illis sunt, plures homines haberet[l], quam in exercitu nostro fuissent.

Cumque[m] auditum esset Antiochiae, quia manus Domini nobiscum esset, plures de exercitu, qui ibi remansit, consecuti sunt nos apud Tyrum. Sic itaque Deo[n] conviatore et cooperatore nobiscum[o] usque Ierusalem pervenimus.

Cumque in obsidione illius multum exercitus laboraret, maxime propter aquae inopiam, habito consilio[p], episcopi et principes, circinandam esse civitatem nudis pedibus, praedicaverunt; ut ille, qui pro nobis in humilitate eam ingressus est, per humilitatem nostram — pro se ad iudicium de suis hostibus faciendum — nobis eam[q] aperiret. Placatus itaque hac humilitate Dominus, octavo post humiliationem nostram die[r] civitatem

a. munus invisum *G*.   b. hominum *G*.   c. deo annuente *G pro* adeo.
d. excognovimus *G*.   e. ibi *B*.   f. *om. G*.   g. Hyspaniae *V*.   h. victorissimam *V*.   i. post *BG*.   k. *om. G*.   l. haberent *V*.   m. Cum *G*.   n. *om. Z*.
o. Sic itaque conviatore et cooperatore Deo nobiscum *V*.   p. concilio *VZB*.   q. *om. G*.

nobis tradidit, eo videlicet die, quo primitiva ecclesia inde ab- 1099
iecta fuit, cum festum de dispersione apostolorum a multis fide- Iul. 15
libus celebratur. Et si scire desideratis, quid de hostibus ibi
repertis factum fuerit ª, scitote: quia in porticu Salomonis ᵇ et
in templo eius nostri equitabant in sanguine Sarracenorum
usque ad genua equorum.

Deinde cum ordinatum esset, qui civitatem retinere deberent et alii amore patriae et pietate parentum suorum redire
voluissent, nunciatum est nobis, quod rex Babiloniorum Asca-
lonam ᶜ venisset cum innumerabili multitudine paganorum; duc-
turus Francos, qui Ierosolimis erant, in captivitatem et ex-
pugnaturus Antiochiam, sicut ipse dixit. Aliter autem Dominus
statuerat de nobis. Itaque cum in veritate comperissemus, exercitum Babyloniorum Ascalone esse, contendimus obviam illis,
relictis sarcinis et infirmis nostris in Ierusalem cum praesidio.
Cumque exercitus noster et hostium se conspexissent, genibus
flexis adiutorem Deum invocavimus: ut, qui in aliis nostris necessitatibus legem christianorum confirmaverat, in praesenti bello
confractis viribus Sarracenorum et diaboli, regnum Christi et
ecclesiae a mari usque ad mare ᵈ usque quaque dilataret. Nec
mora, clamantibus ad se Deus affuit atque tantas audatiae vires Aug. 14
ministravit, ut, qui nos in hostem currere ᵉ videret, fontem aquae
vivae sicientem cervum segnem adiudicaret. Miro videlicet
modo, cum in exercitu nostro non plus quam quinque milia
militum ᶠ et quindecim milia peditum fuissent et in exercitu
hostium centum milia equitum et quadringenta milia peditum
esse potuissent. Tunc mirabilis Deus in servis suis apparuit,
cum, antequam confligeremus, pro solo impetu nostro hanc in
fugam multitudinem convertit, et omnia arma eorum diripuit;
ut, si deinceps nobis rebellare ᵍ vellent, non haberent arma, in
quibus sperarent. De spoliis vero non est quaerendum ʰ, quantum captum sit, ubi ⁱ thesauri regis Babyloniae occupati sunt.
Ceciderunt itaque ᵏ ibi plus quam centum milia Marorum gladio.

a. om. *G*.   b. Salemonis *B*.   c. Ascalonem *V*.   d. ad mare om. *V*.   e. incurrere *G*.   f. equitum *G*.   g. repugnare *ZG*.   h. om. *B*.   i. ut *B*.   k. om. *VZB*.

1099 Timor autem eorum tantus erat, ut in porta civitatis ad duo milia suffocati sint*. De his vero, qui in mari interierunt, non est numerus. Spineta etiam[b] ex ipsis multos obtinuerunt. Pugnabat certe orbis terrarum pro nobis, et nisi spolia castrorum de nostris detinuissent multos, pauci essent de tanta multitudine hostium, qui renunciare potuissent de bello. Et licet longum sit, tamen praetereundum non est. Pridie quam bellum fieret, multa milia camelorum et boum et ovium cepit exercitus. Cumque iussu principum populus hec dimisisset[c], ad pugnam progrediens, mirabile dictu, multas et multiplices turmas cameli fecerunt, similiter et boves et oves. Hec autem animalia comitabantur nobiscum, ut cum stantibus starent et cum procedentibus procederent et cum currentibus currerent. Nubes etiam ab estu solis nos defenderunt et refrigerabant[d].

Celebrata itaque victoria, reversus est exercitus in[e] Ierusalem. Et relicto ibi duce Gotefrido[f], Regimunt comes sancti Egidii et Röbertus[g] comes Nortmanniae[h] et Röbertus[g] comes Flandriae Laodiciam pervenerunt. Ibi classem Pisanorum et Boemundum invenerunt. Cumque archiepiscopus Pisanus B(oemundum) et dominos nostros concordare fecisset, regredi Ierusalem pro Deo et fratribus Regimunt[i] disposuit.

Igitur ad tam mirabilem fratrum nostrorum fortitudinis devotionem et tam concupiscibilem et tam gloriosam omnipotentis Dei retributionem et tam exoptandam omnium peccatorum nostrorum per Dei gratiam remissionem et Christi ecclesiae et totius gentis Latinae invitamus exultationem et omnes episcopos et bonae vitae clericos monachosque et omnes laicos; ut ille vos ad dexteram Dei considere faciat, qui vivit et regnat Deus[k] per omnia secula seculorum. Amen.

a. suffocarentur G. b. om. G. c. dimisset V. d. refrigebant VZ.
e. om. V. f. G. VZB. g. Rödbertus Z. h. Normanniae VG. i. R. G.
VZB, rex Gotefridus G. k. Deus — Amen om. VZB.

93. *Socii belli Hierosolymitani ecclesiam occidentalem hortantur, ut quam plurimi sibi subveniant* [a] [1]. (E 236)

Ierosolimitanus patriarcha et episcopi tam Greci quam Latini universaque milicia Domini et ecclesiae, occidentali ecclesiae consorcium coelestis Ierusalem et sui laboris portionem.

Quoniam ecclesiae incremento vos gaudere non [b] ignoramus et sollicitos ad audienda tam adversa quam prospera credimus, amplificationis causa [c] sic notificamus. Innotescat igitur caritati vestrae: Deum in sexaginta principalibus civitatibus et in ducentis castris suae ecclesiae triumphasse, tam in Romania quam in Syria; et nos habere adhuc de loricatis centum milia praeter vulgus, amissis tamen multis in primis praeliis.

Sed quid hoc? Quid unus in mille? Ubi nos habemus comitem, hostes quadraginta reges; ubi turmam, hostes legionem; ubi nos militem, ipsi ducem; ubi peditem, ipsi comitem; ubi nos castrum, ipsi regnum. Nos autem, non confisi in multitudine nec propriis viribus nec praesumptione aliqua, sed clipeo [d] Christi et iusticia protecti, Georgio [e] et Theodoro et Demetrio et sancto Blasio militibus Christi nos vere comitantibus, hostium cuneos securi penetramus et penetravimus et in quinque generalibus bellis campestribus Deo vincente vicimus.

Sed quid plura? Ex parte Dei et nostra ego apostolicus patriarcha et episcopi omnisque ordo Domini praecipiendo oramus materque nostra spiritualis ecclesia clamat: venite, filii mei dilectissimi, venite ad me, suscipite coronam ab insurgentibus filiis ydolatriae, ab inicio mundi vobis praedestinatam. Venite ergo militatum in Domini milicia ad eundem locum, in quo Dominus militavit, in quo Christus passus est pro nobis; vobis relinquens exemplum, ut sequamini vestigia eius. Numquid non Deus innocens pro nobis mortuus est? Moriamur ergo et nos, si opus sit, pro Deo immo pro nobis; ut, moriendo mundo, vi-

---

a. *ex V 105v, Z p. 228, B 36v—37. Ex cod. S. Ebrulfi ediderunt Martene et Durand Thes. I 271—272.* b. *dubium add. VZ.* c. *causa posterior manus correxit in causas V.* d. *clypeo V.* e. *Georio VZ.*

1. Commenticiam esse hanc epistolam, minime difficile intellectu est.

vamus Deo. Tamen non oportet nos mori nec pugnare multum; quod enim gravius fuit, nos sustinuimus. Verum castra civitatesque retinendae a nobis multum inminuerunt exercitum. Venite ergo, festinate, duplici praemio remunerandi, videlicet terra viventium terraque melle et lacte manante omnique victuali habundante. Ecce, viri, nostri sanguinis effusione undique patent viae. Nichil vobiscum afferatis*, nisi quod quoquo modo sufficiat, quousque ad nos veniatis. Viri tantummodo veniant, feminae adhuc domi dimittantur. De domo, in qua duo sunt, alter veniat expedicior ad bellum. Maxime vero hi, qui vota fecerunt; qui nisi veniant et vota persolvant, ego apostolicus patriarcha et episcopi omnisque ordo orthodoxorum excommunicamus et omnino eos a communione ecclesiae removemus. Et vos idem facite, quod nec sepulturam inter christianos habeant, nisi competenti causa remaneant. Venite, et nobiscum duplicem gloriam percipite. Hoc itaque et vos scribite.

94. *Heinricus V rex Heinricum IV imperatorem rogat, mandet Heinrico Crasso comiti, ut sibi Salfeldam profecturo praesidium det. Natalem Christi diem ab imperatore secum agi cupit*[b]. (E 183)

1099-1100 Domino patri venerando H(einricus), Dei gratia id quod est, cum fideli orationum instantia devotissima ac semper parata servicia.

Diligens caritas et affectuosa paternitatis vestrae serenitas, quae in gerendis rebus meis sollicitam semper exhibet consultationem, hoc plane hortatur et suadet: ut universae consilii mei intentiones vos praecipue respiciant et ad exequenda negocia mea, prout tempus et necessitas exposcit, familiariter vos invitent. Quoniam igitur, ex consiliis meorum nuper inductus, inchoante dominico adventu Salevelt ire decrevi — quod et industria vestra sepe litteris, sepe vivis vocibus paterne me commonuit — commodum quam maxime duxi, ut hoc iter et universa, quae honori et utilitati vestrae conveniunt, iuxta mode-

a. *om. B.* b. *ex V 84v—85, Z p. 177—178.*

rationem consilii vestri disponam et peragam. Nichil enim, ut 1099-1100 verum fatear, usque adeo grave vel impedimentum mihi poterit incumbere, quod non videatur participatione consilii et favoris vestri felices exitus posse invenire.

Nunc ergo ad huius negocii inceptionem hoc precor et familiariter suggero: ut favor vester apud H(einricum)[1] filium O(ttonis) ducis tutam viam mihi ceterisque, qui mecum profecturi sunt, caute provideat.

Hoc quoque, venerande pater, summopere postulo: ut vos ipse in praedicto loco ad nos venire et dominicam nativitatem nobiscum agere dignemini; quatinus praesentia vestra ipsam sollempnitatem nobis letam efficiat et ceteras res nostras patrociniis suis sustentet et regat. Quicquid[a] autem paternitas vestra super hac re deliberaverit, nobis insinuare non differat; ut in tempore scire possimus, quid tandem agere vel sequi in hac re debeamus.

95. *Canonici Bambergenses Friderico I archiepiscopo Coloniensi gratulantur. Petunt, ut sibi subveniat*[b]. (E 218)

Sacrosanctae Coloniensis ecclesiae archipontifici F(riderico), 1100 primevae[2] indoli virtutum ac dignitatum assecutione respondenti, praepositus cum toto Babenbergensium fratrum collegio impensissima utriusque hominis obsequia.

Quam festiva vestrae beatitudinis promotione susceperimus gaudia, nullius[c] quantumlibet diserti explicabit facundia. Quisnam, quaeso, orator illum nostri pectoris vocibus prosequeretur affectum, cum filium karissimum, sub pennis nostrae fraternitatis fotum et altum, in cathedra Coloniensis ecclesiae videmus exaltatum[3].

a. Quicquit Z.   b. *ex V 93v, Z p. 198—199, C 46, B 36.*   c. nullus C.

1. Heinricum Crassum comitem, filium Ottonis de Northeim ducis Bavariae, qui anno 1101 accepta ab imperatore marchia Fresiae, ibidem interfectus est; v. Annales Hildesh. 1101 et Ekkehardi chron. 1103, Mon. Germ. SS. III 107 et VI 225.   2. Cf. not. 3 verba haec: „adhuc adolescentem".   3. V. Ekkehardi chron. (Mon. Germ. SS. VI 218) 1100: „Heinricus imperator — in epiphania (Ian. 6) Fridericum Babenbergensem canonicum, adhuc adolescentem, Coloniae archiepiscopum designavit; qui ordinatus est in festivitate S. Martini (Nov. 18) die dominica".

1100   Ea quippe die nostrae statum ecclesiae, in aliquibus temporis asperitate nutabundum, in tantum speravimus esse suffulciendum, ut vobis superstite nullum vel sentire possit dispendium. Sed, quod nimirum nostris asscribendum est infortuniis, non solum hoc sterilitatis anno vestris non sumus relevati[a] suffragiis, verum etiam, vobis gravioribus occupato negociis, nostris per vos[b] destituti sumus oblationibus. Nostis quidem, praesulum serenissime, nostrae querelae causam iamiamque processu temporis inveteratam, quae licet sepenumero per fratres nostros auribus vestris innotuerit, nichil tamen nobis[c] vestrae maiestatis contulit audiencia; quin immo eo usque res deducta est, ut non solum ad tempus bonis nostris caruisse sed etiam ea prorsus videamur amisisse.

Siquidem miles vester N. pertinaci animo nostram retentat oblationem, nec ulla ratione asserit se redditurum, nisi tantundem aut amplius a vobis recipiat. Alius quidam[d] iactat, se oblationem nostram N. in possessionem coemisse. Talibus itaque[e] et aliis necessitudinibus circumventi, non modicam stipendii et oblationis nostrae patimur penuriam. Quocirca, si ulla fraternitatis nostrae vobiscum vivit memoria, si precum nostrarum devotio vel minimo vobis constet momento, causam nostram in libra aequitatis et gratiae appendite; hoc videlicet vobiscum accuratius pertractans, quantum vestrae deroget estimationi, eos de vobis causari, quos maxime oportet per vos sublevari. Quod ne quando futurum sit, dispensatio divina cuncta moderans avertat; quae vos etiam sic[f] moderari dignetur, quatinus, ipsi placens et hominibus, memoriam vestri in benedictione perpetim consolidetis.

---

96. *Canonici Bambergenses Fridericum I archiepiscopum Coloniensem rogant, ut sibi contra homines quosdam opituletur Petrumque magistrum concedat*[g].   (E 217)

1100-1101   Sanctae Coloniensis ecclesiae archiepiscopo E(gilbertus) prae-

a. revelati *Z*.   b. nos *B*.   c. vobis *B*.   d. quidem *VZ*, quida *C*, quidam *B*.   e. utique *B*.   f. om. *V*.   g. ex *V 93, Z p. 198*.

positus, A(dalbertus) decanus cum omnibus canonicis votiva ora- 1100-1101
tionum holocaustomata.

Multis et variis negociorum dispositionibus vobis irretito, opere precium duximus, stricto et compendioso sermone, nobis tamen admodum necessario, aures vestrae pietatis compellare. Et utinam hanc odiosam necessitudinem invida[a] fatorum series nobis ademisset; ne vobis, cui multo maxime vellemus esse honori, umquam fuissemus oneri. Verum inexpleta cupiditas hominum, cui tam deest quod habet quam quod non habet, si credere fas est, non solum humana sed et divina subvertit negotia.

Siquidem — serenissima legationis vestrae iam pridem recreati aura, qua nobis certissimam redimendae spem oblationis intulistis — non longe post infanda feneratoris pessimi quassati sumus procella. Qui voce nefaria publice protestari non puduit: se nulla ratione velle carere praesentis anni reditibus, etiamsi eadem die reciperet summam debiti. Insuper alia satis bestialiter elatravit; videlicet: non aliud sibi ponderari argentum quam Achivae venae.

Preterea duo N., vester inquam ministerialis et mordax mordacis casei vermiculus, satis grandia de non reddendo beneficio trutinant verba. Identidem actitat miles vester N.

Talibus itaque iniuriis lacessiti, cum fratres vestros germanos[1] Ratisponae comperissemus, misimus ad eos oratum: ut vel iure vel gratia apud illos efficerent, ne ulterius bona nostra quasi praedatoria manu occuparent; simul et rapaces minas feneratoris illius deteximus. Ad hec illi satis placide responderunt; verum huiusmodi negocium vestrae audientiae reservandum esse censuerunt.

Nunc ergo, fraterna suggestione persuasus et nostrae legationis conquestione commonitus, prout vestram decet excellentiam,

[a] invidia *V*, invidâ *Z*.

[1] Alberici chron. (ap. Leibnitium Acc. hist. II 251) 1126: „fratres — Ingelberti (marchionis Foroiuliensis) erant episcopus Ratisbonensis (Hartwicus 1106—1126) et archiepiscopus Coloniensis Fredericus". Cf. Vit. Norberti, Mon. Germ. SS. XII 689.

1100-1101 facite matri vestrae, scilicet Babenbergensi ecclesiae, iudicium et iusticiam.

Ad extremum obnixius piétati vestrae supplicamus, ut domnum Petrum nobis necessarium per vos habere possimus. Destituti enim sumus disciplinae scolasticae magisterio; et in hac re benignitatis vestrae compassio non modico nobis poterit esse suffragio.

97. *Canonici Bambergenses Petrum magistrum hortantur, ut scholam gubernandam tandem suscipiat*[a]. (E 219)

c. 1101 Scolastico per omnia viro P(etro), solidissimam honestatis formam nominis etiam praesagio praeferenti, E(gilbertus) praepositus, A(dalbertus) decanus cum omnibus confratribus unanime fraternae caritatis contubernium.

Satis mirari nequimus, quid potissimum tanto temporis intersticio tuum nobis remoretur adventum. Multas quidem causas morarum finximus, que te plus minusve quatuordecim diebus remorari possent. Sed te ultra terminos praescriptos longius agente, quid comminisci possimus, haut facile[b] occurrit; nisi forte, quod absit, vel valitudine distraharis vel, quod inviti opinamur, prorsus venire rennuis. Quorum alterum votivis precibus relevare studemus, alterum pro communi utilitate, quantum fas est, dissuademus.

Enimvero non clam te est: quam pronus omnium nostrum affectus in te, paucis admodum exceptis, exuberavit; quam vigilantem et accuratam sumpserimus operam, quatinus, prout corde destinavimus, scolasticae praeficereris cathedrae. Verum, quia non est in homine via eius, pleraque rerum humanarum fortuitis casibus disturbantur; et, nostris quod votis exoptamus, impeditum est quibusdam annitentibus. Nos tamen cum nostri honoris respectu tum dilectionis tuae obtentu sententiam non solum non[c] mutavimus, verum etiam eo usque rem deduximus, ut tandem sine omni refragatione magisterium cum beneficio tuis

a. *ex V 93v—94, Z p. 199—200.* b. n *add. V.* c. non *addidi.*

mancipetur usibus. Etenim fratrem nostrum G. taliter beneficiis c. 1101 impulimus, ut nullus in hac parte controversiae pateat locus.

Postea vero quam ad* id loci magno conamine ventum est, protinus confratrem nostrum H. in fide spectatum tibi destinavimus; cui etiam signum inter nos condictum, repositione videlicet sinistri pollicis in tua dextera se concludentis, satis argumentose designantes, per fidem fraternitatis obtestati sumus, ut quantocius te nostris praesentaret aspectibus. Quod, ut exitus docet, secus cessit. Nam, diu expectatus, nec rediit nec aliquid certi de te renunciavit. Proinde dubii et anxii legatum non minus idoneum in idem secrevimus negotium, qui maturius, quid habeas animi, non gravetur experiri. Eia, abrumpe moras et, nostris beneficiis cumulandus, nostrae fraternitatis ocius inserere visceribus. Vale.

---

98. 'Ad Ruzelinum*' de vocibus. (E I 6)

 Quas, Ruziline[d], doces, non vult dialectica* voces,   c. 1100
 Iamque, dolens de se, non vult in vocibus esse;
 Res amat, in rebus cunctis vult esse diebus.
 Voce retractetur: res sit, quod voce docetur.
5 Plorat Aristotiles, rugas ducendo seniles,
 Res sibi subtractas, per voces intitulatas;
 Porfiriusque gemit, quia res sibi lector ademit;
 Qui res abrodit, Ruzeline, Boetius odit.
 Non argumentis nulloque sophismate sentis,
10 Res existentes in vocibus esse manentes.

a. ad *addidi*.   b. *ex* V 1v—2, Z p. 2—3.   c. Roselinum Z.   d. Ruzeline Z.   e. dialetica V.

1. De Ruzelino s. Roscelino canonico Compendiensi cf. Hist. lit. IX 358 squ. et Hauréau De la philosophie scolastique I 171 squ. (Otto Frising. Gesta Frid. L. I c. 47: „Rozelinum — qui primus nostris temporibus in logica sententiam vocum instituit").

99. *Super Arnulphum Laudunensem'. (E I 5)

c. 1100

Non, Arnolfe, loci, non mille sophismata prosunt.
Sum proponis *homo*; *non homo* fata probant.
His argumentis ad idem duxere Platonem;
Hisdem conclusus, conticuit Socrates.
5 Nunc, Arnulfe, tibi pietas et gratia Christi
Subveniant melius quam genus et species.

---

100. ⁵Epitaphium filiae comitis cuiusdam. (E I 4)

c. 1100

Dum legeret generosa genus, speciem² speciosa,
Egra fit ex nimio Basilias studio.
Nullaque cum placeat carnalis ei medicina,
In quo spes eius, sit medicina Deus.

---

101. *Rupertus episcopus Bambergensis archiepiscopo Moguntino de comite N. anathematizato significat*°. (E 208)

1075-1102

Domino et patri sanctae Moguntinae sedis archipontifici R(upertus) Dei gratia Babenbergensis ecclesiae[d] episcopus cum instantia precum fidele servitium.

Nos procul dubio fore illos, in quos fines seculorum venerunt, ex ipsis, quae patimur[e] in dies, declaratur periculis. Nam, ut cetera omittam quibus absque morarum intervallis quatimur immo consternamur, quid umquam a barbarie nobis incuteretur atrocius, quam a nostrae fidei professoribus? Qui

a. *ex V 1v, Z p. 2.*   b. *ex V 1v, Z p. 2.*   c. *ex V 90, Z p. 190, C 45v, B 35v—36.*   d. *om. VZC.*   e. *quae patimur om. CB.*

1. De quo v. Historiae Franc. fragmentum a Roberto ad mortem Philippi I regis (ap. Duchesne Hist. Franc. Script. IV 89—90, Bouquet Rec. XII 3): "Hoc tempore tam in divina quam in humana philosophia floruerunt Lanfrancus Cantuariorum episcopus, Guido Langobardus, Maingaudus Teutonicus (i. e. Manegoldus), Bruno Remensis, qui postea vitam duxit heremiticam. In dialectica quoque hi potentes extiterunt sophistae: Ioannes, qui eandem artem sophisticam vocalem esse disseruit, Rotbertus Parisiacensis, Roscelinus Compendiensis, Arnulfus Laudunensis. Hi Ioannis fuerunt sectatores; qui etiam quam plures habuerunt auditores". Cf. Hauréau l. l. I p. 172 et 175.   ●2. Cf. supra versus: Super Arnulphum Laudunensem.

vota fidelium, precia peccatorum, respectu divini timoris post- 1075-1102
posito, quasi hereditario iure ad se transmissa, suis usibus ad-
dicunt; et nos, quibus oblationum earundem credita noscitur
dispensatio, vel miris irrident modis vel in vincula coniciunt
vel, quantum in ipsis est, morte multare non perhorrescunt.
En ego, minimus episcoporum, vester tamen qualiscunque in
domo Domini cooperator, quibus et quantis calamitatibus a
comite N. afficior; qui agros ecclesiae meae tamquam suos per
triennium aut[a] eo amplius praedatoria manu occupat. Quem
cum nec iure nec gratia[b] a tanto scelere possem revocare, confratrum et fidelium meorum consilio, membrum lanians et persequens ecclesiam Dei, secundum instituta canonum a consortio
eiusdem matris ecclesie gladio anathematis recidi. Quod idcirco vestrae sanctitati significare curavi, quatinus auctoritate
divinitus vobis collata pertinatiae ipsius obvietis; ne, iniquitatem
scientes et silendo dissimulantes, tyrannidem[c] eius, quandoque
nocituram, roborare videamini. Fraternis ergo compatiendo
pressuris, ascendite quaeso ex adverso. Nam, quamvis pauci
simus numero, communicatis tamen sinceriter viribus, Domino
patrocinante cuius vicem gerimus, facile calumpnias perver-
sorum propulsabimus.

102. *Heinricus IV imperator Rupertum episcopum Bamber-*
gensem rogat, ne se inscio Ö. divitis beneficium alicui
assignet[d]. (E 192)

Heinricus[e] Dei gratia Romanorum imperator augustus R(u- 1084-1102
perto) Babenbergensi episcopo gratiam et omne bonum.

Quoniam semper nobis fuisti fidelis, quemadmodum debuisti, et nostrum honorem sicut vir sapiens et fidelis egregius
retinere et amplificare studuisti, grates tibi quam maximas referimus; et inde, procul dubio scias, tibi dignam facere remunerationem intendimus. Tuam igitur rogamus fidelitatem confidenter: ut de beneficio, quod fuit .Ö. divitis, nullam promissio-

a. et *V*.   b. gratiae *Z*.   c. tyrandem *Z*.   d. *ex V 86v, Z p. 181—*
182, C 41.   e. H. *ZC.*

1084-1102 nem vel concessionem alicui facias, donec nobis loquaris aut inde nostram sentias certis litteris voluntatem. Si enim hoc adtenderis, nos faciemus propter tuam caritatem, quod nos rogasti in tuis litteris. Et tu stude honori nostro, sicut in te confidimus, providere.

103. *Heinricus IV imperator a Ruperto episcopo Bambergensi petit, ut G. mortui filio beneficium patris concedat. Commendationem pueri se praesente fieri vult*[a]. (E 193)

1084-1102 Heinricus[b] Dei gratia Romanorum imperator augustus R(uperto)[c] Babenbergensium episcopo gratiam et omne bonum.

Novit optime dilectio tua, quanto tempore quam optima fide nobis servierint Ö. et filius eius G., qui nuper miseranda omnibus bonis, quia[d] inmatura, morte recessit a seculo. Urget itaque nos[e] tam humanitatis compassio quam iusticiae necessitudo, ut in parvulos eiusdem G. avitae et paternae servitutis memores simus et orbitati eorum debitae pietatis suffragio consulamus. Unde te sollicite commonemus et summis precibus obsecramus: ut filio eius patris beneficium benigne pro respectu Dei et nostra interventione concedas; nulla hoc differens occasione, nulla excusans vel abnuens ratione. Commendationem autem pueri usque in praesentiam nostram ut differas, rogamus, sicut de nobis curas.

104. *Heinricus IV imperator Ruperto episcopo Bambergensi mandat de pecunia collecta; de colloquiis, et suo et principum; de iniuriis ab Ö. ei illatis; de C. infestando*[f].

(E 194)

1084-1102 Heinricus[g] Dei gratia Romanorum imperator augustus R(uperto) Babenbergensi episcopo gratiam et omne bonum.

Quoniam, te semper nobis fidelem esse per omnia, quemadmodum debuisti, probavimus et amicum amicis nostris et inimicum nostris inimicis et infidelibus te praedicabiliter inve-

a. *ex V 86v, Z p. 182, C 41, B 33v.*   b. H. ZCB.   c. R. om. VZ.
d. quam B.   e. nos om. V.   f. *ex V 86v—87, Z p. 182.*   g. H. Z.

nimus, grates tibi quam maximas prout egregio fideli referimus. 1084-1102
Hoc igitur in te plurimum laudamus et amamus, quod propter
nostrum honorem illis, qui in nostrum auxilium venire debebant,
collectam pecuniamᵃ dividere voluisti. Volumus autem:
ut apud te servetur, si nondum eam divisisti, donec tibi nostram
inde voluntatem per nostrum nuncium et litteras mandabimus.

Et quoniam tibi et aliis principibus nostris per nostros nuntios,
ut ad nostrum venirent colloquium, mandavimus, volumus,
ut venias et aliis, ut veniant, modis omnibus suadeas; quoniam
tecum et cum illis tractare volumus de honore nostri regni.
Si autem hoc nullatenus efficere possis et ipsi, nolentes ad
nostrum venire, colloquium suum statuerint, rogamus tuam fidelitatem:
ut intersis eorum colloquio et ibi, nostros amicos confortando
et inimicis viriliter obloquendo, diligenter tractes de
honore nostro.

Movet quidem nos plurimum, quod Ŏ. te offendit, sicut
nobis mandavisti. Sed nos nostros ei nuntios inde transmittimus;
et, quicquid super hoc ad honorem tuum facere poterimus,
faciemus.

Placet quidem nobis multum, quod de C. nobis mandasti.
Unde te summopere rogamus, ut illum velut Iudam et sceleratissimum
mendacem modis omnibus, sicut in te confidimus, persequaris et abhomineris.

Deinde sit tibi cura et sollicitudo maxima: remandare nobis
per fidelem nuntium, quicquid boniᵇ vel mali de proximo colloquio
vel de ceteris, quae pertinent ad nos, poteris cognoscere.

Ad ultimum grates habeas, quod nostris pepercisti. Et nos
inde tibi faciemus, quod erit honor tuus.

---

105. *Heinricus IV imperator Ruperto episcopo Bambergensi de
ecclesiae Bambergensis custodia et de Ŏ. comitis beneficiis
scribit*ᶜ. (E 196)

Heinricusᵈ Dei gratia Romanorum imperator augustus R(u- 1084-1102

a. pecuniam Z.   b. boni om. V.   c. ex V 87, Z p. 183, C 41—41v,
B 34.   d. H. ZCB.

1084-1102 perto) reverentissimo et* patrino suo in Christo dilectissimo gratiam suam et plurimam in Christo salutem.

Cum prae omnibus maximam in te habeam fiduciam, miror, quod totiens te pro una eademque re rogavi et nichil mihi dignum pro mea spe respondisti; praesertim cum nichil umquam ita sit arduum, quod putaverim abs te mihi denegari. Sed et adhuc, iteratas preces ingeminando, identidem dilectionis tuae dulcedinem velim exoratam, ut de custodia ecclesiae tuae inclinatius mihi aurem praebeas et eam mihi per praesentem nuntium transmittas.

Preterea, quia comes Ó. obiisse dicitur, non aliter te rogo, quam ut revocem tibi in memoriam, si quid pro amore[b] et voluntate tua fecerim; ita ut aperte in hac peticione experiar, quantum me diligas. Nec te rogo nisi talia, quae honori et proficuo tuo erunt profutura. Rogo inquam: ut beneficia, quae ex te habuit, nulli promittas nec aliquid inde facias; sed totam ipsius rei actionem differas usque ad nostram utriusque ad invicem praesenciam.

106. *Heinricus IV imperator Ruperto episcopo Bambergensi scribit de ecclesiae eius custodia et de principum decreto*[c].

(E 195)

1084-1102 Heinricus[d] Dei gratia Romanorum[e] imperator augustus R(uperto) venerabili episcopo et dilecto compatri gratiae suae optimam voluntatem.

Quia[f] in custodia Babenbergensi per effectum operis nostram implesti voluntatem, magnas tibi grates sicut optimo fideli nostro referimus. Quod superest, rogamus et firmiter tibi praecipimus: ut prohibeas, ne eiusdem ecclesiae custos alicuius inde aut calumpniam aut iacturam[g] in bonis suis paciatur. Et illos, qui se de illa custodia beneficiatos asserunt, episcopali auctoritate constringe; beneficia de ipsorum manibus excute et restitue.

Nam id principum nostrorum decreto indultum atque con-

a. et om. V.   b. tuo add. V.   c. ex V 87, Z p. 183, C 41, B 33 r.
d. H. ZCB.   e. om. ZC.   f. Qui Z.   g. aut iacturam addidi.

cessum et* firmatum est: ut nullus praepositus vel custos eccle- 1084-1102
siae potestatem habeat, quicquam de bonis ecclesiae in beneficium alicui praestare; et si factum fuerit, irritum haberi.

107. *Rupertus episcopus Bambergensis Heinricum IV imperatorem rogat, ut praedium ecclesiae Bambergensi ablatum
reddi iubeat*[b]. (E 199)

Heinrico[c] desiderantissimo Romanorum imperatori augusto 1084-1102
R(upertus), Dei gratia id quod est, cum universa congregatione
Babenbergensis ecclesiae servile obsequium et sine intermissione
constantiam orationum.

Maximas vestrae pietati gratias referimus, magisque in dies
pro vestra sanitate et imperii stabilitate orare non cessamus.
Quoniam omnes peticiones nostras benigne suscipitis, misericorditer[d] in necessitate subvenitis; nostrisque fratribus honores
dignitates beneficia impendendo, universum claustrum nostrum
honoratis.

Predium autem pietatis vestrae, quo nostrum stipendium
adauxistis, partim vestri partim ministeriales domni N. invaserunt,
vestramque[e] elemosinam sub vestro singulari patrocinio nobis
penitus abstulerunt. Nos profecto nichil ipsis, nichil aliis quibuslibet in beneficium de eodem predio concessimus; sed in perpetuam vestri nominis memoriam[f] nostris usibus ordinavimus.
Nunc igitur nos omnes communiter vestram inploramus clementiam[g], quatinus imperiali vestra legatione invasorum illorum
audatiam retundatis. Qui vestrum imperiale decretum trans-
gressi sunt, quo indissolubiliter constituistis: ut illud predium
nec a nobis nec ab aliquo praeposito ulli hominum in beneficium posset concedi, sed pro salute animae vestrae nostrae
deserviret in perpetuum necessitati. Itaque vestra imperialis legatio efficiat, quatinus modo praedicta praeda nobis[h] restituatur
ac deinceps nullus vestrum[i] edictum transgrediatur.

a. atque VZ.   b. ex V 87v, Z p. 184, C 42, B 34.   c. H. ZCB.   d. nobis excidisse videtur.   e. vestram CB.   f. illud excidisse videtur.   g. benignitatem CB.   h. nobis praedicta praeda V.   i. frm̄ CB (pro ur̄m).

108. *Petrus episcopus Patavinus Heinrico IV imperatori de miraculis ad Clementis III antipapae sepulcrum editis refert*[a][1]. (E 173)

1101-1102 Heinrico[b] glorioso imperatori[c] P(etrus) Patavinus[d] episcopus fidelissimum servicium.

Ea, que libenter vos credimus audire et plurimum inde gaudere, quae etiam ubique sunt praedicanda, vobis mittimus. Quae videlicet ex plurimis miraculis, quae divina clementia per merita felicis memoriae domini nostri Clementis papae ad eius sepulcrum est operata, a Iohanne Castellanae-civitatis episcopo transmissa, ad nos usque sunt perlata.

Quidam nomine Petrus, eiusdem episcopi famulus, in tantum ductus est[e] oculorum dolorem, ut penitus amitteret lumen; et per spacium trium ebdomadarum penitus cecus permansit. Qui, ductus ad sepulcrum domni papae, se ibi in orationem dedit. Non multo post sanguis ab eius oculis effluxit; et ita lumen recepit.

Quidam diaconus nomine Crescentius lepra horribili toto corpore[f] perfusus, orans ad tumulum beati viri, factus est sanus.

Comitissa[g] ipsius civitatis et quidam puerulus eiusdem loci, quartanis febribus per annorum duorum spacia vexati, per merita sancti Clementis papae sunt liberati.

Vir quidam nomine Wido cum uxore sua, perditis luminibus, per merita sancti illuminantur.

Quidam nomine Petrus, per annos tres manuum et pedum officiis perditis, delatus ad sepulcrum sancti, statim effectus est sanus.

a. *ex V 81v—82, Z p. 169—171:* De miraculis Wiberti (Wicberti *V*) papae, qui et Clemens.   b. H. *Z.*   c. *om. V.*   d. Pictavinus *V.*   e. est *om. V.*   f. corpori *V.*   g. cometissa *Z.*

1. Cf. Annales S. Disibodi (Mon. Germ. SS. XVII 17) 1099: „Interea Wigbertus, Romanae et apostolicae sedis invasor, moritur. — Quidam autem de fautoribus eius rumorem sparserunt in populum, ad sepulchrum eius se vidisse divina micuisse luminaria. Quapropter dominus apostolicus Paschalis, zelo Dei inflammatus, iussit, ut effoderetur et in Tyberim iactaretur. Quod et factum est".

Adolescens quidam fere per unius anni spacium tanto men- 1101-1120
brorum fuerat detentus languore, ut nec stare nec sedere nec
ambulare vel quoquo modo quiescere valeret. Veniens mater ad
sepulcrum sancti eumque pro filio deprecata et domum reversa
invenit filium sanum.

Sutor quidam vocabulo Paganus, pravorum verborum con-
vitiis plenus, beati papae Clementis horribilis maledicus, cum
die quadam vellet aleis ludere cum quodam milite pontificis:
Modo inquit *ludamus; quia statim te vincam.* Cui miles: *Si vere*
inquit *dominus meus Clemens est sanctus, ego te vincam.* Et
ille: *Si ipse est sanctus, et ludum et lumen protinus amittam.*
Et statim factus est cecus. Vix sustinens per duos menses
intolerabilem oculorum dolorem, ductus tandem ad sepulcrum
sancti, illuminatus est.

In anniversario eius quidam per multos annos cecus, ante 1101?
sepulcrum eius prostratus, in prima vigilia lumen accepit. Sept.

Quidam homo Ferro nomine cum febre maxima tantam pa-
tiebatur ventris* ingluviem, quod nunquam poterat saturari.
Quia omnia, quae edebat, ab inferiori parte absque digestione
emittebat. Et per duos annos hac passione adeo est afflictus,
quod ad extremum iam pervenerat vitae. Tandem ad tumulum
sancti ductus, factus est statim sanus.

Cuiusdam piscatoris uxor gravissima paralisi adeo est per
multum tempus vexata, quod os ei retortum erat usque ad aures;
oculi terribiles. Ducta ad sanctum corpus, facta est sana.

Quidam illustris homo, officio manus amisso, orans ad
sepulcrum sancti, restitutus est sanitati.

Quidam heremita magnae religionis afflictionis causa circulum ferreum nudo corpori circumposuerat. Quem caro accrescens
graviter affligebat et multis doloribus replebat; fetorem etiam
ferre non poterat. Qui, licet adversariae parti penitus faveret,
dolore tamen urgente ad sancti sepulcrum pervenit. Ubi fracto
circulo, ab illa gravissima angustia liberatus est.

Quidam alius cecatus cucurrit ad sanctum et statim illuminatus est.   a. *om. V.*

1101-1102 Quidam presbiter per totum fere annum tanta infirmitate est detentus, quod de lectulo suo[a] non poterat se movere. Ductus ad sanctum, redditus est sanitati.

Surdus ibi recepit auditum. Et mulier, per quatuor annos sanguinis fluxu fatigata, ad sepulcrum apparente sibi beato Clemente effecta est sana. Ibique mulier quaedam adeo incurva, ut caput genibus iungeretur, est erecta. Et quaedam puella ante et retro gypposa, videntibus cunctis qui aderant, fractis gyppis[b], sana facta est. Alia quaedam ab insania liberata est. Alia, cuius manus et brachium aruerat, sanitati est restituta. Quidam per novem annos mutus loquelam recepit ibi.

In civitate Tuscana, quae est iuxta Bitervum[c], a Reinhero monacho quem Pascasium[d][1] vocant episcopus consecratus presbiteris — ordinatis ab episcopis papae Clementis — officium interdixerat divinum; dicens, illos presbiteros non esse. Illi contristati petierunt a maioribus terrae, inde fieri legem. Statutum est itaque: ut tres presbiteri ex parte beati Clementis et tres ex adversa ferrum ignitum deferrent. In nostris itaque nullo ignis signo prorsus reperto, manus adversariorum penitus combustae apparuerunt. Protinus episcopus cum suis complicibus a cunctis clericis et laicis ab eodem est episcopatu depulsus.

Duo presbiteri rogaverunt Deum, ut, si ipse esset sanctus, ora distorta haberent. Quod ita factum est; et hoc tota provincia novit.

Quidam laicus rogavit similiter, ut, si ipse sanctus esset, manum aridam haberet; et statim arefacta est.

In fine horum praedictus Castellanensis[e] episcopus[2] subscripserat: „Multa sunt autem alia, dilectissimi fratres, quae longum est enarrare; et sicut certissime creditis, quod Deus veritas est, ita verissime teneatis, quod hec vera sunt omnia".

a. om. Z.   b. gybbis Z.   c. Biternum VZ.   d. Paschasium Z.   e. Caestaelanensis V.

1. Paschalem II papam.   2. Iohannes.

109. *Canonici Bambergenses Emehardo episcopo Wirzeburgensi exponunt, quomodo Petrus magister a gubernanda schola Bambergensi discesserit*[a]. (E 220)

Sanctae Wirzeburgensis ecclesiae praesuli E(mehardo), solidissimae in domo Domini columnae, E(gilbertus) praepositus A(dalbertus) decanus cum universo fratrum collegio, non sine frequentia precum suae devotionis obsequium.

c. 1101—1102

Sanctitatis vestrae monita tanto gratantius amplexamur, quanto liquido nobis constat, de sincero cordis vestri armario eadem propinari. Quocirca, ut taceamus de loci nostri quem summopere diligimus honore, paternitatis vestrae reverentia non pigros, in quibuslibet imperatis, nos habebit asseclas.

Verum quia vestra dignatio scripsit, multis videri, iniusta occasione domno P(etro) praebendas a nobis fuisse sublatas, fides et estimatio huius rei praecipue sit apud eos, qui rem simpliciter absque causarum conexione considerare solent. Vos autem, quem divinior animus ultra communem hominum extulit intelligentiam, accuratius perpendite, quibus causis inpellentibus tale nobis sederet consilium. Non enim — ut aliqui fortasse, fratris eiusdem sermonibus illecti, arbitrantur — pueriliter et quodam repentino animi impulsu praebendis ipsum privavimus sed suspendimus. Cuius rationem suspendii vestrae audientiae, si vacat, breviter exponemus.

Cum eundem fratrem, fama scientiae ipsius adducti, unum ex nobis fecissemus et scolarum officio subrogassemus, cepit in ipso amministracionis suae exordio quibusdam novitatibus indesinenter abuti. Quae licet alienissime nostrae viderentur institutioni, tamen — quod tandem evenit, ne accideret, veriti — sepe de quibuslibet fraterne monitum, sed non emendatum, ultro citroque subportavimus. Tandem nescimus qua praesumptione spiritus eo processit, ut praelatis suis nullam exhibere vellet obedientiam; sed suo arbitratu, quicquid erat libitum, sibi fecit licitum. Quod inauditum insolentiae genus — quod[b] non tam sibi quam ceteris confratribus nostris perniciosum erat, qui fa-

a. *ex V 94—94v, Z p. 200—201.*   b. *quod addidi.*

c. 1101—
1102

cile simili exemplo iugum obedientiae aliquando detrectarent — sic repressimus, ut, quadam die* sine consensu decani proficiscenti, praebendas communicato consilio suspenderemus. Quas tamen ipsi, revertenti post biduum, resignavimus.

Sed ipse, more philosophantis[b] accuratius omnia persequens, qualitatem stipendiariae suspensionis libra iusticiae examinare se velle dixit. Itaque accivit omnes loci nostri canonicos, monachos etiam aliquot. Et genere causarum canonice discusso hinc et inde, par sentencia ab omnibus promulgata est: iure potuisse praebendas suspendi sine obedientia proficiscenti. Quam sententiam indigne ferens tali responso excepit: *Modo sint et in eternum suspensae!* Protinus concilium exivit. Nos vero, missis nunciis post eum, suggessimus ei, ut tantum quesita venia reciperet sua. Quibus nichilominus ampullosa quaedam reddidit verba: velle se potius in flumine submergi, quam conventui nostro humiliari.

Post tot et tanta nostri contemptus intestina ludibria suis nos per circuitum diffamavit querelis; instabilitatem suam in nostram, si fieri posset, retorquere cupiens constantiam. Quod non temere scriberemus de fratre, nisi id quodammodo summorum testarentur scripta virorum — vestra nimirum et episcopi Coloniensis[1] — apud quos odorem nostrum fetere fecit. Verumtamen, licet domi nobis illuserit foris derogaverit, nobis propositum est, vos cordetenus diligere, vobis parere, vos ut patrem et dominum venerari et colere; tantum ne hanc nobis imponatis necessitudinem, ut unius ex industria descendens praesumptio fiat multorum destructio. Et quidem, accepta legatione vestra, e vestigio[c] vestrae paruissemus iussioni, nisi quod obstinato animo recusavit humiliari.

Quid igitur super hoc negotio vestrae videatur prudentiae, communicato cum prudentioribus quibusque cleri vestri consilio, filiis paternitatem vestram devote consulentibus renunciare curate.

a. die *om. V.*   b. phylosophantis *Z.*   c. euestio *V.*
1. Friderici I archiepiscopi.

110. *Canonici Bambergenses R. magistro scholam Bambergensem regendam offerunt*ª. (E 221)

Summae venerationis magistro R. sollertia virtutum ad unguem limato E(gilbertus) praepositus, A(dalbertus) decanus cum toto Babenbergensium fratrum collegio solidissimum fraternae dilectionis vinculum. c. 1101— 1102

Industriae tuae fama, qua et moribus et scientia eminere praedicaris, ultro citroque illecti, ardentibus votis faciem tuam videre desideramus. Sed si contingat sic videre, ut reliquam etatem nobiscum velles transigere, profecto plenum[b] nobis apportares gaudium et quodammodo de magnis curarum estibus absolutos in optatae stationis portu locares. Enimvero longo iam tempore scolasticum quaerimus; sed, qualem vellemus, non reperimus. Nam, non equis ducti auspiciis, vel ipse[1] nobis vel nos illi displicemus. Proinde si fieri potest, te, virum spectatum et multorum testificatione nobis approbatum, scolasticae subrogare decrevimus disciplinae; fiduciam habentes, per[c] constantem[d] eruditionis tuae modestiam et nos et locum nostrum habunde condecoratum iri.

Si ergo animus tuus quacunque ratione votis nostris concordet, petimus: ut quantocius Wirzeburc[e] accedas; ubi communibus amicis mediantibus, conventio, tibi nobisque profutura, inmutabiliter concilietur.

111. 'Epitaphium Rôberti[g] Babenbergensis episcopi.
(E I 14)

Rebus in humanis dum fallat mundus inanis,
    Hac, homo, quid sit homo, vel meditare domo.
Maxima spes plebi, decus evi, gloria cleri —
    Carnea materies solvitur in cineres.

1102
Iun. 11

a. *ex V 94v, Z p. 201—202, C 46v, B 36.*   b. plenum gaudium nobis *B.*
c. pro *B.*   d. constantiam *VZ.*   e. Wirzeburch *V.*   f. *ex V 2, Z p. 4.*
g. Rôdberti *Z.*

1. Petrus magister.

112. *Heinricus IV imperator Ottoni I episcopo Bambergensi Bambergae bene excepto gratulatur. Utilia suadet, opem pollicetur*[a]. (E 212)

1103 Febr.

H(einricus) Dei gratia Romanorum imperator augustus O(ttoni) Babenbergensis sedis[b] episcopo gratiam dilectionem et omne bonum.

Perfectus amor cum utique domesticus cordis sit, non ad oculum tantum valet, non ad oculum spectat, non pendet ex tempore. Per quem absentes quanto longius separantur, tanto arcius mutua pro se sollicitudine constringuntur. Nos certe absentis tui ampliorem, quam dum affuisti, curam gerimus; eodem, quo te proveximus, animo cuncta tibi prospera cupientes; adversa, etsi[c] non accidant, quia possunt accidere, verentes.

Unde maximo nobis gaudio est, quod adhuc de rebus tuis optata comperimus: te videlicet, ab ecclesia tua honorifice receptum[1], grata omnibus responsionum habitus et actuum temperantia placuisse et in praestandis beneficiis necessariam laudabiliter exhibuisse cautelam.

Qua de re consulimus hortamur et petimus: ut, quod facis, facias; ne primitias bonae famae, si manum remiseris, perdas. Quia bona inceptio sine fine speciosi corporis instar est sine capite. Nemo te[d] a delectu ecclesiasticae secundum iusticiam utilitatis[e] terrore detorqueat, precio flectat, suadendi fellito melle[f] seducat; quoniam, temptatus his omnibus, si probatus fueris, facile omnia propulsabis.

Si quid autem grave tuis viribus estimabis, ad nos, tibi procul dubio succursuros, ex nostri deferas[g] occasione praecepti.

a. *ex V 90v, Z p. 192, C 43v, B 34v—35.* b. ęcclesiae *CB.* c. si *V.* d. te om. *V.* e. humilitatis *VZ,* utilitatis *CB.* f. mellito felle *V.* g. deferas *scripsi pro* differas *VZCB.*

1. die 1 Febr. 1103.

113. *Sigebertus monachus Gemblacensis ecclesiae Leodiensis nomine Paschalem II papam graviter accusat, quod Robertum II comitem Flandriae hortatus sit, ut clerum Leodiensem Heinricumque IV imperatorem bello lacesseret*[a][1].

(E 234)

Omnibus bonae voluntatis hominibus Leodicensis[b] ecclesia veritatem fidei et catholicam unanimitatem inconcusse tenens.

1103 Febr.—Iun.

Stupendo et gemendo exclamo cum Ysaia, qui: *Onus deserti maris* exaggerans exclamat[c], *sicut turbines ab Affrico veniunt, de deserto venit, de terra horribili. Visio dura nunciata est mihi. Qui incredulus est, infideliter agit; et qui depopulator est, vastat*[2]. Qui hactenus non intelligebat legendo, quid sit *desertum mare*, nunc intelligat videndo, quid per desertum mare significetur; non solum Babilonia[d] sed etiam mundus et ecclesia. Quamvis enim ut mare undis sic mundus et ecclesia affluant populis, tamen iure vocantur desertum mare; quia mundus videtur esse desertus a sapientium principum gubernaculo, ecclesia gemit se desertam a sano praesulum consilio. Que enim maior olim confusio fuit in Babilonia, quam

a. *ex V 98—104, Z p. 210—225, B 38—40v*: Epistola Leodicensium adversus Pascalem papam. *Ediderunt a. 1551 Crabbe Secundus tomus conciliorum p. 809—817; a. 1566 S. Schardius De iurisdictione autoritate et praeminentia imperiali p. 127—141; a. 1569 in Duodecima centuria ecclesiasticae historiae p. 1110—1127; a. 1611 Goldastus Apologiae pro Heinrico IV p. 188—203; a. 1618 in S. Schardii Sylloge historico politico ecclesiastica p. 64—71; a. 1644 Parisiis in Conciliorum tom. XXVI p. 702—721; a. 1671 Labbeus Sacrosancta concilia X 630—642; a. 1690 Brown Appendix ad fasciculum rerum expetendarum p. 176—184; a. 1714 Harduinus Acta conciliorum VI* II *1770—1782; a. 1724 Martene et Durand Coll. ampl. I 587—594; a. 1775 Mansi Conc. XX 986.*   b. *corr. in* Leodiensis *B*.   c. clamat *B*.   d. Babylonia *B*.

1. Heinrico archidiacono et decano ecclesiae S. Lantberti Leodiensis petente, se hoc opusculum confecisse, Sigebertus in libro de viris illustribus aperuit sic: „Ipso etiam rogante, respondi epistolae Paschalis papae, qui Leodicensem ecclesiam, aeque ut Cameracensem, a Roberto Flandrensium comite iubebat perditum iri" (v. Mon. Germ. SS. VI 272). Paschalis papae vero epistola post vastatam anno 1102 dioecesim Cameracensem scripta est die 21 Ian. 1103. E quo concluditur, cum Robertus Flandriae comes iam die 29 Iunii 1103 cum imperatore in gratiam redierit (v. Annalist. Sax. 1103, Mon. Germ. SS. VI 738), hunc Sigeberti libellum spatio mensium Februarii — Iunii a. 1103 formatum esse.   2. Isai. 21, 1. 2.

1103
Febr. — Iun.

hodie est in ecclesia? In Babylone confusae sunt linguae gentium; in ecclesia dividuntur linguae et mentes credentium. Ait Petrus in epistola sua: *Salutat vos ecclesia, quae est in Babilone collecta*¹. Hactenus interpretabar, ideo voluisse Petrum per Babilonem signare Romam, quia tunc temporis Roma confusa erat idolatria et omni spurcicia. At nunc dolor meus mihi interpretatur, quod Petrus prophetico spiritu, dicens ecclesiam in Babilone collectam, praeviderit confusionem dissensionis, qua hodie scinditur ecclesia. Nam quamvis ecclesia sit in Babilone mundi, tamen debet esse collecta per fraternam unanimitatem.

Qui sint *turbines ab Affrico*, discimus paciendo magis* quam legendo. *De terra horribili*, a Romana scilicet ecclesia, *visio dura nunciata est mihi*; inde turbo, ut tempestas venit ab Affrico. Romanus enim praesul, pater omnium ecclesiarum, litteras contra nos mittit R(ŏberto)² Flandrensium comiti, quarum exemplar tale est:

Ian. 21

„Paschalis*ᵇ* episcopus servus servorum Dei dilecto filio* Rŏberto*ᵈ* Flandrensium comiti salutem et apostolicam benedictionem. Benedictus dominus Deus Israel, qui in te suae virtutis efficatiam operatur. Quoniam, reversus ab Ierusalem Syriae, in celorum Ierusalem iustae miliciae operibus ire contendis. Hoc est legitimi militis, ut sui regis hostes instantius persequatur. Gratias ergo prudentiae tuae agimus, quod praeceptum nostrum in Cameracensi parrochia executus es. Id ipsum de Leodicensibus excommunicatis pseudoclericis praecipimus. Iustum enim est, ut, qui semet ipsos a catholica ecclesia segregarunt, per catholicos ab ecclesiae beneficiis segregentur. Nec in hac tantum parte, sed ubicunque poteris, Heinricum* hereticorum caput et eius fautores pro viribus persequaris. Nullum profecto gratius Deo sacrificium offerre poteris, quam si eum impugnes, qui se contra Deum erexit; qui ecclesiae Dei regnum auferre conatur; qui in loco sancto Symonis idolum statuit; qui a principibus Dei sanctis apostolis eorumque vi-

a. nimis *VZ*. b. P. *V*. c. dilecto filio *om. V*. d. R. *VZ*. e. H. *VZ*.
1. 1 Petr. 5, 13. 2. II.

cariis de ecclesiae domo sancti Spiritus iudicio expulsus est. Hoc tibi ac militibus tuis in peccatorum remissionem et apostolicae sedis familiaritatem praecipimus, ut his laboribus et triumphis ad coelestem Ierusalem Domino praestante pervenias. Data Albani 12 Kal. Februarii".

Super his litteris cuius lumbi non repleantur dolore¹? Super his me obstupefecerunt tenebrae²; nec tantum pro horrore periculi quantum pro horrenda novitate rei: quod tam lacrimabiles litterae potuerunt scribi a matre contra filias suas, quamvis peccantes. In iudicio Salomonis expressa est magnitudo maternae pietatis, quando, iudicante Salomone, ut infans, pro quo contendebatur, gladio divideretur, maluit mater filium suum sub aliena muliere vivere quam gladio iudicis dividi. Dicit ᵃ Ysaias: *Babilon dilecta mea versa est mihi in miraculum* ³. At ego dico: Roma dilecta mea mater versa est mihi in miraculum. Quid enim tam mirabile, immo quid tam miserabile?

Vidit olim David angelum Domini stantem, extento gladio super Ierusalem⁴. Nos, filiae Romanae ecclesiae, ecce videmus Romanum pontificem ᵇ, qui est angelus Domini, stantem extento gladio super ecclesiam. David orabat: ne populus occidederetur. Angelus noster, porrigens ᶜ R(ôberto) gladium, orat: ut occidamur.

Unde iste gladius nostro angelo? Iubente Iesu discipulis, ut vendita tunica emant sibi gladium⁵, dicunt discipuli: *Domine, ecce gladii duo hic*; et Iesus: *Satis est*⁶. Ut ex patrum dictis colligimus, est unus gladius Spiritus, quod est verbum Dei ᵈ, de quo Iesus ait: *Non veni pacem mittere, sed gladium*⁷; et propheta: *Maledictus, qui prohibet gladium suum a sanguine*⁸. Hunc gladium distringit Iesus magis contra carnales affectus quam contra mundi assultus. Est et alter gladius spiritualis; quo mortificatis vitiis carnis ᵉ, emitur corona mar-

a. Dic *B*.   b. praesulem *B*.   c. porrigens porrigens *V*.   d. Domini *V*.
e. om. *V*.
1. Isai. 21, 3.   2. Cf. Isai. 21, 4.   3. Isai. 21, 4.   4. V. 2 Reg. 24, 17.   5. Luc. 22, 36.   6. Luc. 22, 38.   7. Matth. 10, 34.   8. Ierem. 48, 10.

1103 tyrii. Cum ergo duos tantum gladios a Domino apostoli habeant, unde iste tercius apostolico gladius, quem in nos porrigit R(ôberto) armigero suo?

Forte recurrit apostolicus ad Ezechielem prophetam; ut, de manu eius tercium arripiens gladium, vadat ad dexteram sive* ad sinistram [1], cedendo bonos et malos. Dicit enim Deus Ezechieli[b] prophetae, ut *duplicetur gladius et triplicetur gladius interfectorum*[2]. Puto, non dabit propheta tercium gladium apostolico. Propheta namque — duos euangelii gladios ostendens per duos unius gladii usus — gladium apostolico dandum duplicat; dicens: *Gladius, gladius exacutus est et limatus; exacutus, ut cedat victimas, limatus, ut splendeat*[3]. Exacutus[c] est, quia, ut ait Ieronimus: *Qui malos percutit, in eo quod mali sunt, et habet gladium interfectionis, ut occidat pessimos, minister Domini est*[4]; limatus est, ut sincere praedicetur verbum Domini. Triplicato gladio armat propheta interfectores; quia, ut ait Paulus, *non sine causa iudex gladium portat*[5]. Hic est gladius interfectionis magnae, qui me cum Ezechiele obstupescere facit[6]. Quem enim non faciat corde tabescere, quod apostolicus, ad vivificandum unctus, accingitur in nos tercio gladio interfectorum! O utinam placatus dicat Deus etiam nunc angelo percutienti: *Sufficit; nunc contine manum tuam*[7].

Nichil dico in christum Domini, sed vicem nostram doleo. Sed nisi christus Domini[8], veniens ad caulas ovium, intrasset in speluncam purgare ventrem[9], non praecidisset David oram clamidis eius[10]. Si quis est David, inveniens hunc christum Domini[11] dormientem omnesque milites eius dormientes, non mittat manum in christum Domini; sed tantum tollat hastam eius et sciphum aquae, qui est ad caput eius dormientis[12].

a. et *B*. b. eczechielę *V*. c. exacuatus *V*.

1. Ezech. 21, 16: „Exacuere, vade ad dexteram sive ad sinistram". 2. Ezech. 21, 14. 3. Ezech. 21, 9. 10. 4. Hieronymi comment. in Ezech. L. III c. 9, Opp. ed. Vallarsius T. V 92. 5. Rom. 13, 4. 6. Ezech. 21, 14: „hic est gladius occisionis magnae, qui obstupescere eos facit"; 15: „et corde tabescere". 7. 2 Reg. 24, 16. 8. Saul. 9. 1 Reg. 24, 4. 10. 1 Reg. 24, 5. 11. Paschalem II papam. 12. 1 Reg. 26, 11.

Hanc hastam, quam contra nos erexit, ostendo cunctis; hunc sciphum*ᵃ* aquae*ᵇ*, qui est ad caput eius dormientis, porrigo cunctis ad gustandum; ut sapiant omnes: quam insipida sit auctoritas legis eius, qua distrinxit gladios laicorum in cervices clericorum. Si liceret dicere salva apostolicae dignitatis reverentia, ipse nobis videtur dormisse. Dormierunt cum eo omnes consiliarii eius, quando conduxit sibi vastatorem ecclesiarum Dei.

Precepit Paulus, ut verbum episcopi sit sanum et inreprehensibile[1]. Nos ergo non infirmamus aut reprehendimus verbum episcoporum episcopi. Sed quia apostolicus non debet deviare ab apostolo, quaerimus humiliter per singula: utrum haec apostolici verba[2] sint per omnia gravitate apostolicae auctoritatis sana et inreprehensibilia.

Ecce, ut pater *dilecto filio*[3] *salutem* mittit *et apostolicam benedictionem* promittit. Sed ut multis videtur, non ea illi opera indicit, quibus salutem et benedictionem a Deo promereri possit.

Benedicit Deum, *qui in eo eam efficatiam suae virtutis operatur*, quod ecclesiam Dei debellat et depopulatur, ac per hoc caelestis Ierusalem aditum ei pollicetur. Num*ᶜ* recta via dilectum filium dirigat, ipse pater nobiscum videat.

Ut utamur*ᵈ* verbis Augustini summatim collectis: Deus, qui dixit: *Ego sum Deus faciens pacem et creans malum*[4], sicut cetera suaviter disponit[5], ita haec etiam disponit: ut bonum pacis per bonos faciat, malum vero belli per malos creet. Utens enim Deus animis hominum pro voluntatibus et meritis eorum, digna dignis opera imponit; ut digna dignis praemia rependat, bonis bona pro bonis, malis mala pro malis. Quis umquam populum Dei, quis umquam ecclesiam Dei impune persecutus est? Quociens peccabant filii Israel, suscitabat Deus hostes, qui contererent*ᵉ* peccantes. Castigabat Deus, quos amavit; et dampna-

---

a. cyphum *Z.*   b. *om. V.*   c. Nunc *V.*   d. Ut utamur — eo mandante fecit? *om. B.*   e. conterent *V.*

1. Tit. 2, 8: „verbum sanum, irreprehensibile". 2. in epistola supra p. 202.   3. Roberto comiti Flandriae.   4. Isai. 45, 6. 7.   5. Sap. 8, 1.

1103 bat illos, qui vicio suo tales erant, ut per eos mala malis in-
Febr.—Iun. ferret. Dicit Deus per prophetam: *Vocabo ab aquilone servum meum Nabuchodonosor, qui faciat omnem voluntatem meam.* Quam voluntatem, nisi ut peccantes disperderet? Hunc servum suum Deus pro merito talis servitutis in bovem convertit. Peccanti David ait Deus: *Ecce ego inducam malum super te de domo tua*¹. Hoc malum executus Absalon, fugato patre suo, invasit Ierusalem. Numquid per hoc meruit celestem Ierusalem? Per Ysaiam dicit Deus: *Ve Assur, virga et baculus furoris mei ipse, in manu eius indignatio mea; ad gentem fallacem mittam illum et ad populum furoris mei mandabo illi, ut auferat praedam et diripiat spolia*² et reliqua. Cur Deus intentat: *Ve Assur,* qui mala, quae fecit, eo mandante fecit? *Ve mundo ab scandalis* dicit Deus; *necesse est, ut veniant scandala; ve tamen homini*ᵃ *illi, per quem scandalum venit*³. Hoc Ieronimus sic exponit: *Cum necesse quidem sit, ut veniant scandala, ve tamen homini, qui, quod necesse est*ᵇ *ut in*ᶜ *mundo fiat, facit suo vicio, ut per se fiat*ᵈ⁴.

Quid multis opus? Ecce *opera iustae miliciae*, quibus pater filium, papa caelestis regis militem inbuit, per que possit *contendere ad caelestem Ierusalem*: impugnando scilicet ecclesiam Dei.

Gratias inquit *prudentiae tuae agimus, quod praeceptum nostrum in Cameracensi parrochia executus es.* Qualis et quanta sit vastitas et contricio Cameracensis ecclesiae, quis recolit sine dolore? Ego quidem, filia Romanae ecclesiae, condolebam Cameracensibus pro affectu germanitatis. Nunc vero, audiens: hec mala eis inferri praecepto apostolicae auctoritatis, iam amplius doleo. Quia timeo matri meae, ne in eam redundet illud, quod Deus dicit per os Ysaiae: *Ve, qui condunt leges iniquas, et scribentes iniusticiam scripserunt, ut opprimerent in iudicio pauperes et vim facerent causae humi-*

a. om. *B.*   b. om. *V.*   c. in om. *B.*   d. veniat *B.*

1. 3 Reg. 21, 21.   2. Isai. 10, 5. 6.   3. Matth. 18, 7.   4. Cf. Hieronymi comment. in Matth. L. III c. 18, Opp. ed. Vallarsius T. VII 138.

lium populi mei; ut essent viduae praeda eorum, et pupillos diriperent[1] et reliqua. Tantam ecclesiae desolationem, tantam pauperum et viduarum oppressionem, tantam praedarum et rapinarum inmanitatem et, quod his gravius est, promiscuam bonorum et malorum occisionem, hec et peiora his praecepto apostolici facta esse, quis crederet, nisi ipse suo se ore prodidisset? Taceo, Cameracensem episcopatum in duos esse divisum iudicio Romanae ecclesiae. Taceo Walcherum — qui apostolici[2] consensu et auctoritate probatus et[a] prior ordinatus fuit — subito exordinatum excommunicatum; et alium[3] ei subordinatum[4]. Hec iuste necne gesta sint, in Dei pendet sententia.

Non invehimur in christum Domini, ad quem pertinet sollicitudo omnium ecclesiarum. Sed quia apostolicus haec mala sibi asscribit et ecclesiae vastatori per gratiarum actionem[b] applaudit, super his mirandum an magis sit dolendum, nescio. Cui hoc magis sit periculosum, iubenti an obedienti, cui hoc magis sit dampnosum, facienti an pacienti, quis homo discernet? Nos, attoniti hac novitate rerum, querimus: unde sit hoc novum exemplum, ut praedicator pacis suo ore et alterius manu inferat ecclesiae bellum?

Contra barbarorum et inimicorum Dei assultus concedunt canones etiam clericis arma ad defensionem[c] urbis et ecclesiae. Bella vero indici ecclesiae per auctoritatem canonicam, nusquam scripturarum legimus.

Quero, quod nescio; dico, quod scio. Pacem Iesus, pacem apostoli, pacem apostolici viri praedicant; peccantes arguunt, obsecrant, increpant in omni pacientia et doctrina[5]. Inobedientes iubet Paulus dure increpari[6]. Quomodo dure increpentur inobedientes, dicit Iesus: *Si peccaverit in te frater tuus, corripe illum, primo solus solum, secundo cum duobus aut tribus testibus, tercio cum ecclesia. Si ecclesiam non audierit, sit tibi sicut ethnicus et publicanus*[7]. Hinc ait Augustinus: *Illud, quod ait*

---

a. et om. V.   b. om. B.   c. defessionem B.

1. Isai. 10, 1. 2.   2. Urbani II.   3. Manassem.   4. anno 1095.
5. 2 Timoth. 4, 2.   6. Tit. 1, 13.   7. V. Matth. 18, 15—17.

1103
FePr. — Iun.

Iesus: „Si ecclesiam non audierit, sit tibi sicut ethnicus et publicanus", gravius est, quam si gladio feriretur, si flammis absumeretur*, si feris subiceretur.* Nam ibi quoque Iesus subiunxit: *„Amen dico vobis; quae ligaveritis in terra, ligata erunt et in celo"* [1], ut intelligeretur, quod gravius sit punitus, qui velut relictus est impunitus.   Sic sententia veritatis exposita ab Augustino, quis divinae vindictae humanam vindictam superponat[c]? Qui illum persequitur, quem Deus percussit, et super dolorem vulnerum Dei addit[2], videat, quid imprecetur illi Deus, qui iniquitates et dolores nostros in persona dominici hominis portavit: *Appone[d] iniquitatem super iniquitatem eorum*[3] et reliqua.

Si quis pro apostolico dicat: merito depopulandam esse ecclesiam, cui incumbat excommunicatus episcopus, audiat exemplum, in quo causa causae et persona personae respondet. Tempore primi Gregorii papae defuncto Salonitanae urbis episcopo, cum decrevisset Gregorius, ut pro eo episcopus ordinaretur Honoratus, Maximus quidam, auxilio militaris manus invadens episcopatum Salonitanum et ab episcopis consecratus, a Gregorio excommunicatus est; et tamen missas celebrare praesumebat. Hunc Gregorius non aliis quam sacerdotalibus armis debellans, non superordinavit ei Honoratum, non inmisit ecclesiae vastatorem[e]; sed tam diu peccantem arguit, donec septimo excommunicationis eius anno tandem ad veniam petendam attraheret. Eumque resipiscentem non exordinavit, non reordinavit; sed ei in gratiam suam recepto, quod deerat, dato archiepiscopali pallio subplevit[4].   Cum ergo Salonitanae causae sit similis causa Cameracensis, cur censura Romanae ecclesiae in simili causa utitur dissimili sententia?

a. Si — audierit *om. B.*   b. assumeretur *V*.   c. suponat *V*.   d. Appone — dissimili sententia *om. B, ubi additum est:* et reliqua.   e. vastorem *V*.

1. Matth. 18, 18.   2. Ps. 68, 27: „Quoniam, quem tu percussisti, persecuti sunt, et super dolorem vulnerum meorum addiderunt".   3. Ps. 68, 28: „Appone — eorum et non intrent in iustitiam tuam".
4. Cf. Iohannis diaconi vita Gregorii I papae L. IV c. 9 squ., Opp. ed. Bened. IV 128 sq.

Martinus Turonensis posset apostolico sufficere ad exemplum, ut desistat ab oppressione innocentum. Priscillianum episcopum a Damaso papa pro heresi dampnatum Maximus imperator, accusante Itacio[a] episcopo, occidit et, ut omnes sequaces eius ubique occiderentur, edixit. Martinus ergo aliique episcopi Ytacium communione ecclesie privaverunt; criminantes eum, quod eius accusatione qualiscunque homo occisus sit. Maximus agebat cum Martino, ut Ytacio communicaret; et Martinus agebat cum Maximo, ut sequaces Priscilliani non occiderentur, ne etiam[b] catholici cum eis perirent[1]. Quod petebat Martinus, nullo modo impetrasset, nisi ad tempus Ytacio communicasset. Sic quodammodo anathema factus pro fratribus suis, retraxit ab eorum cervicibus gladium imperatoris. Qui dampnavit accusatorem Ytacium pro morte heretici, si adhuc viveret, non laudaret et istum, cuius praecepto tot occiduntur pro causa Cameracensium. Qui etiam cum periculo animae suae liberavit hereticos a morte, quam graviter ferret, innocentes pro aliena culpa opprimi! Nos res rebus conferimus, causis causas opponimus. At Cameracenses, afflicti malis, clamant ad Paschalem[c], sicut filii Israel afflicti malis clamant ad Moysen: *Videat Deus et iudicet; quoniam fetere fecisti odorem nostrum coram Pharaone et praebuisti ei gladium, ut occideret nos*[2].

Id[d] *ipsum de Leodicensibus excommunicatis pseudoclericis praecipimus. Iustum est enim, ut, qui semet ipsos a catholica*[e] *ecclesia segregarunt, per catholicos ab ecclesiae beneficiis segregentur.* Hic vero me invasit angustia quasi parturientis[3]; unde exclamare compellor: quia omnes[f] parturientis dolores hic meus dolor vincit. Filios[g] enim genui, hosque[h] lacte alui fidei, hos pane veritatis confirmavi et in virile robur provexi. Ipsa[i] me beatificabam, quia eis, in regis curia et in Dei ecclesia florentibus, nichil

1108
Febr.—Iun.

a. Itachio *VZ*, Itatio *B*. b. et *B*. c. Pascalem *VB*. d. Id — dolor vincit om. *B*. e. chatholicos *V*. f. omnis *V*. g. Hos ego *B*. h. eosque *B*. i. Ipsa — curia om. *B*.

1. Cf. Sulpicii Severi chron. II 48—50. 2. Exod. 5, 21. 3. Isai. 21, 3.

deesse credebam, quod vel ad corporis pertinet decorem vel ad anime spectaret valorem. Sed quid est ab* omni parte beatum?¹ Ecce mater mea sancta Romana ecclesia vult inurere eis notam excommunicationis, et insuper erexit super eos gladium occisionis! Super his ego quidem materno dolore torqueor. Ipsi etatem habent, loquantur per ᵇ se.

Id ipsum inquit *de Leodicensibus excommunicatis pseudoclericis praecipimus.* *Statera*ᶜ *dolosa non est bona* ait sapientia². Quis confert causam nostram causae Cameracensium? ut et nos patiamur, quod patiuntur Cameracenses. Nos quidem Cameracensibus conpatimur; nobis nichil tale verebamur. Cameracenses, quia causae causam, personae personam subposuerunt, gladium bicipitem sibi superposuerunt. Nos vero Leodicenses quare excommunicati dicimur? Quare gladius nobis superponitur? Quid dignum morte aut excommunicatione fecimus contra canonicam regulam ecclesiae? In uno spiritu nos omnes, in unum corpus baptizati sumus³; nos unius moris Deus in domo sua habitare facitᵈ⁴. Obsecrat nos Paulus per nomen Domini, ut non sint in nobis scismata⁵; quando significatum est Romanae ecclesiae, quod contentiones fuerint inter nos? Id ipsum in Christo sapimus⁶, id ipsum dicimus. Non dicimus: *Ego sum Pauli, ego Cephae, ego autem Christi*⁷. Numquid pro hac unanimitate excommunicati dicimur? Ut praecipit Paulus, obedimus et subiacemus praepositis nostris, qui vigilant pro animabus nostris⁸.

Nobis, legem Dei tenentibus, obiciunt: quod transgrediamur novas eorum tradiciones. At illis dicit Deus: *Quare vos transgredimini mandatum*ᵉ *Dei propter tradiciones vestras?*⁹ Iubet Deus: ut, quae sunt cesaris, reddamus cesari et, quae sunt Dei, Deo¹⁰. In hanc sententiam Petrus et Paulus pedibus eunt. Petrus inquit: *Deum timete, regem honorificate; servi subditi*

a. ex *B*. b. pro *V*. c. Statera — sapientia om. *B*. d. fecit *V*.
e. mandata *B*.
1. Horat. carm. II 16, 27. 28.   2. Prov. 20, 23.   3. 1 Cor. 12, 13.
4. Ps. 67, 7.   5. 1 Cor. 1, 10.   6. Philipp. 4, 2.   7. 1 Cor. 1, 12.
8. Hebr. 13, 17.   9. Matth. 15, 3.   10. Matth. 22, 21.

estote in omni timore dominis, non tantum bonis et modestis, sed etiam discolis; haec est enim gratia¹. Paulus: *Omnis anima potestatibus sublimioribus subdita sit; qui potestati resistit, Dei ordinationi resistit²*. Qui hoc omni animae praecipit, quem a subiectione terrenae potestatis excipit? Quia ergo regem honoramus, quia dominis nostris non ad oculum sed in simplicitate cordis servimus³, ideo excommunicati dicimur.

Sed symoniaci sumus! Symoniacos, quantum ad nos, vitamus et, quos vitare nequimus, pro loco et tempore toleramus; certi: quod ipse Iesus, facto flagello de resticulis, peccatorum cathedras vendentium columbas evertet et nummulariorum effundet aes⁴. Vitamus, inquam, symoniacos. Nec minus vitamus illos, qui — notam avariciae honesto nomine praetexentes — quod gratis iactant se dare, vendunt sub caritatis nomine et sicut Montanistae sub nomine oblationum artificiosius accipiunt munera⁵.

O dolendo miramur, cur excommunicati dicamur. Quando⁰, a quo et quare excommunicati sumus⁰? Non ab episcopo nostro, non ab archiepiscopo⁶, cui episcopus noster suffragatur, nos excommunicatos esse scimus. Sed nec a papa Romano nos excommunicatos esse credimus; quia scimus: eum non ignorare, quod ait Nichodemus⁰: *Lex nostra non iudicat quemquam, nisi audierit ab ipso prius*⁷. Nec⁰ Sodomitas dampnasset Deus, nisi descendisset ad ipsos videre, utrum clamorem, qui venerat ad eum, opere complessent⁸. Qui nichil a nobis audivit, quem non episcopus non archiepiscopus aliquando contra nos interpellavit, quis credet, quod nos excommunicaverit?

Per scalam ad caelos usque pertingentem⁰ videt Iacob ascendentes et descendentes angelos⁹. Et Iesus ait discipulis:

<small>a. Quomodo *B.*   b. simus *B.*   c. Nychodemus *V.*   d. Nec — complessent om. *B.*   e. ptin ptingentem *V.*

1. 1 Petr. 2, 17—19.   2. Rom. 13, 1. 2.   3. Coloss. 3, 22.   4. Matth. 21, 12, Ioh. 2, 14. 15.   5. Cf. Sigeberti chron. 1074 (Mon. Germ. SS. VI 363): „ut de Montanis dicit Eusebius, sub nomine oblationum artificiosius munera accipiunt".   6. Coloniensi.   7. Ioh. 7, 51.   8. Genes. 18, 21.   9. Genes. 28, 12.</small>

14*

1103
Febr.—Iun.

Amen, amen dico vobis, videbitis caelum apertum et angelos Dei ascendentes et descendentes super filium hominis[1]. Hic filius hominis nonne[a] filios hominis, id est Adae, in sua exprimit persona? In aperto ecclesiae caelo et boni et mali intrant. Vos, praesules ecclesiae, qui estis angeli Dei, gradatim ad nos descendere debetis; gradatim et nos ad vos ascendere debemus. Quot[b] gradibus ad vos ascendimus, tot ad nos descendere debetis. Est primus gradus nobis ad episcopum, secundus ad archiepiscopum, per quos ascendere debemus ad gradum[c] tercium id est ad papam Romanum. Super filium hominis descenditis: cum humilibus compaciendo condescenditis. Super filium hominis ascenditis[d]: cum verbo et exemplo humiles ad caelum sustollitis.

Credo, dicetis, nos ideo haberi pro excommunicatis, quia favemus episcopo nostro[e][2], faventi partibus domini sui imperatoris[3]. In hac re sunt inicia dolorum, pro hac re crebrescunt causae malorum. Quia sathanas solutus[4], terram perambulans, iam divisit regnum et sacerdotium. Quia ergo diabolus venit ad nos, habens iram magnam[5], *patrem nostrum, qui est in caelis*, oramus pro hoc specialiter: *ne nos inducat in temptationem* hanc, *sed liberet nos a malo* huius temptationis[6]. Nobis dormientibus, inimicus superseminavit zizania in agro ecclesiae[7]. Expectamus, donec angeli messores Dei alligent zizaniorum fasciculos ad comburendum[8]. Num ideo dicimur nos excommunicati? O quot[f] manipulos tritici eradicabit[g], qui ante tempus zizania a tritico discernere festinat.

Quis[h] iure reprehendet, quod episcopus partibus domini sui favet, cui promissam cum iuramento fidelitatem debet? Periurium nemo dubitat esse grande peccatum. Deus[i] solus iurat et non penitet eum[9], quia sapientia custodit praecepta iuramenti

a. non *VZ*.   b. Quod *Z*.   c. om. *V*.   d. descenditis *V*.   e. om. *B*.
f. quod *VZ*.   g. eradicavit *Z*, eradicaverit *B*.   h. Qui *V*.   i. Deus — prohibemur om. *B*.

1. Ioh. 1, 51.   2. Otberto.   3. Heinrici IV.   4. Apoc. 20, 7.
5. Apoc. 12, 12.   6. Cf. Matth. 6, 9. 13.   7. Matth. 13, 25.   8. Matth. 13, 30.   9. Ps. 109, 4.

Dei¹. Sed nos, quos iurasse sepe penitet, iurare prohibemur. Si iurat homo, iubet Deus, ut reddat domino iuramentum suum². Hoc ᵃ nec ignorant illi, qui, regnum et sacerdotium scindentes, novello scismate et novellis, ut quibusdam placet, tradicionibus illos, qui regi periurant, se a culpa periurii absolvere promittunt; non adtendentes, quod Ezechiel ᵇ ex ore Dei dicat de Sedechia, qui periuravit domino suo regi Nabuchodonosor: *Qui solvit* inquit *pactum, numquid diffugiet?*³ Hoc Ieronimus sic exponit: *Ex hoc etiam discimus, inter hostes servandam fidem; et non considerandum: cui, sed per quem iuraveris. Multo enim melior inventus est ille, qui propter nomen Dei tibi credidit et deceptus est, quam tu, qui per occasionem divinae maiestatis hosti tuo immo iam amico molitus es insidias*⁴.

Quid laboramus in colligendis exemplis vitandi periurii? Tercium decalogi mandatum, de corde et ore Dei prolatum eiusque digito scriptum, hoc est: *Non assumes nomen domini Dei tui in vanum; nec enim habebit insontem Dominus eum, qui assumpserit nomen Dei* ᶜ *sui frustra*⁵. Cum tria prima decalogi mandata ad cultum Dei pertineant, diligenter inspicientibus videtur: quod in hoc tercio decalogi mandato cetera mandata pendeant. Quia, cum fit quod Deus fieri praecepit, vel non fit quod Deus fieri prohibet, ideo utique fit vel non fit, ut nomen praecipientis vel prohibentis Dei non assumatur in vanum.

Quis magis assumit nomen Dei in vanum quam ille, qui violat hoc, quod per nomen Dei iurat? Deus iubet: ne per caelum, ne per terram, ne per caput meum iurem⁶; ne forte periurem. Si culpa est periurare per creaturam Dei, quam gravius peccat, qui per creatorem Deum periurat? Hinc omnes perpenditis: quod sit reus capitis, qui non reddit cesari, quae

1103
Febr.—Iun.

a. Hoc — per quod iuravit regi fidelitatem om. *B*. b. Iezechiel *Z*. c. Domini *Z*.

1. Eccle. 8, 1. 2. 2. Matth. 5, 33. 3. Ezech. 17, 15. 4. Hieronymi comment. in Ezech. V c. 17, Opp. ed. Vallarsius T. V 193. 5. Exod. 20, 7. 6. Matth. 5, 34—36.

1103
Febr. — Iun.

sunt cesaris, secundum decretum Dei; vel qui regem inhonorat contra decretum apostoli; vel peiurando assumit nomen Dei in vanum, per quod iuravit regi fidelitatem.

Ecce, quare excommunicati dicimur! Sed quare *pseudo-clerici*[a] vocamur? qui, canonice viventes, operibus meremur, ut clerici vocemur. Non est, non est inquam de sorte Dei, qui vult nos excludere a sorte Dei. Non tales, o mater ecclesia, nutristi, ut merito vocemur pseudoclerici[a]. Quia enim nos voluntati nostrae non dimisisti, non confundemus te matrem nostram[1].

Mirum est de domno Paschasio[b], quoniam, si[c] convicia venalia invenit, bona mercatione videtur ea accepisse, quae tanta in nos profundit[d] facilitate. Modo enim nos excommunicatos nominat, modo pseudoclericos ex motu animi vocat. Eructavit[e] cor David regis et prophetae verbum bonum[2]; evomuit[f] cor domni Paschasii[g] vile convitium, prout vetulae et textrices[h] faciunt. Petrus[i] apostolus docet: *Non dominantes in clero, sed forma facti gregis*[3]. Paulus apostolus ad Galathas delinquentes ait: *Filioli mei, quos iterum parturio in Domino*[4]. Hos igitur adtendat domnus Paschasius pios ammonitores, non impios conviciatores.

Maledictum excommunicationis domnus Paschasius nobis improperat; sed illud ante omnia timemus, quod Spiritus sanctus per os psalmistae dicit: *Maledicti omnes, qui declinant a mandatis tuis*[5]. Maledictum excommunicationis, quod ex novella tradicione Hildebrandus Odardus[6] et iste tercius[7] indiscrete protulerunt, omnino abicimus. Et priores sanctos patres usque nunc veneramur et tenemus, qui — dictante Spiritu sancto, non animi motu — in maioribus et minoribus potestatibus graviter delinquentibus quaedam dissimulaverunt, quaedam correxerunt, quaedam toleraverunt.

a. spendoclerici V.   b. Pascasio Z.   c. si om. B.   d. profudit B.
e. Eructuavit V.   f. evomit B.   g. Paschasium Z, Pascasii B.   h. dextrices Z.   i. Petrus — id est eorum beneficiis eos interficiant om. B.

1. Prov. 29, 15.   2. Ps. 44, 2.   3. 1 Petr. 5, 3.   4. Galat. 4, 19.
5. Ps. 118, 21.   6. Urbanus II.   7. Paschalis II.

Dominus noster episcopus communicat regi et imperatori suo, cui ex regalibus eius acceptis fidelitatem iuravit. Nimium effluxit tempus, quo hec consuetudo incepit*; et sub hac consuetudine migraverunt a seculo sancti et reverentes episcopi, reddentes cesari que erant cesaris et Deo quae erant Dei. Sed quid dicit Ambrosius super Lucam? *Si Christus* inquit *non habuit imaginem cesaris, cur dedit censum? Non de suo dedit; sed reddidit mundo, quod erat mundi. Et tu, si non vis esse obnoxius cesari, noli habere, quae mundi sunt; sed si habes divitias, obnoxius es cesari. Si vis igitur nichil debere regi terreno, dimitte omnia et sequere Christum*[1]. Item Augustinus super Iohannem: *Apostolus voluit serviri regibus, voluit honorari reges, et dixit: „Regem reveremini". Nolite dicere: „Quid*[b] *mihi et regi?" Quid tibi ergo et possessioni? Per iura regum possidentur possessiones*[2]; *per imperatores et reges seculi Deus iura humana distribuit generi humano*[3]. Igitur ex verbis istorum et aliorum sanctorum patrum consulant sibi episcopi, regibus et imperatoribus obnoxii ex eorum regalibus acceptis; ne proprio gladio[4], id est eorum beneficiis, eos interficiant.

Si quis denique respectu sancti Spiritus vetus et novum testamentum gestaque revolverit, patenter inveniet: quod aut minime aut difficile possunt reges et imperatores excommunicari secundum ethymologiam nominum illorum et iuxta determinationem excommunicationis. Et adhuc sub iudice lis est[c]. Ammoneri quidem possunt increpari argui a timoratis et discretis viris; quia, quos Christus in terris rex regum vice sua constituit, dampnandos et salvandos suo iudicio reliquit[5]. Ecce, quare exconmunicati vocamur: eo quod sanctos et moderatos et antiquos patres tenemus et pro posse imitamur.

Episcopum, archiepiscopum nostrum, provincialem et comprovincialem synodum ex antiqua traditione tenemus; et quic-

a. cepit *V.*   b. q *V.*   c. reliquid *VZ.*

1. Ambrosii expositio euang. Lucae L. IX 85, Opp. ed. Bened. T. I 1502.   2. August. in euang. Ioh. tractat. VI 26, Opp. ed. Bened. III II 248.   3. August. ibid. VI 25, l. l.   4. Iudith 9, 12.   5. Horat. de arte poet. 78.

quid ibi de scripturis sanctis diffinitum fuerit, Romam non refertur usque ad graviora negocia, de quibus non invenitur in scripturis sanctis ᵃ auctoritas. Illos vero legatos, a latere Romani episcopi exeuntes et ad ditanda marsupia ᵇ discurrentes, omnino refutamus; sicut temporibus Zozimi Celestini Bonifacii concilia Affricana probaverunt. Etenim — ut a fructibus eorum cognoscamus eos ¹ — non morum correctio, non vitae emendatio, sed inde hominum cedes et ecclesiarum Dei proveniunt depraedationes. Quia igitur antiquae regulae inheremus et non omni vento doctrinae circumferimur, ecce, unde excommunicati dicimur.

Verum domnus Paschasius cur *pseudoclericos* nos vocat? Pseudoapostoli adulterabant verbum Dei ᶜ, quos dampnat Paulus ᵈ in epistolis suis ². Nos ᵉ non adulteramus, sed fidem catholicam per Dei gratiam tenemus, fidei catholicae opera in Deo ᶠ exequimur. Regulam canonicam ex patrum tradicione habemus et reveremur; secundum illam vivimus, diiudicamur, satisfacimus, absolvimur.

Consiliis regum aut imperatorum aut in isto aut in illo non intersumus. Quia nostrae superiores potestates tale negocium habent inter manus; qui ex vestigiis antecessorum prudenter tractabunt. Cur ᵍ ergo domnus Paschasius vult, ut exsolvamus, quod non rapuimus? ut pseudoclerici vocemur, ubi rectam lineam tenemus?

Potius, deposito spiritu praesumptionis, cum suis consiliariis sollerter recolligat: quomodo a beato Silvestro usque ad Hildebrandum sedem Romanam papae obtinuerint; et quot et quanta inaudita ex ambitione illius sedis perpetrata sint; et quomodo per reges et imperatores diffinita sint, et pseudopapae dampnati et abdicati sint. Et ibi plus valuit virtus imperialis, quam excommunicatio Hildebrandi, Odardi, Paschasii ʰ.

Dominus in euangelio dicit: *Si male locutus sum, testimo-*

a. sacris *V*.   b. marsuppia *B*.   c. Domini *B*.   d. apostolus *V*.   e. om. *B*.
f. in Deo om. *V*.   g. Cur — perhibe de malo. Et om. *B*.   h. Pascasii *V*.
1. Matth. 7, 16.   2. 2 Corinth. 11, 13.

*nium perhibe de malo*¹. Et Paulus apostolus in faciem Petro principi apostolorum restitit. Ergo, remoto Romanae ambicionis typo, cur de gravibus et manifestis non reprehendantur et corrigantur Romani episcopi? Qui reprehendi et corrigi non vult, pseudo* est, sive episcopus sive clericus. Nos vero per misericordiam Dei iuxta regulam obedientes et corrigibiles sumus; et scisma et symoniam et excommunicationem per omnia, dictante ratione et Spiritu sancto, vitare volumus.

Ex verbis[b] beati Augustini: reges et imperatores ex legibus promulgatis nichil ab hereticis in hoc mundo possideri voluerunt². Igitur, cum non simus heretici et hoc sit ius regum et imperatorum, quare domnus Paschasius, solo contentus spirituali gladio, inmittit Röbertum armigerum suum ad devastandos fundos et villas ecclesiarum? Que etsi devastanda essent, edicto regum et imperatorum devastari deberent; qui non* sine causa gladium portant³. Ecce solutus est satanas⁴, habens iram magnam⁵. Quem exterreat valida manus Dei!

Quod excommunicati dicimur, non gravius iusto feras. Quia, ut credimus, ab excommunicatione nos excipiet saltem ipsa Romanorum auctoritas. Hildebrandus[d] papa — qui auctor est huius novelli scismatis, et primus levavit sacerdotalem lanceam contra diadema regni — primo indiscrete Heinrico faventes excommunicavit; sed, reprehendens se intemperantiae, excepit ab excommunicatione illos, qui imperatori adherebant necessaria et debita subiectione, non voluntate faciendi vel consiliandi malum; et hoc pro decreto scripsit⁶.

Nec in hac parte tantum, sed ubicunque poteris, H(einricum) hereticorum caput et eius fautores persequaris. Nullum profecto Deo gratius sacrificium offerre poteris, quam si eum impugnes, qui se contra Deum erexit; qui ecclesiae Dei regnum auferre co-

a. spendo V.   b. Ex verbis — ad dispergendos omnes om. B.   c. om. Z.
d. Hyldebrandus Z.

1. Ioh. 18, 23.   2. Cf. Augustini contra epistolam Parmeniani L. I cap. 11, 18, Opp. ed. Bened. T. IX p. 23.   3. Rom. 13, 4.   4. Apoc. 20, 7.   5. Apoc. 12, 12.   6. V. Registr. V 14 a, supra T. II 309.

1103
Febr.—Iun.

natur; qui in loco sancto Symonis idolum statuit; qui a principibus Dei sanctis apostolis eorumque vicariis de ecclesiae domo sancti Spiritus iudicio expulsus est. Cum Alaricus rex Gothorum iret ad capiendam Romam, monitus a quodam servo Dei ut ab his malis cessaret, *Non volens* inquit *vado Romam; vir enim quidam me cottidie torquens urget, ut eam ad destruendam Romam*[1]. Hoc exemplo urget apostolicus armigerum suum, ut totum depopuletur regnum; quod non potest fieri sine cede et sanguine et ecclesiarum Dei depopulatione. Alaricus quidem in hoc mitior fuit, qui, capta Roma, ecclesiis Dei[a] pepercit et a cede hominum abstinuit. Nunc, nichil excepto, inmittitur R(ôbertus) ab apostolico: ut non solum in Cameracenses et nos Leodicenses sed totus feratur ad dispergendos omnes.

Quis clamabit[b] modo cum Ysaia: *Quam pulchri supra*[c] *montes pedes praedicantis et annunciantis pacem, annunciantis bonum, praedicantis salutem*[2]? Eum, qui deberet esse praedicator pacis, zelus Dei adeo comedit, ut etiam in amicos pacis distringat gladium belli. Qualem enim zelum habuit Petrus in amputanda auricula Malchi[3], qui *rex* interpretatur, talem zelum habet modo vicarius Petri in amputanda auricula *regis heretici*[4], in quem omnimodis invehitur. Dum enim *hereticorum caput, Dei rebellem, ecclesiastici regni invasorem, symoniaci ydoli*[d] *adoratorem, ab apostolis et apostolicis excommunicatum* vocat, quasi tot ictus ictibus addit et tot vulnera animae eius infligit, ut, si infirmus in fide esset, desperare posset. Sed qui in feriendo Petrum imitatur, etiam in recondendo gladio Petrum imitetur. Qui enim sanavit auriculam Malchi[5], potest etiam sanare auriculam *regis heretici*[e]. Si talis est, quod absit, et pro nobis dolemus et ipsi domino nostro condolemus.

a. om. V.   b. clamat B.   c. super B.   d. idoli B.   e. alia manus adiecit Henrici in margine V.

1. V. Sozomeni hist. ecclesiast. L. IX c. 10.   2. Isai. 52, 7.   3. Ioh. 18, 10.   4. Heinrici IV.   5. Luc. 22, 51.

Nichil modo pro imperatore nostro dicimus. Sed hoc dicimus, quod*, etiamsi talis esset, tamen eum principari nobis pateremur; quia, ut talis nobis principetur, peccando meremur. Esto, concedimus vobis inviti: eum talem esse, qualem dicitis. Nec talis a nobis repellendus esset, armis contra eum sumptis; sed precibus ad Deum fusis. Contra Pharaonem, cuius cor contra Deum induravit[b], Moyses ranam muscam locustam grandinemque induxerat. Has tamen plagas non nisi orando, extensis in caelum manibus, avertere potuit.

Et[c] Paulus: *Obsecro* inquit *primo omnium fieri orationes pro regibus et pro omnibus, qui in sublimitate sunt constituti*[1]. Reges illius temporis, pro quibus Paulus orare obsecrabat, non catholici[d] non christiani erant. Baruch quoque ex ore Ieremiae scribit Iudeis a rege Babylonis captivatis: *Orate pro vita Nabuchodonosor regis et Balthasar filii eius, ut sint dies ipsorum*[e] *sicut dies caeli super terram; et det Dominus virtutem nobis et illuminet oculos nostros, ut vivamus sub umbra Nabuchodonosor regis Babylonis et Balthasar filii eius; ut serviamus ei multis diebus et inveniamus gratiam in conspectu*[f] *eorum*[2]. Cur pro malis regibus orari debeat, Paulus dicit; scilicet: *ut tranquillam vitam agamus*[3]. Esset apostolicum, imitari apostolum; esset propheticum, imitari prophetam. Sed peccatis nostris merentibus apostolicus, qui etiam modo orare deberet pro rege quamvis peccatore: ut tranquillam et quietam vitam agamus, agit bellando: ne tranquillam et quietam vitam agamus.

Cum ita sibi consonent apostolica et prophetica verba, quaero humiliter ego filia a matre mea sancta Romana ecclesia: unde haec auctoritas apostolico, ut praeter spiritualem gladium exerat in subiectos alterum occisionis gladium? Non ago pro rege, sed pro ecclesiarum matre, cuius parti timemus nos, eius filiae. Si enim David non meruit edifficare templum Dei, quia vir sanguinum erat[4], summus pontifex, si vel stilla san-

a. om. B. b. induruit B. c. Et V. d. erant add. V. e. eorum V.
f. oculis V.

1. 1 Tim. 2, 1.   2. Baruch 1, 11. 12.   3. 1 Tim. 2, 2.   4. 1 Paralip. 22, 8.

1103
Febr.—Iun.
guinis vestem eius tetigerit, quomodo in sancta sanctorum introibit cum sanguine Christi, quem offerat pro sua et populi ignorantia[1]? O[a] utinam non cum Pilato tantum lavet manus suas[2], dicens: *Mundus ego sum a sanguine innocentum*, sed etiam cum Petro dicat: *Domine, lava non tantum pedes meos, sed manus et caput*[3]. Iudei non excusaverunt manus suas a sanguine Christi, quem ipsi hora tercia linguis suis, hora sexta manibus Romanorum crucifixerunt. Apostolicus vero, se excusans, dicit cum Paulo: *Mundus ego sum a sanguine omnium vestrum*.

Quis pontificum Romanorum suis unquam decretis auctorizavit, ut debeat pontifex gladio belli in peccantes uti? Gregorius, primus huius[b] nominis papa, quid omnes ante se papae super hoc senserint et quid omnes post se sentire debeant, ostendit; scribens Sabiniano diacono: *Unum est, quod humiliter suggeras serenissimis dominis nostris, quia, si ego servus eorum in mortem vel Longobardorum me miscere voluissem, hodie Longobardorum gens nec regem nec duces nec comites haberent atque in summa confusione essent. Sed quia Deum timeo, in mortem cuiuslibet hominis me miscere formido*[4]. Hoc exemplo omnes a primo Gregorio contenti, utebantur solo gladio spirituali usque ad ultimum Gregorium, id est ad Hildebrandum[c], qui primus se et suo exemplo alios pontifices contra imperatorem accinxit gladio belli.

Quis[d] possit regem arguere, melius nobis intellexit Heliu; qui in libro Iob de Deo ait: *Qui vocat duces impios*[5], et: *Qui regnare facit hypocritam propter peccata populi*[6]. Quod Gregorius exponens: *Nullus* inquit *qui talem rectorem patitur, eum, quem patitur, accuset; quia nimirum sui fuit meriti, perversi rectoris subiacere dicioni. Culpam ergo proprii magis accuset operis quam iniusticiam[e] gubernantis.* Scriptum namque est:

a. O — a sanguine omnium vestrum om. *B*. b. huius — a primo Gregorio contenti om. *B*, ubi pro iisdem verbis nihil legitur nisi et ab eo omnes. c. Hiltabrandum *B*. d. Quis — imperatoris nomine dignatur om. *B*. e. iusticiam *codd.*

1. Hebr. 9, 7. 2. Matth. 27, 24. 3. Ioh. 13, 9. 4. V. Regesta pont. Rom. n. 968. 5. Iob 34, 18. 6. Iob 34, 30.

„Dabo tibi reges in furore meo". Quid ergo illos nobis praeesse despicimus, quorum super nos regimina ex Domini furore suscepimus? .... Sic ergo secundum merita subditorum tribuuntur personae regentium, ut sepe, qui videntur boni, accepto mox regimine permutentur; sicut Saul, qui cor cum dignitate mutavit.... Sic ergo pro qualitatibus subditorum disponuntur acta regentium, ut sepe pro malo gregis etiam vera boni rectoris vita delinquat.... Certum vero est, quod ita sibi invicem et rectorum et plebium merita connectantur, ut sepe ex culpa rectorum deterior fiat vita plebium, et sepe ex merito plebium mutetur vita rectorum. Sed quia rectores habent iudicem Deum, magna cautela subditorum est: non temere iudicare vitam regentium[1]. Hec Gregorii verba agunt pro nobis: quod vos Deo iudicium suum tollatis; nec adtendatis, quod dicit Amos propheta: Ve desiderantibus diem Domini[2]. Diem Domini desiderat, qui iniuste vel importune vel intempestive de subiectis iudicat vel voto cordis iudicium Dei praeoptat. Non dicimus, imperatorem nostrum esse ypocritam. Sed vos, qui eum habetis pro ypocrita, miramur, quod non adtendatis: qua causa Deus regnare faciat ypocritam[3]. Si enim cessarit causa peccati, cessabit et pena peccati.

Quid de eo dicimus, quod H(einricum) *ab apostolis et apostolicis viris excommunicatum sancti Spiritus iudicio* dicit? Nimis illum detestatur, quem nec regis nec imperatoris nomine dignatur. Quis poterit discernere causam regni a causa sacerdotii? Nisi pax Dei, quae exuperat omnem sensum[4], copulet regnum et sacerdotium uno angulari lapide concordiae, vacillabat structura ecclesiae super fidei fundamentum. Ut potestatem regni probat vel improbat causa modusque regendi[a], sic potestatem sacerdotii probat vel improbat causa modusque ligandi et solvendi. Nam Clemens scribit, dixisse

a. regendi — modusque om. B.
1. S. Gregorii Moralium L. 25 in cap. 34 beati Iob, opp. ed. Benedictini T. I 807. 2. Amos 5, 18. 3. Iob. 34, 30: „Qui regnare facit hominem hypocritam propter peccata populi". 4. Philipp. 4, 7.

1108
Febr.—Iun.

Petrum: *Ligabis, quod oportet ligari, et solves, quod expedit solvi*; et: *Qui praeest ceteris, oportet agere vicem medici, non bestiali furore commoveri*[1]. Qui[a] ergo debet agere vicem medici, audiat etiam consilium sapientiae: *Omnis* inquit *potentatus brevis est vita. Languor prolixior gravat medicum. Brevem languorem praecidit medicus. Sic et rex hodie est et cras morietur*[2].

Cum ab omnibus indicatur praelato virtus discretionis[b], quare apostolici, succedentes sibi invicem, quasi hereditario bello excommunicandi indiscrete in regem insurgunt, cui pro regali dignitate etiam ipsi subici iubentur? Qui excommunicatur sancti Spiritus iudicio, utique repellendus est a Dei domo. Quocienscunque autem aliquis excommunicatur aut ex causae aut ex personae praeiudicio, quis dicat, hunc excommunicatum esse sancti Spiritus iudicio? Dicitis cum Gregorio: *Quoquo modo*[c] *liget pastor, timeat grex vinculum pastoris*[3]. Dicimus et nos cum Gregorio: *Ligandi et solvendi potestate se privat, qui subiectos pro suo velle et non pro eorum merito ligat et solvit*[4]. Dicitis: quoquo modo[c] excommunicatur, si morte praevenitur, dampnatur. Hic nobis succurrit Romanae ecclesiae auctoritas. Gregorius enim scripto et facto auctorizavit, quod potest Romanus praesul absolvere excommunicatum iniuste ab aliquo. Si hoc potest Romanus praesul, quis neget, etiam Deum posse absolvere, si quem praesul Romanus iniuste excommunicaverit? Nemo enim ledi potest ab alio, nisi prius ledatur a semet ipso.

Nullum profecto inquit *gratius Deo sacrificium offerre poteris.* Qualiter hoc sacrificio nichil sit gratius Deo, quero a te, o mater mea, Romana ecclesia. Deo enim non placet sacrificium, nisi sit mundum et inmaculatum[5], ita ut etiam illum, qui offert, faciat mundum et inmaculatum. Ideo

a. Qui — sancti Spiritus iudicio *om. B.*   b. *in V alia manus addidit* interrogatio.   c. Quomodo *B.*

1. Epist. Clementis prima cap. 2, Decretales Ps. Isid. ed. Hinschius p. 31.   2. Eccli. 10, 11. 12.   3. Cf. S. Gregorii Homil. 26 cap. 6, Opp. ed. Bened. T. I 1556.   4. Cf. ibid. cap. 5 p. 1555.   5. Cf. Levit. 3, 1.

enim lex in pascha offerebat Deo agnum inmaculatum¹, ut etiam offerentes essent inmaculati. Quomodo ergo tam gratum est Deo hoc bellandi sacrificium, quod non potest fieri sine macula culparum? Dicit^a enim Malachias: *Si offeras Deo pecus claudum cecum vel languidum, nonne malum est?*²

Apostolicus, qui hoc sacrificium belli indicit R(ôberto) filio suo, vellet puto redire ad zelum Finees³, vellet facere, quod fecit Moyses, ut manus levitarum consecret in sanguine^b fratrum suorum⁴. Perierunt filii Aaron offerentes ignem alienum⁵; utinam non pereat hic, qui etiam modo offert Deo ignem alienum et non illum ignem, quem venit Iesus mittere in terram et vult ut ardeat⁶.

Quomodo, inquam, gratum est Deo sacrificium, quod non videtur esse mundum et inmaculatum? Sacrificium de rapinis pauperum erit gratum illi, qui odit rapinam in holocaustum⁷? Nec sacrificio de lacrimis viduarum et pupillorum delectabitur Deus, ut ait Iesus filius Syrach^c: *Non despiciet Deus gemitum pupilli et viduae. Nonne lacrimae viduae ad maxillam descendunt et ad maxilla ascendunt usque ad caelum et Dominus non delectabitur in illis*⁸. Sacrificium de oppressionibus ecclesiarum quomodo grate accipiet ille, qui dixit: *Ad quem respiciam nisi ad pauperculum et contritum spiritu et trementem sermones meos*⁹. Hac calamitate apostolici belli quot^d sunt oppressi, de quibus Deus dicit: *Qui tangit vos, tangit pupillam oculi mei*¹⁰. Sacrificium humano sanguine inquinatum, miror, si placebit illi, qui dixit: *De manu cunctarum bestiarum et de manu hominis sanguinem hominis requiram*¹¹. Quod per modos sacrificandi discurrendo quaerimus, Iesus in euangelio tribus pene verbis concludit: *Omnis sacrificans igne salietur, et omnis victima sale salietur*¹². Quam plane hic est conclusum: quis grate Deo sacrificet vel quod sit gratum Deo sacrificium.

a. Dicit — ardeat om. *B.*   b. sanguinem *V.*   c. Sirach *B.*   d. quod *VZ.*
1. V. Exod. 12, 5.   2. Malach. 1, 8.   3. Numeri 25, 7. 8.   4. Exod. 32, 29.   5. Levit. 10, 1. 2.   6. Luc. 12, 49.   7. Isai. 61, 8.   8. Ecdi. 35, 17—19.   9. Isai. 66, 2.   10. Zachar. 2, 8.   11. Gen. 9, 5.
12. Marc. 9, 48.

1108
Febr.—Iun.

Si sacrificans igne sancti Spiritus salietur, victima quoque sacrificantis sale sapientiae salitur. Et penetrans Iesus altius ad intentiones cordis, addit: *Bonum est sal. Quodsi sal insulsum fuerit, in quo condietis illud? Habete in vobis salem, et pacem habete inter vos*[1]. Tenorem huius euangelici capituli quis melius exponet, quam rei et praesentis temporis consequentia? Non possumus habere pacem inter nos, nisi habeamus salem in nobis. Sed salem non habemus in nobis. Ideo non habemus pacem inter nos.

Hoc inquit *tibi ac militibus tuis in peccatorum remissionem et apostolicae sedis familiaritatem praecipimus, ut his laboribus et triumphis ad caelestem Ierusalem pervenias.* Hactenus euangelicis apostolicis et propheticis testimoniis innitebamur; et, quod minus habebat materia, augebat exemplorum copia. Hic vero quid dicam, nescio; quo me vertam, non video. Si enim utriusque legis totam bibliothecam, si omnes totius bibliothecae veteres expositores revolvam, exemplum[a] huius apostolici praecepti non inveniam. Solus Hildebrandus[b] papa ultimam manum[c] sacris canonibus imposuit, quem legimus praecepisse Mathildae[d] marchise[e] in remissionem peccatorum suorum, ut debellaret H(einricum) imperatorem. Quod iuste nec ne ipse vel alii fecerint, nulla auctoritate discimus. Hoc solum discimus, quia non potest aliquis aliquem indiscrete solvere vel ligare.

Ad hoc occurrit nobis ex euangelio exemplum. Iesus Christus, totum hominem sine peccato agens, resuscitaturus Lazarum, videns alios pro illo plorantes, fremuit spiritu, turbavit semet ipsum, lacrimatus est[2]. Rursum[f] fremuit in semet ipso; iussit tolli lapidem mortuo superpositum, elevatis oculis oravit, voce magna clamavit: *Lazare, veni foras*[3]. Quo prodeunte, ligatis manibus ac pedibus institis et sudario facie ligata, dixit

a. exemplū *V*.   b. Hiltebrandus *B*.   c. manus *B*.   d. Methildae *V*, Mathildae *Z*.   e. marchionise *V*.   f. Rursum — solverent eum *om. B, ubi legitur:* et cetera usque illuc solvite et sinite abire.

1. Marc. 9, 49.   2. Ioh. 11, 33. 35.   3. Ioh. 11, 38—43.

Iesus discipulis, ut solverent eum[1]. Ecce in Lazaro peccatorem, in Iesu video praedicatorem. Quot affectus ostendit Iesus in Lazaro suscitando, tot affectus ostendit praedicator in peccatore suscitando. Si peccator vel pro peccatore praedicator turbaverit se ipsum penitendo, si lacrimatus fuerit, si clamaverit: *Veni foras confitendo peccata,* si tulerit lapidem de duro corde peccantis, tandem ad iussum Dei solvat institas excommunicationis, tollat etiam a facie eius laboriosum penitentiae sudarium et sic liberum sinat abire. Hinc Gregorius ait: *Mortificat non morientem, qui iustum dampnat. Nititur vivificare non victurum, qui reum supplicio solvere conatur .... Vera est absolutio praesidentis, cum sequitur arbitrium interni iudicis.... Sic discipuli Lazarum iam viventem solvunt, quem Iesus suscitaverat mortuum. Si enim mortuum solverent, fetorem magis ostenderent quam virtutem.* Hec Gregorius[2].

Hunc morem discrete ligandi et solvendi hactenus tenebas et nobis tenendum mandabas, o sancta mater[a] Romana ecclesia. Unde ergo hec nova auctoritas, per quam reis sine confessione et penitentia offertur praeteritorum peccatorum impunitas et futurorum libertas? Quantam fenestram maliciae per hoc patefecisti hominibus!

Te, o mater, liberet Deus ab omni malo[3]. Sit Iesus tibi ostium[b], sit ostiarius. Nullus in te introeat, nisi cui ostiarius aperuerit[4]. Te, inquam, tuumque praesulem liberet Deus etiam ab his, qui, ut ait Micheas[c] propheta, *seducunt populum Dei, qui mordent dentibus suis et praedicant pacem; et si quis non dederit in ore eorum quippiam, sanctificant super eum bellum*[5]. Explicit[d].

a. mater sancta *V*.   b. hostium *V*.   c. Mycheas *V*.   d. om. *Z*.

1. Ioh. 11, 44.   2. in Homil. 26 c. 5 et 6, S. Gregorii opp. ed. Benedictini T. I 1555 et 1556.   3. Cf. Matth. 6, 13.   4. V. Ioh. 10, 3.   5. Michaeas 3, 5.

114. *Otto I episcopus et canonici Bambergenses F. magistrum rogant, ut scholam Bambergensem regendam suscipiat*[a].

(E 222)

1103? O(tto) Dei gratia Babenbergensis ecclesiae episcopus, E(gilbertus) praepositus, A(dalbertus) decanus cum universa congregatione sancti Georgii F., scolasticae disciplinae viro, paternae fraternaeque dilectionis affectum.

Quia morum tuorum qualitatem, vitae conversationem, liberalium studiorum maturitatem, cum adhuc nobiscum conversareris, experimento didicimus, in te unanimiter intendimus, atque unus ex nobis fias invitamus. Intelleximus enim illo tempore, cum esses apud nos, assiduum et fidelem laborem tuum circa officium tibi commissum, ita ut facile notari posset, quid nobis et ecclesiae nostrae cuperes et quid, constitutus super multa, cum admodum in paucis esses fidelis[1], promitteres. Nos igitur, destituti scolarum magisterio, a te pro antiqua familiaritate impetratum mittimus, ut probatio tuae dilectionis fiat exhibitio operis. Rogamus etiam, ut facilem te super hac re praebeas et in brevi ad nos venire nullo modo differas. Si quid vero huic obstat festinationi, hunc certum tibi praescribimus terminum: ut in ieiunio Septembris[2] procul dubio nobis Moguntiae occurras.

---

115. *Quidam Fridericum I archiepiscopum Coloniensem hortatur, ut praeposituram quandam sibi prospiciat*[b]. (E 223)

1100-1105 Domino suo Coloniensis ecclesiae archiepiscopo N. mille votis exoptatum praesentis et futurae vitae felicem statum.

Quibus et quantis devotionis affectibus mea vobis devinciantur praecordia, cui loquitur omnis intentio, divina tantum praevidet cognitio. Nec mirari debet vestrae claritatis excellentia, quod tanta temporis distantia vestra destituor praesentia. Testis etenim est conscientia mea, quod, parcens vobis, vultus vestri serenitate longo tempore carui. Sic namque cesareis praesensi

a. *ex V 94v, Z p. 202.* b. *ex V 94v—95, Z p. 202, C 46v.*
1. Cf. Matth. 25, 21. 2. 20 Sept. 1103?

vos gravari obsequiis, ut in tanta rerum vertigine commanen- 1100-1105
tiam meam vererer plus vobis constare oneri quam honori. Sed
postquam imperialis illa deflagravit tumultuatio, et ego vestris
praesentari castris et animo et corpore disponerem, tanta subito
percussus sum valitudine, ut necdum sanitati plene sim redditus.
Ergo, aut vestrae occupationis respectu aut virium mearum de-
fectu, vos adeundi oportunitatem non* reperi. Quare, quod praesentialiter vobis suggerere nequivi, litteris vestrae benignitati
significare curavi.

Memoramini itaque tam vestrae promissionis quam meae
petitionis, quatinus vestro suffragio praepositurum N. valeam assequi. Spero namque immo certus sum, si vestra tantum ad-
vigilaverit industria, nostra erit. Quod si alia via nequeat fieri,
praesidio imperatoris quaesita optinere nitimini. Porro, si
usquam gentium vobis propositum sit ire, si id praesensero, paratus sum in carcerem et in mortem vobiscum venire.

116. *Fridericus comes palatinus aliique Saxoniae comites B.
   comitem hortantur, ut ad se accedat. Epistolam cruce no-
   tatam Heinrico V regi tradi volunt*[b]. (E 224)

F(ridericus) palatinus comes, comes O.[1], comes D.[2] B. co- 1104 Dec.
miti[3] salutem fidelitatem et perpetuum bonum. -1105 Ian.

Pauca verba probatum sufficiunt ad amicum. Summa voluntatis nostrae est: ut occurras nobis apud N., quandocunque
nobis mandaveris; adductis tecum, quos ad hoc negocium ne-
cessarios arbitraris. Ibi audies, quae epistola non capit.

Litteras, ubi crux est[4], da regi.

a. *om. VZ.* b. *ex V 95, Z p. 202—203.*

1. Hunc Ottonem comitem de Ballenstet fuisse arbitrantur Floto Kaiser Heinrich IV T. II 391 et Giesebrecht Gesch. der deutschen Kaiserzeit
III 1143.   2. aut in hac epistola verba haec: „comes D." corrigenda
sunt in „comes L.", aut in ea quae sequitur ep. 117 pro „comes L." scribendum fuit „comes D.".   3. Quae infra legitur adhortatio: „Non enim
gaudebis, si extra ecclesiam inventus fueris cet.", necessarie demonstrat,
hoc loco non agi de Berengario comite de Sulzbach, quo quidem impel-
lente Heinricus V a patre defecerat; v. Ekkehardi chron., Mon. Germ. SS.
VI 227.   4. epistolam 117 infra.

Veni, audi et gaude. Non enim gaudebis, si extra ecclesiam inventus fueris. Nullus salvatus est in diluvio extra archam, quae figuram gerebat ecclesiae.

117. *Fridericus comes palatinus aliique Saxoniae comites Heinricum V regem, ut ad se veniat, invitant*[a]. (E 225)

Domno regi H(einrico) F(ridericus) palatinus comes, comes O., comes L. a Deo coronam eterni regni, ex se promptissima servitia.

Considerantes laborem ecclesiae, defectum regni, summae divinitati attribuimus, quod ad hec relevanda et corrigenda animum et voluntatem vos concepisse cognovimus. Ut ergo, que strennue cepistis, gloriose perficiatis, nos et nostra vobis offerimus; et ad nos summa fidelitate vos invitamus. Apud nos episcopatus quidam et abbatiae sunt vacui[b], quidam male locati; qui per vos in meliorem statum redigentur. Ibique ad regios usus multa modo sunt aperta, multa cito aperienda. Venite desideratus, vincite viriliter, regnate feliciter.

Premittite de fidelibus vestris, qui nobiscum loquantur apud N., quandocunque vobis visum fuerit. Postea, accepta securitate, securus venietis.

118. *Erlungus electus Wirzeburgensis Ottoni I episcopo Bambergensi, quod eius ope ad hanc dignitatem pervenerit, gratias agit. Convenire cum eo cupit. Heinricum IV nuntiat promisisse obsequium Paschalis II papae et restitutionem Ruthardi archiepiscopi Moguntini; itemque, se de Heinrico V rege ad principum voluntatem acturum esse*[c]. (E 228)

Ottoni[d] Dei gratia venerabili Babenbergensium episcopo, domino et patri suo dilectissimo, E(rlungus), nunc usque cancellarius, nunc autem Dei consilio Wirzeburgensis[e] sedis electus, quicquid in vera dilectione patri nunc et semper debetur ac domino.

a. *ex V 95, Z p. 203.* b. vacuae *V; corr. in* vacui *Z.* c. *ex V 95 v — 96, Z p. 204—205.* d. O. *Z.* e. Wirzburgensis *Z.*

Scio indubitanter et credo nec credendo fallar in aliquo: quod vestra pietate, qua me hactenus dilexistis, more paterno gaudetis, si me gaudere noveritis. Nec hoc quidem asscribo alicui meo merito, sed vestrae tantum bonitati; qua mihi largus fuistis atque propicius, ex quo vos mihi praefecit Deus[1], omni dilectionis studio. Unde in praesenti grates, quot[a] et quantas possum, vestrae paternitati refero et, dum vivo, me et mea ad vestrae voluntatis arbitrium exhibeo, sicut merito debeo. Novi enim: vos meae sublimitatis post Deum esse principium; nec umquam posse me in curia tam diu sustinuisse[2], quod ad honorem pervenirem, nisi vestra largitas meo labori subvenisset et vestra me fovissent ac solidassent consilia.

Quia igitur ope vestrae bonitatis et me honorabiliter in curia retinui et ad id honoris gratia Dei et vestri perveni, quod feliciter electus sum Wirzeburgensis[b] sedis episcopus et vester vicinus et ecclesiae meae factus sum — unde in inmensum gaudeo — dignum est et ego rogo atque desidero, ut me et mea ad nutum vestrae voluntatis amplius ad plenum habeatis.

Vellem itaque vobis libenter loqui, antequam redirem ad curiam, si scirem, quomodo possemus utiliter convenire. Quapropter intime rogo vos, ut mittatis mihi vestrum nuntium, per quem mihi notificetis locum et terminum, quo possimus convenire et aliquid, quod utrique prosit, inter nos familiariter ordinare.

Preterea rogo vos plurimum et amicabiliter: ut memor sitis fidelis nostri N. et iuvetis eum vestro consilio et auxilio obtinere misericordiam, illam praeposituram videlicet, quam ei concessistis; nec ullo modo possit vobis persuaderi, ut vestram inde mutetis sentenciam. Ipse enim in nullo spem habet post Deum nisi in vobis et in me post vos. Et quia nos duo eum letificare debemus, dignum est et honor noster, ut hoc libenter faciatis.

a. quod Z.   b. Wirsburgensis Z.

1. fuit enim Erlungus „Babenbergensis ecclesiae canonicus". V. Ekkehardi chron. 1105, Mon. Germ. SS. VI 228.   2. Erlungus cancellarius Heinrici IV imperatoris in eiusdem diplomatibus comparet a die 15 Iul. 1103 ad diem 15 Febr. 1105. V. Stumpf Die Reichskanzler II 209.

1105 post Febr.   Dominus noster[1] laudavit obedientiam papae[2] et reditum Moguntini archiepiscopi[3], et se facturum de filio, quicquid principes consulent. Alia omnia adhuc stant in medio.

R. vester ex corde vos salutat; rogans mecum: ut ei sitis, sicut ipse confidit, misericors et stabilis in nobilitate vestrae concessionis.

119. *Iusiurandum Wirziburgensium*[a]. (E 310)

1105 post Febr.   Anathematizo[c] omnem heresim; praecipue illam, quae praesentis ecclesiae statum[b] conturbat et astruit: ligamenta ecclesiae esse spernenda; sub testimonio Christi et ecclesiae. Promitto autem fidem et obedientiam Romanae sedis pontifici Pascali[c] et R(uperto) Wirzeburgensis[d] ecclesiae episcopo; dampnans, quod dampnat, affirmans, quod affirmat sancta universalis ecclesia.

120. *Heinricus IV imperator Paschali II papae internuntium pacis mittit*[e]. (E 215)

1105   Heinricus[f] imperator Romano pontifici Pascali.

Si illa inter nos pax esset et concordia, quae inter nostros olim et tuos fuit antecessores, quae inter nos eciam[g] et Nicolaum[h] et Alexandrum, viros catholicos et religiosos, Romanos pontifices, plena caritate et integra viguit devotione, manda-

a. *ex V 125v, Z p. 275:* Abiuratio heresis. b. statum praesentis ecclesiae Z. c. Pascali *om. V*. d. Wirzburgensis Z. e. *ex V 91v:* Epistola IIII imperatoris ad Pascalem episcopum; Z p. 194: Epistola H. tercii imperatoris ad Pascalem papam; *et ex (E) cod. lat. Monacensi 14096 B IV (S. Emmerammi 96) membr. saec. XII.* f. Heinricus — Pascali *om. VZ*. g. *om.* VZ. h. Nycolaum V.

1. Heinricus IV. 2. Paschalis II. 3. Ruthardi. 4. V. Annales S. Disibodi (Mon. Germ. SS. XVII 17) 1099: „Venerabilis autem Paschalis — statuit, ut, quicumque de scismate hereticorum ad unitatem et concordiam sanctae ecclesiae katholicae reverti vellent, prius omnem heresim anathematizarent. — Ordo reconciliationis huiusmodi est: „„Anathematizo omnem heresim et praecipue illam, quae statum praesentis ecclesiae conturbat, quae astruit et docet: anathema contempnendum et ecclesiae ligamenta spernenda esse. Hanc cum suis auctoribus dampno et anathematizo. Promitto autem obedientiam apostolicae sedis pontifici Paschali eiusque successoribus sub testimonio Christi et ecclesiae; affirmans, quod affirmat, et dampnans, quod dampnat sancta et universalis ecclesia""".

remus tibi, quicquid filius patri. Sed distulimus; expectantes et cognoscere desiderantes: si in beneplacito Dei sit, nos[a] caritative et amicabiliter posse convenire et ecclesiam suam nostris temporibus, nostro labore, ipso cooperante, in statum redire unitatis pristinae.

Hoc quoque iam dudum teste Deo desideravimus[b]. Sed cognita eorum nimia austeritate, qui in Romana erant ecclesia[1], non utile visum est nobis vel competens, eos de hac causa convenire.

Quia magis videbantur nos persequi odio et indignatione quam zelo iusticiae, vel etiam quam velle[c] nos amplecti dulcedine caritatis[d] ad profectum ecclesiae. Effectus enim[e] probat, quia, cum ipsi regnum — hereditario iure nobis collatum, tempore religiosorum virorum Romanorum pontificum[2] pacifice diu a nobis possessum — contra nos studerent commovere et armare, inde multa est orta strages populorum, tam corporum quam etiam, quod magis dolendum est, animarum. Nunc quoque filius noster, quem adeo affectuose dileximus, ut eum[f] usque ad solium regni nostri exaltaremus, eodem veneno infectus, consilio quorundam[g] perfidissimorum et periuratorum sibi adherentium insurgit in nos; postpositis omnibus sacramentis, quibus se nobis obligaverant[h], posthabita omni fide et iusticia; tantum ut bona ecclesiarum et regni libere valeant perdere rapere et inter se dividere.

Et[i] cum multi nobis persuadeant, absque dilatione in eos vi et armis esse ulciscendum, maluimus tamen sustinendo[k] adhuc differre, ut tam in Italico quam in Teutonico regno sciatur manifeste: quod nec nostre sit voluntatis nec culpe, si tandem inviti et coacti in eos insurrexerimus quodque[l] mala vel infortunia seu populorum strages inde contigerit[m].

a. nobis *E*. b. desiravimus *E*. c. vellent *VZ*. d. karitatis *E*. e. hoc *E*. f. om. *E*. g. quorum *E*. h. obligaverat *VZ*. i. *quae sequuntur, om. VZ.* k. *sic scripsi pro* sustinendum *E*. l. queque *E*. m. *eadem manus superscripsit* contigerit *super* evenerit.

1. post Gregorium VII: Victoris III et Urbani II. 2. Victoris II, Stephani X, Benedicti X, Nicolai II.

1105 Preterea, quia audivimus: te, hominem discretum, Deum timentem, caritati insudantem, sanguinem humanum non sitire, rapinis et incendiis non gaudere, unitatem ecclesie supra omnia diligere, consilio et suggestione principum nostrorum, religiosorum virorum nos diligentium, mittimus tibi nuncium istum cum legatione nostra. Per hunc quippe volumus cognoscere, si est tibi voluntati, te nobis caritative et amicabiliter et nos uniri tibi; salvo nobis honore regni et imperii et totius nostre dignitatis, sicut et avus et pater noster aliique antecessores nostri habuerunt; servato etiam tibi a nobis honore apostolice dignitatis, sicut antecessores nostri tuis antecessoribus servaverunt et nos prefatis pontificibus.

Quodsi tibi placuerit, paterne nobiscum agere et eam, quam mundus dare non potest, pacem Deo prestante integre nobiscum conponere, mitte nobis familiarem nuncium tuum cum privatis litteris et secreta legacione cum hoc nuncio nostro, ut hoc modo possimus indubitanter cognoscere omnem de hac re certitudinem voluntatis tue. Qua cognita, mittemus[a] tibi de maioribus principibus nostris, quales et nos tibi mittere et te deceat a nobis recipere, ad tantam rem componendam; per quos, exclusa omni ambiguitate, manifeste possis cognoscere, nos veraciter velle complere, que tibi mandamus secrete.

Preter ea, que hic inscripta sunt, commisimus huic fidelissimo nuncio nostro quedam tibi dicenda, quibus tam veraciter quam scriptis credas.

---

121. *Heinricus IV imperator Ottonem I episcopum Bambergensem orat, ut cum copiis Wirzeburgum veniat utque beneficium cuidam A. concedat*[b]. (E 210)

1105
c. Aug.
H(einricus) Dei gratia Romanorum imperator augustus O(ttoni) Babenbergensi episcopo, suo dilecto et certo fideli, gratiam et omne bonum.

Nunc imminente necessitate debet apparere, qui sint fideles nobis; et ipsa evidentia rei manifestandum est, quantum nos

a. mitemus *E*. b. *ex V 90v, Z p. 192, C 43, B 34v*.

diligant et honorem nostrum. Scias igitur, quod nos usque Wirzeburc* venimus cum multis militibus¹; et adhuc ibidem plures expectamus; cupientes cum Dei virtute⁵ inimicos nostros invadere et castrum nostrum Nurinberc⁶, quod obsident, liberare. Quapropter tibi, sicut optimo fideli, rogando mandamus: ut ad nos venire festines cum omnibus, quos habere poteris; sicut tibi confidimus.

Insuper etiam diligenter te rogamus: ut in praesenti nostram consideres necessitatem, et A., qui nobis est necessarius, concedas beneficium, quod a te postulat; animadvertens, quod modo nos praesens periculum compellit multis supplicare et, eorum voluntatem faciendo, ipsos in nostra fidelitate confirmare. Et hac ratione constrictos, de his et de⁴ aliis multis oportet nos te rogare aliter, quam vellemus. Sed nos, Deo volente si prosperitas advenerit, te et ecclesiam tuam, sicut dignum est⁶, respiciemus. De hac re fac, secundum quod tibi dicet N. ex nostri parte.

122. *Heinricus IV imperator Ottoni I episcopo Bambergensi scribit, fidus tibi maneat, ad se accedat, preces pro se faciendas curet, castrum suum custodiat, Nurenbergenses consoletur*. (E 211)

H(einricus) Dei gratia Romanorum imperator augustus O(ttoni) Babenbergensi episcopo gratiam et omne bonum.

Scimus, quia legationibus filii nostri frequenter fatigaris, sicut nobis per tuum nuncium mandasti. Confidimus autem de tuae bonitatis fide: quod nec precibus nec minis nec persuasionibus nec blandiciis umquam acquiescas nostris contra nos inimicis; sed semper fideliter nobiscum permaneas. Quantascunque autem persecutiones ab inimicis nostris sustineas, nullatenus tamen terrearis; sed certus esto, quod te non deseremus sive

a. Wirzeburch *V.* b. adiutorio *CB.* c. Nurenberc *CB.* d. om. *B.*
e. est om. *Z.* f. *ex V 90v, Z p. 191—192, C 43, B 34v.*

1. Ann. Hildesh. 1105 (Mon. SS. III 109): „Ad vincula vero sancti Petri (Aug. 1) pater eius collecto exercitu insequitur eum" (Heinricum V).

1105 c. Aug. in pace sive in periculo, et fiduciam habeas in omnipotente Domino, quod nobiscum cito a praesenti liberaberis periculo.

Sicut ergo de te confidimus et per nuncium tuum tibi mandavimus, ad diem et locum, quem condiximus, venire non dubites.

Igitur per fidem, quam nobis debes, neque precibus neque minis aliquatinus* terrearis, ut ad filium nostrum transferaris. Et ab omni ecclesia atque per omnes congregationes tibi commissas orationes sine intermissione fac fieri ad Deum pro nobis.

Castrum etiam tuum ita diligenter custodiri facias, ne aliquis ex custodibus ab eo descendat.

Nuntium etiam tuum ad consolandos mittas Nurinbergenses.

---

123. *Moguntini Heinricum IV imperatorem implorant, ut Moguntiae urbi ab inimicis appetitae subveniat*[b]. (E 213)

1105 ante Sept. 29
Domino suo et vere domino dilectissimo H(einrico) Romanorum imperatori augusto Moguntiensis ecclesiae humiles servi F. camerarius, A. centurio, cum universis ministris ac civibus inibi manentibus, quicquid fidelis oratio valet ac devota servitus.

Quoniam huc usque ad omnem imperii tui honorem devotissimi atque aliquantulum valentes extitimus, in Dei misericordia et in tui consistet gratia, si quid deinceps vel ad tuae maiestatis exaltationem vel ad propriae vitae utilitatem valebimus.

Veraciter enim innotuit nobis: quod ex utraque parte[c] inimici tui ac nostri expedicionem contra civitatem nostram indixerunt; ex una videlicet rex filius tuus cum Thuringis et Saxonibus; ex altera vero episcopi, Metensis[1] scilicet et Virdunensis[2], dux N.[d] et[e] dux N., comes etiam H. comitis O. filius. Hi omnes, ut verissime nuntiatum est nobis, condixerunt: ut in proximo festo sancti Michaelis[3], vel ante si possint, cum gravi multitudine civitatem nostram invadant et contra honorem tuum Ruodhardum[f] episcopum in cathedram reducant.

a. aliquatenus *CB*. b. *ex V 90v—91, Z p. 192—193*. c. *om. V*.
d. H. *V*. e. et dux N. *om. V*. f. Rotardum *Z*.

1. Adalbero IV. 2. Richerus. 3. Sept. 29.

Quod si permiseris, nimium a te dilabetur imperium; nosque paciemur non solum rerum nostrarum inrecuperabile dampnum sed etiam maximum vitae periculum. Timemus enim et vere desperamus, quod contra tot principes ad longum tempus defendere urbem non valeamus; nisi aut tu ipse venias aut adiutorium utile nobis mittas. Commonemus ergo te et obnixe rogamus: ut nos in instanti iam necessitate non negligas; sed, quantocius possis adveniens, proprio nomini honori, ac saluti fidelium tuorum consulas. Non desoleris, si, quantam velis, multitudinem habere non possis; sed consolemur invicem, et nos in te et tu in nobis.

Omnes enim comprovinciales nostri ex utraque parte Reni coniuraverunt persistere nobiscum. Qui proxime, nobiscum iuxta civitatem nostram congregati, equites et pedites viginti milia numerati sunt. Quodsi hac sola impulsione Deo propiciante vicerimus, securiores postmodum tu in regno et nos in loco nostro manebimus.

Vix iam transscriptis litteris, ecce iam alius nobis venit nuntius dicens: archiepiscopos Treverensem[1] Coloniensem[2] iuxta Mosellam cum supranominatis habere conventum; tractantes contra honorem et imperium tuum et contra salutem omnium nostrum.

124. *Paschalis II papa omnes Galliarum fideles hortatur, ne Silvestrem III antipapam curent*[a]. (E 239)

Pascalis[b] episcopus servus servorum Dei episcopis abbatibus principibus militibus et omnibus fidelibus per universas Gallias salutem et apostolicam benedictionem.

Fraternitatem vestram latere nolumus, quae his temporibus apud nos acciderunt.

Venit quidam Wernerius, regni Teutonici famulus, in Romanae urbis vicina, evocantibus eum quibusdam perfidae mentis

a. *ex V 106—106v, Z p. 229.*   b. *Pascasius V, P. Z.*

1. Brunonem.   2. Fridericum I.

1105 hominibus. Quorum alii extra urbem per manum quondam
Nov. regiam ius sive salarium sedis apostolicae invaserant, alii intra
urbem, eo quod curiae nostrae munera sive familiaritatem habere
non poterant, Deum et Dei fidem posthabere deliberaverant*.
Talibus sociis presbyter quidam¹, Romanae urbis advena, se
coniunxit; de quo, vel ubi vel a quibus ordinatus sit, hactenus*
ignoramus. Hanc personam egregiam, nigromanticis ut dicitur
praestigiis plenam — cum fideles nostri occasione treugae Dei
ab armis omnino desisterent — in Lateranensem ecclesiam in-
duxerunt et, congregatis Wibertinae fecis reliquiis*, in episcopi
Nov. 18 nomen pernitiosissime illeverunt².

Nos enim tunc temporis propter apostolicae basilicae dedi-
Nov. 19 cationem, quam die proximo³ in conventu celeberrimo per Dei
gratiam peregeramus, adhuc⁴ in beati Petri porticu morabamur.
Nov. 20 Cum vero intra urbem die altero redissemus, monstrum illud,
turpiter ex urbe profugiens, quo transierit, ignoramus.
Nov. 26 Haec autem omnia fraternitati vestrae breviter indicamus,
ne in auditu talium praestigiorum ullo modo decipiamini aut a
statu vestro moveamini. Nos enim per Dei gratiam intra urbem
honeste tuteque persistimus, et in hac turba neminem nostrae
societatis amisimus. Neque enim Moysi populum suum Chore
et Datan⁴ et Abyron seditio abstulit⁵, aut excellentis angeli
superbia, qui Deo par esse voluit, Dei maiestatem minuit.
Ipsius vos maiestas in omnibus protegat et leonem ac draconem
feliciter conculcare⁶ concedat. Datum Lateranis 6 Kal. Octobris*.

a. deliberaverunt V.   b. vel ubi vel a quibus hactenus ordinatus sit VZ.
c. relliquiis V.   d. Dathan Z.   e. *sic perperam codd. VZ pro Decembris.*

1. Maginulfus (Silvester III antipapa).   2. die 18 Nov. 1105, v. Regesta pont. Rom. p. 520.   3. sequenti, die dominico, 19 Nov. (Proximus enim dies ante 18 Nov. fuit dies Veneris, quo ecclesiarum dedica-
tiones fieri non solebant).   4. iam enim die 14 Nov. 1106 „apud b.
Petri porticum" fuisse Paschalem scimus; v. Regesta pont. Rom. n. 4513.
5. Num. 16, 1 squ.   6. Ps. 90, 13.

125. *Otto I electus Bambergensis Ricardum episcopum Albanensem de consecratione iussu papae a Ruthardo archiepiscopo Moguntino petenda consulit*[a]. (E 227)

Romanae sedis dignissimo cardinali[1] O(tto), Dei gratia Babenbergensis electus, utriusque hominis devotissimos conatus.

1105 exeunte anno

Cum divino praeditus ingenio cardo sis et munimen sanctae matris ecclesiae, beatos nos fore reputamus, quod in tanto rerum discrimine sanctitatis tuae consulere possumus auctoritatem.

Notum sit ergo caritati tuae, nos a domno apostolico[2] paternae consolationis accepisse litteras. Quarum exemplar idcirco[b] tibi subscribere curavimus, ut eo fiducialius nostris valeas condescendere precatibus. Flagitamus[c] itaque obnixius, ut, perspecta accuratius clausula, qua iubemur consulere metropolitanum[3], ut officii sui debitum prosequatur, liberum[d] et auctoritati tuae condignum nobis suppedites consilium.

Non enim es inmemor praecepti domni apostolici, per te metropolitano iniuncti; videlicet: ut a consecratione episcoporum contineat manus[4].

Quocirca, petere nos consecrationem, ubi certi sumus non posse consequi, res est frivola et vanitati simillima. Succurrat ergo nobis in hac difficultate tuae pietatis auctoritas; quatenus tuo interventu locus nobis detur a Moguntinae sedis archiepiscopo consequendi gratiam, quam domnus papa nobis exhibere dignatur. Non enim, si nostri servitii obtentu anniti curaveris, negabit tibi epistolam commendaticiam, quam ex ipsius parte Romanae sedis perferamus pontifici.

Super hoc quoque tua nos dignetur instruere[e] paternitas, ut pro libro actionum Niceni[f] concilii digne apostolico respondeamus. Nichil sane in nostro ex his repperimus armario nisi

a. *ex V 95v, Z p. 203—204.*   b. *iccirco Z.*   c. *Flagittamus Z.*
d. *libm VZ.*   e. *instuere V.*   f. *Nyceni V.*

1. Ricardo episcopo Albanensi.   2. Paschali II.   3. Ruthardum archiepiscopum Moguntinum.   4. Cf. Paschalis II ad Ruthardum ep. d. 11 Nov. 1105 (supra T. III 380): „Porro episcopos, qui sub excommunicatione in eodem schismate manus impositionem susceperunt, ad concilii sententiam deferendos arbitramur".

1105
exeunte anno
viginti capitula in eadem synodo statuta et nomina episcoporum ex diversis mundi partibus congregatorum.

126. *Heinricus (IV, ut videtur) imperator Marchiae incolis nuntium suum commendat*[a]. (E 189)

1084-1106
Heinricus[b] Dei gratia Romanorum imperator augustus omnibus episcopis comitibus capitaneis civibus castellanis totius Marchiae, maioribus et minoribus, suis fidelibus gratiam et bonam voluntatem.

De integra fidelitate, quam nobis sicut optimi fideles observatis, et de labore, quem pro honore nostro, nostris inimicis viriliter resistendo, sustinetis, grates vobis maximas referimus. Unde dignam vobis — indubitanter sciatis — facere remunerationem intendimus.

Multa de his, que ad regni et utilitatis vestrae curam pertinent, scripsissemus, nisi vobis tam carum et tam[c] credibilem nuncium et fidelem nostrum et familiarem intimum misissemus. Per ipsum enim plurima vestrae fidei significamus, quae ad nostrum honorem pertinent et regni stabilitatem.

Quoniam ei sicut nobis[d] ipsis confidimus; scientes, illum nec velle nec facere, nisi quod pura fides eius[e] honori nostro debet. Vobis itaque mandamus et praecipimus et diligenter rogamus: ut eius verba quasi ex nostro ore suscipiatis; et quicquid ex nostri parte vobis dicet vel praecipiet de honore nostro, nostri caritate et sub certa spe dignae remunerationis opere et hilari[f] voluntate compleatis, sicut vobis confidimus.

127. *Heinricus IV imperator ecclesiam S. Petri (Bambergensem) muneratur*[g]. (E 97)

1084-1106
In nomine sanctae et individuae trinitatis. H(einricus) divina favente clementia Romanorum imperator augustus. Numquam erit tam felix facta commutatio, quam si temporale detur pro aeterno. Quod dum verum et saluberrimum cogitavimus,

a. *ex V 86, Z p. 180, C 40, B 33 v.*   b. H. *ZCB.*   c. *om.* B.   d. nos *B.*
e. eius fides *V.*   f. hylari *Z.*   g. *ex V 37 v, Z p. 154—155.*

pro cari patris nostri H(einrici) imperatoris augusti matrisque 1084-1106 nostrae A(gnetis) imperatricis, avi aviaeque nostrae remedio, pro perpetua corporis animaeque nostrae salute, sanctissimo et principi apostolorum Petro curtem unam et villam et decimam ad nostram regalem curtem pertinentem, quam in nostra tantum potestate et ad usum nostrum habuimus, cum omnibus appendiciis, hoc est utriusque sexus mancipiis areis aedificiis pratis pascuis terris cultis et incultis silvis venationibus, aquis aquarumve decursibus, molis molendinis piscationibus viis et inviis, exitibus et reditibus, quesitis et inquirendis, et cum omnibus utilitatibus, quae vel scribi vel nominari possunt, in proprium tradidimus confirmavimus; ea videlicet ratione et constitutione, ut supradictorum carorum nostrorum parentum in vigiliis psalmodiis et omnibus mortuorum agendis inibi devote celebrentur[a]. Hoc quoque statutum est, ut pro animabus eorum, qui in bello publico pro nostri regni honore et defensione corruerunt gladio, cottidie missa una specialis, omni quarta feria in choro a fratribus missa communis, ad omnes horas psalmus unus decantetur. Cuius tradicionis testem hanc praesentem cartam scribi nostraque manu, ut infra videtur, corroboratam sigilli nostri impressione[b] iussimus insigniri.

128. *Otto I electus Bambergensis Paschali II papae scribit, se legato eius Gebehardo III episcopo Constantiensi paruisse. A papa consecrari cupit*[c]. (E 226)

Domno apostolico Paschali[d] praerogativa meritorum et morum sanctitate Romanae sedis apice condigne sublimato O(tto), Dei gratia Babenbergensis electus, cum omni devotione spiritus orationes devotissimas[e] et servitium tam voluntarium quam debitum.

1105 ex. — 1106 in.

Quia tandem, Domino miserante et ecclesiae suae navim moderante, post nubilas errorum tempestates serenae lux veritatis occidentali refulsit ecclesiae, ante omnia et super omnia

---

a. *sic.* b. *om. Z.* c. *ex V 95, Z p. 203; legitur etiam (E) in Ebbonis vita Ottonis L. I c. 10.* d. *om. VZ.* e. *promptissimas E.*

1105 ex. — desideramus, scire sanctitatem tuam: in omnibus nos paruisse,
1106 in. uti decuit, legato tuo, episcopo videlicet Constantiensi [1], et summa
devotione cuncta, quae per ipsum edocti sumus, partim executos
fuisse partim, si vita detur, exequi velle [a]. Quam ob rem,
vestigiis pedum tuorum advoluti, obnixe flagitamus, ut servum
sanctitatis [b] tuae pacienter audias.

Enimvero [c], mundo [d] in maligno posito [2], cum vix cuiquam
creditur homini vel loco, non parvae nos torquent angustiae pro
ordinationis nostrae assecutione. Proinde, dubius et anxius et
fluctibus curarum naufrago simillimus, cum principe apostolorum,
cuius vicem tenes, ad te clamo: *Domine, salva me* [3]. Et ut
paucis summam nostrae causae concludamus, in hac hora et
potestate tenebrarum [4] te solum respiciunt oculi nostri; tibi debitam
servare obedientiam parati sumus; tecum aut consistere
aut pro te in carcerem ire decrevimus. Auctoritati tuae ergo
cum [e] tota mente desideramus inniti; tu nobis manum porrige;
quid nos velis facere, iube. Si modo [f] mandas, ut ad te veniamus,
opes nostrae licet rapina et igne sint attritae, tamen —
desiderio te videndi et consecrationis gratiam consequendi [f] —
volenti animo [g] cum debita servitutis nostrae benedictione tuae
maiestatis praesentabimur aspectibus.

Dignentur ergo viscera pietatis tuae super hoc negotio aliquo
nos scripto [h] certum reddere, quo et iter tutius ad te veniendi
nobis praemonstretur et benedictionem, quam devoti efflagitamus,
a te percepturos esse significetur. Quam nimirum propterea a
tuae sanctitatis manu tantopere expetimus, quia metropolitanus
noster [5], etsi per te habeat consecrationis gratiam, tamen, quod
sine lacrimis fateri nequimus, magnam cooperatorum spiritualis
doni patitur penuriam.

a. paratos *E pro* velle.   b. paternitatis *E.*   c. Siquidem *E.*   d. iam
add. *E.*   e. om. *E.*   f. assequendi *E.*   g. volenti animo om. *E.*   h. rescripto *E.*

1. Gebehardo III.   2. 1 Ioh. 5, 19.   3. Matth. 8, 25.   4. Luc.
22, 53: „sed haec est hora vestra et potestas tenebrarum".   5. Ruthardus
archiepiscopus Moguntinus.

129. Heinricus IV imperator Philippum I regem Francorum commonet, ut proditionem maleficiaque sibi illata vindicet[a].

(E 216)

H(einricus)[b] Romanorum imperator augustus[c] Philippo[d] regi Francorum coronam fidei et propinquitatis inviolabilem constantiam.

1106
Febr. Mart.

Princeps clarissime et omnium, in quibus post Deum speramus, amicorum nostrorum[f] fidelissime! Primum et praecipuum vos inter omnes excepi, cui conqueri et deplorare calamitates et omnes miserias meas necessarium duxi, et etiam genibus vestris advolvi, si liceret salva maiestate imperii.

Primum quidem est[g], quod non solum nobis sed etiam[h] tocius christianae professionis hominibus gravissimum et[g] in-intolerabile arbitramur: quod de illa[k] apostolica sede, unde usque ad memoriam nostri temporis salutifer fructus consolationis dulcedinis et salvationis animarum oriebatur, modo persecutionis et[k] excommunicationis et omne perdicionis flagellum in nos[b] emittitur. Nec ponunt ullum modum sevitiae[i], tantum[k] ut satis fiat voluntati indiscretae. Huius[l] voluntatis suae intemperantia adeo usque nunc abusi sunt in me[m], ut, nec Deum nec quid aut quantum mali inde proveniat[n] pensantes, per se et per suos omnimodis invehantur[o] in me[m]; cum omnem[o] obedientiam et omnem debitam subiectionem sepe[p] obtulerim[q] apostolicae sedi, si tamen reverentia et honor debitus sicut antecessoribus meis ab[r] apostolica sede exhiberetur et mihi.

a. ex V 91v — 93, Z p. 194 — 198, B 47 — 47v: Epistola Heinrici III (H. IIII V) imperatoris ad Luodewicum, regem Francorum, quando a filio suo Heinrico rege depositus est a regno (a regno om. VB); (G 64v — 67v); et ex (E) codice lat. Monacensi 14096 B IV (S. Emmerammi 96) membr. saec. XII, sine lemmate. Haec epistola legitur etiam ap. (S) Sigebertum in chron. ad a. 1106 (Mon. Germ. SS. VI 369), ubi epistola recte perhibetur „scripta ad Philippum regem Francorum". b. H. — constantiam om. ES. c. om. BG. d. Philippo scripsi pro L codicum VZB et pro N codicis G. Cf. supra n. a. e. om. E. f. om. VZB. g. ac E. h. in nos om. G. i. sentencie GE. k. tantummodo E. l. Cuius G. m. in me om. E. n. proveniet E. o. invehuntur E. p. semper VZB. q. contulerim VZBG. r. ab — sede om. E.

1. L

Jaffé, Bibliotheca V.   16

Quid autem intendant, oportunius ipse* significabo vobis, si quando optati colloquii copiamᵇ Deus dederit nobis.

In hac igitur persecutionis et odii sui inflammatione cum parum viderent se proficere, contra ipsum ius naturae laborantes — quod sine maximo cordis dolore, sine multis lacrimis dicere* non valeo; et quia dicitur, vehementer contremisco — filium meum, meumᵈ inquam Absalon dilectissimum, non solum contra me animaverunt*, sed etiam tanto furore armaveruntᶠ, ut in primis contra fidem et sacramentum, quod ut miles domino iuraverat, regnum meumᵍ invaderet; etʰ episcopos et abbates meos deponeret, inimicos et persecutores meos substitueretⁱ; ad ultimum — quod maxime vellem taceri aut, si taceri non potest, vellem non credi — omnem naturae affectumᵏ abiciens, in salutem et animam meam intenderet; nec pensi quicquam haberet, quocunque modoˡ vi vel fraude ad hanc periculi et ignominiaeᵐ suae summam aspiraret.

In hac tanta mali sui machinationeⁿ, cum essem in pace et in aliqua salutis meae securitate, in ipsiusᵒ dominici adventus sanctissimis diebus in locum, qui Confluentia dicitur, ad colloquium evocavit me; quasi de communi salute et honore filius tractaturus cum patre. Quem ut vidi, ilico ex paterno affectu, tactus intrinsecus dolore cordis mei[1], ad pedes suos procidi; ammonens et obtestans per Deumᵖ per fidem per salutem animae suaeᵍ: ut, si pro peccatis meis flagellandus eram a Deo, de me ipse nullam maculam conquireret animaeʳ honori et nomini suo; quia, culpae patris vindicem filium esse, nulla divinae legis umquamʳ constituit sanctio. At ille, iamˢ pulchre immo miserrime institutus ad maliciam, quasi abhominabile et execrabile scelus cepit detestari. Procidens etᵗ ipse ad pedes meos, de praeteritis cepit veniam precari, in reliquum, ut milesᵘ

a. *om.* VZE. b. *om.* G. c. *om.* V. d. meum, meum meum B. e. armaverunt E. f. armaverit VZ, animaverunt E. g. *om.* B. h. *om.* GE. i. sustineret E. k. effectum E. l. quomodo E. m. ignomiae Z, ignorantie B. n. machinacionē E. o. ipsis GE. p. per Deum *om.* GE. q. suae, ut *om.* E. r. *om.* E. s. tam E. t. et *om.* B. u. *om.* V.

1. Gen. 6, 6: „Et tactus dolore cordis intrinsecus".

domino, ut patri filius, cum fide et veritate per omnia se mihi 1105
obauditurum, cum lacrimis promittere*; si solummodo sedi apo- Dec.
stolicae vellem reconciliari.

Quod cum promptissime annuissem et[b] deliberationi suae
et consilio principum in[c] hoc totum[d] me mancipandum promisissem; me in praesenti nativitate se perducturum Moguntiam,
et ibi de honore et[e] reconciliatione mea quam fidelius posset
se acturum, et inde in pace et securitate[f] me reducendum promisit *in ea veritate et fide, qua patrem a filio honorari et filium
a patre praecipit[g] Deus diligi.* Hac promissione, que etiam
gentili observanda est, securus, illorsum[h] ibam.

Et filius meus aliquantulum praecesserat me; cum ecce
quidam fideles mei[i] occurrentes mihi verissime affirmabant me
deceptum et proditum sub falsa pacis et fidei sponsione. Revocatus autem[k] filius meus et iterum instantissime a me[l] ammonitus, sub eiusdem fidei et sacramenti obtestatione, animam
suam pro anima mea fore, promisit iam[m] secunda vice.

Cum ergo[n] ad locum, qui Binga dicitur[o], pervenissemus[p],
iam existente die Veneris ante nativitatem Domini[q], numerus Dec. 22
armatorum[r] suorum iam satis augebatur. Iam fraus ipsa se detegere videbatur. Et filius ad me: *Pater,* inquit[s] *vobis secedendum est in vicinum castellum*[1]. *Quia nec episcopus Moguntinus*[2]
in civitatem suam admittet vos, quam diu eritis[t] *in banno; nec
vos inpacatum et inreconciliatum audeo ingerere inimicis nostris.
Illic nativitatem Domini*[u] *cum omni*[v] *honore et pace agatis;
quoscunque placuerit vobis, vobiscum habeatis. Ego interim,
quanto instantius quanto fidelius potero, pro nobis utrisque laborabo. Quia causam vestram esse meam existimo.* At ego:
Mi inquam *fili, testis et iudex sermonum et fidei assit inter nos
hodie*[w] *Deus; qui, quomodo te in virum et heredem meum per-

a. promisit *E*, cepit promittere *G*. b. et — promisissem *om. G*. c. *om. E.*
d. tantum *E*. e. honore et *om. B*. f. pacem et securitatem *E*. g. praecepit *BE*. h. illorum *E*. i. mei — mihi *om. E*. k. iterum *VZB*, autem *GE*.
l. a me *om. VZ*. m. *om. GE*. n. ego *E*. o. vocatur *E*. p. pervenissem *E*.
q. *om. VZE*. r. armorum *E*. s. *om. B*. t. fueritis *V*. u. *om. E*.
v. *om. B*. w. *om. VZB*.

1. Beckelheim. 2. Ruthardus.

1105
Dec. 22
duxerim^a, quantis laboribus et^b tribulationibus meis tuo honori inservierim, quot^c et quantas inimicicias pro te habuerim et habeam, solus est conscius. Ille autem iterum, iam^d tercio, sub eiusdem fidei et sacramenti obtestatione, si ingrueret^e occasio periculi, caput suum pro capite meo fore, promisit mihi.

Sic postquam clausit me in eodem castello, quia omnia in corde et corde erat locutus¹, manifeste ostendit rei eventus. Ex omnibus meis quartus ego sum inclusus; nec admitti potuit quilibet alius. Custodes deputati, qui vitae meae erant atrociores inimici. Benedictus per omnia Deus, exaltandi et humiliandi quemcunque^f voluerit rex potentissimus.

Dec. 25
Cum igitur ipso sacratissimo die nativitatis suae omnibus redemptis suis ille sanctus sanctorum puer fuisset natus, mihi soli Filius ille^g non est datus². Nam — ut taceam obprobria iniurias minas gladios in cervicem meam exertos^h, nisi omnia imperata facerem; famem etiam et sitim, quam perferebam, et ab illis, quos iniuria erat videre et audire; utⁱ etiam taceam, quod est gravius, me olim satis felicem fuisse — illud nunquam obliviscar, illud^k nunquam^l desinam omnibus christianis conqueri, quod illis sanctissimis diebus sine omni christiana communione in carcere illo^m fui.

In illis penitentiae et tribulationis meae diebus a filio meo missus venit ad me quidam principumⁿ Wipertus^o, dicens: nullum vitae meae esse consilium, nisi sine ulla contradictione omnia regni insignia redderem ex voluntate et imperio principum. At ego — etsi omnis terra, quantum inhabitatur, regni mei terminus esset, nolens vitam regno commutare^p — quia vellem nollem sic agendum et sic definitum^q intelligebam, coronam sceptrum crucem lanceam et gladium misi Moguntiam.

Tunc, communicato consilio cum inimicis meis, egrediens

a. produxerim *GE*. b. laboribus et *recepi ex Sigeberti chron.; om. VZBGE*. c. quod *Z*. d. iterum iam *om. E*. e. ingruerit *G*. f. quem *E*. g. natus *V*. h. exortos *E*. i. et *add. E*. k. illud *om. VZB*. l. nunquam — conqueri *om. V*. m. illo *om. VZB*. n. princeps *E*. o. Wichbertus *E*, Wicbertus *G*. p. committere *E*. q. difinitum *E*.

1. Ps. 11, 3: „Labia dolosa, in corde et corde locuti sunt". 2. eucharistia.

filius meus, relictis ibidem fidelibus et amicis nostris[a], quasi me[b] eo adducturus, sub multa frequencia et custodia[c] armatorum suorum eductum[d] ad[e] villam, quae Ingelheim[f] vocatur[g], me fecit ad se adduci. Ubi maximam inimicorum meorum[h] turbam[i] collectam inveni; nec ipsum filium ceteris michi[k] meliorem repperi. Et quia firmius et stabilius videbatur eis esse, si propria manu cogerent[l] me regnum et omnia regalia exfestucare, simili modo et ipsi omnes minabantur michi[m]: nisi omnia imperata facerem, nullum vitae meae consultum posse fieri. Tunc ego: *Quia* inquam *de sola vita[n] mea agitur, — qua nichil preciosius habeo, ut saltem vivens penitentiam meam[o] exhibeam Deo — quicquid imperatis, ecce[p] facio.*

Cumque inquirerem[1], si saltem sic de vita mea certus et securus[q] esse deberem, eiusdem apostolicae sedis legatus[2], qui ibidem aderat — non dico, qui hec omnia ordinaverat[r] — respondit, me nullo modo eripi posse, nisi publice confiterer: me iniuste Hildebrandum[s] persecutum fuisse; Wicpertum[t][3] iniuste ei superposuisse[u]; et iniustam persecutionem[v] in apostolicam sedem et omnem ecclesiam hactenus exercuisse.

Tunc cum maxima[w] animi contricione, humi[x] prostratus, cepi per Deum, per[y] ipsam iusticiam orare: ut locus et tempus mihi daretur, ubi in praesentia omnium principum, unde innocens essem, ex[z] iudicio omnium me expurgarem; et in quo culpabilem me esse[a] recognoscerem, ex consilio omnium sanioris sententiae penitentiam et satisfactionem, quo ordine iuberent, quaererem; et inde[b] principibus regni de fidelibus nostris, quos-

a. meis *E.* b. meo *B.* c. et custodia om. *E.* d. armatorum ductum *VZB*, armatorum suorum me adductum *E*, armatorum me eductum *S.* e. in *B.* f. Engelheim *GE.* g. dicitur *E.* h. om. *E.* i. multitudinem *GE.* k. om. *VZB.* l. cogeret *VZB.* m. om. *VZBG.* n. om. *B.* o. om. *E.* p. ego faciam *E.* q. et securus om. *E.* r. audiverat *E.* s. Hiltebrandum *Z.* t. Wicpertum *VZ*, Wipertum *B*, Wichbertum *E*, Wibertum *G.* u. subposuisse *E.* v. iniusta persecutione *E.* w. magna *E.* x. om. *E.* y. et per *B.* z. vellem ex — expurgare *GE.* a. om. *E.* b. inde de principibus regni et fidelibus nostris *VZB*, inde principibus regni de fidelibus nostris *E.*

1. iam „regno et omnibus regalibus exfestucatis"; ut liquet ex verbis his: „ecce facio". 2. Ricardus episcopus Albanensis. 3. Clementem III antipapam.

1105
Dec. 31

cunque[a] vellent, obsides darem. At ille[b] idem legatus diem et locum mihi abnegavit; dicens: aut ibi debere totum determinari, aut nulla spes esset mihi evadendi.

In tantae[c] tribulationis articulo cum interrogarem, si confiterer omnia, quae imperabantur, an[d] confessio mea, ut iustum est, veniam et absolutionem consequeretur, idem legatus respondit[e]: non esse iuris sui me absolvere. Et cum ego ad hoc[f] dicerem: *Quicunque confitentem audet recipere, confessum[g] debet absolvere*, si vellem, inquit, absolvi, Romam irem satisfacere[h] apostolicae sedi.

Sic spoliatum et desolatum — nam et castella et patrimonia, et quicquid in regno conquisieram, eadem vi et arte sua extorserunt[i] a me — in eadem villa reliquerunt me[k].

1106
Ian. Febr.

In qua cum aliquo tempore commoratus essem, et ex eodem consilio fraudis suae filius meus demandasset[l], ut ibidem eum expectarem, superveniens quorundam fidelium meorum legatio praemonuit: ut, si quidem ad momentum ibi remanerem, aut inde[m] in perpetuam[n] captivitatem raperer aut in eodem loco decollarer. Quo nuntio[o] tunc satis vitae meae[p] diffisus sum[q].

c. Febr.

Et ilico aufugiens, fugiendo veni Coloniam. Et ibi aliquot diebus commoratus, postea Leodium veni. In quibus locis viros fideles et in fide regni semper constantes inveni.

Febr.-Mart.

Horum ceterorumque regni fidelium consilio usus, vobis fiducialius et honestius habeo deplorare has omnes miserias meas[r]; fiducialius quidem propter mutuae consanguinitatis et antiquae amiciciae debitum; honestius autem propter tanti regni nomen gloriosum. Vos igitur, per fidem per amiciciam rogatus, in tantis tribulationibus meis acsi in vestris propinquo et amico consulatis. Que fidei et amiciciae vincula etiamsi[s] inter nos non essent, vestrum[t] tamen et omnium regum terrae est: iniuriam et contemptum nostrum[u] vindicare et tam nefariae prodicionis et violentiae[v] exemplum de superficie terrarum[w] extirpare.

a. quocunque *B*.   b. om. *E*.   c. tanto *E*.   d. aut *E*.   e. dixit *E*.
f. adhuc *VZB*, ad hoc *GE*.   g. confitentem *V*.   h. satisfacerem *VZB*, satisfacere *GE*.   i. extorserant *GE*.   k. hic desinit *B*.   l. demansisset *E*.   m. om. *E*.
n. eternam *E*.   o. etiam add. *VZB*.   p. meae om. *VZB*.   q. sum et om. *E*.
r. om. *V*.   s. etsi *GE*.   t. vestram *E*.   u. meum *E*.   v. malicie *E*.   w. terre *E*.

130. *Paschalis II papa Ruthardum archiepiscopum Moguntinum eiusque suffraganeos ad concilium die 15 m. Octobris citra Alpes habendum vocat*ᵃ. (E 241)

Paschalisᵇ episcopus servus servorum Dei venerabili fratri R(uthardo) Moguntino episcopo salutem et apostolicam benedictionem. -

1106
Mart. 31

Pro ecclesiae ac regni pace, pro ecclesiarum ordinibus, pro partium nostrarum causis quantumᵈ et quam generalem oporteat haberi tractatum, fraternitatis vestrae novit sollercia providere. Eapropter congruumᵉ duximus et magna consultatione deliberavimus: ut in proximis Octobribus Idibus synodalemᶠ vobiscum debeamus celebrare conventum. Idcirco tam te, karissime frater, quam omnes Moguntinae ecclesiae suffraganeos litteris praesentibus praemonemus: ut, convocatis dyocesiumᵍ vestrarum qui digniores videntur abbatibus, convocatis etiam clericorum personis quibus concilii tractatus necessarius est, praenominato in tempore citra Alpes nobiscum convenire omni occasione sepositaʰ procuretis; quatinus, largiente Domino, ablatis de medio scismatum causis, ecclesiae ac regno pacis reformetur integritas. Data 2 Kal. April.

131. *Otto I episcopus Bambergensis canonicis suis significat, se a Paschali II papa consecratum esse*ⁱ. (E 229)

O(tto) gratia Dei Babenbergensis episcopus E(gilberto)ᵏ praeposito, A(dalberto) decano ceterisque fratribus omne bonum.

1106
Mai.

Quantum ego novi et expertus sum caritatem vestram, scio: vos iam diu expectare eventum nostri laboris; ut de nostro successu, si quidemˡ bene per misericordiam Dei successerit, gaudeatis. Ne ergo diutius suspensi aut dubii de nobis sitis, sed, utᵐ iustum est, sincerissime gaudeatisⁿ, litteris istis vobis signi-

---

a. *ex V 106v, Z p. 231.* b. Pascasius *V*, P. *Z.* c. om. *V.* d. om. *V.*
e. dignum *V.* f. sinodalem *Z.* g. diocesium *Z.* h. seposita *Z*; semota *V*, *ubi eadem manus superscripsit:* l. seposita. i. *ex V 96, Z p. 205; legitur etiam in (H) Herbordi Vita Ottonis L. III c. 41, et in (E) Ebbonis vita eiusdem Ottonis L. I c. 15.* k. E. *VZ*, Eberhardo *H*, Egilberto *E.* l. quid *H.* m. aut si *VZH.* n. gratulemini *E.*

1106 ficare decrevimus, quam misericorditer Deus more suo post in-
Mai. mensos labores et sudores plurimos ᵃ nobiscum operatus sit.

Mai.18 In die sancto pentecostes ᵇ — qui dies ex adventu Spiritus
sancti sacratus et cunctis fidelibus iure sollempnis est, illo inquam die — Deo sic ordinante, in Anagnia civitate Campaniae,
quae Romaniam dividit et Apuliam, episcopalis benedictionis
munus ᶜ quamvis indignus Domino largiente suscepi, venerabili ᵈ
papa domno ᵉ P(aschali) manum imponente, ceteris vero episcopis plurimis cooperantibus, clero quoque Romanae ecclesiae,
cuius magna pars ea die in eandem civitatem convenerat, astante
et consentiente. Et ᶠ quod nulli, a Romano pontifice consecrato,
nostris temporibus contigit, sine obligatione alicuius iuramenti
consecratus sum.

Huius loci, huius diei, huius gratuitae misericordiae Dei
semper memores esse debemus; et ut vos memores esse velitis,
cum ᵍ gratiarum actione obnixe precamur; praecipue cum aliae
quam plures venerandae personae, de magnis rebus apud apostolicam sedem agentes, infecto negotio redierint ʰ.

Magnificate ⁱ ergo Dominum mecum et exaltemus nomen
eius invicem ¹; cui quam facile est resistere superbia, tam facile
est humilibus dare gratiam ². Quia vero asperum est, confusis
temporibus esse praepositos, curandum nobis est et omnino satagendum, ut res dura fiat mercedis occasio. Dum ergo semi-
nandi tempus est, semina bonorum operum serere non cessemus,
ut maiores in die messis laetitiae manipulos reportemus, capiti
nostro, quod est Christus, per compagem karitatis adhaerentes;
ne ab eo, mundanis plus iusto intenti lucris, separemur et veluti palmites de vite eiecti arescamus ³. Sed quia in exequendis
iusticiae operibus divinae gratiae adiutorio opus est, omnipotentis Dei assiduis precibus clementiam exorate, quatenus ad haec
nobis operanda et velle tribuat et posse concedat, atque in ea
nos via cum fructu boni operis, quam se esse testatus est ⁴, di-

a. sudores *iterum add.* V.   b. penthecostes V.   c. manum VZ.   d. beatissimo E.   e. *om.* VZE.   f. *om.* H.   g. omni *add.* E.   h. Valete *add.* H.
i. quae sequuntur *om.* VZH.

1. Ps. 33, 4.   2. Iac. 4, 6.   3. Cf. Ioh. 15, 6.   4. Ioh. 14, 6.

rigat, ut, sine quo nil assurgimus, per ipsum implere omnia valeamus.   1106 Mai.

---

132. *Paschalis II papa Ruthardo archiepiscopo Moguntino Ottonem I episcopum Bambergensem a se consecratum commendat*.   (E 231)

P(aschalis)[b] episcopus servus servorum Dei R(uthardo) Moguntino archiepiscopo salutem et apostolicam benedictionem.   1106 Mai. 21

Quantum a sue constitutionis[c] exordio Babenbergensis ecclesia sedi apostolicae familiaris exstiterit, prudentiae tuae notius[d] existimamus. Congruum igitur duximus, ut venientem ad nos venerabilem fratrem nostrum O(ttonem), eiusdem[e] ecclesiae electum, cum integra[f] et perfecta praeteritae familiaritatis gratia susciperemus. Preterea, quoniam ecclesia eadem per diuturna iam tempora episcopalis officii sollicitudine[g] caruit et propter praeteriti scismatis ultionem in Teutonicis partibus[h] perpauci episcopali funguntur officio, iuxta ipsius ecclesiae postulationem eidem fratri nostro karissimo[i], cum per multa ad nos venisset[k] pericula, consentientibus et unanimi sententia decernentibus omnibus, qui nobiscum aderant, fratribus, episcopalis benedictionis manum Domino largiente contulimus; salva nimirum debita tuae metropolis reverentia. Eum igitur ad vos cum nostrae gratiae dulcedine remittentes, fraternitati vestrae litteris praesentibus commendamus; ut, quanto sedi apostolicae familiarior creditur, tanto apud vos carior habeatur. Data[l] Laterani 12 Kal. Iunii.

---

133. *Paschalis II papa Bambergensibus Ottonem I episcopum a sese consecratum commendat*[m].   (E 230)

Paschalis[a] episcopus servus servorum Dei clero et populo Babenbergensi salutem et apostolicam benedictionem.   1106 (Mai. 21)

a. *ex V 96—96v, Z p. 206, (G 60v—61). Habetur haec epistola etiam in* (E) *Ebbonis Vita Ottonis episcopi L. I c. 13.*   b. W. G.   c. institutionis GE. d. notum E.   e. Babenbergensis G.   f. integra et perfecta om. VZG.   g. sollicitudinis V.   h. in Teutonici regni partibus G.   i. nostro karissimo om. VZG. k. pervenisset G.   l. Data — Iunii om. G.   m. *ex V 96; Z p. 205:* Epistola Pascalis pape. *Haec epistola est etiam in* (H) *Herbordi Vita Ottonis L. III c. 42 et in Ebbonis Vita eiusdem L. I c. 14.*   n. P. Z.

1106
(Mai. 21)

Quantae affectionis debito Babenbergensis ecclesia ab ipso suae constitutionis primordio sedi apostolicae constringatur, etsi nos lateret, litterarum vestrarum significatio manifestat. Quod affectionis debitum venerabilis frater noster O(tto), vestrae ecclesiae electus, non inconstanter tenuisse et[a] tenere cognoscitur, cum per tot et tanta pericula ad apostolicae sedis visitationem tendere procuravit. Nos igitur eum debitae benignitatis affectione suscepimus et iuxta vestrae dilectionis desiderium nostris tanquam beati Petri manibus, salvo metropolitani[1] iure, vobis per Dei gratiam praesulem ordinavimus. Hunc igitur sub praesentium litterarum prosecutione ad ecclesiae vestrae regimen remittentes, plena hortamur affectione diligi, plena[b] humilitate venerari. Confidimus enim, eum disciplinae ecclesiasticae futurum esse custodem et salutis vestrae sollicitum provisorem. Huic ergo sedulis obsequiis[c] obedite, et gratiam vobis in eo conciliate caelestem. Integritatem catholicae fidei firmam semper in omnibus conservate, sedi apostolicae semper devotius adherete; ut per eius consortium, a contagiis omnibus liberi, ad eternae salutis portum feliciter pervenire Domino largiente mereamini. Pax[d] vobis.

---

134. *Heinricus IV imperator Heinricum V regem hortatur, ut se urgere desinat iniuriasque sibi illatas expiet; alioquin Paschalem II papam appellat*[a][2].   (E 214)

1106
Iul.

H(einricus) Dei gratia Romanorum[f] imperator augustus H(einrico) filio suo.

Si ea[g] nos debita et[h] paterna affectione tractasses, qua[i] deberes, libentissime tecum paterne[k] loqueremur et paterna tibi mandaremus. Verum quia longe alius quam paternae affectionis et humanitatis circa nos animus tibi[l] fuit et est[m], nequimus

a. ac *H.*   b. plena — venerari *om. H.*   c. officiis *H.*   d. Pax vobis *om. VZ.*   e. *ex V 91—91v; Z p.193—194:* Epistola H. tercii imperatoris ad H. filium suum; *B.47:* Epistola H. tercii imperatoris ad Heinricum filium suum; *et (E) ex cod. lat. Monacensi 14096 B IV (S. Emmer. 96) membr. saec. XII.*   f. *om. B.*   g. ea *om. VZB.*   h. et paterna *om. E.*   i. quam *B.*   k. *om. E.*   l. tuus animus *VZB,* animus tibi *E.*   m. et est *om. E.*

1. Ruthardi archiepiscopi Moguntini.   2. Quo tempore haec epistola missa sit, legimus in Ekkehardi chron. 1106, Mon. Germ. SS. VI 236.

aliter tecum loqui vel aliud mandare, quam quod ipsa manifestissimae* rei veritas habet.

Tu enim ipse scis, sicut ipso[b] publico experimento facti tui[c] conscius es: qualiter, data fide et securitate personae et honoris nostri, omni affectione devotionis promisisti, nos ducere Moguntiam coram principibus et inde nos securissime[d] reducere, quocunque vellemus. Hac fiducia cum tecum caritative et indubitanter ascenderemus, contra datam fidem apud Bingam nos cepisti. Ubi nec paternae lacrimae nec patris meror et[e] tristicia, qua[f] ad pedes tuos aliorumque provolvebamur[g], te movit ad misericordiam, quin nos caperes et captum mortalibus inimicis ad[h] illudendum et custodiendum traderes; ubi, omni[i] genere contumeliae et terroris afflicti, compulsi sumus ferme venire usque[k] ad ipsum articulum mortis. Ante captivitatem etiam abstulisti nobis episcopatus et quicquid de honore regni potuisti; et praedia nostra; et ipsam familiam. In captione[l] vero, quicquid residuum erat, etiam[m] lanceam et crucem et omnia regalia insignia vi et timore mortis — ut ipse[n] bene scis et omni[o] ferme notum[p] est christianitati[q] — a nobis[r] extorsisti; vix relicta ipsa vita.

Cum hoc tibi de nobis non sufficeret, postea semper, et[s] ubicunque fuimus, omnibus modis quibus potuisti, nos[t] persequi non cessasti, ut vel perderes vel de regno expelleres. Verum non satis mirari possumus, qua ratione vel occasione hoc tam obstinate facis[u]; cum de domno[v] papa[1] et de Romana ecclesia tibi nulla residua sit occasio.

Nunc[w] enim nuntio[2] domni papae et Romanae ecclesiae, te praesente, obedire parati fuimus[x] et sumus; omnem debitam obedientiam et reverentiam ei praesentialiter et semper exhibere;

1106
Iul.

1105
Dec.

Dec. 22

1106
Iul.

a. manifestissima VZB. b. ipso — experimento om. VZB. c. tibi E.
d. securitate B. e. nec E. f. quae VZB, qua E. g. provolvebatur VZB.
h. om. E. i. multimodo E. k. usque om. VZB. l. captivitatem E. m. et E.
n. ipse om. VZB. o. omne VZB. p. notum est om. VZB. q. christianitatis VZB. r. iam votum add. VZB (cf. supra n. p). s. et om. E. t. nos potuisti VZB. u. facias E. v. domno om. VZB. w. Non E. x. fuimus et om. VZB.

1. Paschali II.   2. Ricardo episcopo Albanensi.

1106 et consilio principum[a] et spiritualis patris nostri H(ugonis)[b]
Iul. Cluniacensis[c] abbatis aliorumque religiosorum virorum et[d] de statu ecclesiae et honore regni libentissime agere.

Rogamus te ergo pro honore regni et tuo et paterna devotione et per auctoritatem Romani pontificis et Romanae ecclesiae: ut de iniuria nobis illata et de his, quae nobis vi et iniuste abstulisti, iusticiam facias. Nec non etiam rogamus: ut — cum nichil[e] rationis tibi sit, quare nos persequaris quodam modo[f] — nos et fideles nostros cesses infestare, immo permittas nos pacifice et quiete vivere; ut integre et cum tranquillitate possimus omnia supra dicta peragere. Recognosce etiam et tecum cogita: quia Deus iudex iustus[1] est, cui commisimus causam nostram et vindictam, cuius etiam[g] iudicia sunt[h] abyssus multa[2]. Quoniam[i], quantumcunque super afflictione[k] et infortunio nostro[l] glorieris[m] et super humilitatem nostram[l] te extollas, forsitan de sede sancta sua inter me et te sua gratuita misericordia aliud iam definivit[n], intercedente iustitia, quam tu ipse cogites et[o] disponas.

Quodsi nulla alia[p] vel reverentia seu intercessio nobis valet, uti apud te[q] iustitiam consequi possimus vel ut tuae[r] persecutionis impetus cesset, ad hoc idem[s] Romanum pontificem, sanctam et universalem Romanam sedem et[t] ecclesiam appellamus.

---

135. *Paschalis II papae decretum de ordinationibus tempore schismatis factis*[u][3].   (E 3)

1106
(Oct. 22)   Quoniam ecclesia in multis locis et maxime in Theutonicis[v] partibus diu laboravit sub heresi et scismate et, si omnia illa, quae ab illis hereticis et scismaticis ordinata sunt, annullari deberent, quaedam ecclesiae omnino nudari viderentur suis cleri-

a. principium *B*.   b. H. *om. VZB*.   c. Cloniacensis *E*.   d. et *om. VZB*.
e. nil *E*.   f. quodam modo *om. VZB*.   g. et eius vindicta et *VZB*, et vindictam,
cuius etiam *E*.   h. velut *add. VZB*.   i. Quia *VZ*.   k. afflictionem et infortunia *E*.   l. *om. E*.   m. gloriaris *E*.   n. diffinivit *B*, difinivit *E*.   o. vel *E*.
p. causa *add. VZB*.   q. valet apud te, ut *E*.   r. ut tuae *om. VZB*.   s. ad hoc
idem *om. VZB*.   t. et *om. E*.   u. *ex V 6—6v, Z p. 13*: Decretum papae
Paschalis secundi.   v. Theotonicis *V*.

1. Ps. 7, 12.   2. Ps. 35, 7.   3. in synodo Guastallae m. Oct. 1106 habita.

cia, nos — sequentes decreta sanctorum patrum de his, qui sub 1106
Acatio et Bonoso et Donatistis* ordinati sunt — statuentes de- (Oct. 22)
crevimus ᵇ: ut episcopi, qui sub isto scismate ordinati sunt, omnes
in suis honoribus permaneant, nisi sint invasores aut criminosi.
De ceteris vero ordinibus penes episcopos potestas sit, ut, quorum vita probabilis videatur, in suo gradu consistant.

---

136. *Paschalis II papa Gebehardum III Constantiensem, Odalricum I Pataviensem episcopos, alios Germaniae catholicos hortatur, ne excommunicatos vitandi causa peregre proficiscantur*ᶜ. (E 240)

Paschalis ᵈ episcopus servus servorum Dei venerabilibus fra- 1106
tribus et coepiscopis G(ebehardo) ¹ Constantiensi, Ö(dalrico) ᵉ (Oct.)
Pataviensi ᶠ et ceteris tam clericis quam laicis Teutonicarum
partium ᵍ catholicis salutem et apostolicam benedictionem.

Pro religionis vestrae fervore gaudemus; et omnipotenti
Deo gratias agimus, qui vos in sui nominis amore confirmat.
Quosdam autem vestrum minus secundum ᵉ scientiam ᵉ zelum
Dei habere ³ audivimus, ut, dum pravorum commixtionem vitant,
etiam a regionibus ʰ vestris discedere meditentur. Qui profecto
nequaquam laude apostolica digni sunt, dum in medio nationis
pravae et perversae perseverare non possunt, inter quos luceant
velut luminaria in mundo, verbum vitae continentes ⁴. Uno enim
pondere peccata hominum metiuntur; dum et excommunicatos
propriae ⁱ voluntatis merito ᵉ et excommunicatis communicantes
reos equaliter arbitrantur.

Verum enim vero diversarum voluntatum diversus reatus agnoscitur. Si quis criminosus in ecclesia iuxta apostolum
nominatur, huiusmodi omnino cavendus est. Eadem etiam

a. Donastis Z.   b. decernimus Z.   c. *ex V 106v, Z p. 230; (P) Annalistae Saxonis cod. biblioth. imp. Paris. 11851 (quondam S. Germani 440) fol. 218.*
d. Pascasius V, P. Z; Pascalis P.   e. U. P.   f. Pathaviensi V, Patabiensi P.
g. om. P.   h. religionibus P.   i. proprio P.

1. III.   2. I.   3. Rom. 10, 2: „aemulationem Dei habent, sed non
secundum scientiam".   4. Philipp. 2, 15. 16: „ut sitis — in medio nationis pravae et perversae, inter quos lucetis sicut luminaria in mundo, verbum vitae continentes".

1106 cautela cavendi sunt, qui nominatis vel actione cum pos-
(Oct.) sunt*, vel cum nequeunt voluntate se copulant. Qui vero
huiusmodi excommunicatis omnino inviti vel servitio vel cohabitatione iunguntur, si huiusce imperfectionis dolore tangantur, non omnino vitandi sunt; nec tamen ad communionem sine correctionis[b] remedio admittendi. Hinc est, quod praedecessor noster sanctae memoriae Gregorius[1] papa excommunicatorum uxores servos filios rusticos, quorum voluntate et consilio excommunicationis meritum non perpetratur, viatores quoque, ob itineris necessitatem invitos excommunicatis communicantes, excommunicationis vinculo non teneri constituit. Sic beatus Augustinus ad[c] Auxilium[d] scribens[e] evidenter ostendit. *Discant* inquit *tenere in omnibus fratres nostri regiam[f] viam, et in medio nationis pravae et perversae tamquam luminaria lucere studeant; ut non suae tantum sed et alienae[g] salutis mercedem ab eo mereantur recipere, qui singulorum examinat voluntates, causas discutit; quia nuda et aperta sunt omnia oculis eius. De cuius miseratione confidimus, quia simplicis oculi corpus tenebrarum caligo non opprimet[h]; quoniam caritas operit multitudinem peccatorum[2]*. Obedientes monitis nostris miseratio vos[i] divina custodiat et ab omnibus peccatis absolvat.

---

137. *Argentinenses Paschalem II papam rogant, ut ad se accedat Cunonemque episcopum deiciat*[k]. (E 242)

1106 ex.— P(aschali)[l] universali Romanorum pontifici Argentinensis
1107 in. ecclesiae fratres fidem et obedientiam.

Omnium cum sit, venerande pater, tua sollicitudo ecclesiarum, tu refugium miserorum immo patrocinium orbi advenisti desiderabile. Unde adhuc humano generi consulere Deus non despicit, per quem hec nova lux in tenebris effulsit[m]. Tu ergo

a. possint *V*, vel accionem apostolis cum possunt *P*. b. correptionis *P*.
c. *om. P.* d. Aurelium *P.* e. *om. V.* f. nostri regiam *om. V.* g. alienigene *P.* h. oprimet *Z.* i. *om. P.* k. *ex V 106v—107, Z p. 231, C 53—53v, B 40v:* Epistola Argentinensis ecclesie (Argentinensium *B*) ad Pascasium (Pascalem *ZB*) papam. l. Pascasio *V*, P. *ZB.* m. efulsit *Z.*

1. VII. 2. 1 Petr. 4, 8.

benedictus es, ad cuius introitum nobis benedixit et benedicat 1106 ex.—
Deus¹. Respice igitur gentem miseriis et pressuris insignem. 1107 in.
Veni et vide filiam Syon lugentem* et captivam², nec respirare
nec consolari nisi in te solo expectantem. Egredere, dilecte, in
agrum³, tempus putationis iam venit⁴. Apostolica igitur falce
succidendum est, quicquid vitiosum est; ne simul trahatur sin-
cerum. Veniens itaque, visita vineam nostram⁵, a vulpeculis
demolitam et a singulari fero depastam⁶.

Nam, ut ad rem ipsam perveniatur, annos iam ᵇ circiter
triginta⁷ sicut oves balantes semper erravimus, fluenta verbi si-
cientes raro potavimus; et iam, quid sit vox pastoris, non novimus.   Quo ergo restat eundum nisi post vestigia gregum
sodalium?   Quodsi tales vigilias pastorum districte non iudicas, et insidias Christi ovibus in ecclesia lupo meditanti locus
si conceditur, ipsi locus non erit.

De cetero autem quid agendum sit nobis de nostro ut dicitur
episcopo⁸, nomen quidem dignitatis tot annos⁹ habente* sed
officium minime — cuius vitam et introitum excelsa ᵈ montium
humilia convallium iam respondent — sanctitatis tuae consilium
ac praeceptum audire cupimus.   Tu ergo, pacis catholicae
fundamentum, inviolabilis petrae signum, fac, ut temeritas ra-
tioni, consilium cedat auctoritati.

a. lugentem Z.   b. iam om. CB.   c. h̄te VZ, h̄te B.   d. excelsum VZ.

1. Gen. 30, 30: „benedixitque tibi Dominus ad introitum meum".
2. Isai. 52, 2.   3. Cant. 7, 11.   4. Cant. 2, 12.   5. Omne hoc allo-
quium („tu — advenisti"; „ad cuius introitum"; „veni et vide"; „egredere
— in agrum"; „veniens itaque, visita vineam nostram") manifeste
ostendit, hanc epistolam aut exeunte anno 1106 aut inito anno 1107 scriptam esse, quo tempore Paschalem II papam in ipsam Germaniam venturum
esse sperabant.   6. Ps. 49, 14.   7. id est spatio annorum 1075—1106
(vel 1107). Guarnerium II enim episcopum Argentinensem anno 1075 Gregorius VII papa „ab episcopali et sacerdotali officio suspendit" (v. Registr.
II 52a, supra T. II 170).   8. Cunone, qui a. 1100 episcopus factus est
(annoque 1123 „de sede pulsus"; v. Annales Argentinenses, Mon. Germ.
SS. XVII 88).   9. iam sex fere annos (ab a. 1100 ad 1106—1107).

138. *Paschalis II papa Argentinensibus rescribit, ut Cunoni episcopo renitantur*[a][1]. (E 243)

1107 in. P(aschalis)[b] episcopus servus servorum Dei clero Argentinensi et populo salutem et apostolicam benedictionem.

Perspectis litteris vestris, de vestra oppressione[c] et ecclesiae vestrae destructione paternaliter condoluimus[d]; sed quia pro iusticia patimini, pro qua beati eritis[2], congaudemus. Ut igitur ad illam beatitudinem pervenire possitis, in bono proposito constanter perseverate, atque illi intruso et ecclesiae Dei tedioso[3] viriliter resistite; quia per Dei gratiam neque electioni[4] neque consecrationi eius assensum dedimus aut dabimus. Vobis[e] autem in omnibus, quae pro iusticia agitis, nostrum consilium et auxilium nunquam deerit, praestante Domino, qui vivit et regnat in secula seculorum. Amen.

139. *Paschalis II papa Reinhardi episcopi Halberstadensis, manu laica investiti, petitioni non satisfacit. De concilio Trecensi addit*[f]. (E 238)

1107 (Mai.) Paschalis[g] episcopus servus servorum Dei venerabili fratri[h] Reinhardo[i] Halberstadensi[k] episcopo salutem et apostolicam benedictionem.

Ad hoc in ecclesia Domini[l] constituti sumus, ut ecclesiae ordinem et patrum debeamus praecepta servare. Tu vero[m] ordinem ecclesiae adeo excessisti, ut ecclesiae regimen per investituram manus laicae contra patrum decreta susceperis[5]. Que causa est,

a. *ex V 107, Z p. 231, C 53v, B 40v:* Rescriptum Paschalis (Pascasii V) papae ad Argentinensem ecclesiam (ad — ecclesiam *om. B*). b. Pascasius V; P. ZB. c. obpressione Z. d. condolemus CB. e. Vos B: f. *ex V 106, Z p. 229;* (P) *Annalistae Saxonis cod. bibl. imp. Paris. lat. 11851 (quondam Sangerm. cod. 440) fol. 213. Ediderunt Martene et Durand Coll. 1 618.* g. Pascasius V, P. Z. h. venerabili fratri *om. VZ.* i. R. VZ. k. Halberstatensi VZ. l. Dei VZ. m. ergo VZ.

1. Hanc epistolam, ad a. 1101 referri solitam (v. Regesta pont. Rom. n. 4380), re vera ineunte anno 1107 scriptam esse, intelligimus ex ep. 137 supra. 2. Matth. 5, 10. 3. Canoni episcopo. 4. unum modo episcopum Argentinensem sub Paschali papa creatum esse constat Cunonem. 5. Annal. Sax. (Mon. Germ. SS. VI 745) 1107: „Reinhardus Halberstadensis electus inperio Heinrici regis, consilio quoque principum et violentia, quamvis invitus, assumitur".

cur nos petitioni tuae* satisfacere nequiverimus. Unde nos caritatem tuam monemus, ut tam grave delictum emendare festines. Statutum est enim[b] in Trecensi concilio[1], ut, si quis ex manu laica ecclesiae investituram acceperit, tam ipse quam ordinator eius deponatur et a communione ecclesiae[b] removeatur. Nos siquidem te ut fratrem ac familiarem habere volumus et desideramus. Vale[b].

1107 (Mai.)

140. Heinricus V rex Ottonem I episcopum Bambergensem evocat ad bellum Roberto II comiti Flandriae inferendum[c].

(E 254)

Heinricus[d] Dei gratia Romanorum rex* O(ttoni)[f] Babenbergensi episcopo, suo fideli karissimo, gratiam et omne bonum.

1107 ante Nov.

Cum Dei providentia et magnae pietatis eius consilio de nostro regno ubique pacificate[g] gauderemus, advenerunt nobis nuntii ex parte G(odefridi)[2] ducis[3] et B(alduini)[4] comitis aliorumque fidelium nostrorum marchiae Flandrensis; intimantes[h]: eos diutius non posse sustinere molestias R(oberti)[5] comitis, qui regnum nostrum invasit et ad ignominiam omnium, qui in eo sunt, sibi nostrum Cameracensem episcopatum usurpavit. Unde quemadmodum res hortabatur[i], nostros principes convocatos consuluimus[k] et, ab eis sapienter re notata[l], constituimus eorum consilio: nos facturos expeditionem in Flandriam supra tam praesumptuosum hostem, qui noster miles debet esse; ne diutius de inminutione[m] et dedecore regni nostri impune[n] superbiat.

Hoc siquidem tam manifestum[o] et tam commune regni nostri dedecus tibi fieri, si tuum honorem diligis, pensare debes cordetenus. Ut igitur fideliter hoc facias et prudenter[p], rogamus te sub spe remunerationis tibi gratissimae et per fidelitatem,

a. vestrae *P.*   b. om. *P.*   c. ex *V 108v—109, Z p. 235—236, C 43v, B 35, G 56v—57.*   d. H. *ZCB.*   e. imperator augustus *VZCB*; rex *G.*
f. O. om. *VZCB*; legitur in *G.*   g. pacatissimo *VZ*, pacificato *CBG.*   h. nuntiantes *G.*   i. ortabatur *G.*   k. consulimus *G.*   l. renovata *G.*   m. in diminutione *V.*   n. impune — regni nostri om. *G.*   o. nifestum *B.*   p. ut igitur scias fideliter et prudenter *G.*

1. circ. die 23 Maii 1107 habiti.   2. V.   3. Lotharingiae inferioris.
4. III comitis Hannoniae.   5. II comitis Flandriae.

1107
ante Nov.

quam nobis et regno debes, ammonemus*: ut, omni occasione destructa, sicut honor est regni atque tuus, ad expedicionem venias; sciens, quod in proximo festo sanctorum omnium¹ Tungris⁵ iuxta Leodium conveniemus; parati super Flandriam equitare.

Nec mireris, mutatum esse adventum nostrum Radisponam', sicut intellexeras, quando nobiscum eras. Quia huius rei necessitas intervenit, et utiliter ad decus regni firmiter est laudata ab omnibus nostris expeditio* nostra super hostes* in Flandriam.

141. *N. comes, advocatus ecclesiae Bambergensis, eidem ecclesiae praedium quoddam tribuit'.* (E 110)

1108
Mai. 19

Notum sit omnibus Christi fidelibus tam futuris quam praesentibus, quod comes N., advocatus Babenbergensis ecclesiae, tradidit praedium suum N. sancto Georio pro redemptione animae suae et parentum suorum; eo videlicet pacto, ut N. et filius eius N. absque contradictione possideant idem praedium usque in finem vitae suae, ita sane, ut praedicti comitis anniversarium diem pia recolant devotione. Post quorum obitum transeat praedictum allodium in potestatem Babenbergensium fratrum, qui etiam anniversarios dies, comitis videlicet aliorumque duorum, fideli debent frequentare commemoratione. Quodsi post mortem comitis quisquam per violentiam eripere voluerit N. et filio ipsius possessionem supradicti praedii, episcopus Babenbergensis una cum fratribus, id ne fiat, summa auctoritate defensare debent. Si vero episcopus, quod absit, vel fratres tale aliquid moliti fuerint, scilicet ut illis duobus auferant pacta praesentis vitae praesidia, irrita et supervacua erit praescriptae oblationis tradicio. N. quoque filius comitis nullam habeat potestatem eiusdem praedii, vivente matre sua. Uterque vero, quam diu vivat, persolvant fratribus ex eodem praedio solidum unum per singulos annos. Facta est hec delegatio 14 Kal. Iunii anno ab incarnatione dominica 1108, indictione 3², coram O(ttone) Babenbergensi

a. monemus *VZCB*, ammonemus *G*.   b. Thungris *V*.   c. Ratisponam *G*.
d. expedit *G*.   e. nostros *add. B*.   f. *ex V 42—42v, Z p. 65—66.*

1. Nov. 1.   2. anno 1108 obtigit indictio 1.

episcopo. Huius rei testes sunt ex ordine canonicorum E(gil- 1108
bertus) praepositus et ceteri. De ministerialibus vero adhibiti Mai. 19
sunt testes N. et N.

142. *Heinricus V rex Mathildam reginam Anglorum rogat, ut
apud Heinricum I Anglorum regem adiutrix sit postulationis suae. N. comitem poena affici cupit*. (E 256)

Heinricus[b] Dei gratia Romanorum rex[c] M(athildae) reginae 1106-1109
Anglorum[1] salutem et omne bonum.

Sicut nonnullorum relatione didicimus, multas grates bonitati tuae, multa debemus argumenta amiciciae; eo quod in ore
et corde tuo preciosus[d] sit honor et dilectio nostra, et quia tam
apud dominum tuum[2] quam apud omnes tibi auscultantes in
bonum sepe de nobis publice et privatim es locuta. Cuius rei
quandoque, Deo[e] volente et vitam tribuente, non immemores
erimus; et benivolentiae tuae, prout honor noster exigit, condigne
per omnia respondebimus. Si quid ergo est in regno aut in
facultatibus nostris, quod dignum te sit affectare, nullatenus id
credas nos velle aut posse tibi negare[f]. Et nunc igitur in
ea, quam semper erga nos habuisti, benivolentia attentius per-
severa; ut in his omnibus, quae domino tuo mandamus, studium
tuum experimento cognoscamus.

Sentiat comes tuus N., non solum nos sed etiam te et dominum tuum offendisse; qui nuntios nostros impedire ausus est,
quos misimus vobis utrisque.

143. *Adalbertus cancellarius Ottoni I episcopo Bambergensi scribit de studio erga eum suo et de Heinrici V regis optatis
explendis. Monet, ut Wormatiam veniat*[g]. (E 260)

O(ttoni) Dei gratia Babenbergensi episcopo suo dilecto A(dal- 1106-1110

a. *ex V 109, Z p. 236, C 44, B 35.* b. H. *ZCB.* c. *sic scripsi pro*
gra r. i. a *V,* gra ro. im. *Z,* gra R. imperator *CB. Udalricum enim cum sciamus
etiam alias* (v. ep. 140 supra p. 257 n. e) *pro* rex *posuisse* imperator augustus, *in hac
epistola, quae apertissime scripta est ante sponsalia regis cum filia ipsius reginae (anno
1110) facta, eandem fere depravationem facile correxi.* d. preciosius *VZ.*
e. om. *CB.* f. denegare *V.* g. *ex V 110, Z p. 238.*

1. uxori Heinrici I regis Anglorum. 2. Heinricum I regem Anglorum.

17*

1106-1110 *bertus*) cancellarius[1] indissolubilem dilectionem et eternam iocunditatem.

Te et tuum honorem, profecto scias, cordetenus diligo; et ubicunque potero, ut ad tuam utilitatem tua voluntas impleatur, libenter laborabo. Rogo ergo te ex dilectionis debito, ut hylariter perficias, quod rex[2] noster dominus te rogat in suis litteris pro tua utilitate et meo consilio. Venias Wormatiam; sciens et credens, quod ibi rem tuam cum domino nostro rege ad tuum honorem et ecclesiae tuae commodum componam fideliter, in[a] quantum potero. Mando autem tibi rogando diligenter et consulendo, ut voluntatem domini mei facias de beneficio E. dando, sicut te rogat in suis litteris.

---

144. *Bruno archiepiscopus Trevirensis Ottoni I episcopo Bambergensi de Paschalis II papae erga eum benevolentia significat. Monet, ut Brunonis electi Spirensis consecrandi causa Spiram veniat. De Eberhardo electo Eichstetensi*[b].

(E 252)

1110
ante Mart. 27

Bruno[c] Trevirorum[d] Dei gratia provisor indignus O(ttoni) sanctae[e] Babenbergensis[f] ecclesiae[g] pontifici sincerae caritatis obsequium.

Beatitudini vestrae magna hilaritate[h] congratulor, quoniam non absque magno sanctitatis vestrae merito credo provenire, memoriam vestri domnum papam[3] tam dulciter retinere. Cum enim domini mei regis[4] legatione functus essem[5], de obedientia vestrae caritatis mecum contulit vobisque salutem et apostolicam benedictionem per me mandavit.

Inito autem dispensationis suae[i] consilio, nobis iniunxit: ut Eistetensem[k,6] atque Spirensem[7] electum consecraremus, vosque in

a. *om. V.* b. *ex V 108v, Z p. 234, G 56—56v.* c. B. *VZ.* d. Treverorum *G.* e. *om. G.* f. Bambergensis *G.* g. sancto *add. G.* h. hylaritate *Z.* i. suae *om. V.* k. Heistetensem *G.*

1. postea archiep. Moguntinus. 2. Heinricus V. 3. Paschalem II.
4. Heinrici V. 5. anno 1109; v. Annales Hildesheim. 1109, Mon. Germ. SS. III 112. 6. Eberhardum I (iam anno 1099 electum). 7. Brunonem (anno 1107 electum).

adiutorem et cooperatorem nobis vocaremus. Quia tamen[a] de 1110
Spirensi quedam sibi significata fuerant, praecepit, ut sancto[b] ante Mart. 27
eum studio examinaremus et, si ordine fratrumque[c] qui adessent
testimonio posset se de obiectis expurgare, ad Dei honorem et
ecclesiae necessariam providentiam ipsum ordinaremus.

Ex parte igitur domni papae vos moneo et[d] ratione eius,
quae inter nos est, fraternitatis convenio: ut, hoc quia causa
Dei est, ne per vos proteletur, studeatis; et a die dominicae
resurrectionis[1] infra quindecim dies[2] ad nos Spiram veniatis.
Valete[e].

145. Spirenses Ottonem I episcopum Bambergensem ad Brunonem electum Spirensem consecrandum invitant[f]. (E 253)

O(ttoni) venerabili sanctae Babenbergensis ecclesiae episcopo 1110
clerus Spirensis summae devotionis obsequium cum instantia (ante Mart. 27)
orationum.

Vestram, domine, precibus obnixis implorare misericordiam,
necessitas gravissima nostrae nos compellit ecclesiae, persuadet
vestrae propensum in cunctos studium benivolentiae, hortatur
debita laboris impendendi[g], praesertim inter episcopos, vicissitudo. Cum enim consecrationes episcoporum differri necessitas
non toleret ecclesiarum et ultra tres menses protelari sacra patrum instituta prohibeant, quid pro tam diu protracta nostri
pontificis[3] ordinatione detrimenti incurrerimus, magis rerum evidentia demonstrari potest, quam ut verbis explicari debeat.

Ipse autem — communi assensu tam cleri quam populi
libere electus — a metropolitano suo[4], quoad vixit[5], promotionem
debitam reverenter expetiit nec congruam differendae rei tam
debitae causam saltem invenit.

Ne igitur negligentiae argueretur, a domno apostolico[6] eiusdem rei licentiam quaesivit et consilium. Qui, ratione perpensa,

a. tamen om. V.   b. eum sancto V.   c. fratrum G.   d. et — convenio
om. G.   e. om. V.   f. ex V 108v, Z p. 235.   g. impendi V.
1. i. e. a die 27 Mart.   2. itaque spatio dierum 27 Mart. et 10 April.
3. Brunonis.   4. Ruthardo archiepiscopo Moguntino.   5. Ruthardus
obiit d. 2 Maii 1109.   6. Paschali II.

1110 archiepiscopo Treverensi[1] iniunxit: quatinus legitime a nobis electum, vobis laudante et suffragante, consecraret episcopum. Precamur ergo, domine, nos Spirensis clerus et populus: ut, quod domnus apostolicus consensit et voluit, quod regi et episcopis placuit, quod Treverensis[a] archiepiscopus exposcit, vos causa Dei causa precum nostrarum et obsequii facere non differatis.

(ante Mart. 27)

---

146. *Canonici Leodienses praepositum et fratres ecclesiae S. Mariae Aquensis cohortantur, ut Hezelonem decanum, quem expulerint, recipiant*[b]. (E 233)

c. 1110 Preposito dominisque ac fratribus Aquensibus congregatio sanctae Mariae et -sancti Lamberti[2], saniorem insistere sententiam.

Ex dictis beati Augustini docemur et instruimur, quod *Omnes causae primitus per auctoritatem sint ventilandae: cuius sint, quomodo sint, quales sint, magnae an parvae, longi temporis an parvi. Hec enim omnia iudex cum equalitate debet discernere*[3]. Perpendite igitur[c], fratres, talem ac tantum doctorem, qui in praesenti negocio vos redarguit[d] super praelato, id est decano vestro. Quem noviter et inordinate excommunicatum nominatis, contempnitis, repellitis; cui non parvo verum longo tempore communicastis, indiscussum habuistis, praelato obedistis.

Viginti enim annorum tempus et eo amplius pertransiit, ex quo dubia illa causa excommunicationis sonuit. Si excommunicatio potest dici, quam modo obliviose et inreverenter commemoratis; videlicet propter obedientias, id est bona fratrum, propter quae Hugo decanus sub Chuonrado praeposito[4] fratrem

---

a. Treuensis *V*.   b. *ex V 96v—98, Z p. 207—210, B 37—37v*: Epistola Leodicensis ecclesie ad Aquensem ecclesiam *VZ* (Leodicensium ad Aquenses *B*).   c. ergo *B*.   d. rearguit *V*.

1. Brunoni.   2. Leodiensis.   3. Burchardi decr. XVI 23. 4. Is comparet die 21 Apr. a. 1076 in Heinrici IV diplomate ap. Lacomblet Urkundenb. I 146.

Hezelonem, modo decanum vestrum[1], quodam claustrali banno[a], c. 1110 privato ut aiunt, obligavit.

Supradicti vero fratris responsio episcopali nostroque synodali iudicio nondum innotuit; vestraeque proclamationis ratio ad nos recto non ordine pervenit. Si igitur iusta fuit excommunicationis causa et ex pertinatia excommunicati ad depositionem eius tetendit, episcopo Leodiensi[2], a quo pendet ecclesia Aquensis, debuissetis annunciasse, periculum vestrum elucidasse, negocium definivisse[b]. Insuper in conventu canonico habuistis ut fratrem, suscepistis ut praelatum, venerati estis ut magistrum. Si igitur legitime et canonice excommunicatus fuit vosque scienter excommunicato communicastis, ecce in periculum ordinum vestrorum tendit[c]; quia maiora negotia a membris ad capita sunt referenda. Quoniam, si frater N.[3] in sua excommunicatione[d], quam frivole praetenditis, rebellis fuit, matrem vestram Leodiensem ecclesiam ad hoc discutiendum habuistis; cuius ianua vobis sine impedimento patuit, cuius vigor se vobis non subtraxit, cuius disciplina vobis eminuit.

Vos denique, cum apud nos nil vobis obstaret, ex anima[e] vestra obticuistis, in vobismet ipsis emarcuistis. Quicquid fuit, indiscussum tolerastis; et — ut aiunt veraces probique viri — nichil est, quod ei imponitis. Ergo ex circumspectione canonum, sicut, qui canonice pulsatus infra annum et diem causam suam non determinat, dampnandus est; ita a simili e contrario, qui plures annos communicans in omnibus et in cottidiano conventu in episcopalibus iudiciis in causis synodicis indiscussus habetur, liber abire debet. Decreta namque sanctorum patrum ita consulunt: *Ut episcopi et iudices iudicia discernant; quia sunt[f] quaedam[g] modo iudicanda, quaedam iudicio Dei reservanda*[4]. Igitur ex supra dictis Augustini causae vestrae in[h] praesentiarum

a. bannoque Z, bannoque B.   b. diffinisse V, deffinisse Z.   c. intendit B.
d. communicatione B.   e. amina B.   f. om. B.   g. quodam B.   h. rerum B pro in.

1. Hezelo decanus S. Mariae Aquensis comparet in tabulis annorum 1108 et 1122; v. Quix Gesch. der Stadt Aachen I 76.   2. Otberto.
3. Hezelo.   4. Burchardi decr. I 60.

c. 1110 sunt parvae non magnae; longi temporis non parvi. Quique[a] iratus vel ex occultis motibus iudicat, in furorem iudicium mutat, et ante profert sentenciam quam agnoscat.

Excommunicatio denique ab episcopis discrete agenda est; quanto magis a subditis illorum. Euaristus enim papa capitulo tertio ait: *Episcopi praecipites non sint ad proferendam sententiam vel aliquem excommunicandum; nichil quoque temere aut indiligenter iudicent.* Item alibi: *Nemo episcoporum quemlibet sine certa ratione et manifesta peccati causa communione privet ecclesiastica; anathema enim non nisi pro mortali debet imponi crimine, et illi, qui aliter non potuerit corrigi*[1]. Item ex concilio Agathensi capitulo quarto[b]: *Episcopi, sacerdotali moderatione posthabita, qui innocentes aut in minoribus causis culpabiles excommunicare praesumpserint et ad gratiam festinantes recipere noluerint, a vicinis episcopis litteris ammoneantur; et si parere noluerint, a communione fratrum usque ad proximam synodum suspendantur, et ibi rationem profecto dent*[2].

Igitur ex regula episcoporum si archidiaconis praepositis praelatis decanis erga alios moderate, multo magis erga fratres et canonicos moderatius agendum est. Et notandum, quia aliud est: a praelatis banno vel obedientia in claustris vel capitoliis aliquid interdici; aliud: ex sentencia episcopali, ubi est radix ordinum et virtus anathematis, aliquem canonicum legitime excommunicari.

Huc etiam accedit, quod quidam Franco, cum sit unus, crimen excommunicationis decano et magistro suo intendit; solus quidem, ex visu et auditu, alii locuntur ex relatu. Paulus vero apostolus, ex sentencia Domini discipulum instruens, ait: *Accusationem adversus presbyterum non suscipias nisi in duobus aut*[c] *tribus testibus*[3]. Item papa Calixtus capitulo 17: *Querendum est in iudicio, cuius sit conversationis, qui accusat, et is qui accusatur; quia, quorum est vita accusabilis, non per-*

a. Qui *V.*   b. tertio *B.*   c. in add. *V.*

1. Burch. decr. XI 10.   2. Burch. decr. XI 11.   3. 1 Tim. 5, 19.

*mittuntur praelatos accusare*¹. Item Stephanus papa ad Hyla- c. 1110
rium: *Infames sunt, qui fratres calumpniantur aut accusant*².
Item Felix papa capitulo 8ᵃ: *Accusandi ante licentia non est,
quam audientia rogetur*³. Item secundus Felix papa capitulo 12:
*Iudices et accusatores tales esse debent, qui omni careant suspicione et ex radice caritatis suam desiderent promere sententiam*⁴.
Item Alexander papaᵇ capitulo 7: *Nullus umquam praesumat
accusator simul esse et iudex et testis; quoniam in omni loco
iudicii personas quatuor necesse est semper adesse, id est iudices
electos et accusatores ac defensores et testes*⁵.

Considerandum quoque est, quia zelo divino et claustrali
disciplina sepius praelati persecuntur subditos, sicut dignum est;
et illi, correctionis impacientes, accepta aliqua occasione machinantur contra eos. Quorum accusatio et machinatio semperᵇ
sapienter et caute ecclesiasticis iudicibus providendae sunt et
non recipiendae, prout canones determinant.

Emergunt etiam sepissime animositates inter praelatos, id
est decanos, et praepositos. Quia decani, quorum est expressior
causa et cura in disponendis fratrum bonis et promulgandis
claustralibus negotiis, praepositos inde conveniunt; et illi, secularibus pompis suisque inhiantes commodis, non recipientes eorum
ammonitionem, commoventurᶜ adversus eosᵈ in litem. Hinc odia,
hinc irae, hinc rixae. Ecce, unde execranda partium in claustris
latibula; ecce, unde fautores praepositorum muneribus et promissis adversus praelatos pro zelo claustri. Ex sanctorum igitur
patrum institutis subtiliter ista pensanda sunt in iudiciis. Quia
vacuus est timor hominum, ubi non est timor Dei.

Considerate etiam fratres, quia ex verbis beati Ysidoriᵉ:
*Quatuor modis iudicia pervertuntur: timore cupiditate odio amore.
Timore, dum metu alicuius potestatis veritatem loqui pertimescimus; cupiditate, dum praemio muneris alicuius corrumpimur;*

a. VIII — capitulo *om. B.*   b. *om. B.*   c. commoventes *V.*   d. praelatos *V.*   e. *in marg. V addidit alia manus:* Augustini.

1. V. Calixti ep. II c. 17, Decretales Ps. Isidor. ed. Hinschius p. 140.
2. V. Burch. decr. I 173.   3. Felicis I ep. II c. 9, Decretales Ps. Is. ed.
Hinschius p. 201.   4. ibid. p. 487.   5. Burch. decr. XVI 15.

c. 1110 *odio, dum contra quemlibet adversarium molimur, cuius odio corrumpimur; amore, dum amico vel propinquo praestare contendimus*[1]. Quatuor ista si in humanis iudiciis vitanda sunt, multo magis in claustralibus et ecclesiasticis.

Huc etiam accedit, quod contra auctoritatem canonicam eum a communione vestra expulistis indiscussum, inconvictum, inconfessum[a]. Adrianus enim papa capitulo 2: *Iudex, criminosum discutiens, non ante sententiam proferat, quam aut reus ipse confiteatur aut per testes idoneos convincatur*[2]. Item Eleutherius papa capitulo 3: *Induciae non modicae ad querendum dandae sunt, ne aliquid propere*[b] *agi a quacunque parte videatur; quia per surreptionem multa proveniunt. Nichil tamen absque legitimo et idoneo accusatore fiat. Nam et dominus noster Iesus Christus Iudam furem esse sciebat; sed quia non est accusatus, non est eiectus; et quicquid inter apostolos egit, pro dignitate ministerii ratum mansit*[3]. Item Cartaginense[c] concilium capitulo 19: *Non suspendatur a communione, cui crimen intenditur, nisi, ad causam suam dicendam electis iudicibus die statuta litteris evocatus*[d], *minime occurrerit*[4]. Qui enim accusatur, non statim criminosus est, sed qui convincitur aut confitetur. Episcopis namque, quando accusantur in synodis, conceduntur annus et sex menses, vel ad minus quinque[e], ut defensores et testes se[f] praeparent contra insidiatores; nullaque priventur communione, suum plane agentes officium. Hoc vero reliquis ordinibus sua ratione convenit; quia, quod valet in maiori, valet in minori; membraque capitibus disponuntur.

Domnus vero H(ezelo) si adhuc ad audientiam venturus est, prius erga eum oportet decreta patrum servari: ut praelationem societatem suaque legibus[g] habeat. Stephanus enim papa capitulo 8 ait: *Nullus sacerdotum accusari potest aut respondere suis accusatoribus debet, priusquam regulariter vocatus sit locumque defendendi aut inquirendi accipiat ad abluenda crimina*[5].

a. inconcussum *B.*   b. propere *corr. in* praepropere *V.*   c. Kartaginense *B.*
d. vocatus *B.*   e. sex *B.*   f. sibi *B.*   g. om. *B.*

1. Burch. decr. XVI 28.   2. Burch. decr. XVI 6.   3. Burch. decr. XVI 30.   4. Burch. decr. I 160.   5. Decret. Ps. Is. ed. Hinschius p. 185.

Item Felix papa capitulo 9: *Nulla permittit ratio, dum ad tem-* c. 1110
pus eius potestates atque res aut[a] *ab aemulis aut quibuscunque
detinentur, ut*[b] *aliquid obici illi debeat; nec quicquam potest a
maioribus vel minoribus obici ei, dum rebus vel potestatibus
caret suis*[1].

Frater denique F(ranco), solus et singularis in sua accusatione immo praesumptione, cum suis assentaneis audiat, quid canones dicant. *Qui non probaverit, quod obiecit, penam, quam intulerit*[c], *ipse patiatur*[2]. Item ex concilio Cartaginensi capitulo 5: *Quisquis presbyterum falsis criminibus appetiverit et probare non potuerit, non*[d] *nisi in fine dandam ei esse communionem*[3]. Item ex concilio Aurelianensi: *Sicut convictum de crimine pena constringit, ita accusatorem, si non probaverit quod obiecit.*

Redite igitur fratres ad cor. Et si quid per excessum privatorum motuum commissum a vobis est, humili satisfactione corrigatur; ita ut domno H(ezeloni) praelatio societas suaque restituantur cum plena satisfactione illorum, qui in eius expulsione excesserunt; et post — si tale est negocium, ut sit periculum animarum, nisi tractetur die constituta — legitimis induciis[e] canonice accusetur et fraterne finiatur. Alioquin ex concilio Affricano: *Discordantes clericos episcopus vel ratione vel potestate ad concordiam trahat; inobedientes synodus per audientiam dampnet*[4].

147. *Waleramus episcopus Numburgensis canonicis Bambergensibus significat, N. propter despoliatam praeposituram suam excommunicatum esse*[1]. (E 250)

Serenissimis dominis sanctae Babenbergensis ecclesiae reverentissimis fratribus Gu(aleramus)[g] Niumburgensis episcopus cum 1089-1111

a. res aut *om. VZ.*   b. aut *VZ,* ut *B.*   c. intulit *B.*   d. *om. VZ.*
e. indiciis *B.*   f. *ex V 108, Z p. 234.*   g. *Codices (VZ) praebent:* G. V. *Scripsi* Gu(aleramus). *Nam huius episcopi nomen in ipsius tabulis sic comparet:* Gvaleramus, Gwaleramnus; *v. Lepsius Geschichte der Bischöfe von Naumburg p. 235, 236.*

1. ibid. p. 201 n. 12.   2. V. Gratiani decr. P. II c. II qu. 3 c. 3.
3. Cf. ibid. c. 4; Burch. decr. II 195.   4. Burch. decr. II 215.

1089-1111 orationis instantia servile obsequium ac semet ipsum ad omnia deditissimum.

Fraternum est, fratrem adiuvare; omnesque bonos condecet, malignantium violentiam propulsare. Notificamus fraternitati vestrae, quod .N. cum suis satellitibus meam praeposituram depraedatus est. Quem quoniam canonicis induciis ad satisfactionem vocavimus et venire non vult, intime vos rogamus et pro eodem fraternae vicissitudinis obsequio monemus: quatinus ille, quicunque inter vos hanc habet potestatem, in sua praelatione notificet, quoniam et a liminibus ecclesiae et a fidelium consortio canonice est excommunicatus. Vos etiam excommunicatum eum habetote et, ut rebellem et blasphemum, compellite ad satisfactionem.

148. *Heinricus V rex Romanis mandat, ut appropinquanti sibi legatos obviam mittant*[a]. (E 257)

1110 Dec.- 1111 Ian.

Heinricus[b] Dei gratia Romanorum rex[c] consulibus et senatui, populo Romano, maioribus et minoribus, gratiam suam cum bona voluntate.

Divina disponente gratia postquam regnum patrum nostrorum intravimus, urbem, caput et sedem nostri imperii, pio affectu visere optavimus; et eam more magnorum praedecessorum exaltare honorare et[d] ditare, ut dominus fideles, ut pater filios, ut civis concives, decrevimus. Huius autem propositum[e] desiderii non voluntas verum diversa diuque[f] disturbata retardavere regni negocia. Quibus tandem, Dei nobis favente clementia, sedatis compositis subiectis[g], expediti in Italiam venimus illamque, prae ceteris terris discordem et divisam, pro tempore ad iusticiam et concordiam[h] coegimus.

Ad vos ergo properantes et iam diu desideratum inceptum ad effectum perducere conantes, ut legati nostri iussu vestro laudaverunt nosque invitati sumus, ecclesiae et ab ecclesia, vobis

a. *ex V 109—109v, Z p. 236—237, C 44, B 35; omnes codices sine lemmate.*
b. H. *ZCB.* c. rex *VZC,* i(mperator) a(ugustus) *B.* d. om. *CB.* e. praepositum *Z.* f. atque *B.* g. sedatis *B.* h. pro tempore et insticia ad concordiam *B.*

et a vobis, pro facienda et recipienda iustitia pacifice venimus. 1110 Dec.-
Volumus, quatinus idoneos nuncios, vestrae utilitatis providos 1111 Ian.
et nostri honoris devotos, nobis obviam mittatis; quorum consilio
et nostrorum unito, ad vos vobis commodi et nobis apertius ᵃ
veniamus.

149. Heinricus V rex Parmensibus de rebus die 12 Februarii 1111 Romae gestis significat[b][1]. (E 261. 262. 263)

Heinricus ᵃ Dei gratia Romanorum imperator augustus Par- 1111
mensis ᵈ ecclesiae capitaneis clero et populo gratiam suam et post Febr. 12
omne bonum.

Notum esse volumus dilectioni et discretioni vestrae, ea,
quae inter nos et domnum P(aschalem) papam erant ᵉ, quomodo
incepta acta ᶠ sint; scilicet de conventione inter me et ipsum,
de tradicione in nos et nostros Romanorum ᵍ; ut audita intelligat,
intellecta examinet, examinata diiudicet.

Cum ʰ in eo essem totus, ut me ad ecclesiae utilitatem et Febr.
ipsius votum — si iustum esset — componerem, cepit dilatatio-
nem et exaltationem regni super omnes antecessores meos promittere. Studebat ⁱ subdole tamen, quomodo regnum et ecclesias ᵏ
a statu suo discinderet, tractare. Quod sic facere aggressus est.

Regno nostro, a ˡ Karolo trecentis et eo amplius annis et
sub sexaginta tribus apostolicis investituras episcopatuum ᵐ eorum-
dem auctoritate et privilegiorum firmitate ⁿ tenenti, absque omni
audientia volebat auferre. Et cum per nuntios nostros ab

---

a. *sic omnes codd.* b. *ex V 110—111v, Z p. 238—241:* Epistola Heinrici quarti imperatoris ad Parmenses. *Legitur etiam in (A) Gestis Alberonis
Treverensis, Mon. Germ. SS. VIII 244 et in (D) Annalibus S. Disibodi, ibid. XVII 20.*
c. H. Z. d. omnibus Christi et ecclesiae fidelibus *AD* pro Parmensis — bonum.
e. et domnum illum Paschalem erant *AD*. f. incepta tractata et peracta *A*, incepta tractata *D*. g. Romanorum in me et meos *AD*. h. Igitur cum *A*, Igitur
dum *D*. i. om. *A*. k. ecclesiam *AD*. l. iam a *A*, iam *D*. m. et
abbatiarum *add. A*. n. confirmatione *A*.

1. Regiam hanc relationem cum pontificia earundem rerum exposi-
tione aliisque scriptis Pertzius in Mon. Germ. LL. II 65—71 tam aspere
convertit, ut ipsae contrariarum narrationum tenebrae ab editore non mediocriter augerentur.

1111 eo quaereretur^a: omnibus his sublatis^b, quid de nobis fieret,
Febr. in quo regnum nostrum constaret, quoniam omnia fere antecessores nostri ecclesiis concesserunt et tradiderunt, subiunxit: *Fratres! ecclesiae decimis et oblationibus suis contentae sint; rex vero omnia praedia et regalia, quae a Karolo et Ludewico, Ottone et Heinrico aliisque^c suis praedecessoribus ecclesiis collata sunt, sibi et suis successoribus recipiat et detineat.* Ad hec cum nostri responderent, nos quidem nolle ecclesiis violentiam inferre nec ista subtrahendo tot sacrilegia incurrere, fiducialiter promisit^d et sui sacramento^e promiserunt: dominica *Esto mihi*^{f 1} se omnia hec cum iusticia et auctoritate ecclesiis auferre, nobisque et regno cum iusticia et auctoritate sub^g anathemate confirmare et corroborare; nostris itidem^h firmantibus: si hecⁱ, uti praemissum est, complesset — quod^k tamen nullo modo posse fieri sciebant — me quoque investituras ecclesiarum, uti querebat, refutaturum; sicut in carta^l conventionis² plenius videre poteritis.

De^m tradicione vero in nos et inⁿ nostros sic se res habet.
Febr. 12 Vix portas civitatis ingressi sumus, cum ex^o nostris, infra menia secure vagantibus, quidam vulnerati, alii^p interfecti sunt; omnes vero spoliati aut capti sunt. Ego tamen, quasi pro levi causa non motus, bona et tranquilla mente usque ad ecclesiae^q beati Petri ianuas cum processione perveni.

Ubi^r, ut ostenderemus^s, nullam ecclesiarum^t Dei disturbationem ex nostro velle procedere, in cunctorum astantium oculis et auribus hoc decretum promulgavi:

Ego H(einricus) Dei gratia Romanorum imperator augustus affirmo^u *Deo et sancto Petro, omnibus episcopis abbatibus et*

a. quaereremus *D*.　　　b. ablatis *A*, omnibus — sublatis *om. D*.　　　c. aliisque — praedecessoribus *om. AD*.　　d. fiducialiter promisit *om. A*.　　e. pro ipso add. *A*, pro eo add. *D*.　　f. in Deum add. *AD*.　　g. reddere *D* pro sub — corroborare.　　h. tc̄ idem *VZ*.　　i. hoc *AD*.　　k. et quod *A*.　　l. karta *Z*.
m. De tradicione — cum processione perveni *in D imam epistolae partem tenent*.
n. in *om. VZ*.　　o. ex *om. AD*.　　p. alteri *D*.　　q. om. *A*.　　r. Ubi, ut ostenderem — Hec est carta conventionis ad me *in VZ non suo loco leguntur post ea, quae infra sunt, verba haec*: privilegium proferre voluit.　　s. ostenderem *A*, Ego vero ut ostenderem *D*.　　t. om. *A*.　　u. confirmo *A*.

1. Febr. 12.　　2. V. infra p. 271.

omnibus ecclesiis omnia, quae antecessores mei reges vel imperatores eis concesserunt vel tradiderunt. Et quae illi pro spe eternae retributionis obtulerunt Deo, ego peccator pro timore terribilis iudicii ullo modo subtrahere recuso.

Hoc decreto a* me lecto et subscripto, petii ab eo, ut, sicut in carta conventionis eius scriptum est, mihi adimpleret.

Hec est carta conventionis eius ad me.

Domnus papa praecipiet episcopis praesentibus in die coronationis regis, ut dimittant regalia regi et regno^b, quae ad regnum pertinebant tempore Karoli Ludewici Ottonis^c Heinrici et aliorum praedecessorum eius. Et scripto firmabit sub anathemate auctoritate^d et iusticia: ne quis^e eorum, praesentium et absentium, vel successores eorum intromittant se ullo^f modo vel invadant eadem regalia, id est civitates ducatus marchias comitatus monetas theloneum mercatum advocatias, omnia iura centurionum et^g villicorum, curtes et villas quae regni erant cum omnibus pertinentiis suis, miliciam et castra. Nec ipse regem et regnum super his inquietabit ulterius, et privilegio^h sub anathemate confirmabit, ne^i posteri inquietare praesumant. Regem benigne et honorifice suscipiet et, more praedecessorum ipsius catholicorum scienter non subtracto^k, coronabit. Et ad tenendum regnum^l cum his omnibus officii sui auxilio adiuvabit.

Si domnus papa hec regi non adimpleverit, ego Petrus Leonis iuro: quod cum tota potentia mea tenebo me ad domnum regem. Obsides autem, nisi effugerint, reddemus altero die post coronationem regis; si per papam remanserit ut non coronetur, similiter reddemus. Die dominico, cum rex ad processionem venerit, obsides dabo Gratianum^m filium meum, et filium Wizonis filii mei^n vel filium sororis meae, si eum habere potero^o.

1111
Febr. 12

Febr.

a. a — lecto om. A.   b. reginae VZ, regno AD (regi et om. D).   c. Octonis V.   d. auctoritate et iusticia om. AD.   e. quisquam A.   f. ullo modo om. A.   g. id est AD.   h. privilegium VZ.   i. nec VZ.   k. scienter non subtracto recepi ex AD; om. VZ.   l. om. A.   m. Gracianum V.   n. om. D.   o. potuero A.

1111 Febr.

Hec sunt sacramenta[a].

Ego Petrus Leonis iuro vobis: quia domnus papa proximo die dominico adimplebit regi, quod in carta[b] conventionis scriptum est.

Hec sunt sacramenta ex nostra parte[c].

Ego comes Hermannus, ego comes Gotefridus[d], ego Fridericus[e], ego Volcmarus[f], ego Adelbertus cancellarius[g] iuro vobis: quia domnus rex proxima quarta vel quinta feria[1] ita principes iurare faciet et obsides dabit, sicut in carta conventionis[2] scriptum est; et sic[h] observabunt principes[i] domno papae[k], si domnus papa proximo die dominico[3] sic adimpleverit regi per omnia, sicut in carta conventionis scriptum est.

Febr. 12   Cum ergo supradictae postulationi insisterem, scilicet ut cum iusticia et auctoritate promissam mihi conventionem firmaret — universis ei in faciem[l] resistentibus[m] et decreto suo planam heresim inclamantibus, scilicet episcopis abbatibus, tam suis quam nostris, et omnibus ecclesiae filiis — hoc, si salva pace ecclesiae dici potest, privilegium proferre voluit[n]:

„[o]Paschalis[p] episcopus servus servorum Dei dilecto filio H(einrico) regi eiusque successoribus.   Et divinae legis institutione sanccitum est[q] et sacris canonibus interdictum est: ne sacerdotes curis secularibus occupentur neve ad comitatum, nisi aut pro dampnatis eruendis aut pro aliis qui iniuriam patiuntur, accedant. Unde et apostolus Paulus: *Secularia* inquit *iudicia si habueritis, contemptibiles qui sunt in ecclesia[r], illos constituite ad iudicandum*[4]. In regni autem vestri partibus episcopi vel abbates adeo curis[s] secularibus occupantur, ut comitatum assidue frequentare et miliciam exercere cogantur; que nimirum aut vix

a. ex parte domini papae *add.* D.   b. karta Z.   c. ex parte regis D.
d. Gothfridus V.   e. ego F. *om.* D.   f. Volchmarus V, Folmarus A, Volgmarus D.
g. cancellarius *om.* VZD.   h. et sic — scriptum est *om.* A.   i. *om.* D.   k. eo tenore *add.* D.   l. in faciem eius AD.   m. ressistentibus V.   n. *in* VZ *sequuntur* ubi ut ostenderem — Hec est carta conventionis ad me; *v. supra p. 270 n. r.*
o. *Rubricatores* VZ *addiderunt haec:* Privilegium Pascalis papae, quod dedit Heinrico quarto imperatori (imperatori *om.* V).   p. Pascasius V, P. Z.
q. *om.* V.   r. inter vos VZ *pro* in ecclesia.   s. divitiis VZ, curis AD.

1. Febr. 8 vel 9.   2. regia, quae non est supra.   3. Febr. 12.   4. 1 Cor. 6, 4.

aut nunquam* sine rapinis sacrilegiis incendiis aut homicidiis exhibentur. Ministri enim altaris ministri curiae facti sunt; quia civitates ducatus marchias monetas curtes et cetera ad regni servitium pertinentia a regibus acceperunt. Unde et^b mos ecclesiae intolerabilis inolevit, ut electi episcopi nullo modo consecrationem acciperent, nisi prius per manum regiam investirentur. Qua ex causa et symoniacae heresis pravitas et ambitio nonnunquam tanta praevaluit, ut, nulla electione praemissa, episcopales cathedrae^c invaderentur. Aliquando et^d vivis episcopis investiti sunt. His et aliis plurimis malis, quae per investituram plerumque contigerant, praedecessores nostri Gregorius septimus et Urbanus secundus felicis memoriae pontifices excitati, collectis frequenter episcopalibus conciliis, investituras illas manus laicae dampnaverunt et, si qui clericorum per eam obtinuissent ecclesias, deponendos, datores quoque communione privandos esse censuerunt; iuxta illud apostolicorum canonum capitulum, quod ita se habet: *Si quis episcopus, seculi potestatibus usus, per ipsos ecclesiam obtineat*, *deponatur et segregetur, omnesque qui illi communicant*[1]. Quorum vestigia subsequentes, et nos eorum sententiam episcopali concilio confirmamus. Tibi itaque, fili karissime, H(einrice) rex et nunc per officium nostrum Dei gratia Romanorum imperator, et regno regalia illa dimittenda praecipimus, quae ad regnum manifeste pertinebant tempore Karoli, Ludewici, Heinrici^g et ceterorum praedecessorum tuorum. Interdicimus enim^h et sub districtione anathematis prohibemus: ne quiⁱ episcoporum seu abbatum, vel^k praesentium vel futurorum, eadem regalia invadant, id est civitates ducatus marchias comitatus monetas theloneum mercatum advocatias regni^l, iura centurionum et curtes, quae manifeste^l regni erant, cum pertinentiis suis, miliciam et castra regni^l; nec^m se deinceps nisi per gratiam regis de ipsis regalibus intromittant. Sed

1111
Febr. 12

a. nullo modo *AD*.   b. etiam *AD*.   c. kathedrae *Z*.   d. etiam *AD*.
e. habeat corr. in obtineat *V*.   f. in *VZ* sequuntur ea, quae infra leguntur, verba:
Porro — pro animabus eorum.   g. om. *A*; Ottonis *D*.   h. etiam *AD*.   i. quis *AD*.   k. om. *AD*.   l. om. *AD*.   m. et ne *D*.

1. Can. apost. 31 (Gratiani decr. P. II C. XVI qu. 7 c. 14).

1111
Febr. 12

nec posteris nostris liceat, qui post nos in apostolica sede successerint, aut te aut regnum super hoc inquietare negocio. Porro[a] ecclesias cum oblationibus et hereditariis[b] possessionibus, quae ad regnum manifeste non[c] pertinebant, liberas manere[d] decernimus; sicut in die coronationis tuae omnipotenti Domino in conspectu totius ecclesiae promisisti. Oportet enim episcopos, curis secularibus expeditos, curam suorum agere populorum nec ecclesiis suis abesse diutius. Ipsi enim iuxta Paulum apostolum pervigilant[e], tamquam rationem reddituri pro animabus eorum[1]".

150. *Diadema imperatorium quomodo Heinricus V acceperit, relatio caesarea*[f]. (E 264. 265)

Hec est conventio inter domnum papam Paschalem[g] et imperatorem Heinricum de conservatione confirmandae pacis et amiciciae.

1111
Apr. 11

Domnus papa Paschalis concedet domno regi H(einrico) et regno eius et privilegio suo sub anathemate confirmabit et corroborabit: episcopo vel abbate libere electo sine symonia assensu regis, quod domnus rex anulo et virga illum investiat. Episcopus autem vel abbas, a rege investitus, libere accipiat consecrationem ab episcopo, ad quem pertinuerit. Si quis vero a clero et populo eligatur, nisi a rege investiatur, a nemine consecretur. Et archiepiscopi et episcopi libertatem habeant consecrandi episcopos a rege investitos. Super his domnus papa non inquietabit regem H(einricum) neque eius regnum et imperium.

Istud est sacramentum, per quod confirmata est inter papam P(aschalem) et imperatorem H(einricum)[h] superius perscripta conventio.

Domnus papa P(aschalis) non inquietabit domnum regem

a. Porro — animabus eorum *in VZ suo loco mota inveniuntur ante verba superiora haec:* Quorum vestigia subsequentes; *cf. supra p. 273 n. f.* b. heretariis *Z* c. *om. D.* d. manifeste *VZ,* manere *AD.* e. provigilant *VZ* f. *ex V 111v—112, Z p. 241—242.* g. Pascalem *V.* h. H. *om. V.*

1. Hebr. 13, 17.

H(einricum) neque eius regnum de investitura episcopatuum et abbatiarum; neque de iniuria sibi illata et suis in persona et bonis; neque aliquod malum reddet sibi vel alicui personae pro hac causa; et penitus in personam regis Heinrici nunquam anathema ponet. Nec remanebit in domno papa, quin coronet eum, sicut in ordine continetur. Et regnum et imperium officii sui auxilio eum tenere adiuvabit pro posse suo. Et hec omnia adimplebit domnus papa sine fraude et malo ingenio. 1111 Apr. 11

Ista sunt nomina episcoporum et cardinalium, qui ex praecepto domni apostolici P(aschalis) sacramento, quod superius scriptum est, confirmaverunt amiciciam et privilegium domno imperatori H(einrico).

Petrus Portuensis episcopus, Centius Sabiniensis episcopus, Rŏdbertus* cardinalis sancti Eusebii, Bonifacius cardinalis sancti Marci, Anastasius cardinalis sancti Clementis, Gregorius cardinalis sanctorum apostolorum; item Gregorius cardinalis sancti Chrisogoni, Iohannes cardinalis sanctae Potentianae, Rysus cardinalis sancti ᵇ Laurentii, Rainerus cardinalis sanctorum Marcellini et Petri, Vitalis cardinalis sanctae Balbinae, Divizo cardinalis sancti Martini, Dietpaldus cardinalis Iohannis et Pauli, Iohannes diaconus sanctae Mariae in scola Greca, Leo diaconus sancti Vitalis, Aldo diaconus sanctorum Sergii et Bachi.

Hac conventione expleta* et praedictorum episcoporum et cardinalium sacramento confirmata et osculo utrimque dato, domnus papa P(aschalis) insequenti die, scilicet 2 Idus Aprilis, sollempniter ᵈ missam dominicam *Quasi modo geniti* celebravit. In qua — post communionem suam et ministrorum altaris — domno H(einrico) imperatori corpus et sanguinem domini nostri Iesu Christi dedit in hec verba: *Hoc dominicum corpus, quod sacrosancta tenet ecclesia, natum ex Maria virgine, elevatum in cruce pro redemptione generis humani, damus tibi, fili karissime, in remissionem peccatorum tuorum et in conservationem con-* Apr. 12

a. Rŏbertus *V.*   b. sancti Laurentii — Vitalis cardinalis om. *V.*   c. completa *V.*   d. om. *V.*

1111 *firmandae pacis et verae amiciciae inter me et te, et regnum et*
Apr. 12 *sacerdotium; ut dominus noster Iesus Christus, cuius hoc corpus et sanguis est, sit inter me et te, et regnum et sacerdotium conservator et confirmator verae concordiae et pacis.* Et in hec verba, papa exigente, in ipsa communione invicem se osculati sunt.

His feliciter et gaudio diu expectato expletis, Romam exul-
Apr. 13 tantes pervenerunt. Et in argentea porta rex a domno apostolico et a toto clero cum oratione, quae in ordine continetur, receptus et ad mediam Romam deductus et, ibi expleta oratione secunda, usque ad confessionem apostolorum Petri et Pauli cum letaniis perductus et unctus est.

Post hec a domno papa ad altare eorundem apostolorum cum inmenso tripudio deducitur; et ibidem corona sibi ab apostolico imposita in imperatorem consecratur.

Deinde missa incipitur de resurrectione Domini et sollempniter celebratur. In qua — ante communionem — sub testimonio astantis ecclesiae tam clericorum quam laicorum domnus apostolicus privilegium domno H(einrico) imperatori propria manu dedit; in quo sibi et regno suo, quod scriptum est, concessit et ibidem anathemate confirmavit:

„ᵃ Paschalisᵇ episcopus servus servorum Dei karissimo in Christo filio H(einrico), glorioso Teutonicorum regi et per Dei omnipotentis gratiam Romanorum imperatori augusto, salutem et apostolicam benedictionem. Regnum vestrum sanctae Romanae ecclesiae singulariter coherere, dispositio divina constituit. Predecessores siquidem vestri — probitatis et prudentiae amplioris gratia — Romanae urbis coronam et imperium consecuti sunt. Ad cuius videlicet coronae et imperii dignitatem tuam quoque personam, fili karissime H(einrice), per nostri sacerdotii ministerium maiestas divina provexit. Illam igitur dignitatis praerogativam, quam praedecessores nostri vestris praedecessoribus catholicis

---

a. *ex V 112, Z p. 242—243:* Item aliud (alium *V*) privilegium Paschalis papae, quod dedit Heinrico IIII imperatori, mutato priore. b. Pascasius *V, P. Z.*

imperatoribus concesserunt et privilegiorum paginis confirmaverunt, nos quoque dilectioni tuae concedimus et praesentis privilegii pagina confirmamus: ut regni tui episcopis vel abbatibus, libere praeter violentiam et symoniam* electis, investituram anuli et virgae conferas. Post investitionem vero canonice consecrationem accipiant ab episcopo, ad quem pertinuerint. Si quis autem a clero et populo praeter assensum tuum electus fuerit, nisi a te investiatur, a nemine consecretur. Sane archiepiscopi vel episcopi libertatem habeant a te investitos episcopos vel abbates canonice consecrandi. Predecessores enim vestri ecclesias regni sui tantis regalium suorum beneficiis ampliarunt, ut regnum ipsum episcoporum maxime vel abbatum praesidiis oporteat communiri; et populares dissensiones, quae in electionibus sepe contingunt, regali oporteat maiestate compesci. Quam ob rem prudentiae et potestati tuae cura debet solicicius inminere, ut ecclesiae Romanae magnitudo et ceterarum salus tuis, praestante Domino, beneficiis et servitiis conservetur. Si qua igitur ecclesiastica secularisve persona, hanc nostrae concessionis paginam sciens, contra eam temerario ausu venire temptaverit, anathematis vinculo, nisi resipuerit, innodetur honorisque ac dignitatis periculum paciatur. Observantes autem hec misericordia divina custodiat, et personam potestatemque tuam ad honorem suum et gloriam feliciter imperare concedat".

1111 Apr. 18

---

151. *Paschalis II papa Ottoni I episcopo Bambergensi eiusque successoribus pallii utendi crucisque praeferendae copiam facit*[b]. (E 232)

P(aschalis) episcopus servus servorum Dei venerabili fratri O(ttoni) Babenbergensi episcopo eiusque successoribus canonice promovendis in perpetuum. Caritatis bonum est proprium, congaudere profectibus aliorum. Caritas enim non querit, quae sua sunt[1]. Unde et apostolus: *Tunc*[c] ait *vivimus, si vos statis*

1111 Apr. 15

---

a. simoniam Z.   b. *ex V 96v, Z p. 206—207. Edidit Ussermann Episc. Bamb. cod. prob. p. 63.*   c. om. VZ.

1. V. Philipp. 2, 21.

1111 in Domino[1]; et iterum: *Que est enim nostra spes aut[a] gaudium*
Apr. 15 *aut corona gloriae? Nonne vos ante dominum nostrum Iesum Christum*[2]? Hoc ergo caritatis debito provocamur et apostolicae sedis auctoritate compellimur: honorem debitum fratribus[b] exhibere et sanctae Romanae ecclesiae dignitatem pro suo cuique modo ceteris ecclesiis impertiri. Idcirco, venerabilis frater O(tto) Babenbergensis ecclesiae episcope[c], dilectioni tuae pallium ad sacra missarum sollempnia celebranda concedimus. Quo nimirum fraternitas tua intra ecclesiam tantum[d] uti noverit, illis tantum diebus, quos praesens descriptio continet; videlicet: die sancto resurrectionis dominicae et pentecostes[e], item in nativitate domini nostri Iesu Christi, et in natalicio sanctorum apostolorum Petri et Pauli, et in sollempnitate sancti Dionisii[f] martyris, anniversario etiam consecrationis tuae die, et dedicationibus ecclesiarum. Cuius nimirum pallii[g] volumus te per omnia genium vindicare. Huius siquidem indumenti honor humilitas atque iusticia est. Tota igitur mente fraternitas tua[h] se exhibere festinet in prosperis humilem, in adversis, si quando eveniant[i], cum iusticia erectam; amicam bonis, perversis contrariam; nullius umquam faciem contra veritatem suscipiens, nullius umquam faciem pro veritate loquentem premens; misericordiae operibus iuxta virtutem substantiae insistens, et tamen insistere etiam supra virtutem cupiens; infirmis compaciens, bene valentibus congaudens; aliena dampna propria deputans, de alienis gaudiis tamquam de propriis exultans; in corrigendis vitiis pie seviens, in fovendis virtutibus auditorum animum demulcens; in ira iudicium sine ira tenens, in tranquillitate autem severitatis iustae censuram non deserens. Hec est ergo[k], frater carissime, pallii accepti dignitas; quam si sollicite servaveris, quod foris accepisse ostenderis, intus habebis. Ad hec etiam vexillum crucis intra Babenbergensis ecclesiae parrochiam ante faciem tuam portari concedimus, salva videlicet Moguntinae metropolis reverentia;

a. et *VZ*. b. om. *V*. c. epc *VZ*. d. tuam *Uss*. e. pentechostes *V*. f. Dyonisii *Z*. g. pallium *VZ*. h. vestra *Uss*. i. eveniunt *Uss*. k. ergo — carissime om. *VZ*.

1. 1 Thess. 3, 8.   2. 1 Thess. 2, 19.

ut, speciali sanctae Romanae ecclesiae dignitate praeditus, spe- 1111
cialiter eius studeas obedientiae ac servitiis insudare. Fraterni- Apr. 15
tatem tuam superna dignatio per tempora longa conservet incolomem. Amen*, amen.

Scriptum per manum[b] Iohannis scriniarii regionarii ac notarii sacri palatii.

Datum Romae in insula Lycaonia per manum Iohannis
sanctae Romanae ecclesiae diaconi cardinalis ac bibliothecarii
vice domni F(riderici) archicancellarii et Coloniensis archiepiscopi 17 Kal. Maii, indictione 4, incarnationis dominicae anno
1111, pontificatus autem domni P(aschalis) secundi papae[c] anno
12, imperii vero H(einrici) quarti imperatoris anno primo.

---

152. *Paschalis II papa ab Heinrico V imperatore petit, ut episcopo Aretino parcat*[d].   (E 268)

Paschalis[e] episcopus servus servorum Dei dilectissimo filio 1111
suo H(enrico) Romanorum imperatori augusto salutem et apo- (Apr.)
stolicam benedictionem.

Post parvi temporis spacium quiddam de vobis sinistrum
audivimus, quod nos valde conturbat.   Pervenit enim ad nos:
quod ad perturbationem quietis ecclesiasticae H. apud Ariciam
dimittere disponitis, ut ablatas possessiones ecclesiae retineat et
reliqua inquietare non desinat. Nos autem putabamus, eos, qui
in fidelitate nostra permanent, nobiscum permanere in littore;
sed, sicut vera relatio patefecit, frater noster Aretinus adhuc
inter procellas quatitur et longe portum videt.   Dilectionem
itaque vestram litteris praesentibus rogamus et commonemus,
sicut de vobis confidimus: ut praedicto fratri nostro gratiam
vestram reddatis et possessiones ecclesiae restituatis. Fidelibus
quoque suis iniungite, ut ab eius servitio ulterius se non sub-
trahant. Non enim possunt sine detrimento capitis membra persequi vel abscidi; et filiorum contumelia ad patris spectat in-

a. Amen, amen om. *VZ*.   b. manus *VZ*.   c. secundi papae om. *V*.   d. ex
V 112v, Z p. 243—244.   e. Pascasius *V*, P. *Z*.

1111 iuriam. Dilige igitur, quos diligimus; ut, quos odistis*, odio ha-
(Apr.) beamus, et quos diligitis, diligamus.

De cetero omnipotens Deus vos sua pietate custodiat atque conservet.

153. *Paschalis II papa Aretinis praecipit, ut ad episcopi obedientiam redeant*[b]. (E 244)

1111 Paschalis[c] episcopus servus servorum Dei clero et civibus
(Apr.) Aretinis salutem et apostolicam benedictionem.

Officii nostri auctoritate compellimur, ut ecclesiarum omnium sollicitudinem gerere debeamus. Ideoque pro venerabili fratre nostro episcopo vestro praesentes litteras ad vos decrevimus destinare. Audivimus enim, quia nec debita eum veneratione tractetis nec debitam illi obedientiam persolvatis. Quod profecto divinae constitutioni penitus contradicit. Dominus siquidem Iesus Christus, cum preciosi sui sanguinis effusione sanctam redemisset ecclesiam, pastores in ea constituit, qui vice sua populo suo salutaria ministrarent. Unde, qui eis iniurias irrogant eorumque mandata contempserint, ipsi Domino irrogare eumque contempnere cognoscuntur; sicut ab eo dicitur: *Qui vos tangit, pupillam oculi mei tangit*[1]; et: *Qui vos spernit, me spernit*[2]. Itaque universitati vestrae praecipimus: ut usque ad proximam Domini nativitatem ad praedicti confratris nostri episcopi vestri obedientiam redeatis, eumque sicut patrem ac magistrum et Dei vicarium affectione debita diligatis et debita reverentia veneremini. Alioquin nos ex tunc, quod divina dispositione ministerii nostri est, vobis auferimus[d] et ipsam spiritualis alimoniae pastionem, divina videlicet officia, donec resipueritis, interdicimus. Dignum est enim, ut, qui Deum in ministerio suo contempnitis, Dei quoque beneficio et vicarii sui ministerio careatis.

a. oditis *VZ*.   b. *ex V 107—107v, Z p. 232.*   c. Pascasius *V*, P. *Z*.
d. aufferimus *V*.

1. Zachar. 2, 8.   2. Luc. 10, 16.

154. *Paschalis II papa cum Heinrico V imperatore queritur, quod aliquot possessiones ecclesiae Romanae nondum redditae sint. Rogat, ut captum Rusticelli comitis filium dimitti iubeat*. (E 266)

Paschalis[b] episcopus servus servorum Dei dilecto in Christo filio H(enrico) Romanorum imperatori augusto salutem et apostolicam benedictionem.

1111 Mai. 3

Ex quo a nobis praesentia vestra discessit, de incolomitate status vestri aliquid ad nostram audientiam non pervenit. Verumtamen, quia nostrae voluntatis est, prosperitatem vestram libenter addiscere et nostram vobis ad invicem intimare, de nobis excellenciae vestrae litterarum praesentium relatione significamus.

Siquidem nos per Dei gratiam bene sumus; licet quidam iussioni vestrae in his, quae beato Petro restitui praecepistis, adhuc noluerint obedire, incolae videlicet Civitatis Castellanae, Castri Corcolli, Montis alti, Montis acuti et Narnienses.

Nos tamen ea et comitatus Perusinum, Egubinum[c], Tudertinum, Urbenetum, Balneum regis, Castellum Felicitatis, ducatum Spoletanum, marchiam Fermanam[d] et alias beati Petri possessiones per mandati vestri praeceptionem confidimus obtinere.

A quibusdam vero de vestris filius fidelis nostri[e] Rusticelli comitis, sicut audivimus, retinetur. Rogamus ergo dilectionem vestram, ut nobis eum reddi faciatis; quia et beati Petri fidelis est et in eius possessione moratur.

Ad haec serenitatem vestram plurimum et plurimum commonemus, ut semper iusticiam diligatis[f] eamque totis viribus et toto conamine amplectamini; quatinus, qui verus rex imperator et iudex est[g], in regni et imperii sui perpetuitate coronam vobis et gloriam largiatur. Datum Laterani 5 Non. Maii.

a. *ex V 112—112v*, Z p. 243: Item epistole Paschalis (Pascalis *V*) papae ad Heinricum quartum imperatorem a (ad *V*) se ordinatum. b. Pascasius *V*, P. *Z*. c. Egubrinum *VZ*. d. Fermaniam *VZ*. e. vestri *V*. f. diligastis *V*. g. ēi *V*.

155. *Paschalis II papa Heinricum V imperatorem rogat, ut ecclesiae Ariminensi ablata bona reddi iubeat*[a]. (E 269)

1111 (Mai.) Paschalis[b] episcopus servus servorum Dei dilecto in Christo filio H(enrico) Romanorum imperatori augusto salutem et apostolicam benedictionem.

Ariminensem[d] episcopatum ad ius beati Petri specialius pertinere, manifestum est. Verum, peccatis exigentibus, omnibus fere bonis suis denudatus et in minimas reliquias est redactus. Rogamus igitur dilectionem vestram: ut ei per amorem beati Petri benignitas vestra bona sua restitui iubeat, et restituta quietem Domino faciat praestante obtinere.

156. *Paschalis II papa Heinrico V imperatori gratias agit, quod clericis Patavinis et H. iudici amissa bona reddi iusserit. Laicos quoque commendat*[e]. (E 270)

1111 (Iun.) Paschalis[f] episcopus servus servorum Dei in Christo filio H(enrico) Romanorum imperatori augusto salutem et apostolicam benedictionem.

Pro clericis Paduanis et H. iudice dilectioni tuae gratias agimus, quia eis tuam gratiam reddidisti et bona sua, quae amiserant, restitui praecepisti. Rogamus autem adhuc et pro laicis, ut eos in gratiam tuam recipias et bona sua eis restitui facias; quatinus protectionis tuae munimine de cetero, praestante Deo, quiete valeant permanere.

157. *Paschalis II papa Heinrico V imperatori scribit, legatum suum propter infesta itinera Ravennam non transiisse*[g]. (E 267)

1111 c. Iun. Paschalis[h] episcopus servus servorum Dei dilecto in Christo filio H(enrico) Romanorum imperatori augusto salutem et apostolicam benedictionem.

De magnificentia vestra bona semper audire optamus, tam-

---

a. *ex V 112v, Z p. 244.*   b. Pascasius *V, P. Z.*   c. om. *V.*   d. Arminensem *VZ.*   e. *ex V 112v, Z p. 244.*   f. Pascasius *V, P. Z.*   g. *ex V 112v, Z p. 243.*   h. Pascasius *V, P. Z.*

quam de filio ecclesiae, quem ecclesiae principem ac defensorem providentia divina constituit. Monemus itaque dilectionem vestram et monentes rogamus: ut divinae dispositionis dona, quae accepistis, consideretis et tam in Domini timore quam in ecclesiae veneratione et iusticiae defensione, sicut debetis et sicut potestis, eodem Domino praestante, proficiatis. Hoc siquidem nos omnipotentem Dominum deprecamur, ut de profectu vestro non tantum nos sed etiam tota ecclesia catholica glorietur.

1111
c. Iun.

Legatum nostrum post vos direximus. Qui, usque Ravennam veniens, transire ulterius timuit propter perturbationes itinerum, quae post transitum exercitus fiunt. Cum autem omnipotens Deus in tempus congruum nos perduxerit, de legati missione, prout oportunum fuerit, per ipsius gratiam disponemus.

158. *Paschalis II papa Heinrico V imperatori restitutam valetudinem gratulatur. De hominum contra pactionem cum eo factam fremitu; de ecclesiis a N. vexatis. Rogat, ne obsides a se datos male habeat*[a]. (E 271)

Paschalis[b] episcopus servus servorum Dei dilecto in Christo filio H(enrico) Romanorum imperatori augusto salutem et apostolicam benedictionem.

1111
Oct. 26

In litteris, quas a tua dilectione suscepimus, diu te graviter infirmatum fuisse, cognovimus. Sed sicut nos infirmitatis rumor affecerat, ita rursus sospitatis exhilaravit[c] auditio. De prosperitate, quam nobis significasti, Deo gratias agimus, qui providentia inestimabili omnia disponit.

Quod autem de episcopis conquereris, cor nostrum vehementer angustat. Ex quo enim vobiscum illam, quam nostis, pactionem fecimus, non solum longius positi sed ipsi etiam, qui circa nos sunt, cervicem adversum nos erexerunt; et intestinis bellis viscera nostra collacerant et multo faciem nostram rubore perfundunt. De quibus, quia iudicium consequi non possumus, Dei iudicio relinquimus; ne Dei ecclesiam gravius perturbemus.

a. *ex V 112v—113, Z p. 244—245.* b. Pascasius *V.* c. exhylaravit *Z.*

1111 Ceterum, cum tanta ac talia patiamur, miramur: quod N.
Oct. 26 vester tantas ecclesiis oppressiones inferat; quas hostiliter occupat atque depopulatur, et mutuae pactionis inmemor, quae nostri iuris sunt, suae vendicat usurpationi. Miramur etiam: quod dati a nobis obsides dure, ut audivimus, turpiter tyranniceque tractantur*. Que profecto non parum ad vestrae sublimitatis iniuriam spectant. In omnibus tamen his te, praecipuum ecclesiae filium, commonemus: ut Dei iudicia semper verearis — illius temporis memor, quod in tuis litteris significasti, dicens: *In ipso tempore gravissimae nostrae egritudinis, cum vita nostra esset in dubio, cum dissolutionis nostrae tantum haberetur expectatio* — et sic ei placere studeas, quatinus eius gratiam et regnum tibi temporale disponat et ad regna te eterna perducat.   Data Laterani 7 Kal. Novembris.

159. Verba Italicorum in obsequium imperatoris iurantium[b][1].

(E 309)

1111? Ab hac hora in antea fidelis ero N. imperatori per rectam fidem secundum meum scire et posse.   Non ero in consilio, ut vitam aut membra perdat.   Italicum regnum et suam rectam potestatem infra regnum adiutor ero[c] ei secundum meum scire et posse ad tenendum et defendendum contra omnes homines, qui sibi tollere voluerint.

Verba eorum, qui Italicos ad iusiurandum adegerunt.

Si[d] ea, quae (supra scripta sunt) iurasti (*aut*: iuraveris et) per rectam fidem adimpleveris[e], senior meus neque per se ne-

a. tractentur *V*.   b. *ex V 125v, Z p. 275, C 60v:* Iuramentum (adiuratio *C*) seu promissio, quae regi (quae regi *om. V*) vel imperatori debet fieri.   c. *om. C.*   d. Allocutio eius, qui iuravit regi vel imperatori: Si *Z*; Allocutio — imperatori *om. V*; regi vel imperatori *om. C*.

1. Formulas has Pertzius in Mon. Germ. LL. II 77 arbitratu suo ad ipsum annum 1123 retulit.   2. Nihil est dubitationis, quin his verbis duae formulae insint; quarum altera ab eo enunciabatur, qui ad iusiurandum invitabat, haec: „Si ea, quae supra scripta sunt, iuraveris et per rectam fidem adimpleveris"; alteram post datum iusiurandum pronunciabant hanc: „Si ea, quae iurasti, per rectam fidem adimpleveris". Quare et verba: „supra scripta sunt" et verba: „aut iuraveris et" uncis inclusi.

que per subiectam personam tollet tibi vitam aut membra nec 1111?
te capiet propter hoc, quod usque modo contra eum fecisti; nisi
in antea sis contra eum et convictus fueris. Predia et proprietates, que iuste et legaliter habes, et eas terras, quas per
scriptum iuste habes, non tibi tollet; nisi iusto iudicio per veram legem sit iudicatum. Si beneficium de regno aut de
ecclesiis non habueris, et legem et iustitiam ante missum mei
senioris feceris, non te distringet ad curtem venire senior[a] meus;
nisi tu sponte volueris. ———

160. *D. quidam praeposito cuidam de studiis suis Parisiacis scribit*[b]. (E 361)

Domno praeposito, tam dilecto quam venerando, D. ille suus 1109-1112
licet pauper non fictus[c] tamen[d] amicus, ille tam longo iam exilio
actus et attritus, fidei caritatis omnimodeque devotionis promptam exhibitionem.

Quanto desiderio iugiter desiderem et exoptem vitam et
incolomitatem vestram rerumque vestrarum apud Deum et homines profectum, stili officio explicare nec valeo nec opus esse
censeo. Novi enim ea vos animi constantia et discretione esse
praeditum, ut nec adulator superflua loquacitate apud vos in
mendatio proficiat nec simplex aliquis ac verecundus modesta
taciturnitate in vero negotio sibi noceat. Quare praetereundum
videtur sub silentio, qualem fidei et dilectionis affectum erga
vos habeam; quia hoc soli Deo et conscientiae meae interius
patet nec vestram, ut reor, discretionem ex toto latet. Verum ubi locorum nunc degam, quid rerum in praesenti geram
quidve in proximo futuro agendum fore proposuerim quantum-
que in proposito meo profecerim, paucis libet vestrae dilectioni
per ordinem intimare; eoque confidentius, quia pro certo mihi
constat, non esse vos de numero illorum dominorum, qui omnia,
etiam bene facta, solent obliquis morsibus detractionis obfuscare.
Verum cuiuslibet etiam minimi successibus in bono proposito
vos soletis congratulari.

a. senior meus om.*C*. b. ex*V 147v—148*, *Z p.328—330*. c. victus*VZ*. d. tü*VZ*.

1109-1112 Parisius sum modo, in scolis magistri Gwillelmi[1], summi viri omnium huius temporis, quos ego noverim in omni genere doctrinae. Cuius vocem cum audimus, non hominem sed quasi angelum de caelo loqui putamus; nam et dulcedo verborum eius et profunditas sententiarum quasi humanum modum transcendit. Qui cum esset archidiaconus fereque apud regem[2] primus, omnibus quae possidebat dimissis, in praeterito pascha ad quandam pauperrimam ecclesiolam[3], soli Deo serviturus, se contulit[4]; ibique postea omnibus undique ad eum venientibus gratis et causa Dei solummodo, more magistri Manegaldi[5] beatae memoriae[6], devotum ac benignum se praebuit. Iamque tantum studium regit tam in divinis quam in humanis scientiis, quantum nec vidi nec meo tempore usquam terrarum esse audivi.

Hic, venerande mi, iuventutem meam exerceo, ne, viciis illis quae hanc etatem plerumque solent praecipitare devicta, succumbat[a] omnino. Hic rudem animum, tenebris ignorantiae pro dolor[b] ex culpa primi hominis mancipatum, doctrina et studio illuminare satago, quantum ipse Deus dignabitur praestare[c], a quo solo est omne bonum sapientiae. Quod videlicet bonum sapientiae, quando cum munda intentione quaeritur et suscipitur, merito ab omnibus discretis summum et creditur et habetur. Scientia enim, ut ait apostolus, sine caritate inflat, scientia vero

a. subcumbat Z.   b. pro dolor om. V.   c. dare V.

1. de Campellis, archidiaconi Parisiensis (et postea episcopi Catalaunensis ab a. 1113 ad a. 1121). Cf. supra Biblioth. I 278 n. 5.   2. Ludovicum VI regem Francorum.   3. S. Victoris Parisiensem.   4. Id referri solet aut ad annum 1108 (Hist. littér. IX 113, Bouquet Rec. XIV 279) aut ad annum 1109 (Boulaeus Hist. univers. Paris. II 24). Comparet autem Guillelmus „archidiaconus" in tabulis capituli S. Mariae Parisiensis anno 1107 ind. 15 (Cartulaire de l'église Notre Dame de Paris T. I 313, 385—386, Gallia Christ. VII instrum. p. 43), anno 1108 ind. 1 (Cartulaire cet. I 413), anno 1109 ind. 2 (Cartulaire cet. I 376). Quare, cum Guillelmum constet anno 1113 episcopum Catalaunensem factum esse, nihil statui potest, nisi intervallo annorum 1109—1112 eum in illam S. Victoris ecclesiam migravisse.   5. de Lutenbach.   6. Ex his verbis intelligimus, Manegoldum de Lutenbach (qui etiam die 2 Aug. 1103 comparet in Paschalis II bulla, Regesta pont. Rom. 4442) mortuum esse spatio annorum 1103—1112.

cum caritate aedifficat[1]. Vicia enim eruit, virtutes inserit; fruentem se, quid sibi quid proximo quid creatori debeat, instruit; denique mentem, cui ipsa praesidet, contra omnes molestias huius vitae extrinsecus accidentes sua praesentia praemunit ac defendit.

1109-1112

Sepe igitur ac desiderio huiusmodi boni, non spe alicuius inanis lucri, tanto tempore exilium famem sitim nuditatem ceterasque miserias, quas longum est enumerare, perpetior. Nam re vera, nisi ipsa speculatio veritatis sua quadam naturali dulcedine appetentes se alliceret ac refoveret, non credo, quemquam hominum tam ferreum fore, qui talem[a] laborem, qualem huiusmodi studium exigit, vel vellet vel posset sustinere.

Porro autem nolo vos ignorare, quia munus vestrae largitionis cum summa gratiarum actione suscepi, tantum gavisus aut etiam amplius de affectu mittentis[b] quam de quantitate ipsius muneris. Qua de re certum et fixum volo vos habere: si quid sum vel ero, per omnia vobis obnoxius permanebo. Numquam enim excidet memoriae meae, quantum ruditati meae contuleritis; vel sola mors ut taceam de aliis compositione[c].

Domnum episcopum, uti mihi[d] mandastis, Guarmatie[e] alio anno conveni; sed ipse tepide, nescio quo modo, se erga me habuit. Neque ego, ut vobis in aurem dictum sit, multum me ingessi. Ipse sponte sua nichil mihi obtulit; et ego, licet indignus, dissimulata tamen paupertate, nichil ab eo petii. Quin etiam aliquantulum indignationis visus est mihi erga me habuisse.

161. *Azo episcopus Aquensis Heinrico V imperatori de rebus Romanis et Mediolanensibus refert; eumque, ut in Italiam veniat, hortatur*[f]. (E 258)

Excellentissimo domino suo H(einrico) Dei gratia Romanorum imperatori augusto A(zo) maiestatis suae et Aquensis ecclesiae servus incolomis vitae longitudinem cum victoriae corona.

1112
Mart. ex.

a. tatalem V.   b. mitentis Z.   c. sic VZ.   d. om. V.   e. Wormatiae V.   f. ex V 109v, Z p. 237, C 42v—43, B 34.

1. Cf. 1 Cor. 8, 1: „Scientia inflat, caritas vero aedificat".

Quantum clementiae vestrae imperium prosperari desidero, a fidelibus vestris et ab effectu mei servitii, si placet, cognoscere poteritis.

Notum igitur vobis facio, quod audivi: synodum videlicet Romae fieri[1], in[a] qua asserunt domnum papam P(aschalem) deponi et alterum debere eligi, qui omne consilium pacis, quod cum domno P(aschali) firmastis, dissolvat; pro eo quod domnus P(aschalis) non audet vos propter factas inter vos et ipsum securitates excommunicare.

Ad hoc quoque Mediolanenses quendam archiepiscopum[2] elegerunt[3] et a quibusdam parrochianis suis eum consecrari fecerunt. Quod ego videns contra imperii vestri honorem fieri, omnino interdixi; et licet ab ipsis multum rogatus huiusmodi consecrationi interesse, nec assensum praebere volui. Immo dedi operam erigendi magnum parietem populi contra populum sub occasione cuiusdam alterius archiepiscopi[4], quem pars illorum intendit deponere; viri scilicet perfectissime litterati et ingenio astutissimi et eloquentissimi, curiae vestrae valde necessarii. Cuius partem propter honorem vestrum in tantum auxi, quod medietas populi contra medietatem populi contendit. Nunc itaque videat pietas vestra, si ad hoc me velitis laborare, ut et populus ille maneat divisus et antiquus ille archiepiscopus a vestra maiestate adiuvetur. Scribendo praecipite. Quoniam, quicquid mandaveritis et de his et de aliis, fideliter implere studebo.

Igitur, ut inimicorum vestrorum consilia exinaniri faciatis, consulere praesumo: ut in Italiam venire festinetis. Neque multum magno exercitu indigetis. Vestra est enim adhuc Longobardia; dum terror, quem ei incussistis, in corde eius vivit. Et facilius potestis cum pugillo aquae scintillulam ignis extinguere quam flammarum globum cum aquarum habundantia. Venite itaque modo confidenter; quoniam, adiuvante Deo, consilium, quod Romae et Mediolani contra vos tractatur, antequam fortiores as-

---

a. an B.

1. 18—23 Mart. 1112.   2. Iordanum.   3. die 1 Ian. 1112.
4. Grossulani.

sumat vires, nostro et aliorum fidelium vestrorum consilio facillime destruetur.

162. *Beraldus abbas Farfensis Heinrico V imperatori respondet de Paschalis II papae animo infesto et de legatis ad Alexium I Graecorum imperatorem missis. Instat, ut in Italiam venire properet*[a]. (E 259)

Heinrico[b] domino suo Romanorum imperatori augusto B(eraldus) Farfensis[c] abbas, purissimae fidelitatis obsequium.

Nostrae ecclesiae fidelitatem et olim patrem vestrum et nunc vos expertum per omnia non ambigimus. Etenim integritatem culminis imperii vestri uti propriam vitam nostra ecclesia diligit. Verumtamen, quod differtur tranquillitas, in laborando nostra non cessat anxietas.

Placuit vestrae excellentiae nos consulere super negotiis istarum partium vestri imperii. Quorum nonnulla iam per vestros legatos vobis intimavimus et, semper solliciti et vigilantes, iuxta nostram scientiam et intellectum intimare fidelissime curamus.

Denique apostolici[1] intentio, ut certius nobis videtur, ad hoc viget et molitur: ut inrecuperabile vobis detrimentum operari valeat. Et tum demum inrevocabilem contra vos sententiam proferet. Interim callide agit clandestinis machinationibus, quatinus incautos vos et minus sollicitos reddat. Nam verba, quae vobis litteris suis blanda et pacatissima[d] mandavit, quamvis nobis ignota sunt, fraude tamen plena pro certo existimamus et, ut adventus vester in Italiam differatur, eum ad vos transmisisse arbitramur; licet fortasse eisdem apicibus adventum vestrum se desiderare ostendat.

Enimvero, cum ad synodum[2] ob vestri honoris defectionem ire trepidarem, fidelissimos ac prudentissimos missos dirigere curavi, ut eorum certa relatione audita et visa vobis intimare

a. *ex V 109v—110, Z p. 237—238.* b. H. Z. c. Farsensis *V*, Farfensis *Z*. d. placatissima *V*, pacatissima *Z*.

1. Paschalis II. 2. spatio dierum 18—23 Mart. 1112 Romae habitam.

JAFFÉ, Bibliotheca V.

valerem. Itaque tum apostolicus, cum ab episcopis et a clericis nonnullis compelleretur ut vos nominatim excommunicationi submitteret, rennuit hoc, ut nobis videtur causa quam praediximus; et sic tandem intulit sententiam dicens: *Ego non praedico — nec dampno vel excommunico quemquam — nisi que pater meus Urbanus et Gregorius instituerunt. Verumtamen privilegium, quod compulsus sum imperatori firmare, fateor me invitum egisse; et culpabilem me*ᵃ *super hoc recognosco.* Quapropter ab eodem apostolico et episcopis constitutum est: ut deinceps pro nichilo habeatur et in nullo penitus observetur.

Preterea excellentiae vestrae suggerimus: ut adventum vestrum quantocius efficere studeatis, ne forte adversantium fraus contra vestram coronam diu inveterata roboretur. Si quid in illis partibus, ubi moramini, vel in Longobardia secus ab aliquibus agitur, quam congruum videtur, pro tempore sedare curatote; ne vestro adventui fiat impedimentum.

Nomina autem praecipuorum euntium[1] ad Constantinopolitanum regem[2] — praeter aliorum plurimorum, quae ignoramus — hec sunt: Gregorius de Romano et frater eius O.; et P. de Rammio[b] Pauli; et O. Iohannis de Luccio.

Super hoc autem, quod, hinc recedentes[3], vestram benivolentiam erga nostram ecclesiam, ceu speravimus, adimplere minime potuistis, non vobis imputamus; quia in maximo labore vos tunc fuisse conspeximus. Nec ob hoc in aliquo claudicamus; quoniam in futurum Deo prosperante omnia a vobis adipisci et recuperare confidimus.

Ad ultimum iterum hortamur, ut nullo modo venire tardetis.

163. *Paschalis II papa Heinricum V imperatorem hortatur, ut Adalbertum I archiepiscopum Moguntinum e custodia dimittat*[c]. (E 272)

Paschalis[d] episcopus servus servorum Dei dilecto in Christo

a. om. V.   b. rāmio VZ.   c. ex V 113, Z p. 245.   d. Pascasius V, P. Z.

1. mense Maio 1112; v. Petri chron. Casin. IV 46, in Mon. Germ. SS. VII 785.   2. ad Alexium I imp. Graecorum.   3. anno 1111.

filio H(enrico) Romanorum imperatori augusto salutem et apo- 1118
stolicam benedictionem. Ian. 25

Cum amicorum magna sit, maior quidem inter homines est paterna dilectio. Unde, quicquid ᵃ circa te alii loquantur, quicquid blandiantur, nostrum est, veritatem tibi liquidius ostendere et honori ac saluti tuae veraciter providere. A(dalbertum)¹ siquidem cancellarium tuum a te captum esse audivimus. De quo, quantum novimus, quantum experti sumus, testimonium ferimus, quia te super omnia diligebat. Qua de re multi profecto tam amici quam inimici locuntur ᵇ adversus te. Te igitur, tamquam pater filium, commonemus: ut cum salute regni tale super hoc consilium nanciscaris, quatenus nec persona tua vel regnum ullam incurrat infamiam, et ille liberationis gratiam consequatur. Data Beneventi 8 Kalendas Februarii.

164. *Paschalis II papa Adelgoto archiepiscopo Magdeburgensi mandat, ut Gerhardum electum Merseburgensem, iniuste expulsum, restituat* ᶜ. (E 276)

Paschalis ᵈ episcopus servus servorum Dei venerabilibus fra- 1113
tribus A(delgoto) Magdeburgensi metropolitano et suffraganeis Oct. 27
eius salutem et apostolicam benedictionem.

Veniens ad apostolorum limina confrater noster Merseburgensis electus ² suam apud nos querelam exposuit: quod videlicet a clero et populo Merseburgensis ecclesiae electus sit praesentibus et collaudantibus vobis, et in ea sacerdotis officium vestra ordinatione susceperit; post hec, nullo praeeunte iudicio, non solum episcopalis ei sit gratia benedictionis denegata, sed ab eadem etiam ecclesia quasi ex praecepto nostro violenter sit expulsus. Nos igitur eum ad fraternitatis vestrae praesentiam

a. quicquic *Z*. b. loquntur *V*. c. *ex V 113v, Z p. 245—246, G 52v—53.*
d. Pascasius *V*, P. *ZG*.

1. I archiepiscopum Moguntinum, archicancellarium. 2. Gerhardus. Is electus est post diem 23 Oct. 1112; iam die 26 Aug. 1114 „Merseburgensis episcopus" comparet in diplomate Heinrici V. V. Wilmans Regesta episcoporum Merseburgensium in Archiv für ältere deutsche Geschichtkunde XI 169—171.

19*

1113 cum litteris praesentibus remittentes, praecipimus, ut idem frater
Oct. 27 plenius electioni huic et ecclesiae restituatur. Mox secundum canonicas sanctiones causa eius praesentiae vestrae iudicio decidatur*. Quodsi iudicii difficultas apud vos emerserit, cum communibus fraternitatis vestrae litteris et nuntiis ad examen sedis apostolicae causa eadem remittatur. Data Romae 6 Kal. Novembris.

165. *Paschalis II papa Merseburgenses de epistola, pro Gerhardo episcopo ad Adelgotum archiepiscopum Magdeburgensem data, certiores facit*[b]. (E 275)

1113 Paschalis[c] episcopus servus servorum Dei clero et populo
Oct. 27 Merseburgensi[d] salutem et apostolicam benedictionem.

Lator praesentium G(erhardus) confrater noster, cum duobus ecclesiae vestrae clericis et totidem laicis ad nostram praesentiam veniens, se a vobis communi consensu electum[e] asseruit, praesentibus et collaudantibus metropolitano Magdeburgensi[1] et suffraganeis eius. Ceterum post hec, nullo praeeunte iudicio, quasi ex praecepto nostro se per archiepiscopum eundem conquestus est ab ecclesia et electione sua violenter expulsum. Unde nos ad archiepiscopum ipsum et comprovinciales episcopos litteras[2] misimus: ut, quae super hoc[f] iniuste acta sunt, corrigantur. Neque enim nostrae voluntatis est, ut causa eiusdem fratris praeiudicium aliquod[g] patiatur. Data Romae 6 Kal. Novembris.

166. *Bertha abbatissa Kizingensis presbytero monasterii sui diaconum et subdiaconum apponit*[h]. (E 114)

1114 In nomine sanctae et individuae trinitatis. Noverit omnium
Aug. 13 tam futurorum quam praesentium industria, quod ego Bertha[i], non meis meritis sed divinae respectu clementiae abbatissa cenobii N.[3], non surda aure accipiens euangelicam illam parabolam,

a. defendatur. decidatur *G*.   b. *ex V 113—113v, Z p. 245, G 53v*.
c. Pascasius *V*, P. *ZG*.   d. Mersburgensi *V*.   e. electum assensu *VZ*, consensu electum *G*.   f. super hac causa *G*.   g. om. *G*.   h. *ex V 43v—44, Z p. 68—69*.   i. Berta *Z*.

1. Adelgoto.   2. ep. 164 supra p. 291.   3. Kizingensis.

in qua servus super multa constituendus dicitur, qui in pauca fidelis fuisse probatur¹, decrevi pro viribus corrigere negligentiam, quae in divini cultus officio usque ad meum tempus inutiliter immo indecenter inoleverat in praedicta ecclesia. *Solus enim presbiter in qualibet sollempnitate divinum celebrabat officium absque ministris; sine quibus, ut auctoritas clamat, nomen quidem habet sed officium non habet. Hanc inquam tam condempnabilem negligentiam ex consensu domini mei O(ttonis) venerandi Babenbergensis ecclesiae antistitis et N.² venerabilis Wirzeburgensis ᵃ episcopi nec non et suggestione sororum nostrarum unanimi emendare proposui; hoc pacto, ut decimas villarum N. et N., pertinentium ad parrochiam loci nostri N., adiectis ex nostra parte decimis villarum N. et N., constituerem diacono et subdiacono; quorum cooperante ministerio ecclesiastici ordinis decor officii sollempni devotione celebrari potuisset. Nec his contenta, duas eis praebendas iuxta morem sororum nostrarum adiciendas statui; ut tam ipsi quam sacerdos nullam tam victus quam etiam vestitus penuriam sustineant sed, expediti a ceteris occupationibus, divinum officium devote peragere studeant. Ad corroborandam vero hanc devotionis meae constitutionem episcopali eam banno confirmari et sigillo insigniri fideliter poposci et ope divinae pietatis emerui. Quodsi ulla prorsus persona tam salubri huic voto vel vi vel quolibet fraudis machinamento obviare contenderit, fiat ei sicut Agag Amalechitae, et sicut Aman Agagytae a cetu sanctorum alienus habeatur, cum Iuda proditore debita criminibus suis sententia plectatur. Data Idibus Augusti anno dominicae incarnationis 1114, indictione 7, regnante quarto H(einrico) glorioso et victoriosissimo Romanorum imperatore augusto.

1114
Aug. 13

a. Wirzburgensis Z.

1. Matth. 25, 23.   2. Erlungi.

167. *Fridericus I archiepiscopus Coloniensis Ottonem I episcopum Bambergensem in Heinricum V imperatorem instigat. Addit de Cunone episcopo Praenestino et de conciliis Belvaci habito Remisque habendo*ª.* (E 277)

1114 Dec. -1115 Fbr.

Domno O(ttoni) Babenbergensis ecclesiae venerabili episcopo F(ridericus), Coloniensium Dei gratia id quod est, in orationibus et obsequio quicquid verae fraternitatis non ociosaᵇ efficit dilectio.

Quasdam sanctitati vestrae litteras iam ante misimus; quas si forte accepistis, de tam longa responsionis vestrae dilatione non parum miramur. Ut enim longam earum sententiam breviter replicemus, summa intentionis erat: ut prudentiam vestram ad defensionem vel saltem ad liberam deplorationem huius, quem videtis, gravissimi sanctae ecclesiae casus excitaremus; quod ipsum tacito desiderio vos diu intrinsecus fovisse, iam olim cognovimus. Iterum, venerande frater, iterum idem dicimus: si zelus domus Dei immo quiaᶜ veraciter amor ecclesiae, quae domus Dei est, vos medullitus comedit¹, ne tantam eius desolationem, tam crudelem hereditatis Dei direptionem et profanationem nimia patientia ulterius dissimuletis.

Ecce per misericordiam Dei magnum nobis ostiumᵈ apertum est, ut veritas quae diu siluit in manifestum prodeat, ut libertas nostra diu subpressa cervicem erigat. Quia pro nobis et pro se ipsa iam in vocem prorupit sancta Romana ecclesia. Iungit se nobis Frantia; libero, sicut audistisᵉ, ore veritatem Saxonia profitetur.

Et quem, karissime frater, non moveat, quod omnis ecclesiasticiᶠ vigoris auctoritas aulicis et palatinis in quaestum versa est. Synodalesᵍ episcoporum conventus, annua concilia, omnes denique ecclesiastici ordinis amministrationes in regalem curiam

a. *ex V 113v—114, Z p. 246—247:* Epistola Friderici Coloniensis archiepiscopi ad Ottonem Babenbergensem episcopum de excommunicatione quarti Heinrici imperatoris; *C 54; B 41:* Epistola — episcopum.   b. otciosa *V.*   c. *om. CB.*   d. hostium *CB.*   e. audisti *C.*   f. ecclesiasti *V.*   g. synodalis *CB.*

1. Ps. 68, 10.

translata sunt; ut illorum marsupiis[a] inserviant, quae spiritualiter examinari debuerant. Quid de kathedris episcopalibus dicemus, quibus regales villici praesident, quas disponunt et de domo orationis speluncam plane latronum efficiunt[1]. De animarum lucris nulla penitus quaestio est, dum tantum terrenis lucris regalis[b] fisci os insaciabile repleatur. Hic[c] nos, qui ecclesiae Dei per ipsius gratiam columpnae sumus, qui navim Petri per huius seculi procellosos fluctus gubernare debemus, hic inquam nos advigilare, hic clavum moderaminis firmiter tenere convenit; ne, nobis segniter torpentibus, dum sine nisu moderantis fluctuat, his et similibus impiae tyrannidis scopulis allisa convellatur vel, quod absit, irruentium fluctuum gravitate mergatur; ne canes muti et latrare non valentes[2] prophetae verbis arguamur, neve illud in nos conveniat: *Non ascendistis ex adverso, ut opponeretis murum pro domo Israel*[3].

De nobis quidem, sancte et venerabilis frater, non ex nobis sed ex virtute, quam Deus in nobis operatur, hoc vobis fiducialiter in ipsius gratia promittimus: quia ab hac, quam cepimus, veritatis libera professione nec tribulatio nec angustia nec mors nec vita nos[d] separabit. In hoc enim, sicut scitis, positi sumus, in hoc novum hominem induimus, ut mortificationem Iesu in corpore nostro circumferamus[4], ut propter ipsum in mortem tradamur, quatinus et vita Iesu in hac nostra mortali carne quandoque manifestetur[5]. In hac ergo tam gloriosa spe non deficimus[e]. Et de vestra constantia idem speramus et intime optamus; et qualia indigne passus sitis, ut ad memoriam sepe reducatis, hortamur. Nolite nos ulterius longa expectatione suspendere, sed de vestra sententia scripto nos certificate.

Salutat vos domnus Chuono Praenestinus episcopus et Romanae ecclesiae legatus; qui imperatorem nec non Monasteriensem[f] episcopum[6] et Herimannum[g] de Winceburc[h] cum omnibus

a. marsuppits *B*.   b. regales *CB*.   c. His *B*.   d. nos *om. V*.   e. deficimus *VZ*.   f. Monastergensem *B*.   g. Hermannum *VZ*.   h. Wirzeburc *CB*.

1. Cf. Matth. 21, 13.   2. Isai. 56, 10.   3. Ezech. 13, 5.   4. 2 Corinth. 4, 10.   5. 2 Corinth. 10, 11.   6. Burchardum.

1114 Galliae episcopis in concilio Belvacensi excommunicavit; et hoc
Dec. 6 vobis notum fieri praecepit. Eandem sententiam iterabit in praedictos et in omnes complices eorum in concilio Remensi, quod erit Laetare Ierusalem [1], cum aliis tribus episcopis noviter a Romana sede directis. Valete.

168. *Traiectenses Fridericum I archiepiscopum Coloniensem hortantur, quos ceperit, Tanchelmum haereticum eiusque socios Manassen et Everwacherum, ne eos dimittat* [a]. (E 288)

c. 1115 Domino suo et venerabili patri F(riderico) sanctae Coloniensis ecclesiae archiepiscopo humilis Traiectensis ecclesia ex sincero affectu devotissimas orationes cum debitae subiectionis obsequio.

Gratias, reverende pater, sanctitati vestrae agimus [b], quia paterna miseratione vicem nostram doluistis et antichristi nostri [c], perturbatoris et blasphematoris ecclesiae Christi, cursum et impetum retardastis; qui aperuit in caelum os suum et contra sacramenta ecclesiae heresim suscitare ausus est, iam olim sanctorum patrum sententiis iugulatam. Hic enim — spiritu superbiae, quae radix est omnis hereseos et apostasiae, intumescens — nichil papam nichil archiepiscopos nichil episcopos nichil presbiteros aut clericos asseruit. Columpnasque ecclesiae Dei concutiens, etiam fidei nostrae [e] petram id est Christum dividere ausus est, penes se et [d] suos tantum ecclesiam constituens [e]; et iuxta Donatistarum heresim, qui in Affrica tantum ecclesiam esse contendebant, ecclesiam — quam Christus postulans a Patre, accepit gentes in hereditatem suam et possessionem suam terminos terrae — hic ad solos Tanchelmistas [f] contrahere conatus est.

Iam vero, sancte pater, afflictionis nostrae querelas suscipite

a. *ex V 117v—119, Z p. 257—260, B 41—42:* Epistola Traiectensis ecclesiae ad Fridericum Coloniensem (*om. B*) archiepiscopum (episcopum *B*) de Tanchelmo seductore.   b. *om. VZ.*   c. nr̄i *B.*   d. se et *om. VZ.*   e. constituens — ecclesiam *om. B.*   f. Tanchenistas *V*, Tanchemistas *Z.*

1. 1115 Mart. 28.   2. Tanchelmi sive Tanchelini, de quo cf. etiam Vita Norberti archiepiscopi Magdeburgensis (Mon. Germ. SS. XII 690). Is anno 1115 occisus est secundum Sigeberti continuationem Valcellensem (ibid. VI 459).

et praecursorem antichristi eodem scemate eisdem vestigiis, quibus c. 1115 ille secuturus est, praecurrentem advertite.

In maritimis primum locis rudi populo et infirmioris fidei venenum perfidiae suae miscuit. Et per matronas et mulierculas, quarum familiaritatibus et secreta collocutione et privato accubitu libentissime utebatur, errores suos paulatim[a] spargere cepit; dein[b] per coniuges ipsos etiam maritos[a] perfidiae suae laqueis irretivit. Nec iam in tenebris vel cubiculis sed super tecta praedicare incipiens, in patentibus campis late circumfusae multitudini sermocinabatur[c] et, velut[d] rex concionaturus ad populum, stipatus satellitibus vexillum et gladium praeferentibus, velut cum insignibus regalibus, sermonem facturus, procedere solebat. Audiebat illum populus seductus sicut[e] angelum Dei. Immo vere ipse angelus sathanae declamabat: ecclesias Dei lupanaria esse reputanda; nichil esse, quod sacerdotum officio in mensa dominica conficeretur, pollutiones non sacramenta nominanda; ex meritis et sanctitate ministrorum virtutem sacramentis accedere; *cum* — ex verbis sancti Augustini — *dominus Christus traditorem suum, quem diabolum nominavit, qui ante traditionem Domini nec loculis dominicis fidem potuit exhibere, cum ceteris apostolis ad praedicandum regnum caelorum miserit, ut demonstraret: dona Dei pervenire ad eos, qui cum fide accipiunt, etiamsi talis sit, per quem accipiunt, qualis Iudas fuit*[1]. Item Augustinus: *Si in percipiendis sacramentis dantis et accipientis meritum est considerandum, sit dantis Dei et accipientis conscientiae meae. Hec enim duo non mihi incerta sunt, bonitas illius et fides mea. Quid te interponis, de quo certum nichil scire possum? Sine me dicere: „In Domino confido"; nam si in te confido, unde confido, si nichil mali hac nocte fecisti?* Contra has et huiusmodi sententias sacrilegus ille declamans, dehortabatur populum a perceptione sacramenti corporis et sanguinis Domini; prohibens etiam, decimas ministris ecclesiae exhiberi.

a. om. B. b. deinde B. c. sermonicinabatur V. d. veluti B.
e. quasi V.

1. Augustini in Psalmum 10 enarratio cap. 6, Opp. ed. Benedictini T. IV 47.

c. 1115 Quod facile volentibus persuasit; quia ea tantum praedicabat, quae vel novitate sui vel magna voluntate populi placitura sciebat. Talibus nequitiae successibus misero homini tanta sceleris audatia accessit, ut etiam se Deum diceret; asserens, quia si Christus ideo Deus est, quia Spiritum sanctum habuisset, se non inferius nec dissimilius Deum, quia plenitudinem Spiritus sancti accepisset. In qua praesumptione adeo illusit, ut quidam in eo divinitatem venerarentur; in tantum, ut balnei sui aquam potandam stultissimo populo pro benedictione divideret, velut sacratius et efficatius sacramentum profuturum saluti corporis et animae.

Quodam etiam tempore, dum[a] novum genus questus nova adinventione machinaretur, quandam imaginem sanctae Mariae — stupet animus dicere — in medium multitudinis iussit afferri. Et accedens manumque imaginis manu[b] contingens, sub tipo[c] illius sanctam Mariam sibi desponsavit; sacramentum et sollempnia illa desponsationis verba, ut vulgo fieri solet, universa sacrilego ore proferens. *En*, inquit, *dilectissimi, virginem Mariam mihi desponsavi; vos sponsalia et sumptus ad nuptias exhibete.* Et ponens duos loculos, unum a dextris alterum[d] a sinistris imaginis: *Huc* inquit *offerant viri; illuc offerant mulieres. Viderim nunc, utrius sexus maior circa me et sponsam meam ferveat caritas.* Et ecce certatim cum muneribus et oblationibus insanissimus ruit populus. Mulieres inaures suas[e] et monilia iaciebant. Et sic non sine inmanissimo sacrilegio infinitam contraxit pecuniam.

Sed et faber ferrarius quidam nomine Manasses — quem cum scelerato homine etiam a vobis detentum audivimus — exemplo nequissimi magistri fraternitatem quandam, quam gilda vulgo appellant, instituerat, in qua duodecim viros in figura duodecim apostolorum et unam tantum feminam in figura beatae Mariae constituit; que, ut ferunt, per singulos illorum duodecim circumducebatur et ad iniuriam sacrosanctae virginis nefaria

a. de *B.*   b. om. *V.*   c. typo *B.*   d. aliam *B.*
e. om. *B.*

turpitudine, quasi ad confirmationem fraternitatis, singulis misce- c. 1115
batur.

Presbyter etiam quidam, Everwacherus nomine, a sacerdotali dignitate apostatans, nefandi hominis magisterio adhesit. Qui etiam illum Romam prosecutus, maritima loca — quartam scilicet partem episcopatus nostri — Teruwanensi episcopio regni Franciae auctoritate domni papae atterminare conatus est; quem etiam a sanctitate vestra detentum audivimus et gavisi sumus. Idem presbyter, per omnia Tanchelmi assertor, decimas fratrum ecclesiae sancti Petri invasit, presbiterum ipsorum armata manu ab altari et ecclesia eiecit.

Infinita sunt, domine, illorum scelera, quorum plurima pro epistolari brevitate suppressimus. Hoc ad summam dixisse sufficiat: res divinas in tantum venisse contemptum, ut reputetur sanctior, cuicunque fuerit ecclesia despectior.

Quia igitur, sancte pater, divina misericordia, ecclesiam suam diutius periclitari non sustinens, illos in manus vestras tradidit, rogamus et obsecramus in Domino: ne qua ratione de manibus vestris elabantur. Qui, si elapsi fuerint, denunciamus vobis et sine omni ambiguitate attestamur[a], futuram et irrecuperabilem ecclesiae nostrae iacturam et infinitarum perniciem animarum. Vere, domine, gravissimum casum ecclesia nostra sustinebit, si quomodo illos evadere contigerit, quorum sermo iuxta apostolum ut cancer serpit[1] et simplicium animas blandiendo perimit. Nunc quoque ob hoc ipsum antichristus noster, monachum mentitus, exemplo capitis illius, cuius membrum factus est, in angelum lucis se transfiguravit, ut eo securius illuderet, quo versutius speciem sanctitatis simulatae sumpsisset. Rogamus, domine ut iusta indignatione moveamini adversus detestandos dissipatores ecclesiae.

Augustinus[b]: *Quando vult Deus concitare potestates adversus scismaticos, adversus hereticos, adversus dissipatores ecclesiae, adversus exsufflatores Christi, non mirentur, quia Deus concitat,*

a. testamur *B.*   b. ait superscripsit alia manus in *V.*
1. 2 Tim. 2, 17.

c. 1115 *ut a Sara verberetur Agar. Cognoscat se Agar, ponat cervicem, revertatur ad dominam suam. Quid mirantur, quia commoventur potestates christianae adversus detestandos dissipatores ecclesiae? Ergo non moverentur*[a]*? Et quomodo redderent*[b] *rationem de imperio suo? Pertinet hoc ad reges christianos, ut temporibus suis placatam velint matrem suam ecclesiam, unde spiritualiter nati sunt. Legimus Danielis visiones et gesta prophetica. Tres pueri in igne laudaverunt Deum; miratus est rex Nabuchodonosor laudantes Deum pueros et circa eos ignem innocentem. Et cum miratus esset ille, qui statuam suam erexerat et ad eam adorandam omnes coegerat, tamen laudibus puerorum commotus, ubi vidit maiestatem Dei praesentis in igne, ait: „Et ego ponam decretum omnibus tribubus et linguis in omni terra: quicunque dixerint blasphemiam in Deum Sydrac*[c] *Mysac et Abdenago, in interitum erunt et domus eorum in perdicionem". Si Nabuchodonosor laudavit et praedicavit et gloriam dedit Deo, ut decretum mitteret per regnum suum, quomodo reges christiani non moveantur adversus blasphematores ecclesiae Christi?* Hec Augustinus[1].

Proinde obsecramus in Domino, quatinus sanctitas vestra ita[d] de his faciat, ut ecclesiae nostrae iam diu periclitanti subveniendo consulatis.

169. *Burchardus episcopus Monasteriensis Fridericum I archiepiscopum Coloniensem, qui se inique excommunicaverit, ad Paschalem II papam provocat; deque vastata dioecesi Monasteriensi in concilium citat*[e]. (E 292)

1115 Friderico[f] archiepiscopo Coloniensi Monasteriensis ecclesiae Dei gratia episcopus[2] desinere ab ira et derelinquere furorem.

Cum omnium rerum constet vicissitudinem esse, nequa-

    a. moventur *V.*   b. reddent *V.*   c. Sydrach *V*, Sidrac *B.*   d. om. *B.*
e. ex *V 120—120v*, *Z p. 262—264*: Epistola Purchardi (Burchardi *Z*) Monasteriensis episcopi ad Fridericum Coloniensem archiepiscopum.
f. F. *Z.*

    1. August. in Ioh. euangel. cap. 8 tractatus XI cap. 13 et 14, Opp. ed. Bened. T. III 278.   2. Burchardus; v. supra n. e.

quam satis mirari valemus, quod, propriae oblitus condicionis, 1115
tam iniquam et exicialem legem in officium episcopale sanxisti[a].
Nequaquam enim attendens: quod omnis excommunicatio quidam modus est vocationis; et in ligandis et solvendis hominibus animi motus minime sit sequendus in odio vel gratia; sed caritate severitatis animadvertendum sit in inobedientes, caritate vero mansuetudinis in obedientes, et semper zelo correctionis non studio dampnationis; hoc inquam parvi pendens, contra omnem legem canonicam in nostri dampnationem animatus es[1]. Nam odio nostri, quasi sententia fretus ut arbitraris in nos data, omnimodis exicium nostrum moliris. Quam secundum illam viam Balaam[2], praeter quam oportuit, in nos prolatam nequaquam diffiteri[b] potes. Non enim mortificandae sunt animae per excommunicationem, quae non moriuntur per inobedientiam; sicut non sunt vivificandae per absolutionem, quae non vivunt per obedientiam. Quia, proposita condigna causa, praecedere equum est vocationes et inducias legitimas et per quem oportuit. Quod in nobis minime servatum est. Decreta enim sanciunt[c]: sententiam, quae iudicario ordine non procedit, irritam esse. Beatus Petrus ait Clementi: *Trado, mihi a Domino traditam, potestatem ligandi atque solvendi; ut de omnibus, de quibuscunque decreverit in terris, hoc decretum sit et in caelis. Ligabit enim quod oportet ligari, et solvet quod expedit solvi, tamquam qui ad liquidum ecclesiae noverit[d] regulam*[3]. Augustinus quoque dicit: *Cepisti fratrem tuum habere[e] tamquam publicanum; ligas illum in terra; sed ut iuste liges, vide. Nam iniusta vincula iusticia dirumpit.* Gelasius dicit: *Cui illata est sententia, deponat errorem et vacua est. Si iniusta est, tanto eam non curare debet, quanto apud Deum et ecclesiam eius neminem potest iniqua gravare sententia.*

a. sanxistis *V.*   b. diffitere *V.*   c. sanctiunt *Z.*   d. nolit *VZ.*   e. Cępisti habere fratrem tuum *Z.*

1. Haec Burchardi excommunicatio eodem tempore videtur Coloniae a Friderico facta esse, quo Cuno episcopus Praenestinus ibidem Heinricum V imperatorem damnavit, i. e. die 19 Apr. 1115 „feria secunda paschae"; v. relationem in Mon. Germ. SS. VI 251 n. 53. Cf. etiam ep. 167 supra p. 295.   2. V. Petr. 2, 15.   3. Epistola Clementis I cap. 2; v. Decretales Pseudo-Isidorianae ed. Hinschius p. 31.

1115 *Ita ergo ex hac se non absolvi desideret, qua se nullatenus perspicit^a obligatum*[1].

Quod autem huius rei causam iniuriam domno apostolico[2] illatam praetendis, quam id iniuste facias, si dissimulare non vis, tu ipse nosti; cum ipse nobis testis sit, nos praecipue illic[3] fuisse causa[b] pacis et concordiae.

Sed, ut verum non diffiteamur, hoc in nobis persequeris, quod cum infidelibus et periuris et traditoribus domini nostri[4] et proditoribus regni iugum ducere rennuimus et quod cum his, qui omne ius et fas profanaverunt[4], pessimo genere sacrilegii manum in christum Domini non levavimus. Unde profecto Augustinus dicit: *Si quis laicus iuramentum, quod domino et regi suo iurat, violando profanat et postmodum perverse eius regnum et dolose tractaverit et in mortem illius aliquo machinamento insidiatur, quia sacrilegium peragit, manum in christum Domini mittens, anathema sit; nisi per dignam satisfactionem emendaverit. Sicut constitutum est a sancta synodo, seculum relinquat, arma deponat, in monasterium eat, et peniteat omnibus diebus vitae suae; verumtamen communionem in exitu vitae cum eucharistia accipiat. Episcopus vero, presbyter, diaconus, si hoc crimen perpetraverit, degradetur*[6]. Itaque, quod hanc rem dignam excommunicatione abhorruerimus, nos excommunicationi addicis.

Sed quoniam iuxta instituta patrum nos iniusta sententia gravari sentimus, Romanam sedem appellamus.

Quod autem — postposita fide, quam in nobis sacramento confirmaveras praesente Vincentino episcopo — vineam Domini nobis commissam, quam pro posse meo colueram, rapinis incendiis homicidiis exterminasti; castra quedam diruisti[7]; et in

a. prospicit *VZ*.   b. cām *Z*.

1. Cf. Gratiani decr. P. II C. XI qu. 3 can. 46.   2. Paschali II.
3. Romae anno 1111; ubi Heinricus V „consilio Bruchardi episcopi" Paschalem papam cepisse fertur in Petri chron. Casin. IV c. 38; Mon. Germ. SS. VII 780.   4. Heinrici V.   5. Haec ad proelium Welfesholtense, die 11 Febr. 1115 commissum, maxime referenda esse videntur.   6. V. Gratiani decr. P. II C. XXII qu. 5 can. 19.   7. De vastatione episcopatus

allodia, per quę vetus monasterium sancti Pauli restauravi, manum misisti; et N. tua astipulatione in idem facinus induxisti; et villico nostro Christiano alium substituisti; quosdam ministeriales nostros rebus suis privasti et rusticos afflixisti; et decimationes et ceteras possessiones quibusdam in beneficium dedisti; et de spiritualibus* nostris mercimonia instituisti; et oves Domini aberrare fecisti et, quod peius est, periuro nostro N. non pascendas sed dilaniandas dedisti, et omnibus transeuntibus viam vineam Domini vindemiandam exposuisti; de hoc, inquam, te ad concilium in Kal. Octobris¹, utpote de hoc sacrilegio nobis coram ecclesia responsurum, invitamus. Illic quoque, quoniam verecundam taciturnitatem nostram multimodis sollicitas, quod flentes dicimus, te ipsum tibi et sanctae ecclesiae aperiemus. Interim autem sub auctoritate beati Petri interdicimus: ne nos vel ecclesiam nostram aliqua iniuria graves.

1115

---

170. *Paschalis II papa Theoderico presbytero cardinali, Saxoniam ingresso, mandat, quae ibidem canonice agenda repererit, agat; Reinhardoque episcopo Halberstatensi faveat*ᵇ. (E 274)

Paschalisᶜ episcopus servus servorum Dei T(heoderico) presbitero cardinali apostolicae sedis legato salutem et apostolicam benedictionem.

1115
Oct. 10

Ex antiqua relatione comperimus, Saxones a principio conversionis suae ad Deum fideles atque obedientes beato P(etro) et apostolicae sedi extitisse. Quia igitur ad partes illas per Dei gratiam, ut audivimus, accessisti, et in eis super ecclesiis aliis-

---

a. spiritalibus *Z*.   b. *ex V 113, Z p. 245.*   c. Pascasius *V*, P. *Z*.

Monasteriensis exeunte anno 1114 facta sic est in Ann. Colon. max. (Mon. Germ. SS. XVII 750): „Predicti principes" (in his Fridericus archiep. Colon.) „imperatoris inimici, in episcopatu Monasterii rapinis incendiis rursus desaeviunt". Cf. etiam Annalista Saxo ad 1115.

1. Scribendum fuisse videtur: „in Kal. Novembris". Cf. Ekkehardi chron. (Mon. Germ. SS. VI 249) 1115: „Conventus post haec imperator, amicorum consiliis immo totius regni compulsus querimoniis, generalem in Kalend. Novembr. curiam Moguntiae fieri instituit" cet.

1115 que quibusdam negotiis scandala emerserunt, si quid ibi aut
Oct. 15 etiam alibi iuste atque canonice operari potueris, auctoritatis nostrae favore, cooperante Domino, opereris. Si quod etiam consolationis auxilium confratri nostro Halberstatensi episcopo[1] conferre potueris, conferas, ut apostolicae sedis visitatione gaudeat. Data Ferentini 6 Idus Octobris.

171. *Burchardus II electus Wormatiensis canonicos Bambergenses rogat, petant ab Ottone I episcopo, ut ad obtinendum episcopatum Wormatiensem se adiuvet*[a]. (E 278)

1115? Confratribus et dominis suis omnibus sacrosanctae Babenbergensis ecclesiae canonicis B(urchardus)[2] Dei gratia Wormatiensis electus servitium suum et orationes.

Memor vestrae fraternitatis et dulcissimae educationis, fratres karissimi, recordatione vestri affectus, partim ad lacrimas compungor partim spe vestrae consolationis et sublevationis vehementer delector; dum sub hoc onere, quod suscepi tam importabile meae etati et insipientiae, vestrum levamen et subsidium spero impetrare. Quapropter, quo magis de vobis confido, eo magis ammiror, quod tanto tempore me, filium vestrum vobis per omnia obnoxium, inter tot curas, quae me premunt ut nostis, consolari distulistis. Et quia inde causa meroris et suspicionis mihi suboritur, ideo per fraternam compassionem et nostrum obsequium vos deprecor: ut[b] apud Deum vestris orationibus me iuvetis, et apud dominum nostrum episcopum[3] fideli interventu causam meam agatis; scientes, quod in vestrae immo nostrae ecclesiae laudem hoc redundabit, si vestro auxilio nostrum honorem divina benignitas stabilire dignetur. Valete[c].

172. *Canonici S. Petri Wormatiensis canonicos Bambergenses hortantur, ut Burchardo II electo Wormatiensi in episcopatu obtinendo operam praebeant*[d]. (E 279)

1115? Dominis et fratribus suis, praelatis et universae congre-

a. *ex V 114, Z p. 247, C 54v, B 41.* b. ut' om. B. c. om. CB. d. *ex V 114—114v, Z p. 247—248.*
1. Reinhardo. 2. II, s. Bucco II. 3. Ottonem I ep. Bambergensem.

gationi sanctae Babenbergensis ecclesiae, fructiferae arbori in agri- 1115?
cultura Dei, illa humillima congregatio sancti P(etri)[1] cum orationum instantia debitae caritatis obsequia in Christo devotissima. Quoniam filiae sumus eiusdem matris, et equum est, sororem sorori aperire ianuam solatii et mutuae caritatis, ideo, reverentissima soror, non parum quidem admiror: super electo meo[2], filio tuo, mihi non venisse optatas litteras consolationis tuae. Quem hac spe praecipue desideravi et libera electione leta suscepi, quoniam eum uberrimo fonte vestrae religionis et disciplinae irriguum et foecundum audivi; quod modo quidem in ipsa re verissime comperi. Comperi enim, eum esse filium Babenbergensis ecclesiae in litterarum scientia, in rerum agendarum pericia, in honestate morum, in gratia discretionum. Et nisi adiutus divina misericordia vestrisque institutis fundatus a puericia, non posset hac tempestate onus tanti ponderis subportare, in re tam ancipiti, in negotio tam difficili, in causa tam implicita, in ecclesia tam perdita. Quapropter, soror karissima, ego — sexaginta annis et amplius vidua et naufraga; nunc autem destinata tali viro, et portu quietis ut arbitror arrepto — digna veneratione genu flectens, instanter pulso ostium vestrae caritatis: ut mihi et electo meo, filio vestro, in commune consulatis, quomodo ad ordines suos possit promoveri, rata mea electione, salvo suo honore et sine domini sui offensione; eique domnum episcopum[3] patrem suum ad hanc rem in consulendo benivolum, in auxiliando propicium vestro interventu faciatis. Valete.

173. *Heinricus V imperator Ottonem I episcopum Bambergensem rogat, ut de Italia adeunda Spiram in deliberationem veniat*[a][c]. (E 255)

Heinricus[b] Dei gratia Romanorum imperator augustus 1116
(Ian.)

a. *ex V 109, Z p. 236, C 43v—44, B 35.*   b. H. *ZCB.*
1. Wormatiensis.   2. Burchardo II.   3. Ottonem I ep. Bambergensem.   4. Hanc epistolam ad annum 1116 spectare, vidit Stenzel Gesch. Deutschlands unter den Fränkischen Kaisern II 325. Quam Pertzius in Mon. Germ. LL. II 65 ad annum 1110 perperam retulit.

1116 O(ttoni) Babenbergensium dilecto episcopo gratiam habunde et
(Ian.) omne bonum.

Roma nostri nuntii rediere et Dei gratia ex parte maxima nobis leta et prospera[a] retulere. Mandant etiam nobis nostri fideles, quod tempus habemus acceptabile, ut Romanae sedi et rei publicae consulamus. Quapropter necessario nostros principes convocamus, ut inde, sicuti iustum est, eorum consilium et auxilium habeamus. Ad quod plurimum indigemus tuae fidei praesentia et tui consilii prudentia; quoniam et te cordetenus diligimus et tibi de omni honore nostro prout nobismet ipsis indubitanter confidimus. Confidenter igitur et intime tuam rogamus dilectionem: ut die Veneris post proximum festum sanctae Mariae[1] venias ad nos Spiram. Et ibi super his tui et aliorum nostrorum principum consilio ad Dei honorem et regni et christianae pacis statum tractabimus. Et hilariter[b] facias hoc; sciens, quod te cito dimittemus. Et modo[c] libenter tibi parceremus, nisi tam[d] alti negocii nos urgeret instantia.

Preterea mandamus tibi, ut mittas pro comite N., quem tibi commisimus, et ibi[e] eum nobis repraesentes.

---

174. *Heinricus V imperator ad Paschalem II papam mittit pacis internuntium Pontium abbatem Cluniacensem*[f]. (E 273)

1116 Domino P(aschali) summo pontifici H(einricus) Dei gratia
c. Febr. Romanorum imperator augustus obedientiam et dilectionem in Christo, velut filius patri.

Compertum habemus, pater venerande, te propter nos gravi controversia et plurimis affectum esse molestiis. Quapropter ob reverentiam tui, Deo teste, gravius tuis quam propriis angimur inconmodis.   Idcirco[g] abbatem Cluniacensem[2] ad hoc negotium ascivimus[3], scilicet virum religiosum et in fide Christi et ecclesie

a. et prospera *om. B.*   b. hylariter *VZ.*   c. hoc *CB.*   d. eam *B.*
e. *om. CB.*   f. *ex V 113,* Z *p. 245:* Epistola Heinrici (Hanrici *V*) quarti imperatoris ad Paschalem papam.   g. Iccirco *Z.*

1. 4 Febr. 1116 (i. e. die Veneris post purificationem S. Mariae).
2. Pontium.   3. V. Ekkehardi chron. (Mon. Germ. SS. VI 250) 1116: „imperator — in Italiam se contulit ac — legatos ad apostolicum pro compo-

spectabilem. Hunc quoque super hac causa tuae paternitati direximus; parati secundum consilium tuum et ipsius et ceterorum religiosorum pacem ecclesiae diligentium te ab his molestiis eripere, et pacem et concordiam inter me et te indissolubiliter stabilire.

1116
c. Febr.

175. *Heinricus V imperator Hartwico I episcopo Ratisbonensi, quae Roma allata sint, refert. Hortatur, ut in studio erga se perstet*[a]. (E 317)

H(einricus) Dei gratia Romanorum imperator augustus H(artwico)[1] Radisponensium episcopo gratiam suam et omne bonum, ut fideli karissimo.

1116

Quod legatos tuos tanto tempore retinuimus, nulla alia de causa fecimus, nisi quod nec itineris nostri nec a Roma aliquam certitudinem tibi mandare potuimus. . Nunc dilectioni tuae intimare decrevimus, episcopos quosdam, videlicet Astensem[2] Aquensem[3] Placentinum[4], inde venisse; non nostra quasi legatione, sed eorum propria voluntate ivisse. Qui tamen verae pacis concordiam inter nos et papam[5], omni dubietate remota, retulerunt. Qui etiam nos omnes — Monasteriensem[6] nominatim, Tridentinum[7], Augustensem[8], Brixinorensem[9], Constantiensem[10] abbatemque Vultensem Arnoldum[11] — in adventu eorum benedixerunt, ore et osculo ex eius parte salutaverunt. Aiunt etiam: domnum papam nunquam aliquem adversarium nostrum, Coloniensem[12] vel Salzburgensem[13] vel Wirzeburgensem[14] vel Halberstatensem[15], vel aliquem inimicum nostrum viva voce vel litteris salutasse. Moguntinum[16] nec ipse nec tota Romana ecclesia aliter quam traditorem Dei et domini sui et tocius christianitatis ap-

a. *ex V 133v, Z p. 294—295.*

nendis causis — suppliciter destinavit. Cuius legationis primatum abbas Cluniacensis — tenuit".

1. I. 2. Landulfum. 3. Azonem. 4. Guidonem III. 5. Paschalem II. 6. Burchardum. 7. Gebehardum. 8. Hermannum.
9. Hugonem Brixinensem. 10. Udalricum I. 11. s. Erlolfum.
12. Fridericum I. 13. Conradum I. 14. Erlungum. 15. Reinhardum. 16. Adelbertum I.

1116 pellant. Quicquid enim Viennensis Wido[1] Chuono[2] contra imperium et nos aliquo modo moliti sunt, detestatur; ita quod fraternitatem et gratiam suam idem Chŏno inde apparet amisisse. Hoc totum promittit, non per nuncium, sed per se ipsum verum esse probaturum.

His aliisque verbis auditis ac pertractatis, cognovimus: te, ut mandavimus congruo tempore ad nos venire[3] non posse, quia cum maxima festinatione ad praesens ire oportet. Sed tamen, ubicunque erimus, pro te et vice tua erimus. Et tu, ubi fueris, pro nobis et[a] in persona nostra sis, iuvando et sustinendo ac defendendo[b] honorem nostrum, et specialiter nepotem nostrum Fridericum[c][4] aliosque fideles nostros; ut bene appareat, te esse inimicum inimicorum nostrorum et amicum amicorum nostrorum.

176. Clerus Spirensis Heinrico V imperatori de angustiis suis significat. Opem implorat[d]. (E 284)

1116 Heinrico[a] tam glorioso quam magnifico Dei gratia Romanorum imperatori augusto clerus Spirensis salutem et victoriam cum devotissima orationum instantia.

Veremur, domine, maiestatem vestram, tot et tantis regni totius impeditam negotiis, nostris interpellare precibus et querimoniis. Sed quia specialem erga nos vestrae serenitatis experti sumus per omnia benivolentiam, hinc rerum vestrarum audita nos monet prosperitas, illinc rerum nostrarum nimia nos vobis scribere cogit necessitas.

Audientes quippe, vobis omnia pro velle vestro succedere, singulari erga vos servitutis et orationum instantia gratias divinae misericordiae referimus; de vestra et dominae nostrae imperatricis[5] incolomitate, de rerum vestrarum eventu prospero, de confirmanda seu iam confirmata regni et sacerdotii concordia, quo magis haec nobis sunt necessaria, eo vobis congratulamur impensius. Vobis enim incolomi permanente[f], certam habemus

a. et om. V.   b. defendo V.   c. F. V.   d. ex V 116v—117, Z p. 254—255.   e. H. Z.   f. permante V.
1. Wido archiepiscopus Viennensis.   2. episcopus Praenestinus.
3. in Italiam.   4. II ducem Sueviae.   5. Mathildae.

de nostra restitutione fiduciam; vobis porrigente manum auxilii, 1116 de rerum nostrarum reparatione spem tenemus firmissimam.

Audistis, pater et domine: quam iniuste, quam periculose, quam inmisericorditer excommunicationis sententia statim post discessum vestrum[1] in nos retorta fuerit. Audistis: ore quam unanimi, qua mentis constancia, responsione quam rationabili totus ei conventus obstiterit. Audistis: que et quanta et quam inopinata nos ex illo tempore circumvallent calamitatum genera, quam intoleranda foris et intus nos conturbent ipsius vitae pericula. Novis omni die minarum et perturbationum fluctibus obruimur; insolitis accusationum et infamationis iniuste procellis obtundimur. Diripiuntur res privatae, res communes distrahuntur. Omnibus praeda facti sumus et subsannatio cunctis viam transeuntibus. Preter haec autem ad maiorem doloris nostri cumulum, ut omni gravemur infortunio, in ipsa rerum nostrarum perturbatione media praepositi nostri de hac vita transmigrantis, qui vobis fidelissimus fuit, nobis commodissimus, destituti sumus solatio.

His et ceteris talibus obpressi necessitatibus, iam prorsus dilapsi fuissemus — dilapsa, inquam, et dissipata fuisset illa, inquam, vestra et patrum vestrorum quondam veneranda congregatio — sed adhuc vix quoquo modo cohereimus, unico vestrae consolationis relevari sperantes auxilio. Vobis, pater et domine, miserias nostras confiteri non erubescimus; vobis, a quo remedium expectamus, calamitatum nostrarum vulnera detegere non confundimur. Recordamini ergo in nobis patris vestri[2], cuius speciales filii fuimus; recordamini parentum vestrorum, qui nos quasi hereditario iure vobis commiserunt, quorum corporibus apud nos sepultis omnem honorem et reverentiam impendimus. Recordamini vestri honoris, vestrae promissionis, solitae benivolentiae, quam nunquam claudi nobis sensimus.

Hec igitur cum vestris discretioribus tractans, domno apostolico[3] nostram necessitatem et innocentiam seriatim exprimere

1. in Italiam, ineunte anno 1116.   2. Heinrici IV imperatoris.
3. Paschali II.

1116 satagite; ut nos, prorsus desolatos, suis litteris et sigillo consoletur, partem contrariam deterreat, efficite.

Preterea ducem F(ridericum)[1], cuius fidei nos commisistis, palatinum[2] ceterosque amicos vestros et ministros intime rogare dignemini[a]: quatinus honorem cleri nostri defendant et muniant; res nostras nobis attinentes, violenter et iniuste nobis distractas, quoquo modo possint, restituant, sicut eis confiditis; quoslibet nobis nocere volentes[b] procul amoveant.

177. *Heinricus V imperator Moguntinos hortatur, ne, quem eiecerint, Adelbertum I archiepiscopum in urbem denuo recipiant*[c]. (E 319)

1116 exeunte anno

Heinricus[d] Dei gratia Romanorum imperator[e] augustus prepositis et[f] decanis et omni congregationi, cunctis etiam Moguntiensis ecclesiae civibus tam maioribus quam minoribus sibi fidelibus gratiam[g] et omne bonum.

Confiteantur Domino misericordiae eius et mirabilia eius filiis[h] hominum[3], quia non est prudentia, non est sapientia, non est consilium contra Dominum[4], qui, sancti Spiritus inspirante gratia, iam convertit[i] corda patrum in filios et corda filiorum ad patres ipsorum[5]. Unde et nos non cessamus Deo gratias agere pro vobis, cuius gratia et dono amara vestra dulcia facta sunt nobis. Et ideo, licet per ineffabilem divinae pietatis inspirationem luctum nostrum in gaudium et amaritudinem verteritis[k] in dulcedinem[e], pro antiqua tamen fidelitate[l], quam in cordibus vestris divinitus iam incaluisse cognovimus, dilectionem vestram ammonere potius quam rogare decernimus.

Memores enim[m] esse debetis in omnibus, qua fide quo pacto

a. dignamini Z.   b. nocentes V, nocere volentes Z.   c. *ex V 134v—135, Z p. 296—297, C 61—62:* Epistola Henrici imperatoris quarti ad Moguntinos de Alberto periuro episcopo; G 38v—40.   d. H. VZC.
e. cesar *add.* G.   f. *om.* G.   g. dilectionem *add.* G.   h. filii V.   i. convertet G.   k. verteretis G.   l. infidelitate G.   m. *om.* VZC.

1. II ducem Sueviae.   2. Godefridum comitem palatinum Rheni.
3. Ps. 106, 8.   4. Prov. 21, 30.   5. V. Malach. 4, 6.   6. Moguntini enim Adelbertum circ. Oct. 1116 expulerant. V. Annal. Sax. 1106, Mon. Germ. SS. VI 753.

quibus sacramentis et obsidibus Adelbertum illum periurum et traditorem, qui non meritis sed nomine dicitur episcopus, fidelitati vestrae diligentissima conventione tradiderimus^a. Et cum vos omnia bona promitteretis nobis ab eo et nos ex^b vestro promisso nichil nisi bonum speraremus, ab eo^c expectavimus pacem et ecce turbatio¹. Postquam enim, Spiram ad nos redintegrata sibi corporis et honoris sui potestate veniens^d, obsides suos manu ad manum ipse nobis praesentavit et suis sacramentis vestra firmavit, statim, inde discedens^e, missis ubique litteris ac nuntiis, nos et honorem nostrum impugnavit ac per totam Saxoniam et Thuringiam, Bawariam^f et Alamanniam^g amicos nostros tamquam inimicos contra nos ubique sollicitare cepit. Sicque, quasi canis qui revertitur ad vomitum², antiquae suae perfidiae recepit venenum; quod, quasi vipera que virus resumit post coitum, a mari usque ad mare per totum regnum diffudit^h et imperium.

Pro his igitur et aliis malis nobis responsurum, statutis induciis eum ad nos venire iussimus. Et non venit; sed insuper apponens iniquitatem super iniquitatem³, Spiram, quod in cor nostrum altius ascendit, armata manu et erectis militaribus signis violenter invadere voluit. Sed frustrato Deo gratias labore, rediens, congregatis quos potuit, castrum nostrum Struomburcⁱ funditus destruxit. Deinde alia castra nostra contumaciter obsedit; invasorem Virdunensis ecclesiae⁴ contra ius et fas^k consecrari fecit; regnum nostrum et imperium rapinis et homicidiis, cede et incendiis, quasi aper de silva⁵ sic ubique devastavit, ut nichil iam in^l diversis ipsius restet erroribus, nisi ut fiant novissima hominis peiora prioribus⁶.

Hec igitur et alia mala, quorum non est numerus, licet ab oriente usque in occidentem nota sint omnibus, vobis tamen nota sunt eo melius, quo secretis eius omnibus prae ceteris vos semper interfuistis familiarius. Sed et omnes qui in regno nostro

a. credidimus *G*.   b. hoc *G pro* ex.   c. ipso *ZG*.   d. venietis *G*.
e. discederetis *G*.   f. Bauwariam *V*.   g. Alemanniam *CG*.   h. diffundit *G*.
i. Struomburch *V*, Strumburc *G*.   k. et fas *om. G*.   l. *om. VZG*.

1. Ierem. 14, 19.   2. Prov. 26, 11.   3. Ps. 68, 28.   4. Thietmarum II ep. Verdensem.   5. Ps. 79, 14.   6. Matth. 12, 45.

1116 sunt sciunt, omnes clamare possunt; et si hi tacuerint, lapides
anno exeunte clamabunt[1]. Et ideo, dilectissimi nobis tam clerici quam laici,
tam milites quam cives, qui hec omnia vidistis et audistis, diligenter apud vos cogitare et[a] recogitare debetis: quam fidem et[b] dilectionem pro sacramentis et obsidibus vestris vestra sibi dilectio debeat, qui nec proprio sanguini suo, filiis scilicet fratrum suorum, debitam fidem servavit[c].

Verum quia inter alia specialiter hoc in nostra conventione fuit: ut, quando aliquid contrarii moliretur nostrae dignitati, statim, determinatis[d] induciis transactis, vestro studio et labore expelleretur ab urbe; idcirco[e], si veri fideiiussores crediti negocii esse desideratis, monemus vos omnes per fidem et obsides quos dedistis et sacramenta quae fecistis: quatinus, obsidibus vestris consulentes et sacramentis praecaventes, eundem periurum vestrum ac nostrum, A(delbertum) scilicet dictum episcopum, civitatem[f] nullatenus intrare permittatis[2]; sed, quasi scopis ab eo mundatam, cum F(riderico) duce[3] et G(odefrido) palatino comite[4] aliisque fidelibus nostris diligentissime servare studeatis.

Quod si feceritis et hec omnia diligenter servaveritis, prae omnibus, quos in regno nostro[g] habemus, ex amicis amicissimos vos semper habebimus; et si quid[h] umquam peccastis in nos, exemplo illius peccatricis mulieris totum transibit inultum, cui dimissa sunt peccata multa, quia[i] dilexit multum[5]. Quid plura? Deus, qui ad hoc venit in mundum, ut filios, qui erant dispersi, congregaret in unum[6], ita dispersos nostros sub iugum fidei iam coacervando revocet et revocando coacervet, ut in caritate Christi et dispersa congreget et congregata conservet. In hec igitur verba Deo vos, et nos Deo et vobis intime commendamus; optantes, ut, cum reversi ad vos fuerimus[7], meliores vos filios invenire quam reliquisse gaudeamus.

a. vel *G*.   b. vel *C*; quam fidem *om. G*.   c. servabat *G*.   d. determatis *V*.   e. ideo *V*.   f. istam *add. G*.   g. *om. G*.   h. et quod *G*.   i. quoniam *CG*.
1. Luc. 19, 40.   2. Scripsit igitur hanc epistolam in Italia exeunte anno 1116 imperator, de expulso quidem Moguntia Adelberto neque vero de recuperata post paulo per eundem urbe certior factus.   3. II duce Sueviae.   4. Rheni.   5. Luc. 7, 47.   6. Ioh. 11, 52.   7. ex Italia.

178. *Heinricus V imperator Hartwico I episcopo Ratisbonensi scribit, Paschalem II papam excommunicationem in sese prolatam vanam esse declaravisse. De rebus Romae a se gestis significat*. (E 318)

H(einricus) Dei gratia Romanorum imperator augustus H(art- wico)[1] venerabili Radisponensium episcopo gratiam dilectionem et omne bonum.

1117 Febr.-Mart.

Gratias agimus patri spirituum, quoniam erga nos et imperii statum salubriter tuae fidei conservasti constantiam; credentes immo luce clarius adtendentes, quod neque mors neque vita surripere possint, quam inchoasti et demonstrasti nobis, benivolentiam. Ut autem piae sollicitudinis scrupulum, quo sepissime turbantur corda amicorum absentium, tibi pleniter auferamus, negocium, quod pro communi utilitate totius imperii suscepimus, ad quid perduxerimus, paucis tibi scribere curavimus.

Inprimis memorem te esse volumus, qualiter inimicorum nostrorum acephalica praesumptio fideles nostros inquietaverit, quod communicantes nobis quasi excommunicatos ex sententia et legatione domni apostolici[2] iudicaverunt; et maledictionem pro benedictione satis impudenter super innocentes aggravaverint[b].

Nos autem — arcum, quem in nos latenter intenderant, et sagittas, quas exacuerant, propiciante Domino declinantes — in Italiam transalpinavimus; et ibi religiosos episcopos atque abbates, qui videbantur esse columpnae matris ecclesiae, convocantes, de pace et concordia regni et sacerdotii subtilissima inquisitione tractavimus. Demum communicato consilio tres ex illis omnibus eligentes, scilicet Placentinum[3] Astensem[4] Aquensem[5] magni nominis episcopos, ad domnum apostolicum et ad omnem ecclesiam illos misimus; proferentes in publicum: quod, si quis personam nostram pulsaret vel pulsare vellet de pace, quam in corpore et sanguine Domini nos cum pontifice Romano

1116

a. *ex V 133v—134v, Z p. 295—296.*   b. *agguauerit V, aggauerit Z.*

1. I.   2. Paschalis II.   3. Guidonem III.   4. Landulfum.
5. Azonem.

1116 composuimus et conscripsimus, secundum iudicium legum vel canonum, nos porrigere plenariam expurgationem, vel, quod absit, si* culpabiles inveniremur, omnimodam satisfactionem. Igitur domnus apostolicus, unanimes sibi ad hoc coniungens cardinales in testimonium, in praesentia principis apostolorum Petri[b] negavit, quod Chuononem[1] in Coloniam[c] vel Saxoniam miserit. Irritum esse iudicavit, si quid in nos maledictionis effuderit; affirmavit: quia[d] ipse nunquam nos excommunicaverit; filio suo, quem consecravit quem benedixit, quia nunquam maledixerit. Dampnavit Theodericum[e,2], eo quod in regno nostro legatum se eius domni apostolici mentitus fuerit; nichil computavit, quicquid excommunicationis in aliquem fecerit. In praesentia cleri et populi testificatus est, quia non praecepit vel consensit vel ratum habuit[f] vel habet, quod Viennensis episcopus[3] excommunicationis gladium super nos erexerit[g]; sed potius, quia sub typo boni zeli peccaverit, veniam postulavit. De litteris bullatis, quas in obprobrium nostrum incusabat[h] Moguntinus[4] Coloniensis[5] Salzburgensis[6] et Halberstatensis[7] inimicis nostris misisse, Deum duxit in testimonium, se malum illud nunquam commisisse; inter cetera subiungens: quia, quisquis nobis fidelitatem iurando promiserit et werram nobis quovis modo fecerit, pro periuro et sacrilego in menbris ecclesiae numerandum esse[i].

Nos autem, consilium principum nostrorum exequentes — ut omnem ambiguitatem resecaremus et sedicionem gravissimam, quae inter Romanos et apostolicum geritur, compesceremus —
1117 Romam cum magnifico cleri et populi tripudio intravimus[8], limina
Febr.-Mart. apostolorum visitavimus; et quia domnum apostolicum, qui ter-

a. om. V.   b. Pet Z, om. V.   c. Choloniam Z.   d. quod V.   e. Theodoricum Z.   f. fuit V, fuut Z (pro huit).   g. erexit V.   h. an incusabantur?   i. sic.

1. ep. Praenestinum.   2. cardinalem Romanum „legatione in Pannonias functum", de quo v. Ekkehardi chron. 1115, Mon. Germ. SS. VI 249; et ep. 170 supra 303.   3. Wido archiep. Viennensis, de quo v. Ekk. chron. 1112, l. l. p. 246.   4. Adelbertus I.   5. Fridericus I.   6. Conradus I.   7. Reinbardus.   8. intravit ante diem 25 Martii; v. Petri chron. Cas. c. 61, Mon. Germ. SS. VII 791.

rore populi Romani recesserat¹, non invenimus, omnis illius ecclesiae iudicio nos praesentavimus. Et Deo gratias non est inventus, qui clam vel palam nobis notam criminis imponeret; sed vox laudis et letitiae audita est, que nos et imperium nostrum Deo et beatis apostolis Petro et Paulo committeret. Postero die capitolium cum universis ordinibus conscendimus; et magnificantibus nos magnifica ᵃ impendimus.

Denique cardinales tres, ceterorum legationem agentes, nos adierunt et pacem plenariam eo tenore nobis exhibuerunt: si investituram per virgam et anulum deinceps dare desineremus; quia in eo ecclesiae scandalum dixerunt. E contrario nos respondentes, regalia nostra cuivis per baculum et anulum concedere iuris nostri esse comprobavimus ᵇ. Haec est summa dissensionis, qua concutitur et periclitatur, ut dicunt, ecclesia; et investitura cessante, affirmant, statum ecclesiae redintegrari posse per omnia.

Ergo, miles Christi, considera: quod Christus in euangelio liquantes culicem et camelum deglucientes in eiusmodi animadversione reprehendat²; et apostolus minus malum tolerandum, ut maius vitetur, factis et dictis ostendat.

Hec³ ideo tuae transmittimus ᶜ caritati, ut pernoscas, nullum periculum excommunicationis inminere nostrae dignitati, et ut liberius, quod ratio postulat, obviare possis adversum nos insurgenti fatuorum temeritati. Nuntium tuum ideo tam diu detinuimus, ut per se certum te de his omnibus reddat, utpote qui visu vel auditu rei ordinem perfecte cognosceret. Vale.

1117 Febr.-Mart.

---

179. *Conradus I archiepiscopus Salzburgensis Hartwicum I episcopum Ratisbonensem ad synodum die 6 Iulii Moguntiae agendam vocat. De Udalrico I episcopo Pataviensi addit* ᵈ.

(E 285)

C(onradus) Salzburgensis ecclesiae Dei gratia archiepisco- 1117

a. magna *V*.   b. probavimus *V*.   c. transmisimus *V*.   d. *ex V 117—117v. Z p. 255—256.*

1. iam ante d. 12 Mart.; v. Regesta pont. Rom. p. 515.   2. Matth. 23, 24.   3. Romae scripta.

1117 pus H(artwico) Radisponensi episcopo orationis et servitutis devotionem.

Promissione domni papae[1] de legato ex ipsius latere quantocius ad nos venturo[2] certificati, gaudemus et letamur, tedio diffidentiae liberati et somno torporis excitati.

Unde communicato consilio placuit dominis et confratribus nostris archiepiscopis, Moguntino[3] scilicet Magdeburgensi[4] et Coloniensi[5], ceterisque provinciarum illarum episcopis: Moguntiae 2 Non. Iulii conventum celebrare et conprovinciales episcopos atque abbates nec non ex omni ordine catholicos ibidem communi admonitione atque peticione convocare. Volumus enim falsis suspicionibus obviare, quibus a sinistrae partis astipulatoribus infamamur, omnem videlicet spem, postposito Dei praesidio, in armis materialibus posuisse. Speramus autem, Spiritu sancto interveniente, communi consilio omnium optinere, ut secundum canonicas sanctiones ecclesiastica disponantur negotia, cessent arma, praedae sedentur et incendia.

Monemus igitur vos per apostolicam auctoritatem et debitam ecclesiae obedientiam et nostrae servitutis devotionem, ut conventui nostro interesse dignemini. Omnes autem, qui eidem nostro interesse voluerint conventui, summo resignabimus praesuli, operam dantes, ut grates eis ipse referat; et nostrum servitium semper devotum habeant. De his vero, qui se subtraxerint, secundum vestrum et aliorum, qui praesentes fuerint, consilium nostram facere iusticiam non protelabimus et apostolicae eos auctoritati canonice iudicandos assignabimus.

Proinde rogamus fraternitatem vestram, ut litteris vestris episcopo Pataviensi[6] intimare curetis, ut, quia infirmitatis molestia praedicto conventui ipse praesens interesse non poterit, idoneos legatos transmittere procuret.

1. Paschalis II.   2. Cunone episcopo Praenestino. V. Vita Theogeri II c. 3, Mon. Germ. SS. XII 467.   3. Adelberto I.   4. Adelgoto.   5. Friderico I.   6. Udalrico I.

180. *Hartwicus I episcopus Ratisbonensis Conrado I archiepiscopo Salzburgensi respondet, se ad synodum Moguntinam accessurum non esse*. (E 286)

C(onrado) reverentissimo sanctae Salzburgensis[b] ecclesiae[c] 1117 archiepiscopo H(artwicus) Dei gratia Radisponensis antistes tam promptam quam debitam servitutis et orationis certitudinem.

Quod speratis, superventurum legitimum et certum domni papae legatum, per quem ponatur finis discordiae, pax restituatur ecclesiae, sciatis procul dubio: si talis venerit, neminem super eius adventu plus quam nos gratulaturum, neminem devotius quicquid canonice diffinierit observaturum. Longo enim desiderio certitudinis et tedio incertitudinis nos quoque Deo teste non mediocriter fatigati sumus. Verum, dum adhuc estis in spe et nondum in re, videtur nobis durum et intolerabile, quod absque praesenti et manifesta auctoritate sedis apostolicae — cui soli concessum est a sanctis patribus generalia concilia congregare — nos ad synodum vocatis extra terminos provinciae sub interminatione vindictae; maxime cum vobis notum sit, per medios hostes iter nos habituros vel ab illis vel ab istis periculum vitae et honoris nostri subituros. Iterum igitur atque iterum promittentes consensum nostrum spiritalemque praesentiam in omnia, quae statuerit auctoritas apostolica, rogamus, nos salva caritate excusatos esse a periculoso itinere.

181. *Patriarcha et Balduinus I rex Hierosolymitanus omnes christianos opem rogant*[d][1]. (E 237)

Hierosolimitanus[e] patriarcha et B(alduinus) rex omnibus 1100-1118 christianis orationem et salutem in Domino.

Multis et innumerabilibus orationibus vestris ieiuniis et continuis elemosinis suffragati in periculis, nunc in ipso necessitatis articulo vestrarum orationum et elemosinarum opitulari efflagitantes imploramus subsidio. Nam Alexandriae dux et ipse

a. *ex V 117v*, Z *p. 256*.   b. Salzeburgensis *V*.   c. om. *V*.   d. *ex V 105v—106*, Z *p. 229*, B *37*.   e. Ierosolimitanus *B*, H. Ierosolimitanus *Z*.

1. Haec epistola est ficta perspicue.

1100-1118 Babylonicus* imperator, qui huc usque duces suos vel filios ad bellum mittebat, nunc ipsemet venire statuit; atque iureiurando spopondit: sese praesenti anno in nataliciis sanctorum apostolorum[b] Phylippi[c] et Iacobi[f] bellum campestre nobiscum inire. Quodsi[d] victi, quod Deus avertat, fuerimus, ipsi potestis colligere, que et qualia nos mortis ac crucis maneant pericula. Sin autem, quod divina dignetur concedere clementia, nos consequetur victoria, sub salutis suae et fidei testimonio se undam baptismatis percipere promiserunt. Unde vos per crucifixum obnixe postulamus: ut nobis associari, quibus facultas veniendi est, non tardemini, qui vero non valent venire, nobis[e] orationibus et elemosinis non differant subvenire; quatinus tum vestra praesentiali praesentia tum orationum et elemosinarum sagina in Christi nomine palmam victoriae valeamus obtinere.

Quam scripturam suscipere et susceptam omni populo annuntiare, ex parte Dei atque nostra universo clero praecipimus.

Notum enim sit vobis, fratres[f] karissimi, quod quicunque ea, quae superius memoravimus, adimpleverint vel aliis annuntiaverint et annuntiatis favorem impenderint, orationis nostrae et confratrum nostrorum, qui ad sepulcrum Domini invigilant et qui sunt ad Sanctam Mariam vallis Iosaphat, et eorum, qui in monte Oliveti et qui in monte Syon et qui ad Sanctam Zabon, et eorum, qui sunt Betleem[g] et ad Sanctam Mariam Latinam, orationis participes erunt. Qui plasmavit nos, sit adiutor et defensor noster, vestris orationibus et elemosinis.

182. H. quidam Ekeberto magistro Coloniensi de suo erga eum amore scribit. Anulum mittit[h][2]. (E 248)

c. 1106— Socio suo et amico E(keberto)[i] Coloniensi archimagistro H.
1118

a. Babilonicus *B.*   b. om. *ZB.*   c. Philippi *B.*   d. Quo si *Z.*   e. om. *V.*
f. om. *VZ.*   g. Bethleem *B.*   h. ex *V 107v*, *Z p. 233.*   i. F. *VZ*; v. not. 2.

1. Mai. 1.   2. Ad hanc epistolam ea, quae sequitur, epistola 183 responderi, facile cognitu est (cf. p. 320 not. 1). Idcirco, cum haec epistola „F. Coloniensi archimagistro" missa esse tradatur in codicibus ms. (v. supra not. i), sequens vero epistola ab „E." scripta esse, aut littera „F." aut littera „E." mendosa est. Comparet autem in tabulis Friderici I

suus et vere suus totusque suus salutem et verae fidei sinceritatem.

Karissime, iocunditas tuae dilectionis et amiciciae iam pridem nostrum vehementer accendit animum; iam tua praesentia semperque tuo, si fieri posset, perfrui vellem colloquio. Talis enim tantique amici diuturna visio ac frequens collocutio magna et grata nobis foret recreatio. Sed tam ex tuis quam ex meis occupationibus rarius nos invicem conspicimus[a]; illo tamen profecto mentis oculo longe digniori et excellentiori indesinenter fere te video et quadam imaginaria animi intueor praesentia. Toto itaque mentis affectu tuae dilectionis complexus memoriam, ut pari cura parique gratia nostri velis meminisse, caritatem tuam obtestamur et ammonemus. Et signum verae pacis et amiciciae anulum tibi transmittimus; cuius quaeso non estimes pretium, sed mittentis penses affectum.

---

183. *Ekebertus magister Coloniensis H. cuidam amice rescribit*[b].

(E 249)

Dilecto domino et amico suo H. E(kebertus)[1] suus praesens, suus absens, salutem ac debitae caritatis affectionem[c].

Nequaquam profecto meus in vobis me fefellit animus. Nequaquam, quantum intelligo, inter alios quam plures reputandum vos estimo; qui plerumque, quos praesentes quadam levitate se simulant diligere, absentes facile solent negligere. Quod enim ab inicio agnitionis vestrae mihi solebam cum quadam animi securitate de vobis semper promittere, iam antea sepius expertus, certissima fidei vestrae experior ambitione; que, certe per absentiam nostrae praesentiae praesentiam nostram non amittens, memoria fideli ac familiari litterarum suarum nos instruit ammonitione. Quarum dulci allocutione ac frequenti

a. aspicimus Z.   b. *ex V 107v—108, Z p. 233—234.*   c. affectum corr. in affectionem Z.

archiepiscopi Coloniensis „Ekebertus magister scolarum (s. scolasticus)" a die 15 Febr. 1106 ad d. 5 Apr. 1118; ap. Lacomblet Urkundenbuch I 173, 180, 184, 185, 188. Atque ita pro huius epistolae „F." scripsi „E(keberto)".

1. magister Coloniensis; v. supra p. 318 not. 2.

relectione exhilaratus[a], quamquam commode quidem et recte vos sciam nobis consulere, non tamen tam nostrae commoditatis quam cura vestrae moveor dilectionis. Iure itaque iam a principio tota mentis affectione, fidei vestraeque caritatis devotus obsequio, familiaritatis vestrae gratiam semper affectabam; eo impensius eam toto complectens desiderio, quanto et morum vestrorum probitatem et vestrae[b] nobilitatis novimus honestatem. Honesta ergo et benigna exoptatae vestrae familiaritatis usus benivolentia, que benigne sepe mihi praesenti vos memini contulisse, consuetis ac publicis liberalitatis vestrae deputo beneficiis. Quod tamen solita benignitate nostri quandoque memor estis, tanto maiori digna reor acceptione, quo magis id vestro congruit officio et mutuo, amicum potius mente quam oculis aspicere[1]. Ac nos, omni quidem devotione fideique sinceritate vobis semper obnoxii, meritis vestris ac beneficiis obligati, nulla locorum remotione, nulla rerum nostrarum occupatione ab assueta et gratissima vestri recordatione impediemur omnino[c]; eo voto et gratia pro vobis semper sollicitus, ut quemlibet statum rerum vestrarum reputemus nostrum. De vestra ergo nisi fallor amicicia, quecunque condicio tandem divino nutu nos expectabit, si prospera, profecto vobiscum nobis erit iocundior, si adversa, vestro ut spero lenior auxilio. Nec enim parvum[d] in vobis nec dubium, si opus fuerit, in vestra probitate nobis proposuimus refugium.

Rogamus autem vos et obsecramus plurimum, ut, aliquando mentionem apud dominum meum episcopum facientes, quemadmodum scitis et potestis, nos ei commendetis; quia, eius salva gratia nobis ac propicia, de reliquo timendum non estimo. Valete.

a. exhylaratus Z. b. nrę V. c. omnino (oīo) *scripsi pro* animo (aīo) VZ.
d. parvā Z.

1. Cf. epist. 182 supra p. 319: „illo tamen profecto mentis oculo longe digniori et excellentiori te video".

184. *Paschalis II papa Hartwicum I episcopum Ratisbonensem iam iterum hortatur, ut Pabonem abbatem S. Emmerammi restituat*[a] [1]. (E 313)

Epistola Paschalis[b] papae ad Harwicum[c] Ratisponensem episcopum.   1107-1118

Quantum crimen inobedientia sit, ex Samuelis verbis[2] perpendere potes. Unde valde miramur, quod secundum litteras nostras abbatem sancti Emmerammi P(abonem) in abbatiam suam non restituisti. Sed quia terminum disposuisti, parcimus tibi ad praesens ea spe, ne die illa differas quin illum restituas. Ab infestatione autem loci omnino cesses; iuris enim beati Petri est. Si quam vero iusticiam te illic habere confidis, oportuno tempore te conspectui nostro praesentabis[d]. Alioquin adversus te ut in contemptorem canonum agemus.

---

185. *Bruno episcopus Spirensis Heinricum V imperatorem rogat, ne se ad infidiam promptum esse putet. De suo erga eum studio exponit. Crebros nuntios poscit*[e]. (E 280)

Domino suo Romanorum imperatori augusto H(einrico) suus   1116-1118
omnimodo B(runo)[3] non episcopale sed servile obsequium in omnibus.

Quoniam placuit vestrae dignitati et gratiae, karissime domine, tantum mihi affectum benignitatis vestrae exhibere, cui tantum honorem contulistis, vehementer admiror: quis mendatii stimulus aures vestras permoverit et mihi apud vos aliquam infidelitatis maculam concitaverit. Hoc autem ideo dico, quia valde conturbaverunt me litterae vestrae; si tamen vestrae fuerunt. Quod credere nequeo; et quantum de vestra gratia confido, si, antequam mitterentur, eas vidissetis, profecto non pateremini eas mihi transmitti; cum mea fidelitas erga vos et vestros fideles tanto solidior et promptior esse comprobetur, quanto maius et

---

a. *ex V 126v, Z p. 278.*   b. *om. V.*   c. *Herwicum V.*   d. *praesentes V.*
e. *ex V 114v, Z p. 248.*

1. Cf. Regesta pont. Rom. n. 4876—4878.   2. 1 Reg. 15, 23.
3. ep. Spirensis, v. infra p. 322 n. 3.

1116-1118 dignius donum vestrae misericordiae mihi collatum esse evidenter cognoscitur.

Sed quia forsitan vos movet, quod hoc anno Moguntiam veni, adtendat vestra discretio, quia potius in hoc causae nostrae consului; ne, si vocatus in pulpito ab illo Moguntino[1] venire rennuerem, videretur civibus nostris — sicut nostis hoc genus hominum esse mutabile — quod ex debilitate et quasi ex diffidentia rei non auderem procedere, cum me de banno argueret. De qua re etiam satis per controversiam egi cum clericis suis in capitulo eorum; cum ipsum videre et alloqui non possem, nisi prius de banno illo exirem.

Igitur re infecta ab urbe[2] exivi. In qua tamen multos beneficiis meis vobis conciliavi. Et ubicunque possum, in villis civitatibus et oppidis fautores vobis acquiro; ita ut nuper meo labore et consilio coniuraverint omnes a Wormatia usque Argentinam[3]: vobis terram illam contra omnes homines retinere atque tueri. Propter quod vos rogo: ne modo ita festinetis, ut ex aliqua festinantia vestris commodis minus consulatis. Quia vita comite istam terram ad vestrum honorem et inimicorum vestrorum confusionem, licet per multos labores, vobis retinebimus.

Preterea gratiam vestram deprecor, ut crebros nuntios et, si non potestis equites, saltem pedites ad nos dirigatis; qui et vestra nobis referre et vicissim nostra vobis valeant intimare.

---

186. *Gelasius II papa Cunoni episcopo Praenestino de Heinrico V imperatore et Burdino antipapa a se excommunicatis significat*[a]. (E 293)

1118 Apr. 18

Gelasius episcopus servus servorum Dei venerabili fratri C(unoni) Praenestino episcopo, apostolicae sedis legato, salutem et apostolicam benedictionem.

a. ex V 120v, Z p. 264: Epistola Gelasii, qui et Iohannes Gaditanus (om. V, Gaditinatus Z) contra Gregorium emulum suum.
1. Adelberto I archiepiscopo (ipsius Brunonis fratre). 2. Moguntia.
3. Ex his verbis intelligi licet, a Spirensi episcopo hanc epistolam esse. Nam Spirensis dioecesis interiecta est inter dioeceses Wormatiensem et Argentinensem.

Iam dudum nostras tibi litteras misimus; sed utrum ad te pervenerint, ignoramus. Quae ita se habent: Post electionem nostram domnus imperator, furtive et inopinata velocitate Romam veniens, nos egredi compulit. Pacem postea minis et terroribus postulavit; dicens, se facturum, quae posset, nisi nos ei iuramento pacis certitudinem* faceremus. Nos ei fratrum nostrorum consilio pacem obtulimus.

Ille statim, die videlicet post electionem nostram quadragesima quarta Bracarensem episcopum, qui Burdinus a Normannis dicitur — anno praeterito, sicut nosti, a domno praecessore nostro Paschali papa in concilio Beneventi[1] excommunicatum — in matris ecclesiae invasionem ingessit. De quo etiam tibi notum est, quia, cum per nostras olim manus pallium accepisset, praedicto domino nostro et eius catholicis successoribus, quorum primus ego sum, fidelitatem iuraverit. In hoc autem tanto facinore nullum de Romano clero imperator Deo gratias habuit socium. Sed Wibertini quidam: Romanus de Sancto Marcello, Centius, qui dicebatur Sancti Crisogoni, et Teuzo, qui tanto per Datiam tempore debachatus est, tam infamem gloriam celebrarunt.

Sane nos cum fratribus nostris et episcoporum collegio in praeterito palmarum die Capuae regem ipsum cum idolo suo excommunicavimus. Tuae igitur experientiae praecipimus: ut omnia hec per commissae tibi legationis partes fratribus constitutis nota facere studeas; et ad matris ecclesiae ultionem, sicut oportere cognoscis, prestante Deo accingaris. Data Capuae Idibus Aprilis.

---

187. *Adelbertus I archiepiscopus Moguntinus Ottonem I episcopum Bambergensem vituperat, quod vocatus concilio Coloniensi non interfuerit. Monet, ut ad concilium Fridislariense veniat[b].* (E 291)

Reverentissimo Babenbergensium episcopo[2] A(delbertus) Mo-

a. certudinem Z.   b. ex V 119v—120, Z p. 262.
1. m. Aprili a. 1117.   2. Ottoni I.

1118 guntinae sedis minister indignus fraternae dilectionis et orationis
Mai.—Iun. inviolabile pignus.

Quod proxime domnus Prenestinus[1] Romanae ecclesiae legatus nobis apostolica auctoritate denuntiaverat, nostra quoque diligentia, per omnia Romanae auctoritati subdita, sollerter impleverat; denuntians et vobis sub eadem auctoritate et nostra: uti ad concilium, Coloniae celebrandum, vestra veniret praesentia.

Sed quia hoc nescio qua praetermissum fuit negligentia, eadem quidem, que et ceteris eiusdem[a] concilii[2] neglectoribus, vobis quoque iniuncta esset sententia, scilicet vel divini officii suspensio vel a communione corporis et sanguinis dominici formidanda interdictio, nisi nostrae peticionis diligentia hoc praevenisset et eximia sanctitatis vestrae reverentia, ne id fieret, apud ecclesiam promeruisset. Quibus simul concurrentibus causis et cooperantibus, hoc tandem obtinuimus, ne quid severitatis vestra subiret dilectio, cuius hactenus in ecclesia valuisset devotio. Dignum nimirum arbitratus sum: in omnibus honori vestro et reverentiae parcendum et pro posse loco et tempori providere et consulere; cum sanctitatis vestrae beata dilectio magno se devotae caritatis nobis obligaverit munere.

De cetero, sicut in mandatum accepimus, denuntiamus: ut ad concilium, 5 Kal. Augusti[3] Fridislariae[b] a praedicto legato celebrandum, indubitanter veniatis; ne, huius etiam mandati neglector effectus, austerioris sententiae decretum, peticione mea nil amplius praevalente, vobis inducatis.

Preterea ducem F(ridericum)[4] et C(onradum)[5] fratrem eius et G(otefridum) palatinum et reliquos complices eorum in prae-
Mai. dicto concilio excommunicatos noveritis.

Litteras etiam nostras rogamus ut fratribus nostris, Pragensi[6] scilicet et Moraviensi[7] episcopis, dirigatis.

a. eisdem *VZ*.   b. Frideslarie *Z*.

1. Cuno episcopus Praenestinus.   2. mense Maio a. 1118 habiti; v. Theogeri vita, Mon. Germ. SS. XII 472 sq.   3. die 28 Iul. 1118.   4. II ducem Sueviae.   5. postea III regem.   6. Hermanno.   7. Iohanni II.

188. *Adelbertus I archiepiscopus Moguntinus canonicos Wirzeburgenses hortatur, ne cum excommunicatis communicare pergant*. (E 289)

Dilectis in Christo Wirzeburgensis ecclesiae fratribus Ö(dalrico) decano [b][1], camerario, magistro scolarum et ceteris eiusdem ecclesiae canonicis A(delbertus), Moguntinus Dei gratia id quod est, debitam in Christo servitutem et orationem.

1118 post Iul. 28

Ecclesia, cui qualiscunque Deo iubente deservio, hanc vestram ecclesiam tamquam mater specialem filiam suam semper fovens et diligens, quantum de profectu suo in Domino ampliori exultat leticia, tantum, si quid sinistri de ea fama respersit, habundantiori absorbetur tristicia. Et merito. Nos enim unum in Christo sentire, unum esse debemus, videlicet capiti membra concordare. Quod caput Christus est; a quo qui se dimembrat aliquo scismatis vel heresis sacrilegio, profecto in eternum peribit. Deus enim noster non deus dissensionis est, sed deus pacis et unitatis. A quo dissentit [c], qui a Romana discordat ecclesia; cui in his, quae praecepit roborata sanctorum patrum auctoritas, non obedire ariolari est [2]. Quod totum quisque tanto sibi perniciosius contempnit, quanto scientius. Si autem contempnens periclitatur, quid [d] ergo dicemus de aliquo obstinata mente contradicente et impugnante evidentissimam et saluberrimam [e] veritatem? De quo comminantis voce prophetae dicitur: *Ve, qui ponit lucem tenebras, et tenebras lucem, et amarum dulce et dulce amarum* [3] et cetera, quae terribiliter secuntur. Que et similia vestrae fraternitatis prudenciae nos recitare, idem est acsi laboremus solis claritatem facibus accensis adiuvare.

Proinde, karissimi, ammoneo et rogo fraternitatem vestram: ut, viciniora saluti sentientes, sanctae matris nostrae ecclesiae catholicae unitatem diligatis; et sollicicius totam summam et intentionem veteris ac novi testamenti in hoc constare perpen-

a. *ex V 119, Z p. 260—261:* Epistola Adalberti Moguntini archiepiscopi ad Wirzeburgenses canonicos.   b. et add. V.   c. dissentit V.   d. quod V.   e. et saluberrimam om. V.

1. Hic comparet in tabulis anni 1113 et 1115, Mon. Boic. XXXVII p. 36, 39.   2. Cf. 1 Reg. 15, 23.   3. Cf. Isai. 5, 20.

1118 post Iul. 28

datis, quod genus humanum Deo per obedientiam reconciliatur, a quo in primo parente per inobedientiam recessit; et ut destruatur regnum cupiditatis et edifficetur regnum caritatis.

Ad hec, quia aliqui vestrum proniores esse detecti sunt, quam suae conveniat professioni, communicare excommunicatis et defendere eos — quod dolens dico — pene incidistis grave et intolerabile periculum. Nam, ut testificari potest domnus Heinricus frater vester, qui interfuit concilio Fridislariae[1] domni cardinalis C(unonis), nisi noster pro vobis interventus intercessisset, sententiam excommunicationis incurrissetis. Quam ne coram inspectore cordium incurratis, tam moneo vos quam diligo, vos, qui ex professione laicis debetis esse speculum et fenestrae, per quas solis veri radii inmitti debent ecclesiae sanctae. Ad summam nullus vestrum, Deo teste, sincerius et ardentius diligit et inquirit ea, quae pacis sunt, quam ego; et sequentes, quod expedit eis, erga Deum et hominem, veneror et amplector. Alioquin nec ego nec quilibet sane sapiens, contempto rege regum, obsequium vel dilectionem cuiquam debemus impendere.

Denique commonitorias has inpraesentiarum[a] caritati vestrae direximus litteras, multum confidentes de vestrae correctionis melioratione. Sin autem, quod absit, cor et aures obduraveritis, ut nichil in vos durius dicam, cavebo ulterius, per dissimulationem non bonam communicare peccatis alienis. Deus pacis et caritatis omnium corda vestrum in sui amoris affectum accendat.

---

189. *Adelbertus I archiepiscopus Moguntinus Bambergensibus significat, propterea quod aliqui eorum cum excommunicatis communicent, urbi Bambergensi sacris interdictum esse, donec Otto I episcopus, ipse officio fungi vetitus, satisfecerit*[b].

(E 290)

1118 post Iul. 28

Sanctae Babenbergensis ecclesiae clero prioribus et subditis

a. impraesentiarum *Z*.   b. *ex V 119—119v, Z p. 261—262:* Item epistola cuius supra ad Babenbergenses canonicos.

1. die 28 Iul. 1118 acto.

A(delbertus), Dei repropiciante clementia Moguntinae humilis minister ecclesiae, recta sapere et unum esse in spiritu Christi et ecclesiae catholicae.

Intuentes religiosi cleri huius honestatem et prudentiam semper ubique praedicabilem, non facile persuaderi potuit, vos in aliquo exorbitare ab ecclesiasticae communionis tramite; maxime cum habeatis episcopum animarum vestrarum[1], et oportuerit vos obedire Deo magis quam hominibus. Quia melius est confidere in Domino, quam confidere in principibus, in filiis hominum; in quibus non est salus. Sed nunc — quod tamen dolentes audivimus — ubique a laicis blasphematur: quomodo, Romana et catholica communione postposita, episcopi quoque vestri exemplo obedientia et communione postposita[2], aliqui vestrum excommunicatis personis indifferenter communicetis. Et promiscue, quae Dei sunt, redditis obsequio caesaris.

Profecto meminisse debetis: quanta privilegia hereditastis[a] a Romana ecclesia, matre vestra et magistra. Que si, vias vestras gradiens, pro inobedientia perderet vester episcopus, sero peniteret; episcopali iam officio suspensus[3]. Sufficere autem vobis poterat, nobis quoque satis est et cuilibet discipulo, si sit sicut magister eius. Et evidens est exemplum omnibus, quia Clemens nemini loquitur, cui non loquitur Petrus.

Proinde cum haec, Deo volente, semper nobilis ecclesia inter consortes filias elegantiori et speciali excellat praerogativa, nos, qui licet indigni metropolitana fungimur cura vice beati Petri, non potuimus hoc factum vestrum dissimulare et pro loco isto non esse solliciti. Tangit etenim nos mutuum debitum, quod maiore obligatione inter nos et locum istum est a die ordinationis meae contractum. Si enim inter quindecim Moguntini

---

a. hereditatis *V*.

1. Ottonem I. 2. Hinc animadvertimus, ipsum Ottonem episcopum, licet ad Cunonis Praenestini synodos non venerit ideoque ei Fridislariae officio episcopali interdictum sit (v. infra not. 3), cum excommunicatis tamen non communicavisse. 3. Otto sine dubio in synodo Fridislariensi d. 28 Iuli 1118 propter absentiam „officio suspensus est"; id enim in synodo Coloniensi m. Maio eiusdem anni factum non erat, v. ep. 187 supra p. 324.

1118 privilegii suffraganeos, oleo benedictionis tamquam filios Aaron
post Iul. 28 in sacerdotium suscitandos, ceterorum primogenitis postpositis,
solum vestrum in meam benedictionem praeelegi episcopum¹,
quomodo non illi compatiar, ut filius patri? quomodo denique
non commonefaciam vos, fratres, ut frater primogenitus?

Quodsi ille vias vestras vobis ostendit; et de salute et cautela communionis observandae ab excommunicatis, ut debuit, commonuit atque ut Sara filium suum Ysaac cum Ysmahele ludere non permisit et, altero in diversas culturas separato, heredem filium infra domum, quae est ecclesia, reservavit; officium, inquam, suum fecit et vos secum pastor vester conservavit. Nos quoque — in partem apostolicae sollicitudinis vocati, fungentes tenore vicis nobis delegatae — quia scimus anathema excommunicatae communionis inter vos esse, interdicimus in omni hoc loco divinum officium in verbo Domini et iudicio Spiritus sancti usque ad satisfactionem vestri episcopi.

---

190. *T. ludi litterarii magister Osnabrugensis T. praeposito et H. canonico Osnabrugensibus destinat electa ex opusculo Widonis de Gregorii VII et Clementis III certamine*.

(E 172)

1118   T.² praeposito venerabili et H. confratri³ T., Osniburgensis ecclesiae puerorum introductor qualiscunque, sinceram Deo teste famulatus sui devotionem.

a. *ex V 77—81v, Z p. 140—145, 164—169.*

1. Adelbertum I die 26 Dec. 1115 („in nativitate sancti Stephani") ab Ottone I Bambergensi consecratum esse, legimus in Ann. Hildesheim. 1116, Mon. Germ. SS. III 113.   2. Fortasse Thiethardo, postea episcopo Osnabrugensi ab a. 1119 ad a. 1137.   3. Facile cognitu est, T. praepositum et H. canonicum, ad quos T. magister Osnabrugensis hanc epistolam misit, eiusdem ecclesiae Osnabrugensis fuisse. Scriptor enim cum mentionem sui faciens semper singulari numero dicat („cupiens — invenire, investigare cepi" „Non quo infronito mihi praesumerem" „sed ideo feci" cet.), tantummodo bis numero plurali usus scripsit: „evolutis quotquot sunt armarii nostri voluminibus" et „in armariolo confratrum nostrorum monachorum" (Iburgensium); ut appareat, quae communitas inter tres omnes intercesserit.

De controversia parta*a* inter sacerdotium et regnum, unanimitati totius ecclesiae pernitiosa, cupiens aliquid huic parti vel illi consonum invenire, evolutis quotquot sunt armarii nostri[1] voluminibus, sepius investigare cepi. Non quo rei tantae difficultatis et implicationis actionem, summa diligentissimae discretionis cautela tractandam, infronito mihi praesumerem usurpare — cum ibi plerumque magis confusionis invalescat error, ubi rei perplexae minus prudens sit discussor — sed ideo feci: si quomodo per sententiam aliquam vel exemplum, repertum in decretis gestisve pontificum vel regum, meae dubitationem ignorantiae consolari possem. Quociens enim perpendo, quamplurimos utrique parti favere viros, omni quantum homines possunt perfectos scientia omnique praeditos industria; cumque nefas sit credere, hos*b* vel illos aliquid praeter equitatem vel ecclesiae concordiam moliri velle; parvitas meae discretionis incipit vacillare, non modica dubitationis obducta caligine.

Hec itaque cum intenderem, in armariolo venerabilium confratrum nostrorum monachorum[2] in fine cuiusdam voluminis quaterniunculum deprehendi, in quo scriptum quoddam de controversia, inter Hildebrandum et imperatorem Heinricum habita, sine auctoris nomine repperi. Retulit*c* tamen mihi prior eiusdem cenobii: hoc — consilio Liemari Bremensis episcopi[3] et Pennonis[4] Osniburgensis episcopi — a Widone, qui et postea episcopus Osniburge factus est[5], collectum esse. Erat autem de tribus principaliter rebus: de electione et consecratione Romani pontificis; et de excommunicatione imperatoris; et de absolutione iuramentorum regi fidelium.

Hinc itaque quaedam excipiens, visa mihi praesentem ecclesiae perturbationem aliquatenus attingere[6], iudicio vestrae

a. parti *VZ*.   b. hos *om. V*.   c. rettulit *V*.

1. i. e. bibliothecae canonicorum Osnabrugensium.   2. Iburgensium.   3. 1072—1101.   4. II, 1068—1088.   5. Fuit Wido anno 1090 praepositus ecclesiae Osnabrugensis (v. Erhard Reg. hist. Westphal. I p. 206 n. 1252) eandemque postea episcopus administrabat ab a. 1093 ad a. 1101.   6. Cum T. magister aliquanto post annum 1101 has litteras scripserit (v. supra n. 5), et ea etiam, quae „de electione et consecratione Romani pon-

1118 discretionis mitto. Quae sive vobis placuerint sive non, erga vos pura semper mea mihi prosit devotio. Valete.

"De eo quod Wipertus*, qui et Clemens, in sedem apostolicam legitime fuerit intronizatus et Hiltebrandus, qui et Gregorius VII, iuste reprobatus¹".

1081-1085 "Cum multi, aut ignorantiae nube detenti aut veteris irae face succensi, venerabilis Clementis² papae ingressum improbare contendant et usque quaque infamare non erubescant, ut sacerdotio et regno usque quaque confusionem inducant, ut concordiam et pacem contentione impediant, nos — qui huius rei veritatem incognitam non habemus, qui ovium Christi quietem volumus et amamus, qui sacerdotium et regnum vinculo pacis et concordiae astringi desideramus et querimus — non inutile immo pernecessarium esse existimamus: quatinus in audientiam omnium festinemus ibique omnipotentis Dei auxilio, praenotatum pontificem pacis et iusticiae sectatorem recte et ordine in apostolicam et sanctam sedem venisse, rationabiliter demonstremus. Ut autem haec demonstratio perspicue fiat, consuetudinem, quam Romana ᵇ ecclesia in eligendis et consecrandis suis praesulibus antiquitus ex scripto cognoscitur habuisse, non incongruum esse ducimus succinctu brevitatis transcurrere. Ex his ᶜ enim congrue ᵈ convinci poterit, verius in altero ᵉ praecessisse, quod ab emulis modo reprehenditur in Clemente".

— 314 "A Petri usque ad Silvestri tempora, cum ecclesia inter turbines et adversa mundi succresceret, persecutionum angustiarumque mole suppressa variisque tormentorum generibus sepenumero fatigata ᵃ, magis estuabat eminentia passionis quam vacaret studio ambitiosae contentionis. Nondum enim creverat

a. De Wiperto V.   b. Romamana V.   c. hoc Z.   d. congroe V.   e. fatigati V.

tificis" in Widonis opusculo reperisset, ad "praesentem ecclesiae perturbationem aliquatenus" pertinere protulerit, nihil est dubitationis, quin Burdiniano schismate ad corroganda haec adductus sit.

1. Conscripsit Wido (de quo v. p. 329 not. 5) libellum hunc spatio annorum 1081—1085, oppugnans Gregorii VII ad Herimannum episcopum Mettensem epistolam die 15 Mart. 1081 datam (v. infra).   2. III antipapae (Wiberti) 1080 Iun. 25 — 1100 Sept.   3. Gregorio VII papa.

materia pravae ambitionis, nondum ex Romanis principibus — 314
quisquam patenter occurrerat ad fidem christianae agnitionis[a].
Ideoque latenter et absque noxa dissensionis cogi solebat, qui
videbatur idoneus esse, subire pondus praelationis. Postquam
vero Silvestri temporibus Constantinus, imperator primus veri- 314—335
tatis fidem[b] manifeste adeptus, cunctis in imperio suo degentibus
non solum christianos fieri sed etiam ecclesias fabricandi licentiam
dedit et praedia eis tribuenda constituit, omnis modi hominibus
ad fidem Christi confluentibus et propria pro delictorum remissione ecclesiae Dei donantibus, tanto felicitatis successu usque
quaque ecclesia et maxime Romana tunc viguit, ut honoris etiam
et seculi dignitatis sepius expers fieret, qui iugum christianae
fidei suscipere recusaret. Et quia in hoc cursu religiosae successionis rerum et virtutum affluentia mater ecclesia admodum
crevit, insectatio diaboli, semper maligna et christiano nomini
inimica, quia a sincero fidei tramite fidelium corda ydolatriae
cultu iam avertere manifeste non poterat, aliis nequiciae machinamentis statum ecclesie evertere studuit".

„Cepit enim post modicum temporis maligno eius stimulo
in electione pontificum non modica fieri dissensio partium, ambitio quoque non modice crevit, contentio quoque persepe periculosa non defuit".

„Unde necessarium fuit: ut Romani principes — quorum
concessione ac donationibus ecclesia usque quaque, sublimata
honore, divitiis praeminebat — pristinae potestatis iure retento,
et partium tumultum ubique poenae inferendae metu compescerent; et electionem pontificum, partium studio et non canonice
factam, provenire non sinant. Nam si pravis hominibus secularis vindictae metus nullus inesset, nulla eos a prave agendo
spiritualis censura retrahere posset. Unde primum consuetudo in Romana ecclesia antiquitus merito cepit: ut, electo praesule, non prius eius ordinatio celebraretur, quam cleri et populi
decretum in praesentiam Romani principis deferretur; ut, cognito cleri et populi consensu et desiderio, si recte et ordine

a. relligionis *V*, agnitionis *Z*.   b. *om. V; ubi lumen alia manu superscriptum est.*

314—335 electionem praecessisse* cognosceret, consecrationem ex more celebrandam esse iuberet. Quod deinde sancti patres, qui Romanae ecclesiae merito praefuerunt, et servare studuerunt et servandum in posterum esse, decretis et exemplis suis utiliter et congrue statuerunt. Hec autem Romanorum pontificum gesta multis in locis ita esse indubitanter ostendunt".

678—681 „Nam de Agathone papa, qui fuit temporibus Constantini Heraclii et Tyberii augustorum, dictus „benignus et mansuetus", inter cetera scriptum habetur: *Hic accepit divalem iussionem secundum suam postulationem, per quam relevata est quantitas, quae solita erat dari pro ordinatione pontificum facienda; sic tamen, ut, si contigerit post eius transitum electionem fieri, non debeat ordinari, qui electus fuerit, nisi prius decretum generale deferatur in regiam urbem secundum antiquam consuetudinem, ut cum principum scientia et iussione ordinatio proveniat*[1]. Hic ergo, quod canonicae regulae erat contrarium, quod novit esse symoniacum, remitti a principibus rite postulavit et merito votum postulationis suae obtinuit; quod vero pro statu et concordia ecclesiae statutum antiquitus fuerat, intuitu discretionis ac prudentiae integrum permanere laudabile duxit".

418—422 „Bonifacius[2] autem post Silvestrum decimus, ante Gregorium vero vicesimus primus, qui fuit temporibus Honorii et Valentiniani augustorum, dissentientibus clero et populo legitur una
418 die fuisse cum Eulalio ordinatus. Sed cognita a principibus
Dec. 29 causa, expelli ambos de urbe iusserunt; sed intuitu misericordiae Bonifacium postea revocantes stabiliter in sede constituerunt[3]".

498 „Simachus quoque, qui fuit temporibus Anastasii imperatoris et Theoderici regis Arriani, una die contentiose cum Laurentio
499 ordinatur. Sed Ravennam ad iudicium regis utrique mittuntur, ibique discussione facta, Simachus[b] dono et iudicio regis praesulatum obtinuit"[4].

a. processisse *V*.   b. Symachus *Z*.
1. V. vit. Agathonis ap. Muratori Rer. It. SS. III 142 et 144.   2. l.
3. Ex vit. Bonifacii, ap. Murat. SS. III 116.   4. Ex vit. Symmachi, ib. p. 123.

"De Pelagio[1] vero papa, qui fuit temporibus Iustiniani[a] imperatoris et antecessor Gregorii proximus, legitur, quod absque iussione principis sit ordinatus, eo quod, urbe a Longobardis obsessa, nullus ulli ad principem exitus patuit[2]".

578—590

578 Nov. 27

"De Gregorio vero legitur: quod, cum Pelagio defuncto a clero et senatu populoque Romano concorditer fuisset electus, quia generalitatis electionem evadere nequivit, consensurum se tandem aliquando simulavit; et imperatori Mauricio, cuius filium ex lavacro sancto susceperat, latenter litteras destinavit, adiurans et multa eum[b] prece deposcens, ne umquam populis assensum praeberet. Sed praefectus urbis, comprehenso in ipso itinere eius nuntio ac disruptis[c] epistolis, consensum populi iuxta morem antiquitatis imperatori direxit. At ille, Deo gratias agens pro amicicia[d] diaconi, eo quod locum deferendi[e] ei honoris, ut cupierat, reperisset, data praeceptione ipsum ordinari praecepit[3]. Qui, iuxta imperatoris iussionem continuo consecratus, Theotistae sorori imperatoris epistolam[4] postmodum scripsit, in qua de se ipso circa finem ita subiunxit: *Ecce serenissimus domnus imperator fieri simiam leonem iussit. Equidem pro iussione illius vocari potest, fieri autem leo non potest. Unde necesse est, ut omnes culpas ac negligentias meas non mihi sed suae pietati deputet, qui virtutis ministerium infirmo commisit*".

590

Sept. 3 Oct.

"Cum ergo Gregorius, licet unanimiter ab universis electus, assensum tamen principis expectavit et absque eius iussione consecrationis gratiam suscipere non praesumpsit et ab illo — videlicet principe — *ministerium virtutis* in suis litteris commissum sibi esse asseruit, indubitanter equum et canonicum esse scivit: ut absque Romani principis iussione nullatenus debeat pontificis ordinatio provenire. Nam, si equitati canonum contrarium vel dissonum hoc esse intellexisset, nullatenus dono et praecepto principis ad summum se sacerdotium provehi consensisset. Nec vero se dono et praecepto principis provectum scri-

a. Iustiani *V*.   b. om. *V*.   c. dirruptis *V*.   d. amicia *V*.   e. defferendi *Z*.
1. II.   2. Ex vita Pelagii II, ibid. p. 133.   3. Ex Gregorii Turon. hist. Franc. L. X c. 1.   4. Registr. L. I ep. 5 (v. Reg. pont. Rom. n. 708).

590 beret, si veritatis conscientiam non haberet, cum, propheta at-
Oct. testante, mendacium mortem animae esse¹ non dubitaret. Quapropter, cum pontificatus ministerium non solum iussione principis committi sibi non recusavit sed ab ipso etiam commissum sibi esse asseruit, iustum et conveniens esse liquido manifestavit et posteris in exemplum servandum reliquit: ne quilibet absque Romani principis dono et iussione ᵃ ministerium Romani pontificatus praesumat assumere. Inique ergo et scismatice ascendit, qui Gregorii exemplo et aliorum sanctorum pontificum ᵇ intronizari non studuerit".

„Idem et ceteri Romani pontifices ante et post Gregorium usque ad Hildebrandi tempora servavere; et non prius consecrationem suscipere praesumpserunt, quam se principum consensum et iussionem habere intellexerunt. Qui vero aliter praesumpserunt, aut omnino sunt expulsi aut vix interventu misericordiae, praemissa tamen satisfactione, recipi meruerunt".

„Nec alia de causa Gregorius et ceteri Romani pontifices consecrationem suam usque ad consensum et iussionem principum distulisse credendi sunt, nisi quia equum et canonicum et ecclesiae necessarium hoc esse intellexerunt: ut, quorum donariis ac tuitionibus Romana ecclesia ditata et sublimata vigebat, eorum etiam providentia et iussione ille tantum consecraretur, qui rebus et hominibus regendis idoneus eis comprobaretur et argui posse postmodum non videretur. Nam, si hoc iniquum et canonicae institutioni contrarium esse intellexissent, tam sancti viri, favore aut timore aliquo de consecratione sua iussionem principum sine dubio non expectassent; quia expectatio illa valde eos ambitionis argueret, quae, ipso Gregorio attestante, severissima semper canonum districtione dampnanda est".

687 „Antequam Sergius ᶜ papa eligeretur, electi sunt Theodorus ᵈ et Paschalis ᵉ in contentione dissentientium. Sed istis duobus invicem altercantibus et tandem eiectis, quamvis clerus et populus, proceres etiam et Romanae miliciae exercitus in praenominati

a. praecepto *V.* b. pontificatus *VZ.* c. Theodoricus *V.* d. Pascalis *Z.*
1. Sap. 1, 11: „os autem, quod mentitur, occidit animam". 2. I.

Sergii electione unanimiter convenissent, consecrari tamen distulit, quousque Iohannes patricius et exarchus*a* Romam venit et eum vice principis collaudavit¹". 687 Dec. 15

"Postquam vero, Grecorum cessante auxilio et Longobardorum oppressione grassante, imperium Romanum necessario pervenit ad Francos, non minus eadem prisca*b* consuetudo inviolata permansit. Nam legitur in eisdem gestis de Leone quarto, quod, cum omnes Romani in eius electione congauderent, ceperunt tamen non mediocriter contristari, eo quod sine imperiali auctoritate non audebant futurum consecrare pontificem; differre tamen nolebant, quia urbis periculum maxime metuebant, ne iterum, ut olim, ab hostibus fieret obsessa²". 847

"Benedicto³ consona tocius urbis acclamatione electo, clerus et populus et proceres, decretum manibus propriis roborantes, ut prisca consuetudo poscebat, Lothario et Ludewico*c* principibus destinaverunt. Qui postea, a principibus collaudatus, legatorum, quos de hac causa miserant, praesentia et collaudatione est consecratus⁴". 855 Sept. 29

"Item Nicolaus*d*⁵ praesentia et iussione Ludewici imperatoris consecrationis donum suscepit⁶". 858 Apr. 24

"De Adriano⁷ quoque iuniori legitur, quia, quamvis in praesentia legatorum Ludewici ab omnibus concorditer sit electus, non prius tamen ordinem pontificatus suscipere praesumpsit, quam ipse imperator, decreto civium ex more suscepto, per imperialem epistolam praesulem collaudavit⁸". 867 Nov. Dec. 14

"Potest etiam veraciter dici, quod Iohannes⁹, eo quod Berengarii*e*¹⁰ filium¹¹ in urbe reciperet, absens dampnatus est ab Ottone imperatore. Et Leo¹² ab eodem imperatore, vivente adhuc Iohanne, constitutus est; et Benedictus¹³, quem Romani decedente Iohanne elegerant, eiectus et in exilium ductus". 963 Dec. 4

964. 965

a. exarcus *V.* b. om. *V.* c. Luthewico *V.* d. Nycholaus *V.* e. Beringarii *V.*
1. Ex vita Sergii I, ap. Muratori SS. III 148. 2. Ex vita Leonis IV, ibid. p. 231. 3. III. 4. Ex vita Benedicti III, ibid. p. 247 squ. 5. I. 6. Ex vita Nicolai I, ibid. p. 253. 7. II. 8. Ex vita Hadriani II, ibid. p. 263. 9. XII. 10. II regis Italiae. 11. Adalbertum, quondam regem Italiae. 12. VIII. 13. V.

„Et multi alii possunt enumerari, in quibus regum et imperatorum potestas modum consuetudinis antiquae excessit; sicut Romani Ludewico regi scribunt, sic dicentes: *Privilegia Romanae ecclesiae convulsa sunt. Diu enim est, ex quo electio pontificis ablata est. Sed ea, quae violenter et ultra consuetudinem equitatis venerunt, nec in exemplum sumimus nec his, quae iuste facta sunt, comparamus*".

„Ex his ergo, quae sunt posita iuxta morem antiquitatis, perspicue[a] manifestum esse cognoscitur: consensu et iussione Romani principis fieri oportere ordinationem pontificis. Hanc autem[b] consuetudinem non postponendam sed firmiter retinendam esse, Deusdedit[1] Romanus pontifex decreto suo instituit ita dicens: *Quia sancta Romana ecclesia, cui Deo auctore praesidemus, plurimas patitur violentias pontifice obeunte, quae ob hoc inferuntur, quia absque imperatoris noticia et suorum legatorum praesentia pontificis fit consecratio, nec canonico ritu et consuetudine ab imperatore directi intersunt[c] nuntii, qui violentiam et scandala in eius consecratione non permittant fieri, volumus: ut id deinceps abdicetur; et cum praestituendus est pontifex, convenientibus episcopis et universo clero, eligatur, expetente senatu et populo eum, qui ordinandus est; et sic in conspectu omnium celeberrime electus, praesentibus legatis imperialibus consecretur; nullusque sine sui periculo iuramenta aut promissiones aliquas nova adinventione audeat extorquere, nisi quae antiqua exigit consuetudo; ne ecclesia scandalizetur aut imperatoris honorificentia minuatur*".

„Constat igitur, eam ordinationem nec esse rectam nec ordine factam, quae ambitu occupata et metu conscientiae et festinata consensum et collaudationem principis nullatenus habuerit. Idcirco non erit mirum, si malum habuerit finem; quia difficile est, ut bono peragantur exitu, quae malo inchoata sunt principio".

„Sed forte — qui nos conturbant et christianam pacem

a. perspicuum *V*.   b. ergo *V*.   c. sunt *V*.
1. imo Stephanus V anno 816; v. Regesta pont. Rom. p. 221.

subvertere quaerunt et, ne Romanus pontifex consensu et iussione principis consecrari debeat, probare cupiunt — scriptam consuetudinem non ecclesiasticam sed violentam, et ideo fore abiciendam, contendunt; praesertim quia canonica regula multis in locis affirmat: nunquam laico aliquid de ecclesiasticis disponendi facultatem esse concessam et nulli imperatori licere aliquid contra mandata divina praesumere; et item: cum Simachus[a] papa de electione Romani pontificis in synodo praeceptum daret[1], nullam mentionem principis habuit, sed hoc solummodo statuit, ut ille, in quem tocius ecclesiastici ordinis electio se inclinaverit, electus consecretur; si vero studia erunt in partibus, plurimorum sentencia vincat".

„Que regulae praedictam consuetudinem nec occulte arguunt nec manifeste excludunt. Symachus enim, ut ipse praemisit, tale decretum sanccivit, ut frequentes ambitus et ecclesiae nuditatem populique collisionem removeret, non ut consuetudinem potestatis, quam Romani principes antiquitus habuerant, removendam esse intenderet. Quam ad multitudinem contendentium reprimendam et statum ecclesiae conservandum[b] et cepisse et postmodum processisse experimento didicerat. Contentio enim, quae inter ipsum Symachum et emulum eius Laurentium ecclesiastica censura terminari non potuit, regio praecepto compressa omnino conticuit. Quia igitur statui ecclesiae praedictam consuetudinem necessariam esse cognoverat, tacens de illa, quae integra permanebat, quam quisque suo in tempore infringere non praesumebat, illa tantum munitione decreti firmare studuit, quae audatiam praesumptuosorum sepius violasse perspexit".

„Hoc idem et ceteri Romani pontifices ante et post Symachum[c] facere studuerunt, et nusquam consecrationem pontificum, ne[d] regio consensu fieret, prohibuerunt. Nam si prohibuissent aut prohibendam esse ullatenus intellexissent, decretum

499
Mart. 1

a. Symachus Z.   b. conservandam Z.   c. Simachum Z.   d. cum superscripsit alia manus in V.

1. V. Regesta pont. Rom. p. 61.

civium in regis praesentiam deferri non sinerent nec usque ad regium consensum ordinationem suam suspenderent".

"Iustum quippe erat: ut, quorum donariis ecclesia creverat et quorum tutela illesa permanebat et quietis integritatem habebat, eorum consensu et collaudatione et etiam dono patronum animarum susciperet. Ut Mediolanenses dono Valentiniani[a] imperatoris sanctum[b] Ambrosium susceperunt episcopum. Sic enim de eo tripertita historia[c] narrat: *quia nondum fuerat baptizatus. Hoc autem imperator agnoscens, iussit eum repente baptizari et ordinari pontificem*[1]. Et inferius idem imperator sic dicit: *Gratias ago tibi, omnipotens salvator, quoniam huic viro ego quidem commisi corpora, tu autem animas*[2]. Tam sanctus ergo vir, ut Ambrosius fuit, nunquam consecrationem aut curam hominum iussione aut dono imperatoris suscepisset, si iniustum hoc esse intellexisset".

"Sed quamvis praedicta de causa antiqua[d] et ecclesiastica consuetudo cepisset, ut principum consensu pontificum ordinatio recte et iuste proveniat, summopere tamen ipsos principes cavere oportet, ne illum collaudando nitantur praeferre, cui sanctorum de hoc scripta sentiunt contraire. Quia propter hec et similia scriptum est: non licere regi aliquid contra mandata divina praesumere[3]. Quoniam, quamvis cleri et populi consensu princeps potestatem habeat praeferendi pontificem, non ei tamen licet illum praeferre, cui canonum praecepta poterunt contraire. · Item nec suo quilibet princeps debet attribuere iuri: velle disponere, quae ad iura pontificum canones asserunt pertinere. Unde dicunt: nulli laico umquam aliquid de ecclesiasticis disponendi facultatem esse concessam; quamvis rex a numero laicorum merito in huiusmodi separetur, cum, oleo consecrationis inunctus, sacerdotalis ministerii particeps esse cognoscitur".

"Non ergo praedictae regulae praedictam antiquitatis con-

[a]. Valentiani *V*.   [b]. secundum *Z*.   [c]. hystoria *Z*.   [d]. antiqua scripsi pro antequam *VZ*.

1. Hist. trip. VII c. 8, Cassiodori opp. ed. Garetius I p. 305.   2. ibid.
3. Burchardi decr. XV 8: "Non licet ergo imperatori — aliquid contra mandata divinitatis praesumere".

suetudinem manifeste aut occulte inpugnant. Constat ergo, ut iam sepe dictum est, quod iuxta morem et decretum antiquitatis nec recte nec ordine Romanae sedis culmen ascendit, qui consensum principis in hoc neglexerit, tum propter ecclesiae sanctae° pacem et concordiam tum propter regni honorificentiam".

Et hec quidem ex episcopi praedicti[1] tractatu perstrinxi de Romani pontificis electione et consecratione secundum canonicam auctoritatem et antiquitatis consuetudinem. Nunc, quid de excommunicatione principis in eodem scripto sit, videamus.

„Non est enim, ut magnus Leo testatur, honor ille legitimus, qui fuerit contra divinae legis praecepta et sanctorum patrum decreta collatus. Quapropter, cuius ordinatio contra ius et ordinem canonicum facta fuerit, nec rata esse nec vires habere ullatenus poterit, nec ei velut pseudopontifici iure pontificali quemquam ligare aut solvere penitus licebit".

Item in eodem tractatu:

„Multi enim, ex quo Christi iugo regia colla se summiserant, Hildebrandum[b] praecesserant Romani pontifices, verae fidei et religionis constantia praeminentes, quorum temporibus plures ex Romanis principibus in ecclesia graviora quaeque delinquendo commiserant; quorum tamen neminem censura pontificum verbo excommunicationis exasperare praesumpserat. Neque hoc ideo tamen dimiserant, ut, humanam amittere gratiam formidantes, recta libere loqui pertimescerent, illud propheticum incurrentes: *canes muti non valentes latrare*[2], sed illud apostoli, id est: *omnia ad edifficationem*[3], prae oculis habentes. Unde deterius, si virga peccantes corrigerent, contingere posse perspicue praeviderunt; quasi onus superimpositum portare convenientius esse duxerunt. Multi etiam imperatores non parvo ingenio igne furoris in ipsos etiam Romanos pontifices exarserunt; quem tamen ipsi pacienter ferendo pocius quam ulciscendo exstinguere studuerunt".

„Que enim et quanta mala Ludewicus[4], pater clericorum,

a. om. V.   b. Hildeprandum V.
1. Widonis.   2. Isai. 56, 10.   3. 1 Cor. 14, 26.   4. II imperator.

864 Romanae ecclesiae temporibus Nicolai[a][1] papae undique absque rationis iudicio irrogavit, quam dura et arta[b] obsidione praedictum pontificem cum clero et plebe sibi commissa, infra ecclesiam beati Petri inclusum, quinquaginta et duos dies ira dictante afflixit, fame et frigore maceravit, cedis et rapinae congerie angustavit, scriptura de querimonia Romanorum composita[2] indubitanter ostendit. Sed quamvis doloris et iniuriae congeries pontificis mentem sollicitudine non parva coangustaret, maluit ipse tamen gravitatem instantis periculi humilitate pacientiae levigare quam furorem principis severitate vindictae in deterius agitare".

1081-1085 „Quod nunc certe factum est manifeste. Ecclesiastica enim et regalis possessio velut praeda[c] undique occupatur et circumquaque districta ab omnibus rapitur. Oves Christi usque quaque pereunt. Bella plus quam civilia cottidie insurgunt et crescunt. Ecclesiae cura negligitur; eius quoque status et ordo turbatur. Et impia et sacrilega praesumptione basilicae Deo dicatae auro argento gemmis et palliis et ceteris, quae veneranda devotio pontificum seu regum et pietas fidelium ipsis in ornamenta contulerant, expoliantur, et ad pugnam faciendam et bella commiscenda et homicidia committenda erogantur. Sanctarum congregationum res et stipendia, pupillorum et orphanorum hereditates et victualia distrahuntur et vastantur. Et sic ex una parte servicium Dei impeditur et negligitur, ex altera parte vocibus famelicorum Dominus pulsatur. Quos ipse exaudire dignetur, qui vivit et regnat in secula seculorum".

„Hanc igitur pestiferam insaniam, hanc insaniae sacrilegam praesumptionem, hanc praesumptionis detestandam calamitatem quoniam ecclesia sustinere non valet, ad radicem arborum[3] pestiferarum iuste ac necessario securim deiectionis ipsamet ecclesia quacunque ratione apponere debuit; ut, si homines malos a prave agendo spiritualis censura retrahere non posset, secularis

a. Nycolai V.   b. aspera corr. in arta V.   c. om. V.

1. II.   2. quae non iam superesse videtur. Cf. Dümmler Gesch. des ostfränkischen Reichs I 516 n. 60.   3. Matth. 3, 10.

vindictae saltem metus inhiberet. Sed hunc clipeum fortitudinis a Deo constitutum negligendo et dehonestando dum extra modum arguentes exasperant, unum periculum et dampnum aggravatur omnium. Et quid mirum? Nam, unde fructum bonae discretionis et salutis ecclesia legere merito debuit, nil aliud quam sucus indiscretionis et perdicionis effluit; et unde sibi bonum pacis procedere sperabat, non aliud quam fons discordiae emanat".

„Constat ergo ex praecedentibus, quod inique et impie Hildebrandus[a] egit, cum, irae et inimiciciarum impetu ductus, Romanum principem verbo iniustae excommunicationis, nullo maiorum praecedente exemplo, exasperare praesumpsit".

„Sed idem Hildebrandus in quadam sua epistola[1], quia a Romanis pontificibus exemplum huiusmodi sumere non valuit, Ambrosium Mediolanensem episcopum Theodosium imperatorem excommunicasse introduxit; ut ex hoc, quod Ambrosius cuiusdam metropolis episcopus fecerat, sibi maiori et velut Romano pontifici licitum esse probaret. Sed quia exemplum mendatio corrupit et inconvenienter in suam argumentationem assumpsit, nulla ex hoc evidentia probabilitatis propositum suae intentionis firmavit. Theodosius enim, furore indignationis accensus, septem milia hominum, nullo praecedente iudicio, Thessalonice iussit occidi. Hanc autem cladem gemitibus plenam Ambrosius audiens, cum princeps Mediolanum venisset et sollempniter in sacrum templum intrare voluisset, ne secundo peccato priorem nequiciam augeret, occurrens ei foris ad ianuas dulci et suavi ammonitione, pia et salubri persuasione a sacri liminis incessu eum prohibuit; nullam potestatem ligandi sibi arroganter attribuens, sed humiliter dicens: *Suscipe imperator vinculum, quo te dominus omnium ligavit; est enim medicina maxima sanitatis*[2]. Inconvenienter ergo et fallaciter Hildebrandus ab Ambrosio exemplum duxit: ut Romanum principem excommunicaret;

---

a. Hildeprandus V.

1. scripta die 15 Mart. 1081; Registr. VIII 21, supra T. II 458. 2. Ex hist. trip. L. IX c. 30, Cassiodori opp. T. I 343.

1081-1085 et suos ab eius communione suspenderet et a fidelitate removeret. Quia nec Ambrosius Theodosium, licet tot milia homicidiorum reum, sententia furoris et fastu dominationis excommunicare praesumpsit; nec quemlibet suorum fidelium ab eius servitio aut communione suspendit, nec ab iuramento, quod ei fecerant, absolvit; nec ipsum imperio aut vita privare molitus fuit".

Et hec de excommunicatione. Nunc autem, de absolutione iuramenti principum quid in eodem tractatu sit, ponamus.

"Cum illo" inquit "anathemate, quod Hildebrandus in regem iniuste et ordine praecipiti dicere praesumpsit, maledictionis ac dampnationis clavum sibi ipsi infixit. Et si — quia, errroris lepra aspersus, a fidelium unitate contumatia et perversitate singularis doctrinae recessit — neminem fidelium regis ab eius communione suspendere potuit, multo minus ab iuramento, quod ei fecerant, absolvere licuit. Quia, si excommunicatio iuste et ordine a recto et catholico facta fuisset, ab iuramento tamen principes regni absque labe periurii cum vita absolvi non possent. Nam, cum illud, quod vita manente servare se cum iuramento spoponderant, non incurrente necessitate cessarent impendere, non possent reatum periurii continuo non incurrere. Quia ubi iuramenti promissio violatur, necesse est, ut periurium continuo committatur. Quapropter — cum absolutio iuramenti absque reatu periurii fieri non potuit; periurium autem de tali iuramento concedi non licuit, cum iuramentum, quod fit regibus, a sanctis patribus insolubiliter observandum esse praecipiatur — qui iuramenta regi et imperatori facta violari concessit et iussit, necessario reus periurii factus, novi et veteris testamenti mandatis manifeste invenitur esse contrarius".

"Habemus enim in lege veteri scriptum: *Nec periurabis in nomine meo* [1]; et: *Non assumes nomen domini Dei tui in vanum* [2]. Et Euticianus papa iubet hoc praedicari: *ut fideles homines summopere periurium committere caveant; scientes, grande scelus esse et in lege et in prophetis et in euangelio prohibitum* [3]. Habemus

[1]. Levit. 19, 12.   [2]. Exod. 20, 7.   [3]. Burchardi decr. XII 14: "Praedicandum est etiam — prohibitum".

etiam ex Toletano concilio: *Si quis laicus iuramentum violando* 1081-1085 *profanat, quod regi et domino suo iurat, et postmodum regnum eius perverse et dolose tractaverit, et in mortem ipsius aliquo machinamento insidiabitur, quia sacrilegium facit, manum suam in christum Domini mittens, anathema sit. Episcopus vero, presbiter, diaconus, si hoc crimen perpetraverit, degradetur*[1]. De illa etiam re, quae male et incaute servari iuramento promittitur[a], quamvis observari non debeat, tamen praecipit Toletanum concilium: *ut male iurans dignam penitenciam agat, eo quod nomen Domini contra praeceptum illius sumpsit in vanum*[2]".

"Quid[b] ergo Hildebrandus in absolutione iuramenti regi facti aliud egit, quam quod plane mandatum Dei reiecit; et tradiciones suas statuit; et ecclesiae statum impudenter evertit? Mandatum enim Dei, ut Alexander papa inquit, reicere nichil est aliud, quam humano iudicio novis rebus constituendis incumbere[3]. Novas autem res procul dubio constituit, qui — contra patrum statuta — periuria committendi licentiam dedit; et per hoc unitatis et concordiae vinculum rupit, sediciones movit, scismata excitavit, cedes et incendia, rapinas et sacrilegia, aliaque sine numero mala undique ecclesiae[c] et regno induxit".

"Duo ergo hic heretica et christianae saluti penitus inimica Hildebrandus plane induxit. Quia et inpenitentiam cordis in absolutione illa indixit, id est[d] peccare in Spiritum sanctum, inremissibile[e] videlicet peccatum, docuit; et veniam de culpa sine correctione dari posse, exemplo suo asseruit. Hoc autem nec scriptum habetur, nec exemplum, ut fieri possit, in ecclesia fidelium reperitur[f]. Quod Gelasius[4] papa testatur, dicens: *Legatur, ex quo fuit religio christiana, vel certe detur exemplum in ecclesia Dei, a quibuslibet pontificibus, ab ipsis apostolis, ab*

a. *sic scripsi pro* promittit *VZ*.   b. Qui *Z*.   c. ecclesiam *Z*.   d. idē *Z*.
e. inremisibile *V*.   f. repperitur *V*.

1. Burch. decr. XII 21 (ex dictis Augustini).   2. Burch. decr. XII 7.
3. Alexandri ep. I (Decretales Ps. Isid. ed. Hinschius p. 95): "Quid enim aliud est reicere mandatum Dei, quam — iuditio humano novis rebus constituendis liberius delectari?"   4. I in ep. ad Faustum (Regesta pont. Rom. n. 381).

1081-1085 *ipso denique creatore veniam, nisi corrigentibus fuisse concessam.* Item idem ita subiungit: *Remitti culpa de praeterito potest, correctione quidem sine dubio subsequente. Sed si deinceps fingitur mansura perversitas, non est benignitas remittentis sed consentientis annuntiatio.* Et Augustinus dicit: Quisquis malorum operum sine condigna penitentia quemquam veniam a Deo percipere posse dixerit, penitus errat; et cum deceptus alios decipere festinat, duplici noxa constringitur, hoc est proprii erroris et alienae deceptionis. Periurii autem perversitas indubitanter omnibus perpetua manet, quos penitentia correctionis a perfidia nunquam retrahit. Non ergo in pertinatia periurii manentibus quisquam culpam remittere poterit; sed qui se illis remittere dixerit, se eis consentientem esse sine dubio annuntians, tot periuriorum reus existit, quot ipse fraudulenta et falsa remissione periuros esse substituerit. Quia si ille, qui peccantibus consentit, iuxta apostolum ex hoc reus esse statuitur, tunc qui alios qualibet arte peccare inducit, peccati auctor et socius factus, evidenter et ipse reus esse convincitur. Quid enim hoc aliud est, quam cordis inpenitentiam hoc exemplo docere; et culpam de crimine absque correctione solvi posse, mendaci absolutione asserere; et simulato ore homines decipere? De hoc quoque papa Simplicius dicit: *Recte ille privilegium dignitatis meretur amittere, qui permissa sibi abutitur potestate*[1]. Nam si iuramentum, quod regi iure debito principes fecerant, postposuisse reatus fuit, utique et correctione indiguit et absolvi absque correctione non potuit. Quia quod correctione non eget, reatus nomen recte habere non potest. Si vero medicinam correctionis periurio vulneratis adhibere ideo noluit, quia periculum mortis in periurii vulnere forte non intellexit, fallaciter et superflue absolvit, quos nullo vinculo culpae astrictos esse existimavit".

„Merito igitur privilegium pontificale exclusus amisit, qui pontificatus potestate in horum alterutro abuti non formidavit, et ex hoc infinitae hominum multitudini lacum mortis effodit et laqueum perdicionis decipiendo abscondit. Et quia iuxta dictum

1. Cf. Burch. decr. I 29.

Augustini nemo non prius in se quam in alterum peccat, iure 1081-1085 et ipse in foveam cecidit et iniquitas sua demum in consummationem dampnationis suae descendit. Quoniam iuxta dictum Salomonis: *Qui laqueum alii ponit, in illo peribit*[1]; et: *Nequissimum consilium facienti, super ipsum devolvetur, et unde illi veniat, non agnoscet*[2]".

„Nequius autem consilium nemo poterit facere, quam sub specie pacis in sacerdotium et regnum discordiae gladium immittere. Ex hoc enim pietatis viscera lacerantur; caritatis et amiciciae vigor et constantia dissipatur; fidei vinculo debito iure astricti in interitum animae separantur; christianitatis pax excluditur; scismata excitantur, sediciones moventur, certamina mortis inducuntur; iura leges et ecclesiastica sanctio usque quaque subvertitur; raptoribus et praedonibus et quibuslibet perditissimis hominibus occasio male agendi tribuitur; et demum, his duobus ecclesiae capitibus discordantibus, omnia sive animae sive corpori profutura turbantur et ad interitum inclinantur. Quapropter quam diu languor non fuerit curatus in capite, totum corpus non desinet morbus fatigare".

Item de iuramentis:

„Iuravit enim Sedechias per Deum omnipotentem, quod observaret fidelitatem Nabuchodonosor regi et solveret illi tributum, quia constituerat eum regem[3]. Sed quia haec omnia mentitus est et iuramentum nominis Domini non servavit, traditus est tam ipse quam principes eius. Nam ductus est[a] in Babilonem cecus in caveam ibique mortuus est[4], eo quod iuramentum Domini spreverit. Quia multo fidelior inventus est ille, qui iuramentum Domini credidit, licet a Deo alienus esset, quam ille, qui per iuramenti ipsius occasionem locum adinvenit et amico suo, qui ei regnum dederat, molitus est insidias".

a. est om. V.

1. Eccli. 27, 29.   2. Eccli. 27, 30.   3. 4 Reg. 24, 17.
4. Ierem. 52.

191. *D. quidam cuidam H. respondet de ecclesiae schismate et de excommunicatione Heinrici V imperatoris*ᵃ. (E 321)

H. in Christi menbris vero verae religionis speculo D., Dei gratia si quid est, inter erumpnas inminentis procellae ad ea, quae sursum sunt, indesinenter suspirare.

Iste vester legatus, praesentium litterarum baiolus, magnae mihi hilaritatis occasionem praebuit; quia et fraternae dulcedinis salutationem et spiritualis devotionis circa inquisitionem divinae veritatis vere catholico viro dignam quaestionem ad me nuper ex parte vestrae pertulit serenitatis. Unde, quantum ego peccator audeo et valeo, Spiritui sancto gratias agere non cesso, qui vos in benedictionibusᵇ catholicae veritatis praevenit et lumen vultus sui super vosᶜ signavit, ut ipso duce inter tenebras praesentis erroris et scismatis[1] a via mandatorum Dei non declinetis et, quod utique tanto est preclariusᵈ quanto rarius, circa curam cognoscendae divinae religionis tam ardenti studio evigiletis. Quid enim iocundius quisquam possit optare, qui veritatem attingat vel tenui rationis imagine, quam eiusdem veritatis vel unum verum amatorem ac liberum defensorem posse repperire inter tot miliaᵉ deviantium? Siquidem nunc potestas tenebrarum[2] se exerit, nunc iam fere totus mundus in maligno positus[3] propter habundantiam iniquitatis a caritate Christi et ecclesiae defecit, nunc iam plane videmus instare periculosa tempora, que apostolus spiritu prophetiae deplorans: *Instabunt* inquit *in novissimis diebus periculosa tempora, in quibus homines erunt se ipsos amantes elati cupidi blasphemi, suarum voluptatum magis quam Dei amatores, formam quidem pietatis habentes, factis autem virtutem eius abnegantes*[4].

Sed inter haec perniciosa studia partium, inter hec tanta scandala scismatum et heresium, inter haec sacrilega dogmata non Dei sed hominum, quae sua sunt non que Iesu Christi que-

---

a. *ex V 135—135v, Z p. 298—299.*   b. benedictionis *V.*   c. nos *V.*
d. pleclarius *V.*   e. multa *V.*

1. anni 1118.   2. Luc. 22, 53.   3. 1 Ioh. 12, 19.   4. V. 2 Timoth. 3, 1—5.

rentium¹, quid sit tenendum aut que meae sit parvitatis sententia, querere dignatio vestra curavit. Qua in re illud inprimis ex totis praecordiorum medullis ingemisco: quod summa nostrae salutis, quam auctoritas sanctorum patrum sub omni certitudine diffinivit, heu peccatis exigentibus, versutia reproborum hominum apud simplices et minus cautos in dubium ducitur; et in negotiis ecclesie discutiendis non testimonium sacri eloquii sed commentum humani admittitur arbitrii. Qua de re quantum detrimenti incumbat divinae religioni, quisquis non sapit, profecto ab omni bono sensu desipit. Vos autem, venerande domne ac frater in Christo dilectissime, non a me, qui nichil sum ex me, sed ex auctoritate sanctarum scripturarum multiplici et inexpugnabili discere debetis: qualiter fugiendum sit de medio Babylonis; scilicet non corpore sed mente, non passibus pedum sed profectibus virtutum, non deserendo bonos propter malos fastu superbiae, sed tolerando malos propter bonos sub optentu misericordiae. Quod autem dico de malis spiritaliter non corporaliter vitandis, hoc patriarchae, hoc prophetae, hoc ipse sanctus sanctorum dominus Iesus Christus, hoc eius apostoli nec non et omnes apostolici viri non solum scriptis suis sed exemplis ᵃ evidentissimis contestati sunt; quia inter eos assidue conversabantur, quorum vicia tamen acerrime execrabantur. Unde ex factis sanctorum procul dubio colligitur, etsi scripta eorum interdum sint ambigua, quia aliena iniquitas non coinquinat cohabitantem corpore sed consentientem mente. Hanc autem sententiam sanam et catholicam possem equidem multis et rationibus et auctoritatibus confirmare, nisi vitium esset, in sermone ad doctum virum instituto de re manifesta copia verborum perstrepere.

Porro autem si queritis, quid tenendum sit de illa generali excommunicatione, que praeter utilitatem ecclesiae et auctoritatem sacrae scripturae, non zelo Dei sed instinctu diaboli, ad scandalizandos pusillos Christi extraordinarie subintroducta est, auctore Augustino perfecte instruemini, qui in diversis ope-

a. *suis add. V.*   1. Philipp. 2, 21.

1118 ribus suis et evidentissime in libris contra Parmenianum hereticum[1] conscriptis confirmat: huiusmodi sententiam, que datur in multitudinem aut in personam principis[2], sociam multitudinem secum ad suum favorem trahentis, infructuosam esse, immo superbam et sacrilegam atque perniciosam fore, et plus simplices bonos conturbare quam animos malos emendare. Quid plura? Qui dixit: *Beatus, qui non fuerit scandalizatus in me*[3], ipse sanctitatem vestram ab omni scandalo in his, quae perpetuae salutis sunt, dignetur custodire.

192. *Petrus episcopus Portuensis cardinalibus, qui Calixtum II papam creaverint, assentitur*[a]. (E 294)

1119 Mart.

Dilectis in Christo fratribus episcopis cardinalibus et ceteris clericis sive laicis, qui cum papa Gelasio fuerunt, P(etrus) Portuensis episcopus[4][b] salutem in Domino.

Scriptum est: *Si oculus tuus fuerit simplex, totum corpus tuum lucidum erit*[5]. Proinde benedictus Deus, qui simplicitatem cordis vestri tanta prudentia illustravit, ut magnis ecclesiae ne-

Febr. 2 cessitatibus salubri et maturato consilio provideretis[6]. Licet enim me obitus domini nostri papae G(elasii)[7] contristaverit, peticioni tamen vestrae prompto et alacri animo diligentiam dedi atque, ut ceteri fratres vobiscum in unum saperent, sollicicius elaboravi.

Mart. 1 Quod honeste satis per Dei gratiam factum est[8]; sicut per nuntios nostros, qui auxiliante Deo in proximo ad vos venturi sunt, plenius cognoscetis.

a. *ex V 120v—121, Z p. 264:* Epistolae episcoporum et cardinalium, qui Rome erant, ad cardinales, qui cum Gelasio erant, de electione Widonis Viennensis episcopi qui et Calixtus. *Ex cod. S. Laurentii Leodiensis* (L) *ediderunt Martene et Durand Coll. ampl. I 644.* b. *om. L.*

1. V. Augustin. contra epistolam Parmeniani L. III c. 14, Opp. ed. Benedictini T. IX 48. 2. His allatis verbis Heinricus V imperator designatur, a Gelasio II excommunicatus die 7 Apr. 1118. 3. Matth. 11, 6. 4. „quem pontifex Gelasius Romae vicarium dimiserat"; Falco Beneventanus in chron. ap. Muratori Rer. It. SS. V 92. 5. Matth. 6, 22. 6. Calixtum II papam creantes in Cluniacensi monasterio die 2 Febr. 1119. 7. die 29 Ian. 1119. 8. die 1 Mart. 1119; v. ep. 197 infra p. 351—352.

193. *Presbyteri cardinales Romae degentes electionem Calixti II papae, etsi contra morem Romanum factam, comprobant*ᵃ.

(E 295)

Cardinales Romae degentes Bonifacius tituli sancti Marci, Iohannes tituli sanctae Ceciliae, Anastasius tituli[b] sancti Clementis, Benedictus tituli sanctae[b] Eudoxiae, Divizo[c] tituli[d] Equitii, Dietpaldus[e] tituli Pammachii, Reinerus[f] tituli sanctorum Marcellini et Petri, Desiderius tituli sanctae Praxedis, Gregorius tituli sanctae Lucinae, Hugo tituli apostolorum, karissimis fratribus et cardinalibus, qui ultra montes sunt, salutem.

1119 Mart.

Dilectionem vestram latere non credimus: quod ex[g] Romanae ecclesiae filiis presbiteris vel diaconibus — et infra urbem si possibile fuerit, vel extra in locis finitimis — post excessum[h] summi pontificis persona ad papale officium idonea, decretis sanctorum pontificum testibus, ad culmen apostolicum debeat exaltari.

Sane quidem, nostris exigentibus meritis, quia nos sumus, in quos fines seculorum devenerunt, cum ex Romano more electionem facere impediamur, electionem, quam vos[i] de domno Guidone[k], olim archiepiscopo Viennensi nunc vero domino nostro, fecistis, caritate debita consentimus, et consentiendo nos Spiritu divino[l] afflante laudamus, unanimitate vinciente corroboramus.

Febr. 2

---

194. *Diacones cardinales Romae degentes electionem Calixti II papae probant*ᵐ. (E 296)

Venerabilibus in Domino fratribus diaconibus cardinalibus, qui ultra montes sunt, diacones cardinales, qui Romae sunt, salutem.

1119 Mart.

Quemadmodum nobis scripsistis, karissimi, in dilectione

---

a. *ex. V 121, Z p. 264—265. Ediderunt ex (L) cod. S. Laurentii Leodiensis Martene et Durand Coll. ampl. I 645.* b. om. *L.* c. Diviso *L.* d. sancti add. *L.* e. Tibaldus *L.* f. Reinerius *L.* g. a VZ, ex *L.* h. decessum *L.* i. nos *Z.* k. Widone V, Guuidone Z, Gu. *L.* l. divino om. VZ. m. *ex V 121, Z p. 265. Ediderunt (L) ex cod. S. Laurentii Leodiensis Martene et Durand Coll. ampl. I 645.*

1119 nostra tum pro eodem ordine tum pro eiusdem officii equalitate
Mart. plene confidere potestis. Quocirca dilectioni vestrae notum sit,
eodem nos vobiscum vinculo caritatis conexos ad totius ecclesiae
utilitatem ac statum, de tanti viri electione idem sentire, idem*
laudare confirmare ac per omnia unanimitatem[b] tenere. Quicquid igitur prosperi vobis divina gratia favente[c] provenerit,
nobis fratribus vestris litteris[*] significare curate.

195. *Episcopi et cardinales Romae degentes hortantur omnes
christianos, ut Calixto II papae obediant*[d]. (E 297)

1119 Episcopi et[*] cardinales, qui Romae sunt, dilectissimis[f] in
Mart. Christo fratribus universis Galliarum et aliarum partium episcopis abbatibus et ceteris Christi fidelibus salutem.

Fraternae dilectioni vestrae certum[g] esse volumus, quia nos[h] communi voto et desiderio electionem, a fratribus nostris, qui ultra montes sunt, factam de domno Guidone Viennensi archiepiscopo in Romanae ecclesiae pontificem Calixtum[i], omnes pariter laudavimus et confirmavimus. Vestram itaque fraternitatem rogamus et[*] obsecramus in Domino, id[k] ipsum nobiscum sentire laudare et tenere, eique vice beati Petri sicut Romano pontifici obedire; precibus etiam assiduis pro eo Dominum exorare, quatinus ei virtutis suae praebeat incrementa eumque cum grege sibi credito perducat ad gaudia sempiterna.

196. *Crescentius Sabinensis et Vitalis Albanensis episcopi cardinalibus, qui Calixtum II elegerint, iterum de novo papa confirmato scribunt. Rogant, ut sibi subveniant papamque ad concilium convocandum impellant*[l]. (E 298)

1119 Karissimis[m] in Christo fratribus episcopis cardinalibus epi-
Mart.

a. *om. L.* b. *unanimiter L.* c. *om. VZ.* d. *ex V 121:* Epistola eiusdem cuius supra; *Z p. 265 sine lemmate. Ediderunt* (L) *ex cod. S. Laurentii Leodiensis Martene et Durand Coll. ampl. I 646.* e. *om. L.* f. dilectissimi *Z,* dilectis *L.* g. notum *L.* h. qui *add. L.* i. Calistum *Z.* k. in id *L.* l. *ex V 121, Z p. 265. Ediderunt* (L) *ex cod. S. Laurentii Leodiensis Martene et Durand Coll. ampl. I 646.* m. *Pro* Karissimis — salutem *VZ leguntur in L haec:* Fratribus in Christo carissimis episcopis et cardinalibus et reliquis beati Petri fidelibus, qui ultra montes sunt, fratres, qui Romae sunt, salutem dicunt. *Cf. ep. 197 infra.*

scopi*, qui Romae sunt, C(rescentius) Sabinensis V(italis) Albanus 1119 Mart.
in Domino salutem.

Aliis vobis iam litteris significavimus, quia, quod a vobis de pontificis electione factum est, a* nobis quoque pariter cum cleri et populi multitudine laudatum et confirmatum est. Et quia terreni itineris securitatem non habemus, nuntios cum litteris et subscriptionibus nostris per mare ad vos Domino auxiliante mittemus. Domnum papam Calixtum tota ecclesia praedicat; nomen eius in missarum orationibus° celebratur⁴ et a scriniariis, sicut consuetudo est, in cartis, quas faciunt, ponitur. Vos itaque, fratres°, constanter et viriliter agite et nobis laborantibus modis quibus potestis succurrite; quia et᷉ nos pro viribus operamur, ut domnum papam et vos cum honore et gaudio suscipiamus. Restat⁸ enim, ut, sicut peticioni vestrae festinum ᷉ praebuimus assensum, ita et vos in necessitatibus nostris largiente Domino nobis praebere festinetis auxilium. Ex consilio autem nostro, si vobis placet, domno papae suggerite concilium celebrare: de pace — si fieri potest — et de ecclesiae liberatione tractare.

---

197. *Cardinales Romae degentes cardinalibus, qui Calixtum II elegerint, iterum de comprobato papa scribunt. Subveniri sibi conciliumque agi volunt¹.* (E 299)

Karissimis ᵏ in Christo fratribus episcopis cardinalibus beati 1119 Petri, qui ultra montes sunt, fratres, qui Romae sunt, salutem. Mart.

Litteras a fraternitate vestra communes et proprias letanter suscepimus, et peticioni vestrae cum devotione assensum praebuimus; sicut venerabilis frater noster O. archipresbyter Salvatoris cum socio suo vobis narrare poterit, quos ad domnum papam et¹ vos direximus cum litteris confirmationis et nostris subscriptionibus. Ipsi enim viderunt et audierunt, quomodo nos

a. episcopi om. VZ.   b. a nobis — pariter om. L.   c. celebrationibus L.
d. celebrat V.   e. om. L.   f. et quia V.   g. Restat — tractare om. L.
h. festivum Z.   i. ex V 121—121v: Cuius supra; Z p. 265—266. Ediderunt (L) ex cod. S. Laurentii Leodiensis Martene et Durand Coll. ampl. I 644.   k. Carissimis in Christo fratribus episcopis cardinalibus episcopi, qui Romae sunt, C. Sabinensis, V. Albanus in Domino salutem L; cf. ep. 196 supra p. 350 n. m.   l. ad add. L.

1119
Mart. 1

in Kalendis Martii omnes pariter congregati fuimus[a] episcopi cardinales presbiteri diaconi et[b] subdiaconi cum reliqua multitudine Romanae urbis cleri et populi, et electionem pontificis a vobis factam singuli ore proprio laudavimus et confirmavimus. Restat igitur, ut, sicut nos festinum peticioni vestrae praebuimus assensum, ita et vos in[c] necessitatibus nostris nobis[g] Domino largiente praebere festinetis auxilium. Ex[d] consilio autem nostro, si vobis placet, domno papae suggerite concilium celebrare: de pace — si fieri potest — et ecclesiae liberatione tractare.

198. Concilii Tolosani decreta quaedam[e]. (E 302)

1119
Iul. 9

Anno dominicae incarnationis 1119, 7 Idus Iulii, indictione 12 domnus papa Calixtus Tolosae cum archiepiscopis episcopis abbatibus Provinciae, Gozie, Guasconiae et citerioris[f] Hyspaniae concilium celebravit, ubi, cum de diversis negociis quaestiones emergerent, capitula hec promulgata et totius assensu concilii approbata sunt. Sanctorum patrum vestigiis insistentes, ordinari quemquam per pecuniam in ecclesia Dei vel promoveri auctoritate sedis apostolicae omnimodis prohibemus; si autem sic ordinationem vel promotionem acquisierit, acquisita prorsus careat dignitate. Nullus etiam in praepositum, nullus in archipresbyterum, nullus in decanum nisi presbyter, nullus in archidiaconum nisi diaconus ordinetur. Primicias, decimas, oblationes et cimiteria, domos etiam et bona cetera deficientis episcopi et clericorum a principibus et quibuslibet laicis diripi et teneri penitus interdicimus; qui vero pertinaciter ista praesumpserit, ab ecclesiae liminibus tamquam sacrilegus arceatur. Hos[e], qui, religionis speciem simulantes, dominici corporis et sanguinis sacramentum, baptisma puerorum, sacerdocium et ceteros ecclesiasticos ordines et legitimarum dampnant federa nuptiarum, tamquam hereticos ab ecclesia Dei pellimus et dampnamus et per potestates exteras coherceri praecipimus. Defensores quoque ipsorum eiusdem dampnationis vinculo, donec

a. sumus L. b. om. L. c. om. L. d. Ex — tractare om. VZ.
e. ex V 122, Z p. 267—268: Sinodus Calixti pape. f. cyterioris Z. g. Vos Z.

resipuerint, innodamus. Si quis, ecclesiasticae miliciae titulo insignitus, monachus vel canonicus aut etiam quilibet clericus, primam fidem irritam faciens, abierit aut tamquam laicus comam aut barbam nutrierit, ecclesiae communione privetur, donec praevaricationem emendaverit.

1119
Iul. 9

---

199. *Hessonis magistri scholarum Argentinensis relatio de pace mense Octobri anni 1119 frustra tractata inter Calixtum II papam et Heinricum V imperatorem*[a][1]. (E 303)

Qualiter nuper inter regem[b] et domnum papam[c] causa ceperit ac processerit, breviter descriptum est[d].

Venerunt ad regem apud Argentinam episcopus Catalau-

1119
Sept. ex. —
Oct. in.

a. *ex V 122—124v, Z p. 268—273. Usus sum etiam (E) codicis bibliothecae caes. Vindob. 629 (ius can. 133) membr. saec. XII fol. 2v—7.* b. H. *add. E.*
c. Calistum *add. E.* d. est *om. E.*

1. Relatio haec perspicue sollerterque expedita omnibus locis prodit alienatam ab Heinrico V scriptoris mentem. Qui tantopere Calixti II rebus studuit, ut non solum pontificios homines saepius proprie „nostros" vocaret (v. ad 17—19 Oct.: „Exegit etiam ipse" i. e. imperator „a nostris eodem modo firmari sibi" cet.; ad 24 Oct.: „Post haec sui" i. e. imperiales „de modo absolutionis et susceptionis cum nostris ceperunt conferre"; „quibus condescendentes nostri responderunt"; „nostri ad domnum papam redierunt"), sed etiam detrahendi causa imperatorem tum ipse ubique regem diceret tum a legato apostolico sic: „domne rex" coram appellari fingeret, imo vero eundem his verbis: „homo ille" non verecundaretur significare (v. ad 21 Oct.: „ut domnus papa — utrum in veritate homo ille ageret, per semet ipsum temptaret"). Hinc nimirum effectum est, ut, qui libellum paravit, videretur peregrinus et forte quidem Francogallus fuisse. Nec vero, quis fuerit, ambiguum est. Nam Ekkehardus, in chronico hac ipsa narratione usus, explicatorem ad 1119 (Mon. Germ. SS. VI 255) sic divulgavit: „Eiusdem tamen actionem concilii (Remensis) si quis plenarie cognoscere querit, in litteris cuiusdam scolastici nomine Hessonis eleganter enucleatum reperire poterit". Atque haec iam Tengnagelius, primus libri editor, intellexit; Willelmus autem Giesebrecht (Gesch. der deutschen Kaiserzeit III 1019) Hessonem vidit ecclesiae maioris Argentinensis scholas habuisse. In compluribus enim annorum 1116—1119 tabulis Argentinensibus comparet inter canonicos maioris ecclesiae Hesso scolarum magister: in tabula Ottonis de Bruschkirchen data a. 1116 (ap. Würdtwein Nova subsidia diplomatica VII 10), in tab. Helwigis comitissae d. a. 1118 (ap. Würdtwein l. l. VII 16, Schoepflin Als. dipl. I 193, Grandidier Histoire d'Alsace II 232), in tab. Brunonis maioris ecclesiae

1119
Sept. ex.—
Oct. in.

nensis[1] et abbas Cluniacensis[2], acturi cum eo de pace et concordia inter regnum et sacerdotium.

A quibus cum rex consilium quereret, quomodo sine diminutione regni sui hoc exequi posset, assumpta parabola sua[a][3], respondit episcopus: *Si veram pacem, domne rex, desideras habere, investituram episcopatuum et abbatiarum omnimodis[b] dimittere te oportet. Ut autem in hoc regni tui nullam diminutionem pro certo teneas, scito: me, in regno Francorum episcopum electum, nec ante consecrationem nec[c] post consecrationem aliquid suscepisse de manu regis[4]. Cui tamen de tributo, de milicia, de theloneo et de omnibus, que ad rem publicam pertinebant antiquitus sed a regibus christianis ecclesiae Dei donata sunt, ita fideliter deservio, sicut in regno tuo tibi episcopi deserviunt, quos huc usque investiendo hanc discordiam immo anathematis sententiam incurristi[d].* Ad haec[e] rex, elevatis manibus, hoc responsum dedit: *Eia* inquit *sic fiat. Non quero amplius.* Tunc subiunxit episcopus: *Si igitur investituras dimittere volueris; et possessiones ecclesiarum et eorum, qui pro ecclesia laboraverunt, reddere; et veram pacem eis dare; laborabimus, Deo opitulante, huic contentioni finem imponere.*

a. om. V.   b. omnimodo Z.   c. nec post consecrationem om. VZ.   d. incurristis V.   e. hoc VZ.

praepositi d. a. 1118 (ap. Würdtwein l. l. VII 19, Grandidier l. l. II 231), quin etiam in ipsius Heinrici V diplomate d. a. 1119 (ap. Würdtwein l. l. VII 30, Grandidier l. l. II 234). Eiusdem vero diplomatis testis perhibetur Cuno episcopus Argentinensis, quem scimus, „cum in obsequio regis assidue fuisset", eodem tempore quo hunc libellum formavit Hesso, id est „statim post Remense concilium, misericordiam postulavisse et a cardinali sancte Romane ecclesie absolutionem recepisse" (v. Adelberti I archiepiscopi Moguntini epistola supra T. III p. 393). Atque ita Hessonem scholarum magistrum una cum episcopo suo Cunone ab imperatore defecisse patet. — Principem libri editionem a Tengnagelio anno 1612 (Vetera monumenta contra schismaticos p. 329—338) vulgatam repetebant a. 1671 Labbeus Sacrosancta concilia X 872—878; a. 1735 in Gretseri opp. VI 550—554; a. 1760 Hartzheim Concilia Germ. III 275—278; a. 1776 Mansi Sacrorum conciliorum nova coll. XXI 244—250; a. 1806 Brial in Recueil des hist. XIV 200—204. At novissima editio, in Mon. Germ. SS. XII 423—428 quatuor ex codicibus comparata, debetur Wattenbachii curae.

1. Willelmus (de Campellis).   2. Pontius.   3. Cf. Numeri 23, 7: „assumptaque parabola sua, dixit".   4. Ludovici VI.

Quae omnia rex, communicato cum suis consilio, se prosecuturum promisit; si fidem et iusticiam apud domnum papam inveniret; et si veram pacem ipse et sui et possessiones*, quas pro werra ista amiserant, reciperent.

1119
Sept. ex. —
Oct. in.

Quibus auditis, episcopus certam se fieri super denominatis capitulis postulavit; tum ut labor eorum¹ non esset inutilis, tum ut domnum papam ad exequendam pacem facilius inclinarent. Tunc rex propria manu sub testimonio fidei christianae in manu episcopi et abbatis firmavit: se praefata capitula sine fraude prosecuturum. Post eum episcopus Lausennensis^b² et comes palatinus³ et ceteri clerici et laici, qui cum eo erant, hoc idem firmaverunt eodem modo.

Accepta securitate, episcopus et abbas domno papae Parisius⁴ occurrerunt; quae viderant et audierant, fideliter intimarunt. Quibus applaudens, domnus papa sic respondit: *Utinam iam factum esset, si sine fraude fieri posset.* Mox communicato cum episcopis et cardinalibus consilio, eosdem et cum eis de latere suo episcopum Ostiensem⁵ et Gregorium cardinalem⁶ ad regem remisit: ut praefata capitula diligentius retractarent atque scripto^c ex utraque parte firmarent; et si hoc, sicut promiserat, rex^d exequi vellet, diem, qua ista complerentur, ante finem concilii⁷ denominarent.

c. Oct. 8

Venientes ad eum, inter^e Virdunum et Metim ei occurrerunt; quod domnus papa eum libenter reciperet, si promissum exequi vellet, retulerunt. Super quo quasi gavisus, rex, quod prius apud Argentinam in manu praenominatorum firmaverat, iterum inibi in manu episcopi Ostiensis et Gregorii cardinalis et episcopi Catalaunensis et abbatis propria manu firmavit: quod videlicet in proxima sexta feria, id est 9 Kal. Novembris⁸, ca-

Oct. 17—19

---

a. istas *add.* VZ.   b. Lausampensis *E.*   c. scriptâ *E.*   d. rex *addidi.*
e. inter *om.* VZ.

1. legatorum.   2. Gerhardus.   3. Godefridus.   4. ubi Calixtum II die 8 Oct. 1119 fuisse scimus; v. Regesta pont. Rom. p. 530.
5. Lambertum (postea Honorium II papam).   6. diac. card. S. Angeli (postea Innocentium II papam).   7. Remis habendi.   8. die 24 Oct.; qui

23*

1119
Oct. 17—19

pitula, que sequenti scripto continentur, apud Mosomum[a] in praesentia domni papae fideliter sine omni fraude exequeretur. Post eum hoc idem iuraverunt dux Welf[b][1], comes Beringarius[c], comes palatinus, comes Willihelmus[d] et alii principes[e], episcopi, clerici et[f] laici multi. Exegit etiam ipse, a nostris eodem modo firmari sibi: quod, si in ipso non remaneret, eodem[g] die[2] domnus papa, quae in scripto suo continentur, adimpleret.

Scriptum autem concordiae hoc fuit: *Ego H(einricus) Dei gratia Romanorum imperator augustus pro amore Dei et beati Petri et domni papae Calixti[h] dimitto omnem investituram omnium ecclesiarum. Et do veram pacem omnibus, qui, ex quo discordia ista cepit, pro ecclesia in werra fuerunt vel sunt. Possessiones autem ecclesiarum et omnium, qui pro ecclesia laboraverunt, quas habeo, reddo; quas autem non habeo, ut rehabeant, fideliter adiuvabo. Quodsi questio inde emerserit, que ecclesiastica sunt, canonico, quae autem secularia sunt, seculari terminentur iudicio.*

Item scriptum domni papae:

Ego Calixtus secundus Dei gratia Romanae ecclesiae episcopus catholicus do veram pacem H(einrico) Romanorum imperatori augusto et omnibus, qui pro[i] eo contra ecclesiam fuerunt vel sunt. Possessiones eorum, quas pro werra ista perdiderunt, quas habeo, reddo; quas non habeo, ut rehabeant, fideliter adiuvabo. Quodsi questio inde emerserit, quae ecclesiastica sunt, canonico, que autem[k] secularia sunt[l], seculari terminentur iudicio.

Hac itaque data et accepta[m] securitate, festinanter ad domnum papam Remis redierunt; quae fecerant et quae a rege et

a. Mosonium *VE*. b. Welph *Z*. Welpho *E*. c. Berngarius *E*. d. Wilhalmus *V*, Willelmus *E*. e. om *E*. f. et om. *VZ*. g. eadem *E*. h. Calisti *E*. i. cum *V*. k. om. *E*. l. om. *V*. m. et accepta om. *E*.

dies quoniam verbis his: „in proxima sexta feria" notatur, facile apparet, ipsam regis fidem non ante diem 17 Oct. datam esse inter Virdunum et Metim. Quapropter, cum legatos inveniamus iam die 20 Oct. Remis apud papam fuisse (v. infra p. 357), non potest dubitari, quin Heinrici imperatoris cum legatis papae inter Virdunum et Metim congressus ad spatium dierum 17—19 Octobris pertinuerit.

1. II dux Bavariae. 2. die 24 Oct.

a* suis receperant, ante concilium reportantes; simul et diem 1119
et locum colloquii designantes. Oct. 17—19

Domnus papa, in generali concilio 13 Kal. Novembris Remis Oct. 20
residens, inter cetera sic exorsus est: *Domni patres et fratres!
Causa, pro qua vos de terra*[b] *longinqua et remotis*[c] *regionibus
ad concilium vocavimus, haec est. Scitis: quam diu Romana*[d]
*ecclesia contra diversas hereses laboravit. Et sicut per beatum
Petrum — cui specialiter dictum est a Domino: „Rogavi pro te
Petre, ut non*[e] *deficiat fides tua; et tu aliquando conversus confirma fratres tuos"*[1] *— Symon magus, quem*[e] *iudicio Spiritus
sancti ab ecclesia Dei eliminavit*[e]*, periit, sic usque ad nostra
tempora idem per vicarios suos sequaces Symonis expugnare et
ab ecclesia Dei exstirpare non desinit. Ego quoque, qualiscunque
licet indignus eius vicarius, symoniacam heresim, que maxime
per investituras contra ecclesiam Dei innovata est, ab ecclesia
Dei, opitulante Deo, vestro consilio et auxilio modis omnibus
eliminare desidero. Unde, si placeat, a fratribus nostris, qui
inter nos et regem dictum Teutonicum*[f] *verba concordiae portaverunt, ordinem causae diligentius audiatis; et quid nobis super
his agendum sit, unus quisque pro modo suo, quia causa communis est, prudentiori consilio attendatis.*

Tunc domnus papa Ostiensi episcopo iniunxit, ut universo
concilio Latine ordinem causae exponeret. Quod cum prudenter
episcopus Ostiensis perorasset, iterum Catalaunensis[g] episcopus
ex praecepto domni papae hoc idem clericis et laicis materna
lingua exposuit.

Quo completo, multa capitula[a] illo[h] die et sequenti proposuit, et usque ad finem concilii universa complenda distulit.

Sequenti vero die — cum in hoc consilium episcoporum Oct. 21
sedisset, ut domnus papa ad diem colloquii pro componenda
pace[i] accederet et, utrum in veritate homo ille ageret, per semet ipsum temptaret — circa finem concilii illa die domnus papa

---

a. om. *E*.   b. terra — et om. *E*.   c. tam remotis *E*.   d. om. *Z*; ne *E*.
e. eliminatus *E*.   f. Theotonicum *E*.   g. Cautalaunensis *VZ*.   h. illa *E*.   i. om. *V*.

1. Luc. 22, 32.   2. canones.

1119
Oct. 21

sic prosecutus est: *Domni patres et fratres! Scitis, quam diu mater nostra sancta*[a] *ecclesia contra symoniacam heresim, maxime quae per investituras fit, in patribus*[b] *nostris laboraverit. Et quia placuit omnipotenti Deo, nostris diebus ecclesiae suae pacem offerre, et iam proxima dies colloquii ad ipsum locum crastina die nos compellit accedere, summopere rogamus: ut reditum nostrum pacienter sustineatis et, si Deus pacem nobis dederit, commune gaudium universo mundo annuntietis. Si autem, quod Deus avertat, adversarius nobiscum in dolo*[c] *agere temptaverit, festinanter ad vos revertemur. Et sicut conventionem pacis, si fiat, vobiscum et per vos confirmare optamus; sic in commentorem fraudis, si infidelis evaserit, iudicio Spiritus sancti et vestro gladium sancti*[d] *Petri vibrare temptabimus.* Quod cum sub optentu obedientiae archiepiscopis episcopis et abbatibus iniunxisset, praecepit etiam: ut interim, et maxime die colloquii[1], psalmos orationes et sacrificia spiritualia Deo offerrent, et a maiori Remensi ecclesia usque ad ecclesiam beati Remigii cum processione nudis pedibus[e] exirent.

Oct. 22
Oct. 23

Sic — interim dimisso concilio — feria quarta domnus papa ad locum colloquii exiit et feria quinta cum multis vix cum maximo labore pervenit.

Oct. 24

Feria sexta, vocatis in cameram archiepiscopis episcopis[f] abbatibus et ceteris sapientibus viris, quos multos secum duxerat, coram omnibus fecit legi utrumque scriptum concordiae.

Cumque lectum fuisset scriptum regis, diligentius ceperunt episcopi retractare maxime illud capitulum, ubi dicebatur: *Dimitto omnem investituram omnium ecclesiarum;* dicentes: *Si quidem rex simpliciter agit, verba ista sufficiunt. Si autem sub hoc capitulo aliquid cavillare conatur, determinatione nobis videntur indigere; ne forte aut possessiones antiquas ecclesiarum sibi conetur vendicare, aut iterum de eisdem episcopos investire.*

Rursum in scripto domni papae[g] illud diligentius retracta-

a. om. *VZ.*   b. partibus *VZ.*   c. in dolo om. *VZ.*   d. beati *E.*   e. nudibus *Z* pro nudis pedibus.   f. et add. *E.*   g. propter *Z.*

1. die 24 Oct.

bant, ubi dicebatur: *Do veram pacem regi et omnibus, qui cum eo in werra ista fuerunt vel sunt;* ne forte in danda pace plus[a] intelligerent, quam: reddendam communionem ecclesiae; et sub hoc verbo ecclesia cogeretur suscipere, quos — aut superpositos legitimis pastoribus, aut canonice depositos — sine gravi offensione non posset sustinere.

Diligenter igitur omnibus retractatis, missi sunt ad castra regis episcopus Ostiensis, Iohannes cardinalis[1], episcopus Vivariensis[2], episcopus Catalaunensis et abbas Cluniacensis et alii multi cum eis, portantes scripta in manibus. Cumque pervenissent ad castra, ostenderunt scripta; determinaverunt[b] capitula, prout omnium communi consilio diffinitum erat.

Rex autem, his auditis, prima fronte, se nichil promisisse horum, omnino[c] abnegabat. Tunc episcopus Catalaunensis[d], zelo Dei inflammatus et gladio verbi Dei accinctus, respondit pro omnibus: *Si, domne rex, negare vis scriptum, quod tenemus in manibus, et determinationem, quam audisti, paratus sum sub testimonio religiosorum virorum, qui inter me et te fuerunt, iurare super reliquias sanctorum et super euangelium Christi: te ista omnia in manu mea firmasse, et me sub hac determinatione recepisse.*

Cumque omnium testimonio convinceretur[e], tandem compulsus est confiteri, quod prius negaverat. Verumtamen conquerebatur de eis graviter, quorum scilicet[f] consilio promiserit, quod[g] absque diminutione regni exequi non valeret. Cui sic episcopus respondit: *In promissis nostris, domne rex, per omnia nos fideles invenies. Non enim domnus papa statum imperii aut coronam regni, sicut quidam seminatores discordie obloquuntur[h], in quolibet inminuere attemptat[i]. Immo palam omnibus denuntiat[k]: ut in exhibitione miliciae et in[l] ceteris omnibus, in quibus tibi et antecessoribus tuis servire consueverant, modis omnibus deserviant.*

a. amplius *E*. b. determaverunt *V*. c. omnimodis *E*. d. Cantalaunensis *VZ*. e. vinceretur *VZ*. f. quorum scilicet *scripsi pro* quia licet *eorum codd*. g. quod *om. VZ*. h. obloquntur *V*, oblocuntur *Z*. i. attemptāt *V*. k. denuntiāt *V*. l. *om. E*.

1, presb. card. tit. S. Chrysogoni. 2. Hato.

1119 *Si autem inᵃ hoc imperii statum inminui existimas, quod ulterius*
Oct. 24 *tibi episcopatus vendere non liceat, hoc potius regni tui augmentum ac profectumᵇ sperare debueras, si, quae Deo contraria sunt, pro eius amore abicias.*

Ad hec omnia cum respondere non posset, mitiora verba cepit proferre et inducias querere, vel usque mane; dicens: se nocte illa cum principibus velle de causa conferre et ad exequendum promissum, si posset, eorum corda inflectere; et ad alterutrum summo mane renuntiare.

Post hec sui de modo absolutionis et susceptionis cum nostris ceperunt conferre: durum sibi immo importabile videri, si more aliorum dominus suus nudis pedibus ad absolutionem accederet. Quibus condescendentes nostri responderunt, quod modis omnibus laborarent, ut domnus papa eum calciatum, quanto privatius posset, reciperet.

In his verbis illa die colloquio terminato, nostri ad domnum papam redierunt; que invenerant, reportantes. Tunc domnus papa, quasi iamᶜ de pace desperans, ordinabat: summo mane ad fratres, quos Remis reliquerat, repedare. Sed consilio comitis
Oct. 25 Trecensis[1] et multorum aliorum compulsus est, sabbato fere usque ad horam sextam[2] in eodem loco manere; ut etᵈ omne os adversariorum obstrueret et vocem derogationis omnibus auferret.

Summo mane iterum missi sunt ad castra episcopus Catalaunensis et abbas Cluniacensis, super inducias acceptas responsum eius audituri. Cumque illuc pervenissent, sicut pridie fecerat, repraesentavit episcopus scripti veritatem cum attestatione sacramenti, dicens: *Heri quidem, domne rex, cum iusticia possemus a te recedere; quia die denominata parati fuimus et promissum tuum recipere et nostrum implere. Verum quia tu inducias petendoᵉ usque in hanc diem distulisti, nolumus: ut propter intervallum unius noctis tantum bonum in nobis remaneat.*

a. per *V.*   b. provectum *E.*   c. om. *V.*   d. ut et *scripsi pro* et ut *VE;* et om. *E.*   e. repetendo *E.*

1. Hugonis.   2. id est usque ad meridiem.

Et si hodie promissum tuum exequi volueris, paratus est adhuc domnus papa, quod per nos tibi promisit, modis omnibus adimplere. Tunc rex iratus iterum inducias cepit querere, donec generale colloquium cum principibus regni posset habere; sine quorum consilio investituras non audebat dimittere. Ad hec episcopus: *Quia sepe inducias querendo, que[a] promisisti, implere dissimulas, nichil nobis et tibi amplius. Revertar ad domnum papam.*

Sicque insalutatus[b] rediit; que invenerat, nuntiavit[c]. Mox igitur domnus papa cum suis ad aliud castrum comitis Trecensis cum summa festinatione transivit.

Rex autem nuncium ad comitem direxit, summopere rogans: ut domnum papam inibi die dominico[d][1] detineret; promittens, se facturum modis omnibus feria secunda[2], quod totiens abnegaverat. Quod cum ad domnum papam delatum fuisset, communicato[e] cum suis consilio, hoc breve dedit responsum: *Feci, fratres, pro desiderio pacis, quod ab antecessoribus nostris nunquam factum audivi. Generalem sinodum congregatam et fratres multos quasi desolatos reliqui. Ad hominem istum cum multo labore perveniens, quae pacis sunt, in eo non invenio[f]. Unde nullatenus eum ulterius expectabo; sed ad fratres nostros et ad concilium, quantocius[g] potero, regrediar. Si autem in concilio vel post concilium veram pacem Deus nobis obtulerit[h], paratus ero suscipere et amplecti.*

Die igitur[i] dominica de eodem loco ante diem exivit. Et cum tanta festinatione Remis usque cucurrit, ut, viginti leugis[k] consummatis, eadem die missam Remis celebraret. In qua Leodicensem electum[3] invenit[l] et in episcopum consecravit.

Feria secunda, prae nimio labore infirmatus, vix ad concilium accessit. Exitum et reditum suum et ordinem causae concilio exponi fecit; et sic illa die siluit.

---

a. quod *E*.   b. insultatus *VE*.   c. renuntiavit *V*.   d. dominica *E*.
e. communicato — consilio om. *E*.   f. inveni *E*.   g. quanto citius *E*.   h. dederit *E*.   i. om. *VZ*.   k. lewis *E*.   l. invenit et om. *E*.

1. die 26 Oct.   2. die 27 Oct.   3. Fridericum.

1119 Oct. 28 — Feria tertia, nichilominus infirmitate detentus, in concilio sedere non potuit.

Oct. 29 — Feria vero quarta circa horam terciam ad concilium accessit. Illa* die usque ad horam nonam multorum proclamationes recepit et de multis capitulis tractavit. Ab hora vero nona, volens illa die concilium terminare, sinodalia decreta fecit in medium proferri et legi*.

> * *In E. sequuntur haec:*
>
> Decreta synodalia[1].
>
> Quae sanctorum patrum sanctionibus de pravitate symoniaca stabilita sunt, nos quoque Spiritus sancti iudicio et auctoritate sedis apostolicae confirmamus.
>
> I. Si quis igitur vendiderit aut emerit, vel per se vel per submissam quamlibet personam, episcopatum abbatiam decanatum presbiteratum archidiaconatum prepositaram prebendam vel quaelibet aeclesiastica beneficia, promotiones ordinationes consecrationes aeclesiarum dedicationes, clericalem tonsuram, sedes in choro aut quaelibet aeclesiastica officia, et vendens et emens dignitatis et officii sui aut beneficii periculo subiaceat. Quod nisi resipuerit, anathematis mucrone perfossus, ab ecclesia Dei, quam lesit, modis omnibus abiciatur.
>
> II. Episcopatuum et abbatiarum investituras per manum laicam fieri penitus prohibemus. Quicunque igitur laicorum deinceps investire presumpserit, anathematis ultioni subiaceat. Porro, qui investitus fuerit, honore, quo investitus est, absque ulla recuperationis spe omnimodis careat.
>
> III. Universas aecclesiarum possessionis, que liberalitate regum, largitione principum vel oblatione quorumlibet fidelium eis concessae sunt, inconcussas in perpetuum et inviolatas permanere decernimus. Quodsi quis eas abstulerit invaserit

a. Alia *VZ*.

1. Haec decreta insiticia sunt. Id enim iam accipi potest ex iis, quae sequuntur verbis nimis amplis: „Cumque multa contra symoniacam heresim essent recitata". Accedit, quod secundus canon sic orditur: „Episcopatuum et abbatiarum investituras"; quae quidem verba scimus demum die 30 Octobris in vicem horum verborum: „Investituras omnium ecclesiarum et ecclesiasticarum possessionum" recepta esse. V. infra p. 363 et ad Oct. 30 p. 365.

Cumque multa contra symoniacam heresim essent recitata et omnium consono favore laudata et confirmata, ventum est ad illud decretum, quo investiturae ecclesiarum interdicebantur laicis. In quo sic continebatur: *Investituras* * *omnium ecclesiarum et ecclesiasticarum possessionum per manum laicam fieri, omnibus modis prohibemus.* Quod cum recitatum fuisset, tantum murmur quorundam clericorum et multorum laicorum per concilium intonuit, ut diem usque ad vesperam sub gravi contentione pertraherent. Videbatur enim eis, quod sub hoc capitulo domnus papa decimas et cetera ecclesiastica beneficia, que antiquitus laici tenuerant, conaretur minuere vel auferre. Unde domnus papa, omnibus satisfaciens, illa die concilium terminare distulit; ut sequenti die communi consilio decretum temperaret et ipsum cum ceteris, que sequebantur, unanimi omnium favore et auctoritate confirmaret.

Feria quinta ad concilium venit. Que proposuerat executurus, ymnum sancti Spiritus devote incepit[b]. Qui cum ab omnibus affectuose fuisset decantatus, vere invisibilis ignis flamma succensus, in ignea lingua de Spiritu sancto exorsus mirabiliter peroravit; docens, eum summum bonum esse, fontem sapientiae et intelligentiae ac tocius disciplinae, vinculum caritatis unitatis et concordiae. Cumque per hec singula diutius sub

<blockquote>aut potestate tyrannica detinuerit, iuxta illud beati Symmachi capitulum anathemate perpetuo feriatur.

IIII. Nullus episcopus, nullus presbiter, nullus omnino de clero aeclesiasticas dignitates vel beneficia cuilibet quasi hereditario iure derelinquat. Illud etiam adicientes precipimus, ut pro baptismatis chrismatis olei sacri et sepulturae acceptione et infirmorum visitatione vel unctione nullum omnino precium exigatur.

V. Presbiteris diaconibus subdiaconibus concubinarum et uxorum contubernia prorsus interdicimus. Si qui autem huiusmodi reperti fuerint, eclesiasticis officiis priventur et beneficiis. Sane si neque sic inmundiciam suam correxerint, communione careant christiana.</blockquote>

a. investituram *E.* b. incipit *VZ.*

1119
Oct. 30

omnium ammiratione discurreret, tandem ad causam accessit, dicens:

Scimus, fratres karissimi: quia labor vester, quo de tam remotis regionibus[a] *pro communi libertate matris nostrae sanctae ecclesiae nobis occurrere studuistis*[b]*, placuit Deo et Spiritui sancto, in cuius virtute et sanctificatione unum sumus in Christo. Et quia placuit Spiritui sancto et nobis, displicuit spiritui adversario; qui modis omnibus ad perturbandam fraternitatis vestrae concordiam cooperatores maliciae suae quesivit et invenit. Quid enim dicimus, fratres, si cum tanto labore et expensis ad concilium vocati venistis et, revertentes ad regiones vestras, nichil reportare poteritis, quia nos audire non vultis? Qui enim peccat in Spiritum sanctum — quod peccatum si perseveraverit — non remittetur ei neque in hoc seculo neque in futuro*[1] *teste Veritate; quae dicit: „Qui vos audit, me audit, et qui vos spernit, me spernit"*[2]*. Scimus etiam: quia, dominus Iesus*[c] *cum proposuisset discipulis suis*[d]*: „Nisi manducaveritis carnem filii hominis et biberitis eius sanguinem, non habebitis vitam in vobis"*[3]*, scandalizati sunt multi et abierunt retrorsum nec postea sequebantur eum. Sic et, nos cum heri proposuissemus quedam pro libertate ecclesiae, scandalizati sunt quidam infideles. Unde et nos eis*[e] *auctoritate apostolica dicimus: Qui infidelis est, discedat*[4] *et exeat; et det locum fidelibus, quae ecclesiastica sunt et libertati ecclesiae necessaria, pertractare. Vobis autem, qui locum et officium apostolorum in ecclesia Dei tenetis, dicimus, quod Dominus dixit ad duodecim: „Numquid et vos vultis abire?"*[5]

Quod cum mirabiliter perorasset, ita omnium corda concussit ac reclamantium voces compressit, ut nec unus quidem contra decreta synodica, quae postea lecta sunt, os aperire praesumeret. Domnus tamen papa decretum illud, unde murmur ortum fuerat, saniori consilio temperavit et in hanc formam

a. regionis Z.   b. studuisti Z.   c. om. VZ.   d. om. E.   e. cum E pro eis.

1. Matth. 12, 32; Luc. 12, 10.   2. Luc. 10, 16.   3. Ioh. 6, 54.
4. 1 Corinth. 7, 15.   5. Ioh. 6, 68.

concilio legi fecit: *Investituram episcopatuum et abbatiarum per manum laicam fieri omni modo prohibemus.* Quod cum placuisset omnibus, ipsum cum ceteris omnibus, que lecta sunt, iudicio sancti Spiritus et auctoritate ecclesiastica firmaverunt.

Allatae sunt denique candelae quadringentae viginti septem et accensae datae singulae singulis, tenentibus baculos, episcopis et abbatibus. Iniunctumque est eis: ut omnes, candelas tenentes, assurgerent. Cumque astarent, recitata sunt multorum nomina, quos praecipue excommunicare proposuerat domnus papa. Inter quos primi nominati sunt rex H(einricus) et* Romanae ecclesiae invasor Burdinus, et prae ceteris et cum ceteris multis sollempniter excommunicati. Absolvit etiam domnus papa auctoritate apostolica a fidelitate regis omnes, quotquot iuraverant; nisi forte resipisceret et ecclesiae Dei satisfaceret.

His denique rite completis, auctoritate Patris et Filii et Spiritus sancti omnes absolvit atque signavit. Et sic ad propria unum quemque redire permisit et[b] concilii finem fecit.

Quod vidi et audivi, fideliter, quanto brevius potui, pedestri sermone descripsi.

1119
Oct. 80

200. *Calixtus II papa Udalrico episcopo Constantiensi praecipit, ut Schafhusensibus ablatum praedium reddat*[c]. (E 300)

Calixtus episcopus[a] servus servorum Dei venerabili fratri Ŏ(dalrico) episcopo et canonicis sanctae Constanciensis ecclesiae salutem et apostolicam benedictionem.

Scafhusenses fratres agitatam diu querimoniam repetere non desistunt. Conqueruntur enim, quod praedium, a Tutone illo eis oblatum, per violentiam auferatis. Precipimus igitur dilectioni vestrae: ut eis aut praedium ipsum in pace et quiete reddatis aut, si quid in eo iuris habere confiditis, oportuno loco et tempore ad exequendam iusticiam veniatis. Veruntamen illud nobis honestius et utilius videretur, si quisque[e], quod suum est, sine scandalo et sicut fratres condecet optineret. Etsi N. ille[f] in

1120
Ian. 8

a. et om. VZ.   b. sic add. E.   c. ex V 121v, Z p. 266.   d. om. Z.
e. quis V.   f. ille om. V.   1. Tuto.

1120 apostasiam lapsus sit et contra honorem Dei et salutem animae
Ian. 3 suae retrorsum abierit, nulla tamen ratione permittitur, ut ea,
quae libere ac sponte obtulerat, debuerit abstulisse. Dat. Cluniaci 3 Non. Ianuarii.

201. *Megingotus canonicus S. Martini Traiectensis Heinrico Hoiensi mittit litteras et missas et allatas de Ellenhardo, qui ex canonico coenobita factus, relicto monasterio, ad priorem ecclesiam redierit*[a]. (E 314)

1111-1120   Heinrico[b] Hoiensi amico suo Megingotus[c] Traiectensis plenae dilectionis affectum.

Apostolus dicit: *Necesse est, ut hereses veniant, ut, qui probati sunt, manifesti fiant*[1]. Quod de quodam iuvene canonico nostro[2] recenter in ecclesia nostra contigit. Qui, seculo omnibusque propriis renuntians, artioris vitae proposito sub regula beati Augustini voto et professione se obligavit; sed post triennium, temptationibus fractus, miserabiliter ad dimissa resiliit. Quem, ita quidem apostatice redeuntem, sperabam nimirum quod omni cautela fraterno consilio et salubri ammonitione exciperemus, si quo modo leniter et familiariter emendari atque revocari potuisset; et si minus fomenta commonitionis et consilii proficerent, austeriori ecclesiastici vigoris correptione coherceretur. Egrotabat enim frater gravissime et, velut quadam frenesi sensum eius evertente, ipsam egritudinem suam sanitatem reputabat.

Sed pro nefas, dum infirmo[d] curationis antidotum offerre debuissemus, quidam nostrum miserando homini mortis poculum propinaverunt; fautores facti atque defensores perversae voluntatis illius, sacras quoque[e] scripturas adulterina atque heretica interpretatione in patrocinium illius abhominabiliter contorquentes. Unde factum est, ut omnem[f] fere simplicioris turbae tam cleri-

a. *ex V 126v—127, Z p. 278—279, B 42—42v:* Epistola Meingoti (Mengoti *VB*) Traiectensis de fratre suo carnali Ellenhardo nomine. Inveni has epistolas n. 201—205 etiam in (E) cod. lat. Monacensi 14506, quondam S. Emmerammi 506 fol. 68—71 manu saec. XII scriptas.   b. H. *VZB*; Heinrico *E*.   c. Megingozus *E*.   d. infirmanti *E*.   e. sacrasque *B*.   f. ōe *VZ*.

1. 1 Corinth. 11, 19.   2. Ellenhardo.

corum quam laicorum multitudinem in sententiam suam pene* 1111-1120
traduxissent.

Quibus dum a fidelibus atque catholicis rationabiliter atque canonice ᵇ obviaretur, non modica orta est conflictatio. Placuitque prioribus nostris: comprovincialibus ecclesiis super hoc negotio scribere et rescriptis illarum litem terminare. Sed et in curiam imperatoris¹, quae Spire habita est, quaestionem detulerunt; ubi ab omnibus ex diversis provinciis et ecclesiis litteratis catholicis sententia illorum cum irrisione dampnata est et sacris scripturis evidenter contraria demonstrata.

Visum est igitur michi, omnia de hac quaestione scripta et rescripta in unum libelli ᶜ corpusculum ᵈ redigere ad eternum monimentum ᵉ comprobatae veritatis et dampnatae falsitatis. Tibi ergo, amice, hoc opus conflatum destinavi, bibliothecae tuae in memoriam nostri inferendum ᶠ. In quo dum sanctae Leodicensis ecclesiae rescriptum perspexeris, exultans videre poteris puram et sanctam ecclesiae tuae in sacris scripturis ᵍ intelligentiam, que, inter ceteras huius regni ecclesias velut gemma praelucens, viget plena ecclesiasticae auctoritatis gravitate.

---

202. *Canonici Traiectenses comprovincialium ecclesiarum (Monasteriensis, Mindensis, Leodiensis) canonicos consulunt de Ellenhardo, qui, ex canonico factus coenobita, in priorem ecclesiam recipi postulet* ʰ. (E 314 a)

Dominis et fratribus conprovincialium ecclesiarum R(odul- 1111-1120
fus) Traiectensis ecclesiae utinam ⁱ in gratia Dei praepositus, A. decanus, L(ambertus) magister cum devotissimis orationibus sincerae caritatis obsequium.

Gratia requirendi consilii fraternitati vestrae hos apices

a. om. *E.*   b. catholice *E.*   c. libellum *B.*   d. om. *B.*   e. monumentum *B.*   f. inserendum *V.*   g. in scripturis sanctis *B.*   h. *ex V 127— 127v, Z p. 279—280, B 42v:* Litere Traiectensis ecclesie ad comprovinciales ecclesias, videlicet Monasteriensem, Leodicensem, Mindensem. *E (v. supra p. 366 n. a) sine lemmate.*   i. ut *B.*

1. Heinrici V.

1111-1120 misimus; ut, sicut eidem metropoli[1] eadem nos provincia conterminat, ita in maioribus ecclesiae negotiis nulla nos sententiae dissonantia dirimat.

Fuit apud nos canonicus quidam in claustro sancti Martini, simplex et delicatus; cui ea voluntas, utinam divina inspiratione, in mentem incidit, ut artioris vitae propositum arriperet. Qui, ob eandem causam in Treverensem episcopatum nescientibus nobis profectus, in monasterio quodam regulam beati Augustini professus est. Deinde duobus mensibus transactis, litteris ad nos de sua conversione directis, praebendae suae renuntiavit, professionem suam indicavit, assensum omnium nostrum humiliter imploravit. Transactis autem duobus annis, ipsemet Traiectum veniens, cum episcopum[2] praesentem non invenisset, conventum nostrum intravit; vitam, quam tanto tempore expertus fuerat, laudavit[a]; licentiam fratrum requisivit et accepit[b]; et cum se orationibus nostris, vicissim nos illius[c] commendaremus, osculum pacis ab omnibus, qui tunc in conventu aderant, accipiens, gratulabundus discessit. Regressus igitur ad professionis suae monasterium, primum diaconus, deinde[d] presbyter ad titulum eiusdem ecclesiae a Treverensi episcopo[3] consecratus est. Et ita cum sacrorum ordinum promotione in sanctae professionis proposito aliquamdiu perseveravit. Cum ecce[e] post tercium annum, penitentia ductus Traiectum rediens, cepit monasterii sui[f] paupertatem, cibi et vestitus penuriam, denique corporis sui infirmitatem causari; misericordiam et humanitatem postulare, ut in consortium nostrum et praebendam suam reciperetur; inconsulte se[g] propositum illud arripuisse nec licentiam episcopi se habuisse, — quod et ipse episcopus fatetur — et ideo irritum debere censeri. Ex qua misericordiae postulatione et rationis obiectione[h] partium inter nos facta est dissensio, quorundam recipiendum esse iudicantium, quorundam[i] vero contradicentium.

Post aliquantum[k] temporis, cum frater vehementer instaret,

a. om. E.   b. impetravit B ubi eadem manus superscripsit: l accepit.
c. om. E.   d. dein B.   e. ergo E.   f. sui om. V.   g. om. V.   h. obiectatione E.   i. aliorum E.   k. aliquantulum E.

1. Coloniae.   2. Godebaldum, ut videtur.   3. Brunone, 1102—1124.

episcopus noster convocatis ecclesiae nostrae prioribus quasdam 1111-1120
litteras praesentavit, quas sibi ab archiepiscopo Treverensi directas dicebat; quibus ea sententia et voluntas archiepiscopi significabatur ᵃ: ut frater ille in consortium nostrum reciperetur. De qua archiepiscopi voluntate cum dissona inter nos haberetur sententia, iussit domnus episcopus nos habere conventum, ut, collatis in commune sententiis, aliquod rationabile consilium unanimi decreto ad eum ᵇ referremus.

Habito igitur conventu, visum est nobis, pro tanta partium dissensione melius hoc negocium comprovincialium ecclesiarum sententia terminari; simul quia plures in comprovincialibus ecclesiis cognovimus sine licentia episcoporum ad altiorem vitam transmigrasse nec postea redeuntes receptos fuisse. Nos igitur, nichil novi temere inducere volentes, diffinitivam super hoc vestrae fraternitatis efflagitamus sententiam; affectuosissime deprecantes: ut, quod in tali negocio ipsi facere velletis, idem nobis fixa vestrae prudentiae praescribat sententia.

203. *Megingotus canonicus S. Martini Traiectensis Brunonem archiepiscopum Trevirensem interrogat, itane poscat, ut Ellenhardus, ex canonico coenobita factus, in priorem ecclesiam recipiatur* ᶜ. (E 314 b)

Domno B(runoni) venerabili Treverensium archiepiscopo 1111-1120 M(egingotus) ᵈ clericorum minimus cum devotis orationibus fidele servitium ᵉ.

Litteras quasdam a paternitate vestra sibi directas dominus noster episcopus nobis praesentavit, quibus hoc sanctitas vestra velle videbatur: ut frater Ellenhardus ᶠ, qui, in episcopatu vestro regulam beati Augustini professus et a vobis diaconus et presbyter consecratus ᵍ, in sancta professione triennio sine contradictione perseveravit, nunc, penitentia ductus et a proposito ex-

a. significatur *V*. b. ad eum om. *E*. c. ex *V 127 v—128, Z p. 280— 281*: Litere Meingoti Traiectensis ad archiepiscopum Treverensem; *B 42v—43*: Litterae Megingoti ad Treverensem episcopum; *E* (cf. supra p. 366 n. a) sine lemmate. d. N. *VZE*; M. *B*. e. obsequium *E*. f. N. *VZ*, E. *B*, Ellenh̅ *E*. g. ordinatus *V*.

Jaffé, Bibliotheca V.

1111-1120 orbitans, in consortium nostrum recipi debeat et praebendam inter nos accipiat. Veremur, domne pater, ne hoc exemplo plurimorum animi a rigore professae districtionis possint labefactari atque ex hac occasione et temptatoris insidiis ad secularia, quibus renuntiaverant, spem concipiant redeundi. Et nostis, quia iuxta veritatis vocem: *Nemo, mittens manum in aratrum et respiciens retro, aptus est regno Dei*[1]. Et magnus Leo papa: *Quisquis* inquit *ad perfectioris vitae propositum accesserit, redire sine summo peccato non poterit; quamvis enim inferior vita innocens esse possit, meliorem tamen electionem deseruisse transgressio est.* Scitis etiam, domne pater, quod, quamvis sacri canones irrationabilem clericorum transmigrationem culpent iuxta illud capitulum: *Alienum clericum sine licentia proprii episcopi nullus suscipere praesumat*[2], tamen causam perfectioris atque melioris vitae non excludunt; cum ipsa veritas, cuius sententiae nullus[a] praelatus superordinare praesumit, ad hoc opus omnibus perfectionem cupientibus licentiam generaliter annuat[b], dicens: *Si vis perfectus esse, vade*[c], *vende omnia, que habes*[d] *et da pauperibus; et veni, sequere me*[3]. Quod itaque humanae naturae ab ipso creatore suo ab initio institutum est, scilicet ut in cognitione sui conditoris proficiat et virtutibus crescat semper fuisse licitum, nullus dubitat; et non multum attinet huius rei licenciam querere, quam nemo prudentium denegare potest semper licuisse. Cum igitur praedictarum litterarum textum[e] audissemus, confiteor, domine, admodum mirati sumus; et a vobis destinatas fuisse, non facile nobis persuaderi potuit. Quia tamen eisdem litteris aliquantulum concussi sumus, rogamus, domine, a sanctitate vestra de hac re certificari et dignum Deo et vestra auctoritate rescriptum percipere. De cetero paternitatem vestram diu incolomem Dominus conservare dignetur.

a. nemo *E.*   b. unnnit *E.*   c. et add. *V.*   d. possides *V.*
e. exitum *B.*

1. Luc. 9, 62.   2. Cf. Burchardi decr. II c. 42.   3. Matth. 19, 21.

204. *Canonici Monasterienses Traiectensibus rescribunt, ut Ellenhardum recipiant quidem, sed arte teneant*[a]. (E 314c)

R(odulfo) venerabili sanctae Traiectensis ecclesiae praeposito, A. decano, L(amberto) magistro ac reverentissimis Traiectensis[b] ecclesiae dominis et fratribus Monasteriensis qualiscunque ecclesia se ipsam cum fidelissimae servitutis et orationis frequentia.

1111-1120

Super illius consilii requisitione, quam a nobis postulatis[c], non est nostri meriti vel scientiae: vobis, omnium[d] litterarum prudentia enutritis atque nobiliter edoctis, praesumptuose rescribere. Sed quia, ut vere credimus, hoc pura vestra deposcit caritas et utinam quandoque in ipsa re vera fraternitas, quod summi patris nostri testatur auctoritas et omnium sanctorum patrum probat sentencia, vix audemus ad medium deducere. Ait enim caput principiumque nostrum: *Nemo, mittens manum in aratrum et respiciens retro, aptus est regno Dei*[1]. Videte ergo, fratres et domini: Si frater ille iuvenis et simplex primum professionis suae votum irritum fecit, transferendo se ad artiorem[e] vitam sine licentia claustri et episcopi sui, et si eiusdem artioris vitae semitam postea multis causarum inconvenientiis inculpatam dereliquit, ad priorem iterum redeundo conversationem, quomodo in ecclesia Dei stare poterit, qui utique utriusque vitae mandatum nec minimum observavit. Unde pro solo divinae misericordiae respectu secundum canonum piam et medicabilem sententiam videtur nostrae parvitati[f] posse aliquo modo fratri vestro — qui se finxit habitu et nomine esse aliquem in magna professione, et non est — subveniri; ut videlicet receptus a vobis corrigatur[g] atque emendetur; at professio[h] aut veri monachi aut veri canonici et id totum, quod inconsulte inceperat, non alicui sanctitati sed stultae deputetur temeritati. Sufficiat etiam illi,

a. *ex V 128, Z p. 281—282:* Rescriptum Monasteriensis ecclesie ad Traiectensem ecclesiam; *B 44:* Rescriptum Monasteriensium ad Traiectenses; *E (cf. supra p. 366 n. a) sine lemmate.*   b. eiusdem *B.*   c. postulastis *B.*   d. omni *BE.*   e. altiorem *B.*   f. *sequitur iterum* nostrae in *V.*   g. a nobis corripiatur *E.*   h. ad professionem *VZ,* at professio *B.*

1. Luc. 9, 62.

1111-1120 de quo nobis sermo est, ut, in gratia Dei et vestri susceptus, habeat victum et vestitum. His contentus sit, nulli ᵃ se praeferat, dignitates terrenas non querat; sed in humilitate iacens, Deo et vobis gratiarum actiones pro impensis beneficiis incessabiliter agat. Huic ᵇ vero animae sanitati nulla sit inter vos partium dissensio, cum domnus vester episcopus litteras sibi ab archiepiscopo Treverensi¹ allatas vobis praesentaverit, in quibus, ut frater ille recipiatur, voluntatem et peticionem suam signaverit. Procul ergo a vobis sit omnis contradictionis dissonantia, ut mater ecclesia, cuius membra estis, nutriat et custodiat vos in omni rerum concordia; ut tandem, dilecti Deo filii, summae hereditatis suae participes ascribi mereamini. Valete.

205. *Canonici Mindenses Traiectensibus respondent, Ellenhardum non esse recipiendum* ᶜ. (E 314d)

1111-1120 Sanctae Traiectensis ecclesiae dominis ac fratribus S(iwardus) qualiscunque Mindensis ecclesiae praepositus², H. decanus ceterique fratres, que nunquam excidit, caritatem³ et, que semper invigilat, orationem.

Quia de requirendo consilio vestras ad nos litteras direxistis et in vestri negocii qualitate nostrum assensum requisistis, videmini non solum a nobis rescriptum postulare verum, quantum de nobis speretis, ostendere. Nos igitur ad utrumque paratos et promptos scitote; quia in omnibus et benefacere et servire ᵈ vobis et ad inquisitam a vobis sententiam provide studemus vobis respondere.   Videtur nobis — non ad nostri iudicii arbitrium, immo secundum decreta patrum —: fratrem illum, de quo litterae vestrae nos consuluerunt, a vobis non debere recipi; quippe cum ex multis causis hoc possit comprobari. Nos enim nobis videtur revocandus, qui strictioris ᵉ vitae propositum est sortitus. Verum, quia licentia accepta a fratribus suis hoc

a. nemini *E*.   b. Hinc *B*.   c. *ex V 128—128v, Z p. 282*: Rescriptum Mindensis ecclesie; *B 44*: Rescriptum Mindensium; *E (cf. supra p. 366 n. a) sine lemmate*.   d. servi *V*.   e. districtioris *E*.

1. Brunone.   2. postea episcopus Mindensis (1121—1140).
3. 1 Corinth. 13, 8.

fecit, firmius, quod fecerat, fuit. Deinde autem quia triennio, 1111-1120 non revocatus ab episcopo suo, in hac vita quam elegerat duravit ibique, ad titulum illius ecclesiae promotus, in sacris ordinibus Deo militavit, nec vitae illi vel ecclesiae subduci debet aut poterit. Valete.

206. *Canonici Leodienses Traiectensibus respondent, ne Ellenhardum recipiant, sed curent ut ad coenobium revertatur*[a].

(E 314e)

Sanctae Traiectensis ecclesiae dominis et fratribus R(odulfo) 1111-1120 praeposito, A. decano, L(amberto) scolastico ceterisque omnibus confratres Leodicenses ex plena fraternitate devotas orationes in Domino.

Notificastis nobis per litteras vestras, quod *fuit apud vos canonicus quidam in claustro sancti Martini,* iuvenis *simplex et delicatus; cui ea voluntas, utinam divina inspiratione, in mentem incidit, ut artioris vitae propositum arriperet.* Qui[b], *ob eandem causam in Treverensem episcopatum nescientibus vobis profectus, in monasterio quodam regulam sancti Augustini professus est. Deinde duobus mensibus exactis, litteris ad vos de sua conversione directis, praebendae suae renuntiavit, professionem indicavit, assensum omnium vestrum humiliter postulavit. Transactis autem duobus annis, ipsemet Traiectum veniens, cum episcopum praesentem non invenisset, conventum vestrum intravit; vitam, quam tanto tempore expertus fuerat, laudavit; licentiam fratrum requisivit et accepit,* facta mutuarum commendatione orationum; *osculum pacis ab omnibus, qui tunc in conventu erant, accepit, et gratulabundus discessit. Regressus igitur ad professionis suae monasterium, primum diaconus, deinde presbyter est ad titulum eiusdem ecclesiae a Treverensi archiepiscopo consecratus. Et ita cum promotione sacrorum ordinum in sanctae professionis proposito aliquamdiu perseveravit. Post tercium*

a. *ex V 128v—130, Z p. 282—286:* Rescriptum Leodicensis ecclesiae ad Traiectensem ecclesiam; *B 43—44:* Rescriptum Leodicensium ad Traiectenses.   b. et cetera usque in finem epistolae Traiectensium *B pro* qui ob — ad eum decreto referretis.

1111-1120 *vero annum, non bona ductus penitentia Traiectum rediens, cepit monasterii sui paupertatem, cibi et potus penuriam, denique corporis sui infirmitatem causari; misericordiam et humanitatem postulare, ut in consortium vestrum et praebendam reciperetur; inconsulte se propositum illud arripuisse, nec licentiam episcopi se habuisse — quod et ipse episcopus fatetur — et ideo irritum debere censeri. Ex qua misericordiae postulatione et rationis obiectione partium inter vos facta est dissensio, quorundam recipiendum esse iudicantium, aliorum vero contradicentium. Post aliquantulum temporis cum frater praedictus vehementer instaret, episcopus vester convocatis ecclesiae prioribus litteras quasdam praesentavit, quas sibi ab archiepiscopo Treverensi directas*[a] dicebat; quibus ea sententia et voluntas archiepiscopi significabatur: ut frater ille in consortium vestrum reciperetur. De qua archiepiscopi voluntate cum dissona inter vos haberetur sententia, iussit dominus episcopus*[a] vos habere conventum, ut, collatis in commune sententiis, aliquod rationabile consilium unanimi ad eum decreto referretis.*

Talis est vestrarum ordo litterarum; et quid super hoc nobis videatur, fraterne queritis[b]. Primo dicimus ad reverentiam divini cultus, quod, si post suscepta artioris vitae sacramenta viri vel feminae resilierint, vigore ecclesiastico cogendi sunt illuc redire ibique permanere; ne divina servitus quasi levis aura circumferatur et quasi harundo vento agitetur[1]. Papa Leo capitulo 26: *Propositum clerici vel monachi, proprio arbitrio aut voluntate susceptum, deseri non potest absque peccato. Quod enim quisque*[c] *vovit Deo, debet et reddere*[2]. Nicolaus papa capitulo 5 ita rescribit Albuvino[d] archiepiscopo: *Quod interrogasti de femina, quae post obitum mariti*[e] *sui velamen super caput imposuit, et finxit se sub eodem velamine sanctimonialem esse, postea vero ad nuptias rediit, bonum et canonicum nobis videtur, quia per ypocrisim ecclesiasticam regulam conturbare voluit et non legitime in voto suo permansit: ut penitentiam de illusione*

a. om. *V.*   b. requiritis *B.*   c. quis *B.*   d. Albaino *V.*   e. viri *V.*
1. Matth. 11, 7.   2. Burchardi decr. VIII 8.

nefanda agat, et revertatur ad id, quod spopondit et in sacro 1111-1120
ministerio inchoavit*. Nam si consenserimus, quod omnia ecclesiastica sacramenta quisquis, prout vult, fingat et non vere faciat, omnis ordo ecclesiasticus conturbatur, nec catholicae fidei
iura consistunt, nec sacri canones[b] rite observantur. Tales igitur[c] nisi resipiscant, spirituali gladio percutere censemus. Non
enim fas est Spiritui sancto mentiri[1]. Hec enim[d] sancti patres
Leo et Nicolaus. Velamen[e] igitur in feminis et professio regulae beatorum Benedicti et Augustini sunt insignia et sacramenta
altioris vitae et artioris[f]; et prout cuique ex divina clementia
vires suppetunt, alius sub hac, alius sub illa se ipsum regit et
moderatur ad salutem obtinendam; et de terrenis nichil proprii
habens, in commune vivit sibique abrenuntiat. Nos autem
laxioris et amplioris propositi lineam tenemus; qui, propria habentes, nisi divina[g] clementia nos coherceat et reprimat, sepius
in multis excedimus. Qui ergo ab inferiori ad altioris et
artioris vitae propositum ascendit et profitetur, si ad inferius,
quod dimisit, respexerit, id est redire voluerit, quod superius
est et altius, dampnat et infamat, quantum in se est. Et ideo,
ne divina perturbetur servitus, altior et aptior pars[h] honoranda
est vigore canonico; que, expressius remota a mundi voluptatibus, inferiori parti piis operibus apud Deum subveniat.

Leo papa capitulo 27: *Fugitivum clericum vel monachum
deserentem disciplinam velut contemptorem placuit revocari*[2].
Vester itaque[i] sancti Martini canonicus non fuit fugitivus nec
disciplinam Traiectensis ecclesiae deseruit, quando de sua conversione[k] litteras vobis primo misit et secundo, ipsemet in vestrum conventum veniens, cum licentia cum osculo pacis discessit
et in monasterio suae professionis ab archiepiscopo Treverensi,
cuius est parrochia, diaconus est et presbyter ordinatus[l] absque
canonica contradictione Traiectensis ecclesiae; cum istae duae
ecclesiae non multum ab[m] invicem sint remotae et cum de illo

a. inchovit V. b. ordines V. c. ergo V. d. enim om. B. e. Velem B. f. strictioris V. g. sequitur nos in V. h. pas V. i. igitur B.
k. conversatione V. l. consecratus B. m. ad V.

1. Burchardi decr. VIII 47. 2. Burchardi decr. VIII 26.

1111-1120 iuvene esset recens sermo. Verum praedictus frater fugitivus est et disciplinam deseruit, quando a monasterio suae professionis sub regula beati Augustini discessit et* loco suo contumeliam intulit, causans cibi et potus penuriam; cum Paulus, raptus ad tercium caelum, pusillos Christi paterne instruat dicens: *Scio esurire, scio et penuriam pati*¹. Et de infirmitate, quam praetendit frater praedictus, idem Paulus ait ᵇ: *Quando infirmor, tunc fortior sum et potens*². Ecclesia igitur, ad cuius titulum in diaconum et presbyterum consecratus est, sine contradictione iuxta decretum Leonis papae debet eum revocare, velut fugitivum et contemptorem propositi et quiᶜ altiorem et artiorem disciplinam deseruit; quatinus antiqui etᵈ instituti gradus vitae sanctorum patrum absque conturbatione conserventur, et levitates eorum, qui circumferuntur, ad reverentiam divinae servitutis destruantur.

Frater iste, qui de superiori ad inferius redire et per licentiam dimissa vult repetere, non est admittendus; sed, ut ad altius propositum redeat, humili prece et fraterno consilio ammonendus, et in loco suae professionis per humanitatis exhibitionem in cibo et potu ex infirmitate a Christi fidelibus sublevandus. Sic enim fratri illi viscera misericordiae aperientur, et debitus honor divino cultui exhibebitur.

Dicit frater ille, quod sine licentia episcopi sui discessit; et ideo censet, irritum debere esse, quod in altiori gradu appetiit. Ad haec respondetur: quod frater ille in tali negotio de se ipso non potest simul accusator esse et iudex. Canonicus erat Sancti Martini, nec episcopo nec praelatis suis nec fratribus suis impedimentum ostendit, quo interveniente, salvare se ipsumᵉ ibi non posset. Sed ex voluntate et arbitrio suo propositum vitae artioris, vobis nescientibus, arripuit; et post duos menses litteras de sua conversione misit; et post duos annos se ipsum praesentavit vobis et cum licentia et pacis osculo abiit; et episcopus Traiectensis ecclesiae vestra relatione de fratris istius abscessu vobiscum canonice non tractavit, sicut

a. et om. *V*.   b. agit *B*.   c. qui et *B*.   d. om. *B*.   e. om. *B*.
1. Philipp. 4, 12.   2. V. 2 Corinth. 12, 10.

vir timoratus gratias Deo referens de illo, qui ad suam salutem exemplo sanctorum patrum evaserat.

Nostris temporibus de nostra ecclesia frater Waltherus[a], utilis in omnibus, regulam sancti Augustini assumpsit; magister Hezelinus, frater Wolbodo, frater Symon regulam sancti Benedicti; et, ne tuba canerent in plateis[1], episcopo nobisque ignorantibus ad altiorem et artiorem vitam ascenderunt. Unde divinae clementiae gratias referimus, quia pro nobis instantius occupatis orant. Hoc enim eorum est proprium, quos divina clementia veraciter inspirat ad artius propositum: ut silenter et absque divulgatione eant, quo illos trahit spiritus Domini; quia, si ante assumptum propositum publicaretur[b] eorum intentio, forsitan retinerentur peticione fratrum, lacrimis carnalium amicorum. Iuxta quod in euangelio iuvenis ad dominum Iesum ait: *Magister, vadam et disponam domui meae, ut sepeliam patrem meum; et revertar ad te;* et Iesus ad eum: *Dimitte mortuos sepelire mortuos suos*[2].

In tali igitur negocio, non elucidant decreta vel canones, ut ecclesiastica iure interveniat prohibitio, iuxta praedictam domini Iesu sententiam de his, qui a propriis huius mundi se abscidunt, artiori devincti proposito; verum utilitatis et necessitatis causa ex auctoritate sanctorum patrum plura admittuntur pro tempore. Legimus enim et in vicinis ecclesiis nostra memoria contigit, quosdam regulares sancti Augustini canonicos, quosdam factos de clericis monachos, ad episcopale officium vel ad alias praelationes destinatos utilitatis vel necessitatis causa. Sed[c] iste frater post tercium annum assumpti propositi se illis ingerit, ultro quos dimisit, cum causa utilitatis vel necessitatis non revocetur a vobis et cum ecclesiam suae professionis suique tituli nulla evidenti ratione dimiserit. Gelasius papa, cum esset Italica ecclesia belli famis incursione devastata, pro tempore concessit de monachis vel etiam de laicis assumi clericos ad retinendam christianitatem; cessante autem necessitate,

a. Walterus *V*. b. publicaretur scripsi pro duplicaretur *VZ*. c. Si *V*.
1. Cf. Matth. 6, 2. 5. 2. Matth. 8, 21. 22.

1111-1120 priscam reintroduxit et confirmavit auctoritatem. Item propter utilitatem ex diversis consiliis applicantur ordinibus filii virginum per vim raptarum et coniugatarum. Cui sententiae Petrus apostolus concordans, ait: *In veritate comperi, quod*[a] *non est personarum acceptor deus*[1]. Gelasius papa quedam pro tempore decernit esse sinenda, quae tamen manifeste non infament ecclesiam. Et sic utilitate vel necessitate mutilanda sunt decreta, si non inde manifeste sequatur decoloratio. Quia igitur praedictus iuvenis ad se corrigendum propria voluntate vel arbitrio artius propositum institit, ibique in diaconum et presbyterum consecratus est, nullaque utilitate vel necessitate a vobis revocatur, sed ad decolorationem ecclesiastici ordinis resilit, ex verbis sanctorum patrum Leonis et Nicolai ad id revertatur, quod spopondit; et in sacro ministerio maneat quod inchoavit, sanctoque Spiritui non mentiatur; ne ordo ecclesiasticus conturbetur fideique catholicae iura confringantur.

Quod autem dicitur archiepiscopus Treverensis episcopo Traiectensi litteras misisse, significans, ut recipiatur in loco, cui per communem assensum renuntiavit, forsitan per surreptionem alicuius importune petentis factum est. Archiepiscopus enim Treverensis, ad cuius parrochiam confugit et qui ad ecclesiae suae titulum diaconum et presbyterum eum ordinavit, absque canonica contradictione omnem humanitatem circa illum debet exhibere, exemplo primi et magni Gregorii; qui transgredientes et deserentes sacrum propositum iubet comprehendi et in monasterium detrudi[b], et sub districta custodia omnem sollicitudinem exhiberi, quatinus divina servitus suam constanter habeat reverentiam.

Quam reverenter et sincere artioris vitae proposita sint honoranda et retinenda, plane demonstrat primus et magnus Gregorius in principio dialogi sui[2]. Qui, de culmine propositi ad apicem sedis apostolicae, causa utilitatis et necessitatis electus,

a. quoniam *B*.   b. retrudi *B*.
1. Act. ap. 10, 34.   2. V. S. Gregorii dialog. L. I praef., opp. ed. Benedict. T. II 152.

conqueritur, se* oblivisci singularitatis suae quietem ex densitate curarum supervenientium. De beato Martino Turonensi dicit
Severus scriptor vitae eius, quod coram discipulis suis sepius
fatebatur, minorem gratiam in faciendis virtutibus se habuisse
post assumptum episcopatum quam ante[1]. Ieronimus, Augustinus, Ambrosius, artioris vitae executores, de hac in scriptis suis
clericos monachos virgines viduas confortant exhortantur corroborant. Et ne iuxta Paulum infirmorum percutiatur conscientia, frater iste, de quo est sermo, omnibus modis in assumpto retinendus est proposito. Quia *fidelis est Deus, qui non
pacietur[b] eum temptari supra id, quod potest, sed faciet cum
temptatione proventum*[c][2].

207. Oratio Meingoti in conventu fratrum[d][3]. (E 314f)

De faciendis et reddendis votis sanctarum scripturarum
tradicione didicimus, ut in etate tantum rationabili fiant, et cum
ex potestate propria voventis et arbitrii libertate prodeant; nemo
quidem ad vovendum praecepto cogitur, sed tantum post pollicitationem omni genere ad reddendum compellitur. Unde Moyses
in deuteronomio: *Cum votum voveris domino* .... Transgressores autem voti ad propositum non solum revocari commonendo,
sed etiam, si opus est, ecclesiastica censura compellendo sanctarum scripturarum sancoit auctoritas. Revocentur ergo et redire
cogantur, qui sine licentia recesserunt a nobis: prepositus Lantfridus[e] ad praeposituras suas praebendas et ecclesias, domnus
Poppo[f] sancti Petri canonicus ad custodiam suam et praebendam, Rŏdolfus[g] eiusdem ecclesiae canonicus ad praebendam suam;

a. *om. B.*   b. *patitur B.*   c. *In B sequuntur haec:* Ieronimus, cuidam
sanctum propositum arripere volenti exhortatoriam scribens epistolam, post multa haec
demum usus est sententia: "Cum ad apostolicam" inquit "tendis perfectionem, ut nichil
habeas in hoc mundo et omnia possideas cum Christo, nullam in via Dei estimare debes
personam, sed quicquid tibi obstare metuis abicere perfectoque odio odisse memineris;
et si omnes, quos vel reverearis vel diligas, tibi hoc itinere exire volenti in ipso tuo
limine ad te remorandum prostratos aspicias, felici contemptu per ipsa eorum colla transeas".   d. *ex V 130—132v, Z p. 286—292.*   e. N. V.   f. N. V.   g. R. V.

1. Sulpicii Severi dial. II c. 4, opp. ed. Halm p. 184.   2. 1 Cor. 10, 13.
3. Orationis huius satis longae duo fragmenta tantum proponenda duxi.

1111-1120 domnus Willo* sanctae Mariae canonicus ad[b] praebendam suam, et in Leodicensi ecclesia aliisque ecclesiis plurimi, qui, omnia sua pro Christo contempnentes et pauperes pauperem Christum sequentes, in tam perfecta et tam licita re licentiam requirere vel non opus esse vel etiam sibi non congruere digne iudicavere*....

208. *Ellenhardus canonicis S. Martini Traiectensibus exponit, quare coenobita factus sit*[d]. (E 314g)

1111-1120 Dominis ac fratribus suis universis E(llenhardus) humilis peccator pacem et salutem in Domino.

Audivimus, fratres et domini mei, aliquos ex vobis nostro discessu moveri, eo quod, puerili inconstantia ducti, nostra reliquisse videamur. Et quasi condolentes vanitati nostrae, vultis et optatis, ut redeamus et nostra recipiamus. Voluntas quidem vestra in omni bono adimpleatur; sed ut haec perficiatur, mihi profecto non expedit.

Cum enim secundum professionem clerici hereditas nostra Dominus et nos deberemus[e] esse Domini, pro me dico: nichil de sorte clerici praeter nomen et habitum retinentes, indigne locum inter vos velut infructuosa arbor et terram occupavimus; sed et, quod gravius est, vias nostras in omnibus corrupimus, voluptates nostras et delectationes carnis, me miserum, abhominabiliter secuti sumus; et in his omnibus nulla nobis ecclesiasticae censurae succurrit districtio, sed amplius multiplicabatur in dies erroris nostri miseranda confusio. De linimentis etiam et fomentis quorundam, a quibus perversitas nostra non redarguebatur sed laudabatur, venenum illud in me grassabatur non auferebatur; et tanto exiciabilius nobis inflicta sunt vulnera, quanto quorundam consensu obcecati ipsa nostra non vidimus pericula. Et nunc, fratres, vix sero miseriam nostram adtendentes, omnia relinquere et pauperes pauperem Christum sequi destinavimus; et[f] ut votum nostrum Dominus impleat, benignissi-

a. V. V.   b. ad *addidi*.   c. iudicarē VZ.   d. *ex* V *132v—133*, Z p. *292—293*, B *42*: Littere fratris recenter conversi de conversione sua.   e. debemus B.   f. et *om.* VZ.

mum omnium largitorem queso orate. Praebendam nostram et 1111-1120 locum nostrum, cuius nullum fructum fecimus, alii utiliori et meliori, facienti fructus eius, locate. Vellemus quidem inter vos melioris conversacionis cursum arripere, sed in quam difficili loco* res posita nobis foret, non ignorabamus. Ipsi enim scitis, quanta nobis impedimenta occurrerent: primum fragilitas nostra et omnium rerum, quae allicere et ad perniciem trahere possent, cottidie ante oculos subiectio; dehinc labia iniqua et lingua dolosa.

Quod autem vobis nescientibus recessimus, ne temeritati impatetis. Quia impedimentum nobis fieri timuimus, si animi nostri intentionem, ut erat, denudaremus. Ne, queso fratres, fugam et inobedientiam appelletis, quod ad Deum confugimus et Deo obedivimus; quia, ut pace vestra dixerim, magis eligimus[b] quadam quasi imagine inobedientiae ad caelum conscendere quam affectata et simulata obedientia ad infernum properare. Ne queso, inquam, vera rerum vocabula transmutetis, ne illam propheticam incidatis sententiam: *Ve vobis, qui dicitis tenebras lucem et lucem tenebras, qui malum dicitis bonum et bonum malum*[1]. Ne vero iuventutis nostrae inconstantiam causemini neque seculari sensu sapientiam interpretemini stulticiam, speramus in eo perseverare, per quem et accepimus incipere. Et qui potest de lapidibus* filios Abrahae suscitare[2], potens est et[d] nos ad consummationem boni operis perducere. Concinit enim in auribus nostris illud organum Spiritus sancti dulcissimam melodiam et confortati sumus. *Bonum* inquit *opus nobis sit in voluntate, et misericordia Domini erit in perfectione.* Et quis est, fratres, etiam inter sanctos ita virtute praeminentissimus, ut incunctanter et inrefragabiliter intelligat, quo fine cursum certaminis compleat? Ista securitas non est praesentis corruptionis, sed illius futurae inmortalitatis, cum hoc corruptibile induerit incorruptionem et mortale hoc absorbebitur a gloria.

a. om. VZ.   b. elegimus V.   c. sequitur istis in V et B; sequitur istis etiam in V, sed erasum.   d. et om. B.

1. Isai. 5, 20.   2. Matth. 3, 9.

1111-1120   Audivimus etiam, fratres, quod fratrem nostrum domnum M(egingotum) de hac re suspectum habeatis, quasi, cupiditate et aviditate rerum et ecclesiarum nostrarum ductus, nos ad hoc incitaverit. Credite nobis, non est ita. Cum enim intellexisset intentionem nostram, primum rennuit[a], contradixit, multa nobis, que nos retraherent, proposuit; sed cum inconcussam propositi nostri firmitudinem percepisset, respectu Dei tactus et monitus, occidere me retinendo noluit, quem salvare vel tacendo potuit; prodere nos noluit, impedire nos noluit[b], spiritum in nobis extinguere noluit. Benedictus Deus in omnibus. Fratres karissimi, nolite exacerbare spiritum eius aut quicquam illi imponere. Non enim ab homine aut per hominem sed per revelationem Iesu Christi gratiam istam suscepimus. Valete et orate pro me.

209. Erlungus episcopus Wirzeburgensis canonicis Bambergensibus de Heinrici quondam praepositi querelis respondet[c].

(E 316)

1107-1121   Dei gratia Wirzeburgensis ecclesiae episcopus[1] praeposito et decano sanctae Babenbergensis ecclesiae cum tota fratrum congregatione fraternae dilectionis exhibitionem.

Pervenit ad noticiam meam, querelis H(einrici)[2] quondam ecclesiae meae praepositi fraternitatem vestram esse pulsatam et opinionem meam, quantum in ipso fuit, sinistra relatione lesam. Sed si estis immo quia estis, quales vos spero et qualem me vobis exhibere paratus sum, nullus timor est mihi, ut cuiusquam odiosis relationibus contra me fidem accommodetis. Visum est tamen utile, ut ad singula, que de me ex animi motu non veritate causarum divulgavit, breviter respondeam et arbitrium vestrae discretionis non subterfugiam.

Conqueritur, ut audivi: quod a praelatione dignitatis, quam gessit, iam secundo non iudicio sed violentia deiectus sit; primo quidem causa M. cognati mei, deinde pro pecunia ut ait et amb-

a. rennit B.   b. voluit V.   c. ex V 133—133 v, Z p. 293—294.

1. Erlungus, 1105—1121; cf. infra n. 2 et pag. 383 n. 1.   2. Is comparet in Erlungi tabula data a. 1106, Mon. Boic. XXXVII 34.

itione O(ttonis)¹ fidelis mei. In qua re cognoscere vos volo primo omnium: quod, quam diu res tulit et ultra quam tulit, ego eum semper toleravi; adeo ut, etiam postquam iudicio fratrum meorum destitutus est, electo in locum eius cognato meo, ego tamen — cum iudicii sententiam, quae data erat in eum, rescindere non possem — mansuetudine et compassione fraterna devictus, nolui prorsus omni spe eum destituere, donec benivolentia, cum nichil ei deberem, duas parrochias cum pecunia ei dedi, eo tenore, ut omni deinceps querela sopita nichil molestiae super hoc negotio sustinerem. Mutante autem pristinae conversationis habitum supra dicto cognato meo, libera et unanimi electione — testimonium mihi perhibente conscientia mea — nec venalitate nec personae acceptione inductus, praepositum, quem voluerunt, fratribus meis constitui; nichilque ab eo, nisi quod ad communem spectat utilitatem, postulo vel postulavi. Quodsi praeiudicium se sustinuisse causatur, licet non sit necesse actum agere, tamen, si quid habet quo ᵃ causam suam tueatur, in praesentia nostra ad audientiam veniat et, si iuste potest, quicquid potest, obtineat. Nolo autem vos latere nec de cetero mihi succensere, si beneficia mea recipiam; quae ea conditione ipsi collata sunt, ut ego nullam inquietudinem ab eo amodo de hac causa sustinerem.

1107-1121

210. *Lambertus episcopus Ostiensis Heinricum V imperatorem rogat, ut ad concilium die 8 Septembris Moguntiae habendum accedat* ᵇ.

(E 332)

H(einrico) gloriosissimo imperatori N.² Dei gratia Ostiensis episcopus et apostolicae sedis legatus devotum servitium.

1122
Iul.—Aug.

Religiosi viri, nuntii videlicet magnitudinis vestrae³, apostolicam sedem nuper adierunt, dicentes: pacis et concordiae inter regnum et sacerdotium iam tandem excellentiae vestrae

a. quod *V*.   b. *ex V 138v, Z p. 305.*

1. Hunc reperimus in Erlungi tabula data a. 1113, l. l. p. 35.   2. Lambertus (postea Honorius II papa).   3. Bruno ep. Spirensis et Erlolfus abbas Fuldensis.

1122
Iul.—Aug.

consilium placuisse, si tamen salva maiestate imperii et absque diminutione regni fieri potuisset. Quibus auditis, domnus apostolicus[1] gaudio repletus est et gratias egit Deo, qui vobis tale consilium inspiravit. Nostrae etiam humilitati hanc iniunxit obedientiam: ut in has partes veniremus et pacis et concordiae inter vos et ipsum mediatores essemus; salva tamen iusticia et ita, ut nullum maius scandalum ecclesiae inde proveniret.

Rogamus igitur excellentiam vestram, ut in concilio episcoporum Moguntiae celebrando in nativitate sanctae Mariae[2] vestram dignemini exhibere praesentiam. Illud autem scitote: nichil ibi contra vos sed pro vobis omnia, salva tamen iusticia, nos agere velle; neque id intendere, ut honor imperii vestri aliquod detrimentum paciatur sed per omnia augeatur.

211. *Lambertus episcopus Ostiensis omnes Galliarum sacerdotes, monachos, principes ad concilium die 8 Septembris Moguntiae habendum invitat*[a]. (E 331)

1122
Iul.—Aug.

N.[3] Dei gratia Ostiensis episcopus et sanctae apostolicae sedis legatus omnibus Galliarum archiepiscopis episcopis abbatibus monachis clericis ducibus comitibus et universis principibus cum omnibus Christi fidelibus. Pax vobis et gratia a domino Iesu Christo multiplicetur.

Peccatis exigentibus, sancta Dei ecclesia variis scismatum scandalis iam diu perturbatur, regnum Teutonicum in se ipso divisum est; et ideo necesse est, ut iuxta dominicam vocem cito desoletur[4], nisi, ipsius praeveniente gratia, bonorum virorum consilio et auxilio fulciatur. Nos itaque, licet indigni sanctae sedis apostolicae fungentes legatione, ad hoc venimus: ut, si fieri potest, inter regnum et sacerdotium pacem et concordiam Domino cooperante faciamus et membra imperii a se invicem divisa in corporis unitatem congregemus. Vobis igitur omnibus Galliarum archiepiscopis episcopis abbatibus monachis clericis, praecipue in sacris scripturis eruditis, et omnibus principibus

a. *ex V 138—138v, Z p. 305.*
1. Calixtus II.   2. Sept. 8.   3. Lambertus.   4. Luc. 11, 17.

in verbo Domini et ex auctoritate sancti Petri et eius vicarii significamus ac praecipimus: ut, quicunque adesse possitis, ad sanctum et universale concilium in nativitate sanctae Mariae¹ Moguntiae celebrandum occurratis; quatinus ibi de pace et concordia inter regnum et sacerdotium et de statu ecclesiae, que Deo placita sunt, communi consilio tractare valeamus. In Domino enim confidimus, quod ipsius gratia nobis in eius nomine congregatis non deerit, qui in euangelio, ubi duo vel tres congregati in eius nomine fuerint, in medio eorum futurum se esse promisit².

1122
Iul.—Aug.

---

212. *Legati Romani Ottonem I episcopum Bambergensem monent, ut die 8 Septembris Moguntiam veniat*ᵃ. (E 304)

L(ambertus) Ostiensis episcopus S(axo) presbiter³ G(regorius) diaconus cardinales et legati venerabili fratri O(ttoni) Babenbergensi episcopo salutem in Christo.

1122
Iul.—Aug.

Ex domini nostri papae⁴ totiusque Romanae ecclesiae auctoritate pro eiusdem ecclesiae et regni pace componenda cum regis ac principum nunciis destinati, ad partes istas accessimus. Verum quia vos pro ecclesiae libertate tuenda sollicitari ac laborare cognovimus, ideo, si pacis ac tranquillitatis intuitu nos clementia divina respicere voluerit, vos tamquam specialem ipsius matris filium ac dilectum in Christo fratrem ipsius pacis et consolationis participem esse desideramus. Quapropter fraternitati vestrae per praesentia scripta mandamus: ut, omni occasione remota, in beatae Mariae nativitate Moguntiae nobis occurrere studeatis.

a. *ex V 124v:* Epistola eiusdem; Z p. 713.

1. Sept. 8. (in Coelio monte). 2. Matth. 18, 20. 3. presb. card. tit. S. Stephani 4. Calixti II.

213. *Adelbertus I archiepiscopus Moguntinus Ottonem I episcopum Bambergensem reprehendit, quod Rudegero episcopo Wirzeburgensi consecrando non interfuerit. Praecipit, ut ad concilium die 8 Septembris Moguntiae agendum veniat*[a].

(E 333)

1122
Iul.—Aug.

A(delbertus) Dei gratia sanctae Moguntinae ecclesie licet indignus et humilis minister O(ttoni) dilecto et venerabili fratri suo Babenbergensi episcopo fraternam in Domino dilectionem et orationes.

Fraternitatem vestram coram Deo et hominibus hactenus laudabiliter vixisse et contra hereticos tempore huius scismatis plurimum desudasse pro ecclesia, nulli pene dubium est. Quanto igitur zelum vestrum erga Deum et ecclesiam ferventiorem dudum esse cognovimus, tanto magis nunc miramur, quod tamen salva fraterna caritate dicimus, vos Deo et ecclesiae minus devotum existere et quodammodo refrixisse; cum iam magnum hostium nobis apertum sit recuperandae unitatis ecclesiasticae, cum iam bonum certamen nostrum Domino cooperante pervenerit ad finem et nunc quam maxime vobis et omnibus orthodoxis summopere[b] satagendum sit, ut, quod dudum a nobis est bene inchoatum, votivum in Dei nomine sortiatur effectum[c].

Dilectioni vestre pridem significavimus[d], ut sanctae apostolicae sedis legato[1] et fratribus nostris coepiscopis vestris[e] ac ceteris catholicis principibus in loco, qui dicitur Pleifelt[f,2], occurrere velletis et Wirzeburgensis episcopi[f] una nobiscum interesse ordinationi. Ad quam utique prompto et alacri animo, etiam non rogatus, venire debueratis[g]; non solum quia coepiscopus sed etiam quia concivis vester est, et iure propinquitatis ipsum quodammodo familiarius et specialius diligere debetis[e]. Sed quia venire neglexistis, domnus cardinalis usque ad satisfactionem a divino officio, ceteris consentientibus, vos suspendere

a. *ex V 138v, Z p. 305—306, C 68v—69.*   b. *summo opere Z.*   c. affectum *Z.*   d. significaveramus *V,* significamus *Z.*   e. *om. V.*   f. *N. V.*   g. deberetis *V.*

1. Lamberto episcopo Ostiensi.   2. Pleichfeld, a Wirziburgo inter orientem et septemtrionem.   3. Rudegeri s. Ruggeri.

voluit. Nos autem pro singulari amore et reverentia vestri, ne quid durius contra vos diffiniri deberet, vix obtinuimus. 1122 Iul.—Aug.

Nunc itaque fraternitatem vestram rogamus et ex auctoritate domni papae et apostolicae sedis legati et nostra praecipimus: ut universali concilio in nativitate sanctae Dei genitricis[a][1] Moguntiae celebrando, omni amputata occasione, vestram exhibeatis praesentiam; ut ibi et domni papae legationem cognoscatis et de statu ecclesiae una nobiscum in commune consulatis. Si qui vero episcoporum huic sancto concilio interesse neglexerint, sciant, se ex auctoritate domni papae et apostolicae sedis legati et totius concilii synodali sententiae, qua huiusmodi praesumptores feriendi sunt, omnibus modis subiacere.

214. *Pactum Wormatiense*[b]. (E 305. 306)
Privilegium Heinrici[c] IIII imperatoris ad Calixtum[d] papam.

Ego H(einricus) Dei gratia Romanorum imperator augustus pro amore Dei et sanctae Romanae ecclesiae et domni papae Calixti et pro remedio animae meae dimitto Deo sanctisque Dei apostolis Petro et Paulo sanctaeque catholicae ecclesiae omnem investituram per anulum et baculum, et concedo in omnibus imperii mei partibus canonicam fieri electionem et liberam consecrationem. Possessiones et regalia beati Petri, quae tempore patris mei sive etiam meo ablata sunt, quae habeo, eidem sanctae Romanae ecclesiae restituo; quae non habeo, ut restituantur fideliter[e] iuvabo. Possessiones etiam omnium aliarum ecclesiarum et principum et aliorum tam clericorum quam laicorum, consilio principum, quae habeo, restituo; que[f] non habeo, ut restituantur fideliter iuvabo. Do veram pacem domno papae C(alixto)[g] et omnibus, qui in parte sua[h] sunt vel fuerunt. Et in quibus sancta Romana ecclesia auxilium postulaverit, fideliter illam iuvabo. 1122 Sept. 23

a. Mariae *V* pro Dei genitricis. b. *ex V 124v—125, Z p. 274, C 60—60v. Plenior pacti huius editio reperitur in Mon. Germ. LL. II 75.* c. Hanrici *V*. d. Calixitum *V*. e. libenter *V*, fideliter *ZC*. f. et quae *C*. g. K. *ZC*. h. eius *C*.

1. Sept. 8.

Privilegium Calixti[a] papae ad Heinricum[b] IIII imperatorem.

1122 Sept. 23

Ego Calixtus[c] servus servorum Dei dilecto filio H(einrico) Dei gratia Romanorum imperatori augusto. Concedo electiones episcoporum et abbatum Teutonici regni, qui ad regnum pertinent, in tua praesentia fieri absque symonia et aliqua violentia; ut, si qua inter partes discordia emerserit, saniori parti assensum et auxilium praebeas; electus vero a te regalia recipiat et, que ex his iure tibi debet, faciat. Ex aliis vero partibus imperii consecratus infra sex menses regalia a te recipiat et, quae ex his iure tibi debet, faciat. Do tibi veram pacem et omnibus, qui in parte tua sunt vel fuerunt tempore huius discordiae. Et in quibus postulaveris, secundum officii mei debitum auxilium tibi praestabo.

---

215. *Calixtus II papa Conrado I archiepiscopo Salzburgensi commendat A. presbyterum, ab Herimanno episcopo Augustensi ordinatum*[d]. (E 323)

1121-1123 Ian. 25

C(alixtus) episcopus servus servorum Dei venerabili fratri C(onrado) Salzburgensi archiepiscopo salutem et apostolicam benedictionem.

Frater iste praesentium lator A. presbiter, apostolicae sedis clementiam adiens, se ab Augustensi episcopo[1] retulit ordinatum, cum idem episcopus a praedecessore nostro sanctae memoriae Paschale[e] papa Romanae fuisset ecclesiae gratiam in conventu celebrato Placentiae[2] consecutus. Quia ergo misericordiam iuste petentibus indulgentiam negare non convenit, si eius postulatio veritatis nititur ratione, ipsum in ordine suo recipias et sacer-

---

a. Calixiti V. b. Henricum V. c. Kalixtus ZC. d. *ex V 136*, Z p. 300. e. Pascale V.

1. Herimanno, quem in ipsius Calixti II gratiam demum die 31 Mart. 1123 rediisse scimus. V. Mon. Germ. SS. XII 430 n. 8 et Regesta pont. Rom. n. 5126. Itaque haec epistola ante d. 31 Mart. 1123 data est, propterea quod Herimannus in ea tantummodo „Augustensis episcopus", non „dilectus frater" appellatur.   2. Hinc liquet, Paschalis II epistolam, in Reg. pont. Rom. n. 4544 signatam, Placentiae datam esse d. 22 Nov. 1106.

dotalis officii ministerio sine inquietudine fungi concedas. Datum Laterani 8 Kal. Februarii.

1121-1123 Ian. 25

216. *Reginmundus praepositus xenodochii Hierosolymitani omnibus nuntios suos commendat. Subsidium orat*[a]. (E 357)

In nomine domini nostri Iesu Christi et gloriosissimi sancti sepulcri et omnium[b] virtutum Ierosolimis. Ego Reginmundus[c][1], per gratiam Dei post obitum domini Geraldi[d] factus servus pauperum Christi, cum omni clero et sancto populo, qui illic militamus ad honorem Dei, mittimus salutem et benedictionem ex parte Dei omnipotentis et beatae Mariae semper virginis et omnium sanctorum Dei omnibus episcopis abbatibus de universis partibus mundi et omnibus canonicis plebanis ac capellanis et omni clero et populo, qui timent Deum et diligunt proximos et expectant beatam vitam et retributionem iusti iudicii Dei in Dei iusticia[e].

1119-1124

Omnipotenti Deo gratias et laudes reddimus de magno beneficio vestrarum elemosinarum, quas nobis misistis honorabiliter ad nostrum auxilium et ad sustentationem hospitalis pauperum Christi; et omnibus vobis sint laudes et gratiae a Deo patre et a beata Maria semper virgine et matre nostri salvatoris et ex parte omnium sanctorum, et retribuant vobis inde in centuplum in retributione iustorum. Honor et gloria et vita perpetua tam masculis quam feminis, qui in suis elemosinis habent recordationem nostrae necessitatis pro Dei amore. Sciatis autem bene et in veritate credite, quod omni tempore, quando vestrae elemosinae ad nos perveniunt, multum laudamus et benedicimus Deum et pro salute omnium vestrum Deum deprecamur et sanctos eius. Mandamus itaque vobis, fratres karissimi, ut non pigeat vos benefacere, elemosinas dare, pauperibus Christi subvenire; ut, cum defeceritis, ipsi vos recipiant in eterna tabernacula. Sit autem certissimum et manifestum vobis, quod, quicunque nostros

a. *ex V 146, Z p. 324.* b. omni *VZ.* c. *manus posterior in V superscripsit*: rex. d. G. *V.* e. iusticie *Z.*

1. De quo v. eam quae sequitur ep. 217.

1119-1124 nuntios bene receperint et per eos nobis suas elemosinas miserint, benefactorum et orationum, quae fiunt in ª Ierosolimis, sciant se esse participes. Quicunque autem in nostram fraternitatem intraverunt vel ᵇ intrabunt, ita sint securi de Domini misericordia, quasi ipsi militent in Ierosolimis; et recipient ab omnipotenti Deo gloriam et coronam iusticiae, quam reddet eis iustus iudex, qui cum Patre et Spiritu sancto vivit et regnat per omnia secula seculorum. Amen.

217. *Calixtus II papa omnibus per Europam fidelibus nuntium Raimundi, praepositi xenodochii Hierosolymitani, commendare videtur* ᶜ. (E 358)

1119-1124 Domnus papa Calixtus servus servorum Dei dilectis fratribus episcopis abbatibus plebanis canonicis ac capellanis et ceteris per Europam fidelibus salutem et apostolicam benedictionem.

Iusticiae ratio exigit et rationis ordo exposcit, ut, quae a praedecessore nostro sanctae memoriae papa Paschasio ᵈ caritatis intuitu constituta sunt, nos auctore Domino conservemus [1]. Latorem praesentium, ab Ierosolimitani xenodochii praeposito Raimundo missum ad vos, caritati vestrae attentius commendamus. Idem enim R(aimundus) omnium a Ierusalem redeuntium testimonio commendatur, quod sincere devote assidue peregrinorum et pauperum curam gerat. Et nunc pro eorum necessitatibus sublevandis vestrae caritatis implorat auxilium. Vos ergo beneficentiae et communionis nolite oblivisci; talibus enim hostiis promeretur Deus. Pauperem igitur Christum in suis pauperibus sublevare curetis, ut et ipse vos divitiarum suarum faciat esse participes. Non enim Ierosolimitanae peregrinationis mercedis vacuus est, qui Ierosolimitanis peregrinis rerum suarum adminiculum subministrat. Qui enim pauperi tribuit, Domino feneratur [2]. Ipse autem Dominus in vobis, quod loquitur, operetur; et habun-

a. *om. V.*   b. aut *Z.*   c. *ex V 146—146v, Z p.325.*   d. Pascasio *Z.*

1. Hoc initium quoniam cum argumento epistolae non cohaeret, falsi aliquid in ea inest. Prima quoque verba haec: „Domnus papa Calixtus" a veris paparum epistolis longissime absunt.   2. V. Prov. 19, 17.

dare faciat in vobis omnem gratiam; ut, eum in suis minimis 1119-1124
reficientes, in aeternae Ierusalem gaudiis eternae refectionis mercedem accipere mereamini.

218. *Arnoldus praepositus S. Mariae Aquensis E. praeposito gratulatur*[a]. (E 308)

Domno E. praeposito, viro diligendo et ab omnibus hono- ante 1125
rando, A(rnoldus)[1] sanctae Dei genitricis aecclesiae Aquisgrani
humilis dispensator fraternam dilectionem ex debito, fideles
orationes ex officio.

Gratias ago Deo nostro, qui dignum et idoneum suo vos
fecit ministerio, ut sitis necessarium et utile vas in domo Domini. Quantum autem una cum fratre vestro de provectione
vestra mihi fuerit gaudium, novit Deus, qui inspector est cordium. Ego quoque licet indignus vestro coniunctus sum numero;
confidens multum in sanctis orationibus vestris et pio patrocinio.
Sic etiam vos de me habetote; quia, in quantum homo peccator
valeo, in meis orationibus nunquam vobis deero.

219. *Moseburgenses Ŏ. praepositum monent, ut, decano suo ruina
ecclesiae interfecto, ad se veniat. De sacris in eadem ecclesia faciendis interrogant*[b]. (E 307)

Ŏ.[c] venerabili Moseburgensis ecclesiae praeposito eiusdem 1098-1125
ecclesiae humilis congregatio debitae obedientiae affectum cum
assiduitate in Christo orationum.

Ex multitudine miseriae et tribulationis nostrae, domne
pater, internus animi dolor cogit nos lacrimabilem vobis querimoniam transmittere. Ad quam exaudiendam invitet vos primum respectus pietatis Dei et ipsa ecclesiastica, quam semper
dilexistis, religio, deinde iusticia et mansuetudo vestra et miseri-

a. *ex V 125—135v, Z p. 275.* b. *ex V 125, Z p. 274—275.* c. Ŏ. *in margine scriptum est, rubricator perperam* D *posuit in* V; Ŏ. Z.

1. Arnoldus capellanus Heinrici V imperatoris et praepositus S. Mariae
Aquensis comparet in diplomatibus a. 1112 et 1138 ap. Lacomblet Urkundenbuch I p. 177 (n. 273), 217 (n. 326). De eo cf. etiam Stumpf Die Reichskanzler II 253.

1098-1125 cordia, postremum ipsa nostrae ecclesiae supra modum aggravatae tribulatio. Pro cuius lamentabili ruina non tantum dolemus et contristamur, quantum quod decano patre nostro ex eadem ruina orbati sumus; qui nobis et ecclesiae nostrae omnia hactenus, que dignitatis et utilitatis erant, paterna cura sollerter providit et caritatis munere amministravit. Qua re de tam repentina et intolerabili calamitate stupor et hebitudo mentis super nos, domne pater dilecte, cecidit. Nam sicut navis sollerti gubernatore destituta aut fluctuat aut fluctibus inmergitur aut scopulis illiditur et sic planctum magis invenit quam portum, sic et nos miseri, tanto rectore viduati, multis modis in hoc mundo tamquam in naufragoso mari periclitamur.

Unde tanto et tam inmani dolore usque ad vitae tedia deficeremus, si non in clementia vestra spem non modo consilii sed etiam auxilii haberemus. Ponite ergo vobis ante oculos, totam ecclesiam nostram, tam clerum quam populum pedibus vestris affusum, tam miserabilem coram vobis deplorare querimoniam. Et quia, rectore destituti, alium praeter vos rectorem non habemus, ad nos dignemini venire; ut nos, qui estimati sumus sicut oves occisionis[1], quia ad sustinendum tantae adversitatis pondus impares sumus, in Dei et vestri miseratione respirare valeamus.

De cetero, domine, vestrae pietatis petimus serenitatem, ut a dominis nostris, fratribus vestris, quos ad summam manum omnis probitatis novimus esse provectos et viscera misericordiae indutos, sententiam super hoc facto requiratis, scilicet: si in eadem ecclesia, sanguine polluta hominum ex eadem ruina oppressorum, sacramenta Christi licentia domni episcopi[2] possint celebrari. Quia quidam, habentes scientiam sed non secundum zelum Dei[3], nostrae prosperitati hactenus invidentes, videntur nobis de eadem re inclementer quaestionari; cum constet, altare remansisse inpollutum et inviolatum.

1. Ps. 43, 22.   2. Heinrici I episcopi Frisingensis, 1098—1137.
3. Cf. Rom. 10, 2.

220. *Monachi Fuldenses Ottonem I episcopum Bambergensem rogant, ut N. clericum debita sibi solvere iubeat*. (E 245)

Venerabili episcopo O(ttoni) Fuldensis congregatio, si quid 1103-1125 contritorum valet oratio.

Quia timorem Dei et amorem iusticiae in vobis esse novimus, querelam nostram auribus vestris fiducialiter deponimus; postulantes, ut in hac re nobis subveniatis et de cetero causam nostram apud imperatorem suscipiatis. Nisi reverentia vestri nos retineret, de clerico vestro .N. paupertas nostra[b] querimoniam imperatori facere deberet; qui nobis statutam alimoniam de Suevia[c] subtraxit, et vestitum tempore statuto, sed et adhuc, dare neglexit. Unde petimus, ut potestate vobis[d] tradita illum coherceatis et annonam victumque nobis dari faciatis; ut, qui illum honoris vestri causa tam diu patiebamur, vestro patrocinio ab eo omnino non negligamur. In Domino valeat paternitas vestra.

---

221. *W. decanus claustri Pataviensis Ottoni I episcopo Bambergensi de salutatione gratias agit. De eiecto quodam fratre exponit*. (E 287)

Dignissimo sanctae Babenbergensis ecclesiae praesuli O(ttoni) 1103-1125 indignus et exiguus Pataviensis claustri decanus W. licet exiguum orationis et servitutis suae munus.

Difficillimum mihi est, excellentiae vestrae grates vel referre vel non referre. Nam dignas referre impossibile est; nullas autem referre, culpabile. Unum est perfectionis, alterum ingrati hominis; unum pudoris, alterum criminis. Attamen ut, postposita pudoris iactura, crimen removeam, grates vobis quanto digniores possum ago, quod excellentia vestra[f] parvitatis meae mentionem habere, quod me, vilis precii mancipium, tamquam alicuius auctoritatis virum missa salutatione dignatur honorare. Sed et liberalitas vestra in fratrem nostrum N. vel maxima nobis agen-

a. *ex V 107v, Z p. 232.*   b. nr̄am Z.   c. Swevia Z.   d. vobis *addidi.*
e. *ex V 117v, Z p. 256—257.*   f. excellentiam vestram V.

1103-1125 darum gratiarum materia est; qua in re nos non minus illo sibi obligavit, quia nos in illo donavit.

Quòd autem sanctitas vestra nullum a nobis* responsum recipit super litteris, quas misit, haec causa est: quod, eis nondum parvitati nostrae repraesentatis aut lectis, nescimus, quid competenter respondeamus. Hoc tamen praetermittendum nobis non est, quin vobis notum faciamus: quod illi fratri, immo non iam fratri, pro quo vestra sanctitas intercedere parat, nulla prorsus iniuria facta est. Nec credere debetis, quod rationis tam inopes aut recti tam expertes simus, ut umquam de medio nostri nisi eiciendum eiceremus. At forsan dicitis: transgressores regulae regulari disciplina cohercendos et, ut resipiscant, districta correctione constringendos. Quid, si incorrigibiles exstiterint? Quid, si ex verbere deteriores fiunt? Nonne consultius et melius est, tales eliminare, quam domesticam pestem in exitium aliorum nutrire? propheta dicente: *Auferte malum de medio vestri*[1]. Quodsi mores eius nulli tolerabiles vobis referremus, profecto nobis improperaretis: nos talem in societatem nostram suscepisse, non eiecisse.

---

222. *Heinricus V imperator ecclesiam S. Petri (Bambergensem) muneratur*[b]. (E 98)

1111-1125 In nomine sanctae et individuae trinitatis. H(einricus) divina favente clementia* Romanorum imperator augustus. Omnibus Christi nostrique fidelibus tam futuris quam praesentibus notum fieri volumus, quod nos pro Dei timore eiusque piae genitricis perpetuae virginis Mariae et pro cari patris nostri felicis memoriae H(einrici) animae remedio matrisque nostrae B(erthae) piae memoriae parrochiam quandam pro statu imperii nostri et corporis nostri animaeque salute ecclesiae beati Petri tradidimus; ea videlicet conditione, ut omni tempore cari patris nostri anniversarius dies ibi devotissime celebretur et cottidie sui memoria habeatur. Ut autem hoc ab omnibus credatur et omni

a. a nobis *om. V.*   b. *ex V 37v—38, Z p. 157.*   c. *om. V.*
1. Deut. 21, 21.

aevo inviolabile permaneat, hanc cartam inde conscriptam et 1111-1125
manu propria corroboratam impressione nostri sigilli, ut apparet
inferius, iussimus insigniri.

223. *Bambergenses cum Heinrico V imperatore iniurias a ministerialibus eius sibi illatas queruntur*[a]. (E 315)

Serenissimo domino suo H(einrico) imperatori cesari sem- 1111-1125
per[b] augusto Babenbergensis ecclesia, speciali quadam fidelitate
sibi semper suisque antecessoribus devincta, fidele et stabile servicium cum devotis orationibus.

Gratias agere divinae bonitati non desistimus, qua inspirante, clementia vestrae dominationis — more et exemplo patris
vestri piissimae memoriae — nos et locum nostrum benigno favore et quasi singulari quodam affectu hactenus dignata est respicere et confovere. Unde solita pietate vestra confisi, despoliati[c] et inmoderata rerum nostrarum devastatione pene iam
desolati, genibus vestrae commiserationis cum lacrimis et querelis pernimium necessariis provolvimur. Si quid enim ab hostium inmanitate relinquitur, hoc totum a vestris ministerialibus
quibusdam ubique devastatur, ubicunque possunt, sine respectu
Dei vel vestri. Quorum illi quidem, qui apud Hamerstein praesident, octo carradas vini nobis hoc anno abstulerunt. Oleum
autem, quod[d] ad quadragesimale tempus deputatum nobis fuerat[e],
M., cum praeter eum deferretur, ex toto praeripuit. Porro R.
cum suis complicibus omnia nostra suae domui contigua usque
ad desolationem devastavit. Ecce qualia nos vestri a vestris
patimur. Sed et[f] adhuc[g] peiora veremur, nisi Deus et vestrae
iussionis auctoritas quantotius subvenire dignetur. Rex regum
et dominus dominantium vitam et honorem vestrum, serenissime
domine, prout expetit necessitas totius imperii, prolongare atque
conservare dignetur.

a. *ex V 133, Z p. 293, C 42v, B 34v.*   b. *om. CB.*   c. dispoliati *CB.*
d. quod *om. VZ.*   e. nobis fuerat *om. CVZ.*   f. et *om. VZ.*   g. huc *C.*

224. *Fuldenses Heinricum (V?) imperatorem rogant, ut villam quandam sibi restituat*[a]. (E 251)

Domino suo Heinrico[b] Romanorum[c] imperatori semper[d] augusto Christi martiris[e] Bonifacii humilis congregatio, exultare in Domino et feliciter triumphare de adversario.

Testis est, cui omne cor patet, Dominus, quia sine[f] intermissione tui memoriam facimus nostris in[g] orationibus; obsecrantes[h], quatinus pius Dominus in faciem christi sui respiciat[i] et consilium adversus te malignantium ad nichilum redigat. Et quia post te, karissimum dominum[i] nostrum, semper adherebit anima nostra[2], prospiciat imperialis clementia saluti nostrae, que pendet in manu tua: ut villam N.[k], pro qua sepius ad te clamavimus, vel[l] nunc demum nostrae iubeas indigentiae restitui; et erimus imperpetuum ecce coram Deo devotissimi oratores tui. Nos autem et in modico et in magno[3], quia per omnia et in omnibus, in te speramus. Vivat anima tua, karissime dominorum, ut non pereamus[m].

---

225. *Episcopi et principes, funus Heinrici V imperatoris exsecuti, Ottonem I episcopum Bambergensem rogant, ut novi regis creandi causa Moguntiam accedat*[n]. (E 320)

A(delbertus)[4] Moguntinus, F(ridericus)[5] Coloniensis, Ŏ(dalricus)[6] Constantiensis, B(ucco)[7] Wormatiensis[o], A(rnoldus)[8] Spirensis per Dei misericordiam archiepiscopi et episcopi, Ŏ(dalricus) Fuldensis abbas, H(einricus) quoque dux[9], F(ridericus) dux[10], G(odefridus) palatinus comes[11], B(erengarius) comes de Sulzbach et ceteri utriusque professionis principes, qui exequiis

a. *ex V 108—108v, Z p. 234, G 57—57v.*   b. H. *VZ.*   c. *om. G.*
d. cesari *G.*   e. sancti *G pro* Christi martiris.   f. *om. G.*   g. *om. V.*   h. consecrantes *G.*   i. dominum nostrum *om. G.*   k. *om. G.*   l. *om. VZ.*   m. Vale *add. G.*   n. *ex V 135, Z p. 298, C 62:* Epistola quorundam episcoporum ad Ottonem Babenbergensem episcopum de obitu Heinrici quarti imperatoris.   o. Warmatiensis *Z.*

1. Ps. 83, 10.   2. Ps. 62, 9: „adhaesit anima mea post te".
3. Act. ap. 26, 29: „Opto apud Deum et in modico et in magno".   4. I.
5. I.   6. II.   7. II.   8. II.   9. Bavariae.   10. II Sueviae.
11. Rheni.

imperatoris[1] intererant, venerabili fratri O(ttoni) Babenbergensi[a] 1125
episcopo hinc fraternas in Christo orationes inde fidelissimum Iun.—Aug.
devotae servitutis obsequium.

Postquam domnus imperator viam universae carnis ingressus Mai. 23
est et nos exequias eius cum iusta devotione et reverentia complevimus[2], ipse ordo rei et temporis qualitas exigere videbatur,
ut de statu et pace regni aliquid conferremus, si non abesset
praesenciae vestrae consilium et aliorum principum tanto negocio utile et pernecessarium. Quam expectare quia grave
erat et difficile, sedit omnium nostrum sententiae, si vestrae
tantum[b] non displicuerit concordiae, curiam in festo beati Bartholomei[3] apud Moguntiam celebrare et, ibidem convenientibus
principibus, de statu et successore regni ac negotiis necessariis,
prout Spiritus sanctus aspiraverit, ordinare. Nullum tamen
praeiudicium deliberationi et voluntati vestrae facientes, nichil
nobis singulare ac privatum in hac re usurpamus. Quin pocius
discretioni vestrae hoc adprime intimatum esse cupimus, quatinus, memor oppressionis qua ecclesia cum universo regno usque
modo laboravit, dispositionis divinae providentiam invocetis: ut
in substitutione alterius personae sic ecclesiae suae et regno
provideat, quod tanto servitutis iugo amodo careat; et suis
legibus uti liceat; nosque omnes cum subiecta plebe[c] temporali
perfruamur tranquillitate. Contestamur etiam dilectionem vestram[d]: ut pacem credito vobis celitus populo infra praescriptum
curiae terminum et ultra ad quatuor ebdomadas[e] ordinetis, quatinus omnibus tutior fiat concursus ac reditus; et ut curialiter,
more videlicet antiquorum principum, cum propria impensa, neminem pauperum ledentes, conveniatis.

a. om. C.   b. si tantum vestrae V.   c. pbebe V.   d. nostram V.
e. ebdomas VZ.

1. Heinrici V.   2. Spirae.   3. Aug. 24.

226. *Adelbertus I archiepiscopus Moguntinus Ottonem I episcopum Bambergensem rogat, veniat ad synodum ecclesiae Wirziburgensis causa convocatam* [a]. (E 322)

1125
Sept.—Oct.

A(delbertus) sanctae Moguntinae ecclesiae humilis servus [b] et apostolicae sedis legatus venerabili et in Christo dilecto fratri et coepiscopo domno O(ttoni) salutem et obsequium fraternae dilectionis.

Tribulationes et destructiones Herbipolensis [c] ecclesiae, quae et quantae sint, quam diu duraverint, iam dudum discretioni vestrae innotuit. Quae usque adeo multiplicatae sunt, nisi eis in brevi provideat omnipotens [d] et misericors Dominus, quod in proximo ecclesia illa omnimodis adnichilabitur. Unde, si facultas suppeteret, vestrae fraternitatis praesentiam et consilium potissimum desideraremus convenire et de ipsius reformanda pace et religione, quantum divina misericordia concederet, sollicicius pertractare. Siquidem fratrum, qui nobiscum sunt et quos praesentialiter vel per litteras nostras convenire potuimus, tale est consilium: quoniam venerabilis frater et coepiscopus noster Rogerus [1] viam universae carnis ingressus est, in hoc ecclesiae illi provideamus, ut promovendo fratrem illum Gebehardum [e] dispersa illius ecclesiae dispensatorie potius recolligamus, quam alium superimponendo graviter quidem dispersa funditus exstirpari permittamus. Quocirca fraterna vos commonemus caritate: ut praesentiam vestram conventui fratrum nostrorum, quos in id ipsum convocavimus, in proximo festo beati Luce [2] velitis repraesentare [f]; vel, si id minime valueritis adimplere, consilio, quod Spiritus sanctus vobis dictaverit, consensus vestri litteras non differatis transmittere. Valete et in orationibus vestris nostri memoriam facite.

a. *ex V 136, Z p. 299—300, C 64:* Epistola Alberti Moguntini (Mengoti *V pro:* Alberti Moguntini) archiepiscopi ad Ottonem Babenbergensem episcopum de Gebehardo Herbipolensi. b. minister *C.* c. Herpypolensis *V.* d. Deus *add. VZ.* e. Gebhardum *V.* f. praesentare *V.*

1. Wirziburgensis. 2. Oct. 18.

227. *Honorius II papa Adelberto I archiepiscopo Moguntino respondet, Gebehardum episcopum ab ecclesia Wirziburgensi removendum esse*. (E 324)

Honorius episcopus servus servorum Dei venerabili fratri A(delberto) Moguntino archiepiscopo salutem et apostolicam benedictionem.

1127
Mart. 4

Super causa Gebehardi, de quo nos rogavit tua fraternitas, fratrum nostrorum episcoporum et cardinalium consilium requisivimus. Ex eorum ergo deliberatione provisum est, quod in Herbipolensi ecclesia Gebehardus idem non debeat ulterius episcopatus apicem obtinere.   Data Laterani 4 Non. Martii.

---

228. *Gerhardus presbyter cardinalis Wirziburgenses hortatur, ut remoto Gebehardo episcopo successorem dent*. (E 325)

Frater G(erhardus) sanctae Romanae ecclesiae presbiter cardinalis et apostolicae sedis legatus dilectis in Christo fratribus O(ttoni) preposito et aliis Wirzeburgensis ecclesie clericis salutem et omne bonum.

1127
post Mart.

Quantis et quam diuturnis calamitatibus ecclesia vestra iam diu sit afflicta et atrita, non solum Theotonicae verum etiam Italicae ecclesie constat esse notissimum. Super quibus in religiosis et Deum timentibus viris compatitur et condolet vobis Theotonica ecclesia et compassa est et condoluit vobis iam diu mater vestra sancta Romana ecclesia. Unde ad se venientem bonae memoriae domnum R(ogerum) episcopum vestrum benigne recepit et benigne dimisit; sperans, quod per eum Deus vellet finem imponere afflictioni vestrae. Post obitum vero eius cum dominus meus papa H(onorius) audiret domnum G(ebehardum) eidem ecclesiae incubare, domno Moguntino tamquam vestro metropolitano et apostolicae sedis legato per me litteris et viva voce ex communi episcoporum et cardinalium delibe-

---

a. *ex V 136, Z p. 300*: Epistola Honorii papae de Gebehardo Herbipolensi; *C 64:* Item de Gebehardo.   b. Gebhardi *V*.   c. Herbipulensi *C*.
d. idem Gebhardus episcopatus apicem non ulterius debeat obtinere *V*.   e. *ex V 136—136 v, Z p. 300*.   f. Teotonice *Z*.   g. om. *V*.   h. Teotunica *Z*.

1127 post Mart.

ratione mandavit, quod praedictus frater G(ebehardus)ᵃ in Erbipolensiᵇ ecclesia episcopatus apicem ulterius obtinere non debeat¹. Ex parte itaque Dei et beati Petri et domini mei papae Honorii vobis praecipiendo mandamus: ut id ipsum sentiatis, id ipsum sapiatis omnes, ut non sint in vobis scismata²; sed, ab eodem viro vos separando et nullam ei reverentiam tamquam vestro episcopo vel electo exhibendo, in unum conveniatis et, quantocius poteritis, episcopum vobis secundum Deum canonice eligatis. Alioquin vobis et ecclesiae vestrae divinum officium interdicemus. Ad hec bene agenda cooperetur vobis gratia divina.

229. *Adelbertus I archiepiscopus Moguntinus Wirziburgensibus concordiam suadet; sed de agenda re cautissime scribit*ᶜ.

(E 326)

1127

A(delbertus) Dei gratia sanctae Moguntinae ecclesiae humilis minister et apostolicae sedis legatus dilectis in Christo filiis Wirzeburgensis ecclesiae praelatis et subditis, clero et populo, esse in Christo cor unum et anima una.

Condolentes ex corde ecclesiae vestrae tot iam ac tantis tribulationibus attritae, exhortamur vos in Domino, ut simplices et unanimes in domo Dei ambulare satagatis; quia scriptura teste in scissura mentium Deus non est³, et quaecunque mala vos adinvenerunt, ex discordiae radice processerunt. Unde oportet, ut ad hanc exstirpandam diligentius invigiletis Deumque et singuli et in commune deprecemini, quatinus misericordiae suae oculis vos respiciat et talem finem diuturnae calamitati vestrae imponat, ne deinceps talis oppressionis periculum vobis incumbat. Concordia siquidem, sicut sepe audistis, parvae res crescunt, discordia magnae dispereunt. Quod quia manifesto experimento didicistis, commonemus, ut tanti mali perniciem devitare studeatis.

Ne vero voluntatis nostrae ignorantia vos in aliquo commoveat vel diffidere faciat, noverit pro certo dilectio vestra:

a. G. om. Z.   b. Herbypolensi V.   c. *ex V 136v, Z p.301, C 64—64v*.
1. V. ep. 227 supra p. 399.   2. 1 Cor. 1, 10.   3. Cf. 1 Cor. 11, 18.

nos idem sentire, quod omnes catholici de vestra sentiunt ec- 1127
clesia; id ratum tenere, quod Romana sanxit et denuntiavit
auctoritas, cuius terminos nec debemus nec volumus transire;
quia hereticum constat esse, quisquis Romanae ecclesiae etiam
in tam iusto iudicio non concordat.

Quodsi adeo vos concordes in iusticiae causa perpenditis,
ut locum vestrum ab invasione inpetitoris alicuius, si quis forte
emerserit, defendere confidatis, in nomine Domini, quicquid vobis
gratia eius inspiraverit, confidenter aggredimini. Si quo minus,
salubriori et propensiori consilio res tractetur; quia consulta et
considerata dilatio, licet gravis et onerosa sit laborantibus, plus
tamen utilitatis solet afferre quam festinata et indiscreta rei
praecipitatio. Cupientes autem, in omnibus vobis esse provisum,
nil aliud audemus ad praesens persuadere; ne, si forte res in
contrarium cesserit, quod Deus avertat, omnem culpam in me
quasi auctorem refundatis.

230. *Wirziburgenses reprehendunt canonicos Bambergenses, quod
Gebehardum excommunicatum episcopum receperint*[a].

(E 327)

Domino E(berhardo) Babenbergensi praeposito, decano quo- 1127
que E(gilberto) et ceteris confratribus eiusdem ecclesiae [1], Wirze- post Mart.
burgensis ecclesia, quicquid caritatis et obsequii valet esse in
Domino.

Nostis karissimi — neque enim ignorare potest vestra prudentia, quod multorum aures et praecordia longe lateque concussit — videlicet, quanta tempestatis procella, quam vehemens
et intolerabilis calamitas ecclesiam nostram oppressit. Ad quod
dum vestrae compassionis affectum specialiter deberemus habere, quod etiam remotissimae et ignote ecclesiae nobis pro
Christo offerunt, nimis aliena mente nobis videmini abnegare.
Ecce enim, quod sine gravi gemitu mirari vel conqueri non va-

a. *ex V 136v—137, Z p. 301—302, C 64v—65.*

1. Ipsum Ottonem I episcopum Bambergensem scimus die 31 Mart.
1127 in Pomeraniam profectum esse.

1127 post Mart. lemus, obstupescimus valde, quomodo hominem illum domnum Gebehardum*, quem Romana ecclesia dampnavit¹, quem metropolitanus noster² cum archiepiscopis et episcopis multis consequenter ab ecclesia sequestravit, vos in catholica communione recepistis et, si cum gratia vestra dici potest, quasi ad contemptum Romane immo tocius ecclesiae, sicut scriptum est, cornua peccatori dedistis³. Hec[b] autem eo magis miramur, quod praepositus vester domnus E(berhardus) praesens apud nos erat, quando domnus archiepiscopus publice in pulpito nostro nuntiavit clero et populo: quomodo quibus de causis quove ordine Romana ecclesia eum a communione ecclesiae sequestrasset, et quomodo postmodum domnus Gerhardus[c] cardinalis una cum ipso et cum tota ecclesia ibidem congregata in Argentinensi ecclesia, praesente domno rege[d], sententiam excommunicationis in eum promulgasset. Neque enim per Dei gratiam ita inopes rationis vel[e] humanitatis sumus, ut cuiquam vestrum, qui sane sapiat, in praesenti negotio nimis praecipites videri debeamus; cum utique, si partes eiusdem negotii per omnia vobis essent cognitae, quantum de vestra caritate et prudentia confidimus, nullatenus de vobis possemus dubitare. Nostras itaque litteras, nostras querimonias iam dudum vobis misissemus. Sed quia vivam vocem praepositi vestri testem nostrae afflictionis vobis credebamus sufficere, idcirco nichil timoris, nichil ambiguitatis de vobis concepimus. Verumtamen, utcunque humana se habeant, fixi et constantes in obedientia Romanae ecclesiae reperiemur; summopere[f] caventes, ne propter temporale dampnum vel commodum de nobis scandalum ecclesiae generetur. Valete in Domino semper; nec credatis omni spiritui; et nostri memores estote.

a. Gebhardum *V*.   b. Hoc *C*.   c. Gerardus *VZ*.   d. regere *Z*. e. et *V*.   f. summo opere *Z*.

1. V. ep. 227 supra p. 399.   2. Adelbertus I archiepiscopus Moguntinus.   3. 1 Macc. 2, 48: „et non dederunt cornu peccatori".

231. *Canonici Bambergenses Wirziburgensibus de Gebehardo episcopo paulisper apud se deversato respondent*[a]. (E 328)

Sanctae Wirzeburgensis ecclesiae dominis ac fratribus suis serenissimis ac reverentissimis soror sua, semper et ubique ipsis devota, Babenbergensis ecclesia, inter adversa praesentis tribulationis nec ad dexteram nec ad sinistram declinare, sed ab instantis sevissima temptationis procella auram serenitatis ac portum tranquillitatis non verbo et lingua tantum sed opere et veritate a Deo salutari suo instanter ac vigilanter implorare.

1127 post Mart.

Optamus diligenter, recolere discretionis vestrae prudentiam, qualiter nostra et vestra ecclesia iam olim ab inicio unum cor et unam animam ad invicem omnibus in rebus, sive prosperis congaudendo seu adversis compaciendo, habere studuerint. Cuius videlicet semper amandae nobis societatis atque, ut ita dictum sit, congermanitatis iura et vos hactenus illibata erga nos conservasse congratulamur nec nos violasse — teste Deo et conscientia — libera voce protestamur.

Que cum ita sint cumque nos semper usque modo, sicut decebat et facultas suggerebat, ad omnia vestrae voluntatis et honoris obsequia promptos ac devotos fuisse probaveritis, non modicum ammirationis immo etiam amaritudinis et doloris ingesserunt nobis litterae quedam[1], que, ex persona vestrae fraternitatis allatae, praeter meritum et culpam magnae cuiusdam inhumanitatis nos arguunt simul et superbae temeritatis. Inhumanitatis quidem nota splendorem innocentiae nostrae obfuscant, dum compassionis affectum specialiter vobis debitum, quem etiam remotissimae et ignotae ecclesiae vobis pro Christo offerant, nos, quasi duros et inhumanos, nimis aliena mente vestrae instanti calamitati denegare inproperant. Temeritatis vero superbiam obiectant, dum nos, quasi ad contemptum Romanae immo totius ecclesiae, domnum G(ebehardum) excommunicatum in catholica communione recepisse sicque cornua peccatori dedisse proclamitant; quasi vero ita ab omni ratione simus alieni, adeo omnium[b]

a. *ex V 137—137v, Z p. 302—303, C 65—65v.*   b. ōni *V.*
1. ep. 230 supra p. 401.

1127 post Mart.

bonarum rerum inscii, ut ignorare debeamus, quis a quo et quo ordine a catholica communione eicendus sit.

Quia ergo incautae et illicitae communicationis[a] quasi ad obprobrium simplicitatis nostrae in eisdem litteris vestris arguimur, culpam nostram, si tamen culpa est dicenda, auribus vestrae prudentiae placuit retexere. Domnus G(ebehardus) — quem quidem locum et nomen dudum inter vos habuisse designati et electi episcopi a quam plurimis audieramus, reprobationem vero ipsius necdum certa et legitima relatione cognoveramus — vespertina hora de inproviso nobis nescientibus veniens, apud nos hospitatus est. Mane autem facto, mandavit nobis: pro causa sua velle nos convenire et consilium nostrum super negotio suo audire. Quod nec heretico quidem excommunicatissimo denegandum esse censentes, iusta petenti annuimus. Venit, causam suam exposuit; acceptoque responso, mox[b] discessit.

Quid igitur, karissimi fratres et domini? Hoccine est ad contemptum totius ecclesiae excommunicatum in catholica communione recipere? Hoccine, inquam, est peccatori cornua dare? Non sic arbitramur quemquam desipere, ut hoc praesumat sapere; quia non sic sapiunt, non sic scribunt patres et doctores[c] catholicae ecclesiae. Possemus equidem latius et subtilius aliquid de modo et ordine excommunicationis faciendae secundum tradicionem sanctorum patrum disserere; nisi pro vicio duci sciremus: in re manifesta, praesertim apud doctos, odiosa verborum copia diffluere. Unde praetermissis his, que fomitem odiorum et discordiarum generare solent, ea potius dicamus, quae pacis et concordiae nutrimenta praebeant.

Igitur de nobis sic habetote. Orta tempestate in mari, Dominum, dormientem in navi, fusis pro vobis quod solum possumus piis precibus, excitare indesinenter incumbimus. Quodsi, Domino votis nostris annuente et ventis et mari imperante, diu desiderata tranquillitas subsecuta fuerit, de vestra liberatione haut secus ac nostra congaudebimus; sin aliter quod Deus avertat

a. communionis *VZ*.   b. moxque *C*.   c. doctore *V*.

evenerit, viscera fraternae compassionis nequaquam occludemus. Hoc decet fratres de se invicem arbitrari et non ex rumoribus vulgi sive ex suspicionibus de nondum bene compertis quemquam calumpniari; sed omnia, praesertim in negotiis fratrum et amicorum, in meliorem partem interpretari. Quid* plura? Nobis et nostris sine retractatione, prout voletis, iuxta meritum vestrum utemini[b].

1127
post Mart.

232. *Honorius II papa Ottoni episcopo Halberstatensi suadet, si episcopatum simoniace susceperit, ut abdicet[c].* (E 336)

Honorius episcopus servus servorum Dei venerabili fratri O(ttoni) Halverstatensium episcopo salutem et apostolicam benedictionem.

1127
Oct. 18

Gravis ad nos de persona tua querela pervenit. Accepimus enim, quoniam[d] Halverstatensem episcopatum per laicalem violentiam et, quod detestabilius est, per symoniacam heresim occupasti. Quantum autem flagiciosam istam pestem symoniacae hereseos sancta Dei ecclesia abhorreat, Petrus apostolus in principio nascentis ecclesiae manifestat, qui Symonem[e], Spiritum sanctum vendere volentem, cum sua pecunia condempnavit. Si ergo huius sceleris te reum esse cognoscis, satius est, ut cedas et delictum tuum in hac vita punias[f] per penitentiam, quam ante oculos districti iudicis iudicandus appareas. Datum Beneventi 15 Kal. Novembris[g].

233. *Gebehardus deiectus episcopus Wirziburgensis, quantum malarum rerum sustinuerit, exponit[h].* (E 335)

Sanctae venerationi vestrae explicaturus iniurias, quibus fraudulenter circumventus sum ab his, quos fideles mihi sperabam, quia multis beneficiis promerueram, genibus vestris quasi provolutus, rogo: ut tum pro respectu iusticiae tum pro remuneratione divinae clementiae attendere curetis et compassionis

1127

a. Quod *V*.   b. utimini *C*.   c. *ex V 141, Z p. 311, C 69v*.   d. quod *V*.
e. Simonem *Z*.   f. punias in hac vita *V*.   g. Datum B. 10 Kal. Nov. *V*.
h. *ex V 139—141, Z p. 307—311, C 66v—68v*.

1127 gratiam mihi non denegetis. Fastidium etiam non generet vobis prolixitas sermonis; quia multa causae meae necessaria silentio praeterii, ne succinctae brevitatis metam longe excederem.

In Franciam causa studii iveram. Quo secuti sunt me qui-
1122 dam, qui dicebant, se iussu Spirensis episcopi Brunonis[1] venisse. Ex cuius legatione mihi referebant: Herbipolensem[a] episcopum[1] viam universae carnis adiisse[3]; et eum[4] et archiepiscopum Moguntinum[5] cum cognatis et amicis meis et cum quibusdam de familia eiusdem ecclesiae apud imperatorem obtinuisse, ut in locum defuncti episcopi me vellet substituere. Ego autem, ut Deus novit, nil tale meditans sed aliquamdiu in studio morari desiderans, verba eorum parvi pendi; donec, victus secretis amicorum meorum legationibus et magistrorum meorum suggestionibus, redii.

Veni ad locum quendam mei iuris, ubi complures cognati et fideles mei mihi occurrerunt. Qui, ut ad praedictum locum Herbipolim imperatori occurrerem, Deus novit non sine lacrimis contradicentem compulerunt; promittentes, nuntios archiepiscopi illo venturos, qui de consensu eius ad recipiendum episcopatum me certificarent. Ivi, imperatorem ibi inveni.

Sed antequam eius praesentiae praesentarer, archiepiscopi nuntios audire et videre volui. Quos cum primum non invenissem, teste Deo quem nullum latet secretum, gavisus sum; quia malui importabile mihi onus aliqua honesta occasione subterfugere quam suscepto oneri succumbere. Cum sic per biduum expectassem et interim multa a principibus et cognatis meis convicia propter pusillanimitatem meam audivissem, venit comes Bertoldus[b] et Conradus Sporo, iuramentis comprobare volentes, archiepiscopum consensum suum per eos mihi mandasse. Tandem per hos victus, ad praesentiam imperatoris veni. Fratrem archiepiscopi Sigibertum et comitem Arnoldum ibi inveni, qui se ex legatione archiepiscopi illo missos affirmabant et eius assensum publica voce mihi deferebant.

a. Herbypolensem *V*.   b. Bertholdus *V*.
1. 1107—1123.   2. Erlungum.   3. d. 28 Dec. 1121.   4. Brunonem ep. Spirensem.   5. Adelbertum I.

Tot igitur causis in idem confluentibus acquievi; et onus, 1122 quod peccatis meis exigentibus miserabiliter me attrivit, clero, et populo astante et me eligente et canoras laudes Deo dicente, suscepi. Solus autem praepositus Otto[a] electioni meae defuit et Rögerus[b][1], qui, ut mihi referebatur, etiam vivente antecessore meo pro eodem episcopatu ambitiose laboraverat. Veni statim cum imperatore, comitatus clero et populo, Breidingen; ubi archiepiscopus de manu imperatoris me recepit et benigne mihi consecrationis gratiam, multis fidelibus nostris audientibus et praesente fratre ipsius Spirense episcopo et legationi pro me factae testimonium perhibente, promisit. Redii, de ordinatione securus.

Et cum nil mali suspicarer, grave praeiudicium domnus archiepiscopus mihi fecit; quia alterum[2] mihi superordinavit[3], Iun.—Aug. me et ecclesia mea diem et locum audientiae postulante, ut ibi canonico iudicio vel deponerer vel remanerem.

Quibus peticionibus cum nichil proficerem, querimonias nostras apostolicae sedis venerando pontifici Calixto[c] et Romanae ecclesiae transmisimus. De cuius latere cum ad hanc causam 1124 discutiendam missus fuisset Praenestinus episcopus[4], ego, assumptis mecum ecclesiae nostrae omnibus prioribus clericis abbatibus et laicis, Wormatiam[d] veni, ubi sperabam eum invenire. Iul. Quem cum non invenissem, ecclesia, quae mecum venerat, coram principibus archiepiscopo me praesentavit et, ut pro respectu iusticiae mihi per omnia ei obedienti consecrationis debitum non denegaret, subnixe postulavit. Archiepiscopus, audito omnium eorum consensu, promisit: communicato cum cardinali consilio, se super his responsurum; praecipiens, ut, paucis mecum relictis, alii remearent et legationem eius expectarent. Postquam itaque venit episcopus cardinalis[5], congregati sunt ad audientiam imperatoris pro causa mea tractanda ipse archiepiscopus Moguntinus, archiepiscopus Coloniensis[6], Arnoldus Spirensis, Go-

a. Octo *V.* b. Rudegerus *V.* c. Calisto *ZC.* d. Warmatiam *Z.*
1. diaconus. 2. Rogerum. 3. Cf. ep. 213 supra p. 386. 4. Guilielmus. 5. „Guilielmum episcopum Praenestinum et cardinalem" die 25 Iulii a. 1124 Wormatiae apud Heinricum V imp. fuisse, docet huius diploma ap. Mittarelli Annales Camaldul. III instr. p. 304. 6. Fridericus I.

1124 teboldus Traiectensis, GotefridusTreverensis archiepiscopus, Cuon-
Iul. radus¹ Tullensis, Bruno Argentinensis, Bertoldus*² Basiliensis et
alii fideles imperatoris. Quibus, diu ventilato consilio, placuit: ut
domnus cardinalis locum et ecclesiam nostram visitaret, concordiam ecclesiae super electione mea investigaret; quam si inveniret, ab eo promoverer ad presbiterii ordinem, statim consecuturus a domno archiepiscopo episcopalem benedictionem.

Quia itaque domnus archiepiscopus hoc fieri consensit et iussit, venit domnus cardinalis in locum nostrum. Et congregati sunt universus clerus et populus, maiores et minores, abbates et complures ecclesiae nostrae viri religiosi; et quia, me absente, inventi sunt in electione mea concordes, gratias Deo egit et ad ordinem presbiterii me promovit et canonicae electioni meae tam in Romana ecclesia quam in conspectu archiepiscopi testimonium perhibuit, sicut vidit et audivit, et adhuc perhibet.

Dum hec et multa alia circa causam meam ageréntur, adversarius meus mihi superordinatus, qui Romam iverat et causam suam donis et promissionibus ibi palliaverat, factus est de
1125 medio.

Iterum archiepiscopum adii, ipsius consilio concilio, quod in Moguntina ecclesia tunc temporis habuit, me una cum Eistetensi electo³ praesentavi, petens misericordiam vel iusticiam. Et omnem obedientiam me ei et Moguntinae ecclesiae semper ex-
c. Oct. 18 hibuisse, ipsius testimonio in synodo⁴ comprobavi. Omnium igitur suffragiis pro me pulsantibus, me de episcopali consecratione certum fecit; et diem consecrationis et locum mihi constituit. Ad quem veni; sed^b nichil profeci. Iterum protraxit me promissionibus; et praepositum et alios, qui pro depositione mea laborantes me offenderant, mihi reconciliavit.

Prepositus, mecum rediens, homo meus effectus est; et ut securior de fidelitate eius existerem, quasi sub sacramenti^c at-

a. Bertholdus V.   b. et V.   c. sacramentis VZ.

1. I.   2. I.   3. Gebhardo II, electo post d. 3 Sept. 1125 (quo die Udalricus II ep. Eistetensis obierat).   4. c. die 18 Oct. 1125; v. ep. 226 supra p. 398.

testatione dexteram suam mihi dedit et tres cognatos suos iura- 1125
mento de fidelitate sua me securum facere praecepit. Tot
itaque acceptis securitatibus ultro oblatis, de fidelitate eius securus, ad proprietates meas, paulisper ibi moraturus, rediens,
vicem meam per omnia ei credidi; et, inter ipsa dominici corporis sacramenta osculo Iudae ab eo accepto, recessi. Dum
itaque ab eo sperabam fidelitatis antidotum[a], propinavit mihi
perfidiae achonitum. Quia, dum aberam, cum suis complicibus
universam civitatem donis promissionibus minis et verberibus
ad coniurationem contra me excitavit; et sic, qui nichil minus
suspicabar, a civitate[b] violenter et contumeliose sum exclusus.

Dum itaque super hac exclusione tam inopinata tam in-
merita dolerem, placuit amicis meis, perfidos illos digna ultione
ferire. Et bonis eorum aliquantulum forinsecus dissipatis[1], ipsam
civitatem armis parabant occupare. Ego vero, nolens vinci
a malo sed vincere volens malum in bono[2], vindictam distuli;
amicos meos, quamvis graviter offensos, compescui; et illatam
mihi iniuriam per nuntios meos ad regem[3] detuli.

Rex itaque, cognita causa mea, Argentinam me vocabat[c]. 1126
Veni et aspectui suo me debita devotione praesentavi[4]. Ipse
vero, me benigne suscipiens et[d] querimoniae meae clementer
adtendens, iussit: ut omnis causa mea a principibus, qui tum
aderant, audiretur et eorum iudicio canonice terminaretur. Factum est igitur, ut tam ego quam adversarii mei, quorum magna
pars ibi aderat, libere admitteremur audientiae; et utrimque
cognita causa, sic Deo gratias oratio mea invaluit, ut veritas,
quae semper iniquitati dominatur, adversariorum figmenta op-
presserit. Aderat autem ibi Gerhardus[e] Romanus cardinalis, Moguntinus archiepiscopus, Adelbero[f] Bremensis archiepiscopus,

a. antitotum *V*.   b. et add. *VZ*.   c. vocavit *C*.   d. et — adtendens om. *C*.   e. Gerardus *VC*.   f. Adalbero *V*.

1. Annal. Herbipolenses (Mon. Germ. SS. XVI 2) 1125: „Gebehardus, suburbio Wirzeburgensi inopinate concremato, montem Sancte Marie occupat, stipendiaria bona ecclesiae concremat, in cimiteriis reposita penitus distrahit".   2. Rom. 12, 21.   3. Lotharium III.   4. De tempore v. Gesch. des deutsch. Reichs unter Lothar dem Sachsen p. 55 n. 3.   5. II.

1126 Norpertus [a] Magdeburgensis archiepiscopus, Sigewardus Mindensis, Theodericus [1] Monasteriensis, Diethardus Osniburgensis, Otto Halberstatensis, Megingotus Merseburgensis. Qui et huius rei iudices sunt et, Romanae vel Moguntinae sedi nunquam inobedientem me extitisse, et [b] cognita causa mea et ex ipsius Moguntini archiepiscopi testimonio cognoverunt. Dum vero per diversa consilia finis causae meae quaeritur, ab ipso Moguntino archiepiscopo hoc consilium mihi tribuitur: ut, omni remota occasione, Romam procedam et ex ipsius apostolici [2] nutu et gratia finem negotii mei efficiam.

Accepta igitur praedictorum principum benedictione et licentia [c], ad mea remeabam; ibique, denuo non paucos amicorum meorum valida militum manu contra civitatem aciem direxisse, inveniebam [d]. Quid ergo? Hinc [e] ultrici ira in perfidos illos provocabar, hinc timore Dei revocabar. Quo et victus, placatis amicis meis, cessi clementiae; a Domino expectans locum et tempus vindictae. Cives autem mei, tanta se violentia circumventos aspicientes suumque exitium, quod ego non parabam, arbitrantes, que pacis erant poscebant, dedicionem parabant et, datis obsidibus, infra quatuordecim dies gratiam meam [f] se adepturos promittebant. Acceptis denique obsidibus eorum, pacem dedi et firmavi; et eosdem obsides urbis praefecto Goteboldo [g] in fide sua servandos commisi.

His itaque transactis, ecce in pace vivimus. Et pro condicto archiepiscopi consilio et pro optinenda Romanae sedis gratia iter Romam, meis quamvis adhuc privatus possessionibus, maturabam; quia et hoc ipsum meis placere fidelibus sentiebam.

Et dum in huius itineris negotio sum occupatus, nil minus
1127 suspicantem rex et episcopus me secuntur, civitatem me ignaro ingrediuntur et, quaecunque poterant, adversum me sediciose moliuntur. His malis accessit, ut archiepiscopus nescio quo excommunicationis vinculo me publicaret illaqueatum; cum hoc

a. Norperbus *V.* b. ex *VZ.* c. licentiā *V.* d. invenibam *V.* e. huic *Z.*
f. me *C.* g. G. *V.*

1. II.   2. Honorii II.

me tueri* debuisset, quod ante dies quatuordecim, nunquam me 1127 sibi inobedientem extitisse, coram principibus praebuerit testimonium. Insuper praepositum Ottonem ex desiderio promissae sibi pecuniae episcopum inibi sublimare contendunt; cuius vitam mores et conversationem a criminosis facinoribus nil distare omnes noverunt. Sed cum assensus cleri et populi huic studio discordaverit, hoc consilium in aliud tempus differunt, donec reclamantis civitatis assensus impetretur.

Ego vero, dum tot malis me praegravari sensissem, legatos meos ad regem, pro gratia sua ipsum precantes, direxi. Trecentas libras argenti et insuper amicos meos, quos vellet, obsides pro hac condicione praebui: uti, data mihi curia, libere me admitteret audientiae et, si salva gratia regni et sacerdotii episcopari iuste non deberem, in gratia Domini et ecclesiae sine lite et contentione humilis descenderem. Sed nec hoc modo profeci.

Omnis igitur gratiae exspes[b], dum quid machinentur expecto, cives mei coniurationem contra me excitant, obsides mihi datos postulant, acceptos abducunt, civitate excedunt. Habebam et poteram reniti, si vellem; sed malui periclitari patiens quam regnare inobediens. Permisi igitur, ut facerent in me, que vellent, ne iuste coram ecclesia obloqui mihi possent.

Igitur episcopio secessi; quietem in patrimonio meo tenui. Et nec opinanti mihi archiepiscopus suum transmisit legatum, vocans me et promittens, de omni negocio meo certum se finem facturum. Veni igitur, amicos meos pro legationis suae indicto, quos vocaverat, mecum adduxi. Finem causae meae, sicut promiserat, per illos nuntios postulavi. Assurgit causae, tenet hunc modum in oratione: *Dominus vester et amicus, Herbipolensis electus Gebehardus[c], si in usus apostolici Romam trecentas libras miserit mihique sexcentas dederit, gratiam nostram obtinebit et de negocio suo deinceps certus et securus manebit. Addo quoque compositioni nostrae, ut amicos suos obsides mihi tribuat, qui in quodlibet voluntatis meae placitum mihi prae-*

a. intueri *VZ.*   b. exspers *C.*   c. Gebardus *V*, G. *V.*

1127 *sidium conferant, ipseque mihi contra omnes auxilium praebeat, sic ut nullum excipiat.* Nunciis igitur ad me reversis, tantae condicionis exactionem ad me referunt meoque arbitrio, quid eligam, derelinquunt. Ego autem — condicionem spiritualem in Balaam sciens exosam¹, in Iezi contaminatam², in Symone maledictam³, a Domino in euangelio prohibitam — a viris catholicis consilium quesivi et quero: an hoc cum salute mea possim offerre, quod divinis sanctionibus certum est discordare. Certum quippe mihi est, in manus hominis incidere quam leges Domini*derelinquere. Tot itaque et tantis oppressus immo conculcatus iniuriis, omnium provolvor genibus miserabili super calumpniis meis conquestione, ut fraterna me dignari velint compassione.

234. *Honorius II papa Adelbertum I archiepiscopum Moguntinum reprehendere videtur, quod Gebehardum episcopum Wirziburgensem contra canones excommunicaverit*ᵇᶜ. (E 330)

(1127) N. servus servorum Dei A(delberto) venerabili fratri Moguntino archiepiscopo et apostolicae sedis legato salutem et apostolicam benedictionem.

Scimus quidem, zelum Dei vos habere. Quem tamen salva caritate condire debetis, ut nichil indiscrete sed omnia rationabiliter et secundum Deum agere valeatis. Wirzeburgensis quippe ecclesiae designatus episcopus, se a vobis contra iusticiam gravari et praeiudicium sustinere, querelas nobis deposuit: quod ipsum, neque accusatoribus neque testibus legittimis convictum neque sponte confessum neque canonice examinatum, tamquam ecclesiae invasorem — in qua se electum asseverat*— et symoniacum pronuntiatum, communione ecclesiastica privaveritis. Quod si ita est, fraternitatem vestram a canonicis regulis divinitus inspiratis liquido constat deviasse. Ait enim sacra canonum auctoritas, adimi episcopo episcopatum non de-

a. Dei mei *V.*   b. *ex V 138*, *Z p. 304—305*, *C 66—66v.*   c. asseruerat *C.*

1. Numeri 22, 18.   2. De Giezi v. 4 Reg. 5, 21—27.   3. Act. ap. 8, 20.   4. Haec epistola et ea, quae sequitur, vehementius scholam redolent, quam quas pro genuinis putemus.

bere, antequam causae eius exitus appareat. Item ex epistola (1127) Felicis[1] papae, scripta Athanasio et ceteris episcopis in Alexandrina synodo congregatis: *De induciis[a] episcoporum, unde nos consuluistis, diversas a patribus regulas invenimus constitutas. Quidam enim ad repellenda impetitorum machinamenta et suas praeparandas responsiones et testes confirmandos et concilia episcoporum querenda, annum et sex menses mandaverunt concedi; quidam autem annum; in quo plurimi concordant. Minus vero quam sex menses non repperi; quia hec laicis indulta sunt, quanto magis sacerdotibus. Induciae namque non sub angusto tempore, sed sub longo spacio concedendae sunt, ut accusati se praeparare et testes parare atque contra insidiatores pleniter se munire valeant. Iudices autem et accusatores tales esse debent, qui omni careant suspicione et ex caritatis radice suam desiderent sententiam promere.*

235. *Adelbertus I archiepiscopus Moguntinus Honorio II papae excommunicationem Gebehardi episcopi Wirzeburgensis probare videtur*[b,2]. (E 329)

N. sanctissimo et universali papae A(delbertus) Dei gratia (1127) sanctae Moguntinae ecclesiae humilis minister et apostolicae sedis legatus debitam, ut tanto apostolico, obedientiam et devotissimam, ut tanto patri, reverentiam.

Acceptis sanctitatis vestrae litteris super causa fratris illius, si tamen frater dici debet, qui sibi sanctae Wirzeburgensis ecclesiae episcopatum usurpat, intelleximus: totius causae ordinem longe aliter, quam se veritas habet, summo apostolatui vestro innotuisse; quia multa solent per subreptionem[c] fieri. Idem namque sanctitati vestrae contra nos querelas deposuit, dicens, se a nobis praeiudicium sustinere et contra iusticiam praegravari. Nos vero in hac causa Deo teste et conscientia nostra nichil egimus, quod canonicis regulis possit obviare, nichil unde sanc-

a. iudiciis *C*.   b. *ex V 137v—138, Z p. 303—304, C 65v—66*.   c. surreptionem *V*.

1. II papae, cap. 15, v. Decretales Pseudo-Isidorianae ed. Hinschius p. 489; Burchardi can. L. I c. 180.   2. Cf. supra p. 412 n. 4.

(1127) titati vestrae suspecti esse debeamus, nichil unde aliquis, qui causam ipsam plenius tractaverit, possit nos reprehendere. Sed quicquid in hac causa egimus, non zelo amaritudinis sed zelo iusticiae, non aliquo odio permoti sed officii nostri intuitu, non contra sanctorum patrum canones sed secundum canones egimus. Scimus quidem, iuxta sanctorum patrum regulas divinitus inspiratas episcopo episcopatum adimi non debere, antequam causae eius exitus appareat. Sed optime novit sanctissimus apostolatus vester, hanc sanctorum patrum sententiam de dubiis episcoporum causis non de manifestis intelligi debere. Eius vero, quo de agitur, impudentissima causa et certum crimen nullum legitimae defensionis, nullum iustae excusationis colorem recipit. Luce enim clarius patet omnibus, quod nullis meritorum privilegiis nulla praeeunte electione ad tanti sacerdotii gradum est ascitus ᵃ sed tyrannica violentia intrusus; in ovile dominicum non per ostium intravit, sed aliunde per ambitionem et symoniacam heresim tamquam fur et latro impudentissime irrupit et, quod sine magno dolore et cordis compunctione dicere non possumus, locum legitimi pastoris sibi usurpavit; quem sibi sancta Wirzeburgensis ecclesia de filiis suis communi voto et consensu cleri et plebis nobisque laudantibus et consentientibus canonice intronizandum elegerat, utpote natalibus et moribus nobilem, ecclesiastica disciplina adprime eruditum ᵇ, fide catholicum, natura prudentem, vita castum, sobrium humilem affabilem litteratum, in lege Dei instructum, in sensibus scripturarum cautum et per omnia sacerdotali nomine et honore dignissimum.

236. *Adelbertus I archiepiscopus Moguntinus Ottonem I episcopum Bambergensem iam iterum admonet, ut Conradi regni aemuli excommunicationem a sese factam servet* ᶜ. (E 337)

1128   A(delbertus) Dei gratia Moguntinus archiepiscopus et apostolicae sedis legatus venerabili fratri O(ttoni) Babenbergensi episcopo salutem in Domino.

a. assecutus *V*.   b. imbutum *C*.   c. *ex V 141, Z p. 311, C 69 v.*

Excommunicationem, quam communicato fratrum et principum consilio in invasorem regni¹ fecimus, iam dudum fraternitati vestrae per litteras nostras significavimus. Sed quia dubitamus, utrum ad vos pervenerint litterae — audivimus enim, quod ecclesia vestra velit eas ignorare — mittimus iterum praesentes apices; monentes: ut, quod fecimus nos, et vos faciatis; et per omnes ecclesias vestras ipsum iniquitatis auctorem cum fautoribus suis a communione christiana et omni divino officio arceri praecipiatis.

237. *Consules Romani Lothario III regi scribunt de sua erga eum pietate et de Conrado regni aemulo in Longobardiam ingresso. Monent, ut hieme proxima Romam veniat*.

(E 351)

L(othario) illustri et glorioso Romanorum regi consules Romani et alii principes salutem et prosperitatem.

Nos in servitio et fidelitate beati Petri et domni papae Honorii persistimus; et quod⁵ placeat ei, amamus. Certis autem experimentorum rationibus agnovimus, quoniam ipse vera in Domino caritate personam tuam diligit et ad honorem tuum manutenendum et exaltandum affectu paterno intendit. Quam ob rem nos de exaltatione tua ad regnum gaudemus; hoc optantes, ut, quod de te bene inceptum est, cicius, annuente Deo, perficiatur°.

Unde super tarditate tua satis miramur. Hac siquidem occasione C(onradus) ille, Longobardiam ingressus, regnum Italicum nititur occupare. Eapropter presentibus litteris prudentiae tuae mandamus: quatinus, aliis omissis, omni occasione seposita, proxima ventura hyeme ad presentiam domni papae venias, ab eo dignitatis plenitudinem et honorem imperii prestante Domino recepturus. Nos interim diligenti studio operam dabimus, quatinus populus Romanus ad te, sicut decet, honorifice suscipiendum sit paratus.

a. *ex V 144—144v, Z p. 319.*   b. quid *V.*   c. proficiatur *Z.*
1. Conradum.

238. *Litifredus episcopus Novariensis Lothario III regi victoriam gratulatur. De Conrado regni aemulo in miseria versante significat. De Lotharii in Italiam adventu certior fieri vult*. (E 354)

1129 Domino suo L(othario) Dei gratia Romanorum regi augusto L(itifredus) Novariensis ecclesiae servus servitii pro facultate constantiam et perpetuam de inimicis victoriam.

Benedictus deus et pater domini nostri Iesu Christi, qui vias iusticiae vestrae prospexit; et triumphum de inimicis vestris, ut relatione multorum accepimus, misericordia sua vobis concessit. Speramus enim, quod vexillum tocius ecclesiae vobiscum triumphavit et, victoria pacis adepta, inimicorum colla substravit.

Ideoque excellentia vestra pro certo cognoscat, quod Novaria Papia Placentia Cremona et Brixia, civitates Italiae, firmiter fidelitatem vestram custodiunt et adventum vestrum unanimiter cupiunt. Cônradus[1] autem Mediolanensium idolum, ab eis tamen relictum, quasi arrepta[b] fuga, solum Parmae habet refugium, ubi tam pauper tamque paucis stipatus viliter moratur, quod ab uno loco ad alium vix fama eius extenditur.[c]

Nos itaque pro fidelitate vestra, quam semper servare volumus, cum inimicis vestris participare noluimus. Quorum malivolentiam magnam incurrimus. Quibus penitus resistentes, parati sumus, in quibus vobis placuerit, servire et iussionibus vestris per omnia obedire. Unde, si placet, certitudinem vestri adventus, de quo multum gaudebimus, nobis significari dignemini.

---

239. *Otto I episcopus Bambergensis Meinhardum episcopum Pragensem docet, quomodo de episcopatu non legitime suscepto criminationem a sese defendat*. (E 364)

1129 M(einhardo) venerabili Pragensium episcopo O(tto) Babenbergensis, conservus suus et humilis Dei gratia coepiscopus, in caritate non ficta orationem, in humilitate devota servitium.

a. *ex V 145 v, Z p. 321—322.* b. arepta Z. c. *ex V 148 v—149, Z p. 330.*
1. imperii aemulus (postea III rex).

Propter unitatem caritatis Christi, quae est inter nos, laeta 1129 sunt nobis omnia, quae vobis sunt prospera; in adversis autem quicquid vobis accidit, nobis quoque coaccidit. Quod autem in praesenti vos conturbat, id ipsum gravius nos quoque contristaret, nisi daret nobis consolationis vestrae fiduciam, qui dat rectis corde laeticiam. Veritas enim ipsa vos liberabit[1]. Quis enim speravit in Domino et derelictus est?

Consoletur itaque vos primo conscientiae vestrae puritas, tanto ab omni timore secura, quanto a crimine obiecto sibi libera est. Consoletur vos, quod a fratribus et coepiscopis vestris bonum meruistis habere testimonium, quod, si ad id ventum fuerit, omnes uno ore loquentur pro vobis. Consoletur etiam vos, quod in ecclesia Romana ordinatoris vestri[2] auctoritas magna[a] est; qui ante ordinationem vestram ita diligenter ordinem et libertatem electionis vestrae examinavit, ut iam amplius ista retractari non oporteat. Miramur etiam, quomodo nunc sibi contrarii sint illi, qui tunc, dato consensu, tam ordinationi quam electioni vestrae interfuerunt. In his itaque volumus vos consolari[b] in Domino.

Consilium autem nostrum est: si iam latius divulgatum est verbum illud iniustae criminationis vestrae, ut in ipsa ecclesia vestra vos expurgare satagatis; quatinus apud eos nulla de vobis maneat suspicio, inter quos sancta debet esse vestra conversatio. Ducem[3] insuper et principes terrae, praecipue Olomucensem[c] episcopum[4] conciliate vobis; et quascunque personas sive ecclesiasticas sive seculares omni studio placate. Difficile est enim, unum aliquem vel odia vel offensam multorum sustinere. Et nostri officii est[d], coram omnibus humiliare nos et placare omnes; ut omnibus, si fieri potest, placeamus. Sic rebus domi compositis, tum denique in curia Romana rem vestram agite; quia parum extra securitatis est, dum adhuc domus nostra contra nos tumultuatur. Conparato itaque vobis favore apud ducem et principes et alias quascunque regionis sive ecclesiae vestrae

a. magna auctoritas Z.   b. consolari vos Z.   c. Momucensem Z.   d. est officii Z.
1. Ioh. 8, 32.   2. Adelberti I Moguntini.   3. Sobieslaum I.   4. Heinricum II.

1129 personas, disponetis nostro consilio: ut nuntius bonus litteras archiepiscopi vestri et ducis una cum litteris vestris ad domnum apostolicum[1] deferat, quae omnes hanc summam peticionis contineant, ut detur vobis potestas expurgandi vos in regione vestra coram eodem Iohanne cardinale[2], cuius mentionem in litteris vestris habuistis. Interim ita vobis providete, ut, si necesse fuerit, intrare Italiam non dubitetis. Expedit enim vobis, extrema quevis perpeti quam inobedientes inveniri[3].

240. *Commentarius electionis Anacleti II antipapae*[a]. (E 338)

1130
Febr. 14

In nomine domini nostri Iesu Christi. Anno dominicae incarnationis 1130 indictione octava, mensis Februarii die quarta decima, convenientibus nobis in unum, ut moris est, id est sacerdotibus et levitis et reliquo clero et generali milicia ac civium universitate[b] et cuncta generalitate istius a Deo conservandae Romanae urbis, in personam domni P(etri), huius apostolicae sedis Romanae ecclesiae cardinalis presbiteri tituli Calixti, Deo cooperante et beatorum apostolorum intercessione, cucurrit atque consensit electio. Cuius decretum sollempniter facientes et desideria cordium circa eius electionem manuum subscriptionibus confirmantes, profitemur ipsum Deo amabilem nostrum electum castum pudicum sobrium ac benignum et omnibus piis operibus assuetum atque orthodoxae fidei et sanctorum patrum tradicionum defensorem et fortissimum observatorem. Hunc itaque omnes, utpote tam mitissimum tamque Deo dignum, unanimiter nobis elegimus in pastorem atque pontificem. Unde ob eius piae conversationis magnitudinem immensas redemptori nostro gratias et laudes referimus, consona cum propheta canentes voce: *Magnus es, domine Deus noster, magnaque virtus tua*[4]. *Quis enim loquetur potentias tuas, Domine, et auditas faciet laudes clemen-*

a. *ex V 141—141v, Z p. 311—312.* b. universalitate *V*.

1. Honorium II. 2. Iohanne episcopo Ostiensi. (Is in Canonici Wissegradensis continuatione Cosmae, Mon. Germ. SS. IX 134, ad 1129 perperam „Tuscolanensis episcopus" vocatur.) 3. De purgatione Meinhardi demum anno 1131 facta cf. Contin. Cosmae ad 1131 l. l. p. 137. 4. Cf. Ps. 146, 5.

tiae tuae'; *quoniam, petentium te vota exaudiens, pium nobis contulisti pastorem, qui sanctam tuam universalem ecclesiam ac cunctas dominicas et rationales oves sibi commissas regere et gubernare, te domino Deo et salvatore nostro protegente, valeat.* Proinde, dilectissimi fratres, ut hec apostolica immo omnis universalis ecclesia in toto orbe diffusa se universalem patrem et pastorem letetur et exultet habere, dilectissima fraternitas vestra absque tarditate diligentiam adhibeat.

Hoc autem a nobis decretum factum et manuum nostrarum subscriptionibus roboratum in archivo sanctae nostrae Romanae ecclesiae, scilicet in sacro ᵃ Lateranensi scrinio, pro futuri temporis cautela recondi fecimus.

1130
Febr. 14

241. *Gregorius electus papa (Innocentius II) Lothario III regi scribit, se Conradum regni aemulum in excommunicatorum numero habere. Hortatur, ut proxima hieme Romam veniat. Addit de Ottone episcopo Halberstatensi et Friderico I archiepiscopo Coloniensi*ᵇ. (E 342)

G(regorius), quondam sancti Angeli cardinalis diaconus, nunc autem Deo ᶜ disponente in pontificem Romanum electus, Guill(elmus) Praenestinus, M(athaeus) Albanensis, Iohannes Hostiensis, Chuono Sabinensis episcopi et catholici cardinales, qui Romae sunt, Lothario illustri et glorioso regi et sanctae ecclesiae catholicae defensori ac speciali filio salutem et apostolicam benedictionem.

1130
Febr. 18

Karissimus pater noster felicis memoriae papa Honorius cum tota sancta catholica Romana ecclesia, quoniam maximum fructum de persona tua speravit sanctae ecclesiae proventurum ᵈ, quod de te factum est, auctoritate apostolica confirmavit; et in Cuonradum ᵉ regni invasorem excommunicationis sententiam promulgavit. Nos autem, ipsius inherentes vestigiis, quoniam de tuae fidei firmitate et iustitia valde confidimus, per karissimum fratrem nostrum Gerhardum, cardinalem presbiterum, apostolicae

<small>a. *om. V.*   b. *ex V 142, Z p. 313.*   c. *om. Z.*   d. venturum *V.*
e. Chuonradum *Z.*   1. V. Ps. 105, 2.</small>

27*

1130
Febr. 18

sedis legatum prudentiae tuae mandamus: quatinus proxima ventura hieme ad sedem apostolicam venias, honoris et dignitatis plenitudinem, praestante Domino, suscepturus. Sicut ergo tantum virum decet, ita munitus accedas, ut et pacem statuere et hostes ecclesiae et imperii suffragante divina gratia valeas subiugare.

Causam Halverstatensis[a] episcopi[1] praefato fratri nostro G(erhardo) commisimus. Coloniensi vero archiepiscopo[2], pro quo rogasti, ut tibi fidelior sit, episcopale officium indulgemus. Datum apud Palladium 12 Kal. Martii.

---

242. *Gregorius electus papa (Innocentius II) Teutonicis Gerhardum cardinalem, ab Honorio II missum, commendat. Monet, ut Lotharium III regem adiuvent Romamque mittant*[b]. (E 341)

1130
Febr. 18

G(regorius), quondam diaconus cardinalis, nunc autem disponente Domino Romanus electus, universis archiepiscopis abbatibus clero et aliis Dei fidelibus per regnum Teutonicum constitutis salutem et apostolicam benedictionem.

Karissimus pater noster felicis memoriae papa Honorius vices suas dilecto filio suo[c] fratri nostro G(erhardo) cardinali presbitero, religioso siquidem et prudenti viro, in Teutonico regno commisit. Nos autem, divina suffragante clementia, ipsius inherentes vestigiis, ut opus sibi iniunctum Deo duce perficiat, beati Petri auctoritate mandavimus. Ipsum ergo apostolicae sedis legatum pro reverentia beati Petri et sanctae Romanae ecclesiae benigne suscipite.

Ad haec fraternitati vestrae mandamus, quatinus illustri viro regi Lothario, quem elegistis et, de sua prudentia et honestate confisi, in regem assumpsistis, opem et consilium unanimiter praebeatis. Et quoniam, quod de eo a vobis factum est, a praedecessore nostro felicis memoriae papa Honorio et sancta Romana ecclesia confirmatum est, mandamus vobis: quatinus

a. Halberstatensis *Z.*   b. *ex V 141v — 142, Z p. 313.*   c. *om. Z.*
1. Ottonis.   2. Friderico I.

ipsum, imperii dignitatem et honoris plenitudinem suscepturum, ad apostolorum limina proxima futura hieme* transmittatis; et ut honorifice et potestative veniat et pacem constituere valeat et ecclesiam defensare, per vestrarum personarum, si oportuerit, exhibitionem eundem viriliter adiuvetis. Datum apud Palladium 12 Kal. Martii.

1130
Febr. 18

---

243. *Anacletus II antipapa omnibus per Alamanniam et Saxoniam constitutis, se pontificem Romanum creatum esse, significat. Hortatur, ut in fide erga ecclesiam Romanam permaneant*[b]. (E 339)

Anacletus episcopus servus servorum Dei venerabilibus fratribus archiepiscopis episcopis* abbatibus praepositis et reliquis tam clericis quam laicis per Alamanniam et Saxoniam constitutis salutem et apostolicam benedictionem.

1130
Febr. 24

Et apostoli Pauli auctoritate[d] didicimus et in nobis ipsis nuper experti sumus, quia vere inscrutabilia sunt iudicia Dei et investigabiles viae eius[1]. Obeunte siquidem decessore nostro* papa H(onorio), fratres nostri cardinales, pastoris solatio destituti, mira et stupenda cleri et populi concordia ad summum nos apicem pontificatus elegerunt. Quanta tunc honorificentia, quanto populi concursu, quantaque cunctorum laeticia ad beati Petri apostolorum principis basilicam deducti atque in sacratissima eius cathedra fuerimus positi, cogitare quis potest, narrare quis potest? Vestram igitur universitatem litteris praesentibus visitantes, monemus in Domino et obsecramus: ut in ea, qua semper mansistis, dilectione ac fidei constantia persistatis ac pro consueta et debita Romanae ecclesiae reverentia, quae ad nostrum et eiusdem ecclesie honorem pertinent, operari per Dei gratiam procuretis; scientes procul dubio, quia nos vestris bonae voluntatis effectibus ingratos minime invenietis.

Si quid autem sinistri rumoris acceperitis, non multum miremini. Solius enim Dei est, unire vota et omnium voluntates.

a. hyeme *V.* b. *ex V 141v*, Z p. 312. c. om. *Z.* d. Ex auctoritate beati Pauli apostoli *V.* e. meo *V.* 1. Rom. 11, 33.

1130
Febr. 24

Falsum tamen, quicquid praeter id, quod diximus, delatum fuerit, habeatis; cum noveritis electionem nostram hoc ordine celebratam. Ignem sui amoris in cordibus vestris conservet Dominus omnipotens et aeternae beatitudinis vos faciat coheredes. Datum Romae apud Sanctum Petrum 6 Kal. Martii.

244. Anacletus II antipapa Lotharium III regem rogat, ut ecclesiam Romanam diligat. De Friderico I Coloniensi, de Ottone Halberstatensi, de Adalberone II Bremensi[a]. (E 340)

1130
Febr. 24

Anacletus episcopus servus servorum Dei karissimo in Christo filio L(othario) glorioso Romanorum regi nec non speciali beati Petri filiae R(ichinzae) reginae salutem et apostolicam benedictionem.

Postquam disponente Deo ad tocius ecclesiae regimen promoti sumus, sicut ex litteris, quas ad regni vestri episcopos misimus [1], cognoscetis, excellentiam vestram duximus litteris specialibus visitandam. Nos siquidem iuxta decessoris nostri papae H(onorii) exemplum et vos et honorem vestrum singulari volumus affectione[b] diligere vestrosque amicos seu inimicos nostros pariter deputare. Rogamus, ut pro beati Petri reverentia et dilectione nostra matrem vestram Romanam ecclesiam diligere atque secundum datam vobis a Domino potestatem honorare in omnibus procuretis.

Ceterum quia serenitas vestra domno papae Honorio pro fratre nostro karissimo Coloniensi archiepiscopo [2] supplicavit, nos, fratrum nostrorum consilio preces vestras benigno intuitu audientes, interdictum decessoris nostri ob dilectionis vestrae gratiam relaxamus et praedicto fratri nostro officii sui plenitudinem restituimus. De Halverstatensi vero episcopo [3] breviter respondemus, quia videlicet ad partes illas de fratribus nostris aliquem mittere disposuimus, qui legati nostri archiepiscopi Moguntini [4] consilio una vobiscum ea, quae ad vestrum et regni honorem pertinent, praestante Domino adimplebit. Per eun-

a. ex V 141v, Z p. 312—313.　　b. affectu V.
1. ep. 243 supra p. 421.　　2. Friderico I.　　3. Ottone.　　4. Adelberti I.

dem quoque fratrem, quem miserimus, fratri nostro A(dalberoni)[1] Bremensi archiepiscopo plenam iustitiam fieri pro vestra et totius regni gratia disposuimus et sua ecclesiae illi privilegia confirmare. Datum Romae apud Sanctum Petrum 6 Kal. Martii.

1130
Febr. 24

245. *Gualterus archiepiscopus Ravennas Norberto archiepiscopo Magdeburgensi de schismate rescribit. Monet, Innocentium II papam sequatur auctorque Lothario III regi sit, ut Romam quam primum petat*[a]. (E 345)

Venerabili domino N(orberto) sanctae Parthenopolitanae ecclesiae archiepiscopo G(ualterus) sanctae Ravennatis ecclesiae minister licet indignus salutem et perpetuam in Christo dilectionem.

1130
Mart.—Apr.

Visis sanctissimae paternitatis vestrae litteris, quibus me, quamquam invisum et facie ignotum, visitare voluistis, plurimum in Domino gavisi et congratulati sumus. Quem etsi longa terrarum spacia a nobis separent, corporaliter tamen in ea caritate, quae divisa connectit separata coniungit, spiritualiter vos amplectimur; et pro posse nostro vobis servire parati sumus.

Super hoc vero, unde nostrum consilium desideratis, taliter respondemus. Decedente sanctissimo Romanae sedis episcopo beatae memoriae patre nostro Honorio, sicut audivimus et in veritate comperimus, Innocentius, qui quondam Gregorius dicebatur Sancti Angeli diaconus cardinalis, auctore omnium bonorum Deo quemadmodum ab aeterno providerat disponente, per electionem venerabilium fratrum et dominorum nostrorum unanimiter in unum convenientium, Gwillelmi Praenestini Mathaei[b] Albanensis Iohannis Hostiensis Chuonradi[c] Sabiniensis episcoporum et reliquorum catholicorum cardinalium, ad sanctae Romanae ecclesiae regimen canonice assumptus est. Postmodum vero Petrus Leonis, qui papatum a longis retro temporibus affectaverat, parentum violentia, sanguinis effusione, decrustatione sanctarum imaginum, facta etiam conspiratione, inverecunda facie

Febr. 14

a. *ex V 142v—143, Z p. 315—316.*   b. M. V.   c. C. V.
1. II.

1130 rubeam sibi cappam assumens, universalem matrem nostram sanctam Romanam ecclesiam turpiter usurpare et symoniace occupare contendit.

Mart. — Apr. Hac itaque veritate comperta, cum universitate totius Italicae* ecclesiae praedictum Innocentium, virum sobrium prudentem castum mansuetum humilem omnique morum honestate conditum, pro more ecclesiae per supradictos venerabiles fratres divinitus consecratum, nostrum universalem patrem papam et apostolicum indubitanter amplectimur devote colimus et veneramur. Predictum vero Petrum, vere leonis rugientis filium querentem quem devoret[1], tamquam non electum sed contra Deum et sanctam ecclesiam erectum, non assumptum sed intrusum, non apostolicum sed apostaticum, non catholicum sed hereticum, non consecratum sed execratum, divina ei in omnibus et per omnia contradicente auctoritate, condempnantes abdicamus.

Vestrae igitur sanctitatis prudentiam suppliciter exoramus et vicaria caritate constantiam vestrae fidei velut columpnam inmobilem in Domino confortamus, quatinus in fide beati Petri et in obedientia eius vicarii, karissimi patris nostri Innocentii per gratiam sancti Spiritus electi, sanctaeque Romanae ecclesiae dilectione firmiter persistatis. Preterea, ne vestis Christi inconsutilis a perfidis et infidelibus sortem mittentibus, quod divina avertat clementia, dividatur[2] et navis Petri fluctibus marinis hinc inde concussa periclitetur, devotissime suggerimus: ut domnum Lotharium invictissimum Romanorum regem ad urbem sine dilatione venire viriliter et instanter exortari dignemini; et tam vestrae dioceseos fratres et coepiscopos quam etiam reliquos vestros comprovinciales, velut alter Petrus aliquando conversus, in praedicta fide indubitanter confirmetis; quatenus tam per domnum regem quam et per vos pax ecclesiae reformetur, et Iudaicae perfidiae heresis, quae nuper in eadem ecclesia exorta est, praestante Domino funditus exstirpetur; et contra omnia,

a. Ytalicae Z.
1. 1 Petr. 5, 8.   2. Matth. 27, 35: „diviserunt vestimenta eius, sortem mittentes".

que se extollunt adversus unitatem et veritatem, vos tamquam murum ferreum pro domo Domini firmiter opponatis.

1130
Mart.—Apr.

De cetero, vestris sanctissimis orationibus in omnibus nos et per omnia humiliter commendantes, obnixe rogamus, ut hoc, quod ante homines vel ab hominibus* dicimur aut estimamur, ante Deum vestris nobis suffragantibus meritis esse quandoque mereamur. Orantem pro nobis vestram sanctitatem divina pietas ad multorum proficuum et ad sanctae ecclesiae honorem et utilitatem incolomem in longum conservare dignetur.

246. *Hubertus episcopus Lucensis Norberto archiepiscopo Magdeburgensi de schismate respondet; seque cum Innocentio II papa stare refert*ᵇ.   (E 346)

Venerabili domno N(orberto) sanctae Parthenopolitanae ecclesiae Deo digno archiepiscopo H(ubertus) Dei gratia Lucensium servus et episcopus spiritum consilii et fortitudinis.

1130
Mart.—Apr.

De ordine electionis Romani pontificis si vobis placuisset a viris religiosis ac me sapientioribus, ut vobis notificaretur, expetere, non erat incongruum. Sed quia vobis ut patri et domino meo non satisfacere non debeo, de multis pauca perstringam.

Convenientibus cardinalibus in ecclesia sancti Andreae apostoli, statutum est ab eis: octo personis — duobus episcopis G(uillelmo) Praenestino et C(onrado) Sabinensi, tribus cardinalibus presbiteris P(etro) Pisano, P. Rufo et Petro Leonis, tribus cardinalibus diaconibus Gregorio Sancti Angeli, Ionathae¹, Aimericoᶜ cancellario — electionem pontificis committi; ita ut, si committeretᵈ domnum papam Honorium, qui tunc in articulo mortis positus erat, ab hac vita transire, persona, quae ab eis communiter eligeretur vel a parte sanioris consilii, ab omnibus pro domino et Romano pontifice susciperetur. Prenestinus etiam cum ceteris decrevit: ut, si quis electioni taliter factae contra-

Febr.

a. omnibus V, ominibus Z.   b. ex V 143 — 143v, Z p. 316 — 318.
c. Americo V.   d. an contingeret?

1. SS. Cosmae et Damiani.

1130 diceret, anathemati subiaceret; et si quis alium adtemptaret eli-
Febr. gere, factum pro infecto haberetur nec ipse ulterius in ecclesia
locum consequeretur. Quod et ipse Petrus Leonis ore proprio
confirmavit; adiciens: non oportere eos dubitare, quod occasione
sua in ecclesia Dei ᵃ scandalum oriretur, quia mallet in abyssum
submergi ᵇ quam propter se scandalum nasci.   Deinceps statutum est, ut electores altera die simul convenirent.

Ceterum Petrus Leonis, cum Ionathan ab eis recedens, ut
corvus ille vel submersus vel carnium ingluvie detentus, ad fratres postea redire contempsit; et conventicula seorsum colligens,
altare maledictionis erigere satagebat. Quod nisi domnus papa
Honorius, quem credebant iam mortuum, se ad fenestram populo ostendisset, cum fratrum et propinquorum ac muneribus
et obsequiis conductorum turba ministrorum praeco antichristi,
supra quod dicitur Deus, ante tempus se extulisset[1].

Itaque cum hec talia praesensissent hii, quorum corda Deus
tetigerat, ecclesiae periculum expavescentes et tempestatis pro-
Febr. 14 cellas iam intumescentes, cum papa Honorius in sexta feria de
inicio quadragesimae ad patres suos appositus esset — celebratis
exsequiis pro necessitate loci et temporis, non tamen ex more
sicut oportebat, cum calamitatis tempestas instaret — de octo
personis ad electionem electis Prenestinus, Sabinensis, B. Rufus,
A(imericus) cancellarius, quintum Gregorium cardinalem diaconum sancti Angeli, invitum et omnibus modis renitentem,
cum religiosis viris episcopis cardinalibus presbiteris diaconibus
et subdiaconibus in summum pontificem elegerunt; cum Petro
Leonis, qui erat octavus, P(etro) Pisano sexto et Ionatha septimo remanentibus.

Quod ubi compertum est ab his, qui dolorem in corde con-
ceperant, ut iniquitatem parerent[2] — nam et ipse Petrus Leonis
a longis retro temporibus ad id pervenire ut avarus et ambi-
ciosus affectaverat, sicut multis probatur indiciis, tribus gene-

a. om. V.   b. summergi Z.

1. 2 Thess. 2, 4: „et extollitur supra omne, quod dicitur Deus".
2. Ps. 7, 15.

ribus munerum[1] nunc hos nunc illos sibi alliciens — congregatis quos potuerunt, proh dolor cum episcopo Portuensi[2] rubea cappa illum vestierunt. Quod factum multae sanguinis effusiones, multae locorum urbis destructiones, terribiles sacrarum imaginum decrustationes ac bonorum ecclesiasticorum distractiones, heu facinus, pro stipendio[a] militum suorum sibique obsequentium consecutae sunt; quamvis Leo, eiusdem Petri Leonis frater, et alter Leo Frangentis-panem, cum uterque striderent dentibus, alter in alterutrum, antequam papa obiisset, iuraverint coram cardinalibus: quod neuter eorum de electione pontificis scandalum faceret, sed quem ecclesia eligeret, pro domino venerarentur et colerent.

Nos autem, sententiam et consilium religiosorum virorum catholicorum et orthodoxorum de Tuscia de Longobardia et de ultramontanis partibus amplexantes approbantes et imitantes, Petrum Leonis in hoc facinore, ut scismaticum et, quia suum scisma defendit, hereticum omnimodis abdicamus. Domnum vero papam[b] Innocentium pro patre et summo pontifice tenemus recipimus veneramur et colimus.

Fraternitatem[c] vestram hac[c] paternitatem pro nobis orantem dominus omnium conservare dignetur. Me ad servitium vestrae sanctitatis inconcussa fide, quasi unum de famulis vestris, deprecor ut existimetis.

---

247. *Innocentius II papa Lothario III regi de schismate facto scribit. Hortatur, ut hieme Romam veniat. Gualterum archiepiscopum Ravennatem, legatum suum, commendat*[d].

(E 353)

Innocentius episcopus servus servorum Dei dilecto filio L(o-

a. dispendio Z.   b. om. V.   c. Fraternitatem vestram hac om. V.
d. ex V 145—145v, Z p. 320—321.

1. V. Gratiani decr. P. II, C. 1, qu. 114: „aliud est munus ab obsequio, aliud munus a manu, aliud munus a lingua. Munus quippe ab obsequio est subiectio indebite impensa; munus a manu pecunia est; munus a lingua favor".   2. Petro.   3. ac.

1130 thario) illustri et glorioso Romanorum regi salutem et apostolicam benedictionem.
Mai. 11

Quoniam excellentia nobilitatis tuae studiosa et fervens in fidelitate beati Petri semper exstitit et devota, divinae bonitatis gratia personam tuam honoribus decoravit atque ad defensionem suae ecclesiae et statum imperii reformandum ad regni fastigia sublimavit. Predecessor quoque noster felicis memoriae papa H(onorius), quia per te multam utilitatem credidit ecclesiae proventuram[a], electionem de te ab archiepiscopis episcopis ac regni principibus factam pro unitate ecclesiae et regni inviolabiliter[b] conservanda auctoritate apostolica confirmavit, et pro imperialis dignitatis plenitudine suscipienda per dilectum filium nostrum G(erhardum) sanctae Romanae ecclesiae presbiterum cardinalem, te ad sedem apostolicam evocavit.

Quo nimirum humanae conditionis lege rebus humanis exempto, quod ego dignus non fui, episcopi et catholici[c] cardinales me licet invitum et renitentem in Romanum pontificem unanimiter elegerunt. Quibus, ut ante Deum loquar, nulla ambitione honoris[d], nulla omnino praesumptione assensum praebens, sed sola tot tantorumque religiosorum virorum non absque gravi periculo contempnenda compulsus obedientia, confisus insuper de omnipotentis Dei misericordia, iniunctum mihi officium ad honorem Dei et ecclesiae Romanae suscepi. Postmodum vero P(etrus) Leonis, qui papatum a longis retro temporibus affectaverat, parentum violentia, sanguinis effusione, decrustatione sanctarum[e] imaginum beati Petri cathedram occupavit. Et peregrinos ac[f] religiosos quosque, ad apostolorum limina devotionis causa venientes, captos et tetris carcerum squaloribus ac ferreis vinculis mancipatos, fame siti diversisque tormentorum generibus cruciare non desinit. Sanguinem quoque nostrum et eorum, qui nobiscum sunt, sitibundo pectore concupiscens, gladiis veneno ac[f] multimodis prodicionibus vitae nostrae insidiatur.

Pro cuius sevitia comprimenda et statu tam ecclesiae quam

a. profuturam *V*.   b. inviolabiter *V*.   c. catolici *Z*.   d. ambitionis honore *VZ*.   e. sacrum *Z*.   f. hac *Z*.

imperii in melius reformando per praesentia scripta et venerabilem fratrem nostrum G(ualterum) Ravennatem archiepiscopum, virum utique religiosum prudentem omniumque morum honestate conspicuum, excellentiae tuae iterato mandamus: quatinus proxima hyeme[a] cum archiepiscopis episcopis ac[b] regni principibus ad nostram praesentiam venias, imperialis dignitatis plenitudinem cooperante Domino[c] suscepturus.

Sit itaque, fili karissime, regnum tuum adiutorium regni caelestis; ut post temporale regnum, quod longevum tibi Dominus faciat, cum ipso sine fine possis regnare. Temporibus tuis habeat honorem suum ecclesia et in rege suo letetur et in gloria tua floreat et glorietur. Exaltentur in diebus tuis catholici et opprimantur heretici, ut regnum tuum Deus exaltet et inimicos tuos sub pedibus tuis humiliet. Ad hec venerabilem fratrem nostrum praefatum G(ualterum) archiepiscopum tuae gloriae attentius commendamus; rogantes, ut pro sedis apostolicae reverentia eum benigne recipias et honeste pertractes.

Omnipotens Dominus incolomem te, fili karissime, custodiat et ecclesiae suae curis fideliter[d] invigilare[e] concedat. Gloriosam filiam nostram R(ichinzam) reginam ex nostra parte devote saluta, eamque pro suscipienda imperialis benedictionis plenitudine una tecum ad nos venire invitamus. Data Trans Tyberim 5 Idus Maii.

1130
Mai. 11

248. *Innocentii II papae cardinales Lothario III regi de schismate referunt. Ut sibi subveniat, monent. Gualterum archiepiscopum Ravennatem commendant*[f]. (E 352)

L(othario) divina inspirante clementia[c] Romanorum clarissimo regi, iusticiae rigore fulgenti, episcopi N. et N. et cardinales Romani cum ceteris fratribus salutem et perpetuam de hostibus suis victoriam.

Nullus christianorum ignorat, optime rex, quod Romana ecclesia Dei institucione et sanctorum patrum imitatione et re-

1130
c. Mai. 11

a. ieme Z.   b. hac Z.   c. dominus Z.   d. videliter Z.   e. inviolare Z.   f. *ex V 144v—145, Z p. 319—320.*   g. gratia Z.

1130 ligiosorum virorum devotione domina sit non urbis sed orbis.
c. Mai. 11 Et ea consistente, cuncta prospere consistunt; eaque deficiente, cuncta invalescunt. Et sicut altius excellit, sic ventorum ac tempestatum tyrannidem facilius a se repellit; et quanto rerum mundanarum turbine conquassatur, tanto lucidius purificatur.

Febr. 14 Beatae igitur memoriae papa H(onorio) migrante et viam universae terrae ingrediente, nos episcopi et cardinales G(regorium) cardinalem diaconum Sancti Angeli, virum honestum, moribus compositum, Deo Deumque timentibus carum, in summum pontificem elegimus, in ecclesiam Lateranensem constipatum catervis fidelium deduximus et, in sede summa positum, nos et infinita religiosorum turba honoravimus. Post hoc in palatium ascendimus et, que ex more geri solent, complevimus et omnia insignia pontificalia H(onorii) papae Calixti papae Pascalis papae suorumque praedecessorum ei tribuimus.

His vero circa horam terciam rite peractis, Petrus Leonis hora sexta, qua Iudea Christum crucifixit et tenebrarum caligo mundum involvit, cum suis conspiratoribus atque consanguineis aliisque manifesto precio conductis ecclesiam sancti Marci [a], turribus fratrum propinquam, festinanter adiit, cappam rubeam indecenter induit ficticiaque pontificatus insignia arripuit. Se-
Febr. 15 quenti autem die ecclesiam beati Petri armis petiit, machinis circumdedit, tecta murosque fregit, homicidiis peractis et nimia humani sanguinis effusione, sic tandem improbus apostolorum
Febr. 16 principis intravit ianuas. Altera autem die armata manu ad Lateranensem ecclesiam perrexit, fumo igne sanguine eam violenter invasit, palacium conscendit, portas confregit, sedes pontificum contrivit, sacrarium beati Laurentii aperuit, quae optima sibi visa sunt diripuit, ad propria se recollegit. Post hoc Palladium, in quo dominus noster papa Innocentius cum catholica ecclesia residebat, aggreditur. Verum equitibus et equis plurimis amissis, in confusione suae ignominiae domum turpiter recessit.

Depredationes vero ecclesiarum et precipue beati Petri the-

a. Martii VZ.

sauri, quem pontifices Romani et sacratissimi imperatores Deo beatoque Petro dedicaverunt, in lampadibus aureis calicibus thuribulis candelabris imaginibus crucibus gemmis aliisque vasis preciosis nec non* et palliis et vestibus sericis auro gemmisque contextis direptiones, nec non et praediorum ecclesiasticorum pignorationes et peregrinorum expoliationes quantae sint, qui Romam vel Ierusalem properant euntes et redeuntes, ubique diffamant. Que vero alia turpia ipse suique complices gerant, regalibus auribus non sunt referenda.

1130 Febr. 16

Sed per Dei gratiam infra paterni muri caveas iam latitat. Abbates marchiones principes aliique barones in auxilium catholicae et apostolicae ecclesiae properant. Orientales et occidentales ecclesiae praedictum invasorem pari voto parique consensu unoque spiritu anathemate condempnant; dominum vero Innocentium papam, a catholicis catholice electum, catholice consecratum, sicut universalem patrem et beati Petri vicarium[b] amplectuntur venerantur suisque nuntiis frequentant.

c. Mai. 11

Quid igitur super his celsitudo vestra, o gloriosissime rex, agere debeat, regalis providentia Spiritu sancto succensa provideat. Accingere igitur, et archiepiscopis et episcopis, abbatibus religiosisque viris nec non et regni principibus solito more in auxilium principis apostolorum properanter occurre; quatinus ecclesia Dei letetur, religio christiana sublimetur, scismaticorum perfidia comprimatur, corona capitis tui a rege caelesti benedicatur.

Que vero hic desunt, venerabilis frater noster et Deo dilectus G(ualterus)[c] Ravennatis ecclesiae archiepiscopus viva vobis voce clarificabit. Quem attentius serenitati vestrae commendamus; et ut eum pro reverentia beati Petri et totius catholicae ecclesiae honorifice tractetis, rogamus.

a. ne cū Z.   b. vicarii Z.   c. venerabilis frater noster G. et deo dilectus VZ.

249. *Gualterus archiepiscopus Ravennas et Gerardus cardinalis, Innocentii II papae legati, Ottoni I episcopo Bambergensi scribunt, Lotharium III regem de schismate nondum constituisse. Hortantur, ut ad se veniat*[a]. (E 348)

1130 c. Iun.

In Christo plurimum dilecto fratri O(ttoni) Babenbergensis ecclesiae venerabili episcopo frater G(ualterus) Ravennatis ecclesiae humilis minister et frater G(erhardus) sanctae Romanae ecclesiae cardinalis, apostolicae sedis legati, salutem et omne bonum.

Fraternitati vestrae notum esse credimus, quod dominus noster papa Innocentius cum litteris suis misit nos ad regem et ad regni principes. Qui cum amore et honore nos recepit; sed responsionem suam ad consilium principum distulit. Inter quos fraternitatem vestram primam aut inter primos pro servitio ecclesiae ad curiam festinasse credidimus[b]; quippe quem inter reliquos episcopos regni Teutonici mater nostra Romana ecclesia quadam praerogativa dilexit et tamquam specialem filium creans propriis manibus benedixit. Rogamus itaque dilectionem vestram et in ea fide et devotione, quam matri vestrae Romanae ecclesiae debetis, mandamus: ut, omni occasione et excusatione remota, quantocius ad nos veniatis et, in causa ecclesiae tamquam fidelis et[c] catholicus nobis assistendo, legationem domni papae cum litteris suis una cum aliis fratribus recipiatis et obaudiatis.

---

250. *Bruno episcopus Argentinensis Richinzae reginae de sede episcopali sibi restituta gratias agit. Addit de schismate et de Nurenberc. Rogat, sibi favere pergat*[d]. (E 355)

1130 Mart.-Sept.

R(ichinzae) reginae, serenissimae dominae suae semper augustae, B(runo)[1], Dei gratia id quod est, fidele servicium et devotas orationes.

Quantas et quales valeo gratiarum actiones serenitati vestrae refero, quia materna pietate pressuris et laboribus meis sub-

---

a. *ex V 144, Z p. 318.*   b. credimus *V.*   c. om. *V.*   d. *ex V 145 c, Z p. 322.*
1. episcopus Argentinensis.

venistis, et a persequentibus et calumpniantibus me eruistis, et sedem dignitatis meae iniuste mihi ereptam suffragio vestrae pietatis restituistis¹. Vobis itaque post Deum debeo, quicquid sum, quicquid valeo. In tranquillitate et in adversitate, magnus seu modicus, semper vester ero.

Multas etiam gratias pro domno .N. benignitati vestrae refero; quoniam, ut spero et certus sum, in hoc et ecclesiae providistis et regno vestro plurimum consuluistis.

Vobis itaque, benignissima mater pusillorum Christi, fideliter suggero, quatenus sanctae Romanae ecclesiae graviter laboranti precibus et elemosinis et omni, qua valetis, virtute subveniatis; si forte Dominus — qui vos provexit in regnum, qui dedit partibus* nostris salutem in manu feminae — dignetur per piissimas lacrimas vestras ecclesiae pariter et regno consulere.

De Nurenberc quoque discretionem vestram moneo, quatinus aut per vos aut per idoneos legatos, quod laudatum et iuratum est, requiratis; et causam nostram[b] in partibus illis diffiniatis. Ego quidem cum scorpionibus habito; et frui vestra praesentia, nisi me mea et vestra negocia detineant, plurimum desidero. Sed Deo propiciante* tam mei quam vestri scorpiones et adversarii in proximo conculcabuntur[d] et peribunt et adnichilabuntur.

Quid vero Deus a die discessionis vestrae per meam exiguitatem regno vestro contulerit, litteris et legato cognoscere poteritis. Meos itaque labores et omnia mea vestrae tutelae ac patrocinio committo.

251. *Bruno episcopus Argentinensis Lothario III regi scribit de ecclesiae schismate ex consilio reginae componendo et de suo erga eum studio. Rogat, ne inimicis suis morem gerat*.* (E 356)

L(othario) gloriosissimo ac victoriosissimo Dei gratia Ro-

a. patribus VZ.   b. uram Z.   c. propicio Z.   d. conculcabuntur Z.
e. ex V 145v—146, Z p. 322—323.

1. V. Annales S. Disibodi 1129 (Mon. Germ. SS. XVII 24): „Bruno Argentinensis episcopus interventu reginae et episcoporum, quadriennio expulsus, gratiam regis consequitur".

1130
Mart.-Sept.
manorum regi semper augusto B(runo)[1], Dei gratia id quod est, fidele servicium ac devotas orationes.

Inter multas et gravissimas imperii et ecclesiae ruinas ad vos specialiter respiciunt oculi[a] servorum vestrorum, sub gravi pressura et multis suspiriis expectantium: quid vestra maiestas deliberet, quid decernat, quo ingenio, qua auctoritate scissurae sanctae matris ecclesiae[2] subveniat. Et quia non ambicione vel tyrannica[b] pervasione sed divina disposicione regni culmen ascendistis, nostra parvitas vestrae suggerit excellentiae, quatinus in hoc tam magno negotio christianissimae coniugis vestrae dominae nostrae reginae[3] et religiosorum virorum consilium habeatis.

Ea vero, quae circa nos sunt, serenitati vestrae intimamus; quoniam Deo propicio in vestro servitio sani et incolomes sumus et, quantum possumus, pro honore vestro laboramus. Itaque comites N. et N. vestro servitio ascivimus et, fide ac sacramentis et obsidibus acceptis, pro captu humani ingenii, quantum potuimus, constrinximus. Castrum[c] quoque .N. licet cum aliquanto labore, Deo auxiliante, pro vestro tamen[d] consummavimus honore.

Preterea comes .N. una nobiscum vestram certificat excellentiam, quod vita comite nostra civitas cum tota provincia sub fidelitate firmissima in vestro servitio permanebit et pro honore regni certare non cessabit. Mandat etiam discretioni vestrae, quod de constituenda munitione N., sicuti vos praecepistis et N.[e] cum ceteris vestris ministerialibus laudavit, idcirco adhuc remansit, quia ipsis et reliquis vestris fidelibus magis necessarium visum est, castra inimicorum vestrorum evertere et exstirpare, ac tunc[f], sicut beneplacitum vobis fuerit, in omnibus obtemperare.

Vestram igitur serenissimam maiestatem suppliciter exoramus: ut propicio ac paterno affectu super nos et ecclesiam Ar-

a. occuli Z. b. tirannica Z. c. Castra Z. d. tm̄ Z. e. et N. om. V. f. t̄c VZ.

1. episcopus Argentinensis. 2. Innocentio II et Anacleto II papis electis. 3. Richinzae.

gentinensem iugiter* respiciatis; et si quis delatorum sinistrum
quid vobis suggesserit, non illius verbis sed nostris operibus
credatis.

1130
Mart.-Sept.

252. *Adelbertus I archiepiscopus Moguntinus Ottoni I episcopo
Bambergensi respondet, suum de generali quodam malo
consilium a principe negligi* [b]. (E 365)

A(delbertus) Dei gratia Moguntinus archiepiscopus et apo- 1130?
stolicae sedis legatus venerabili et in Christo plurimum dilecto
fratri O(ttoni) Babenbergensi episcopo salutem cum servitio.

Quociens humano consilio et auxilio destituimur, novit prudentia tua, reverende frater, quod ad divina subsidia nobis est confugiendum; quatinus, quod per nos non valemus, divinae miserationis gratia consequamur.

Recordari siquidem volumus discretionem tuam, omni studio omni conamine in praesentia tua et aliorum principum nos operam dedisse, quatinus hoc generale malum, pro quo scripsisti nobis, honesto placito interveniente, praeveniendo possemus avertere. Et non placuit principi in aliquo nos audire vel exaudire. Quid divina miseratio de his ordinaverit, humana mens non sufficit perscrutari. Sed tamen hoc interim tecum pertimescimus, ne multam et indiscretam elationem gravior et indignior ruina subsequatur. Si placeret adhuc principi sanius consilium admittere, nos una tecum libenter pro posse nostro laboraremus, ut haec omnia ad communem patriae salutem et regni honorem componerentur. Sin autem, quod solum restat, faciemus. Ex altera parte, ecclesiae tuae et aliis fratribus et amicis nostris, quantum possumus, laborabimus providere. De cetero orantem pro nobis fraternitatem tuam Deo committimus.

a. *om. V.*   b. *ex V 149, Z p. 331.*

253. *Gualterus archiepiscopus Ravennas et Iacobus episcopus Faventinus Ottoni I episcopo Bambergensi significant, se Wirziburgi esse. De rebus Nurenbergensibus quaerunt. De puero suo addunt*[a]. (E 350)

1130
ineunte Oct.

G(ualterus) Dei gratia sanctae Ravennatis ecclesiae minister licet indignus, nunc vero apostolicae sedis legatus, et I(acobus) Faventinus episcopus venerabili fratri O(ttoni) Babenbergensi episcopo orationem et fraternam in Christo dilectionem.

Vestrae paternitati notificamus, quoniam per Dei gratiam sospites et alacres Wirzeburch[b] sumus et ibidem indictam curiam expectamus. Sed cum in praefato loco essemus, de castro Nurinberc sinistra quedam audivimus; unde miramur et satis dolemus. Quapropter vobis rogando mandamus, ut vera nova, quae audistis, vel quicquid exinde ad praesens[c] scire potestis, nobis insinuare dignemini. Preterea de puero nostro infirmo suppliciter exoramus, ut eum, quam cicius potestis, si convaluit, ad nos mittere procuretis.

---

254. *Lotharius III rex Ottonem I episcopum Bambergensem rogat, ut neglecta aegrotatione ad conventum Wirziburgensem accedat*[d]. (E 349)

1130
Oct.

L(otharius) Dei gratia Romanorum rex O(ttoni) dilecto fidelique suo Babenbergensi episcopo gratiam suam et omne bonum.

Propter instans et valde necessarium ecclesiae et regni negotium Wirzburch gratia Spiritus sancti tractandum de infirmitate tua, quae adventum tuum ad nos tardavit, dolemus; quia prudentiae tuae discretione ac consilio ad opus ecclesiae et regni potissimum nunc indigemus. Verum quia virtus in infirmitate perficitur[1], in ea caritate, quam ecclesiae pro qua Dei gratia semper devote laborasti debes, commonemus te et quam intime rogamus: ut, si alio vehiculo non possis, navigio saltem[e] ad nos et ad conventum venerabilium confratrum et coepiscoporum tuo-

---

a. *ex V 144, Z p. 318—319.*   b. Wirzeburg Z.   c. *sequitur iterum exinde in V.*   d. *ex V 144, Z p. 318.*   e. saltim Z.

1. 2 Corinth. 12, 9.

rum, Wirzburch ᵃ una nobiscum adventum tuum desiderabilem praestolancium, venire properes. Vale. 1130 Oct.

255. *Conradus I archiepiscopus Salzburgensis et Ecbertus episcopus Monasteriensis Ottonem I episcopum Bambergensem ad curiam Wirziburgensem vocant* ᵇ. (E 347)

Venerabili et ᶜ fratri et coepiscopo O(ttoni) Babenbergensi episcopo Dei gratia qualescunque C(onradus) Salzburgensis E(cbertus) Monasteriensis episcopi cum orationibus devotum et intimum servitium. 1130 Oct.

Convenientibus ad curiam¹ pro destruenda, quae regnum invasit, calamitate eiusdem regni principibus, miramur satis et ᵈ dolemus, vestram non adesse praesentiam; cum in hoc negotio nemo posset nobis magis esse necessarius. Unde personam vestram nulla deberetis occasione subtrahere. Quia eo magis pro pace et tranquillitate ecclesiae et regni collaborare nobis deberetis, quo pacem ecclesiae vestrae quomodocumque acquirere nunquam neglexistis. Obnixe itaque debita dilectione dignitatem vestram monemus et rogamus, ut, remota penitus omni excusatione ᵉ, adhuc temptetis ᶠ venire; scientes, omnes principes desiderare vestram praesentiam et expectare.

256. *Conradus I archiepiscopus Salzburgensis Ottoni I episcopo Bambergensi commendat Egilbertum decanum Bambergensem, electum patriarcham Aquileiensem, qui propter iniurias acceptas ecclesiam Aquileiensem reliquerit* ᵍ. (E 343)

Venerabili fratri O(ttoni) Babenbergensis ecclesiae episcopo C(onradus) Salzburgensis ecclesiae Dei gratia humilis minister devotae orationis affectum ac servitutis obsequium. 1125-1130

Electo Aquileigensi ecclesiae in episcopalis fastigii dignitatem decano vestro², fratre nostro et consacerdote dignissimo,

a. Wirzburg *Z*.   b. *ex V 143v — 144, Z p. 318.*   c. *om. V.*   d. *et satis V.*   e. *occasione V, ubi manus aequalis superscripsit:* l *excusatione.*   f. *těptis V.*
g. *ex V 142 — 142v, Z p. 314 — 315.*

1. Wirziburgensem.   2. Egilberto (post episcopo Bambergensi 1139 — 1146).

1125-1180 eliminatam fuisse veterum spurciciarum, quae longo illic tempore dominata fuerat, credebamus feditatem; cum, abiecta indigna satis omni ecclesiastico regimini persona[1], clerum et populum vidimus tam honeste tamque canonice de alterius substitutione cogitare talemque virum mirabili unanimitate elegisse, cuius persona scientia et vita vere nobis idoneum repraesentarent episcopum. In illius siquidem virtute Babenbergensis decoratur et honoratur ecclesia; in qua[a], rursus cum necesse fuerit, fiducialius spem ponere, virtutis et disciplinae fructus inveniri non dubitamus, cuius primicias tam dulces in hoc viro praegustavimus.

Verum, ut apparet, necdum impleta sunt peccata Aquileigensium[b]. Qui eadem perfidia — quam contra illum Gerardum stirpem inutilem[2] exercebant prius ob illius nequiciam — nunc contra istum, canonice electum ideoque merito suscipiendum, semper insani et perfidi tumultuantur ob eius probitatem bonis omnibus amplectendam; ut illud, quod mali bonum elegerunt, non suum sed Dei fuisse ostendant et per hoc, quod innocentem persecuntur, propositum suum sui similem eligendi fuisse, evidentissimum faciant. Quorum maliciam et, quantum oportuit, paciencer sustinens et, quantum potuit, pro tempore leniter arguens ac deinde — negata sibi a clericis obedientia — honesta[c] occasione prudenter declinans, egregiae virtutis et modestiae exhibuit documentum et transgressoribus dignae confusionis intulit obprobrium.

Nunc itaque absentiam eius, si recederet, aequanimiter ferre non valentes, apud nos manere rogavimus, quousque, castigata furentium insolentia, electum suum recognoscerent et debita re-

a. quam *VZ*.   b. Aquilegiensium *Z*.   c. onesta *Z*.

1. Gerardo.   2. Gerardum patriarcham Aquileiensem iussu Honorii II papae (21 Dec. 1124 — 14 Febr. 1130) deiectum esse, tradidit Boso in Honorii vita (ap. Watterich Pont. Rom. vit. II 159, Muratori Rer. It. SS. III 1 422) his verbis: „Hic (Honorius) delegavit Petrum presbyterum cardinalem tituli Sanctae Anastasiae ad partes Ravennae, qui deposuit Aquileiensem et Venetum patriarchas". Atque id Baronius ipso anno 1128 factum esse voluit argumentis non allatis.

verentia reposcerent. Sed metuentem, ne fama sua propter 1125-1130 vicinitatem locorum aliquid suspicionis ex hac re pateretur, eum tenere non potuimus; virtutum suarum apud nos depositum servantes, in pace dimisimus; obsecrantes vos, tam pro antiqua amicicia quam pro adepta sibi et nobis honoris gloria diligere eum ut fratrem, honorare eum ut electum pontificem, servare ut necessarium hominem, in quo nichil praeter pietatem invenimus et honestatem; quem etiam denuo in opus, ad quod assumptus est, restitui necesse erit.

257. *Conradus I archiepiscopus Salzburgensis canonicis Bambergensibus Egilbertum decanum, electum patriarcham Aquileiensem, Aquileia revertentem, commendat*[a]. (E 344)

C(onradus), Salzburgensis ecclesiae Dei gratia si quid est, 1125-1130 fratribus omnibus Babenbergensis canonicae orationem cum dilectione, omne bonum cum salute.

Succisa in Aquilegensi[b] ecclesia arbore, quae inutiliter terram occupabat, estuantibus nobis, ne similem vel certe nequiorem vacanti sedi improbitas clericorum adduceret, repente nobis vir probitate conspicuus, omnium honore dignissimus, sacerdotalem infulam suscepturus, dominus et frater noster E(gilbertus) decanus vester producitur; cuius virtute atque in bonis artibus exercitata prudentia omnem nostram anxietatem expulsam esse gratularemur. In quo, ut verum fateamur, ecclesiae vestrae honor plurimum sublimatur, in qua tam utilis tam egregia persona nutrita cognoscitur. Unde, quia nichil in eo, nisi quod ecclesiasticam personam deceat bonos delectet et malos offendat, experti sumus, honestatem seculi, pietatem Dei, per que etiam Aquileigensium oculis iure displicuit; dignum est, ut a vobis atque omnibus ecclesiae filiis honoretur et diligatur, pro magno probitatis eius testimonio, quod malis displicuit. Displicuisse enim malis, ait beatus Gregorius, magna bonorum commendatio est[1].

a. *ex V 142 v, Z p. 315.*   b. *Aquilegiensi Z.*
1. Cf. S. Gregorii Registr. IX 120, opp. ed. Benedictini II 1026.

258. Acta concilii Remensis[a].

(E 1)

1131
Oct. 18

Haec sunt exemplaria eorum, quae a domno Innocentio ecclesiae catholicae apostolico decreta et a tota synodo Remensi unanimiter sunt recepta.

Primum ergo statutum est: ne qua emptio aut[b] vendicio fiat doni ecclesiastici; et qui emerit, eodem privetur, quod acceperat; emptorque et venditor et interventor emptionis sententia excommunicationis dampnati sint[c]. Interventores[d] autem dicti sunt occulti mediatores emptionis.

Placuit etiam domno apostolico et toti concilio: ne quis audiat missam presbyteri habentis concubinam vel uxorem.

Assensu etiam omnium firmatum est: ut clerici omnes a subdiacono et supra continentes sint; et qui non fuerint continentes, deponantur.

Acclamantibus etiam omnibus praeceptum est: ne quis in archidiaconum vel decanum sive episcopum eligatur[e], nisi qui diaconus vel presbyter est[f] ordinatus.

Sanctitum est etiam auctoritate apostolica et tocius concilii: ne admittantur ad lectionem divinitatis nisi litterati, ubi secreta divini misterii pertractanda sunt. Atque haec medicina est inventa contra morbum, qui multum invaluit. Nam inliterati, lectionem divinae paginae audientes et non intelligentes, in plateis coram mulierculis disputant, et in errorem inducentur, et in verba profana prorumpunt.

Data est etiam sententia: ut clerici ordinati et ecclesiastica beneficia possidentes ubicunque, sive domi sive in studio, in habitu clericali sint, et capillos tonsos et barbam rasam habeant, vestes quoque rotundas. Et hoc remedium illi vicio repertum est, quod divites quidam donis ecclesiasticis praelatorum fugiunt praesentiam, ut liberius ad libitum suum vivant et elemosinas pauperum in superfluitatibus suis expendant.

Iussit etiam domnus apostolicus, omnium voce consentiente: ut, mortuo sacerdote vel episcopo, bona eius in libera pote-

a. *ex* V 5v—6, Z p. 10—11: Concilium Innocentii pape.   b. ac Z   c. sunt V.   d. Interventores — emptionis om. V.   e. om. V.   f. om. Z.

state economi sint, quoad usque catholicus eius successor ex integro illa recipiat.

1131 Oct. 18

Consensit quoque in hoc venerabilis omnium fratrum conventus: ut quaelibet ecclesia, cuius dotes ad sustentationem clericis sufficiunt, proprium habeat sacerdotem; nec recipiatur in ea mercennarius et conductus.

In verbo Domini dictum et edictum est: ne quis manum violenter[a] inponat aut clerico aut monacho cuiuslibet ordinis. Quod qui violaverit, a divini officii participatione et omni ecclesiastica communione longe fiat.

Ecclesias, ex quo consecratae fuerint[b], liberas et absolutas a manu laicorum esse, dispositum est.

Banno confirmatum est: rusticos habere pacem cottidie in corpore et in rebus suis, dum eunt vel redeunt vel commorantur in agricultura vel alio quolibet[c] opere manuum.

Lex posita est generalis observandae pacis omni loco et omni tempore anni ab advesperascente feria quarta usque ad matutinum feriae secunde. Eam vero, quae in vulgari nostro pax Dei nuncupatur, inviolabiliter custodiri decretum est temporibus ab antiquo institutis. Clericis et monachis et mulieribus pax perpetua banni confirmatione data est.

De coniugiis dissolvendis caute determinatum est: quod post manifestam nuptiarum celebrationem nec marito nec uxori licet quaerere occasionem spontaneam dissolvendi coniugii; nec iuramentum eorum recipiendum, qui, inducti familiaritate privata, iurant cognationem coniugatorum. Sed si quis fidelis christianus[d] pro caritate Christi aliquam lineam consanguinitatis praepedientem coniugium monstraverit certisque indiciis et testimoniis comprobaverit, ei fidem habendam esse, censet sedis apostolicae venerabilis auctoritas. Nec vero illa occasio recipienda est — ex decreto apostolicae sedis et tocius concilii — si quis, postquam uxorem duxerit, se ipsum accusabit incestus, occulte cum cognata uxoris admissi.

In fine dampnati sunt sententia excommunicationis inva-

a. *om. V.*   b. fuer̄ *Z.*   c. vel in aliquo *V.*   d. *om. V.*

1131
Oct. 18

sores regni et ecclesiae Petrus Leonis et Cuonradus[a] cum omnibus suis fautoribus, inclinatis cereis ardentibus ad extinguendam memoriam illorum ab archiepiscopis episcopis abbatibus tocius concilii. Depositi sunt etiam cardinales, qui discesserunt ab unitate sancte matris ecclesiae.

259. *Henricus episcopus S. Agathae vicariis Innocentii II papae de clade Rogerii I Siciliae regis significat*[b]. (E 360)

1132
Iul. ex.

Domni papae Innocentii reverentissimis vicariis atque nostris magistris et patribus C(onrado)[c] Sabinensi episcopo, G(erhardo) cardinali sanctae Crucis et Leoni Frangipane[d] et Petro[e] Laterano Romanorum consulibus H(enricus) Agatensis[1] episcopus utraque vita feliciter perfrui.

Post Bari captionem ceterarumque rerum[f], quae Rogerus[g] Siciliae dux nequiter et crudeliter egit, in fortitudine sui exercitus Beneventum venit ibique tentoria fixit; sperans intrare civitatem et eam cum deceptione habere. Cui domnus princeps[2] et comes regionis[3] obviam ivit in manu armata usque ad montem, qui dicitur Sancti Felicis. Ibique interfuimus et nos; et multis argumentis et diversis ingeniis cum fidelibus tam diu laboravimus, quoad usque tota civitas, illum execrando, principi et comiti iuravit. Quod dum dux vere cognovit, quantotius nocte inde recessit Niceriumque[4] ivit, nobis ignorantibus, ad quoddam castrum, quod principis est. Cognita vero fraude a principe et comite, illuc quantotius ire festinavimus.

Quo dum prope castrum sederemus, expectando nostros et ut ipse recederet, duos episcopos ex nostris illi misimus, ut a terra principis, quae specialiter beati Petri est, recederet. Ille superbo fastu, ut ipsius mos est, illis respondit: terram suam totam usque Romam esse, sibi a suo papa[5] collatam; ad quem defendendum ipse ire volebat, nisi resipiscerent. Et sic elevatis

a. Chuonradus Z.   b. *ex V 147—147v, Z p. 327.*   c. G. VZ.   d. Frangipanite VZ.   e. P. V.   f. sic.   g. Ruodgerus V.

1. S. Agathae, prov. Beneventanae.   2. Robertus II princeps Capuae.
3. Rainulfus comes Allifanus.   4. Nuceriam.   5. Anacleto II.

manibus ipsum Deum in causam duxit: ut ea die inter nos 1132 iudicaret et veram iusticiam demonstraret, quod honori beati Iul. Petri ipsiusque vicarii Anacleti rebelles et contrarii essent.

Dein cum dies esset resurrectionis[1] et nos ea die praeliari Iul. 24 nollemus, quasi ex inproviso ab eo invasi sumus. Nos vero cum talia videremus, nostros maiores et minores publice et privatim allocuti sumus, eis imponendo pro penitentia, ut in honore beati Petri se defenderent et ecclesiae Romanae terram conservarent, et neque propria vindicta neque pro solidis vel spoliis sed pro defensione ecclesiae et communi libertate pugnarent. Taliter namque illos a peccatis, quae fuerant confessi, ex auctoritate beati Petri et domini nostri papae Innocentii totiusque ecclesiae absolvimus, si in bello illo morerentur. Deinde inito[a] bello, ibi Deus operatus est ineffabiliter[b]. Nam pro certo unus nostrum persecutus est mille, et duo fugarunt[c] decem milia. Numerus autem armorum et equorum ceterorumque spoliorum ita est infinitus, quod nullus nostrum novit. Ille autem, qui se regem vocat, laxis habenis usque Salernum fugit. Tunc temporis ei Sicilia cariora fuere calcaria. In campo mirum est, quod nullus ex parte nostra periit. Militum vero captorum ex illis nomina retineri non possunt; fere mille in veritate illos credimus esse. Enimvero ex nostris nec aliquis captus est nec aliquis obiit, exceptis quibusdam, qui se in flumine[2] proiecere; nec tamen tot fuere, quot dicuntur. Quod totum omnipotenti Deo imputamus et non homini, qui tam celeri auxilio in se confidentibus subvenire dignatus est. Nomina autem baronum ducis, qui capti sunt et tenentur, hec sunt: comes R(ogerus) de Ariano, comes R. de Civitate et alii tales fere triginta. Tentoria ducis et propria capella cum omnibus utensilibus et scriniis capta fuere. In quibus inventa sunt privilegia, in quibus Petrus Leonis ipsam Romam et ab inde usque Siciliam totam ei terram con-

a. inuto Z.   b. inefabiliter Z.   c. fugarent Z.

1. id est dies dominicus. (Cf. Annales Casinates 1132, Mon. Germ. SS. XIX 309: „die dominico, in sancto Iacobo 9 Kal. Aug.").   2. Sarno.

1132 cesserat et advocatum Romanae ecclesiae et patricium[a] Roma-
Iul. 24 norum et regem illum statuerat[1].

Qualiter autem vos habeatis et fideles vestri et quae de domno papa scitis et imperatore[2], nobis rescribere dignemini.

---

260. *Hermannus episcopus Augustensis Ottoni I episcopo Bambergensi scribit, ut ecclesiae Augustensi a Lothario III rege nimis aspere tractatae consulat*[b]. (E 359)

1132 Bono Christi et ecclesie odori O(ttoni) venerabili Baben-
Sept. bergensium episcopo omnique ecclesiae suae H(ermannus) Augustensis ecclesiae Dei gratia minister humilis cum universo clero et populo suo devotas orationes in Christo cum fideli servitio.

Aspiciat Dominus de sede sancta sua, cogitet de nobis omnis caelestium et[c] terrestrium, specialiter vero Babenbergensium ecclesia, quae murum pro domo Israel semper huc usque se posuit[3], quam zelus domus Dei semper comedit[4]. Inclinet aurem suam et audiat, aperiat oculos suos et videat[5] tribulationem nostram. Ecce enim desolata est civitas nostra, civitas sancta et antiqua, civitas hactenus dicta[d] augusta sed nunc dicenda potius angusta vel angustia. Sedet in tristicia; non est, qui consoletur eam, nisi Deus noster. Et Deum timentes propter Deum in caritate compaciantur nobis in passionibus nostris, quas
Aug. 26 passi sumus in introitu domni regis. In cuius adventu sustinuimus[e] pacem et non venit, quesivimus bona et ecce perturbatio; exigentibus quidem peccatis nostris, quae fecimus non contra eum sed contra Deum.

Ipsum enim venientem ad nos debito honore cum gaudio suscepimus nos et universus noster clerus et populus tamquam regem et dominum, tamquam eum in cuius manu est regnum

---

a. patricinium *V*. b. *ex V 146v—147, Z p. 325—327*: Epistola Hermanni Augustensis (Augustinensis *V*) episcopi ad Ottonem Babenbergensem episcopum de Lothario rege. c. om. *V*. d. dicta hactenus *Z*. e. *an* suspiravimus?

1. die 27 Sept. 1130. V. Regesta pont. Romanorum n. 5962. 2. Lothario III rege, tum nondum imperatore. 3. Ezech. 13, 5. 4. Ps. 68, 10: „Quoniam zelus domus tuae comedit me". 5. 4 Reg. 19, 16.

et potestas et imperium, tamquam iustum et misericordem iudicem, per quem sperabamus recuperare diu perditam pacem.

Pretermissis itaque multis et magnis ecclesiae nostrae miseriis et iniuriis, unum solummodo sacrilegum nefas in auribus domni regis et principum, qui aderant, lacrimabili voce conquesti sumus, quod contigit ante adventum regis paucis diebus. Hoc videlicet, quod cives nostri quidam exierant a nobis, qui non erant ex nobis, semen nequam, filii scelerati[1], qui in conductu nostro ac fere in praesentia nostra spoliaverant Aquensem episcopum[2] apostolicae sedis legatum, per nos ad curiam regis transeuntem. Super his, inquam, omni curiae conquesti sumus iusticiamque, regno et ecclesiae debitam, humiliter postulavimus.

Dum ergo principes in hoc essent et consilium super his caperent, orta est machinante diabolo subito inter vendentes et ementes quedam pro vili causa parva primum sedicio per scutarios[a] regis in suburbio. Deinde clamor ingens tollitur, forenses campanae pulsantur, concurrunt cives, conveniunt regis milites. Universi ad pugnam festinant, universi causam pugnae ignorant; unus illud, alter aliud opinatur. Rex ipse necem sibi intentari suspicatur, progrediturque[b] ad bellum loricatus, multo milite stipatus. Videns ergo milites et ministeriales ecclesiae coram matrice ecclesia stantes armatos, existimat eos ex consilio contra ipsum congregatos. Qui, quod vere dicimus in Domino, ex nulla conspiratione contra regem facta convenerant; sed propter tumultum populi inconsulte subito concurrerant, nescientes quid facerent, cum et ipsi se in manum regis ex aliquorum machinatione traditos nullatenus dubitarent.

Ego interim indignus ac solo nomine episcopus, oblitus annorum meorum et senectutis, inmemor vitae et mortis, suspensus inter brachia duorum solummodo clericorum meorum, ceteris fugam capientibus, misi me in turbam inter utramque aciem, non clipeo protectus aut galea, sed sacris tantum vestibus in-

---

a. scrutarios V.   b. progreditur V.
1. Isai. 1, 4: „semini nequam, filiis sceleratis".   2. Azonem.

1132
Aug. 28

dutus et signo crucis armatus. Crucifixum enim in memoriam passionis dominicae ante pectus nostrum propriis manibus portavimus; sperantes, ut christianos crucis Christi memores, ut oportuit, ab iniuria mutua et cede fraterna compesceremus. Illico irruebant[a] in nos et in nostros rex et sui in die dominica 5 Kal. Septembris. Et facta est cedes sacrilega clericorum et laicorum prope ianuas matricis ecclesiae, intus et extra, ab hora diei sexta usque ad vesperam; plerisque occisis, plerisque vulneratis, plerisque captivatis, plerisque spoliatis, plerisque fugatis.

Ego vero per signum crucis sospes evasi, repens manibus ac[b] pedibus inter hostes et pericula, inter enses et sagittas et iacula. Quae undique plurima[c] circumvolabant canos capitis mei et collum et latera et dorsum meum et meorum, qui me non modo portabant sed per brachia et crura trahebant; inferentes me per aliud[d] quoddam hostium cum maxima difficultate super altum murum ante summum altare in ipsum sanctuarium. Ibi ego, fusis non modo precibus sed fletibus, iacui miserabiliter in sanguine vulneratorum, expectans proprii sanguinis effusionem et desiderans mortem.

Interea extra portam civitatis inter forenses et regis milites regnabat similiter cedes hominum ac[e] pecorum[f], funesta preda, funestum incendium. Sanctuaria profanata sunt, ecclesiae plures combustae sunt, plures effractae et depredatae sunt; clericorum monachorum sanctimonialium despoliatae congregationes in dispersione sunt; inclusae quoque mulieres miserabiliter eiectae sunt; viri ac[e] feminae impudenter denudate sunt; parvuli eorum partim occisi sunt, partim captivi abducti sunt. Nam, quod cum[g] intimis praecordiorum dicimus suspiriis, rex christianus induxit super ecclesiam Christi inimicos Christi, homines inhumanos et paganos, Boemos[h] videlicet ac Flâvos[i][1], qui vulgari

a. iruebant Z.   b. hac Z.   c. plurima om. V.   d. aliut Z.
e. hac Z.   f. peccorum Z.   g. ex V.   h. Boemios Z.   i. Flavos Z.

1. Cumanos.

nomine° Valwenᵇ dicuntur, qui persecutores Christi et ecclesiae esse ac fuisse semper manifeste ab omnibus cognoscuntur. 1132 Aug. 28

Nox ipsa litem diremit. Sed tota nocte regis exercitus matricem ecclesiam ex omni parte obsidione circumdedit. Qua in nocte ego ipse, de meo expulsus hospicio omnibusque meis nudatus et in ipsius platea civitatis nostrae desertus ac solus, tam diu flens iacui, donec a domno N(orberto) Magdeburgensium° archiepiscopo in hospicium eius tanquam hospes ac peregrinus per misericordiam Dei collectus fui.

Mane autem facto, quoscunque et quotquotᵈ voluit, de obsessa ecclesia rex abstraxit et, ut taceamus de ceteris, ipsos etiam vulneratos et omnino desperatos in vinculis secum abduxit. Eadem vero die castra metatus est in campo iuxta civitatem. Regressusque tercia die cum armatis in urbem, munitiones urbis omnes diruit et confregit. Omnibusque praeda et incendio consumptis, quarto destructionis nostrae et sexto adventus sui¹ die letus abiit. Aug. 29 Aug. 30 Aug. 31

Archiepiscopi quidem et episcopi et abbates, qui aderant, satis ac satis regiam maiestatem praemonuerant, quatinus regio more victis saltem parceret et, imitando regem regum, iustos cum impiis non perderet². Sed iracundia regalis potentiae non prius mitigata est, donec omnis civitas nostra sine iudicio sine iusticia funditus destructa et inrecuperabiliter adnichilata est.

Propterea nos cum universo clero et populo civitatis nostrae precamur per Christum et in Christo misericordiam venerandae paternitatis vestrae, ut doloribus nostris clementer condoleatis et, lamentabilem ecclesiae nostrae ruinam consilio et auxilio infatigabiliter fulcientes, murum inexpugnabilem pro domo Israel vos° ponere³ solito more vestro satagatis. Valete in Christoᶠ.

a. vulgariter V.   b. Valuwên V.   c. Magedeburchensium Z.   d. quodquod Z.   e. nos V.   f. Valete in Christo om. V.

1. Itaque die 26 Augusti in urbem pervenerat rex.   2. Cf. Gen. 18, 25.   3. Ezech. 13, 5.

261. *Adelbertus I archiepiscopus Moguntinus Ottoni I episcopo Bambergensi respondet, de Lotharii III regis prosperitate et de Anacleti II antipapae calamitate se gaudere. De principum Bavarorum conventu Bambergae habendo quaerit. Mercatorem commendat*. (E 363)

1133 ineunte

A(delbertus) Dei gratia Moguntinus archiepiscopus et apostolicae sedis legatus dilecto et diligendo in Christo confratri suo domno O(ttoni) Babenbergensi episcopo salutem cum oratione et obsequio.

De statu regis[1] prosperantis[2] in tot milibus militum et debilitate Petri Leonis, quemadmodum nobis fraternitas vestra significavit, exultantibus animis Deum benedicimus. Vobis quoque multas gratiarum actiones de tam laeto nuntio referimus.

Proinde quid vobis videatur de colloquio, quod principes Bawariae[b] in loco vestro habituri sunt, et si domnus Salzburgensis[3] ad idem colloquium veniat, diligenter investigate, scripto quoque nobis per praesentium latorem quantocius remandate; ut, secundum mandatum vestrum quid agendum nobis sit, certificemur.

De cetero hominem istum, mercatorem nostrum, in manus sanctitatis vestrae committimus, ut causam suam de requisitione sponsae suae clementer exaudiatis, et secundum quod iusticia dictaverit, super legitima desponsatione sua, causa dilectionis nostrae[c], iustum iudicium apud vos inveniat.

---

262. *Otto episcopus Halberstatensis Ottonis I episcopi Bambergensis opem implorat contra adversarios iam iterum se infestantes*[d]. (E 334)

1133-1134

O(ttoni) domino suo venerabili sanctae Babenbergensis ecclesiae pontifici N.[4], per misericordiam Dei Halverstatensis ecclesiae si quid est, cottidianum laudabilis vitae incrementum.

Si rerum vestrarum status prosperitate fruitur, si condigne

---

a. *ex V 148v, Z p. 330.* b. Bauwariae *V.* c. ũre *Z.* d. *ex V 139, Z p. 306—307, C 69—69v.*

1. Lotharii III. 2. in Italia. 3. Conradus I. 4. Otto.

morum ac* vitae composicioni concordat, vobis, ut decet, congaudemus; si non, condolemus; quia id ipsum de fidelitatis vestrae excellentia speramus immo[b] certum habemus. Si ergo rerum nostrarum statum scire* cupitis, ut amico — cui maxime confidimus, cui fluctuantis navis nostrae anchoram ingruente tempestate infigimus; ut amico, inquam, quem post Deum unicum ac* certissimum inbecillitatis nostrae sustentaculum esse non diffidimus — dilectioni vestrae intimamus.

1133-1134

De proxima ista, quam nostis, expedicione[1] — in qua ob honorem regni et ecclesiae diligentius ceteris laboravimus — reversi, domi, ubi pacem et concordiam ubi tranquillitatem et recreationem invenire debuimus, odium et discordiam scismata et intestina bella, peccato heu nostro exigente, invenimus. Adversarii enim nostri N. et N. ecclesiae nostrae canonici, qui et prius nobis adversabantur, quibusdam solitae fraudis industria collectis, inter quos N. nominatissimus[d] et quasi primicerius est, iterum in nos insurrexerunt; cleroque convocato, lacrimabilia et inaudita crimina, quae Deo teste nunquam commisimus, in faciem nobis obiecerunt. Inter que electionem nostram non fuisse canonicam, ideoque et consecrationem nostram asserunt esse irritam. Insuper quoque et symoniam nescimus quam N. nobis imponit; quam se canonica auctoritate statuto tempore probaturum asserit.

Nos ergo, tanta tamque inaudita infamatione perculsi, Moguntinae sedis archiepiscopo[2] rem omnem scriptis aperuimus huiusque rei consilium et auxilium quesivimus. Qui, litteris ad ecclesiam nostram directis, omnimodis nos excusavit, electionemque nostram iustam et canonicam fuisse comprobans, criminatores nostros reconciliari nobis condigna satisfactione praecepit. Illi vero, obstinationi suae iussa archiepiscopi postponentes, nec non et Magdeburgensis archiepiscopi[3], qui ad sedandam hanc motionem regio iussu advenit, monita spernentes, adhuc in conspirationis suae vecordia persistunt.

a. hac *VZ*.   b. et *C*.   c. circ *Z*.   d. nominastissimus *V*.
1. Italica anni 1132.   2. Adelberto I.   3. Norberti.

1133-1134   Quapropter, aram misericordiae vestrae amplectentes, ad
vos confugimus debitumque clementiae vestrae auxilium humiliter imploramus. Quicquid enim alii faciant, vestrum est: ex
gemino caritatis vinculo nobis assistere labantesque[a] brachio
virtutis vestrae sustentare[b]. Proinde rogamus, quatinus litteras
vestras ad metropolitanum dirigatis et, ut in causa nostra diligens esse velit causa vestri, efflagitetis. Rogamus quoque,
ut, ubicunque concilium pro huius rei discussione convocetur,
vos adesse velitis.

263. *Adelbertus I archiepiscopus Moguntinus Ottonem I episcopum Bambergensem rogat, ut Ottonis episcopi Halberstatensis cum canonicis conciliandi causa ad se accedat*[c].

(E 362)

1133-1134   A(delbertus) Dei gratia Moguntinus archiepiscopus et apostolicae sedis legatus venerabili confratri suo O(ttoni) Babenbergensi episcopo salutem cum oratione et obsequio.

Controversia magna inter fratrem nostrum domnum Halverstatensem[d,1] et quosdam fratres[e] suos regulares est habita. Vocatis autem utrisque in audientiam, quia terminare eam et ad
concordiam eos revocare nulla ratione cum fratre nostro domno
Hildenheimensi[f,2] potuimus, pluribus fratribus nostris ad hoc
nobiscum pertractandum destinatis, secundo in audientiam veniendi diem et locum eis statuimus. Sed quia prudentia vestra
in negocio hoc nullo modo possumus carere, rogamus vos et
rogando auctoritate nostra iniungimus: quatinus proxima dominica post ascensionem Domini[g] .N. nobiscum ad diffiniendam
hanc discordiam velitis adesse.

264. *Adelbertus I archiepiscopus Moguntinus ad Ottonem I episcopum Bambergensem de Lotharii III imperatoris iniuriis
querelam defert*[h].

(E 366)

1134 ineunte   A(delbertus) Dei gratia Moguntinus archiepiscopus et apo-

a. labentesque *V.*   b. sustentari *V.*   c. *ex V 148—148v, Z p. 330.*   d. Halberstatensem *Z.*   e. frēs frēs *V.*   f. Hyldenheimensi *Z.*   g. om. *V.*   h. *ex V
149—149v, Z p. 331.*   1. Ottonem.   3. Bernhardo I.

stolicae sedis legatus reverendo confratri suo O(ttoni) Babenbergensi episcopo salutem et debitam in Christo dilectionem.

1134
ineunte

Scientes, nos in ecclesia Dei ad hoc constitutos[a] esse, ut pro decore domus Dei debitam geramus sollicitudinem, communem dolorem et generale malum ecclesiae ulterius dissimulare non sustinemus, sed vestrae potissimum sanctitati et aliorum fratrum et coepiscoporum discretioni communicandum putavimus; quatinus, communicato in alterutrum consilio, non modo nascenti morbo fomenti medicamine occurramus verum invalescentem iam pestem ferro resecare satagamus. Novit enim diligentia vestra[b], quae fomenta non sentiunt, ut recuperetur sanitas, ferro esse resecanda. Ad quod terrendo nos vox prophetica commonet, comparatis sacerdotibus Christi canibus mutis et non valentibus latrare[1], qui timore vel gratia hominum Christi sui iniurias silentio voluerint praeterire. Huiusmodi et aliis pluribus sanctorum verbis et exemplis commoniti, destructionem ecclesiasticae libertatis ingemiscimus; et pro ea conservanda immo ad eam recuperandam et nos vobiscum et vos una nobiscum in Christo et propter Christum exhortamur.

Quid enim restat ad cumulum doloris nostri? cum videamus canonicas episcoporum electiones ad nutum principis[2] cassari, et[c] pro beneplacito suo ipse substituat, quos libuerit. Hoc in Basiliensi ecclesia factum est[3]. Et scimus, quod iam dudum non latuit prudentiam vestram.

1133

Venerabilis quoque frater noster Traiectensis episcopus[4] inimicos ecclesiae suae, qui de ministerialibus erant et de monasterio sanctae Mariae prostibulum et equorum suorum stabulum fecerant, iudiciario ordine excommunicavit. Hos in curia Coloniensi[5] princeps in familia sua habuit. Nec aliquo interventu fratrum vel aliorum principum episcopum in gratiam suam recepit, donec eum tanti sceleris auctores pro extrema eorum[d]

Dec. 25

a. constatitutos Z.   b. *manus posterior in margine* V *addidit:* quod membra corrupta.   c. *an* ut?   d. suorum Z.
1. Isai. 56, 10.   2. Lotharii III imp.   3. exeunte anno 1133 Adalberone episcopo Basileensi constituto.   4. Andreas, 1128—1139. 5. Coloniae Lotharium imp. die 25 Dec. 1133 fuisse scimus.

1133 Dec. 25 salute sine penitentia et omni ecclesiastica compositione compulit absolvere.

1134 Quid dicemus amplius? Ipsa iam archiepiscoporum pallia de curia sunt expetenda: Quod manifestum est in domno Coloniensi[1]; qui ideo adhuc pallio caret, quod illud contra canonicae religionis[a] institutionem in curia recipere noluit.

Pro his et aliis pluribus petimus, ut consolationis vestrae litteris, quid fieri expediat, informemur. Quia extrema quaelibet perpeti satius est, quam talem ac tam ignominiosam videre et sustinere ecclesiae iniuriam et contricionem.

265. *Conradus I archiepiscopus Salzburgensis Lothario III imperatori se excusat*[b]. (E 367)

1133-1137 Domino suo L(othario) Romanorum imperatori augusto suaeque contectali imperatoriae dignitatis consorti[2] C(onradus), Salzburgensis ecclesiae Dei gratia si quid est; orationis instantiam, servitii diligentiam.

Quod vos diligamus et fidem sub timore Dei debitam vobis servemus, eum testem invocamus, sub cuius mentiri testimonio iudicamus crimen equipollens sacrilegio. Eapropter ambigere maiestatem vestram nolumus, quin ad petitionem ac mandatum vestrum voluntas nostra prompta fuerit. Sed matura senii debilitas et gravis, qua plerumque vexamur, infirmitas obstitit. Cetera, quae his apicibus inserere noluimus, fideli vestro nostroque .N.[c] praeposito vobis intimanda commisimus.

266. *H. quidam C. episcopo se offert*[d]. (E 246)

Singulari domino suo C. episcopo H. vere suus, quicquid suus.

Quoniam, ut verum fatear, prout debeo, singulariter vos diligo, quid[e] tantae dilectioni dignum offeram, non invenio. Sed quia me ipso nihil carius possideo, me ipsum caritati vestrae per omnia subicio; utimini me, ut libet. Nichil est certe, quod vita

a. relligionis *V*. b. *ex V 149 v, Z p. 332*. c. vestro .N. nostroque *V*.
d. *ex V 107 v, Z p. 232, C 53 v, B 40 v*. e. autem *add. CB*.

1. Brunone II, 1131—1137. 2. Richinzae imperatrici.

comite, si opus sit, pro vobis dubitem subire. Aliter si facerem, meritis vestris nequaquam pari obsequio responderem. Grato quidem animo vestra, domine, complector beneficia; plurimum tamen vestra obstringor benivolentia.

267. *H. quidam cuidam cessationem litterarum suarum excusat* [a].

(E 247)

Reverentissimo domino suo H. tam devotum quam [b] debitum totius dilectionis et humilitatis obsequium.

Sincere mentis [c] ac fidei ratio hoc exigit: ut, quem quisque vere ac pie diligit, semper ei praesens adesse velit; vel si forte eum abesse contingit, sui tamen usque meminerit, eique, fideliter quem recolit, licet absens, aliquo amoris officio suos interim commendet affectus. Quod autem tanto tempore nostrae absentiae litteris meis rarius aliquando memini dilectionis vestrae, quaeso domine, ne tamquam inmemorem et ingratum ea putetis neglexisse. Magisque certe nos id frequenter ac recte sciatis adtendisse: quam difficile quam pene potius sit impossibile, tantae reverentiae tantae dilectioni tantaeque vestrae benignitati dignum aliquid perscribere. Vestra vero merita vestraque domine beneficia, ut aequum est, in animo meo graciose semper commemorans, malui potius nichil scribendo quodammodo videri ingratus quam minus dicendo minus esse officiosus.

268. *N. sacerdos sacerdotes per Carinthiam dispersos edocet, solvendi potestatem non solis episcopis sed omnibus sacerdotibus esse* [d].

(E 312)

Dilectissimis in Christo fratribus et consacerdotibus per Carinthiam dispersis .N., colore consacerdos non officio, germanae caritatis viscera ex toto corde et animo.

Forsan aliqui vestrum stomachantur in me, quasi typo [e] superbiae vobis praesumpserim scribere, cum praesertim plerisque

a. *ex V 107v, Z p. 233, C 53v, B 40v—41.*   b. quam debitum *om. C.*
c. meritis *Z.*   d. *ex V 125v—126v, Z p. 276—278.*   e. tipo *V.*

vestrum ignotus sim et facie. Quibus primum, ut litteratus seculi et ydiota Dei, comicum illud respondebo:

Homo sum; humani a me nichil alienum puto[1].

Sed quia spiritalibus scribo, in spiritu Dei iam fiducialius dico: quia, si indivisus immo quia indivisus est Christus, omnes nos unius capitis menbra, omnes sub uno patre fratres sumus. Itaque aut fratrem me estimate et non alienum, aut consequenter dicam: quia mediator noster gratis mortuus est, si non fecit utraque unum[2]. Exordiar igitur, non elatione sed ex[a] medullata caritate.

Frater H., cum ad visendam patriam parentesque in has partes devenisset et post aliquanto ad nos redisset, requisitus a me, ut fit more humani ingenii, primo de sospitate familiarium meorum, dehinc etiam de temperie et ubertate anni, omnia laeta retulit; sed, quasi se[b] scorpius percussisset, unum in fine subintulit, quod cor meum altius momordit. Aiebat enim, surculum diaboli nescio de cuius plantario in terra hac surrexisse et iam ut cancer latius serpere; scilicet: quod potestatem solvendi soli sortiti sint episcopi, et ab hac sacerdotes existant alieni.

O malum originale, o radix peccati, o conterendum caput colubri[3], o non audiendus sibilus[c] serpentis! Ecce serpens ille, qui stanti adhuc homini in paradiso suggessit ut caderet, post lapsum per gratiam resuscitatis insibilat, ut iterum cadant sponte[d]. Evomite ergo venenum diaboli, si qui bibistis ignari. Sed tumorem huius vulneris prius quasi fomentis quibusdam argumentando conabimur mollire et mox postulantibus, que latebant, aperire.

Queso primum, fratres, cuius vicarii, cuius cooperatores estis? Si Christi, immo quia vere Christi et Dei — quia Christus est Deus, de Deo autem scriptum est: quia *Dominus mortificat et vivificat*[4] — ergo et vobis, ut puto, hanc potestatem contulit, quos secum cooperarios in vineam, messores in messem

a. ex *om. V.*   b. si *VZ.*   c. sybilus *Z.*   d. *om. V.*

1. Terentii Heauton timorumenos I 1, 25.   2. Ephes. 2, 14.
3. Cf. Eccli. 25, 22.   4. 1 Reg. 2, 6.

introduxit. Hoc illud est ius ligandi et solvendi, hae* claves regni caelorum¹, quas specialiter Petro salvator credidit. Si ideo soli Petro, quia soli Petro, potestatem hanc contulit, ergone Iacobum Iohannem Andream et ipsum Paulum mancos et inutiles reddidit, quibus quasi devotis messoribus falcem e manibus excussit? Ubi est ergo, quod pluribus discipulis post resurrectionem suam apparens insufflavit et dixit eis: *Accipite Spiritum sanctum; quorum remiseritis peccata, remittuntur eis, et quorum retinueritis, retenta sunt*¹? Ubi est etiam, quod iterum dicit: *Messis quidem multa; rogate dominum messis, ut mittat operarios in messem suam*³? Si igitur in hereditaria apostolorum successione soli remittendi potestatem habent episcopi, vere operarii admodum pauci et nequaquam sufficientes ad messem Domini, contradicente scriptura: *Dinumerabo eos et super harenam*⁴.... Quos ergo super harenam multiplicatos dinumerat, nisi quos superiori versu amicos Dei nimis honoratos nimisque confortatos in principatu suo appellat⁵?

Scio, quia aliqui vestrum ᵇ, parrochianam curam gerentes in plebe, necesse habent: subiectos in verbo Domini iugiter commonere, et delinquentes ab ecclesia nonnunquam expellere et ad correctionem aliorum communione privare; ne per paucas oves morbidas totus grex contaminetur. In quo ergo hec facitis, si potestatem in Spiritu sancto non accepistis?

Si autem, ut vestris fortasse utar verbis, nos sacerdotes ius tantum ligandi ᵃ habemus, cum potestas solvendi penes episcopos sit, incunctanter dico: quia, si ita est, miserabiliores sumus omnibus hominibus, qui, cum regulis et scorpionibus, cum lupis et leonibus ledere possumus, curandi vero potestatem non habemus. Adhuc, quod deterius est, dico: quia inmundi spiritus mortificare quidem possunt, sed vivificandi potestatem sortiti non sunt. Quare ergo et nos ad similitudinem daemonum fratribus nostris

a. heae *V.*   b. aliqui ex vobis *Z.*   c. non *superscripsit manus posterior in V.*
1. Matth. 16, 19.   2. Ioh. 20, 22. 23.   3. Matth. 9, 37. 38.
4. Ps. 138, 18: „Dinumerabo eos et super arenam multiplicabuntur".
5. Ps. 138, 17: „Mihi autem nimis honorificati sunt amici tui, Deus; nimis confortatus est principatus eorum".

plagas facimus, quibus mederi non valemus, cum scriptum sit: *Nolite fieri socii demoniorum?* Inaniter etiam fideles in ipso mortis articulo spe bona sacerdotes convocant, ut, remissione accepta, soluti de corpore exeant. Inaniter etiam ipsi episcopi sacerdotibus plerumque peccata sua confitentur et indulgentiam ab eis supervacue expetunt, qui remittendi gratiam, ut dicitis, non acceperunt.

Interrogo etiam: si aliqui ex vobis baptizent — si autem et vos, quod tamen dubium non est, more catholico baptizatis — perspicuum est, quia his, qui per vos in confessione trinitatis baptizantur[a], non solum hereditaria, que ex originali radice descenderunt, sed etiam singulorum privata peccata relaxatis et sanctae matri ecclesiae de veteri massa recentes filios regeneratis. Quid[b] ergo? qui ad totam arborem radicitus exstirpandam sufficitis, unum eius ramusculum praecidere non valetis?

Scimus, immo vobiscum excellentiam veneramur episcopalem; nec tamen ideo inferioribus derogamus, quod sunt. Quia ergo visus principaliorem locum in sensibus nostris obtinet, auditus forsan corpori necessarius non est? In caelesti quoque milicia quia praestantioris gloriae archangeli sunt, numquid in ministerio suo angeli viluerunt? Ipsi etiam episcopi numquid gradu suo depositi aut in aliquo minorati sunt? et metropolitani primates patriarchae, ipse etiam apostolicus, specialem inter eos reverentiam acceperunt? Sed ut revertamur in anteriora, Philippus ille unus ex septem diaconibus, qui Samariam convertit, qui eunuchum Candacis reginae baptizavit, qui mox in spiritu raptus et inventus in Azoto est, et pertransiens praedicavit cunctis civitatibus, donec Cesaream veniret[1].

Rem etiam narro[c] mirabilem et stupendam, nostris tamen temporibus gestam. Moguntiae[d] erat quidam negociator prae-

a. baptizentur *Z*. b. Quod *V*. c. *In margine Z leguntur haec:* De quodam excommunicato rem mirabilem. *In cod. lat. Monacensi 12630 (Ranshof. 30) membr. saec. XII fol. 70 haec habentur:* De quodam excommunicato rem mirabilem. Rem narro — quam mirabiliter absolvit. d. *In C fol. 61 et B fol. 37v leguntur haec:* De quodam excommunicato rem mirabilem (res mirabilis *B*). Moguntiae — videatis. Valete.

1. Act. ap. 8, 26—40.

dives, qui, cum negociandi causa in Fresiam[a] usque Traiectum venisset, festo quodam die sedicionem commovit, et ab decano cleri illius ad satisfactionem revocatus, bannum eius parvi estimans discessit, et quasi rem non magnam oblivioni tradidit; cum[b] non post multum tempus mortuus est et in saxeo sarcophago sepultus est. Post multos autem annos uxor, cum et ipsa ad exitum propinquaret, petiit a filiis suis, ut in sepulcro viri sui sepeliri debuisset. Qui, sicut adiurati erant, sarcophagum aperientes, aquis illud ferventibus spumantibusque superficietenus plenum corpusque integrum repererunt. Iuvenes vero deprehenso hoc excommunicationis indicio, et mirantes, quia vir religiosus erat, ceperunt omnia loca, ubi ipse negotiari solebat, circuire; cum ecce Traiectum venientes rem cognoverunt. Et pro patre satisfacientes atque communionem impetrantes, reversi sunt; apertoque tumulo, nichil praeter ossa et cines invenerunt. Ecce iste episcopus non fuit et tamen corpus et animam hominis, in eterno iudicio constituti, tam potenter quam mirabiliter absolvit.

Resipiscite, fratres, et honorem vestrum nolite deicere, et pretium dominici sanguinis in vobis nolite exinanire. Hec, fratres, colliria oculis vestris inungite; ut honorem vestrum, qui est in Domino, humiliter in gratiarum actione agnoscatis et, de virtute in virtutem euntes, Deum deorum in aeterna Syon feliciter videatis. Valete.

269. *Versus de Romana civitate[d]. (E I 21)

  Nobilibus quondam fueras constructa patronis;
    Subdita nunc servis, heu, male Roma ruis.
  Deseruere tui te tanto[e] tempore reges;
    Cessit et ad Grecos nomen honosque tuus.
5 Constantinopolis florens nova Roma vocatur;
    Moribus et muris, Roma vetusta, cadis.
  Transiit imperium, mansitque superbia tecum;

---

a. Frisiam *B*.   b. qui *V*.   c. *ex V 3, Z p. 5. Adhibui etiam (B) codicem Bambergensem B III 11; v. p. 458 not. 1. Edidit Floss in Ioannis Scoti opp. (Migne Patrolog. T. CXXII) p. 1194.*   d. *hoc lemma om. VB.*   e. *tanto te B.*

Cultus avariciae te nimium superat.
Vulgus ab extremis distractum partibus orbis,
10 Servorum servi, nunc tibi sunt domini.
In te nobilium rectorum* nemo remansit;
Ingenuique tui^b rura Pelasga^c colunt.
Truncasti vivos crudeli vulnere sanctos;
Vendere nunc horum mortua menbra soles.
15 Iam, ni te meritum Petri^d Paulique foveret,
Tempore iam longo Roma misella fores¹.

270. *Rome epitaphium Helpe, uxoris Boetii². (E I 15)
Helpes dicta fui, Sicule telluris alumna^f,
Quam procul a patria coniugis egit amor.
Quo sine mesta dies, nox anxia, flebilis hora;
Nec solum una caro, spiritus unus erat.
5 Lux mea nunc^g clausa est, tali remanente marito;
Maiorique animae parte superstes ero.
Porticibus sacris iam nunc^h peregrina quiesco,
Iudicis aeterni testificata thronum.
Ne qua manus bustum violet, nisi forte^i iugali
15 Hec^k iterum cupiat iungere menbra suis;
Ut thalami tumulique comes nec morte revellar,
Et socios vite nectat uterque cinis.

a. doctorum B.   b. Ingeniumque tuum B.   c. Pelasca B.   d. patri Z;
Nam nisi te Petri meritum B.   e. ex V 2, Z p. 4. Habetur etiam in Anthologia
veterum Latin. epigrammatum ed. Meyerus T. I 256 n. 824.   f. alumpna V.   g. non
Anth.   h. non Anth.   i. consorte VZ, nisi forte Anth.   k. Nec V, Hec Z.
1. Leguntur hi versus etiam in cod. Bambergensi B III 11 membr.
saec. X fol. 124v hoc ordine: 1, 2. 3, 4. 11, 12. 9, 10. 5, 6; deinde sequitur
hic versus:
    Hoc ante prisco predixit carmine vates;
tum habentur hi: 15, 16. 7, 8; exinde additi hi sunt:
    Nonne Deo perhibente patet pro crimine magno
    Servus avariciae idola corde colit;
postea sunt versus 13, 14 et ad extremum hi:
    Sed dum terra vorax animantum roserit ossa,
    Tu poteris falsas vendere reliquias.
2. De hoc epigrammate cf. Boethii de consolatione philosophiae libri V ed.
Obbarius p. XII n. 16.

271. 'Isti versus Treveris in tumulo quodam, dum a peregrinis pro quaerenda pecunia rumperetur, lapidi cuidam insculpti' inventi sunt. (E I 17)

Nini Semiramis, quae tanto coniuge felix
Plurima possedit, sed plura prioribus addit,
Non contenta suis nec totis finibus orbis,
Expulit a patrio privignum Trebeta regno.
5 Profugus insignem nostram qui condidit urbem,
Treveris huic nomen dans ob factoris amorem;
Que caput Europae cognoscitur anteritate.
Filius huius Hero patris haec epigramata pono,
Cuius ad inferias hic cum Iove Mars tenet aras
10 Sydere concordi. Pax est non dissocianti[1].

272. 'Hi versus Treveris supra tectum monasterii beati Symeonis, tabule lapidee insculpti, ab incolis fortuitu inventi sunt. (E I 16)

Exul Arimaspes hac Martis[d] in arce quiesco
Belgica; Roma mei non mea digna fuit.
Iure bono, meritorum nobilitate, triumphis,
Di[e] tueantur; ei par nisi Roma nichil.
5 Vulneror, Epte reo, consul primusque senatus;
Hinc gaudete mei, sic meruisse mori[2].

273. 'Hi versus habentur Cluniaci super imaginem sancti Petri. (E I 18)

Nullum rete magis nunc diligo quam Cluniaci;
Nam pisces captos portae caeli facit aptos.
Quod docui verbis, Cluniaci querite gestis;
Non melius quisquam mea dogmata repperit usquam.

a. ex V 2v, Z p. 4.   b. insculti V.   c. ex V 2v, Z p. 4.   d. urbis V, Martis Z.   e. Dii V, Di Z.   f. ex V 2v, Z p. 4.

1. De his versibus cf. Ottonis Frising. Chron. ed. Wilmans I c. 8 et Gesta Treverorum ed. Waitz in Mon. Germ. SS. XX 135 et VIII 131.   2. De his versibus cf. Gesta Trever. ed. Waitz in Mon. Germ. SS. VIII 135 et 136.

274. De tribus missis diei natalis Christi[a]. (E I 20)

In natale sacro sacre sollempnia misse
Quid signent aut cur ter celebrentur, habes.
Nocte prior, sub luce sequens, in luce suprema,
Sub Noe, sub templo, sub cruce sacra notant.
5 Sub Noe, sub David, sub Christo sacra fuere:
Nox, aurora, dies: umbra, figura, Deus.

275. Diei temporibus quae ratio sit cum Christi vita[b]. (E I 20a)

In matutino dampnatur tempore Christus,
Quo matutini cantantur tempore psalmi.
Quando resurrexit, primam canit ordo fidelis.
Tercia cum canitur, tunc est cruciamina passus.
5 Sexta sunt tenebre per mundi climata facte;
Est missus nona divinus Spiritus hora.
Vespere clauduntur Christi sacra menbra sepulchro;
Christo bis sena custodia ponitur hora.

276. [c]De patre familias. (E I 7)

Vinea culta fuit, cultores premia querunt.
Non labor equalis, equalia dona fuerunt;
Qui venit extremus, dispensatore vocante,
Tantumdem recipit, quantum qui venerat ante.
5 Sic Deus ostendit: quia, quandocunque velimus,
Aggrediamur opus, certi de munere simus.

277. [d]De adherentibus huic mundo. (E I 8)

Quam merito merent, qui mundi rebus adherent,
Cum res mundane nil sint nisi nomen inane!
Nomen inane: genus, species, opulentia, fenus.
Quilibet attendat: generis quid fama rependat.
5 Nobilis esto satis, quid conferet utilitatis?

a. *ex V 2v, Z p. 4.*   b. *ex V 2v—3, Z p. 5.*   c. *ex V 2, Z p. 3.*
d. *ex V 2, Z p. 3.*

Si speciosus eris, quid ad hoc, ut iustificeris[a]?
Diviciis polles; hos clamat littera[b] molles[c],
Cum sibi cura cutis videatur summa salutis.
Ergo, quisquis eris querens ut iustificeris,
10 Ne post hec plores, contempnas orbis honores.

278. 'Ad amicam. (E I 9)

Lilia ceu flores, sic vincis amica sorores;
Utque nitens aurum supereminet omne metallum
Et quasi sol stellas, sic vincis, amica, puellas.

279. *Catalogus pontificum Romanorum versibus inclusus*[d][1].

(E I 23)

Si vis pontifices Romanae noscere sedis,
Carminibus nostris perlectis, scire valebis.
Primo papatus Petrus est in sede locatus.
Qui consederunt, Linus Cletusque fuerunt;
5 His Clemens iunctus, simili fuit ordine functus.
Disputat hinc mundus: sit quartus quis, ve secundus.
Hinc Anacletus praesedit et hinc Evaristus[f],
Hinc[g] Alexander; successit in ordine Xixtus.
Hos iuxta positus Telesphorus est et Iginus.
10 Additur Anicitus seu praesul nomine Pius,
Soter et Eleuther; quibus est Victor quoque[h] mixtus.
Quos Zepherinus sequitur martyrque Kalixtus.
Urbanus, Christi turbae praelatus in urbe,
Post hos papatus successit in arce locatus.
15 Hinc Pontianus, hinc Antheros, hinc Fabianus,

a. iustiferis *V*.   b. litera *Z*.   c. nolles *Z*.   d. *ex V 2, Z p. 3*.   e. *ex V 4v—5v; in quo unico codice hic paparum catalogus inest.*   f. Evaristius *V*.   g. Sic *V* (*pro* Hic).   h. q̅ *V*.

1. Catalogum hunc sub Eugenio III papa i. e. spatio annorum 1145—1153 elaboratum esse, demonstrat versus a fine quartus: „Tercius Eugenius, qui nunc praelatus habetur". Itaque cum videamus omnem catalogum, in Adriano IV (1154—1159) desinentem, imo totum codicem V eadem manu continenter exaratum esse, ipsius codicis aetas in promptu est.

Cornelius, Lucius, Stephanus[a], Xixtusque secundus.
Hos rutilas iuxta, Dyonisi, sede venusta.
Felix Romanus cui iungitur, Euticianus.
His comites Gaius seu Marcellinus habentur;
20 Marcellus nec non Eusebius adnumerentur;
Melciades etiam. Post quem, Silvester, haberi[b]
Te[c] Dominus papam decrevit in ordine cleri;
Marcus cui, Iulius succedit Liberiusque,
Felix et Damasus, cleri speculumque decusque.
25 Exule Liberio Felix in sede locatur;
Martiriumque subit, cum Liberius revocatur.
Quare Liberii Damasus successor[d] habetur;
Sicut Hieronimi chronica narrare docetur.
Postea Syricium numeramus[e] Anastasiumque;
30 Hinc[f] Innocenti, te, qui comitaris utrumque.
Post Zozimum vero Bonifacius enumeratur[g].
Hinc[h] Celestinus cum Xixto consociatur.
Hos autem iuxta Leo, vir doctissimus, extat;
Eloquium cuius, quantus fuerit, manifestat.
35 Ylarus hunc et Simplicius Felixque secuntur;
Post quos Gelasius[i] Anastasiusque leguntur.
Symachus, Hormisda rutilant praesulque Iohannes;
Quos sequitur Felix, Bonifacius atque Iohannes,
Agapitus cum Silverio. Tecumque, Vigili,
40 Pelagium legimus papali sede potiri.
Hos meriti magni papae praemitto Iohanni.
Papam post istum papam numero Benedictum.
Pelagium Rome praelatum postea prome.
Hinc[k] tu, Gregori, conformans cuncta decori,
45 Ecclesiae Christi sal atque lucerna fuisti.
Post hunc[l] Bleranum civem lego Sabinianum.
Hinc Bonifacius et Bonifacius adnumerentur;

a. Sthephanus *V*. b. haberis *V*. c. Me *V*. d. successor *V*. e. narramus *V*. f. Sīc *V*. g. enumerat *V*. h. Sīc *V*. i. Pelagius *V*. k. Sīc *V*. l. h. *V*.

Deusdedit et quintus Bonifacius his socientur.
Honorium cum Severiano, teque Iohannes,
50 Inter praedictos celestes scribimus amnes.
Post hos Theodoro Martinum consociemus;
De quo, quid fuerit per Grecos passus, habemus.
Additur Eugenius, praesul quoque Vitalianus[a].
Adeodatum cum Dono suscipiamus.
55 Scribitur hinc Agatho, Siculae regionis alumpnus;
Et copulatur ei prudens Leo papa secundus.
His adiungatur Benedictus sive Iohannes,
Ut Conon tecum, Sergi, sextusque Iohannes.
Hinc alio papa gavisa est Roma Iohanne
60 Et te, Sisinni, genito genitore Iohanne.
Post Constantinum Gregorius alter habetur;
Tercius his etiam Gregorius associetur.
Hinc Zacharias, Stephanus Paulusque notentur;
Hinc[b] Constantinus, Stephanus quoque conumerentur.
65 Post Adrianum Leo tercius esse videtur;
Post Stephanum quartum Paschalis praesul habetur.
Eugenius vero pape subscribitur isti;
Cuius successor tu, Valentine, fuisti.
Gregorius quartus et Sergius et Leo quartus;
70 Pontificem dictum post quos legimus Benedictum.
Hinc, Nycolae, tuo tua gaudet Roma decore;
Cuius Adrianus post mortem fulsit honore.
Octavi viguit post hos doctrina Iohannis;
A quo Marinus perpaucis praefuit annis.
75 Presulibus presul subnectitur his Adrianus[1].
Postea Formosum kathedram legimus tenuisse,
Inde Bonifacium papatum promeruisse.
Post Stephanum sextum Romanum perlege tandem[c]
Et post Theodorum; nonum subnecte Iohannem.
80 Hinc[d], Benedicte pater, Leo tecum connumeretur,

a. Vitilianus *V*.　　b. Sic *V*.　　c. tandnem *V*.　　d. Sic *V*.
1. omissus est Stephanus V.

De titulo Damasi Christoforus associetur.
Sergius hinc rutilans Anastasio copulatur;
Et Lando, vivens modicum, super astra levatur.
Omnibus his tandem decimum coniunge Iohannem,
85 Cui Leo seu Stephanus succedunt dogmate grandes;
Et Leo cum Stephano — praecedit papa Iohannes —
Nec non Marinus et Agapitus atque Iohannes.
Presulibus quintus coniungitur his Benedictus;
Cui Leo iungatur, Iohannes et Benedictus,
90 Et Domnus nec non Bonifacius[a] et Benedictus.
Et quartum decimum post istos scribe Iohannem,
Et quintum decimum post istos scribe Iohannem,
Et sextum decimum post istos scribe Iohannem;
Gregorium quintum prius, et post scribe Iohannem.
95 Post quem Silvestrum prius, et post scribe Iohannem;
Huic etiam nonum decimum subscribe Iohannem[b].
Sergius hinc quartus subnectitur et Benedictus,
Restat vicesimus Iohannes, seu Benedictus.
Hunc nonum decimum depromunt scripta Iohannem;
100 Quod cur eveniat, dabit hoc agnoscere carmen:
Quendam Iohannem si Mercurium vocitamus,
Istum, vicesimum, nonum decimum numeramus.
Silvester cum Gregorio, Clemensque secundus
Cum Damaso rutilat, Leo post Victorque secundus.
105 Stephanus hinc nonus nec non decimus Benedictus;
Et succedit eis Nycolaus in ordine mixtus.
Alter Alexander et Gregorius copulantur,
Victor et Urbanus cum Paschali numerantur.
Gelasium mundo concessit postea Christus;
110 Cui[c] decedenti successit papa Kalixtus.
Honorius kathedram post omnes hos decoravit.
Hinc[d], Innocenti, te papam Roma vocavit,
Post Celestinus, celesti dogmate functus,
Chrismate laeticiae sit prae consortibus unctus.

a. sic.   b. sic.   c. Qui V.   d. Sic V.

115 Lucius hinc, mundi cupiens obsistere morbis,
  Est raptus, tali quia dignus non erat orbis.
  Tercius Eugenius, qui nunc praelatus habetur,   1145-1153
  Donec vult, vivat; demum super astra levetur.

  Quartus Anastasius post ecclesiam viduavit,
120 Quam sibi mox copulans Adrianus clarificavit*.   1154-1159

280. *Cosmas archiepiscopus Colocensis Marquardo abbati S. Crucis respondet, coenobii egestatem sublevare ad tempus sibi non licere*[b].   (E 368)

C(osmas) Dei gratia Colocensis archiepiscopus M(arquardo)   1185-1187
abbati Sanctae Crucis et toti conventui salutem et benedictionem.

Ex tenore literarum vestrarum cognovimus, quod domus vestra maximum passa sit dispendium et nunc non modica laboret egestate. Verum vestram. latere nolumus universitatem, quod domnus rex[1] ob indignationem, quam adversus nos indebite concepit, redditus nostros ecclesiasticos nobis interdixit. Unde licet vestrae quam plurimum compaciamur inediae, eam ad praesens nostro relevare non possumus auxilio. Sciatis tamen, quod, quam cito reddituum nostrorum plenam receperimus restitucionem, secundum facultatem nostram gratanter vobis subveniemus. Super eo vero, quod disposicionem patris et matris nostrae super hiis, quae vestro tam in vita quam in morte contulerunt monasterio, ex nostra provisione pendere dixistis, notum vobis facimus: quod, disponente Domino, post pascha circa festum sanctae crucis una cum confratribus nostris in illo confinio regni erimus; et si, donacionem vel ordinacionem aliquam a patre sive matre nostra monasterio vestro fuisse factam, per eos perpendere poterimus, consulemus eis et praecipiemus, ut eam inviolabiliter observent et, si inpleta non fuerint, adimpleant. Amen.

a. *Sequuntur in cod. (V) haec:* Finiunt capitula libri primi.   b. *ex V 149 v.*
1. Bela III.

281. Epitaphium ducis Friderici Austrie et Stirie[a][1].

(E 372)

1246

Forma iacet Paridis, tumor Hectorianus, Achillis
Robur, Alexandri fortuna, subacta favillis;
Inmo Samsonis vis, cor Davit, os Salomonis,
Dos Mardochei, sors Iudit, mors Machabei.
5 Ecclesie fax, pax patrie, decus orbis, abegit
Rure, foro scelus; urbe, choro famosa peregit.
Iam probat, omnia sint nisi sompnia, subdita soli.
Ceu rosa decidit. Et merito dedit omnia Soli[2].
Unde, Dei sors, aufer ei culpas; prece prona:
10 Sit ne sibi locus ater ibi, sed vera corona.

Da lacrimas, Stirie genus; Austria lugeat alma:
Victaque barbarie, cecidit, lapso duce, palma.
Xriste, tibi vivatque sibi princeps crucis iste[b].

282. Versus Eberhardi ex angelica salutatione ad beatam virginem[c].

(E 370)

Ave   Ardua lux mundi, spes orbis firma rotundi!
Vox peccatorum, vox succlamat miserorum:
Erue de clade, maledictum quos ligat Ade.
Maria   Manna cibans! Mentes, escas vite cupientes,
5 Ad te clamantes, tua munia rite precantes,
Rore sacro satura; laxa prece vincula dura;
Implora Natum; deleri posce reatum;
Atria da celi conscendere cuique fideli.
gracia   Germen celestis pacis dans gaudia mestis,
10 Robur virtutum summe virtutis acutum,

a. *ex V 150v, ubi manu saec. XIII scriptum est. Edidit Wattenbach in Mon. Germ. SS. XI 51.* b. *in codice addita sunt haec:* Hoc epitaphium scripsit quidam monachus Cisterciensis, Chunradus nomine, genere Saxo. c. *ex V 150—150v.*

1. Fridericus II dux Austriae et Stiriae, cum proeliaus die 15 Iunii a. 1246 cecidisset, in Sanctae Crucis coenobio humatus est. V. Continuatio Claustroneoburg. prima (Mon. Germ. SS. IX 612): „interfectus est dux Fridericus et sepultus in Sancta Cruce"; Auctarium Sancrucense (ib. p. 732) 1246; „— et sepultus iacet in Sancta Cruce in capitulo". 2. Deo.

Almigere vitis flos, mors veteris pia litis,
Conregnans Nato, sceptro subfulta beato!
Infer ad alta poli, consigna nos prece Proli;
Arida fecunda; cordisque peripsima munda.
plena 15 Prora cupita maris, superi* dux et via laris,
Limen ad ingressum patrie qua figere gressum
Edicit Iesus, anime gratissimus esus!
Nutantes solida; sis firmans pectora fida;
Ablue fece nevi; fati mala deprime levi.
Dominus 20 Digna Deo, succurre reo, laus clara tropheo.
O pereo; premit ungue leo mergitque Letheo
Me miserum. Quid agam? Letali vulnere plagam
Inflictam sana, mentis pellendo prophana.
Nardus odorifera spirans fráglamina vera,
25 Virgo Dei, via tuta spei radixque fidei,
Scala poli basesque soli! Nos linquere noli.
tecum Te patriarcharum cecinit chorus ordoque vatum
Esse Dei matrem, cum gignis filia patrem,
Concipis absque viro, lactas sed et ordine miro;
30 Ut contra iura carnis nova iam genitura
Mundo clarescat et res archana patescat.
benedicta Bella — quibus veteres in busta ruere parentes,
Et florente domo caruerunt iudice pomo —
Numine tu plena sancto, deles, et amena
35 Ede¹ pie reparas; lacrimas detergis amaras.
Depositum mundo quo iam pateat tremebundo,
Innuba sponsa Dei, nostre portus requiei,
Consilio magno celesti iungitur agno.
Terrea letantur, quia celicolis sociantur;
40 Archano tali gaudent se secla piari.
tu Tu, ieiuna maris, luis inscia, prole bearis.
Vitis non marcens! Mala tetre sis facis arcens,
in Insignis flore, celeberrima prolis honore!
Nubila depelle, rabiem compesce procelle.

a. supere V.   1. Aede.

mulieribus 45 Male retunde mala. Te germine florida mala¹
Vivacem fructum referant, iocundaque luctum
Limine propellant, et que bona queque procellant.
Insere nos viti celesti; dic Samariti.
Ephebos cerne, noxe quos lima veterne
50 Renibus enervat, molem torporis acervat,
Igne tuo iuvena; sit larga timoris avena*.
Bacha² virore nitens! Caro, calce rebelle renitens,
Vi perculsa gravi, te iudice strage suavi
Sternatur; strata mitescat, macta beata.
et 55 Expers virgo thori, maris haut subiecta rigori,
Tota triumphalis! Rigidas larve baratralis
benedictus Buccas elide, vim pelle dolumque relide;
Exul ut ethereas carnis post fata choreas —
Nube retro vulsa, picea caligine pulsa —
60 Expetat. Aspira. Te supplice, vindicis ira
Dulcescat miseris. Rege, quos pietate tueris.
Inclita stirps David, quam nulla lues viciavit;
Cella sigillata; divino rore rigata
Terra, ferax olei; lacrimose meta diei;
65 Vasque tenens^b vina medicantia corda; supina
Spes mesti cordis; famosa medela vecordis;
fructus Forma pudicicie dignumque cubile sophye;
Rivus honestatis; tronus electus deitatis,
Virgo salutaris, que matris honore bearis!
70 Cudimus, ecce, preces: scelerum detergito feces,
Tristia lenito, vitam virtute polito.
Virga virens, vellusque madens³, maiataque⁴ tellus!
Scilla Caribsque furit, puppesque pyrata perurit;

a. *eadem manus superscripsit:* id est materia.   b. relens V.

1. in margine eadem manus haec addidit: „Malus est arbor, cuius fructus est mala punica vel mala granata. Dicitur etiam malus arbor navis, id est masseboum".   2. baca.   3. Cf. Iudic. 6, 36—40 et Konrads von Würzburg Goldne Schmiede ed. Wilhelm Grimm p. XXXV: „lammfell Gedeons". HAUPT.   4. mense Maio adornata. Cf. Konrads von Würzburg Goldne Schmiede cet. p. XLII v. 7: „maigarten". HAUPT.

ventris   Undifero classis quatitur discrimine; lassis
   75 Excidium malis rabies nunciat borealis;
      Nox tegit astra, fremit mare, nothus carbasa demit.
      Turbida mitescant, neptunia sceptra rigescant,
      Remige te celeri tua discant iussa vereri;
      Inrequieta freta, coluber, mundus, caro meta
   80 Stringantur tali, ne denuo lege sodali
tui   Tartareis tenebris mergant. Basylea celebris!
      Votis intende: Vite pia dona repende;
      Infirmos sana, miserorum Samaritana.

283. *Versus Cistercienses*[a].   (E 371)

Cistercium   Cecutis[b]! Mundum, pensa, qua lance secundum
      Illibres menti; mox ne devexa petenti
      Syngrapha sit nutans. Sis mundi vana refutans.
      Terrificat frontem ferus; haut piger expete fontem,
   5 Estum pellentem, mellis dulcore fluentem;
      Rivulet et sensum dynamis, dent limmata pensum.
      Congere, quis frenos iungat sibi norma serenos.
      Inque iubar solis, disvelans nubila molis,
      Vernales flores lege, brume pelle rigores.
  10 Mens vaga serenans, theosys[1] sit se dare lenans[c].

a. *ex V 150v.*   b. Cecutis o *V.*   c. lenans *scripsit Haupt pro* limans *V.*
1. theosi (θεώσει) HAUPT.

EPISTOLAE BAMBERGENSES
CUM ALIIS MONUMENTIS PERMIXTAE.

*F*oras dato Udalrici codice, non modo Bambergenses epistolas sed alia etiam litterarum monumenta amplectente, convenire putavi, ut consentaneorum cum illis scriptorum minorum corpusculum simili ratione a me factum quasi accessionem hoc loco proponerem. Quocirca et epistolas versusque atque alia scripta Bambergensia antea dissociata congessi et ad supplendam ceteram Udalrici materiem quod accommodatum esse videbatur, id admiscui. Ita cum pars epistolarum in marginibus codicis Annalistae Saxonis Parisiis servati etiam in Udalricano opere legatur supra[1], parsque iam in tertio bibliothecae huius volumine prodierit[2], reliquas omnes eiusdem codicis epistolas huic tandem collectioni inserendas duxi. Reperiuntur ibidem et Heinrici IV litterae quaedam, Londini Monachii Treviris e codicibus deductae, item ideo quod plurimae eiusdem imperatoris epistolae ab Udalrico assumptae sunt. Nec spero omnino, si lectores in hoc plantarum Bambergensium fasciculo nonnullos flores peregrinos invenerint, fore ut nares corrugentur.

Berolini Kalendis Decembribus 1868.

1. V. Udalrici cod. n. 136 et 139.   2. Epistolae Moguntinae n. 31, 34, 38, 46, T. III p. 374, 381, 384, 393.

1. *Numeri loricatorum, a principibus partim mittendorum partim ducendorum*[a][1].

Herkenbaldus episcopus[2] centum[b] loricatos mittat[c]. Abbas 980 de Morebach secum ducat xx. Episcopus Balzzo[3] mittat[c] xx. Ildebaldus episcopus[4] ducat[d] XL. Abbas de Wizenburg[5] mittat[c] L. Abbas de Lauresam[6] ducat[d] L. Archiepiscopus Maguntinus[7] mittat[c] centum[b]. Coloniensis archiepiscopus[8] mittat[c] centum[b]. Wirzeburgensis episcopus[9] mittat[c] LX. Abbas Erolsfeldensis[10] XL mittat[c]. Heribertus comes ducat[d] .xx[c], et fratris[f] filius aut veniat cum xxx aut mittat[c] XL. Megingaus, iuvante Burchard, ducat[d] xxx. Cono, filius Cononis, ducat[d] XL. De ducatu Alsaciense mittantur LXX. Bezelinus filius Arnusti duodecim ducat[d]. Azolinus Rodulfi filius mittat[c] xxx. Oddo frater[g] Gebizonis xx mittat[c]. Hezel[h] comes[i] ducat[d] xxxx. Abbas Uultensis[11] mittat[c] LX. Guntramus comes[i] ducat[d] XII. Vicgerus ducat[d] xx. Domnus Adelbertus xxx Sicco imperatorius[k] frater[s][12] ducat[d] xx. Otto[13] XL ducat[d]. ducat[d].

<small>a. *Descripsi ex cod. bibliothecae Bambergensis excerpta operum S. Augustini continente B III 11 membr. saec. X fol. 1.* b. C. cod. c. M̄ cod. d. D̄ cod. e. an LXX? f. frīs cod. g. fr̄ cod. h. Hezol *in codice correctum est in* Hezel. i. c̄ cod. k. *sic cod. pro* imperatoris.</small>

1. Excellentissimum hoc, quod Bambergae reperi, monumentum neque ante annum 979 nec post annum 987 confectum esse, satis pleno argumento sunt duo, qui in eo comparent, episcopi Balzzo Spirensis (970—987) et Ildebaldus Wormatiensis (979—998). Quocirca, cum ista verba: „Domnus Sicco imperatorius frater ducat xx" hanc convocationem ad Ottonem II imperatorem atque ita ad spatium annorum 979—983 pertinere planum faciant, id dubitationis tantum remanere concedas, utrum anno 980 Otto II in Italiam iturus hos loricatos convenire iusserit, an anno 981 secundum Thietmari chron. L. II c. 12 (Mon. Germ. SS. III 765) „ad supplementum exercitus sui (in Italia commorantis) Bawarios ac fortes in armis Alemannos vocans". Sed, ut alia sileam, hac una re annus 980 omnino comprobatur, quod „ducere" loricatos suos .iubetur Ildebaldus episcopus Wormatiensis et cancellarius, quippe quem diplomata doceant iam anno 980 una cum imperatore in Italiam ivisse ibidemque stetisse usque ad illius mortem. 2. Argentinensis 965—991. 3. s. Baldericus ep. Spirensis 970—987. 4. Wormatiensis (979—998), cancellarius imperatoris. 5. Adelbertus (967—981), qui item fuit archiepiscopus Magdeburgensis. 6. Salemannus 972—998. 7. Willigisus 975—1011. 8. Warinus 976—984. 9. Poppo II 961—983. 10. Gozbertus 970—985. 11. Werinharius 968—982. 12. Hic Ottonis I imperatoris filius (ut videtur nothus) alias nusquam comparet. 13. I dux Sueviae et Bavariae, filius Liutolfi, fratris Ottonis II imp.; quem constat in Italia die 1 Nov. 982 mortuum esse.

980 ✝ Carolus dux[1], custos patriae domi dimissus, Bosonem cum xx mittat[a]. Leodicensis episcopus[2] LX mittat[a] cum Hermanno aut Ammone. Episcopus Camaracensis[3] XII mittat[a].

l. 8
Geldulfus cum adiutorio abbatum XII ducat[b]. Deodericus comes filium suum cum XII mittat[a]. Ansfredus comes[c] x mittat[a]. Gottefredus et Arnulfus marchiones XL mittant[a]. Filius Sicconis D(?)..... comitis[d] XXX secum ducat[b]. Abbas Brumiensis[4] XL ducat[b].
.... Archiepiscopus Treverensis[5] LXX ducat[a]. Verdunensis episcopus[6]
fi(?).....
LX mit- LX ducat[b]. Tullensis[7] XX mittat[a].
tat[a]. ✝ Archiepiscopus Salceburgensis[8] LXX mittat[a]. Ratebonensis episcopus[9] totidem mittat[a]. Abraham[10] XL mittat[a]. Reginaldus episcopus[11] L ducat[b]. Alboi(nu)s episcopus[12] XX ducat[b]. Episcopus Augustae civitatis[13] centum[e] ducat[b]. Constanciensis episcopus[14] XL mittat[a]. Curiensis episcopus[15] XL ducat[b]. Augensis abbas[16] LX[f] ducat[b]. Abbas Sancti Galli[17] XX ducat[b]. Abbas de Eloganga[18] XL ducat[b]. Abbas de Kembeduno[19] XXX ducat[b].

---

2. Arnoldus episcopus Halberstatensis Heinricum I episcopum Wirzeburgensem adhortatur, ut institutum episcopatum Bambergensem patienter ferat[5].

1007
post Nov. 1
Heinricho episcopo[20] Arnoldus[21].

a. M̄ cod. b. D̄ cod. c. c̄m cod. d. com̄ cod. e. C. cod.
f. XL correctum est in LX cod. g. Ex cod. quondam S. Arnulfi Metensi, nunc bibl. imp. Paris. 4952 membr. saec. XII fol. 126v—128v descripsit mihi Gabriel Monod; ipseque hoc anno Parisiis contuli. Edidit Baluzius Misc. IV 435 (Baluzii Misc. ed. Mansi III 39, Ludewig Script. Rer. Bamb. I 1113, Ussermann Ep. Bamb. 9).

1. Lotharingiae inferioris dux inde ab anno 977. 2. Notkerus 972 —1008. 3. Rothardus 979—995. 4. Hildricus. Cf. Ottonis II diploma d. Sorae 981 Iul. 12 ap. Stumpf Die Reichskanzler, Acta imperii n. 20 p. 26. 5. Egbertus 977—993. 6. Wicfridus 959—983. 7. Gerhardus 963— 994. 8. Fridericus I 954—991. 9. Wolfkangus 972—994. 10. ep. Frisingensis 957—993. 11. Eistetensis 966—989. 12. Sabionensis c. 976—1006. 13. Heinricus I, quem in Italia periisse scimus die 13 Iul. 982. 14. Gebhardus II 980—996. 15. Hildebaldus 969—995. Cf. Ottonis II diploma d. Papiae 980 Dec. 5 ap. Mohr Codex dipl. ad hist. Raeticam I 97. 16. Ruotmannus 972—985. 17. Ymmo 976—984. 18. Winitharius 978—987. 19. Ruodolfus. Cf. Ottonis II diploma d. Veronae 983 Iun. 10, Mon. Boica XXXI I p. 241. 20. I ep. Wirzeburgensi. 21. ep. Halberstatensis.

Diu et multum quesitus, domine mi, patere tandem aliquando: iam te inveniri.

Nescio quo infortunio meo, quotiens in ista terrarum veneram*, quae longissima tu peragrabas, ei!^b semper, dum in altera ripa fluminis¹ te nunciatum quaero, iam transisti in alteram; nequaquam, ut saltim litteris te conveniam, oportunitatem dans. Iacent adhuc in scriniis meis litterae torpentes, iam dudum tibi directae; quas legatus meus, postridie^c regressus, te non invento, frustra se accepisse testatus est.

Haberem tamen, si auderem, plurima tibi suggerere: et de ista commotione rerum tuarum, qua te ultra quam credi posset perturbatum sentio, ac de nostra etiam — quos tibi, infirmas res nostras Deo donante miseratus, in patrocinium vindicasti — defensione. Te autem salvo, res nostrae in portu navigabunt. Quocirca, dimissis interim nostris, rebus tuis, quod modo magis premit, si aliquo modo mederi possit, invigilandum est.

Adiutorium nostrum a Domino, qui fecit caelum et terram². Quid est hoc, domine mi, quod tanto te merore afficis? Quid contigit tibi, unde torquere te habeas? Etiamsi pericli aliquid foret, esset tamen ferendum; quia

        levius fit patientia,
Quicquid corrigere est nefas³.

Istud vero, unde nunc te affligis, si diligentius intueri vis, Deo propicio, unde iure gaudeas, non dehabebis. Tu autem, quasi aliquid insuperabile tibi evenerit, rem tuam tam eneruiter tractas: in conventum fratrum tuorum⁴ venire recusas; cum quibus incommoda tua evincere debueras, fugis; magnam tibi invidiam conflas; conspectum regis⁵, quasi aliquid in se commiseris, devitas. Quid est hoc, quod tibi inportas? Ubi est sapientia illa, quam in te dudum satis acute vigilasse conspeximus? Ista, quae tu facis, non videntur esse vigilantis sed gravi quodam sopore depressi, non clare videntis sed dure lippientis. Exper-

a. veneram *scripsi pro* venero *c.*   b. ei! *scripsi pro* et *c.*   c. post tridie *c.*
1. Moeni.   2. Ps. 123, 8.   3. Horatii Carm. I 24, 19. 20.
4. die 1 Nov. 1007 Francofurti habitum.   5. Heinrici II.

1007 post Nov. 1

giscere, domine mi, aliquantulum et capesse te ipsum. Nescio quibus fascinantibus extra te ductus es. Enitere, quoad possis, ut ad te ipsum revertaris. Loquitur vox divina: *Surge qui dormis, et exurge a mortuis, et inluminabit tibi Christus*[1].

Tu primus aut inter primos, et iam antequam rex fieret, dominum illum tibi praeelegisti. Tu postea, quantum poteras, 1002 sicut magnifice poteras, ut rex fieret, institisti. Proinde tanta in invicem suavitate coniuncti, tanta caritate devincti — te nemo in liberaliter serviendo sibi devotior, se nemo in amicabiliter accipiendo paratior — prorsus glutine quodam et vinculo amiciciae quasi inseparabiliter colligati fuistis. Postremo, ubicumque vel quandocumque aut necessitas postulabat aut iucunditas, etiam in vitae periculo fideliter sibi suffragando non deeras.

Cum haec beneficia omnia in illum praerogaris et ex his penes se magnam tibi gratiam amiciciam caritatem iure conflaveris, quid est hoc, quod modo tibi imponis? Cur, cum bona promeruisti, malis te remunerari[a] permittis? Difficile est, reum esse maiestatis.

1007 post Nov. 1

Nec litteris, ut audio, nec legatis, parcendo promittendo supplicando, te ad se accersire potest. Quomodo potes in regno eius habere pontificium, si ad se venire refragaris? Quid dicturi sunt iudices, cum in iudicio talia ventilabuntur? Vide, ne sero peius fiat, quod prius melius fieri potuit, et ne rigor iste non fortitudo sed duricia magis habenda sit. Aliud est autem durum esse, aliud fortem. Durus nec in bonam partem flectitur.

Cur ex grato ingratum, ex amico inimicum, ex munificentissimo tibi inliberalem[b] facis? Quidquid tibi libuerat, prout pluribus visum est, apud illum obtinere potueras. Nonne tanta tibi potestas in his regionibus ab eo concessa est, ut ad nutum tuum omnia pareant? Cui nos aut caeteros, qui de te praesumunt, defendendos relinquis?

Sit animus fortis; sed usque ad temperantiam. Quod modum supergreditur inmoderatum, inmoderatum intemperans, intemperantia vicium est. Amplius non progredior. Si non pro

a. renumerari *c*.   b. inliberabilem *c*.   1. Ephes. 5, 14.

te, saltim pro ovibus tuis tibi timendum est. De periculo enim 1007
agitur rei publicae tuae. Si ita, ut cepisti, perstabis, evenire post Nov. 1
potest, in tantum eam vexari vel etiam diripi, ut aut nunquam
aut sero reparetur. Quapropter recordare, domine mi, aecclesiae*
sanctae, cui praesides; recordare omnium, qui tibi libenter serviunt.

Loquere cum illis, qui tibi non aliter ac sibi consultum
volunt: cum domino meo venerabili archiepiscopo W(illigiso)[1]
spirituali tuo et patre et fratre, cum domino H(eriberto) fratre
tuo uterino, item venerabili archiepiscopo[2], cum domino B(ur-
chardo)[3] Wangionum episcopo, aliisque fidelibus et amicis tuis.
Consilium, quod tibi dent, non repudies. Quod enim de te agitur, illorum pariter est tecum.   Si istorum consilio forte de-
linques, illis imputabitur.   Habuit quoque fortuna sepe re-
gressum. Quod modo inminet tibi, in proximo fortassis continget
et alteri. Ideo non nimis formidandum est, ut modo tibi im-
ponant, quod ipsi paulo post ferre refragentur.

Sane plurimis fidelibus tuis in conventu fratrum tuorum[4], Nov. 1
ubi ordinatio[5] facta est, te in audientiam venire nolle, displicuit;
opinantibus, si omnino infirmare velles, te praesente magis in-
firmari potuisse.

Sed quia, te donante — quoquo modo dederis[6] — parrochia
data est et, multis religiosis ac venerabilibus viris comproban-
tibus, ordinatio facta est, quodque tantis auctoribus roboratum
ac ratum factum est, difficile annullari et irritum fieri valet,
cedat queso sanctitas tua illorum sanctitati, qui huic ordinationi post Nov. 1
consentientes subscripserunt[7]. Roboretur ex te uno, quod iam
multorum religiosorum confirmavit collectio. Conscribe cum aliis
coepiscopis et confratribus tuis; ne fiat intra sanctae ecclesiae
parietes divisio scismatis, sed potius in omnibus regnet unitas
caritatis.

a. *sequitur* tuae *sed deletum.*

1. Moguntino.   2. Coloniensi.   3. I.   4. Francofurtensi.
5. Eberhardi I ep. Bambergensis.   6. die 6 Maii 1007.   7. V. Udalrici cod. n. 7 supra p. 28 — 30.

1007 post Nov. 1

Sentio iam dudum, te mihi contraire velle et iniustae suasionis notare me[a] elogio huiusmodi verbis sanctis et iustis: nimis iniustum videri, terreni imperii potentiam magis formidare quam divinam, dilectione temporalis suavitatis provocare in se iram absque fine punientis; sedem quoque episcopalem, cui sedes, quam repperisti amplis honoribus auctam, per longa terrarum spacia dilatatam, non esse fas tuo arbitrio vel exhonorari vel artari; te nolle subire supplicium causa perditionis rerum ecclesiasticarum. Absit a me, ut, nisi desipiam, huiusmodi tibi persuadeam; magis, si ullo modo sciam, in haec ipsa te ducere velim.

Procedat apostolus; loquatur pro me ille vas electionis[1], doctor gentium. Ecce doctor noster; non enim ex Iudeis, sed ex gentibus nos. Quid ait apostolus? *Omnis anima* inquit *potestatibus sublimioribus subdita sit. Non est enim potestas nisi a Deo. Quae autem sunt, a Deo ordinata sunt. Itaque, qui resistit potestati, Dei ordinationi resistit. Qui autem resistunt, ipsi sibi damnationem*[b] *adquirunt*[2]. Ecce, quid hortor; ecce, in quae duco; immo non ego, sed apostolus; immo non ille, sed per illum Deus: ut Dei ordinationi non resistas[c] nec ipse tibi damnationem[d] assumas. Fortassis hoc est damnationem[d] sibi assumere: ea, quae a sublimioribus iniunguntur[e], supersedere.

Sed quia, dum tecum eram[f], nimis acutum te et clare videntem noveram, opinor: hoc, quod in canonibus legitur, honesta praecipienti oboediendum esse, vivae adhuc memoriae recorderis[g]; et hoc mihi superinducas, ideo te praecipienti nolle adquiescere, quia inhonestum videatur, ecclesiam tuam diocesi sua privare. Sanctis patribus praedecessoribus nostris[h], ut audivimus, non inhonestum sed valde honestum et utile visum est: in locis sibi commissis, postquam in tantum crevit ecclesia, ut ipsi eam circuire et observare non valerent, alios sibi substituere sacerdotes et ex uno episcopatu duos aut tres facere; ut,

a. me *addidi.*   b. dominationem *corr. in* domnationem *c.*   c. resistis *c.*
d. dnationem *c.*   e. iunguntur *c.*   f. eras *c.*   g. reconderis *c.*   h. vestris *c.*
1. Paulus; v. Act. apost. 9, 15.   2. Rom. 13, 1. 2.

quod unus minus posset, a duobus aut tribus cumulatius suppleretur. Sed iam errorum plena sunt omnia. Illi totam operam suam pro animabus lucrandis insumebant; nos, quomodo corpora foveamus, praecipue satagimus. Illi pro caelo, nos pro terra disceptamus. Non esset tamen necesse. Terra nobis satis erit; de caelo videamus, si velimus.

In his omnibus temporale lucrum, quod homines magis tuentur et in quo famae tuae detrahi formidas, non inminuetur tibi. Multo enim potiora, ut audio, atque utiliora iam reddidit. Atque etiam redderet et adhuc forsitan reddet, si tantum in audientiam venies et, secundum quod tui consortes tibi cohsulent, ages.

Liceat mihi pace tua hoc, quod super eadem re mecum ipse sermocinatus es, tibi in aurem susurrare. Nonne recordaris, quod, in priore anno ad eundem locum B(abenbergensem) nobis equitantibus, me advocato ad te, huiuscemodi sermonem, quasi praescires, habere cepisti: si rex ibi facere vellet episcopatum, facile illum ecclesiae tuae, quod tibi utilius esset, posse tribuere; te parvum inde fructum habere; totam illam terram pene silvam esse; Sclavos ibi habitare; te in illa longinqua vel nunquam vel raro venisse. Nonne, haec in hunc modum dicta esse, recolis? Cur modo difficile videtur, quod tunc facile visum est?

Ecce iam, ut confido, cognoscere potes, me tibi iniusta non suggerere nec hortari: ut plus regem timeas quam Deum; sed ut illum propter hunc et diligas et formides, honestaque non praecipienti sed supplicanti ac retribuere volenti concedas. Leviusque tibi erit, partito in alium onere; facilius quoque de paucioribus animabus procurandis rationem Deo reddere poteris.

Quodsi adhuc cedere non vis et, quia legitur Deum regnare facere hipocritam propter perversitatem populi[1], resistendum putas, nisi aliquo argumento subruatur, dicam, inde quod sentio. Apostolus, organum Christi, inflatum a Spiritu sancto, fallere nequaquam potest. Quicquid sonat, verum est; sed intellegentiam

---

1. Iob. 34, 30: „Qui regnare facit hominem hypocritam propter peccata populi".

1007 quaerit. Quociens, exigente malicia nostra, a potestate nequam premimur, quicquid nobis ab ea praecipitur, quod a fide non abhorreat et religioni catholicae non adversetur, videtur mihi esse faciendum. Dura difficilia molesta grassentur in nobis; parendum est. Quae enim sunt, a Deo ordinata sunt. Ibi culpanda est pravitas nostra, non ferientis iustitia. Non enim nisi perversitate nostra regnaret hipocrita. Si quando vero huiusmodi aliquid a potestate illa nobis iniungatur, quod vel religionem vulneret vel ad peccatum vergat, libere resistendum censeo; quamvis hoc non proprie sed abusive dicatur resistere: errata declinare et recto itineris gressu iustitiae cursum peragere. Errata enim non recto ductu occurrunt, sed, ex transverso et devio venientia, a recto tramite depellere volunt. Quippe errata non essent, nisi a recto calle deviarent. Unde et in operibus iustitiae praecipimur neque ad dexteram neque ad sinistram declinare[1].

Hoc ita descripto, in his, quae a rege postulantur, nihil invenies, ut ego cognoscam, quod[a] religionem ledat vel ad delictum inducat; verum omnia divini cultus pietatem tueantur. Hoc et ipse in sinodo — miserabili, attamen luculenta, oratione — perstrinxit: quia, si se Deus privaret fructu ventris sui et humana prole exheredaret, se Deum, si dignaretur, libenter sibi heredem facturum. Et ad hoc nimis humiliter omnium praesentium suffragia poscit. Si interfueris, ut propicium te sentio, procul dubio misereretis.

Igitur mitescat, oro te, animus tuus; laxa sinum pietatis tuae; parce tibi; miserere tuorum. Quod hipocritae regi facere debueras, fac huic religionem astruenti. Honesta postulat; eadem satis et super retribuere parat. Si quid ecclesiae tuae corporalis spacii subtrahitur, hoc idem spirituali aedificatione suppletur; multoque honoratior erit faecunda in filia, quam omnino absque liberis sterilis remaneret et infaecunda. Aufer rubiginem a corde, hilarem te ad haec omnia deinceps ostende. Non veniet sero, quem Deus adiuvare vult. Unde modo tristaris, decursa ista temptatione, Deo propicio multum inde letaberis. Temptatio

a. *sequitur* ad, *sed est deletum*. 1. Prov. 4, 27.

est vita humana super terram. Non est homo, qui non bibat de calice isto. Convertat Deus luctum tuum in gaudium [1].   1007 post Nov. 1

Nimis angustior, quod tam dudum est, quod te nec audieram nec videram. Ideo vellem aliquid audire tuorum, sive per litteras sive per vivam vocem. Sed sit arbitratu tuo. Satis operosus es; non audeo magis te defatigare.

3. Dedicatio ecclesiae S. Petri Babenbergensis [a].

Anno dominice incarnacionis 1012 Heinricus secundus rex christianissimus in loco Babenberg dicto, quem inspirante Deo pridem ad episcopatum erexit omnique terrena facultate abundanter ditavit, dedicationem fieri ecclesie statuit; cui ipse interfuit cum omnibus, quos advocare potuit. Igitur 2 Non. Maii a quadraginta quinque episcopis eadem dedicatio hoc ordine est celebrata.   1012 Mai. 6

Altare occidentale, quod in eadem ecclesia precipuum est et principale, consecravit venerabilis Eberhardus, primus eiusdem sedis episcopus, in honorem sancte et individue Trinitatis ac sancte et victoriosissime crucis et in honorem sanctorum apostolorum Petri et Pauli omniumque apostolorum et sancti Kiliani sociorumque eius. Reliquie autem in eodem altari posite sunt: de catena sancti Petri, de sanguine sancti Pauli apostoli; sanctorumque apostolorum reliquie: Iohannis apostoli et euangeliste, Iacobi, Andree, Thome, Philippi et Iacobi, Bartholomei, Barnabe; de sudario Domini, de sepulchro Domini, de sandaliis Domini, de ligno Domini, de sanguine Domini; et ex integro corpora sanctorum Gai pape et Ermetis martiris; reliquie Cosme et caput Damiani.

Dextrum altare occidentalis altaris consecravit venerande memorie Heribertus Coloniensis archiepiscopus in honorem sanc-

---

a. *Descripsi primum anno 1859 iterum anno 1867 ex cod. bibl. Bambergensis Ed. III 15, membran. psalterium saec. XIV continente, in quo haec relatio manu saec. XV collocata est. Edidi in Mon. Germ. SS. XVII 635.*

1. Esther 13, 17.

1012 torum confessorum Silvestri Gregorii Ambrosii. Reliquie autem
Mai. 6 in eodem continentur: de baculo sancti Petri apostoli, sanctorum
confessorum Silvestri Martini Eucharii Maximini Paulini Ambrosii Magni Crescencii Epiphanii Decencii Florencii Laurencii episcopi Maurencii et Iuveniani.

Sinistrum altare occidentalis altaris consecravit Megingaudus Treverensis archiepiscopus in honorem sanctorum martirum Dionisii Rustici et Eleutherii, Laurencii Ypoliti et Viti. Reliquie vero in eodem posite sunt sanctorum martirum Laurencii Xixti Felicissimi Agapiti Ypoliti Pancracii Nerei et Achillei, Viti et Modesti, Tiburcii Bonifacii Oswaldi, septem fratrum Crisogoni Urbani Abdon Vitalis Naboris Senesii.

Altare vero sancte Crucis consecravit pie memorie Iohannes Aquilegiensis patriarcha in honorem sancte Crucis et sancti Stephani protomartiris. Reliquie vero in eodem posite sunt: de tunica Domini inconsutili, de spinea corona, de corpore et sanguine Domini quod consecravit Iohannes tercius papa, sancti Stephani prothomartiris, Alexandri Evencii Theodoli Pancracii, Stephani pape et martiris, Sigismundi, Romani militis, Maximi martiris, Mauricii*.

Orientale autem altare consecravit Erkanbaldus Mogontinus archiepiscopus in honorem sancte Dei genitricis Marie et sancti Michaelis archangeli omniumque celestium virtutum et sancti Georgii martiris. Reliquie autem in eodem posite sunt: de vestimento sancte Marie, de sanguine sancti Iohannis baptiste, Georgii martiris, de brachio Iusti, Symeonis, sanctarumque virginum Lucie Cecilie Agathe Waldburge Margarete Crescencie Iuliane Verene Tecle Anastasie Perpetue Felicitatis Cancianille Speciose Modeste Irminie.

Dextrum altare orientalis altaris consecravit Hartwicus Salzburgensis archiepiscopus in honorem sanctorum Nicolai Adalberti Emerammi Venzeszlai[b] Ruodberti Erhardi. Reliquie vero in eodem posite sunt Burchardi confessoris, Ruodberti confessoris, Erhardi Severini Panthaleonis, Wenzeszlai martiris, Wunnibaldi

a. Maurcii c.   b. Venheszlai c.

Galli Othmari Columbani Uodalrici Briccii, Wicberti confessoris, Severi confessoris, Valentini confessoris, Adalberti martiris.

1012
Mai. 6

Sinistrum altare orientalis altaris consecravit Dagino Parthenopolitanus archiepiscopus in honorem sanctorum Blasii Lantberti Stephani protomartiris. Reliquie vero in eodem posite sunt sancti Stephani prothomartiris, Ciriaci Cristophori Saturnini Anastasii Innocentii Appollinaris Blasii Landberti Mauricii Celestini Donati Cancii Cancianii Cancianille martirum.

Altare ante criptam consecravit Aschericus Ungarorum archiepiscopus[1] in honorem sanctorum confessorum Hylarii Remigii Vedasti. Reliquie autem in eodem sunt posite sanctorum Hylarii Remigii Germani Vedasti Amandi Vindemialis Columbani Macharii monachi, Medardi Bertini Briccii Ragnulfi Leudegarii, de sepulchro Domini.

4. *Versus libri euangeliorum ab Heinrico II rege ecclesiae Bambergensi dono dati*[a,2].

c. 1012

Rex Heinricus ovans, fidei splendore coruscans,
Maximus imperio, fruitur quo prosper avito,
Inter opum varias prono de pectore gazas
Obtulit hunc librum, divina lege refertum,
5 Plenus amore Dei, pius in donaria templi;
Ut sit perpetuum decus illic omne per aevum.
Princeps aeclesiae, caelestis claviger aulae,
O Petre, cum Paulo gentis doctore benigno
Hunc tibi devotum prece fac super astra beatum
10 Cum Cunigunda, sibi conregnante serena.
Hoc Pater, hoc Natus, nec non et Spiritus almus
Annuat, aeternus semper Deus omnibus unus.

---

a. *Descripsi ex codice quondam Bambergensi, hodie Monacensi Cim. 57.*

1. Strigoniensis. 2. De his versibus cf. Hirsch Jahrbücher des deutschen Reichs unter Heinrich II T. II 102.

5. *Gerhardus abbas Sevensis, Heinrico II regi codicem regularum dicans, ecclesiam Bambergensem carmine celebrat*[a].

1012-1013

Iussor amande tuis, pie rex Heinrice, subactis;
Gemma nitens regni; totius flos microcosmi
Dante Deo rutilans; fastigia summa gubernans,
Ad cuius nutum stat nostrum vivere tutum;
5 Suscipe, perscriptum te praecipiente, libellum,
Plenum legiferis patrum fratrumque statutis.
Quem — tibi non tardus, mihi tardior — abba Gerhardus
Nomine non meritis[2], Seuuensis et altor ovilis
Exiguus, tribuo magno pro munere voto,
10 Ut stillam roris stagnis miscendo marinis.
Pabunpergensis donanda[3] cacumina sedis,
Cuius constructor fautor numeraris et auctor.
Quae quasi praesago per longa moramina signo
Tempus ad usque tuum protraxit nominis ortum;
15 Nunc quia — sceptrigeras moderante potenter habenas
Te, pater — aecclesiae matris mons pollet opime,
Regia iura serens, summo sub praesule[4] degens,
Virtutum studiis semper sudante beatis.
Cleris ac populis expendit pabula legis;
20 Haec Iebusaicae partem capit inclita doxae.
Aucta salutiferi pretioso sanguine Christi[5],
Condit et aureolis crucis almae fragmina[6] thęcis.
Arcem Romanam[7] se gestit habere coaequam,

a. *Descripsi ex fol. 4v — 5 codicis bibliothecae Bambergensis B VI 15, membranacei saec. XI, continentis regulas S. Benedicti, S. Columbani, SS. Serapionis Macharii Pafnutii et alterius Macharii. Edidit Hirsch Jahrbücher des deutschen Reichs unter Heinrich II T. I 554.*

1. Carmen hoc compositum est intervallo dierum 6 Maii 1012 et 14 Febr. 1014, propterea quod Gerhardus et reliquiarum mentionem facit die dedicationis (6 Maii 1012) in ecclesia Bambergensi collocatarum (v. infra n. 5 et 6) et Heinricum II (qui die 14 Febr. 1014 imperator factus est) **regem** appellat. 2. abbas nomine, non meritis. 3. sc. sunt. 4. sub papa. Itaque poeta vocem „Babenberg" idem valere vult quod „papae mons". 5. Cf. Dedicatio ecclesiae S. Petri supra p. 479: „Reliquie autem in eodem altari (occidentali) posite sunt: — de sanguine Domini". 6. Cf. ibid.: „de ligno Domini". 7. ecclesiam S. Petri Romanam.

Archilegato dans prima cubilia Petro;
25 Plaudit et agiae loca ferre secunda Mariae;
In medio magnum gaudet sustollere Iesum;
Estque domus dominus martyr Georgius almus;
Undique congestis solidis numero sine sanctis,
Quorum praesidio clarebit honoribus aevo.
30 In fundamentis redimitur nunc quia tantis,
Matribus ut priscis sit filia maior opellis
Ornatus cuncti, quibus utitur area mundi.
Non minus ista Sepher Cariath[1] cluit arte scienter,
Inferior Stoicis nequaquam, maior Athenis.
35 In cuius laribus gladium dat diva duabus
Mater natabus, quo findant nexile corpus
Particulas per sex; quibus extat tertia iudex.
Partibus adiectis et sic crescentibus offis,
Quadruvio mensas trivium proponit amicas;
40 Quis mulcet pueros, famosos nutrit ephebos,
Pascit et almarum pastores aecclesiarum
Illustres, vivi spargentes semina verbi,
In quibus ut firmis cernuntur[2] stare columnis.
Hic onus argenti collucet montibus auri;
45 Adduntur variis radiantia serica gemmis.
Haec inopum fotrix ut magnorum dominatrix,
Haec caput est orbis, hic gloria conditur omnis.
Pro nihilo maeret, dum te sude vincta cohaeret;
Principe te crescit semper semperque virescit,
50 Floret, maturat, venturaque saecula durat.
Quid loquor ingenii balbosus somniculosi,
Non Maro cum lepidus nec dicax posset Homerus
Texere multiplices laudabilis urbis honores,
Horum si vita potuisset surgere tanta.

1. Iosue 15, 15: „venit ad habitatores Dabir, quae prius vocabatur Cariath Sepher, id est civitas litterarum". 2. ecclesiae.

6. *Bebo diaconus Heinrico II imperatori Hieronymi in Isaiam expositionem destinans, scribit de suo erga eum studio; de banni potestate ad diaconorum officium pertinente; de suo superioris ordinis desiderio; de gratia septiformi; de festo paschali anni 1020 Bambergae celebrato*ᵃ.

1021   Divo H(einrico), claritate virtutum clarissimo augustorum, Bebo suus, quicquid bene intus et extra meretur habere.

Debita congratulationis munera, quamvis interdum denegentur ab ore, plenius tamen presentantur in mente; ideoque, in quantum est corticibus interior fructus utilior, in tantum erit mentis oblatio carior. Sit ergo tibi, caesar carissime, carum, quod carius est in scrinio cordis absconditum: thesaurus scilicet preciosissimus fidei, cui comparari poterit nulla preciositas auri.

Haec[1] me fecit esse sollicitum, quociens audivi, te tribulationibus ullis esse vexatum. Sed sit benedictus adiutor in oportunitatibus et in tribulatione[2], quia non deserit sperantes in se[3] et pia misericordiae suae indicia membris inpendit, dum capiti misericorditer parcit. Salva quidem sunt membra, quam diu caput salute perfrui meretur optata. Sic quoque per salutem rectoris subditus salvabitur orbis.

Unde, qui per verum intellegentiae sensum membra se capitis sentiunt, per compaginem fidei nequaquam dissentiunt capiti; immo per amorem salutis propriae esse caput suum exoptant incolome, quia incolomitatis suae summam credunt in illo constare. Omnis hoc credit, cuius mens lucifero sapientiae sereno diescit[4], qui serenissima luce virtutum facere nescit occasum. Dum enim stant tua, stare creduntur et nostra; tuaeque firmitatis occasus nostrae infirmitatis creditur certissimus ortus. Hoc, qui sanum sapiunt, credulis intellegentiae oculis semper intendunt; et quia salutem suam esse credunt in capite, caput

---

ᵃ. *Descripsi ex fol. 1—7 cod. bibliothecae Bambergensis B IV 18 membr. saec. XI. Ediderunt Gutenäcker in Fünfundzwanzigster Bericht des historischen Vereins zu Bamberg 138 sq. et Hirsch Jahrbücher des deutschen Reichs unter Heinrich II T. I p. 547 — 553.*

1. fides.   2. Ps. 9, 10: „adiutor in oportunitatibus, in tribulatione".
3. Iudith 13, 17.   4. Cf. 2 Petr. 1, 19: „et lucifer oriatur in cordibus vestris".

hoc iugiter habent in mente, pro salute capitis in ara cordis 1021
immolantes Deo debita sacrificia laudis.

Felices illi, qui, quamvis non palatio, immolare tamen haec merentur cordis in angulo, quae fructuosissime immolat, quem intrinsecus septiformis gratiae[1] virtus exaltat. Quisquis enim est in secretario cordis consecratus nec non septiformis gratiae gradibus in corde sublimatus, non solum sacrificium immo holocaustum medullatum[2] divinis auribus meretur offerre; quamvis numquam mereatur exteriores gradus ascendere. Bonus est ascensus exterior, sed interior multo melior. Inde quorundam improbitas quiescat inquietare quietos et parcat irritare pacis amicos.

Non possum tacendo comprimere, quod suadet rationis utilitas honesta proferre. Proferendi etiam fiduciam non cessat augere spes tuae pietatis expertae. Paride igitur te, aut me prolatio incepta coronet aut veniam simplicitatis agnitio prestet. Quidam, ut audio, non rationem sed voluntatem suam incaute sequentes, dum nesciunt sive pigrescunt congruis computationibus singula quaeque dinoscere, preiudiciis suis diaconibus audent officia concessa negare: ut non licitum habeant regere sive comprimere banno, quoscumque contrarios sentiant dominicae legationis indicio, nec potestatem habeant banni; quamvis legationibus euangelici fruantur indicii. Verumtamen non incongrue, velut litteralis[3] legatio firmatur sigillo, euangelicam quoque legationem firmari credimus banno; quia sine auctoritate banni parum proficit auctoritas euangelici nuncii. Qua quidem ratione euangelicae legationis nuncius banno privabitur, sine quo secularium nunciorum auctoritas nulla perficitur? Seculares nuncii legationem suam illorum firmant in banno, quorum illis est iniuncta legatio; ideoque quomodo privabuntur auctoritate banni, qui annuntiant populo precepta saluberrima Christi? Qui non incongrue alterum brachium habent exertum, alterum continentiae stola coopertum, ut recalcitrantes, quos non possint lenitatis corrigere verbo, interdum corrigant severitatis euan-

1. Cf. supra T. IV 375 n. 2.   2. Cf. Ps. 65, 15.   3. scripta.

1021 gelicae stimulo. Huiuscemodi officium quamvis sacerdotalis atque prespiteralis dignitas — aetatis atque scientiae merito — teneat, tamen leviticam dignitatem euangelicae legationis necessaria cooperatio inde non separat; quia provectiores quique tanto magis indigent adiutorii, quanto foecundior in illis erit fructus orandi. Unde Greci valde seniores non gerontas sed prespiteros appellant; ut plus quam senes esse insinuent, quos provectiores vocant. Exemplo igitur levitae Stephani[1] in adiutorium illorum ordine congruo eliguntur diaconi, ut senilis maturitas tanto liberius quiescat in exercicio vitae theoreticae, quanto vivaciores cooperatores habet in adiutorio practicae. Cessent igitur ordini levitico officia concessa negare, qui ordines ipsos nesciunt[a] intellectuali discretione discernere; et sufficiat illis oculosa discretio, quae discernere sapit album a nigro.

Haec inde non scribo, ut iugum Domini suave et onus eius leve[2] prona recalcitrem cervice subire; quia, quamvis inde me conscientia peccati deterreat, spes tamen divinae misericordiae nequaquam adducere cessat. Est enim consolatio magna poenitentibus, quia suavis est Dominus universis et miserationes eius super omnia opera eius[3]. Ex cuius ordinatione si umquam merebor altioris ordinis gradu sublimari, adhereat lingua mea faucibus meis, si non meminero tui[4] tuarumque misericordiarum in tempore dierum meorum. Dulcia sunt faucibus meis eloquia Domini[5], ideo cum illis saepius tecum exopto saturari; quoniam quidem ita tuum desidero dulce colloquium, quemadmodum desiderat cervus ad fontes aquarum[6].

Ideo saepius tecum colloquor lingua litterationis cordis in angulo, quia non convenit rusticam personam loqui palacio; verumtamen interdum ipsa rusticitas oblationes habet minus pro certo spernendas. Non enim spernetur oblatio, quam porrigit sincera devotio; nam agnitio ponderosae voluntatis preponde-

a. nescunt cod.
1. V. Act. apost. 6, 5.   2. Matth. 11, 30: „Iugum enim meum suave est et onus meum leve".   3. Ps. 144, 9: „Suavis — opera eius".
4. Ps. 136, 6: „Adhaereat lingua — meminero tui".   5. Ps. 118, 103: „Dulcia — eloquia tua".   6. Ps. 41, 2: „quemadmodum — aquarum".

rabit pondera muneris. Hoc ratum est atque probatum illorum aestimatione, quibus est virtutis pondus in mente. Huiuscemodi virtutis tuae securitate confisus, colloqui tecum soleo tanto securius, quanto secrecius; nam fidele secretum non est in parte timendum, quia firmatur in illa soliditate, quae claudicare nescit in parte. Quae est illa soliditas? Sine dubio caritas, quae etiam in parte suis amatoribus integra solet semper adesse. Per hanc quantum te caesar dilectissime diligam, proferre verbositas parcat; eius, qui vera caritas est, pocius hoc probetur indicio tempore probationis in apto. *Tempore apto* non sine causa subiunxi[a]; quia, quando sibi fuerit aptum, apte reserabitur omne secretum et iuxta mereri uni cuique sunt premia certa virtuti. Faciat igitur inde, qui cordis secreta rimatur, quod sibi misericorditer aptum videatur; interim tamen apta creditur eius probitati probitas quaeque fidi colloquii. Ideo, quod dilectionis integritas suadet, collocutio fidelitatis admiscet; ut ex collocutionis indicio tandem agnoscatur vera dilectio.

En movet me caritativa sollicitudo[b] multum: quod cum proprii corporis periclo temptare non dubitas omne periclum; et pergis vincere bello, quod interdum facilius vinceretur maturo consilio. Certę ipsos palatinos nequaquam inde maior cura sollicitat, quam me rusticum, moderatis rebus divina largitate contentum; et quanto pro te maior est mea sollicitudo, tanto intentior cordis oratio.

Verumtamen pussilli cum maioribus gratias Deo insimul agamus, quia, dum pro quiete rei publicae propriae quieti in proximo minime parcebas, inimicos tuos perseverantiae virtute gloriose superabas; ne posthac audeat erigere hostilis levitas cornu superbiae, aut sodalitas anticristi resistere christo Domini. Re vera, ut mihi videtur, quamvis Dei gratia cicius antea tibimet quod velles occurreret, nec non, quod obstabat, militaris virtus facilius ante propulsaret, laus tamen triumphalis proxime victoriae[1] improbos premit terroris maxima parte; ideoque glo-

a. subiuxi *cod.* b. sollicitudine *c.*
1. partae ex Ottone Hammersteinensi die 26 Dec. 1020.

1021 riosae perseverantiae finis gloriosius tibimet aucmenta multiplicat laudis.

Tot anxietatibus, dilectissime caesar, divino adiutorio glorianter ereptus, cave tamen sapienter in posterum. Quia nocet omne semper incautum et ammonet ipsa discretio temporis, fiat ne quid nimis. Pro zelo iusticiae fortis est rigor intentionis tuae; verumtamen temperamento consilii interdum debet ipsa fortitudo molliri. Quod poterit quasi in·clarissimo speculo quisque cognoscere, si ordinem septiformis gratiae cautis intellegentiae oculis studet inspicere. Inspiciamus igitur illum, septem virtutum gradibus congrua distinctione dispositum, cum quibus designati sumus in fronte[1], ut confirmetur catholicae fidei virtus in mente. Harum etiam virtutum gradibus in altum debemus ascendere, si deum deorum in Syon merebimur quandoque videre.

Primus ascensionis gradus in timore consistit; quia, ut legimus propheticam sapientiam testari: *Inicium sapientiae timor est Domini*[2]. *Qui enim timet Dominum, continens est iusticiae; et obviabit illi quasi mater honorificata*[3]. Quae est mater honorificata, nisi pietas timori coniuncta? Unde et scribitur: *Beatus vir, qui timet Dominum, in mandatis eius cupit nimis*[4]. Quid est in mandatis eius nimis cupere, nisi ad faciendas elemosinas manum largitatis extendere nec non et ultra facultatem prodesse indigentibus velle? Verumtamen, quoniam indiscreta pietas interdum, quantum ad insciciam pertinet, impietas est, tercio gradu scientia scilicet annectitur; ut sciat unus quisque mensuram dandi atque miserendi dinoscere. Sed cum sufficienter plerique dinoscant, quid ad pietatis officia iuste ac mensurate pertineat, more tamen harundinis interdum nutant vento levitatis[5], ideoque fortitudo erit in quarto gradu iungenda; ne lentescat iusto rigore scientia. Verumtamen, quia omnia nimia

---

1. a pontifice confirmante; v. Pontificale Romanum (De confirmandis): „producit (pontifex) pollice (chrismate intincto) signum crucis in frontem illius (confirmandi)". 2. Ps. 110, 10. 3. Eccli. 15, 1. 2. 4. Ps. 111, 1. 5. Cf. Matth. 11, 7.

nocent ac mensurata merito placent, fortitudo nimia cum consilio erit temperanda, ne per nimium rigorem efficiat, unde post nimio moerore poeniteat. Necessario igitur consilium quinto gradu connectitur, quod habere non possumus, nisi legitimum virum hoc est intellectum advocemus, quem Iesus advocari salubriter ammonebat, quando fatigatus ex itinere supra fontem sedebat[1].

Beati, qui scrutantur testimonia eius[2]. Quae sunt eius testimonia nisi pia itineris, hoc est incarnationis eius, indicia? De caelo venit in uterum, de utero in presepe, de presepi in crucem, de cruce in sepulchrum, de sepulchro rediit in caelum. Haec sunt clara itineris eius indicia, haec mirificae pietatis eius testimonia; beati, qui scrutantur et diligunt illa. Huiusmodi itinere vera sapientia Christus fatigatus hora sexta supra fontem sedebat[3], quando mulieri virum habere neganti dicebat: *Vade, voca virum tuum*[4], scilicet intellectum. Quia, quam diu sensus quinque[5] corporei adulterino sunt erroris dominatui subditi, non habet mens discretionem boni ac mali; quam habet quisque perfectus, qui quasi hora sexta intellectuali lumine fit illustratus. Senarius, determinata calculationis quantitate, primus perfectus est numerus actu et opere; ideo in sex diebus creata sunt omnia, congruae dispositionis ordinatione peracta. Congruo igitur miserationis in tempore, dum dicitur erranti: *In errore nolito persistere; vade, voca virum tuum*, quasi hora sexta caelitus intellectuale lumen ostenditur, per quod ad perfectionis litus beatus quisque pervenire merebitur.

Beatitudo consequitur perfectionem, quae fit per intimae recognitionis intellectualem illustrationem, per quam debebimus effugere mortem. Enimvero per quinque sensus corporis quasi per quasdam ianuas mors aut vita ad animas nostras ingreditur. Quicquid enim pulcrescit visu, quicquid blanditur auditu, quicquid delectat olfactu, quicquid mollescit adtactu, incitat carnem adversus spiritum. Ideoque intellectualis providentiae debet adesse forte subsidium, ne carnis mortifera incitamenta prevaleant

---

1. Ioh. 4, 6. 16. 18.   2. Ps. 118, 2.   3. Ioh. 4, 6.   4. Ioh. 4, 16. 17.   5. Ioh. 4, 18: „quinque enim viros habuisti".

1021 meritumque vitale mentis extinguant. Unde dum sumus in via, fragilitati nostrae panis est necessarius, doctrinae videlicet saluberrimus cibus; ne forte deficiamus deficiendoque desipiamus, sicut equus et mulus, quibus non est intellectus [1].

Animus stulti sic est ut venter pecoris, qui non habet discretionem, dum implet omnem aviditate prona voluptatem. Lex autem animalia quaeque ruminantia ungulasque fissas habentia munda esse decernit [2]; ideoque sensu discretionis debemus mundum quodque discernere, ne redarguamur seu inmunda gustasse seu forte munda gustata turpiter degluttisse. Fissa ungula pertinet ad discernendum, quid dextrum sit quidve sinistrum; et ut sciamus reprobare malum et eligere bonum [3]. Ruminatio autem ad eos pertinet, qui, quod audiunt, in memoriae ventre recondunt dulciusque ruminando recondita saepius ad os revocant; dum alios reconditi verbi dulcissima ruminatione fructificant, nolentes proferenda gluttire, velut mos est miserande stulticiae. Unde scribitur: *Thesaurus desiderabilis requiescit in ore sapientis, stultus autem gluttit illud* [4]. Thesaurum ergo desiderabilem thesaurizemus in corde, ut requiescat in ore; requiescat, non temere prodeat.

Cautissimae quidem discretionis oculis quisque debet intendere, quid loquendo proferre quidve reticendo debeat abscondere. Quam discretionem ipse solummodo potest nobis intellectus ostendere, cum quo quasi quodam hauritorio potabimur aqua sapientiae, quatinus consilium virtutesque predictas ad salvandas animas habere mereamur in mente.

Ecce, utillima et honestissima series septiformis gratiae in timore Domini, qui est inicium sapientiae, incipit et in sapientia finit; quae *adtingit a fine usque ad finem fortiter, et disponit omnia suaviter* [5].

Ideoque, dum scutum cautelae in consilio positum tibimet, dilectissime caesar, manu dilectionis exhibui, totam seriem nostrae confirmationis explicui; ut quasi quibusdam firmissimis

---

1. Tob. 6,17; Ps. 31,9. 2. Levit. 11,3. 3. Isai. 7,15. 4. Prov. 21,20. V. Sabatier Bibliorum versiones antiquae T. II p. 330. 5. Sap. 8,1.

columnis firmetur tuae soliditas mentis. Ut enim predixi, ex 1021 firmitate tua constabit firmitas nostra et status rei publicae ex tuae firmitatis debet statu constare. Columnae, quibus fabrica regni constabat, ah! ah! ex maxima parte ceciderant; ideoque ex firmitate solummodo tuimet ingenii temporaliter constabit firmitas regni.

Unde iuxta illud propheticum per experimentum proprii laboris dicere potes: *Laboravi sustinens*[1]. Sustinendo laboras, qui per erroris insaniam inpacientes pacientiae humero sustentas; ipsosque pacienter sustines, qui tot tibimet audent inferre labores. Certe, si non tanta esset virtus sapientiae tuae, plurimos perderet levitas insipientiae suae; per quam multi peribunt, quando te iusto pioque rectore carebunt. Qui enim semet ipsos regere nesciunt, carere rectore quomodo poterunt? Veraciter prophetabitur illis lamentabile ve, quando carebunt procurationis tuae paterno regimine; quoniam quidem stulticiae suae dulcedo commutabitur atrocissimi doloris absinthio. Quando enim illos undiquessecus hostilis inpugnat adversitas nec non civilis discordiae fatigat atrocitas, tunc placere incipis, qui displicebas; et cuius modo amara sunt precepta, dulcescis in memoria; et si te mererentur rectore potiri, videretur illis delectatio summa vivendi.

O quam multi, timoris tui pondere pressi, ovinum iam vultum, animumque habent pro certo lupinum; qui, si carerent magistro timore, quasi indomita fierent cervice cornupetae, eadem religione venerantes fasque nefasque. Unde non inmerito amatores pacis optant tibi gaudia salutis ac prosperitatis tempore longo; et in tantum haec unus quisque optat ardentius, in quantum in ipso est ardentior virtus.

Te quidem occidente, omnia, quae ad virtutem pertinent, credantur occidere, quae sub defensione tua iocunditate iam vernant optata. Agricolae namque laetantur in campo; clericalis virtus gaudet in choro; pro distributis divinae gratiae donis unus quisque concessis instruitur studiis; et per virtutis tuae defensiones optatas dives sibi videtur ipsa paupertas. Egomet

1. Isai. 1, 14; Ierem. 6, 11.

1021 intrepidus inde testem illum adhibeo, cui lucent abscondita cordis abysso.

Si mererer te iocundissimum defensorem habere, parum curarem plus acquisitis acquirere seu altioris dignitatis gradum ascendere; nisi faceret ille dulcissimus questus, qui est et erit in lucrandis animabus. Verum dulcis illa lucratio sit in illo, per cuius ordinem congruit pars universo; et sit in sua pietate, quicquid inde cordi tuo dignetur inspirare. In illum confido, cuius in spiramine istec tibimet adscribo; quatinus fructum servitutis optatae quandoque merear dominationi tuae plenius exhibere.

Interim tamen sit hoc lingua litterationis exhibitum, donec exhibitio linguae fructuoso conprobetur in opere. Ad manum autem gratanter accipito munus presens, quod porigit sincera devotio; per quam habebis omne promptissimum, quicquid utilitatis est in cordis mei arca reconditum.

Unde huiusmodi promissionis partem ex parte iam videtur exigere digna recordatio paschalis festi, quod iocundissime tecum celebravimus in anno priori[1]. Non enim tam divina tam religiosa celebritas erit oblivioni tradenda; immo memoriale suum non delebitur in secula. Nullus quidem, qui erat ibi, celebritatis huius poterit umquam oblivisci; nullus inquam illorum, quibus religiositas est amica virtutum. Celebritas haec creditur divinitus ordinata atque concessa, aliter enim non fieret humanitus ordine tam venerando finita.

Ecce vicarius sancti Petri[2], qui principalis prerogativa dignitatis potestatem habet ligandi atque solvendi, in die caritatis, quae dicitur mirifico testimonio caritativi beneficii coena[a] Domini, venit ad hospicium, quod intimo voto[b] cordis tui in Babunbergensi loco Deo est sanctoque Petro paratum, ut carissimi hospitis adventu iocundissimo Deo nostro caritatis tuae agnosceretur esse iocunda laudatio. Qualiter autem advenerit et qualiter ordinata nec non missalibus ornamentis induta turba

a. cęna cod.   b. voto in litura.
1. anno 1020, Apr. 17.   2. Benedictus VIII.

clericalis occurrerit, prout possum singula recordando distinguere, scribende haec non aggravabor exponere. 1020 Apr. 14

Hora prefati diei, quando officium missale celebrari tempus admonuit, equitando taliter paratus advenit, qualiter ad altare sanctum accessit. Quatuor chori in occursum eius fuerunt decenter ordinati. Primus in ulteriori fluminis ripa,[a] supra pontem alter in altera, tercius ante urbis ostium, quartus ante aecclesiam in atrio tecum. His ita ordinatis congruisque cantibus suavitate canora atque modulatione distincta finitis, postquam orationes ante tria altaria prostratus finivit, nec non episcopali cathedra consedit, clerus *Te deum laudamus*, et e contrario *Kyrrie leyson* unanimiter cantaverat populus, quasi dicerent cum concordi cantico psalmistae: *Psallam spiritu, psallam et mente*[1]. Re vera cor illud erat adamantinae duriciae, quod non potuit tunc conpunctio vera mollire. Interim, ut confido, non erat ad tempus ibi cor tuum, immo ibi locorum, unde psalmista suspirans ait: *Quam dilecta tabernacula tua, domine virtutum; concupiscit et deficit anima mea in atria Domini*[2], et iterum: *Melior est dies una in atriis tuis super milia*[3]. Ideoque te non penituit pro preparanda in caelo mansione Christo dedisse, quicquid umquam ab illo merebaris accipere. Sed iam ordinem inceptum exequamur.

Angelico igitur ymno finito, postquam salutationis humillimae meritis ab illo accepisti osculum caritatis debitumque munus caritativi resalutaminis, surrexit. Et egressus foras, ante ianuam aecclesiae poenitentes suaque delicta confitentes nexibus peccatorum miserando dissolvit[4], nec non in aecclesiam introduxit; ut per illum digni fierent paschalis gaudii, qui pro peccatoribus voluit immolari. Deinde lecto euangelio, debiti sermonis officium implevit cunctisque illuc advenientibus remissionis dona necessaria tribuit; nec non ad benedicenda crismatis oleique sacramenta[5]

a. *hoc loco interpunctum est in cod.*
1. 1 Cor. 14, 15. 2. Ps. 83, 2. 3. 3. Ps. 84, 11. 4. „De reconciliatione poenitentium, quae fit in quinta feria coenae Domini" v. Pontificale Romanum. 5. de benedictione crismatis et olei facienda „in quinta feria coenae Domini" v. Pontificale Romanum.

1020 duodenos cooperatores pontificalis ordinis habuit, senos scilicet in latere altaris utroque; ut congruus mysticae consecrationis videtur ordo deposcere.

Item quinta et sexta feria officium, quod celebrandum fuit, ipse celebravit.

In matutinis autem laudibus dominicae resurrectionis patriarcha de Aquileia¹ lectionem primam, archiepiscopus Ravennas² secundam, legitque ipse apostolicus terciam³. Ad missam autem plena processio ita in omnibus ornata atque ordinata fuit, velut apostolicam dignitatem condecuit; taleque fuerat ibidem divinae servitutis officium, quale decebat sollempnitatem sollempnitatum. Et post divina cum pleno cornu humanis commodis nec defuit copia.

Inter haec tam optata tamque iocunda iocunditas tibimet est et erat maxima: quia, quod vovisti, debitor fidelis reddidisti; concordans ammonitioni psalmistae: *Vovete et reddite*⁴. Ostendis enim in reddendo, voti tui sit qualis intentio. Fac ergo quod facis, operare quod operaris; vanitas vane loquatur, numquam intentio bona frustrabitur.

Sicut enim ex radice bonae arboris fructus bonus oritur, sic intentionem bonam merces bona ac felicissima sequitur. Ideoque intentionis tuae merito tua iam fructuosissime pollet novella plantatio⁵. Polleat, polleat; invidentes aequitas divina subvertat, ut cadant casu perenni, nisi mereantur ab errore converti.

Ecce non vacat a mysterio, quod ab ipso die remissionis, in qua domnus apostolicus civesque apostolici portantes pacem advenerant⁶, summa festivitas eiusdem loci⁷ in decimo⁸ contigerat. Clarum est inde cognosci, votum tuum perfectum esse perfectione decalogi.

Nisi enim plenitudinem legis, dilectionem⁹ scilicet Dei et

1. Poppo. 2. Heribertus. 3. V. Tres lectiones „Ad matutinum" dominicae resurrectionis in Breviario Romano. 4. Ps. 75, 12. 5. ecclesia Bambergensis. 6. i. e. a die 14 April. 1020. 7. dedicatio ecclesiae S. Stephani Bambergensis, a Benedicto VIII facta die 24 April. 1020. 8. die 24 Aprilis; die decimo post diem 14 Aprilis. 9. Rom. 13, 10: „Plenitudo ergo legis est dilectio".

proximi in corde tuo haberes, non te cum omnibus tuis illi[1] 1021 suisque servitoribus dares; ut vivus et mortuus illorum sis servus in secula, dum ad servitutem Dei a te sint illis previsa quaeque necessaria. Pro remuneratione huius perfectionis unxit te Dominus oleo leticiae pre consortibus tuis[2]. Et qui te ad regendum populum in vicem suam temporaliter elegerat, per vicarium principis apostolorum votum tuum perficere atque confirmare pia dispositione curabat; ut in ipso dispositionis ordine voluntatem eius credula virtus possit agnoscere. Ex parte agnitionis meae, medulla cordis ab intima, ordinator tuorum sit benedictus in secula; omniaque tua magnificae sint eius pietati commissa.

    Laudem scribo tuam, tua laus ne vesperet umquam;
    Quin semper clari clarescat lumine scripti,
    Claris dum scriptis remanet pars debita laudis.
    Sed, cadat ut tecum laus haec, nimis auguro certum,
    Flebilis et finis studiis contingat honestis.
    Inde tibi longae deposco tempora vitae,
    Laetus ut imperio consistas tempore longo;
    Insuper et requiem merearis habere perennem.
    Lector dicat: *amen;* faciat sic clausula finem.

    [a]Quamvis sis cunctis merito laudandus in actis,
    Est tamen haec laudum clarissima gemma tuarum:
    Quod nimis odibiles odis tu maxime fures,
    Nec cessas digna sceleratos perdere poena,
    Qui furtis mundum devastant more luporum
    Et faciunt plures luctu miserando gementes.
    Ah! qualis questus dominis est inde paratus,
    Quîs deus est venter[3] tantummodo, nec deus alter.
    Tales iusticiae per amorem prorsus abhorre,
    Atque diabolicam furum prosterne catervam;

---

[a] *Qui sequuntur versus in codicis fol. 233 Hieronymi in Isaiam expositioni ad exitum productae adhaerent.*

1. Deo.   2. Ps. 44, 8: „unxit te Deus, deus tuus, oleo laetitiae prae consortibus tuis".   3. Philipp. 3, 19.

1021. Dives inopsque tibi petat ut pia premia Christi
Tali pro merito. Iam, caesar amande, valeto.
Pax Christi tecum. Tua sit quoque gratia mecum,
Cuius firma fides mihi stat carissima merces.

---

7. *Bebo diaconus Heinrico II imperatori mittit postremos S. Gregorii moralium libros octo*[a].

1014-1024 Ecce partem Moralium, quam petisti, caesar tibi carissime tribuo; et cum parte totum, quod habet vera dilectio. Quam[1] per integritatem bonae voluntatis nec ipsa diminuit diminutio partis, immo in minutissima parte totum etiam meretur habere. Inde gratanter accipito, quod prestat vera dilectio; nec tantum te delectet preciositas muneris quantum devotio preciosa donantis.

Cognitor universitatis sciat, quantum mens mea te, dilectissime, diligat; et iuxta agnitionem meriti pondus reponderet premii. Premium inde non appeto, nisi quod meretur ipsa dilectio; scilicet: ut gratissimum pignus dilectionis tuae fiat mihi integritas gratiae, pro qua, dum vixero, devotissimae servitutis studio servire minime cessabo. Sufficit enim mihi gratia tua.

Qui cordis intuetur abyssum, sciat desiderium meum; et iuxta scire suum faciat hoc .... s. t .... Quia non tantum propter temporale lucrum .... quantum per verae dilectionis affectum nec non per rei publicae com(modum); optans et orans, ut salvus hic diutissime viva(s) ....
...... orare, qui propriam salutem sano intellegentie .... merentur agnoscere. Dum enim vivis errantesque virtute (sapi)e(ntia)e premis, pro distributis divinae gratiae donis unus quisque concessis fruitur studiis; et per partes pacis optatas dives sibimet videtur ipsa paupertas. Pro huiusmodi tranquillitate atque quiete (et sa)nitate tua s(aepiu)s debent orare; quia tuae firmitatis occasus nostrae infirmitatis fit certissimus ortus,

---

a. *Descripsi ex fol. 172 codicis bibliothecae Bambergensis B V 6, membr. saec. XI. postremos S. Gregorii moralium libros octo continentis. Ediderunt Gutenäcker in Fünfundzwanzigster Bericht des historischen Vereins zu Bamberg p. 157 sq. et Hirsch Jahrbücher des deutschen Reichs unter Heinrich II T. I 553.*

1. veram diloctionem.

et ex infirmitate capitis infirmitas oritur certissima membris. 1014-1024
Unde egomet, in quantum ex parte divinitus concessa propriae
salutis vitale commodum cum orationibus et elemosinis roboro,
tuum quoque roborare non cesso; supplicans, ut ab illo robur
salutis merearis accipere, qui te ad regendum populum suum
gratuita pietate dignabatur eligere et dona misericordiae, quae
inceperat in te, misericorditer ipse perficiat.

Quam dulcia faucibus meis eloquia tua, domine! Verumtamen, quamvis sint super mel et favum ori meo¹, tamen haec moderamine consulto conpesco, donec concedente Deo aptior colloquendi contingat occasio. Interim tamen in hac parte moralium fiat tibi, dulcissime, dulce colloquium, ut per dulcedinem lectionis memoria fiat dulcorata scriptoris.

8. Acta synodi Babenbergensis[a].

In nomine sanctae et individuae trinitatis. Notum sit omnibus tam praesentis aetatis quam futurae posteritatis, qualiter ego Guntharius quintus Babenbergensis episcopus propter multimoda meae aecclesiae negocia synodum universorum mihi subiectorum tenui. 1059 Apr. 18

Erat enim plebs huius episcopii, utpote ex maxima parte Sclavonica, ritibus gentilium dedita, abhorrens a religione Christiana, tam in cognatarum conubiis quam in decimationum contradictione decretis patrum omnino contraria. Quapropter communi omnium iudicio confirmatum est, ut, qui sponte canonicis decretis nollent obedire, compellerentur intrare; et qui canonice banno constrictus non decimaret, bonis suis a domino suo abdicaretur, donec resipiscere compelleretur.

Huic synodo Eberhardus comes, Wirzeburgensis advocatus, superveniens, decimationes quasdam novalium nostrorum per prolocutorem[b] suum Aepelin de Cōnstat Wirzeburgensi aecclesiae expostulavit. Sed meo advocato Wolframmo per prolocutorem

a. *Descripsi ex codice quondam Bambergensi nunc Monacensi (Cim. 60) membr. saec. XI fol. 1v. Edidit Harzheim Concil. Germ. III 126.* b. prolucutorem *cod.*

1. Ps. 118, 103.

498 EPISTOLAE BAMBERGENSES. 8. 9

1059
Apr. 13

suum Kaezelinum de Hamfenfeld respondente ac domno Mein-. nardo cartam de eadem re coram omnibus perlegente, synodali iudicio expostulatio illa infirmata est et supradicta decimatio nostrae aecclesiae adiudicata, sicut ego meique fideles protestati sunt domnum nostrum imperatorem Heinricum huius episcopii terminos suo praedio a Wirzeburgensi aecclesia commutasse.

Hii autem sunt testes, qui huic synodo interfuerunt: Herimannus huius Babenbergensis aecclesiae praepositus, qui canonice interrogatus omnium assensu iudicium fecit; Poppo decanus; Kazelin, Penno, Luizo, Adelunc, Gozbreht, Hartuuic, Gundolt, Icco, Uodalric, Gunzo, Hartuuic; Meinnard scolasticus; Adalbero decanus de Duristat; Huno, Arnold de Sieslice, Oze de Stafelestein, Sigelo, Ruothart, Nencer, Adalbreht, Uodalric et fere omnis clerus Babenbergensis aecclesiae.

Laici autem isti erant: Cuono palatinus comes, Pertolt et Fridericus filius eius, Gotescalc et Frideric filius eius, Eppo de Nuheim, Gozuuin comes, Adalbreht de Vorst, Sterchere comes, Gozwin comes, Reginboto comes et filius eius Diemar, Kraft comes, Immo, Walpoto.

Iudices isti affuerunt: Gumpreht et filius eius Meingoz, Heriman et Volferat, Ebo, Vocho, Aescuuin, Adelolt de Trubaha et frater eius Hemmo, Erbo de Wizenaha.

Ministeriales autem isti: Wiccer, Mazelin, Arnolt de Sichendorf, Teimo, Tŏticho et frater eius Babo, Deipolt et alii plures quos nominare longum est.

Acta Idibus Aprilis indictione IIII, anno dominicae incarnationis MLVIII[1], anno episcopatus domni Guntharii III.

9. *Heinricus IV rex Romanis scribit, quod sibi obstiterint, se Gregorii VII culpae assignare. Quem, ut in iudicio se sistat, moneri vult. Se iterum Romam venturum esse significat*[a].

1081 ex.—
1082 in.

Henricus Dei gratia rex omnibus Romanis cardinalibus,

a. *Descripsi Londini in bibliotheca palatii Lambethani ex cod. 351 membr. saec. XIII fol. 94v — 96.*

1. annus 1058 incidit in indictionem 11. Itaque duo vitia in signis chronologicis inesse arbitror; nec dubito, quin archetypum habuerit haec: „indictione XII anno dominicae incarnationis MLVIIII".

clericis ac laicis, maioribus et minoribus, suis fidelibus vel dudum factis vel adhuc faciendis, gratiam dilectionem et omne bonum.

Auctoritas Romana semper vigere debet iustitia; et eo amplius universis gentibus, quo eius vel peccatum vel meritum subiectis recte vivendi aut est detrimentum aut augmentum. Cuius rei nunc ubique videre potestis argumentum; videre quidem possetis, si non noceret vobis alicuius impedimentum.

Unde etiam minus imputandum est vobis, si in aliquo minus diligentes fuistis; cum ille [1], qui recte vivendi debuit esse speculum, non solum vobis sed universis catholicae fidei principatum Romae venerantibus factus sit offendiculum; in tantum, quod ęcclesia iam non lapsum sed paene minetur inreparabilem interitum.

Quem nos videntes et diutius ferre nolentes, Romam venimus [2]. Ubi omnes vos fideles invenire sperabamus; et etiam in tantum de iustitia vestra, de paternae fidelitatis, quam nobis servastis, fiducia sperabamus, quod, si etiam soli veniremus vel cum[a] paucissimis militibus, omnia iusta in regno ac sacerdotio vobiscum tractare possemus. Sed longe aliter hac [3] sperabamus vos inveniebamus. Quia, quos putavimus amicos, sensimus inimicos [4]; cum pro mera iustitia ad vos veniremus: ut pacem inter regnum et sacerdocium vestro consilio et canonica auctoritate componeremus [5].

Et scimus utique et libenter credimus: vos iustitiae amicos iustitiam, quam nulli negatis, nobis quoque non negassetis, nisi nos pro iniustitia et vestra confusione venisse audissetis. Non enim ignoramus illius dompni Hildebrandi machinationes. Nec mirum est, si in eadem urbe secum habitantes fallere potuit, qui longe lateque orbem seduxit et ęcclesiam sanguine filiorum

---

a. vel cum *addidi*.

1. Gregorius VII papa. 2. 1081 Mai. 21. 3. ac. 4. Mai. — Iun. 1081. 5. Cf. Heinrici ep. dat. 1081 Apr. — Mai., Udalrici cod. n. 66 supra p. 139: „hec nostra omnino voluntas — est, ut — collato omnium vestrum inprimis — consilio, diuturna discordia regni et sacerdotii de medio tollatur et omnia ad pacem et unitatem — revocentur".

1081 ex.— maculavit, dum filios in parentes et parentes in filios insurgere
1082 in. fecit et fratrem in fratrem armavit. Certe, si vultis considerare, ista persecutio crudelior est Decii persecutione. Quia, quos ille trucidavit pro Christo, Christus coronavit in caelo; haec vero praesente vita privat, privatos in infernum damnat.

Pro hac erumna compescenda sepius vocavit eum ęcclesia: ut de imposito sibi crimine se purgaret et ęcclesiam de scandalo liberaret. Sed ipse vocatus venire contempsit et nuncios nostros nec ipse audivit nec vos[a] audire permisit; timens vos fautores amittere, audita iusta ratione.

Sed precamur omnium communem iustitiam: ut, vobis facientibus, vel adhuc veniat in praesentiam, audiat clamantem ęcclesiam. Si enim sibi commissa est, cur eam perire patitur? Non est pastoris sed mercennarii: locum pastoris obtinere et solacium ovibus lupo laniante subtrahere. Dicite sibi: ut veniat, ęcclesiae satisfaciat; neminem nisi Deum timeat. Accipiat iuramenta, accipiat obsides a nobis secure veniendi ad nos, secure revertendi ad vos; sive in sede apostolica retinendus vel deponendus.

Ecce nos Romam Deo propitio veniemus constituto termino. Si voluerit, ibi fiat. Si melius placet, cum nuntiis[b] nostris nobis occurrere, hoc quoque laudamus. Vos ipsi secum, quotquot volueritis, venite, audite, iudicate. Si debet et potest esse apostolicus, nos sibi obędiemus. Sin autem, in vestro arbitrio et nostro ęcclesiae provideatur alius ęcclesiae necessarius. Istud non debetis negare. Si iustum est sacerdotem servare, iustum est et regi obędire. Cur Dei dispositionem destruere molitur Hildebrandus? Et si ipse molitur, cur a vobis sibi non contraitur?

Deus non unum sed duos gladios satis esse dixit[1]. Ipse vero unum fieri intendit; dum nos destituere contendit, quem Deus quamvis indignum ab ipsis cunabulis regem ordinavit; et ordinasse cotidie ostendit, si perpendit aliquis: qualiter nos cu-

a. nos c.   b. nuptiis c.
1. Luc. 22, 38. Cf. Udalrici cod. n. 113 supra p. 203.

stodierit a Hildebrandi eiusque fautorum insidiis. Adhuc enim ipso invito regnamus. Et militem nostrum [1], quem ipse periurum super nos regem ordinavit, destruxit Dominus [2].

1081 ex.—
1082 in.

Rogamus ergo vos pro fide, quam avo et patri nostro Henrico imperatoribus servastis et nobis servare debetis et bene usque ad Hildebrandum servastis: ut paternum honorem nostrum, nobis a vobis transmissum per patris manum [3], non negetis; aut, si negare velitis, cur negetis dicatis; cum parati simus: omnem iustitiam vobis facere, omnem honorem sancto Petro servare et quoslibet promerentes remunerare. Non venimus vobis repugnare sed vos impugnantes impugnare.

Nolite diutius ęcclesiam per Hildebrandum opprimere, nolite contra iustitiam secum pugnare. Fiat discussio in conspectu ęcclesiae. Si iustum sit, ut apostolicum eum habeatis, ut apostolicum defendite. Ut furem et latebras querentem nolite defendere. Quid est per potentiam amittere iustitiam? Numquid ideo vult esse iniustior, quia sublimior?

Haec enim sunt verba eius: se a nemine iudicari debere. Et est sua sententia, quasi dicat: *Quicquid libet, licet.* Sed haec non est Christi regula, ubi dicitur: *Qui maior est vestrum, erit vester servus* [4].

Ideoque, qui se *servum servorum Dei* nominat, iniustum est, ut servos Dei per potentiam opprimat. Non pudeat illum pro communi omnium fidelium auferendo scandalo humiliari; quorum communi obędientia debet exaltari.

Qui enim scandalizaverit inquit Dominus *unum de pusillis, qui in me credunt, expedit ei, ut suspendatur mola asinaria in colle eius* [5]. Ecce pusilli et magni de eius scandalo clamant et, ut auferatur ab eis, rogant.

Veniat ergo intrepidus. Si pura est eius conscientia, utique gaudebit in omnium praesentia; quia, convictis omnibus, sibi erit gloria. Certus sit: quia nullum vitae habebit periculum, etiamsi vestro iudicio et canonum auctoritate privari debet in-

1. Rudolfum, ducem Sueviae. 2. 1080 Oct. 15. 3. Haec ad annum 1055 spectare liquet. 4. Cf. Matth. 20, 26. 27. 5. Matth. 18, 6.

1081 ex.— iuste possessa dignitate. Nichil sine vobis, omnia vobiscum
1082 in. agere parati sumus, si vos tantum nostris beneficiis resistentes
non invenerimus.

Ad ultimum nichil querimus nisi iustitiam in illo loco, ubi maxime decet esse iusticia. Quam in vobis invenire optamus, inventam remunerare Deo propitio decernimus. Valete.

10. De synodo Bambergensi[a].

1087
Mart. 22

Anno dominicae incarnationis MLXXXVII, indictione XI[1], XI Kal. Aprilis celebrata est synodus in hac Babenbergensi ecclesia sub domno Ruoberto septimo huius sedis episcopo. Ubi inter cetera ecclesiastica negocia universi, qui synodo domni Guntharii[2] intererant, clerici quidem per sanctam obedientiam, iudices vero ceterique laici sacramentis astricti, uno ore protestati sunt: quemadmodum novalium decimationes, de quibus inter nostram et Wirzeburgensem contentio erat ecclesiam, synodali iudicio sub domno Gunthario quinto huius sedis episcopo nostrae adiudicatae sunt ecclesiae.

Et hec nomina testium, qui ad memoriam modernorum, quid sub domno Gunthario viderint et audierint, protestati sunt: Adelbero decanus, Nencher, Eccho, Adelbert, Sigele, Ŏzo, Huno, Ruothart. Hii sunt clerici: Erbo, Aescuin, Volrat, Friderich, Arnolt, Arnolt, Debolt.

Hii vero synodo domini nostri R(uoberti): Gebehart praepositus, Poppo decanus, Tiemo abbas, Kezelin, Eberhart, Heriman, Eberhart, Adalbero, Bruno, Poppo, Bruno, Ernest, Adalbero decanus, Huno, Meingoz, Gunthere, Rabodo, Erchenbreht, Arnolt; domnus Bodo, Gozwin comes, Frederich de Castel, Gozwin de Ansperc, Adelolt, Walpodo, Lamprehct, Bruno, Eberhart.

a. *Descripsi ex cod. quondam Bambergensi, nunc Monacensi (Cimel. 60) membr. saec. XI fol. 3. Edidit Harzheim Conc. Germ. III 206.*

1. immo X.   2. die 13 Apr. 1059 habitae; v. supra p. 497.

11. *Urbanus II papa Germanis ecclesiae causam sequentibus nunciat, se pontificem constitutum esse*[a].

Urbanus episcopus servus servorum Dei venerabili Salceburgensi archiepiscopo[1] ceterisque reverentissimis episcopis Pataviensi[2] Wirceburgensi[3] Wormaciensi[4] Augustensi[5] Constanciensi[6] et venerandis abbatibus, et gloriosissimis ducibus[b] Welphoni[7] B(ertholdo)[8] et B(ertholdo)[9] atque omnibus maioribus et minoribus beati Petri fidelibus salutem et apostolicam benedictionem. 1088 Mart. 13

Nosse volumus beatitudinem vestram, que circa nos gesta sunt noviter.

Reverentissimi siquidem fratres nostri episcopi et cardinales, Saviensis videlicet Tusculanensis[10] Albanensis[11] Signensis[12]; preterea et Portuensis[13], legationem et consensum et peticionem ferens omnium fidelium laicorum nostre parti favencium et[c] clericorum Rome eligentium; et O(derisius) religiosissimus abbas Cassinensis, omnium diaconorum; et R(einerius) cardinalis tituli S. Clementis, omnium cardinalium; nec non et B(enedictus) prefectus, omnium fidelium laicorum; una cum viginti et uno episcopis et quatuor abbatibus apud Terracinam coadunati[14], et triduano ieiunio cum multis precibus communiter celebrato, dominico tandem die 4 Idus Marcii mihi, omnium indignissimo, contra omne votum et desiderium meum Deus scit, et plurimum renitenti, regimen sedis apostolicae commiserunt et, omnium tam presentium quam etiam absentium predictorum fidelium consensu me eligentes et auctoritatem atque inperium sancte memorie predecessorum meorum Gregorii[15] et Victoris[16] habere se super hoc asserentes, longe impar viribus meis imposuerunt. Mart. 8

Sed quoniam, ut ante Deum loquar, nulla honoris ambicione, nulla omnino presumptione, sed sola tot tantorumque Mart. 12

Mart. 13

a. *Descripsi ex Annalistae Saxonis cod. bibl. imp. Paris. lat. 11851 (quondam S. Germani n. 440) fol. 188v. Ediderunt Martene et Durand Coll. I 520.* b. ducibus addidi.. c. et addidi.

1. Gebhardo. 2. Altmanno. 3. Meinhardo II. 4. Adelberto. 5. Wigoldo. 6. Gebbardo III. 7. (IV) I duci Bavariae. 8. de Rheinfelden duci Alamanniae. 9. II duci Zaringiae. 10. Iohannes. 11. Petrus. 12. Bruno. 13. Iohannes. 14. die 8 m. Martii. V. Petri chron. Casin. L. IV c. 2, Mon. Germ. SS. VII 760. 15. VII. 16. III.

religiosorum virorum non absque periculo contempnenda obedientia, confidens insuper de misericordia omnipotentis Dei, tantum onus in presertim tam periculoso tempore subire sum coactus, rogamus et obsecramus in domino Iesu: ut in ea, quam cepistis et quam domino et predecessori nostro beate memorie Gregorio semper ostendistis, fidelitate et devocione et benivolentia firmiter maneatis, sanctamque Romanam eclesiam matrem vestram omnibus quibus valeatis auxiliis et consiliis adiuvetis. De me porro ita in omnibus confidite et credite sicut de beatissimo patre nostro papa Gregorio. Cuius ex toto sequi vestigia cupiens, omnia quae respuit respuo, quae dampnavit dampno, que dilexit prorsus amplector, quae vero rata et catholica duxit confirmo et approbo, et ad postremum in utramque partem qualiter ipse sensit, in omnibus omnino sentio atque consentio.

Nunc igitur precor et hortor fraternitatem vestram: ut agatis viriliter atque constanter[1] et confortemini in potencia virtutis Dei[2], ascendentes ex adverso et opponentes murum pro domo Israel, ut strennuissimi Domini bellatores stetis in prelio in die ipsius[3]. Vos ergo, qui spiritales estis, eos, qui instructi non sunt verbis et exemplis, instruite et exhortamini, sicut scitis et necessitas exigit huius periculosi temporis. Cum enim apud vos eram[4], tales vos omnes inveni, ut voce ipsius Domini possem clamare: *Amen dico vobis, non inveni tantam fidem in Israel*[5]; *qui autem perseveraverit in finem, hic salvus erit*[6]. Insuper apud omnipotentis Dei misericordiam continuas preces effundite, quatenus et eclesiam suam sanctam in gradum pristinum misericorditer restaurare dignetur. Ipse autem Deus pacis conterat satanan sub pedibus vestris velociter[7]. Gratia domini nostri Iesu Christi sit cum omnibus vobis, dilectissimi in Christo. Data apud Terracinam 3 Idus Martii.

1. 1 Cor. 16, 13.   2. Ephes. 6, 10.   3. Ezech. 13, 5.   4. Versabatur enim in Germania legatus apostolicus annis 1084 et 1085 Otto episcopus Ostiensis (post Urbanus II papa).   5. Matth. 8, 10.   6. Matth. 10, 22.   7. Rom. 16, 20.

12. *Heinricus IV imperator principes rogat, admoneant Heinricum V regem, ut se suosque vexare cesset; aliter Paschalem II papam appellat*[a][1].

H(einricus) Dei gratia Romanorum imperator augustus archiepiscopis[b] et ceteris Saxonie principibus ac eciam reliquo populo gratiam et dilectionem, dignantibus eam recipere.   1106 Iul.

Conquerimur Deo omnipotenti et domine mee[c] sancte Marie et beato Petro principi apostolorum patrono nostro et vobis principibus omnibus, quia iniuste et inhumane et crudeliter, in illa confisi fide, de[d] qua dubitare non debuimus[e], tractati sumus; et tam honore regni quam prediis et omnibus, que habebamus, contra divinum et humanum ius, ad infamiam[f] et improperium[g] regni ita expoliati sumus, ut nichil penitus preter solam vitam nobis relictum sit[h]. Ubi cum ferme omnes essetis, magna pars vestri visa est dolere et tristari. Sed pro dolor[i], nihil nobis[k] vestra contulit tristicia, quin de[l] nobis sibi satisfaceret voluntas inimicorum nostrorum odiosa.

Et quia cum consilio et rogatu filii nostri, fide et securitate vite et honoris ab eo primum accepta, fiducialiter et desideranter Magontiam in presentiam legati Romani et principum tenderemus[m], ut eorum dispositione ageremus tam de statu ecclesie et honore regni quam de salute anime nostre, ipse non est veritus in hac voluntate et obedientia nos contra datam fidem capere et usque ad articulum mortis ferme ducere. Non ausi sumus ita nos illi credere, ut iniuriis[n] et contumeliis nos pro voluntate sua sicut prius valeat tractare.   1105 Dec. 21

Dec. 22

Quapropter multum vos rogamus et obnixe precamur: ut pro timore Dei et honore regni et honestate vestra dignemini

a. *Descripsi ex (E) cod. lat. Monacensi 14096 (S. Emmerammi 96) membran. saec. XII, adhibita etiam (Ekk.) editione a Waitzio parata in Ekkehardi chron. 1106, Mon. Germ. SS. VI 236. Ediderunt etiam Urstisius Germ. Hist. 399, Reuber Vet. Script. 200.* b. episcopis ducibus marchionibus comitibus caeterisque regni principibus *Ekk. pro* archiepiscopis – populo.   c. *om. Ekk.*   d. *om. E.*   e. debueramus *Ekk.*   f. infamia *E.*   g. imperium *E.*   h. est *E.*   i. dolorum *E.*   k. nobis vitam contulit tristicia *E*; nichil nobis vestra contulit tristicia *Ekk.*   l. *om. E.*   m. tenderimus *E.*   n. iniurie *E.*

1. Cf. Udalrici cod. n. 134 supra p. 250.

1106 studere, quomodo de iniuria in manibus vestris nobis illata per vos possimus recuperare iusticiam.

Nos autem[a] pro consilio vestro et aliorum, qui nos odio non habent, religiosorum[b] virorum parati sumus, tam filio nostro, si in aliquo eum offendimus, quam alicui in regno libenter emendare. Preterea, sicut domino pape[c] in presencia legati sui et vestra obedire parati fuimus, ita et nunc parati sumus, ei omnem debitam reverentiam et obedienciam sincero corde et devocione presentialiter exhibere et — tam consilio vestro quam spiritualis patris nostri H(ugonis) Cloniacensis[d] abbatis aliorumque religiosorum virorum — de statu ecclesie et honore regni, quantum in nobis est, disponere.

Cum igitur ad hec omnia parati simus, rogamus vos et obnixe precamur, quatinus pro Deo et honore regni et vestro instanter moneatis filium nostrum, cum nulla ei secundum prefatam sentenciam adversum nos residua sit ocasio, amodo desistat nos et fideles nostros persequi; et pacifice et quiete vivere permittat, ut supra dicta integre et cum tranquillitate perficiantur. Quodsi noluerit, rogamus vos per auctoritatem Romane ecclesie, cui nos committimus et honorem[e] regni, ne super nos et[f] fideles nostros veniatis. Quia manifestum est, non eum divine legis zelo vel Romane ecclesie dilectione, sed concupiscentia regni[g], patre iniuste eo privato, hoc incepisse. Apud quem si[h] interpellacio vestra nullaque alia intervencio ad presens prodesse poterit, appellamus Romanum pontificem et sanctam universalem Romanam sedem et ecclesiam.

13. *Heinricus IV imperator principes denuo cohortatur, adducant Heinricum V regem, ut exercitum dimittat, secumque pacis conficiendae causa conveniant*[i].

1106 H(einricus) Dei gratia Romanorum imperator augustus archi-

a. quoque *Ekk.* b. religiosorumque *Ekk.* c. papa *E.* d. Cloacensis *E.*
e. honore *E.* f. super *add. Ekk.* g. regno *E.* h. om. *E.* i. *Descripsi ex (T) cod. bibl. cathedralis Treverensis 102 (quondam Abdinghofensi) fol. 61 v, ubi manu saec. XII posita haec epistola est; et ex (E) cod. lat. Monacensis 14096 (S. Emmerammi 96) membr. saec. XII. Ediderunt Urstisius Germ. Hist. 399, Reuber Vet. Script. 201.*

episcopis episcopis* ducibus comitibus caeterisque regni principibus gratiam et dilectionem, dignantibus eam recipere.

Rogavimus filium nostrum et vos, et[b] multum precati sumus: ut, dimisso exercitu, ordinaretur, quomodo possemus pacifice[b] convenire; ut de iniuria nostra et pace componenda ad honorem regni posset digne et decenter diffiniri[c].

Placuit vobis remandare, unde nobis longe gravior[d] priori oritur querimonia: quod, dimissa obsidione Colonie, vultis super nos et super[e] fideles nostros sub specie colloquii cum exercitu venire, datis indutiis octo dierum. Quae numquam datae sunt homini alicuius conditionis, ut bene scitis, usque ad hanc diem pro legitima diffinitione alicuius minoris negotii, nedum pro tanta re, secundum divinam legem vel humanam vel etiam secundum usum hominum. Oportet enim nos habere, si vobis placeret, saltem tales indutias, infra quas possemus convocare et precibus invitare, ad hanc eandem causam ut sint nobiscum[f], Mogontinum[1] et[g] Treverensem[2] et[g] Bremensem[3] archiepiscopos; Frisingensem[4] et[g] Augustensem[5] Curensem[6] Basiliensem[7] episcopos, ducem Magnum[8] cum duce Theoderico[9], et ducem Boemicum[10] et comitem Flandrensem[11] cum comite Burgundiae Willelmo[h], et alios, qui ad prefatum negotium, ut bene scitis, valde sunt necessarii.

Quapropter, sicut prius rogavimus, ita et nunc iterum precamur[i] et obnixe rogamus[k]: quatinus pro Deo et anima vestra et pro appellacione domini Romani pontificis Paschalis et Romanae aecclesiae et pro honore regni dignemini apud filium nostrum efficere, ut, dimisso exercitu, cesset nos persequi; et ordinetur, quomodo secure et absque omni ambiguitate possimus vos cum caeteris supra dictis[l] ad agendum de iniuria nostra et pace in regno conponenda quiete et pacifice convenire.

1106
Iul. ex. —
Aug. in.

a. om. E.   b. om. E.   c. diffinire E.   d. graviorum E.   e. om. T.
f. vobiscum T.   g. om. T.   h. W. E, Willelmo T.   i. precamus T.   k. et obnixe precamur E pro ita et — rogamus.   l. de iniuria add. T.

1. Ruthardum.   2. Brunonem.   3. Fridericum I.   4. Heinricum I.
5. Hermannum.   6. Widonem.   7. Burchardum.   8. Saxoniae ducem.
9. ducem Lotharingiae.   10. Boriwoy II.   11. Robertum II.

1106
Iul. ex. —
Aug. in.

Quodsi nullatenus voluerit cessare, proclamationem inde fecimus et semper facimus Deo et beatae[a] Mariae et beato Petro patrono nostro[b] et omnibus sanctis omnibusque christianis, et vobis maxime; omni devotione precantes: ut dignemini cessare eum sequi[c] ad persecucionem tantae iniuriae. Et ad hoc, ut ipse cesset nos persequi et vos eum imitari, appellavimus et iam[d] tercio appellamus dominum Romanum pontificem Paschalem et sanctam et universalem[e] sedem Romanam et aecclesiam[f]. Quodsi hoc totum[g] nobis prodesse non poterit[h], committimus nos Deo[i] omnipotenti Patri et Filio sanctoque Spiritui paraclito et beatae Mariae perpetue[k] virgini et beato Petro et Paulo et[l] sancto Lamberto omnibusque sanctis, ut divina miseratio[m] omniumque sanctorum intercessio humilitatem nostram respicere nosque contra tantum tamque iniuriosum impetum defendere dignetur[n].

14. *Paschalis II papa Brunoni archiepiscopo Trevirensi mandat, ut Otbertum episcopum Leodiensem excommunicatum absolvat*[o].

1106
Nov. 10

[o]P(aschalis) episcopus servus servorum Dei venerabili confratri B(runoni) Trevirorum archiepiscopo salutem[p] et apostolicam benedictionem.

Frater noster Leodiensis episcopus[1], missa ad nos legatione, suppliciter consortium nostrae communionis expeciit. Nos, scientes Domini voluntatem, qui omnes homines vult salvos fieri[2] et neminem perire, nostras in hoc tibi vices committimus, ut, scripto professionis accepto, quod in subditis habetur[3], ipsum et Leodicensem clerum sive populum a vinculo excommunicationis absolvas et catholicae aecclesiae reconcilies. Quod enim frater

a. sancte *E.*   b. patrono nostro *E*, et Paulo *T.*   c. persequi *E*, sequi *T.*
d. om. *E.*   e. sequitur ecclesiam *in E.*   f. sedem et Romanam ecclesiam *E.*
g. tantum *E*, totum *T.*   h. potest *T.*   i. om. *E.*   k. om. *T.*   l. om. *T.*
m. meseracio *E.*   n. Amen *add. E.*   o. *Descripsi ex cod. bibl. imp. Paris. 6922 (supplem. lat. 1669) membr. saec. XII fol. 173. Ediderunt Martene et Durand Coll. ampl. I 620.*   p. salus *c.*

1. Otbertus.   2. 1 Tim. 2, 4.   3. V. infra: „Ego N. — iudico".

noster Magetburgensis episcopus[1] super huiusmodi reconciliationibus passim facere dicitur, tamquam sine Romanae aecclesiae praecepto factum, ratum habere non possumus.

Ego[2] N. anathematizo omnem heresim et illam praecipue, quae conturbat statum praesentis aecclesiae, quae docet et astruit: anathema contemnendum et ligamenta aecclesiae spernenda esse. Hanc cum suis fautoribus et auctoribus damno et anathematizo. Promitto autem obedientiam Romanae sedis praesuli P(aschali) eiusque successoribus sub testimonio Christi et aecclesiae; affirmans, quod affirmat, damnans, quod damnat sancta et universalis aecclesia. Quodsi ab hac mea professione in aliquo deviare temptavero, ipse in me sententiam dampnationis protulisse iudico.

Data 4 Id. Novembris.

---

15. Reinhardus episcopus Halberstatensis a Paschali II papa petit, ut ecclesiae suae possessiones confirmet. De actis Friderici deiecti episcopi eum consulit[a].

Pascali summo pontifici Reinhardus, Dei gratia et sua Halberstadensis episcopus[2], orationes et servicium et tam voluntariam quam debitam in omnibus obedientiam.

Quamvis misericordie vestre beneficiis, per que indignum et immeritum me exaltastis, dignum respondere non possim, tamen id, quod a vobis accepi, per vos patrem et dominum meum semper obtinere sperabo. Igitur quia multum de vobis confido, ut servus de domino et filius de patre, sanctitatem vestram humiliter expostulo: ut terminos et decimas ecclesie nostre, quas a decessoribus vestris Romanis pontificibus et catholicis inperatoribus in inicio fundationis et dedicationis sue acceperat, privilegiis vestre auctoritatis confirmetis; ut adversariis Dei et eclesie, qui nos cottidie impugnant, gladio vestre auctoritatis re-

---

[a] Descripsi ex Annalistae Saxonis cod. bibl. imp. Paris. lat. 11851 (quondam S. Germani n. 440) fol. 213, ubi rebus anni 1107 apposita haec epistola est. Ediderunt Martene et Durand Coll. I 618.

1. Heinricus I.   2. De hac formula cf. supra p. 230 n. 4.   3. consecratus die 31 Mart. 1107; v. Annal. Saxon. 1107, Mon. Germ. SS. VI 745.

1107
post Mart. 31

sistere possimus. Miseram eclesiam miser ego coactus accepi; et nisi per vos defendatur, miserrima erit. Quid vero de ordinatis clericis et eclesiis dedicatis a Friderico, superposito et a vobis legitime deposito, faciendum sit, vestram expecto sententiam. De his et de omnibus, que mihi rescribere dignamini, sicut debeo, pro scire et posse meo semper vobis obediens ero. Quod epistola minus habet de supplicationibus meis, nuncius fideliter prosequetur. Sanctitatis vestre benedictionem pro maximo munere accipiam.

16. *Paschalis II papa Adelgotum archiepiscopum Magdeburgensem ad se venire iubet*[a].

1107

Pascalis episcopus servus servorum Dei Adelgoto Magedaburgensi archiepiscopo salutem et apostolicam benedictionem.

Quanto te amplius diligimus, tanto de tuo excessu vehemencius contristamur, quod post sinodalis mandati celebrationem primus prevaricationem incurrisse conspiceris. Cuius prevaricationis correptionem alias non posse fieri credimus, nisi per te ipsum ad praesentiam apostolice sedis accesseris. Tuam ergo dilectionem litteris praesentibus premonemus, ut oportuno quod tibi visum fuerit tempore nostro te studeas conspectui presentare; quatenus, quod in te vulneratum est, per omnipotentis Dei misericordiam apostolice sedis sanetur antidoto.

17. *Reinhardus episcopus Halberstatensis Paschalem II papam precatur, ut sibi ignoscat*[b].

1107
post m. Mai.

Pascali Dei gratia pape Reinhardus, Halberstadensis eclesie quicquid est, tam voluntariam quam debitam in omnibus obedientiam.

Sanctitatis vestre litteras nobis directas cum gratia et benedictione suscipientes, non modicum gavisi sumus, quod me

---

a. *Descripsi ex Annalistae Saxonis cod. bibl. imp. Paris. lat. 11851 (quondam S. Germani n. 440) fol. 112 v, ubi rebus anni 1107 ascripta haec epistola est. Ediderunt Martene et Durand Coll. I 620.* b. *Descripsi ex Annalistae Saxonis cod. bibl. imp. Paris. lat. 11851 (quondam S. Germani n. 440) fol. 213, ubi rebus anni 1107 ascripta haec epistola est. Ediderunt Martene et Durand Coll. I 619.*

non meis meritis fratrem et familiarem vestrum[1] vocare voluistis. In quibus etiam superhabundantiorem erga me vestre paternitatis affectum cognovi, quod ignorantie mee delictum me scire fecistis et quod iniusticias[a] meas non abscondistis. Boni enim patris est corripere filium quem diligit et flagellare omnem quem recipit[2].

Huic tante leticie nostre serenitati nebula tristicie per quosdam obducta est, dicentes: a vestra mihi beatitudine prohibitas esse cléricorum ordinationes. Pro quibus verbis cum ad desiderabilem vestri presentiam fratres dirigeremus, et in reditu ipsorum me non restitutum audissem, obedientie manus dedi. Quia melior est obedientia quam victima[3]. Et quia pastoris sententia gregi timenda est, ita me pedibus vestris subicio, quasi vocatus ad concilium non venerim et ideo suspensus ab officio sim; cum nec, ut littere vestre testantur, evocatus fuerim, et quando vel ubi suspensus fuerim, penitus ignoraverim.

Ordinationem vero nostram, teste et postulante eadem que presens erat eclesia nostra, a metropolitano[4] in sede sua[5] factam manifestum est. Sed innocentia plerumque non liberat, cum sentenciam iudicis ignorantia vel dilatio vel aliqua suggestio errare coegerit.

Porro de investitura, quam ante decreti vestri sententiam ignorans et illicite suscepi, quia secundo iam veniam pecii et non accepi, quesivi et non inveni[6], tercio nunc pulsabo; ut, quod necesse habeo, saltem improbitate mea obtineam. Certus sum enim, quod numquam obliviscetur misereri, qui in beato Petro discit, qualiter aliis ignoscere debeat. *Nusquam enim* ut ait beatus Augustinus *ita vigere debent viscera misericordie, quam in catholica eclesia; ut tamquam vera mater nec peccantibus filiis superbe insultet nec difficile*[b] *correctis ignoscat, cum ipsum beatum Petrum post negationem et pravam simulationem correptum materno sinu receperit.*

a. iniusticia c.   b. dificile c.
1. V. Udalrici Babenbergensis cod. n. 139 supra p. 257.   2. Hebr. 12, 6.   3. 1 Reg. 15, 22.   4. Ruthardo archiepiscopo Moguntino.   5. Moguntiae die 31 Mart. 1107; v. Annal. Saxon. 1107.   6. Ps. 86, 36.

1107 post m. Mai. Quod autem modo, sicut voluimus et disposuimus, aspectui vestro presentari non possumus, causa est instantis nequicia et perturbatio temporis, que maxime nostris grassatur in partibus.

18. *Cono episcopus Praenestinus Friderico I archiepiscopo Coloniensi scribit de sua Heinrici V imperatoris excommunicandi potestate*[a].

c. 1115 Cono, Prenestinus Dei gratia episcopus et apostolice sedis vicarius, venerabili fratri Friderico Coloniensi archiepiscopo, anime sue dimidio, gaudium et leticiam in Spiritu sancto.

Denuntiamus vobis in nomine Domini, ut non cito moveamini a vestro sensu tam dictis pseudofratrum nostrorum quam aliorum dicentium: non pertinere ad nos exconmunicare regem, quia nec rex nobis commissus nec de parrochia nostra esse videtur. Quibus ex ore domni pape efficaciter respondemus: quia, etsi nobis parrochiali iure commissus non fuerit, auctoritate tamen Spiritus sancti et sanctorum patrum pro tanto scelere eum[b] merito exconmunicare debuimus; attendentes, quod beatus Ambrosius Theodosium inperatorem Romanum non sibi conmissum, licet non papa non patriarcha non eclesie Romane legatus, exconmunicavit pro scelere, quod non in parrochia sua sed Tessalonice conmiserat.

Quidam falsi fratres mandaverunt nobis, quod pax esset inter vos et regem. Sed nec[c] domnus papa nec nos credere voluimus, quousque vos videremus.

19. *Paschalis II papa Reinhardum episcopum Halberstatensem laudat, quod partheniorum disciplinam restituerit*[d].

1108-1116 Mart. 20 P(ascalis) episcopus servus servorum Dei venerabili fratri Reinhardo Halberstadensi episcopo salutem et apostolicam benedictionem.

a. *Descripsi ex Annalistae Saxonis cod. bibl. imp. Paris. lat. 11851 (quondam S. Germani n. 440) fol. 223, ubi rebus anni 1120 apposita haec epistola est. Ediderunt Martene et Durand Coll. I 664.* b. *eum addidi.* c. *nec addidi.* d. *Descripsi ex Annalistae Saxonis cod. bibl. imp. Paris. 11851 (olim S. Germani 440) fol. 223, ubi anni 1120 rebus apposita est haec epistola. Ediderunt Martene et Durand Coll. I 637.*

Quaedam monasteria monialium audivimus per vestram industriam correcta, ut, remotis secularis pompe vanitatibus, regulari debeant discipline operam dare. Hanc profecto sollicitudinem tuam laude dignam ducimus et assertionis nostre robore confirmamus. Statuimus ergo, ut in locis ipsis monastica semper religio conservetur; nec cuiquam liceat regularem disciplinam ab eisdem monasteriis removere, ut correctionis tue gratia perpetuis illic temporibus conservetur. Data Laterani 13 Kal. April.

1108-1116
Mart. 20

20. *Fridericus I archiepiscopus Coloniensis Mediolanenses cohortatur, ut una cum ceteris civitatibus obsistant ecclesiae adversariis*[a].

Consulibus capitaneis omni milicie universoque Mediolanensi populo Fridericus Dei gratia Coloniensis eclesie humilis minister, viriliter agere et confortari [1] in Domino et in potencia virtutis eius.

1117

Magnus Dominus et laudabilis nimis in hac civitate[b] Dei[2], que condecoratur gloriosa libertate; ideoque in exultacione universe terre fundatur[3], dum quibuslibet iniustis potestatibus prosterni dedignatur. Hec itaque gloriosa cum per universum orbem de te sint dicta, civitas Dei inclita, conserva libertatem; ut pariter retineas nominis huius dignitatem. Quia, quam diu potestatibus eclesie inimicis resistere niteris, vere libertatis auctore, Christo domino, adiutore perfrueris. Firmet ergo vestram constantiam, karissimi, predicanda equitas et a patribus vestris usque ad vos perducta nominis dignitas, insuper nostra omniumque bonorum applaudens unanimitas. Quicumque enim sumus, Lotharingie Saxonie Thuringie immo tocius Gallie principes, ad dilectionem vestram sumus unanimes. Quia, sicut in uno regni corpore sociamur, ita in eadem iusticia, eadem legum libertate, una vobiscum vivere parati semper inveniemur.

a. *Descripsi ex Annalistae Saxonis cod. bibl. imp. Paris. 11851 (quondam S. Germani 440) fol. 221v, ubi rebus anni 1117 apposita haec epistola est. Ediderunt Martene et Durand Coll. I 640.*   b. civitate *addidi*.

1. 1 Corinth. 16, 13.   2. Mediolano. Ps. 47, 2: „Magnus Dominus et laudabilis nimis in civitate Dei nostri".   3. Ps. 47, 3: „Fundatur exultatione universae terrae mons Sion".

1117 Porro si auxilio vel consilio nostro egueritis, qualiter id velitis fieri, discretionis vestre ordinet prudentia. Ad quod exequendum promptissima invenietur nostra diligentia. Ergo, quicquid vobis in commune placuerit, nobis desideramus rescribi; non quidem vobis diffidentes, sed in responsis vestris iocundari volentes, ut, quod corporali hoc tempore nequit fieri presentia, saltem suo beneficio nobis exhibeat epistola; cuius est officium absentes quasi presentes efficere et inter amicos[a] tam dulcia quam secreta colloquia miscere. Valete.

Ceteras civitates, que vobiscum sunt, confortate in Domino.

21. *Fridericus I archiepiscopus Coloniensis synodi Mediolanensis episcopos interrogat, Gelasius II electus papa quo in Heinricum V imperatorem animo sit*[b].

1118
Febr. ex. —
Mart. in.

Venerabilibus dominis archiepiscopis et episcopis omnibusque catholicis, in hoc cetu ad Dei honorem et eclesie salutem congregatis, Fridericus Dei gratia sancte Coloniensis eclesie humilis minister devotas orationes, pium in Christo obsequium et intime dilectionis affectum.

Patri misericordiarum et Deo tocius consolationis[1] immensas gratiarum actiones referimus, qui — in omni[c] tribulatione[d] nostra multiplici consolatione nos crebrius visitans — aperit etiam nobis in vestre sanctitatis conventu sinum fraterne compassionis, promittens nobis in spe auxilii et consilii vestri ubera pie consolationis[2]. Longis enim et gravibus afflicti persecutionum tempestatibus a perversis et infidelibus sanctae matris eclesie impugnatoribus, nichil tristius in hac calamitate pertulimus, quam quod desolati sumus a sanctissimi patris nostri apostolici[3] catholica consolatione. Quia ipse erat, qui vestiebat nos coccino

a. amico c. b. *Descripsi ex Annalistae Saxonis cod. bibl. imp. Paris. 11851 (olim S. Germani 440) fol. 222, ubi rebus anni 1118 apposita haec epistola est. Ediderunt Martene et Durand Coll. 1 641.* c. oī c. d. tribulatione *addiderunt Martene et Durand.*

1. 2 Cor. 1, 3: „Pater misericordiarum et Deus totius consolationis".
2. Isai. 66, 11: „repleamini ab ubere consolationis eius". 3. Paschalis II papae, die 21 Ianuarii a. 1118 mortui.

in deliciis, qui prebebat ornamenta cultui nostro[1]; pacientie et caritatis se ipsum proponens nobis exemplum et sane doctrine catholicum inculcans argumentum. Sed quoniam, cursu consummato, fide servata[2], vocatus est ad iusticie coronam aput Deum repositam[3], vos, serenissimi patres, sanctam ne deseratis eclesiam. Sed eius imitantes vestigia, omnes qui libertatem vestram imminuere conantur[a], dampnate sentencia; quatenus Mediolanensis eclesia contra principes superbe agentes eandem obtineat constanciam, quam exercuit contra Theodosium felicis memorie inperatorem, adducendo eum ad penitenciam. Nos autem, sicut unum corpus sumus in Christo, ita catholici conatus vestri fautores et adiutores inveniemur in ipso, non discedentes[b] a vestra omniumque bonorum unitate et sancte matris nostre recuperanda libertate.

Postremo, quia viciniores estis sedi Romane, quid de ea nobis sentiendum sit, fideliter insinuare curate; ut, si patri nostro successor[4] legitimus Dei ordinatione est substitutus qui eius per omnia et sanctorum patrum sectetur vestigia, omnium nostrum perfruatur obedientia. Sin autem non Dei sed hominis terreni[5] et exconmunicatorum, quod absit, se fore factis probet antistitem, nullam seductionis sue vel dampnationis nostre in nobis inveniat subiectionem[6]. Valete.

22. *Rokkerus electus archiepiscopus Magdeburgensis in Calixti II papae obsequium iurat*[c].

Ego Rokkerus Magdeburgensis eclesie electus anathematizo omnem heresim, et precipue Burdinianam[d] et Henricianam cum

1118
Febr. ex. — Mart. in.

1119
post Iun. 12

a. conantur *non distincte legitur.* b. descentes c. c. *Descripsi ex Annalistae Saxonis cod. bibl. imp. Paris. 11851 (olim S. Germani 440) fol. 222v. Ediderunt Martene et Durand Coll. I 659, Waitz in Mon. Germ. SS. VI 756 n. 89.* d. Burdiniam c.

1. 2 Reg. 1, 24: „qui vestiebat vos coccino in deliciis, qui praebebat ornamenta aurea cultui vestro". 2. 2 Tim. 4, 7: „cursum consummavi, fidem servavi". 3. 2 Tim. 4, 8. 4. Gelasius II. 5. Heinrici V. 6. Cunonem quoque episcopum Praenestinum et Conradum archiepiscopum Salzburgensem scimus primo dubitavisse, num Gelasius II Heinrico V imperatori renisurus esset. V. eam, quam edidi, vitam Theogeri L. II c. 9, Mon. Germ. SS. XII 470.

1119
post Iun. 12

suis complicibus; promittens* obedientiam sancte Romane eclesie et universali pape domno Calixto eiusque successoribus catholicis sub obtentu officii mei; affirmans quod affirmat, dampnans quod dampnat. Promitto etiam, quod ab hac die in antea fidelis ero in eiusdem sedis legatis honeste recipiendis ac remittendis; adiuvans sanctam Dei eclesiam in omnibus, prout possum, viribus et scientia, sine dolo et simulatione. Ita me Deus adiuvet et hoc sanctum euangelium.

23. *Reinhardus (ut videtur) episcopus Halberstatensis iis, qui A. deiectam abbatissam restituerint, sacris interdicit*[b].

1120?

Quoniam[c] salutis auctorem, qui factus est obediens patri usque ad mortem[1], per inobedientiam vestram tam contumeliose quam arroganter reppulistis, pacis nuncia, que fidelibus et obedientibus debentur, vobis dirigere nec debemus nec volumus. Nimirum dominice resurrectionis summam communemque cunctis fidelibus leticiam cum Iudeis blasphemantibus respuistis, statuam Nabuchodonosor[2], quam Dominus oris sui spiritu glorianter deiecerat, similes ethnicis supersticiose erexistis.

A. olim dictam abbatissam — per apostolice sedis legatum, cooperantibus archiepiscopis episcopis diversi ordinis clericis sanctimonialibus laicisque catholicis sacrorum iudicio canonum, qui spiritu divino conditi sunt, sicut intrusam sicut contumacem, ita iuste sicut publice depositam et excommunicatam; ac denuo domino Mogontine sedis archiepiscopo cunctisque spiritalibus et secularibus principibus, qui ad colloquium in purificatione sancte Marie hic habitum convenerant, collaudantibus, vobis quoque, cum nos ab excommunicatione quam ex illa contraxeratis vos Deo auctore absolveremus, id ipsum approbantibus, in iam dicta dampnatione confirmatam — more scismaticorum superbe recepistis.

Quia igitur nulla pars fideli cum infidele, nulla societas

a. promittś c.   b. *Descripsi ex Annalistae Saxonis cod. bibl. imp. Paris. 11851 (quondam S. Germani 440) fol. 223, ubi haec epistola rebus anni 1120 apposita est. Ediderunt Martene et Durand Coll. I 660.*   c. Qño c.

1. Philipp. 2, 8.   2. Cf. Dan. 3, 1 sq.

luci ac tenebris, nulla convencio Christi ad Belial[1], vobis omnibus, scilicet[a] prenominate mulieri tamquam abbatisse adherentibus ac reinvasioni eius cooperantibus et consentientibus, clericis sanctimonialibus et laicis divini participationem officii — quam per inobedientiam et externam communionem, quantum in vobis est, prophanastis — iudicio dei Patris et Filii domini nostri Iesu Christi et Spiritus sancti, ex auctoritate, beatis[b] apostolis apostolorumque successoribus concessa, usque ad condignam satisfactionem interdicimus.

1120?

24. *Principes regni de pace conficienda consilium capiunt*[c][2].

Hoc est consilium, in quod convenerunt principes de controversia inter domnum inperatorem et regnum:

1121 Sept. ex. — Oct. in.

Domnus inperator apostolice sedi obediat. Et de calumpnia, quam adversus eum habet eclesia, ex consilio et auxilio principum inter ipsum et domnum papam[3] componatur et sit firma et stabilis pax; ita quod domnus inperator, que sua et que regni sunt, habeat. Eclesie et unus quisque sua quiete et pacifice possideant.

Episcopi quoque, in eclesia canonice electi et consecrati, pacifice sedeant usque ad collaudatam in presentia domni pape audientiam. Spirensis episcopus[4] eclesiam suam libere habeat; Wormatiensis[5] similiter preter ipsam civitatem, usque ad presentiam domni pape.

Captivi et obsides ex utraque parte solvantur.

De hereditate palatini comitis Sigefridi, sicuti Metis inter ipsum et domnum inperatorem definitum fuit, ita permaneat.

Hoc etiam, quod eclesia adversus inperatorem et regnum de investituris causatur, principes sine dolo et sine simulatione

---

a. sct c.   b. baatis c.   c. *Descripsi ex Annalistae Saxonis cod. bibl. imp. Paris. 11851 (quondam S. Germani 440) fol. 223 v, ubi rebus anni 1121 ascriptum hoc caput est. Ediderunt Waitz Mon. Germ. SS. VI 757 (Martene et Durand Coll. I 673, Pertz Mon. Germ. LL. II 74).*

1. Cf. 2 Cor. 6, 14. 15.   2. Wirzeburgi, exeunte m. Sept. vel ineunte m. Oct. a. 1121. V. Ekkehardi chron. 1121, Mon. Germ. SS. VI 257.   3. Calixtum II.   4. Bruno.   5. Burcardus II.

1121
Sept. ex. –
Oct. in.

elaborare intendunt*, ut in hoc regnum honorem suum retineat. Interim, donec id fiat, episcopi et omnes catholici sine ulla iniuria et periculo communionem suam custodiant.

Et si in posterum domnus inperator consilio sive suggestione alicuius ullam in quemquam vindictam pro hac inimicicia exsuscitaverit, consensu et licentia ipsius hoc inter se principes confirment: ut ipsi insimul permaneant et cum omni caritate et reverentia, ne aliquid horum facere velit, eum conmoneant. Si autem domnus inperator hoc consilium preterierit, principes, sicut ad invicem fidem dederunt, ita eam observent.

25. *Adelbertus I archiepiscopus Moguntinus Calixto II papae de pacto Wormatiensi refert. Petit, ut Rokkerum episcopum Wirzeburgensem tueatur. Excusat, valetudinem causam esse, cur ad concilium Romanum non accedat* [b].

1122
post Sept. 23

Calixto beatissimo domino suo et patri universalis eclesie pontifici A(delbertus), Dei gratia et sui misericordia quicquid est, debitam cum omni devocione obedientiam.

In multis et magnis persecutionibus et angustiis hactenus positi, quotiens de persona domni inperatoris scripserimus vestre maiestati, quid nobis* placeret, quid principes nostri inde sentirent, in qua demum sentencia convenissent, non dubitamus recordari vestre discretionis beatitudinem. Et in his omnibus per litteras et nuncios vestros cognovimus, circa hoc maxime semper versari vestre pietatis desiderium: ut apostolica dispensatione, vestris potissimum diebus, pax et concordia descenderent in universum mundum; si tamen ita eam pacem inperator et daret et susciperet, quod honorem Dei et matris eclesie non obfuscaret.

Acceptis [d] itaque dominis et patribus nostris cardinalibus [1],

---

a. itendt c.   b. *Descripsi ex Annalistae Saxonis cod. bibl. imp. Paris. 11851 (quondam S. Germani 440) fol. 224v, ubi haec epistola rebus anni 1122 addita est. Ediderunt Martene et Durand Coll. I 671.*   c. vobis cod.   d. accep cod.

1. Lamberto episcopo Ostiensi, Saxone presb. card. S. Stephani in monte Coelio, Gregorio diac. card.

qui in id ipsum de latere vestro ad nos missi sunt, tocius con- 1122
silii et ingenii nostri vires in hoc contraximus, ut tam generale post Sept. 23
bonum ad communem eclesie et regni utilitatem non differretur
ulterius.

Sed quia tam inperium quam inperator tamquam hereditario quodam iure baculum et anulum possidere volebant — pro quibus universa laicorum multitudo inperii nos destructores inclamabat — nullo modo potuimus his inperatorem exuere. Donec communicato consilio cum his, qui aderant, fratribus et dominis Sept. 23 cardinalibus — hinc periculo nostro compacientibus, inde eclesie censuram verentibus et ob hoc vix nobis assentientibus — omnes pariter sustinuimus: quod in ipsius presentia eclesia debeat electionem facere[1]; nil in hoc statuentes nec per hoc in aliquo, quod absit, apostolicis institutis et canonicis tradicionibus preindicantes, sed totum vestre presentie et* vestre deliberationi reservantes. Inmobilia enim per omnem modum et fixa esse precepta non dubitamus, que ad tuendam et corroborandam libertatem Christi et eclesie eterna lege sanccita sunt.

Ipse tamen inperator, parum attendens, quem periculi laqueum per vestram misericordiam evaserit et quod utcumque concessa sibi potestas adhuc (etiam pen)deat sub iudicio vestre discussionis, in legatorum vestrorum presentia quantum ea abusus sit, ex eis expedicius cognoscere poteritis.

Quocirca, si per huius (pactionis) occasionem eandem quam post Sept. 23 prius sive graviorem eclesia Dei debet sustinere servitutem, solum hoc restat, ut pro palma victorie de cetero subiecta sit ad (iniuri)as (contumeli)as et omnes despectiones ignominie. Hec non ideo dixerimus, quod per nos vestra excellentia, circumspecta in omnibus, premuniri possit; sed quia, sive vivimus sive morimur[2], sub vestra auctoritate libertatem eclesie desideramus.

Itaque, maiestatis vestre genibus provoluti, tam suppliciter[b] quam iuste deposcimus: ut in fratre nostro Wirzeburgensi episcopo Rokkero opus eclesie cognoscere dignemini; et, quem ipsa

a. et et c.   b. supplicr c.
1. V. Udalrici cod. n. 214 supra p. 388.   2. Rom. 14, 8.

1122
post Sept. 23

libere et canonice ad hunc apicem promovit, misericordia vestra confirmet et prohibeat a persequencium iniuriis. Nam᷎ eius expulsione ita suffocatur libertas eclesie, quod laicus quidam¹ adhuc occupat ipsius sedem et, dissipando episcopatum, persequitur et destruit, qui fideles sunt illius eclesie; et iste est, qui ultimus omnium anulo et baculo investiri non abhorruit sub ipso articulo exterminande excommunicationis².

Preterea memorem esse decet clementiam vestram omnium, qui pro servicio et fidelitate sancte Romane eclesie patrimoniis et beneficiis suis adhuc proscribuntur.

Que cartule perferenda commisimus et alia complura, veras Deus novit, quam desideranter in hoc sancto concilio³ ad vos ipsi pertulissemus, nisi egritudine, ut noverunt cardinales, prepediremur et nisi Alpium asperitas et tot locorum angustie vite periculum, et his precipue diebus malis, nobis incussissent. Desiderio enim faciem᷎ vestram videre desideramus, antequam ab alterutrum viam universe carnis ingrediamur.

26. *Adalbertus I archiepiscopus Moguntinus Halberstatenses reprehendit, quod se inconsulto Ottonem episcopum creaverint*ᶜ.

1123
post Febr.

Adalbertus sanctae Mogontine eclesie humilis minister et apostolice sedis legatus dilectis in Christo, quiquiᵈ sunt, Halberstadensis eclesie fratribus abbatibus prepositis ceterisque tam maioribus quam minoribus spiritum cogitandi, que recta sunt.

De morte karissimi et venerabilis fratris nostri, patris vestri Reinhardi episcopi⁴, quantum doleamus et doluerimus, omnipotens Deus novit. Et ipse, qui est veritas, testis est nobis, quam gravi nos merore affecerit, quod tam subito sublatus est nobis, quiᵉ cum personis et eclesiis nostris unum corpus fuerit et anima una.

a. Nam *non certe legitur.*   b. faciem faciem c.   c. *Descripsi ex Annalistae Saxonis cod. bibl. imp. Paris. 11851 (quondam S. Germani 440) fol. 225, ubi rebus anni 1123 haec epistola addita est. Ediderunt Martene et Durand Coll. I 680.*
d. quiqui *scripsi pro* qui *cod.*   e. qui *scripsi pro* et *cod.*

1. Gebehardus.   2. Cf. Ekkehardi chron.1122, Mon. Germ. SS. VI 258.
3. Romae habito exeunte m. Martio a. 1123.   4. qui obiit d. 27 Febr. 1123.

Iam diu expectantes expectavimus, ut aliquem nuncium vestrum reciperemus super tanta desolatione vestra; qui et de vestra voluntate certiores nos redderet, et nostre fraternitatis assensum super ordinanda eclesia vestra non despiceret. Siquidem parva nos locorum distantia separabat; et sanctus[a] canonice institucionis ordo sic fieri postulabat. Vos autem, antique discretionis et prudentie vestre immemores et — ut de persona nostra taceamus — quid matri vestre sancte Mogontine eclesie deberetis, parum attendentes, extra morem eclesiastice consuetudinis in omni causa vestra processistis. Quia et de alia eclesia personam[1] elegistis et eandem quadam nova usurpatione anulo et baculo tamquam investire non abhorruistis. Quod tamen de tam instructa hactenus eclesia et tot laboribus et persecutionibus pro obtinenda canonica investitura attrita satis mirari non possumus. Solius enim consecrationis est dare anulum et baculum.

Ut autem his omnibus ad presens supersedeamus, hoc tantummodo fraternitati vestre rescribimus: quod ad fratres nostros Mogontiam tendimus; communicatoque cum eis et quos convocare poterimus consilio, quidquid ad honorem Dei et iusticiam ipsius poterimus, libenter plenius vobis respondebimus. Valete.

1123 post Febr.

---

27. *Rokkerus archiepiscopus Magdeburgensis Ottonem I episcopum Bambergensem rogat, ut pro Ottone electo Halberstatensi nuncios ad Adelbertum I archiepiscopum Moguntinum mittat*[b].

Venerabili in Christo sancte Bavenbergensis eclesie antistiti Ottoni Rokkerus, Magedaburgensium divina gratia quicquid est, cum duce Lothario et comite Wigberto et cum omni Halberstadensi eclesia orationum et servicii promtam exhibicionem.

In vestre caritatis bonitate plurimum confidentes, obnixe rogamus, ut ad confirmandam in Christo electionem nostram in

1123 ante Mai. 28

a. sanctus *scripsi pro* suus *cod.* b. *Descripsi ex Annalistae Saxonis cod. bibl. imp. Paris. 11851 (quondam S. Germani 440) fol. 226, ubi anni 1123 rebus addita haec epistola est. Ediderunt Martene et Durand Coll. I 681.*

1. Ottonem canonicum Magdeburgensem.

1123 domno Oddone, vestro intimo, divina ordinatione factam* tam
ante Mai. 28 aput inperatorem quam apud domnum Mogontinum archiepiscopum[1] vestra nobiscum in Domino studere dignetur sapientia.

Porro ipse domnus Mogontinus nostram pro eo legationem et presentiam, ipsius etiam personam clementer suscepit et, ductis secum ad domnum inperatorem legatis nostris, consilium suum et favorem benignum nobis Domino prosperante promisit[b]. Ceterum, a curia reverso nos sibi Selikenvelde pro intelligendo nostrae peticionis fine 5 Kalendas Iunii obviam venire precepit. Quo vestram legationem cum litteris et idoneis nunciis in auxilium nostrum dirigi, cum intima devotione et nostri respectu rogamus servicii.

28. *Innocentius II papa, Lothario III imperatore facto, interdicit, ne in regno Theutonico qui ad episcoporum abbatumque munera admoti sint, regalium imperatore non compellato potiantur*[c].

1133 .... m(ultipl)iciter ęcclesiam filiali affectione diligere
Iun. 8 et eam a pravorum hominum infestatione m...............
.... (ad) apostolicae sedis sollicitudinem spectare cognoscitur, ut ad exaltationem regni et decorem imperii diligenter invig(ilare) .... in .... (r)obore, cooperante Domino, satagat custodire. Ceterum personae tuae probabilis in fide catholica firmitas et perseverans in (Dei) amore constancia sanctam ęcclesiam Romanam eo magis sibi fecit obnoxiam, quo te ferventius, a longis retro temporibus operibus pietatis insist(entem), tantum laborem pro scismaticorum contritione et liberatione fidelium evidentibus indiciis assumpsisse conspicimus.

Hac itaque ratione inducti (et ex) sublimatione tua fructum maximum sperantes catholicae ęcclesiae et christiano populo proventurum, cognita fratrum nostrorum episcoporum et cardinalium (atque) nobilium Romanorum prompta voluntate atque

a. factam *addidi.* b. pmisit c. c. *Descripsi ex mutila saec. XII membrana bibliothecae regiae Monacensis, quondam codici latino Monacensi 5254 agglutinata.*

1. Adelbertum I.

consilio, te, christianissimum principem et inter speciales beati 1133
Petri filios unicum ac praecipuum def(ensorem) ad imperii fa- Iun. 8
stigia, invocata Spiritus sancti gratia, sublimavimus¹.

Nos igitur, maiestatem imperii nolentes minuere sed augere,
imperatoriae dignitati(s plenitu)dinem tibi concedimus et debitas
et canonicas consuetudines praesentis scripti pagina confirmamus.

Interdicimus autem, ne quisquam eorum, quos in Teut(onico)
regno ad pontificatus honorem vel abbatiae regimen evocari contigerit, regalia usurpare vel invadere audeat, nisi eadem prius
a tua (potes)tate deposcat, quod* ex his, quae iure debet tibi,
tuae magnificentiae faciat. Data Laterani 6 Idus Iunii.

---

29. *Lotharius III imperator Innocentium II papam certiorem
facit de Friderici et Conradi ducum deditione, de Gerhardo
episcopo Halberstatensi electo, de principibus propter expeditionem Italicam Spirae conventuris*[b].

Conmonuit* nos sepe et rogavit paternitas tua, ut, quan- 1135
tum possemus, salva inperiali reverentia, rigorem nostrum contra Oct.
inperii inimicos remitteremus ipsisque propter necessitatem, que
eclesie imminebat, locum consequende gratie nostre concederemus.
Quod ut competentius fieret, non nostre sed divine fuit ordinationis; que omnia, quemadmodum voluisti et petisti, sui misericordia ad honorem eclesie et inperii mitigavit et composuit.

Siquidem, tam materiali quam spiritali uterque convictus
gladio, Fridericus² in Babenberh³, Conradus⁴ in curia proxime Mart. 17
celebrata⁵ ad gratiam nostram venit; ambo ad eclesie servicium Sept. 29
sacramento nobis obligati. Quos tamen non minus tibi obligatos
sub hac cautela et condicione recepimus: ut plenitudinem absolutionis sue non nisi aput tuam paternitatem obtineant.

Ita omnibus pro voto compositis, omnino ad liberationem

a. *an* atque? b. *Descripsi ex Annalistae Saxonis cod. bibl. imp. Paris. 11851
(olim S. Germani 440) fol. 233. Ediderunt Eccard Corp. hist. I 669, Martene et
Durand Coll. I 753.* c. conmonit c.

1. die 4 Iunii 1133. 2. II dux Sueviae. 3. die 17 Mart. 1135.
4. postea III rex. 5. Mulehusae, die 29 Sept. 1135.

1135 eclesie[1] essemus obligati, si Halberstadensi eclesie melius con-
Oct. sultum esset.

Super cuius negocio sepius hoc anno nuntios et litteras nostras tibi direximus; in quibus, teste Deo, nil nisi rei veritatem et ordinem executi sumus, omnino circa hoc intenti, ut pacem et concordiam eidem reformaremus eclesie. Qualiter autem id quidam mendatiis suis perverterint teque a consilio nostro averterint, iterato tibi scribi non oportet. Hoc tamen pro constanti tibi promittimus, quod coram eclesia Romana in presentia tua vita comite evidenter probabimus, omnia se ita habere, sicut nuncio nostro et litteris tibi significavimus. Nec tamen ob contemptum consilii nostri minus vellemus, si quo modo unitas et concordia reformari potuisset. Satisque passi fuissemus, si in hoc malo aliquis usus fuisset. Quod longe aliter est.

ante Oct. Dum enim secundum paternitatis tue preceptum eclesia illa in eligenda persona convenire debuisset tam eclesie quam inperio idonea, due partes facte sunt. Nam canonici matricis eclesie electionem de Martino preposito — factam aliquando[2] — proponebant hancque omnes, exceptis quatuor, unanimiter affirmabant; tres tantum alias personas eiusdem eclesie secundario designantes, ut, si huius canonice reiceretur, unam istarum obtinerent. Regulares vero, nullam istarum approbantes, assensum his non prebuerunt. Sicque communi utriusque partis consilio electionem in sequentem diem distulerunt.

Interim regulares, advocatis quatuor sicut diximus de maiori eclesia, Gerhardum prepositum elegerunt; clero et populo alterius partis invito et reclamante et appellante apostolicam audientiam sub testimonio canonice censure, que iubet nullis invitis dari episcopum vel pastorem.

Oct. Quia vero in partibus Saxonie maxime in prefata eclesia inperialis dignitas consistit, saltem adhuc paternitas tua nobis adquiescat; et audita utraque parte, ita nobis eos remittas, ut, salva libertate electionis, nos pro consilio archiepiscopi[3] et suf-

1. Romanae. 2. anno 1129? Cf. Annales Erphesfurd. 1129, Mon. Germ. SS. VI 537. 3. Adelberti I Moguntini.

fraganeorum, adhibitis religiosis personis, talem provideamus, 1135 Oct.
qui eclesie et inperio expediat. Talis enim necesse est ut eligatur, qui in exequendis his, que Dei et cesaris sunt, vires habeat et scientiam.

Ut autem simplici oculo [1] nos hec que diximus desiderare cognoscas, legatum tuum cardinalem ad nos dirigas, quo presente et consulente eclesie desolate succurratur.

Scire autem te volo: quia, natale Domini [2] Spire celebraturi, convocatis principibus, de Romana expedicione tractabimus. Ad quam curiam legatum et litteras tuas mitti desideramus, per quas archiepiscopos et abbates qualicumque comminatione ad tuum et nostrum servicium commonefacias.

30. *Erpo decanus Halberstatensis Innocentio II papae de Gerhardo electo episcopo significat. Rogat, ut discidio ecclesiae Halberstatensis finem constituat* [a].

Venerando sancte Romane eclesie pontifici domno Innocentio Erpo decanus Halberstadensis eclesie cum ceteris domni Gerhardi electoribus tam devotam quam debitam cum servicio et oratione obedientiam. 1135 Oct.

Quod paternitatis vestre mansuetudinem angustiarum nostrarum inconmodis tociens gravamus, quod vestre dominationis aures querimoniis nostris tociens pulsamus, Deus scit, quanto cordis merore simul ac pudore tabescimus et, ingravescente doloris pondere, iam pene deficimus. Cum vero divine bonitatis magnitudinem erga omnes afflictos itemque vestre pietatis paternum semper erga nos affectum pensamus, ingenti spe recuperande salutis animati, omnem sollicitudinem nostram in eius gratiam et in vestre paternitatis consilium iactamus. Sed iam novas et inopinatas miserias nostras exposituri, tocius veritatis auctorem Deum testem invocamus in animam nostram: quia,

---

a. *Descripsi ex Annalistae Saxonis cod. bibl. imp. Paris. 11851 (olim S. Germani 440) fol. 233 v. Ediderunt Eccard Corp. hist. I 671, Martene et Durand Coll. I 751.*

1. Matth. 6, 22.   2. 25 Dec. 1135.

1135 pure veritati quantum epistolaris brevitas permittit studentes, rem, sicut gesta est, vobis insinuare curamus.

Acceptis dulcissime paternitatis vestre litteris, in quibus et de eclesie nostre liberatione et vestra pia erga nos sollicitudine plurimum gavisi sumus, intervenientibus hinc inde variis dilationum et inpedimentorum causis et transactis iam pene diebus ex precepti vestri auctoritate ad eligendum episcopum prescriptis, tandem in maiori eclesia, sicut iustum erat, convenimus. Et invocata primitus, sicut vos premonueratis, sancti Spiritus gratia, (quatenus)* episcopum Deo dignum et hominibus acceptum et ad restaurationem eclesie nostre, miserabiliter tam in spiritalibus quam in temporalibus iam dilapse, idoneum eligeremus, priori quidem die, a mane usque ad vesperam laborantes, nichil perfecimus. In secunda vero die, sub invocatione sancti Spiritus iterum nobis in unum congregatis et de transgressione vestri precepti ac reatu inobedientie plurimum metuentibus, post multa consilia tandem in personam domni Gerhardi prepositi sancti Iohannis in Halberstad, viri in eclesia vita et moribus satis probati, nos, videlicet harum litterarum portitores ac missores, convenimus. Et eum sedi Halberstadensi in episcopum canonice elegimus, nulla omnino alia causa ad hec inducti, nisi quia in maiori eclesia neminem, in quem omnium consensus concurreret, invenire potuimus.

Quam electionem nostram quibusdam confratribus nostris contradicentibus et ne fieret omnino inpedire cupientibus et inter alia electionem in domnum Martinum factam — sed coram legatis vestris cassatam — pretendentibus, ad extremum etiam per inordinatam appellationem apostolice sedis nos incepto opere deterrere cupientibus, nos, divinum timorem et precepti vestri auctoritatem et temporis brevitatem pensantes, quod incepimus, cum consensu multorum clericorum et laicorum perfecimus.

Nunc igitur, reverentissime pater, in tanto tempestatum nostrarum turbine ad vestre paternitatis consilium et ad pie compassionis consuetum nobis solacium quasi ad tutissimum post

a. quatenus *addidi. In codice quatuor fere litterae deletae sunt.*

Deum spei nostre portum confugientes, sanctitatis vestre pedibus omnes in conmune tam absentes quam presentes provolvimur*, domnum cancellarium[1] et omnem Romanam curiam quanta possumus cordis devocione et precum instancia ad condolendum et subveniendum nobis invitamus et excitamus; quatenus secundum datam vobis a Deo sapientiam in presenti negocio, quicquid iusticia dictaverit, decernatis et, adhibito magni consilii angelo, vestro honori et nostre necessitati consulentes, certum aliquem finem nostris calamitatibus imponere non differatis. Nos vero, qui sub obedientia vestra quelibet extrema pati et ipsam mortem subire parati sumus, sicut fessus umbram et siciens fontem ita vestre prudentie solacium spe non dubia expectamus.

1135
Oct.

---

31. *Bambergenses ab Adelberto I archiepiscopo Moguntino praesidium petunt*[b].

A(delberto) sanctae Moguntinae sedis archiepiscopo et Romanae sedis legato sanctae Babenbergensis aecclesiae clerus reverentiam cum dilectione et obedientiam cum humilitate.

Primum quidem, domine, gratiarum actiones vestrae paternitati referimus et a Deo retributionem vobis postulamus, quod, in tantis negociis regni occupatus, aurem vestram a clamore nostro non avertistis, sed auxilium vestrum in tribulatione nostra nobis affore promisistis. Quae benivolentia, nullis meritis nostris exigentibus nobis exhibita, nos adeo paternitati vestrae alligavit, ut nunquam eiusdem benivolentiae oblivisci decreverimus. Ex promissione itaque vestra, quam per legatum nostrum audivimus, in spem adducti, iterum atque iterum ostium misericordiae vestrae pulsamus et pedibus vestris provoluti oramus, ut causam nostram, quam tractandam pro gratia vestra suscepistis, sicut vobis moris est, pro honore vestro, tum pro dilec-

c. 1120—1137

---

a. provolvim* c.   b. *Descripsi ex cod. bibl. caesareae Vindobonensis 611 (ius can. 130) membr. saec. XII fol. 70v—71.*

1. Aimericum, Romanae ecclesiae diaconum cardinalem et cancellarium.

c. 1120—
1137

tione episcopi nostri[1] tum pro nostra semper mansura devotione perfecte et integre terminetis.

Noverit autem paternitas vestra, quod milites domni N., immo exactores eius fratrem [a] et dispensatorem nostrum et sacerdotem Dei inhumanissime et sicut eos decebat tractaverunt, et tandem — omnibus rebus suis et nostris retentis, scilicet septem palafridis et sedecim marcis, quibus nobis vinum comparandum erat et, quod sine lacrimis reminisci non valemus, vestibus omnibus usque ad verecundam nuditatem abstractis — infirmum et vix baculo innisum, peditem abire permiserunt. Sunt autem nomina eorum, qui hoc fecerunt, N. et N. et N. Ceterorum vero nomina modo exciderunt. Quod nos, domine, quia oculi tocius regni ad consilium prudentiae vestrae et ad auxilium potentiae vestrae respiciunt, vestrae gratiae committimus, tanto de vestra misericordia praesumentes, quanto posthac prae omnibus vobis volumus esse devotiores.

32. *Albero archiepiscopus Trevirensis Conrado I archiepiscopo Salzburgensi scribit, citam Conradi III regis electionem ad iniuriam eius non spectavisse* [b].

1138
Mart.

C(onrado) Dei gratia sanctae Salzburgensis ecclesiae archiepiscopo venerabili A(lbero)[2], eiusdem superhabundante misericordia id quod est, salutem in domino Iesu.

Missis a vestra sanctitate litteris circa Dei ęcclesiam zeli vestri fervorem accepimus; quem a diebus multis in religione et iustitia . . . . et in . . . . . ssimae famae redolentia cognovimus.

Verum de principis et regni restitutione terminum et curiam, quam dicitis praeventam esse, ut vobis significemus non oportet; cum, iam peracto negocio, regis[3] constituti celebris fama hinc inde pervolet.

Scire tamen sanctitatem vestram volumus — atque coram

a. frm c.   b. *Descripsi ex saec. XII membrana bibliothecae regiae Monacensis, quondam codici lat. Mon. 5254 agglutinata.*

1. Ottonis I.   2. archiepiscopus Trevirensis.   3. Conradi III.

eo, cui omnia sunt aperta, loquimur —: quod, cum ecclesia Romana et regni principibus haec agentes, nulla nisi quae Dei sunt quesivimus; sed, intellecta praesentis ibi ęcclesiae Romanae[1] (volun)tate et unanimi principum desiderio circa personam regiam, sancti Spiritus invocato nomine, ordinationi divinae consensimus. 1138 Mart.

At quoniam personae vestrae excellentiam in tan(to et) tam communi negocio non exspectavimus, sanctitas vestra nullam in nobis notet praesumptionem. Non enim reverendam vestram dilectionem negligendo, non personae gravis auct(ori)tatem contempnendo fecimus; sed unanimitatem ęcclesiae et regni, in hoc quasi cespite caritatis humore conglebatam, scindere non debuimus.

Valeat ergo sanctitas vestra; quam ad v(olun)tatem ęcclesiae Romanae, ad communem regni et sacerdotii consensum exhortatione filiali rogando commonere[a] praesumimus.

---

33. *Principes Bambergae congregati Conrado I archiepiscopo Salzburgensi rescribunt de Conrado III rege constituto et de Heinrici Bavariae ducis contumacia. Monent, ut ad curiam Ratisbonensem accedat*[b].

Venerabili domino C(onrado) Dei gratia Salzburgensis ęcclesiae archiepiscopo T(heodewinus) sanctae Romanae ecclesiae cardinalis, A(lbero) Treverensis archiepiscopus, O(tto) Babinbergensis episcopus cum omnibus principibus Babinberg congregatis servare unitatem spiritus in vinculo pacis[2]. 1138 Mai.

Sicut iustum est nos sentire de vobis et multis patet indiciis, in omnibus, quae dicitis aut facitis, sincere credimus quia solius Dei gloriam et quae sunt Iesu Christi queritis. Propter quod tam bene de vobis speramus, ut nichil honori vestro derogans putetis, ubicunque ad pacis et concordiae conpagem (ad) ecclesiae et regni utilitatem per quos(cunque) aliquid operatur

a. commonemus cod. b. *Descripsi ex saec. XII membrana bibliothecae regiae Monacensis, quondam codici lat. Mon. 5254 agglutinata.*

1. Theodewinum ep. S. Rufinae, ecclesiae Romanae cardinalem, eligendo Conrado III regi interfuisse, notum est. 2. Ephes. 4, 3.

1138
Mai.
Dominus. Nam, licet corpore absens, cum omnibus bonis in uno spiritu estis praesens.

Quare nichil vos moveat, tanquam ad iniuriam vel repulsam vestram pertineat, quod (Deo auc)tore in electione domni regis C(onradi) paribus votis convenimus; quam propter instantem necessitatem et emergentia scandala et clandestinas machinationes, nec vestrum vel cuiusdam contemptum intend(entes, peregimus). Immo, quod in Domino fecimus, in eo iure de vestro assensu praesumimus. Hic simplex oculus totum defendit nostrae actionis co(rpus)[1].

Quod vero, quosdam archiepiscopos episcopos duces et principes simi(lem re)pulsam et contemptum moleste ferre, in litteris vestris nobis significastis, satis mirari non possumus. Nam omnes uno ore uno corde nobiscum sentiunt; excepto solo duce (Bava)riorum[2] cum paucis suis fautoribus. Quem idcirco a nostris consiliis segregavimus, quia a matre nostra sancta Romana ecclesia non parum n........, quam sua potentia suffocavit; (et in)super insignia regni arripiens et adhuc retinens, regno et ecclesiae merito se suspectum reddidit.

Propter quae requirenda et consilia (nobiscum) pro statu regni communicanda et rationes vobis evidentius monstrandas ad futuram curiam in festo sancti Iohannis (baptistae)[3] Ratisponae reverentiam vestram summopere invitamus, ut nobiscum Deo annuente praecaveatis, ne (pax) ecclesiarum ulla turbetur tempestate bellorum.

---

34. *Conradus III rex Conradum I archiepiscopum Salzburgensem, ad curiam Bambergensem non aggressum, invitat ad curiam Ratisbonae habendam*[a].

1138
Mai.
C(onradus) Dei gratia rex Romanorum dilecto et venerabili

a. *Descripsi ex (M) saec. XII membrana bibliothecae regiae Monacensis, quondam codici latino Monacensi 5254 agglutinata. Edidit ex (S) bibliotheca capituli Salsburgensis Hansizius Germ. sacra II 949.*

1. Matth. 6, 22: „Si oculus tuus fuerit simplex, totum corpus tuum lucidum erit".   2. Heinrico.   3. Iunii 24.

patri C(onrado) Salzburgensi archiepiscopo salutem et filialis dilectionis affectum. 1138 Mai.

Si in proxima curia, quae omnium pene princip(um) frequentia nobiscum est celebrata*[1], vestram quoque praesentiam nobis[b] exhibuissetis, rem nobis admodum gratam et ut speramus utilem ęcclesiae et regno fecissetis. Multa enim nobis haec re(i) novitas importat, ad quae[c] vestra auctoritas et prudentia valde nobis est necessaria;. quae[d] etiam, vobiscum communicato et vestro[e] praecedente consilio, ad honestatem et utilitatem ec(clesiae) et regni tractare debemus. Et adhuc quaedam cum vestra discretione tractanda[f] servavimus. Praecipuam enim[g] vestram auctoritatem tum aetate et scientia tum dignitate et animi s(ince)ritate reputamus; cui nos Deo auctore omnia consilia privata et publica, regno communia et nobis familiaria[h], secure[i] commendare audemus et volumus.

Quia ergo ad illam curiam aliqua impediente necessitate non venistis, ad futuram curiam[2] in festo sancti Iohannis[3] dilectionem vestram summopere invitamus[k], ubi per vestras manus, nobis cooperantibus, ali(quid ad bo)num pacis et concordiae Dominum operaturum speramus.

35. *Eugenius III papa Egilberto episcopo Bambergensi Heinricum II regem sanctorum ordinibus ascriptum nuntiat*[l].

Eugenius episcopus servus servorum Dei venerabili fratri E(gilberto) episcopo et dilectis filiis canonicis Pabenbergensis ęcclesiae salutem et apostolicam benedictionem. 1146 Mart. 14

Sicut per litteras et nuntios vestros vobis mandasse meminimus, venerabiles fratres nostros T(heodewinum) sanctae Ru-

---

a. frequentata *S*.   b. om. *S*.   c. ad quae *M*, atque *S*.   d. quare *S*.
e. nostro *S* pro et vestro.   f. om. *M*.   g. Nam praecipuam *S*.   h. salutaria *S*.   i. secure tractare ordinare et commendare *S*.   k. expectamus *S*.   l. Descripsi ex archetypo tabularii regii Monacensis. Ediderunt Baronius in annal. ad a. 1152, Ludewig SS. Bamb. p. 326, Ussermann Episc. Bamb. p. 100, Pertz Mon. Germ. Script. IV 813 n. 33, Manrique Ann. Cist. II 157, Acta SS. Iul. III 716, Mansi Concil. XXI 630.

1. Bambergae.   2. Ratisbonensem.   3. Iunii 24.

1146
Mart. 14

finae episcopum et T(homam) presbyterum cardinalem[1] pro diversis negotiis ad partes illas de nostro latere delegavimus; eisque viva voce iniunximus, ut ad ecclesiam vestram accederent atque de vita et miraculis Henrici regis rei veritatem diligenter inquirerent et litteris suis nobis significarent.

Nunc autem eorundem fratrum nostrorum et multorum religiosorum et discretorum virorum attestatione de castitate ipsius, de fundatione Pabenbergensis ęcclesiae et multarum aliarum, quarumdam quoque episcopalium sedium reparatione et multiplici elemosinarum largitione, de ҫonversione regis Stephani et totius Ungariae Domino cooperante per eum facta, de glorioso etiam ipsius obitu, pluribusque miraculis post eius obitum ad ipsius corporis presentiam divinitus ostensis multa cognovimus. Inter que illud precipue memorabile plurimum attendentes, quod, cum diadema et sceptrum imperii suscepisset, non imperialiter sed spiritualiter vixit, in thoro etiam legitimo positus, quod paucorum fuisse legitur, integritatem castimoniae usque in finem vitae conservavit.

Quae quidem omnia insimul perpendentes atque devotionem vestram et ecclesie Pabenbergensis, que sancte Romanae ecclesie soli subesse dinoscitur, diligenter considerantes, tametsi huiusmodi petitio nisi in generalibus conciliis admitti non soleat, auctoritate tamen sanctae Romanae ęcclesiae, que omnium conciliorum firmamentum est, petitionibus vestris acquiescimus; atque eiusdem memorabilis viri, cuius exaltationem requiritis, fratrum nostrorum archiepiscoporum episcoporum, qui presentes aderant, communicato consilio, memoriam inter sanctos de cetero fieri censemus et anniversarium ipsius diem sollempniter celebrari constituimus. Vestra itaque interest, sic in sancte Romane ecclesie obedientia et fidelitate persistere et sic ei digne devotionis obsequiis respondere, ut ampliori beati Petri et nostra gratia digni inveniamini. Data Transtiberim 2 Idus Mart.[a]

a. *dependet bulla plumbea, in cuius altera parte legimus:* EVGENIVS PP III, *in altera super duas effigies:* S PA, S PE.

1. tituli S. Vestinae.

36. *Victor IV antipapa omnes dioeceseos Bambergensis ecclesias cohortatur, ut sibi aere alieno laboranti subveniant*.

Victor episcopus servus servorum Dei universis ecclesiis per Babenbergensem episcopatum constitutis salutem et apostolicam benedictionem.   1162 Nov. 4

Mater et caput omnium ecclesiarum sacrosancta Romana ecclesia sicut pro salute omnium continuo labore comprimitur, ita competit, ut in suis angustiis omnium suffragio sublevetur; quatinus laboris non recusent fore participes, qui percepturi sunt postmodum in Domino consolationem. Unde, et imminentium fluctuum turbatione vexati et pro variis intolerabilibusque expensis here alieno gravati, caritatis vestrae cogimur solacium implorare, et tanto habundantius de vestra liberalitate presumere, quanto ampliori dilectione et familiaritate Babenbergensem ecclesiam nobis novimus esse astrictam.   Ut igitur in tantis sacrosanctae Romanae ecclesiae matris vestrae laboribus devotionis vestrae et auxilii monstretur effectus et nostra indigentia de ubertatis vestrae plenitudine relevetur, universitatem vestram per praesentia scripta rogamus et apostolica vobis auctoritate iniungimus: ut una queque ecclesiarum, in sua parrochia factis collationibus et singulorum auxiliis in unum congregatis, in quantum facultas suppetit et caritatis prestat affectus, necessitati nostrae[b] prebeant supplementum; scientes, quod ex hoc ampliorem gratiam sedis apostolicae semper habebitis et in vestris oportunitatibus nos benigniorem et promptiorem omni tempore sentietis. In hac vero collatione tam canonicos seculares ac regulares quam monachos et parrochianos duximus computandos. Quicquid autem ex facta collatione provenerint, per manum et dispositionem venerabilis fratris nostri Babenbergensis episcopi[1] volumus assignari. Data Treveris 2 Non. Novembris[c].

a. *Descripsi ex archetypo tabularii regii Monacensis.*   b. vestrae *archetyp.*
c. *dependet bulla plumbea, in cuius altera parte haec sunt:* VICTOR PP IIII, *in altera duabus effigiebus superscriptum est:* S PA, S PE.

1. Eberhardi II.

37. Otto II episcopus Bambergensis Wolframmo abbati S. Michaelis significat, sese ab Alexandro III papa consecratum esse[a].

1179 Mart.

O(tto)[1] Dei gratia Babenbergensis aecclesiae episcopus W(olframmo)[2] abbati totique venerabili conventui Sancti Michaelis salutem et paternam dilectionem.

Benedictus Deus, qui magnificavit facere nobiscum misericordiam, et beneficia, quae ad tempus quidem dare distulit, tandem clementer contulit. Post multas enim tribulationes quas sustinuimus, de quibus posthac plenius audire poteritis, negotium *Mart. 18* nostrum effectui mancipatum est. In dominica namque *Iudica*[3], praesentibus cardinalibus archiepiscopis episcopis abbatibus omnibus, qui ad sinodum[4] convenerant, sicut placuit ei, qui nos licet indignos ad ministerium suum et vestrum vocare dignatus est, a domno papa[5] promoti sumus in plenitudinem et ordinis et potestatis. Quapropter diligenter rogamus et monemus fraternitatem vestram, quatenus indesinentes gratiarum actiones bonorum nostrorum largitori persolverere studeatis; nos etiam et eos, qui nobiscum sunt, assiduis et sinceris orationibus ipsi iugiter commendantes.

---

38. Lucius III papa Reinhardo episcopo Wirzeburgensi mandat, ut decumas quasdam Wolframmo abbati S. Michaelis Bambergensi solvi cogat[b].

1184-1185 Sept. 11

L(ucius) episcopus servus servorum Dei dilecto in Christo fratri R(einhardo) Wirzeburgensi episcopo salutem et apostolicam benedictionem.

Referente venerabili fratre nostro Bavenbergensi[c] episcopo[6], nuper accepimus, quod, cum dilectus filius noster abbas Sancti Michaelis[7] decimas quasdam iudicio tuae fraternitatis evicerit, duo temerarii invasores parrochiani tui decimas ipsas in suae

---

a. *Descripsi ex bibliothecae Bambergensis cod. Ed. II 12, fol. penultimo, man. saec. XII.* b. *Descripsi ex cod. bibliothecae Bambergensis Aa II 2 fol. 1, man. saec. XII.* c. baṽ c.

1. II.   2. II.   3. Mart. 18.   4. ad concilium Lateranense.
5. Alexandro III.   6. Ottone II.   7. Wolframmus.

salutis periculum detinent violenter. Quocirca fraternitati tuae 1184-1185
per apostolica scripta mandamus, quatenus, si res ita se habet Sept. 11
et praedicti invasores ammoniti eas monasterio, iuxta quod ei
adiudicatae sunt, in potestate dimittere fortasse noluerint, eos
omni gratia et timore postposito, nullius appellatione obstante,
vinculo excommunicationis astringas et usque ad satisfactionem
congruam facias evitari. Data Verone 3 Idus Septembris.

39. *Conradus custos ecclesiae Trevirensis Wirzeburgensibus de miraculis quibusdam significat*[a].

C(onradus) Dei gratia Treverensis aecclesiae maioris custos[1] 1189-1200
omnibus civibus Wirciburgensibus et omnibus in circuitu manentibus
salutem in Christo.

Scire velit fraternitas vestra, quod in sabbato magno, quod
est post parasceue, officium diei peragente domno Heinrico,
quondam Virdunensi episcopo[2], ea hora cum benediceretur
cereus paschalis, ignis de sublimi datus est et, videntibus
multis qui aderant, lampas extincta caelitus est accensa; et
per triduum sine olei diminutione ignis in ea indeficiens perseveravit.
Sequenti vero die paschae, cum universus clerus et
populus ad decantandas Deo laudes convenissent, coram omnibus
claudus quidam ab infantia notus curatus est. Haec autem
ideo vobis significamus, ut fidei christianae ex hoc facto robur
accipiatis et in augmento devotionis magis ac magis proficiatis.

40. *Bernhardus dux Carinthiae Gregorium IX papam rogat, ut Ecberti episcopi Bambergensis in gratiam secum reversi ecclesiam confirmet*[b].

Reverendo domino suo et in Christo patri G(regorio) vene- 1233-1235

a. *Descripsi ex codice bibliothecae Bambergensis B I 12 membran. saec. XIII fol. 183 v.* b. *Descripsi ex tabularii Bambergensis cod. chart. saec. XV.*

1. De Conrado custode v. Beyer Urkundenbuch II 484. 2. Heinrico II qui, anno 1181 factus episcopus Virdunensis, abdicavit se episcopatu anno 1186. V. Annales S. Vitoni Virdunenses 1186, Mon. Germ. SS. X 527.

1233-1235 rabili sacrosancte ac universalis ecclesie summo pontifici B(ernhardus) Dei gratia dux Karinthie pedum oscula cum reverentia filiali.

Qua forma domino meo episcopo Bambergensi[1] sim reconciliatus[2], domino meo archiepiscopo[3] mediante ac duce Austrie[4], per litteras sub sigillis eorundem annotatas sanctitati vestre plenius innotescit. Verum, quia tenori eorundem stare teneor, benivolentiam vestram, que omnibus honesta petentibus uberius debet utpote mater omnium et magistra subsidium inpertiri, supplex efflagito, ut secundum formam memorati scripti ecclesie Bambergensi confirmationis apostolice presidium inpendatis[5].

1. Ecberto. 2. V. Continuatio Sancrucensis I (Mon. Germ. SS. IX 628) 1233: „Episcopus Babenbergensis et dux Karinthie rapina et incendio se mutuo vastaverunt; sed in omnibus episcopus superior semper extitit, civitates et castella ducis combussit et destruxit". Annales S. Rudberti Salisburg. (ibid. p. 785) 1233: „Episcopus Babenbergensis a ministeriale ducis Karinthie per totam quadragesimam in captivitate tenetur". 3. Eberhardo II Salzburgensi. 4. Friderico II. 5. Talem bullam Ecberto episcopo tribuit Gregorius IX die 4 Iul. 1235; v. Heyberger Landeshoheit über Fürth, probat. n. 64.

EX HEIMONIS
DE DECURSU TEMPORUM LIBRO.

Studiis chronologicis, quae omnino a doctis aetatis mediae viris labore serio dignari solebant, etiam Bambergae duodecimo saeculo complures se dediderunt. De duobus enim tum eius generis magistris Bambergensibus memoriae proditum est. Quorum alteri Frŏtolfo, presbytero ut videtur S. Michaelis iam anno 1103 mortuo, in „chronicis" conficiendis „praedicabilis diligentiae" laus defertur[1]; alterum Dudonem sive Tutonem, ab anno fere 1122 ad annum fere 1155 scholasticum maioris ecclesiae, cum „virum litteratissimum" tum chronologicarum rerum „perspicacissimum" fuisse accepimus[2]. Ex horum disciplina exstitit et Burchardus presbyter et monachus S. Michaelis „computistarum studiosissimus", qui die 14 Septembris a. 1149 vita excessit[3], et is, qui hoc loco plurimum nostra refert, Heimo.

Ipse autem Heimo, inde ab ineunte saeculo XII presbyter ecclesiae S. Iacobi Bambergensis[4], non solum Frŏtolfo Dudonique

1. Heimo anno 1135 in prioris libri editionis cap. 4, in posterioris editionis L. I c. 4 his verbis usus est: „In hoc scrupulo non tantum venerabilis Beda sed et plerique ante eum, quos ipse sequendo in multis imitatus est, et plurimi post eum, qui ipsum imitati sunt, herere deprehenduntur. Sed nec inde se absolvit **magister noster piae memoriae Frŏtolfus** (al. Frŭtolfus), cuius praedicabilis diligentia computationi Bedae decem annos addidit, in chronicis suis colligens a principio mundi 3962 annos usque ad nativitatem Christi". Qui idem fuisse videtur ac ille „Frŏtolfus presbyter et monachus S. Michaelis", cuius mors in necrologio S. Michaelis ad diem 17 Ian. 1103 refertur. 2. V. infra praefatio prioris editionis: „**magistro nostro Dudoni**" cet. 3. V. ibid.: „dilectissime Burcharde, compotistarum nostri temporis studiosissime". 4. V. Praefatio posterioris editionis: „Incipit cronica magistri

magistris operam dedit[1], *sed Bernhardi etiam Hispani doctrina usus est, episcopi illius in rebus chronologicis eruditi, qui, cum Pomeranos ad Christi fidem convertendos frustra suscepisset, circiter anno 1122 Bambergae aliquamdiu in monasterio S. Michaelis commorabatur*[2]. *Quam cognitionem Heimo ab illis acceptam tam strenue litteris exprompsit, ut propter „multa ingenii sui monimenta"*[3] *sodalibus „mirabilium editor operum" videretur*[4]. *Tamen plurima eius scripta interiisse videntur; in his* Computus *ante annum 1135 confectus*[5], *ad quem quidem pertinere arbitrer de Bernhardo Hispano fragmentum, ab Ebbone in vita Ottonis episcopi Bambergensis ex „prologo cuiusdam libri" Heimonis allatum*[6]. *At habemus alium eius librum „de* decursu temporum *ab origine mundi". Composuit enim Heimo hoc opus anno 1135 misitque ad eum, cuius supra men-*

Heimonis fratris fratrum S. Iacobi in Babenbergensi ecclesia". Ipse in prioris editionis cap. 5, in posterioris L. I c. 5 de se sic scripsit: „Constet ergo, quia a passione Domini usque nunc defluxerunt anni 1134 et quintus iam instat, cum ego Heimo presbyter, minimus fratrum in ecclesia sancti Iacobi apostoli Babinbergensis territorii, haec conscribo". Ecclesiae s. Iacobi canonicorum unus comparet Heimo primum in tabula anni 1108 (vel 1109), deinde in viginti tabulis spatio annorum 1124—1136 conscriptis; v. Das Gründungsbuch des Collegiatstifts S. Iacob, in Einundzwanzigster Bericht des historischen Vereins zu Bamberg p. 1 et p. 17—28.
1. V. supra p. 537 n. 1 et 2.   2. Ebbo in Vita Ottonis episcopi L. II 1: „Nam et venerabilis Heimo presbyter, canonicus S. Iacobi, qui multa nobis ingenii sui monimenta reliquit, ab eodem Christi servo (Bernhardo) multa didicit de arte calculatoria, que prius apud vulgatos compotistas obscura et intricata ne dicam falsata invenerat" cet.   3. V. supra n. 2.
4. Ebbo l. l.: „Unde et ipse venerabilis frater noster Heimo, mirabilium editor operum" cet.   5. Huius libri mentionem infert Heimo in posterioris editionis „de decursu temporum" operis L. I c. 2: „De qua diversitate compoti Hebreorum et christianorum uberius in compoto nostro agitur"; et L. III c. 1: „sicut in compoto nostro in explanatione cicli paschalis Dionisii ostendimus".   6. Ebbo l. l. L. II c. 1: „Unde et ipse venerabilis frater noster Heimo — in prologo cuiusdam libri sui de Bernhardo scribens inter cetera ait: „„Benedictus Deus omnipotens; quoniam per hominem illum prestitit michi multa audire et discere, que prius ignorabam, non tantum de cronica supputatione sed et de misteriis et rationibus paschalis observantie, immo de omni inter nos oborta questione"".

tio facta est, Burchardum S. Michaelis monachum[1]; *nec multo post, cum librum se invito celeriter pervulgatum esse reperisset, iam ipso anno 1135*[2] *eundem novo studio retractavit magnopereque adauxit*[3]. *Sed omnes illae rerum chronologicarum inquisitiones Heimonianae, leves et perinfirmae, in quibus non potius vera scientia est quam inepta numerorum lusio, plane nihil ad curam nostram attinerent, nisi ieiunis suis paleis Heimo bella grana quaedam ad historiam spectantia immiscuisset. Ex praefationibus enim duarum operis editionum, quam vigens tum fuerit Bambergae agitatio studiorum, intelligi potest. Liber quartus editionis posterioris, ubi imperatorum ratio habetur, de Heinrico II nonnulla in se continet, quae Adalbertum in vitam eiusdem imperatoris ad verbum transtulisse videmus. Leguntur etiam in quinto posterioris editionis libro ad pontifices Romanos pertinente, quae ostendunt, Burdinum antipapam paulo plus, quam suspicari solent, apud Germanos valuisse*[4]. *Adiunxit praeterea Heimo operi cyclos paschales ab ortu mundi usque ad annum 1595 progressos, in quorum marginibus breves memorias collocavit, ubi etiam post eius obitum a Bambergensibus nonnulla apposita sunt ad annum 1179 usque pertinentia. De vita autem migravit Heimo die 31 Iulii a. 1139*[5]. *Cuius mortem fratres S. Iacobi grata recordatione prosequebantur, propterea quod ec-*

---

1. V. infra praefatio prioris editionis. 2. Utramque libri tractationem anno 1135 factam esse, multis locis apparet. Ed. 1 cap. 3, ed. 2 L. I c. 3: „In anno Domini, cum ista scribimus, praesenti 1135 sunt epactae quatuor" cet.; cf. supra p. 537 n. 4. In solius editionis posterioris L. IV c. 3 legimus haec: „Etenim si ab hoc instanti anno, qui est annus Domini 1135, retrogradus" cet. 3. V. praefatio posterioris editionis. 4. Burdini vero non a Bambergensibus solum sed etiam ab Augustensibus et Osnabrugensibus rationem habitam esse, animadvertimus ex Eginonis epistola (Mon. Germ. SS. XII 446) et ex Udalrici cod. n. 190 supra p. 328 (cf. p. 329 n. 6). 5. Diem et annum reperies infra ad 1139; eundem diem in necrologio S. Michaelis. In necrologio autem S. Iacobi saec. XVI scripto Heimonis mors perperam ad 3 Kal. Aug. (Iul. 30) refertur hoc modo: „Anniversarius Haymonis presbyteri canonici ecclesie nostre, qui multum ornavit et dotavit ecclesiam nostram libris bonis et sacris vestibus"; v. Siebenter Bericht des histor. Vereins zu Bamberg p. 225.

clesiam illam „multum ornaverat et dotaverat libris bonis et sacris vestibus" [1].

Tres libri codices consulere licuit. Qui quidem hi sunt:

A. *Codex bibliothecae regiae Monacensis, lat. 2, quondam* Augustensis, *membranaceus forma maxima, saeculi* XII*, qui fol. 18—87* priorem operis Heimoniani editionem *exhibet anno 1137 exaratam. Iuxta cuius codicis cyclos paschales inveniuntur memoriae Bambergenses ad annum 1137 progredientes, quibus et immisti et subiecti sunt annales Augustani.*

T. *Codex latinus Monacensis 18769, quondam* Tegernseensis *(769), membranaceus forma quadrata, saeculi* XII, *a Wernhero diacono et monacho ante annum 1198 scriptus* [2]; *quem Carolus Halm perbenigne ad me misit. Ibi et* posterior chronographiae editio *et plurimae memoriae Bambergenses usque ad annum 1139 reperiuntur* [4] *non sine extrariis accessionibus.*

E. *Codex olim* Ensdorfensis, *qui iam superiore saeculo in abbatia Maurimonasteriensi servabatur hodieque in bibliotheca civitatis* [5] *Argentinensis reperitur, signatus* E 11, *membranaceus saec.* XII, *quem magna cum accuratione Rudolphus Reuss in usum meum pervolutavit. Qui codex, item* posteriorem libri editionem *complexus, ea re maxime notabilis est, quod usque ad annum 1179 deductas praebet memorias Bambergenses, et eas quidem cum annalibus Ensdorfensibus coagmentatas.*

Pertzius in Mon. Germ. SS. X *1—11 excerpta libri Heimoniani (una cum annalibus Ensdorfensibus et Augustanis minoribus) edidit, nimis cursim quidem usus codicibus* A *et* E.

1. Ecclesia S. Michaelis quoque ab Heimonis fratre Berthkero largitione aucta est; v. necrologium S. Michaelis ad 2 Kal. Aug. 2. de quo cf. Halmii Catalogus bibl. regiae Monacensis I p. 1 n. 2. 3. in cod. fol. 132 leguntur haec: „Hunc librum Werinherus diaconus et monachus patravit"; et fol. 126 cyclorum anno 1198 ascripta haec sunt: „Wernherus diaconus et monachus obiit, patrator huius libri". 4. Videntur autem etiam memoriae annorum 1147 et 1153, quae in hoc codice insunt, Bamberga profectae esse. V. infra „Ex cyclis". 5. non universitatis.

Nam ipsos paucos scriptoris flores praetermittens, nonnullam foliaturam Bambergensem simul cum fructibus Augustanis et Ensdorfensibus promiscue devulsit eamque farraginem sub his titulis: „Ex chronographia Heimonis" et „Annales Babenbergenses" protulit[1].

Hoc loco autem id mihi spectandum esse putavi, ut, propositis illis quae superius recensui libri capitibus, ex memoriis ad cyclos adiunctis eas omnino impressione dignas deligerem, quae mihi, manuum varietatem respicienti codicesque inter se comparanti, et ab ipso Heimone et post eius mortem a Bambergensibus scriptae esse viderentur.

Berolini 11 Kal. Decembres 1868.

PRAEFATIO PRIORIS EDITIONIS[a].
Prologus.

Meministine, frater et compresbiter in Christo Iesu dilectissime Burcharde[2], compotistarum nostri temporis studiosissime, mutuae et frequentis nec non familiaris nostrae collationis? Meministine, inquam, quam sepe turbati sumus et conquesti de regulis, quas magistri nostri calculatores et verbis nobis tradiderunt et scriptis reliquerunt; scilicet de inveniendis annis ab incarnatione Domini nec non ab origine mundi: quod videlicet sint nimis perplexae ad intellegendum; et tandem postquam discussae et perviae sint intellectui, nullatenus tamen consonent euangelicae veritati et catholicae fidei et ęcclesiasticae assertioni? sicut tibi notissimum et probatissimum est et cuilibet animadvertere volenti patere poterit.

a. *ex A fol. 18.*

1. Nec vidit Pertzius, Heimonem ex ecclesia S. Iacobi ac non ex S. Michaelis coenobio fuisse. 2. Fuit Burchardus presbyter et monachus S. Michaelis Bambergensis (v. Praefationem editionis posterioris infra p. 543: „Ad fratrem et compresbyterum Burchardum monachum S. Michaelis" cet.). Nec dubium est, quin idem fuerit, quem scimus priorem S. Michaelis mortuum esse d. 14 Sept. 1149. Sic enim est in necrologio S. Michaelis Bamb.: „18 K. Oct. Ellenhardus prior 1127, et Burchardus prior 1149 presbyteri et mon. n. congreg. Hii multos libros comparaverunt huic aecclesiae".

1135   Tuis itaque hortationibus nec non proprii desiderii impetu accensus, easdem regulas diligentius considerare praesumens, diversa cronografaphorum scripta curiosius legi et relegi. Sed ut verum fatear, tanta eorum diversitate et etiam contrarietate affectus sum, ut multotiens me incepti mei tederet. Tandem rediens in me, dixi in corde meo: *Nonne Christus Iesus veritas dicit: „Omnis qui petit, accipit; et qui querit, invenit; et pulsanti aperietur"*[1]*? Noli ergo tedere vel deficere, noli a proposito desistere; pete, quere, pulsa; et certe Christo donante veritas, quam desideras, offeretur tibi ultronea.* Quapropter, diversissimis et multiplicibus, interdum etiam per numeros vitio scriptorum corruptissimis, cronograforum scriptis depositis, solis canonicis utriusque testamenti paginis inhesi; admissis paucis sanctorum patrum certioribus documentis.

Et quid ex illis collegerim, tibi quam primum, secreto considerandum, praesento. Deinde, cum tibi visum fuerit, magistro nostro Dudoni[2], viro litteratissimo et talium rerum perspicacissimo, examinandum et corrigendum pariter offeramus. Postremo, si ipse censuerit, caeteris quoque amicis nostris videndum et legendum non negemus.

Rogo autem te, quisquis, a gravioribus feriatus, ista digneris respicere et percurrere: ut idcirco non statim me derideas, si te forte offendat huius considerationis novitas; immo mecum queras, et si quid melius tibi querenti Dominus revelaverit, illi condignas grates referas, mihi vero indulgeas, qui, haec scri-

---

1. Luc. 11, 10.   2. Is comparet in variis Ottonis I episcopi Bambergensis tabulis: d. circ. 11 Nov. 1122 ap. Fickler Quellen und Forschungen p. 46—47 („Tuto scolasticus"); d. 1122 ap. Ussermann ep. Bamb. cod. prob. p. 71 („Dudo scolasticus"); d. 1127 ap. Oesterreicher Gesch. v. Banz II p. XV („Tuto magister scolarum"); d. 25 Mai. 1137 ap. Ussermann l. l. p. 85 („Tuto scolasticus"); in Egilberti episcopi tabula d. 1144 ap. Ussermann l. l. p. 94—95 („Tuto magister"); in sua propria tabula d. a. 1155 ap. Wegele Monumenta Eberacensia p. 59 („Tuto ecclesiae Babenbergensis canonicus et magister scolarum"). Mors eius in necrologio S. Michaelis sic est adnotata: „Non. Apr. Tuto diaconus S. Petri. Tuto scolasticus maioris ecclesiae — tocius veteris ac novi testamenti libris quam nobilissimis armarium nostrum ditavit".

bens, et occasionem diligentioris inquisitionis tibi praebeo et te 1135 invenire, quod ego minus potui, non invideo, potius cordetenus congaudeo; optans, ut, si non per me, saltem per te huius rei aliqua veritatis certitudo elucescat.

PRAEFATIO POSTERIORIS EDITIONIS[a].

Incipit[b] cronica magistri Heimonis fratris fratrum Sancti Iacobi in Babenbergensi ecclesia, que sic inchoatur.

Ad fratrem et compresbiterum Burchardum[c], monachum 1135 sancti Michahelis, paulo ante scripsi librum de decursu temporum ab origine mundi usque ad nostrum tempus; ostendens in eo: quare cronica supputatio modernorum quorundam cronograforum et etiam regulae de annis Domini vel ab initio[d] seculi inveniendis, inculcate nobis a maioribus nostris, non concordent ewangelicae veritati et sanctorum patrum auctoritati.

In quo libro quoniam in locis quaedam superabundabant, quedam brevius et obscurius posita fuerant, et tamen ante debitam castigationem idem liber contra voluntatem meam a quibusdam transscriptus erat, placuit mihi in retractationem illius hunc librum conscribere; ut videlicet, quicquid in illo minus provisum fuerat vel ex me scribente vel ab alio quolibet ante retractationem transcribente, id in isto castigatius et emendatius ac planius inveniri valeat. Est autem materia huius libri continuus annorum decursus a principio mundi usque ad nostrum tempus.

Intentio est: a luna XIIII, sicut est primitus creata in quarta[e] feria 12 Kal. Aprilis, descendendo ostendere, fuisse lunam XIIII secundum Latinos et Grecos, sed XV secundum Iudeos in octavis Kalendis Aprilis, quando passus est Dominus; et e contra ascendendo a XIIII luna primi mensis, quae est terminus paschalis anni presentis: nichilominus fuisse lunam XIIII secundum

a. *ex T fol. 8, E fol. 14.* b. Prologus *E pro* Incipit — inchoatur.
c. Burckardum *E.* d. mundi seculi *T.* e. septima *E.*

1135 nos christianos, sed XV iuxta Hebreos, in die dominicae passionis feria sexta sicut testantur euangelia, in 8 Kal. Aprilis iuxta sanctorum patrum traditionem; concordantibus sibi omni modo et annorum seculi per 6 aetates mundi cronica et auctentica supputatione et cyclorum, que prorsus in epactis et concurrentibus fundatur, ratione.

Utilitas est: ut legentes et cognoscentes concordiam cronice supputationis seculi et rationis cyclorum, caveant sibi a falsorum compotistarum et cronographorum errore; per quem ipsis non animadvertentibus ac ętiam nolentibus heresis contra fidem catholicam suboriri et surrepere curiosis et infirmis poterit; sicut in ipso contextu operis huius planissime apparebit.

Qualitas vero tractatus istius talis est: distinctus est in septem partes. Et prima pars secundum divinum canonem continet[a] annos quinque aetatum ab initio seculi usque ad passionem Christi in 16 capitibus. Secunda colligit tempora quinque regnorum sibi concurrentium vel succedentium, scilicet Assiriorum Sicioniorum Aegyptiorum Romanorum Albanorum ab iniciis ipsorum usque ad passionem Christi in 7 capitibus. Tercia in propheticis ebdomadibus Danielis exponit annos a principio regni Persarum usque ad passionem Christi et nichilominus ab initio seculi usque ad fundationem Romanae ęcclesiae in 13 capitibus. Quarta comprehendit annos sexte aetatis per tempora imperatorum Romanorum a passione Domini usque ad nos in 5 capitibus. Quinta colligit et concordat annos Romanorum pontificum et Romanorum principum in 11 capitibus. Sexta digerit testamentum humane servitutis et miseriae, contractum per inobedientiam protoplastorum Adam et Evae. Septima proponit testamentum christianae libertatis, conscriptum victorioso sanguine Christi Iesu et confirmatum gloriosa eius resurrectione.

Haec breviter ideo praelibare placuit, ut si cui, ab aliis maioribus ferianti, istud quoque opus qualecunque perspicere collibuerit, in prologo praediscat, quid ei in sequentibus expec-

[a] continent *E*.

tandum sit. Precorque, ut mei peccatoris in bono reminisci 1135 velit.

EX LIBRO QUARTO*.

... Etenim si ab hoc instanti anno, qui est annus Domini 1135, retrogradus usque ad primum annum imperii magni Iustiniani reputes, non plus quam sexcentos novem annos invenies hoc modo:

Ab anno Domini 1127 indictione 5 Lotharius tercius rex Francorum, imperator Romanorum, regnavit octo annis usque in annum Domini praesentem 1135 indictionem 13, cum hoc opus inicium scribendi fecimus.

Ante Lotharium regnavit Heinricus V 20 annis, ab anno Domini 1107 indictione 15.

Ante Heinricum V regnavit pater eius Heinricus IV annis 51, ab anno D. 1057 indictione 10. In cuius anno octavo, qui fuit annus D. 1064, completus est secunda vice magnus ciclus paschalis.

Ante Heinricum IV pater eius Heinricus III regnavit 17 annis, ab anno D. 1039 indictione 7.

Ante Heinricum III pater eius Chönradus II regnavit 15 annis, ab anno D. 1024 indictione 7. Hic monasterium Linpurch construxit et prediorum copia ditavit. Spirense episcopium provehere statuit; sed morte preventus, ne votum suum compleret, filio suo Heinrico III sue voluntatis effectum commisit. Quem ipso magnifice cepit, sed filius eius Heinricus quartus magnificentius perfecit[1].

Ante Chönradum Heinricus II, prius dux Baiorie, sed postea regni sublimatus culmine, regnavit annis 23, mensibus 5, ab anno Domini 1001 indictione 14. Hic cum esset christianissimus, sexto regni sui anno episcopatum Babinberch[b] in honore sancti Petri principis apostolorum et sancti Georii martiris constituit et regaliter prediis et omni copia et ornatu ditavit et sublimavit[2]. In eodem loco extra urbem versus meridiem construxit ęcclesiam in honore sancti Stephani protomartiris; ut, cum maiori — scilicet sancti Petri et sancti

a. ex T fol. 60.   b. Babiberch T.

1. Ex Ekkehardi chron., Mon. Germ. SS. VI 195.   2. Ex Ekk. l. l. p. 192.

1135 Georii — sole nobiles et eminentiores persone admitterentur, hic minores et mulieres in Christi militiam ordine canonico locum assumendi invenirent ᵃ. Quodsi quis ᵇ in alterutra ęcclesia, scilicet sancti Petri vel sancti Stephani, maiori zelo divini amoris tactus, artioris — id est monachice — professionis regulam subire vellet, ne illi alias divertere necesse esset, idem beatus imperator extra urbem versus septentrionem constituit monasterium in honore sancti Michahelis archangeli et sancti Benedicti abbatis et opibus atque ornatu sufficienter ditavit. His¹ tribus ęcclesiis postea per Guntherum, eiusdem Babinbergensis sedis quartum praesulem, et per Reginoldum quendam virum nobilem addita est quarta ęcclesia in honore sancte Mariae matris Domini et sancti Gengolfi martiris extra urbem versus orientem in loco Tierstat sub ordine et professione canonica. Denique sextus eius sedis episcopus Heremannus extra urbem versus occidentem ᶜ in honore sancti Iacobi apostoli filii Zebedei ęcclesiam sub ordine canonico iniciavit. Hanc Otto humilis ᵈ, octavus eiusdem sedis episcopus, cooperante Eberhardo praeposito, consummavit et dedicavit ac stipem ordinemque illic Deo servientium decenter disposuit. Sic locus Babinbergensis ęcclesiis et patrociniis sanctorum in modum crucis undique munitus Christo Iesu crucifixo cottidianum et sedulum celebrat officium et servitium pro primo suo fundatore, Heinrico secundo, imperatore piissimo, eiusque cooperatoribus et successoribus vel augmentatoribus omnibus. Et ut inibi militantibus Domino maior tranquillitas et securitas ac reverentia ad supplicandum Deo perseveret, praedicte quinque ęcclesiae sic sunt locate, ut fere ab omni strepitu et tumultu forensi ac populari sint decentissime segregate. Obiit autem ille dilectus Deo et hominibus Heinricus secundus imperator, cuius memoria semper in benedictione est, anno regni sui 24, imperii 11, vite 52, 2 Idus Iulii; et sepultus est in domo sancti Petri et sancti Gegorii martyris ante altare sancte crucis.

ᵃ. inveniret *T*.   ᵇ. quo *T*.   ᶜ. occidente *T*.   ᵈ. amator pauperum Christi *omisisse videtur T*.

1. Quae sequuntur usque ad „... decentissime segregate", recepit Adalbertus in Vitae Heinrici II imp. caput 7 (Mon. Germ. SS. IV 794).

Ante Heinricum II regnavit Otto III annis 17, ab anno D. 984 indictione 12.

Ante Ottonem III pater eius Otto II regnavit annis 9, ab anno 975 indictione 3.

Ante Ottonem II pater eius Otto I, propter sapientiam et fortitudinem et industriam agnominatus Magnus, regnavit annis 38 ab anno D. 937 indictione 10. Huius anno primo Ungari, Frantiam et Alamanniam et Galliam usque oceanum Burgundiamque devastantes, per Italiam redierunt. Item anno 19 eiusdem totam Baioariam depopulantes, iuxta Augustam Alamannie urbem ab Ottone rege victi inmensa[a] cede necantur[1]. His temporibus sanctus Ŏdalricus Augustensis episcopus claruit.

Ante Ottonem I pater eius Heinricus I genere Saxo regnavit annis 17, ab anno D. 920 indictione 8. Hic propter modestiam et humilitatem, quam circa omnes habuit, Humilis[2] agnominatus est. Ungaros, Saxoniam vastantes, gravissima cede perdomuit.

Ante Heinricum I Chŏnradus I genere Francus regnavit annis 7, ab anno D. 913 indictione 5. Huius temporibus Ungari ter Alamanniam et Lotharingiam vastaverunt. Hic Chŏnradus fuit ultimus de stirpe Karolorum in regno Francorum[3].

Ante Chŏnradum Ludewicus III . . . . .

EX LIBRO QUINTO[b].

.. Leo IX ... Hic inter plurima, que in sancta ecclesia vel prudenter et sinodaliter correxit vel strennue malefactorum violentias reprimendo viriliter egit, etiam nocturnalem cantum de beato Gregorio papa satis honesta modulatione composuit et in multis cenobiis Teutonicarum partium cantari impetravit ....

... Nicolaus II, qui ante Gebehardus Florentiae episcopus fuit ordinatus; seditque annis 3. Obiit vero 6 Kal. Aug. in Perusino episcopatu et Perusii sepultus est anno Domini 1061 ....

... Quo (Alexandro II) defuncto, successit ei Hildebrandus

---

a. inmense c.   b. ex T fol. 78 squ.

1. ex Ekkehardi chronico, Mon. Germ. SS. VI 189, 190.   2. Cf. Waitz Jahrbücher des deutschen Reichs unter Heinrich I (ed. 2) p. 217. 3. V. Ekkehardi chron. l. l. p. 175.

1012. Domus^a sancti Petri et sancti Georgii Babenberg^b dedicatur.

1024. Heinricus II imperator obiit 2 Idus Iulii; cui successit Chônradus^c 6^d Idus Septembris et regnavit annos fere 15.

1039. Chunigunt imperatrix uxor Heinrici II obiit 5 Nonas Marcii. Eodem anno Chônradus^e imperator obiit 2 Nonas Iunii; cui successit filius eius Heinricus tercius et regnavit annos 17.

1040. Eberhardus primus episcopus Babenbergensis^f obiit^g.

1056. Heinricus tercius imperator obiit 3 Non. Decembris^h. Filius eius Heinricus quartus regnareⁱ cepit et regnavit annos^k 50.

1100. Paschalis^l II papa 162us^m sedit annis 19. Hic pium Ottonem Babenbergensem episcopumⁿ 4 Idus Mai.^o in sancta die pentecostes^l consecravit et pallium ei cum aliis privilegiis dedit.

1105. Heinricus^p rex^q, filius Heinrici quarti imperatoris, contra patrem armatur^r; ubique luctus et pavor.

1106. Heinricus quartus imperator obiit; cui successit filius eius Heinricus quintus et regnavit post eum annis 20.

1119. Gelasius^s secundus sedit anno uno.

1120. Kalistus^t secundus papa 164us sedit annis quinque.

1125. Honorius secundus papa 165us^u sedit annis 5.

1126. Heinricus quintus imperator obiit 9^v Kal. Iunii. Cui successit circa Kalendas Septembris Lotharius tercius, dux^w Saxonie.

1130. Petrus^x filius Leonis et Gregorius diaconus Sancti Angeli pro papatu contendere ceperunt.

a. memoriam anni 1012 om. T.   b. Babinberg A.   c. Kŏnradus A, Chŏnradus T, Cunradus E.   d. VII A.   e. Chunradus T, Cunradus E.   f. Babenberg E.   g. Eberhardus — obiit in E ad a. 1040 refertur; in T ad a. 1042; om. A.   h. sic omnes codd. perperam pro Octobris. (Pertzius ex libidine posuit: Octobris).   i. regnare cepit om. A.   k. annis E.   l. Memoriam anni 1100 om. A.   m. 161 E.   n. Babenbergensem episcopum om. E.   o. 4 Id. Mai. — pentecostes om. T.   p. Memoriam anni 1105 om. E.   q. Hainricus quintus T.   r. surrexit; et totum regnum inde commotum est T pro armatur — pavor.   s. Memorias annorum 1119 et 1120 et 1125 om. A.   t. Calistus E   u. 164 E.   v. 8 A.   w. genere Saxo, et regnavit annis 11 et mensibus tribus A.   x. Memoriam anni 1130 om. A.

1. anni 1106.

EX HEIMONIS LIBRO

1133. Eclypsis* solis facta est 4 Non. Augusti, sexta decima luna.

1135. Hoc[b] anno ista collectio et digestio cyclorum* ab initio mundi usque huc facta est.

1137. Lotharius tertius imperator obiit 3[d] Non. Decembris*.

1138. Chônradus[f] III rex constituitur 6 Kal. Martii.

1139. Heimo, auctor istius operis, obiit 2 Kal. Augusti.

1140. Otto octavus Babenbergensis ecclesiae pius episcopus, 1139 plenus operibus bonis et elemosinis, celo gaudente, terra plorante, supernam Ierusalem ascendit 2 Kal. Iulii.

1142. Richenza imperatrix obiit. 1141

1144. Eberhardus pie memorie, prepositus maioris ec- 1143 clesie, obiit.

1146. Egilbertus nonus episcopus, vir misericordie et pietatis, ad Christum migravit[1]. Cui ipsa die dominus Eberhardus, Sancti Iacobi prepositus, omni sapiencia probitate et religione conspicuus, unanimi[g] tocius cleri et populi electione substituitur. Cuius primo anno[2] sanctus Heinricus ab Eugenio papa canonizatus est.

1147. Expeditio (ad Ierusalem sub rege Cunrado[h]).

1153. Cunradus[i] III rex obiit 16 Kal. Martii. Fridericus 1152 successit 4 Nonas eiusdem.

1170. Eberhardus decimus episcopus, vir misericordie et pietatis, migravit ad Christum[3]. Cui ipsa die Hermannus prepositus unanimi tocius cleri et populi electione substituitur.

1177. Hermannus undecimus episcopus obiit[4]. Otto regali prosapia ortus maiorisque ecclesie prepositus subrogatur.

a. *Memoriam anni 1133 om. AT.* b. *Memoriam anni 1135 om. T.* c. *ciclorum A*, cyklorum *T.* d. 3 *TE*, 2 *A.* e. *Quae sequuntur, sunt in E; non sunt in A. In T non sunt nisi memoriae annorum 1138, 1139, 1147, 1153.* f. Cunradus *E.* g. inanimi *E.* h. Expeditio 1147 *E, ubi manus recentior addidit* Expeditio ad Ierusalem sub rege Cunrado; *quae verba etiam in T leguntur.* i. Chônradus *T.*

1. die 29 Maii. 2. Etiam vivo Egilberto episcopo, die 14 Mart. 1146. V. ep. Bamb. 35 supra p. 581. 3. Iul. 17. 4. Iun. 12.

1179. Generalis synodus quingentorum quatuordecim episcoporum sub Alexandro papa agitur. In qua etiam memoratus Otto se suosque successores a domno papa consecrari prerogative, dominica *Iudica*[1] consecratus, obtinuit.

ANNALES S. MICHAELIS BABENBERGENSES.

In codice quondam coenobii S. Michaelis Bambergensis hodie bibliothecae Carlsruhanae, quem cum diu vestigavissem frustra, proxime tandem repertum consulere licuit, membranaceo saec. XII, ita signato: Durlacensis 36f, *insunt (fol. 101—102v) cycli paschales, quibus duae manus parvos hos annales apposuerunt. Et earum prior quidem memorias annorum 1066—1117 scripsit, reliquas posterior. Indidem promptos annales Molterus miserat Pertzio ad principem editionem in Mon. Germ. SS. V 9—10 curandam.*

Berolini 5 Kal. Novembres 1868.

1066. Adelhelmus, tertius huius loci abbas, obiit 2 Id. Maii; cui successit Ruodpertus eodem anno.

1071. Ruodpertus vivus discessit. Cui Eggibertus eodem anno successit 3ᵃ Kal. Sept.; sed et ipse vivus discessit.

1076. Heinrico IIII rege Romam tendente, hieme solito graviore, Ruodolfus subrogatur in regnum. Eggibertus abbas obiit.

1080. In isto autem anno occiditur idem Ruodolfus autumnali tempore.

1082. Uto abbas 2 Id. Sept. obiit; cui anno sequenti successit

1083. Willo Nonis Iulii.

1085. Willo abbas obiit 2 Non. Iulii;

a. vel 6.
1. Mart. 18. V. Ottonis II ep. supra p. 534.

1086. cui successit Tiemo 7 Kal. Maii.

1094. Tiemo abbas obiit 8 Id. Ian.; cui eodem anno successit Gumpoldus 16 Kal. Apr.

1107. Heinricus IIII imperator obiit 7 Id. Augusti.

1112. Gumpoldus abbas obiit 3 Kal. Augusti.

1117. Terre motus maximus factus est 3 Non. Ianuarii. Eodem anno eclipsis lunae contigit 2 Idus Decembris. Multae etiam urbes in Italia crebris terre motibus ceciderunt.

Abhinc secunda manus.

1123. Obiit Wolframmus a(bbas).

1147. Hermannus abbas obiit.

1160. Helmbricus abbas cessit propter infirmitatem.

ANNALES S. PETRI BABENBERGENSES.

Bis adhuc annales hi editi sunt ex uno, quo servantur, codice quondam canonicorum Bambergensium nunc bibliothecae Bambergensis Ed. II 14 membranaceo saec. XII fol. 27 v, ubi una manus posuit eos praeter anni 1185 memoriam ab alio eiusdem saeculi scriptore collocatam. Primum enim prodierunt curante C. A. Schweitzer (Siebenter Bericht des historischen Vereins zu Bamberg p. 70), deinde in Mon. Germ. SS. XVII 636 —637 me edente. In hac tertia vero recensione paranda codicem ipsum denuo adire non supersedi.

Berolini 4 Kal. Novembres 1868.

1103. Sextus Babenbergensis aecclesiae episcopus[1] obiit. 1102

1107. Heinricus quartus, Romanorum imperator, obiit. 1106

1117[a]. Terrae motus factus est.

1120. Adelbero decanus obiit.

a. *sic est in cod.; non 1113.*

1. Rupertus, 1102 Iuni. 11.

1121. Egilbertus prepositus obiit[1].

1125. Heinricus quintus rex et quartus Romanorum imperator obiit.

1127. Ŏdalricus presbyter et custos, frater noster, obiit.

1133. Eclipsis solis facta est circa horam nonam[2].

1139   1138. Otto, septimus Babenbergensis aecclesiae episcopus, obiit[3].

1143. Eberhardus pie memorie[a] prepositus, frater noster, obiit[4].

1146   1145. Egilbertus, octavus[b] Babenbergensis aecclesiae episcopus, obiit.

1152. Cŏnradus rex obiit.

1163. Ŏdalricus pius prepositus, frater noster, obiit.

1170. Eberhardus, nonus Babenbergensis aecclesiae episcopus, obiit.

1171. Giselbertus prepositus, frater noster, obiit[5].

1185. .... Aprilis monasterium sancte Marie in Twerstat[6] com(bustum est). Eodem anno, 2 ... Augusti monasterium sancti Petri cum toto ambitu urbis comb(ustum est).

a. memori c.   b. VII c.
1. Febr. 25.   2. Aug. 2.   3. 1139 Iun. 30.   4. Iun. 26.
5. Iun. 8.   6. Teuerstadt, suburbio Bambergensi.

NECROLOGIUM S. PETRI BAMBERGENSE ANTIQUIUS.

Descripsi necrologium hoc ex codice membranaceo saec. XI quondam ecclesiae maioris nunc bibliothecae Bambergensis, Ed. IV 3 *signato, unde memorias tres iam in Monumentis Germaniae historicis SS. XVII 636 proposueram.*

6 Id. Mart. Anno incarnationis Domini 1072 Liuzo ordinatur.
10 K. Apr. Wirntho laicus obiit.
2 N. Apr. 1081 monasterium combustum[1].
6 Id. Iunii Obiit Otto presbyter.
3 Id. Iulii Cum rex Heinricus migrat ab orbe pius,
             Perdidit hic florem Babenberh atque decorem.
                  ANNO MXXIIII OBIIT.
9 K. Sept. Hademût obiit.
8 Id. Dec. Iudita laica obiit.

EX NECROLOGIO CAPITULI S. PETRI BAMBERGENSIS.

Canonicorum ecclesiae maioris Bambergensis necrologium, circiter anno 1180 institutum[2] *posteaque adauctum, ex codice bibliothecae Bambergensis* Ed. II 14 *membranaceo saec. XII edidit*

---

1. Hoc incendium ecclesiae maioris Bambergensis ad d. 8 Aprilis (ad vigilias paschae) refertur ab Ekkehardo in chron. 1081, Mon. Germ. SS. VI 204.   2. Nam etiam Hermanni episcopi die 12 Iunii 1177 mortui nomen ea manu illatum esse videmus, quae totum necrologium condidit.

anno 1844 C. A. Schweitzer in Siebenter Bericht des historischen Vereins zu Bamberg. Excerpta eiusdem opusculi ab Alfonso Hubero proposita sunt anno 1868 ap. Boehmerum Fontes rerum Germanicarum IV 505 — 507. Nec meum esse hoc munus putavi, ut omnia quaecunque ibidem habentur nomina proponerem, sed graviora tantum delegi, consulens et Bambergae ipsum necrologii codicem et Berolini exemplar libri a Carolo Friderico Stumpfio factum. Eorundem autem nominum, quatenus ad certos annos referri potuerunt, hanc tabulam annalem conscripsi:

1006. 12 Kal. Aug. Gisela ducissa, mater Heinrici II imp.
1012. 2 Non. Mai. Dedicatio Babenbergensis ecclesiae.
1020. 9 Kal. Mai. Ismahel dux Apuliae.
1040. Id. Aug. Eberhardus ep. Bambergensis.
1053. 8 Id. Nov. Hartwicus ep. Bambergensis.
1056. 3 Non. Oct. Heinricus III imperator.
1057. 16 Kal. Mart. Adelbero ep. Bambergensis.   4 Kal. Oct. Otto III dux Sueviae.
1059. 7 Id. Dec. Lupoldus archiep. Moguntinus.
1065. 10 Kal. Aug. Guntherus ep. Bambergensis.
1083.? 18 Kal. Oct. Heinricus ep. Tridentinus.
1088. 13 Kal. Iul. Megenhart ep. Wirziburgensis.
1102. 3 Id. Iun. Rupertus ep. Bambergensis.
1111. 2 Id. Apr. Walramus ep. Cicensis.
1120. 19 Kal. Febr. Adelbero decanus S. Petri Bamb.
1121. 5 Kal. Mart. Egilbertus praepositus S. Petri Bamb.
1125. 10 Kal. Iun. Heinricus V imperator.
1126. 16 Kal. Apr. Arnoldus ep. Spirensis.
1137. 2 Non. Dec. Lotharius III imperator.
1141. 4 Id. Iun. Richiza imperatrix.
1143. 6 Kal. Iul. Eberhardus praepositus S. Petri Bamb.
1146. Id. Apr. Gerdrudis regina.   4 Kal. Iun. Egilbertus ep. Bamb.
1152. 15 Kal. Mart. Conradus rex.
1156. Non. Mai. Lŏpolt praepositus S. Stephani Bamb.
1162. 6 Id. Iul. Bruno ep. Argentinensis.
1164. 3 Non. Ian. Odelricus praepositus S. Petri Bamb.   11 Kal. Iul. Eberhardus archiep. Salzburg.
1165. 18 Kal. Mai. Heinricus II ep. Wirziburgensis.
1170. 2 Kal. Mai. Helmbericus abbas Ensdorfensis.   16 Kal. Aug. Eberhardus ep. Bamb.
1171. 6 Id. Iun. Giselbertus praepositus S. Petri Bamb.
1177. 2 Id. Iun. Hermannus ep. Bambergensis.
1186. 17 Kal. Iul. Regenhardus ep. Wirziburgensis.

1188. Id. Dec. Bertholdus marchio Istriae.
1190. 4 Id. Iun. Fridericus I imperator.
1192. 8 Kal. Sept. Wicmannus archiep. Magdeburgensis.
1194. 13 Kal. Iul. Sigelohc cancellarius.
1196. 6 Non. Mai. Otto II ep. Bambergensis.
1202. Id. Oct. Thimo ep. Bambergensis.
1203. 11 Kal. Mart. Cuonradus electus Bambergensis.
1208. 11 Kal. Iul. Philippus rex.
1213. 4 Kal. Oct. Gerdrudis regina Ungarorum.
1234. Non. Mai. Otto dux Meraniae.
1237. Non. Iun. Ekkebertus ep. Bambergensis.
1257. 14 Kal. Oct. Heinricus I ep. Bambergensis.
1285. 16 Kal. Iun. Berhtoldus ep. Bambergensis.
1303. 19 Kal. Sept. Liupoldus ep. Bambergensis.
1319. 2 Id. Mart. Wulvingus ep. Bambergensis.

Berolini 17 Kal. Februarias 1869.

3 N. Ian.	Ôdelricus pie memorie presbyter et prepositus obiit.	1164
19 K. Febr.	Adelbero presbyter et decanus, frater noster, ob.	1120
7 K. Febr.	Regenboto comes ob.	
6 K. Febr.	Hezel comes ob.	
16 K. Mart.	Adelbero, IV Babenbergensis aecclesiae ep.	1057
15 K. Mart.	Cônradus secundus rex ob.	1152
11 K. Mart.	Cuonradus presbyter, electus Babenbergensis ecclesie, ob.	1203
5 K. Mart.	Egilbertus diaconus et prepositus, frater noster, ob.	1121
6 Id. Mart.	Ernsto dux ob.	
2 Id. Mart.	Wulvingus, XIX episcopus Bambergensis, ob.	1319
16 K. Apr.	Arnoldus[1] Spirensis episcopus ob.[2]	1126
N. Apr.	Magister Tôto diaconus, frater noster, ob.	
3 Id. Apr.	Wendelmuot conversa, soror nostra, ob.	
2 Id. Apr.	Walramus Cicensis episcopus.	1111
Id. Apr.	Gerdrudis regina[3].	1146
	Chuneza cometissa[4].	
18 K. Mai.	Heinricus[5] Wirzeburgensis episcopus, frater noster.	1165

1. II. 2. Arnoldus I ep. Spirensis et abbas Corbeiensis obiit d. 2 Oct. 1055. V. Annales Corbeienses 1055 et Catalogus Corbeiensium, supra Tom. I 40 et 70. 3. ux. Conradi III. 4. de Gieche. 5. II.

EX NECROLOGIO CAPITULI S. PETRI

	17 K. Mai.	Bertholdus prepositus ...
	16 K. Mai.	Gotefrit prepositus, frater noster, ob.
		Heinricus prepositus noster et presbyter, frater noster, ob.
	13 K. Mai.	Albertus prepositus, frater noster, ob.
1020	9 K. Mai.	Ismahel dux Apulie.
1170	2 K. Mai.	Helmbericus abbas[1].
1196	6 N. Mai.	Otto[2], XI Babenbergensis ecclesie episcopus, ob.
	3 N. Mai.	Poppo prepositus ob.
1012	2 N. Mai.	Dedicatio Babenbergensis ęcclesiae.
1156	N. Mai.	Lŏpolt presbyter et praepositus S. Stephani ob.
1234		Otto dux Meranie ob.[3]
	6 Id. Mai.	Eberhardus presbyter, prepositus noster, ob.
	2 Id. Mai.	Gerdrudis palatissa beate memorie ob.
	17 K. Iun.	Cŏnrat diaconus et prepositus, frater noster, ob.
1285	16 K. Iun.	Berhtoldus, XVI Babenbergensis ecclesie episcopus, ob.
1125	10 K. Iun.	Heinricus quintus Romanorum imperator ob.
1146	4 K. Iun.	Egilbertus, VIII Babenbergensis ecclesie episcopus, ob.
1237	N. Iun.	Ekkebertus, XIV Babenbergensis ecclesie ep., ob.
1171	6 Id. Iun.	Giselbertus prepositus et monachus, frater noster, ob.
1141	4 Id. Iun.	Richiza imperatrix[4].
1190		Obiit Fridericus imperator pacificus, amator ęcclesiarum, pater Philippi regis.
1102	3 Id. Iun.	Rŏpertus, VI Babenbergensis ęcclesie ep., ob.
1177	2 Id. Iun.	Hermannus, X Babenbergensis ecclesiae ep.
1186	17 K. Iul.	Regenhardus Wirciburgensis ecclesiae ep., frater noster, ob.[5]
1088	13 K. Iul.	Megenhart episcopus[6].
1194		Sigelohc cancellarius[7] et presbyter.
1164	11 K. Iul.	Eberhardus Salzpurgensis episcopus.
1208		Piae memoriae Philippus Romanorum rex ob.

1. Ensdorfensis. 2. II. 3. Cf. Notae Diessenses, Mon. Germ. SS. XVII 825. 4. uxor Lotharii III. 5. Cf. Annal. Colonienses max. 1186, Mon. Germ. SS. XVII 792. 6. Wirziburgensis. 7. Heinrici VI imp.

6 K. Iul.	Eberhardus presbyter et praepositus, frater noster, ob.		1143
6 Id. Iul.	Bruno episcopus[1], frater noster, ob.		1162
16 K. Aug.	Eberhardus, IX Babenbergensis ęcclesiae ep.		1170
12 K. Aug.	Giesela ducissa[2], mater sancti Heinrici, ob.		1006
11 K. Aug.	Wolvramus comes ob.		
10 K. Aug.	Guntherus pie memorie V Babenbergensis ęcclesiae ep. ob.		1065
N. Aug.	Balbertus prepositus S. Stephani, diaconus, frater noster, ob.		
8 Id. Aug.	Hizala dutrix[a].		
Id. Aug.	Eberhardus, I Babenbergensis ęcclesiae ep., ob.		1040
19 K. Sept.	Liupoldus, XVIII episcopus Babenbergensis, ob.		1303
16 K. Sept.	Michahel episcopus Polonie.		
8 K. Sept.	Wicmannus Maggeburgensis archiepiscopus, frater noster, ob.		1192
18 K. Oct.	Heinricus Tridentinus ep. ob.		1063?
15 K. Oct.	Tiemo diaconus, frater noster et prepositus S. Stephani, ob.		
14 K. Oct.	Heinricus, XV Babinbergensis ecclesie ep., ob.		1257
9 K. Oct.	Ezo diaconus, frater noster, ob.		
6 K. Oct.	Lupoldus prepositus S. Iacobi diaconus, frater noster, ob.		
4 K. Oct.	Otto[3] dux.		1057
	Gerdrudis[4] regina Ungarorum.		1213
6 N. Oct.	Eberhardus diaconus, prepositus S. Iacobi, ob.		
3 N. Oct.	Heinricus[5] imperator.		1056
	Hezil dux.		
2 Id. Oct.	Hatto Tridentinus episcopus.		
Id. Oct.	Thimo, XII Babenbergensis ecclesie episcopus, ob.		1202
6 K. Nov.	Sifrit comes, pater S. Kunegundis, ob.		
K. Nov.	Heinricus dux, pater S. Heinrici, ob.		
8 Id. Nov.	Hartwicus, III Babenbergensis ęcclesiae ep.		1053
7 Id. Nov.	Lutegerus episcopus.		

a. sic.
1. Argentinensis.   2. Bavariae.   3. III Sueviae dux.   4. uxor Andreae II regis Ungariae.   5. III.

	Id. Nov.	Adolfus comes.
	17 K. Dec.	Ezzo presbyter, frater noster, ob.
1137	2 N. Dec.	Lutharius rex obiit.
		Poppo electus Babenbergensis obiit, qui dedit bonam villam Drwize et novam villam apud Bairreute et domum in foro.
1059	7 Id. Dec.	Lupoldus archiepiscopus[1] obiit.
	4 Id. Dec.	Poppo comes obiit.
	Id. Dec.	Hedewic comitissa, mater S. Kunegundis, ob.
1188		Bertholdus marchio[2] ob.
	13 K. Ian.	Albertus comes de Bogin obiit.

NECROLOGIUM S. MICHAELIS BAMBERGENSE ANTIQUIUS.

Invenitur in bibliothecae Bambergensis codice A II 52 *membranaceo saec.* XI *liber missalis cum calendario, e Fuldensi exemplo evidenter sumptus*[3], *qui complurium mortuorum nomina praebet, in coenobio S. Michaelis Bambergensi conscripta*[4]. *Eorum nominum novissima sunt Heinrici abbatis S. Michaelis, quem anno 1046 mortuum esse suspicantur*[5] *et Adelberonis episcopi Bambergensis, cuius obitum in annum 1057 incidisse scimus; unde perspici potest, quo tempore confectus liber sit. Ipsius autem calendarii memoriarum series observando annorum ordine haec efficitur*:

1. Moguntinus. 2. Istriae. 3. Nonnulli enim sollemnissimi dies cum in calendarium litteris aureis relati sint, in his ipsis praeter „dedicationem S. Michaelis" reperiuntur: „Passio S. Bonifatii archiepiscopi et martiris" (Iun. 5) et „Ordinatio S. Bonifatii" (Dec. 1). Ad haec indicio sunt Sturmii Richardique abbatum Fuldensium nomina diebus 17 Dec. et 20 Iulii apposita. Fuit autem Richardus et Fuldensis et Amorbacensis abbas (1018—1039). Itaque cum „ordinem Amorbacensium" in coenobium S. Michaelis primo introductum esse sciamus (v. Ebbonis vit. Ottonis L. I c. 19 (20), in promptu est, monasterium S. Michaelis quid cum Fuldensi coenobio coniunctum habuerit. 4. Id apparet tum ex die festo „dedicationis S. Michaelis" aureis litteris mandato (v. supra n. 1) tum ex Radonis et Heinrici abbatum S. Michaelis mentione. 5. V. Ussermann Episc. Bamb. 299.

NECROLOGIUM S. MICHAELIS ANTIQUIUS

779. 16 Kal. Ian. Sturmi abbas Fuldensis.
814. 5 Kal. Febr. Karolus imperator.
1002. 7 Id. Iun. Ordinatio Heinrici II regis.
1020. 17 Kal. Febr. Rado abbas S. Mich. Bambergensis.
1021. 17 Kal. Apr. Heribertus episcopus Coloniensis.
1023. 6 Kal. Apr. Gebehardus I episcopus Ratisponensis. 7 Id. Sept. Arnolfus episcopus Halberstatensis.
1024. 3 Id. Iul. Heinricus II imperator.
1026. 16 Kal. Apr. Heimo episcopus Constantiensis.
1031. Non. Apr. Aribo episcopus Mogontinus.
1034. 11 Kal. Apr. Meginhardus I episcopus Wirziburgensis.
1035. 14 Kal. Oct. Herimannus archiepiscopus Hamburgensis.
1039. 5 Non. Mart. Cunigunt imperatrix. 2 Non. Iun. Cuonradus II imperator. 13 Kal. Aug. Richardus abbas Fuldensis.
1040. Id. Aug. Eberchardus episcopus Bambergensis.
1043. 5 Id. Dec. Liutboldus marchio.
1045. 6 Kal. Iun. Brun episcopus Wirziburgensis.
1046. 9 Kal. Febr. Ekkehardus marchio Misnensis.
1046.? 7 Id. Oct. Heinricus abbas S. Mich. Bambergensis.

Priorem necrologii huius editionem fecit Hirsch in Jahrbücher des deutschen Reichs unter Heinrich II T. I 556 — 557.

Berolini 19 Kal. Febr. 1869.

17 K. Febr.	Rado abbas obiit.	S. Michaelis Bamb.		1020
9 K. Febr.	Ekkehardus marchio obiit[1].	Misnensis.		1046
5 K. Febr.	OBIIT KAROLUS IMPERATOR.			814
5 N. Mart.	Cunigunt imperatrix obiit.	ux. Heinrici II.		1039
17 K. Apr.	Heribertus Coloniensis episcopus obiit.			1021
16 K. Apr.	Heimo Constantiensis episcopus obiit.			1026
11 K. Apr.	Meginhardus Wirciburgensis episcopus obiit.		I.	1034
6 K. Apr.	Gebehardus Radisponensis episcopus obiit.		I.	1023
N. Apr.	Aribo Mogontinus episcopus obiit.			1031
6 K. Iun.	Obiit Brun episcopus.	Wirziburgensis.		1045
2 N. Iun.	Cuonradus imperator obiit.	II.		1039

1. De anno v. Herimanni Aug. chron. 1046 et Annales Altahenses maiores (Mon. Germ. SS. V 125 et XX 802).

Jaffé, Bibliotheca V.

1002	7 Id. Iun.	Ordinatio secundi Heinrici regis.	
1024	3 Id. Iul.	Heinricus imperator obiit.	
1039	13 K. Aug.	Richardus abbas obiit.	Fuldensis.
1040	Id. Aug.	Eberchardus episcopus obiit.	Bambergensis.
	4 K. Sept.	Benno diaconus et monachus obiit.	
1023	7 Id. Sept.	Arnolfus episcopus obiit.	Halberstatensis.
	5 Id. Sept.	Adalbertus obiit.	
		Bernhardus marchio obiit.	
1035	14 K. Oct.	Herimannus obiit archiepiscopus.	Hamburgensis.
	6 N. Oct.	Wolfganc presbyter obiit.	
1046?	7 Id. Oct.	Heinricus abbas obiit.	S. Michaelis Bamb.
	3 Id. Oct.	Tiedericus diaconus obiit.	
1043	5 Id. Dec.	Liutboldus marchio[1] obiit.	
779	16 K. Ian.	Obiit Sturmi abbas.	Fuldensis.

In codicis fol. 18, ubi libri missalis verba haec leguntur: memento etiam Domine et eorum, qui nos precesserunt cum signo fidei et dormiunt in somno pacis, *sic in margine scriptum est:*

Heinrici[2] et Heinrici[3] imperatorum,

Chunigundae imperatricis[4],

Clementis pape[5],

Eberhardi episcopi[6], Hartwigi[7], Adelberonis[8],

Piligrimi, Popponis, Heimonis, Popponis, Bennonis, Macelini, Liutigeri, Herewardi, Gunzonis, Wazonis, Acelini, Uodalrici, Adelgeri, Egilberti, Durandi,

Popponis patriarchae[9];

et fratrum nostrorum: Dietmari, Bennonis, Hagenonis, Ecchonis, Gotescalci, Hezonis, Uodalrici, Acelini, Wicelini, Uogonis, Wecelonis, Bösonis, Rubonis, Bruningi, Gumponis, Witelonis, Wolfgangi, Ruodhardi, Ecchonis, Macelini, Geronis, Gumponis, Adventii, Sigehalmi, Adelberonis, Ruodgeri, Rumoldi, Werinberti, Pranthohi, Rihhalmi, Nizonis, Uodalrici, Brunonis, Uodalrici, Liutoldi.

1. De quo cf. Herimanni Aug. chron. 1043 (Mon. Germ. SS. V 124).
2. II. 3. III. 4. quae obiit a. 1033. 5. II, qui ob. a. 1047.
6. Bambergensis (1007—1040). 7. Bambergensis (1047—1053).
8. Bambergensis (1053—1057). 9. Aquileiensis, qui obiit a. 1042.

Piligrimi, Piligrimi, Heinrici, Gerbirgae, Regilindae, Hartwigi, Adelhardi, Ekkehardi, Heremanni, Heinrici, Dieterici, Rihcheri, Dieterici, Ottonis ducis[1].

EX NECROLOGIO S. MICHAELIS BAMBERGENSI POSTERIORE.

In eam curam mihi incumbenti, ut uberrimum omnium, quae exstant, necrologiorum Bambergensium in coenobio S. Michaelis conscriptum ad utilitatem nostram traheretur, a M. Stengleinio grata potestas data est non solum Bambergae sed etiam hoc loco adhibendi eius, in quo opusculum inest, codicis membranacei bibliothecae Bambergensis Ed II 12. *Inchoaverunt autem monachi librum, ut ex manuum ratione comperiri potest, circiter anno 1120 adauxeruntque memorias usque ad annum 1188 vel 1189; quarum ordo, quatenus ad annorum cursum coniungi potuit, hic est:*

    961. 15 K. Mart. Poppo I ep. Wirziburgensis.
    1013. K. Iun. Alboldus abb. Suarzahensis.
    1015. 18 K. Mai. Heribertus abb. Suarzahensis.
    1020. 17 K. Febr. Rato abb. S. Mich.
    1024. 3 Id. Iul. Heinricus II imperator.
    1027.? 15 K. Febr. Waltherus abb. Suarzahensis.
    1034. 5 Id. Mai. Misico II dux Poloniorum.
    1039. 5 N. Mart. Chuonigunt imperatrix.
    1040. Id. Aug. Eberhardus ep. Bamb.
    1046.? 7 Id. Oct. Heinricus abb. S. Mich.
    1047. 5 Id. Sept. Wolfherus abb. Suarzah.   7 Id. Oct. Clemens II papa.
    1053. 8 Id. Nov. Hartwicus ep. Bamb.
    1057. 16 K. Mart. Adelbero ep. Bamb.
    1065. 10 K. Aug. Guntherus ep. Bamb.
    1066. 2 Id. Mai. Adelhalmus abb. S. Mich.
    1075. 6 K. Dec. Ekebertus abb. Suarzah.   2 N. Dec. Anno archiep. Coloniensis.
    1077. 19 K. Ian. Agnes imperatrix.
    1. III ducis Sueviae, qui obiit d. 28 Sept. 1057.

1082. 2 Id. Sept. Uto abb. S. Mich.
1085. 3 N. Ian. Willirammus abb. Ebersperg.   2 N. Iul. Willo abb. S. Mich.
1091. 9 K. Iun. Liutpoldus mon.   3 N. Iul. Willehelmus abb. Hirsaug.
1094. 8 Id. Ian. Tiemo abb. S. Mich.
1095. 13 K. Febr. Burchardus abb. Suarzahensis.
1102. 3 Id. Iun. Ruotpertus ep. Bamb.
1103. 16 K. Febr. Frotolfus mon.
1105. 4 K. Mart. Emehardus ep. Wirziburg.
1108. 8 Id. Febr. Albricus mon.
1112. 3 K. Aug. Gumpoldus abb. S. Mich.   5 K. Oct. Altmannus abb. Suarzahensis.
1119. 4 K. Iun. Tiemo mon.   2 Id. Dec. Hugo abb. Magdeburg.
1120. 10 K. Apr. Brun abb. Hirsaug.
1121. 8 Id. Ian. Erminoldus abb. Pruvening.
c. 1121. 3 N. Mart. Richolfus, qui aedificavit monasterium S. Mich.
1122. N. Oct. Adelhalmus mon.
1123. 11 K. Nov. Wolframmus abb. S. Mich.   2 Id. Nov. Ratpoto mon.
1125. 5 Id. Mart. Egino mon.
1127. 13 K. Mai. Volmarus mon.   18 K. Oct. Ellenhardus prior, mon.
1128. 5 K. Febr. Herimannus custos, mon.
1129. 3 N. Aug. Adelbero abb. Wezinesbrunn.
1130. N. Oct. Herimannus II marchio Badensis.
1130.? 12 K. Febr. Odalricus abb. Schirensis.
1131. 18 K. Mai. Fridericus mon.   4 K. Mai. Adelhardus mon.
1132. 14 K. Iun. Chuono I ep. Ratispon.
1134. N. Iul. Nortpertus archiep. Magdeburg.   5 N. Iul. Meginhardus ep. Prag.   11 K. Aug. Berhtohus abb. Fuld.
1136. 4 K. Apr. Odalricus mon.   K. Oct. Wolframmus abb. Suarzah.
1137. 6 K. Iul. Walchuon abb. Ensdorf.   6 K. Nov. Adelbertus mon.   4 N. Nov. Wolvoldus abb. Admont.   5 K. Dec. Odalricus prior, mon.   2 N. Dec. Lotharius imp.
1138. 3 K. Iun. Sigibertus mon.   4 N. Aug. Volgmarus abb. Corbeiensis.   5 K. Nov. Polezlaus III dux Poloniorum.
1139. 2 K. Iul. Otto I ep. Bamb.   2 K. Aug. Heimo presb. S. Iacobi.
1140. 3 N. Iul. Dietericus abb. Suarzah.
1141. 3 K. Febr. Marcwardus mon.   7 Id. Febr. Fridericus mon.   11 K. Apr. Othgos mon.   5 Id. Mai. Chuonradus mon.   5 Id. Iun. Richiza imperatrix; Guntherus mon.   15 K. Iul. Adelbertus diac., mon.   6 K. Dec. Berhtoldus mon.
1142. 5 Id. Iun. Marcholfus archiep. Mogontiensis.
1143. 17 K. Mai. Reginbaldus mon.   6 K. Iul. Eberhardus praepos. S. Petri.
1145. 19 K. Febr. Marcwardus mon.   N. Apr. Wezil pictor, mon.   8 K. Mai. Herwicus mon.
1146. 13 K. Apr. Pilgrimus abb. S. Burchardi Wirziburg.   18 K. Mai.

Gerdrudis regina. 4 K. Iun. Egilbertus ep. Bamb. 14 K. Iul. Poppo mon. 4 Id. Nov. Imbrico ep. Wirziburg.

1147. 3 N. Ian. Odalricus presb. et mon. 5 Id. Apr. Chuonradus I archiep. Salzburg. 4 K. Dec. Hermannus abb. S. Mich.

1148. 3 Id. Ian. Erbo mon. 3 Id. Nov. Reginbertus ep. Pataviensis.

1149. 6 Id. Mart. Odelscalcus abb. S. Udalrici Augustensis. 9 K. Iun. Adelbero mon. Id. Iun. Gumpertus abb. Suarzah. 18 K. Oct. Burchardus prior, mon. 8 Id. Dec. Bucco II ep. Wormatiensis.

1150. K. Febr. Dietricus mon. Id. Apr. Escuuinus mon. 15 K. Iun. Iudita conversa.

1151. 14 K. Apr. Adelradus mon. 10 K. Apr. Wernherus mon. Id. Mai. Chuoniza monacha. 15 K. Iun. Wignandus abb. Tharissensis. 8 Id. Iun. Liebicho mon. 5 Id. Aug. Gotescalcus mon. 4 N. Nov. Eberhardus mon.

1152. 19 K. Febr. Fridericus archiep. Magdeburg. 17 K. Febr. Goswinus mon. 15 K. Mart. Cuonradus III rex. 9 K. Mart. Hertnidus mon. 2 Id. Apr. Fridericus diac., mon. Lancheimensis.

1153. 11 K. Sept. Bernhardus abb. Claraevallensis.

1154. Id. Iul. Rodolfus mon. 14 K. Dec. Adelheit comitissa de Bertheim.

1155. K. Mai. Burchardus abb. Swinfurt. 5 Id. Mai. Heinricus I ep. Ratispon. 15 K. Iun. Iudita conversa. 8 Id. Aug. Hartnidus abb. Ensdorf. 8 Id. Nov. Ezzo mon. 13 K. Dec. Wernherus abb. Gotwicensis. 16 K. Ian. Goteboldus mon.

1156. 5 K. Febr. Volmarus abb. Hirsaug. N. Mai. Liupoldus praepos. S. Stephani. 14 K. Iul. Eberhardus ep. Tridentinus.

1157. 2 K. Iun. Heilwic conversa.

1158. 13 K. Mai. Truotsun mon. 7 K. Iul. Heinricus mon. 4 K. Nov. Ehta conversa. 11 K. Dec. Volmarus presb. S. Petri.

1159. 5 Id. Ian. Odalricus presb. S. Petri. 10 K. Apr. Odalricus mon. sacerdos S. Egidii. 5 N. Mai. Wolframmus mon. 5 K. Sept. Biliza laica. 4 Id. Sept. Uto mon. Salevelt. 8 K. Oct. Sigefridus mon. 15 K. Dec. Chonradus mon.

1160. 6 Id. Oct. Berngerus mon.

1162. 2 Id. Apr. Sigeboto mon. Id. Mai. Eberhardus mon. 5 N. Iul. Aerbo abb. Pruvening. 6 Id. Iul. Bruno ep. Argentin. 16 K. Sept. Ruodolfus mon. 8 Id. Sept. Bernoldus mon. K. Oct. Rabinoldus mon. 15 K. Nov. Tiemo prior, mon.

1163. 17 K. Apr. Gotefridus abb. Pruvening. 17 K. Iun. Ebo mon. 2 N. Dec. Arnoldus mon.

1164. 2 N. Ian. Odalricus praepos. S. Petri. 2 N. Febr. Dietpertus mon. 4 Id. Mai. Berhta conversa. 11 K. Iul. Eberhardus archiep. Salzburg. 2 K. Iul. Ortlieb abb. Neresheim. Id. Iul. Conradus custos S. Petri. 2 Id. Oct. Rapoto mon. 10 K. Ian. Hartmannus ep. Brixiensis.

1165. 2 Id. Febr. Sigehardus abb. Suarzah. 7 Id. Iun. Sophia mon. in Tulba. 4 Id. Iun. Odalricus de Liebenstein. 7 K. Iun. Gotefridus abb. Admont. 6 Id. Sept. Hartungus mon. 10 K. Nov. Sigefridus mon.

1166. 7 K. Febr. Eberhardus mon. 16 K. Iun. Sigebertus mon. 4 Id. Dec. Helmricus abb. S. Mich.
1166.? 15 K. Mai. Rapholdus abb. S. Stephani Wirziburg.
1167. 4 N. Mai. Waltherus mon. 4 K. Oct. Heinricus abb. Laurisheim.
1168. K. Ian. Eberhardus abb. Bruvening. 7 K. Mai. Hermannus abb. Fulde. 10 K. Aug. Marcwardus abb. Fulde, Conradus abb. Scuture. 5 K. Oct. Herbordus mon. 4 K. Oct. Conradus II archiep. Salzburg. 4 K. Ian. Heinricus diac. S. Petri.
1168.? 4 N. Febr. Poppo abb. S. Burchardi Wirziburg.
1169. 16 K. Febr. Sigefridus diac., mon. 2 N. Mai. Sefridus mon. 16 K. Aug. Adelbero mon. Ebera. 6 K. Dec. Gerbirc conversa.
1170. 2 K. Mai. Helmricus abb. Ensdorf. 3 N. Mai. Odalricus et Hermannus mon. 16 K. Aug. Eberhardus II ep. Bamb. 3 N. Sept. Poppo mon. 14 K. Oct. Eberoldus mon.
1171. 2 K. Febr. Heinricus mon. 3 N. Aug. Heroldus ep. Wirziburg. 3 N. Sept. Luitoldus abb. Admont.
1175. 8 Id. Ian. Helmricus Viherit laicus.
1176. K. Mart. Gundelohus presb. et mon.
1177. 13 K. Mart. Adelbertus abb. S. Emmerammi Rat. 8 K. Mart. Heinricus scriptor, mon. N. Iun. Ruggerus abb. Fulde. 2 Id. Iun. Hermannus II ep. Bamb. 7 K. Ian. Irmbertus abb. S. Mich. Bamb. et Admont.
1178. 3 Id. Mai. Chuniza monacha.
1179. 3 K. Iul. Gozwinus abb. Suarzah.
1181. K. Sept. Tradebodo abb. Suarzah.
1188. 12 K. Oct. Adelbertus III ep. Tridentinus.
1188—1189. 7 K. Ian. Odalricus ep. Spirensis.

Superiores necrologii huius editiones paratae sunt a Schannatio anno 1724 Vindem. literar. T. II 47—57, a Schweitzero a. 1844 in Siebenter Bericht des historischen Vereins zu Bamberg, ab Hubero a. 1868 ap. Boehmerum Font. rer. Germ. IV 500—504.

Berolini 14 Kal. Februarias 1869.

IANUARIUS.

K. Ian. Anshelmus abbas Salevelt.
1168   Eberhardus abbas Bruveningensis.
4 N. Ian. Adelbertus abbas.
1085   3 N. Ian. Willirammus abbas[1], frater nostrae congregationis. Ŏdalricus presb. et mon. n. congr. 1147.
        Hic multos libros scripsit nobis.

1. Ebersbergensis.

EX NECROLOGIO S. MICHAELIS POSTERIORE

2 N. Ian. Ôdalricus presb., praepositus S. Petri 1164.
8 Id. Ian. Tiemo diaconus et abbas octavus n. congr. 1094.
Erminoldus abbas S. Georgii Pruveningensis. 1121
Helmricus Viherit laicus 1175.
Cunigunt comitissa.
Hec dedit praedium suum Dornbach in anniversarium suum.
6 Id. Ian. Bertholdus abbas Wilziburc.
Heinricus comes.
5 Id. Ian. Ôdalricus presb. S. Petri 1159.
3 Id. Ian. Erbo monachus n. congr. 1148.
Id. Ian. Hemma abbatissa Kizingensis.
19 K. Febr. Marcwardus presb. et mon. n. congr. 1145.
Fridericus archiepiscopus Magdeburgensis. 1152
18 K. Febr. Anshelmus abbas Selingestat.
17 K. Febr. Rato abbas nostrae congr. 1020.
Primus monasterii huius abbas fuit domnus Rato.
Gozwinus mon. n. congr. 1152.
16 K. Febr. Frôtolfus presb. 1103, et Sigefridus diaconus 1169, monachi n. congr.
15 K. Febr. Waltherus abbas S. Felicitatis[1]. 1027?
Volemarus abbas Tekkin.
13 K. Febr. Burchardus abbas S. Felicitatis[2]. 1095
12 K. Febr. Ôdalricus[3] abbas Schyrin. 1130?
10 K. Febr. Sigifrid presb. et mon. S. Iohannis in Magd.
7 K. Febr. Eberhardus monachus 1166.
5 K. Febr. Herimannus custos 1128, et Sigefridus, presbyteri et monachi n. congr.
Volmarus[a] abbas Hirsaugiae. 1156
3 K. Febr. Marcwardus presb. et mon. n. congr. 1141.
2 K. Febr. Heinricus acolytus et mon. n. congr. 1171.

a. *super* Volmarus *eadem manus posuit:* S. Petri.

1. Suarzahensis. De eo cf. Wegele Zur Literatur der Fränk. Necrologien p. 4 n. 1. 2. Suarzahensis. Cf. add. ad Ekkehardi chron., Mon. Germ. SS. VI 207. 3. V. Chunradi Schirensis annales 1130, Mon. Germ. SS. XVII 630.

FEBRUARIUS.

K. Febr. Dietricus presb. et mon. n. congr. 1150.
1168? 4 N. Febr. Poppo abbas S. Burchardi [1].
3 N. Febr. Imbrico abbas primus Michilvelt.
2 N. Febr. Dietpertus 1164, Izo presbyteri, et Regil diac., et monachi n. congr.
Chuonradus marchio.
8 Id. Febr. Albricus presb. et mon. n. congr. 1108.
7 Id. Febr. Fridericus presb. et mon. n. congr. 1141.
6 Id. Febr. Dietericus abbas S. Mariae Ahusen.
Ebberhardus abbas, presb. et mon.
Adelheit comitissa de Wartperch.
4 Id. Febr. Reginoldus abbas de Selingestat.
3 Id. Febr. Ezzo abbas S. Petri Wirziburgensis.
1165 2 Id. Febr. Sigehardus abbas Suarzaha [2].
Id. Febr. Liutfridus mon., frater domni Ottonis episcopi.
1057 16 K. Mart. Adelbero episcopus Babenbergensis.
961 15 K. Mart. Poppo [3] episcopus Wirziburgensis.
Cuonradus rex 1152.
14 K. Mart. Nicholaus abbas Sigib.
1177 13 K. Mart. Adelbertus abbas S. Emmerammi.
Wezil pictor, monachus S. Blasii.
ante 1124 12 K. Mart. Ruotpertus abbas S. Felicitatis Swarzaha [4].
post 1125 10 K. Mart. Eggehardus [5] abbas S. Laurentii Uraugiae.
Swipoto abbas Breung.
9 K. Mart. Hertnidus mon. n. congr. 1152.
8 K. Mart. Heinricus scriptor, presbiter et monachus n. congr. 1177.
1105 4 K. Mart. Emehardus episcopus Wirziburgensis.
2 K. Mart. Bertholdus comes.

---

1. Wirzeburgensis. 2. Cf. Chron. Schwarzacense (Ludewig SS. Bamb. II 21) et Necrol. Suarz. ed. Wegele p. 71 ad Id. Febr. 3. I. 4. Successorem eius Popponem a. 1124 obiisse scimus ex addit. Ekkeh., Mon. Germ. SS. VI 263; ideoque Ruotperti mors ad a. 1135 perperam refertur in Necrol. Suarzah. l. l. p. 8. 5. historicus.

MARTIUS.

K. Mart. Gundelohus presb. et mon. n. congr. 1176, indictione 9.
5 N. Mart. Chuonigunt imperatrix 1039.
    Haec est imperatrix, quae construxit locum Babenberg.
3 N. Mart. Geppa abbatissa in Tulba.
    Richolfus laicus.   c. 1121
    Hic est, qui edificavit monasterium nostrum sub domno Ottone episcopo.
2 N. Mart. Hermannus abbas Uraha, n. congr. frater.
6 Id. Mart. Chuonradus abbas S. Petri Salev(elt).
    Swidegerus episcopus Poloniensis.
    Ŏdelscalcus abbas S. Ŏdalrici Augustae.   1149
    Geboldus abbas Cast(ellensis).
5 Id. Mart. Egino presb. et mon. n. congr. 1125.
2 Id. Mart. Richardus abbas S. Mariae Nůestat.
17 K. Apr. Gotefridus abbas Bruvininge 1163.
14 K. Apr. Adelradus mon. n. congr. 1151.
13 K. Apr. Pilgrimus abbas S. Burchardi Wirziburgensis[1].   1146
11 K. Apr. Othgoz presb. et mon. n. congr. 1141.
10 K. Apr. Brun abbas Hirsaugiensis.   1120
    Wernherus mon. n. congr. 1151.
    Ŏdalricus presb. et mon. n. congr., sacerdos S. Egidii 1159.
8 K. Apr. Adam abbas in Lancheim.
6 K. Apr. Altmannus abbas S. Petri Cast(ellensis).
4 K. Apr. Ŏdalricus diaconus et mon. n. congr. 1136.
    Richiza conversa, mater abbatis Wolframmi II.

APRILIS.

2 N. Apr. Heimo presb. et mon. n. congr.
N. Apr. Wezil pictor 1145, et Herebertus presbyteri, et Helmricus subdiaconus, monachi n. congr.
    Tuto diaconus S. Petri.
    Tuto scolasticus maioris aecclesiae in nostro loco sanctae Marie obtulit calicem argenteum; sancto Michaheli ducentas libras argenti, triginta videlicet pro compa-

1. Cf. Ann. Herbipol. 1146, Mon. Germ. SS. XVI 3.

ratione curtis, quae sita est in Mogonti(a), septuaginta pro novalibus, octo ad edificationem diversorii, quatuor ad purgandam cisternam, et alias in varios usus pro oportunitate exigente distribuit. Preterea tocius veteris ac novi testamenti libris quam nobilissimis armarium nostrum ditavit.

1147	5 Id. Apr.	Chuonradus[1] archiepiscopus Salzpurgensis.
	4 Id. Apr.	Heinricus laicus, frater Herimanni abbatis.
	3 Id. Apr.	Otto presb., praepositus S. Kyliani.
	2 Id. Apr.	Fridericus diaconus et mon. S. Mariae Lancheim 1152.
		Sigeboto mon. n. congr. 1162.
	Id. Apr.	Volgnandus abbas Uraugiae, frater n. congr.
		Escuuinus presb. et mon. n. congr. 1150.
		Chuoniza comitissa de Gieche.
	18 K. Mai.	Fridericus presb. et mon. n. congr. 1131.
1015		Heribertus abbas S. Felicitatis[2].
1146		Gerdrudis regina[3].
		Pro cuius anima datae sunt nobis tres casulae.
	17 K. Mai.	Reginboldus presb. et mon. n. congr. 1143.
		Volgmarus abbas Merseburgensis.
	16 K. Mai.	Wernherus abbas S. Georgii.
1166?	15 K. Mai.	Rapholdus abbas S. Stephani Wirziburgensis.
	13 K. Mai.	Volmarus diaconus et mon. n. congr. 1127.
		Truotsun mon. congr. 1158.
	11 K. Mai.	Tuoto abbas Tharissensis.
	9 K. Mai.	Balduinus abbas S. Dionisii Banzo.
	8 K. Mai.	Herwicus mon. n. congr. 1145.
1168	7 K. Mai.	Hermannus abbas Fulde.
		Gotefridus laicus, frater Herimanni abbatis.
	4 K. Mai.	Adelhardus custos, presb. et mon. n. congr. 1131.
		Hic scripsit nobis moralia, libros omeliarum duos aliosque codices multos.
1170	2 K. Mai.	Helmricus abbas Enstorf, n. congr. frater.

1. I. 2. Suarzahensis. V. Chron. Schwarz. l. l. p. 16 et Necrol. l. l. p. 26 ad 4 Id. Aug. 3. uxor Conradi III regis.

MAIUS.

K. Mai.	Burchardus abbas de Swinfurte¹.	1155
5 N. Mai.	Wolframmus mon. n. congr. 1159.	
4 N. Mai.	Waltherus presb. et mon. n. congr. 1167.	
	Wernherus abbas Erpesfurt.	
3 N. Mai.	Ŏdalricus et Hermannus presbyteri et monachi n. congr. 1170.	
2 N. Mai.	Sefridus presb. et mon. n. congr. 1169ª.	
	Albericus abbas S. Viti².	
N. Mai.	Liupoldus presb. S. Petri, praepositus S. Stephani anno Domini 1156.	
8 Id. Mai.	Otto laicus, pater Helmrici abbatis nostri.	
5 Id. Mai.	Misico³ dux Poloniorum, frater noster.	1034

Hic dedit nobis pallium et sex cappas puerorum et plurimum peccuniae; unde factae sunt viginti quatuor statuae, quae circa chorum sunt locatae.

Chuonradus presb. et mon. n. congr. 1141.

Heinricus⁴ episcopus Ratisponensis et monachus S. Emmerammi 1155.

4 Id. Mai.	Heinricus laicus, pater Eberhardi⁵ Salzburgensis archiepiscopi.	

Berhta conversa 1164.

3 Id. Mai.	Chuniza monacha n. congr. 1178.	
2 Id. Mai.	Adelhalmus abbas tercius n. congr. 1066.	

Huius monasterii tertius abbas fuit Adelhalmus, qui restituit nobis sperulas (fu)rto ablatas.

Id. Mai.	Chuoniza monacha n. congr. 1151.	
	Eberhardus mon. n. congr. 1162.	
17 K. Iun.	Willibertus, Ebo 1163, et Walraban presb. et mon. n. congr.	
16 K. Iun.	Sigebertus mon. n. congr. 1166.	
	Reginboto comes.	

Hic dedit nobis duo praedia scilicet Betestat et Cibilze et pallium cum calice deaurato, plurimum pecuniae, urceolum argenteum; aliaque multa beneficia contulit nobis.

a. *in cod.* MCLXVIIII *correctum est in:* MCLXII.

1. anno 1155; v. Annales Herbipol., Mon. Germ. SS. XVI 9. 2. Tharissensis. 3. II. 4. I. 5. I 1147—1164.

	15 K. Iun.	Wignandus abbas Tharissensis, n. congr. frater 1151.
		Iudita de Stambach conversa 1150.
1132	14 K. Iun.	Chuono[1] episcopus Ratisponensis et monachus Sigiberg.
		Chuonradus abbas Salvel(densis).
	13 K. Iun.	Fruomoldus abbas S. Mariae.
	11 K. Iun.	Hartwicus abbas S. Nicolai Kamberc.
		Rapoto comes, monachus Halesbrunnensis.
	10 K. Iun.	Gisilbertus abbas S. Petri Wilciburgensis.
	9 K. Iun.	Liutpoldus diacon. et mon. n. congr. 1091.
		Adelbero presb. et mon. n. congr. 1149.
	5 K. Iun.	Tiemo laicus, frater Herimanni abbatis.
	4 K. Iun.	Tiemo presb. et mon. n. congr. 1119..
		Egilbertus episcopus nonus Babenbergensis 1146.
	3 K. Iun.	Sigibertus presb. et mon. n. congr. 1138.
	2 K. Iun.	Heilwic conversa 1157.
		I U N I U S.
1013	K. Iun.	Alboldus abbas S. Felicitatis[2].
		Luodewicus abbas S. Mariae.
		Eppo abbas S. Petri.
post 1125	2 N. Iun.	Wernherus abbas S. Martini Wibil(ingensis).
1134	N. Iun.	Nortpertus archiep. Magdeburgensis.
1177		Ruggerus abbas Fulde.
	8 Id. Iun.	Liebicho presb. et mon. n. congr. 1151.
	7 Id. Iun.	Sophya monacha in Tulba 1165.
	6 Id. Iun.	Gisilbertus praepositus Lancheim.
1141	5 Id. Iun.	Richiza imperatrix.
		Guntherus presb. et mon. n. congr. 1141.
1142		Marcholfus archiep. Mogontiensis.
	4 Id. Iun.	Ödalricus de Liebenstein laicus 1165.
1102	3 Id. Iun.	Ruotpertus episcopus septimus Babenbergensis.
		Hiltigrimus abbas, presb. et mon. n. congr.
1177	2 Id. Iun.	Hermannus II, episcopus undecimus Babenbergensis.

1. I. 2. Suarzahensis. Cf. Chron. Schwarz. l. l. p. 15 et Necrol. l. l. p. 26 ad 2 Id. Aug.

EX NECROLOGIO S. MICHAELIS POSTERIORE

Id. Iun.	Gumpertus abbas Suarzaha[1].	1149
17 K. Iul.	Berhta laica, mater Wolframmi[2] abbatis.	
15 K. Iul.	Adelbertus diac. et mon. n. congr. 1141.	
14 K. Iul.	Poppo mon. n. congr. 1146.	
	Eberhardus episcopus Tridentinus.	1156
11 K. Iul.	Eberhardus archiepiscopus Salzburgensis.	1164
9 K. Iul.	Ebo presb. et mon. n. congr.	
7 K. Iul.	Heinricus acolitus et mon. n. congr. 1158.	
	Gotefridus abbas Admunt.	1165
	Burchardus abbas S. Iohannis de Madelhartestorf.	
6 K. Iul.	Eberhardus presb., praepositus S. Petri 1143.	
	Walchuon abbas Entistorf.	1137
5 K. Iul.	Eppo abbas S. Iohannis Madelhartestorf.	
4 K. Iul.	Pabo abbas.	
3 K. Iul.	Gozwinus abbas Suarza[3].	1179
2 K. Iul.	OTTO PIUS EPISCOPUS BABENBERGENSIS PATER NOSTER[4].	1139

Hic est dominus noster piissimus Otto episcopus, cognomento Pater pauperum Christi, apostolus gentis Pomeranorum, renovator huius cenobii fundatorque aliorum octodecim monasteriorum. Cuius memoria in omni ore quasi mel indulcabitur; quia ipse re vera divinitus in hunc locum est directus, quem per triginta et sex annos Deo propiciante gubernans, cultu interiori et exteriori tam nobiliter augmentavit, ut, quousque mundus iste volvitur, eius laudabile meritum semper accipiat incrementum.

	Ortlieb abbas Nernesheim[5].	1164
	I U L I U S.	
6 N. Iul.	Waltherus abbas Salveldensis.	
5 N. Iul.	Adelbero presb. et mon. n. congr., et abbas Banzo.	
	Meginhardus episcopus Pragensis.	1134
	Aerbo abbas Bruveningensis.	1162

1. Cf. Annales Herbipol. 1149, Mon. Germ. SS. XVI 4. 2. I abbatis S. Mich. Bamb. 3. Cf. Chron. Schwarz. l. l. p. 22 et Necrol. Swarz. l. l. p. 20 ad 13 K. Iul. 4. In codice imago Ottonis picta reperitur, his verbis additis: VIVIT ANIMA ET LAUDABIT TE. 5. V. Annales Neresheim., Mon. Germ. SS. X 22.

1091	3 N. Iul.	Willehelmus abbas Hirsaugiensis.
1140		Dietericus abbas S. Felicitatis Swarzaha[1].
	2 N. Iul.	Willo abbas septimus n. congr. 1085.
	7 Id. Iul.	Bruningus frater n. congr., abbas Scutere.
	6 Id. Iul.	Bruno episcopus Strazburgensis 1162.
	5 Id. Iul.	Adelfridus abbas S. Mauricii.
		Richardus abbas Munsture.
1024	3 Id. Iul.	Hic est dominus noster Heinricus imperator cognomento Pius, secundus in regno, primus in imperio; Babenbergensis episcopii ac nostri fundator cenobii; cuius innumera erga nos ac locum nostrum beneficia luce clariora sunt; cuius g(lo)riosa merita miracula produnt; cuius beatissimam animam omnia secula benedicunt.
		Declanus abbas[2] Nurenbergensis, Scottus[3].
	Id. Iul.	Rŏdolfus diac. et mon. n. congr. 1154.
		Cŏnradus presb., custos S. Petri 1164.
		Chunradus custos maioris ecclesiae nostrum vero locum speciali devotione semper excolens, duas vineas, unam in Heitingesveld 15 libris argenti coemit, aliam in fundo ecclesiae 20 talentis excultam ad suum et domni Wolframmi abbatis anniversarium celebrandum deputavit. Pavimentum chori et picturam sancti Martini octo talentis comparavit; cappam unam dedit; capellam sancti Godegardi ad S. Fidem et novale unum 15 libris conduxit. Opus suum, quod cimiterium fratrum dicitur, 12 marcis summa devotione inchoavit; quod et perfecisset, nisi cicius diem obisset.
	16 K. Aug.	Eberhardus II, episcopus decimus Babenbergensis 1170.
		Adelbero monachus Ebera 1169.
1134	11 K. Aug.	Berhtohus abbas S. Bonifacii Fulda.
		Gotefridus abbas Gengenbach.
1065	10 K. Aug.	Guntherus episcopus quartus Babenbergensis.
		Marcuuardus Fulde et Cŏnradus Scuture abbates, fratres n. congr. 1168.
	9 K. Aug.	Adelheit laica, mater Berhtoldi comitis.
	3 K. Aug.	Gumpoldus abbas nonus n. congr. 1112.

1. Cf. Annales Herbipol. 1140, Mon. Germ. SS. XVI 2.   2. S. Egidii.
3. De quo cf. Ussermann episc. Bamb. p. 393.

Heinricus abbas Wizennaha.
2 K. Aug. Arnoldus presb. et monáchus, medicus.
Heimo presbyter S. Iacobi. 1139
Huius causa frater eius Berthker dedit nobis 7 marcas.

AUGUSTUS.

4 N. Aug. Adelbertus abbas Scafhuse.
Volgmarus abbas S. Viti Corbeiensis. 1138
3 N. Aug. Adelbero abbas Wezinesbrunnensis[1]. 1129
Heroldus ep. Wirziburgensis. 1171
2 N. Aug. Otto palatinus.
N. Aug. Ebbo presb. et mon. S. Petri.
8 Id. Aug. Hartnidus abbas S. Iacobi Entistorf[2]. 1155
7 Id. Aug. Tiemo laicus, pater Berhtoldi comitis.
5 Id. Aug. Gotescalcus presb. et mon. n. congr. 1151.
4 Id. Aug. Arnoldus abbas Wizanaha.
Otto presb., praepositus Vescere.
Id. Aug. Eberhardus episcopus primus Babenbergensis. 1040
16 K. Sept. Ruodolfus subdiac. et mon. n. congr. 1162.
11 K. Sept. Bernhardus abbas in Claravalle. 1153
10 K. Sept. Bertholdus de Swarzenburc laicus.
5 K. Sept. Seboldus presb. et mon. S. Iacobi Mogontiae.
Biliza laica 1159.

SEPTEMBER.

K. Sept. Tradeboto abbas Swarzaha[3]. 1181
3 N. Sept. Poppo presb. 1170 et Otto diaconus, monachi n. congr.
Luitoldus abbas Admunti. 1171
Dietmarus presb., praepositus Vescere.
8 Id. Sept. Bernoldus mon. n. congr. 1162.
Heinricus abbas Auguste.
7 Id. Sept. Mahthildis abbatissa S. Mariae Coloniae.
6 Id. Sept. Hartungus presb. et mon. n. congr. 1165.

1. Cf. Leutner Hist. Wessofont. p. 120. 2. Hunc a. 1155 obiisse, retulit Parfues ap. Oefele R. Boic. SS. I 584. 3. Cf. Necrol. Suarz. ap. Wegele Zur Literatur der Fränkischen Necrologien p. 3 ad Kal. Ian.

1047 5 Id. Sept. Wolfherus abbas S. Felicitatis[1].
4 Id. Sept. Uto presb. et mon. Salevelt 1159.
2 Id. Sept. Uto abbas sextus et levita n. congr. 1082.
Willeherus abbas de Panzo, n. congr. frater.
Id. Sept. Wortwinus abbas S. Petri Cast(ellensis).
18 K. Oct. Ellenhardus prior 1127, et Burchardus prior 1149, presbyteri et mon. n. congr.
Hii multos libros comparaverunt huic aecclesiae.
16 K. Oct. Bernoldus abbas S. Nicolai Kamberc.
15 K. Oct. Tiemo diac. S. Petri, praepositus S. Stephani.
14 K. Oct. Eberoldus presb. et mon. n. congr. 1170.
1188 12 K. Oct. Adelbertus[2] ep. Tridentinus.
9 K. Oct. Ezzo diac. S. Petri.
8 K. Oct. Sigefridus mon. n. congr. 1159.
Ŏdalricus abbas Pauline.
6 K. Oct. Benedictus diac. et mon. S. Iacobi Mogontiae.
1112 5 K. Oct. Altmannus abbas S. Felicitatis[3].
Herbordus presb. et mon. n. congr. 1168.
1167 4 K. Oct. Heinricus abbas Laurisheimensis.
1168 Cŏnradus[4] archiepiscopus Salzburgensis.

OCTOBER.

K. Oct. Rabinoldus mon. n. congr. 1162.
1136 Wolframmus abbas S. Felicitatis[5].
6 N. Oct. Herimannus palatinus de Hohstet.
5 N. Oct. Emicho abbas S. Iohannis euangeliste Madelhartesdorf.
4 N. Oct. Eggehardus abbas S. Mariae Steinha.
N. Oct. Adelhalmus presb. et mon. n. congr. 1122.
1130 Herimannus[6] marchio.
8 Id. Oct. Chuonradus dux de Dachowa.
1047 7 Id. Oct. Clemens[7] papa.

---

1. Suarzahensis. Cf. Chron. Schwarz. l. l. p. 16.   2. III.   3. Swarzahensis. V. Add. ad Ekkehardi chron., Mon. Germ. SS. VI 247.   4. II.   5. Suarzahensis. Cf. Necrol. Suarzahense l. l. p. 31.   6. II marchio Badenais; cf. Stälin Wirt. Gesch. II 304 n. 3.   7. II.

EX NECROLOGIO S. MICHAELIS POSTERIORE

Heinricus abbas secundus nostrae congregationis. 1046?
Huius loci secundus abbas fuit domnus Heinricus. Hic fecit analogium et duas cruces argenteas; dedit casulam unam bonam crocei coloris; et alia plurima beneficia contulit huic loco.

6 Id. Oct. Berngerus mon. n. congr. 1160.
Bertholdus comes et monachus.
Fridericus laicus, frater Herimanni abbatis.

2 Id. Oct. Rapoto diac. et mon. n. congr. 1164.
17 K. Nov. Megingoz abbas, n. congr. frater.
15 K. Nov. Tiemo prior 1162, Arnoldus et Marcwardus presbyteri et mon. n. congr.
12 K. Nov. Witigo abbas et mon. S. Petri Cast(ellensis).
11 K. Nov. Wolframmus abbas decimus n. congr. 1123.

Non valet ulla ratione perstringi, quam largam benedictionis suae copiam in ingressu venerandi patris nostri Wolframmi Dominus huic loco infuderit. Qui, monachorum gemma, discipulorum suorum honor et gloria, locum restaurando, gregem dominicum vigilantissime custodiendo, magistralem in se rigorem paterna lenitate temperavit. Qui in ordine decimus huius monasterii abbas extitit, sed omnes praedecessores suos meritorum praerogativa longe antecessit. Cuius memoria in benedictione semper erit.

10 K. Nov. Sigefridus mon. n. congr. 1165.
9 K. Nov. Liutpoldus marchio.
Irmingart palatina.
8 K. Nov. Fridericus laicus, frater Ottonis episcopi.
7 K. Nov. Adela comitissa.
Hec cum viro suo Reginbotone multa bona contulit nobis.
6 K. Nov. Adelbertus presb. et mon. n. congr. 1137.
Heinricus abbas S. Iacobi Mogontiae.
5 K. Nov. Polezlaus' dux Poloniorum. 1138
4 K. Nov. Ehta conversa 1158.
2 K. Nov. Luitpoldus abbas Ahusen.

NOVEMBER.

4 N. Nov. Eberhardus mon. n. congr. 1151.
1. III.

Jaffé, Bibliotheca V.

1137		Wolvoldus abbas Admunti.
	2 N. Nov.	Beatrix comitissa.

Pro cuius anima dedit maritus eius Berth. comes praedium Richpach et albam cum aurifrigio.

	N. Nov.	Poppo et Adelbertus abbates, n. congr. fratres.
		Reginhardus abbas Sigeberch.
1053	8 Id. Nov.	Hartwicus episcopus Babenbergensis.
		Ezzo mon. n. congr. 1155.
	6 Id. Nov.	Benedictus abbas S. Bonifacii Wizn.
1146	4 Id. Nov.	Imbrico episcopus Wirciburgensis.
		Gerhardus comes.
1148	3 Id. Nov.	Reginbertus episcopus Pataviensis.
	2 Id. Nov.	Ratpoto presb. et mon. n. congr. 1123.
	17 K. Dec.	Ezzo presb. S. Petri.
	16 K. Dec.	Gozmarus abbas Wizinaha.
	15 K. Dec.	Chônradus mon. n. congr. 1159.
		Bero abbas Steinaha.
	14 K. Dec.	Adelheit comitissa de Bertheim 1154.
1155	13 K. Dec.	Wernherus abbas de Cotewic.
	11 K. Dec.	Volmarus presb. S. Petri 1158.
	9 K. Dec.	Adam abbas Ebera.
	8 K. Dec.	Fridericus abbas et mon. S. Petri Cast(ellensis).
1075	6 K. Dec.	Ekebertus abbas S. Felicitatis[1].
		Berhtoldus presb. et mon. n. congr. 1141.
		Gerbirc conversa 1169.
	5 K. Dec.	Ôdalricus prior presb. et mon. n. congr. 1137.
	4 K. Dec.	Hermannus abbas undecimus n. congr. 1147.

Hic est dominus noster felicis memoriae Hermannus undecimus huius loci abbas, cuius tam secundum seculum quam secundum ... ingenua virtutum nobilitas omnibus aecclesiae nostrae filiis aeterna habebitur in secula; interiori et exteriori curae vigilanter inserviens copiose tam aedificiis quam aliis ornamentis decorem domus Dei amplificavit.

	3 K. Dec.	Waldo laicus, pater domni Egilberti episcopi.

1. Suarzahensis. V. addit. ad Ekkehardi chron., Mon. Germ. SS. VI 201.

EX NECROLOGIO S. MICHAELIS POSTERIORE

DECEMBER.

4 N. Dec.	Liebelin abbas Stenaha.		
3 N. Dec.	Berengerus comes.		
2 N. Dec.	Anno archiepiscopus Coloniensis.	1075	
	Anno Coloniensis archiepiscopus plurima beneficia impendit huic loco.		
	Lotharius imperator 1137.		
	Arnoldus 1163, et Berngerus presbyteri et mon. n. congr.		
8 Id. Dec.	Bucco[1] episcopus Wormaciensis.	1149	
7 Id. Dec.	Poppo comes.		
6 Id. Dec.	Arnoldus abbas Michilvelt.		
4 Id. Dec.	Helmricus abbas duodecimus n. congr. 1166.		
2 Id. Dec.	Hugo abbas Magd(eburgensis).	1119	
19 K. Ian.	Agnes imperatrix[2].	1077	
	Wernherus abbas in Nigra silva.		
	Gerungus abbas Paulinae.		
16 K. Ian.	Goteboldus mon. n. congr. 1155.		
12 K. Ian.	Gozpertus abbas Michilvelt.		
11 K. Ian.	Fridericus abbas S. Mariae Gengenbacensis.		
10 K. Ian.	Hartmannus episcopus Brixiensis.	1164	
	Ernest laicus.		
	Huius causa episcopus Magdburgensis Adelgoz dedit nobis aurifrigium unum.		
9 K. Ian.	Tiemo mon. n. congr.		
8 K. Ian.	Hartmannus abbas Steinaha.		
7 K. Ian.	Irmbertus abbas noster, Admuonti.	1177	
	Ödalricus episcopus Spirensis.	1188-1189	
5 K. Ian.	Adelheit laica, mater domni Herimanni abbatis.		
4 K. Ian.	Heinricus diaconus S. Petri 1168.		
2 K. Ian.	Heimo laicus.		
	Hic est, qui ecclesiam nostram decenter ornavit fenestris et insuper dedit decem marcas.		

1. II.   2. uxor Heinrici III imp.

EBONIS VITA OTTONIS EPISCOPI BAMBERGENSIS.

Monasterii S. Michaelis Bambergensis, medio saeculo duodecimo omnibus rebus ornati, copiosi, habitatoribus frequentissimi fuit Ebo[1] *presbyter et monachus, sincerus ut videtur homo ac modestus*[2]*, qui admiratione pietateque Ottonis praeclari episcopi iam mortui imbutus, res gestas eius consignare litteris instituit*[3]*. Et ipsum quidem Ottonem cognovisse videtur nec dubitare licet, quin circiter die 20 Decembris 1139, cum episcopus vita exiret, Bambergae versatus sit*[4]*; attamen facile perspicimus, nullo illius commercio fruitum Ebonem esse. Non enim usquam certum talis necessitudinis vestigium posuit, contraque ipsius narrationis suae confirmandae causa nominatim ostendit, quae scripturus esset „gesta piissimi patris Ottonis, ea ex ore veridici ac Deo dilecti sacerdotis Udalrici audivisse"*[5]*. Udalricus autem, ecclesiae S. Egidii ab Ottone aedijicatae*[6] *sacerdos, tanta episcopi familiaritate usus erat, ut non modo consiliorum eius conscius fieret*[7]*, sed etiam, cum priori itineri Pomeranico interesse iussum morbus domi detinuisset, qui totius posterioris peregrinationis actuo-*

1. Nomen eius et in saeculi XII necrologio S. Michaelis (supra p. 571 ad 17 K. Iun.) et in codice Lat. Mon. 23582 saec. XIV (v. infra p. 583) sic scriptum est: „Ebo". Andreas demum abbas S. Michaelis exeunte saec. XV (de quo v. infra) hac nominis forma: „Ebbo" utebatur. 2. V. praefationis initium. 3. Praef.: „sciant, me sola caritate urgente, dum vocem pectori negare non possum, ob noticiam posterorum hec humiliter depromere". 4. L. III c. 25: „Quam (visionem) tempore dormitionis beatissimi patris nostri ex ore eiusdem senioris Lyppoldi audivimus". 5. V. praef. 6. V. L. I c. 18 et 21. 7. V. L. II c. 3.

sus administer esset[1] *dignus duceretur. Inde Ebo censuit Udalrici „reverendae maturitati et spectatae coram Deo et hominibus fidei ita se necesse esse credere, acsi propriis oculis ea, quae ille diceret, vidisset"*[2]. *Sed praeterea adhibitis quibusdam litterarum monumentis — ut necrologio S. Michaelis, annalibus S. Michaelis*[3], *Heimonis libro chronologico*[4], *ipsius Ottonis de priore itinere relatione*[5], *epistolis*[6] *— scriptorem ab aliis quoque aequalibus varia coram habuisse*[7], *eo firmius existimare debemus, quo breviori post Ottonis obitum in ipsa eiusdem sede librum formavit, et hunc quidem in solius episcopi acta minime conclusum.*

Auxit enim Ebo operis sui non artificium potius quam utilitatem, quod iis, quas narrandas proprie susceperat, rebus Ottonianis haud exiguas relationes admiscuit de coenobio S. Michaelis[8], *de Wolframmo eiusdem monasterii abbate*[9], *de Bernhardo illo infortunato Pomeranorum apostolo*[10], *de Wignando abbate Tharisiensi*[11]. *Cuius abbatis et vivendi rationem et mortem, quam die 18 Maii 1151 accidisse liquet, adeo concitato animo prosecutus scriptor est, ut librum non ita multo post factum esse oporteat. Idque eo confirmatur, quod et Ebo Udalrici sacerdotis, quem die 23 Martii 1159 vitam posuisse notum est*[12], *omnibus locis ut viventis mentionem intulit et Herbordus in dialogo de Ottone scribendo iam intervallo annorum 1158 et 1159 librum Ebonianum sectatus est. Atque haec operis in alienam rem convertendi celeritas evenit etiam vivo ipso Ebone, qui demum die 16 Maii 1163 animam edidit*[13].

At fere plane ignoraremus hodie, Ebonem ab Udalrico doctum de Ottonis rebus gestis tractavisse, neque omnino eam, quam proposituri sumus, pleniorem vitae descriptionem legeremus, nisi hoc percommode cecidisset, ut Andreas, monasterii S. Michaelis

1. V. L. III c. 1, 7, 8, 12, 13, 14, 15, 18.   2. V. L. II c. 1.   3. V. praef.   4. V. L. II c. 1.   5. L. II c. 12.   6. L. I c. 10, 12, 13, 14, 15, 20; L. II c. 16.   7. L. I c. 3: „Hoc modo servus Dei Ódalricus pium Ottonem in curtem regiam accessisse ferebat. Alii vero dicunt" cet. Cf. supra p. 580 n. 4.   8. V. praef.   9. L. I c. 19.   10. L. II c. 1. 11. L. II c. 17.   12. V. Necrol. S. Mich. supra p. 569 ad 10 K. Apr.   13. V. Necrol. S. Mich. supra p. 571 ad 17 K. Iunii.

ab anno 1483 ad annum 1502 abbas, in confiandis litterarum monumentis industrius, ad memoriam egregii episcopi bis recolendam incitaretur.

Etenim alteram Ottonis vitam petente Benedicto episcopo Caminensi (1486—1498) composuit Andreas[1]*, alteram a Iohanne Machario, conventus Bambergensis guardiano, rogatus*[2]. *Priorem autem harum vitarum Andreanarum optime scriptam tenet (C) codex quondam Caminensis, hodie in bibliotheca ecclesiae S. Iacobi Stettinensis servatus, membranaceus, die 14 Septembris a. 1487 scribendo absolutus*[3]*, cuius benignissime a Schiffmanno archidiacono huc missi vestigia persequi licuit. Posterior Ottonis vita ab Andrea corrogata inest in (B) codice bibliothecae Bambergensis Rf II 17 membranaceo, consummato die 11 Iunii anni 1499*[4]*, quem ut Berolini adhiberem M. Stengleinius bibliothecarius magna cum humanitate concessit.*

In horum igitur operum Andreanorum prooemiis de Ebone scriptum est, et in C quidem his verbis: „*Ebbo, nostri cenobii presbiter et monachus, nulli modernorum secundus, idem negocium (scribendae vitae Ottonis) attemptavit; cui si ipse manum extremam imposuisset, parvitas mea super hoc omnino digitum ori imposuisset*"*. In B autem hoc pacto Andreas de eodem tradidit:* „*Ebbo vero presbiter et monachus cenobii nostri vitam beati viri Ottonis episcopi, prout ex ore Udalrici sacerdotis S.*

1. Hanc vitam edidit Valerius Iaschius: „Andreae abbatis Bambergensis de Vita S. Ottonis libri quatuor", Colbergae 1681 p. 12—136. 2. Edidit hanc vitam Gretserus: „Divi Bambergenses", Ingolstadii 1611 p. 145—368. Quae editio repetita est anno 1737 in Gretseri opp. X p. 570—669. 3. Haec verba enim vitae adhaerent: „Explicit vita et de miraculis sanctissimi ac piissimi Ottonis Babenbergensis episcopi ac Pomeranorum apostoli. Scriptum per me fratrem Erhardum Vetter ordinis sancti Benedicti monachum indignum, professum in Monte monachorum Babenbergensis dyocesis, anno Domini millesimo quadringentesimo octuagesimo septimo, in die exaltationis sancte crucis, in prepositura sancte Fidis virginis et martiris". 4. In extremo enim libro haec leguntur: „Explicit liber quartus et ultimus de obitu et miraculis sanctissimi ac piissimi Ottonis Babenbergensis episcopi Pomeranorumque apostoli, anno Domini millesimo quadringentesimo nonagesimo nono, ipsa die Barnabe apostoli F. N. S."

Egidii edoctus fuerat, eleganti satis stilo descripsit". *Non potest igitur dubitari, quin, quam Ebonianam Ottonis vitam Andreas consuluit, ea nomine ipsius scriptoris insignita fuerit, praesertim cum etiam in codice Latino Monacensi 23582 membranaceo saec. XIV fol. 5v — 6v descriptis nonnullis operis Eboniani particulis hoc lemma antecedat: „Nota, quando et a quibus mons monachorum et alias dictus mons sancti Mychahelis inhabitari primo cepit, conscripta ab Ebone prespitero et monacho sancti Michaelis ibidem".*

Itaque de Ottone praeter ipsius Ebonis librum etiam Herbordi dialogum sibi prae manibus fuisse, in praefationum illarum utraque asseveravit Andreas. Atque quamvis quodammodo intelligi voluerit, sese scriptorum eorundem orationi quasi non semper idoneae hic illic succurrisse[1]*, tamen nihil apertius est, quam omnem Andreae artem in eo versari, quod singula Ebonis Herbordique capita permiscuerit ad verbum exscripta. Id enim facillimum animadversu est ex ipsius Herbordi dialogo, qui totus integer nuper in lucem protractus est*[2]*, atque etiam particulatim ex ea, de qua inferius agam, coartata vita Eboniana.*

Andreana autem Ottonis vita C, et ea quidem in eodem codice (C) diligenter accurateque exarata, ad restituendum Ebonis opus maximam materiam affert, propterea quod et secundum tertiumque eiusdem narrationis libros integros, puros, admixtionibus Herbordianis vacantes comprehendit, ibique primo tantum libro inter capita 16 et 17 et inter capita 17 et 18 nonnullae dialogi partes inculcatae sunt. In vitam B vero ab Andrea confectam, neque tamen in eodem codice (B) pari accuratione ut prior descriptam, omnia primi quidem libri Eboniani praeter praefationem sed nonnulla tantum secundi et tertii librorum capita[3] *illata sunt. Ceterum ibidem unum quodque fere horum capitum isto nomine:* E b b o *signatum est*[4]*.*

1. In praef. C: „Hoc tamen mihimet ex proprio sudore coniunxi, ut latius diffusa modesta brevitate arctius coherceam, strictius digesta moderata prolixitate dilatem, **minus regulariter prolata ad rectitudinis lineam corrigam**". 2. V. infra praef. in Herbordi dialogum. 3. L. II c. 14, 15, 16, 17, 18; L. III c. 1, 2, 3, 4, 5, 6, 7, 10, 11, 19, 24. 4. De qua

Sed quantumcunque C, prior horum duorum codicum ad reficiendum Ebonis librum valet, factus est amplius quam trecentis annis post scriptoris aetatem exeunte saeculo XV; librariique tanto tempore posteriores quam facile peccent quis nescit? Unde eo studiosius antiquiore quodam adiumento usus, nonnullis locis aut mancis aut vitiosis medicinam admovi.

Otto II enim episcopus Bambergensis (1177—1196) cum Ottonem I Pomeranorum apostolum in sanctorum numerum referri cuperet, Wolframmus II abbas S. Michaelis post varios conatus frustra captos Romae a Clemente III papa impetravit, ut Herbipoli die 10 Augusti 1189 ab Ottone Eichstetensi et Eberhardo Merseburgensi episcopis Otto sanctus declararetur. Hac in re saepenumero de quadam eiusdem vita mentionem factam esse invenimus. Nam Wolframmus abbas iam in exordio negotii haec protulit: „Vita eius (Ottonis) plena signis et virtutibus et misericordiae operibus aput nos est, quae apostolico praesentanda est". Postea Romae vitam illam a Wolframmo apportatam cum iussu papae Laborans cardinalis legisset, laudibus extulit Ottonem, „qui apostolus Pomeranorum nominari et esse meruisset". Herbipoli denique „episcopi susceptum librum inter autentica scripta reposuerunt" [1].

Haec autem verba a Laborante cardinali dicta: „qui apostolus Pomeranorum nominari et esse meruit" quia evidenter ex Ebonis praefatione [2] *arcessita sunt, arguere videntur, istam vitam nullam aliam fuisse nisi scriptam ab Ebone. Nec tamen negari potest, non ipsum Ebonis opus Romae excussum esse sed alium librum, ex eodem quidem opere deductum, at quo magis curiae Romanae arrideret, coartatum multisque locis commutatum. De*

re in praefatione huius libri sic retulit Andreas: „Unde quecumque scripta huic operi conducentia de ipso (Ottone) invenire potui, in unum colligere studui, et nonnunquam nomen auctoris expressi; sperans, aliquem emulum et tante auctoritatis ignarum lectorem exinde posse edificari".

1. de his rebus omnibus v. infra Ex miraculis Ottonis.   2. ubi sic est: „et apostolus gentis Pomeranorum nostris temporibus appellari meruit".

cuius libri[1] *ratione optime intelligi potest ex codicum eundem tenentium praestantissimo*

(E) codice quondam Halesbrunnensi nunc bibliothecae universitatis Erlangensis 248 *(K. m. 142) membranaceo, aut exeunte saeculo XII aut ordiente saec. XIII exarato, quem bibliothecarii petenti mihi libentissimis animis miserunt.*

Exclusit enim mutator fere omnia, quae ad historiam coenobii S. Michaelis et Wolframmi Wignandique abbatum pertinent; multa alia in angustum deduxit; orationem autem sexcenties corrigens, non eo semper animum intendit, ut splendidioribus verbis uteretur, sed illud eum interdum egisse videmus, ut Otto humilior sedique Romanae devotior etiam appareret, quam aut reapse fuisset aut fuisse apud Ebonem visus esset.

In hoc genere est, quod cum Ebo L. I c. 11 sic scripsisset: „*His ergo litteris (Ottonis) ab apostolico (Paschali II) reverenter susceptis et relectis*", *mutator verbum hoc:* „*reverenter*" *oppressit; et cum Ebo ibidem haec posuisset:* „*Cum hilari satis reverentia ab apostolico (Paschali II) susceptus fuisset (Otto)*", *mutator ita scribendum duxit:* „*Cumque ab apostolico clementer susceptus fuisset*"; *itemque cum Ebo L. I c. 12 his verbis usus esset:* „*apostolicus litteras commendaticias pro dilecto patre Ottone misit*", *corrector ita retulit:* „*apostolicus litteras commendaticias pro dilecto filio Ottone misit*". *Illud autem maius est, quod eodem consilio etiam epistolam ipsius Ottonis, anno 1106 a Paschali II consecrationem exigentis, adulteravit. Legitur enim haec epistola iisdem verbis et in Udalrici codice*[2] *et apud Ebonem, in qua cum papam singulari numero appellari reperisset mutator, Ottonis audaciae succurrens, numerum pluralem usque quaque adhibuit hoc modo:*

Otto scripserat haec:	Mutator scripsit haec:
— desideramus, scire sanctitatem **tuam** .. nos paruisse ..	— desideramus, scire sanctitatem **vestram** .. nos paruisse ..

1. editi ex „ms. bibliothecae Paulinae Lipsiae" (cod. bibl. universitatis Lipsiensis 844 membr. saec. XIII) a Sollerio in Act. SS. Iul. T. I 425—449.
2. n. 128 supra p. 239—240.

legato tuo — Quam ob rem ve- | legato vestro — Quam ob rem
stigiis pedum tuorum advo- | vestigiis pedum vestrorum ad-
luti — ad te clamo" cet. | voluti — ad vos clamo" cet.

Tales verae sententiae depravationes a me in recensendo Ebonis opere spretas esse, nemo mirabitur. Nec recepi de monasteriis ab Ottone conditis relationem a correctore post libri I caput 16 additam, propter id quod non ex ipsius Ebonis libro sed ex Herbordi dialogo eadem ratione, qua mutator alias quoque uti solet, decerptam esse reperimus[1].

At contra sunt in eiusdem mutatoris codice E momenta non solum ad explendas nonnullas codicum Ebonianorum lacunas, verum etiam ad graviores quasdam corruptelas removendas. Requisivi enim ex eodem codice initium praefationis ab Andrea praetermissum et libri III capitum 15 et 16 partem amplam, quae ideo non legitur in codice C, quod folium excisum ibi est.

Invenimus etiam in Andreae codicibus[2], *Ottonem iuvenem „saepius transitum fecisse per* Wirzeburgense *cenobium"; quare viri docti eundem puerilibus annis* Wirzeburgi *versatum esse existimabant. In antiquissimo autem illo codice E non* „Wirzeburgense" *scriptum est sed* „Wilzeburgense". *Hanc lectionem assumpsi. Prorsus enim quadrat etiam Ottonis incunabulis, quippe quae „iuxta Albuch" fuisse sciamus*[3], *non ita remota a coenobio Wilzeburgensi*[4].

1. L. I c. 12—17, ubi narratio illa sic inchoatur: „Et primicie quidem operum eius duorum fuit structura cenobiorum (sc. Uraugiae et Urae)" cet. Quae quidem apud Ebonis mutatorem ita habentur: „Primicie votorum eius edificatio fuit duorum cenobiorum". Ipse autem Ebo non a duobus illis coenobiis sed ab hospitali Wilziburgensi principium aedificationum ab Ottone factarum sumpsit L. I c. 2: „Hocque primum sue devotionis munus de thesauro bone voluntatis Christo obtulit".   2. Ebo L. I c. 2.   3. V. L. I c. 17.   4. Capitum lemmata in duabus vitis Andreanis inter se discrepant neque ab Ebone sunt. Cuius et diversitatis et confictionis probandae causa afferendas duco inscriptiones capitis 2 libri I, de monasterio Wilzeburgensi aperientis. In C enim haec est: „De constructione hospitalis in civitate Herbipolensi per sanctum Ottonem"; in B autem haec legitur: „De iniciis operum et hospitali pauperum per beatum Ottonem in civitate Wurtzepurgensi constructo". Quae cum ita

Praeterea memorato opus est, eum populum, cuius ad Christi fidem convertendi causa anno 1127 Udalricus ille S. Egidii sacerdos ab Ottone episcopo ex urbe Uznoimia (Usedom) missus est secundum Ebonis L. III caput 14 et 15, in codicibus Andreanis ter appellari „ueranos", eisdemque codicis E locis admodum contractis illius populi nomen omnino bis inveniri, sed utrobique scriptum his litteris: „ućrani, ućranos". Huc accedit, quod etiam in uno, cui totus Herbordi dialogus inest, codice eiusdem populi patria „ucrania" vocatur (Herb. L. III c. 11) ipseque populus: „urcani" (sic pro ucrani, Herb. III 12), ibidemque in lemmate capitis 11 (libri III)[1] *cum librarius scripsisset: „De verania insula et gente barbarissima", ut error indicaretur, duo puncta litterae e supposita sunt, hoc modo: verania. Sicque id populi nomen, quod Ebo ab ipso illo Udalrico acceptum adhibuit, non iam ex coniectura elicitum*[2] *sed ex optimis codicibus repetitum ingessi.*

Restat, ut in duorum virorum commemoratione verser, a quibus haec mea opera plurimum sublevata est. Unus, Robertus Klempin commentatione peringeniosa et accuratissima (Die Biographieen des Bischofs Otto in Baltische Studien IX 1—245) perditam quondam vitarum Ottonianarum implicationem enodavit. Alter, Rudolfus Koepke, qua est diligentia et industria, una cum ceteris de Ottone operibus etiam Ebonis librum primus edidit in Mon. Germ. SS. XII 822—883. Quorum virorum tanto studii veritatisque amore incensorum neuter ad labores suos meum laborem accedentem moleste feret.

Berolini 3 Idus Februarias 1869.

sint, a lemmatibus illis in edendo Ebonis opere me continui. Distributioni autem capitum, a priore editore factae, me addicendum putavi.

1. Cod. lat. Monac. 23582 fol. 58 v.   2. Cf. de ea re Raumer Regesta historiae Brandenburgensis p. 145 n. 817, Ledebur Die Ucranen und nicht Veranen (Märkische Forschungen III 345—353), Wigger Mecklenburgische Annalen p. 121.

PRAEFATIO.

Omne[a], quod agimus, per humilitatis custodiam munire debemus; quia, testante beato Gregorio: *Qui virtutes sine humilitate congregat, in vento pulverem portat; et unde ferre aliquid cernitur, inde deterius excaecatur*[1]. Scripturus itaque gesta piissimi patris nostri Ottonis, quae ex ore veridici ac Deo dilecti sacerdotis Uodalrici audivi, lectores, in quorum forte manus venerint, peto, ne arrogantie aut temeritati hoc asscribant; sed Deo teste sciant: me, sola caritate urgente, dum vocem pectori negare non possum, ob noticiam posterorum hec humiliter depromere. Cuius enim vel saxeum pectus ad compunctionem non moveat tam flagrantissimum huius beati patris desiderium, quo omnes Christi fideles acsi nutrix officiosissima fovere non desiit? Quis sine lacrimis ad memoriam reducat: quomodo totus velut seraphim ad propagandam divine servitutis celebritatem ardebat; quomodo cuncta, que poterat mundo abripere, servis Dei festinabat offerre; quomodo gloriam Christi non solum in Teutonicis regionibus per multa que construxit cenobia et hospitalia dilatavit, sed etiam in exteris et longe remotis barbarorum finibus miro devocionis fervore euangelii tubam cecinit et apostolus gentis Pomeranorum nostris temporibus appellari meruit? Quod quanto his diebus constat insolitum, eo magis in eo amplectendum est et omni laude colendum.

Primum ergo antiquos patres nostros, a quibus locus hic inhabitari cepit, futurorum cognicioni pandamus; et sic de Ottone nostro, cooperante gratia Spiritus sancti, proponamus. Anno[b] Domini 1015 mons sancti Michaelis apud Babenberch inhabitari cepit a domno Ratone abbate[2], quem sanctus Heinricus secundus imperator, huius episcopii constructor, et venerabilis

---

a. Omne — Uodalrici audivi *recepi ex E; in C haec leguntur:* Scripturus gesta piissimi Ottonis patris nostri, lectores *cet.*   b. *Abhinc legitur caput hoc, scriptum manu saec. XIV etiam in* (N) *cod. lat. Monacensi 23582, quondam Neuenkirchensi fol. 5v—6.*

1. S. Gregorii In euangelia L. I homilia VII, opp. ed. Benedictini T. I 1461.   2. Cf. Ekkehardi chron., Mon. Germ. SS. VI 194.

Kunegunda, specialis mater nostra, tam pro religiosa qua nomi- 1015
natus erat conversacione quam et pro seculari qua pollebat industria eidem loco prefecerunt. Eodem¹ quoque anno funda-
menta monasterii locata sunt. Et secundo anno Heinrici abbatis
dedicatum est templum ipsum. Itaque domno Ratone viam
universe carnis ingrediente², successit dive memorie abbas Hein- 1020
ricus, mire secundum Deum pietatis et sciencie, secundum se- Ian. 16
culum magne nobilitatis ac strennuitatis vir; qui fecit³ nobis analogium et duas cruces argenteas deditque casulam bonam chrocei coloris; sed
et alia plurima huic loco beneficia contulit. Cuius anno⁴ secundo Eberhardus, primus Babenbergensis episcopus, anno ordinacionis sue
tertio decimo dedicavit ecclesiam sancti Michaelis in monte 1021
Babenbergensi, in honore eiusdem archangeli et sancti Benedicti Nov. 2
abbatis, quarta Nonas Novembris, feria quinta, anno Domini
1021ᵃ, indictione quinta, anno autem regni gloriosissimi domini
ac patroni nostri sancti Heinrici 21, imperii 9, ipso presidente
ac disponente. Huic consecracioni interfuerunt episcopi multi,
scilicet Erbo Mogontinus, dudum archicapellanus sancti Heinrici imperatoris, qui altare beati Martini dedicavit, Pilegrinus
Coloniensis, qui altare sancti Petri consecravit, cum aliis multis.
Post hec Heinrico secundo abbate ad Christum migrante, suscepit curam pastoralem domnus Adelhelmus; quiˢ restituit nobis sperulas furto ablatas. Tantusque amator divini erat servicii ac semper
choro psallencium interesse affectabat, ut eciam, si in vinea re-
mociori positus esset, audito vespertinali vel alterius hore signo,
tota illuc festinancia et alacri devocione occurreret omnique
oracionis tempore primus intrando et ultimus egrediendo fieri
satageret. Et hoc pio patre ad celestia vocato, domnus Ro- 1066
bertus eodem est anno substitutus. Qui vivus discessitᶜ; plures Mai. 14
enim abbatias habuit. Post quem sancte recordacionis Eg- 1071

---

a. 1031 *CN.*

1. „Eodem — templum ipsum" legimus etiam ap. Ekkehardum l. l.
2. 1020 Ian. 16. 3. „fecit — beneficia contulit" ex Necrol. supra p. 577
ad 7 Id. Oct. 4. „anno — cum aliis multis" sunt fere omnia ap. Ekkeh.
l. l. p. 193 et 194. 5. „qui — ablatas" ex Necrol. supra p. 571 ad 2 Id.
Maii. 6. Ex annal. S. Mich. 1071 supra p. 552.

1071 gibertus ipso anno constituitur. Qui et ipse vivus abscessit[1], eo quod et alia multa procuraret cenobia. Et in monasterio Suarzahensi[a] requiescit[2]; cuius eciam sepulchrum miraculis est illustratum.
1083 Huic Uto levita subrogatur. Post quem anno sequenti Willo
1085 abbas huic loco preficitur. Quo de hac vita sublato, Tiemo
1094 dyaconus substituitur. Hoc quoque cita morte rapto, Gumboldus Ratisbonensis de monasterio beati Emmerammi assumptus, loci huius regimen est sortitus. Hoc tempore aput nos regularis propositi norma admodum erat collapsa; sed, Dei gratuita preveniente clemencia, in adventu domini ac nutritoris nostri piissimi Ottonis episcopi nobiliter est reparata.

Nunc igitur tantum lumen ecclesie unde processerit, videamus; et quo ordine ad culmen pontificatus accesserit, fideli relatione aperiamus.

LIBER PRIMUS.

1. Igitur ex provincia Alamannorum beatus Otto generosa stirpe et parentibus secundum carnem liberis oriundus fuit, patre Ottone et matre Adelheida nuncupata. Qui ambo, simplicitati et mansuetudini operam dantes, nulli violenciam aut oppressionem inferebant; quin immo, piis operibus et elemosinis vacantes, Dei nutu ad consolationem ecclesie elegantem hunc filium gignere meruerunt. Qui, decursa teneriori infancia, litteris imbutus, ut primum annos intelligibiles attigit, mirum in modum spiritu sapientie et intellectus[3] habundare cepit. Sed et morum gravitate et modesti habitus nitore cunctis acceptus et honorabilis erat.

Accidit forte illis diebus, ut germana soror Heinrici quarti
post 1087 imperatoris Iudita[4] nomine in matrimonio iungeretur Polizlao[5] Poloniorum duci. Cui ille tamquam fidelissimus adherens capellanus, Poloniam venit. Ibique, in brevi loquelam gentis addiscens et prefate matrone obsequio deditus, prudenter se age-

a. Suarzanensi NC.
1. Indidem l. l. 2. Cf. Necr. supra p. 578 ad 6 Kal. Dec. 3. Isai. 11, 2. 4. vidua Salomonis, quondam Ungariae regis, in exilio mortui a. 1087 (v. Bernoldi chron., Mon. Germ. SS. V 446). 5. Wladislao Hermanno.

bat; donec magnus valde et nominatus in regione illa factus est. Sed et nobiles[a] quique et potentes illius terre certatim ei filios suos ad erudiendum offerebant; sicque Deo cuncta eius opera dirigente, non mediocriter dives esse cepit in possessione auri et argenti. Non enim in ludicris et vanis mundi illecebris opes, sapientia et fidelitate sua congregatas, expendebat; sed ut vir prudens et sensatus rem suam servare noverat. Domna etiam Iudita, cui familiare contubernium prestabat, frequenter per eum munera varia et permagnifica germano suo imperatori dirigebat; utpote que nullum fide et morîbus inter obsequentes sibi prestanciorem habebat. Cuius legacionis officium tanta auctoritate et circumspectione persolvebat, ut pro hoc eciam ipsi rerum domino ammirabilis videretur.

2. Sepius vero transitum faciens per Wilzeburgense[b] cenobium[1], a religioso eiusdem loci abbate Heinrico nomine, ut vir gravioris persone, reverenter suscipiebatur debitoque humanitatis officio benigne tractabatur. Cuius benivolentie vir sagacis animi non inmemor audiensque, illic magnam victualium rerum esse penuriam, ut totus misericordie et caritatis visceribus affluebat, inopie eorum condoluit et — quia caritas operatur magna, si est; si vero operari rennuit, caritas non est — ex opibus, a Deo sibi concessis, hospitale ad receptionem peregrinorum illic construxit. Hocque primum sue devotionis munus de thesauro bone voluntatis Christo obtulit. Sic bona arbor, fructum plurimum germinatura, in florem erupit. Quasi primicias agri sui ad altare veri sacerdotis detulit; ut centuplum in hoc seculo, et in futuro vitam eternam reciperet[2]. Bonum plane initium, quod finis est optimus subsecutus.

3. Post obitum igitur venerabilis domne Iudite ad Teutonicas reversus regiones, Ratisbonam adiit. Ubi, canonicis in servicio Christi adherens, reverendi habitus modestia ac probabilis vite disciplina cunctis amori et exemplo fuit. Illo tempore

a. *corr. in* nobilē *C.*   b. *sic est in E;* (Wiertzburgense *C*, Wurzepurgense *B*).

1. Wilzburg coen. d. Eistetensis.   2. Matth. 19, 29: „centuplum accipiet et vitam aeternam possidebit".

abbatissa de Inferiori monasterio magne opinionis — utpote neptis Heinrici imperatoris — et virtutum operatrix habebatur. Que, cernens persone et morum eius elegantiam audiensque magni consilii virum, sine mora eum advocans, ut alterum Ioseph, rerum suarum tociusque domus dispensatorem constituit[1]; et ille solita gravitate ac industria, fideli devocione gubernabat omnia.   Interea Heinricus imperator, quoddam de principalibus festis Ratisbone celebraturus, ad[a] neptem suam abbatissam divertit. In cuius obsequio videns tante auctoritatis ac reverentie virum, mirari et delecfari cepit sagacitate animi eius. Conversusque ad cognatam, ait: *Oportunum est, soror, cunctis in hoc festo amicis suis solatiantibus, et te michi aliquod caritatis obsequium ob consanguinitatis vinculum impendere.* Qua humiliter respondente: *Iube, quod vis, domne mi rex; non enim fas est, ut avertam faciem tuam*[2]; imperator subiunxit: *Nil aliud peto nisi capellanum tuum, domnum Ottonem, spiritu sapientie plenum. Talem enim virum res publica nostra habet necessarium.* Quo audito abbatissa, licet fidelissimi sui auricularii egre ferret abscessum[b], imperatorie tamen maiestati contraire non potuit. Et advocans eum debitasque ministerii sui gratias exsolvens, non[c] sine lacrimis, pium amorem testantibus, principi assignavit.   Assumptus itaque Dei nutu in curtem regiam, vir tocius industrie et religionis, ita sibi prudentissimum imperatorem nobilitate morum et fidei pietate devinxit, ut eum quasi unicum amplectens filium, secretalem intimum et custodem capitis sui poneret cunctis diebus[3]. Nam et cancellarium eum

1102? fecit[4], et queque preciosa vel cariora in palacio habuit, eius fidei commisit.

Hoc modo servus Dei Ödalricus pium Ottonem in curtem regiam accessisse ferebat. Alii vero[d] dicunt: eum, liberalibus inbutum disciplinis, primo ad abbatem Wilzeburgensis[e] cenobii

a. et ad *C*.   b. abcessum *C*.   c. et non *C*.   d. vere *C*.   e. Wiertzenburgensis *C*, Wurzeburgensis *B*; *scripsi* Wilzeburgensis; cf. supra p. 591 n. b.

1. Cf. Gen. 43, 40.   2. 3 Reg. 2, 20: „neque enim fas est, ut avertam faciem tuam".   3. 1 Reg. 28, 2: „Et ego custodem capitis mei ponam te cunctis diebus".   4. anno 1102? Cf. Stumpf Die Reichskanzler II 209.

Heinricum venisse; et post modicum eundem Heinricum Dei nutu in Polonia archiepiscopatus apicem conscendisse. Cui ipsum fidelissimo adhesisse famulatu testantur et, mirabili strennuitate ac sapientia in brevi per totam regionem divulgatum, tam ab archiepiscopo quam et a venerabili Iudita imperiali aule assignatum.

4. Eo tempore gloriosissimus imperator Heinricus magnum illud et admirabile Spirensis ecclesie edificium ob venerationem perpetue virginis Marie, cuius specialis alumpnus fuit[1], regali magnificentia exstruebat. Sed magistri operis, fraudulenter et sine Dei timore agentes, magnam pecunie quantitatem suis usibus insumebant; ita ut frequenter ad opus tam mirificum pecunia ipsa deficeret. Unde augustus non mediocri dolore permotus, ex consultis accito familiari auriculario suo Ottone, ei tocius operis magisterium commisit; utpote cuius sapientia, cunctis probata, etiam ad maiora queque et ardua dispensanda esset idonea. Qui, sagaciter et provide commisso operi intendens — sciebat enim iuxta apostolicum mandatum dominis carnalibus sic quasi Deo serviendum[2] — frequenter ad curtem regiam regressus, pecuniam, que supererat statuto operi, fideliter ei resignabat; insuper ad indicium ingeniose diligentie sue equam fenestrarum ecclesie mensuram, prudenter a se dispositam, imperatori considerandam offerebat. Pro qua sincerissime fidei constantia non solum regi sed et cunctis optimatibus ita se acceptum reddidit, ut Deo gratias agerent, quod ad eius noticiam pervenissent. Siquidem interiorem animi eius sollerciam exterioris quoque hominis habitus preferebat; ita ut prudentes quique ex ipso eius scemate, quod in eo futurum esset, sagaciter intelligerent.

5. Nam ut de multis unum exempli causa annectam, quidam pater familias de Spirensi civitate Anshelmus nomine, non tam diviciis quam religione et prudencia insignis, eundem Christi servum, adhuc in tenuitate positum, antequam in curtem regiam

---

1. Cf. Heinrici IV epist. supra p. 505: „Conquerimur Deo omnipotenti et domine mee sancte Marie" cet.   2. Ephes. 6, 5.

accessisset, hospicio recepit; moxque reverendi habitus eius venustate delectatus et in faciem ei curiosius intendens, graciam ipsi celitus superventuram sagaci animo previdit. Idque suis omnibus certissima attestatione pronuncians, ut in cunctis ei tamquam sibimet ipsi obsequerentur, mandavit. Deinde secrecius eum conveniens et unicum filium suum Richardum nomine per manum ei tradens ait: *Video, domine, quia largiente Deo magnus in futuro apud Deum et homines eritis. Re vera enim faciet vobis Deus nomen grande iuxta nomen*[a] *magnorum, qui sunt in terra*[1]. *Unde peto: ut, cum verba mea hec impleta fuerint, memor obsequii mei, fidem et misericordiam cum filio meo Richardo faciatis*[b] *et paterne consolacionis manum ab eo non subtrahatis.* Cui ille subridens: *Et quis ego* inquit *vel quid ego aut quid magni in me esse poterit? Si tamen excelsus Dominus, qui humilia respicit et alta a longe cognoscit*[2], *exiguitatem meam promovere dignatus fuerit, absit a me peccatum hoc in Domino, ut benignitas et humanitas mihi a vobis inpensa oblivioni tradatur. Scriptum quippe est: „Elemosina viri quasi sacculus cum ipso, et graciam hominis conservabit"*[3]. *Decet igitur, ut et ego graciam et misericordiam, quam hic inveni, domui huic conservem.* Quod et postea devotus implevit. Quia, factus episcopus, eundem Richardum familiarem sibi vernulam assumpsit et speciali amoris privilegio fovere non desiit.

6. Sed ut ad id redeam, unde digressus sum, imperator Heinricus, fide et prudentia pii Ottonis agnita, secrecius eum compellans, an psalterium cordetenus psallere posset, inquisivit. Quo respondente: *Etiam*, gavisus imperator eum sibi assidere precepit; et remotis aliis, psalmodie cum eo vacabat, quociens a negociis expeditus esse poterat. Erat enim imperator litteris usque adeo imbutus, ut cartas, a quibuslibet sibi directas, per semet ipsum legere et intelligere prevaleret. Codex autem, in quo psalmos decantabat, manuali frequentia rugosus et admodum obfuscatus erat. Quod pius Otto cernens, absente im-

a. nomen om. C.   b. facietis C.
1. 2 Reg. 7, 9.   2. Ps. 137, 6.   3. Cf. Eccli. 17, 18.

peratore vetusto codicem involucro despoliavit et, novam mercatus pellem eumque decenter cooperiens, loco suo reposuit. Veniens ergo postmodum imperator et quod factum erat nesciens, psalterium a cubiculariis requirebat. Turbantibus autem se ad querendum cubiculariis — dum pre oculis omnium iacens veteribus rescellis¹ codex exutus et novis decoratus induviis nescitur — fit huc illucque discursus nec quicquam reperitur. Tandem imperator, divino commonitus instinctu: *Vocate*ª inquit *Ottonem meum; et ab eo sciscitamini*. Quo coram posito, imperator ab eo psalterium exquirebat. At ille concitus librum coram imperatore iacentem elevans: *Ecce* ait *pre oculis omnium hic fuit, ubi et semper reponebatur*. Obstupefactus imperator: *Et quis* ait *tam nitido hunc innovavit operimento?* Et ille ait: *Ego, domine*. Quo audito, imperator collum eius blandis stringens amplexibus et in oscula proruens: *Vivit Dominus!* inquit *sicut tu inter cetera diligentie monimenta psalterium meum, vetusto exutum tegmine, novo illustrasti operimento, sic et ego te, paupertatis tunica spoliatum, novi honoris culmine sublimabo*. Et exinde querebat oportunitatem, quomodo eum promovere et pontificali infula redimire posset. Nec multo post anulus cum 1101 virga pastorali Premensis episcopi² ad curtem regiam perlata est.

7. Eo tempore siquidem ecclesia liberam electionem non habebat, sicut postea sub Heinrico quinto, mediante pie memorie Kalixto papa, actum est. Sed cum quilibet antistes viam universe carnis ingressus fuisset, mox capitanei civitatis illius anulum et virgam pastoralem ad palacium transmittebant; sicque regia auctoritas, communicato cum aulicis consilio, orbate plebi idoneum constituebat presulem. Itaque cum, ut diximus, virga pastoralis et anulus episcopi Premensis imperatori offerretur, mox ille, accersito unice dilecto sibi Ottone, munera hec ei conservanda tradidit.

a. Vocare *C.*

1. V. Ducange Gloss. ad v. recella ... rescella: „Glossarium Cambronense: „„Rescellas, genus indumenti, id est pelles““. 2. Liemari archiepiscopi Bremensis, d. 16 Maii 1101 mortui.

1102 Post paucos vero[a] dies rursum anulus et virga pastoralis Ruperti Babenbergensis episcopi[1] domno imperatori transmissa est. Quo audito, multi nobiles et tam sciencia quam diviciis insignes ad curtem regiam confluebant, qui episcopatum Babenbergensem non mediocri precio sibi comparare temptabant. Imperator vero — gaudens, quod occasionem honorandi intimum secretalem suum Ottonem, ut voluerat, invenisset — cunctos, qui pro eodem episcopatu adipiscendo satagebant, arguta responsionum ambiguitate suspensos reddidit. Accidit itaque, ut, procedens crepusculo diei cuiusdam ex aula regia et parumper in limine subsistens, audiret puerulos quosdam naturali callentes ingenio talia invicem mussitare: *Non bene agit imperator, qui nobilem illum Babenbergensem episcopatum precio venundare disponit. Cur non pocius fideli suo domno Ottoni hunc assignat? in quo est aspectus angelicus, reverendus habitus, mores religiosi, facundia singularis, prudentia et magnanimitas admirabilis. Hunc, omni pietate et industria conspicuum, decet esse pastorem populorum.* Audiens hec, imperator hilaris effectus est; recordatusque propheticum octavi psalmi versum: *Ex ore infantium et lactentium perfecisti laudem*[2], Deo gratias agebat, quod voluntatem suam hoc testimonio confirmari cernebat. Nec mirum, quod infantilis etas tali eum preconio efferebat. Illo enim tempore, sicut et postea, tante benignitatis tanteque affectionis[b] erga omnes erat, ut nemo cohabitantium ei inveniretur, qui non hunc ex corde diligeret et verum Dei servum acclamaret. Sed et modestia habitus et perspicua religionis auctoritas sic in eo eminebat, ut nullus eo presente quippiam indecens aut risui aptum verbo seu facto pretendere auderet; sed, cum regiam curtem intrabat, mox omnes prioris lascivie intentionem magna gravitatis manu tergebant. Imperator vero legatos honorabiles clero et populo Babenbergensi dirigit; pastorem se eis, idoneum et electum ex milibus[3], providisse nunciat; utque capitanei

a. vere *C*. b. effectionis *C*.
1. qui e vita exiit d. 11. Iunii 1102. 2. Ps. 8, 3. 3. Cant. 5, 10.

civitatis Mogunciam ad natale dominicum[1] sibi occurrant, pa- 1102
terna dulcedine mandat. Exhilarantur hoc nuncio Babenbergenses. Et confestim Egilbertus prepositus, Adelbertus quoque Dec.
decanus cum Eberhardo pie memorie, tunc Sancti Iacobi —
postmodum vero maioris ecclesie — preposito[2], assumptis natu
maioribus et quibusque illustrioribus personis, imperatori Mogunciam tempore condicto occurrunt.

8. Interim vero clerus et populus Babenbergensis, diu iam
episcopali benedictione privatus, nullo modo a precibus cessabat.
Sed unanimi devocione congregatus in dominica proxima natali Dec. 21
dominico, solemni processione cum reliquiis sanctorum montem
beati Michaelis archangeli ascendunt; ibique missarum celebritatem summa compunctionis dulcedine agentes, divinam exora-
bant clemenciam, ut — per summum sue sedis ministrum[3], qui
semper in adiutorium populo Dei occurrit[4], eis propiciatus —
acceptabilem sibi largiri dignaretur antistitem. Quorum[a] preces et vota quomodo secretissimas Dei penetraverint aures, hodieque et usque in consummationem seculi patenter datur intelligi. Quia talem huic ecclesie destinavit presulem, qui omnes
predecessores suos meritorum prerogativa longe antecessit; cuius
memoria in omni ore quasi mel indulcabitur et ut musica in
convivio vini[5]. Divinitus enim re vera in hunc locum est directus; quem, pene conlapsum, mirifice Deo cooperante repara-
vit et cultu interiori et exteriori tam nobiliter augmentavit, ut,
quousque mundus iste volvitur, eius laudabile meritum semper
accipiat incrementum.

Venientibus itaque capitaneis ecclesie Babenbergensis, im- c. Dec. 25
perator eos cum honorifico gaudio suscepit; et adscitis coram
principibus ait: *Quantum profectui et honori ecclesie Babenbergensis congratuler, hinc advertite: quod, cum tot magne et alti
sanguinis persone episcopatum hunc a me precio comparare
temptarent, ego illum pocius, qui fide moribus sapientia et reli-*

---

a. Quocum C.

1. 1102 Dec. 25. 2. quem scimus obiisse d. 26 Iunii a. 1143. V. Annales S. Petri supra p. 554. 3. Michaelem. 4. Cf. Dan. 10, 13. 5. Eccli. 49, 2.

1102 *gione cunctis prestat, vobis eligere malui.* Et advocans pium
Dec. 25 Ottonem, anulum et virgam pastoralem Premensis episcopi ab
eo repeciit. Illo sine mora resignante hec, imperator ait: *Ex
multo iam tempore fidelem te michi et pre omnibus utilem ap-
probavi. Tempus est, ut et ego fidei tue digna munificentie mee
largitate respondeam. Accipe nobilem ecclesie Babenbergensis
presulatum. Quem multi quidem pecuniis et muneribus sibi comparare satagunt; sed ego, spretis omnibus illis, te solum hoc
pontificali culmine statui illustrare.* Mox pius Otto, cadens in
faciem et cum lacrimis se tanto apici[a] indignum esse protestans,
iussu cesaris ab optimatibus erigitur; anulo et virga pastorali,
quamvis plurimum renitens, investitur; et quantum se indignum
fatebatur, tantum dignus[b] a cunctis asserebatur. Mirumque in
modum universa, que aderat, multitudo in electione eius accla-
mabat. Una omnium voluntas eadem vota eademque sentencia:
Ottonem episcopatu esse dignissimum; felicem fore tali ecclesiam
sacerdote. Quid multa? Non aliud pium Ottonem facere licuit,
nisi quod imperator et populus Domino volente constituit. Itaque imperator, clero et populo affectuosa eum sedulitate commendans: *Ecce* ait *electus et Deo dignus pontifex. Hunc ut
viscera mea desideranter suscipite; scientes eum omni divina et
humana scientia probabiliter*[c] *instructum. Nam, ut verum fatear, ex quo regni solium Deo largiente conscendi, in comitatu
nostro vel in capella nostra non memini*[d] *me virum honestate*[e]
prudencia et omni virtutum genere prestantiorem vidisse. Ad
hec Berngerus[f] comes de Sulzbach, cui cum bonis semper leva
voluntas fuit, submurmurans: *Domine* ait *nescimus: quis vel
unde sit, quem nobis pastorem assignasti.* Cui imperator: *Si
unde sit* ait *queris, Babenberg mater eius; ego autem pater
ipsius sum. Et vivit Dominus! Qui nocuerit eum, tanget*[g] *pupillam oculi mei*[1]*; quive eum deponere temptaverit, me quoque
regni solio privabit. Hunc divino credens electum iudicio, vobis*

a. sic codd.   b. dignius *C*, dignus *E*.   c. probaliter *C*.   d. memimini *C*.
e. honeste *C*.   f. Berincherus *C*, Berngerus *E*.   g. tangat *C*.

1. Zach. 2, 8: „qui enim tetigerit vos, tangit pupillam oculi mei".

pontificem dignum offero. Nam qualis sit quantave in eo gratia redundet, evidentius adhuc experimentum capietis. His dictis cuncti, elata in altum voce, laudem Deo canebant; clerus et populus, prospera ei divinitus inprecando, affectuosis vocibus concrepabat.

9. Imperator autem, secrecius eum de necessariis quibusque paterna informans diligentia, aliquamdiu in palacio detinuit; donisque optimis cumulatum ecclesie Babenbergensi honorifice destinavit. At pius Otto, cari cesaris vitam carissimo Iesu multum commendans, iter cum suis aggressus est.

Cumque emenso itinere ad villam Ampherbach[1] dictam venisset, occurrunt ei eminenciores quique et honorati Babenbergensium; et magno exultationis concentu patrem desiderantissimum excipientes, debiti sedulitate obsequii invicem sese prevenire certabant. Ipse autem, paululum ex eadem villa progressus, cum civitati Babenberg appropinquaret, ad demonstranda vere humilitatis et invicte magnanimitatis exempla equo, cui insederat, sese excuciens et calciamentum solvens, nudipes intrat urbem. Erat autem tunc hyemps nivosa et glaciali frigore asperrima; et ille beatus, igne divini amoris calens in intimis, virili constancia tolerabat horrorem tanti algoris, ita ut, per longissimos vie tractus nudipes ambulans, cunctis pro hoc admirationi esset ac stupori. Igitur in purificatione sancte Dei genitricis Marie pio Ottone kathedram suam invisente, clerus et populus Babenbergensis unanimi devocione adunatus ante portam civitatis occurrit; et solempni apparatu cantuque dulcisono, ut competebat, in domum Domini novum pastorem deducentes, cum lacrimis spirituali gaudio plenis Deo gratias agebant. Cumque post debitam devote susceptionis et salutationis iocunditatem domum episcopalem adisset, pedes eius nimio gelu diriguerant, ita ut sanguis, guttatim procurrens, tepida eos aqua confoveri urgeret. Unde et postmodum sepius vehementissimo podagre dolore cruciabatur. Sed inerat ei admiranda fortitudo

---

1. a Bamberga inter occidentem et meridiem.

patientie et robur mentis tantaque vis amoris Christi, ut pro hoc a Dei opere nullatenus cessaret.

Sciens autem veridicum[a] illud proverbium: *Hereditas, ad quam festinatur in principio, in novissimo benedictione carebit*[1], consecracionis sue gratiam longo tempore, id est per triennium, distulit; ut postmodum suscepti presulatus curam tanto perfectiori interiorum et exteriorum sciencia administraret, quanto ad hanc instructior ex tempore veniret. Augebat quoque dilationis huius causam scismatis, quod tunc in regno erat, dolenda satis confusio. Quia Ruthardus venerabilis Moguntinus archiepiscopus, quasi rebellis imperatori et pro hoc kathedra sua depulsus, in Thuringia per octo annos iam morabatur[2]; plurimi quoque episcoporum in Teutonicis partibus officii sacerdotalis suspensione multati fuerant. Unde pius Otto ordinacionis sue gratiam a beatissime memorie Paschali papa consequi desiderabat; sciens, quante affectionis privilegio Babenbergensis ecclesia a fundatore suo beato Heinrico imperatore primitus Romane sedi, quasi unica filia matri, esset oblata. Pro hoc ergo litteras huiuscemodi per fideles et honorabiles nuncios misit apostolico:

10. *Domno apostolico Paschali — spiritualis doni patitur penuriam*[3].

11. His ergo litteris ab apostolico reverenter susceptis et relectis, idem summus pontifex Paschalis gaudio repletus — erat enim totus caritate diffusus omnique affabilitate iocundus — pium Ottonem paterna dulcedine ad sedem apostolicam evocavit. Qui, pro hoc ymnidicas Deo gratiarum actiones exsolvens, ut mandatum acceperat, cum suis inpigre limina apostolorum adiit. Cumque hilari satis reverentia ab apostolico susceptus fuisset, iuxta quod scriptum est: *Iustus in principio sermonis accusator est sui*[4], genibus domni pape advolutus, curam pastoralem humiliter ei resignavit; se indignum et nullatenus tanto oneri aptum esse, lacrimosis singultibus vociferans. Verebatur enim aliquan-

a. veredicum *C*.

1. Prov. 20, 21.   2. inde ab a. 1098.   3. V. Udalrici cod. n. 128 supra p. 239 — 240.   4. Cf. Prov. 18, 17.

tula symoniace hereseos umbra se respersum, quia tanto tem- 1106
pore in curte regia fideli ministerio desudaverat: ne forte imperator pro mercede eiusdem servicii pontificatus eum infula sublimasset, ideoque non sine anime periculo huius sacerdocii dignitate fungeretur. Unde maluit temporanei honoris subire dispendium quam superni arbitri[a] oculos offendere animeque sue pati detrimentum. Cumque, abdicata pastorali cura, e conspectu apostolici gaudens pro huiusmodi libertate abscessisset[b], conversus ad Dominum: *Expedicius* inquit *tibi, Domine, serviturus sum, quia tanto me onere liberasti.* Sed non diu hac ei libertate frui licuit. Papa etenim, divino tactus Spiritu, sequenti die ad revocandum Dei virum legatos dirigit, cum iam ille ad locum Sudra[1] dictum venisset; eique onus ecclesiastici regiminis, quod pridie abiecerat[c], licet plurimum renitenti, ex auctoritate sancti Petri imposuit. Et iterum iterumque renitentem dulcibus et vere paternis animavit promissionibus, se ei fautorem et fidelissimum contra omnes mundi impetus defensorem spondens.

Deinde in vigilia penthecostes xenia ei per honorabilem Mai. 12
transmisit apocrisiarium; cui et hoc in mandatis tradidit: *Dic episcopo, ut preparet se ad accipiendum Spiritum sanctum.* Sicque in die sancta penthecostes, que erat 3 Idus Maii, scilicet in Mai. 13
natalicio sancti Gingolfi[d] martiris, Deo dignum antistitem propriis tamquam beati Petri manibus solemniter consecravit in Anagnia civitate, que Romaniam dividit et Apuliam[2]. Et privilegio crucis ac pallii tam eum quam omnes successores eius imperpetuum honorandos esse censuit, idque scriptis talibus confirmavit[3]:

12. *Paschalis episcopus — notarii sacri palatii*[4].

Sed et reverendo presuli Ruthardo metropolitano idem Mai. 21
apostolicus litteras commendaticias pro dilecto patre Ottone misit, in hunc se modum continentes:

a. arbitris *codd.*   b. abcessisset *codd.*   c. abreiecerat *C.*   d. *sic codd.*

1. Sutrium.   2. Haec verba sunt epistolae Ottonis, Udalrici cod. n. 131 supra p. 248.   3. Id demum die 15 Apr. 1111 factum est. 4. V. Udalrici cod. n. 151 supra p. 277.

1106
Mai. 21

13. *Paschalis episcopus — Dat. Lateranis 12 Kal. Iunii*[1].

Talibus scriptis beatissimum patrem nostrum Ottonem apostolicus dive memorie Ruthardo archiepiscopo fideli suo commendans, quam intimis paterni amoris visceribus eum amplectendo foveret[a] ac fovendo amplecteretur, evidencius aperuit. Nec inmerito. Previdebat enim beatum[b] hunc firmissimam ecclesie Dei columpnam futurum et archam Domini inter undas diluvii felicissima gubernatione recturum. Nichilominus clero et populo Babenbergensi idem summus ecclesie pastor litteras huiuscemodi transmisit, ut filiis quoque unicum patrem antea gratum ex hoc graciorem redderet:

14. *Paschalis episcopus — largiente mereamini*[2]. Hoc modo vir ille per omnia apostolicus et vere dignus Petri vicarius patrem filiis devotissimis commendebat. Ad hec etiam ipse piissimus pater Otto, non ignarus curarum et sollicitudinum, quibus grex fidelis pro unico pastore angebatur, iam iamque ardens et siciens desiderabili eius reditu recreari, consolatorias ei misit litteras hec continentes:

Mai. — Oct.

15. *Otto gratia Dei*[c] — *implere omnia valeamus*[3]. Igitur electus Dei pontifex, consecratione solemni ab apostolico honorifice provectus, aliquantisper ab eo humanitatis gratia est detentus[4]. Sicque optata potitus emissione, prospero itineris decursu transcensis Alpibus, Karinthiam venit.

Dec. 25

16. Post hec imperator Heinricus[5] universis regni principibus curiale colloquium Ratisbone indixit. Ad quod novus antistes pius Otto occurrens debiti honoris reverentia susceptus est, cunctosque optimates presentes elegantia morum et sapientie[d] gravitate ac paterne dulcedinis affabilitate miro sibi devinxit amore, ita ut felicem unanimiter proclamarent ecclesiam, que

---

a. foverit *C.*   b. btm corr. in otm *C.*   c. *Initium epistolae in C hoc est* Otto gratia Dei Babenbergensis episcopus Egilberto preposito Adelberto decano ceterisque fratribus omne bonum (cf. supra p. 247 n. k).   d. sapientia *C.*

1. V. Udalrici cod. n. 132, supra p. 249.   2. Udalrici cod. n. 133, supra p. 249—250.   3. Udalrici cod. n. 131, supra p. 247—249.
4. Interfuit Otto etiam concilio Guastallae m. Octobri 1106 habito. V. Regesta pont. Rom. p. 494 n. 4562.   5. imo rex Heinricus V.

tali divinitus donata esset sacerdote. Sicque regia cumulatus 1106 munificentia, post ardue peregrinationis angariam pastor pius ovium suarum curam suscepturus, Babenberg ingreditur, ibique a clero et populo inmenso iubilationis tripudio acsi angelus e celo missus excipitur. Qui, tali potitus honore, in hoc omne studium sue devocionis impendit, ut et splendore virtutum radiaret in moribus et glorificantem se Dominum suis glorificaret operibus. In cunctis enim affectabat honorem Christi, salutem populi, contemptum sui; sciens, sibi in his omnibus non sua sed Domini esse lucra querenda. Nitebatur itaque in domo Domini oliva esse fructifera[1]; studuitque in populis verbi erogare talentum, pro quo se sciebat quandoque super omnia Domini bona constituendum[2]. Quapropter de commissa sibi cura sollicitus, ecclesiastice utilitati diebus invigilabat ac noctibus; dans operam, quomodo bona ecclesie sue vel augeret inventa vel restauraret amissa. Cum itaque[a] ad dilatandam Christi gloriam tota eius flagraret intentio, quedam cenobia a fundamentis construxit, quedam vero, prius tenuiter inchoata, sed per eum ecclesie Babenbergensi digno precio acquisita, largo sumptu perfecit[b].

17 (18). Ut autem ad nostra veniamus, idem Deo devotus pontifex Babenbergense monasterium sancti Michaelis cum eiusdem ecclesie edificiis nec non et basilicam sancte Marie et capellam beati Bartholomei cum magna domo eidem adherenti a fundamentis ampliori statu reedificavit. Capellam quoque super portam in honore sancti Oswaldi regis et martiris fecit; sed et diversorium[3] et muri ambitum cum universis officinis construxit. Idem vir beatus fontem in medio claustri fieri iussit, itemque venam aque vive de vicino monte in claustrum plumbeis fistulis copioso sumptu duci fecit. Pleraque eidem loco ornamenta contulit; inter que duas argenteas scutellas ad suscipiendas oblationes, aurifrigium quoque et casulam preciosam. Crucem quo-

a. Cum itaque — perfecit *recepi ex B; om. C.* b. *in E sequitur de coenobiis ab Ottone aedificatis relatio ex Herbordi dial. L. I c. 12—17 decerpta. Cf. supra p. 586.*

1. Ps. 51, 10.   2. Matth. 25, 22. 23.   3. deversorium.

que auro gemmisque* nobiliter fabricatam, recondito in ea salutari ligno sanctorumque reliquiis, ipse sacravit „crucemque Salvatoris"[1] appellari statuit; et banni sui interpositione, ne ab ipso monasterio pro aliqua umquam necessitate auferretur, interdicens[b], beato Michaeli archangelo eam devotissime obtulit. Hunc locum ille, Deo plenus, fidelissimo semper amore dilexit; hunc restauravit, hunc ditavit, huius gloriam quesivit, huic bona tribuit, hunc sublimavit, hunc coluit, huius profectum semper amavit; et in ipso coram altari eiusdem archangeli, cuius specialis minister erat, se sepeliri decrevit. Eidem monasterio quoque in usum fratrum dedit octo predia quingentis argenti libris comparata, que hic ob noticiam eorum singillatim annotare frivolum duximus. Preterea ecclesiam iuxta Albuch[2], hereditario sibi iure propriam, eidem monasterio cum duabus ecclesiis aliis donavit, ob memoriam videlicet sui parentumque suorum inibi corpore quiescentium. Adhuc autem dilectissimum sibi locum amplificare desiderans, sub monte sancti Michaelis capellam sancti Egidii cum hospitali domo, pauperum et peregrinorum receptionibus apta, construxit.

Totus enim misericordie visceribus affluebat, totus elemosine et compassionis affectu sic ardebat, ut iure cum beato Iob dicere posset: *Ab inicio crevit mecum miseratio, et de ventre matris mee egressa est mecum*[3]; *flebam super eum, qui afflictus erat, et compaciebatur anima mea pauperi*[4]. Noverat quippe et assidue recolebat illam beati Gregorii sententiam: *Qui compassionem non habet, vacuum episcopi nomen tenet*[5]. Virtus namque sancte[c] caritatis omnibus quidem fidelibus sed maxime Christi congruit sacerdotibus, qui et specialius ad hanc exequen-

a. gemmis quoque *C.*   b. auferetur, indicens *C.*   c. *om. C; legitur in B.*

1. De hac cruce, annorum 1131—1139 spatio facta, cf. Herbordi dial. I c. 37.   2. Am Albuch. Iugorum enim cohaerentium, quae „Schwäbische Alp" vocantur, pars est „das Albuch", inter Göppingen et Aalen sita. Haec igitur fuit Ottonis patria neque vero regio lacus Veneti (des Bodensees), ut perperam coniecit Oesterreicher ap. Fink Die geöffneten Archive des Königreichs Baiern I II 170, 171.   3. Cf. Iob 31, 18.   4. Iob 30, 25.   5. S. Gregorii Registr. L. VI ep. 30, opp. ed. Benedictini II 817: „quia si haec non habet, vacuum episcopi nomen tenet".

dam in ipso sacratissimo sue ordinationis misterio commonentur. Cum enim sacerdos consecratur oleo, per quod caritas intelligitur, manus eius liniuntur[1]; oleumque manibus eius infunditur, ut per hoc uberiora misericordie et pietatis opera sibi facienda noverit. Sed et cum veste sacrata ornatur amicitur, ei consecrator dicit: *Accipe vestem sacerdotalem, per quam caritas intelligitur*[2]; ut ea se totum quasi tunica talari circumdatum et splendidissime ornatum esse debere meminerit. Qua pius Otto singulari decore vestitus, usque quaque eam propagare et felicissimis declarare satagebat operibus.

18 (19). Perambulans itaque suburbana in circuitu aptumque 1103-1120 locum perlustrans ad hospitale construendum, venit ad collem sub monte sancti Michaelis positum, qui vulgo Lügebühel, id est „mendacii collis" vocabatur duabus ex causis; sive eo, quod non naturali terre situ sed pocius de fundamentis murorum civitatis illic aggesta humus in altum excreverat, sive pro eo, quod crebra inibi conventicula stultorum, mendaciis et vanitatibus plena, agebantur. Hoc ergo spiritualis hic pater in melius commutare desiderans, qui ad hoc se constitutum noverat, ut prava exstirparet et bona queque insereret, collem ipsum complanari et ecclesiam illic beati Egidii iussit edificari, domicilia quoque pauperibus et peregrinis oportuna construi; ut, ubi antea servitus inimici pullulabat, ibi deinceps divino cultu et elemosinis pauperum lucra animarum succrescerent. Eo tempore canonicus quidam ecclesie sancti Iacobi Wicbodo nomine, orationis causa beatum visitans Egidium[3], reliquias magnificas id est pollicem eius comparavit. Quem pius Otto, ab eodem sagaciter impetratum, altario[a] sancti Egidii cum aliis multiplicibus reliquiis inclusit; ecclesiamque solempniter dedicans, memoriam eius per omnem locum celebriorem, quam eatenus fuisset, instituit. Hospitale autem cum eadem ecclesia primum quidem

a. altaris *C*, altario *B*.

1. V. Pontificale Romanum, De ordinatione presbyteri: „Consecrare — manus istas per istam unctionem" cet. 2. V. Pontificale l. l.: „Accipe vestem sacerdotalem, per quam caritas intelligitur; potens est enim Deus" cet. 3. S. Egidii coen. dioec. Nemausensis (St. Gilles).

Gumponi, decano Sancti Iacobi, commisit; postea vero, mediante
1112-1123 beate memorie Wolframmo decimo huius loci abbate[1], Sancto
Michaeli cum omnibus pertinenciis suis contradidit. De quo
amabili et reverentissimo patre[a] dignum est aliqua litteris mandare; quia[b], in ingressu eius Domino largam sue benedictionis
copiam infundente, locus hic, iam pene in omni religione collapsus, nova et mira interioris discipline et exterioris profectus
sumpsit incrementa.

19 (20). Hic enim Wolframmus, ex provincia Bavarorum nobili et religiosa ortus parentela, Babenbergensi ecclesie, in scola
1075-1102 Christi educandus, sub ordine canonico traditur. Ubi, divina
preventus gratia, in tenera adhuc etate sitibundo pectore hauriebat fluenta doctrine ac, de die in diem sapientie maturitate
et elegancia morum proficiens, inter suos collegas pulcherrimus
processit. Siquidem paterne iusticie fortitudo et materne pietatis
imago evidentius in eo apparebat iuxta apostoli dictum: *Quod
si radix sancta, et rami*[2]. Et hec quidem sub venerabili Ruperto septimo Babenbergensi episcopo[3]. Postmodum autem
1103-1112 cum annos virilis attigisset etatis, a pio Ottone primicerius
factus, auctorabili sagacitate velud alter Ioseph curam tocius
administrabat episcopatus; et nichil erat in omni ecclesiastice
dispensationis negocio, quod non eius nutu et arbitrio disponeretur.

Sed cum Deus omnipotens statum monastice religionis —
qui sub domno Gumpoldo, nono huius loci abbate[4], ad nichilum
redactus erat — per ministerium reverendissimi patris Wolframmi reparare et novo Hirsaugensium ordine ad meliora provehere velle[c] dignatus esset, eundem sepe dictum sepiusque
dicendum sapientem architectum[5] corporalis egritudinis molestia
perculit; sicque, naufragosis mundi abreptum fluctibus, ad portum quietis evexit castraque milicie spiritualis intrare compulit.
Nam cum periculoso colli tumore aliquamdiu laborasset, iuxta

a. huius loci abbate *B pro* patre *C.*   b. et quia *C.*   c. velle *addidi.*
1. 1112—1123.   2. Rom. 11, 16.   3. 1075—1102.   4. 1094—
1112.   5. Wolframmum.

beati Iob sentenciam: *Terrebis me per sompnia, et per visiones* 1103-1112
horrore concuties[1] quibusdam sagacioribus de familia eius nocturna visione apparuit: culmen domus eius repentino lapsu corruere domumque confractam dissipari. Illisque inter se hoc mussitantibus et mortem domini sui presagare affirmantibus, ipse pater amabilis hoc rumore pavefactus est; et internum iudicem, hoc verbere ad meliora se vocantem, in spiritu humilitatis et animo contrito sequi deliberavit. Itaque, disposita domo sua et sollerter precavens insidias amicorum et propinquorum a bono eum proposito revocare nitentium, clam matutino tempore montem sancti Michaelis ascendit. Ubi veterem deponens hominem cum pomposis, quibus ornatior aliis incedere solebat, exuviis, Deo se ipsum hostiam acceptabilem obtulit et sancte conversationis habitum voluntaria paupertate suscepit. Cum ergo, preceptis obaudiens euangelicis, cruce sua flagrantissimo corde elata Dominum secutus fuisset[2], sine mora verus ille medicus, qui percutit et sanat, occidit et vivificat[3] quique labores nostros tulit et egrotationes portavit[4], infirmitati eius medelam solita pietate adhibuit, ut ipse, primum corpore et mente sanatus, multis postmodum spirituali magisterio salutem operaretur animarum.

Eo tempore piissimus pater Otto in Karinthia morabatur. Et cum reversus, que circa intimum dispensatorem suum gesta erant, audisset, plurimum in Christo exhilaratus est; licet in[a] administracione publicorum negociorum grandi solacio destitutus esset. Et accersito eo ad familiare colloquium, de statu suo paterna dulcedine requisivit, et si consuetudine loci, quam invenerat, contentus esse vellet. Sed ille, vir sagacis animi, distortam et prope nullam hic monastice religionis disciplinam in brevi deprehenderat; et, se ad perfectiora tendere, ne in vacuum curreret[5], respondit. Quo audito, pastor mitissimus Otto, fervori eius admodum congratulatus, ad Hirsaugiense ce-

a. om. C.

1. Iob 7, 14.   2. Matth. 10, 38.   3. Deut. 32, 39.   4. Matth. 8, 17.   5. Galat. 2, 2.

1108-1112 nobium, in sacro tunc spiritualis ordinis rigore celeberrimum, quantocius eum cum xeniis honorabilibus destinavit; eo quod et ipse ibi peculiariter notus esset ob frequentes illo transmissas elemosinas. Ubi summo cunctorum exceptus tripudio, tum pro sui reverencia tum etiam pro amore pii Ottonis, loco tante venerationis habitus est, ut etiam post modicum, transcensis aliis officiorum gradibus, prioratus honore sublimari mereretur.

1112 Aderat iam tempus miserendi. Quia prospexerat de excelso sancto suo Dominus[1], ut locum hunc, scilicet montem sancti Michaelis, diu ab spiritualium profectuum germine arescentem, novis superne gracie stillicidiis irroraret per beatissimum patrem Ottonem; qui velut aurora pulcherrima et lucifer matutinus ad discutiendas et illuminandas prisce conversationis caligines celitus effulsit. Nam cum totum se ad dilatandam eius gloriam, qui eum glorificaverat et spectabilem pre aliis coepiscopis suis fecerat, preparasset, hic precipue, tamquam in ipso capite, religionis monastice normam propagare curavit; ut postmodum et aliis, que edificare proposuerat, cenobiis larga benedictio ex huius fontis ubertate proflueret. Ad quod opus divinum nullus sibi fidelior, nemo visus est aptior hoc, de quo loquimur, servo Dei Wolframmo; quem dudum in activa vita sagacissimum noverat et nunc in contemplativa probatissimum audierat. Itaque, missa ad Hirsaugiam fida satis legatione, tam eum quam et alios quinque fratres, religione et omni scientia eximios, impetravit[2]; licet cuncti abscessum[a] dilecti patris Wolframmi molestissimum et pene inportabilem sibi censerent. Sed nichil erat, quod non pii Ottonis reverentia et elemosinarum largitas apud eos optineret.

Veniente igitur eo, absens erat episcopus. Ideoque, in Saxonia apud curtes episcopales in Möchelen[b] et Schidingen residens, adventum eius prestolabatur. „Postmodum autem, cum reversus de Karinthia piissimus pater Otto voti se com-

a. abcessum C.   b. sic B; Mölchen C.
1. Ps. 101, 20.   2. V. Codex Hirsaugiensis p. 23, ubi in „abbatibus ad alia loca transmissis" est etiam „Wolfframmus abbas ad Babenberg".

potem factum apud Hirsaugiam cognovisset, Deo gratias egit; 1112 dilectum sibi Wolframmum acsi e celo transmissum omni paterne benignitatis affectu suscepit. Et per occultos internuntios primo seniores deinde omnem sancti Michaelis congregationem admonuit: ut, sue utilitati per omnia consulentes, in electione venerandi patris Wolframmi unanimiter concordarent. Cumque divina preveniente gratia hoc, ut desiderabat, obtinuisset, uberiores ei, a quo bona cuncta procedunt, laudes exsolvit; statimque in vigilia palmarum, assumptis maioribus et prelatis ecclesie, Apr. 13 montem sancti Michaelis magna spiritualis gaudii alacritate plenus ascendit. Ubi in conventu publico domnus Gumpoldus, ad pedes episcopi procidens, ultroneam cure pastoralis abdicationem fecit, iam senio longinquo se fessum et ad hanc minus[a] idoneam protestatus inbecillitatem suam. Beatus ergo pontifex receptam ab eo curam pastoralem mox reverendo patri Wolframmo assignavit. Ipseque Gumpoldus in electionem eius primus acclamavit, et ex hoc in remociorem cellam, deputatis sibi duobus ministris et quibusque necessariis, secessit. Ita electione canonica reverenter satis et unanimiter facta, pius Otto, more inpatiens, sequenti die, id est 18 Kal. Maii[b], solempniter Apr. 14 eum ante consecrationem palmarum ordinavit.

Et ex eo ad statum loci intus et exterius renovandum mirifice totum se accinxit. Primumque, abolito — communi fratrum consensu — vetusto et remisso ordine Amerbacensium[1], novum et religione plenum ordinem Hirsaugiensium instituit. Dein, paucitatem[c] fratrum Deo militantium cordetenus dolens, et crebras in conspectu Domini supplicationes pro hoc cum elemosinarum largitate profundens, religiosos viros et tam divina quam seculari scientia ornatos omnimodis hic aggregare studuit. Nec prius ab hoc cepto destitit, quam de exiguo numero ultra septuagenarium multiplicatos videre meruit. Quod ipsius litteris declaratur, que in hunc se modum habent:

20 (21). „Otto Dei gratia Babenbergensis ecclesiae[d] minister 1121-1123

a. munus *C.*   b. Aprilis *perperam CB.*   c. paucitate *C.*   d. om. *C.*
1. fratrum coenobii Amorbacensis dioec. Wirziburgensis.

1121-1123 humilis venerabili fratri Wolframmo abbati cenobii sancti Michaelis, Wignando Tharisiensi, Baldewino Banzensi, Eggehardo Uraugiensi [1], Imbriconi Michelfeldensi, Walchuno de Entisdorf, Eriboni de Pruveningen [2], Friderico de Gengenbach [a], Eberhardo Scuturensi, Ottoni Steinensi, Liutgero de Regenstorf, Ymgramno de Arnolstein, praeposito de Cluinike, praeposito de Hosterhoven [3] et omnibus sub ipsis pie conversantibus salutem et perseverantem in Dei voluntate famulatum. Cum primum pastoralis cure regimen quamvis indigni suscepimus, monasteria ecclesie nostre subdita qualiter in monachica religione disposita essent, diligenter attendimus; sed omnia a discipline sue rigore nimis resoluta invenimus. Quod moleste ferentes ac dispensationi nostre incautum existimantes, diu multumque laboravimus, fusis ad Deum precibus, ut per divinam providentiam, que in sui dispositione non fallitur, hoc mutaretur in melius. Tandem Deus virtutum, cuius est totum quod est optimum [4], vota respiciens humilium, in omnibus monasteriis nostris religionis prestitit augmentum. Quia vos gregi suo pastores idoneos elegit ac fratrum vestrorum numerum in sancta conversatione multiplicavit. Quod in vicino sancti Michaelis monte ostenditur; quia, dum non plus quam viginti fratres et eosdem sub tenui disciplina invenimus, iam Deo gratias plus quam septuaginta inibi cernimus absque his, qui honeste conversantur extrinsecus. Unde nos non mediocriter letificati omnes vos praelatos ac subditos in caritate sancta appellamus, omnium vestrum pedibus humiliati, in Deo et propter Deum obsecrantes: ut digne ambuletis vocatione qua vocati estis [5]; et religionis vestre ac spiritualis discipline vigorem, alii succedentes aliis, hereditario iure in longitudinem dierum conservetis. In memoriam ergo tam salubris exhortationis addimus decretum nostre episcopalis confirmationis dirigendum transcribendum relegendum singulis monasteriis. Monastice religionis spiritualem militiam — Deo pla-

a. Gegenbach C.
1. historico. 2. 1121—1162. 3. Osterhofen. 4. Cf. Iac. 1, 17.
5. Ephes. 4, 1.

citam, hominibus acceptam, celebrem angelis, terribilem hostibus 1121-1123
— ut iam per omnia cenobia nostra sub auctoritate Spiritus
sancti renovavimus instituimus, sic deinceps integram illibatam-
que perseverare sanccimus atque decernimus[a]; commendantes
eam sub testimonio Christi et ecclesie vobis, electis rectoribus
ac dilectis fratribus, per vos nichilominus commendandam omnibus vestris successoribus. De cetero in nomine Domini vobis
benedicimus. *Testis enim michi est Deus, quomodo[b] cupiam
omnes vos in Christi visceribus*[1][c].

His mellifluis et auctorabilibus tanti patris verbis evidenter
satis declaratur, quam intimo et flagrantissimo affectu sanctam
monastice professionis religionem adamaverit quantave diligentia
eam, in quibuscunque poterat locis, sed potissimum apud nos
propagare studuerit. Qua, ut desiderabat, Deo favente pro-
pagata fratribusque tam merito quam numero multiplicatis,
etiam materialem ecclesie fabricam cum universis monasterii
officinis necessaria et congruenti amplitudine dilatare curavit;
tamquam et ei[c] spirituales filii sui affectuosa unanimitate proclamarent: *Angustus michi est locus coram te, fac spacium
michi, ut inhabitem*[2]. Et o beatus ille, qui, tandem desiderii
sui, quod in multiplicandis religiosis fratribus habuerat, compos
effectus, iuxta prophetiam Ysaie a Domino audire meruit: *Leva
in circuitu oculos tuos et vide. Omnes isti congregati sunt, venerunt tibi. Vivo ego, dicit Dominus, quia omnibus his velut
ornamento vestieris, et circumdabis tibi eos sicut circumdat
sponsa*[3] *monile sibi preciosum*[4]. Quomodo enim non gauderet
et gratulabundus iubilaret Domino, cum non solum ex vicinis
sed etiam de longinquis multarum regionum partibus illustres
quosque et sapientes ac diversarum artium imbutos pericia ad
locum dilecte requietionis sue congregari cerneret. Quos nimirum bone opinionis eius fama, per totam ecclesie domum diffusa, et indefessa oratio, que elemosinarum largitate fulciebatur,
illo attraxerat. His nempe devotissimis filiis quasi floribus spe-

a. decrevimus *C*.   b. quoniam *B*.   c. eis *C*.
1. Philipp. 1, 8.   2. Isai. 49, 20.   3. Isai. 49, 18.   4. Cf. Isai. 61, 10.

ciosis adornatus erat, his tamquam monilibus ambiebatur; cum et hic in omni actu ac negocio eorum intimis preveniebatur suffragiis et comitabatur, ac post in resurrectionis gloria, nobili eorum stipatus frequentia, regi regum accensis lampadibus occurret, ubi et filii de patris honore et pater de filiorum salute perpetuo letatur. Sed his per excessum dictis, ad narrationis ordinem redeuntes, causam et racionem antiqui monasterii dissolvendi et novi deinceps maiori ambitu reparandi posteriorum noticie pandamus.

1117 Ian. 3

21 (22). Siquidem anno Domini 1117, 3 Nonas Ianuarii et in octava sancti Iohannis apostoli, peccatis hominum exigentibus, terre motus factus est magnus, quarta feria, luna 26, hora vespertina, impleta prophecia que dicit: *Pugnabit pro eo orbis terrarum contra insensatos*[1]. Hoc siquidem terre motu ecclesie nostre fabrica, que et ante iam longe temporis vetustate ex parte scissa erat, ita concussa est, ut lapis magnus in frontispicio vel culmine sanctuarii, subito lapsu proruens, tocius monasterii ruinam minaretur cunctosque, ingenti pavore perculsos, in fugam converteret. Et tamen, mirum dictu, grandi hoc lapide, qui totum in circuitu opus sua conclusione firmabat, lapso, reliqua templi fabrica, licet hiatu terribili casum iam iamque minaretur,

post Mart. 25 immobilis perstitit; donec post festa paschalia iussu pii Ottonis destructa et solo adequata est.

Hinc iam novi templi edificatio, quod maiori se ambitu dilataret, cepta est. Ubi tanta se liberalitate beatissimus pater

1117-1121 Otto pro fervore accelerandi operis profudit, ut cunctis stuporem multis quoque invidiam tanta pecunie profusio pareret. Nam cum quadam vice, eo apud castrum Botenstein[2] posito, pecunia defecisset et fidelissimus camerarius eius Erbo nomine — devotus sancti Michaelis famulus, qui postea hic in sancta claruit conversatione — perniciter ad episcopum tendens, defectum hunc ei insinuasset, illic statim centum marcas argenti beato offerens Michaeli, eum more inpaciens redire urgebat. Qui — pie voluntatis plenus thesauro, quo nil ditius Deo offertur — tanta mire

1. Sap. 5, 21. 2. Bottenstein a Bamberga inter orientem et meridiem.

devotionis festinantia reversus est, ut eadem die memoratum 1117-1121
pondus argenti altario sancti Michaelis tamquam holocaustum
gratissimum inponeret sicque cepto operi tota virtute ac sagacitate instandum urgeret.

Igitur perfecto iam templo — quod in modum crucis, ut cernitur, constructoris sui precepto edificatum est — dedicationem
eius in arbitrio fratrum constituens, utpote cum quibus cor unum 1121
et animam habebat, mandavit: ut certam ei significarent diem,
qua tante solempnitatis celebritas communi omnium voto ageretur. At illi, multam inter se inquisitionem facientes, tandem
consilio[a] reverendi et doctissimi patris Wignandi[1], de quo in secundo huius operis libro dicemus, unanimi consensu diffinierunt[b],
ut in Kalendis Septembris eadem celeberrima fieret dedicatio;
congruenti satis et acceptissimo ordine: tam pro beati Egidii
patrocinio, cuius ea dies natalicio illustratur, quam et pro antiqua huius diei reverentia, quam sacra Mosayce legis observan-
tia constat precipua insigniri solempnitate; sicut in libro Levi-
tici legitur, loquente Domino ad Moysen: *Mense septimo prima
die mensis . . . . . . dominus Deus vester*[2]. Et item in libro Numeri: *Mensis septimi prima dies . . . . . . suavissimum Domino*[3]
et cetera, que de ritu sacrificiorum mistice nunc in ecclesia ce-
lebrandorum ibi exquiruntur[c]. Sed et decima et quintadecima
eiusdem mensis dies sacra festivitate celebres, et nullum in eis
opus servile fieri, sed solempne sacrificium Domino offerri lege
precipitur; de quibus modo dicendum non est. De huius
autem sacratissime diei celebritate Origenes sic loquitur: *Prima
die septimi mensis neomenia tubarum est . . . . . . exorantem pro
peccatis eorum qui se exspectant*[4]. Hec Origenis eximii doctoris
verba sunt. Qui item alio loco de hac solempnitate, que est
prima die septimi[d] mensis, sic ait: *Sicut inter dies septimus
quique dies observatur sabbatum . . . . . . diem festum agit super*

a. consilium *C*.   b. diffinirent *C*.   c. exquiritur *C*, exequitur *B*.
d. septima *C*.
1. abbatis Tharisiensis.   2. Levit. 23, 23—28.   3. Num. 29, 1. 2.
4. Ex Origenis in Leviticum homil. IX cap. 5, Opp. ed. Delarue T. II 239.

1121 *eos*[1]. Hec nos de opusculis tanti doctoris, qui in ea parte qua probatur neminem post apostolos habet equalem, hic inseruimus ad commendandam sacratissime huius festivitatis celebritatem, que aliarum solempnitatum mater est et convenientissime prima die septimi[a] mensis agitur; qui et in veteri lege celeberrimus est et in hoc nove gratie tempore natalicio tam eximii patris Egidii, qui singularis tribulatorum[b] portus et certum remedium est, decoratur. Hec igitur iocundissima solempnitas tanto artius omni devocione spirituali colenda est, quanto dulcius imaginem et umbram celestis illius prefert dedicationis, ubi verus pontifex Christus, consummato templo suo, quod ab origine mundi usque ad finem seculi de vivis et electis construit lapidibus, desiderabilem et nunquam deficientem celebrat solempnitatem; ad quam suspirare et omnibus cordis medullis anhelare cunctos ecclesie filios hec transitoria commonet dedicatio. Sed iam ad narrationis ordinem redeamus.

Igitur audita piissimus pater Otto filiorum suorum legatione, qua in Kalendis Septembris dedicacionem fieri unanimiter flagitabant, aptum quidem et rationabile hoc approbavit. Sed unum erat, quod consensum eius aliquantula contradictione retardabat: quia capellam beati Egidii, in hospitali a se constructam et unice sibi dilectam, solita popularis concursus veneratione fraudari metuebat; nimirum cunctis in montem sancti Michaelis, tante festivitatis gracia invitante, occurrentibus. Quapropter, sine voluntate et petitione Udalrici, religiosi eiusdem ecclesie sacerdotis, id se facturum negabat. Qui mox, urgente spirituali patre Wignando, qui hec omnia[c] speciali administrabat diligentia, episcopum adiit et prudenti ratione, dedicacionem hanc capelle sancti Egidii in nullo officere quin immo maiorem ei reverentiam et cultum parturire, affirmabat. Cuius assertionem pastor piissimus approbans, demum assensit. Et venerabili Wolframmo abbati fratribusque universis paterna[d] dulcedine mandat, se de-

a. septima *C.*   b. tribulantium *C.*   c. in *add. C.*   d. paterne *C.*

1. Ex Origenis in Numeros homil. XXIII cap. 9—11, Opp. T. II 360. 361.

sideriis eorum et in hoc et in omnibus promtissima affectione 1121
pariturum.

22 (23). Appropinquante vero eadem sacratissima die, sum- Aug.
mus arbiter, qui quos amat corripit et castigat[1], hunc beatissimum patrem corporalis egritudinis tam gravi perculit molestia, ut, penitus fracta corporis virtute, decumberet omnemque proposite dedicationis intentionem postponeret. Quo audito, universi nimia meroris anxietate percelluntur, cunctos nubes et caligo tristitie involvit et — ut natura docet: capite vulnerato, cetera quoque membra dolore atteri — languorem pii pastoris grex devotus suum deputabat. Unde, quod solum in his erat remedium, toto ad Deum corde conversi, lacrimosis suspiriis cum oblationibus hostiarum et elemosinarum salutem ei et sospitatem celitus imprecari non cessabant; donec, prospiciens de excelso sancto suo[2] Dominus clamores et gemitus pauperum suorum exaudire dignatus est. Illis enim tanta precum et votorum instantia divine aures clementie pulsantibus, quadam die pater amabilis, dum meridiano sompno apud castrum Botenstein quiesceret, vidit speciosum iuvenem, qui re vera angelus Dei erat, lecto suo gratulabundum assistere et magna iocunditate antiphonam: *In domum Domini letantes ibimus* psallere. Nec mora expergefactus, sanum se et incolumem sensit statimque, quod visio portenderet, intellexit. Et accersito capellano suo Sifrido visionem exposuit; eamque Wolframmo abbati celeriter nunciari et omnia future dedicationi necessaria naviter preparari mandavit. Quo nuncio letissimo quasi responso divinitus accepto, meror in gaudium, luctus in leticiam versus est; cunctique, debita laudum preconia non sono tantum oris sed et iubilo cordis in celum ferentes, tante solempnitatis iocunditatem spe flagrantissima prestolabantur. Igitur anno Domini 1121, indictione 14, Sept. 1 in Kalendis Septembris dedicatum est monasterium sancti Michaelis archangeli in monte Babenbergensi a venerabili Ottone, eiusdem sedis octavo episcopo, in honore prescripti archangeli

---

1. Apoc. 3, 19.   2. Ps. 101, 20.

1121 sanctique Benedicti abbatis, sicut a primordio fundationis monasterii diffinitum est.
Sept. 1

LIBER SECUNDUS.

1. Igitur senescente iam mundo et die seculi advesperascente, cum divine pietatis dignacio Pomeranos, eatenus paganitatis errore depressos, splendore fidei illuminare decrevisset, iuxta quod scriptum est: *In omnes gentes primum oportet predicari euangelium*[1], idoneum eis verbi ministrum, scilicet pium Ottonem episcopum destinavit. Hic enim, totus lucrandis animabus invigilans, amplificatus est quasi stella matutina in medio nebule et ut luna plena in diebus suis lucebat[2]; ac veluti sol refulgens[3] inter suos collegas episcopos emicuit. Huius autem apostolatus que fuerit occasio, scire volentibus aperiam, sicut ex ore servi Dei Udalrici, sacerdotis ecclesie beati Egidii, quam idem pius Otto construxit, audivi; cuius reverende maturitati et spectate coram Deo et hominibus fidei ita me necesse fuit credere, acsi propriis oculis ea que dicebat vidissem.

Aiebat ergo: quia episcopus quidam mire sanctitatis et sciencie fuit Bernhardus nomine, Hyspanus quidem genere, sed Rome ad episcopatum electus et consecratus. Hic aliquanto tempore heremiticam vitam cum aliis servis Dei duxerat; sed, deposito Rome quodam erroneo episcopo, ipse, nutu divino raptus ex heremo, ei subrogatus est. Qui cernens ecclesiam suam horrendo scismate laniari — quia pars una sibi, pars altera deposito favebat — ut vir prudens et doctus, in scissura mentium Deum non esse perpendens, cedendum tempori et diebus malis intellexit; curaque pastorali deposita, ad heremum regredi cogitabat, tamquam et ipse cum Athanasio[a][4] diceret: *Si propter me est*

a. Gregorio Nazanzeno *in litura* E *scriptum est pro* Athanasio.

1. Marc. 13, 10.   2. Eccli. 50, 6: „Quasi stella — lucet".   3. Eccli. 50, 7.   4. imo Gregorius Nazianzenus in synodo Constantinopolitana anni 381. V. Gregorii Naz. Carmen de vita sua v. 1839—1841, opp. ed. Caillau T. II p. 771; cf. Baronii Annal. 381 n. LV. Cf. etiam huius paginae n. a.

tempestas ista, tollite me et mittite in mare. Audiens vero Pomeraniam adhuc gentilitatis errori deditam, zelo pietatis armatus, illuc euangelizandi gracia divertit; cupiens: aut illos ec- c. 1122 clesie catholice per fidem incorporare aut per martirii gloriam ibidem pro Christo occumbere. Erat enim vite presentis contemptor suique corporis acerrimus castigator, ita ut, arido parcoque cibo contentus, nullo unquam potu nisi sola aqua uteretur. Veniens itaque ad ducem Polonie[1], honorifice ut servus Dei excipitur. Cumque itineris sui causam exposuisset, dux benigne respondit: se quidem ardori tam sancte voluntatis eius congratulari; sed tantam gentis illius esse ferocitatem, ut magis necem ei inferre quam iugum fidei subire parata sit. Cui episcopus constanter aiebat, ad hoc se egressum, ut mortis sententiam pro Christi amore, si necesse fuerit, indubitanter excipiat. Quo responso dux admodum exhilaratus, interpretem ei et vie ducem, ut petebat, tribuit; inprecatus, ei prospera divinitus subministrari. Ille autem, humilitatis ac paupertatis sue etiam in episcopatu custos — sciebat enim regnum diaboli non potentia sed humilitate Christi destructum, et quia affatim[a] dives est, qui cum Christo pauper est — despecto habitu et nudis pedibus urbem Iulin[2] ingreditur ibique constanter fidei katholice semina spargere cepit. Cives autem — ex ipso eum habitu despicientes, utpote qui non nisi secundum faciem iudicare sciebant — quis esset vel a quo missus, inquirunt. At ille servum se veri Dei, factoris celi et terre, profitetur et ab eo se missum, ut illos ab errore ydolatrie ad viam veritatis reducat. Illi vero indignati[b]: *Quomodo* inquiunt *credere possumus, te nuncium summi Dei esse? cum ille gloriosus sit et omnibus diviciis plenus, tu vero despicabilis et tante paupertatis, ut nec calciamenta habere possis. Non recipiemus te nec audiemus. Summus enim Deus nunquam tam abiectum nobis legatum dirigeret; sed si re vera conversionem nostram desiderat, per idoneum et dignum sue potestati ministrum nos visitabit. Tu vero, si vite tue consultum*

a. affatum *C.*   b. indignanti *C.*
1. Boleslaum III.   2. Wollin.

c. 1122 *esse volueris, quantocius ad locum, unde digressus es, revertere; nec ad inuriam summi Dei missum eius te profitearis. Quia pro sola tue mendicitatis inopia relevanda huc migrasti.* Bernhardus autem, intrepidus immo illato sibi terrore constantior: *Si verbis meis* inquit *non creditis, vel operibus credite*[1]. *Domum quamlibet vetustate conlapsam et nulli*[a] *usui aptam igni inmisso succendite meque in medium iactate; et si, domo flammis absumpta, ego illesus ab igne apparuero, scitote me ab illo missum, cuius imperio et ignis et omnis simul creatura subiecta est et omnia simul elementa famulantur.* His auditis, sacerdotes et seniores plebis, multam inter se conquisicionem habentes, aiebant: *Iste insanus et desperatus est; nimia cogente inopia, mortem appetit, morti se ultro ingerit. Sed et argumentosa nos circumveniens nequicia, repulsionis sue a nobis vindictam exigit, ut sine nostro non moriatur exicio; quia scilicet, una domo succensa, tocius urbis interitum subsequi necesse est. Unde cavendum est nobis, ne hominem vesani capitis audiamus. Non enim expedit nobis, peregrinum nudipedem interficere. Quia et fratres nostri Pruzenses ante annos aliquos*[2] *Adelbertum quendam, similia huic*[b] *predicantem, occiderunt*[3], *et ex eo omnis pressura et calamitas apprehendit eos totaque substancia eorum ad nichilum redacta est. Sed si consultum nobis esse volumus, sine iniuria eum a finibus nostris eliminemus navique inpositum ad alias terras transmigrare faciamus.* Interim vero servus Dei Bernhardus, amore martirii flagrans, correpta secure columpnam mire magnitudinis, Iulio Cesari a quo urbs Iulin nomen sumpsit dicatam, excidere aggressus est. Quod pagani non ferentes, accensis animis irruunt super eum crudeliterque cesum seminecem reliquerunt. Sed illis abeuntibus, servus Dei Bernhardus, accurrente ad eum capellano suo Petro nomine ac manum ei dante, surrexit; resumptisque viribus, iterum populo verbum salutis annunciare exorsus est. Sacerdotes vero, de medio plebis eum violenter abstrahentes, cum capellano et interprete suo na-

a. nullo *CE.*   b. hinc *C.*
1. Cf. Ioh. 10, 38.   2. ante annos 125.   3. a. 997.

vicule imposuerunt; dicentes: *Quando quidem tanta tibi pre-* c. 1122
*dicationis inest aviditas, predica piscibus maris et volatilibus
celi*ᵃ¹*; et cave ne ultra fines nostros attingere presumas; quia
non est qui recipiat te, non est usque ad unum.* Bernhardus
autem, iuxta mandatum euangelicum excusso in eos pulvere pe-
dum², ad ducem Polonie revertitur eventuumque suorum non
sine lacrimis retexit historiam. Cui ille: *Nonne* ait *dudum pre-
dixeram, Pomeranos fidem minime recepturos? Non ergo amplius caninam eorum attemptare velis dementiam, quia prophani
sunt et verbo salutis indigni.* At episcopus: *Animales* inquit
*sunt et spiritualium penitus ignari donorum; ideoque hominem
non nisi exteriori habitu metiuntur. Me quidem pro paupertatis
mee tenuitate abiecerunt; sed si potens quisquam predicator,
cuius gloriam et divicias revereantur*ᵇ*, ad eos accesserit, spero
illos iugum Christi spontanee subituros.* Dux igitur, servum Dei
debita apud se reverentia per aliquot dies repausans, cum ei
temporalis vite preberet adminicula, ab eius ore in suo pectore
alimenta referebat vite.

Interim curiale colloquium in civitate Babenbergensi factum 1122
est³, ubi convenientibus regni principibus et ipse Deo dignus Nov. 11
advenit Bernhardus episcopus, cunctisque doctrine et sapientie
ac ceterarum virtutum culmine mirabilis apparebat.

Nam et venerabilis Heimoᶜ presbyter, canonicus sancti Iacobi, qui multa nobis ingenii sui monimenta reliquit, ab eodem
Christi servo multa didicit de arte calculatoria, que prius apud
vulgatos compotistas obscura et intricata ne dicam falsata invenerat. Sed et de annis ab origine mundi usque ad passionem
Christi, ac deinde de annis Domini usque ad nostrum tempus
diligenter cum eo contulit; quoniam supputationem eorum secundum vulgatos cronographos euangelice veritati et auctoritati nullo
modo concordare sciebat. Unde et ipse venerabilis frater noster
Heimo, mirabilium editor operum, in prologo cuiusdam libri

<small>a. om. *C*.   b. revereantur et *C*.   c. Heumo *C*.
1. Cf. Genes. 1, 26.   2. Matth. 10, 14.   3. die 11 Nov. 1122.
V. Ekkehardi chron. 1122, Mon. Germ. SS. VI 260.</small>

1122 sui¹ de Bernhardo scribens, inter cetera ait: *Benedictus Deus omnipotens; quoniam per hominem illum prestitit michi multa audire et discere, que prius ignorabam, non tantum de cronica supputatione sed et de misteriis et rationibus paschalis observantie, immo de omni inter nos oborta[a] questione.*

Udalricus etiam religiosus sancti Egidii sacerdos, cui vir Dei Bernhardus familiaritatis sue gratiam prestabat, requisitus ab eo de ordinis et conversationis nostre qualitate, respondit: priscam quidem cenobii huius consuetudinem remissam et irreligiosam secundum ordinem Amerbacensium[b] fuisse; sed a beato presule Ottone per dilectum patrem nostrum Wolframmum, decimum huius loci abbatem, spiritualem et Deo acceptum ordinem Hirsaugiensium hic institutum; et ex eo per gratiam Dei tantam in cenobio hoc monachilis propositi excrevisse perfectionem, ut Christi bonus odor sit in omni loco². His auditis, Bernhardus episcopus, palmas utrasque ad celum expandens, Deo cum lacrimis gratias agebat et summo deinceps affectu locum hunc excolebat. Nam et in conventu fratrum, depositis pontificalibus indumentis, habitum monachilem suscepit; et paternis consiliis tantam memoriali Wolframmo abbati edificationem conferebat, ut non modicas Udalrico sacerdoti gratias ageret, quod tam desiderabilem sibi virum insinuasset. Hic etiam inter alia pietatis et prudentie consilia frequenter adhortari solebat: ut, si quando pastor hic eligendus esset, assiduis orationibus et ieiuniis idoneam nobis a Deo revelari personam flagitaremus; et non alium nisi divina revelatione declaratum utilitatibus nostris per omnia profuturum sciamus.

2. Agnito itaque pius Otto sanctitatis eius rumore celebri et insolito his diebus ad paganos predicationis fervore, debita eum veneratione excipiens, omnem peregrinationis sue historiam et statum Pomeranice gentis curiose sciscitabatur. Quibus expositis, Bernhardus, senciens pium Ottonem ad omne opus bo-

a. aborta *C.*   b. Amberbacensium *C.*

1. „Computi" ut videtur; cf. supra p. 538 n. 5.   2. 2 Corinth. 2, 14. 15.

num paratum, verbis suasoriis tamquam oleum igni adiciens, 1122 ait: *Ego quidem, pater honorande, memor verbi Domini discipulos ad predicationem mittentis: "Nolite portare sacculum neque* peram neque calciamenta"* [1]*, tanta paupertatis abiectione opus euangelii aggressus sum, ut nec calciamentis uti voluissem. Sed gens illa, nimie dedita insipientie veritatisque penitus ignara, cernens tenuitatis mee et habitus despectionem, non pro amore Christi sed pro sola inopie necessitate me*[b] *illo migrasse credidit; ideoque verbum salutis ex ore meo audire contempnens, repulit. Unde necesse est, ut, si tu, pater amande, lucrum aliquod in brutis barbarorum pectoribus agere volueris, assumpta cooperatorum et obsequentium nobili frequentia sed et victus ac vestitus copioso apparatu, illuc tendas. Et qui humilitatis iugum effrenata cervice spreverunt, diviciarum gloriam reveriti, colla submittent. Cavendum est etiam, ne quicquam de bonis eorum appetas. Sed, si oblătum quid fuerit ab eis, maiora quam acceperis restituas; ut per hoc intelligant, te non turpis lucri gratia sed solo Dei amore opus euangelii subisse. Confortare igitur et esto robustus; tu enim maximam populi multitudinem in veram repromissionis terram introduces*[2]*. Nec te labor arduus et insolitus deterreat; quia, quanto pugna difficilior, tanto corona erit gloriosior.* His beati viri monitis, sicut ferrum inflammatur ab igne, ita cor pii Ottonis succensum est, ut nichil carius haberet, quam artam peregrinationis huius pro Christo subire angariam. Bernhardus autem, a fratribus suis heremitis per multa terrarum spacia requisitus et vix tandem apud nos inventus, cum gaudio et admiratione magna ab eis in locum suum reductus est. Hac igitur occasione pius Otto Pomeraniam euangelizandi gratia adiit. Sed quo ordine vel quem illic fructum fecerit, consequenter Deo favente explicabimus.

3. Sciens ergo, omnia, que in domo sunt, sine disposicione summi patris familias nichil esse, opus tam arduum nullatenus

---

a. atque *C.*   b. necessitati mee *C.*

1. Luc. 10, 4.   2. Deut. 31, 7: „Confortare et esto robustus; tu enim introduces populum istum in terram" cet.

1123-1124 absque Romani pontificis auctoritate inchoandum previdit. Ideoque missis ad apostolicum Calixtum honorabilibus legatis, licentiam euangelizandi Pomeranis impetravit.

1124 Igitur ipso tempore ecclesiam sancte Walburge virginis in Altenburgensi monte¹ dedicavit. Ibique primum Udalrico sacerdoti religioso voluntatem suam, quam ad paganos eundi fixam habebat, aperuit dicens: *Quamvis diversa michi in his partibus tam publica quam privata incumbant negocia, caritas tamen Christi urget me: ut ad propagandam nominis eius gloriam difficilem ad Pomeranos peregrinationis angariam incunctanter aggrediar, et aut ydolatras ad vere fidei callem pertraham vel ipse morti pro eo, qui hanc innocens pro nobis excipere dignatus est, succumbam. Unde in primis agendum est michi: ut eiusdem fervoris et constancie socios et cooperatores assumam, qui, calcata spe seculi, ad mortem si ingruerit pro Christo subeundam parati sint. Ad quod precipue te, frater et conpresbyter karissime, idoneum esse censeo; nec non et Werinherum sacerdotem de Erenbach, virum sapiencia et pietate ornatum. Adelbertum quoque, lingue barbarice sciolum, interpretem habere possumus. Septem ergo dierum inducias super hoc accipiens, ad instar boni adlethe animum tuum compone; et post hec, quicquid Spiritus sancti inspiracio cordi tuo dictaverit, michi responde.* Ad hec Udalricus, paululum quid ᵃ intra semet ipsum deliberans et intimo divini amoris igne succensus, ait: *Iam septem dierum inducias, pater mi, estimo transisse; et quod tunc a me auditurus esses, nunc quoque, ut desideras, accipe. Nam ut verbis beatissimi apostolorum principis loquar, tecum paratus sum et in carcerem et in mortem ire*². Quibus auditis, pius Otto, cum lacrimis gratias agens: *Nunc* inquit *letus arduum hoc opus aggrediar; quia gratia Spiritus sancti cor tuum tetigit et tam ardenter in id ipsum accendit. Notum itaque tibi facio, quia ecclesiam sancte Fidis, nuper a me constructam, celerius consummare ac dedicare statui; eo quod incertus sit reditus* ᵇ *meus.*

a. quod *C.*   b. redditus *C.*
1. prope Bambergam.   2. Luc. 22, 33.

Statimque completa dedicatione, opus euangelii indubitanter volo 1124
aggredi. Interim vero, accepta a me pecunia, vestes et necessaria queque tibi compara. Quia ad suggestionem beati viri Bernhardi non cum tenuitate sed habundancia tam vestium quam victualium Pomeranos adire nos oportet; ne, cum paupertatis angustias in nobis deprehenderint, non zelo iustitie sed pro inopie relevanda necessitate illo nos migrasse cavillentur et, verbum salutis refutantes, a finibus suis nos eiciant; sicut et illum Dei famulum abiecerunt. Sed et servum tibi quemlibet fidelem et industrium in ministerio provide, quem huic labori aptum esse cognoveris. Tunc Udalricus: *Est* inquit *adolescens officio clericus nomine Sefridus*[a], *ingenio acutus strennuus et fidelis; qui etiam cartis in itinere, cum necesse est, scribendis promtus et impiger erit. Hunc, meo iudicio idoneum huic peregrinationi, tue pater dilectioni offero.* Quod pius Otto gratanter suscipiens: *Recte* ait *iudicasti. Hic deinceps precipuum inter familiares meos, te suggerente, locum obtinebit.*

Post hec igitur dedicata sancte Fidis ecclesia et vie sumptibus aggregatis, cum proficiscendi tempus instaret, Udalricum Apr.—Mai. servum Dei repentina febris invasit. Ancille etenim Christi Berchrada et Wendelmuot[b][1] cum aliis, quibus ille Deo acceptus sacerdos in loco Babenbergensi verbis et exemplis irreprehensibiliter preerat, assiduis ad Deum precibus et lacrimis hic eum detinuerant; quorum procul dubio vocibus divine aures clementie patebant, quia et eo tempore ei in suis preceptis devotissime obaudiebant. Sed pius Otto, egritudine eius plus quam credi potest contristatus triduoque ultra condictum tempus propter eum in civitate Babenbergensi demoratus, cottidie eum tam per se quam per suos familiares visitabat et, si qua sanitatis indicia adessent, paterna sollicitudine explorabat. Verum non cessantibus doloribus immo cottidiana Dei nutu incrementa capientibus, vir Dei electum sue peregrinationis comitem non sine gravi

---

a. Sifridus *C.*   b. *sic scripsi pro* Wentzelmuot *C; cf. not. 1 et L. III c. 14.*

1. De Wendelmuot conversa, „sorore" fratrum S. Petri Bamb. v. Necrol. S. Petri ad 3 Id. Apr. supra p. 557.

1124 merore egrum relinquens, iter cum suis aggressus est[1]. Sefridum tamen, bone indolis adolescentem, pro amore pii nutritoris Udalrici in comitatu suo admittens, intime dilectionis visceribus ex tunc et deinceps eum fovere non desiit.

circ. Mai. 7

Veniens autem ad cenobium Michelfeldense[2] noviter a se constructum, orationibus et elemosinis pro sanitate intimi sodalis vigilantius instabat. Iterumque triduo in eodem loco subsedit, crebra servum Dei legatione compellans: ut, si qua Deo miserante virtus corporis succresceret, illic sibi naviter occurreret. Sed illo in continua egritudinis molestia perseverante, pius Otto se beato Iohanni apostolo, eiusdem monasterii patrono, attentius commendans, iter quod ceperat aggressus est. Multi autem de clero et familia Babenbergensis ecclesie, nimio piissimi patris sui amore devincti, ad locum Michelveldensem eum fuerant[a] prosecuti; cupientes vel tantillo tempore amabili eius presentia et doctrine suavissime desiderabili eloquentia recreari. Quos ille monitis salutaribus ad pacis et unanimitatis fraterne concordiam accendens, uberibus paterne consolationis reficiebat; dicens inter alia: *Quia pro amore Christi arduam peregrinationis huius angariam subire et lucrum aliquod in remotis barbarorum finibus propagare desidero, pacem relinquo vobis, pacem iterum atque iterum inculcans commendo vobis*[3]. *Si ergo, quam magna sit pacis virtus, attenditis, quo a vobis colenda sit studio cognoscitis. Hanc quippe dominus et redemptor noster, ad passionem mortis iturus, velut unicum et speciale pignus discipulis suis relinquere ac dare dignatus est, ut eos, qui sibi firmitate fidei coherebant, per hanc illi pia faceret participatione consortes. Scriptum namque est: „Beati pacifici, quoniam filii Dei vocabuntur"*[4]. *Quisquis ergo patri suo heres esse desiderat, filius existere pacem custodiendo non renuat. Nam qui locum prebet discordie, ipse profecto tanti*[b] *se muneris exsortem constituit.*

a. corr. *in* fuerunt *C.*   b. tante *C.*

1. Secundum Ekkehardi gravissimi auctoris chron. 1124 (Mon. Germ. SS. VI 262) circiter die 7 Maii; secundum Herbordum II 8: die 24 Apr. („proxima die post festum S. Georgii martiris").   2. a Bamberga inter orientem et meridiem.   3. Cf. Ioh. 14, 27.   4. Matth. 5, 9.

Si qua ergo divini amoris emulatio, si qua in vobis mee humilitatis est affectio, pacem sectamini cum omnibus domi forisque, cum domesticis et extraneis ea que pacis sunt et caritatis agite; hospitalitatem intimo pie voluntatis annisu excolite, providentes bona non tantum coram Deo sed etiam coram omnibus hominibus[1]. Hec et his similia triduo eis inculcans, tandem velut ultra non visuris vale faciens, Christo attencius eos[a] commendabat et non sine lacrimis, paternum amorem testantibus, ad locum suum remisit.

1124 Mai.

Ipso autem viam proposite peregrinationis aggrediente, que lingua explicare valeat: quantus omnium filiorum eius ploratus, quam incredibilis sit exortus gemitus. Quia enim vinculo perfectionis, quod est caritas[2], cum eo fuerant arcius uniti, flebant, unicum patrem quasi cor a visceribus evelli, et tamquam funus amantissimi nutritoris ad tumulum deferrent. Ita cum luctu et miserabili planctu eum deducentes, extra locum Michelfeldensem prosequebantur; cum quidem ille, conversus ad eos, pastorali auctoritate et sacerdotali gravitate, quantum poterat, flentes consolari[b] satageret.

Itaque egressus cum nobili suo comitatu, sequenti die ab illustri viro Gebehardo Waldekkendensi[3] ad dedicandam ecclesiam suam[4] invitatus est; quam summa devotione et debita divine servitutis celebritate consecravit. Procedens inde, aliam dedicavit ecclesiam scilicet Vohendrezensem[5] in episcopatu venerabilis Hartwici[6] Ratisbonensis episcopi, nimirum ipsius permissu et rogatu. Ubi multitudo copiosa plebis, ad sex milia vel amplius computata, ei occurrens, sacre confirmationis gratiam suppliciter ab eo flagitabat; quam desiderata manus eius impositione consecuta, mox mirum in modum gratulari cepit in Domino et pro longiturna tanti patris vita prosperoque peregrinationis eius cursu enixius divinam exorare clementiam. Fuit enim in summa

a. eos *addidi*.   b. consolare *C*.

1. Rom. 12, 17: „providentes bona — hominibus".   2. Coloss. 3, 14. 3. Waldeck est a Bayreuth inter orientem et meridiem.   4. Leuchtenbergensem; v. Herbordi Vit. Ottonis II 8.   5. Vohenstrauss.   6. I.

Jaffé, Bibliotheca V.

1124 Mai. apud Deum et homines gratia; ita ut cuncti ad videndum eius reverendam caniciem, velut angelicam faciem, sitibundo pectore properarent et non solum venerabiles manus, assidua elemosinarum largitate sanctificatas, sed et vestigia eius exosculari summopere gauderent.

Post hec ad Cladrunnense[a] cenobium[1] veniens, honorifice illic cum suis exceptus est. Nam et dux Bohemie Ladizlaus[2] honorabiles legatos suos illuc in occursum pii patris premiserat, qui ei debita devocionis reverentia obsequerentur ac ducatum preberent, usque dum in presentiam ducis ad civitatem Pragam venit. Ubi dux, cum dive memorie Megenhardo eiusdem urbis episcopo omnique clero et populo officiosissime eum excipiens, magna ei donaria obtulit; que ipse in usus pauperum delegavit. Idem vero electus Dei pontifex Megenhardus singularem familiaritatis gratiam cum pio Ottone iam dudum habuerat[3]; ita ut pro amore eius etiam locum hunc[4], quem illi maxime dilectum noverat, miro affectu excoleret, beneficiis magnis accumularet perpetuamque. hic anniversarii sui memoriam, ut hodieque apparet[5], fideli devotione disponeret.

Progressus itaque pius Otto abbaciam Seizkeam[6] peciit; inde ad Albeam divertit. In quibus locis dux Ladizlaus certas ei mansiones usque ad terram Poloniorum constituerat. Ibi quoque legati venerabilis Polizlai[7] ducis Poloniorum novo nostri temporis apostolo occurrerunt et commeatum victumque usque ad Gnezensem metropolim habundanter exhibuerunt. Venit ergo ad episcopatum Bretlaensem; ubi honore debito susceptus, biduo mansit. Tercia die Pozenaensem episcopatum adiit. Unde digressus, per loca contigua fidei et pietatis spargens semina, vix intra quatuordecim dies ad Gnezensem ecclesiam, que metropolis est Polonie, accessit.

4. Polizlaus ergo dux, comperto viri Dei adventu, flere

a. Claderenense C, Cladrunnense E.

1. Kladrau. 2. I. 3. Cf. Udalrici cod. n. 239 supra p. 416.
4. S. Michaelis Bambergensem. 5. V. Necrol. S. Mich. supra p. 573 ad 5 Non. Iul. 6. Sadska, a Praga ad orientem. 7. III.

cepit pre gaudio; moxque egressus cum omni clero et populo, 1124 dilecto patri nudis pedibus occurrit. Tantaque eum devocione excepit, ut etiam filios suos lactentes illi obvios portari et vestigia eius exosculari iuberet sacraque eius benedictione per manus impositionem confirmari cum lacrimis expeteret. Erat enim dux ipse magne in Christi ecclesiam[a] reverentie, amator pauperum et piissimus inopum consolator, humilitatis et caritatis virtute omnibus amabilis, congregationibus fidelium et domiciliis sanctorum magis quam urbibus exstruendis operam dare solitus. Qui etiam desiderantissimum sibi patrem Ottonem per tres ebdomadas in episcopatu Gnezensi secum detinuit, in domo Iacobi, prepositi maioris ecclesie, qui postea episcopus[1] factus est; ut et doctrine eius suavitatem degustaret et oportuna queque sumptuum ad iter illud necessariorum ei provideret. Egressus autem pius Otto[b] a Gnezensi ecclesia, furtum quoddam in proxima villa incurrit; quod mox edicto Polizlai ducis recuperavit. Ibi etiam comites eius Heroldus et Godeboldus, accepta benedictione, ad sua rediere. Post hec, Deo gubernante, prospero itinere usque ad fines terre Poloniorum processit.

Cumque ad castrum quoddam quod Uzda[2] nominatum est, quod est in confinio utriusque terre, cum suis venisset, comes Paulus, ductor eius, premisit nuncios ad Wortizlaum Pomeranie ducem; qui servum Dei Ottonem, fama apud eos celeberrima vulgatum, fines suos euangelizandi gratia adire insinuarent, cui tam pro sue sanctitatis reverentia, quam etiam auctoritate apostolici domni Calixti, cuius missus erat, omni devocione occurrerent et monitis eius seu preceptis per omnia obtemperarent. Quo mandato dux Wortizlaus accepto, in castro Zitarigroda nuncupato ei occurrit, honorifice illum ut angelum Domini excipiens. Cui pius Otto pacem Christi offerens, dona etiam more suo obtulit, hoc est sedem episcopalem pallio obductam et dorsale preciosum cum aliis muneribus, ut temporalibus illum bonis[c] ad

a. ecclesiam *scripsi pro* ecclesia *C.*   b. manus *posterior in C addidit* in. c. donis *C,* bonis *E.*

1. archiepiscopus Gnesnensis.   2. Uscz ad Netzam fl., a Posnania ad septemtriones.

1124 amorem celestium facilius attraheret. Barbari autem instinctu inimici et satellitum eius, videlicet sacerdotum suorum, crudeli impetu super famulos Christi irruentes, mortem eis minari ceperunt. Quo viso, dux admodum contristatus cum suis accurrit, eorumque defensioni viriliter insistens, exterritos et pene iam desperatos non minime consolatus est. Sed et legatos suos pio Ottoni assignavit, qui per desertum magnum, quod inminebat, continuato septem dierum spacio eum transduxerunt. Ubi grande venenatorum animalium periculum incurrerunt; sed, Deo protegente, illesi evaserunt. Et post hec ad stagnum quoddam ventum est, ubi occurrentibus sibi Pomeranis[a], quorum Deus corda tetigerat, et ultro fidei ac lavacri salutaris gratiam expetentibus, flens pre gaudio primicias novi gregis ovili Christi adiecit. Altera die ad villam proximam divertit, ibique plures Domino cooperante secunde nativitatis sacramento iniciavit.

5. Tercia die ad Piriscum[1] castrum primum Pomeranie venit, ubi, cives eius ad fidem exhortans, quatuordecim diebus sedit; eis nimirum abnuentibus et servum Dei ad alia migrare loca facientibus seque novam hanc legem sine primatum[b] et maiorum suorum consilio aggredi non posse testantibus. Tandem, pio Ottone assiduis pro salvacione eorum precibus incubante, spiritu Dei qui ubi vult spirat[2] et cui vult miseretur[3] tacti, assenserunt et, iugo fidei colla submittentes, baptizati sunt, quotquot erant preordinati ad vitam eternam[4].

Itaque in nativitate sancti Iohannis baptiste ad castrum magnum Gamin[5] dictum, ubi sedes ducis est, pervenit. Ubi multum tempus id est quatuordecim ebdomadas vel amplius residens, ecclesias de ramis arborum, ut novella tunc plantacio exigebat, construxit; et ipse quidem infantes, cooperatores autem sui viros et mulieres ad Christum confluentes baptizabant. Illic ergo in catezizatione requisitum est a mulieribus, quod infantes necassent[6] — nam crudelitate paganica puellas necare, et mares

a. Pomeranensibus C.   b. primatu C.
1. Pyritz.   2. Ioh. 3, 8.   3. Rom. 9, 18.   4. Act. ap. 13, 48.
5. Kammin.   6. i. e. mulieres interrogatae sunt, num infantes necassent.

reservare solebant — et pro hoc scelere specialis penitentia eis 1124
iniuncta est. Singulariter ergo viri, singulariter femine sacro
abluebantur fonte, obpansis, ut oportunum erat, circa bapti-
sterium velis, tanto ab invicem spacio semoti, ut nulla scandali alicuius occasio hinc oboriri posset.

6. Ad confirmandam vero pii Ottonis predicationem celeste
prodigium non defuit, quod consequenter hic inseri ordo rela-
tionis exigit. Nam in eodem castro Gamin mulier quedam, nobilitate et divitiis prepollens sed inimici suasionibus seducta,
piissimi apostoli sui doctrinam pro nichilo habebat et verba eius
postponens sequi nolebat. Unde inter alia contemptus et transgressionis indicia, dominica die cunctis feriantibus, ipsa in agrum
egressa metebat et, reclamante ac prohibente familia, irreve-
renti et infronito animo cepto operi instabat. Sed pius Dominus,
qui predicatoribus suis polliceri dignatus est dicens: *Qui vos
audit me audit, et qui vos spernit me spernit*[1], evidenti miraculo ad correctionem aliorum despectionis huius vindex et castigator factus est. Nam dum mulier infelix pertinaciter nefario
operi incumberet ac familie sue, cur[a] eam adiuvare negligeret,
tumida comminatione exprobraret, subito collapsa retrorsum,
dicto citius exspiravit magnumque astantibus horrorem incussit.
Moxque a familia plangente et ululante loculo imposita, per
omnem civitatis ambitum cum lamentabili exequiarum celebra-
tione circumferebatur. Cunctisque tam manifestum Dei iudicium
pertimescentibus, universi in fide et religione christiana magis
ac magis confirmabantur.

7. Progressus itaque apostolus Pomeranorum venit ad
urbem magnam Iulin, ubi Odora fluvius preterfluens lacum[2]
vaste longitudinis ac latitudinis facit illicque mare influit. Cives
autem loci illius crudeles erant et impii. Unde et pius predicator, magno illuc capitis sui periculo ingressus, certam mortis
exspectationem cum suis omnibus habebat. Mos autem est
regionis illius, ut princeps terre in singulis castris propriam

a. circa *C.*

1. Luc. 10, 16.   2. das Haff.

1124 sedem et mansionem habeat, in quam quicumque fugerit, tutum ab inimicis asylum possidet. Illuc ergo pius Otto ingressus, orationibus et lacrimis pro conversione gentis Pomeranice instabat; sed in cassum. Nam urbani, calice furoris Dei misere debriati, audito servorum Dei adventu, sequenti die primo diluculo super eos armata manu irruerunt et fustibus ac lapidibus impetentes expellere nitebantur; dicentes: in vanum eos ducis mansionem irrepsisse, quasi illic pacem habituri essent, cum subversores patrie ac legum antiquarum extranei ab hac pacis condicione deorum suorum edicto censerentur. Vix ergo interventu ac suffragio ducis post multimodas iniurias vivi evaserunt. Et extensis ante castrum tentoriis, septem diebus illic morabantur; cottidie per internuncios utriusque ducis, id est Polizlai et Wortizlai, requirentes a Iulinensibus, si fidei christiane iugum subire deliberassent. Sed illi, pravo sacerdotum suorum consilio seducti, nullatenus sane doctrine preconem recipere volebant, quin immo de finibus suis cum ignominia eum perturbantes ad Stetinenses ire conpulerunt.

8. Accidit quoque in eodem loco, servum Dei gravem et suo nomini[a] indignam subire iacturam, que illi maiorem apud Deum retribucionis eterne pariebat gloriam. Nam rusticus quidam, filius perdicionis, in silvam ad ligna precidenda ierat. Rediensque cum plaustro lignis onusto, viro Dei occurrit in loco, ubi magna ceni[b] profunditas inerat; et nimia furoris[c] armatus vesania, instinctu possidentis eum sathane, arrepto validissimo ligno, caput servi Dei perfringere et cerebrum eius excutere nisus est. Sed Domino pium Ottonem ad multorum edificationem conservante, nefandus ille homicida sanctum eius verticem attingere non potuit; sed ingentem ei inter scapulas ictum dedit, ita ut pronus in cenum laberetur caputque illud, reverenda canicie honorandum, cum toto corpore luto fetidissimo turparetur. Sed et cooperator eius fidelis Hyltanus nomine, cum ei presidio esse voluit, et ipse gravem pro defensione veritatis in brachio ictum suscepit. Servus autem Christi e luto sub-

a. *sic codd.* b. *sceni C.* c. *furore C.*

levatus gratias pro contumelia agebat, dicens: *Gloria tibi, Do-* 1124
*mine, quia, etsi amplius non erit, saltem unum pro amore tuo
ictum accipere merui.*

Verum usque quaque non deseruit Deus[1] famulum suum, pro nomine eius tanta discriminis acerbitate laborantem; quin immo defensorem illi et adiutorem in oportunitatibus in tribulatione[2] illustrem virum nomine Nedamirum destinare dignatus est. Erat enim ipse Nedamirus diviciis et potencia inter suos opinatissimus, antea quidem in Saxonia baptizatus et occulte christianus. Hic omnem pio Ottoni exhibebat humanitatem et defensionem; et abeuntem magna devotionis reverentia prosecutus, tres naves non modicas victualium copia oneratas hilariter prebuit ac ducatum ei ad urbem Stetinensem usque in arcem ducis officiose satis exhibuit. Ipseque per noctem ad cives suos Iulinenses clam rediit. Apostolus itaque Pomeranorum, continuis novem ebdomadibus in urbe Stetinensi tuto in loco residens, diu multumque in opere Dei et verbo predicationis oportune importune laborabat. Tandemque, Dei preveniente clementia, conversionem effere gentis obtinuit; hac videlicet occasione:

9. Domizlaus quidam, corpore et animo ac diviciarum copia sed et generis nobilitate inter Stetinenses eminentissimus, tanto ab omnibus honore et reverentia colebatur, ut nec ipse dux Pomeranie Wortizlaus sine consilio et assensu eius quicquam agere presumeret; sed ad illius nutum universa tam publica quam privata disponebantur negocia. Nam et[a] pars maxima urbis Stetinensis — que, principatum omnium Pomeranie civitatum obtinens, tres[b] montes suo ambitu inclusos habet — propinquis et affinibus Domizlai repleta erat; sed et in aliis circumiacentibus regionibus tantam propinquorum turbam habebat, ut non facile quisquam ei resistere posset. Sciens itaque pius Otto, utpote vir sagacissimus, quia, si hunc fidei

---

a. eximia urbs illa Stetin, que, tres montes suo ambitu inclusos habens, principatum — obtinet *E pro* et — habet.   b. quatuor *C* (*sed cf. supra n. a*).

1. Cf. Ps. 118, 8.   2. Ps. 9, 10.

1124 christiane cum propinquis suis subiceret, omnis plebs exemplo eius attraheretur, toto conamine rinocerotam hunc ad arandum in agro Domini loro predicationis alligare[1] contendit. Sed quia durus erat nec facile constringi poterat, primum filios eius absente patre fidei sacramentis iniciavit, matrem quoque cum filiis ovili Christi adiecit. Quo audito, Domizlaus primo quidem graviter indignatus, quod sine voluntate et assensu eius hec acta essent, velut alter Saulus persecutionis crudelissime auctor factus est; ita ut, minis et terroribus ac conviciis pium Ottonem aggressus, cum ignominia de finibus illis eliminare temptasset. Sed apostolo Pomeranorum genua ad Deum flectente et cum lacrimis orante, ut ubi habundavit iniquitas superhabundaret gratia[2], Domizlaus, timore simul et amore Dei tactus, tamquam et ei superna voce diceretur: *Domizlae, quid me persequeris?*[3] *olim quidem debui perdere te, sed Otto servus meus oravit pro te*, repente de lupo in agnum, hoc est de Saulo mutatus est in Paulum; et totus lacrimis infusus, pio Ottoni humili adgeniculatione prosternitur, indulgentiam ab eo et locum penitentie flagitans. A quo benigne susceptus et paterna benedictione consolatus, secreta confessione innotuit: se olim in Saxonia baptismi gratiam percepisse sed, astucia inimici tanta diviciarum mole in barbarica terra sibi accedente, fidem Christi inter ydolatras servare non potuisse. Ex eo igitur abdicato penitus omni gentilitatis errore, fidei, quam inpugnaverat, validissimus propugnator factus est, mirumque in modum plus correctus profuit, quam errans leserat. Statimque omnis familia eius cum gaudio nove regenerationis lavacro perfusa est, anime scilicet plus quam quingente; sed et propinqui eius et amici cum domesticis suis, exemplo eius provocati, fidem receperunt. Sicque factum est, ut, de die in diem crescente numero fidelium, tota civitas cum adiacente provincia, fugatis ydolatrie tenebris, splendore fidei illuminarentur. Mansit itaque illic pius predicator per instantem hiemem, baptismi gratiam confluentibus ad se populis tradens, ecclesias in locis oportunis construens;

1. Iob 39, 10. 2. Rom. 5, 20. 3. Act. ap. 9, 4.

easque ministris ac sacerdotibus idoneis committens omnique 1124 ornatu ecclesiastico diligenter instituens.

10. Sed nequaquam silencio pretereundum, quomodo etiam miraculi attestatione Dominus fidelem suum operarium, viriliter pro se agonizantem, illustrare dignatus est, sicut ore prophetico predixerat: *Quicumque glorificaverit me, glorificabo eum*[1]. Matrone due, adhuc errore gentilitatis irretite, gravissima egritudinis molestia detinebantur; ita ut, omni membrorum officio destitute, morti iam proxime viderentur. Ad quas pius Otto accessit, verbum salutis, prout capere poterant, annunciavit; et sancta spe de misericordia Christi presumens, pollicitus est eis, si credere et baptizari vellent, non solum anime sed et corporis medelam et integerrimam sanitatem. Quod sine mora pollicentibus illis, servus Dei oratione facta manus capitibus[a] earum imposuit, signo crucis et benedictione eas communivit. Statimque fugatis doloribus, pristine sanitati sunt reddite; et a duplici morte, hoc est corporis et anime, per orationes sancti presulis absolute, unda salutari cum gaudio magno sunt regenerate. Multisque occasio salutis et conversionis fuere.

11. Iulinenses autem, qui dudum veritatis preconem a se repulerant, cum audissent Stetinenses fidem recepisse, nutu Dei mente compuncti, legatos honorabiles ad revocandum virum Dei miserunt. Quibus ille visis, zelo pietatis motus: *Quid venistis* inquit *ad me, hominem quem odistis et expulistis a vobis?* At illi humili satisfactione veniam petentes: *Nos* inquiunt *pater honorande, antiquam patrum et maiorum nostrorum legem sine consensu primatum, quos in hac Stetinensi nostra metropoli reveremur, infringere non presumpsimus. Sed postquam Deus tuus principes nostros sibi per te subegit, nos quoque, omni remota contradictione, monitis tuis obtemperare et doctrinam salutis excipere parati sumus.* Quo audito, antistes Domini positis genibus Deo gratias egit; profectusque cum eis et debita a Iulinensibus reverentia susceptus, veritatis viam errantibus aperuit et baptismi sacramento purificans adoptivum Deo po-

a. capiti C.   1. 1 Reg. 2, 30.

1124 pulum congregavit. Computatus est autem numerus baptizatorum illo tempore viginti duo milia et centum quinquaginta sex homines, quos pater sanctus, pro ignorantia creatoris et cultu rei insensibilis comparatos iumentis insipientibus et similes* factos illis[1], ad rectum tramitem perduxit et rationabile Deo vivo obsequium exhibere[2] edocuit. Absque noticia etenim creatoris sui omnis homo pecus est.

12. Opere precium est autem, ipsa etiam predicationis eius tempora[b] hic ob noticiam posterorum annotare, ne vel hoc curioso desit lectori. Non enim parvi pendendus est talis fervor amoris Christi et pene inaudita his temporibus mentis eius devotio; cum alii pontifices magis urbibus et castellis quam ecclesiis vel pauperum Christi domiciliis edificandis insistant, plusque[c] segni ocio torpere quam remotos barbarorum fines euangelizandi gracia adire satagant. Huic autem servo Dei beatissimo longe alia mens erat. Nunquam ille municionibus vel civitatibus extruendis operam dedit, dicens cum apostolo: *Non habemus hic manentem civitatem, sed futuram inquirimus*[3]. Porro basilicas Christo dicandas fideliumque cellas et hospitalia tanta devotione et liberalitate annuatim edificabat, ut cunctis pro hoc stupori esset et ammirationi. Et cum nimia hec divini cultus in Teutonicis partibus occupatio facile eum ab ardua huius peregrinationis angaria excusabilem reddere valeret, non tamen his contentus, latitudinem sancte caritatis, que in corde eius diffusa per Spiritum sanctum flagrabat, etiam ad remotissimam Pomeranorum gentem extendere curavit; ut illic populum adquisitionis et filios Dei per euangelium generaret, quibus cum Paulo gratulabundus dicere posset: *Que est nostra spes aut gaudium aut corona glorie? Nonne vos ante dominum Iesum Christum estis in adventu eius? Vos enim estis gloria nostra et gaudium*[4] *ac signaculum apostolatus mei*[5]. Cuius felicis-

---

a. similis *C.*   b. tempore *C.*   c. plusquam *C.*

1. Ps. 48, 13: „comparatus est iumentis insipientibus et similis factus est illis". 2. Rom. 12, 1. 3. Hebr. 13, 14. 4. 1 Thess. 2, 19. 5. 1 Corinth. 9, 2.

simi apostolatus tempora ipsamque eius auctoritate canonica 1124 suffultam doctrinam scire volentibus evidenter explicabimus[1]:

„*Anno dominice incarnationis millesimo centesimo vicesimo quarto, indictione secunda, Calixto papa secundo Romane sedi presidente, Otto, Dei gratia Babenbergensis ecclesie octavus episcopus, igne divini amoris succensus et predicti apostolici auctoritate assensuque roboratus, partes Pomeranorum paganorum cum quibusdam civitatibus terre Liuticie aggressus est, ut eos ab errore gentilitatis revocaret, et ad viam veritatis agnitionemque Christi filii Dei perduceret. Quibus Domino opitulante conversis et baptizatis, ecclesias construxit ac consecravit. Deinde iuxta sanctorum patrum instituta hec eos servare edocuit: scilicet ut sexta feria abstineant a carne et lacte more christianorum; dominica die vacent ab omni opere malo et ad ecclesiam divinum officium audituri veniant ibique orationibus studiosis insistant; solempnitates sanctorum cum vigiliis, secundum quod eis indicatum fuerit, omni diligentia observent; sacrosanctam quadragesimam ieiuniis vigiliis elemosinis et orationibus diligentissime observare studeant; infantes suos in sancto sabbato pasche et penthecostes cum candelis et cappa, que dicitur „vestis candida"*[2]*, et patrinis comitantibus ad baptismum deferant; eosque, veste innocentie indutos, per singulos dies usque in diem octavum eiusdem sancti sabbati ad ecclesiam deferant et celebrationi divini officii interesse satagant. Hoc etiam districta redargutione prohibuit: ne filias suas necarent, nam hoc nephas maxime inter eos vigebat; ne etiam filios suos et filias ad baptismum teneant; sed sibi patrinos querant; patrinis etiam fidem et amiciciam ut carnalibus parentibus servent. Interdixit etiam: ne quis commatrem suam ducat in uxorem, neque propriam cognatam suam usque in sextam et septimam generationem; et unus*

---

1. Hanc, quae sequitur, relationem iussu ipsius Ottonis episcopi conscriptam esse, Ekkehardus (Mon. Germ. SS. VI 263), qui eandem in chronicon indidit, testificatur his verbis: „questum, de commisso sibi talento lucratum, litteris annotare precepit". 2. Rituale Romanum: De sacramento baptismi: „Alba vestis in modum pallioli, seu linteolum candidum infantis capiti imponendum".

1124 *quisque contentus sit una uxore; ne sepeliant mortuos christianos inter paganos in silvis aut in campis, sed in cimiteriis sicut mos est omnium christianorum; ne fustes ad sepulchra eorum ponant; omnem ritum et pravitatem paganam abiciant; domos ydolorum non construant; phitonissas non adeant; sortilegi non sint; ne quid etiam inmundum comedant, non morticinum, non suffocatum, neque ydolotitum, neque sanguinem animalium; ne communicent paganis, ne cibum aut potum cum eis aut in vasculis eorum sumant; ne in his omnibus consuetudinem paganismi repetant. Iniunxit etiam eis: ut, dum sani sint, veniant ad sacerdotes ecclesie et confiteantur peccata sua; in infirmitate autem vocent ad se presbiteros ac, pura confessione expiati, corpus Domini accipiant. Instituit etiam: ut de periuriis, de adulteriis, de homicidiis et de ceteris criminalibus secundum canonica instituta penitentiam agant; et in omni christiana religione et observatione obedientes sint; et ut mulieres post partum ad ecclesiam veniant et benedictionem a sacerdote, ut mos est, accipiant".*

13. Soli autem pontifices ydolorum vie Domini resistebant, et multas servo Dei tendentes insidias, occulte eum perimere nitebantur. Sed multitudine plebis cottidie ad fidem convolante, cum nullus sacrilegis et profanis sacerdotibus ad eum pateret accessus, confusi et reveriti a facie eius exemplo Zaroes et Arfaxat magorum [1], apostolos Christi Matheum Symonem et Iudam fugientium, longius extra regionem illam secesserunt. Et quia apertam famulo Dei persecutionem inferre non poterant, detractionibus et blasphemiis horribilibus eum lacerabant, et quocunque devenissent, invidiam ei ac inimicicias excitantes, maledicta et probra in eum congerebant. Pro quibus tamen ille Deo dignus antistes a Domino gratiam ampliorem consequebatur; quia, ut scriptum est: *Benedictio Domini super caput iusti* [2], ideo dedit illi hereditatem eternam in celis et invenit gratiam in conspectu omnis carnis.

Cum vero delubra et effigies ydolorum a pio Ottone de-

1. De his v. Acta S. Matthaei apostoli, Acta SS. Sept. T. VI p. 220 sq.
2. Prov. 10, 6.

struerentur, profani sacerdotes auream imaginem Trigelawi, qui 1124
principaliter ab eis colebatur, furati, extra provinciam abduxerunt et cuidam vidue, apud villam modicam degenti, ubi nec
spes ulla requirendi esset, ad custodiendum tradiderunt. Que,
mercede ad hoc conducta, quasi pupillam oculi sui includens
profanum illud custodiebat simulacrum; ita ut, trunco validissime arboris cavato, illic imaginem Trigelawi pallio obductam
includeret et nec videndi ne dicam tangendi illud cuiquam copia
esset. Solummodo foramen modicum, ubi sacrificium inferretur,
in trunco patebat; nec quisquam domum illam nisi profanos sacrificiorum ritus agendi causa intrabat. Quod audiens, inclitus Pomeranorum apostolus multifaria intencione satagebat, quoquo modo illuc attingere; premetuens, quod et accidit, post
abscessum suum rudibus adhuc et necdum in fide confirmatis
plebibus simulacrum illud in ruinam futurum. Sed prudenter
animadvertens, utpote vir omni sagacitate preditus: quia, si
publicam illo profectionem indiceret, sacerdotes, audito eius adventu, imaginem Trigelawi rursum ad remociora occultando ab-
ducerent, sapienti usus consilio, quendam ex comitibus suis Hermannum nomine, barbare locutionis sciolum sensuque et ingenio
satis acutum, latenter ad viduam illam destinare curavit. Cui
etiam precepit, ut, assumpto habitu barbarico, ad sacrificandum
Trigelawo se pergere fingeret. Hermannus itaque, pilleolum
barbaricum et clamidem mercatus, post multa ardue vie pericula viduam illam tandem conveniens, asserebat: se, nuper de
procelloso maris gurgite per invocationem dei sui Trigelawi eru-
tum ideoque debitum ei pro salvatione sua sacrificium litare de-
siderantem, ductu eius illo mirabili ordine per ignotos vie tractus
devenisse. At illa: *Si ab eo* inquit *missus es, ecce edes, in qua
deus noster robore cavato inclusus detinetur. Ipsum quidem videre et tangere non poteris; sed ante truncum procidens, eminus
foramen modicum, ubi quod vovisti sacrificium inferas, attende.
Quod dum imposueris, reverenter clauso ostio, egredere. Et si
vite tue consultum esse volueris, cave, ne cuiquam hunc patefa-
cias sermonem.* Qui alacer edem illam ingressus, dragmam ar-

1124 genti in foramen iactavit, ut sonitu metalli sacrificasse putaretur. Sed concitus, quod iecerat, retraxit; et pro honore contumeliam Trigelawo, id est sputaculum ingens pro sacrificio, obtulit. Deinde curiosius attendens, si forte negocii, pro quo missus erat, exequendi facultas ulla suppeteret, animadvertit imaginem Trigelawi tanta cautela et firmitate trunco inpressam, ut nullo pacto eripi aut saltem loco moveri posset. Unde non mediocri tactus dolore, quidnam ageret estuabat; dicens intra se: *Heu, quod tantum vie pelagus sine fructu peragravi. Quid respondebo domino meo; vel quis me hic fuisse credet, cum vacuus rediero?*. Et circumferens oculos, vidit sellam Trigelawi comminus parieti affixam; erat autem nimie antiquitatis et nullo iam pene usui apta. Statimque exiliens cum gaudio, infaustum munus parieti detrahit et abscondit. Primoque noctis conticinio egressus, omni festinatione dominum suum sociosque revisit; cuncta que egerat replicat, sellam etiam Trigelawi in testimonium fidei sue representat. Apostolus itaque Pomeranorum, habito cum suis consilio, sibi quidem et suis ab hac requisicione desistendum censuit, ne non tam zelo iusticie quam auri cupiditate hoc agere videretur. Collectis tamen et adunatis principibus ac natu maioribus, iusiurandum ab eis exegit: ut cultura Trigelawi penitus abdicaretur et, confracta imagine, aurum omne in redemptionem captivorum erogaretur.

14. Sed dum fortem armatum [1], qui eatenus atrium suum Pomeraniam scilicet possederat, fortior Christus superveniens superasset, armisque eius per beatum presulem confractis, spolia distribuisset, non ferens ille violentam de sedibus suis exclusionem, tamquam leo rugiens vel modicam servo Dei inferre nisus est lesionem. Et aliud quod ageret Domino prohibente non inveniens, locum Babenbergensem maiori ex parte inopinato incendii discrimine absumpsit; ut, dum pastor eximius, peracta apud extraneos predicatione, sponsam suam cum gaudio reviseret, non per omnia integram sed aliquantulum hoc dampno conquassatam, ac merore confectam inveniret. Nocte enim, qua

1. diabolum. Cf. supra T. II 684 n. 12.

festivitas sancti Hermetis martiris agebatur — cuius precioso corpore locus ipse a primordio per fundatorem suum beatum Heinricum nobiliter est insignitus — idem lamentabile incendium occasione mulieris cuiusdam in partu laborantis sumpsit exordium. Quod statim circumcirca se impetu valido torquens, omnem locum extra civitatis ambitum tanta vastavit atrocitate, ut vix raruscule quorundam case evaderent. Ipsa vero civitas cum ecclesiis suis infra vel extra positis patrocinio beati Hermetis aliorumque advocatorum suorum illesa permansit. Ad nichilum itaque fraus et malicia versuti hostis est redacta; quoniam quidem et sponsa castissima Babenberg tetram calamitatis huius nubeculam, patre suo tamquam serenissimi solis iubare ad se reverso, facile recuperavit*, et ipse[1] atrium suum, quod diu securus possederat, ultra tenere non potuit. Christo enim in Pomerania per apostolatum pii Ottonis regnante, inimici defecerunt framee in finem, et civitates eorum destructe sunt[2].

15. Plurimi autem Iulinensium pro negociatione sua trans mare abierant; qui, audita civium suorum conversione, spiritu Dei preveniente, emulatores eorum facti sunt. Et ad metropolim suam reversi, regi regum Christo colla submittunt, statimque a presbiteris, quos pius Otto illic constituerat, baptizati, civibus suis, dudum christianis legibus initiatis, pari devotione adunantur. Et mirum in modum fidelissimo precone veritatis in opere Dei laborante, ecclesia per totam regionem illam crescebat et confortabatur, Dominusque augebat cottidie, qui salvi fierent in id ipsum[3]. Apostolus itaque Pomeranorum duas illic ecclesias constituit: unam in civitate Iulin sub honore sanctorum Adelberti et Winezlai, qui magne apud barbaros opinionis erant, in loco, ubi profani demoniorum ritus agi solebant, ut, ubi spurca pridem commercia, Christi deinceps frequentarentur misteria; alteram extra civitatem in campo mire latitudinis et ame-

1124
Aug. 28

a. sic CB.

1. versutus hostis (diabolus).   2. Ps. 9, 7.   3. Act. apost. 2, 47: „Dominus autem augebat, qui salvi fierent quotidie in id ipsum".

1124 nitatis in veneratione beatissimi apostolorum principis edificavit, illicque sedem episcopalem statuit.

16. Sed pio doctore, pro continuis animarum lucris moram illic faciente, devota gregis sui multitudo, non solum in Babenbergensi loco sed et in pluribus cenobiis et parrochiis collecta, incredibili sollicitudine et merore pro longiturna tanti pastoris absentia angebatur et, ut reportaret illum, modis omnibus instat. Unde crebra ad eum missa legatione preces precibus, vota votis congeminant. Sed et litteris, filialem testantibus amorem, pro reditu eius satagere non desinunt; quarum hic unam[1] inserere dignum videtur tam pro sui dulcedine quam etiam pro auctoris eius pie memorie Wignandi abbatis perpetua recordatione. Que in hunc se modum habent:

1127
post Sept. 22
„Domino et patri karissimo pio Ottoni episcopo ac gentis Pomeranice apostolo Wignandus Tharissensis cenobii provisor indignus devotum in omnibus servicium et orationum spirituale debitum. Benedictus Deus, pater misericordiarum, pater luminum, qui, ex utero formans vos servum sibi[2], dedit[a] in lucem gentium, ut salus eius in extremis terre[3] per vos annunciaretur ac lumine fidei tenebrosa gentilium corda irradiarentur. Unde sancta mater ecclesia novo filiorum augmento digne letatur, dum per ministerium vestrum multa milia barbare nacionis sacro baptismate renascuntur et, abiecta ydolorum cultura, destructis delubris, reedificatis ecclesiis, verus Deus adoratur et colitur. Ergo post euangelium alienis annunciatum, post tanti ministerii opus consummatum, iam ad proprias oves revertenti pastori grex omnis letabundus occurrit, clerus cum populo, ac singulari gaudio monachorum processio patrem suum suscipit, concinens in iubilo cordis et voce exultationis: *Revertere, revertere, Sunamitis; revertere, revertere, ut intueamur te*[4]. Ego autem, horum omnium minimus sed fidei et dilectionis in-

a. *om. C.*

1. Haec Wignandi epistola, ab Ebone ad annum 1124 perperam relata, scripta est anno 1127. Cf. Geschichte des deutschen Reiches unter Lothar dem Sachsen p. 60 n. 24, 61 n. 32.   2. Isai. 49, 5.   3. Isai. 49, 6.   4. Cant. 6, 12.

tegritate nulli secundus, circa festum sancti Mauricii[1] in Saxo- 1127 post Sept. 22
niam veni, sperans optatissimum adventum domini mei; ut primus susciperem, quem novissimus deduxi. Sed redeunte nuncio vestro, spe exspectationis mee frustratus, multum autem de certo reditu vestro letificatus, quod corporali presentia non potui, in spiritu humilitatis dominum meum primus salutare studui; dicens non sono tantum oris sed flagrantissimo etiam iubilo cordis:

  Salve, magne pater! Dic, littera, dic reverenter,
   Dic rogo versifice: *Inclite presul, ave!*
  Expectate redi, populi spes, optio cleri,
   Digne dator legis, certa medela gregis.

Nolumus ergo vos ignorare, pater sanctissime: quia, ex quo recessistis, semper imminebat nobis dies angustie et tribulationis. Tirannus enim ille Conradus[a][2], toto pene anno in castello Nurinbergensi[b] moratus, bona episcopatus sibi vicina devastavit; de redditibus vestris frumentum ex parte abstulit; censum sibi persolvi statuit; villicum de Rostal[c] bis captivatum omnibus rebus suis despoliavit; insuper urbem Babenbergensem callida machinatione, ut fertur, apprehendere studuit, sed Deo gratias iniquitas eius nequaquam prevaluit. Ego enim et Cunradus[d] custos, de dispensatione nobis credita solliciti, civitati presidia et custodias cum ceteris fidelibus vestris deputavimus; arietes in circuitu exstruximus; militibus, prout opus erat, stipendia erogavimus; reliqua omnia, que commisistis, diligenter procuravimus. Inter Hermannum et Fridericum maxima guerra habetur; insidie diverse altrinsecus tenduntur; rapine rapinis, incendia incendiis redduntur; inter que villa subiacens Lapidi-Botonis[e] cum ecclesia combusta est. Fridericus, quadam nocte municionem Nienstein[e] cum militibus suis clam ingressus, viriliter agere cepit; sed, qui in arce erant, missis iaculis et iactis

---

 a. .C. *C*, Conradus *B*. b. Nurembergensi *C*, Nurinbergensi *B*. c. Rostal *C*, Rustal *B*. d. Conradus *B*. e. Nienstein *C*, Niestein *B*.

 1. circiter Sept. 22. 2. regni aemulus; postea III rex. 3. Botenstein.

1127 lapidibus unum de suis occiderunt, plures vulneraverunt. Sic-
post Sept. 22 que infecto negocio vix cum suis omnibus evasit. Preterea
per totam provinciam multa mala grassantur; rapinis, incendiis
omnia vastantur. Ergo tot malis tot miseriis finem facere
sperantes adventum vestrum, clamamus singuli, clamamus omnes:
*Veni domine veni; festina, ne tardaveris; adveni desiderabilis,
quem exspectamus in tot tribulationum tenebris!* Reliquus
rerum vestrarum status in Bawaria et Saxonia satis prospere
agitur. De negocio autem mihi specialiter iniuncto[1] paternitatem vestram scire volo: quia cuprum ad septingentos et eo
amplius centenarios comparavimus, ex quibus trecentos maxima
difficultate usque Schmalchalten[a] perduximus. Et iam viribus ex-
hausti, manum auxilii vestri ardenti desiderio prestolamus[b] ac
exoptatissimum omni regno sanctitatis vestre reditum vix exspectamus".

He sunt piissimi patris Wignandi littere calamo vere dilectionis scripte.

17. Hic est Wignandus, predicator suavissimus, quem pius
Otto quasi auricularium[2] sibi fidelissimum eligens, in tanto
amore et reverencia habebat, ut omnium secretorum suorum
participem eum faceret et, custodia civitatis sibi specialiter delegata, etiam egregium opus, quod tunc inchoaverat, scilicet
domum sancti Petri maioris ecclesie cum turribus ad arcenda
ignium pericula cupreis operire laminis, eius potissimum magisterio committeret[3]. Nec inmerito.

Erat enim vir tocius prudentie et sagacitatis, quem videre
et audire gloria fuit ordinis nostri, non solum spirituali gratia
prestantissimus sed et corporis venustate et morum habitusque
dulcedine omnibus amabilis. Cuius reverendam senectutem et
caput ad similitudinem Christi candidum liceat nobis paramper
dignis vocibus predicare. Nam cum pene centenariam ageret
etatem et plurimum in opere Dei nocte dieque laboraret, oculi

a. Schmalkhalten *C*, Schmalchalten *B*.   b. prestolamur *B*.

1. ecclesiae S. Petri Bambergensis cupro tegendae; v. cap. 17.   2. Cf.
2 Reg. 23, 23.   3. anno 1127. V. supra n. 1.

puro vigebant lumine; pedes firmo gressu veloces, auditus penetrabilis, dentes numero et firmitate durabant; vox canora, corpus solidum nec senio longinquo curvatum; cani cum rubore discrepabant, vires cum etate dissentiebant. Non memorie tenacitatem, ut in plerisque cernimus, antiquior senecta dissolvebat; non calidi[a] acumen ingenii frigidus sanguis obtundebat; non contractam rugis faciem arata frons asperabat; non denique tremula manus per curvos cere tramites errantem stilum ducebat. Future igitur resurrectionis virorem[b] in eo Dominus nobis ostendit; ut peccati quidem sciamus esse: quod ceteri adhuc iuvenes premoriuntur in carne; iustitie autem: quod hic adolescentiam in aliena etate metiebatur[c]. Et quamquam multis istam corporis sanitatem etiam peccatoribus evenire videamus, tamen hoc illi ad peccandum abutuntur, hic vero ad bene agendum. Siquidem, ab infantia divinis apud nos scripturis eruditus et in sancta conversatione probatus, cum prioratum hic strennue sub venerabili Wolframmo abbate administraret, pius Otto violenter abreptum Tharisiensi eum cenobio prefecit. c. 1120 Quod multo tempore, id est amplius quam triginta annorum spacio, nobiliter gubernans et circumquaque celestis doctrine dulcedinem melliflua[d] predicatione spargens, cunctorum in Deum provocabat affectus. Totus enim quasi seraphin superni amoris facibus accensus, in solo redemptoris desiderio anhelabat; divine servitutis celebritatem flagrantissima devotione peragebat; secretorum celestium summa et capere prevaluit et annunciare, loquendo et alios accendebat et, quos verbo tangebat, ardere protinus in Dei amore faciebat. Sed et sacra missarum solempnia singulari affectu et compunctionis dulcedine agebat; ita ut et alios, in vinculo perfectionis quod est caritas sibi artius devinctos, tam viva voce quam et litteris, incomparabili suavitate plenis, ad hoc sacrificium ardentissimo summi ac veri sacerdotis desiderio celebrandum sepius accenderet. Nec mirum, quod, spiritualis huius cibi intimum saporem diu mul-

a. corr. in callidi C.   b. virorum C.   c. manus posterior in C corr. in mētiebatur.   d. mellifluam codd.

c. 1120 —1151 tumque degustans, amplius esuriebat; nam et plus quam quadraginta annis sacerdocio functus est. O felix et omni dignus beatitudine, quem senectus honorabilis Christo servientem occupavit, quem extrema dies salvatori tanta devotione invenit militantem; qui non confundetur, cum loquetur inimicis suis in porta[1]; cui in introitu paradisi dicetur: *Serve bone et fidelis, intra in gaudium Domini tui*[2]; *accipe manna absconditum, accipe calculum candidum et in calculo nomen novum scriptum, quod nemo scit nisi qui accipit*[3]; *cerne desiderabilem Christi vultum,*

 Quem prius, absconsum nitidi sub tegmine panis,
 Mistica verba canens, semper sacrare solebas.

1151 Apr. 8 Si quis autem de transitu eius audire voluerit, breviter accipiat. Totam etenim solemnitatem[a] paschalem quinquagesimam solita devotione in divinis exegit laudibus, psalmis et orationibus sacreque lectioni et predicationi vacabat. Et cum a discipulis suis nova eo loci menia struere rogaretur[b], ille, instabilem humane vite cursum diemque vocationis sedulo attendens, respondebat: *Cernitis me silicernium: velox est depositio tabernaculi mei*[4], *paucitas dierum meorum finietur brevi*[5]; *ideoque expensas ad celeste edificium congregare desidero; flendo, elemosinas tribuendo, sacras hostias offerendo ceterisque spiritualibus exercitiis invigilando, adventum iudicis iam iamque ad ostium pulsantis operiri volo.* Appropinquante igitur diu prestolato remunerationis die, antiquus vinee Domini operarius

Mai. 13 dominica, qua canebatur *Vocem iocunditatis*, more suo festivus et alacer chorum ingressus, inusitato ordine *Alleluia, surrexit pastor bonus* ac deinde sequentiam: *Victime paschali* per semet ipsum imposuit[6]. Cunctos voce manu totiusque corporis motu ad psallendum devotius incitabat, tanquam, presentis vite me-

a. solemnitatem addidi.   b. rogaretur scripsi pro cogaretur C.

1. Ps. 126, 5.   2. Matth. 25, 21.   3. Apoc. 2, 17.   4. 2 Petr. 1, 14.   5. Iob 10, 20.   6. „inusitato ordine", propterea quod sequentia haec: „Victimae paschali" non dominica quinta post pascha („Vocem iucunditatis") sed ipso paschate cantari debet, v. Missale Romanum: Dominica resurrectionis.

tam sibi iam adesse intelligens, diceret: *Omnis laus in fine ca-* 1151
nitur. Solebat enim sepius tante suavitatis et compunctionis Mai. 13
cantum indifferenter psallere, quotiens id Spiritus sanctus cordi
eius dictasset, cuius videlicet donum lege non constringitur.
Finita autem divini celebritate officii, accersito fratre, cui dispensatio monasterii credita erat[1], dixit: *Hodie, ut audisti, karissime fili, dominice resurrectionis gloriam debitis laudum preconiis pro modulo nostro prosecuti sumus*[2]. *Tu ergo, quod te attinet, sedulus exequere, ministerium tuum imple; quia tam devotis Christi servitoribus affluentior hodie est impendenda caritas. Ipse ego, sicut precentor et instigator ad dulcisonum carmen fui, ita spiritualis convivii administrator esse volo.* Sicque ultimum cum grege suo pastor piissimus agens convivium, future ascensioni[3] solita precum et lacrimarum se devotione preparabat. Diebus rogationum, id est secunda et[a] tercia Mai. 14. 15
feria, letaniis cum fratribus interfuit. Sed feria quarta, gravi Mai. 16
nocturno tempore oppressus infirmitate, matutinali officio assurgere non potuit. Iam enim resolutionis tempus instabat; iam summus pater familias ad ostium servi vigilantissimi pulsabat[4], iam reverendo seni, qui diu in stadio laboriose huius vie indefessa devotione cucurrerat, bravium eterne dulcedinis dare[5] disponebat. Itaque ascitis fratribus infirmitatis sue gravedinem aperuit, canonicum coram se cursum decantari fecit, et mane in capellam suam ad audienda sacra missarum solempnia se deferri petiit. Exinde relatus, pacem omnibus dedit, cunctis se paterno affectu commendavit; sicque egrotans biduo, omnes Mai. 16. 17
ad se confluentes pro virium suarum possibilitate verbo Dei edificabat. Et morbo ingravescente, feria sexta post ascensionem Mai. 18
Domini, sumpto viatico, hora nona ex Egypto huius mundi ad veram repromissionis terram migravit. Testatique sunt, qui aderant: in exanimi eius corpore nec tenuem se deformitatis alicuius pallorem vidisse. Sed vultu decoro dormienti simillimus

a. *om. C.*
1. i. e. cellerario.   2. V. supra p. 644 n. 6.   3. festo ascensionis Domini (Mai. 17).   4. Luc. 12, 36.   5. Cf. 1 Cor. 9, 24.

1151 apparebat, ita ut rubeus color faciei et totius corporis venustas
Mai. 19 primo obitum eius ambiguum faceret. Nec mirum, si mortis
acerbitas minime sibi locum in eo vendicabat, qui non ad mortem sed potius de morte ad vitam transibat*. Antea quidem frequentius gravi et longissima decubuerat egritudine, ut virtus spiritus in infirmitate carnis probaretur; sed cunctis pro vita et sanitate eius certatim supplicantibus, iam desperatum patrem amantissimum Dominus, quasi de ipso mortis limine revocatum, filiis merentibus et lugentibus incolumen sepius restituebat. Tunc autem, premissis ad Dominum pluribus gregis sui manipulis, et ipse pastor eximius, brevi tactus morbo, super nobilem hunc nobilior ipse ruit acervum. Qui, regem glorie in decore suo videre desiderans, cottidianis cum propheta suspiriis decantabat dicens: *Quam dilecta tabernacula tua, Domine virtutum; concupiscit et deficit anima mea in atria Domini*[1]. Sed hec hactenus. Nunc revertamur ad ordinem.

1125   18. Igitur apostolus Pomeranorum, Otto pius, assiduis fratrum ac filiorum suorum precibus et legationibus contraire
c. Febr. 2 non valens, cum apud Iulinenses hiemasset, circa purificationem sancte Marie, accepta ab omnibus licentia, unicam sibi sponsam Babenbergensem ecclesiam desiderato reditu consolari disposuit. Quo audito, plebs neophita Pomeranorum, non mediocri merore perculsa, lacrimosis precibus vestigia pii doctoris ambire eumque apud se detinere conata est; sed in cassum. Ipse enim, graves in terra sua diversorum negociorum causas sibi imminere, respondit; sed et magnum anime sue periculum asserebat, si dum Christo nova de alienis gregibus lucra requirit, proprias oves sibique specialiter assignatas negligeret.

    Moxque adunata sociorum et cooperatorum turba, cunctos, quibus fidei verbum disseminaverat, circuivit et in religione christiana tam monitis quam et precibus devotis confirmavit. Primum vero castellum Gamin, exin Dodinensem locum in honore sancte crucis consecratum adiit; ubi multos Pomeranorum, de insulis maris reversos, ubi timore Polizlai ducis occultati

    a. transiebat *CB.*   1. Ps. 83, 2. 3.

erant, baptizavit. Nam dux Polizlaus sicut erga Deum cul- 1125
toresque Dei religione ac pietate insignis ita erga ydolatras
et criminosos debiti rigoris asperitate fuit inplacabilis. Singulis
quippe annis, collecto exercitu valido, terras paganorum deva-
stare solebat, ut vel timore gladii iugo christiane fidei subige-
rentur. Quod ubi ministerio pii Ottonis factum est, arma in
pacem [a] mutata sunt, cunctique de latibulis, ubi absconditi erant,
accepta per beatum presulem securitate, prodeuntes, baptismi
gratiam consecuti sunt. Hec igitur sancta occupatio predicatori
veritatis moram redeundi fecit, eumque in Dodinensi loco aliquamdiu detinuit. Sed peractis omnibus, Belgroensem urbem [1]
petiit, deinde Colubregam [2]. Illic ecclesiam in honore sancte
Dei genitricis Marie, dudum a se inchoatam, perfecit et consecravit. Post hec visitatis omnibus ecclesiis Deoque intima lacrimarum profusione commendatis, auctus benedictione Domini,
Pomeraniam egreditur.

Deinde prospero cursu Poloniam veniens, inedicibili gaudio ac reverentia velut angelus Dei a duce Polizlao omnique
clero et populo suscipitur. Fit gaudium generale tocius plebis,
tam de conversione Pomeranice gentis quam etiam de sospitate
et reditu desiderantissimi patris Ottonis. Aliquamdiu ergo
illic a Polizlao duce humanitatis gratia detentus, Bohemiam adiit similemque Ladizlao duci et omnibus suis de adventu suo
leticiam prebuit. Deinde ad Claderunense cenobium veniens,
fratribus unanimi devotione sibi occurrentibus solita humilitatis
affectione se commendavit.

Sicque omni festinatione fines terre sue ingressus, feria Mart. 24
tercia maioris ebdomade Michelfeldensem locum adiit ibique
cenam Domini debita veneratione, multo fidelium stipatus ag- Mart. 26
mine, celebravit. Nam plures de clero et populo Babenbergensi, desiderantes angelicam eius presentiam, illic occurrerant
et, quasi de morte redditum [b] pastorem piissimum suscipientes,
omnipotenti Deo, qui per tot pericula salvum eum reduxit,

a. pace *C*.   b. reditum *CB*.
1. Belgard.   2. Kolberg.

1125 cum lacrimis gratias agebant. Igitur sacratissimo paschali
Mart. 28 sabbato diu viduatam sponsam suam amantissimus pater revisit,
locumque Turestatensem ᵃ ingressus, ibi reverendas sacre noctis
vigilias more solempni peregit.

Mart. 29 Mane primo resurrectionis dominice splendidior solito nobis
aurora refulsit, geminata nos excepit leticia: tam iocunditate
paschalis festi quam etiam adventu pii Ottonis illustrata. Nam
universo clero et populo coadunato multisque honorabilibus et
reverendis aliorum patribus cenobiorum presentibus, novus nostri
temporis apostolus, destructis apud barbaros portis mortis, victor rediens, ecclesiam suam cum triumpho nobili ingreditur et,
cunctis pre gaudio flentibus, cum cantu paschali: *Advenisti desiderabilis* omni devocione spirituali suscipitur. Erat apud
omnes gaudium lacrimis intime compunctionis permixtum, ut
solet esse in caris mortuis resuscitatis; cunctorum voces inedicibili iubilationis suavitate *Alleluia* resonabant, strepitu quanto
humane aures capere vix possent. Omnibus enim verisimile
videbatur, acsi Christum a morte resurgentem susciperent; Deo
laudes, Deo gratias, nullo tacente, unanimi psallentium affectu
concrepabant. Omnes reverendam eius caniciem et angelicam
faciem videre gestiebant; cuncti pedes eius, euangelio pacis consecratos, exosculari gaudebant. Quibus ille verbum Dei solita
eructuans dulcedine, magnalia Christi et conversionem Pomeranice gentis narrabat et cunctorum affectus ad considerandam
divine pietatis gratiam illo quo ipse ardebat caritatis igne accendebat.

Exinde incertam humane vite metam attendens, illudque
de libro beati Iob assidua meditatione revolvens: *Nescio, quamdiu subsistam et si post modicum tollat me factor meus*[1], omnia, que dudum inchoaverat, cenobiorum et ecclesiarum septa
quantocius consummare accelerabat. Sed et necessariis quibusque domicilia et hospitalia pauperum Christi ut bonus pater
familias sufficienter accumulare satagebat, ne ᵇ, si quid in his
neglectum foret, de mercede sua subtractum postea doleret.

ᵃ. Tewerstatensem *B.*   ᵇ. ut *C.*   1. Iob. 32, 22.

Sed pio presule in his[a] partibus toto conamine divinis operibus insudante, antiquus hostis, veneno invidie tabescens, tot animarum detrimenta sibi in Pomerania succrescere doluit; ideoque bono semini zizania superseminare studuit. Nam due precipue illic civitates Iulin et Stetin instinctu inimici apostasiam incurrerunt, abiectoque veri Dei cultu, priscis demoniorum ritibus se perdendos prostituerunt. Hoc autem quo ordine sit factum vel qualiter secundo pii Ottonis apostolatu per Dei gratiam mirifice sit recuperatum, tercius liber Domino annuente explicabit.

LIBER TERTIUS.

1. Cum infatigabilem domini ac patris nostri pii Ottonis episcopi affectum, quo gloriam et cultum Christi non solum in Teutonicis sed et in remotis barbarorum finibus euangelizando propagavit, assidua meditatione revolverem, nefas iudicavi: tam laudabilia eius gesta infructuoso tegi silencio. Unde, non presumptionis sed pocius intime caritatis spiritu ductus, de secundo eius apostolatu in Pomerania, sicut fidelis cooperator ipsius Udalricus presbiter Sancti Egidii michi[b] innotuit, scripto tradere curavi; nam de primo alias scriptum est. Legat ergo, qui voluerit; invitum et fastidientem nemo legere compellit.

Beatissimo patre nostro Ottone post primum gentis Pomeranice apostolatum ad sedem propriam feliciter reverso, due ex nobilissimis civitatibus, id est Iulin et Stetin, invidia diaboli instigante, ad pristinas ydolatrie sordes rediere; hac videlicet occasione. Iulin, a Iulio Cesare condita et nominata, in qua etiam lancea ipsius colompne mire magnitudinis ob memoriam eius infixa servabatur, cuiusdam ydoli celebritatem in inicio estatis maximo concursu et tripudio agere solebat. Cumque, verbo fidei et baptismi lavacro urbe mundata, per beatum pontificem ydola maiora et minora, que in propatulo erant, ignibus conflagrari cepissent, quidam stultorum modicas ydolo-

a. *om. C.*   b. *om. C.*

1125-1126 rum statuas, auro et argento decoratas, clam furati penes se absconderunt; nescientes, quale per hoc urbis sue operarentur excidium; sicut et infelix Acham, qui, Ierichuntina urbe subversa, auream regulam quinquaginta[a] siclorum cum pallio coccineo et ducentis argenti siclis furatus est, indeque gravem celestis ire vindictam et Iudaice plebis vidit ruinam[1]. Nam ad predictam ydoli celebritatem comprovincialibus[b] solito fervore concurrentibus ludosque et commessationes multiformi apparatu exhibentibus, ipsi dudum absconditas simulacrorum effigies populo inani leticia resoluto presentantes, eos ad antiquum paganizandi ritum impulerunt. Statimque per hoc divine correptionis plagam incurrerunt. Siquidem ludis et saltationibus paganico more omni populo occupato, subito ignis Dei cecidit e coelo super apostatricem civitatem; tantaque violencia tota urbs conflagrari cepit, ut nemo quippiam de rebus suis eripere valeret sed, animas tantum suas salvare cupientes, fuga pernici seviens incendium vix evaderent. Tandem vero urbe sua ignis atrocitate deleta, reversi invenerunt ecclesiam sancti Adelberti, per apostolum suum Ottonem illic in meditullio propter raritatem lapidum firmo lignorum tabulatu constructam, ex media parte flammarum vaporibus absumptam. Sed mirum in modum sanctuarium, quod viliori scemate id est harundineto contectum fuerat, subter habens pannum lineum oppansum propter vermiculos ab altari arcendos, omnino ab ignibus intactum remanserat. Quo ingenti viso miraculo, tota plebs in laudem Dei summa clamoris exultatione personabat; asserens, procul dubio verum hunc esse deum, qui in tanta ignis violentia, que etiam lapides comminuerat, harundinetum suo altari oppansum reservare potuerit illesum. Sicque advocatis sacerdotibus christianis, publicam egere penitentiam, et abiuratis penitus ydolis urbeque sua, prout poterant, reedificata, iugo Christi cervices suas alacri devotione submiserunt. Hoc modo divine correptionis plaga salutem in terra eorum est operata.

a. id est C pro quinquaginta.   b. cum provincialibus CB.
1. Iosue 7, 21—26.

Stetin vero, amplissima civitas et maior Iulin, tres montes 1125-1126 ambitu suo conclusos habebat. Quorum medius qui et alcior, summo paganorum deo Trigelawo dicatus, tricapitum habebat simulacrum, quod aurea cidari oculos et labia contegebat; asserentibus ydolorum sacerdotibus: ideo summum deum tria habere capita, quoniam tria procuraret regna, id est celi terre et inferni; et faciem cidari operire pro eo, quod peccata hominum, quasi non videns et tacens, dissimularet. Hac itaque potentissima civitate ad veri Dei agnicionem per beatum presulem adducta, delubra ydolorum flammis erant absumpta, dueque ecclesie, una in monte Trigelawi sub honore sancti Adelberti, alia extra civitatis menia in veneratione sancti Petri erant locate. Et ex hoc sacrificia, que copioso apparatu et diviciis sacerdotibus fanisque ydolorum exhibebantur, nunc ecclesie Christi vendicabant. Unde commoti sacerdotes et prioris pompe delicias cottidie sibi decrescere videntes occasionem querebant, ut populum ad ydolatriam questus sui gratia revocarent. Accidit ergo, mortalitatem magnam civitati supervenire. Et requisiti a plebe, sacerdotes dicebant: abiurationis ydolorum causa hoc eos incurrisse; omnesque subito morituros, nisi antiquos deos sacrificiis et muneribus solitis placare studerent. Ad hanc vocem statim conventus forenses aguntur; simulacra requiruntur; et in commune profanus sacrificiorum ritus ac celebritas repetitur; ecclesie Christi ex media parte destruuntur. Cumque ad sanctuarium plebs furibunda venisset, non ausa ulterius progredi, summum ydolorum pontificem sic tumultuoso strepitu alloquitur: *Ecce, quod nostrum erat, exsecuti sumus; tuum est istud caput et culmen Teutonici dei pro officio tuo aggredi et profanare.* Ille autem, arrepta securi cum alcius dextram librasset, subito diriguit et, resupinus corruens, clamore lamentabili dolorem suum protestatus est. Accurrens vulgus causam doloris requirit. At ille graviter ingemiscens: *Heu prok dolor* inquit *quante potentie, quante fortitudinis est Teutonicus deus; et quis resistet ei? Ecce ego, quia sacram eius edem contingere presumpsi, quomodo percussus sum!* Illis vero attonitis et quid agerent inquirentibus,

1125-1126 pontifex eorum: *Edificate* ait *hic domum dei vestri iuxta edem Teutonici dei; et colite eum pariter cum diis vestris, ne forte indignatus interitum huic loco quantocius inferat.* Qui precepto eius paruerunt. Et usque ad reditum piissimi apostoli sui Ottonis in hoc errore permanserunt.

2. Sed interim non destitit divine pietatis providentia, que semper conversionem errantium desiderat, paterna eos lenitate redarguere per quendam potentissimum de civibus suis Wirtschachum[a] nomine, mirabiliter ab hostium captivitate et maris periculo liberatum. Quod nullatenus silencio pretereundum est; maxime cum per, absentem licet, beatissimum Pomeranice gentis apostolum tam evidens miraculum Christus operari sit dignatus.

Siquidem orientalis est regio barbarorum Pomerania, habens ex latere provinciam Danorum, mari interiacente. Tantaque est maris latitudo, utramque dividens regionem, ut, qui in medio navigans serenissima die positus fuerit, vix provincias has ad instar parvissime nubis considerare valeat. Hic itaque civis Stetinensis, gloria et diviciis inter suos opinatissimus, frequenter in provinciam Danorum navigare et predam ex ea agere solebat; sicut et illi e contra in Pomeraniam crebras incursiones piraticas faciebant. Sed eo tempore, quo civitas sua apostasiam, ut prediximus, incurrerat, idem prepotens vir Wirtschachus[b] copioso sex navium apparatu Danos sibi infensos petebat et, non previsas incidens insidias, cum omnibus suis captus est. Sociisque crudeliter strangulatis, ipse solus carceri traditur, collo pectore manibus pedibusque gravi catenarum nexu, questus dumtaxat gratia, compeditus. In hac artissima reclusione positus singulisque momentis, quando ad mortis atrocissime supplicium traheretur, suspectus, piissimi apostoli sui memoriam revolvere cepit, a quo ipse dudum de sacro Christi fonte susceptus erat. Et salubri lacrimarum imbre perfusus, hanc supplicem Domino ex omnibus cordis medullis profudit orationem: *Domine Deus omnipotens, qui nos ad cognicionem nominis tui per os sancti*

a. Wirtiscam *E.* b. Wirtiscus *E.*

patris nostri Ottonis episcopi venire tribuisti, miserere et suc- 1125-1126
curre michi in hac tribulatione per eius beatissima merita, qui me, licet indignum, de sacro nove regenerationis lavacro suscepit; ut, si vera sunt omnia, que ex ore eius de tua inestimabili pietate audivi, nunc, in tam horrenda mortis imagine positus, experiar. Et tuo munere absolutus, deinceps ab hac piratica invasione desistam; tueque religioni debita devotione iugiter inheream. Hec cum dixisset, ex multa meroris et inedie defectione in sompnum resolutus est, continuoque dilectum apostolum suum Ottonem cernit pontificali infula redimitum astare et virga pastorali latera dormientis pulsare. Qui attonitus et pre gaudio lacrimans, hac flebili eum voce compellat: *O pater sancte, o serve Dei vivi, quis te sic inopinatum*[a] *his appulit horis?* At ille: *Propter te* inquit *veni; surge quantocius et sequere me.* Cui captivus: *Quomodo* ait *domine pater surgam, tantis catenarum nexibus undique irretitus?* Tum pater benignus, signo crucis edito, erexit eum; statimque vincula eius, celesti virtute dicto cicius soluta, ceciderunt in terram. Cui servus Domini: *Ecce* ait *absolvit te Christus, cui credidisti. Memento, ut, cum redieris in terram tuam, omnibus civibus tuis legationem meam perferas. Gravem quippe offensam Dei incurrerunt, pro eo quod, cultu eius neglecto, priscis ydolatrie sordibus se polluere veriti non sunt. Et nisi quantocius resipiscant, celestis ire vindictam aut hic aut in futuro seculo multipliciter incurrent.* His dictis, evanuit ab oculis eius. At ille concitus egrediens cursu rapidissimo venit ad mare. Sed quid ageret dubius, intra semet ipsum variis cogitationibus estuabat, dicens: *Ecce Deus per merita beatissimi patris mei Ottonis absolvit me; sed quomodo tanta maris spacia sine navi transibo?* Hec animo volvens, in tetre noctis silencio aspicit modicam coram se naviculam, litori sine vectore appulsam, in qua non nisi unus homo gnarus et excercitatus in his vehi posset. Quam sine cunctatione ingressus, pelago se committit; sola fide munitus et hec secum reputans: *Sacius duco in profundo maris, si sic necesse est, interire, quam*

[a] opinatum C.

denuo cruentas hostium manus incidere, qui, si me, quod absit, in hoc litore comprehenderint, novis et inauditis cruciatibus laniatum crudeliter strangulabunt. Sed ascendente eo in naviculam, statim Dominus ventum validissimum misit in mare, qui eum sine mora ad litus Stetinensis civitatis sine remige perduxit. Et egressus ad terram, cum lacrimis Deo omnipotenti et beatissimo patri suo Ottoni debitas gratiarum actiones exsolvit. Maximoque civium suorum gaudio et admiratione susceptus, omnem iacture et ereptionis sue ordinem eis exposuit. Qui etiam in testimonium miraculi huius naviculam ipsam in porte urbis introitu suspenderunt. Sed malis incitati sacerdotibus, legationem pii doctoris sui spreverunt, in eodem errore durantes, quoad usque presul ipse denuo eos visitans ad viam veritatis revocaret. Quod quo ordine factum sit, subsequens narratio declarabit.

3. Igitur electus Dei pontifex, audiens, inimicum bono semini zizania superseminasse[1], non est passus, Stetinenses claudicare in duas partes[2]: Domino et ydolis serviendo. Sed petita benedictione a domno apostolico Honorio et serenissimo rege Lothario, barbarorum fines rursum adire disposuit, tam pro apostatis ad sinum ecclesie revocandis quam etiam pro alia gente Uznoim[3] dicta, que necdum nomen Christi audierat, iugo fidei subigenda. Preparatis itaque paterna provisione habundanter vie necessariis, pluribus etiam verbi ministris et cooperatoribus religione ac industria pollentibus adscitis, in cena Domini sacratissima, mox post confectionem crismatis et missarum solempnia devote peracta, ieiunus ac sandaliis sicut altari astiterat ornatus, elato crucis vexillo, iter predicationis arripuit, iuxta quod scriptum est: *Quam speciosi pedes euangelizantium pacem, euangelizantium bona*[4]. Omnibus ergo filiis suis amantissimum patrem cum lacrimis prosequentibus, et prospera ei supplici affectu inprecantibus, ipse, fide armatus et galea salutis munitus, civitatem inimici expugnare ac destruere aggressus est.

1. Cf. Matth. 13, 25.   2. Cf. 3 Reg. 18, 21.   3. habitatoribus insulae Usedom.   4. Rom. 10, 15.

Primamque mansionem habuit[a] in curia dominicali[b] Baben- 1127
bergensis ecclesie, que Growze dicitur; ubi autenticum manda- Mart. 31
tum[1] cum suis more solempni celebravit. Sequenti vero die, Apr. 1
post officii et sepulture Domini celebrationem inde digressus, ad
urbem antiquam vocabulo Kirchberg divertit; ubi sabbatum sanc- Apr. 2
tum pasche et ipsum dominice resurrectionis diem summa de- Apr. 3
votione peregit. Feria secunda pasche monasterium, noviter Apr. 4
a se constructum, Regenheresthorf[2] expeciit; quod et feria ter- Apr. 5
cia pasche in honore sancti Iohannis baptiste debita cum veneratione dedicavit, multum se iterque suum beato Iohanni, intimo
patrono suo, commendans. Post hec, tota paschali ebdomada in Apr. 6—9
possessionibus ecclesie Schidingen[3] et Muchelen[c][4] pro necessariis vie sumptibus aggregandis occupatus, insignem illam Saxonie metropolim Magdeburg adiit, ubi a dilecto suo Noriperto
archiepiscopo honorifice susceptus est.

Sed quia semper gloriam sequitur emulatio, idem archiepiscopus, cernens eum de tam longinqua regione ad officium predicationis supervenire, et pudore actus, quod ipse, in civitate
gentium barbararum positus, nil tale aggredi presumpsisset, invidia stimulante, pium doctorem aliquamdiu retardare voluit.
Sed ipse, fervens in spiritu, nullatenus a bono proposito revocari potuit. Itaque, petita ab eo benedictione, postera die
Habelbergense episcopium peciit; quod tunc paganorum crebris
incursionibus ita destructum erat, ut christiani nominis vix tenues in eo reliquie remanserint. Nam ipsa die adventus eius
civitas, vexillis undique circumpositis[d], cuiusdam ydoli Geroviti
nomine celebritatem agebat. Quod vir Domini ut advertit, cordetenus pro tali errore compunctus, urbis menia ingredi recusavit. Sed ante portam consistens, Wirikindum, eiusdem loci
dominum, accersivit et, cur hanc ydolatriam exerceri pateretur,

<small>a. om. C.   b. om. B.   c. Michelim C, Muchelen B.   d. circomposita CB.</small>

<small>1. i. e. ablutionem pedum, quae fit in coena Domini inter canendam antiphonam: „Mandatum novum do vobis". V. Missale Romanum: Feria quinta in coena Domini.   2. Reinsdorf, a Querfordia ad meridiem.   3. Scheidungen inter Naumburgum et Querfordiam.   4. Mücheln, a Merseburgo inter occidentem et meridiem.</small>

1127 obiurgavit. Qui protestatus, plebem archiepiscopo suo Noriperto
Apr. rebellem, eo quod duriori servitutis iugo eam subiugare temptaret, nullo modo cogi posse fatebatur, ut ab eo doctrine verbum reciperet; sed prius mortis occasum quam servitutis huiusmodi onus subire paratam esse. Idem vero Wirikindus supplicabat episcopo: ut eidem civitati errorem suum pandere non abnueret; dicens, monitis eius multo ardentius plebem quam archiepiscopi sui iussionibus obaudire. Qui stans in edito[a] ante portam civitatis, omni populo coadunato verbum salutis predicabat; et abdicationem huius sacrilege celebritatis facile apud eos obtinuit, protestantibus eis: etiam baptismi gratiam sub alio archiepiscopo se prompta voluntate suscepturos. Pius vero predicator eidem Wirikindo magnam[b] auri quantitatem et coniugi eius psalterium preciosum, solita usus benivolentia, tribuit; ibique diversa itineri necessaria cum triginta plaustris comparavit. Deinde a Wirigindo exquirere cepit, si ducatum sibi per regionem suam, sicut in Merseburgensi oppido coram gloriosissimo rege Lothario ei spoponderat, prebere paratus esset. Qui abnuens respondit: eum per terras hostium suorum paulo post transiturum, ideoque ducatum ei prebere non posse; ne forte satellites sui ab eisdem hostibus capti et iugulati interirent.

Apr. Mai. 4. Tum pater amabilis, fortissima Dei manu super se invocata, cepti itineris cursum aggressus est. Erat illic vastissima silva. Qua[c] diebus quinque transmissa, venit ad stagnum mire longitudinis; ubi homuncionem parve insidentem navicule contemplatus, copiosam ab eo piscium multitudinem comparavit. Sed ipse, mirum dictu[d], argento multo aliisque speciebus sibi propositis, nil pretii nisi tantum sal accipere consensit. Dicebat enim: septennio se panem non gustasse, sed piscibus tantum et aqua stagni illius vitam alere inopem. Siquidem, capta a duce Polonie eadem provincia, ipse cum uxore sua fugiens, securi et ascia sua assumpta, parvam in medio stagni ipsius planiciem invenit; ubi edificata domuncula secure habitabat, tantamque siccatorum piscium multitudinem estivo tempore congregabat, ut

a. *sub* in edito *puncta posita sunt in* C.   b. *magni* C.   c. *qui* C.   d. *dicto* C.

tota hieme superhabundaret. Quibus etiam condiendis non parvam salis quantitatem a bono predicatore coemit.

Erat etiam illic barbarorum natio, que Moriz vocabatur. Hec, audita beati presulis opinione, ultro se fidei sacramentis ab eo imbui expetebat. Sed ipse, ut vir prudens et sagacissimi ingenii, ad Noripertum archipresulem suum eos dirigebat; dicens: illicitum esse super alienum fundamentum edificare; se potius ad remotiores gentes edicto domni pape et litteris Wortizlai ducis Pomeranie evocatum. At illi, Magdeburgensem[a] pontificem se nolle sequi protestantes, quia gravissimo servitutis iugo eos opprimere niteretur, ei, tamquam Dei pio servo, cervicem cordis humiliter submittere et dictis eius per omnia obaudire pollicentur. Quorum devotionem intuens, benigne respondit: se quidem interim ad gentes sibi commissas tendere; sed post earum conversionem, si in hac voluntate persisterent, auctoritate et permissu domni pape atque consensu Noriperti archiepiscopi eos inpigre visitaturum.

5. Igitur veniens ad urbem Timinam[b][1], magnum illic belli apparatum hostilemque Luticensium incursionem reperit. Nam Luticenses, quorum civitas cum fano suo a gloriosissimo rege Lothario zelo iusticie nuper igni erat tradita, urbem Timinam vastare civesque eius captivare nitebantur. Sed ipsi, eis viriliter resistentes, Wortizlai ducis auxilium requirebant. Dux vero beato patri nostro, adventum suum illic prestolari, mandaverat; quem etiam per biduum non sine periculo capitis sui inter hostiles discursus exspectabat. Ipsa vero die adventus presulis eximii cives Timinenses ante portam conventus forenses agebant. Sed quia civitas in valle posita erat, ipso de montibus cum tam copioso triginta plaustrorum apparatu descendente, plebs omnis, tumultuoso hoc perterrita sonitu hostiumque cuneos super se arbitrata irruere, urbem quantocius ingredi seque ad resistendum preparare molitur. Appropinquante servo Dei, nichil armorum in circuitu eius sed potius vexillum crucis deprehen-

1127
Apr. Mai.

a. Megedeburgensem *C*.   b. Timynan *C*, Tyminan *B*.

1. Demmin.

1127 dunt; statimque pium Ottonem, fama apud eos celeberrima vul-
Apr. Mai. gatum, agnoscentes, alacri devotione occurrunt meniaque civitatis intrare deposcunt. Qui, rennuens urbem ydolatrie sordibus pollutam ingredi, ante portam fixis tentoriis habitabat; interimque accersitos ad se primates plebis ad fidei christiane et lavacri salutaris gratiam mira predicationis dulcedine provocabat. Sed antiquus hostis, cernens illic dominica lucra suaque detrimenta succrescere, invidiam erga Dei famulum habitam celare non passus est; sed, inmisso quodam fallaci terrore, eum a finibus illis propellere nisus est. Sequenti etenim nocte dux Pomeranie in auxilium Timinensium cum duobus exercitibus, id est navali et equestri, supervenit. Et equester exercitus prior occurrere debuerat; sed ventus rapidissimo cursu navim inpellens celerius litori appulit. Equester vero exercitus, postea veniens sociamque turmam, quam se tarde secuturam sperabat, illic inveniens, suspicatus est, hostilem cuneum se incurrisse, eo quod tetra noctis ingruerit caligo; statimque clamor confusus et tumultus importabilis utrimque exoritur. Universus pii presulis comitatus, nimio terrore perculsus, ad fugam semet invicem cohortatur; affirmante domno Albwino[a] interprete viri Dei: paganorum Luticensium adesse catervam et iam cede miserabili ducis exercitum laniare. Doctor vero eximius eundem Albwinum religiosum presbiterum illuc celeriter pro investiganda rei veritate transmisit. Qui, flumini concitus se iniciens, eo quod natandi peritus esset, pacata iam omnia reperit, quia exercitus illi cives se tandem recognoverant[1]; et diabolico errore se preventos asserebant. Dux autem Wortizlaus, de adventu pii pastoris ultra quam credi potest gratulatus, mandat ei: sine mora in ulteriorem sibi ripam occurrere; dicens, divini esse miraculi, quod biduo ibi inter tam crebras hostium discursiones illesus permansit. Et re vera, nisi validissima Dei protectione tanquam scuto inexpugnabili obumbratus fuisset, cum omni suo comitatu nullo resistente interisset. Mox autem, ut terris dies est red-

a. Alwino *C hoc loco.*
1. exercitus illi duo cognoverant, se cives (concives) esse.

ditus, dux cum exercitibus suis rebellium Luticensium terras invadens cuncta ferro et igni vastat. Ad vesperum vero magna preda onustus rediens, karissimum sibi patrem Ottonem debita cum reverentia Uznoim[1] perduxit; ubi oportunam manendi et predicandi quietem habebat.

6. Statimque in festivitate penthecostes generale principum regni sui colloquium in eodem loco indixit. Ubi convenientibus Timinensis civitatis aliarumque urbium primoribus, sapienter eos ad suscipiendum christiane fidei iugum provocabat. Ipse enim in puericia sua captivus erat in Teutonicas regiones abductus, atque in oppido Mersburgensi baptismi gratiam consecutus; sed inter paganos vivens, ritum christiane legis exequi non poterat. Ideoque gentem, cui preerat, fidei iugo subici ardenter desiderabat. Considentibus ergo principibus, dux ita exorsus est: *Cernitis dilectissimi, quomodo pater hic beatissimus, etiam canicie venerandus, pro salute vestra omnem gloriam et magnificentiam, quam apud suos habebat, reliquerit. Et cum periculo capitis sui longinquas*[a] *sibique ignotas adiit regiones; nec propriis sumptibus nec canis suis pro Dei amore parcens, sed in morte animam suam ponens, ut vos a morte ad vitam revocaret, arduam difficilemque nimis hanc peregrinationem subire non dubitavit. Antea quidem multi verbum Dei his partibus annunciantes venerunt, quos instinctu sathane occidistis. E quibus etiam unum nuper cruci fixistis; sed ossa eius capellani domini mei episcopi digna reverentia colligentes honorifice tradiderunt sepulture. Hunc autem reverentissimum dominum meum episcopum, fama celeberrima ubique vulgatum, non sic tractare debetis nec potestis. Quia missus est pape et dilectus domini nostri Lotharii regis invictissimi. Nam et ipse Romani imperii princeps et cuncti primates, loco patris eum venerantes, consiliis eius obaudire per omnia satagunt. Unde sciatis procul dubio, quia, si quicquam molestie aut controversie ei a vobis irrogari dominus rex audierit, sine mora cum exercitu superveniens, usque ad internicionem delebit vos*

a. longinquam C.   1. Usedom.

1127 Mai. 22 *et terram vestram. Non est meum, ad hanc vos religionem cogere; quia, ut ex ore domini mei episcopi audivi, non vult Deus coacta servicia sed voluntaria. Quapropter, unanimi consilio inter vos secreto convenientes, salutis vestre causam agite et, quali devotione hunc reverentissimum Dei servum vestrumque apostolum suscipiatis, in commune decernite.* His auditis, principes et natu maiores, oportunum huic colloquio locum petentes, diu multumque ancipiti sententia nutabundi* oberrabant, precipue sacerdotibus ydolorum questus sui gratia contradicentibus. Sed pars sanioris consilii affirmabat: infinite nimis esse insipientie — cum omnes circumiacentium nationum provincie totusque Romanus orbis christiane fidei iugum subierit — se velut abortivos gremio sancte matris ecclesie abalienari; meritoque diligendum christianorum Deum, qui per tot annorum curricula eos sibi rebelles pertulerit, paciencer exspectans conversionem eorum; nimisque verendum, si amplius iugum eius detrectaverint, celestis ire importabilem sese vindictam incurrere. Tandem, divina preveniente clementia, unanimiter cultum ydolorum abdicarunt et, fidei iugo colla submittentes, baptismi gratiam flagitare ceperunt. Quo audito, pastor piissimus flens pre gaudio positisque genibus intimas Deo gratiarum actiones exsolvit.

post Mai. 22 7. Mox igitur in eadem civitate baptizatis principibus universis, binos et binos e presbiteris sibi adherentibus ad alias urbes ante faciem suam premisit, ut populo conversionem principum suumque adventum denuntiarent. Quorum duo, id est Udalricus religiosus presbiter Sancti Egidii et supra dictus Albwinus, interpres viri Dei, opulentissimam civitatem Hologost[1] dictam adierunt. Ubi a matre familias, uxore scilicet prefecti urbis, honorifice suscepti sunt; ita ut pedes eorum summa humilitatis devocione lavaret statimque, mensa apposita, copiosissimis eos dapibus reficeret; mirantibus eis et admodum stupentibus, quod talem in regno diaboli humilitatis et hospitalitatis gratiam invenissent. Tandem finita refectione, domnus Albwinus matrem familias secrecius alloquens, indicavit ei causam

a. mutabundi *C.*   1. Wolgast.

adventus sui, et qualiter ad colloquium Uznoim habitum cuncti principes, abdicatis ydolatrie sordibus, Christi gratiam induerint. Hec illa audiens adeo expavit, ut, terre procumbens, diu semianimis remanserit. Quam aqua refocillatam domnus Albwinus requirere cepit: cur Dei gratiam adeo exhorruisset, cum magis letari debuerit, quod Deus visitavit plebem suam, mittendo ei tam idoneum verbi ministrum. At illa: *Non pro hoc* ait *obstupui; sed magis pro nece vestra iam iamque imminenti contremuit cor meum. Nam magistratus civitatis huius cum omni plebe dispositum habet, ut, si uspiam apparueritis, sine retractatione[a] occidamini. Et hec domus mea, semper quieta et pacifica, omnibus peregrinis supervenientibus hospitalis fuit, nunc vero sanguine vestro contaminanda erit. Re vera namque, si aliquis magistratuum introitum vestrum huc deprehendit, hac hora domus mea obsidione vallabitur; et ego infelix, nisi vos tradidero, igni cum omnibus meis concremabor. Ascendite ergo in superiora domus mee ibique latitate. Et ego ministros meos cum exuviis vestris atque caballis ad remociores villas meas dirigam; ut, si venerint inquisitores, libere vos excusare possim, cum nec indumenta vestra nec caballi apud me deprehendantur.* Illi vero, pie eius provisioni gratias agentes, fecerunt ut docti erant. Statimque ministris caballos eorum et vestes abducentibus, post modicum[b] plebs furibunda irrupit; omniaque scrutantes, peregrinos illic ingressos violenter ad mortem expetebant. Quibus mater familias: *Fateor;* ait *domum meam ingressi sunt*[1]; *et sufficienter refecti velocius abierunt. Et ego, qui vel unde essent aut quo tenderent, explarare non potui. Sequimini autem; et forsitan comprehendetis eos*[2]. Illi vero: *Si* inquiunt[c] *abierunt, vanum est eos insequi; sed viam suam pergant; et si denuo hic apparuerint, morti se procul dubio involvendos sciant.* Et sic inquisicio eorum Dei nutu cassata est; servique Dei Udalricus et Albwinus in solario[3] matrone illius, velut alterius Raab, absconditi latuerunt.

a. retractione *C.*   b. modūcū *C.*   c. inquit *C.*
1. Iosue 2, 4.   2. Iosue 2, 5.   3. Iosue 2, 6.

8. Causa autem huius inquisitionis et tumultus sacerdos quidam ydolorum fuit. Qui, audita nove predicationis opinione, ad callida argumenta conversus, cuiusdam fani clamide et reliquis indutus exuviis, urbem clam egreditur* vicinamque petens silvam pretereuntem quendam rusticum insolito occursu perterruit. Qui, videns eum vestibus ydoli amictum, suspicatus, deum suum principalem sibi apparuisse, pre stupore exanimis in faciem corruit, eumque talia dicentem audivit: *Ego sum deus tuus, quem colis. Ne paveas; sed surge quantocius, urbemque ingrediens, legationem meam magistratibus omnique populo insinua; ut, si discipuli seductoris illius, qui cum duce Wortizlao apud Uznoim moratur, illic apparuerint, sine dilatione morti acerbissime tradantur. Alioquin civitas cum habitatoribus suis peribit.* Quod cum rusticus ille summa festinatione civibus denuntiasset, illi, unanimiter adunati, mandatum dei sui peragere conabantur. Sed, ut prediximus, divina providentia servos suos abscondit; donec sequenti die pius Otto episcopus, cum duce superveniens, eos a latibulis produxit. Sed nec in ipsa die adventus episcopi temptatio, per invidiam diaboli servis Dei inmissa, defuit. Advesperascente namque die, quidam ex comitibus domini episcopi, fanum in eadem urbe situm considerare volentes, minus caute pergebant. Quod cernentes aliqui de civibus, suspicati sunt, fanum ipsum igni eos tradere velle; et congregati horrisono armorum strepitu eis occurrere gestiebant. Tum religiosus presbiter Udalricus ad socios conversus ait: *Non sine causa congregantur isti; sed sciatis, eos re vera ad interitum nostrum festinare.* Quo audito socii, retrogradum iter secuti, fuge presidia petunt. Clericus autem Dietricus nomine, qui iam, precedens eos, portis delubri ipsius appropinquaverat, nesciens quo diverteret, audacter fanum ipsum irrupit; et videns aureum clipeum parieti affixum, Gerovito qui deus milicie eorum fuit consecratum — quem contingere apud eos illicitum erat — arrepto eodem clipeo, obviam eis processit. Illi autem, utpote viri stulte rusticitatis, suspicati, deum suum Gerovitum sibi oc-

a. ingreditur *C.*

currere, obstupefacti abierunt retrorsum et ceciderunt in terram. Dietricus autem, videns amentiam eorum, proiecto clipeo, aufugit; benedicens Deum, qui de manibus eorum liberare dignatus est fideles suos.

9. Apostolus itaque Pomeranorum, totam instantem ebdomadam in eadem civitate verbum fidei disseminans, baptismi gratiam tradens, Iohannem religiosum presbiterum eis prefecit. Sicque aliam urbem Chozegowam[1] expetiit, in qua magni decoris et miri artificii fana erant, que cives eiusdem loci trecentis exstruxerant talentis. Sed et beato patri nostro maximam pecunie quantitatem offerebant, ne ea deleret, sed pro ornatu loci integra et inconvulsa reservaret. Quod vir Domini penitus abdicavit, seque nullo pacto sacrilegas edes reservare affirmabat; dicens: post discessum suum materiam apostasie causamque ruine infirmis exinde generari; seque huius delicti reatu nolle apud Deum obligari.

Magnam vero predicationi sue auctoritatem dabat, quia — cum Dominus ordinasset his, qui euangelium annunciant, de euangelio vivere[2] — ipse iuxta apostolum non est usus hac potestate. Quin immo propriis se comitesque suos transigebat sumptibus. Quos statuto tempore ex villis episcopii per fideles nuntios sibi deferri, paterna provisione sollerter disposuerat; omnem derogandi occasionem invidis auferre satagens; ne forte reputarent, eum causa inopie tam remotas adisse regiones; quasi, in terra sua ingruente rerum victualium penuria, in hec opulentissima regna secedens, sub pretextu euangelizandi vite sustentacula argumentose requireret. Quod prudenter animadvertens vir sagacissimi ingenii, numquam ab eis, quibus spiritualia seminabat, carnalia metere volebat; sed nec loco muneris quicquam ab eis percipere consensit. Si vero a primoribus, sibi fidelissima familiaritate adherentibus, quicquam voluntarie offerretur et, ut id susciperet, multa precum instantia constringeretur, ipse, de suis preciosa quelibet eis honorabiliter offerens, maiora dabat quam accepisset; exemplo Salomonis, qui regine

---

1. Gützkow.   2. 1 Corinth. 9, 14.

1127 Saba[a], diversas munerum species offerenti, multo plura dedit, quam ab ea consecutus fuisset[1]. Unde etiam pater hic beatus libentissime ab omnibus audiebatur; quia cernebant: eum, tantis redundantem mundialium rerum copiis, pro sola Christi dilectione, non lucri alicuius gratia, officium predicationis arripuisse.

10. Eo igitur tempore, quo fana hec mirandi operis in urbe Chozegowa destruebat, legati honorabiles marchionis Adalberti, statum eius curiose investigantes, sed et nuncii de villis suis Micheln[b] et Scidingen, iuxta condictum oportuna ei subsidia deferentes, supervenere. Et videntes, gratiam Dei ecclesiamque illic crescere et confortari, gaudio magno et consolatione sancti Spiritus replebantur. Et re vera iocundum erat spectaculum, cum simulacra mire magnitudinis et sculptoria[c] arte incredibili pulchritudine celata, que multa boum paria vix movere poterant, abscisis manibus et pedibus, effossis oculis ac truncatis naribus, per descensum[d] cuiusdam pontis igni cremanda trahebantur; astantibus ydolorum fautoribus et magno eiulatu, ut diis suis succurreretur ac iniqui patrie subversores per pontem demergerentur, acclamantibus; aliis vero sanioris consilii e contra protestantibus: quia, si dii essent, semet ipsos defendere possent, sed cum ipsi taceant nec de loco nisi tracti moveantur, omni sensu ac vitali spiritu penitus carere probentur. Sacerdotes vero ydolorum seditionem conflare moliebantur questus sui gratia. Nam, ut in Daniele propheta[2] legimus, cottidie fercula et pocula diversi generis copioso apparatu simulacris illis vasta mole prominentibus exhibebantur; que omnia sacerdotes cum amicis suis, clanculo ingressi, absumebant et a diis commesta asserebant.

11. Sed non pretereundum videtur, quid miraculi in destructione fanorum ipsorum apparuerit. Subito enim, astante populi frequentia, insolite magnitudinis musce, que nunquam in terra illa vise sunt, magno impetu ex delubris ydolorum proruperunt, et tanta densitate omnem civitatis ambitum operiebant,

a. Sabba *C.*   b. Micheln̄ *C.*   c. scultoria *CB.*   d. decensum *C.*
1. 2 Paral. 9, 12.   2. V. Dan. 14, 12.

ut pene lucem diei tetra caligine obducere viderentur; sed et 1127
oculos et labia universorum nimia importunitate vexantes, non
parvum horrorem aspicientibus ingerebant. Sed cum violentis
manuum percussionibus abigerentur, nichilominus tamen diucius
insistebant; donec fidelibus laudes Dei concrepantibus crucisque
vexillum circumferentibus, invisum monstrum, portis apertis
evolans, terram barbarorum qui Rutheni[1] dicuntur pernici velocitate peciit. Unde cunctorum sapientum iudicio definitum
est, non aliud hoc portenti genus nisi demonum expulsionem
presagare, [quorum[a] princeps erat Beelzebup[2], id est vir muscarum]; qui, christiani nominis choruscantem per novos doctores gratiam non ferentes, negata sibi in his regionibus mansione, Ruthenos, adhuc paganico errrore irretitos, adiere.

12. Pius itaque predicator, destructis ydolorum fanis et
populo sacre regenerationis lavacro in sinum matris ecclesie
congregato, novam Christo edificare cepit basilicam. Ad
cuius dedicationem cum loci eiusdem princeps Mizlaus nomine
venisset, qui dudum cum aliis primoribus ad curiale colloquium
in penthecoste Uznoim habitum baptismatis gratiam perceperat,
his eum beatus pontifex verbis per interpretem suum Adalbertum, postea episcopum, allocutus est: *Fili karissime, quem ego
Christo domino per euangelium genui, dedicatio hec exterior interiorem tui cordis dedicationem futuram significat. Tu enim
es templum Dei, ubi Christus per fidem inhabitare dignatur*[3];
*et si domum cordis tui sic ornare volueris, ut Deo, qui inspector
eius est, mansio illa placeat, cum gaudio spirituali hanc exteriorem peragere potero dedicationem.* Qui, compunctus his beati
patris et apostoli sui verbis, flebili voce respondit: *Quid me,
pater sancte, vis agere, ut Deus domum pectoris mei visitare
dignetur?* At ille: *Hoc est* ait *quod moneo: ut secreta consciencie
tue scruteris et, si cui aliquid per violentiam rapuisti, digne
restituas; si quos causa pecunie captivasti, pro honore Dei absolvas.* Tum ille: *Nemini* inquit *violentiam exhibui; sed cap-

a. quorum — muscarum *add. E.*

1. incolae Rugiae insulae.   2. Cf. Matth. 12, 24.   3. 2 Cor. 6, 16.

1127 *tivos multos penes me habeo graviter michi obnoxios.* Cui vir Domini: *Require* ait *si qui inter eos sint christiani.* Et cum requisisset, invenit plures ex Danorum regione christianos; quos statim beato patri nostro omni debito absolutos obtulit. Ad quod servus Dei gratulatus: *Quia* ait *cepisti, perfice gratum Domino sacrificium, ut paganos etiam captivitate depressos, quo facilius iugo fidei colla submittant, absolvas.* Et ille: *Multorum* inquit *criminum rei sunt isti et dampna michi non ferenda intulerunt.* Sed *ne dedicationis huius gaudia quolibet merore obnubilentur, iuxta verbum tuum, pater amantissime, absolvantur.* His auditis, doctor piissimus cum lacrimis gratias agens: *Nunc* ait *acceptabilis erit Deo hec dedicatio, quia hospicium cordis tui hoc pietatis opere ad inhabitandum Domino dedicasti.* Et hec dicens solempnia dedicationis ecclesie exorsus est.

Nutu autem Dei ex inproviso cineres[1] defuerunt; et iurantibus ministris, pridie[a] se eos in circuitu altaris collocasse, mirum in modum nec signum excussionis[2] uspiam inveniri potuit. Tunc religiosus presbiter Uodalricus, spiritu Dei actus, ad subterraneum quoddam habitaculum pro cineribus colligendis velocius abiit. Cuius introitu audito, captivus illic latitans vocem cum gemitu emisit et[b] manum de cavea protraxit. Obstupefactus servus Dei Udalricus accessit videre, quidnam hoc esset; viditque iuvenem miserabiliter[c] collo pectore ac pedibus ferro inclusum. Et accersito interprete, hec ab eo audivit: *Serve Dei, miserere mei; et mitte manum tuam, ut educas me de gravissimo huius captivitatis iugo. Ego enim sum filius nobilissimi Danorum principis; et dux Mizlaus pro quingentis marcis, a patre meo sibi dandis, hic me inclusum retinet.* Quo audito,

a. pridie *scripsi pro* pridem. Cf. *n.* 2 *et infra:* cineres hesterna die hic repositi. b. om. C.   c. mirabiliter CE.

1. V. Pontificale Romanum; De ecclesiae dedicatione: „Interim unus ex ministris spargit cinerem per pavimentum ecclesiae in modum crucis" cet. . . . . „Tum pontifex accipit sal et miscet cineri —; Deinde accipiens pugillum de mistura salis et cinerum — ter immittit in aquam —; Deinde mittit — vinum in aquam ipsam" cet.   2. ex vase. Pridie enim dedicationis „parantur in ecclesia, quae ad dedicationem sunt necessaria", in his „vas cum cineribus". V. Pontificale Romanum l. l.

Uodalricus concito gradu ad episcopum rediit; et secreto eum 1127
conveniens: *Non sine causa* inquit *hoc inpedimentum dedicatiqni
nostre accidit; quia nutu Dei ego in reclusione gravissima
filium principis Danorum inveni, dum pro cineribus colligendis
abissem; et non poterit dedicatio rata esse, nisi hic cum reliquis absolvatur.* Cui episcopus: *Iam* ait *tanta prestitit nobis,
quod non presumo eum amplius interpellare; quoniam re vera
nec in Teutonicis regionibus quisquam principum hoc facile
ageret. Sed si vultis, secreto eum per vos convenite; et forsitan
acquiescet vobis, licet grave sit negocium.* Uodalricus itaque,
assumpto interprete suo Adalberto, de turba eduxit Mizlaum
principem; et primum pacis Christi verbo eum^a salutans, requirit: si omnes captivi eius relaxati essent. Quo dicente:
Etiam, Adalbertus interpres: *Cur fallere conaris Christum, qui
falli non potest? cur apostolum eius negando et dissimulando
contristas? Ecce inpedimentum dedicationi huic tua dissimulatione fecisti. Siquidem cineres, hesterna die hic repositi, nutu
divino hodie disparuerunt. Et dum karissimus domini mei capellanus Uodalricus, non casu sed Deo sic disponente, ad requirendos cineres abisset, invenit captivum tuum, quem Deo,
cui omnia patent, occultare voluisti.* His auditis, obstupefactus
princeps: *Hic* ait *captivus singulariter michi pre omnibus aliis
obnoxius est; ideoque suppliciter peto, ne causa eius manifestetur; sed magis in subterraneo habitaculo, ut dignus est, reservetur.* Cui servus Dei Uodalricus: *Absit* inquit *ut tanta pietatis opera, que Deo exhibuisti, ita ut ipsi etiam domino meo
episcopo admirationi sis et honori, hac una crudelitate pereant.
Sed re vera scias, quia sacratissime dedicationis huius gaudia
nullatenus consummari poterunt, nisi, et hunc cum ceteris absolvens, gratum Domino sacrificium obtuleris.* Et ille: *Quid
ergo fiet* ait *de quingentis argenti talentis, a patre ipsius pro
incomparabili dampno michi illato exsolvendis?* Ad quod famulus Dei: *Non* inquit *tanta super hoc affligaris molestia; habet
Dominus, unde tibi in centuplum hec restituat.* Tunc demum

a. om. C.

1127 Mizlaus princeps, Dei preveniente gratia compunctus, totus lacrimis est perfusus et gravi suspirio frendens in semet ipso: *Deum* ait *testem invoco: quod, etsi corpus meum pro nomine eius martirio consecrarem, non amplius quid nec animo meo gravius agere possem, quam quod hunc tanto michi obnoxium debito, quem nullo pacto relaxari decreveram, nunc animo meo violenter reluctans, pro honore Dei omnipotentis et amore domini mei episcopi absolvo.* Statimque missis militibus suis, de ergastulo tenebroso eum produxit et sic cathenis undique astrictum manibus suis altari consecrando superponens, holocaustum in odorem suavitatis obtulit Domino. Et mox vincula eius solvi mandavit, cunctis qui aderant pre gaudio flentibus Deumque pro tanta eius devocione benedicentibus. Tunc demum venerabilis pontifex Christi solempnia dedicationis ecclesie letiori, quam ceperat, et diligentiori exsecutione adimplevit.

13. Sed hec gaudia antiquus nostri generis inimicus non equis aspiciens oculis, utpote cui innumera captivitatis vasa[1] illic per beatum presulem erant erepta, omnibus modis hec leta christiane sationis semina zizaniis seditionum et externorum incursu bellorum turbare molitus est. Dux enim Poloniorum nomine Polizlaus, ante adventum patris nostri Ottonis graviter a gente Pomeranorum offensus, expeditionem suam illo cum manu valida indixit. Quo nuncio gens illa, noviter fidei sacramentis iniciata, non mediocriter est perterrita. Et primates natuque maiores, unanimiter ad apostolum suum velut tutissimum confugientes asylum, eius magnopere flagitabant consilium, dicentes: *Tu, domine pater, nobis christiane fidei iugum subeuntibus libertatem firmissimamque pacem in verbo Dei promisisti. Et ecce fratres nostri Polonienses inter ipsa fidei primordia, rupto pacis federe, bellum nobis indicunt populumque, nuper baptismi lavacro mundatum, humani sanguinis effusione iterum polluere conantur. Sed absit, ut te presente ecclesia Christi hic collecta dispergatur, cum pax in ingressu tuo in*

1. Marc. 3, 27. Cf. supra T. II 634 n. 13.

istam intraverit provinciam. Quibus auditis, pater piissimus, 1127 lacrimas ab oculis distillans: *Nolite* ait *timere. Potens est Deus meus, cui credidistis ad introitum humilitatis mee, causas belli huius precidere pacemque desideratam novo ovili suo restituere. En ego ipse animam meam pro vobis morti dare paratus sum; vos tantum religioni, quam didicistis, operam date*[a]. *Ego cum comitibus meis ducem Poloniorum adeam eumque ab intentione bellandi, Deo auxiliante, avertam.* At illi, pedibus eius provoluti, debitas gratiarum actiones exsolvebant.

Et confestim dispositis vie sociis, Udalricum religiosum presbiterum vice sua ad confirmandam neophitam plebem Uznoim reliquit; ipse vero ad ducem Poloniorum inpigre, ut condixerat, ire cepit. Cuius adventu dux comperto, celerius ei debita cum reverentia occurrit, omnique humanitatis officio, ut par erat, fovere non desiit. Nam antea etiam familiariter eum notum habebat. Agnitis vero causis itineris, admodum obstupuit; dicens: gentem illam beluine ferocitatis immanitate terram populumque suum devastasse, adeo ut etiam parentes suos e sepulchris protraheret et collisis capitibus dentes excuteret ossaque eorum per publicum aggerem[b] dispergeret; mirumque esse, quod ipse vivus discerptus non fuisset ab eis, cum omnes anteriori tempore Christum illic annunciantes mortis sententiam incurrissent sed et[c] unus eorum crucis patibulo nuper affixus occubuisset. At ille, Dei protectione et Romani principis respectu ac defensione Wortizlai ducis se munitum protestatus, gratia Christi gentem illam aiebat initiatam; seque ad hoc venisse, ut incursionem bellorum ab ea, que pacem Dei receperat, amoveret, ne novus grex inter ipsa fidei primordia turbatus a recto tramite exorbitaret. Dux autem Polizlaus respondit: non ex facili sibi constare, ut expeditionem illam, tanto tempore propositam, intermitteret; sed pro nichilo se deinceps ab omni populo suo habendum, si Pomeranorum ducem tam graviter sibi obnoxium debito talione non repercuteret; seque Deo

a. dare *C.*   b. agerem *C.*   c. et *addidi.*

1127 gratias agere, quod servus Dei ab eis secessisset, quia eo presente bello infensam sibi gentem obpetere nequiret. Cui episcopus: *Etsi ego* ait *recessi, sed Uodalricus dilectissimus capellanus meus ibi remansit, quem pro confirmanda et consolanda plebe neophita illic reliqui; et non minori pro eo quam pro memet ipso angor sollicitudine. Noveris ergo, fili karissime, quia, si novam Christi sponsam hoc impetu belli conquassatam fidei iugo abalienaveris, in tremendo examine rationem Deo positurus eris; sed et ego pro ovibus michi creditis mortem excipere paratus sum.* Ad hec ille: *Si* inquit *humiliatus Pomeranorum dux per semet ipsum michi occurrere et veniam deprecari voluerit, faciam secundum verbum tuum. Testorque Deum celi, quod nec domino meo regi Lothario in tam grandi negocio annuerem; sed nunc honoravi faciem tuam et reverendam canitiem, quam pro amore Dei in tam remotas barbarorum regiones fatigare non dubitasti.* Mox ergo legati honorabiles, Wortizlaum ducem et Uodalricum capellanum accersientes, diriguntur, data eis prius firmissime pacis desiderata securitate. Qui, trium dierum itinere confecto, Poloniam venerunt et, honorifice cum suo comitatu suscepti, causam pro qua venerant tractare ceperunt. Sed per duos dies interminatam reliquerunt; tercia tandem die, Domino opitulante et pio Ottone mediante, reconciliati pacis oscula libant et, abdicata bellandi intentione, fedus intemerate dilectionis ambo duces coram primatum et nobilium frequentia pepigerunt. Ipse quoque dux Pomeranorum in testimonium devotionis sue magnam pecunie quantitatem super altari beati Adalberti martiris, canonicorum illic Deo servientium usibus profuturam, obtulit; multumque se orationibus eorum commendans, itinere quo venerat cum pio Ottone universoque comitatu Uznoim reversus est. Plebs ergo nuper Christi legibus dicata, pro concessa a Deo pacis securitate cum lacrimis gratias agens, invicem sese ad conservandam recte fidei traditionem cohortabatur. Piusque predicator ad circumpositas civitates verbi ministros, sicut et antea, pervigili sollicitudine dirigebat.

14. Erant autem trans mare[1] barbari crudelitate et sevicia 1127 singulares, qui Ucrani[a,2] dicebantur. Hi, audita beati presulis opinione, crebris ei legationibus mandaverant: quod, si umquam terras eorum intrare presumeret, sine mora cum omnibus suis morti acerbissime se tradendum sciret. Cumque vir Dei, fervens in spiritu, minas eorum postponeret sepiusque illo tendere disponeret, ab omnibus vitam eius desiderantibus inhibebatur. Egre tamen ferebat, quod nullus ex comitibus suis hoc opus aggredi volebat. Quod sentiens Uodalricus, religiosus Sancti Egidii sacerdos, incunctanter se huic discrimini obtulit. Cui pius Otto admodum gratulatus, licentiam et vie comites statim concessit. Adalbertus autem, viri Dei interpres, tunc non aderat; sed postea, hec addiscens, domnum episcopum omnino ab hac intentione conabatur avertere, lacrimosis eum singultibus hoc modo compellans: *O sancte pater, quid agis? Cur dilectissimum cooperatorem tuum morti destinare non metuis? Scias re vera, quod ab omnibus nobis, ut reus, mortis eius ieiunio addiceris.* Servus autem Dei subridens: *Nonne* ait *ipse dominus Iesus Christus discipulos suos quasi oves in medio luporum misit*[3]*? Et magister totius ecclesie, princeps apostolorum, multos e suis ad subigendam barbarorum rabiem destinavit. Sed et sanctus Clemens papa Dyonisium ariopagitam in Gallias; aliique pontifices Romani dilectissimos suos euangelizandi gratia paganis direxerunt, qui ab eis iugulati occubuerunt. Nec tamen magistri eorum mortis reos se adiudicabant; quin imo glorie passionis ipsorum alacri devotione adgaudebant. Testis est michi Deus, quod pro amore eius ipse ego hanc periculosam predicationis angariam subire paratus essem. Sed quia aditum egrediendi violenter michi obstruitis, hunc adletam Christi, sponte proficisci cupientem, non aversor.* Nocte igitur insecuta Uodalricus per soporem vidit, se in atrio ecclesie sancti Egidii quasi ad pro-

---

a. ucrani *E*, uerani *C*; *cf. p. 672 n.* h.

1. i. e. trans aquas, quae Haff vocantur (ab Uznoimia ad meridiem). 2. incolae eius partis marchiae Brandenburgicae, quae „Uckermark" dicitur. Cf. supra p. 587. 3. Matth. 10, 16.

1127 fectionem quandam procingere^a. Et cum iam portam egredi conaretur, ancille Christi Berthrada et Wendelmut[b,1] cum reliquis per vestimenti fimbrias eum magno cum gemitu retrahebant nec ullo modo portam exire sinebant. Quod cum expergefactus Adalberto[c] interpreti retulisset, ille manifestam respondit esse visionem; nec aliud praesagare, nisi quod sponse Christi, quibus in Babenbergensi loco preerat, assiduis apud Deum precibus obtinuissent, ne Ucranos[d], ubi certa mors ei inminebat, expeteret, sed potius alumnas suas vita comite cum gaudio reviseret. Servus autem Dei Uodalricus nullo modo ob id a bono proposito revocari consensit. Sed mane facto, pio Ottoni puram agens confessionem, arduum huius predicationis iter in remissionem peccatorum suorum alacri devotione suscepit. Moxque navi cum comitibus suis et interprete quodam Poloniense, religioso viro, impositus, cunctis ei prospera imprecantibus, Dei viri benedictione munitus, navigium est aggressus. Tum vero magna celi serenitas et maris tranquillitas arridebat. Sed ubi longius a littore est remotus, subito fluctibus vento validissimo concitatis, tempestas non modica ingruere cepit; que[e] sine mora arreptam navem littori, quod reliquerat, appulit servumque Christi Uodalricum loco suo restituit. Que nimirum tempestas, septem diebus continuis mari inminens, omnem profectionis huius cassavit intentionem.

15. Apostolus autem Pomeranorum, voluntatem Dei prudenter in hoc considerans nec Ucranos[f] verbo salutis dignos iudicans, ad Stetinenses, qui a fide, ut supra[2] diximus, apostataverant, iter suum direxit; licet multi fideles Christi et familiares sui eum ab[g] hoc proposito revocarent. Nam pontifices ydolorum plebem apostatam in necem eius unanimiter concitaverant. Sed ipse, martirii ardore flagrans nullumque suorum hoc opus aggredi presumere cernens, quodam die, secreto collectis pontificalibus exuviis colloque inpositis, solus illo[h] tendere cepit et,

a. pertingere *C*. b. Wendelhmut *C*. c. Adalberti *C*. d. *sic scripsi pro* ueranos *C; v. supra p. 671 n.* a. e. qua *C*. f. ueranos *C; cf. supra p. 671 n.* a. g. ad *C*. h. ad Úcranos *E*.

1. V. supra p. 623. 2. p. 651 (L. III c. 1).

navim ibi fortuito pretereuntem aspiciens, naulo dato eam quan- 1127
tocius ingredi accelerabat. Quod Uodalricus Dei nutu animadvertens, sociis confestim indicavit. Illi pernici cursu eum insecuntur; primusque Adalbertus interpres, eum comprehendens, invitum ac renitentem domum redire compulit. Qui, alcius ingemiscens seque deprehensum acriter dolens, paucos tandem e suis periculose huius vie socios habere meruit; qui, nimium eius fervorem considerantes, nefas censebant eum revocare aut incomitatum relinquere. Navem ergo ingressi, cum civitati Stetinensi appropinquassent, speculatores eos agnoscentes et considerantes ingenti strepitu civibus antiquum erroris magistrum supervenire acclamabant, cui cum gladiis et fustibus occurrere et — ad iniuriam deorum vindicandam — indigne tractare expediret. Quod famulus Dei cum per interpretem agnovisset, intrepidus ac calore fidei armatus, crucis vexillum erexit, pontificalibus sese indumentis preparavit eisque obviam ire deliberavit. Primoque ecclesiam principis apostolorum, quam[a] ante portam eiusdem urbis ipse exstruxerat, ingressus, debitum Christo persolvebat obsequium, iam iamque prestolans barbarorum occursum suamque in Christo consummationem. Illi vero, post modicum tumultuoso strepitu portis erumpentes, cum servos Christi divinas laudes psallere cernerent, diu multumque hesitantes et inter se quidnam agerent conferentes, tandem, nutu Dei timore perterriti, via qua venerant confusi regrediuntur. Illo igitur die et sequenti sabbato in eadem ecclesia cum suis theorie vacans horam passionis sicienter expectavit. Dominica autem illucescente, primo mane post completa missarum sollempnia Otto servus Dei, pontificali redimitus infula crucisque vexillo prelato, euangelizandi gratia in turbam processit; Udalricum vice diaconi dalmatica indutum et Adelbertum in loco subdiaconi aliosque verbi Dei cooperatores sibi assumens. Erant autem illic piramides magne et in altum more paganico mu-

a. *sequens folium codicis C excisum est. Recepi igitur ex codice E, quae sequuntur:* ante portam — usque ad sequentis capitis verba haec: relictis in domo sacerdotibus, egressi unanimiter.

1127 ratae. Coadunato itaque populo, pius praedicator, super unam cum sociis suis ascendens piramidem, per interpretem suum Adelbertum cepit errantibus viam veritatis aperire et, nisi ab hac resipiscerent apostasia, eternum comminari interitum.

16. Predicante autem eo, ecce pontifex ydolorum anhelus cucurrit, multoque sudore confertissimam irrepens turbam, piramidem percussit ac servum Dei obmutescere magni clamoris virtute imperavit. Ipse enim cum suis priori nocte in necem episcopi summo dominice diei crepusculo conspiraverat; sed Deo ordinante, sompno oppressus gravissimo, hoc frustratus est proposito. Cumque, secunda diei hora expergefactus, virum Dei in conventu forensi iam praedicare audisset, furibundus illuc accurrit ac silentium indixit. Sed famulus Domini constanter que ceperat prosecutus est. Ille autem, gracilem Adelberti vocem interpretis sua clamosa atque altisona comprimens, magna fortitudine barbaris imperat: ut praedicatorem Christi hastis, quas antiquo more Quiritum Romanorum iugiter ferebant, transfodere non morentur. Qui, iussis eius obaudientes, cum dextras alcius ad sagittandum eum elevassent, divine virtutis potentia quasi saxa diriguerunt, ita ut nec hastas deponendi nec os aperiendi facultas esset; sed in altum dextras immobiliter suspensas habebant et quasi in aere ligatas. Quod cernens infaustus ille ydolorum sacerdos, ira inflammatus, ignaviae eos accusare cepit unique eorum hastam manu eripere ac servum Christi conatus est transfodere. Nec mora et ipse diriguit; pudoreque actus in fugam convertitur. Quo abeunte, pius Otto, facto crucis signo, benedictionem plebi inprecatus est; statimque, vinculis resoluti, dextras cum sagittis deponunt. Quo facto, antistes Domini, pro tam evidenti miraculo Deo gratias referens, urbem confidenter ingressus est, ecclesiamque beati Adelberti videns media ex parte destructam, amare flevit et genu flexo cum suis diu orationi institit.

Interea barbari cum gladiis et fustibus congregati portam ecclesiae ambiunt, servos^a Dei ad mortem expetunt; sed mox,

a. seruuos *E.*

divina quadam virtute tremefacti, in fugam convertuntur. 1127
Tunc Wirtschachus* princeps, dudum a pio Ottone de captivitate Danorum ereptus, cum ceteris familiaribus episcopi supervenit, omnimodis eum deposcens, ut ab urbe secederet, priusquam perfidia sacerdotum circumventus, morti succumberet.
Abnegat presul beatissimus, dicens: *Quia ad hoc ipsum veni.*

Indicitur ergo generale colloquium post quatuordecim dies,
in quo certa diffinicione sacerdotes cum plebe iugum Christi aut
susciperent aut penitus abdicarent. Statuta igitur die antistes
Domini montem Trigelawi in media civitate, ubi sedes erat
ducis, ascendit magnamque domum, huic colloquio oportunam,
intravit. Assunt principes cum sacerdotibus natuque maioribus,
et facto silencio vir Domini sic ait: *Conventionis nostre dies
dudum prefixa iam adest; et ego, salutis vestre avidus, ex
ore vestro audire desidero, utrum domino meo Iesu Christo, qui
est lux vera, an principi tenebrarum diabolo servire disposuistis.*
Respondens unus sacerdotum: *Non* inquit *tanto tempore colloquium hoc differri oportuit; quia et pridem et nunc et semper
deos patrum nostrorum colere fixum est nobis; ideoque noli
frustra laborare, sermo tuus non capit in nobis*[1]. Quibus
auditis, vir Domini: *Video* ait *quia sathanas excecavit sensum
vestrum, ne lumen verum intueri possitis. Innocens ego sum
a sanguine omnium vestrum*[2]; *non enim subterfugi, quominus
verbum Dei oportune importune*[3] *annunciarem*[b] *vobis. Sed quia
iugum domini mei Iesu Christi abdicastis, iam vos potestati
sathane quem elegistis trado, ut, cum eo perdicioni eternae
mancipati, hereditatem illam possideatis, ubi vermis non moritur et ignis non extinguitur*[4]. Statimque de loco suo consurgens, arma spiritualia arripit[c], stolam collo inponit, ut eos
anathematis vinculo astringat. Quo viso principes, salubri
timore correpti, vestigiis eius advolvuntur; humiliter suppli-
cantes, ut sententiam maledictionis huius suspendat et semel

a. Wirtiscus *E*.   b. anunciarem *E*.   c. arript *E*.

1. Ioh. 8, 37: „quia sermo meus non capit in vobis".   2. Cf. Matth.
27, 24.   3. 2 Tim. 4, 2.   4. Marc. 9, 43.

1127 adhuc brevissimi spacium colloquii eis indulgeat. Annuit statim presul piissimus; stolaque deposita, resedit. Principes ergo, relictis in domo sacerdotibus, egressi, unanimiter* fidem Christi, abdicatis ydolatrie sordibus, receperunt. Primusque Wirtschachus, nobilissimus eorum, ad servum Dei ingressus, hanc pro omnibus dedit rationem: *Ego, pater honorande, cum primatibus hunc locum regentibus Deo aspirante*[b] *pari voto in hoc convenimus: ut sacrilegos istos sacerdotes, omnium malorum incentores, longe a terminis nostris eliminemus, teque ducem et preceptorem in viam salutis eterne avida mente sequamur.* Et conversus ad eum, qui prius fuerat locutus, sacerdotem, ait: *O miser et miserabilis, quid michi dii tui profuerunt, cum, in artissima compeditus custodia, mortis sententiam iam iamque prestolarer, sociis meis pridem crudeliter strangulatis, ubi visibiliter dominum et patrem meum Ottonem a vinculis me absolvere et desiderate libertati reddere aspexi? Nonne melius est michi Deo vivo et vero liberatori meo servire, quam lignis et lapidibus vita sensuque carentibus? Tu ergo cum tuis perge quo volueris; et*[c] *cave, ne amplius in finibus nostris compareas. Quia, domino nostro Iesu Christo regnante super nos, non est tibi et simulacris tuis locus in his regionibus.* Quo audito, cuncti sacerdotes ydolorum sine mora surgentes pernici fuga elapsi sunt, ita ut nullus eorum deinceps ibi comparuerit. Antistes autem Domini, super hoc intimas Deo gratias exsolvens, confestim delubra ydolorum cum suis destruere cepit.

17. Deinde eos, qui a fide apostataverant, benedictione sacrati fontis et manuum impositione purificans, vivifice crucis vexillo et orationis virtute katholice matri cum gaudio reconciliavit; aliis vero baptismi gratiam et fidei sacramenta contradidit. Sed, ut scriptum est: *Inquirentes Dominum non deficient omni bono*[1], predicatori veritatis, in opere Dei laboranti, solite benignitatis munificentiam Dominus exhibere dignatus est. Piscatores enim Stetinensium autumpnali tempore, quo hec

a. *Cf. supra p. 673 n. a.*   b. inspirante corr. in aspirante *C*, aspirante *E*.
c. et et *C*.   1. Ps. 38, 11.

christiane milicie rudimenta agebantur, ad fluvium Odoram pro- 1127
gressi, duos insolite magnitudinis rombones apprehendunt, quorum occursus non nisi verno tempore esse solet. Obstupefacti
illi novam hanc capturam, novis predicatoribus celitus provi-
sam, inter se conferunt; moxque apostolo suo cum hoc iocundo
munere occurrentes, aiebant: nunquam in illis partibus rombones
autumpnali tempore visos, sed celesti prodigio ad introitum
eius largam hanc benedictionis sue copiam Dominum declarasse.
Erant autem rombones tante vastitatis ac longitudinis, ut servo
Dei cum universo comitatu suo per quatuordecim dies sufficientem preberent alimoniam, ita ut nobilibus etiam quibusque
ex eadem copia reliquie honorabiliter partirentur. Ex hoc
vero populus in fide magis ac magis corroborabatur, cum tantam in apostolo suo gratiam tam in temporalium quam et in
spiritualium exuberantia profectuum miraretur.

18. Erat autem fanum quoddam longius remotum, ad quod
deiciendum fidelem et familiarissimum sibi Uodalricum sacerdotem religiosum direxerat. Sed pauci qui remanserant fautores
ydolorum, de muro prospicientes eum illo tendere, iactu lapidum et lignorum caput eius conterere moliebantur. Qui tamen
Deo protegente illesus evasit, reversusque ad pium patrem Ottonem, insidias eorum retexuit. Vir Domini, statim elato crucis
vexillo ac pontificali redimitus infula, semet ipsum huic periculo ingerere non dubitavit; cuius presenciam barbari non ferentes, hac illacque dispersi, fuge latibula quesiere. Destructo
igitur fano, cum vir Dei reverteretur, arborem nuceam pre-
grandem ydolo consecratam cum fonte, qui subter fluebat, invenit; quam statim succidere suis imperavit. Accedentes vero
Stetinenses suppliciter rogabant: ne succideretur; quia pauper-
culus ille custos arboris ex fructu eius vitam alebat inopem.
Se autem, iureiurando affirmabant, sacrificia, que illic demoniis
exhibebantur, generale edicto perpetualiter inbibere. Quorum
petitioni doctor piissimus, dictante equitatis ratione, naviter annuit. Dum vero mutuis hec conferunt sermonibus, ecce barbarus ille custos arboris ex inproviso accurrit, servoque Dei

1127 post tergum clam assistens, eius sanctum verticem francisca annisu forti appeciit. Sed Dei nutu frustrato ictu, ponti firmo tabulatu strato*a*, cui tum forte superstabat, franciscam tam valide infixit, ut difficultas*b* extrahendi moram percussori faceret.

19. Quo viso Adalbertus interpres, nimio terrore concussus, perniciter franciscam barbari manibus eripit et abscondit; omnesque, insolito horrore circumfusi, sacrilegum invadunt et mortem ei intentant. Sed pietas Ottonis, ne quid mali homicida patiatur, obsistit eique licet indigno vitam et salutem impetrat. Adalbertus autem, in lacrimas erumpens et montem sancti Michaelis Babenbergensem devota inclinatione salutans: *Hic* ait *ictus sine dubio precibus fratrum cenobii sancti Michaelis a domino meo episcopo divina protectione est aversus. Quia barbarus iste, naturali ingenio callens, ita sagittandi vel manu feriendi peritia est imbutus, ut etiam angusti foraminis orbem non frustrato ictu oppetere idoneus*c* esset.*

Illo etenim tempore preces et supplicationes magne, sicut et semper, apud nos fiebant pro dilectissimo patre Ottone. Qui nos pre aliis mirum in modum materno potius quam paterno affectu iugiter fovere non desiit; adeo ut quadam vice, 1125-1132 cum, ad curiale colloquium a serenissimo rege Lothario evocatus, apud Magdeburgensem urbem graviter egrotaret, ascito dive memorie Hermanno abbate nostro[1], per quem tunc etiam preter alia dona trecentas nobis marcas transmisit, in hanc lugubriter erumperet vocem: *O quam incomparabilis me detinet gemitus, quod in hac egritudine tam longe remotus sum a dulcissimo requietionis mee loco, monte videlicet domini et patroni mei beati Michaelis archangeli; ubi corde et animo ita fixus inhereo, ut, teste Domino, si hac hora illic positus essem, mille marcas huic beneficio non preponerem.* Quia ergo caritas exigit caritatem, speciali eius amori — de cuius capite, ut scriptura loquitur, oleum non deficit[2], id est meriti eius cari-

---

a. strate *C.*   b. difficultate *C.*   c. odoneus *C.*

1. qui obiit die 28 Nov. 1147. V. Annales S. Michaelis et Necr. S. Mich. supra p. 553 et 578.   2. Eccle. 9, 8.

tas nunquam exidit — specialem orationis intime devotionem 1125-1132 rependere curavimus. Nam, ut de ceteris sileam, Ellenhardus senior noster, vir totius prudentie et pietatis ac singulari compunctionis et humilitatis dulcedine amabilis, nocturnas fratrum vigilias orando prevenire solitus, pro salute pii Ottonis placidas divine clementie aures lacrimosis singultibus eo usque pulsare non cessabat, donec desideratum eius reditum celesti responso audire mereretur. Cum enim nocturno tempore more suo in tenebrosis gradibus capelle ad sanctas virgines intimis pro dilecto patre insisteret precibus, subito clara luce in eodem loco emicante, audivit vocem dicentem sibi: *Exauditus es pro pio Ottone, salvum eum recipies.* Sed his paulisper necessario insertis, nunc revertamur ad ordinem.

20. Igitur confirmatis in fide et doctrina Domini Stetinensibus, 1127 cum vir Dei Uznoim redire disponeret, accedentes ad eum urbis eiusdem cives suppliciter rogabant, ut discordiam, que inter eos et ducem Wortizlaum diabolo instigante conflata erat, suo interventu dissolveret. Ad[a] hec ille: *Faciam* inquit *ut vultis; sed peto, legatos honorabiles ex parte vestra mecum dirigi, qui pacis huius munia vobis reportent et, si dux iuste aliquid habet querele, de obiectis rationem reddant.* Confestim legati Stetinensium bono pastori assignantur, qui etiam non parvo in eadem via presuli almo fuere presidio. Nam duo pontifices ydolorum viro Dei mortis laqueos intenderunt; et milites octoginta quatuor clam premiserant, qui eum observantes in reditu iugularent et caput eius palo infixum sibi remitterent. Sed non est sapientia, non est fortitudo, non est consilium contra Dominum[1]. Nam et pius Otto, divina se protegente gratia, illesus exivit et infideles illi laqueum et foveam, quam paraverant, inciderunt. Abeunte enim presule beato, maior ille pontifex ydolorum, convocatis amicis suis, magno leticie tripudio eos diem festum diis suis agere precepit, dicens: *Deus noster, quem antiquus ille seductor exterminare conatus est, apparuit michi et sine ambiguitate caput Ottonis hodie amputandum michique transmitten-*

[a] At C.   1. Prov. 21, 30.

1127 *dum intimavit.* Cumque hec furibunda et kachinnanti voce promsisset, statim a diabolo confractis cervicibus, caput eius retrorsum est horrendo et miserabili[a] ordine transversum, cerebrumque loco suo exiliens crudeli impetu parieti est appulsum. Quo viso amici eius vehementer obstupefacti causam insolite huius calamitatis ab eo sciscitantur. At ille, diu horrisono sonitu increpitans, tandem erupit: *Quia* ait *servo Dei insidias tetendi et vos a via veritatis separare cogitavi, terribiliter a Deo percussus sum.* Et his dictis exspiravit; tantoque fetore locus ille repletus est, ut nemo illic moriente eo pre intollerantia fetoris consistere valeret. Et ut scriptum est: *pestilente multato sapientior erit sapiens*[1], omnis populus, audito eius interitu, magis ac magis in fidei perseverantia est confortatus. Alter vero sacrilegus pontifex nec sic compunctus est. Sed viro Dei convicia irrogans, aiebat doctrinam eius cito in illis partibus abolendam. Et quos poterat, a vero tramite conabatur avertere; unde et ipse iudicio Dei post modicum interiit. Nam dum, causa quadam ingruente, navigio mare transiret, pro corporali necessitate egressus, vicine silve latibula peciit. Moxque nonnulli ex comitibus suis, nutu Dei zelo iusticie armati, ipsum clam insecuntur et apprehensum crudeli laqueo in spissioribus locis suspendunt. Sicque dolor eius et iniquitas in verticem ipsius descendit[2]. Cum ergo milites octoginta[b] quatuor, a profano illo sacerdote ydolorum ut supra diximus premissi, virum Dei navigantem aspexissent, ex insidiis erumpentes, quo tenderet, clamosa voce requirunt. Respondentes legati Stetinenses, cur hoc inquirerent, vicissim percunctantur. At illi, voces civium et amicorum suorum agnoscentes, gradum sistunt seque presentiam eorum illic nescisse fatentur. Illi vero e contra: *Antistes* inquiunt *Domini discordiam inter ducem et nos inveteratam dissolvere intendit; ideoque non paciemur eum quicquam molestie in hac via incurrere. Sed mortem pro eo subire parati*

---

a. mirabili *C*, miserabili *E*.   b. octuaginta *C*.

1. Cf. Prov. 19, 25 et 21, 11.   2. Ps. 7, 17: „Convertetur dolor eius in caput eius et in verticem ipsius iniquitas eius descendet".

sumus. Ergo, si consultum vobis esse cupitis, via qua venistis 1127
quantocius revertimini.

21. Sic igitur nutu Dei cassata est iniqua sacrilegi pontificis machinatio. Et servus Domini urbem Iulin, dudum a se recte fidei sacramentis iniciatam, adiit. Cumque eos doctrinis pariter et exemplis in Domino confortaret, mulier quedam luminibus orbata vestigiis eius provolvitur, benedictionem ab eo et remedium instanter efflagitans. Quod pius Otto iocularitersuscipiens: *Ecce* ait *ecclesia sancti Adalberti martiris presto est; illuc credens Deo et sanctis eius curre, tangensque campanam auxilium martiris Christi implora.* Solebant enim rudes adhuc in fide barbari, cum aliquod in ecclesia remedium flagitabant, campane sonum, quasi sanctos per hoc ad subveniendum excitantes, movere. Quod cum illa simplicitatis intentione credens exsecuta fuisset, ilico lumen recepit; et exiliens cum gaudio, ad servum Dei regressa, pro sanitate recepta gratias egit inmensas. Cui ille: *Non michi* inquit *sed Deo et sanctis eius gratias age; et in fide, quam didicisti, usque in finem perseverare non desinas.* Post hec miles quidam, habens filium lunaticum, servo Dei eum adduxit; boves quatuor, ut sanitati puerum restitueret, obtulit. Qui, humilitatis gratia hec refugiens, ait: *Erras, homo, non est hoc meum; sed perge ad tentorium, ubi reliquias sanctorum positas habeo, ibique Deo et sanctis eius vota tua pro filio credulus offer, statimque salvum eum recipies.* Qui pergens cum puero fecit, ut doctus erat; moxque filium incolumem viro Dei gratulabundus representavit.

22. Accidit post hec in festo beati Laurencii, ut presbiter Aug. 10 quidam ex comitatu pii Ottonis nomine Bockeus[a] preteriens videret rusticos in agro frumenta metentes. Quos modeste compescuit dicens: *Miseri, quid agitis? Hodie natalis dies est beatissimi martiris Laurencii, qui tocius ecclesie summa veneratione celebratur; et vos infelices hunc violare presumitis.* At illi: *Non* inquiunt *omni tempore sabatizare possumus; expedit etiam necessaria domibus nostris aliquando providere.* Bockeus autem

a. Bokeus *E.*

1127
Aug. 10

fervens in spiritu: *Scio* ait *non impune vobis violationem huius sacratissime solempnitatis cedere; sed celesti igne omnia, que illicite messuistis, consumenda fore noveritis.* Vix hec ediderat, et ecce iuxta verbum eius ignis Dei cecidit e celo tactasque messes eorum usque ad favillam consumpsit. Qui, reatum suum agnoscentes ac pro hoc suppliciter veniam expetentes, in magna deinceps reverentia eximium Christi martirem Laurencium habuere, se suaque omnia illi tuenda committentes.

Aug. 15

Item in urbe Games dicta rusticus quidam cum coniuge sua ad metendum exierat in solempnitate assumptionis Dei genitricis Marie perpetue virginis. Quod cernens predictus viri Dei assecla Bockeus, zelo iusticie motus, redarguit dicens: *Cessate, infelices, cessate. Nullo modo fas est huic deservire operi in tam celebri sacratissime matris Domini festivitate.* Erat autem feria secunda. Et illi: *Hesternam* inquiunt *diem dominicam feriatam habuimus; hodie autem operi manuum intendere debemus.* Bockeus[a] autem: *Et hodie* inquit *summa devotione feriandum est nobis in honore matris Domini, cuius veneranda assumptio universam Christi exornat ecclesiam.* Illis autem non acquiescentibus sed obstinata mente cepto labori insistentibus, religiosus sacerdos Bockeus: *Quia* ait *verbis meis non creditis, sanguis vester erit super caput vestrum; iam nunc transgressionis huius vindictam evidentibus rerum indiciis experiemini.* Necdum verba finierat, et ecce rusticus ille incredulus cecidit retrorsum et expiravit; partemque segetis, quam metendo apprehenderat, tam forti annisu etiam moriens manu retinuit, ut nulla quisquam ratione vel manum aperire vel segetem eruere posset, sed mirabili ordine cum hac stupenda alligatione tumulo traderetur. Mulier autem, interventu Dei genitricis vite reservata sed simili prodigio alligata, scilicet digitis cum segete palmo insolubiliter adherentibus, tremens ad virum Dei Ottonem cucurrit, delictumque suum humili confessione detegens, veniam suppliciter expetiit. A quo protinus consignata et ad memoriam[1] sancti Adalberti martiris illic constitutam transmissa curata est. Et ex

a. Boskeus *E.*   1. ecclesiam.

eo specialis domine nostre perpetue virginis reverentia in illis 1127 partibus sicut et in omni christianitatis loco excrevit.

Post hec miles quidam, frenesi laborans, insano clamore et horrendis membrorum motibus cunctis onerosus erat. Socii vero et cooperatores viri Dei, importunitatem vesanie eius non ferentes, apprehensum eum in locum, ubi servus Domini orare et missarum solempnia celebrare solebat, attrahunt. Erat enim tabulatum ligneum illic exstructum. Ubi dum miles aliquamdiu decumberet, repente sanatus est. Et exiliens gratias egit Deo ac beato presuli; multisque verbo et conversatione saluti fuit.

23. Igitur electus Dei pontifex cum legatis Stetinensium ad ducem Pomeranie tendens, urbem Gaminam adiit. Ubi occurrente sibi duce Wortizlao cum omni plebe, debita reverencia velut angelus Dei exceptus est. Cumque, ecclesiam ingressus, solita Deo precum ymnorumque vota persolvisset, causam pro qua venerat tractare cepit; et uti* bonus pastor, gregi suo ubique prospiciens, in unitate semper divisa membra ecclesie paci studuit reformare. Dux autem piissimi apostoli sui verba, acsi celitus ad eum delata, suscipiens, benigne humiliterque respondit: *Tuum est, pater amantissime, quicquid dignatus fueris, non petendo a me sed magis precipiendo exigere. Et nos enim et omnia nostra tua sunt; quia in Christo Iesu per euangelium nos genuisti et tenebris ignorancie nostre eterni solis splendorem infudisti. Populus iste, pro quo petis, dure cervicis est*[1] *nec Deum nec homines revereretur*[2]; *multo iam tempore rapinis et latrociniis regnum meum vastando maculavit. Sed tu, pastor dulcissime, efferos mitigasti, de lupis agnos fecisti; ideoque pacis firmissime gaudia deinceps, te mediante, obtineant.* Statimque legati Stetinensium, vestigiis eius advoluti, omnem prioris discordie occasionem penitus abdicarunt, pacisque osculo a duce percepto, beato pontifici debitas reconciliacionis huius gracias egerunt. Emptisque, prout volebant, necessariis, quod antea discordes nullo modo presumpserant, in sua ovantes remearunt.

a. ubi *C.*

1. Exod. 32, 9.   2. Cf. Luc. 18, 4.

1127 Sed quia bonos semper insecuntur mali et, ut Ysaias ait, *qui* recessit a malo, prede patuit*¹, Rutheni² paganicis erroribus adhuc irretiti, audita Stetinensium conversione, graviter indignati, quod sine respectu et consilio* eorum, ydolis renunciantes, christianam subissent legem, bello eos lacessere veriti non sunt. Et coadunato grandi exercitu, ripas fluminis obsident, aciem horrisono armorum apparatu instructam statuunt et, ubi sit Deus eorum vel si invocantibus se succurrere possit, insano clamore perquirunt. Illi autem, vexillum dominice crucis preferentes, primo impetu eos in fugam propellunt. Sequenti nichilominus die velut canes reversi, iterum christianis bellum indicunt; sed eodem modo victi et confusi, terga vertunt. Tercia die usque ad internecionem deleti, exclamant: Deum christianorum invictum esse; et si parceretur eis, nequaquam ulterius temere quid acturos. Moxque parcentibus christianis dimissi, cum timore magno et confusione in sua singuli regrediuntur. Antistes autem Domini, bona pro malis reddere satagens, eosdem Ruthenos, qui plebem adhuc in fide neophitam bello turbare non timuerant, christianis legibus imbuere desiderabat. At illi indurata fronte sepius ei per legatos suos denunciabant: quia, si ipse vel quisquam suorum fines Ruthenie³ predicandi gratia adire presumeret, sine mora capitibus amputatis ad lacerandum bestiis exponerentur. Sed ut scriptum est: *Iustus quasi leo confidens absque timore erit*⁴, piissimus pater alacri devocionis fervore semen fidei Ruthenis spargere disponebat, non veritus incredule gentis experiri feritatem*. Amator enim Christi ardentissimus dulcem vitam pro dulcissimo Iesu fundere iam olim siciebat. Audiens vero archiepiscopum Danorum⁵, qui dominabatur super eos, edicto domni apostolici predicatorem eis directum, nullo modo sine consensu et voluntate eius id agendum censuit. Unde legatum fidelem Iwanum⁴ nomine Danorum pontifici direxit, qui sollicite investigaret, si iuxta mandatum apostolici Ruthenis ver-

a. que *C.*   b. consiliorum *C.*   c. veritatem *C.*   d. Ywanum *C*, Iwanum *E.*

1. Isai. 59, 15.   2. incolae Rugiae insulae.   3. Rugiae.   4. Prov. 28, 1.   5. Ascerum archiepiscopum Lundensem.

bum salutis erogare disponeret vel si, eum sponte se ingerentem 1127 opus euangelii vice sua aggredi, mallet. Per quem etiam more suo, quia liberalissimus semper erat, prefato Danorum presuli balsamum novum cum stola preciosa transmisit. Iwanus vero, tarde post sex ebdomadarum circulum reversus, responsum archiepiscopi retulit, videlicet: se cum principibus terre sue et natu maioribus, quid de his censeant, proxima synodo collaturum; hocque sibi quantocius legatione fida designaturum. Sed et naviculam butyro refertam idem archiepiscopus beato patri nostro pro munere direxit.

24. Interea gloriosissimus rex Lotharius ceterique principes, diuturnam eius absenciam egre ferentes, utpote qui consiliis et piis actibus pre ceteris tunc episcopis regnum nobilitare consueverat, auctoritate sua ei, ut celerius redeat, precipiendo simul et petendo mandavit; adeo ut ipse rex, qui artius eum diligebat, iureiurando affirmaret, se res ecclesiasticas in suum redigere dominium, nisi quantocius sponsam suam ecclesiam Babenbergensem diu viduatam pastor pius desiderato reditu consolando recrearet. Apostolus itaque Pomeranorum, his legacionibus contraire non valens, antequam responsum archiepiscopi Danorum reciperet, ad sedem suam redire compulsus est.

Visitatis ergo circumcirca fidelibus et in fide confirmatis, Christo cui crediderant eos commendans, iter cum suis aggressus est. Cumque, emenso itinere, Poloniam venisset, dux Polizlaus, antiquus sue familiaritatis custos, debiti honoris reverentia eum excipiens in metropolitana Gnezensi ecclesia secum detinuit; tantaque melliflue eius doctrine intendebat aviditate, ut, evolutis octo diebus, vix dilecto patri licentiam abeundi indulgeret.

Tandem, longa peregrinationis huius angaria Christo favente peracta, in vigilia sancti Thome apostoli novus nostri temporis Dec. 20 apostolus ecclesiam suam desiderabili adventu letificans, omni utriusque professionis et sexus plebe in unum concurrente, velut angelus Dei susceptus est. O quam inestimabili spiritualis leticie tripudio fideles Christi, quorum specialis pater et nutritor piissimus hic erat, post tanti temporis peregrinationem, post ac-

1127 quisitum summo patri familias novum gregem, quasi de morte
Dec. 20 redditum pastorem suum exceperunt! O quam desiderabile fuit
videre et audire tantam exercitus Christi multitudinem, non solum canonicis sed et monachis nobiliter refertam, uno devotionis
ardore, cum lacrimis spirituali gaudio plenis, in occursu eius
dulcissone psallentem: *Domine, suscipe me, ut cum fratribus meis
sim, cum quibus veniens invitasti me.* Et congrue satis hec
suavissima Iohannis apostoli verba — quem singulari affectu patronum sibi elegerat, ita ut cottidie se obitumque suum intimis
ei precibus commendaret — pio Ottoni, post secundum iam apostolatum triumphanti, ab omnibus filiis suis iubilo cordis et oris
concinebantur. Quia beatus hic, memor verbi Domini per prophetam dicentis: *Quicunque glorificaverit me, glorificabo eum;
qui autem contempnunt me, erunt inglorii*[1], omne studium, quod
alii pontifices et principes mundanis lucris et castellis atque
urbibus edificandis insumebant[a], hic Deo tantum et sanctis eius
honorabiliter et officiosissime exhibebat, scilicet ecclesias Christi
cellasque fidelium nunc quidem a fundamentis construendo nunc
vero ab aliis constructas donis optimis illustrando; ne super
harenam quantocius casura sed potius supra firmam petram in
eternum mansura conderet habitacula.

25. Cuius edificationis gloriam, in eterna sibi patria repositam, quidam ex fratribus nostris religiosus presbiter Lyppol-
1134 dus nomine ante quinquennium dormicionis beatissimi huius patris in visione tali, Domino revelante, meruit contemplari.
Montem quendam precelsum et omni amenitate iocundum, contra orientem oculos dirigens, aspexit. Cuius quidem speciosum
cacumen ascendere non potuit; sed deorsum stans, vidit, multitudinem copiosam plebis utriusque sexus et etatis ingentia lapidum preciosorum onera super verticem montis magna cum
exultatione attrahere ac suavissimum quoddam melos, quod intelligere non potuit, dulci modulatione concinere. Tunc accedens, vacillante licet gressu, quendam ex eis canicie veneranda
conspicuum vocavit et, que hec esset multitudo vel cur lapides

a. insinuebant *C.*   1. 1 Reg. 2, 30.

illos in cacumen montis attraherent, inquisivit. At ille: *Nos* 1134 inquit *sumus, qui elemosinas et beneficia plurima a pio Ottone percepimus; ideoque domum preciosam ei in supercilio montis huius edificamus.* Cui Lyppoldus: *Et quando* ait *domus hec consummabitur?* Ille vero: *Post quinquennium* inquit *perfecta domo, cum leticia et exultacione huc eum introducemus. Sed tu cave, ne cuiquam hec ante quinquennii*[a] *tempus expletum manifestare presumas.* Et his dictis, sublata est visio. Quam tempore dormitionis beatissimi patris nostri ex ore eiusdem se- 1139 nioris Lyppoldi audivimus; qui et ipse tunc egritudine gravi et longiturna decumbebat et morbo confectus 7 Idus Augusti beato fine requievit in Domino.

Sed ut ad priora recurram, pius pater noster Otto, post longam reversus peregrinacionem, more suo nos visitans, utpote 1127 cum quibus cor unum et animam habebat, requisivit: quinam post Dec. 20 ex nobis eo absente viam universe carnis ingressi essent. Hoc enim semper, de profectione qualibet rediens, affectu paterno solebat inquirere. Tunc autem sancte recordationis Adalbertus elemosinarius, verus Dei servus et sibi familiarissimus, ad Christum, cui mente et corpore indefessam exhibuit servitutem, migraverat. Cuius transitu vir beatus audito, totus in lacrimas resolutus, se infelicem clamitabat, quod tam beate anime, ad patriam claritatis eterne migranti, solempne funeris obsequium exhibere non meruisset. Erat namque idem frater noster Adalbertus tanto divini amoris igne succensus, ut cottidianis atque uberrimis lacrimarum fontibus gaudia celestis patrie anhelaret, corpus etiam vigiliis ac ieiuniis convenienter attenuaret. Huic servo Dei pauperum cura erat delegata. Quam tanta humilitatis devocione agebat, ut ad exemplum Martirii monachi, de quo beatus Gregorius refert[1], propriis humeris leprosos baiolaret et tam eos quam et alios, diversis morborum generibus pressos, quos videre horrori erat, suis manibus alacriter balneis et la-

a. quinquennium *C*.

1. S. Gregorii in euangelia L. II homilia 39 c. 10, Opp. ed. Benedictini T. I p. 1650.

vacris unguentisque[a] foveret. Cuius fervori pius Otto congratulatus, omnia alendis inopum turbis oportuna liberaliter ministrabat. Nec his contentus, etiam per semet ipsum famis tempore pauperibus[b] serviebat, ut non tam oblatione munerum quam etiam proprii corporis sudore gratum Deo elemosine sacrificium celebraret.

Multitudine autem innumerabili pre famis magnitudine ex omni regione ad eum confluente, erant quidam inter eos forciores, qui debilioribus alimenta violenter manibus extorquentes subripiebant. Quorum clamorem ac ploratum vir beatus ferre non sustinens, prudenter huic negocio occurrit; suisque imperat: ut primum, convenientibus eis, quoslibet corpore valentiores segregatos imo omnes in cenaculo concluderent, donec infirmis ac debilibus victum congruentem suis manibus ministraret. Quos statim abire longiusque de loco secedere iubet; ne, sociis de cenaculo emissis, iterum prede fiant. Tuncque demum ingressus, pauperibus inclusis largam alimonie opem exhibebat; precipiens, ne amplius violenciam hanc fratribus suis inferre presumerent.

Hec apud suos agebat. Extraneis autem et etiam trans mare positis Christi pauperibus per fideles nuncios munificus apparebat. Nam per karissimum fratrem nostrum Eberhardum, adhuc in ordine canonicorum Christo militantem, xenia sua Ierosolimam transmisit; sicut et semper religiosis quibusque, sepulchrum Domini visitantibus, agere solebat. Sed et pecunie maximam quantitatem Hirsaugiensibus aliisque monasteriis longius remotis per fratrem nostrum Swiggerum famis tempore dirigebat, ideoque Christi bonus odor in omni loco erat[1].

26. Igitur completo cursu presentis vite in senectute bona, cum iam tempus adesset, ut fidelis dispensator summi patris familias in gaudium Domini sui intraret, pius Otto dolore corporis id est fluxu sanguinis vehementissime tactus est, ut, velut aurum in camino egritudinis purgatus, introire mereretur aulam, que nullam recipit maculam. Sed ipse — memor scripture

a. ungentisque C.   b. paperibus C.
1. 2 Cor. 2, 15.

dicentis: *Quem diligit Dominus, corripit*[1], et in alio loco 1139
ipsum Dominum loquentem: *Ego quos amo, arguo et castigo*[2]
— gratias agebat in infirmitatibus suis[3], regemque glorie in
decore suo videre[4] desiderans, exitum suum Deo ac beato Michaeli sanctoque Iohanni apostolo, quos speciales sibi patronos
elegerat, cottidianis suspiriis attencius commendabat. Tantum
vero lumen ecclesie dum infirmando obscurari cepisset, Christi
fidelibus, omni tempore dulcissimo eius affectu et provisione
enutritis, inestimabilem meroris fletusque caliginem obduxit.
Sed pius pater filiorum lacrimas, quantum poterat, consolando
tergebat. Tantaque virtute artus morbo fatiscentes spiritui servire cogebat, ut, excepta dormicionis sue die, non lecto decumberet; sed cottidie in sede sua residens, interdum quoque baculo sustentante procedens, psalmis et orationibus vacaret, quodque rarum est, etiam oleo infirmorum non iacendo sed sedendo
perungeretur.

Adveniente igitur festivitate sacratissima apostolorum Petri Iun. 29
et Pauli, cernens diem vocationis instare, Egilbertum, maioris
ecclesie decanum, qui ei in episcopatu successit[5], evocat. Cui,
astantibus religiosis abbatibus et presbiteris, omnia sua commendavit dicens: *Hodie natalicius dies est domini mei principis
apostolorum Petri et Pauli, cui, queso, res a Deo michi donatas offerte, ut ipse michi ianuam regni celestis aperire et cum
collega suo, magistro gentium Paulo, me illuc quantocius dignetur introducere. Locum requietionis mee, montem videlicet patroni mei beati Michaelis archangeli, quasi viscera mea, fovete
et tam in spiritualibus quam etiam temporalibus profectui eius
in consolationem anime mee omnimodis invigilate. Scitis enim,
quam exiguus*[a] *et tenuis omnique monastice religionis vigore destitutus hic locus a me sit inventus, et quomodo cooperante Deo
per ministerium meum ad tantum spiritualis vite culmen profecerit, ut speculum et gemma omnium in hac regione monasterio-*

a. exiguis *C.*

1. Prov. 3, 12.   2. Apoc. 3, 19.   3. Cf. 2 Corinth. 12, 9.
4. Isai. 33, 17.   5. 1139—1146.

1139
Iun. 29
rum a cunctis censeatur. Prestet Deus, ut nomen hoc inviolabile usque ad finem obtineat, cunctisque fidem ei et reverentiam servantibus pax et benedictio hic et in eternum a Deo reconpensetur. De cetero dilectionem vestram cum universo ovili meo summo pastori, qui vos michi assignare dignatus est, commendo. Ipse vos integros michi reconsignet in requie claritatis eterne. Et data super eos benedictione non sine lacrimis, paternum amorem testantibus, emisit; sumptoque misterii salutaris viatico, pervigil in orationibus excubabat, ut pulsanti et vocanti Domino cum exultacione aperiret.

Nocte ergo, qua festivitas sancti Pauli apostoli agebatur, in supremo spiritu constitutus et iam carne premortuus, corde tamen et flagrantissima voluntate divinis intendebat laudibus; ita ut clericis matutinale coram eo officium personantibus, ille, elevatis manibus sursumque oculis desideranter inde erectis, ad singulas lectiones voce qua poterat *Deo gratias* responderet.

Iun. 30 Sicque pius Otto feria sexta, hora diei prima, spiritum Deo reddens, beatis sedibus et semper karissimo tandem perfruitur Christo.

Et iam fama volans, tanti prenuncia luctus[1], non solum vicina sed et remotiora queque monasteria, iugiter ab eo necessariis vite adminiculis sustentata, inestimabili perculit mesticia. Nec inmerito. Ostendit enim Dominus populo suo dura, potavit eum vino compunctionis[2] et inebriavit absinthio[3], cum patrem desiderantissimum sustulit; cuius defensione et elemosinarum virtute pax ecclesie tanto tempore nobiliter florebat, sub quo monastice religionis perfectio nova de die in diem incrementa capiebat. In quo deinceps patrono tam solidum erit pauperum Christi solacium? Qui iure cum apostolo aiebat: *Quis infirmatur, et ego non infirmor? Quis scandalizatur, et ego non uror?*[4] Quis ad eum tristis venit et non gaudens abscessit? Quis opem eius in tribulatione sua expeciit et non impetravit? Merito itaque transitum eius ecclesia flebat, de cuius vita tantopere gaudebat. Sed fides resurrectionis flere

---

1. Virg. Aen. XI, 139. 2. Ps. 59, 5. 3. Thren. 3, 15. 4. 2 Cor. 11, 29.

prohibet, gemitum vero affectus extorquet; etenim tam sancta 1139 est de illius gloria exultatio quam pius de transitu luctus. Ignoscendum est flentibus, gratulandum gaudentibus; quia et pium est gaudere Ottonem, et pium est flere Ottonem, dum unus quisque et sibi prestat ut doleat, et illi debet ut gaudeat.

Venerabile corpus eius, a religiosis viris curatum et aromatibus conditum, per singula monasteria est deportatum, illicque vigiliarum excubiis ac missarum solempniis honoratum. Ad extremum in montem sancti Michaelis archangeli, specialis patroni sui, defertur ibique in ecclesia, quam ipse vetustate collapsam in maiorem statum a fundamentis reedificaverat, debito cum honore excipitur. Illic vero in obsequium funeris credi non potest quanta hominum multitudo confluxerit. Tota obviam corpori civitas ruit, cuncti ex agris atque vicis multique ex aliis urbibus et regionibus affuerunt. O quantus luctus omnium. Quanta precipue merentium lamenta monachorum et pauperum Christi, qui velut pulli sub alis piissimi patris securi tanto tempore quieverant, seque tam desiderabili nutritoris sui[a] presentia fraudari ac defensione nudari cernebant. Quodque sine gemitu referre non possumus, cum sacerdotes religiosi corpus sacrum choro sancti Michaelis inferrent humandum, ubi ad limen interius ventum est, precentor antiphonam; *Domine, suscipe me*, imposuit, tantusque subito ploratus omnium exortus est, ut ipsi etiam funeris baiuli, nimio fletu concussi, cum feretro subsiderent ac pene terre procumberent. Deinde missarum celebritate a venerabili Ymbricone Wirzeburgensi[b] episcopo celebrata, idem presul sermone suavissimo ad populum habito — erat enim magnum verbi tonitruum — testimonium Ieremie prophete pii Ottonis persone adaptavit: *Olivam uberem, pulchram, fructiferam et speciosam vocavit Dominus nomen tuum*[1], tantaque mellifiue predicationis suavitate se cunctis mirabilem fecit, ut vere Spiritus sanctus per os eius credatur esse locutus. Hoc ordine dilecti patris corpus ante altare beati Michaelis archan-

a. sua *C.* b. Wirtzeburgensi *C.*
1. Ierem. 11, 16.

1139 geli mausoleo suo inpositum pia fidelium devocione ex tunc et deinceps frequentatur. Et ne quid de exuviis vigilantissimi pastoris devoto gregi deesset, etiam intestina eius, dum aromatibus condirentur, excisa et in urnam missa, in medio capelle Dei genitricis terre mandata et rotundo lapide signata sunt; ut, dum fratres ad celebranda divine servitutis munia illuc nocte dieque accurrunt, dilecti patris memoriam pre oculis habeant, et beatissimam eius animam assiduis precibus in alta celorum sustollant.

1139-1146 Imbrico autem, beate recordationis antistes, post depositionem pii Ottonis miro affectu montem sancti Michaelis excolere non desiit. Qui etiam cum suspiriis intime compunctionis attestari solebat: nunquam se tantam exequiarum gloriam vidisse; beatumque Babenbergensem populum, qui re vera evidentibus rerum indiciis in transitu pastoris sui approbasset, quam flagrantissimo amore viventi iugiter inheserit.

HERBORDI DIALOGUS DE OTTONE EPISCOPO BAMBERGENSI.

Herbordus qua ex regione Germaniae fuerit, latet. "Advena enim et peregrinus" *Bambergae sexennio post Ottonis obitum in numerum fratrum Sancti Michaelis introivit anno 1145*[1] "*presbyter et monachus*"[2], *gubernante coenobium abbate Hermanno,*

1. V. Libri I prooemium: "Nam ego advena sum apud vos et peregrinus — ante hoc tredecennium introitus mei ad vos sex ille (Otto) annos iam habebat in tumulo". 2. In Necrologio S. Michaelis ad 5 'K. Oct. supra p. 576 Herbordus appellatur: "presbyter et monachus nostrae congregationis". Quem "scholasticum" coenobii fuisse, legimus in praefatione miraculorum quorundam, inito saeculo XIII a monacho S. Michaelis conscriptorum, quae et in codice Herbordiano N (de quo v. infra) fol. 84 et in duabus Andreae codicibus C et B (de quibus v. supra p. 582) habetur saepiusque edita est, ut apud Ludewig SS. rer. Bamb. I 526, Mon. Germ. SS. XII 917. Etenim ibidem haec leguntur: "Quia igitur vita sancti ac singularis patroni nostri, pii ac Deo digni confessoris Ottonis in libello, quem dramatico carmine vel etiam prosa decurrente scolasticus noster Herbordus luculentissime persudavit, plenius conscripta cognoscitur — nos, quasi inertes et rudes alumpni laudabilem praeceptoris nostri devotionem longe quidem impari scientia prosequentes, signa — collecta posteris commendare aggressi sumus". Docuit Robertus Klempin (in Baltische Studien IX 55 sq.), haec miracula post annum 1201 formata esse; nec vero censeam, ex verbis his: "quasi — alumpni — praeceptoris nostri devotionem prosequentes" putari licere, miraculorum scriptorem reapse Herbordi discipulum fuisse. Sed quomodocunque res se habet, hoc testimonium dignum est quod spectetur. At falluntur, qui Herbordum S. Michaelis scholasticum coniungunt cum Tutone (de quo v. supra p. 542 n. 2) et Eberhardo (qui comparet in anni 1152 tabulis ap. Ussermann Episc. Bamb. cod. prob. n. 115, 116 p. 107, 108); quippe qui non coenobii S. Michaelis monachi sed maioris ecclesiae scholastici et canonici fuerint.

viro in rebus gerendis admodum industrio[1]. Quo abbate iam anno 1147 mortuo, cum is, qui successerat, Helmericus „propter languores et diuturnas corporis egritudines"[2] displicere coepisset, Herbordus se ad adversarios abbatis contulit nec vituperare inertiam eius verecundatus est[3]. Imo vero in illa contra eundem concitatione plurimum valuisse videtur. Nam cum esset res anno 1160 eo usque deducta, ut Helmericus „sapienti usus consilio"[4] abdicaret[5], successore per Eberhardum episcopum Bambergensem designato Irmberto monacho Admontensi[6], Herbordum ipsum una cum Hartungo, item S. Michaelis monacho[7], illius impetrandi causa ad Gotefridum abbatem Admontensem miserunt[8]. Atque is, licet Irmbertum Cremifanensibus abnuisset[9], tribuit Bambergensibus.

Itaque Herbordus, cum Irmbertum ex coenobio Admontensi ad parthenonem Bergensem in dioecesi Eistetensi situm deduxisset die 11 m. Iulii[10], discessit inde, ut Eberhardum episcopum aggrederetur, renunciaturus legationem reliquaque iussa accepturus. Tum vero episcopus non fuit Bambergae; sed abierat vocatus Erfordiam, ubi cum multis regni principibus die 26 m.

---

1. De cuius laude v. Necrol. S. Mich. ad 4 K. Dec. supra p. 578.
2. V. Eberhardi episcopi Bamb. epistola ap. Ludewig SS. rer. Bamb. I 837. Cf. etiam monachorum S. Michael. epist. ibid. p. 838: „Cum post diuturnam et magnam corporis debilitatem dominus noster abbas H(elmericus) ad portandum onus cure pastoralis se minus sufficere pervideret". 3. V. Libri I prooemii verba haec: „si rectores habeat industrios" et ea, quae ibidem adnotavi. 4. V. monachorum S. Mich. epist. l. l. 5. V. Annales S. Michaelis (supra p. 553) 1160: „Helmbricus abbas cessit propter infirmitatem". 6. V. Eberhardi episcopi ep. l. l.: „dominum I(rmbertum) in abbatem predicto et precipue dilecto monasterio nostro designavimus". 7. V. Necrol. S. Mich. ad 6 Id. Sept. supra p. 575. 8. V. monachorum S. Mich. epist. l. l.: „transmissis ad vos fratribus nostris, presentium latoribus". Quos quidem Herbordum et Hartungum fuisse, intelligimus ex Irmberti epist. ap. Ludewig l. l. p. 846. 9. mortuo anno 1159 Adelberto abbate Cremifanensi. V. Continuatio Cremifanensis 1159 (Mon. Germ. SS. IX 545) et epistolae Eberhardi archiepiscopi Salzburgensis et Conradi episcopi Pataviensis ap. Ludewig l. l. p. 840—842. 10. Irmberti epistola (ap. Ludewig l. l. p. 845) „In festo itaque sancti Benedicti ad monasterium Bergen deveni".

Iulii[1] *de novo exercitu ad Fridericum I imperatorem in Italiam adducendo contra Mediolanenses sacramento se obstrinxit.* Quocirca Herbordus una cum alio monacho Wolfhero, cuius adventum Ratisbonae septem dies praestolatus erat, Erfordiam ad celeberrimum illud principum consilium advolavit[2], praeceptaque ac litteras episcopi nactus, in parthenonem Bergensem die 4 m. Augusti revenit[3]. Deinde iter fecerunt in coenobium Michelfeldense, postremo Bambergam, ubi die 14 m. Augusti Eberhardus episcopus Irmberto abbati sollemniter excepto, cum Herbordus et Hartungus in fratrum capitulo acta omnia ordine enarravissent, monasterium S. Michaelis iuste detulit[4]. Post annum vero octavum, quam hae res feliciter gestae sunt, mortem obiit Herbordus die 27 m. Septembris a. 1168[5]. –

1160 Iul. 26

Aug. 4

Aug. 14

1168 Sept. 27

Hic igitur exiguo tempore post expositam ab Ebone Ottonis vitam, annis 1158 et 1159[6], superstite illo ipso coenobii S. Michaelis socio Ebone, de eodem episcopo librum scripsit[7]. In qua re perquam notabili, quod profecto litterarum illic medio saeculo XII vehementer tractatarum argumentum est, illud in primis mirabile videtur, cur Herbordus, etsi non solum contubernalem Ebonem sed illius librum etiam optime, et librum quidem ut videbimus melius fortasse quam hominem, cognitum habebat,

---

1. Annales S. Petri Erphesfurdenses (Mon. Germ. SS. XVI 22) 1160: „7 Kal. Aug." 2. Irmberti ep. l. l.: „domino meo episcopo Babenbergensi apud Erphurt occurrit". 3. Irmberti ep. l. l.: „His itaque literis domnus Herbordus in vigilia sancti Oswaldi apud Bergen me requisivit". 4. Irmberti ep. l. l. 5. V. Necrol. S. Michael. ad 5 K. Oct. supra p. 576. 6. Id animadvertimus et ex Libri I prooemii verbis annum 1158 indicantibus his: „ante hoc tredecennium introitus mei ad vos sex ille (Otto) annos iam habebat in tumulo", et ex L. III c. 5, ubi Udalricus sacerdos S. Egidii, quem die 23 Martii 1159 obiisse scimus (v. supra p. 581 n. 12), ut iam mortuus sic commemoratur: „Nam ipse Udalricus noster, cuius memoria semper in benedictione sit, ut postea sepe iocari solebat" cet. Quare, cum Herbordus dialogum anniversario Ottonis die (30 Iunii 1158) haberi coeptum esse velit (v. L. I prooemium), totius libri confectio in spatium dierum 30 Iunii 1158 et 30 Iunii 1159 incidisse videtur. 7. Herbordum dialogi scriptorem fuisse, perspicimus ex hoc L. II capitis 35 loco: „Ast hic Herbordus quare ad hec omnia silet?" „„Egone? inquam""; et ex miraculorum praefatione, de qua v. supra p. 693 n. 2.

in toto suo opere nec libri nec hominis ullam mentionem fecerit. Sed quoniam hac iniquitate vivum collegam tum tractavit, cum, discordiis in monasterium inductis[1], Herbordus ipse Helmerico abbati obnitebatur, suspicari licet, Ebonem, hominem simplicem rectumque, perditam rem secutum, cum abbate suo stetisse, atque ita hominis non modo litterati aemulatione sed factiosi etiam odio Herbordum adversus sodalem commotum esse.

Fuit autem omnino in his aemulis non mediocris animorum diversitas. Ebo enim omnibus locis sincerus est, gravis, modestus, verecundus, credulus. Herbordum vero reperimus eas ipsas res nonnumquam irridere, quibus ex tota conditione sua indulgentissime parcere debebat. Aequo quidem animo tuleris eius de ipsis monachis facetias. Velut in L. I c. 1: „Semper enim" inquit „(nos monachi), *peccatis nostris facientibus*, ad accipiendum quam ad tribuendum paratiores invenimur". Huiusmodi est etiam in L. II c. 41, ubi uni dialogi personae, num Pomerania ad condenda monasteria idonea sit interroganti, altera sic respondet: „Utique; et maxime *huius temporis sanctorum*, qui terram uberem quam scopulos aridos incolere malunt, *sue memores imbecillitatis*". Illud autem in eo, qui de gestis rebus Ottonis librum illis temporibus scribendum suscepit, permirum est, quod in summa episcopi gloria, in ipso apostolatu risum movere voluit. Cum enim in L. II c. 24 Sefridum, Ottonis in Pomerania comitem, narrantem fecisset, Stettinae Ottonem in lutum missum eiusque sodales verberibus mulcatos esse, „Hic primum" inquit Tiemo, altera dialogi persona, „hic audio quoddam *veri apostolatus indicium: plagas videlicet et livores; sed dic obsecro, mi apostole, num in aliquo particeps fuisti huius apostolice benedictionis?"* Cumque Sefridus respondisset, dolere se quod ipse verberatus

---

1. Facile conici potest, Helmerici abbatis abdicationi quae tempestates antecesserint. Ceterum Eberhardus episcopus Bambergensis in epistola ad Godefridum abbatem Admontensem missa (Ludewig SS. rer. Bamb. p. 819) aperte scripsit de „falsis fratribus" i. e. Irmberti anno 1160 electi abbatis adversariis.

non esset, "Consolare"; inquit Tiemo "si quid minus in illo capitulo (Stettinae) actum est, in nostro (in capitulo S. Michaelis) poterit impleri".

Voluit quoque artificiose id assequi Herbordus, ut totius sui operis ratio distaret a ratione prioris libri. In quo quia res gestas Ottonis solida simplicique narratione explicari vidit, dialogum ascivit fecitque secum disputantes Tiemonem priorem S. Michaelis et Sefridum presbyterum, eiusdem coenobii monachum. Et ita quidem sermo inductus est, ut Tiemo quae domi acta essent, Sefridus autem, quae foris episcopus gessisset, aperiret. Nec est dubium, quin Herbordus, qui Ottonem nunquam viderat[1], multa de eo audiverit et ex Tiemone, cui episcopus a parvula aetate favisse fertur[2], et ex Sefrido, quem cum eodem prius iter faciente per Pomeraniam fuisse scimus[3], et ex aliis tum Ottoni superstitibus. Verumtamen fallerentur, qui Tiemonem et Sefridum crederent omnes illas res vere aut iisdem verbis locutos esse aut summatim Herbordo retulisse. Id enim historiae genus Herbordi artificium est. Quod quo mirabilius videretur, praepostere et insulse in primo operis libro de obitu et sepultura Ottonis, in tertio de ortu et tirocinio exposuit[4].

Ipsae res autem, quas proponit scriptor uterque, si conferuntur, facillime reperimus, Herbordo plurimum proprii esse et in primo operis libro et in secundo; quorum alter ex domestica episcopi vita narratiuncularum copiam cum memoriis gravioribus coniungit, alter prioris itineris Pomeranici acta minime sine utilitate persequitur. Sed tertius liber paene omnino ex Ebonis opere manavit. In quo quidem Herbordus, quae adhibet, nimirum sic sermone mutare nititur, ut alia esse videantur. Neque vero efficit ubique, quod intendit. Nonnumquam enim ipsa Ebonis

---

1. L. I prooemium: „Ipsum autem in carne non vidi". 2. V. L. I prooemium. Tiemo prior mortuus est d. 18 Oct. 1162 secundum Necrol. S. Mich. supra p. 577 ad 15 K. Nov. 3. V. Ebo II 3 supra p. 623 sq. Vitam posuit Sefridus die 6 Maii aut anno 1162 aut 1169; v. Necrol. S. Mich. ad 2 N. Mai., supra p. 571 n. a. 4. L. I prooemium: „Fietque, ut de industria, ordo artificialis: dum ea, que primo facta sunt, postremo dicuntur".

verba orationi Herbordianae inhaeserunt; cuius rei exemplo haec sequantur:

Ebo III 10.	Herbordus III 8.
Eo igitur tempore — legati honorabiles marchionis Adelberti, statum eius curiose investigantes — **supervenere**.	Dum ea gerebantur legati marchionis Adelberti — supervenere, opera et statum episcopi studiose inquirentes.
Ebo III 9.	Herbordus III 8.
— cum Dominus ordinasset his, qui euangelium annunciant, de euangelio vivere, ipse — non est usus hac potestate. Quin immo propriis se — transigebat sumptibus.	— licet euangelium annuncians de euangelio vivere deberet, ipse, nihil horum uti volens, suis se tantum sumptibus transigebat.

De qua quidem solius formae immutatione, sive prospere sive parum successit, non nimis laboramus. Magis ad nos pertinet, ut consideremus, ratione illa quatenus non verba sed res attingantur; unde perpendendi facultatem habeamus, qua fide et quo veritatis studio totus Herbordus auctoribus suis usus sit.

Refert Ebo I 9 (supra p. 599), Ottonem, accepto ab Heinrico IV episcopatu, anno 1103 Bambergam pervenisse „in purificatione sancte Dei genitricis Marie" (Febr. 2). Herbordo autem III 39 placet, eum advenisse „in vigilia purificationis beate semper virginis Marie" *(Febr. 1). Et cum Ebo narrasset, in eodem adventu Ottonem pedes frigore rigentes „tepida aqua confovisse", Herbordus, grave hoc contra artem medicinalem peccatum corrigens, haec industrie scripsit: „Episcopus autem,* rerum gnarus, *aliis calidam aquam ad lavandos pedes offerentibus, ille* frigidam *poposcit et, imponens pedes,* frigore frigus propulsavit". *Perspicuum est, anno 1158, quo Herbordus dialogum fecit, id est post quinquaginta quinque annos quam Otto primum Bambergam accessit, vix duos homines fuisse parvularum huiusmodi rerum omnino memores, nedum ita certam recordationem habentes, ut alter ab altero vere* **redargueretur.**

Atque ita Herbordus ipse, quo magis suum opus ab opere Eboniano differret, mendaciunculis illis historiam aspersit[1].

Doctus ab Udalrico, ipsarum rerum actore, Ebo III 15 de eodem Udalrico ab Ottone ex urbe Usedomia ad Ucranos misso memoriae prodidit, his verbis orsus: „Erant autem trans mare (i. e. das Haff) barbari crudelitate et sevicia singulares, qui Ucrani dicebantur. Hi audita beati presulis opinione" cet. Sed Herbordus, illarum regionum imperitus et illa ipsa, quae in rem suam convertit, Ebonis verba perperam interpretans, cupidior mutationis quam severitatis, ita ponendum censuit: „Est autem insula quaedam — habens mare interiectum — Ucrania nomine. Sed loci illius incole duri erant et barbari, singulari feritate crudeles. Hii, predicatione beati viri dudum comperta" cet. Sicque continentem marchiae Brandenburgicae partem (die Uckermark) in insulam transfiguravit.

Parvis illis mendaciis perversisque interpretationibus accedunt quaedam narrationis ornamenta, apud multos quidem scriptores usitata sed tamen inania. Adulterare res enim iam id est, diverbiis et allocutionibus commenticiis relationem exornare. Cuiusmodi est sermo ille apud Herbordum III 17 inter Ottonem et Witscacum habitum de navicula in porta urbis Stettinensis suspensa, de qua Ebo III 2 brevissime scripserat. In eodem genere sunt nugatoriae illae rigentium Stettinensium appellationes, quas Herbordus III 18, usus Ebonis libri III capite 16, ab Ottone factas esse vult. Audacioris autem vanitatis est, longas orationes confingere, quaeque nunquam habitae sunt, eas tamquam reapse habitas proponere, ut illam I 42, quae Embriconis episcopi Wirzeburgensis perhibetur. Ebo enim III 26 de argumento funebris orationis ab Embricone in exsequiis Ot-

---

[1]. Ad hoc genus afferamus etiam, quae pro his Ebonis III 17 verbis: „autumpnali tempore duos rombones apprehendunt" sic scripsit Herbordus III 21: „rombonem eiecit in mense Augusto". Similique modo, cum Ebo I 6 de Heinrico IV haec ostendisset: „Erat enim imperator litteris usque adeo inbutus, ut cartas — sibi directas per semet ipsum legere et intelligere prevaleret", Herbordus III 34 ita mutavit: „Nam adeo litteratus erat imperator, ut per se breves legeret ac faceret".

tonis die 3 Iulii 1139 habitae planissime haec scripsit: „testimonium Ieremie prophete pii Ottonis persone adaptavit: „„Olivam uberem pulchram fructiferam et speciosam vocavit Dominus nomen tuum"". Quod argumentum cum a molesta illa, quam Herbordus praebet, oratione Embriconiana prorsus absit, *figmentum scriptoris apertissimum est.*

Nec desunt vestigia, quibus illi infidi historici, quorum *unus* est antiquioris vitae Mathildis scriptor, agnosci solent.

Illud quidem merum furtum tantummodo dici debet, quod de duplici benignitatis genere inde a libri I capite secundo usque ad caput sextum disserens, omisso Ciceronis nomine, nihil fere protulit nisi sententias ex eiusdem Ciceronis libro de officiis. Corruptio vero rerum in capite septimo inest, ubi de ipsius Ottonis beneficentia ea narrata sunt, quae in eodem Ciceronis opere leguntur.

At quanta veri contemptio fuerit in Herbordo, nescio an non possit melius comperiri quam ex tota mendaciorum *nube* per eum investiturae Ottonis obducta.

Supersunt enim satis multa eaque verissima adiumenta ad episcopalia Ottonis primordia ex ea parte perspicienda, quatenus ad imperatorem papamque pertinebant. Itaque suscepit Otto exeunte anno 1102 episcopatum Bambergensem ab Heinrico IV[1], „anulo et virga pastorali investitus"[2]. Sed consecrationem acquirere propter imperii papatusque discordiam diu cunctatus est[3] sine imperatoris offensione. Imo vero etiam post Februarium mensem anni 1105 tantum auctoritate apud imperatorem valuit tantumque abfuit, ut susceptum ab eodem episcopatum Bambergensem in religionem traheret, ut Heinricum ad Wirzeburgensem

---

1. Ekkehardi chron. 1102, Mon. Germ. SS. VI 224: „per imperatorem Heinricum Otto — substituitur". Heinrici IV ad Ottonem epist., Udalrici Babenb. cod. n. 112 supra p. 200: „eodem, quo te proveximus, animo cuncta tibi prospera cupientes". 2. Ebo I 8 supra p. 598. 3. Ebo I 9 supra p. 600: „Augebat quoque dilationis huius causam scismatis, quod tunc in regno erat, dolenda satis confusio". Simili ex causa Reinaldus quoque, archiepiscopus Coloniensis anno 1159 electus, demum anno 1165 consecrationem suscepit.

episcopatum Erlongo tribuendum impellere non dubitaret[1]. *Numerabatur ab imperatore etiam circiter mense Augusto 1105 inter „optimos fideles"*[2]. *Tum demum Otto, ab imperatore ad Heinricum V regem deficiens, Paschalis II papae gratiam expetiit deque consecratione suscipienda ad eum retulit. Ille, benigne respondens, e Ruthardo archiepiscopo Moguntino requiri consecrationem iussit*[3]. *Iam vero Otto, quamvis amissum consecrandorum episcoporum ius Ruthardus recepisset*[4], *„desiderio papam videndi et consecrationis gratiam consequendi"*[5] *flagrabat, non sine donis ad curiam accessurus*[6]. *Itaque legatione regia anno 1106 suscepta*[7], *ad papam pervenit. Narrat Ebo I 11*[8], *Ottonem illic, quod officiorum imperatori praestitorum mercedem episcopatum impetravisset, simoniam ad se pertinere ratum, „abdicavisse pastoralem curam", sed postero die „onus ecclesiastici re-*

1. Apud Ekkehardum (l. l. p. 228) 1105 sic est: „Errolongum — quem presulem imperator designaverat". Ipse vero Erlungus (Udalrici Bab. cod. n. 118 supra p. 229) Ottoni post Febr. 1105 haec scripsit: „ope vestrae bonitatis et me honorabiliter in curia retinui et ad id honoris gratia Dei et vestri perveni, quod feliciter electus sum Wirzeburgensis sedis episcopus".   2. Heinrici IV epistolae ad Ottonem, in Udalrici cod. n. 121 supra p. 233: „tibi, sicut optimo fideli rogando mandamus"; n. 122 l. l.: „Confidimus autem de tuae bonitatis fide — quod — semper fideliter nobiscum permaneas".   3. V. Ottonis ep. in Udalrici cod. 125 supra p. 237: „iubemur consulere metropolitanum, ut officii sui debitum prosequatur. — Non es inmemor praecepti domni apostolici — metropolitano iniuncti, videlicet: a consecratione episcoporum contineat manus. Quocirca petere nos consecrationem, ubi certi sumus non posse consequi, res est frivola".   4. V. Ottonis ad Paschalem ep. in Udalrici cod. 128 supra p. 240: „metropolitanus noster etsi per te habeat consecrationis gratiam".   5. V. eandem ep. l. l.: „desiderio te videndi et consecrationis gratiam consequendi —. Dignentur ergo viscera pietatis tuae, super hoc negotio aliquo nos scripto certum reddere, quo — benedictionem, quam devote efflagitamus, a te percepturos esse significetur".   6. V. eandem ep. l. l.: „si modo mandas, ut ad te veniamus, opes nostrae licet rapina et igne sint attritae, tamen volenti animo cum debita servitutis nostrae benedictione tuae maiestatis praesentabimur aspectibus".   7. Ekkehardi chron. 1106, l. l. p. 231 et 233.   8. supra p. 600, 601: „Verebatur enim aliquantula symoniace hereseos umbra se respersum, quia tanto tempore in curte regia fideli ministerio desudaverat: ne forte imperator pro mercede eiusdem servicii pontificatus eum infula sublimasset".

giminis" a papa recepisse. Id quomodocunque se habuit, certum est, Ottonem eo ivisse non episcopatus abdicandi sed consecrationis obtinendae causa. Atque ita factum est, ut Otto Anagniae a Paschali papa die 13 Maii 1106 consecraretur[1].

Hunc rerum ordinem protuli ex ipsius Ottonis Paschalisque papae aliorum epistolis ceterisque monumentis fide dignissimis. Herbordus autem III 38 initium mentiendi fecit referendo, Ottonem ipsam *investituram* ab imperatore invitum accepisse, eodemque tempore deo vovisse: „nunquam se in episcopatu mansurum, nisi et consecrationem et *investituram a manu apostolici* suscipere mereretur". Investituram igitur imperatoriam cum ab Ottone tam improbam habitam esse docuisset, ne ille, eandem nihilosecius recipiens, nimis peccavisse videretur, *affinxit* Herbordus, duos episcopatus Augustensem et Halberstatensem iam antea ab imperatore frustra Ottoni oblatos esse, huncque „cogitavisse, non absque divinitatis nutu *tertia iam vice episcopatum sibi offerri"*. Mentitur ultra Herbordus III 39, Ottonem „memorem voti sui, post paucos dies susceptionis sue (a Bambergensibus mense Februario 1103 factae), *antequam de aliis rebus suis ordinaret*, nuncios Romam misisse"; cumulatque mendacium III 40 falsis duabus, quas composuit, epistolis. In earum altera Ottonem Paschali papae haec scribentem fecit: „Suspectam habens de manu principis investituram, *semel et iterum cum dare vellet, rennui episcopatum. Nunc vero* (a. 1103) *iam tertio in Babenbergensi episcopatu me ordinavit*. In quo tamen minime permanebo, nisi — complaceat — per vos me *investire et consecrare"*. Altera epistola, Paschali attributa, Otto „*quantocius"* accedere iubetur. Quibus omnibus nimirum concordat relatio inanis III 41 de investitura Anagniae a papa Ottoni data.

1. V. Ottonis ad Bambergenses ep. in Udalrici Bab. cod. n. 131 supra p. 248: „episcopalis benedictionis munus — suscepi"; „sine obligatione alicuius iuramenti consecratus sum". Cf. ipsius papae ep. ad Ruthardum, Udalrici cod. n. 132 supra p. 249: „fratri nostro — episcopalis benedictionis manum contulimus"; eiusdem ep. ad Bambergenses, Udalrici cod. n. 133 supra p. 250: „vobis — praesulem ordinavimus".

Satis multa haec esse debent ad intelligendum, quod fuerit Herbordi ingenium, quae voluntas, quod genus historicum secutus sit. Quamobrem, his rebus cognitis, neminem negaturum esse arbitror, dialogum Herbordianum in fallacium librorum choro contineri; in communibus rebus Herbordum auctoritate usque quaque Eboni postponi oportere; quodque proprium Herbordus habet, id cautione summa neque usquam sine deliberatione assumendum esse[1].

In Herbordi libro iam saeculo XII alii duo de Ottone scriptores nisi sunt. Alter eorum in coenobio Prueningensi *iam spatio, ut videtur, annorum 1159—1163 ex Ebonis Herbordique operibus tertiam Ottonis vitam nec fideliter nec sollerter conflavit, nonnullis adiectionibus auctam*[2]. *Alter, quem* Anonymum Canisii *vocare solent, Bambergae brevi post annum 1189 totum Herbordi dialogum sic recoxit, ut simplex narratio fieret*[3]. *Cuius operis codicum antiquissimus est*

(R) *codex latinus Monacensis 14726 (S. Emmerammi Ratisbonensis 726) membranaceus, exeunte saeculo XII exaratus.*

Labente autem saeculo XV Andream S. Michaelis abbatem in duabus Ottonis vitis conficiendis etiam Herbordi dialogo usum esse, iam Ebonis libro praefatus sum[4]. *Et quidem prior, quae inest in*

(C) *codice quondam Caminensi*[5], *nunc Stettinensi, anno 1487*

1. E numero suspiciosissimorum capitum est etiam libri III caput 33, ubi de Iudita sorore Heinrici IV, uxore Wladislai Hermanni ducis Poloniae, salse relatum est. Nec libidonosam Iuditae vitam nec mercatoriam illam imperatoris astutiam ex mendace Herbordi ore receperim; cum praesertim ibidem fucato colore gloriari eum reperiamus. Einhartus enim in Vitae Caroli Magni capite 19 (supra T. IV 527) narrat, Carolum filias nuptum non dedisse; additque haec: „Ac propter hoc, licet alias felix, adversae fortunae malignitatem expertus est". Quae verba Herbordus condimenti augendi causa ad unam Heinrici sororem hoc modo accommodavit: „In qua ille (imperator) sepius, licet alias felix, fortune infelicitatem expertus". 2. Vitam hanc primus edidit St. L. Endlicher ap. Giesebrecht und Haken Neue Pommersche Provincialblätter IV 312—363, sic inscriptam: „Vita Ottonis Babenbergensis episcopi". Idem opusculum ex tribus codicibus postea editum est a Rudolfo Koepke in Mon. Germ. SS. XII 883—903 sub hoc titulo: „Monachi Prieflingensis vita Ottonis". 3. Hoc opus edidit anno 1602 Canisius in Ant. lect. II 325—482, hoc titulo usus: „Libri tres de vita beati Ottonis". Repetiit Sollerius in Act. SS. Iul. I 378—425. 4. supra p. 581 sq. 5. v. supra p. 582.

scripto, haec capita Herbordiana continet: Libri I capita 1—21; partem capitis 22; capita 23—34; partem capitis 38; caput 39. Posterior vita Andreana, quem servat

(B) codex Bambergensis Rf II 17 [1], anno 1499 exaratus, haec habet: libri Herbordiani I capita 12—18; partem capitis 19; capita 20, 21, 23—39; libri II capita 1—42; libri III capita 4, 6, 8—14, 18—30, partem capitis 31.

Egregia vero illa Roberti Klempini dissertatio (Die Biographieen des Bischofs Otto in Baltische Studien IX p. 147—191) cum Herbordi opus quoad in Anonymi Canisiani libro et in duabus vitis Andreanis comprehendatur docuisset, et plenus dialogus Herbordianus non iam exstare crederetur, Rudolfus Koepke anno 1855 admodum aestimabili fructuosoque labore in Monumentorum Germaniae historicorum T. XII 746—822 dissipatas operis partes conduxit et hoc titulo notavit: „Herbordi vita Ottonis episcopi".

Ecce praeter exspectationem anno 1865 ad bibliothecae regiae Monacensis ubertatem codex manu scriptus, integrum Herbordi librum complectens, adiungitur:

(N) codex latinus Monacensis 23582 (ZZ 582), quondam coenobii Neuenkirchensis [2], membranaceus saec. XIV fol. 7—84v. Cuius vim cum Wilhelmus Giesebrecht perspexisset, Rudolfus Koepke eximia grataque assiduitate novam et eam vere principem totius libri Herbordiani editionem anno 1866 paravit in Mon. Germ. SS. XX 704—769.

Sed mihi cum idem liber recognoscendus esset, Carolus Halm maxima comitate et benevolentia codices N et R petenti misit diuturnumque eorum usum concessit. Codicem C Schiffmannus, codicem B Stengleinius liberalitate paratissima ad me afferri iusserunt. Quibus ex quatuor codicibus ita hauriendum mihi censebam, ut, fundamentis huius editionis in codice N positis, neque ab eodem nisi rarissime discederem [3] neque ex reliquis tribus codicibus C, B, R requirerem nisi parcissime.

Berolini 12 Kal. Apriles 1869.

1. v. ibidem. 2. Neunkirchen, ab Erlangen ad orientem. 3. Omisi tamen capitum lemmata, quae quidem nihil ad rem pertinere videbantur.

LIBER PRIMUS.

Prooemium[a].

Ecce pre manibus est dies anniversarius[b] depositionis domini tui et nostri, felicis memorie Ottonis episcopi Babenbergensis[c]. Quid expectas? Redde promissum. In hac enim die, quam gratam nobis atque iocundam facit ipsius recordacio, velim — narrare incipiens — omnia, que ab illo gnaviter ac sancte gesta sunt, prout scire potuisti, exponas moresque viri ac vite instituta. Sed quid te illius operum morumve lateret, qui annos ferme quindecim[1] nunquam ab eius contubernio abstitisti? Etenim, que hoc spacio gessit, tu, ut cooperator omnium, oculis presentibus aspiciebas; que vero ante adoptionem tui — presulatu in ipso[2] vel etiam ante presulatum — gesserit, tam ipsius quam aliorum haut dubio relatu conperta retines universa.

Fateor inquit Sefridus nec me latet quicquam omnium, que de illo sunt; gratumque habeo, quod postulas. Sed ecce qui supervenit, Timo prior optimus id fortasse pro me munus inibit; dicetque tibi, quod petis. Nam eque ut ego ipse novit omnia. Iste quippe est, quem aiunt ipsius mimulum fuisse quinquennem; habuitque dominus meus super eum oculos bonos, eo quod illustri esset parentela et ab ipsis cunabulis ad monasterium translatus, et quod esset puer graciose pulchritudinis, iocundus valde atque mirabilis, factis et dictis[d] omnes letificans. Ecce ad nos sedere declinat.

Prior itaque, dum assurgentes sibi manu repressisset, ubi assedit: Quid inquit est, quod tam intente confertis? poterone audire? Iterum, ut opinor, sermo vobis est de Ottone nostro.

[a.] *Scripsi* LIBER PRIMUS. Prooemium. *In N haec habentur:* Incipiunt capitula libri primi de vita et operibus beati Ottonis Babenbergensis episcopi. *(Sequuntur capitum lemmata).* Expliciunt capitula primi libri. Dyalogus loco prohemii in vitam beati Ottonis episcopi. [b.] aniversarius *N.* [c.] Babengergensis *N.* [d.] factis et dictis factis *N.*

1. 1124—1139. 2. 1103—1124.

1158
Iun. 30

Tum ego: Recte inquam hodie de illo sermocinamur, qui omni domui nostre immo civitati universe communis est materia leticie. Anniversarius[a] enim iste instar habet natalis, et magni festi alicuius imaginem. Tanta quippe hodie apud nos frequentia populi fuit, tam festiva de domo cathedrali aliorumque clericorum collectio, abbatum quoque et aliorum religiosorum hospitum et secularium personarum venerabilem beati viri tumbam pie visitantium conventio, ut festo patroni nostri sancti Michahelis aut dedicationi ecclesie huius diei graciam pene audeam adequare. Nec sane minima gaudii portio pauperum fuit multitudo; qui de perceptis consolacionibus per turmas suas in conspectu ecclesie ibant et tripudiabant exultantes et bona illi sanctissime anime imprecantes et nobis quoque, a quorum manibus eas percipere meruissent. Huiusne oblivisci poterimus, qui suas elemosinas nostras fecit, dum eas manibus nostris erogandas instituit? Num eius oblivisci poterimus, qui oculis nostris tot egregia et preclara sui monimenta, quoad vixerimus, contuenda ingessit? Omnes enim has magnas edificaciones tam monasterii quam omnium officinarum eius, intus exteriusque, a fundamentis usque ad arces tectorum opera eius esse dicitis. Ac sepe, dum mentio fit horum, stupor et ammiratio inter loquentes oritur; quoniam videlicet episcopus, tam multis et variis negociis occupatus, tantam circa nostrum locum promovendum sollicitudinem tantamve potuisset habere diligenciam. Miramini eciam expensas et impensas pene supra modum liberales et largas; cum sub centenario sepe ac millenario numero marcarum ac talentorum pecuniam profunderet Domino in sumptus edificiorum ac prediorum coemptionem. *Nam, vobis ita ferentibus, audivi: quod hanc rem nostram — quam eius educacione vehementer in brevi adultam videmus et cum magnis iam caput equantem[b] monasteriis — exilem quondam[c] vos meministis et paupertinam. Et que modo centum monachis, si rectores habeat industrios[1], sufficiens est et ampla satis, olim fra-

a. aniversarius *N.*   b. equante *N.*   c. quondam *scripsi pro* quodāmodo *N.*

1. His verbis Herbordus reprehendit Helmricum abbatem S. Michaelis

tribus viginti quatuor tenuis fuit et angusta. Itane est, ut assero? Certe, si quid erro, ad eos culpam depositum eo, a quibus ea didici auctoribus. Nam ego advena sum apud vos et peregrinus¹; ante annos tantum bisenos et unum² Dei et vestra misericordia in consorcium vestre fraternitatis adoptatus, conscius et conparticeps effectus consolacionum et bonorum omnium, per eum vobis collatorum. Ipsum autem in carne non vidi; eo quod ante hoc tredecennium introitus mei ad vos sex ille annos iam habebat in tumulo³.

Timo: Minime inquit ambigas, quin ita sese habeant omnia, que te a nobis accepisse fateris. Verum ea parva sunt ac pene nulla conparacione illorum, que adhuc de illo auditurus es; si tamen audire libuerit. Quanti putas emit eum, in quo requiescit, locellum? Nichil ei⁴ certe de mille talentorum precio arbitror imminutum. Atqui gratis hunc habere poterat; si voluisset. Sed, occasionem beneficencie ͣ et conmunicacionis exquirere solitus, apud nos, quos in Christo diligebat, gratuitam sepulturam habere nolebat ᵇ; ut et sibi et nobis uno eodemque prodesset commercio. Sic muros vel officinas nostras, sic fontis venam, plumbeis fistulis ab ortu suo deductam, quam ͨ labio plumbeo cernis emergentem, sicut constare poterant, censu appreciavit⁵; eterne retribucionis avidissimus negociator, ut omnia coram Deo sibi asscriberentur. Quantam putas pecuniarum summam in decem et octo monasteriis partim in melius reparandis partim eciam rudi fundacione construendis insumpsit; quid in coemendis prediis et possessionibus ad sustentacionem inibi Deo militantium expendit? Nullum quidem sue dyoceseos monasterium vel canonicam sue beneficiencie reliquit exsortem ᵈ; sed melioratis atque amplificatis omnibus, quas pridem habuerat congregaciones quindecim episcopatui — quas non habuerat — apposuit et cellas quinque.

ͣ. beneficencie *N.*   b. nolebat *corr. in* uolebat *N.*   c. qua *N.*   d. exortem *N.*
(1147—1160), quem scimus anno 1160 „propter languores et diuturnas corporis egritudines" se abbatia abdicavisse. V. supra p. 694.

1. Gen. 23, 4: „Advena sum et peregrinus apud vos". 2. i. e. anno 1145. 3. inde a d. 30 Iun. 1139. 4. eia! 5. emit.

1158
Iun. 30

Tum ego: Semen inquam cecidit in terram bonam; et ideo fructificavit multum. Sed perge, queso; quoniam igni meo aspersisti oleum. Virtutum atque benefactorum eius ammiracioni mee seriem totam expone. Sic enim auguratus est Sefridus iste; videlicet: te veniente ad nos, se exsarcinatum[a] fore; tamquam tu pro eo laborem huius narrationis subiturus sis.

Tum ille: Non ait hec dies michi libera est; quoniam caritas hospitum me occupatum reddit. Neque his dicendis dies integra sufficiet. Sed si vis, partito in equum onere, ille, quid in peregrinis et barbaris nacionibus egerit episcopus, quia horum conscius est magis, et quomodo apud principem[1] in curia degerit[b] vel qua oportunitate in curiam venerit et inde ad pontificatus dignitatem, homo curialis et in curia enutritus, aptius explanabit. Ego autem, homo simplex, velud Iacob habitans in tabernaculis cum Rebecca matre mea[2], que domi agere solitus erat, et de fundationibus vel renovacionibus cellarum et cenobiorum, cenobita, edicam ut potero.

Tum ego: Optime inquam partitus es. Sed tuam partem hodie, si potes, explicato; ut crastina dies illius sermoni accommodetur[c]. Fietque, ut de industria, ordo artificialis: dum ea, que primo facta sunt, postremo dicuntur.

Timo: Sequar, quocunque vocabis. Sed cavendum, quia multum diligere scimur eum, de quo loquimur: ne ob eius dilectionem rem non vere auxisse videamur. Itemque summopere cavendum: ne laude mortuorum vivis derogemus. Multi enim ad iniuriam viventium magnis et inportunis laudibus benefacta efferunt mortuorum. Sed hos ego non laudatores veros sed figurativos[3] criminatores arguerim[d].

1. Otto quidem beate semper memorie multis virtutibus enituit; sed una in eo tanta claritate resplenduit, ut in morem solis, cetera sidera prementis, sua luce alias quodammodo minus redderet fulgentes. Dico autem beneficienciam vel liberalitatem;

a. exarcinatum *N*.   b. deguerit *N*.   c. accomodetur *N*.   d. in *N* sequuntur haec: Explicit prohemium. Incipit narracio.

1. Heinricum IV.   2. Gen. 25, 27.   3. tectos.

quam eciam bonitatem largitatem benignitatem et munificenciam appellari invenio[1]; pluribus enim vocabulis unam rem nominari, non est rarum. Quam si velim, sicut[a] in eo fuit singularis, singulari efferre preconio, possunt qui hoc audiunt estimare: nos monachos[b], qui tamquam[c] avari notamur, callide adulari divitibus et idcirco liberalitatem Ottonis[d] — que, licet multa fuerit in multos, maxima tamen fuit in monachos — predicare. De nobis enim dicunt: *Licentiam habent accipiendi, non tribuendi*. Semper enim, peccatis nostris facientibus, ad accipiendum quam ad tribuendum paratiores invenimur. Sed hanc callide adulacionis notam ut ab isto eradam sermone, quid de ipsa benignitate senciendum estimem, tam divitibus quam non divitibus, id est tam habentibus opes quam non habentibus, aperio.

2. Duplex[2] est enim racio benignitatis secundum duplicem indigencie racionem; aut enim opera proximi proximus indiget aut pecunia. Et ideo aut opera benigne fit indigentibus aut pecunia. Opera vero prudenciam accipe vel consilium et industriam, vel quicquid ad interioris hominis spectat erudicionem; pecunia exteriores opes conplectitur. Itaque beneficientia aut opera constat aut pecunia. Posterior hec facilior est, presertim locupleti, sed illa lautior ac splendidior et viro gravi claroque dignior. Nam licet in utroque genere benefaciendi insit liberalis voluntas, altera tamen ex archa, altera ex virtute proficiscitur. Sed que ex re familiari fit largicio, fontem ipsum benignitatis exhaurit; et ita quodammodo de benignitate benignitas tollitur, quia, quo illa in plures usus fueris, eo minus in multos uti poteris. At qui opera id est virtute et industria liberales sunt, primum quo pluribus profuerint, eo plures ad benigne faciendum adiutores habebunt. Deinde usu eciam et consuetudine crescit industria, quoque magis secundum illam operando exercemur, eo magis habundamus, ut operari valeamus, et paraciores[e] atque exercitaciores erimus ad bene de Deo et hominibus promerendum. Sed qui tantum largicione hominum benivolenciam consectandam putant sicque se caros et claros fore autumant, sepe in contrarium labuntur; ita ut sepe his primo sordescant, quos ad sibi favendum[f] pecunia corrumpunt.

3. Temeraria enim largitas et ipsum qui largitur viliorem,

a. sicud *N*.   b. monachi *N*, monachos *C*.   c. tamen *NC*.   d. Ottonis *scripsi pro* divitis *NC*.   e. parciores *N*, paraciores *C*.   f. faciendum *N*, favendum *C*.

1. Cicero De off. I c. 7, 20: „beneficientia, quam eandem vel benignitatem vel liberalitatem appellari licet".   2. capita 2—7 fere omnino sunt spolia Ciceronis De off. II c. 15—18.

et eum qui accipit deteriorem facit. Usu enim facile accipiendi eciam ad inpudenciam petendi depravantur aliqui vel ad ea, que data sunt, contempnendi. Quam ob rem id quidem dubium non est, quin illa benignitas, que constet ex opera et industria, et honestior sit multo et latius pateat atque sine detrimento sui et auctoris valeat prodesse pluribus. Nonnunquam tamen largiendum est; neque hoc benignitatis genus omnino repudiandum. Sed precipue in mendicis et pauperibus atque domesticis fidei in nomine Domini sacrificandum[a], et sepe de seculo eciam idoneis et honestis hominibus indigentibus de re familiari imperciendum est. Neque ibi benefacta locantur male, quia inde nonnunquam gracior fructus proveniet. Sed omnia diligenter atque moderate fiant; multi enim inconsulte largiendo patrimonia effuderunt. Ergo ita largiendum, ut semper id posse inveniaris. Quid autem stulcius atque demencius quam id, cum honeste quid agimus, non procurare, ut id agere diu possimus? Atqui eciam consecuntur largicionem rapine. Cum enim inconsulte dando egere ceperint, alienis bonis manus inferre coguntur; et ita, cum benivolencie conparande causa benefici vocari appetunt, malefactores fiunt, nec tantam benivolenciam assecuntur eorum, quibus dederunt, quanta incurrunt odia eorum, quibus ademerunt. 4. Quam ob rem nec ita claudenda est res familiaris, ut eam benignitas aperire non possit, nec ita reseranda, ut passim pateat omnibus. Modus adhibeatur, isque referatur ad facultates. Omnino meminisse debet omnis, qui liberalitati studet: ut de summo[b], non de fundo tribuat; et ita de toto fundat, ne totum effundat. 5. Duo autem sunt genera largorum; quorum alii prodigi, alii liberales sunt. Prodigi sunt, qui epulis et visceracionibus et ioculatorum muneribus et superfluo cultu vestium aliisque vanitatibus pecunias profundunt; in quibus profecto memoriam post se aut nullam aut brevissimam sunt relicturi. 6. Liberales autem sunt, qui suis facultatibus aut captos a predonibus redimunt, aut obligatos ere alieno miserati absolvunt, aut amicos et propinquos adiuvant in rebus querendis vel augendis, et qui recipiunt iustum in nomine iusti, ut mercedem iusti accipiant[1]. In hoc genere largorum non temere Ottonem constituo, qui talium sumptuum facultatem fructum putavit diviciarum[2].

7. Tanta vero in dando usus est discretione, ut numquam prodigus, semper autem liberalis inveniretur. Inmanes autem iacturas et sumptus[c] infinitos parvi pendebat, si aut sue aut etiam aliene subveniendum erat necessitati, aut si dignitatis[d]

a. sanctificandum *NC*. b. os summa? c. sumptos *corr. in* sumptus *N*, sumptus *C*. d. dignitati *NC*.

1. Matth. 10, 41: „et qui recipit — accipiet". 2. Cic. de off. II 16, 56: „taliumque sumptuum facultatem fructum divitiarum putat (Theophrastus)".

conservande aut etiam augende ratio postularet¹. Equidem homo gravis omnia facta sua certo iudicio ponderabat². Unde, si aliquando res maior aut utilior magna largitione acquirebatur³, nequaquam manum contraxit. Causa igitur largitionis semper ei fuit aut utilitas aut necessitas⁴ aut honestas aut divine remunerationis intuitus. Huic autem super omnia intentus, omnium indigentium vel qualibet calamitate oppressorum commune fuit asilum⁵. Hiis tamen beneficientie modis plus afficiebatur, quorum memoriam posteris relinqueret⁶.

8. Post Dei autem honorem, quem in cunctis factis suis glorificare iocundum habebat, etiam ecclesie cui preerat gloriam et decorem cumulare satagebat. Unde factum est, quod in ipso introitu suo, cum eatenus quandam specialis honorificentie prerogativam Babenbergensis ecclesia, usum videlicet crucis et pallii, quater tantum in anno haberet, ille, quando ex more pro accipienda episcopali benedictione Romane matri venerandum caput offerebat — non quidem ex ambitione, quod illa vehementer execrari solet, sed ex gratuita ipsius matris benignitate, que dignos filios honorare gaudet — eundem honore duplicato usum pallii et crucis quatuor aliis vicibus, eo quod idoneus et honore dignissimus videretur, ad omnes successores suos transmittendum, a beate memorie papa Paschali percepit⁷, in sacrosancto die penthecostes ab ipso in episcopum, sancti Spiritus cooperante virtute, consecratus. Ex eo igitur tempore, operante in se gratia eiusdem Spiritus sancti, tam in secularibus quam in spiritalibus causis et negociis consilio viguit et prudentia; ita ut et dignitatem sibi augeret et gratiam apud

1106
Mai. 13

―――――――

1. Cic. l. l.: „in his immanibus iacturis infinitisque sumptibus nihil nos magno opere mirari, cum praesertim nec necessitati subveniatur nec dignitas augeatur". 2. Cic. l. l. II 16, 57: „gravi vero homini et ea, quae fiunt, iudicio certo ponderanti —". 3. Cic. l. l. II 17, 58: „si quando aliqua res maior atque utilior populari largitione acquiritur —". 4. Cic. l. l.: „Causa igitur largitionis est, si aut necesse est aut utile". 5. Cic. l. l. II 18, 63: „summi cuiusque bonitas commune perfugium est omnium". 6. Cic. l. l.: „ut iis beneficiis quam plurimos afficiamus, quorum memoria liberis posterisque prodatur". 7. die 15 April. 1111; v. supra p. 601 not. 3.

omnes quidem, sed apud illos specialius, quibus non magis preesse quam prodesse incipiebat.

9. Itaque multa ei cura fuit: iura et instituta nosse maiorum. Et quicquid honoris vel emolumenti alicui ordini vel professioni vel etiam dignitati debite vel gratuito exhibere potuit, nunquam sponte pretermisit. Actionum synodalium et legum provincialium vel etiam feodalium processus et excessus summe cognitos habebat. Atque ad depromendum, quod sentiebat, gravi et grata et ornata dicendi facultate comptus erat.

10. Unde licet non philosophice neque tam profunde in litteratura esset eruditionis, tamen in populari sermone ad erudiendos in divinis et ecclesiasticis rebus homines nichil eius eloquentia prestabilius; quod admiratione audientium et edificatione conpunctorum et peccata sua deplangentium sepe constat probatum. Huic enim ab omnibus sui temporis pontificibus in docendo populum naturali sermone principatus minime negabatur; quia, disertus et naturali pollens eloquio, usu et frequentia in dicendo facilis erat; quid loco, quid tempori, quid personis conpeteret, observans.

11. Sed quia pluris est bene facere quam bene dicere, licet utrobique valuerit et utrumque rectoribus ecclesiarum conveniat, tamen plerumque contingit in altero aliquem esse propensiorem. Unde ad bene faciendum maluit esse proclivior; et in eam partem bonitatis, que ex fonte rei familiaris emanat in proximos, quia copia sinebat, studium inflexit; multaque in presentes erogans, etiam posterorum et absentium vel nondum natorum oblitus non est. Hinc est quod illis rebus, que posteris etiam manere possent, maiores sumptus impendit, ut sunt muri, pontes, aquarum ductus, et quicquid ad multorum in longum posset durare commoditatem[1].

12. Et primicie quidem operum eius duorum fuit structura cenobiorum in episcopio Herbipolensi. Quorum alterum

---

1. Cicero De off. II 17, 60: „Atque etiam illae impensae meliores, muri, navalia, portus, aquarum ductus, omniaque quae ad usum rei publicae pertinent".

Uraugia¹ dicitur sub patrocinio beati Laurentii, alterum Ura² in honore beati Petri apostoli. His autem honesta et eleganti fabrica conpositis — sicut omnibus cenobiis suis faciebat — predia emere, silvas et agros et prata comparare vel aliis iustis modis acquirere satagebat. Ipsa vero nominare et enumerare universa, ne longus aut fastidiosus fiam, omitto. Deinde in Babenbergensi episcopio tertia et quarta edificatio duorum cenobiorum fuit. Quorum unum Michelenfelt dictum in honore sancti Iohannis euangeliste, alterum Lancheim in honore beatissime virginis Marie de ordine Cisterciensi; nam illa tria de ordine fecit Cloniacensi. Sed Michelnfelt et Uraugia in patrimoniali fundo ecclesie³, Lancheim vero et Ura in adventicio locata sunt.

13. Porro in Ratisponensi episcopatu sex monasteria construxit; quinque de ordine Cloniacensium. Quorum unum Eutistorf dictum in honore sancti Iacobi apostoli, secundum est Pruveningen sub patrocinio beati Georgii martiris; utraque autem in adventicio fundo sita sunt. Tertium est cenobium cognomento Monasterium⁴, quod cum adiacente parrochia eiusdem nominis auri et argenti precio ab Heinrico duce Bawarie et a Diepaldo marchione conparavit, et regali privilegio imperatoris Lotharii in proprietatem sancte Babenbergensis ecclesie collatum suscepit⁵. Quartum est Biburc, quintum Madelhartestorf; sed Biburc sub ᵃ patrocinio est beate Marie perpetue virginis, illud autem in honore sancti Iohannis euangeliste; utrumque autem fundi adventicii. Sextum est Windebergen de ordine clericorum regularium, quos vocant Norpertinos⁶, in honore sancte Dei genitricis Marie; et ipsum de fundo adventicio.

14. In episcopatu Halberstatensi undecima ei est congregatio Regenstorf⁷ de ordine Cloniacensi, sub patrocinio beati Iohannis baptiste. Abbaciam enim Vicenburc, que nunc mutato loco et nomine Regenstorf appellatur, cum omnibus ad illam

a. *om. NCB.*

1. Aura.   2. Aurach.   3. Bambergensis.   4. Münchsmünster.
5. d. 23 Oct. 1133.   6. Praemonstratenses.   7. Reinsdorf.

pertinentibus, a munificentia domini Heinrici imperatoris iunioris acceptis privilegiis regie auctoritatis, sancte Babenbergensi ecclesie adiecit[1]. Bona quoque eiusdem cenobii duplicavit; nam cum prius non nisi sexaginta duos mansos habuerit, eundem numerum totidem appositis ipse ampliare curavit. Et duodecima illi est congregatio in episcopatu Eichstetensi, que Halesprunne dicitur[a], de ordine Cisterciensi, sub patrocinio beate Dei genitricis Marie. Ipsum autem fundum, ingenti pecunia comparatum, magnis sumptibus promovit in abbaciam.

15. In episcopatu Pataviensi ei tertia decima congregatio est, que dicitur Alrispach; et quarta decima Clunica[2] sub patrocinio beati Andree apostoli iuxta fluvium Anisum. Hanc autem a Liupoldo[3] marchione datam suscepit; in cuius promotionem viginti mansos et quinquaginta marcas impendit.

16. Et in patriarchatu Aquileiensi quintum decimum cenobium in castro Arnoldestein[4], destructa munitione, constituit. Quadraginta vero et quinque annis hoc castrum cum nonaginta quinque mansis ad se pertinentibus ab ecclesia Babenbergensi abalienatum fuerat; quod ipse multo labore et impensa recuperavit, et appositis ei sexaginta mansis, abbaciam esse fecit. Has quindecim congregationes opera illius atque benignitas numquam infecunda propagavit.

17. Quinque insuper cellulas quasi totidem grana seminis seminare curavit; sciens, quod *Neque qui seminat neque qui rigat est aliquid, sed, qui incrementum dat, Deus*[5]. Ex eisdem igitur granis quidam iam surculi pullulant poteruntque, Deo incrementum prestante, in arbores consurgere. Sunt autem he: Una, que dicitur Aspach[6], in honore sancti Mathei apostoli et euangeliste. Ipsum autem fundum et predium eius multo tempore Babenbergensis ecclesia perdiderat, sed ipse solerti cura requisitum cellam fecit monachorum. Iamque in abbatiam convaluit,

[a] In episcopatu Eichstetensi que Halesprunne dicitur, et duodecima illi est congregatio *N*.

1. Cf. Ann. Pegav. 1109, Mon. Germ. SS. XVI 250; et diploma Heinrici V d. d. 25 Mart. 1121. 2. Gleink. 3. III marchione Austriae. 4. Arnoldstein prope Villach. 5. 1 Cor. 3, 7. 6. Asbach, dioec. Pataviensis.

copiosa prediorum donatione ab ipso primum, deinde ab aliis fidelibus ditata. Secunda est in loco Babenbergensi, in domate sancti Michahelis sita, sub patrocinio sancte Fidis virginis et martiris. Primo hanc sanctimonialium esse voluit; sed altiori consilio septem monachis eam instituit et cum omnibus pertinentiis suis sancto Michaheli consignavit. Tertia est Rotha[1] sub patrocinio sancti Georgii martiris in episcopio Herbipolensi; quarta est Vézzera in eodem episcopio, in honore sancte Dei genitricis Marie, de ordine Norpertinorum. Sed alterius fecunditas alteri fecit sterilitatem. Rotha enim, in sua permanens tenuitate, proficienti Vézzere tamquam meliori ad serviendum subdita est. Hoc tamen sciendum, quod episcopus Rotham ab Agnethe palatina et eius sorore Adelheida cum sexaginta mansis ecclesie Babenbergensi donatam suscepit; circumiacentia vero eidem celle bona emit ducentis sexaginta quinque marcis, cum ministerialibus scilicet, et agris, silvis et pratis, pascuis ac molendinis, et cum omni utilitate ac iure, quo Chuno dux idem predium noscitur habuisse. Vezzeram autem Gothboldus comes edificare inchoaverat; quam episcopus ab eo sibi datam suscipiens, suis eam promovit inpensis. Quinta ei cella fuit in episcopio Herbipolensi Nithardeshusen[2] in pago Tullefelt. Atque si, quod verum est, fateri liceat, sextam illi Tuckelnhusen[3] in eodem[a] episcopio annumerare debemus. Huius enim structores, dum eius promotioni minus sufficerent, scientes episcopum talium rerum studiosissimum, ut eius opitulatione locus promoveretur, ipsius hunc titulo ascripserunt atque, ut eum Babenbergensi ecclesie omni iure firmarent, coram idoneis testibus promiserunt. Hac igitur conditione multa eidem loco impendit. Hec de cellis et monasteriis eius dicta tibi sufficiant.

Tum ego: Distincte inquam atque succincte satis ea digessisti. Et ego si bene numeravi, viginti unum cellarum et

---

a. edem *N*, eodem *CB*.

1. Münchrot. 2. Neidhardshausen prope Kalten Nordheim, a Fulda inter septentriones et orientem. 3. Tückelhausen, ab Ochsenfurt ad occidentem.

monasteriorum summa perfecit. Uni episcopo satis fuit; immo vero tribus aut quatuor.

18. Sed quare, obsecro, tantam pecuniam in talia proiecit? Certum est enim, quod non sine magnis sumptibus ista constiterint. Sed sicut ea reprehendere non audeo, ita vel laudare, nisi alicuius prudentissimi hominis de hiis sententiam audirem, non presumo. *Mundus enim* inquiunt *cenobiis et monasteriis plenus est. Quid igitur necesse est, tanta fieri monasteria?*

Timo: Non tu primus ista causatus es; etiam cum eo ipso talis de his non semel a suis familiaribus habita est questio. Sed quia hunc valde prudentem fuisse non ambigis, ipsius tibi de hac re dico sententiam, si placet.

Tum ego: Non alius inquam sicut eius eque grata michi super ipsius opera umquam poterit esse sententia.

Tiemo: Parabolam inquit illam euangelicam de Samaritano et homine a latronibus ceso et stabulo atque stabulario[1] ad suam causam inflectebat, quando familiariter ab aliquo de talibus operibus conveniebatur. *Mundus* ait *iste totus exilium est, et quamdiu vivimus in hoc seculo, peregrinamur a Domino*[2]; *unde stabulis egemus atque diversoriis.* Stabula vero et diversoria cellas dicebat atque monasteria, et ea non indigenis sed peregrinis seculi esse oportuna. *Qui multa* inquit *vel nimia esse vel fieri queruntur diversoria, non se in peregrinatione positos putant sed in patria. Quodsi a latrunculis occupati fuerint, si spoliati cesi atque plagati fuerint et ita semivivi relicti*[3], *certe vel inviti experientur, quam melius est iuxta esse stabulum quam procul. Cum enim repentinus supervenit interitus et dolor sicut*[a] *in utero habentis*[4], *ita ut evadere non sperent, quomodo illuc levari poterunt, si procul est? Et si tales multi in locis multis, nonne melius, stabula multa esse quam pauca? Si enim pauca fuerint, quomodo multis peregrinis, multis sufficient egrotis? Preterea* inquit[b] *novissima hora est*[5] *et mundus in maligno positus*

---

a. sicud *N.*   b. inquid *N.*
1. Luc. 10, 30—37.   2. Cf. 2 Corinth. 5, 6.   3. Luc. 10, 30.
4. 1 Thess. 5, 3.   5. 1 Ioh. 2, 18.

est[1]; sed propter eos, qui ab illo fugere ac salvari cupiunt, quia homines multiplicati sunt super terram, et cenobia multiplicari absurdum non est. Ab initio seculi, cum pauci essent homines, necessaria erat hominum propagatio; et ideo non continebant se, sed nubebant omnes et nuptum dabant. Nunc autem inquit in fine seculorum, multiplicatis hominibus super numerum, continentie tempus est; continere debent homines, quicumque possunt, atque vacare Deo. Continentia vero et alia sanctitatis opera in cenobiis melius quam extra observari potest. Hec michi causa inquit fuit, hec intentio multiplicandi cenobia. Et ut aliquid secundum hominem loquar, dum proficiunt atque succrescunt cenobia studiis et oblationibus fidelium, sicut in plerisque locis videmus — quia, tribuente Deo, promtuaria eorum plena, eructuantia ex hoc in illud, oves eorum fetose, habundantes in egressibus suis, boves eorum crasse[2], ipsorumque providente sollertia, non est ruina macerie neque transitus[3] inutilis in satis et pratis eorum — possunt nonnunquam honori atque utilitati esse suis episcopis. Si vero tenues et pauperes, habent successores mei, apud quos oportune collocent elemosinas suas, et occasionem[a] inveniunt benefaciendi honestam, si meos surculos irrigando suas arbores faciunt; sicut et ego aliorum meas feci aliquas. Et facilius quidem est inchoata promovere quam ea, que nulla sunt, inchoare. Initia enim rerum difficilia sunt. Unde, si qui ad inchoandum talia tardi fuerint et timidi, vel meis iniciis meisque fundamentis in nomine Domini superedificare[4] accingantur. Tales suorum operum ille rationes reddere non dedignatus est, hoc fine omnia concludens: *ut in omnibus honorificetur Deus*[5] *et proximus adiuvetur.* Nec eum utique spes fefellit. Multa enim bona ex eius studiis in ecclesia provenere atque proveniunt cottidie. Quid enim putas in tot cellis et cenobiis Deo servicii et honoris, quid proximo solacii exhibetur et utilitatis? Signa illic et portenta per eum et per eius opera fiunt cottidie; et si non cor-

---

a. occasiones *N*, occasionem *CB*.

1. 1 Ioh. 5, 19.   2. Ps. 143, 13. 14.   3. Ps. 143, 14.   4. 1 Corinth. 3, 10.   5. 1 Petr. 4, 11.

poraliter, profecto quod melius est, fiunt spiritualiter. Ibi enim *ceci vident, surdi audiunt, claudi ambulant, leprosi mundantur, mortui resurgunt, pauperes euangelizantur*[1]. His enim malis et incommodis circumventi, homines de seculo peccatores ad meliorem vitam secundum animam in cenobiis convalescunt. Ibi lectiones sacre psalmodia et orationes, misse atque divinarum rerum contemplationes, ieiunia et vigilie et pugna iugis contra spirituales nequitias, ibi carnis contritiones et cordis, elemosinarum largitiones et multe hospitalitates. Quis neget, ex magna parte meritis eius hec omnia posse ascribi, cuius labore et impensa ipsa cenobia contigit fundari? Considerans autem, quod ipsorum cenobiorum suorum structura robustius consisteret, si eam apostolice auctoritatis petra solidaret, nec facile posse convelli, si vallata esset munimine Petri, sub eius defensione omnia constituens, a sede apostolica huiusmodi scripta suscepit:

1123 Apr. 8
19. „Calixtus episcopus servus servorum Dei venerabili fratri Ottoni Babenbergensi episcopo salutem et apostolicam benedictionem. Bonis fratrum nostrorum studiis non solum favere sed ad ea ipsorum etiam debemus animos incitare. Tuis ergo, karissime et venerabilis frater Otto Babenbergensis episcope, supplicationibus inclinati, monasteria, que ipse propriis sumptibus extruxisti et, Babenbergensi ecclesie conferens, apostolice sedis roborari munimine quesivisti, in beati Petri eiusque Romane ecclesie protectionem suscipimus contra pravorum hominum nequiciam defendenda. Statuimus ergo, ut possessiones predia et omnia bona, que et fraternitas tua eisdem monasteriis divini amoris intuitu contulit queque aliorum fidelium iusta oblatione concessa sunt aut in futurum iuste legaliterve acquiri vel offerri contigerit, firma eis et illibata Domino auctore permaneant. Ordinationes sane abbatum vel monachorum suorum a catholicis episcopis diocesanis accipiant. Rerum vero ipsorum monasteriorum curam et administrationem in tuo tuorumque successorum arbitrio et potestate manere censemus. Nulli itaque hominum facultas sit eadem monasteria perturbare aut eorum possessiones auferre vel ablatas retinere minuere vel temerariis vexationibus fatigare; sed omnia integra conserventur, eorum, pro[a] quorum sustentatione et gubernatione concessa sunt, usibus omnimodis profutura. Si qua igitur ecclesiastica secularisve persona, hanc nostre constitutionis paginam sciens, contra eam temere venire temptaverit, secundo terciore commonita, si non satisfactione congrua emendaverit, potestatis honorisque sui dignitate careat reamque se divino iudicio existere de perpetrata iniquitate cognoscat et a sacratissimo corpore ac sanguine Dei et domini redemptoris nostri Iesu Christi aliena fiat atque in extremo examine districte ultioni subiaceat. Cunctis autem

a. vel *N*, et *C*, pro *B*.   1. Matth. 11, 5.

eisdem monasteriis iusta servantibus sit pax domini nostri Iesu Christi, quatenus 1123
et hic fructum bone actionis percipiant et apud districtum iudicem premia eterne Apr. 3
pacis inveniant. Scriptum per manum Gervasii scriniarii regionarii et notarii sacri palatii" [1].

Tum ego: Ecce inquam quia de tam multis cenobiis faciendis ipsius, qui ea fecit, congruas accepi rationes et eorundem ab apostolica sede confirmationes, et quia sedes apostolica non confirmat nisi ea, que sine dubio recta novit et bona, ergo fiducialiter infero, quod ante non presumpsi: bonum esse et valde bonum, quod tantam pecuniam in talia proiecit; multo enim fenore iam eam totam recepit. Ergo bonum est, non cito non temere iudicare sed meliorum sententiam expectare. Sed vellem, sicut[a] in rebus extrinsecis firmitatem et immutabilitatem[b] suis cenobiis per apostolicam auctoritatem providere studuit, ita et in religione ac rebus intrinsecis aliquam eis stabilitatem atque immutabilitatem per eiusdem sedis apostolice providisset auctoritatem. Non est enim finis, non est modus mutande religionis et consuetudinis; maxime in ordine Cloniacensi. Pro suo arbitratu quisque abbatum sine consensu et consilio coabbatum suorum — magno sepe fratrum detrimento — adicit et reicit, quod vult.

Tiemo: Vetus inquit illa de ordine nostro querela est. Sed in promtu est, me tibi ostendere, qualiter eius sagacitas huic morbo, quantum in illo fuit, obviare studuerit. Accipe; ipse lege et perlege:

20. „Innocentius episcopus servus servorum Dei venerabili fratri Ottoni 1139
Babenbergensi episcopo eiusque successoribus canonice substituendis salutem et Ian. 23
apostolicam benedictionem. Quociens illud a nobis petitur, quod religioni et honestati convenire cognoscitur, animo nos decet libenti concedere et congruum impertiri suffragium, ut fidelis devotio celerem sortiatur effectum. Proinde, venerabilis frater Otto episcope, petitionis tue desideriis ex consueta sedis apostolice mansuetudine clementer annuimus; in primis siquidem statuentes, ut tenor religionis, qui in ecclesiis tibi commissis est per tuam diligentiam cooperante Domino institutus, firmiter in eis perpetuis temporibus conservetur. Constituimus etiam, ut in eisdem ecclesiis nullus per symoniacam heresim statuatur;

a. sicud N.   b. mutabilitatem N, immutabilitatem C.

1. Haec bulla, data d. 3 Apr. 1123, plenior habetur ap. Ussermann Ep. Bamb. cod. prob. p. 72.

1189 sed honeste persone, quibus utique morum et status dignitas suffragatur, inibi
Ian. 23 ordinentur*. Sane in cenobiis, que vel antiquitus in tua parrochia constructa
sunt vel tu ipse devotionis intuitu constituisti seu aliis iustis modis ecclesie tue
unire poteris vel ab aliquo deinceps fidelium infra tuam diocesim divina inspirante gratia construentur, sacre religionis ordinem manere decernimus. Nec alicui liceat, eiusdem institutionis formam ullatenus permutare; nisi forte ad melioris status prerogativam prestante Domino promovere voluerit. Nec id alicuius singulari iudicio committatur[b]; sed omnium monasteriorum ad Babenbergensem ecclesiam pertinentium aut sanioris partis consilio ac consensu fieri debere sanccimus. Si quis autem huic nostre constitutioni temere contraire temptaverit, secundo tertiove commonitus, si non factum suum digna satisfactione correxerit, a sacratissimo[c] corpore et sanguine Dei ac domini redemptoris nostri Iesu Christi alienus fiat atque in extremo examine districte subiaceat ultioni. Conservantes eisdem locis, que iusta sunt, omnipotentis Dei et beatorum apostolorum Petri et Pauli ac nostram gratiam consequantur" [1].

Hiis ita se habentibus, nonne tibi videtur, beatum Ottonem satis, quantum in se fuit, providisse, ut in omnibus cenobiis suis ordo et tenor religionis sacre, qui per eius diligentiam cooperante Domino institutus est, firmiter perpetuis temporibus conservetur? Nonne satis aperte sanctitum est ab auctoritate Romana, ut in eisdem eius cenobiis sancte institutionis formam nullatenus alicui mortalium liceat permutare, nisi forte ad melioris status prerogativam prestante Domino voluerit promovere? Hic se tueantur novitatum inventores. Dicant, quod dicunt et quod certe intendunt, scilicet: ad melioris status prerogativam religionem nostram se velle promovere. Sed qualiter id, queso, si necesse est, fieri oportet? Ita nimirum, ut sacrosancte Romane auctoritatis sigillum non violetur. *Neque hoc* inquit auctoritas [2] *alicuius singulari iudicio committatur; sed omnium monasteriorum ad Babenbergensem ecclesiam pertinentium aut sanioris partis consilio ac consensu fieri debere sanccimus.* Iuste ergo, quod iustum est, exsequantur. Si quid adiciendum, si quid reiciendum temporum locorum aut personarum ratio postulaverit — quod utique pro salute et fructu animarum, pro melioratione et statu ecclesiarum et ordinis promotione plerumque

a. ordinetur *NC*, ordinentur *B*.   b. commutatur *N*, committatur *CB*.   c. sacratissimo — et om. *N*; recepi ex *CB*.

1. Data haec bulla est d. 23 Ian. 1139; v. Ussermann Ep. Bamb. cod. prob. p. 88.   2. bulla papalis.

fieri oportet — domini et patres nostri in tantum illi beate anime Ottonis deferant, in tantum etiam beati Petri sigillo deferant, ut illud consilio atque consensu monasteriorum omnium ad Babenbergensem ecclesiam pertinentium vel sanioris partis, prout sanccitum est, faciant. Sed mirum, quod nostro ordini contigerit, quod generale capitulum non admittit; cum Augustiniani, Cistercienses et Nortbertini hoc polleant honore. Omnia enim faciunt consilio, et ideo multa gubernantur sapientia [1]. O utinam Babenbergensis episcopii abbates, memores Ottonis sui, memores apostolice sanctionis et exemplo animati de aliis ordinibus abbatum et prepositorum, de suis quoque actionibus incipiant communi tractare consilio et formulam inire capituli. Profecto, si gnaviter se agent et se suosque sapientia gubernare volent et in his immorari, sicut[a] dicitur: *Beatus vir, qui in sapientia morabitur*[2], proficiendo proficient suique profectus multos cito imitatores invenient. Omnia magna a modicis ceperunt — ne forte de paucitate causentur — et Cisterciense capitulum, quod modo maximum est, a paucis cepit. Sed ea, que restant, his omissis, edicam.

21. In diebus ipsius semper honorande memorie Ottonis cathedralis ecclesie monasterium, quod sub antecessore suo[3] Deo permittente usque ad solos muros superstites conflagratum erat incendio[4], multis sumptibus ab eo ad pristini decoris nobilitatem reparatum est. Ipse pavimentum stravit; columpnas ecclesie, quas ignis afflaverat, opere gypseo et firmavit et ornavit; chorum sancti Georgii exaltavit; picturas quoque non ignobiliores prioribus effecit; et ne ultra similes formidare debeat eventus, totum monasterium et turres cupreis tabulis contexit[5]; speras c. 1127 quoque et cruces turrium deauravit; omnia denique edificia claustri per officinas singulas renovare et in meliorem statum promovere curavit. Quantum vero eidem ecclesie bonorum et

a. sicud *N*.
1. Cf. Prov. 13, 10. 2. Eccli. 14, 22. 3. Ruperto. 4. d. 3 Apr. 1081. Ekkehardi chron. (Mon. Germ. SS. VI 204) 1081: „Monasterium Babenbergense crematur in vigilia paschae". 5. administrante anno 1127 Wignando abbate Tharisiensi. V. Ebonis L. II c. 16 et 17 supra p. 642 n. 1.

prediorum preter ea, que a fundatoris liberalitate pridem habuerat, sua benignitate ipse superaddiderit, latior et lautior multo, quam fuit, testis est mensa canonicorum.

22. Nostra quoque sancti Michahelis ecclesia quid illi graciarum actionum debet! Nam illa structura vetus cum in cyborii[1] emisperio rimam haberet intrinsecus, ne forte collapsa monachos percuteret, quasi de occasione gavisus, destructo[2] veteri, sancto Michaheli maioris fabrice monasterium novum construxit; ipsamque rem fratrum talentis plus quam nonaginta reddituum per singulos annos cumulavit. Multa quoque ornamenta eidem loco contulit; quia hunc fidelissimo amore tamquam locum requietionis sue semper amavit ipsumque venerandi corporis sui gleba dotavit. Multa hic studio brevitatis pretereo, que huic et aliis cenobiis et ecclesiis suis ab ipso collata sunt in palliis stolis et casulis, in calicibus aureis et argenteis, in crucibus, in capsis, in urceis, in ampullis aureis et argenteis, in thuribulis et acerris, in candelabris et variis ecclesiarum utensilibus, in cortinis auleis et tapetibus, in libris utriusque testamenti et variis codicibus, quorum omnium tam ingens copia est, ut numerus existimationem videatur excedere. Mirumque est, ab uno episcopo tot locis tanta potuisse conferri. Sed hec omnia de fonte rei familiaris hauriens, Deo subministrante abundantiam, ipsum non exhausit. Quia, sicut fateri consuevit, quanto magis in opera Dei erogabat, tanto magis quod erogaret habebat. Nam licet totus in Deo fuerit et omnia sua in celestes thesauros premittere festinaret[3], ipse tamen, utpote prudens et potens, Deo que Dei erant reddidit et mundo quod suum erat non negavit[4].

23. Regibus quippe seculi super omnes regni pontifices honorifice ac fideliter domi forisque servivit. Principum quoque sibi familiaritates et amicitias intimas conciliavit; ministerialibus et feodatis ecclesie sue propria iura et honorem intemeratum conservavit; familiam denique et omnia sibi adherentia

1. concamerationis. 2. post 25 Mart. 1117. V. Ebo I 21 supra p. 612. 3. Cf. Luc. 12, 33. 4. Cf. Matth. 22, 21.

firmissimo pietatis presidio et materne affectionis ala confovendo protexit.

24. Stipendia episcopalis mense nullius umquam necessitatis occasione minoravit. Sed quod[a] de patrimoniali fundo ecclesie matricis propter adiacentiam et oportunitatem cenobiis contulit, empticiis et adventiciis prediis recompensare cum augmento ei curavit; quia de iniusto non posse fieri dicebat elemosinam. Iniustum autem immo iniuriam maximam esse affirmabat, aliqua largitione aut feodatione sine reconpensatione tabulam minuere successorum. Ad hanc ergo excludendam suspicionem, et ne cuiquam succedentium sibi episcoporum fas sit dispositioni eius quicquam superordinare vel ab ipso bene ordinata rescindere, sedes apostolica eius postulatione super his omnibus huiusmodi ei confirmationis privilegium porrexit:

25. „Calixtus episcopus servus servorum Dei venerabili fratri Ottoni Babenbergensi episcopo salutem et apostolicam benedictionem. Sanctorum patrum preceptis et canonicis sanctionibus demonstratur, quod predia et possessiones ecclesiarum, que vota fidelium procia peccatorum et pauperum patrimonia non immerito nuncupantur, vendi vel alienari non debeant. Que enim divine maiestatis obsequio et celestium secretorum usui sunt dicata, non decet in alienum ius redigi vel in alterius servitii formam transmutari. Nempe ut beati Symachi pape verbis loquamur: „Possessiones, quas unus quisque ecclesie proprio dedit aut reliquit arbitrio, alienari quibuslibet titulis aut distractionibus vel sub quocunque argumento non patimur". Eapropter nos, tuis iustis postulationibus annuentes, mansos, qui episcopalis mense tue servitio dediti sunt, in eodem statu, in quo bene a te dispositi cognoscuntur, futuris temporibus permanere presentis scripti nostri confirmatione sancimus; statuentes, ut nulli successorum tuorum vel alicui hominum liceat eos vendere sive in laicorum beneficium tradere aut in usus alios commutare. Sed sicut a te dispositum est, de uno quoque predictorum mansorum denarius unus annis singulis Babenbergensi ecclesie pro anima imperatoris Heinrici fundatoris eius ad concinnanda luminaria conferatur. Abbatias vero et regulares canonicas, per industriam tuam in religionis ordine stabilitas, et alia a te recte constituta, nulli hominum facultas sit in posterum immutare. Si quis autem contra hanc nostram confirmationem venire temerario ausu presumpserit, excommunicationis vinculo subiacebit. Data Laterani Idibus Aprilis, indictione secunda". 1124 Apr. 13

26. Rem quoque familiarem episcopii sicut prediis et possessionibus ita etiam edificiis et castrorum munitionibus adiuvit atque sublimavit. Nam per diversa loca et curtes episcopii quatuordecim basilicas et quatuor cenacula elegantis fabrice con-

a. quid N.

struxit. Preterea sex castella, que pridem non habuit, dominio episcopatus adiecit; unum videlicet Albuinestein, secundum Liupoldestein¹, tertium Geulenriut, quartum Hemphenvelt², quintum Ebersberc³, sextum Eskenvelt⁴. Castrum vero Albuinestein, quod etiam dicitur Botenstein, fere in meditullio situm episcopatus, octingentis argenti libris nec non septendecim auri talentis comparavit; providens in hoc et sibi et posteris non modicum pacis subsidium, quia bonis ecclesie in circuitu positis defensio est et terror inimicis. Multa quidem commemorare possem, que illius studio ac labore in rebus temporalibus episcopatui accesserunt; sed parcius hec laudanda puto. Quia pene omne genus hominum acquirendi studiosum est et sua cumulandi; neque, ut id faciant, egent exemplo, sed ne male id faciant. Hic ergo non in eo quidem magno opere laudandus, quod rem familiarem querere et augere sollicitus fuit; sed hoc in eo non temere laudatur, quod his rebus niteretur*, a quibus abesset turpitudo et avaricie suspicio, diligentia videlicet et frugali parsimonia. Que sane hinc adverti potest:

1131-1139   27. Tempore quodam in domo episcopali domestice, habens renonem forte nuper emptum, vestiebatur; videns et probans, si apte sederet corpori. Et ecce Bruno⁵, quondam Argentinensis episcopus, eloquio et moribus adprime festivus, adveniens: *Bene est* inquit *bene est. Senior noster bonum habet pellicium.* Erat autem ad oras capicii et manicarum modice vulpinis adumbratum; nam cetera pars cute leporina constabat. Et episcopus: *Sic est* inquit, *sed miserum me, caro michi venit; bis binis unciis constat.* Videsne, qui tam benignus in alios extitit, quam parcus in semet ipsum fuit? Non in veste, non in cibis rebus episcopii unquam indulgentius uti voluit; nec voluptati sed necessitati sue tantum providebat. Quin etiam aiunt,

a. niteretur *addidi.*

1. Leupoldstein a Forchheim ad orientem.   2. Henfenfeld prope Hersbruck, a Nurinberga ad orientem.   3. a Bamberga ad occidentem.
4. Eschenfelden, ab Erlangen ad orientem, ab Auerbach ad meridiem.
5. qui ex canonico Bambergensi a. 1123 factus episcopus Argentinensis, abdicato a. 1131 episcopatu, Bambergae mortuus est d. 10 Iul. 1162.

illum humilitatis causa ocreas vel subtalares dissutos plerumque ad sartorem misisse. Murmurantibus autem de hoc aliquibus: *Sinite* inquit *fratres, sinite; res episcopii elemosine sunt fidelium; vanis usibus eas profligare non debemus.*

28. Hec in vestitu ei frugalitas fuit; at in victu quomodo se restrinxerit, vix ulli credibile videbitur. Nam dixisse hunc pro certo accepimus, nunquam se ad sacietatem panem in episcopatu comedisse. Semper enim sobrius ac pene ieiunus de cena vel prandio surrexit; apposita omnia infirmis pauperibus ac mendicis inpertiens. Quodam ieiunii tempore multa piscium penuria fuit. Sed quidam procurator eius lucium parve quantitatis, emptum duobus solidis, prandenti adtulit, bene paratum; modeste obsecrans, ut se uberius reficeret vel cibo, qui tam magno constabat. Cui episcopus: *Quanto?* inquit. Procurator: *Duobus* ait *solidis.* Et episcopus: *Absit, ut miser Otto solus hodie tot denarios absumat.* Levansque discum: *Defer* ait *hunc preciosum cibum Christo meo, qui michi me ipso preciosior esse debet; defer, inquam, ei, sicubi egrotus in lecto iacet vel paralyticus. Nam ego robustus hoc me pane reficiam.* Sic ille in opulentia sua deliciis affluebat.

29. Preterea in consuetudine habuit, a manibus sacerdotum in conclavi corporales accipere disciplinas, sane adeo acres, ut cruor aliquando latera eius tingeret. Ipse quoque pater celestis, qui ait: *Ego, quos amo, arguo et castigo*[1], suo interdum verbere ad eruditionem eum tangebat.

30. Referam unum de flagellis eius, causamque sive ordinem 1112-1123 monstrabo, quidve inde boni provenerit. Dum forte in vico, qui dicitur Buchenbach[2], divinarum rerum studiosus, cartulam patrociniorum legisset et in ara ecclesiole multas et permaximas sanctorum reliquias reconditas agnosceret, ad nobiliora loca eas transferre cogitabat, ubi ampliori honore divine servitutis a religiosis colerentur. Itaque assumptis clericis, ieiunio et oratione premissa, pia ut dictum est intentione sigillum altaris solvi precepit. Sed hesitantibus cunctis ac trepidantibus, ipse ferramen-

1. Apoc. 3, 19.   2. Pűchenbach a Bamberga ad orientem.

1112-1123 tum corripiens: *Absit* inquit *ut tantum decus sub tam vili scemate remaneat.* Cumque bis aut ter sigillum malleo percuteret, sanguis de cistula plumbi cucurrit acsi de corpore animalis. Sed quid? Turbatur episcopus, ferramentum proicit[a], stupent omnes, opus ceptum omittitur, ad orationem tam ipse quam omnes qui aderant se prosternunt, commissi veniam postulantes. Sed Pater omnipotens sapiens et benignus, qui ad disciplinam filium erudire parabat, gravi statim languore tetigit Ottonem suum, adeo ut vite terminum putaret. Igitur invalescente morbo cum evadere non speraret, eum, quem maxime fidum ac familiarem habuit, abbatem Sancti Michahelis Wolframmum[1] vocavit, ut, sive ad vitam sive ad mortem res vergeret, fide et obsequio fidelis amici uteretur. Qui dum eius lectulo assisteret eiusque dolores modis quibus poterat relevare curaret, Otto beatus, monastice religionis precipuus amator, habitum monachi ardentissime flagitabat; a multis annis se dicens in proposito habuisse, depositis pontificalibus in paupertate spiritus et contritione cordis Deo servire sub magistri obedientia. Verum abbas, vir gnarus ac prudens et magni consilii, obedientiam quidem egrotantis suscepit, desiderium laudans ac petitionem; porro de habitu distulit ingeniose. Hinc post aliquot dies melioratur egrotus. Voti memor, habitum querit religionis; disponit de rebus suis; ad monasterium se portari mandat. Abbas igitur, letus de fervore votivi sui, adhibitis sui nominis compluribus honestis viris, de hoc verbo cum eis communicat. At hi quidem, perspectis omnibus, inutile factum dicunt: personam talem, ecclesie et pauperibus Christi tam necessariam, ad silentium monasterii transire. Itaque cum reverentia episcopum interrogat, si promissam sibi obedientiam implere vellet. Ille vero: *In eius* inquit *nomine, qui pro nobis Deo patri usque ad mortem obedivit*[2], *tibi obedire paratus sum.* Cui ille: *Et ego* inquit *in nomine ipsius tibi iubeo, pater sanctissime, sub onere accepti regiminis usque ad diem vocationis tue permanere, ad honorem et utilitatem ecclesie, ad consolationem*

a. proiecit *N*, proicit *CB*.
1. 1112—1123.   2. Philipp. 2, 8.

egenorum et pauperum Christi, in sublevationem viduarum et or- 1112-1123
phanorum; facere, sicut facis, ad consummanda cepta tua in operibus bonis; et ut brevius dicam, facere quod facis, operari quod operaris pro eterna vita et centuplo[1]. Quis enim monachorum tante perfectionis est, ut eius merita vel paupertatem tuis divitiis adequemus? Igitur post hec tempora episcopatus Babenbergensis totus in elemosinas, totus in hospitalitates pauperum et peregrinorum versus est. Quicquid frumentorum aut victualium, quicquid auri vel argenti usquam vel unquam inveniri potuit, per egentium manus in thesauros celi transmissum est.

31. Eo tempore orientalis Francia sterilitate annorum magna 1125 panis inopia laborabat[2]. Ipsi namque opulentiores famis etiam extrema necessitate squalebant; inopes et mendici passim per plateas et agros mortui iacebant, ita ut pre multitudine in cimiteriis humari non possent. Sed vir Dei misericordia plenus, memor Tobie[3], modo per se modo per alios sepeliendi officium conplevit. Ubi autem cadaverum multitudo sepulturam ordinatam fieri non sinebat, ingentes fossas preparavit, et centenos ac millenos simul quandoque terre mandabat, precio conducens homines, qui talibus officiis iugiter inservirent. Ipse autem per se omnia lustrabat, vicos plateas ac domos pupillorum, vespere mane et meridie nec non etiam nocturno tempore visitando egros, reficiendo famelicos, omnique ingenio bene operandi vias inquirebat.

32. Accidit ergo die quadam estu meridiano, quando intus in umbraculis et refrigidariis suis soporantur homines, episcopus, accito cubiculario more suo, ad hospitale pauperum pergebat. Dum autem iret, fetor inhumati corporis non procul a via desub urticis nares eius tetigit. Substitit ergo et cubiculario suo digito locum demonstrans: *Sentio* ait *tamquam illic corpus humanum iaceat*. Pergente puero, sequitur episcopus; diligenter querunt ac tandem inter herbas et silvam stantis urtice proiectum ad sepem cadaver inveniunt mulieris, lacero vultu et ab avibus comesto. Episcopus, conspecta miseria, ferit pectus, sortem deflet

1. Matth. 19, 29.   2. Cf. Ekkehardi chron. 1125, Mon. Germ. SS. VI 264. 265.   3. Tob. 2, 3. 4.

1125 humanam, flagellum divini confitetur iudicii. Postremo se ipsum culpabilem, se reum addicit, qui ea die, qua hec fame perisset, multis panibus habundaret. Dehinc, dicta breviter oratione pro anima iacentis, manum mittit ad corpus, cubicularium hortatur levare[a] secum. At ille: *Noli* ait *domine, noli sacras manus tuas inquinare; curram et vocabo alios ac sepeliemus eam.* Cui episcopus: *Absit* inquit *ut sororem meam, filiam Ade immo filiam ecclesie, tangere despiciam. Portabo mortuam, quam vivam pavisse debueram. Sed tu, rogo, iuva me; certus, quod a Deo et a me quoque mercedem accipies.* Ille autem, etsi horrore pariter et fetore propelli potuisset, tamen, dum luctantem et laborantem ipsique oneri humerum iam aptantem videt, vicit semet ipsum; et clausis naribus aversoque vultu, dorsum invise subiecit sarcine; et cum episcopo communicato labore, ad cimiterium cadaver fetidum deportant, cantante ac flente sacerdote: *Heu michi*[1], *Domine, quia peccavi nimis in vita mea. Quid faciam miser, ubi fugiam nisi ad te, Deus meus? Miserere mei, dum veneris in novissimo die.*

33. Videns ergo, quia tempus eum movet[2], omnes apotecas suas aperuit, panes preparat, alit egentes. Et ecce quasi ad universales nundinas de tota provincia famelicorum turbe concurrunt, de monasteriis virorum ac feminarum prepositi ac dispensatores, omnesque quos annorum egestas premebat, ad promtuaria episcopi currunt, sperata subsidia sine mora invenientes.
1126 Cumque messis appropinquaret et mature iam segetes ubique locorum falcem postularent, multa milia falcium pauperibus, quos toto anno aluerat, preparata distribui fecit. Atque refectis omnibus, in festivitate beati Iacobi: *Ecce* inquit pater optimus *filioli mei, terra coram vobis est, finita est dierum malitia.* Et accipiens singulas falces, singulos addidit denarios: unicuique denarium et falcem, instrumentum operis et viaticum. Sicque vale-

a. levavare *N.*

1. De hoc responsorio v. Rituale Romanum „officium defunctorum" (in secundo nocturno). 2. Cf. 1 Maccab. 12, 1: „Et vidit Ionathas, quia tempus eum iuvat".

fecit eis, in bonitate et gaudio eos dimittens. Is modus, id officium ei fuit omnibus annis inopie ac sterilitatis.

34. Dux Polonie Bolezlaus[1] omnesque meliores terre illius summa ei amicitia iuncti erant. Frequenter ei salutatorias litteras mittebant, donariis suis eum magnifice visitabant, meritis ipsius ac precibus se apud Deum iuvari posse plurimum confidentes. Alii quoque principes ac divites de omnibus terris, audientes famam operum eius, audientes elemosinas et largitates eius circa egentes, multa ei sepenumero ingentia dona mittebant; socios se fieri et conparticipes studiorum eius, devote postulantes. Quadam vice tegimentum nocturnale mirabilis precii, de serico auro et megalina[2] pelle confectum, inter alia dona ei allatum est. Ipseque auctor doni, specialis amicitie signum hoc esse nuncians, obnixe rogabat: ut in recordationem sui eius usum dignaretur. Neve de profligatione rei causaretur, devote promittit: hoc detrito vel paramper absumpto, aliud se transmissurum. At presul, accepta veste, plicat eam ac replicat et diligenter undique perspectam vestiario suo commendat. Dein portitoribus et legatis sub persona mittentis reverenter inclinat, gratiasque agit dicens: *Siquidem munus hoc magne dilectionis testimonium est. Et ego in memoriam datoris imperpetuum illud servare curabo; ita sane, ut nec fures michi furentur, nec tinea demoliatur vel erugo*[3]. Habebat autem cognitos et ex nominibus propriis notatos omnes paralyticos languidos cancerosos seu leprosos de civitate sua, modum tempus et qualitatem languoris eorum ipse investigans; congruaque subsidia omnibus providebat et curatores. Vocato ergo vestiario: *Tolle* ait *preclarum illud et carum michi tegimentum ac pone super illum paralyticum;* nomine unum designans, quem sciebat longis doloribus adtrectatum ulceribus scatentem et vermibus, cuius fetorem vicinia tota perhorrebat. Abiit ille ac mandatum implevit pontificis et delicatissima veste miserrimum illum cooperuit, mirantibus ac stupentibus omnibus, qui hoc videre potuerunt.

Sefridus: Huius rei ego testis sum. Sed confiteor pecca-

1. III.   2. murina.   3. Matth. 6, 19. 20.

tum meum. Illis diebus sic affectus eram, ut hoc idem factum deliramento conpararem. Sed non solus ego de hoc murmurabam. Erant complures, maiores me ac nobiliores, talia dona de manibus illius accipere consueti, qui, spe huius delusi, vix ab iniuria linguas* tenuere; aientes, non opus esse megalinis tegi pellibus leprosos et paraliticos, quibus utique ovium aut leporum vestimenta sufficere potuissent. Sed nunc scio, prudentiam sancti viri duplici hoc ratione fecisse; scilicet: ut exemplum misericordie in pauperes memoria dignum posteris ostenderet et inpresentiarum curatores egroti de precio vestis solatia perciperent.

 Tiemo: Recte interpretatus es rem.   Sed novimus aliquos episcoporum, qui b, si hanc vestem corpori proprio subtraherent, sanguini 1 fortasse non negarent. Qui, terrene sapientie dediti, tales sumptus 2 fatuitatem vocant; qui, cor trahentes in terra, lingua celum pulsant; qui terrenum habent fundamentum, rem suam humanis presidiis tutandam putant, moles turrium et inertem massam murorum multis sumptibus coacervantes, spiritualia munimenta flocci pendunt.   Verum Ottoni beatissimo non ea mens erat. Omnem fiduciam suam in divinitatis ope collocabat. Castra quidem et urbes ad terrenos usus quandoque patrabat, sed longe maior ecclesiarum vel monasteriorum ei cura fuit.   Que res etsi probatione non egeat, eo quod manifesta sit, tamen, quia in mentem venit, rem parvam dico, unde cordis eius directio altius intelligi possit.

 35. Faber quidam peritissimus, de arte sua episcopo innotescere cupiens, telorum ac diversi generis sagittarum ad opus bellicum mirabiliter preparatarum, sportam plenam apportavit; ut in urbibus et propugnaculis episcopi futuris necessitatibus servari debuissent.   Episcopus vero gratias quidem egit homini pro munere, dignam mercedem illico rependens; sed manu propria unam levans, que triplici acie ac longo acumine visu etiam terribilis erat: *Quare* inquit *istam tam longam, tam subtilem,*

 a. lingwas *N.*   b. qui *addidi.*
 1. i. e. „viris sanguinum" (cf. Ps. 25, 9); militibus. Cf. ea quae sequuntur.   2. pauperibus factos.

tam acutam fecisti? Faber: *Tales* inquit *facimus ad penetrandas loricas et clipeos; inpulsu enim baliste tales sagitte nec scuto nec thorace tueri sinunt hominem.* Episcopus: *Ego* inquit *agam, ut mortales se de his non interficiant*[a]. Iubetque levari omnes simul, sicut erant in cophino, portitoribus dicens: *Ferte eas abbati Hermanno*[1]; *rogantes diligenter, ut eas mei causa in opus Dei expendat, ne mortibus hominum coaptentur.* Habebat autem abbas opus in manibus, tectum videlicet consummati monasterii nostri. Acceptis ergo sagittis, patula retro haurimenta omnibus convolvi iussit; ac de nobilissimis sagittis clavos tegularum fabricans, tecto ecclesie illos coaptavit. Que res quidem, tametsi magna non est, magne tamen bonitatis indicio valet. Sicut enim ex habundantia cordis sermo[2], ita etiam ex eadem actio dirigitur. Exterior enim homo celare non potest, qua dispositione interior inbutus sit. Fraglant enim ad proximos per exteriorem studia hominis interioris. Verum ego cuncta singillatim, que ipsius sunt, perstringere non potero. Unum tamen adhuc narrabo, quo eius diligentia et ingenium, quod habuit ad bene agendum, magis clarescat.

36. Quidam economorum eius Rudolfus, vir bonus ac prudens, ad eum propter causas domesticas veniebat. Cumque pro explicandis rebus aliquamdiu apud eum moraretur, episcopus, more suo egressus visitare xenodochium, stabulum transivit economi[b]; vidensque duos equos fortes et eleganti corpore, a comitantibus, cuiusnam sint hi, inquirit. Dicunt ei, hos esse procuratoris sui. *Bene;* inquit *magni sunt et fortes; certe portare habent precia et redemptiones captivorum in terram Pomeranorum.* Audierat enim, quosdam de baptizatis suis in captivitatem barbararum gentium fuisse abductos[c]. Sublatis ergo equis, economus[d] re agnita ad episcopum venit, de via sua et negociis suis insinuat, equitaturas repetit; quas si rehabere non possit, ad omnia se impeditum dicit. Cui episcopus: *Non irascaris, obsecro.*

a. interficient *N*.   b. enconomi *N*.   c. in captivitatem — abductos *scripsi pro* in civitatem — captivatos *NB*.   d. enconomus *N*.

1. abbati S. Michaelis 1123—1147.   2. V. Matth. 12, 34.

1125-1139 *Lucrum quoddam et negociationem cogitavi; esto socius meus. Agamus pariter, ut de fructu et lucro actionis pariter gaudeamus. Decem equos pannis oneratos in Pomeraniam missurus, opera tua indigeo. Omnem igitur annonam, que ad usus nostros in partibus Saxonie reposita servatur, inargentabis; insuper omnes pecunias de redditibus earundem partium ad nos pertinentium, quas colligere poteris, cuncta simul ad nundinas Halle portabis. Nosti etenim nobiles puros et preciosos pannos, in terra Pomeranorum caros, frugi mercatu Halle*[a] *inveniri. Igitur quicquid ex prefata pecunia fustani et purpure, brunati, fritsali quoque seu alterius cuiuslibet optimi generis vel coloris pannorum coemere poteris, in sacmas*[1] *concludes. Aliasque species, gloriolas et res pulchras emens, omnia his iumentis in Pomeraniam diriges, partim dona maioribus; reliqua vero, cauta venditione habita, precium captivis, quos in barbaras nationes abductos constiterit. Hec autem si, ut dictum est, ita exequi potuerimus, nec*[b] *tu nec ego fructu inanes ac sine mercede in futura vita remanebimus. Hac etenim occasione equitaturas tuas abstuli.* Abiit homo; et quia fidelis ac strennuus erat, omnia, sicut episcopus ordinaverat, haut segniter implevit. Munerantur honestiores; institor Ottonis laudatur, forum eius ac distractio populo rudi ammirationi fuit et exemplo; cunctique certatim rapientes res duplo emebant, tum pro dilectione pontificis tum etiam quia precium sciebant esse redemptionis.

37. His omnibus ad votum episcopi explicitis, eundem eco-
1131-1139 nomum mittit ad regem Hunorum, illum beate semper memorie Belam[2], qui — a patruo suo Colomanno rege cum patre suo Almo duce in diebus adolescentie luminibus privatus — postea in regnum sublimatus est; oculisque fidei ac sapientia mentis preditus, rem publicam Ungarorum per annos plures gnaviter amministravit. Certus itaque de strennuitate ac prudentia Rudolfi, qui ad omnia studia misericordie sedulus ei minister erat,

---

a. Haue *N*, Halle *BR*.   b. nec — inanes *om. N; recepi ex BR*.

1. sagmas.   2. II 1131—1141.

episcopus, cuius memoria semper in benedictione sit*, ad regem 1131-1139
predictum Belam, magnum elemosinatorem, cum litteris ac donariis eum direxit: parare amicicias et notitiam societatemque
ac parilitatem studiorum in operibus misericordie, accendere hominem sanctum ad desiderium future expectationis, ad gaudium
eterne vite atque beatitudinis. Bela ergo, accepto nuncio auditisque litteris episcopi, spirituali gratia et divina consolatione
plenis, letificatus est valde. Atque in festivitate paschali — que
apud Ungaros etiam propter ipsius terre maximam ubertatem
multa epularum largitate splendide ac delicate celebrari solet —
magnifice habuit nuncios Ottonis; vitam eius, conversationem
statum et opera crebro interrogans. Miraturque omnia, que de
illo audivit; magne felicitati asscribens, quod talis viri notitiam
per nuncios dona et litteras accipere meruisset. Consummatis
ergo diebus, cum tempus esset dimittendi legatos, multa devotione sacris orationibus beati viri rex sese commendans, dona
multiplicat, vasa aurea et argentea et vestes preciosas mittit,
insuper viginti libras excocti auri; specialiter obsecrans, ut has
in aliquos divinos usus in recordationem sui expendere dignaretur. Episcopus ergo, acceptis donis et auro, nil moratus
Beato Michaheli hoc optulit, crucis decus in nomine Salvatoris[1]
de hoc fieri mandans; additque de suo auri quantitatem et gemmas. Et clusorem conducens, insigne, trecentas argenti marcas
valiturum, ad honorem Dei et utilitatem ecclesie fabricatus est.

38. Sed quia beati Bele Ungarici regis mentio incidit, pauca
de filia eius Sophia, que in proposito virginitatis sub sacro velamine inter sanctas virgines Admuntensis monasterii laudabiliter degit[b], ad edificationem narrare incipiam. Hec etenim
ante annos nubiles petita est in matrimonium Heinrico puero,
Teutonicorum regis Cunradi[2] filio primogenito. Bela ergo cum
sepe rogatus tandem acquievisset[3] hanc illi dare, et nuncii pro 1139
Iun. 11

a. *In codd. (NBR) haec ita confusa sunt:* certus itaque de strennuitate ac prudentia Rudolfi epi (epc R), cuius memoria semper in benedictione sit, qui ad omnia studia misericordie sedulus ei minister erat.   b. elegit N, degit BR.

1. de hac „cruce Salvatoris" cf. etiam Ebo I 17 supra p. 604.   2. III.
3. die 11 Iun. 1139; v. librum meum: Geschichte des deutschen Reichs unter Conrad III p. 83 n. 40.

1139 ea venissent archiepiscopi et episcopi aliique primates de regno
Iun. 11 Alamannie, ut iuxta imperialem magnificentiam clare ad nuptias
duceretur, hoc ordine, hac oratione ad sponsalia eam direxit:
*Domine, Deus celi ac terre, tu omnia vides, ego autem nichil
video. Tua enim ordinatione, sicut voluisti Domine, cecus factus
sum; sed tu vides omnia, vides abdita cordium, vides presentia
preterita et futura indifferenter.* Et manus ponens super caput
filie: *Hec* inquit *Domine, michi unica filia est; hac me sola fe-
minea prole in tua miseratione beasti; hanc hodie te teste, te
invocato in auxilium nostrum, ad nuptias mitto; hanc te comitante presentibus nunciis committo, tali fixa inter me ac te, domine Deus, conditione, ut nunquam eam deseras. Et si forte
is, qui eam petit filio suo, domnus imperator Cunradus, umquam
mali quicquam adversus eam cogitaverit, tua in protectione tibi
hanc commissam habeas.* Ad legatos autem: *En* inquit *coram
vobis est; tollite filiam meam, ducite hanc imperatori vestro.
Et quia mea vita ipsa michi carior est, omne quod carum vel
preciosum habeo cum ea transmitto.* Iussitque portari omnia regalia sua, capellam suam totam cum patrociniis sanctorum, cum
universis paraturis et utensilibus aureis et argenteis, cum tentoriis et papilionibus, cum iumentis optimis ad subvectionem
rerum, insuper aurum et argentum absque ulla estimatione[1],
dona genero suo ac filie. Et apprehendens scrinium, in quo erat
patrocinium beati Blasii, statuit super hoc filiolam; dehinc ad
legatos: *En* inquit *filiam meam cum patrono suo in hec verba,
ut locutus sum, in nomine Domini vobis presento.* Igitur
abeuntibus nunciis, exita iam Ungaria, cum ad Thaurum montem Carinthie propinquassent, imperator[2] Cunradus, obviam eis
mittens, ad sacras virgines Admuntensis monasterii dominam
cum duabus puellis suis, interim collocari fecit; donec, oportuno
tempore sollempni habita curia, convenienti honestate ad nupti-
alia sacramenta vocaretur. Dona vero et omnes divitias, que al-
late cum ea fuerant, sibi apportari fecit. Itaque, diversis ne-

---

1. Cf. Gesta archiep. Salisb., Mon. Germ. SS. XI 44: „Sophia — cum inestimabili pecunia transmissa". 2. immo rex.

gociis occurrentibus, que regum etiam animos a proposito retardant[1], rem explicare impeditus est. Puer etiam, infirmitate preventus, domina in monasterio permanente, hominem exivit[2]. Bela quoque requievit in Domino[3]; et filius Giso[4] ei successit in regno. Qui videns, frustratas esse nuptias sororis sue, nuncios misit, ut reducerent eam. Sed illa noluit redire. Secundo et tercio misit; sed illa venire noluit. Ad extremum reputans apud se, vi fortasse teneri a rectoribus monasterii sororem suam, indignari cepit adversus locum, et nisi quantocius ei redderetur, excidium vastationemque minari. Sed virgo, castissima mente et corpore, ad omne bonum disposita, Deo magis quam seculo adherere cogitabat; apertisque hostiis claustri — cum abbas[5] in eius deliberatione posuisset, intus manere vel ad nuncios fratris sui foras egredi — intus manere delegit et a proposito virginitatis nunquam recedere. Rex vero, nimio affectu germanitatis circa sororem suam afflictus, cum secundum seculi huius magnitudinem eam sublimare vellet, modo vi modo astu et ingenio eam teneri querebatur; habitoque cum necessariis suis consilio, ire parat in manu forti eam liberare. Sed viri prudentes et magni, quos in consilio suo habuit, regem monebant: non ab re nec cito regno Teutonicorum inportari bellum oportere sive causas belli; optimum factu esse, ut, missa persona publica et honesto comitatu, cum decore ac disciplina dominam repeteret; que si inordinate negaretur, iustas tunc fore[a] causas commotionis. Sed quid multis? Licet egre fracto animo suo, rex audivit consilium; mittit ducem unum, virum fortem, cognatum suum et amatorem glorie sue, et cum illo militiam magnam. Et ecce ventum est Admunti. Abbas vero et fratres, conspecta multitudine et potentia legati, rem serio agi vident; turbantur, presidia orationis querunt. Dein egressi ad legatos, responsa tiranni tristes accipiunt, scilicet: aut reddant puellam aut graves

a. forte *N,* fore *CBR.*

1. Conradus III enim m. Aprili a. 1150 legatum misit Constantinopolim ad conciliandas nuptias inter Heinricum regem et Emanuelis imperatoris filiam. V. Wibaldi ep. 243 supra T. I p. 363. 2. anno 1150. 3. iam anno 1141. 4. III, 1141—1161. 5. Godefridus, 1137—1165.

1150 Ungarorum inimicicias experiantur. Abbas vero Admuntensis — vir digne auctoritatis, gnarus ad omnia et multo pollens consilio, meritis ac religione decus et firmamentum monastici ordinis — ad verba legatorum hèc paucis: *In hac causa* inquit *nichil a nobis perperam actum est aut agetur. Sed hodie curam corporum vestrorum, quia itinere fatigati estis, velim agatis. Crastina dies negocium vestrum expediet.* Itaque lauto epularum apparatu multaque diligentia eis ministrabat. Sequenti vero die abbas ad legatos: *Et quid* inquit *facietis, si domina vestra sponte sua vobiscum venire noluerit? Numquid invitam abstrahetis? numquid nolenti et renitenti violentas manus inicietis? Si quidem hoc regibus ac reginis extremum dedecus est, vi trahi ad quod nolint, et subici, quando non velint, atque aliene voluntati seu violentie mancipari, non puto id convenire ingenue libertati.* At illi: *Sic est* inquiunt *et nos eam libertati sue restituere venimus, et non vim inferre sed obsequium prestare ad suos redeunti. Denique si ab indigna coactione soluta sueque libertati restituta fuerit, sane quidquid*ᵃ *propria deliberatione delegerit, neque nos neque vos prohibere debemus; et dominus noster rex Ungarorum invictissimus indecenter vel contra decus regii sanguinis habitam germanam suam couterinam causari non poterit.* Placuit sermo abbati et fratribus. Et venientes in atrium basilice ante fores claustri, quo virgo sacra cum virginibus sacris clausa degebat, duos globos faciebant, seorsum legati et milites populusque multus qui ad spectaculum venerat, et seorsum abbas cum fratribus et monachis. Reserantur postes, ianue claustrales panduntur, regina exire ad nuncios rogatur. Negat illa; nichil sibi et eis dicens; lege se loci limen ianue, nisi morte obita, non esse transituram. Docetur ergo, quid inter abbatem et legatos sententie ac rationis de ipsa constiterit; illam desub claustris in apertum egredi oportere, liberamᵇ fieri, coactione solvi; ceterum in eius arbitrio locandum, quam viam postea sibi arripere velit. At illa, corpore femineo viriles animos gerens, ubi videt, quia sic necesse est, neque aliter litem decidi posse, pede

a. quid quod *N*, quicquid *CBR*.   b. liberam — solvi *om. N; recepi ex CBR*.

suo super limen posito: *En* ait *sancta Maria, domina mea, patrona mea, mater domini mei Iesu Christi, sponsi mei, salva gratia et pace tua, te duce, te comitante, limina tua transeo, te adiuvante et protegente cito reversura; tibi commendo causam meam, virgo virginum. Et tu, beate Blasi, martir Christi, patrone Admuntensium, domine ac dominator loci huius, qui me a parente meo tibi commendatam divina ordinatione in hec tua tecta suscepisti peregrinam, obsecro, ne me derelinquas.* His dictis flebant virgines, flebant monachi et fratres; egreditur illa, modesto ac lento gradu in medium tendens. Stabant legati inmobiles, vestes tantum ac purpuram gemmasque preciosas in seculi cultum ei allatas offerentes ac protendentes ad regine animos polliciendos. Omnes igitur qui aderant inmoti stabant, avide spectantes et operientes, quid esset factura, nullo ei aut hinc aut inde propinquante. Sacre autem virgines stabant ardentissime flentes et orantes, admodum verite, ne quavis occasione tantum decus societatis amitterent. Itaque, ubi libertatem et absolutionem suam in medio posita satis omnibus ostenderat, ad nuncios conversa, regia virgo modeste inclinans, valefecit eis. Dein via qua venerat ad sorores rediens, clara voce, multam conpunctionem omnibus excitans, cantare cepit: *Regnum mundi et omnem ornatum seculi contempsi*[1]; succinentibus ceteris virginibus, que illam in limine stantes operiebantur, succinentibus et monachis et prosequentibus eam in gaudio et lacrimis usque ad introitum ianue. Omnis quoque populus voces et laudes dedit in excelsum, gratias agens Deo, quod virgo nobilis et tenera tam virili mente seculi delicias abiecisset. Nuncii quoque non minus aliis Dominum magnificabant; omniaque ornamenta seu vestes, quas ad usum seculi ei portaverant, monasterio conferunt; et regine valefacientes eiusque orationibus se commendantes, in pace et gaudio ad dominum suum revertuntur; ut gesta erant, omnia referentes. Mitigatus est rex, ultra desinens a proposito suo revocare illam. Hec de initio con-

1150

---

1. De hoc responsorio v. Pontificale Romanum; „De benedictione et consecratione virginum".

1150 versationis beate Sophie, quoniam occasio data fuit, reticere non potui.

Sefridus: Grata nimis et accepta digressio. Nempe auri occasione gemmam acceptabilem tue narrationi affixisti.

39. Sed redi, obsecro, ad Ottonem nostrum; qui, omnibus hominibus omnia factus[1], precipue autem nobis monachis non solum pater sed, ut verius dicam, mater fuit.

Tiemo: Cedo inquit[a]. Nam et tu me ad viam revocasti. Senes nostros ut patres venerabatur, iuniores vel pueros ut filios diligebat; inter nos quasi unus ex nobis ambulabat. Immemor quandoque potentie ac magnitudinis persone sue, prespiteris ad altare ministrabat, modo stolam offerens, modo cingulum porrigens preparandis; aquam etiam manibus illorum manu propria fundens, calicem prebens et ad cetera ministeria sese plerumque de inopinato ingerens, miris modis omnium in se affectus excitabat. Omnes nos facie ac nomine notos habere volebat, singulorum causas vel statum, defectus vel profectus nostros diligenter investigans; curaque de omnibus non modica ei fuit. Quid dicam de multimodis humanitatibus, omnibus ac singulis nobis indesinenter ab eo exhibitis[b]? Etiam fratribus ad refectionem considentibus cibos optimos, suis sumptibus preparatos, manibus propriis nobis intulit, suscipientium manus caro affectu deosculans. Nonnunquam etiam, expleta ferculorum positione, conviva nobis idem ac minister assedit, nobiscum convescens optentu propagande caritatis.

1121   40. Quodam tempore dum monasterii nostri consummatio dedicationem expectaret[2] et omnia, que huius officii ratio postulabat in corporalibus et spiritualibus, laute ac diligenter preparata fuissent, omnibus in expectatione positis, presul grandevus molestia corporis laborare cepit[c]; adeoque infirmatus est, ut ad opus consecrationis vires minime haberet et[d], misso nuncio

a. Tiemo Credo inquam NB, Tiemo Cedo inquam C.   b. exibitis N, exhibitis C.   c. in margine N addita haec sunt: Nota. Illo tempore erat in Botenstain. d. et addidi.

1. 1 Cor. 9, 22.   2. a. 1121.

in vigilia beati Egidii, ad aliud tempus dedicationem transfe- 1121
rendam statueret. Sed quia parata erant omnia et cupientibus Aug. 31
animis omnis dilatio invisa est, duplici merore ecclesia turbari
cepit, pro languore videlicet episcopi et pro frustrato desiderio
expectate consecrationis. Quocirca orationes non cassas mittunt
ad Dominum, vires ac sanitatem presuli obnixe postulantes.
Igitur meridiano tempore, in lecto recubans et paululum sopore
pressus, puerum coram se per sompnum ludentem et saltantem
videt episcopus, ac de psalmo versum crebro cantantem: *In domum Domini letantes ibimus*[1]. Expergefactus vero egros quidem
artus fortes invenit et vegetos, corpus levat, sentit gratiam sanitatis redisse[2]. Cubicularios citat, interdictum consecrationis
mutat, proximaque die, in festivitate sancti Egidii, sicut antea Sept. 1
voluerat, in magna tocius ecclesie letitia dedicationem peragit,
Domino sibi vires amministrante.

41. Beatus Otto, tam morbo quam senio exhaustis viribus 1139
corporis, in dies dissolvi cepit et labore infirmitatis continue ad
laborum finem tendere. Itaque cum sese, acrius premente languore, in proximo ad Dominum speraret migraturum, illud sibi
amicum semper ac solitum opus elemosine tanto ardentius exercuit, quanto illi constabat, quod diu illud exercere non posset.
Omnia igitur loca, omnes domos et curtes circa illum positas,
immo totam civitatem peregrinis et pauperibus repleri. Videres viduarum et orphanorum longa examina, clericorum et monachorum
intrantium et exeuntium multitudinem, pii, ut ita dicam, mer-
catoris, iam abire parantis, sanctissimas nundinas frequentantium.
Quid enim nisi forum sacrum aut nundinas sacras dixerim, ubi
terrenis celestia, temporalibus eterna bona comparantur? Fervebant sane circa illius lectum celi terreque negocia sancta; et
Martha, semper sollicita et diu turbata[3] circa multa et innumerabilia humanitatis officia, nec — languida iam mortique vicina — cessavit ab operibus suis plurimis, propter unum quod
sciebat esse necessarium[4]. Cum abbatibus enim et prepositis,
cum procuratoribus et dispensatoribus suis de omnibus ordina-

1. Cf. Ps. 121, 1.   2. Cf. Ebo I 22.   3. Luc. 10, 41.   4. Luc. 10, 42.

1189 vit; ecclesias et cenobia, hospitalia infirmarias et diversoria sua intima retractatione digessit; singulisque, prout oportunum videbatur, sumptus et necessaria supplevit. Cerneres iam oleam uberem et fructiferam[1], solita ubertate uberiorem et copiosissimis fructibus onustam, totam sese carpentium manibus inclinare. Et re vera mirum valde est, quod hec inexhausta benignitatis archa, que tot ante diebus et annis ad erogandum iugiter patuit, adhuc in extremo tempore tantum, quod erogaret, habere potuerat. Sed o Martha, Martha, devota hospita domini Iesu, quando vel quomodo sentires egestatem? Quis enim, donando donanti omnia, umquam egens factus est? Interea vero languor magis magisque luctantem spiritum urgebat. Riteque dispositis omnibus, quecumque post se victuris prestare potuit, supplici et pura confessione premissa, olea illa placida et

Iun. 29 sancta, unctione sacri olei delibuta, propiciabile viaticum corpus Domini percepit. Et circumstante illo suo semper familiari collegio virorum religiosorum, tam monachorum quam clericorum, psalmis et orationibus agonem eius devote Deo commendantium, plenam operibus bonis et elemosinis, plenam honoris et gratie

Iun. 30 animam exalavit in celum. Quid multa? Flebat civitas universa, iuvenes et virgines, senes cum adolescentibus; flebat omnis ordo, flebat omnis religio, divites et pauperes, nobiles mediocres cum plebe rusticana; omnes pariter patrem ademptum tanto lugebant amarius, quanto ab omnibus illis carius ipse amabatur. Porro monasteria et ecclesie longe vel prope posite, sed et magnates et capitanei provincie, fama dormitionis eius exciti, ex omni parte confluebant; infelices sese atque inertes arbitrati, si eius, quem viventem dilexerant, funeri non adessent vel si debitos honores tantis exequiis non prestarent.

42. Supervenit quoque sacre semper memorie Imbrico Herbipolensis episcopus, vir clarus et prudens, tam eloquii venustate quam ingenio et sapientia prepollens. Supervenit, inquam, amicus ad amici exequias invisas et dolenti et ardentissime flenti ecclesie lugendo ipse ac dolendo luctum auxit et

1. Ierem. 11, 16.

dolorem. Iam enim per totum triduum dormitionis eius, dilecti corporis gleba per omnes ecclesias circumlata, iugi sacrificio indefessisque orationibus et multis elemosinarum largitionibus beata eius anima Deo dicata et commendata fuerat ab omnibus. Quarta igitur die, ubi ad locum ventum est tumuli, episcopus commendationem celebravit, atque inter missarum sollempnia, que pro dilecti patris et amici anima multa intentione devotus agebat, ad merentem et lugentem conversus multitudinem, brevem quidem, sed gratie ac dulcedinis plenum intulit sermonem, ita dicens:

Et quid fiet?[1] Quid erit consilii? Mortua est Martha; ecce ubi iacet. Quis ergo venientem dominum Iesum in hoc castello amodo suscipiet? Equidem defuncta est Martha, que illum suscipere consuevit; defuncta est hospita domini Iesu Christi, que venienti hospicium prebuit, sedem posuit, mensam aptavit, necessaria omnia benigne ac liberaliter ministravit. Defuncta est inquam non solum ministra et hospita Christi, sed minister et hospes ac susceptor omnium christianorum. Et quis stabit in loco sancto eius? quis nobis vicem ministerii huius implebit? quis, rogo, aget pro eo, que iste agere consuevit? Omnibus gradibus, omnibus ordinibus, omnibus personis ecclesie vita eius utilis fuit. Ecce defunctus est, ut vere dicam, servus servorum Dei. Quid facietis monachi, quid facietis clerici, quid facietis pauperes et mendici? Quis vobis restituet matrem vestram? Ubi amodo illa materna ubera, ubi maternos affectus queretis? Sed querere ubique potestis; vobis denuncio: nusquam invenietis. Sui temporis secula — confidenter dico — hunc solum, hunc unum tante misericordie virum habuerunt. Ut enim de aliis virtutibus eius taceam, que plurime fuerunt et clare, in misericordia et misericordie operibus tantus erat, ut nullum penitus ex omnibus michi notis ei ausim adequare. Sed quid? doleo vicem miserorum, doleo vicem eorum, qui in suis miseriis ad hunc misericordem fugere consueverant; doleo, ut verum fatear, vicem meimet ipsius. Ut enim ita dicam, me miseret mei; meritoque merore conturbor. Multum enim presidii, multum consolationis in hoc amico perdidi. Hic enim, in civitate ipsa commodus, societate et amicitia oportunus, magnum michi presidium fuit. Cum hoc fiducialiter ac tute omnes curas meas, omnia negocia mea seu consilia pensiora communicare solebam. Hic michi, ut breviter dixerim, in omnibus oportunitatibus meis magnus sublevator fuit. Sed de me quid dico? Nam mei nominis ordo, universus videlicet ordo pontificalis, hoc adempto[a] conpare, merito lugebit. Hic nobis gemma, hic splendor fuit. Conventus nostros in conciliis sive curiis virtutum suarum radiis collustravit. In hoc, ut ita dicam, quasi viventi libro, quomodo nobis vivendum vel quid agendum esset, conspicere potuimus. Sancta enim exempla, sancte actiones magis erudiunt quam verba. Sed doctrina hec, o

a. adepto *N*.
1. De conficta hac oratione cf. supra p. 699. 700.

1139 dolor, modo rara est in terris. Omnes enim pene, quotquot sumus, eloquio
Iul. 3 magis quam opere proximos edificare studemus; sed iste docuit verbo, docuit
exemplo; dixit et fecit. Talem ergo lucernam de medio nostri ablatam equa
mente ferre poterimus? Sed vado ad altiores. Huius enim interitum et tu,
o Romane pontifex sancte matris ecclesie, senties; et tu, regnator orbis, rex
Alamannie, imperator Romanorum auguste, casum quoque huius experieris; ambo
permaximi, magna clade multati estis. Magnus enim Aihot[1] ille ambidexter
vobis occubuit; occubuit ille, qui utraque manu pro dextera utebatur[2], Israe-
litice gentis ductor egregius; occubuit inquam ille, qui potis erat et industrius
et prona voluntate reddere cesari que cesaris sunt, et Deo que Dei sunt[3]. Non
tibi, o imperialis maiestas, non tibi cito consurget alia columpna, cui[a] tam fiducialiter inniti queas; hic te quidem non solum divitiis et prudentia seculari,
sed, quod utroque maius est, meritis ac sanctitate suffulsit. Sanctitate inquam
et virtutum meritis imperatorem pariter et imperium sublevavit; iusticia enim
et sanctitas in dextera eius. Non parva res acta est, non parva hec mutatio
in ecclesia Dei; non ergo leviter ferenda est talis viri ablatio. Ubi amodo tale
ingenium, talem prudentiam, talem inveniemus bonitatem? Sed redeamus
ad monachos, redeamus ad populum spiritualem; detrimenta illorum lamenta
nobis faciunt. Quid fiet de illis? quid fiet de monachis et pauperibus, qui ad
has manus spectare consueverant? Lugetis, video, et fletis Ottonem vestrum; et
certe non inmerito. Vobis enim ille occubuit, vobis ablatus est; vos enim, vos
o monachi, specialiter populus pascue eius et oves manus eius[4]. Hic profecto
erat, qui de habundantia divitum huius mundi vestram inopiam supplere sollicitus fuit; hic magne auctoritatis exemplo gloriari solebat, dicens: „Spoliavit
Egyptios, ditavit Hebreos". Nam re vera sancte ac religiose multa secularibus
extorsit, quibus[b] penuriam sublevaret spiritualium. Sancta et religiosa fraude,
ut ita dicam, divites circumveniebat[c], ut elemosinas facerent quandoque non
cogitatas. Argumentosus enim erat in divinis lucris; nam et manus Domini
cum eo erat[5]. O quam multos divites cum omnibus divitiis suis ad spiritualem
vitam traiecit. Quicquid[d] personarum, quicquid rerum vel opum seculo auferre
potuit, Deo coaptavit pietatis ac misericordie obtentu. Sed quid multis? misericordia eius super omnia opera eius; misericordia Dei ante oculos eius semper
fuit. Orate ergo, dilectissimi fratres, orate attentius, ut et ipse hodie misericordiam consequatur; orate, ut illa beatissima anima, quam credidit, quam speravit, quam dilexit, re ipsa Dei misericordiam hodie percipiat. Equidem non
surdis auribus illud euangelicum accepit: „Beati misericordes, quoniam ipsi
misericordiam consequentur"[6] et: „Estote misericordes, sicut pater vester misericors est"[7]. Nullus autem misericors esse potest, qui humilis non fuerit;
omnis ergo misericors etiam humilis est. Unde bene inferre possumus, quod
veram et coram Deo probatam humilitatem habuit spiritus eius, qui tante mi-

a. cui — queas om. N, recepi ex R.   b. quibus — spiritualium om. N, recepi
ex R.   c. circumvenibat N.   d. quicquit N.

1. Aod.   2. Iud. 3, 15: „Aod — qui utraque manu pro dextera utebatur".   3. Matth. 22, 21.   4. Ps. 94, 7.   5. Luc. 1, 66.   6. Matth.
5, 7.   7. Luc. 6, 86.

sericordie fuit. Interventu ergo Dei genitricis Marie cui semper devotus extitit, 1139
interventu beati Michahelis archangeli cuius ecclesie reparator et sublimator Iul. 3
hodie conspicitur, quem patronum et servatorem et corpori et anime sue delegit, interventuque beatorum spirituum spiritus eius divinam misericordiam consequatur. Ipsorum inquam atque omnium sanctorum suorum meritis*, si uspiam,
sicut est humane fragilitatis, tanta eius opera, tante ipsius miserationes et benefacta, humana laude vel humane laudis intentione titillata sunt vel maculata;
nichil enim satis purum coram summo iudice. Rogate, queso, rogate attentius;
oremus omnes, oremus pariter, ut hoc abolere, hoc tollere dignetur ipse, qui
tollit peccatum mundi, agnus Dei, dominus noster Iesus Christus, qui cum Patre
et Spiritu sancto vivit et regnat in secula seculorum".

Quanta vero vociferatione, quanto mugitu, quantis affectibus et lacrimis omnes *Amen* responderint, dici non potest. Sic ergo finita missa, in loco ubi cernitur, in ecclesia beati Michahelis, comitibus marchionibus seu aliis quibuslibet nobilibus feretrum eius certatim gestantibus, sarcophagum levantibus, seu alia que ibi necessaria erant more operariorum suis manibus devotissime paragentibus, corpus eius tumulatum est anno dominice incarnationis millesimo centesimo tricesimo nono, tertio Nonas Iulii feliciter. Amen.

Hic mee narrationi terminum cum sinaxi vespertina inpono; 1158
non quo a me dicta sint omnia, que dici copia suasit, sed ne Iun. 30
multiloquio vos gravem. Et hora hec silentium mandat. Et crastina dies hunc Sefridum suam partem explicare — nostra ex conventione — conpellet. Amen. Amen**.

LIBER SECUNDUS.

Prooemium^c.

Postera die, ubi denuo consessum a tribus nobis 1158
erat, tum ego: Perge inquam mi Sefride; dominique tui et Iul. 1
nostri peregrinacionem peregrinacionisque laborem, et quomodo gentem Pomeranorum ad fidem traxerit ecclesie — quoniam id

a. *om. N; est in R.* b. *In N sequuntur haec:* Explicit liber primus de vita et operibus beati Ottonis Babenbergensis episcopi et confessoris Christi et Pomeranice gentis apostoli. Incipiunt capitula libri secundi.   c. *Scripsi* LIBER SECUNDUS. Prooemium. *In N haec leguntur:* Expliciunt capitula libri secundi. Incipit prohemium libri secundi in vitam et peregrinacionem beati Ottonis episcopi.

1158 muneris tibi potissimum servatum est — edicito. Nam universorum operum eius, licet magna sint omnia, nichil est, quod huic valeat conparari. Unam quippe animam Deo lucrifacere, maioris apud Deum arbitror, quam mille auri talenta in elemosinas expendere.

Tiemo: Magni quidem meriti est, animam errantem Deo lucrari per fidem; sed hiperbolen fugere, sermo expetit castigacior.

Quem Sefridus intuens: Si congrua inquit auctoritate non firmavero, quod dictum est, assercionem eius fidem excedere merito redargues. Scimus quidem, elemosine substantiarum quas laudes in scripturis habeant. Scimus scriptum, quia sicut aqua extinguit ignem, ita elemosina extinguit peccatum[1], et: *Date elemosinam et omnia munda sunt vobis*[2]; et: *Redemptio anime viri proprie divicie*[3]; et plura in hunc modum elemosinam commendantia. Sed bonum differt a bono in estimacione, sicut stella differt a stella in claritate. Audi euangelium: *Amen* inquit *dico vobis, gaudium est angelis Dei super uno peccatore penitenciam agente*[4]. Ecce, ne sobriis sermonibus hiperbolen irrepsisse queraris, gaudium in omni celo fieri ex unius anime conversione, non michi, sed euangelio crede; ac proinde[a], unius anime salutem mille auri talentis in elemosinam expensis, certissime collige, coram Deo esse maioris. Non umquam enim dignaretur veritas gaudium predicare angelorum super expensa mille auri talentorum; quod tamen non dedignatur de conversione unius peccatoris. Neque dominus Iesus pro talentis argenti vel auri lucrandis vel erogandis sed pro hominibus salvandis sanguinem fudit, precium redemptionis. Absit igitur, ut aliquid sit in rebus creatis, quod humane anime preferendum putem; quam ipse creator tanti voluit estimare, ut pro illa redimenda semet ipsum usque ad mortis iniuriam inclinaret.

Tum ego: Satis inquam pro causa. Nam et prior noster tam indomite contencionis non est, ut, audita racione, sedari

a. perinde *N*.
1. Eccli. 3, 33.   2. Luc. 11, 41.   3. Prov. 13, 8.   4. Luc. 15, 10.

non queat; neque tu sine pectore id michi detulisti officii. Quia, pro me respondens, eciam tue narracioni animos attenciores nobis erexisti. Sed iam, precor, iniunctum exequens,

Quis, quid, ubi, quibus auxiliis, cur, quomodo, quando egerit — quia he circumstantie non modicum lucis rebus infundunt — conversionem gentis Pomerane aggredere, ut explices.

Sefridus: Ut potero inquit iubenti obedio caritati[a].

1. Pomerania provincia ex ipsa nominis etimologia qualitatem sui situs indicare videtur. Nam *pomé* lingua Sclavorum „iuxta" sonat vel „circa", *moriz* autem „mare"[1]; inde Pomerania quasi Pomerizania, id est „iuxta" vel „circa mare sita"[2]. Est autem terra hec, si totam eius posicionem tam in stagnis et refusionibus marinis quam in locis campestribus considerare velimus, quasi figura triangula. Quia tribus lateribus, quasi tribus lineis per capita sibi coherentibus, tres angulos habere deprehenditur; ita tamen, ut unus angulus duobus reliquis sit extensior, qui eciam usque ad Leuticiam et prope Saxoniam versus aquilonem ad fluctus oceani[b] paulatim recurvatus demittitur. Itaque Pomerania post se in oceano Daciam habet et Rugiam, insulam parvam sed populosam; super se autem, id est ad dexteram septentrionis, Flaviam habet et Prusciam et Rusciam; ante se vero, id est versus aridam, parva extremitate se attingentes fines respicit Ungarie ac Moravie, dein Poloniam spaciosa contiguitate usque ad confinia Leuticie et Saxonie se habet attingendo[c] extendentem. Gens ista, terra marique bellare perita, spoliis et raptu vivere consueta, naturali quadam feritate semper erat indomita et a cultu et fide christiana penitus aliena. Terra vero ipsa piscium et ferarum copiosam incolis prebet habundanciam; omnigenumque frumentorum et leguminum sive seminum fertilissima est. Nulla mellis feracior, nulla pascuis et gramine fecundior. Vinum autem nec habent nec querunt; sed melleis

---

a. *In N sequuntur haec:* Explicit prohemium. Incipit liber secundus.   b. occeani — occeano *N*.   c. atingendo *N*.

1. mare Polonice „morze" vocatur.   2. maritima vocantur Polonice „pomorszczyzna".

poculis et cervisia, curatissime confecta, vina superant Falernica. Sed de his alias¹. Nunc autem expediendum, quod multis ammiracioni est: quare videlicet hi homines, tam procul ab orientali Francia et a Babenbergensi ecclesia immo a toto pene orbe divisi, non alium quemquam de vicinioribus regnis vel ecclesiis baptistam et predicatorem*a* quam Babenbergensem episcopum habere potuerunt. Sed hic fructus ad incrementum beatitudinis eius a Deo illi donatus est.

Tiemo: *A Domino* inquit *factum est istud, et est mirabile in oculis nostris*². Unde, quonam id ordine factum sit, nos audire delectat.

At ille: A re inquit paululum digrediendum est, ut concurrentium causarum eventus et ordinem possim digerere.

2. Tempore, quo dominus meus Babenbergensem regebat ecclesiam, Bolezlaus³, vir strennuus et prudens et ingenue atque avite nobilitatis decore illustris, ducatum Polonie administrabat. Qui dum se*b* gnaviter ac provide gereret, omnes terre sue terminos, sub predecessoribus suis hostium violentia invasos et perturbatos, et castra urbesque a sua potestate alienatas*c* manu robusta recuperare prevaluit. Cumque bellicos actus suos felici exitu sepe prosperari videret — erga Deum quidem, a quo sibi sciebat prestari victoriam, humilior atque devocior, erga hostes vero erectior atque animosior factus — mutua vice terminos eorum ferro et igne attemptare predasque et manubias frequenter abstrahere et personas captivare solebat; quousque, assiduis cladibus ac terrore confracti, multis obsequiis et donorum impensis animum eius delinirent, datisque et acceptis dextris, federa pacis firmissime pangerent et pacta reciperent.

3. Erant autem, cum quibus divisim diversis temporibus certamen habebat, e parte una Polonie: Bohemi, Moravi, Ungari; ex alia: Rutheni, gens crudelis et aspera; qui, Flavorum Pruscorum et Pomeranorum freti auxiliis, acrius diutiusque illi

---

a. predicatore *N*.   b. se *om. N; est in BR*.   c. alienatos *N*.
1. V. infra cap. 41.   2. Ps. 117, 23.   3. III.

restiterunt. Sed frustra; quia, tandem superati[1] ab eo et contriti, post multas clades pacem ab eo postulare cum rege suo[2] decreverunt. At[a] ille, ut erat bellis ac laboribus semper infractus, non continuo de pace acquiescere voluit, nisi prius aliqua memorabili honorificentia satisfactionem accepisset.

4. Rex vero et omnes principes Ruthenorum, sine amicicia et pace ducis non se quietos fore perpendentes, viam inveniende mutue pacis et gratie: illius prudentie ac fidei committendam[b] presumpserunt. Ille vero — hanc honestissimam ratus viam statuende atque firmande pacis — filiam ipsius regis petivit et accepit uxorem[3]; videlicet ut hoc affinitatis commercio tam principes ipsi quam subditi eis terre utriusque populi pacem ad invicem haberent perpetuam atque in necessitatibus et oportunitatibus suis mutuo sibi contra hostes presidio forent atque auxilia portarent. Colebant ergo se mutuis beneficiis socer et gener; magnificatusque est Bolezlaus et confortatus ac prosperatus undique, nec ulla ei erat contradictio, universis potestatis sue terminis hoste nullo turbatis. Verum ea perfunctoria et brevis erat tranquillitas. Nam post annos paucos Ruthenissa uxor Bolezlai moritur, unum tantum ei filium[4] relinquens; unde quasi rupto vinculo, quo tota inter generum et socerum constabat amicicia, dudum consopita bella paulatim recrudescunt. Bolezlaus igitur, feritate gentis permotus, cum suis consilium habuit, quonam modo rediviva mala hec propulsare potuisset. Habebat autem Petrum[5] quendam milicie ductorum, virum acris ingenii et fortem robore, de quo dubium, utrum in armis an in consiliis maior fuerit, qui erat prefectus a duce super viros bellatores. Hic ascitus consilio: *Si suis tantum* inquit *Rutheni viribus dimicarent, illos a nobis conteri difficile non esset. Sed habent Flavos, habent Pruscos; habent eciam Pomeranos, gentem ydolatram invisam ac nimis indomitam. Quos omnes simul in*

---

a. At — accepisset *om. N; recepi ex BR.*   b. committendum *NB.*

1. Cf. Roepell Gesch. Polens I 230 n. 3.   2. Swatopolco, principe Kiewensi.   3. a. 1103; v. Roepell l. l. 231.   4. Wladislaum.   5. s. Patricium (Petrum Wlast), de quo v. Ortlieb. Zwiefalt., Mon. Germ. SS. X 91.

ante 1121 *arma provocare quam durum sit, inexperti non sumus; quamvis ante de his triumphos habuerimus. Quocirca meo animo consilium incidit: Ruthenos arte melius superari. Et ne quis impossibile hoc estimet, ecce vadam ad illos, et incruentam nobis de tiranno victoriam reportabo, Deo michi prestante ingenium.* Sed quid multis? Placuit duci et principibus experiri, si effectum habere verba Petri queant. Assumptisque viris quasi triginta robustissimis, ficta necessitate Petrus ad regem transfugit Ruthenorum[1]; eumque, arte sermonis circumventum, quod male de duce sentiret, estimare fecit. Et rex, eo quod fidem haberet homini, quem etiam prudentem sensit, ad multa negocia sua eius familiaritate usus est; sperans, quod tandem per eum de Polonia tota posset triumphare. At Petro aliud mentis erat. Nam cum die quadam fictus transfuga ipsiusque socii cum rege in saltu nemorum venandi gratia vagarentur, rex, nichil mali suspicatus, occasione ferarum longius a menibus abscesserat; elongatisque aliis, Petrus cum suis circa illum remanserat. Qua fretus oportunitate, capto rege, incruentam, ut pollicitus erat, de Ruthenis victoriam domino suo duci reportavit. Mirumque dictu, effera gens illa hoc facto ita edomita est, ut nunquam postea vivente duce nec quidem de bello cogitarent. Nam pro ereptione sui tirannus, quicquid maiorum suorum studio ac solercia in thesauris collectum habere poterat, dare coactus est, aurum et argentum et queque preciosa in vasis et vestibus et variis opum speciebus quadrigis[a] et camelis in Poloniam apportantibus; ita ut Ruthenia tota insolita paupertate contabesceret. Deinde, ubi federa mansure pacis iureiurando tam rex quam optimates Ruthenorum solidaverant, eciam hoc polliceri fide firmissima rogati sunt, ne Pomeranis ultra forent auxilio. Contra illos enim totis viribus dux manum levare cogitavit.

1121   5. *His omnibus ergo ipsius ad votum compositis, Pomeraniam insultibus crebris concutere vastare ac populari cepit.*

a. quadrigiis *N*, quadrigis *BR*.
1. Wolodarum principem Haliczensem; v. Roepell I 266.

Et quia paganismo tenebantur, dux eos aut penitus elidere aut ferro ad fidem christianismi conatus est impellere. At illi suis fisi viribus, eo quod civitates et castra natura et arte firma in introitu terre haberent quam plurima, se inexpugnabiles fore arbitrati sunt; omnemque substantiam suam in urbibus collocantes, armorum presidia preparare moliuntur. Sed quia Deo placuit aliquos ex eis conterere, ut ceteros ad fidem converteret, ingenium et vires contra eos Bolezlao ministravit, ita ut multis et magnis cladibus eos frequenter afficeret. Nam et civitatem Stetinensem, que stagno et aquis undique cincta, omni hosti inaccessibilis putabatur, que eciam tocius Pomeranie metropolis fuit, hiemali tempore strictam per glaciem non sine periculo exercitum ducens, inopinata clade percussit. Naclam quoque civitatem munitam et fortem valde fregit et succendit, et omnem in circuitu regionem eius igni et ferro vastavit, adeo ut ruinas et adustiones et acervos cadaverum interfectorum incole nobis per diversa loca monstrarent post annos tres[1] acsi de strage recenti. Tam gravissime autem in illarum civitatum expugnatione subacti sunt, ut, quos neci et captivitati[a] dux superesse passus est, cum suo principe[2] christianos se atque tributarios fore, quod iurare licuit, pro lucro ingenti ducerent. Ferunt autem, quod, decem et octo milibus virorum pugnatorum neci traditis, octo milia cum uxoribus et parvulis ad terram suam captivos abduxerit. Et in periculosis marchiarum locis, in urbibus et castris eos collocans, quo terre sue presidio forent et cum hostibus suis, gentibus scilicet externis, bella gererent, indixit; hoc addito, ut, abdicatis ydolis, christane se religioni per omnia conformarent.

Sed cum reliquos de gente perfida, quos in terra propria tributarios dimiserat, dux fidei christiane apponere curaret, omnes episcopos terre sue conveniens, nullum persuadere potuit: ut illo ire atque in tenebris et umbra mortis sedentibus[3] lumen[b] vite vellet ostendere, singulis suas excusationes pretendentibus.

a. captivati *N.* b. lumem *N.*
1. anno 1124. 2. Wortizlao. 3. Ps. 106, 10.

1121 Sicque per triennium dilata est predicatio, duce ipso satis egre ferente dilationem.

c. 1123   6. Tandem, instinctu admonitus divino, ad hoc opus Ottonem Babenbergensem episcopum, cuius tunc fama late in regnis effloruit — eo quod et hunc, in adolescentia eius patri suo[1] capellani more obsequentem, notum et carum habuerit — invitare decrevit; oportunum fore autumans, cum tali viro et antiquas renovare amicitias et tam sancti operis gratiam illius iniungere sanctitati. Mittens ergo legatos et munera, scripsit ei litteras secundum verba hec:

„Domino suo et patri amantissimo Ottoni venerabili episcopo Bolezlaus dux Polonorum filialis obsequii humilem devotionem. Quia in diebus iuventutis tue apud patrem meum decentissima te honestate conversatum memini et nunc quoque Dominus tecum est, firmans te et benedicens tibi in omnibus viis tuis, si tue non displicet dignitati, veteres tecum renovare animo sedet[a] amicitias tuoque consilio simul et auxilio uti ad[b] Dei gloriam promovendam, ipsius gratia coadiuvante. Nosti enim, ut arbitror, quomodo Pomeranorum cruda barbaries, non mea quidem sed Dei virtute humiliata, societati ecclesie per baptismi lavacrum se admitti petivit. Sed ecce per triennium laboro, quod nullum episcoporum vel sacerdotum idoneorum michive coaffinium ad hoc opus inducere queo. Unde, quia tua sanctitas ad omne opus bonum prompta et indefessa predicatur, rogamus, pater amantissime: non te pigeat, nostro comitante servicio, pro Dei gloria tueque beatitudinis incremento id laboris assumere. Sed et ego, tue paternitatis devotus famulus, impensas omnes et socios itineris et lingue interpretes et coadiutores presbiteros, et quecunque necessaria fuerint, prebeo; tu tantum venire dignare".

7. His auditis, episcopus, quasi de celo vocem loquentis Dei accepisset, toto pectore habundantia letitie repletus, gratias egit omnipotenti Deo, quod ad tale negocium suo uti digna-

a. sedit *NBR.*   b. ad — promovendam *om. N; recepi ex BR.*
1. Wladislao Hermanno.

retur ministerio. Habito igitur chori et cleri sui consilio, missis c. 1123 ad apostolicam sedem legatis, cum licentia et benedictione atque obedientia venerande memorie domni Honorii[1] pape huic gratissime sarcine humerum devote applicuit. Sed quia terram Pomeranorum, fama ferente, opulentam audiverat et egenos atque mendicos penitus non habere sed vehementer aspernari, et iam dudum quosdam servos Dei predicatores egenos ac censu tenues propter inopiam contempsisse, quasi non pro salute hominum sed pro sua necessitate relevanda officio insisterent predicandi; studiose procuravit: ut non solum illis non indigens verum etiam opulentus appareret, nec opes eorum sibi sed ipsos potius velle Deo lucrari. Assumptis igitur clericis idoneis et eisdem ad iter 1124 abunde procuratis, missales aliosque libros et calices cum indumentis sacerdotalibus et alia queque altaris utensilia, que in gente pagana subito inveniri non posse sciebat, provida liberalitate secum fecit portare, ne sine instrumentis agricola fidus in agrum Domini sui exire videretur. Vestes quoque et pannos preciosos aliaque donaria, nobilibus ac divitibus apta, euangelista simplex et prudens in viam portavit euangelii; ne forte indigentie causa paganis videretur euangelizare, sed novelle plantationi sua potius conferre quam illius appetere.

Tiemo: Parum te hic submoneo; non tibi sit iniuria. Video equidem, quibus causarum eventibus ad illam gentem tam longinquam Ottonem nostrum ire contigerit. Sed qua illic iter egerit et quo tempore in viam ierit, leviaque sive aspera vie dicere non omittas; ne errare incipiam, si et ego eo ire velim.

Sefridus: Ut vis, et in hoc ego obediam.

8. Paratis omnibus, que profectioni erant necessaria, proxima die post festum beati Georgii martiris[2] salutato clero et populo suo, tamquam hoc opere viam sanctificaret, duas ecclesias unam in Luckenberge[3] et alteram in Vohendreze consecravit. Hinc transito nemore Boemico, per abbatiam Cladrunam ventum est Bragam; inde per Satischam, in Albe fluminis ripa

Apr. 24?

---

1. imo Calixti II. 2. Cf. supra p. 624 n. 1. 3. Leuchtenberg.

1124 Mai. sitam ecclesiam, ad castrum ducis Boemici quod Mileciam[1] dicunt; ubi a duce ipso magnifice susceptus et donis honoratus est. Inde per aliud eius castrum Burdan[2] nomine usque Nemeciam[3] urbem ducis Polonie; atque inde per tres episcopatus Polonie, Brezlawensem videlicet et Calissensem[4] atque Pozenanensem usque ad archiepiscopatum Gneznensem cum gaudio et pace conducti sumus; omnibus illis ecclesiis una salutationis forma dominum meum suscipientibus, festive scilicet processionis honore gaudentesque per loca singula uno eodemque exultationis cantu, eius proposito alludentes: *Cives apostolorum et domestici Dei advenerunt hodie* et cetera, que in illo responsorio sunt, devote cecinerunt.

9. Preterea dux ipse et omnes optimates Polonie, quasi ducentis passibus ab urbe Gnezna nudis pedibus procedentes, cum magna susceptum reverentia principalem usque ad ecclesiam conduxerunt. Dux ergo, tali hospite letissimus et gloriosus, per dies septem eius fruens presentia, multa nobis exhibita humanitate, omnia etiam vie necessaria solerti cura institit preparare. Deditque domino meo de gente illa tam Sclavice quam Teutonice lingue gnaros satellites ad diversa eius ministeria, ne quid incommoditatis per lingue ignorantiam in gente externa pateretur. Quid dicam? Currus et quadrigas ordine longo, victualia et omnes sarcinas nostras portantes, monetam quoque illius terre liberalitate contulit ingenua; nulla nos sustinens laborare inopia sed neque propria expendere, acsi omne illius vie meritum suis impensis emere cogitaret. Tres etiam sacerdotes capellanos de latere suo princeps episcopo sociavit coadiutores verbi et centurionem quendam nomine Paulicium, virum strenuum et catholicum, qui etiam naturali facundia idoneus esset concionari ad populum.

Iun. 10. Taliter a duce Polonie dimissi, per Uzdam castrum in extremis Polonie finibus transeuntes, nemus horrendum et

1. Miletin, a Königrätz ad septentriones. 2. Wartha (inter Glatz et Frankenstein). 3. Nimptsch, a Reichenbach ad orientem. 4. non fuit episcopatus Calissensis.

vastum, quod Pomeraniam Poloniamque dividit, intravimus. Sed viam in invio quam difficile est tenere, etiam illic experiri potuimus. Nemus quippe hoc nulli ante mortalium pervium erat; nisi quod superioribus annis dux latrocinandi causa, priusquam subegisset totam Pomeraniam, sectis signatisque arboribus viam sibi exercituique suo exciderat. Que signa tenentes, magna quidem difficultate propter serpentum ferarumque monstra diversarum nec non et gruum, in ramis arborum nidos habentium nosque garritu et plausu nimis infestantium, inportunitatem simulque propter loca palustria, quadrigas et currus prepedientia, vix diebus sex emenso nemore ad ripam fluminis, qui limes Pomeranie est, consedimus.

11. Dux vero Pomeranorum adventus nostri prescius, cum quingentis viris occurrens, ex alia parte aque castra metatus est. Moxque amne transmisso cum paucis, episcopum salutat atque salutatur ab illo; et — quia christianus erat, occulte autem propter metum paganorum — corde magis quam ore locutus, in amplexu pontificis diu pendens, alta devotione super vie causa Dei clementiam collaudat. Episcopo autem et duce cum interprete et Paulicio seorsum in colloquio demorantibus, ceteri qui cum duce venerant homines barbari, quia clericos aliquantum trepidare videbant, ficto eos terrore amplius vexabant; ita ut, articulum passionis imminere metuentes, confessione orationibus atque psalmodia Domino nostrum conmendaremus agonem.

Tiemo: *Modice fidei, quare* inquit *timuisti?*[1]

Sefridus: Non inquit sine causa. Primo illic paganos vidimus et, qua mente dux advenerit, nondum omnes sciebamus. Sed et horror solitudinis et loca insolita et nuper evasi nemoris nigra densitas et crepusculum noctis propinque et hominum barbarorum crudelis aspectus materia nobis non parvi timoris erat. Nam et cultros acutissimos educentes, vivos nos excoriare aut transfigere ac humi nos defodere usque ad verticem coronasque nostras eisdem cultris punctare[2] ac secare mi-

1. Cf. Matth. 14, 31.   2. pungere.

1124 nati sunt; et alia multa genera tormentorum, rictu fremituque
Iun. nos terrentes, nobis imminere dixerunt. Que omnia certe, si bene te novi, tuam quoque animositatem effregissent. Sed cito respiravimus, duce ipso nos placide benigneque consolationis eulogio relevante. Quodque inani pavore pulsati fuimus, tam nobis quam illis ioco esse cepit. Nam ubi nobis, ducem ipsum aliosque milites qui nos terruerant christianos occultos esse, conpertum est, primo quidem paulatim animari deinde fiducialius agere ipsosque etiam adhortari ac docere presumpsimus, quos ante vel intueri, metu perculsi, non potueramus. Ipsis ergo iam mansuescentibus et religioni christiane magis magisque deferentibus, repletum est gaudio os nostrum et lingua nostra exultatione[1]. Dicebantque inter gentes, quorum Deus tetigerat corda: *Magnificavit Dominus facere nobiscum, facti sumus letantes*[2]; *quia, vobis venientibus ad nos, dissolvet Dominus captivitatem nostram, sicut solvitur glacies a sole meridiano.*

12. Episcopus itaque bene agendi semper avidus, bene se venisse ominatus, donariis ducem honorans, baculum quoque dedit eburneum; quo ille statim usus ipsoque incumbens, gratulabundus huc illucque deambulabat. Conversusque ad milites: *Qualem* ait *patrem nobis dedit Deus; et qualia patris dona, et hec nunc quidem magis quam alio tempore gratiora.* Hinc ad castra discessum est. Factoque mane, dux de viris qui secum venerant ductores et ministros reliquit episcopo; mandans, in tota Pomerania per cuncta loca possessionis sue liberalia ei preberi hospitia. Nos vero, transito fluvio, terram Pomeranorum in nomine Domini intravimus et, conductoribus nostris viam demonstrantibus, iter ad castrum Pirissam direximus. Dux vero a nobis ad sua negecia divellitur.

13. In ipso autem itinere viculos paucos bellica pridem vastatione dirutos et raros incolas, qui nuper se post dispersionem recollegerant, invenimus; qui, de fide christiana conventi et an credere vellent interrogati, humiliter pedibus advolvuntur episcopi, cathezizari se atque baptizari postulantes. Hos ergo

1. Ps. 125, 2.   2. Ps. 125, 3.

quasi primicias messis dominice in aream domini sui messor devotus cum graciarum actione conponens, baptizavit illic homines triginta. Fidemque sancte Trinitatis et decalogum legis in numero tacite considerans, opus euangelii mystice a se inchoatum gavisus est.

14. Inde ad castrum ducis Pirissam undecima hora diei propinquantes, ecce illic hominum ad quatuor milia ex omni provincia confluxisse, ut eramus eminus, aspeximus. Erat enim nescio quis festus dies paganorum; quem lusu luxu cantuque gens vesana celebrans, vociferatione alta nos reddidit attonitos. Non igitur utile vel cautum nobis visum est, illa nocte in turbam, potu leticiaque ferventem, nos tam insolitos hospites advenire; sed manentes, ubi fuimus, noctem illam insompnem duximus, nec ignem in castris habere ausi nec verbis apertioribus ad invicem loqui presumentes. Mane vero episcopus Paulicium et nuncios Bratizlai ducis ad castrum mittit. Ac illi, salutatis maioribus ex nomine ducum, ab eis missum nunciant episcopum, qui fidem et religionem christianam terre illi debeat predicare. Atque sub eorundem auctoritate mandant et suadent, ut digne ac reverenter susceptum audiant; addentes: virum esse honorabilem, domi divitem et nunc quoque in aliena terra suis opibus sufficientem; nichil illum petere, nullius egere; pro illorum salute advenisse non questus[a] gratia; memores sint fidei ac sponsionis sue, memores divine ultionis et recentis exterminii, ne[b] denuo iram Dei exasperent; orbem universum christianis legibus deditum; se solos universitati resistere non posse. At illi, diu cunctabundi et diversas excusationes molientes, indulgentiam temporis consilio petunt; non oportere dicentes, rem tam grandem subito aut inconsulte aggredi. Paulicius vero et legati, astu ea dici, animadvertentes: *Non* inquiunt *tempus est productioris consilii. Quod facturi estis, facite citius. Ecce iuxta est. Sero ad vos intraturus erat domnus antistes; sed quia ludo et iocis occupatos audivit, distulit intrare, in campo figens tentoria; sed vestre hoc convenit prudentie, ut non illum despectiva*

a. questu *N*, questus *BR*.   b. om. *NB*.

1124 dilatione contristetis, ne forte et domni duces se doleant super
Iun. hoc iniuriatos. Et est inquiunt tam prope? Quibus, ita
esse, respondentibus: Et omnia inquiunt consilia nostra ruptum
eunt. Quoniam ergo rerum convenientia sic postulat, faciamus
sponte et alacres, quod facturi sumus. Nam et altissimus Deus
sua nos virtute circumventos undique trahere videtur. Declinare
non possumus, sequamur ergo trahentem ad vitam; ne, reluctan-
tes bonitati eius, precipitemur in mortem. Dii nostri, sicut apparet, dii non sunt; contra eum nos iuvare non possunt. Melius
ergo est, ut, relictis desertoribus, ad verum Deum, qui non deserit sperantes in se[1], ex toto corde transeamus. Verum ubi
eam sententiam tam bonam tamque salubrem diligenti retractatione probaverant — primo quidem apud se in conclavi, deinde
vero cum legatis et Paulicio ad plenum vigorem laxiori consilio
firmaverant — cum eisdem ad populum egressi, qui, sicut ad
festum confluxerat, contra morem indispersus Dei nutu in loco ma-
nebat nec in rus discesserat, luculenti sermonis dulcedine, multo
benivolentie captu eos de hoc verbo allocuti sunt. Sed quid
multa? Mirum dictu quam subito, quam facili consensu omnis
illa multitudo populi, auditis primatum verbis, in eandem sese
convenientiam inclinaverit. Et quia dici audiunt, episcopum in
proximo esse, facto ingenti clamore, ut advocetur, rogant, quo
illum videre queant et audire, antequam soluto cetu singuli in
loca sua discedant. Redeuntibus itaque Paulicio et legatis,
abierunt quidam de castellanis cum eis ad episcopum, qui ob-
nixa veneratione ad se illum invitarent, salutatum ex parte
nobilium plebisque universe, quique fidem facerent: sine omni
periculo vel iniurie metu eum ascendere posse, quin etiam in
omnibus ei obaudituros se ex animo. Episcopus vero, tam quieto
successu rebus se promoventibus, gratias agens Deo, ad castrum
se levabat. Sed ecce ubi quadrigas vehicula et sagmarios
nostros victualia portantes, iumenta quoque et populum, qui
nobiscum veniebat, eminus videre ceperunt, quasi apparatum
belli suspicantes, modicum turbati sunt. Re autem sicut erat

1. Iudith 13, 17.

recte agnita, pavore abiecto, in modum torrentis omnis populus in occursum nostrum effunditur, ambiens et circumdans, ammirans et contemplans et nos et omnia nostra, usque ad hospicii locum nos conducendo. Fuit autem ante introitum castri area spaciosa, quam occupantes, fiximus tentoria in eodem loco, ipsis barbaris mansuete ac familiariter nos adiuvantibus et in omnibus se nobis oportunos exhibentibus.

15. Interea vero episcopus pontificalibus indutus, monente Paulicio et primatibus, de loco editiori populum cupientem ore alloquitur interpretis, ita dicens: *Benedictio Domini super vos, benedicti vos a Domino. Benedicimus et gratias vobis referimus in nomine Domini, quia grata et iocunda et benigna susceptione nos refovistis. Et causa quidem adventus nostri ad vos que sit, forte iam audistis, et iterum, si dignamini, audire debetis et diligentius attendere. De via longa venimus. Salus vestra, beatitudo vestra, gaudium vestrum tante nobis vie causa fuit. Nam salvi leti atque beati eritis eternaliter, si creatorem vestrum agnoscere et illi soli servire vultis.* Hec et his similia, que inserere studio brevitatis omitto, populo rudi simpliciter euangelizante pontifice, omnis illa multitudo quasi unus homo, fidei sancte concordantes, illius doctrine se commiserunt. At ille, cum clericis et sacerdotibus septem diebus eos cathezizans et de omnibus, que christiane religioni conveniebant, diligentissime instruens, indicto trium dierum ieiunio, iussit: ut corpora sua balneis mundarent et, lotis albisque induti vestibus, mundo corde et corpore mundoque habitu ad sanctum baptisma concurrerent.

16. Interim vero tribus extructis baptisteriis, ita ordinavit: ut ipse solos mares pueros in uno baptizaret, alii autem sacerdotes in aliis feminas seorsum et viros seorsum. Tanta quoque diligentia, tanta munditia et honestate pater optimus sacramenti operationem fieri edocuit, ut nichil indecorum, nichil pudendum, nichil unquam, quod alicui gentilium minus placere posset, ibi ageretur. Namque dolia grandia valde terre altius inmergi precepit, ita ut ora doliorum usque ad genu hominis vel minus de terra prominerent, quibus aqua impletis, facilis erat in eam

1124
Iun.

1124 descensus. Cortinas circa dolia, fixis columpnellis funibusque in-
Iun. ductis, oppandi fecit, ut in modum corone velo undique cuppa¹
cingeretur; ante sacerdotem vero et comministros, qui, ex una
parte astantes, sacramenti opus explere habebant, linteum ᵃ fune
traiecto pependit; quatenus verecundie undique provisum foret;
ne quid ineptie aut turpitudinis notaretur in sacramento, neve
honestiores persone pudoris occasione se a baptismo subtraherent. Cum ergo ad stadium cathecismi turbe venirent, sermone qui talibus competeret episcopus eos omnes communiter
alloquens, sexumque a sexu dextrorsum et sinistrorsum statuens,
cathezizatos oleo perunxit; deinde ad baptisteria digredi mandat.
Igitur ad introitum cortine venientes, singuli tantum cum patrinis suis intrabant. Statimque vestem, qua fuit amictus is qui
baptizandus erat, et cereum², illo in aquam descendente, patrini
suscipiebant; et ante faciem suam illam tenentes, expectabant,
donec eam redderent de aqua exeunti. Sacerdos vero, qui ad
cuppam stabat, cum audisset potius quam vidisset, quod aliquis
esset in aqua, velo paululum remoto, trina inmersione capitis
illius mysterii sacramentum perfecit; unctumque liquore chrismatis in vertice et alba³ imposita, reductoque velo, de aqua
iussit exire baptizatum, patrinis veste quam tenebant illum coope-
rientibus atque deducentibus. Hic modus, hec species, hic ordo
nobis fuit baptizandi viros et mulieres et pueros adultos, qui a
sacerdotibus in aquam levari non poterant, tam in Pirissa quam
in aliis urbibus et castellis, ubicunque populi copia nos moram
facere coegisset.

Tiemo: Miror oppido, unde tam disciplinatam et honestam
baptizandi formam acceperit. Et in hieme, queso, quomodo
sustinebant?

Sefridus: Neque tunc inquit eius diligentia, quod tempori commodum esset, invenire neglexit. Nempe in stupis⁴ ca-

ᵃ. lintheum *NB*.

1. cupa.   2. Rituale Romanum; De sacramento baptismi: „cereus
seu candela cerea baptizato ardens tradenda".   3. Rituale Romanum
l. l.: „alba vestis in modum pallioli, seu linteolum candidum, infantis capiti imponendum".   4. hypocaustis.

lefactis et in aqua calida eodem nitore ac verecundie observa- 1124
tione, infossis doliis et cortinis adhibitis, thure quoque et aliis Ian.
odoriferis speciebus cuncta respergentibus, veneranda baptismi
confecit sacramenta. Nec mirum, te ista mirari. Etenim, qui
ea vidimus, mirabamur et ipsi tam hec quam alia complura
morum eius atque virtutum insignia. Ipse namque in omni actione sua, quod et paganis dignum laude videbatur, quandam a
Spiritu sancto — hoc enim potissimum credo — cuiusdam singularis munditie atque, ut ita dixerim, elegantis et urbane discipline prerogativam habebat; ita ut nichil unquam indecens aut
ineptum inhonestumve quid in cibo aut potu, sermone gestu vel
habitu admitteret. Sed in omni officio exterioris hominis, quenam esset compositio interioris, ostendebat, bonitate disciplina
et prudentie cautela conspicuus. Sed redeamus ad rem.

17. Mansimus autem in eodem loco quasi diebus viginti,
euangelizantes populo et baptizantes eos in nomine Domini; docentes servare unitatem fidei in vinculo pacis; instruentes de
festivitatibus et observationibus christiane religionis, de ieiuniis
quatuor temporum, de quadragesimali ieiunio, de incarnatione,
de nativitate, circumcisione, apparitione, presentatione, baptismate, transfiguratione, passione, resurrectione atque ascensione
domini nostri Iesu Christi, de adventu Spiritus sancti, de vigiliis et nataliciis apostolorum et aliorum sanctorum, de die dominico, de sexta feria, de distributione mensium et institutione
tocius anni secundum christianos. Exstructoque altari et sanctuario — totum enim corpus basilice tam subito fieri non potuit — altare sanctificavit, et interim missas illic celebrari fecit;
dans eis sacerdotem libros et calicem, paraturam et omnia utensilia, que ad officium altaris pertinebant. Que omnia illi cum
multo gaudio alacritate ac devotione suscipientes et gratias agentes, omnes veteres et profanas superstitiones suas et gentiles
observantias penitus abiciebant; et exuti veterem hominem cum
actibus suis, in vite novitate ambulare[1] ceperunt et proficere.
Erat autem numerus conversorum ibi ad fidem quasi septem

1. Rom. 6, 4.

1124 milia. Videns autem episcopus, quia messis multa[1] et quia et aliis civitatibus oporteret[a] eum euangelizare regnum Dei, cum inde processurus esset, vocata concione, hoc sermone allocutus est ecclesiam, novellam plantationem suam:

18. „Fratres, emulor vos Dei emulatione[2]. Vos enim omnes, qui in presentiarum ad me audiendum convenistis et me docente Christo credidistis et christiani facti estis, una in Domino ecclesia estis desponsati per fidem domino meo Iesu Christo. Una inquam vos omnes ecclesia estis, una et unica sponsa domini mei Iesu Christi, quia universali ecclesie per fidem incorporati estis. Sed quia ego per eius gratiam huius vestre desponsationis auctor esse videor — nam ego ei uni viro despondi vos virginem castam exhibere Christo[3] — hinc est, quod emulor vos, non tamen qualibet, sed Dei emulatione. Nam et mala emulatio esse potest iuxta illud apostoli sunt quidam, qui „emulantur vos non bene"[4]. Emulari autem est velle indignari, licet pro imitari nonnunquam positum inveniatur, ut est „emulamini carismata meliora"[5]. Volo autem vobis indignari et paratus vobis sum indignari, quod pridem dixi, emulor vos. Quia sine tristitia et indignatione ferre non possum nec potero, si[b], quod absit, ad iniuriam domini mei Iesu Christi, cui per fidem vos despondi, cum diis alienis vos denuo contaminare volueritis. Hoc enim est fornicationis genus, quod maxime separat a Deo. Fratres, intendite. Ecce omnes in Christo baptizati estis et omnes Christum induistis[6]; originalium et actualium peccatorum indulgentiam accepistis ab ipso; mundi estis et sancti, non per nos sed per eum mundati et sanctificati, quia ipse in sanguine suo lavit peccata mundi[7]. Nolite ergo iterum inquinare vos cultura ydolorum; nam hec est inmundicia, qua omnino Deus offenditur, et penitus separat a Deo; nolite vos prostituere corruptoribus et inmundis spiritibus. Soli Deo creatori vestro, nulli autem creature divinum honorem exhibete; ne indignatio eius et furor veniat super vos. Sed magis in fide et spe et caritate proficite, ut benedictio eius veniat super vos et super filios vestros et ut, ei credentes et fidem operibus exornantes, vitam habeatis in nomine ipsius, qui de tenebris vocavit vos in admirabile lumen suum[8]. Certi enim esse et nullatenus dubitare debetis, quia, si hanc in qua hodie positi estis innocentiam et sanctificationem ipsius adiutorio servare usque ad finem vite vestre studueritis, non solum mortem evadetis eternam sed etiam gaudium regni celestis possidebitis in eternum. Sed quia vita presens sine peccatis duci non potest — lucta enim et temptatio est vita hominis super terram[9] — discessurus a vobis, trado vobis, que tradita sunt nobis a Domino, arram fidei sancte inter vos et Deum; septem videlicet sacramenta ecclesie, quasi septem significativa dona Spiritus sancti; quibus utendo in laboribus et certamine huius vite non deficere sed proficere vestra possit ecclesia suosque defectus reficere. Videte ergo et tenete et, ut sciatis, diligenter enumerate[c], que tradimus vobis, discedentes[d]

a. oportet *NBR*.   b. sed *N*, si *BR*.   c. enumerare *N*.   d. discentes *N*.
1. Matth. 9, 36.   2. 2 Cor. 11, 2.   3. 2 Cor. 11, 2.   4. Gal. 4, 17.
5. 1 Cor. 12, 31.   6. Gal. 3, 27.   7. Apoc. 1, 5.   8. 1 Petr. 2, 9.
9. Cf. Iob. 7, 1.

a vobis. ªPrimum ergo sacramentum est, quo iam imbuti estis, sacrosanctus baptismus. Hoc sacramentum, fratres mei, abhinc et semper tenere et venerari debetis et parvulis vestris oportuno tempore, scilicet in sabbato sancto pasche ac penthecostes, per manus sacerdotum tradere debetis; certissime scientes, quod, quicunque sine illo de hac vita emigraverit, et regno Dei carebit et insuper maledicti originalis penas luet eternas. ᵇSecundum sacramentum est confirmatio; id est unctio crismatis in fronte. Hoc sacramentum victuris est necessarium, videlicet ut Spiritus sancti corroboratione muniantur et armentur contra omnes temptationes et nequitias vite presentis pugnaturi. Non autem usque in senectam differendum est, ut quidam putant, sed in ipsius adolescentie fervore percipiendum; quia illa etas magis obnoxia est temptationibus. ᶜTercium sacramentum est unctio infirmorum. Quod ideo morituris est necessarium, quia in illa unctione per virtutem Spiritus sancti remissio datur peccatorum; et ipse, qui moriturus est, contra spirituales nequicias, id est contra malignos spiritus in exitu vite animabus insidiantes, eadem Spiritus sancti virtute pugnaturus armatur. Hoc omni christiano in agone mortis ardentissime desiderandum et devotissime percipiendum est, utpote remedium anime certissimum. ᵈQuartum sacramentum est eucharistia ᵉ, id est corpus et sanguis Domini. Hoc sacramentum et victuris et morituris est necessarium. Sive vivimus sive morimur, hoc viatico semper est utendum. Est enim cibus anime verus, vitam in se habens eternam. Unde frequenter misse celebrande sunt; et vos ad easdem devote convenire debetis, ut sepius huic viatico communicetis. Quodsi non potestis, quia carnales estis, huic tam sanctissime rei per vos adᶠ omnes missas participari, saltem per mediatorem vestrum, scilicet sacerdotem qui pro vobis communicat, fideliter reverenter ac devote missas audiendo communicate. Oportet tamen et vos ipsos ter vel quater in anno, si amplius fieri non potest, et confessionem facere atque ipsi sacramento communicare. ᵍQuintum sacramentum est per penitentiam reconciliatio lapsorum, id est ipsorum, qui post baptismum, propter graviores culpas ab ecclesia proiecti, per satisfactionem penitentie iterum ei reformantur. Et hoc sacramentum quasi malagma et recuperatio est cadentium in pugna et vulneratorum. ʰSextum sacramentum est coniugium, id est copula matrimonialis. Quinque autem superiora sacramenta quasi generalia sunt et omni christiano necessaria, istud autem quasi particulare est, quia non omnibus necessarium, sed eis tantum, qui se continere non possunt. Et sicut ad superiora sacramenta omnes homines trahendi sunt et invitandi, ita nullus ad hoc trahendus vel invitandus est, nisi qui, ut dictum est, se non continent sed vago et illicito concubitu sese polluunt et commaculant. His enim suadendum est, ut infirmitati sue honestiori subveniant remedio. Vos autem, qui usque ad hec tempora non christiani sed pagani fuistis, sacramentum coniugii non habuistis; quia fidem uni thoro non servastis, sed, qui voluistis, plures habuistis uxores. Quod deinceps vobis non licebit. Sed unus vir unam tantum habere debet uxorem, et una unum; quod amplius est, a malo est[1]. Si quis

1124 Iun.

a. *lemma in N:* De septem sacramentis, primum.   b. *lemma in N:* Secundum.
c. Tercium.   d. *lemma:* Quartum N.   e. *om. NB; recepi ex R.*   f. *om. NB; recepi ex R.*   g. *lemma:* Quintum N.   h. *lemma:* Sextum N.

1. Cf. Matth. 5, 37.

1124
Iun.
ergo in vobis est, qui plures habuerat uxores ante baptismum, nunc unam de illis, que sibi magis placet, eligat, dimissisque aliis, hanc solam habeat rite christiano. Et partus inquit femineos, audio, quia vos, o mulieres, necare consuevistis. Quod quantum abhominationis habeat, exprimi sermone non potest. Videte, si hoc vel bruta faciant animalia fetibus suis. Parricidium hoc non fiat ammodo in vobis; quia sine gravissima penitentia dimitti non potest. Sive igitur sit masculus sive femina, diligenter enutrite partus vestros; Dei enim est: et marem procurare et feminam. *Septimum itaque sacramentum est* ordinatio sive consecratio clericorum. Quod et ipsum particulare est et non generale, quia non omni homini necessarium. Quamvis enim omnes homines indigeant clericis, non tamen est necessarium, omnes homines fieri clericos. Ad ipsum tamen sacramentum, qui moribus et scientia magis idonei sunt, invitandi sunt pocius quam trahendi. Unde adhortor vos et invito, quia cogere non debeo: ut de liberis vestris ad clericatum tradatis, liberalibus studiis prius diligenter instructos; ut ipsi per vos, sicut alie gentes, de lingua vestra Latinitatis conscios possitis habere clericos et sacerdotes. Ista igitur septem sacramenta, que iterum vestri causa enumerare libet — id est baptismum, confirmationem, infirmorum unctionem, eucharistiam, lapsorum reconciliationem, coniugium et ordines — per nos, humiles suos paranimphos, sponsus celestis in arram vere dilectionis vobis ecclesie ac sponse sue transmittere dignatus est. Quapropter omni honore ac reverentia eadem sacramenta servate diligite et veneramini; docete ea filios vestros, ut memoriter teneant et diligenter observent in omnes generationes. Ecce habetis ecclesiam; habetis sacerdotem, de his omnibus, et quecumque sunt necessaria vobis, habundantius vos instruere scientem. Ipsum ergo, sicut me, audietis; honorantes et amantes eum et, quecumque vobis dixerit, facientes. Et nunc ego vado, iterum cito reversurus ad vos. Valete in Domino".

19. Forte videor alicui nimis plenarie historiam exequi et longior esse, quam in tali narratione oporteat. Quid sentitis?

Timo: Perge queso, sicut cepisti. Dilectoribus siquidem Ottonis, quicquid de illo est, quoniam bonum est, superfluum aut longum videri non potest.

Sefridus: Ibo inquit ut vultis. Postquam confirmata et instructa est ecclesia in Pirissa, uberrime lacrimati populoque primitivo nostro caro affectu valefacientes, legatis nos deducen-
Iun. 24 tibus, ad civitatem ducis Caminam devenimus. Erat autem illic ducissa, uxor videlicet ducis legitima. Et, licet inter paganos, christiane tamen religionis memor, de nostro adventu letissima efficitur et cum omni domo sua tanto nos devotissime suscepit, quanto et hoc marito placere sueque et illius saluti profuturum non dubitavit. Nobis etenim Pirisse demorantibus,

a. *lemma:* Septimum N.   b. *om.* N.

omnia, que illic gerebantur, inmissis clam exploratoribus, diligenter edidicit; magnoque tripudio cordis de illuminatione illius plebis exultans, ipsa quoque sue fidei scintillam^a, quasi sub mortuis cineribus eatenus consopitam, inter suos familiares modeste primo, deinde fiducialius apud omnes quos potuit ventilare cepit. Et quia scriptum est: *De scintilla*^b *consurgit ignis*[1], totam illam civitatem etiam ante nostrum introitum tantus ardor fidei sancte, operante Domino per matronam, invaserat, ut non solum nichil contradictionis verum etiam tocius populi consensum de suscipiendo baptismo invenerimus in multa gaudii plenitudine.

20. Quadraginta ergo diebus in eodem loco manentes, tam ipse pontifex quam alii eius cooperatores, sacerdotes et clerici, id pene solum operis habuimus: suscipere venientes ad fidem, docere, cathezizare, predicare et baptizare; videbamurque in tam copiosa messe pauci messores. Nam et ipsius loci atque circumiacentis provincie populus catervatim accedebat cottidie ac recedebat. Quibus omnibus dum satisfieri oporteret, immenso labore — maxime qui fuit in baptizando — episcopum nostrum, licet solos mares pueros tingeret, sepenumero sudantem aspeximus adeo profecto, ut alba eius ab humeris usque ad umbilicum ante et retro sudore manaret. Sepe etiam, ipsius ministerii nimietate lassatus, brevi sessione vires recuperans modicumque sedendo respirans, quasi animosus operator et strennuus, denuo se sublevabat in idem opus sibi dulcissimum; gratias agens omnipotenti Deo, quod ipsius prestante clementia tot manipulos in eius horrea cum sudore ac lassitudine sua congereret.

21. Dum ea Camine gerebantur atque de successu rerum et nos et populus civitatis cum ipsa matrona nobilissima et christianissima spirituali gaudio frueremur, ecce cum suo comitatu dux terre Vratizlaus, non modicum letitie salutaris augmentum, supervenit, nichilque moratus, quasi filiali fiducia in amplexus ruens episcopi: *Salve* inquit *pater sanctissime*. Deinde: *Non, queso* ait *irascaris, quod post primam illam et momenta-*

a. cincillam *N*.   b. cintilla *N*.   1. Cf. Eccli. 11, 34.

1124 *neam salutationem tam diu fui te non videns; sed causa fuere inexcusabiles rei publice administrationes. Nunc autem ecce assum parere ac servire tue paternitati, prout vis. Etenim nos ipsi et omnia nostra tui sumus; utere sicut vis.* Et hec dicens, conversus ad clericos et ad alios quosque meliores de comitibus nostris: *Et hos* inquit *pater, tuos collaboratores tua licentia salutabo;* apprehendensque manus singulorum tenebat et benedicebat illis atque deosculabatur eos, filios et fratres appellans carissimos, benedixitque Deum omnium bonorum largitorem, quod hospites tam gratissimos sua domo suscipere meruisset. Quia vero deinceps navigio de civitate ad civitatem eundum fuit, omnes equos et iumenta nostra villicos suos ad optima loca terre pastus gratia deducere iussit; nec ante nobis reddebantur, quam, et iam consummatis* omnibus, de terra fuimus iam exituri. Quos certe ita recepimus alteratos, ut pre crassitudine vix cuique suus nosceretur. Milites ergo, qui cum duce venerant, cathezizati statim et baptizati sunt. Multique ex eis, qui prius christiani fuerant sed ex consortio incredulorum metas christianitatis excesserant — ex quorum numero ducem ipsum fuisse constat — per confessionem et penitentiam ecclesie reformati sunt; promittentes: se deinceps omnia, que christiano inimica sunt nomini, respuere et ea, que sunt apta, sectari.

22. Dux etiam: *Scio* inquit *christiane sanctitati esse contrarium, plures uxores vel concubinas habere.* Simulque, tactis sanctorum reliquiis, sicut christianis iurare mos est, coram episcopo, populo aspiciente, viginti quatuor concubinas, quas ritu gentili sue legittime uxori superduxerat, publice abiuravit. Quod videntes, alii complures eiusdem enormitatis presumptores, abiurata et ipsi coniugum pluralitate, uni thoro exemplo ducis fidem se servaturos polliciti sunt. Crevit ergo ecclesia in loco illo et confortata est, ambulans in timore Dei, et Spiritu sancto replebatur, episcopo et clericis instantibus et euangelizantibus regnum Dei. Exstructa quoque illic basilica et sanctificato altari et sanctuario collatisque illuc per ducem prediis ac dote in

a. consumatis *NBR*.

sustentationem sacerdotis, pater liberalissimus, sicut omnibus 1124 ecclesiis in terra illa faciebat, libros contulit et indumenta sacerdotalia, calicem quoque argenteum cum ceteris utensilibus; deque suis sacerdotibus unum, qui populum instruere posset, eidem prefecit ecclesie.

23. Cum hec omnia rite peracta essent et non solum de civitate verum etiam de rure populus ad ecclesiam omni die conveniret, et diem dominicum aliasque solempnitates devote observarent, vidua quedam in rure non longe a civitate Caminensi dives ac nobilis valde, christiana religione contempta, patrios deos se colere nullaque occasione vanitatis nove a parentum suorum veteri traditione declinare se velle dicebat. Erat autem multam habens familiam et non parve auctoritatis matrona, strennue regens domum suam; et, quod in illa terra magnum videbatur, maritus eius, dum viveret, in usum satellicii sui triginta equos cum assessoribus suis habere consueverat. Fortitudo enim et potentia nobilium et capitaneorum secundum copiam vel numerum estimari solet caballorum. *Fortis* inquiunt *et potens est ac dives ille; tot vel tot potest habere caballos;* sicque audito numero caballorum, numerus militum intelligitur. Nullus enim militum preter unum caballum illic habere consuevit; sunt autem magni et fortes equi terre illius. Et unus quisque militum sine scutifero militat, manticam per se gestans et clipeum, agiliter satis et strennue sic militie sue officium exequens[a]. Soli autem principes et capitanei uno tantum — vel si multum est duobus clientibus — contenti sunt. Factum est ergo in una die dominica tempore messis, populo undique ad ecclesiam properante, prefata matrona nec ipsa veniebat nec suos venire[b] permittebat, sed magis turbulenta: *Ite* inquit *metite michi agros meos. Hoc enim utilius est quam vacare illi nescio cui novo Deo, quem de terra sua nobis affert ille Otto Babenbergensis episcopus. Quid nobis cum illo? Videtisne, quanta bona et quantas divitias nobis dederint dii nostri, ipsorumque largitate opibus et gloria omnibusque[c] rebus habundantes sumus.*

a. exequentes *NBR.*   b. venire *addidi.*   c. omnibus *N.*

1124 *Quare ab eorum cultura discedere, non levis iniuria est. Ite igitur, sicut dixi, ad metendas segetes nostras; et ut minus timeatis, parate michi vehiculum; ecce ego vobiscum ipsa in campos messura descendam.* Cumque in agrum venisset: *Quod me* inquit *facere videritis, omnes similiter faciatis.* Moxque rebrachiatis manicis succinctaque veste, falcem dextera corripuit, stantes vero calamos sinistra tenens, secare nisa est. Sed mirum dictu, subito in actu ipso, ut erat inclinis, misera diriguit et quasi marmoris effigies nec semet ipsam erigere nec falcem e manu dimittere potuit nec segetem; sed muta et nichil loquens similis simulacro stabat, tantum intuens intuentes se. Videntes autem famuli timuerunt valde; et concurrentes circumstabant eam, aspicientes et operientes, sinam melius esset habitura. Rogant etiam, ut a temeritate sua resipiscat; dicentes, fortem esse Deum christianorum. Sed illa nichil respondebat. Iniectis ergo manibus, violenter illam trahentes, erigere conati sunt et falcem segetemque de manibus extorquere; sed minime potuerunt. Stabat enim quasi moles immobilis terre affixa. At ubi satis miraculi ac stuporis hoc habitu infelix illa intuentibus ostenderat ipsique famuli, dolore ac tedio affecti, iam abire illamque dimittere vellent, soluta illa repente corruit sontemque animam in ignem Tartareum efflavit. Quam levantes in vehiculum: *En* inquiunt *qualem de agro manipulum die dominico reportamus.* Quod factum ubi perferente fama passim vulgatum est — nam famuli, statim ad ecclesiam currentes, baptismum postulant, stupidi que acciderant referentes — et credentibus quidem fides aucta est ex miraculo, non credentes autem, et si qui adhuc blasphemi remanserant, ad credendum ex pena multate mulieris eruditi sunt. Dies autem dominicus et alie solempnitates reverentius observari ceperunt; nos quoque ipsos et omnem doctrinam nostram, precipue autem episcopum, amplius reveriti sunt.

24. Expletis autem illic ferme quinquaginta diebus, acceptis a duce legatis et conductoribus, de ipso loco civibus, Domizlao videlicet et filio eius, viris honoratis, per lacus et refusiones

marinas¹ Iulinam vecti sumus navigio. Est autem civitas hec 1124 magna et fortis; hominesque illius loci crudeles erant et barbari. Cum autem propinquassemus civitati, conductores nostri herere pavere atque inter se musitare ceperunt. Quod intelligens episcopus: *Quid est, quod ad invicem confertis?* At illi: *Timemus* inquiunt *pater, tibi ac tuis; populus iste durus semper et indomitus fuit. Si ergo placet tibi, applicemus et moram in littore usque ad crepusculum noctis faciamus; ne forte civitatem manifeste ingrediendo tumultum populi super nos suscitemus.* In singulis autem civitatibus dux palacium habebat et curtim cum edibus, ad quam si quis confugisset, lex talis erat, ut, quolibet hoste persequente, securus ibi consisteret et illesus. Dixerunt ergo: *Si per noctem ad ducis tecta intramus, freti securitate, paulatim cives conveniendo negociumque nostrum illis pedetentim insinuando, melius fortasse proficiemus.* Placuit consilium; et cum dies abscessisset, tecti umbra noctis, curtim et menia ducis invasimus, illis ignorantibus. In crastinum vero, ubi nos viderunt, et quinam essemus et unde et quare venerimus, maligni homines scrutati sunt. Primo quidem moveri ac sensim turbari, currere ac discurrere, videre nos iterumque videre, et alii aliis nunciare. Postremo vero, insano furore correpti, magno tumultu, securibus et gladiis aliisque telis armati, sine ulla reverentia in ipsam ducis curtim irrumpentes, mortem nobis sine ulla retractatione, nisi quantocius de curia et de ipsa civitate fugeremus, comminabantur. Erat autem in ipsa curti edificium quoddam fortissimum, trabibus et tabulis ingentibus conpactum, quod stupam vel pirale vocant, in quod scrinia et clitellas et capellam episcopi et pecuniam et queque preciosa de navi portaveramus; quin et propter impetum furentis populi cum episcopo clerici omnes illuc confugerant. Ego autem eo tempore magna febri tenebar, in alia domo iacens et egrotans; ultra vires tamen, audito strepitu et clamore bachantium, de stratu erectus, ad ostium domus constiti. Et ecce omnia plena hominum, tela et arma portantium. Vociferabantur autem et clamabant, exire

1. per Diewenow.

1124 nos conpellentes. Sed moram nobis facientibus, quasi a furore illi essent cessaturi[a], magis eorum exarsit insania, factoque impetu stupam aggrediuntur et dissipant, tecto primum, dein parietibus disiectis et excisis. Tunc vero episcopus, ad coronam passionis se invitari sperans, nobis aliis trepidantibus, quibusdam etiam pre pavore lacrimantibus, ille spiritu iocundo et hilari vultu stabat intrepidus, optans et gliscens, ut vel unum ictum aut vulnus in nomine Iesu accipere dignus habeatur. Paulicius vero et legati, videntes, quia vere insaniunt omnes et quia illic moram facere deterius est atque deterius, in medium populi exilientes, validissimo clamore, acsi et ipsi furerent, extentis manibus silentium fieri postulabant. Quibus ad modicum sedatis, illi continuo prosecuti: *Quid est hoc?* inquiunt. Et causam totam in semet ipsos transferentes: *Si nos* aiunt *hic in curia domini nostri ducis pacifice consistere non sinitis, saltim pacifice hinc exire permittite. Quid furitis in nos? Quem lesimus ex vobis?* At illi: *Inpostorem* inquiunt *illum episcopum et ceteros cum eo christianos, deos nostros blasphemantes, interficere venimus. Sed si eos salvare vultis, ecce damus locum; cito eos extra civitatem deducite.* Platee autem civitatis palustres erant et lutose, et pontes exstructi et tabule undique posite propter lutum. Arripiens ergo Paulicius per manum trahere cepit episcopum et deducere; adhortans modeste, ut, si posset, properantius iret. Ut autem per medium turbe nos omnes non inperturbatis passibus extra curtim usque ad pontes devenimus, ecce quidam de turba vir barbarus et fortis, librata quam gestabat ingenti phalanga, vasto ictu caput ferire nisus est transeuntis episcopi. Sed ille, avertens caput, humero ictum suscepit; eodemque geminante commissum et alio eminus in eum iaciente contum, inter manus Paulicii ac Hiltani sacerdotis, ducentium illum, a ponte in lutum prosternitur Otto noster. Paulicius vero, et animo et corpore ibi se virum exhibens, iacentem episcopum nec propter inminentia tela deseruit; sed, proprii corporis obiectu crebras percussiones excipiens inque cenum a ponte inguetenus descendens,

a. cassaturi *N*, cessaturi *BR*.

sublevabat de luto prostratum. Similiter et alii sacerdotes et clerici, dum protegunt illum et iacenti manus porrigunt, fustibus et contis iuxta suum pontificem in nomine Iesu vapulaverunt. Tandem multo discrimine ponte arrepto, rursum ire et abire cepimus extra civitatem, illique, a prudentioribus sedati, cessaverunt a nobis. Abeuntes ergo trans lacum, disiecto ponte a tergo nostro, ne iterum impetum super nos facerent, in campo inter areas et loca horreorum decumbendo respiravimus; videntes et dinumerantes socios, et quia nullus defuit, Deum benedicentes.

Timo: Hic primum, hic audio quoddam veri apostolatus indicium: plagas videlicet et livores; sicut scriptum est: *Ibant apostoli gaudentes a conspectu concilii, quoniam digni habiti sunt pro nomine Iesu contumeliam pati*[1]. Sed dic, obsecro, mi apostole, num in aliquo particeps fuisti huius apostolice benedictionis?

Sefridus: Me miserum, infirmitate mea conspecta, talibus bonis me indignum ipsi iudicavere pagani. Puduit tamen, ut verum fatear, aliis de suis portionibus postea satis iocunde gloriantibus, me nichil ibi accepisse.

Timo: Consolare; inquit si quid minus circa te in illo capitulo actum est, in nostro poterit impleri. Sed perge ad cetera; et qualiter in tam dura terra euangelii radix tandem convaluerit, explicato.

25. Sefridus: Postquam nos respiravimus et illi desevierant, Otto beatissimus: *Proh dolor* inquit *bona spe cassati sumus. Palma in manibus erat; vos eam — Deus vobis ignoscat, filii et fratres — extorsistis de manibus nostris. Vix omnes ictus illi unius passioni sufficerent; sed dum omnes ad coronam prosiluistis, nec unum pervenire dimisistis.* Cui Paulicius: *Satis* inquit *domine, nobis visus es accepisse. Parum* inquit ille *quia voto minus. Tua quoque avaricia meam ex parte magna preripuit benedictionem.* Hoc autem dixit de ictibus, quos ille intercepit. Constat tamen episcopum tribus plagis vapulasse.

1. Act. apost. 5, 41.

Mansimus ergo per dies quindecim trans stagnum*, quod cingebat civitatem; expectantes, si forte meliori animo fierent. Interea vero et nostri ad illos sepe ibant et redibant; similiter autem et eorum primates veniebant ad nos excusare se, stultis hominibus et vilioribus de plebe culpam illius tumultus imponentes. Habuit ergo cum eis verbum de fide christianismi, quasi per ambages hortans eos et suadens. Preferebat etiam nomen et potentiam ducis Polonici; et quomodo ad illius iniuriam spectet illata nobis contumelia, quidve mali contra eos inde oriri queat, nisi forte illorum intercedat conversio, insinuavit. At illi consilium se accepturos dicebant. Regressique ad suos, omnia hec tractabant diligenter ac retractabant; tandemque in unius sententie formam concesserunt, videlicet: super hoc verbo se facturos, quicquid facerent Stetinenses. Hanc enim civitatem antiquissimam et nobilissimam dicebant in terra Pomeranorum matremque civitatum; et satis iniustum fore, se[b] aliquam nove religionis observantiam admittere, que illius auctoritate prius roborata non fuisset.

26. Quibus auditis, episcopus Stetinam nichil cunctatus adire festinat et quendam de Iulinensium civibus Nedamerum nomine, ut viam nobis monstraret, assumpsit. Hic autem, familiaritate nostra bene utens, cum filio suo quasi alter Nichodemus[1] occulte nos frequentabat et, que dicebantur, libenter audiebat. Alii quoque nonnulli de ipsa civitate occulte Christum colebant, tam viri quam mulieres. Isti etiam frequentabant nos, dum ibi moras faceremus; deque suis rebus nobis humanitatem honeste impendentes, spirituali consolatione[c] ab episcopo recreati sunt; optantes, ut, Stetina recipiente verbum Dei, Iulina quoque recipere ex ratione pacti conveniatur; quo ipsis, quid de Christo sentiant, publicare licitum fiat. Igitur Nedamero duce ac filio eius Stetinam navigavimus; sed illi, Stetinenses offendere veriti, si nos adduxisse viderentur, priusquam ab eis videri possent, nobis valefacientes, in locum suum reversi sunt. Nos vero

a. transtagnum *N*.   b. si *N*, se *BR*.   c. om. *N; recepi ex BR*.
1. Ioh. 3, 1 squ.

per crepusculum noctis, applicantes civitati, egressi naves, curtim ducis intravimus. Mane facto, Paulicius et legati primates adeunt; ex parte ducum se cum episcopo missos referunt: causam vie ponunt euangelium; dant consilium promittunt et terrent. At illi: *Nichil* inquiunt *nobis et vobis. Patrias leges non dimittemus; contenti sumus religione, quam habemus. Apud christianos* aiunt *fures sunt, latrones sunt, truncantur pedibus, privantur oculis, et omnia genera scelerum et penarum christianus exercet in christianum; absit a nobis religio talis.* Hec et his similia protestantes, obturaverunt[a] aures suas, ne audirent verbum. Omnibus igitur obstinatis, per duos menses et plus ibi morantes, nichil pene profecimus.   Dum ergo tam longa et inutilis mora nobis turbationi esset, consilium incidit: legatos mittere ad ducem Polonie, sciscitari, quid de nobis iuberet, utrum manere illic an redire; et de contradictione civitatum quid ei videretur. Quod consilium ubi civibus conpertum fuit, timebant quidem; tamen rogabant, ut mitterentur legati, suos cum illis hac ratione profecturos dicentes, ut, si apud ducem perpetue pacis stabilitatem obtinere tributumque alleviare queant, his ibi coram suis et nostris legatis ex scripto firmatis, christianis se legibus sponte inclinarent.   Abeuntibus ergo cum Paulicio nostris et eorum legatis, nos interim bis in ebdomada, in diebus scilicet mercatus, per medium fori, populo ex omni provincia conveniente, sacerdotalibus induti, crucem portavimus et, de fide atque agnitione Dei populum incredulum oportune et inportune alloquendo, iugulum neci quodammodo cottidie aptavimus[b], sed Deo protegente nos lesi non sumus. Plebs autem, que de rure fuit, et simplicitate sua et rerum novitate capta, negociis suis postpositis, predicationem libentissime accepit, quamvis credere non auderet. Et quia certis diebus crux portabatur et sermones fiebant, magis propter verbum quam propter forum ruricole[c] confluebant.   Ego in illis diebus crucem cum Symone[1] in angaria portavi. Nam vellem nollem, per medios barbaros, per

a. obduraverunt *NB*, obthuraverunt *R*.   b. aptavimus *corr. in* optavimus *N*.
c. ruricule *N*.   1. Marc. 15, 21.

1124 forum et turbam incredulorum obprobrium crucis, animo et corpore tener agoniteta, coram episcopo portare iubebar. Deus autem pius et misericors, sciens timiditatem meam et pavorem meum, ledi me non sinebat.

27. Cottidie autem fidei retia laxantibus et nichil nobis capientibus et multum super hoc tedentibus, tandem benignus Dominus sedulitatem boni servi sui Ottonis, laborem quoque ac mestitiam miserando respexit. Nam duo pulcherrimi adolescentes, filii cuiusdam nobilis[1] de civitate, domum nostram frequentare et familiares se prebere paulatimque de Deo nostro et de fide querere ceperunt. Episcopus autem sentiens, quia in bono veniunt, futurorum bonorum ex his captando presagium, blandis mulcet alloquiis atque de mundicia et honestate christianismi, de immortalitate[a] animarum, de resurrectione corporum, de spe et gloria eterne vite adolescentibus per singulos dies euangelizavit. Que omnia, flante Spiritu sancto, pueri altius suis inbibere pectoribus; neque diu cunctati, credere se velle atque baptismum percipere dixerunt. Episcopus ergo letissimus pueros statim cathezizat; ac de omnibus, que christiane religioni conpetebant, diligenter instructos iussit, ut, loti et lotis induti, cum cereis suis et albis sese preberent baptizandos. Illi, ut moniti erant, silenter exequentes omnia, die statuto parentibus insciis loti et purificati novisque ac mundis vestibus induti, cum albis et cereis, percepturi sanctum baptisma, se manibus episcopi obtulerunt. Videres humano in corpore vultus angelicos; videres, expulsa demonici squaloris inertia, in vultibus iuvenum Christum novum hominem gratioso iam coruscare aspectu. Pontifex ipse omnesque alii sacerdotes et clerici gavisi sunt et admirati super gratia, quam videre in pueris. Sed quid morer? Baptizati sunt et, propter octavam purificationis octo dies apud nos commorantes, in domos parentum non sunt reversi.

28. Mater vero illorum puerorum — nam pater domi aberat — ubi que gesta sunt audivit, pueris nondum exalbatis,

a. mortalitate *N*, immortalitate *BR*.   1. Domizlai.

ultra quam dici queat gaudio perfusa, cuidam de pueris suis: 1124
Vade inquit *nuncia domino meo episcopo, quia ipsum et filios
meos videre venio.* Erat enim matrona magne honestatis et potentie in civitate illa. Episcopus ergo, audiens illam advenire,
desub tecto exiens, in graminis cespite sub divo consedit suosque regeneratos, adhuc in albis positos, circumsedentibus clericis, ad pedes suos collocavit. Sed ubi matrem eminus advenientem conspiciunt, modeste consurgentes et episcopo prius
inclinantes, quod advertere pulchrum fuit, quasi petita licentia,
obviam ei vadunt. Quos illa intuens albatos, magnitudine gaudii
quasi amens et stupida, soluta in lacrimas, subito in terram
corruit. Accurrit episcopus, accurrunt clerici, levant tenent consolantur; putabant enim, quod nimietate doloris defecisset. At
illa, recuperato flatu: *Benedico te* inquit *domine Iesu Christe,
tocius spei et consolationis auctor, quod filios meos tuis sacramentis inbutos tueque fidei veritate aspicio illustratos. Scis enim,
domine Iesu Christe, quod hos* — tenensque osculata est pueros
et amplexata — *in secreto pectoris mei tue miserationi iam per
multos annos commendare non cessavi, petens, ut hoc eis faceres
quod fecisti.* Deinde ad episcopum: *Benedictus* inquit *introitus
tuus in hanc civitatem, domine et pater reverentissime; multum
enim populum tua perseverantia Domino hic habet acquirere.
Non te dilatio fatiget. En ego ipsa, que coram te asto, Dei
omnipotentis adiutorio et tui pater animata presentia sed et
pignerum meorum freta subsidio, christianam me confiteor, quod
hactenus non audebam.* Sicut enim protestata est, in diebus adolescentie sue de terra christianorum per rapinam ablata fuit
et, cum esset ingenua et speciosa, gentili homini marito suo,
diviti ac prepotenti viro, copulata est et eosdem filios ex illo
suscepit. Episcopus ergo, super his omnibus Deum benedicens,
confitenti et confidenti matrone verbo confortationis fidem auxit
et fiduciam; sueque liberalitatis non immemor, grisee pellicule
clamidem preciosam ei dedit. Et eadem petente atque cum fiducia iam euangelizante, omnes eius domesticos aqua tinxit regenerationis. Deinde etiam omnes convicinos eius et familiares,

1124 viros ac feminas cum parvulis suis, eadem fidei societas paulatim involvit. Pueros quoque ipsos post expletos octo dies, in die depositionis albarum duabus camisiis de subtili panno vestivit; et easdem camisias aurifrigio in ora capicii et sutura humerali atque brachiali ornari eis fecit. Duosque cingulos aureos tradens et calciamenta picturata, verboque doctrine et sacramento eucharistie eos communiens, cum gaudio in domum matris remisit.

Timo: Miris modis aurum suum et donaria Otto noster expendit. Ut enim salvi essent homines, et precio conduxit et verbo instruxit; rudesque alumpnos et spiritualibus documentis informabat et corporalibus beneficiis conciliabat.

Sefridus: Optime animadvertisti. Sed quanto fenore donaria sua in thesauros Domini sui aliquotiens congesserit, ex his poteris conicere:

29. Prefati etenim pueri, cum ad suos coadolescentes pervenissent, et quomodo ab episcopo habiti et instructi essent et quanta esset apud illum disciplina et honestas, quanta pietas et mansuetudo, ruminare ceperunt; mox etiam, quante munificentie ac liberalitatis circa omnes extiterit, predicare obliti non sunt. Atque in argumentum rei: *Cernite* inquiunt *his indumentis post omnia beneficia sua nos induit, his aureis cingulis honoravit. Pecunia sua captivos redimit, suis impensis eosdem vestit, cibo reficit et liberos abire dimittit. Quid umquam simile visum auditumve est in terra Pomeranorum? quid simile pontifices nostri et sacerdotes faciunt? Hunc certe aliquem visibilem deum inter homines advenisse, ipsa gratuita redemptio captivorum, in cippis et compedibus putrefactorum, multos cives nostros fecerat autumare. Sed ille, hoc negans, non deum se sed Dei altissimi servum pro nostra salute ad nos directum dici et credi optat. Et anime immortalitatem et corporum resurrectionem et eterne vite gloriam doctrinam dicit esse christianorum. Quare non credatur ei?* Hec et his similia pagana iuventus a iuvenibus audiens, aspirante gratia Dei, tracta est et adtracta per eosdem in eundem fidei fervorem; reversique ad episcopum pueri fide recenter

imbuti, more columbarum alias trahentium, gregem non modi- 1124
cam adduxere coevorum, euangelii rudimenta suscipere cupientium. Quid multa? Cathezizantur, baptizantur. Et a pueris
et iuvenibus cana patrum prudentia se passa est erudiri; flammaque fidei paulatim progrediente, concaluit civitas universa;
neque iam occulte vel pauci, sed publice ac multi simul cottidie veniebant ad fidem. Interea prefate coniunx matrone et
pater primitivorum in via, domi* absens, ubi audivit, quod uxor
et filii totaque domus eius, proiecto paganismo, ritu viveret
christiano, mori voluit pre dolore. Sed uxor provida cognatos
eius et amicos, qui malagma ei consolationis apponerent, obviam direxit egroto; ipsa vero domi pro illius conversione preces
Domino et vota non irrita offerre non cessavit. Itaque reversus
ille, cum non solum domesticos suos verum et alios vicinos et
concives suos veterem hominem exutos in novitate vite conspiceret ambulantes, ad conformandum se illis, Deo visitante
cor illius, facile inclinatus est.

30. Dum ea geruntur in civitate, Paulicius et legati tam
illorum quam nostri a duce Polonie veniunt, pacti mandata et
scripta tiranni secundum hec verba reportantes:

„Bolezlaus, omnipotentis Dei favente clementia dux Poloniorum et hostis omnium paganorum, genti Pomeranice et populo Stetinensi, promisse fidei sacramenta servanti, pacem firmam et longas amicitias; non servanti vero, cedem et incendia
et eternas inimicitias. Si occasiones quererem adversum vos,
iusta esse poterat indignatio mea: quod, quasi fidei vestre transgressores, vos retrorsum abire conspicio; et quod dominum et
patrem meum Ottonem episcopum, omni honore ac reverentia
dignissimum, vita et fama in omni populo et gente preclarum,
vestre saluti a Deo vero et nostro ministerio destinatum, sicut
oportuit, non suscepistis neque hactenus secundum Dei timorem
illius doctrine obedistis. Omnia hec vestre valebant accusationi.
Sed interpellavere pro vobis responsales et mei et vestri, honorati viri ac prudentes; precipue autem ipse pontifex apud vos

a. *sic codd. Cf. supra p. 772 cap. 28.*

1124 manens, euangelista vester et apostolus. Horum ergo consilio ac petitioni acquiescere dignum iudicans, servitutis ac tributi pondus, ut iugum Christi eo alacriores suscipiatis, hoc modo relevare decrevi: Tota terra Pomeranorum duci Polonie, quicumque sit ille, trecentas tantum argenti marcas publici ponderis annis singulis persolverit. Si bellum ingruęrit ei, hoc modo eum iuvabunt: Novem patres familias decimum in expeditionem armis et impensis habunde procurabunt; et eiusdem familie interim domi fideliter providebunt. Ista servantes et fidei christiane consentientes, nostram pacem porrectione manus et eternę vite gaudium consequemini et in omnibus oportunitatibus vestris presidia semper et auxilia Polonensium tamquam socii et amici experiemini".

Igitur habita concione, ubi coram populo et principibus verba hec recitata sunt — multo, quam dum apud Naclam armis subacti essent[1], letiores — pacti sacramenta devote suscipientes, remota omni controversia, euangelicis traditionibus se submiserunt. Episcopus ergo, arrepto tempore, pulpitum conscendens: *Nunc* ait *ad nostri sermonis officium ventum est.* Et incipiens: *Gaudete* inquit *in Domino semper; iterum dico, gaudete*[2]. *Modestia vestra, fides et conversio vestra nota sit omnibus, nota sit omni mundo. Nam totus mundus pro vestra doluit infidelitate. Totus enim mundus, fratres karissimi, usque ad hunc terre vestre angulum lumen veritatis agnoscit; et vos in tenebris remanere voluistis. Pudeat et peniteat vos, creatorem vestrum hactenus non agnovisse. Nunc ergo tanto devotius, quanto serius ad ipsum convertimini; currite festinate, ut eos, qui vos in fide precesserunt, consequamini; hoc agere solliciti, ut, qui de vestra cecitate pie doluerunt, de vestra illuminatione possint in Christo gloriari. Et primo ipsis deceptoribus diis vestris, surdis et mutis sculptilibus, et inmundis spiritibus, qui in eis sunt, signo crucis armati, quantocius renunciate; fana diruite, simulacra conterite; ut, hostibus eius eiectis a vobis, dominus Deus vester, Deus vivus*

---

1. V. supra p. 749.   2. Philipp. 4, 4.

et verus, in medio vestri habitare dignetur. Nisi enim omnes alios abiciatis, ipsum habere propitium non potestis. Fugit enim et indignum sibi reputat aliorum consortium deorum, et nulla communicatio templo eius cum ydolis. Sed scio, quia nondum satis confiditis; scio, quod timetis demones, inhabitatores fanorum et sculptilium vestrorum; et idcirco non audetis ea comminuere. Sed pace vestra sit, ut ego ipse cum fratribus meis sacerdotibus et clericis simulacra et cóntinas illas aggrediar; et si nos, crucis sancte signaculo premunitos, illesos permanere videritis, eodem crucis muniti tropheo, vos omnes nobiscum in securi et ascia[1] *excisis ianuis et parietibus, deicite illas et incendite.*

31. Quod cum audissent et annuissent, episcopus et sacerdotes, celebrata missa et accepta communione, armati securibus et sarpis[2], cóntinas aggrediuntur et fana, comminuentes et excidentes omnia, scandentes tecta et convellentes. Stabant autem cives aspicientes, quid dii facerent miserrimi, utrumnam tecta sua defenderent necne. At ubi destructoribus nichil mali evenire vident: *Si* inquiunt *aliquid divine virtutis haberent isti, quorum sacra et templa convelluntur, utique defenderent se. Si autem se defendere aut sibi prodesse non valent, quomodo nos defendere vel nobis prodesse poterunt?* Et hec dicentes[a] facto impetu diruunt et comminuunt omnia; ipsamque lignorum materiam inter se diripientes, ad domos suas in usum foci coquendis panibus et cibis comportabant. Et quia plus rapienti plus habere fas erat, omnes ille cóntine numero quatuor mira celeritate confracte sunt ac direpte.

Timo: Quare templa illa vocabant cóntinas?

Sefridus: Sclavica lingua in[b] plerisque vocibus Latinitatem attingit, et ideo puto ab eo, quod est continere, cóntinas esse vocatas.

32. Erant autem in civitate Stetinensi cóntine quatuor. Sed una ex his, que principalis erat, mirabili cultu et artificio

---

a. dicens *N*, dicentes *BR*.   b. im *N*.
1. Ps. 73, 6.   2. sarculis.

1124 constructa fuit, interius et exterius sculpturas habens, de parietibus prominentes: imagines hominum et volucrum et bestiarum, tam proprie suis habitudinibus expressas, ut spirare putares ac vivere. Quodque rarum dixerim, colores imaginum extrinsecarum nulla tempestate nivium vel imbrium fuscari vel dilui poterant; id agente industria pictorum. In hanc edem ex prisca patrum consuetudine captas opes et arma hostium, et quicquid ex preda navali vel etiam terrestri pugna quesitum erat, sub lege decimationis congerebant. Crateres etiam aureos vel argenteos, in quibus augurari epulari et potare nobiles solebant ac potentes, in diebus sollempnitatum quasi de sanctuario proferendos, ibi collocaverant. Cornua etiam grandia taurorum agrestium deaurata et gemmis intexta, potibus apta; et cornua cantibus apta; mucrones et cultros; multamque suppellectilem preciosam, raram et visu pulchram, in ornatum et honorem deorum suorum ibi conservabant. Que omnia episcopo et sacerdotibus, ubi fanum dirutum fuerat, danda censebant. Sed ille: *Absit a me* inquit *ut a vobis ditemur; nam talia et his meliora domi nobis habundant; vos ea potius, quorum sunt, in vestros usus cum Dei benedictione distribuite.* Et aqua benedicta omnia conspergens et crucis super ea benedictione facta, iussit, ut inter se illa dividerent. Erat autem ibi simulacrum triceps, quod in uno corpore tria capita habens Triglaus vocabatur; quod solum accipiens, ipsa capitella sibi coherentia, corpore comminuto, secum inde quasi pro tropheo asportavit et postea Romam pro argumento conversionis illorum transmisit; scilicet ad videndum domno apostolico et universali ecclesie: quid ipse illius obedientiarius vellendo et plantando, edificando et destruendo[1], apud illam gentem profecisset. Tres vero alie cóntine minus venerationis habebant minusque ornate fuerant. Sedilia tantum intus in circuitu exstructa erant et mense; quia ibi conciliabula et conventus suos habere soliti erant; nam sive potare sive ludere sive seria sua tractare vellent, in easdem edes certis diebus conveniebant et horis. Erat preterea ibi quercus ingens et

1. Cf. Ierem. 1, 10.

frondosa; fons subter eam amenissimus, quam plebs simplex, 1124 numinis alicuius inhabitatione sacram estimans, magna veneratione colebat. Hanc etiam episcopus cum post destructas cóntinas incidere vellet, rogatus est a populo, ne faceret. Promittebant enim, nunquam se ulterius sub nomine religionis nec arborem illam colituros[a] nec locum; sed solius umbre atque amenitatis gratia, quia hoc peccatum non sit, salvare illam potius quam salvari ab illa se velle. Qua suscepta promissione, *Acquiesco* inquit episcopus *de arbore. Sed illud vivum numen*[b] *sortium vestrarum de medio tolli oportet; quia nec augurium nec sortilegium*[c] *exercere christianis licet.*

33. Habebant enim caballum mire magnitudinis et pinguem, nigri coloris et acrem valde. Iste toto anni tempore vacabat, tanteque fuit sanctitatis, ut nullum dignaretur sessorem; habuitque unum de quatuor sacerdotibus templorum custodem diligentissimum. Quando ergo itinere terrestri contra hostes aut predatum ire cogitabant, eventum rei hoc modo per illum solebant prediscere: Haste novem disponebantur humo, spacio unius cubiti ab invicem disiuncte. Strato ergo caballo atque frenato, sacerdos, ad quem illius pertinebat custodia, tentum freno per iacentes hastas in transversum ducebat ter atque reducebat. Quodsi pedibus inoffensis hastisque indisturbatis equus transibat, signum habuere prosperitatis et securi pergebant; sin autem, quiescebant. Hoc ergo genus sortium aliasque ligneas calculationes, in quibus navalis pugne vel prede considerabant auguria, quamvis multum renitentibus aliquibus, Dei tandem auxilio penitus abrasit; ipsumque profani vaticinii caballum, ne simplicibus esset offensionis laqueus, in aliam terram vendi precepit; asserens hunc magis quadrigis quam propheciis idoneum. Cumque omnes superstitiones et enormitates suas episcopo docente abiecissent, monuit: ut omnes christianos, fratres suos reputantes, nec venderent nec interficerent neque captivando torquerent, nec terminos eorum turbarent nec predas ex eis tollerent; sed fraterne ac socialiter se cum omnibus gererent, eademque ab illis

a. *sic.*   b. numem *N.*   c. sortilogium *NB,* sortilegiam *R.*

1124 mutuo sperarent. Et quod omni immanitate crudelius erat femineos partus enecare, ne ultra fieret, mulieres collaudare monebat. Nam usque ad hec tempora, si plures filias aliqua genuisset, ut ceteris facilius providerent, aliquas ex eis iugulabant, pro nichilo ducentes parricidium.

34. Emundata igitur civitate ab immanitate scelerum et spurcitiarum, abdicata etiam coniugum pluralitate, adiuvantibus et coeuangelizantibus illis qui ante universalem populi consensum fidem quasi privatim acceperant, fiunt cathecismi per vicos et capita platearum, tuba insonat euangelii; cruces eriguntur, crucifixus adoratur; omnis etas, omnis lingua Christum nominat, Christum ruminat, verbaque fidei aut discunt omnes aut docent. In tam ingenti autem civitate, que nongentos patres familias absque parvulis et mulieribus et reliqua multitudine numeratos habebat, non est inventa persona, que post generalem consensum ab euangelii veritate se retrahere niteretur; nisi tantum solus ille sacerdos, qui prefati caballi habebat curam. Hic autem, cum multis importunitatibus fatigaret episcopum et bono semini zizania superiaceret — die quadam cum, multa prece ab omnibus rogatus et ab episcopo multis rationibus superatus, ex obstinatiône nullo modo vellet acquiescere veritati — nocte ipsa, divina ultione percussus, tumore ventris ac dolore crepuit et mortuus est. Quod factum universe civitati magnum incussit terrorem, omnesque Christum laudantes, fortem Deum sueque legis emulatorem vocitabant.

35. Timo: Miror, quod tante pietatis homo neque hunc sacerdotem neque viduam illam, quam etiam superius[1] a Deo percussam meministi, ut converti possent, a morte suscitavit. Nam de quibusdam sanctorum legitur, persecutores suos hominesque impios conversionis gratia revocasse ad vitam.

Sefridus: Iudicia Domini abissus multa[2]. Et illi quidem, quia predestinati erant ad vitam eternam, idcirco huic vite redditi sunt, ut converti possent et salvari. Isti autem, quia predestinati non erant, nec resuscitati sunt nec salvati; sed propter blasphemiam in Deum a Deo iuste dampnati[a] sunt. Et condempnatione istorum alii docti sunt atque correcti.

Timo: Ut video, quia blasphemia Spiritus sancti irremissibilis est, idcirco,

a. dapnati *N*.

1. p. 766, L. II c. 23. 2. Cf. Ps. 35, 7.

tamquam blasphomos, a vita eos irrevocabiliter sentis esse defunctos. Sic enim 1124 Phariseis blasphemantibus a Domino dictum recolo: „Omnis, qui dixerit verbum contra filium hominis, remittetur ei; qui autem dixerit verbum contra Spiritum sanctum, non remittetur ei neque hic neque in futuro seculo" [1]. Timide quidem et caute de divinis iudiciis disputandum est; sed quia fides catholica de incredulis omnibus generalem ante me fixit sententiam, eiusdem orbitam non excedere iustum puto. Videntur etenim hi, de quibus sermo est, blasphemi contra Spiritum sanctum sensisse — quod est verbum corde formare; nam hoc proprie dici potest blasphemia — et idcirco non esse ad vitam reparatos. Sicut enim salvandi his ascensionis ad vitam nituntur gradibus: fide scilicet spe et caritate — nam profecto fide incipimus, spe proficimus, caritate consummamur[a] — ita e diverso hi, qui pereunt, per oppositum iter descensionis tendere videntur ad interitum. Inicium enim perditionis perfidia eis est; profectus perditionis — quamvis insolito dicatur, quia melius defectus vocatur — desperatio; consummatio autem perditionis blasphemia aliquibus videtur. Sicut[b] enim caritas, que consummat hominem semper diligit et gratias agit, ita eius contrarium, quod blasphemiam dicunt, negligit, id est nequaquam diligit; sed bonis et donis Dei semper ingrata est, quod est iniuria Spiritus sancti. Unde hi, aliis contribulibus et concivibus suis cum gratiarum actione verbum salutis recipientibus et fide incipientibus, spe proficientibus, ut ad arcem perfectionis que caritas est quandoque pertingerent, proh dolor in perfidia sua remanentes, in desperationis baratrum atque in blasphemie abyssum corruerunt.

Sefridus: Negare non audeo. Sed arguto satis blasphemiam caritati dicis contrariam. Equidem, si recte perfidiam fidei dicimus contrariam et desperationem spei, quid magis contrarium sit caritati quam blasphemia, in omni genere vitiorum invenire non possum. Sed caritas est summum bonum; ergo eius contrarium, quod est blasphemia, est summum malum. Quomodo enim non summum malum, quod neque hic neque in futuro seculo predicatur remittendum? Si autem summum malum est, summo bono maxime contrarium est. Iterum caritas est diligere Deum de puro corde et conscientia bona et fide non ficta[2]. E converso blasphemia est de inpuro corde[c] et mala conscientia et fide ficta odisse Deum. Nam de impuritate cordis et mala conscientia nascitur desperatio, fides autem ficta perfidia peior est. Ergo ex perfidia et desperatione perfidi et desperati homines, malo et servili timore timere incipientes, etiam odiunt eum, a quo sine dubio se dampnandos sciunt. Eo etiam ordine hostis antiquus in abyssum descendit. Perfidus enim est, quia non credit in Deum; desperatus, quia non sperat; blasphomus, quia, serviliter metuens, etiam odit eum, a quo se dampnatum et dampnandum novit. Perfidia est infernus; desperatio infernus inferior; blasphemia infernus infimus, quod est abyssus. Ibi religatus tenetur ille infelix sue obstinationis ac divine districtionis cathena, nunquam ab illa exiturus blasphemia. Imitantur autem illum, qui sunt de parte illius[3].

Timo: Et in his omnibus tecum sum contra blasphemos et tu mecum.

a. consummamur *NB*.   b. Sicud *N*.   c. et immundo *addidit alia manus in margine N*.

1. Matth. 12, 32.   2. 1 Tim. 1, 5.   3. Sap. 2, 25.

1124 Atque proh dolor, iuste factum est, quod homines, ingrati ad vitam se vocanti divine bonitati, pro malo blasphemie sue morte multati, resuscitari non meruerunt; cum tamen illorum resuscitatio recenti ecclesie, quemadmodum et extinctio, lucro fuisset. Ast hic Herbordus quare ad hec omnia silet?

Egone? inquam: Satis superest illis vestra de illorum morte sententia; sed tamen circa hoc, quod[a] resuscitati non sunt, quod sentio dicam, si placet. In historiis omnibus tam veteris quam novi testamenti, ubi a prophetis et apostolis vel ab ipso Domino mortui resuscitati leguntur, aut fide aut peticione propinquorum id effectum considero. Sic Heliseus fide matris puerum suscitavit[1], sic Petrus Thabitam[2], sic et Dominus Lazarum a mortuis revocavit[3]. Unde, si fides aut petitio proximorum pro his interpellasset, episcopo virtutem Dei ad miraculum non defuisse, haut dubium est. Quis sanctior Christo? et de ipso euangelista dicere non cunctatur: „Non poterat autem Iesus ibi facere quicquam propter illorum incredulitatem"[4]. Hinc manifestum est, viventium fidem necessariam esse ad mortuorum resuscitationem. Et de paralitico, quem per tegulas propinqui submiserunt ante Iesum, vide, quid dicat euangelium: „Et videns Iesus fidem illorum, dixit paralitico: „„Tolle lectum tuum""[5] et cetera. Sed audite queuo adhuc. Dona Dei diversa esse, quis nesciat? Petro datum est: mortuos suscitare, infirmos curare, demones effugare, aliaque multa in hunc modum corporalia beneficia prestare per miracula, quibus ad spiritualia bona suos alliceret auditores; argentum autem et aurum, quod egenti daret, non habebat, sicut ipse pauperi claudo stipem poscenti respondit: „Argentum et aurum non est michi; quod autem habeo, hoc tibi do"[6]. Sed ab eo, qui dat uni cuique prout vult[7], Ottoni datum est: multas opes habere cum bonitate et largitate admirabili. Petro igitur orante, Christus languidos et debiles curavit; Ottone autem largiente, Christus vincula et captivitates absolvit. Petri oracio et Ottonis largitio in salutem populi ab uno Christo dispensabantur. Alter sanctitate, alter liberalitate pollebat; ille prodigaliter, iste liberaliter beneficus erat; uterque carceres aperuit, vincula[b] solvit, sed ille proce, iste precio; ille mortuos suscitavit, iste, ne morerentur homines, morbos fugavit. Quid enim fames sitis gelu et alia incommoda vite nostre nisi morbi sunt? Qui nisi congruis effugentur medicinis, profecto extinguunt hominem. Non tamen Ottonem Petro me quisquam putet velle adequare; nisi forte ut Mantuam Rome, ut Maro quadam proportionis ratione res equales fingit, dicens:

„Sic canibus catulos, sic magnis matribus hedos"[8],

assimilant; nature scilicet ac forme proportione, non magnitudine corporis aut quantitate. Sed tu, quod cepisti, evolve.

36. **Sefridus**: Destructis igitur fanis, collisis simulacris, multato divinitus sacerdote, victoria crucis erigitur, construuntur baptisteria; dolia humo infodiuntur, cortinis velantur. Omnibus-

a. om. N; recepi ex B.   b. vincula solvit om. N; recepi ex B.
1. 4 Reg. 5, 34.   2. Act. ap. 9, 40.   3. Ioh. 11, 43.   4. Matth. 13, 58.   5. Matth. 9, 2. 6.   6. Act. ap. 3, 6.   7. Cf. 1 Cor. 12, 11.
8. Cf. Virg. Eccl. 1, 23.

que religiose ac sancte aptatis, populus, per aliquot dies ante 1124 cathezizatus ac instructus, ad aquam regenerationis cum multa gravitate ac disciplina se offerebat; toto corpore balneis prius abluti, ac lotis et mundis vestibus induti, cereos ardentes et albas suas gestantes, et sancti Spiritus accensi desiderio, singuli apud se in cordibus suis cantantes: *Tamquam cervus desiderat ad fontes aquarum, ita desiderat anima mea ad te*[a] *Deus; sitivit anima mea ad Deum fontem vivum: quando veniam et apparebo ante faciem Domini?*[1] Pater etiam spiritualis, fervorem et studia filiorum tacita mente considerans, habundantia letitie spiritum excitante obortisque pre gaudio lacrimis, inter agendum in vocem exhortationis erupit dicens: *Venite, filii, audite me, timorem Domini docebo vos*[2]; *accedite ad eum et illuminamini, et facies vestre non confundentur*[3]. Neque ab re fuit talis in ore sacerdotis exhortatio. Videbat enim, quod et nos alii cum magne admirationis tripudio contuebamur quodque ipsi cives nos contemplari monuerunt, in vultibus scilicet omnium baptizatorum quendam iocundum et spiritualis gratie rutilare fulgorem; ita ut baptizati a non baptizatis veluti lux a tenebris facile discerni possent. Quidve tenebrosus demon suis cultoribus et quid Deus lucis auctor et amator suis dilectoribus conferre habeat, omnibus intueri promtum fuit. Currebant ergo de ipsa civitate et de omni circum provincia felices anime, ad regales nuptias ingredi festinantes. Et episcopo seorsum tingente solos mares pueros, aliis autem et aliis sacerdotibus seorsum viros et seorsum mulieres, apud omnes opera Dei fervebant. Et de Egyptia servitute populo acquisitionis, transito mari, liberato velut olim ad montem Synai lex panditur euangelii; et quid christianis fugiendum sequendumve sit, sicut fide plena docentur, sic et plena intentione discunt et facere ardent. Mansimus ergo in eodem loco negociosi operatores fere aliis tribus mensibus; destruentes et edificantes, evellentes et plantantes et plantata irrigantes, ipso agro dominico suis cultoribus grata et gratuita fecunditate vic-

a. te — ad om. N; recepi ex BR.
1. Ps. 41, 2. 3.   2. Ps. 33, 12.   3. Ps. 33, 6.

1124 tum prebente necessarium. In omnibus enim victui nostro competentibus liberales nobis extiterunt et humani; optantes, ut, si fieri posset, nunquam a se divelleremur. Ordinatis autem illic omnibus, que rudi ecclesie profutura credebantur, exstructaque basilica diligenti artificio in medio foro Stetinensi collatisque omnibus, que sacerdotalis officii ratio poscebat, qui populo preesset, sicut ubique faciebat, sacerdotem investire curavit.

37. Iulinenses autem, episcopo et nobis ignorantibus, quosdam homines cautos et gnaros Stetinam miserant, exploraturos[a] tacite: quidnam illic ageremus, si ab eis reciperemur an non; et qui omnes vias nostras et studia nostra diligenter conspicerent atque referrent. At illi ubi, habita exploratione diligentissima, nichil imposture aut doli circa nos invenerunt et Stetinenses licet tarde fidem tamen unanimiter suscepisse viderunt, reversi ad suos, more apostolorum vel euangelistarum, pagani paganis, nobis absentibus, quanta bona vidissent et audissent et quam bona, quam munda esset fides et doctrina christiana, predicare non cessabant. Eorumque verbis paulatim scintillantibus, quasi arundinetum tota civitas incanduit; et iam tedere atque horrere super suis abhominationibus suaque ydola et errores, quibus involuti tenebantur, execrari ceperunt.

Episcopus autem, tenorem pacti[1], quo ab eis recesserat, mente habens, cogitabat quidem statim post conversionem Stetine ad eos properare; sed rogatus est duo prius invisere castella, Gradiciam[2] videlicet et Lubinum; que in confinio posita ad pagum pertinebant Stetinensem. At ubi homines illi, velud arida imbrem sitiens verba euangelii suscipientes, fidei sacramentis imbuti sunt, exstructo altari et sanctificato per castellum utrumque atque ordinatis illic sacerdotibus, per Odoram flumen in mare[3] lapsi, vento meliori ad Iuline littora navigavimus. Quanto autem exultationis tripudio illic recepti fuerimus et quanta humilitate illorum et satisfactione priores iniurias obli-

a. explorantes *N*, exploraturos *B*, exploraturi *R*.

1. V. cap. 25 supra p. 770.   2. Garz, a Stettin ad meridiem.
3. das Haff.

visci nos rogaverint, dicere non valeo. Quicquid autem susci- 1124
piendi christianismi ratio exigebat, discere et facere, assumere
vel reicere non morabantur; ita ut impleri videres, quod scriptum est: *Ipse dixit, et facta sunt*[1] et: *Populus, quem non cognovi, servivit michi; in auditu auris obedivit michi*[2]. Hec
autem fuit mutatio dextere excelsi[3]. Nam quos prius contis et
fustibus a suis terminis satis inclementer exturbaverant, postmodum quasi angelos de celo venientes summo studio venerati
sunt; sanctum arbitrantes atque divinum, quicquid a nobis dictum vel factum est. Sed quid multis? Tota civitas et provincia
cum populo suo apposita est ad Dominum; tantaque fuit multitudo virorum et mulierum et utriusque sexus puerorum, ut in
spacio duorum mensium, quamvis sine cessatione instaremus
operi, vix omnes tingere possemus. Quantum et illic sudoris et
laboris sancte semper memorie Otto loquendo et clamando in
turba, baptizando et multa faciendo pertulerit, qui videt omnia,
viderit Deus. Sed quia civitas hec in meditullio sita est Pomeranie civesque Iulinenses fortes et dure cervicis, tam dux Vratizlaus quam principes terre sedem episcopatus illic constituendum fore censuerunt; scilicet ut gens aspera ex iugi doctoris
presentia mansuesceret, nec ad pristinos rediret errores, et quod
de medio ad omnes terminos terre crisma et alia, que ab episcopo accipienda sunt, facilius deportari possunt. Itaque duas
illic basilicas fieri precipiens, altaria tantum et sanctuaria consecravit; quia reliqua pars interim consurgebat, et perfectionem
expectare longum erat ad alia festinanti.

38. Moventes autem a Iulina, Clódonam[4] venimus; nichil- 1125
que difficultatis aut contradictionis illic invenientes, sancte crucis
tropheum ibi ereximus. Et quia locus nemorosus erat et amenus et ligna ad edificandum suppetebant, in honore sancte crucis ingentem ecclesiam de nobili artificio fundavimus. Et cum
letitia et gaudio populum cathezizantes et baptizantes[a], quia

a. et baptizantes *om. N; recepi ex BR.*
1. Ps. 148, 5.   2. Ps. 17, 45.   3. Ps. 76, 11.   4. quem locum
„Dodinensem" appellat Ebo II cap. 18 supra p. 646.

1125 messis multa erat, ad ulteriora festinavimus. Transito autem flumine, quod*Clódonam preterlabitur, civitatem quandam invenimus, magnam quidem ambitu et spaciosam, sed raros incolas. Nam ferro et incendio se vastatam, adustionum signis et cadaverum acervis spectantibus indicabat. Ipsi autem incole tenues, illorum se fuisse clientulos, qui a duce Polonie illic interfecti erant et captivati, asserebant, et a facie gladii salvatos se fuge presidio. Fecerant autem ex ramis et virgultis circa ruinas parietum tuguria et umbracula, quibus tegebantur, quousque tecta meliora instaurarent. Hos pater optimus verbis consolans et stipe relevans, benignissime instruxit et baptizavit. Multi etiam de viculis circumpositis ruricole illic confluentes fidei percepere[b] sacramenta.

39. Inde Colobrégam pervenimus, que super litus maris sita est. Sed quia cives illius pene omnes institorum more ad exteras insulas negociandi causa navigaverant, illi, qui domi reperti sunt[c], absentibus suis concivibus nichil se novi aggressuros dicebant; atque sub tali occasione aliquamdiu restiterunt euangelio. Tandem exhortationibus crebris ab episcopo superati sunt. Confirmatis ergo eis in fide sancte Trinitatis et baptismo regeneratis, et fundato altari et sanctuario, ceterisque que nascenti ecclesie utilia credebantur ordine peractis, diei unius itinere distantem a Colobréga Belgrádam[1] petens, simili operum effectu illic letificatus est, omnibus se Domino sponte applicantibus. Quod ubi factum erat, visum est ei bonum esse — omissis quatuor que supererant civitatibus cum pagis viculis et insulis suis, Uznoimia videlicet Hologosta[2] Cozgóugia[3] et Timina[4]; quia tempus eum revocabat; hiemps quippe erat — id, quod plantaverat, interim irrigare; ne forte, dilatando tantum agrum suum et non etiam excolendo, in vacuum curreret aut cucurrisset[5]. Quin etiam, si ulterius procederet, ante diem pal-

a. qui N. b. percipere NB, percepere R. c. erant reperti sunt N.

1. Belgard.   2. Wolgast.   3. Gützkow.   4. Demmin.
5. Galat. 2, 2.

marum¹, sicut disposuerat, redire ad suam sedem, consecraturus 1125 crisma², minime potuisset.

40. Discretus ergo pontifex apud Belgrádam terminum ponens euangelii, omnia loca et civitates superius nominatas, in quibus semina fidei sparserat, fidus agricola denuo perlustravit; cogniturus, quomodo se haberent sata. Et ecce omnes, quas imperfectas reliquerat, basilicas et ecclesias perfectas invenit. Ad opus ergo dedicationis³ devotus et letus accingitur. Atque inter dedicandum crismatis unctione populum confirmans⁴, etiam quam plurimos invenit baptizandos, qui generali baptismo prius interesse non poterant; eo quod in exteris partibus peregrinati negocia sua exercerent. Quorum profecto Clódone, Iuline, Stetine maxima erat copia. Mira quippe aviditate, audito, quod episcopus ab eis discedere vellet, ad eum confluxerunt; infelices se reputantes, quibus sine illius benedictione remanere contingeret. Que res in singulis locis aliquamdiu nobis remorandi causa fuit. Nullam autem civitatem aut locum plantationis sue relinquere voluit, quam non semel aut sepius ante exitum a terra confortationis et consolationis causa reviseret. Talibus ergo visitationibus regione peragrata, consolando confirmando atque salutando amicos patrinos et filiolos nostros, in pacis osculo dimisimus eos et dimissi sumus, lacrimis et gemitibus divulsionis dolorem utrumque temperantes. Multotiens etiam toto conamine nos iugiter apud se retinere moliti, dominum meum, ut episcopatum ibi gubernaret, ardentissime rogabant, se ipsos et sua illius ditioni servire pollicentes. Et ut verum fatear, tanto amore sue plantationis flagrabat episcopus, quod voluntatem plenariam apud eos remanendi haberet; sed a clericis suis dissuasus est.

c. Febr. 2

41. Tiemo: Ut video inquit tua narratio ad sedem suam reducere vult Ottonem nostrum. Sed de ipsius terre, quam deseris, oportunitate vel fecunditate vellem aliquid diceres. Possentne illic esse cenobia?

1. ante d. 22 Mart. 1125.   2. in coena Domini (26 Mart. 1125).
3. ecclesiarum.   4. Cf. Pontificale Romanum: De confirmandis.

Sefridus: Possent utique; et maxime huius temporis sanctorum, qui terram uberem quam scopulos aridos vel squalentem heremum incolere malunt, sue memores inbecillitatis. Nam piscium illic tam ex mari quam ex aquis et lacubus et stagnis habundantia est incredibilis. Carratamque pro denario recentis acciperes allecis; de cuius sapore vel crassitudine, gulositatis arguerer, si dicerem, quod sentio. Ferine: cervorum bubalorum et equulorum agrestium, ursorum aprorum porcorum omniumque ferarum copia redundat omnis provincia. Butirum de armento et lac de ovibus cum adipe agnorum et arietum [1], cum habundantia mellis et tritici, cum canavo [2] et papavere et cuncti generis legumine. Atque si vitem et oleam et ficum haberet, terram esse putares repromissionis propter lignorum habundantiam fructiferorum. Sed episcopus, vitem illi terre deesse nolens, in secunda profectione [3] cuppam surculis plenam attulit et implantari fecit, ut tellus ea vel sacrificio vinum procrearet. Tanta vero est fides et societas inter eos, ut, furtorum et fraudium penitus inexperti, cistas aut scrinia serata non habeant. Nam seram vel clavem ibi non vidimus; sed et ipsi admodum admirati sunt, quod clitellas nostras et scrinia serata viderunt. Vestes suas, pecuniam et omnia preciosa sua in cuppis et doliis suis simpliciter coopertis recondunt, fraudem nullam metuentes, utpote inexperti. Et quod mirum dictu, mensa illorum nunquam disarmatur, nunquam deferculatur; sed quilibet pater familias domum habet seorsum mundam et honestam, tantum refectioni [a] vacantem. Illic mensa cum omnibus, que bibi ac mandi possunt, nunquam vacuatur; sed aliis absumptis alia subrogantur. Non sorex, non sorilegus [b] admittitur, sed de mappa mundissima fercula teguntur, comesuros expectantia. Quacunque igitur hora reficere placuerit, hospites sint, domestici sint, omnia parata inveniunt intromissi ad mensam. Et de his satis dictum est.

42. Revertentes autem de terra illa rursum [c] transitum fe-

a. refectione *NB*, refectioni *R*.   b. *an:* Non sordes, non sordicula?
c. russum *N*.

1. Dent. 32, 14: „Butirum — arietum".   2. cannabo.   3. a. 1127.

cimus per patrem nostrum ducem Polonie. Retribuat illi dominus Iesus in die agnitionis omnia bona, que ostendit nobis. Nam tante affectionis tanteque benignitatis circa nos extitit, ut etiam in Pomerania positis hiemis tempore ille vir optimus vestes nobis mitteret hiemales, episcopo et uni cuique secundum suam personam idoneas, tam clericis quam militibus sive scutiferis omnibus. Nunc ergo consummatis his, ad que nos vocaverat ipse, ad se reversos omnes nos ut filios carissimos excipiens, episcopum et ceteros quosque congruis honoribus habitos, nullum reliquit indonatum. Dein, quia festinantes vidit, cum multa gratiarum actione dimissos, usque in Boemiam nos fecit conduci. Episcopus vero propter festinantiam de episcopatu Pomeranie pro voto suo tunc ordinare non potuit; sed de prudentia ducis confisus, ei ex otio commisit ordinandum. At ille unum de capellanis suis Adalbertum nomine, quem de latere suo cum aliis duobus sacerdotibus in adiutorium concesserat episcopo, presulatus honore in gente illa sublimavit.

Itaque, ut brevis sim, iuxta propositum suum ante diem palmarum[1] ad sedem suam Otto reversus est[*].

LIBER TERTIUS[b].

1. Post quadriennium[2] vero, licet multis domi teneretur negociis, ipse tamen amore novelle colonie sue flagrans, omnibus postpositis, illam revisere aggreditur. Sed ne forte gravaret, per quos dudum transierat, ducem Boemie[3] vel ducem Polonie aliosve illius vie hospites et amicos suos, per Saxoniam iter disposuit. Et apud Hallam naves victualibus onerans, per Albam

a. *In N sequuntur haec:* Explicit liber secundus. Incipiunt capitula libri tertii in vitam sancti Ottonis episcopi.   b. *Scripsi* LIBER TERTIUS. *In N habentur haec:* Expliciunt capitula libri tertii. Incipit liber tertius in vitam beati Ottonis episcopi, Pomeranice gentis apostoli.

1. ante 22 Mart. Sed cf. Ebonis L. II 18 supra p. 648.   2. imo post triennium.   3. interim autem mortuo die 12 Apr. 1125 Wladislao duce, Sobieslaus Bohemiae dux factus erat.

1127 flumen in Habalam prolapsus, Leuticie littora usque advectus
Apr. est. Et ne inanis et vacuus adveniens sponse sue vilesceret neve
hi, qui adhuc convertendi erant, si modo cum sumptu poneret
qui prius sine sumptu posuerat euangelium, contra se murmurarent, in auri et argenti copia, in purpura et bisso et pannis
preciosis et muneribus magnis et variis pro varietate personarum, dives studuit advenire. Cunctaque, Halle coempta et navigio usque in Leuticiam portata, curribus et quadrigis quinqua-
Apr. Mai. ginta cum annona imponens ibi, per terram Leuticie usque Timinam civitatem Pomeranie transportavit. Quo ubi cum labore
ac fatigacione ventum est, multos horrores et pavores illa nocte
ibi sustinuimus. Nam civitas illa, Dei adhuc ignara, cruda quodammodo et barbara fuit christianis; et nos ignoti ad ignotos
venimus. Solum tamen urbis prefectum in priori peregrinacione
cognitum habentes, ipsum de hospicio convenimus; sed ille, amice
nos suscipiens et alios quoque se hospites habiturum dicens,
aream iuxta civitatem in veteri castello nostre mansioni designavit. In qua fixis tentoriis, nos requieturos sperantes, vanis
terroribus tota illa nocte agitabamur.

2. Nam dux Pomeranie, populaturus Leuticiam, cum exercitu eadem nocte illo venturus erat. Timinenses[a] autem Leuticios audierant ad pugnam ibi ei occursuros; unde non modica
trepidacio fuit in civitate. Ingruente igitur noctis silencio, exercitus ducis per turmas suas illuc confluxit. Factumque est, ut
una cohors peditum et altera cohors equitum, e diverso iuxta
civitatem convenientes, quia nox erat utrumque se hostes suspicati, diutissime gladiis se cederent. Nos vero, strepitu ac tinnitu armorum excitati et exterriti, ignem in castris nostris aqua
perfudimus, fugam meditantes. Interea, socios se agnoscentes,
illi a pugna desierunt. Prefectus vero, misso satellite causam
illius tumultus nobis insinuans, ne timeremus rogavit; sicque
animati, constitimus in loco nostro. Facto mane dux, cum
exercitu omni ad predam festinans, episcopum videre non potuit; sed missis nunciis ibidem illum die illa se rogavit ex-

a. Timienses *N*.

pectare. Circa meridiem vero Leuticiam quaqua versum fumigare aspeximus, signum omnia vastantis exercitus. Ad vesperum autem ecce dux, voti compos, multa onustus preda, cum suis omnibus letus et incolomis revertitur [1]. Nobis ergo inspicientibus, dividebant spolia, vestes pecuniam pecora et aliam diversi generis substantiam. Homines quoque, quos captivaverant, inter se distribuebant. Ibi vero fletus et gemitus et dolores innumeri, cum ad diversos dominos pro racione divisionis vir ab uxore et uxor a viro et filii a parentibus et parentes a filiis discedebant. Et quamvis pagani essent omnes, quos huiusmodi miseria involverat, episcopus tamen, pius semper et misericors, condicionem miseratus humanam, lacrimas tenere non potuit. Dux vero, et successu rerum et de adventu episcopi letissimus, videns, quia hoc eius voto placuit, teneriores et infirmiores quosdam absolvi iussit; et quibus separacio dolori erat, manere simul eius interventu ordinabat. Auditoque eo multa faciebat; et libenter eum audiebat. Episcopus etiam multos precio absolvit; quos fide imbutos baptismoque novit regeneratos, liberos abire dimisit [a]. Dein cum mutuis se colloquiis recreassent et invicem muneribus honorassent, duce ad sua negocia digresso, nos omnem substantiam nostram Timine navibus imponentes, per Pene fluminis undam tribus diebus Uznoimiam vecti sumus; episcopo itinere terrestri cum paucis gradiente. Nec mora, euangelico vomere agrum Domini sui proscindens, semen spargit fidei. Neque ibi difficultas erat in opere; quia civitas illa precompluta fuerat imbre doctrine salutaris. Sacerdotes etenim, quos pater beatus operis sui vicarios in gente illa reliquerat, Uznoimiam ex magna parte converterant; reliqua vero pars per episcopum apposita est ad Dominum.

Tiemo: Ne festines, obsecro, sed huius quoque secunde profectionis eius operatio qua specie modo vel ordine processerit, diligentius exequere. Memineris, nostrum esse, quod refers; unde et in referendo nobis morem gerere tuum est, quem sancte obedientie lora constringunt.

a. *Cf. infra c. 24:* „Iulinam ire dimittitur". 1. Cf. Ebo III 5.

1127 Sefridus: Obedio et, ut vultis, licet succinctus mallem, ad imperium vestrum discinctus incedam.

3. Igitur in hac civitate, quia prope fuit festum adventus Spiritus sancti[1], dux terre Wortizlaus, toto corde christianus, instinctu Ottonis baronibus et capitaneis tocius provincie ac prefectis civitatum in festo pentecostes conventum indixit[2]; causam simul Christi mandans euangelium, et euangelistam iterum advenisse Ottonem episcopum. Itaque statuto die congregatis omnibus, adducto in medium episcopo, dux ait: *En ad quod venistis. En coram est nuncius Altissimi. Pacem fert, non arma; neque vestra sibi, sed vosmet ipsos Deo lucrari querit. Attendite, oro. Ante hoc quadriennium[3] in superioribus huius terre partibus docens, me teste — nostis quoque et ipsi — omnia replevit euangelio. Et tunc quidem has partes visitare volebat; sed Deo prosperante negocia sua, toto anno illo sanctis operibus illic tenebatur occupatus, emensoque anno ad sua reverti sue sedis racionibus cogebatur nec ad vos venire prevaluit. Sed, queso, una mecum et huius et illius vie causas diligenter advertite; quodque in omni causa fieri solet, quis, quid, quare vel quomodo agat, altius contemplemur. Et primo de persona id vobis constat, quia homo religiosus senio et canicie venerabilis est; hoc enim et ipsi videtis. De cuius nobilitate opera testantur et virtutes et alta, ut fida relatione didicimus, avorum et proavorum eius linea nativitatis. Porro si dignitatem querimus, presulari fulget officio et universis Teutonici regni principibus speculum est et lucerna. Imperatori quoque Romano et apostolice sedis pontifici gratus valde est et unice familiaris; in auro quoque et argento, in ministerialibus et feodatis, in agris et possessionibus, et quecunque hic mundus preciosa vocat, domi eum divitem novimus et gloriosum. Huc etiam opulentus advenit, vestre saluti ministraturus; nec aliunde quam de suis sumptibus apud vos vivere propositum habens. Sed rogo, quid intendit? ut quid, tante vie laborem aggressus, nec proprio corpori nec sumptibus parcit? Sed ut breviter dicam, sicut et pridem, nichil aliud querit, nisi vos*

1. pentecostes, 22 Mai.   2. Cf. Ebo III 6.   3. imo triennium.

omnes separare a dyabolo et per fidem catholicam iungere domino Iesu Christo. Sed quonam modo? Non fraudulenter, non violenter, non lucri alicuius terreni sed vestre tantum salutis et Dei honoris gratia. Et nunc quidem nichil iuste excusacionis a vobis inveniri poterit super hoc tali viro, quominus eum audire debeatis. Neque enim is est, cui necem aut patibulum ob circumventionis vel imposture culpam intentari conveniat, vel alterius generis iniurias; quemadmodum peregrinis et pauperibus Christi predicatoribus paulo ante fecistis; suspicati, dolo et fraude questusve gratia nudos homines et inopes rerum loqui verbum Dei. Sed illi quidem, plagis et verberibus pro veritate[a] subacti, a vestris finibus abscesserunt[b]; vos autem huc usque in infidelitate perstitistis. Pudeat iam et peniteat vos longi erroris et ignorantie; et qui noluistis audire mendicos euangelistas, audite opulentos. Dixistis namque et subsannando blasphemastis, quia Deus christianorum omnibus diis vilior esset atque inferior, qui sue doctrine ministros habere non posset nisi tantum homines imperitos et rusticos, mendicitati egestatique addictos. Et vos quidem in insania vestra hec dixistis; ille vero, pius et misericors et prestabilis super malicia[1], quasi morem gerens insipientie vestre, de imperitia vel rusticitate, de inopia vel mendicitate legati omnem vobis detrahendi abstulit occasionem. Superest modo, ut nos, qui primi et maiores dicimur ac sumus, nostre dignitati consulamus, tam dignissime ac sanctissime rei consentientes; ut populus, qui nobis subiectus est, nostro possit erudiri exemplo. Quidquid enim religionis vel honestatis secundum Deum vel homines aggrediendum est, iustius atque decentius autumo, ut a capite hoc in membra quam ut a membris derivetur in caput. Et in primitiva quidem ecclesia, sicut audivimus, religio fidei christiane a plebe et plebeiis personis incipiens, ad mediocres progressa, etiam maximos huius mundi principes involvit. Reddamus vicem ecclesie primitive, ut, a nobis principibus incipiens et usque ad mediocres progressa, facili proventu totum et populum et gentem sanctificatio divine religionis illustret.

a. varietate *N*, veritate *R*.   b. abcesserunt *N*.   1. Ioel 2, 13.

Sed quid morer? Affuit Spiritus sancti gratia et sermonem ducis omnium cordibus altius quam dici queat inplantavit; omnesque pari voto pari consensu faciendum spondent, quicquid episcopus suaderet. Igitur occasione ipsius temporis de adventu Spiritus sancti, de remissione peccatorum, de variis carismatum donis, de bonitate et clementia divina, sermone mirabili presul eos alloquens, euangelizavit illis Iesum. Et quosdam quidem, iam dudum christianos sed errore paganismi denuo inquinatos, presenti sermone ad conpunctionem et validam cordis contritionem emollitos, cum magno fructu aspicientium per manus impositionem ecclesie reconciliavit; alios autem certatim sese offerentes, cathezizatos ac pro tempore breviter instructos, baptizavit. Et totam illam ebdomodam doctrine sacrisque operibus instabat gaudio ingenti, adeo ut vere Spiritus sancti presentiam illic adesse certissime constaret. Itaque concilium hoc non antea solutum est, quam principes ipsi et omnes qui cum eis advenerant baptismi sacramenta percepissent.

4. Porro fama facti repente in universam provinciam vulgatur, villas et vicos in studia diversa conscindens, aliis dicentibus: *quia bene est,* aliis autem dicentibus: *quia non; sed magis seductio magnates apprehendit.* Ipsi vero sacerdotes ydolorum, non minima causa huius concisionis[1], erant appositi eis, quibus displicebat, quod factum fuerat; sua nimirum lucra cessatum iri non ignorantes, si cultura demonum illic aboleretur. Unde, modis omnibus rem prepedire moliti, varia calliditatis sue argumenta visionibus sompniis prodigiis et variis terroribus confinxerunt. Quin etiam in Hologosta civitate — quo tunc proxime adventurus nunciabatur episcopus — sacerdos, qui illic ydolo ministrabat, nocturno tempore vicinam silvam ingressus et in loco ediciori secus viam inter condensa fruticum sacerdotalibus indutus astabat, et mane summo quendam rusticum de rure ad forum gradientem his alloquitur: *Heus tu* inquit *bone homo.* At ille respiciens in eam partem, unde vocem audierat, inter virgulta personam candidis indutam quamvis dubia luce videre

1. Cf. Ebo III 8.

cepit et timere. Et ille: *Sta* inquit *et accipe, que dico. Ego sum deus tuus; ego sum, qui vestio et graminibus campos et frondibus nemora; fructus agrorum et lignorum, fetus pecorum et omnia, quecunque usibus hominum serviunt, in mea sunt potestate. Hec dare soleo cultoribus meis, et his, qui me contempnunt, auferre. Dic ergo eis, qui sunt in civitate Hologostensi, ne suscipiant deum alienum, qui eis prodesse non possit; mone, ut alterius religionis nuncios, quos ad eos venturos predico, vivere non patiantur.* Hec ubi attonito ruricole[a] demon visibilis edixerat, ad densiora nemoris sese contulit inpostor. Rusticus vero, quasi de oraculo stupidus, corruens pronus adoravit in terra. Deinde abiens in civitatem, cepit annunciare visionem. Quid plura? Credidit populus; iterumque atque iterum circumdantes hominem, eadem sepius narrare cogebant, moti videlicet monstri novitate. Postremo, acsi nescius omnium, advenit sacerdos, indignationem primo simulans quasi de mendacio; deinde attentius audire et obtestari cepit hominem, ut, vera tantum narrans, nullo figmento populum sollicitaret. At ille, ut erat rusticane simplicitatis, manus tendere, oculos ad celum levare, magnisque iuramentis et forti protestatione rem ita se habere asserens, etiam locum ipsius apparitionis se ostensurum pollicetur. Tunc sacerdos, conversus ad populum, vane suspirans: *En hoc est* inquit *quod toto anno dicebam. Quid nobis cum alieno deo? quid nobis cum religione christianorum? Iuste movetur et irascitur deus noster, si post omnia benefacta eius stulti et ingrati ad alium convertimur. Sed ne iratus occidat nos, illis irascamur; et occidamus eos, qui nos seducere veniunt.* Quod dictum cum placuisset omnibus, firmaverunt decretum: ut, si Otto episcopus vel quisquam de societate eius civitatem intraret, sine mora occideretur. Item firmaverunt sibi sermonem nequam, scilicet ut, si nocte vel clam intrantes quisquam tecto reciperet, simili sententie subiaceret. Et hec agentes, multis obprobriis et verborum iniuriis religionem nostram blasphemantes deridebant.

5. Interea vero apud[b] Uznoimiam rebus feliciter consum-

a. ruricule *N.*   b. apud om. *N*; recepi ex *R.*

1127 matis solutoque cetu primatum, dux cum episcopo remanens,
post Mai. 22 de his, que post agenda videbantur, et de progressione vel quonam diverteret, consilium habuit. Multaque devocione studiis episcopi gratias agens: *Ecce* inquit *terra omnis coram te est; securus esto, domne pater; non est, qui tibi contradicat, maioribus natu ac principibus omnibus iam fide imbutis.* Qui, securitate fretus, antistes quasi exemplo domini Iesu binos et binos de discipulis suis premittebat ante faciem suam in omnem civitatem et locum, quo erat ipse venturus. Contigit ergo Udalricum et Albwinum duos presbiteros simul pergentes Hologostam intrare, ubi a matrona quadam, uxore videlicet prefecti, hospicio suscepti atque satis humane tractati sunt[1]. Nam hec, quamvis pagana, multum hospitalitati dedita fuit ac divino timori ac religiosa valde, adeo ut esset eis ammirationi. Post refectionem vero Albwinus, Sclavice lingue gnarus, matrone[a] adhuc ignoranti rem omnem secreto aperit, scilicet quinam essent et quare advenissent. At illa vehementer attonita: *Me miseram* inquit *o domini mei, quare ad me intrastis? De vobis enim iam apud magistratus data sententia est, et de me quoque, si vos non prodidero.*

Tiemo: Putasne hic trepidabant apostoli?

Sefridus: Reor inquit[b]; nam ipse Udalricus noster, cuius memoria semper in benedictione sit, ut postea sepe iocari solebat, tutior ad larem sancti Egidii sedisset cum sororibus suis in Babenberc. Sed divina clementia servos suos ubique tueri novit. Nam matrona illa, divinitus ut puto commonita, in superiori quodam cenaculo eos abscondit et quasi Raab Ierichontina, ne proderentur, effecit. Equitaturas etenim illorum et sarcinas, et quecunque habere poterant, illa per pueros suos subito extra civitatem deduci et in predio suo collocari fecit. Quibus deductis, ecce gladiatores et turba populi cum telis et fustibus tecta matrone irrumpunt, cum tumultu et clamore valido illos ignotos homines sibi exhiberi iubentes. At illa: *Fateor* inquit *homines ignoti ac peregrini, ut sepe solent, ad me declinaverant;*

a. matroni *N*.   b. inquam *N*.   1. Cf. Ebo III 7.

sed, accepto prandio, mox in viam suam abierunt. Ac illi, scrutantes omnia, cum nec iumenta nec vestes nec ulla signa itinerantium invenissent, furere desierunt. Porro illis per triduum ibi latitantibus nec usquam prodire nec ullo modo vel mutire presumentibus, episcopus cum duce, ab Uznoimia profectus, multa manu militum et sociorum Hologostam intravit, spem salutis et presidium portans apostolis in conclavi latitantibus.

6. Itaque urbem ingressus, duce fideliter ac strennue ad omnia cooperante, semen sparsit euangelii et dura incredulorum corda placide predicationis ungento paulatim detumescere faciebat. Interea quidam de sociis nostris Udalricum et Albwinum, de latibulis suis emergentes et iunctos nobis timorem suum referentes, deriserunt. Et quasi eis insultantes, securius sese habere ceperunt; et longius a suis digressi, fana etiam ydolorum, episcopo sermonem exhortationis protrahente, speculatum[a] vagabantur. Verum quidam maligni homines, apud quos radix paganismi adhuc valentius vigebat: *En* inquiunt *isti explorant, quomodo templa nostra incendant.* Et congregantes se in platea, etiam arma portare ac fustes et, qua transituri videbamur, nobis obviam stare. Udalricus autem, intuens illos eminus et subsistens: *Non advertitis* inquit *hos non sine causa convenire?*[1] *nam et turbulenter se habent et arma portant omnes*; et prioris periculi recordans: *Nolo* inquit *tociens temptare Deum meum.* Et conversus illo, ubi episcopum dimiserat, redire cepit, aliis omnibus eum sequentibus preter clericum quendam nomine Theodericum, qui, longius ante illos progressus, iam fores delubri tenebat. Videntes autem pagani, qui convenerant, illos a cepta[b] via reversos, persequi eos quidem non audebant; sed ad illum clericum interficiendum omnes accurrerunt. Quo viso, ille aliud quo declinaret non habens, fanum ipsum audacter quamvis exterritus intravit. Erat autem illic clipeus pendens in pariete mire magnitudinis, operoso artificio, auri laminis obtectus, quem contingere nulli mortalium liceret; eo quod esset illis nescio

a. speculatu *NB*, speculatum *R*.   b. illos accepta *NB*, a cepta *R*.

1. Cf. Ebo III 8.

1127 post Mai. 22

quid in hoc sacrosanctum ac pagane religionis auspicium, in tantum ut nunquam nisi belli solummodo tempore a loco suo moveri deberet. Nam, ut postea comperimus, deo suo Gerovito, qui lingua Latina Mars dicitur, erat consecratus, et in omni prelio victores sese hoc previo confidebant. Clericus autem, vir acris ingenii, dum metu mortis in templo huc illucque diffugeret, telum aliquod vel latibulum queritans, clipeum corripuit, et amento collo iniecto, levaque loris inserta, in medium turbe furentis e ianua prosiliit. Rustici vero prodigialem armaturam videntes, partim in fugam conversi, partim etiam quasi exanimes facti in terram cadunt; ille autem, proiecto clipeo, versus hospicium ad socios currere cepit, et

.... pedibus timor addidit alas[1].

Cumque anhelans et pallidus ad suos pervenisset, de ipsa huius trepidatione et eorum, qui missi fuerant, triduana occultatione apud omnes, precipue vero apud episcopum et ducem, tota nocte illa iocunda erat narratio. Monuit tamen pius pater filios suos et discipulos, propter insidias latentis inimici ut se circumspecte agerent. Tam diu ergo mansit in loco illo disputans et suadens de regno Dei, quousque omnis populus, fidei sacramenta suscipiens, fana sua destrueret et ecclesie sanctuarium cum altario prepararet. Quod episcopus consecrans, Iohannem presbiterum eis ordinavit et, ut reliquam basilice fabricam post suum discessum promoverent, ammonuit.

7. Dein, omni populo valefaciens et in multa caritate omnipotenti Deo illos committens, ad Gozgaugiam iter divertit[2]. In hac siquidem civitate mire magnitudinis ac pulchritudinis templum fuit; sed episcopus cum de fide christiane religionis eos per interpretem alloqueretur — nam dux ad sua negocia iam ab eo discesserat — illi ad omnia se paratos asserebant, si modo fanum eorum intactum remanere potuisset; magnis enim sumptibus nuper exstructum fuerat; multumque in illo gloriabantur, eo quod videretur magnum tocius civitatis esse ornamentum. Temptabant etiam occulte, immittentes quosdam, pon-

1. Virg. Aen. VIII 224.   2. Cf. Ebo III 9.

tificis animum lenire muneribus pro edis conservatione; tandem rogantes, ut vel in basilicam ordinaretur. Sed episcopus, constanter agens, indignum esse dicebat, edem, sub titulo demonis edificatam immundoque ritu profanatam, divinis usibus mancipari: *Nam que conventio Christi ad Belial*[1], *aut que communicatio templo Dei cum templo ydolorum?*[2] Dicebat autem illis et similitudinem: *Numquid seminatis frumenta vestra super dumos aut spinas? Non puto. Sicut ergo de agris vestris spinas eradicatis ac tribulos, ut, iactis bonis seminibus, optatas segetes ferre queant, ita et hanc radicem ydolatrie spinamque perditionis de medio vestrum funditus exstirpari oportet, ut de bono euangelii semine corda vestra fructificent in vitam eternam.* His et aliis huiusmodi sermonibus oportune importune obsecrando increpando arguendo[3] per singulos dies insistens, duros gentilium animos tandem ita emollivit, ut ipsi edem execrabilem, de qua tota questio fuit, suis manibus confringerent et simulacra protererent[a].

8. Dum ea gerebantur, legati marchionis Adalberti de Saxonia supervenere, opera et statum episcopi studiose inquirentes[4]. Marchio etenim, cum esset amicus valde ac familiaris episcopo, in gente barbara hunc periclitari[b] metuebat; unde, si opus haberet, presidium ei et opem ferre cupiebat. Affuere simul ipsius episcopi economi[c] et procuratorum nuncii, aurum et argentum, vestes quoque et alia necessaria ei deferentes. Ut enim supra[5] dictum est, licet euangelium annuncians de euangelio vivere deberet, ipse nichil horum uti volens, suis se tantum sumptibus transigebat[d][6]. Igitur legatos omnes apud se ibi tam diu detinuit, quousque videndo et audiendo discerent, quid de ipsius operibus aut statu referre deberent. Porro, baptizatis omnibus tam viris quam mulieribus tocius civitatis, ad dedicationem altaris ac sanctuarii iam surgentis basilice multa exultatione populi de-

a. protererent *N*.   b. predicari *N*, periclitari *BR*.   c. ēconomi *N*.
d. transiebat *NB*, transigebat *R*.

1. 2 Cor. 6, 15.   2. Cf. 2 Cor. 6, 16.   3. 2 Tim. 4, 2.   4. Cf. Ebo III 10.   5. p. 790, L. III c. 1.   6. Cf. Ebo III 9.

1127 votus presul accingitur; omni studio ac diligentia ipsi festo decorem et reverentiam procurans, quatenus de amissione prioris fani vel celebritatis minime dolerent, melioris sollempnitatis tripudio et melioris fabrice ornamento consolati.

9. Inter agendum vero, quid ipsa dedicatio vel quid singula opera dedicationis significare haberent, rudi populo antistes exposuit. Precipue vero Mizlaum, ipsius civitatis principem, quem pridem in penthecoste cum aliis primatibus Uznoimie baptizaverat, ut in eo ceteros erudiret, de omnibus his alloquitur[1]; sacramentum dedicationis ad animam cuiusque fidelis pertinere, sufficienti sermone demonstrans, que sancti Spiritus templum[2] efficitur vel in cuius corde Christus per fidem inhabitat[3]. Dein sermonem[a] ad ipsum principem ex toto convertens: *Tu es* inquit *fili karissime, vera domus Dei. Tu ipse hodie dicandus et dedicandus es omnipotenti Deo creatori tuo, ut, emunis ab omni alieno possessore, ipsius tantum mansio fias atque possessio. Non ergo impedias dedicationem tuam, fili karissime. Nichil enim prodest, istam quam cernis domum foris dedicari, nisi etiam dedicatio ipsa ad cordis tui sanctificationem proficiat.* Ille vero exhortatione compunctus ait: *Et quid est, pater sancte, quod me iubes facere, ut dedicatio ista in me compleatur?* Episcopus autem, intelligens adesse Spiritum sanctum: *Ex parte* inquit *fili, domus Dei esse cepisti; fac, ut ex toto sis. Iam enim ydolatriam fide commutasti, baptismi gratiam consecutus; nunc sequitur, ut fidem operibus exornes. Impietates violentias et crudelitates, oppressiones rapinas homicidia et fraudes penitus devita; postremo, quicquid tibi fieri ab alio non vis, alii ne feceris. Captivitates, quas habes, absolve omnes; quodsi non omnes, vel certe, qui christiani sunt, tue fidei consortes.* Tum ille parum hesitans: *Durum* inquit *michi est, pater, dimittere omnes; quia magnis rationibus ac debitis quidam ex eis michi detinentur.* Tunc episcopus: *Debita* inquit *pro debitis dimitti et sermo euangelicus et dominica suadet oratio; sic enim*

a. sermone *N*, sermonem *BR*.
1. Cf. Ebo III 12.   2. Cf. 1 Cor. 6, 19.   3. Cf. 2 Cor. 6, 16.

omnium debitorum tuorum apud Deum certam remissionem consequeris, si omnes debitores tuos in eius nomine absolvis. At ille altius ingemiscens: *En* inquit *in nomine domini Iesu omnes absolvo, ut, secundum verbum tuum dimissis peccatis meis, dedicatio ista hodie in me compleatur.* Et vocans ministrum, qui super captivos erat, omnes dimitti precepit. Erat autem inter eos adolescens nobilis, filius cuiusdam potentis de Dacia. Iste, absolutis aliis, in cavea quadam subterranea vinctus cippo et cathenis tenebatur, eo quod pater eius, quingentarum librarum debitor, hunc vadem posuisset. Cumque de absolutione captivitatum, de obedientia et religione Mizlai principis multa esset tam populo quam episcopo et omnibus qui aderant in Domino exultatio, et ad consummationem dedicationis ministri ac sacerdotes alacriter festinarent et necessaria prepararent, habitis omnibus, vas cum cineribus, quod ad aram positum erat, inveniri non potuit. Cumque ministri, commixtionem salis et vini et cinerum facturi[1], de non inventis cineribus turbarentur, Udalricus sacerdos, correpta concha[a], vicinas domos unam vel duas scrutatus, in eis cinerem non invenit. Deinde ad terciam currens, criptam quandam subterraneam, in qua predictus adolescens in abditiori parte claudebatur, intravit. Sed captivus, per fenestram manu porrecta et sonitu facto, currentem sacerdotem ad se vocat; rogans, ut pro sui liberatione episcopo significet. Sacerdos vero, correptis cineribus, properanter ad ecclesiam rediit et operienti episcopo aliisque fratribus de illo captivo insinuat. Episcopus vero, quamvis misericordia moveretur: *Tanta* inquit *prestitit nobis, ut amplius eum rogando gravare non audeam. Tamen, ne gaudium festi huius aliqua ex parte claudicet, super huius quoque miseria Dei misericordiam invocemus.* Et conversus ad orientem, cum ministris quasi hora una preces fudit ad Dominum; deinde sacerdotibus ait: *Seorsum accipite Mizlaum et, quam modestius potestis, super hoc[b] verbo exhortamini.* Quod cum facerent, Mizlaus ait: *In hoc uno homine parcat michi velim*

a. conca *N*, concha *BR*. b. om. *N*; recepi ex *BR*.

1. Cf. supra p. 666 n. 1.

1127 *prudentia vestra; nam pater eius maioribus michi debitis astrictus est, quam ut gratis absolvi possit. Sufficiat vobis, quod tantos absolvi.* Tunc illi: *Re vera* inquiunt *multum est, quod fecisti. Miratur*[a] *hoc domnus episcopus, miramur et nos, nec in longo tempore a christianis tale quid in terra nostra*[b] *comperimus; unde et dominus noster episcopus et omnes fratres gratias tibi referunt, et honori te habent et semper habebunt; Deoque omnipotenti, cuius te servum exhibuisti, quo de omnibus vicem tibi rependat, devote supplicabunt. Nam et domnus episcopus tam magni pendit, quod fecisti, ut ultra quicquam rogare te iniuriam putet; unde, quasi parcens dilectioni tue, ore proprio rogare te verecundatus est. Sed noveris in veritate: quoniam, si, quo pacto te ipsum vincens, hoc bonum ceteris tuis meritis superaddere posses, magna tibi gratia magnaque recompensatio apud Deum cumularetur; magnus etenim dominus Deus noster et magna virtus eius*[1]; *morisque illi cum sit, pro parvis magna restituere, quanto magis pro magnis maxima? Quodsi hoc magnum et difficile tibi pro ipso feceris, non sine mercede maxima ab eo indonatus remanebis.* Sed quid multis? Ingemit homo, tactusque ab intus spiritu pietatis, totus solvitur in lacrimas. Deinde cum ipsis clericis ad episcopum tendens: *En* ait *pater sanctissime, in ista quoque petitione Deum meum et te, servum eius, dominosque meos sacerdotes, ministros tuos, honorabo; quin immo pro nomine domini mei Iesu corpus meum et omnia mea, si ratio postulaverit, devotus impendam.* Et iubens adduci vinctum ferro et cathenis oneratum, flentibus omnibus qui aderant, in hostiam et oblationem Deo are imposuit; petens, sibi remissionem peccatorum a Domino pro ipso recompensari. Ita ergo in plenitudine gaudii spiritualis tota illa ecclesia fervente et laudes Deo super universis bonis ac donis eius concinente, dedicatio consummatur. Omnesque alii exemplo Mizlai principis vias suas correxerunt, unus quisque ab iniustitiis et violentiis seu oppressionibus suis temperando et vi ablata proximis suis restituendo.

a. Miratus *NB*, miratur *R*.   b. om. *N; recepi ex B*.
1. Ps. 146, 5.

10. Ecclesia igitur proficiebat et crescebat et, licet invidente diabolo, ambulans in timore Domini, Spiritu sancto replebatur. Sed hostis antiquus, dampna sua non ferens, opera Dei turbare molitus, validis terroribus universam provinciam concussit[1]. Nam Bolezlaus dux Poloniorum invictissimus, in multa fortitudine et copioso militum apparatu de terra sua veniens, iam in ipsis terminis Pomeranie castra metatus ferebatur, in furore gravi terram ipsam ingressurus. Audierat enim: quod post priorem beati Ottonis predicationem nec pacti secum federis nec suscepte religionis iura servare curarent. Insuper compertum habebat: quod civitates, que pridem converse fuerant, cum his que converse nondum fuerant, remissi tributi veniam aspernati suique mediatoris obliti, viribus suis se deinceps tutos fore confiderent; munitionibus et castris, que bellica vi conplanata fuerant, ex magna parte hoc intervallo reparatis. Unde quasi iustam commotionem habens, dux iterum eos conterere veniebat sueque dicioni subiugare. Quod illi audientes, missisque sepius atque remissis exploratoribus, exercitum iam in proximo cognoscentes, multum ubique trepidare ceperunt; partimque fugere ac res suas ad loca munita deferre, partim etiam arma contra movere finesque suos defendere meditabantur. In ipso tamen articulo, ut puto a Deo inspirati, omnes, quasi oves ad pastorem, sic ad episcopum confugientes, quid facto opus esset consilium querebant. At ille, pietatis visceribus affluens, ecclesiam rudem et neophitam bellico tumultu vexari perniciosum sciens, de divina misericordia simul etiam de Bolezlai ducis[a] amicitia non vane presumens, bellum simul et causam belli, si modo consiliis eius parere velint, dissolvere pollicetur. Quo audito illi — prudentiam et sanctitatem doctoris sui attendentes nec sinistre casurum arbitrati negocium, quod ille in timore Domini suscepisset — communi decreto semet ipsos et omnia sua consilia eius sapientie conmiserunt. Assumptis igitur clericis, pater venerabilis, sarcinas quidem et omnem supellectilem suam ibi relinquens, obviam se parat exercitui; iunctis sibi viris honorabilibus

a. om. N; recepi ex BR.   1. Cf. Ebo III 18.

1127 de terra, qui a duce obiectis respondere et omnibus controversiis decidendis hinc inde exortis possent sufficere. Ubi ergo ad castra venit, a duce honorabiliter susceptus est. Mirumque dictu, quam facile, divinis eloquiis animi eius feritate delinita, ad omne quod volebant principem inclinaverit. Ille namque multum protestabatur, non ex alia causa hoc tempore bellum contra eos suscepisse quam ob iniurie Dei omnipotentis ultionem et mutui federis ruptionem, quia et christianismi iura in plerisque locis rediviva paganitate violassent et inite societatis et compositionis legem minime servassent. Episcopus ergo, hec omnia emendatione dignissima fassus legatosque aliquantulum pro his obiurgans, ad pristine compositionis pactum partem revocat utramque, sese tunc temporis quemadmodum et nunc pacis mediatorem extitisse commemorans. Placabat autem maxime ducem Polonie Vratizlai ducis fides et devotio ab episcopo laudata, quia, et in priori et in secunda predicatione eque fidelis inventus, multa bona predicatoribus ostendisset[a]. Dux itaque talibus modis a beato viro mitigatus, licet nimis murmurantem exercitum, utpote prede avidum, versis aquilis ad sua redire precepit; Stetinensibus[b] vero, quod aliqui ex eis ad errores pristinos revoluti essent[1], divine indignationis ac sue mandat non defore vindictam, nisi quantocius apostasie immundicias congrua diluant satisfactione, indulgentia petita doctoris. Porro episcopus, voti compos cum legatis rediens, attonitis gregibus suis optate pacis et securitatis nuncium reportavit. Et quantum illi[c] pridem de metu belli mestificati fuerant et concussi, in tantum alacres facti sunt et in fide christiana fundati, sane doctori suo ascribentes patrie liberationem; servusque Dei magnificatus est vehementer in terra Pomeranorum. Ille vero, nichil meritis suis tribuens, tanto se humiliorem apud Deum et homines exhibuit, quanto sine illius auxilio se nichil posse sciebat. Dimittensque nuncios, de quibus supra[2] dictum est, marchioni et Saxonibus gratias egit pro

a. ostendissent *NB*, ostendisset *R*.   b. Stetinensibus — petita doctoris *non suo loco in codicibus leguntur ante* Dux itaque — redire precepit.   c. Ille *N*, illi *BR*.

1. Cf. infra III 16.   2. p. 799, III 8.

bona voluntate; de Dei operibus et de suo statu mandans, que audissent et vidissent, ad Dei gloriam domi narrare.

11. *Erat autem Uznoimie illis diebus dux pariter et episcopus. Est autem insula¹ quedam non longe a civitate illa, habens mare interiectum quasi itinere unius diei, Ucrania⁵ nomine¹. Sed loci huius⁶ incole duri erant et barbari, singulari feritate crudeles. Hii, predicatione beati viri dudum comperta, omnia que de illo dicebantur aspernati, mortem ei, si ad eos veniret, minabantur. Sed quo amplius duras eorum minas audierat, eo amplius in animo suo fixum habebat illo ire, sperans ibi martirii coronam se adepturum. De hoc vero cum duce et aliis familiaribus suis dum consilium tractaret, propter immanitatem periculi ab omnibus dissuasus est. Quod egerrime ferens, ingeniosus agere cepit, quomodo se nescientibus eis illo proriperet. Hoc sentientes illi, cautius eum observabant nullamque secreti oportunitatem, quo id aggredi posset, ei concedebant; salutem illius vitamque longiorem multis utilem ac necessariam memorantes. Verum desiderii magnitudine nichil huiusmodi rationum audire potuit. Illos potius modice fidei arguens ac pusillanimitatem eorum increpans, fidem christianam factis magis firmandam aiebat quam verbis; satisque inertes eterne vite predicatores, qui pro illa vitam presentem expendere formidarent. *Et quid* inquit⁴ *fieret, si in his barbaris nationibus euangelizantes pro Christi nomine omnes occumberemus? Nimirum gloriosior esset predicatio, que martirum sanguine firmaretur. Sed, o dolor, de tanto fratrum numero nec unus, puto, dignus habebitur, morte sua vite quam speramus perhibere testimonium.* Atqui verbis talibus verecundia nata est trepidantibus.

12. Udalricus autem venerabilis sacerdos constantior factus, sciens hoc etiam seni placere, huic se periculo intrepidus offerebat, comitem tantum ut vie ducem postulans. Accepta igitur

<small>a. *Huius capitis lemma in N hoc est:* De ucrania insula et gente barbarissima; *in B hoc legitur:* De ucrania insula et gente barbarisma; *in R hoc est:* Quomodo ucraniam insulam convertere voluerit.   b. *sic NBR.*   c. illius *N*, huius *BR*. d. inquam *NR*, inquit *B*.

1. Cf. Ebo III 14; v. etiam supra p. 699.</small>

1127 benedictione, paraturam sacerdotalem, calicem quoque ac librum et cetera, que faciende misse ratio postulat assumens, navem conscendit. Sed nos, videntes fratrem nostrum unice carum solum ad martyrii palmam properantem, cum dehortari eum non auderemus, viam eius lacrimis uberioribus prosecuti sumus. Qui, horis quasi tribus prosperis flatibus navigans, fere iam ab[a] oculis nostris ablatus fuerat, et ecce tempestas oritur, ventisque contrariis ratem huc illucque pellentibus, viam tenere non potuit; sed ad litus, unde exierat, post multam fatigationem appulsus est. Ille vero, tametsi tempestatis iniuria et imbribus desuper irruentibus et procellis navem deorsum implentibus totus esset madidus vixque spirare videretur, a cepto desistere noluit. Neque ad terram exivit; sed sedens in navicula, tranquillitatem maris expectabat; interim aquam de navi vasculo proiciens. Ventis itaque paululum sedatis, iterum navigare cepit[b]; iterumque simili modo impeditus est. Tertia quoque vice ire temptans, sed nichilominus nocte ac tempestate ingruente, ponti seviciam vix et quasi per miraculum evasit. Tempestas vero infra septem dies non cessavit. Intellexit ergo vir Dei Ucranos[c] euangelice gratie indignos. Currensque cum clericis, discipulum, quasi de palestra coronatum, de litore duxit ad tectum, super ipsius constantia fideique magnitudine Dominum benedicens. At ubi cenatum fuit, fratres de navigatione Udalrici iocari ceperunt: *Et quis* inquiunt, *si perisset homo, reus homicidii teneretur?* Adalbertus autem interpres, cui maxime factum displicuerat: *Quis iustius* inquit *homicidium lueret, quam is, qui hunc ad tale periculum direxit?* Verum episcopus, quamvis ab eodem fratre de hoc verbo ante pulsatus fuerit, nil motus, ad euangelium se convertit et exemplo domini Iesu, discipulos quasi oves inter lupos mittentis, factum suum defendit. *Quis enim* ait *homicidii reus tenebatur, discipulis, qui a Domino mittebantur, interfectis? Qui oves ad lupos misit, profecto a lupis oves devorandas scivit. Devorate sunt oves a lupis, interfecti sunt apostoli a tyrannis.* Deinde parabolam hanc facto suo coaptans, plena rationis doctrina

a. ob *N*, ab *BR*.   b. ceperunt *N*.   c. urcanos *N*, ucranos *R*, ueranos *B*.

discipulos animavit, dignisque exhortationibus in gaudio spiri- 1127
tuali magnam partem noctis expendit. Et mane facto, quidnam agerent vel quo diverterent, inter se tractabant. Verum haut diu nutabundi, quod superfuit de opere in agro Domini, coloni fideles inter se distribuunt; aliis retro ad Thiminam, aliis autem ad alia loca euangelizandi gratia divertentibus.

13. Episcopus véro ad Stetinam iter proposuit[1] cum ministris suis, de apostasie nequitia in spiritu vehementi arguere superbos. Sed clerici, qui cum ipso ituri erant, Stetinenses barbaros et crudeles agnoscentes, sue pariter et illius saluti metuebant; unde, ne[a] illuc veniat, dehortantur studiosius. Cumque illi molesti essent: *Video* ait *tantum ad delicias venimus; quicquid asperum vel difficile occurrit, totum declinandum iudicamus. Sed esto. Nam ad gloriam martirii sicut nullum cogere volo, ita, si fieri posset, omnes vos hortari vellem. Rogo autem, si iuvare non vultis, saltem ne me impediatis. Sue vite potestatem habeat unus quisque; liberi estis vos, liber et ego. Dimittite me michi, obsecro.* Et eiectis omnibus, sese in cubili suo usque ad vesperam in orationem dedit. Deinde vocat puerum familiarem, precipiens, ut, clausis undique ostiis, a se omnes dimoveat nullumque admittat sine ipsius conscientia. Quo facto, secreti sui compos, fugam meditatur; itineralia induitur, succingitur; indumenta sua sacerdotalia cum libro calice aliisque utensilibus in mantica ponens, omnia in humeros levat; tectusque umbra noctis, clam[b], nescientibus cunctis, incomitatus urbem egreditur, viam carpens que vergit Stetinam. Cumque aspexisset huc atque illuc et nullum se comitari videret, letus et alacer de prosperitate furti Deum benedicens, matutinale inchoat officium, gliscens et properans totum iter nocte illa complere. Cumque nocturnus viator viam ardenter carperet, hora noctis decima iam instabat. Clerici autem e diversis stratis consurgentes cum ad dicendas matutinas se colligerent, quidam ex eis suspenso gradu ad cubiculum pergunt episcopi; utrum dormiat

a. nec *N*, ne *BR*.   b. clam — cunctis *om. N; recepi ex BR*.
1. Cf. Ebo III 15.

1127 an vigilet, vel quid agat, explorare cupientes. Verum ubi, propius propiusque admoti, episcopum non inveniunt, consternati sunt animo. Et diligenter omnia scrutantes, cubicularium ipsum et alios qui iuxta erant crebro sciscitantes, quod factum fuerat, tandem ediscunt. Quid multis? Turbantur omnes, aliique pedibus alii vero ascensis equis, huc illucque pontificem quesituri discurrunt. Factoque mane, hi, qui in equis fuerant, directo calle ac concito gradu versus mare viam insecuntur abeuntis et abeuntem consecuntur. At ille, ubi eminus venientes iam intraturus navem agnovit, turbatus est valde et altius ingemiscens: *Heu* inquit *domine Iesu, unice Dei, unice virginis, dulce nomen spei mee, numquid me fraudabis a desiderio meo? Fac oro*[a]*, ut hi, qui veniunt, aut mecum eant aut me a proposito meo non impediant.* His dictis, illi accurrebant; moxque, ab equis desilientes, pedibus illius prosternuntur. Sed quid? prosternitur et ipse; levantur illi, levatur et ipse; flebant illi[b], flebat et ipse, vocemque meror ac tristicia et his et huic diutissime interclusit. Tandem post multas lacrimas in hanc vocem senior mestus erupit: *Ad quid venistis? Redite queso ad hospicium; et ego pergam viam quam cepi.* At illi: *Absit* inquiunt; *sufficit nobis hec tam grandis confusio; amodo te nequaquam deseremus. Si redire vis, leti redibimus tecum; sin autem progredi mavis, tecum progrediemur. Sed placeat sanctitati tue consilium nostrum. Redeamus pariter ad fratres et ad pueros nostros hodie; cras — ecce coram Deo loquimur — sive in vitam sive in mortem omnes tecum veniemus.*

14. Tali ergo pacto episcopus cum eis reversus, crastina die omnibus se comitantibus eandem viam ingreditur. Ascensaque navi, prosperis flatibus Stetinam vecti sumus. Homines autem de civitate inter se divisi erant, aliis adhuc in fide manentibus, aliis autem ex maiori parte ad paganismum reversis. Fuit autem basilica ante introitum civitatis in area spaciosa, quam ipse in priori profectione dedicaverat; quam ingressi, hospitari ceperunt. Fideles igitur de adventu episcopi gaudebant,

a. Otto *N*, oro *BR*.   b. om. *NB*; recepi ex *R*.

infideles autem turbabantur. Pre omnibus autem nefandi sacer- 1127
dotes furere et furorem in turba excitare festinant, adeo ut collecta manu armatorum ecclesiam undique cingerent et, insanis
tumultibus debachantes, edem ipsam convellendam et omnes qui
erant ibi una cum magistro interficiendos clamitarent. Episcopus vero, martirii avidus, pontificalibus se induens, arma sua,
crucem tollit et reliquias; psalmosque ac ymnos cum clericis
personans, agonem suum Domino commendabat. Barbari vero
audito cantu mirati sunt valde, quod quasi in articulo mortis
positi cantare potuissent. Et auscultantes mutuoque se invicem
respicientes, virtute ut puto verborum incantati, clementius se
habere ceperunt; et iam non viribus sed ratione magis opus
esse dicebant ad talia recipienda vel etiam propulsanda. Dein
sapientiores quique super his rebus ipsos sacerdotes secretius
conveniunt, ipsorum esse dicentes: congruis rationibus religionem suam defendere. Talia inter se musitantes, paulatim singuli ad sua digrediuntur. Erat autem sexta feria. Et episcopus
cum suis illa die sabbatoque ieiuniis et orationibus sacrisque
meditationibus usque in dominicam intensius operam dabat.

15. Interea civis quidam nobilis eiusdem civitatis Witscacus nomine in conventu populi, in plateis et domibus, ubicunque et quandocunque facultatem habuit, regnum Dei et fidem
predicare non desiit; christianas traditiones et omnia documenta
episcopi sana et sancta et veritatis plena contestans. Hic
etenim non longo tempore ante adventum piissimi Ottonis, cum 1125-1126
aliis concivibus suis contra paganos piraticam exercendo, dum
incautius ageret, in hostes inciderat, multisque ibi trucidatis,
cum aliis vite relictis in captivitatem ductus fuerat[1]. Cumque
ferro et cathenis et tenebrosi carceris custodia clauderetur,
orando ad Dominum per merita episcopi liberatus fuit. Nempe
cum diuturna oratione fatigatus in sompnum resolutus esset, episcopum Ottonem, qui eum baptizaverat et de sacro fonte leva-
verat, sibi assistentem videbat. Quem dum ille agnosceret, rogat
iterum et genua flectit pro ereptione. At ille: *Ad hoc ipsum*

1. Cf. Ebo III 2.

1125-1126 inquit *veni; sed tu liberatus ea, que Stetinensibus mando, ferre ne dubites.* Et mox datis mandati verbis et signo crucis ad eum facto, captivum exire iubet. Expergefactus homo de visu letatur, movet gressum, effectum probat visionis. Et ecce cathene omnes et vincula solvebantur; progreditur ad ostium, et carcer apertus erat. Sentit ergo, virtutem adesse divinam; altumque suspirans gratias agit omnipotenti Deo ac timido gressu invisam domum exivit. Suspectisque locis leniter transitis, cursum tendit ad mare; diuque huc illucque discurrens navem querebat, sed nullam inveniens admodum anxiari cepit. Nam se denuo capi, denuo incarcerari metuebat. Sed quid faceret? Ad ultimum, formidine[a] maioris mali, cum iam sine remige corpus in undas mittere pararet, Ottonem suum nominans, ingemuit ad Dominum. Et ecce de insperato cimba litori allabitur. Quam sibi a Deo paratam videns, cum gratias egisset, ascendit; manibusque ambabus fluctus verberans, ratem convertit in altum. Mirumque dictu, quam citissime prosperante Deo patriis horis appulsus est. Quod miraculum assiduo relatu notum fecerat. Et Stetinam veniens, responsa episcopi civibus in unum congregatis, ut iussus erat, premissa ex ordine liberatione sua, ita exposuit: *O cives, doctor et magister noster beatus Otto sic et sic fecit michi, et hec mandat vobis. Gravis et dura nimis ab omnipotenti Deo vindicta super vos et super civitatem istam ordinata est, pro eo quod eius fidem et culturam polluitis, partim cum eo partim pro eo ydolis servientes.*

16. Nefandi quippe sacerdotes, dum peste ac mortibus homines et iumenta quodam anno ex inequalitate aeris ibi laborarent, a diis malum hoc immissum asserebant et voluntate populi ecclesiam sancti Adalberti martiris, tintinnabulo et campanis deiectis, destruere ceperant[1]. Unusque illorum, dum malleo cementarii altare percuteret, subito languore ac stupore a Domino percussus est; cumque malleus de manu eius caderet, cecidit et ipse. Dein post longum spiritu parum resumpto, populum astantem, quasi ex plaga emendatus, sic adorsus est: *Frustra, o*

[a]. formidinis *N*, formidine *R*.   1. Cf. Ebo III 1.

cives, nitimur; Deus christianorum fortis est et nostra vi a no- bis expelli non potest. Michi autem consilium videtur: ut illum habeamus, et tamen antiquos deos nostros non dimittamus; et iuxta illius aram nostris quoque diis aram constituamus, ut eos omnes pariter colendo, illum et istos pariter habeamus propicios. Quid populus faceret? Territus prodigio, consilium probavit; exstructoque nefando altari iuxta dominicum altare, Deo servierunt et demonibus, iuxta historiam antiquitatis, qua dicitur: *Populus Samarie, deos gentium colens, nichilominus Domino serviebat*[1].

17. Witscacus ergo, fidei zelo calens, non semel aut bis legationem quam acceperat egit ad populum; sed ex quo a captivitate rediit, numquam cessavit regnum Dei euangelizare, misericordiam Domini et merita liberatoris sui civibus inculcans et, nisi ab errore quiescant, divinam eis ultionem intentans. Tota vero civitas, exceptis sacerdotibus, factum hoc cum veneratione mirabantur, et tamen prevalente consuetudine a paganismi ritibus cessare non potuerunt. Sed iam de presentia episcopi responsalis eius audentior factus, linguam laxat eloquio. Victorque ydolorum et vatum, vana de his vaticinantium, ad servum Dei veniens cum amicis et cognatis suis, pronus adorat; gratias agit; remque omnem refert ex ordine. Ipsumque ardenter ad opus predicationis instigat, auxilium ei et consilium ex sua suorumque parte ad omnia pollicitus. Itaque die dominico, completis missarum sollempniis, sicut erat sacra indutus armatura, vexillo crucis ex more prelato, in medium forum civitatis duci se rogavit. Cumque ad portam ventum esset, ecce, per quam sine remigio trans mare Witscacus vectus erat, navicula poste pendebat[2], et admotus lateri pontificis: *Vides* ait *pater.* Et feriens eam hasta: *Hec* inquit *cimba testimonium sanctitatis tue, firmamentum fidei mee, argumentum legationis mee ad populum istum.* Erat autem alnus brevissima, que[a] a duobus viris

a. brevissimus qui N, brevissima que R.
1. 4 Reg. 17, 33: „Et cum Dominum colerent, diis quoque suis serviebant, iuxta consuetudinem gentium, de quibus translati fuerant Samariam".
2. Cf. Ebo III 2.

1127 facile portaretur. Substitit episcopus et diligenter ratem ᵃ considerabat; perpenditque, quod in pacatissimo ᵇ amne vix conto gubernata unam personam portare sufficeret, nedum in fluctibus marinis sine omni gubernaculo, nisi hoc divine virtutis esset miraculum. Gratias agit Deo beatus antistes, quod incredule genti virtutem suam tali facto demonstrasset. Liberatus autem subridens: *Hanc idcirco suspendi feci ad portam, ut ingredientes et egredientes hoc facto discerent, quid in suis necessitatibus de misericordia Dei ac de tuis meritis, sanctissime pater, sperare deberent.* His dictis, in consertissimas ᶜ turbas paganorum, ministris comitantibus, in medium forum sese intulit episcopus. Erant autem ibi gradus lignei¹, de quibus precones et magistratus concionari soliti erant. In quibus stans minister euangelii sermonem cepit; fremitum autem dissidentis populi Witscacus vice preconis manu et voce sedabat.

18. Cumque omnes conticuissent et verbum exhortationis pars maxima libenter audiret, ecce unus sacerdotum², vir Belial, plenus furore, pinguis et procerus, in medium turbe sese fortiter intrudens, cambucam suam manu gestabat, spiransque et anhelans usque ad ipsos gradus accessit levataque manu semel et bis columpnam graduum validissime percussit. Dein clamore magno et verbis nescio quibus contumeliose prolatis silentium mandat loquenti, sueque vocis grossitudine magnum tonans, sermonem interpretis et episcopi pariter oppressit populoque ait: *Sic, o insensati stulti et inertes, quare decepti et incantati estis? Ecce hostis vester et hostis deorum vestrorum. Quid expectatis? Ferentne impune et contemptum et iniuriam?* Omnes autem incedebant hastati. Ait ergo: *Hec dies omnibus erroribus eius finem imponet.* Omnesque adhortans, singillatim ᵈ quosque, de quorum malignitate certus erat, propriis nominibus compellabat. Et quicunque spiritu vesano agitabantur quibusque familiare fuit audacter magis quam consulte rem agere, ad dicentis vocem inflam-

---

a. ratem *scripsi pro* rem *NR.*   b. pacissimo *N.*   c. connertissimas *N.* consertissimas *R.*   d. singilatim *N.*

1. Cf. Ebo III 15: „piramides muratae".   2. Cf. Ebo III 16.

mati, hastas levant. Quas dum ad iaciendum vibrant, actu rigent 1127
in ipso; mirumque dictu, nec hastas iacere nec demittere dextras vel de loco moveri poterant. Stabant igitur ut simulacra immobiles, fidelibus et religiosis facti spectaculum. Quotquot enim erant infideles et maligni, qui a fide christianismi defecerant et, in infidelitate sua pertinaci dementia stantes, impias manus contra servum Dei levaverant, hac pena tam diu multati stabant, quousque in sua fide boni firmarentur et illi a pravitate cordis per penam corporis corrigerentur. Nam et episcopus arrepta miraculi occasione: *Cernitis* inquit *fratres, quanta sit potentia Domini. Certe, ut video, divinitus ligati estis. Quare non iacitis hastas? Quare non demittitis dextras? Quam diu in hoc nisu apparebitis?* Illi autem, nescio an pre confusione aut pre stupore, nichil respondebant. Tunc ille: *En* inquit *dii vestri, pro quorum religione certatis, si quid possunt, auxilientur vobis. Sed et iste vester tumultuosus sacerdos invocet nunc deos suos super vos, det consilium, det auxilium. Si quid novit, si quid potest, iam tempus est.* Ille vero iam dudum eventu rerum stabat attonitus, iam ulterius nec mutire presumens. Cumque ingenti pavore omnes silerent, episcopus miseratione tactus: *Gratias* inquit *tibi, domine Iesu Christe, qui potentiam fortitudinis tue, cum tempus est, ad terrendos adversarios et ad protegendos servos tuos exercere soles. Sed quia pius et misericors es, ignosce rogamus ignorantie sive temeritati populi huius; et usum corporum suorum, quo te ligante privati sunt, solita illis miseratione restitue.* Quo dicto crucisque signo ad eos facto, effectus orationem mox insecutus est. Et subiungens: *En* inquit episcopus *si audire hactenus noluistis, tangite saltem et sensu ipso probate: quanta sit misericordia Dei nostri, quanta sit veritas fidei, quam predicamus vobis.* Et longius de iudicio et misericordia Dei et de presentis vite incerto et de perseverantia eternorum profunde disputans, conterritos in Syon peccatores[1] erudivit; tandemque medicamine salutaris eloquii aliquantum mansuefactos benedixit; et cetum dimisit. Descendens vero de

1. Isai. 33, 14.

1127 gradibus, ecclesiam sancti Adalberti cum fidelibus, zelo zelatis pro domo Dei[1], visitavit ac, premissa inibi orationis sollempnitate, altare abhominationis fregit comminuit et eiecit. Factaque reconciliationis emundatione, fracturas basilice suis impensis emendari fecit.

19. Cumque sepius eandem frequentaret ecclesiam, quodam tempore pueros in platea ludentes invenit. Quos dum lingua barbara salutasset, veluti coniocando illis etiam crucis signo in nomine Domini eos benedixit. Et paululum procedens animadvertit: quod universi, relictis lusibus suis, visendi studio collecti, a tergo secuntur episcopum; hominum ignotorum, ut est mos illi etati, aspectum habitumque ammirati. Substitit homo Dei et circumfusos blande alloquens sciscitatur, si aliqui ex eis baptisma percepissent. Illi, sese mutuo respicientes, ceperunt invicem prodere, qui fuerant[a] ex eis baptizati. Quos episcopus seorsum vocans, querit ab eis: si voluntatis eorum sit, tenere fidem, que ad baptismum spectat vel non. Illis autem se tenere velle constanter affirmantibus, episcopus: *Si* inquit *christiani esse vultis et fidem servare baptismi, istos non baptizatos et infideles pueros ad ludum vestrum admittere non debetis.* Qui statim iuxta verbum episcopi, similes cum similibus congregati, pueri baptizati non baptizatos a se abicere et abhominari ceperunt, nulla eis ludi societate communicantes. Itaque videre pulchrum erat: quomodo hi, de professione christiani nominis gloriantes, familiarius agere et avidius intueri et audire doctorem etiam inter ludos suos[b]; illi autem, quasi de infidelitate confusi et exterriti, a longius stare. Sed pater optimus et credentes miti sermone ad fidem plenius pro ipsorum capacitate instruxit; non credentes vero ad credendum tam diu exhortabatur, quousque se baptizari et christianos fieri omnes flagitarent.

20. Interim vero maiores natu et sapientiores quique, de rebus istis altius inter se tractaturi[2], consederant et, a mane usque ad medium noctis huic deliberationi vacantes, de salute

a. fuerat *N*, fuerant *B*, fuerint *R*.   b. *sic NB*; ceperunt *add. R*.
1. Cf. 3 Reg. 19, 10.   2. Cf. Ebo III 16.

propria et tocius populi, de statu civitatis et conservatione patrie secundum prudentiam seculi diligenter disputabant. Precipue autem universa, que Ottonis erant, dicta vel facta examussim trutinabant; et mediante Spiritu sancto in hanc sententiam omnes communiter cedunt: ut, funditus exstirpata ydolorum cultura, ex integro se religioni christiane submittant. Atque in hoc verbo concilium solvunt. Witscacus autem, qui omnibus his intererat, nocte ipsa cum paucis ad episcopum veniens, optatum nuncium affert, omne consilium ei breviter insinuans. Dein collectis ad episcopum clericis et aliis familiaribus, omnia que audierat queque in concilio de ipso dicta fuerant, scilicet ordinem liberationis ipsius qui loquebatur; et de miraculo, quod hastas vibrantes contra episcopum pridie obriguerant; et quod adhuc latebat episcopum: quando ad ecclesiam cum ministris per plateam preparatus incedebat, tantus splendor vestium apparuit, ut maligni homines, qui ad eum necandum ex insidiis veniebant, nimie claritatis aspectu in fugam, territi ac turbati, versi fuerint; denique virum illum, virum Belial, sacerdotem, qui ei concionanti ad populum impedimento fuerat, ab ipsis civibus eiectum nunciat. Porro apud eos eius liberalitates et elemosinarum inestimate largitiones et captivorum redemptiones; quodque sine magna reconpensatione nullius eorum opes vel substantiam oblatam contigerit, suis impensis sese atque suos transigens, etiam basilicas exstrueret destructasque reedificaret; omnia hec quante venerationis quanteve admirationis habita sint, cum gaudio referebat. Igitur de mane consurgens episcopus et cum gratiarum actione missas celebrans, convenientes cives[a] iterum alloquitur, et pronos atque obedientes ad omnia invenit. Quicumque enim sese apostasie vicio inquinaverant, Spiritus sancti virtute faciente compuncti, per manus impositionem in fonte lacrimarum suarum loti, ecclesie sancte reformantur. Pueri vero, et quicunque sacramentum baptismi nondum erant consecuti, baptizantur; fana destruuntur, ecclesiarum fracture solidantur et, si que destructe fuerant, reparantur. Omnis ergo populus

[a] om. N, recepi ex BR.

1127 iam quasi vir unus id ipsum sapiebat in Domino[1]. Gaudet episcopus, letantur sacerdotes; magnificata sunt in consilio iustorum opera Domini[2].

21. Preter hanc autem spiritualis leticie occasionem divina bonitas illi civitati etiam de inopinato corporale commodum exhibuit. Nam immense molis ac magnitudinis rombonem[3], circa portus maris et naves se ostentantem, piscatorum manus ad litus eiecit in mense Augusto, cum tamen in locis illis talis captura non nisi vernali tempore occurrat. Ex cuius carnibus ac pinguedine omnes cives partes capiunt et episcopo, cuius meritis hoc munus ascribebant, plus quam absumere cum suis omnibus posset, apportant.

22. Verum tam letis eventibus temptatio non defuit. Nam cum delendis et extirpandis fanis ydolorum et sacris diligentius insisteret episcopus, etiam arborem nucis[4] mirande pulchritudinis ydolo dicatam, ne scandalo esset rudibus, volebat incidere. Vicini autem, qui umbra eius et amenitate sepe delectati fuerant, ne incideret eam, rogabant. Porro agri possessor vehementius irasci atque indignari cepit; aliisque modeste agentibus, hic minis et clamoribus longius resistens[a], furorem evomuit. Itaque, quasi paululum furore sopito, silenter a tergo accedit, nulloque sperante, securim bellicam utrisque manibus levans, caput episcopi ferire nisus est. Sed illo presentiente atque in partem se rapiente, bipennis casso vulnere in trabem pontis, iuxta quem stabant, perlata est tam fortiter, ut a feriente reduci non posset. Accurrunt omnes, comprehendunt trahunt trudunt infelicem illum et, nisi per interventum episcopi[b], eadem securi trucidassent.

Tiemo: Hic forte, hic aliquis grunniet malivolus auditor. Nam et ego quoque miror — si ita est, ut asseris — qui alias ad martirii palmam ultro se ingerere paratus fuit, quod hunc tam validum ictum non suscepit. *Qui enim tociens mortem appetiit* dicet aliquis *quare nunc venientem non sustinuit?*

Sefridus: An nescis: aliud esse, ex consilio et fortitudine

a. asistens *N*, assistens *BR*.   b. prohibiti essent *excidisse videtur*.
1. Philipp. 4, 2.   2. Ps. 91, 6.   3. Cf. Ebo III 17.   4. Cf. Ebo III 18.

mentis corpus morti obicere, digna existente aliqua necessitate; 1127
atque aliud, ex infirmitate carnis eandem pertimescere? Sed
hoc etiam considerare potes, quod non de agone passionis tunc
temporis cogitabat, sed magis de arbore nucis, de cuius incisione
cum civibus tractabat. Et si altius rem contemplari volueris,
animalis spiritus naturaliter exterioris substantie salutem, quantum in ipso est, tueri solet; appetit conducibilia, fugit contraria.
Quem tamen interna mentis ratio saniori consilio a conducibilibus interdum abstrahit et contrariis passionibus affligit. Nichil
ergo mirum, si, ratione alias intentus, teneritudine oculorum faciente, venientem ictum expavit. Denique divino etiam nutu
hoc factum arbitror; scilicet ne, multis aliis adhuc profuturus,
ibi occumberet neve a christianis, qui nuper fidem susceperant
vel etiam amissam receperant, et in novitate reconciliationis et
gratie divine doctor ipse interfectus predicaretur.

    Tiemo: Non nichil dictum est. Perge, quo cepisti.

    23. Sefridus: Ottone sic a periculo liberato et percussore
suo de manibus percutientium salvato, inter astantes Adalbertus
presbiter ad Teutonicas partes se vertens profundius inclinat[1],
Deo et sancto Michaheli in Babenberc et fratrum orationibus
gratias agit. Et conversus ad episcopum: *En* inquit *scutum orationis fratrum et protectio sancti Michahelis archangeli.* De
arbore vero, ne incideretur, tandem cives multis precibus obtinuerunt[2]; iureiurando firmantes: nichil unquam divinitatis vel
sanctitatis arbori sese asscripturos neque numinis vel ydoli alicuius vice se illam habituros, sed magis pro utilitate fructuum
et amenitate umbrarum.

    24. Omnibus ergo que ad cultum fidei spectant rite illic
ordinatis, dum ad alia loca ire pararet, ab universis natu maioribus et prudentioribus civitatis rogatus est, ut, quia Deus cum
illo erat et multa bona eis ostenderat, ducem Vratizlaum, cuius
offensam gravibus culpis incurrerant, eis placare studeret[a] atque
hoc facto cuncta circa se studia sua[a] deauraret. Annuit; eligit

---

    a. om. *N; recepi ex BR.*

1. Cf. Ebo III 19.   2. Cf. Ebo III 18.   3. Cf. Ebo III 20.

1127 viros honorabiles, aptos ad responsa reddenda vel accipienda; ducem adit*, preces fundit, accusat populum et excusat[1]. Dein potenti suadela mitigat indignantem, iubet, obsecrat, facit compositionem, pacatisque ad perfectum omnibus, legatus cum legatis pacem affert civitati. Hinc, toti ecclesie valefaciens, miris affectionibus Iulinam ire dimittitur. Maligni vero sacerdotes, pleni demonibus, cum iam aperte non possent, vel per insidias servo Dei nocere moliti sunt[2]. Conducta etenim magna sicariorum multitudine, viam abeuntis in artioribus navigii locis obsederunt; suis amicis, istarum rerum nesciis, mortem episcopi quasi per divinationem prenunciantes. At ubi ad insidias ventum est, hostes arma corripiunt, funambulos tenent, navigantes invadunt, sanguinem episcopi super omnia sitientes. At vero Stetinenses et nostri, qui cum episcopo erant, arma capiunt, ex rate prosiliunt, partim terra partim aqua consistunt, vim viribus audacter arcentes. Cumque aliquandiu pugnatum esset[b], hi qui de insidiis erant a Stetinensibus ceperunt agnosci; et confusi de malefacto fugerunt. At sacerdos, qui hec machinatus erat[c], eadem hora domi cum amicis suis residens, paralisi et vehementissimo languore vexari cepit, suis, ut arbitror, diis eum laniantibus. Cumque, ore oculis ac tota facie distorta, frontem ad scapulas verteret et[d] miserabili corporis agitatione in mortem solveretur, exclamavit: *Hec patior propter insidias et mala, que contra Ottonem feci.* In hac voce vitam finivit. Tantus autem fetor subsecutus est, ut Pluto ipse infernalis, vel quisquis illic maximus est, ab huius faucibus spirare putaretur. Item alius quidam de sacerdotibus Ottoni contrarius cum ad negocia sua cum institoribus forte navigaret, et in insula quadam naute ut assolent ad suas commoditates applicuissent, iste alienata mente nec vultu nec voce sanum quid agens a comitibus notatus est. Cumque seorsum ab aliis in silva veluti per amentiam vagaretur, iuvenes quidam, quasi per lasciviam secuti, delirum fune per guttur ad arborem ligant et discedunt. Ille vero incautis

---

a. adiit *N*, adit *BR*.   b. *corr. in* pugnarent *N*.   c. esset *N*, erat *R*, fuerat *B*.   d. *om. N*.
1. Cf. Ebo III 23.   2. Cf. Ebo III 20.

motibus, vinculorum impaciens, se solvere luctabatur, sed divino iudicio constrictus, per funem, qui collo iniectus erat, intercluso anhelitu, mortuus est.

25. Episcopus autem, Dei protectus auxilio, cum Iulinam venisset, nichil ibi adversitatis invenit[1]. Omnes eius redargutiones de apostasia seu de aliis excessibus patienter ferebant, indigna et mala opera sua dignis emendationibus ad eius doctrinam expurgare et corrigere parati. Ille vero per manus impositionem et sacri verbi exhortationem sancte et apostolice ecclesie omnes reformavit, baptizatis pueris et quoscumque huius sacramenti expertes invenit. Sicut enim exemplo Stetinensium pridem a fide recesserant, ita denuo, conversis illis, facile convertebantur. Illos enim per omnia imitari, quasi pro sententia eis fuit.

26. Cum autem sacris operibus illic instaret episcopus, mulier quedam in rure posita nescio quo eventu subita cecitate percussa est[2]. Audiens autem, antistitem adhuc esse in civitate, duci se illo iubet. Et veniens corruit ante pedes eius, auxilium petens super clade sua. Signum autem eris ante fores pendebat ecclesie, quod simplices, cum intrabant oraturi, quasi ad excitandum sanctos pulsare consueverant. Episcopus ergo dum ad succurrendum a muliere crebro invocaretur: *Vade* ait *mater, vade ad ecclesiam; quassa campanam, excita sanctum Adalbertum, ut te adiuvet.* Abiit illa, Deum et sanctum Adalbertum invocans, arreptoque fune non prius a pulsatione signi cessavit, quam lumen oculorum reciperet. Videntes autem cives gratias agunt Domino super gratia huiuscemodi et magis in fide catholica roborati sunt. Sed dum hoc factum episcopi meritis ascribere vellent, prohibuit eos, dicens: *Non me miraculorum factorem sed peccatorem sciatis; potius hoc beati martiris Adalberti meritis asscribendum certissime noveritis. Num obliti estis, quomodo priori anno, cum tota civitas ista incendio vastaretur, hanc ediculam suam beatus martir in mediis flammis positam liberavit? Sed moneo, ut, illius calamitatis memores, nec Iulium ipsum nec*

1. Cf. Ebo III 21.   2. Cf. Ebo III 21.

1127 tinensibus publice adversari ceperunt; et primo quidem[a] naves illorum a littoribus suis arcent, post etiam ex communi decreto hostes eos haberi statuunt, Ottoni episcopo mandantes — audierant enim, quod illo ad predicandum venire vellet — ne unquam fines eorum attingeret. Dicebant enim, nichil eum apud se inventurum nisi acerbas penas et mortem certissimam. Ille autem, accepta legatione tali, tacite apud se exultat, animum parat ad martyrium, cogitat et disponit omnia, tractat anxie apud se, an melius sit: solum se ad tale convivium ire an cum multis. Stetinenses autem quidam viri boni et prudentes in comitatu episcopi erant Iuline, gnari locorum provinciarum et morum cuiusque gentis. Hos ergo episcopus paulatim interrogationibus pretemptabat, scire volens, si quomodo eum illuc perducere velint. At illi de origine Ruthene gentis, de feritate animorum et de instabilitate fidei et bestiali eorum conversatione multa ei narrantes, etiam hoc, quod archiepiscopo Danorum[b] subiecti esse debuerint, non tacebant. Sperans ergo episcopus, gratum fore illi, si converti possent, simulque attendens, congruum esse, quod eius per licentiam ac permissionem ad predicandum in eius parrochiam veniret, Iwanum, venerabilem presbiterum, de latere[c] suo et alios nuncios navigio cum litteris et muneribus illo pro licentia direxit.

Archiepiscopus vero in maximo gaudio et honore legatos accepit, habitisque[d] apud se multa humanitate, plurima de statu, de doctrina et operibus beati Ottonis percontabatur. Erat autem vir bonus et simplex, bonarum rerum cupidus auditor, non mediocris scientie ac religionis, in exterioribus[e] tamen Sclavice rusticitatis. Nam et homines terre illius tales sunt, ut in maxima ubertate atque divitiis generali quadam duritia omnes inculti videantur et agrestes. Urbes ibi et castra sine muro et turribus ligno tantum et fossatis muniuntur; ecclesie ac domus nobilium humiles et vili scemate. Studia hominum aut venatio aut piscatio est vel pecorum pastura. In his etenim omnes di-

---

a. quod *NB*, quidem *R*.   b. Donorum *N*.   c. latero *N*.   d. habtisque *N*.   e. exteribus *N*, exterioribus *BR*.

vicie illorum consistunt; siquidem agrorum cultus rarus ibi est. 1127
Porro in victu vel in habitu vestium parum lauti habent aut
pulchritudinis. Nostri ergo mediocres in conparatione illorum
gloriosi erant. Iwanus vero presbiter archiepiscopo se ipso
maior esse videbatur. Cumque esset boni oris, ad omnia conposite respondens, illum valde oblectabat, nichilque satis ei esse
potuit, quidquid de Ottone audiebat. Fama etenim ante annos
plures hunc notum habuit; et nunc gloriari atque letari habundantius cepit, quod eius dignos et preclaros nuncios presentes
haberet, cuius tanta et tam preclara facta vulgari fama passim
predicari prius audisset. De legatione autem eius ad presens
nichil se respondere posse dicebat, nisi ante principes Danorum[a]
atque magnates per aliquas inducias consuluisset. Iwanus
autem et legati, hoc longum sibi iudicantes, dimitti se rogant,
ne super eorum mora contristaretur episcopus. Annuit ille cum
benignitate; ac litteras donaria navemque grandiusculam, butiro
plenam, signum dilectionis et amicitie mittens episcopo, dicebat,
quantocius ex consilio principum per suos legatos de verbo predicationis se responsurum. Quod utrum perperam an simpliciter dixerit, parum nobis compertum est. Nam dum per aliquos dies eius nuncios expectaremus, de partibus Alamannie et
de domo Babenbergensi plures nuncii venerunt, magnis et necessariis causis episcopum revocantes[1].

31. Rutheni autem crebris insultibus Pomeranos lacessunt
et Stetinensium fines armatis navibus perturbant[2]. Cumque, semel et bis repercussi, a bello cessare noluissent, Stetinenses ex
consilio communi arma tractare ceperunt atque iterum venientibus coadunatis viribus occurrere. Sed quid plura? Tanta strage
Rutheni fusi sunt et tanti ex eis in captivitatem redacti, ut, qui
evadere potuerunt, nullum ultra victoribus bellum intulerint[b].
Stetinenses igitur, hac victoria gloriosi, domino Iesu Christo et
servo eius Ottoni honorem asscribebant; Ruthenos ultra iam non

a. Donorum *N*. b. intulerunt *NB*, intulerint *R*.

1. Cf. Ebo III 24. 2. Cf. Ebo III 23.

1127 timentes, sed ex captivitatibus etiam ad humiles et satis indignas compositiones eos astringentes.

Atqui Otto beatissimus, omnibus propter que venerat bene conpletis et civitatibus omnique populo in gaudio et fide apte compositis, visitans[1] omnes quos potuit, decorum vale in maxima leticia illis faciebat; per ducem Polonie ac per alios amicos suos iter ad sedem suam relegens[a]. Itaque aliquot diebus gratiosa presentia[b] sui et caris aspectibus ducem et Polonienses, dilectos dilectores suos, in plenitudine sanctitatis mansuetudinis et gratie letificans, ita se promovit, ut in vigilia sancti Thome Babenberc in ecclesia cathedrali in multo desiderio et expectatione suorum, quasi de victoria cum exultatione rediens, susciperetur, cantantibus clero et monachis tota mente totisque viribus: *Domine, suscipe me, ut cum fratribus meis sim.*

Dec. 20

Et ecce hic excursus eius fuit et recursus, et hec opera bis peregrinantis pro dilatanda fide catholica. Fateor, insipiens factus sum; vos me coegistis.

Tiemo: Non te ait estimes adhuc liberum. Quia ex prima conventione nostra plura tibi ad narrandum servata recordor, quorum quidem unam partem, scilicet quid in barbaris nationibus egerit, tantum explicuisti. Quomodo autem apud principem in curia deguerit[c] vel qua oportunitate in curiam venerit et inde ad pontificatus dignitatem, nondum a te audivimus.

Sefridus: Ut video, quasi debitorem me constringis. Atqui ex voluntate obedire felicius puto quam ex necessitate. Igitur, qua oportunitate Otto vester in curiam venerit, si audire libet, etiam ortum eius et prima rudimenta breviter edicam.

32. Semper honorande ac dive memorie Otto beatissimus ex Suevia duxit originem[2]. Parentes equidem eius, patrem dico ac matrem, ut verum fateamur, nobilitate magis quam divitiis claruerant. Nam, ingenui condicione, summis principibus pares erant sed opibus impares. Cumque Ottonem filium suum — prima etate litteris traditum, diligenti cura proviso ei magisterio

---

a. religens *N*, relegens *R*.   b. preciosa *N*, presentia *R*.   c. *sic.*
1. Cf. Ebo III 24.   2. Cf. Ebo I 1.

— ad annos discretionis perduxissent, defuncti sunt; et que in possessionibus et pecunia reliquerunt, alter filius eorum Fridricus, miles futurus, possedit. Ottone igitur gratia studii apud extera loca demorante, frater eius puer domum pro suo posse gubernabat; tenuiter adiuvans fratrem in studio positum. Otto autem, percursis aliquibus poetis et philosophis, et gramatice metrorumque regulis tenaci memorie[a] commendatis, cum ad altiora studia sumptus non haberet, fratri suo sive aliis cognatis importunus esse noluit vel odiosus; iam tum in ipsa adolescentia verecundiam secutus et bone opinionis pulchritudinem.

Itaque in Poloniam peregre vadens, ubi sciebat litteratorum esse penuriam, scolam puerorum accepit; et alios docendo seque ipsum instruendo brevi tempore ditatus atque honori habitus est. Linguam quoque terre illius apprehendit. Et ad altiora paulatim progrediens, parsimonie frugalitatis et castimonie disciplinis litteraturam suam adornabat. Ob ea igitur studia omnibus gratus, magnorum virorum atque potentum, suffragante sibi etiam corporis elegantia, contubernio ac familiaritati sese applicuit. Legationibus etiam et responsis inter magnas personas deferendis adprime aptus erat.

33. Denique occasione legationum duci Polonie[1] innotuit magnamque in oculis eius et tocius curie gratiam invenit, ita ut duci placeret, talis clerici obsequio domum suam honestare. Ita ergo se multa oportunitate ac modestia duci aptavit et toti curie gratum fecit. Cumque aliquot annos probe ac sapienter ibi mansisset, uxor[2] ducis defuncta est. Expletis igitur diebus lamentationis et luctus, cum se letius dux habere cepisset, Otto cum maioribus terre, qui frequentes erant, tractare et investigare cepit de animo ducis, si quo modo ultra ad alios thoros venire cogitaret; adiungens, quod in partibus Teutonicis honestissimum posset invenire matrimonium, per quod magna nobilitas immo tocius Teutonici regni potentia summis amicitiis ei con-

1085
Dec. 25

a. memoria *N*, memorie *R*.

1. Wladislao Hermanno.   2. Iudita, filia Wratislai ducis Bohemiae, d. 25 Dec. 1085.

iungeretur. Dum hec Otto crebro moneret, sermo ad ducem perlatus est. Primo apud se ille tractare cepit, deinde consilium cum aliis habere, postmodum autem ipsum Ottonem ad consilium vocare, plenius ab eo rem cogniturus. Itaque Otto — de imperatore[1] ac potentia regni Teutonici et de nobilitate principis pauca premittens —: de viduitate sororis eius domne Iudite; quodque imperator, digno eam coniugio copulare volens, aliquandiu eam non sine labore servaverit; felicem fore, cui tante pulchritudinis, tante nobilitatis thorus contingeret. Ex parte autem ducis monebat: ultra in nuptiis nichil ei querendum nisi amicos genus et potentiam; utpote cui opes habunde suppeditarent. Quid plura? Dux ipse omnesque consilii eius participes a Deo sermonem esse dicunt. Dein magis ac magis ducem hortantur sui, monent publice ac privatim: hoc tam ingens decus, tam oportune venientem gloriam mature captandam. Ubi autem ad plenum duci res animo sedit, non prius aggredi voluit, nisi et hoc principibus placeret Polonie. Habito igitur colloquio invenit assensum. Idem omnes sentiunt probant; cupiunt, tanta claritate tantaque nobilitate illustrari Poloniam. Otto clarus et magnus haberi pro tali consilio. Et ecce qua illum sublimare parabat divine gratie bonitas. Quid enim? Agitur de nunciis. Otto eligitur, comites digni magnique viri ei decernuntur; vestitur, ornatur, ditatur omnibusque necessariis, que usus honorque poscebat, abunde instruitur; sicque in multa gratia dirigitur, gratam sane imperatori legationem portaturus.

Eo etenim tempore soror imperatoris in contubernio eius morabatur. In qua ille sepius, licet alias felix, fortune infelicitatem expertus[2], quia eam honeste servare non potuit, removendi eam a se occasiones anxie querebat honestas. Acceptis igitur nuntiis et petitione ducis, gaudet miratur; dissimulativo[a] tamen corde premens et gravitate virili gaudii magnitudinem;

a. dissimulative *N*.

1. Heinrico IV.　　2. Haec sunt Einharti de Carolo M. verba. V. Einharti Vit. Caroli M. c. 19 (supra T. IV 526): „Ac propter hoc, licet alias felix, adversae fortunae malignitatem expertus est". Cf. supra p. 703 n. 1.

gratias agens Deo, vota sua de sorore oportune promotum iri. *post 1087* Ergo, ne forte vilitas negocio ex facilitate inferretur, moras trahit, consilium capit cum episcopis archiepiscopis aliisque principibus seu magnis viris, magnifice tractat rem et retractat; nunciis interim ad decus imperiale bene habitis. Dein, ubi satis omnia exquisita videntur, vocatis eis, rem per se breviter exsequitur imperator: ducem Polonie nobilitate opibus ac potentia dignum altis thalamis; sororem quoque suam, unicam unici fratris[1], gratam sibi pre cunctis rebus, libenti animo tali viro copulare; quia suis fidissimis hoc visum sit consiliariis. Addidit etiam: hoc commercio duos populos confederari; Polonie res nobilitari; duci amicos potentes et gloriam conquiri. Figitur ergo contractui locus et tempus; remittuntur nuncii, magnis cumulati muneribus; ingens utrimque apparatus pro personarum dignitate nuptialibus rebus componitur.

Duce igitur optatis thalamis potito, maior iterum gratia Ottoni accessit[a]. Suique paranimphi domina oblita non est; in omni domo sua inclitum carum et familiarem eum habens. Et quotiens germano suo imperatori dona vel responsa mittebat, Otto internuncius et fidus mediator fuit; factaque est per eum quasi una res publica domus imperatoris et domus ducis. Cumque inter eos sepe iret et rediret, imperator, vir sagax, legati fidem ac prudentiam animadvertit; et quamvis sorori ac sororis marito conmodum eum ac necessarium cognosceret, intelligebat tamen, altiori dignitati hunc fore oportunum. Quare, clementi beneficentia eum alliciens, sorori pro eo scripsit verba postulationis, suis dicens talem clericum obsequiis necessarium. Soror autem et dux, in multis divitiis benefacientes capellano suo, in multa honestatis gratia imperatori eum quamvis inviti dimiserunt.

34. Imperator vero, primo in levibus eum rebus exercens, familiari eius servicio in multis bene usus, etiam psalmos et orationes privatas, si quando vacabat, cum eo ruminare solebat[2]. Nam adeo litteratus erat imperator, ut per se breves legeret ac

a. accesit *N.*
1. Heinrico IV sorores quatuor fuerunt.   2. Cf. Ebo I 6.

faceret. Videns igitur hoc placere imperatori, psalmos et ymnos, capitula et orationes per totum annum, ut memoriter cursum dicere posset[a], affirmare clericus elaborabat. Aliisque capellanis alias intentis, hic semper presto erat; et psalterium, quo uti solebat imperator, a sella sua iugiter dependens[b], quociens opus erat, requirenti obtulit imperatori. Nichil enim Ottonis sollertia negligendum putabat, quo sibi gratiam domini conciliare valeret; unde mane vespere et omni tempore cum psalterio suo ad manum imperatoris presto se exhibuit. Ipsum etiam psalterium, usu et vetustate in extrinsecis lacerum, diligenter ligatum novis rebus induit. At princeps cum ex more librum posceret, Otto presto erat, offerens ei renovatum. At ille: *Non hunc* ait *sed psalterium meum requiro.* E contra clericus: *Hoc est* inquit *domine psalterium vestrum.* Quod tollens ille vertit ac revertit; visoque, bene factum esse aiebat; corde magis quam verbo diligentiam probans. His ergo atque talibus modis, quos singillatim perstringere longum est, suos concapellanos[c] gratia et caritate longe antevadens, omnibus humilior fuit; nichil de se magnum, nichil immoderatum sentiens.

35. Porro illis diebus investituras ecclesiarum imperatores dare solebant[1]; et quotiens episcopus decedebat, id moris erat, ut ecclesia illa, baculum et anulum imperatori transmittens, de curia sibi postularet episcopum. Multi ergo nobiles et magni viri, cognati ac filii principum, in curia degebant spe promotionis, vice capellanorum imperatori obsequentes. Inter quos omnes tam equaliter et composite Otto se gerebat, ut neque ex elatione invidiam neque ex vilitate despectum incurreret. Denique quodam eorum, qui cancellarius fuit, ad episcopum sublimato, Otto sigillum imperatoris et officium cancellarie suscepit[2]. Tantaque industria et bonitate se in illa gessit, ut ab omnibus curialibus amaretur et a cunctis ei honor deferretur.

a. possēt *N*.   b. *In N haec leguntur:* sub ascella sua iugiter vel ad sellam suam dependens. *Nec dubium est, quin in deperdito codice antiquiore vitiosis verbis his:* sub ascella sua *a correctore superscripta haec sint* ł (i. e. lege *sive* vel) ad sellam suam, *aut adeo* a sella sua.   c. concapellanos *scripsi pro* capellanos *N*.

1. Cf. Ebo I 7.   2. Cf. Ebo I 8.

36. Imperator vero famosum illud ac laboriosum opus Spirensis monasterii habebat in manibus[1]. Omnes sapientes et industrios architectos fabros et cementarios aliosque opifices regni sui vel etiam de aliis regnis in opere ipso habens, aurum et argentum et pecuniam multam sumptusque infinitos annis singulis expendebat. At magistri operis, partim negligentes partim etiam sua commoda sectati, rem tarde promovebant. Commonitus ergo princeps a fidelibus suis de iactura impensarum[a], diligentius tractare cepit. Ac securus de Ottonis sui fide diligentia et sagacitate, omne opus ei commisit; precipiens, ut tam opifices quam magistri eorum illi soli parerent, omnem pecuniam sumptus et impensas ab eo expeterent illique retaxarent. Sed quid? Non facile dici potest, quanta conservatio rerum facta sit et quanta structure promotio. Ita ergo in omnibus sibi Deo propitio prestabilem se et carum summis et mediocribus Otto faciebat, in aula regis quasi alter Ioseph curam gerens universorum.

37. Interea Rupertus Babenbergensis episcopus hominem 1102 exivit[2]. Itaque ex more temporis insignia episcopatus ad curiam allata sunt et petitio ecclesie pro pastore. Imperator sex mensium consilio ponit inducias. Ecclesia vero Babenbergensis cum clero et populo Deo interim devotissime pro idoneo rectore supplicabat[3]. Elapsis ergo induciarum diebus, cum iam tempus esset mittendi ad curiam pro episcopo et imperator, benignitatis et gratie litteris nuncios evocans[4], idoneum illi ecclesie inventum nunciaret episcopum, inter spem et metum anxii, attentius rem Domino Babenbergenses commendabant.

38. Abeuntibus ergo nunciis, summis et precipuis de ipsa Dec. ecclesia viris, tam clericis quam laicis, reliqui omnes a minimo usque ad maximum in proxima dominica ante nativitatem Do- Dec. 21 mini, elatis crucibus, cum processione montem sancti Michahelis ascendunt[5], angelica suffragia quesituri; scilicet ut beatus Michahel archangelus, celestis militie signifer, negocio huic se ingereret, ut eius strennuo interventu strennuum bonum et gna-

a. impensorum *N*.
1. Cf. Ebo I 4.   2. Cf. Ebo I 7.   3. Cf. Ebo I 8.   4. Cf. Ebo I 7.   5. Cf. Ebo I 8.

1102 rum super se provisorem accipere mererentur. Quos in mi-
Dec. 21 sericordia et veritate summa divinitas et beatus archangelus
exaudisse*, ipse rerum probavit eventus.

Nam et legati ecclesie ab imperatoria maiestate honorabi-
Dec. 25 liter suscepti sunt et optime de negocio suo expediti. Imperator
etenim accitis eis: *Quantam* inquit *sollicitudinem geramus pro
ecclesia vestra, hinc advertere potestis: quod non temere aut
subito rectorem vobis destinandum putavimus, sed magis consilio
et deliberatione, mora temporis et cura diligenter exquisita. Nec
mirum sane. A nostris enim proximis ac progenitoribus, ut
nostis, ecclesia illa fundata, prediis ac possessionibus, feodatis et
ministerialibus, et omnium rerum affluentia ditata et sublimata
est. Et quod de aliis ecclesiis dicere non possumus, hec omnia
illi adhuc integra manent et conservata. Quare in talem domum
providum et sagacem et rerum conservatorem, non vanum, non
superbum convenit intromitti rectorem. Unde alias non ita solliciti fuimus, sed cito et absque trepidatione fecimus, quod faciendum erat.* Cumque his et huiusmodi verbis consilium
suum legatis semel et iterum commendaret imperator, quidam
ex eis, tamquam pertesi[b] dilatione, ubinam vel quisnam esset,
sciscitantur. Imperator vero: *En* inquit *presto est;* et manu
arripiens Ottonem capellanum suum — erat autem elegantis
persone ac bonis indutus vestibus, tonsura forma totoque habitu
intus et exterius clericum preferens —: *En* inquit *hic est. Hic
est dominus vester, hic est Babenbergensis ecclesie antistes.* Consternati ad horam illi sese invicem respiciunt, illumque oculis
deiectis sumunt et resumunt[c]; aliique nobiles circumstantes, qui
aut sibi aut suis cupiebant, nutu ac musitatione legatos quasi
ad contradictionem instigabant. Legati autem subtristes: *Sperabamus* inquiunt *aliquem ex dominis ac principibus curie vestre,
parentatum ac nobis notum, dominatorem nos accepturos. Nam
hunc, quis sit aut unde sit, ignoramus.* Imperator autem, reprobationem persone haut sustinens: *Et vultis* ait *scire, quis
sit? Volumus* inquiunt. *Profecto* ait *ego pater eius sum,*

a. sic.   b. protesi *N*, pertesi *R*.   c. sūmunt et resūmunt *N*.

et Babenberc mater eius esse debet. Verbum hoc mutare non poterimus. Qui contra fuerit, sine dubio metum nostrum incurret. Non enim levitate aut privatis commodis ducimur; sed quod honestissimum et maxime illi ecclesie necessarium esse perspeximus, id simplici animo in hoc negocio sectati sumus. De expertis non incertum iudicium est. Longa hunc hominem experientia et probatione totum didicimus; fidem eius, longanimitatem pacientiam prudentiam sagacitatem et diligentiam in exequendis parvis rebus, strennuitatem eius in magnis negociis notam habemus. Denique absentatio eius magnum domui nostre impedimentum fiet, quam ipse de omnibus rebus strenue ac fideliter expedire solebat. Otto igitur, audita clementia imperatoris[1], ad pedes eius sternitur, ubertim lacrimas fundens. Accurrunt legati, prostratum levant. Ille humiliter recusat; se pauperem, se indignum tante dignitatis affirmans; iustius esse: viros ingenuos claros nobiles potentes ac divites dominos et capellanos suos[1] ad tales honores conscendere. *Cernitis* ait imperator *qua hic homo feratur ambitione? Iam tertio recusat; iam duos episcopatus sibi oblatos ad socios suos traiecit. Quid vobis videtur? Augustensi episcopatu eum locare voluimus; sed ille, sciens, quia hereditas, ad quam primo festinatur, in fine benedictione carebit*[2], *eos, qui se priores in laboribus et exerciciis curie nostre extiterant, prius ad quietem venire iustum esse dicebat. Postea vero de Halberstatensi episcopatu sibi a nobis oblato similiter fecit*[3]. *Quid ergo? Spero* ait *Babenbergensi ecclesie hunc divinitus esse reservatum.* Hec dicens, anulum episcopalem digito eius infixit et baculum dedit, sicque investitum legatis consignavit; moxque ab omni curia ei acclamatur. Legati ergo, rem a Deo esse cognoscentes, suscipiunt amplectuntur, dominum et patrem suum illum vocantes. Quos etiam alloquens imperator: *Assumite* ait *dominum vestrum, et omni reverentia dilectione ac bonitate ipsum conplectimini. Testor eum qui novit omnia, non*[a] *me hodie nosse mortalem, cui honestius ac tutius eius loci*

a. ne *N*, non *R*.
1. imperatoris.   2. Prov. 20, 21.   3. Cf. supra p. 702.

1102
Dec. 25
cura credi potuisset. Me quoque vivo et in imperio Romanorum posito, qui hunc tetigerit, tanget pupillam oculi mei.

His modis, hoc ordine ad pontificatus gradum scandere coactus, egre quidem et cum multa hesitatione consensit propter de investitura contentionem inter regnum et sacerdotium et propter electiones ecclesiarum, quas evacuare ac sibi vendicare vi magis quam iuste laborabat imperialis auctoritas. Cogitabat etiam, non absque divinitatis nutu tertia iam vice episcopatum sibi offerri; quem si tertio repudiasset, timuit, ne sententiam incurreret illam, qua dicitur: *Noluit benedictionem, et elongabitur ab eo*[1]. Itaque in his angustiis positus, quod solum salutare putabat, ad sancte et apostolice sedis et catholice matris auxilium confugere elegit. In ipso igitur articulo, adhuc in curia positus, votum vovit Domino: nunquam se in episcopatu mansurum, nisi et consecrationem pariter et investituram canonice, consensu et petitione ecclesie sue, a manu domni apostolici suscipere mereretur.

Diem autem natalis Domini Mogontie[a] cum imperatore celebravit. Dehinc retentis ex parte, atque ex parte dimissis legatis, qui pro se venerant, in curia mansit diebus pene quadraginta decore magno et honestate, imperatore ipso et omni aula plurimum ei deferente.

1103
Febr. 1
39. Post hec princeps Augustensi[2] et Wirzeburgensi[3] mandat episcopis aliisque de curia sua honoratis viris, qui honestissima societate atque ingenti comitatu ad sedem suam in vigilia purificationis beate semper virginis Marie[4] Babenberc eum deducebant, omni clero et populo in magno desiderio et expectatione positis. Itaque propinquante illo ad locum[b], ubi primitus conspicere potuit monasterium cathedrale, ab equo descendit, calciamenta solvit, humilitatem cordis habitu corporis ostendit; frigora nives et glaciem Februarii nudis pedibus usque in edem

---

a. Mogontine *N*, Mogontie *R*. Paululum extra villam Ampherbach.   b. *in margine N sic scriptum est:* Nota.

1. Ps. 108, 18.   2. Hermanno.   3. Emehardo.   4. Cf. Ebo I 9; et supra p. 698.

beati Georgii calcavit, occurrentibus ei longo examine clericis et monachis nobilibusque laicis in multitudine copiosa cum universa plebe Babenbergensis ecclesie, in pompa et processione gloriosa, in ornamentis et reliquiis sanctorum, in ympnis et cantionibus persone ac tempori[a] oportunis. Tantaque fuit exultatio et decus susceptionis, ut verbis explicari non queat. Salutatione autem completa, penetrabile gelu pedes episcopi sic adusserat, ut vite sedem, cor et vitalia, frigus ex toto pene possederit. Episcopus autem, rerum gnarus, aliis calidam aquam ad lavandos pedes offerentibus, ille frigidam poposcit et, imponens pedes, frigore frigus propulsavit.

1103
Febr. 1

Memor ergo voti sui, post paucos dies susceptionis sue, antequam de aliis rebus suis ordinaret, nuncios Romam mittit et litteras[1] in hunc modum:

40. „Domino et patri suo Paschali sancte et apostolice sedis universali episcopo Otto, Babenbergensis ecclesie id quod est, tam devote quam debite subiectionis orationes et servicium. Quia tocius ecclesiastice dignitatis ac religionis firmamentum in Christo petra est et in Petro eius discipulo et eius successoribus, idcirco ab hac linea, ab hac virga directionis, virga regnorum pontificatuum et omnium potestatuum[b] in ecclesia, insanum duxi aberrare. Vobis igitur, pater sanctissime, et sancte matri mee Romane ecclesie collum devote submittens, auxilium et consilium de rebus meis flagito. In obsequio enim domini mei imperatoris per annos aliquot degens et gratiam in oculis eius inveniens, suspectam habens de manu principis investituram, semel et iterum, cum dare vellet, rennui episcopatum. Nunc vero iam tertio in Babenbergensi episcopatu me ordinavit. In quo tamen minime permanebo, nisi vestre conplaceat sanctitati per vos me investire et consecrare. Quicquid ergo placeat discretioni vestre de me, per nuncios meos significate michi servo vestro, ne forte in vacuum curram[2], si ad vos currere incipiam. Omnipotens Deus michi propiciam incolomitatem vestram custodiat".

a. tempore N, tempori R.   b. potestatuum N.
1. Quae sequuntur, epistolae duae commenticiae sunt, cf. supra p. 702.
2. Gal. 2, 2.

Dominus autem apostolicus visis litteris gavisus est, eo quod pauci episcopi[a] Teutonici regni in ea malignitate temporum matri sue, ut iustum est, deferrent; ac tales ei litteras destinavit:

„Paschalis servus servorum Dei Ottoni dilecto fratri, Babenbergensis ecclesie digno electo, salutem et apostolicam benedictionem. Filius sapiens letificat matrem suam[1]. Opera tua et consilia tua virum preferunt sensatum. Nos igitur honorare te et profectus tuos iuvare congruum duximus. Nichil ergo de nostra[b] benivolentia dubitans, tuam nobis, quantocius vales, presentiam exhibeto. Certi enim sumus, quod divina sapientia etiam malis hominum bene uti novit".

41. Igitur acceptis litteris[2], iuxta verbum domni apostolici beatus Otto, Romam in ascensione Domini[3] veniens, transivit; et in Anagnia, civitate Campanie, domnum apostolicum invenit. Porro viri honorati, qui cum eo erant, data et accepta salute, domnum apostolicum etiam ex parte salutant ecclesie, subdentes petitionem et vota sua pro electo. Otto vero, nil cunctatus, ordinem et modum accessionis aperit, fatetur omnia; baculum ponit et anulum ad pedes apostolici; temeritatis vel errati veniam petit, insinuans tamen non voluntate sua sed potestate factum aliena; pro quo et severus in se canonice districtionis sibimet imprecatur ultionem. Apostolicus vero, vir summe prudentie, constantiam eius admiratus, levare iubet insignia. Negat ille, indignum se et peccatorem protestatus. Tum apostolicus: *Sancti Spiritus* inquit *festum appropinquat; tanti arbitri consiliis rem hanc commendare debemus.* Dein, ubi de his satis utrimque dictum est, benedictione accepta, Otto cum suis ad hospicium digreditur. Ibi multa secum tota nocte illa et sequenti die tractabat, maliciam temporum, anxietates et pericula pastorum, inobedientiam et inquietudines subditorum; postremo, quicquid in tali re duri vel adversi esse potest, ante oculos ponebat ac plena deliberatione, omnibus depositis, privatus et quietus

---

a. *om. N; recepi ex R.*   b. *om. N; recepi ex R.*
1. Prov. 10, 1.   2. Cf. Ebo III 11.   3. Mai. 3.

apud se vivere decrevit. Itaque ascitis sociis vie, quid delibe- 1106 rasset, aperuit. Moxque valefaciens domno apostolico et curie, Mai. per viam qua venerat redire cepit. Cumque iter diei cucurrisset*, missis legatis, sub sancte obedientie mandato apostolicus redire iubet abeuntem; mittit dona donorum significativa; monet, cor et corpus aptare donis Spiritus sancti. Quid faceret? Obedientia retrahitur, a comitibus impellitur; et cum tremore ac reverentia iuxta mandatum domni apostolici reversus, in sancto die sacrosancte penthecostes, petentibus nunciis ecclesie Mai. 13 sue, ab ipso domno apostolico investitur, multoque decore ac letitia totius curie sancti Spiritus invocatione inter missarum sollempnia in episcopum consecratur. Et revertens, has de itinere litteras expectanti ecclesie sue premisit: „Otto gratia Dei[b] — redierint. Valete"[1].

42. Apostolicus vero has commendaticias ecclesie scripsit pro dilectione Ottonis episcopi: „Paschalis — mereamini. Pax vobis"[2].

Cunctis ergo diebus, quocunque statu ecclesie, apostolice sedi constanter ac fideliter adhesit beatissimus Otto episcopus, adeo ut in illa dolenda excommunicatione imperatoris Heinrici iunioris toto tempore scismatis cum sacerdocio perstiterit; canonicis — non sine ingenio quidem — imperio pro conservatione rerum temporalium faventibus.

Ecce habes, quod volebas. Vel adhuc me liberum fateare, devotum caritatis tue obedientiarium[c].

a. *In margine N leguntur haec:* Nota. Ad locum videlicet Sudra dictum. b. *Initium epistolae in Herbordi cod. N hoc est:* „Otto gratia Dei Babenbergensis episcopus Eberhardo preposito, Adalberto decano" cet. *Cf. supra p. 247 n. k.* c. *In N sequuntur haec:* Explicit de vita et predicatione beati Ottonis episcopi.

1. Udalrici cod. n. 131 supra p. 247. 2. Udalrici cod. n. 133 supra p. 249—250.

EX MIRACULIS OTTONIS EPISCOPI BAMBERGENSIS.

Wolframmus II abbas S. Michaelis Bambergensis cum anno quinquagesimo post Ottonis I episcopi obitum, ut is numerum sancti obtineret, a Clemente III papa impetravisset, miraculorum ad sepulcrum illius editorum libellus conscriptus est, quem divulgavit et Sollerius in Act. SS. Iul. I 449—455 et Rudolfus Koepke in Mon. Germ. SS. XII 911—916. Cuius opusculi eam solam partem commodum videbatur hoc loco proferre, quae ipsam canonisationis historiam complectitur. In eadem vero recognoscenda memoria duos consului saeculi XIII codices membranaceos, quondam Pegavienses:

(A) codicem bibliothecae universitatis Lipsiensis 841 fol. 39 v sq., et

(B) codicem eiusdem bibliothecae 821 fol. 146 sq.

Berolini 12 Kal. Maias 1869.

His et aliis infinitis miraculis dum sanctum corpus, absconsum fossa humi[1], claresceret et iam nulli fidelium aptum videretur, ut pater multarum ecclesiarum sub lapide velut lucerna modio[2] tegeretur, cum domnus Otto secundus, Babenbergensis episcopus duodecimus[3], una cum venerabili Wolframmo[4] abbate Sancti Michaelis in monte Babenbergensi in capella Dei genitricis Mariae, quae est iuxta capitulum, consedissent, ait episcopus: *Videmus, quia universalis ecclesia de sanctitate beati Ottonis non dubitat; nobis enim[a] tacentibus, opera eius clamant. Et ideo ad canonizationem eius peragendam divino indigemus consilio et auxilio.* Ad hec abbas, vir subtilis ingenii, respondit: *Consilium quidem facile, sed opus difficile est.* Ad

1177-1182

a. etiam *B.*

1. Isai. 2, 10: „abscondere in fossa humo". 2. Marc. 4, 21.
3. 1177—1196. 4. II 1177—1201.

huiusmodi actionem hoc modo ingrediendum est. Populus acqui- sitionis beati Ottonis, Pomerani videlicet primo omnium adeundi sunt et alloquendi, ut ad sedem apostolicam honestas suae gentis personas et litteras episcopi ducis et gentis dirigant, per quas testimonium suae conversionis et apostolatus sancti Ottonis testimonium praebeant. Deinde abbatum et omnium conventualium ecclesiarum, quas sanctus pater construxit, litterae adhibendae sunt; ut omnes uno ore clament, a quo habeant, quod habent. Vita quoque eius[1] *plena signis et virtutibus et misericordiae operibus aput nos est, quae apostolico praesentanda est. Hec omnia simul congreganda sunt et in unum veletrum*[2] *reponenda, ut sint sancto Ottoni in testimonium et huius causae firmamentum; et sic ad domnum papam eundum est.* Ad hec episcopus: *Optimum consilium dedistis; sed quis mittendus sit, non praevidistis.* Statim abbas, totum in se vertens negocium, ex deliberato respondit: *Iuxta tritum proverbium: „Cuius aries est, ipse cornu eum arcius tenet" ego michi hoc onus vendico; quia beatus Otto, ut verum fatear, noster est. Nam corde et corpore semper totus nobiscum erat et est.* Tunc episcopus, bonae voluntati abbatis gratias agens, surrexit de loco consilii et abiit.

Post haec abbas, accepta fratrum suorum licencia, Pomeraniam adiit. Et in castro Camin, Boguzlao[3] duce christianissimo sibi occurrente et eum manu tenente, a Cunrado primo, Pomeranorum episcopo[4], et omni cetu novae ecclesiae novus hospes cum crucibus et vexillis in ymnis et organis suscipitur. Et causam, pro qua venerat, exposuit eis; dicens: *Indignum est valde et indecorum, dilectissimi, quod apostolus tantae ecclesiae, qui vivens et moriens innumeris decoratus est miraculis, tam diu iacet in sepulcri latibulis. Notum ergo vobis facimus, quod pro canonizatione eius laborare proposuimus. Et vos nobis collaborare oportebit, in quibus sanctus Otto abundancius laboravit.* Ad hec omnes unanimiter responderunt: hoc sem-

1177-1182

1182

1. De qua vide supra p. 584 sq.   2. velamentum.   3. I.
4. Caminensi, 1163—1185.

1182 per eorum fuisse desiderium; et honori sui apostoli se libenter delaturos obsequium. Rogabant praeterea, ut, quando ad sedem apostolicam vellet accedere, non hoc eos sineret latere, ut honoratos illius gentis viae comites haberet et ipsi, quodcumque possent, ministerium praeberent. — Sed hoc fieri non potuit, quia, Boguzlao optimo duce eodem anno vita decedente[a,1], pax terrae illius adeo turbata est, ut nemo hinc ad eos posset transire neque inde huc transmeare. — Dux itaque, habito cum maioribus suis consilio, sanctum Ottonem in Wolframmo abbate veneratus, auctoritate sua donationem fecit et testamento confirmavit[2], scilicet: ut quinque centenarii cerae in memoriam sui nominis et monimentum suae gentis ecclesiae sancti Michaelis annuatim de tabernis terrae illius persolvantur; ut inde lucerna in templo Dei luceat et iuge lumen ad memoriam sancti Ottonis concinnetur et ardeat. Abbas itaque, tantis beneficiis et devocionis indiciis debitas exsolvens gratias, balsamum et preciosa munera, digna principibus, eis optulit. Et licencia eorum et osculo percepto, ad fratres suos reversus, novem septimanas explevit Pomeraniam iens et inde denuo rediens.

Post hec collectam fecit litterarum episcoporum principum et abbatum. Et sic oportunitate accepta, Lucium[3] papam adiit[4],
1184 qui senio confectus se apud Veronam detinuit. A quo benigne
Aug. Sept. susceptus, cum ei causam pro qua venerat intimasset et litteras praesentasset, responsum accepit: *Hoc principale negocium in urbe Roma, quae universo orbi principatur, est declarandum; et nos vita comite, dum ad urbem venerimus, in concilio episcoporum quod petis libenter agemus.* — Sed Lucius, antequam Romam veniret, morte praeventus est. — Abbas itaque, sciens

---
a. decidente *A*.

1. At obiit Boguzlaus I dux die 18 Mart. 1187; eiusque frater Kazimerus I dux mortuus erat a. 1180. V. Klempin Pommersches Urkundenbuch I p. 59 et 81.   2. anno 1182. V. Boguzlai tabulam, Cod. dipl. Pom. I 124 et Klempin Pommersches Urkundenbuch I p. 70 n. 91.   3. III qui morabatur Veronae a die 22 Iul. 1184 ad eum, quo obiit, diem 25 Nov. 1185.   4. anno 1184; die enim 4 Sept. 1184 Lucius III Veronae Wolframmo mitrae usum concessit. V. Regesta pont. Rom. n. 9620.

irretractabile esse verbum ab ore summi pontificis semel emis- 1184
sum, non est ausus ultra loqui; sed apostolica benedictione percepta, reversus est ad fratres suos. Sic omnis spes dilata, non sublata est.

Otto vero Babenbergensis episcopus, volens litteris exequi, quod idoneae personae non poterant prosequi, Urbano[1] papae, 1185-1187 qui Lucio, et Gregorio[2], qui[a] Urbano successit, litteras semel 1187 et secundo misit. Sed nichil profecit, Romanis vix litteras inspicere dignantibus et dicentibus: *Ad talia negocia non scedule sed reverende sunt exhibendae personae. Romana curia, inoblita iusticiae, rem tam grandem non concedit facile, ne forte magnae ei inputetur inpericiae.* Sic iam vice tercia periit labor et inpensa.

Wolframmus vero abbas, honoris sancti Ottonis memor, la- 1189 boris inmemor — omnibus desperantibus et, ut solet, vadiantibus[3]: si umquam Romae quicquam proficeret — ipse, quamvis pedum tumore gravaretur, una cum venerabili Cunrado abbate de Michilvelt[b], universis preciosis quae habebat in auro et argento in sacculo[c] repositis, ne forte sumptus ei deficerent in via, in parasceue circa horam terciam Romam venit et, omnibus Apr. 7 expositis, ad domnum Clementem papam tercium processit. A quo clementissime susceptus, interrogatus est: *Ubi est refectio tua, ubi pascha*[d] *manduces?*[4] Et demonstravit ei cuiusdam cardinalis cenaculum grande[5] et diversorium, ut ibi pararet[6] et manducaret. Abbas itaque miratus, quod in eo, cui post Deum omne genu curvatur terrestrium, talem hospitalitatem et gratiam invenisset, letus vadit ad hospicium sibi designatum.

Deinde cum accessus ad domnum papam ei concessus est, litteras domni inperatoris[7] et Pomeranice gentis ei optulit; dicens, hoc universae ecclesiae desiderium esse, ut, sua favente clemencia, beatus Otto canonizetur et de pulvere sacrum eius corpus elevetur. Ad quod papa: *Numquid de Ottone episcopo*

a. et *add.* B. b. Michilwelt *A.* c. saculo *A.* d. pasca *A.*
1. III, 1185—1187. 2. VIII, 1187. 3. pignore certantibus.
4. Cf. Marc. 14, 14. 5. Cf. Marc. 14, 15. 6. Cf. Marc. 14, 15. 7. Friderici I.

1189 *agitur, qui magister et praedicator Pomeranorum dicitur? Iste*
Apr. *sanctus et vere beatus homo est, quia Deum timuit et mandata eius observavit*[1]. *Veruntamen ubi est liber miraculorum eius?* Tum abbas: *Si de vita eius queritis* — aperit librum, qui sub veste latebat — *en* inquit *hic est.* Et porrexit librum[2]. Domnus vero apostolicus susceptum librum tradidit uni cardinalium, cui nomen est[a] Laborans[3], dicens: *Labora hac nocte librum istum perlegere, ut cras virtutes beati viri scias michi summatim perstringere.* Qui accipiens legit et cera quaeque notabilia notavit. Altera autem die protulit librum, et una cum abbate accedens ad summum pontificem, dixit ei: *Quisquis vitam huius sancti legit, conparatione ipsius quantum ipse in infimo iaceat, intelligit. Et inter confessores Christi nulli secundum credimus beatum Ottonem, cum vix habeat parem; qui ab ineunte puericia misericordiae operibus miraculis virtutibus et humilitate claruit, persecutionem pro Deo sustinuit, et apostolus Pomeranorum nominari et esse meruit.*

Apostolicus itaque — Deo gratias agens et suae felicitati deputans, quod ad eius tempora tanti viri dilata canonizacio — data sentencia vicem suam venerabilibus episcopis Ottoni Eiste-
Apr. 29 tensi et Eberhardo Merseburgensi commisit[4], qui beatum Ottonem canonizarent et sanctum esse iuxta nomen sanctorum ecclesiae praedicarent. Abbas itaque, magna praesumens sed maiora immo omnia pro quibus ad sedem apostolicam venerat percipiens, apostolico et Romanae curiae infinitas, ut dignum erat, rependens gratias, accepta omnium benedictione, cum salute et sanitate redit ad propria; Romanis ad invicem de hoc verbo conferentibus et cum admiratione dicentibus: se non meminisse tam grave negocium umquam tam celerem et facilem sortitum effectum, praesertim cum magnae et alti sanguinis personae, quae pro similibus negociis Romam venerant, infecto negocio redierint.

a. est *A*, erat *B*.

1. Eccle. 12, 13.   2. de quo cf. supra p. 584.   3. presb. card. S. Mariae trans Tiberim tit. Calixti.   4. die 29 Apr. 1189. V. Reg. pont. Rom. n. 10147.

Anno igitur dominicae incarnationis 1189, indictione 6¹, praesidente in ecclesia Dei domno Clemente papa tercio, regnante domno Friderico Romanorum inperatore invictissimo, anno regni eius 35² inperii vero 31³; eodem anno, quo fuit Iherosolimitana sancta expedicio; cum Heinricus rex, qui patri successit in regnum, primam curiam suam haberet Erbipolim in festo sancti Laurencii, et ad eandem curiam Otto dux Boemiae, archiepiscopi episcopi ᵃ abbates · principes et infinita multitudo convenissent; abbas Wolframmus, coram omni populo et universa multitudine diversi generis et diversae linguae procedens, litteras a sede apostolica elaboratas et libellum de vita sancti Ottonis Eistetensi ᵇ et Merseburgensi episcopis optulit: ut vicem domni papae tenerent et beatum Ottonem canonizatum oportuno tempore elevarent. Episcopi itaque, susceptum librum inter autentica scripta reponentes, nomen beati Ottonis in canone et in letaniis, in catalogo confessorum Christi, qui non minus illis laboravit, recenseri sanxerunt; et ut iam, non anniversarius, sed natalicius dies celebretur, ex auctoritate apostolica ecclesiae Christi per latitudinem mundi diffuse praeceperunt. Statimque rege cum universa multitudine in laudem Dei et sancti Ottonis acclamantibus, domnus Mogontinus archiepiscopus ᶜ antiphonam: *Laudem dicite* cum universa ecclesia concinente imposuit; quam missa de sancto pontifice secuta est, omni populo gaudente in universis, quae gloriose fiebant de sancto Ottone episcopo.

a. *abhinc in A manus saec. XIV.*   b. Eisterensi *A*.
1. imo 7.   2. imo 88.   3. imo 35.   4. Conradus I.

INITIA EPISTOLARUM
HUIUS TOMI.

	pag.		pag.
Acceptis sanctitatis vestrae	413	Cum amicorum magna	291
Adhibito desidiae pastorum	97	Cum Dei providentia	257
Ad hoc in ecclesia	256	Cum divino praeditus	237
Aliis vobis iam litteris	350	Cum omnium rerum constet	300
Altissimus ille deorum	68	Cum prae omnibus	192
Apostolicae institutionis	60	Cum primum ecclesiae	103
Apostolus dicit: Necesse	366	Cum primum pastoralis	610
Ariminensem episcopatum	282	Cum tua, o pater	114
Aspiciat Dominus de	444	Cum veritas ipsa	125
Auctoritas Romana semper	499	Debita congratulationis	484
Audivimus, fratres et	380	De controversia parta	328
Beatitudini vestrae magna	260	De integra fidelitate	238
Benedictus Deus et pater...		De magnificentia vestra	282
qui in	91	De morte karissimi	520
Benedictus Deus et pater...		Denuntiamus vobis in	512
qui vias	416	De ordine electionis	425
Benedictus Deus, pater misericordiarum	640	De prosperitate atque	168
Benedictus Deus, qui magnificavit	534	De statu regis	448
		Difficillimum mihi est	393
Benedictus dominus Deus	202	Dilectionem vestram latere	349
Caput nostrum Iesus	54	Dilectissimus filius noster	144
Compertum habemus, pater	306	Diligens caritas et	182
Concedo electiones	388	Diu et multum quesitus	472
Condolentes ex corde	400	Divina disponente gratia	268
Confiteantur Domino	310	Domnus inperator apostolice	517
Conmonuit nos sepe	523	Ea est corporis Christi	58
Conquerimur Deo omnipotenti	505	Ea, que libenter vos	194
Considerantes laborem	228	Ecce partem Moralium	496
Consilio fidelium nostrorum	110	Ecclesia, cui qualiscunque	325
Controversia magna inter	450	Electo Aquileigensi	437
Convenientibus ad curiam	437	Et apostoli Pauli	421
Cum aliquis privatum	172	Et divinae legis	272
		Ex antiqua relatione	303

INITIA EPISTOLARUM

	pag.		pag.
Excommunicationem, quam	414	Litteras a fraternitate	351
Ex dictis beati	262	Litteras quasdam a	369
Ex domini nostri papae	385	Magnus Dominus et	518
Ex multitudine miseriae	391	Mater et caput omnium	533
Ex quo a nobis	281	Maximae vestrae pietati	198
Ex tenore literarum	465	Meministine, frater et	541
Ferre sententiam contra	128	Memores fidei et	87
Filius sapiens letificat	834	Memor vestrae fraternitatis	304
Forsan aliqui vestrum	453	Miramur, fraternitatis tuae	109
Frater iste praesentium	388	Missis a vestra sanctitate	528
Fraternae dilectioni vestrae	350	Multiplicate preces	176
Fraternitatem vestram coram	386	... m(ultipl)iciter ecclesiam	522
Fraternitatem vestram latere	235	Multis et innumerabilibus	317
Fraternitati vestrae notum	432	Multis et variis negociorum	184
Frater noster Leodiensis	508	Nequaquam profecto meus	319
Fraternum est, fratrem	268	Non arbitror vestram	53
Fratrum nostrorum communicato	153	Non exigua salutis	164
Gratia requirendi consilii	367	Nos in servitio et	415
Gratias agere divinae	395	Nos procul dubio fore	188
Gratias agimus domino	77	Nos quidem, tum pro	156
Gratias agimus patri	313	Nosse volumus beatitudinem	503
Gratias ago Deo	391	Nostis karissimi neque	401
Gratias, reverende pater	296	Nostrae ecclesiae fidelitatem	289
Gravis ad nos de persona	405	Notificastis nobis per	373
Hanc talem pro confusione	101	Notum esse volumus dilectioni	269
Hoc est consilium, in	517	Notum est tibi: quanto	142
Iam dudum nostras	322	Noverit reverentia	23
Indolis tuae, dilecte	154	Novit optime dilectio	190
Industriae tuae fama	199	Nullus christianorum ignorat	429
In litteris, quas a tua	283	Nunc imminente necessitate	232
In maximis negotiis	106	Nuperrime per confratrem	174
In multis et magnis	518	Obsecramus te, venerande	81
Inter multas et gravissimas	434	Officii nostri auctoritate	280
Intuentes religiosi cleri	326	Omnem successum nostrum	100
In vestre caritatis	521	Omnes difficultates	53
Iste vester legatus	346	Omnipotenti Deo gratias	389
Iussor amande tuis	482	Omnium cum sit, venerande	254
Iusticiae ratio exigit	390	Optamus diligenter, recolere	403
Karissime, iocunditas	319	Patri misericordiarum et	514
Karissimus pater noster	419. 420	Pauca verba probatum	227
Laborem tuum et studium	155	Peccatis exigentibus, sancta	384
Lator praesentium G(erhardus)	292	Perfectus amor cum utique	200
Licet, reverende frater	30	Perspectis litteris vestris	256
Licet synodali audientia	150	Pervenit ad notitiam	382
Licet universalis ecclesiae	64	Plurimum gratiarum	63

	pag.		pag.
Post Bari captionem	442	Quociens humano consilio	435
Post parvi temporis	279	Quod contra ecclesiae	175
Postquam disponente Deo	422	Quod in tanta rerum	56
Postquam domnus imperator	396	Quod legatos tuos tanto	307
Primum quidem, domine	527	Quod paternitatis vestre	525
Princeps clarissime et	241	Quod proxime domnus	324
Pro clericis Paduanis	282	Quod speratis, superventurum	317
Pro ecclesiae ac regni	247	Quod vestra dignatio	46
Promissione domni papae	316	Quod vos diligamus	452
Propter instans et valde	436	Quoniam ecclesiae incremento	181
Propter unitatem	416	Quoniam ecclesia in multis	252
Pro religionis vestrae	253	Quoniam excellentia nobilitatis	428
Quaedam monasteria	512	Quoniam filiae sumus	304
Qua forma domino	536	Quoniam honoris vestri	162
Qualiter in Halberstatensi	163	Quoniam huc usque ad	234
Quam festiva vestrae	183	Quoniam placuit vestrae	321
Quamvis misericordie	509	Quoniam salutis auctorem	516
Quantae affectionis debito	250	Quoniam semper nobis fuisti	189
Quantae et quam pestiferae	145	Quoniam te semper nobis	190
Quanta fide et benivolentia	138	Quoniam, ut verum fatear	452
Quantas et quales valeo	432	Quoniam vestrae legationis	166
Quantas pro Gaufrido	157	Referente venerabili fratre	534
Quantas tribulationum	123	Regni nostri perturbatio	129
Quantis et quam diuturnis	399	Regnum vestrum sanctae	276
Quanto desiderio iugiter	285	Religiosi viri, nuntii	383
Quanto te amplius	510	Rogavimus filium nostrum	506
Quantum a sue constitutionis	249	Roma nostri nuntii	306
Quantum clementiae vestrae	288	Sanctae venerationi vestrae	405
Quantum crimen	321	Sanctitatis vestrae litteras	510
Quantum ego novi	247	Sanctitatis vestrae monita	197
Quasdam sanctitati vestrae	294	Satis mirari nequimus	186
Quemadmodum nobis	349	Scafhusenses fratres	365
Quia de requirendo	372	Scientes, nos in ecclesia	450
Quia in custodia	192	Scimus, quia legationibus	233
Quia in diebus iuventutis	750	Scimus quidem, zelum	412
Quia magnificentiam vestram	113	Scio indubitanter et	229
Quia mansuetudini nostrae	111	Scire velit fraternitas	535
Quia morum tuorum	226	Scriptum est: Si oculus	348
Quia tandem, Domino	239	Semper quidem desiderio	84
Quia timorem Dei	393	Sicut ecclesiasticae pacis	168
Quia totius ecclesiastice	833	Sicut in omnibus vestris	170
Quia viscera christianae	112	Sicut iustum est nos	529
Quibus et quantis devotionis	226	Sicut nonnullorum relatione	259
Quid causae intercedat	88	Sicut per litteras et	531
Quiddam, quod ad nostram	176	Si ea nos debita et	250

	pag.		pag.
Si illa inter nos pax	230	Tempestatem quidem	39
Si in proxima curia	531	Teste conscientia, teste	130
Sincere mentis ac	453	Testis est, cui omne	396
Sinistra fama hoc	136	Tribulationes et destructiones	398
Si occasiones quererem	775	Tu et tuum honorem	260
Si omnia vestra	38	Venerunt ad nos littere	161
Si rerum vestrarum	448	Veniens ad apostolorum	291
Stupendo et gemendo	201	Veremur, domine, maiestatem	308
Succisa in Aquilegensi	439	Vestrae paternitati notificamus	436
Super causa Gebehardi	399	Vestram, domine, precibus	261
Super illius consilii	371	Vigilantia universalis	48
Super regni perturbatione	126	Visis sanctissimae paternitatis	423
Susceptis litteris sanctitatis	93	Wigbertus quondam Ravennas	141
Te et tuum honorem	260		

INDEX RERUM MEMORABILIUM.
SCRIPSIT MAXIMILIANUS LEHMANN.

A. ep. 106. abbatissa 516. capellanus Heinrici (IV?) regis 139.
Abraham ep. Frisingensis 472.
Achinus ep. Asisinus 45.
Achiva vena 185.
Adam abb. Eberac. 578.
Adam abb. Lancheim. 569.
Adela comitissa 577.
Adala ux. Aribonis 32.
Adelbero cf. Adelbertus.
Albero archiep. Trevir. 528. 529.
Adalbero, Adelbero ep. Bamb. 38. 557. 562. 568.
Adalbero II ep. Basileensis 28. 30.
Adalbero III ep. Basileensis 451.
Adalbero ep. Brixinensis 29.
Adelbero ep. Laudunensis 25.
Adalbero IV ep. Mettensis 234.
Adalbero, Albero ep. Wirziburg. 66. 67. 70. 95. 103. 137.
Adelbero abb. Banz. 573.
Adelbero abb. Wezinesbrunn. 575.
Adalbero comes 52.
Adelbertus I archiep. Bremensis 56.
Adelbertus II archiep. Brem. 409. 423.
Adelbertus archiep. Magdeburg., abb. Wizenburg. 471.
Adalbertus I archiep. Moguntinus 259. 260. 272. 291. 307. 311. 312. 314. 316. 322—328. 386. 396. 398—400. 402. 406—414. 417. 418. 422. 435. 448—452. 518—522. 524. 527.
Albertus ep. Mutinens. 45.

Adalbertus, Adelbertus ep. Pom. 622. 665. 667. 671—674. 678. 806. 817. (capellanus Bolezlai III duc. Polon. 789?).
S. Adelbertus ep. Pragensis 618. altare 670. eccl. Stetin. 651. 674. 810. 814. 815. SS. Adelberti et Winczlai eccl. Iulin. 639. 650. 681. 682. 819. 820.
Adelbertus III ep. Tridentinus 576.
Adelbertus ep. Wormatiensis 503.
Adelbertus abb. S. Emmerammi 568.
Adelbertus abb. Scafhusensis 575.
Adelbertus abbas a. 566. b. 578.
Albertus praepositus 558.
Adalbertus mon. S. Mich. Bamb. 687.
Adalbertus marchio 664. 799. 804.
Albertus com. de Bogin 560.
Adelbertus 471.
Adelfridus abb. S. Mauricii 574.
Adelgotus, Adelgoz archiep. Magdeburg. 291. 292. 316. 510. 579.
Adelhalmus, Adelhelmus abb. S. Mich. Bamb. 552. 571. 589.
Adelheit comitissa de Bertheim 578.
Adelheit comitissa de Wartperch 568.
Adelheida soror Agnethis palatinae 715.
Adelheida mater Ottonis I ep. Bamb. 590.
Admuntum 579. 733—737.
Adolfus comes 560.
Aepelin de Constat 497.
Aerbo cf. Eribo.

INDEX RERUM

Agano ep. Augustodunens. 44.
S. Agatae epp. Bernardus, Henricus.
Agnes ux. Heinrici III 38. 47. 100. 239. 579.
Agnes palatina 715.
Aimericus diac. card., cancell. Rom. 425. 426. 527.
Airardus ep. abb. S. Pauli 44.
Alamannia, Alamanni 311. 421. 547. 590. 823. regnum 734.
Alba, Albea fl. 626. 751. 789.
Albanensis episcopus 141. epp. Bonifacius, Petrus, Ricardus, Vitalis, Mathaeus.
Albensis ep. Benzo.
Alberada ux. Hermanni march. 66. 67.
Albericus ep. Cumanus 30.
Albericus abb. Tharissensis 571.
Albericus capellanus 28.
Alboinus ep. Sabionensis 472.
Alboldus abb. Suarzah. 572.
Albuch 604.
Albuinestein v. Botenstein.
Albwinus presb. 658. 660. 661. 796. 797.
Aldo diac. SS. Sergii et Bachi 275.
Alexander II papa 45. 48. 54. 58—62. 64—66. 68. 77. 85. 134. 159. 230.
Alexander III papa 534. 552.
Alexandriae dux 317.
Alexius I imp. Graec. 290.
Alifanae ep. Arechis.
Almus dux, fr. Colomani regis Ung. 172. 732.
Alphanus archiep. Salernit. 44.
Alrispach coen. 714.
Alsaciensis ducatus 471.
Altenburgensis mons 622.
Altmannus ep. Pataviensis 126. 503.
Altmannus abb. Suarzah. 576.
Altmannus abb. Castellensis 569.
Althwinnus ep. Brixinens. 136.
Amantius diac. eccl. Rom. 44.
Amerbacenses 609. 620.
Ammo 472.
Ampherbach villa 599. 832.

Anacletus II antipapa 418. 421—431. 442. 443. 448. 549. 550.
Anagnia 248. 601. 834.
Anastasius pr. card. tit. S. Clementis 275. 349.
Andreas ep. Traiectensis 451.
S. Andreae eccl. Rom. 425.
Andulphus ep. Feretran. 45.
Anisus fl. 714.
Anno archiep. Colon. 46. 69. 579.
Ansfridus ep. Traiect. 29.
Ansfredus com. 472.
Anselmus II ep. Lucensis 144.
Anshelmus abb. Salfeld. 566.
Anshelmus abb. Selingestat. 567.
Anshelmus Spirensis 593.
Antiochia 177—179.
appreciare 707.
Apprucicensis ep. Petrus.
Apulia 248. 601. ep. Wilelmus.
Aquileienses 438. 439. 714. patriarchae Iohannes IV, Poppo, Henricus, Gerardus, Egilbertus.
Aquensis ep. Azo.
archiva eccl. Mogunt. 76. eccl. Rom. 419.
Arechis ep. Alifanae 45.
Aretini 280. episcopus 279. 280. ep. Constantinus.
Argentina, Strazburgenses 255. 256. 322. 353. 355. 402. 409. epp. Herkenbaldus, Werinharius I, Werinherus II, Cuno, Bruno.
Aribo, Arbo archiep. Mogunt. 86. 561. 589.
Aricia 279.
Ariminensis episcopatus 282.
Arnoldestein 714.
Arnoldus ep. Bergamens. 136.
Arnoldus ep. Cremonensis 136.
Arnoldus II ep. Spirensis 396. 407. 557.
Arnoldus, Erlolfus abb. Fuldensis 307. 383.
Arnoldus abb. Michelfeld. 579.
Arnoldus abb. Wizanah. 575.

Arnoldus praep. Aquensis, capellanus Heinrici V 391.
Arnoldus comes 406.
Arnolfus archiep. Remensis 24. 25.
Arnulfus ep. Cusentin. 45.
Arnolfus, Arnoldus ep. Halberstat. 29. 472—479. 562.
Arnulphus Laudunensis 188.
Arnulfus marchio 472.
Arnustus pater Bezelini 471.
Ascalona 179.
Ascerus archiep. Lundensis 684. 685. 822. 823.
Aschericus, Anastasius archiep. Strigoniensis 30. 481.
Asisinus ep. Achinus.
Aspach coen. 714.
Astensis ep. 160. epp. Udo, Landulfus.
Atesrensis ep. Rofredus.
Attelanensis ep. Gosfridus.
Atto ep. Theatensis 44.
Augusta 444—447. 547. 831. epp. Ôdalricus, Heinricus I, Brun, Embrico, Wigoldus, Hermannus.
Augustodunensis ep. Agano.
Azo ep. Aquensis 287. 307. 313. 445.
Azo ep. Fulgineensis 45.
Azolinus fil. Rodulfi 471.
B. Rufus v. P. Rufus.
B. comes a. 161. b. 227.
Babensis ep. Dominicus.
Babylonia 179, imp. 318.
Bairrente 560.
Balbertus praep. S. Steph. Bamb. 559.
Baldolfus archiep. Tarentasiensis 29.
Balduinus abb. Banz. 570. 610.
Balduinus I rex Hierosolym. 317.
Balduinus III com. Hannoniae 257.
Balneum regis 281. ep. Ingo.
Balzzo ep. Spirensis 471.
Barium 442.
Barra 178.
b. Bartholomei capella Bamb. 603.
Basilea 451. epp. Adalbero II, Burchardus, Bertoldus I, Adalbero III.

Baioaria, Bawaria 311. 448. 547. 606. 642.
Beatrix comitissa 578.
Bebo diaconus 484—497.
Beckelheim castellum 243.
Bela II rex Ung. 732—735.
Bela III rex Ung. 465.
Belgráda, Belgroensis urbs 647. 786. 787.
Bellunensis ep. Regenaldus.
Belvacense concilium 296.
Benedictus VIII papa 31. 492—495.
Benedictus pr. card. tit. S. Endoxiae 349.
Benedictus ep. Suessan. 45.
Benedictus ep. Synphroniensis 45.
Benedictus abb. S. Bonifacii Wizn. 578.
Benedictus praefectus Rom. 503.
Beneventum 442. concilium 323. archiep. Udelricus.
Benno, Penno II ep. Osnabrug. 70. 103. 329. 339.
Benzo ep. Albensis 45.
Beraldus abb. Farfensis 289.
Berardus ep. Esculan. 44.
Berchrada, Berthrada 623. 672.
Berengarius diaconus 45. 135.
Berengarius com. Sulzbac. 396. 598.
Beringarius comes 356.
Berengerus comes 579.
Berenwardus ep. Hildesheim. 29.
Bergamensis ep. Arnoldus.
Berhtohus abb. Fuld. 574.
Bernardus ep. S. Agathae 45.
Bernhardus I ep. Hildesheim. 450.
Bernhardus ep. 616—623.
Bernhardus abb. Claravall. 575.
Bernhardus dux Carintiae 536.
Bernhardus marchio 562.
Bernoldus abb. S. Nicolai Kamberg. 576.
Bero abb. Steinah. 578.
Berth. comes 578.
Bertha abb. Kizingensis 292.
Bertha ux. Heinrici IV 65. 140. 394.
Berhtoldus ep. Bamb. 558.

Bertoldus I ep. Basileensis 408.
Berahtoldus ep. Tullensis 28. 29.
Bertholdus abb. Wilziburg. 567.
Bertholdus praep. 558.
Bertholdus de Rheinfelden, dux Alamanniae 503.
Bertholdus II dux Sueviae 161. 503.
Bertholdus dux Carinthiae 47.
Bertholdus marchio Istriae 560.
Bertholdus comes a. 406. b. 568. c. 577.
Betestat 571.
Bezelinus fil. Arnusti 471.
Bibo ep. Tullensis 103. 132. 169.
Biburc coen. 713.
Binga 243. 251.
Bisuntini, Chrysopolitani archiepp. Hugo I, Hugo III.
Bitervum 196.
Bobienses epp. Obizo, Wernherus.
Bockeus, Bocceus presb. 681. 682. 820. 821.
Bohemia, Boemi 446. 647. 746. 789. Boemicum nemus 751.
Boemundus dux Tarenti 180.
Boguzlaus I dux Pom. 837. 838.
Polizlaus (Wladislaus Hermannus) dux Polon. 590. 750. 825 — 827.
Boleslaus, Polizlaus III dux Poloniae 172. 577. 617. 619. 626. 627. 630. 646. 647. 668. 669. 685. 729. 746 — 750. 752. 753. 770. 771. 773. 775. 776. 786. 789. 803. 804. 824.
S. Bonifacius 165.
Bonifacius pr. card. tit. S. Marci 275. 349.
Bonifacius ep. Albanensis 43.
Boriwoy II dux Bohemiae 507.
Boso 472.
Botenstein, Albuinestein, Lapis-Botonis 612. 615. 641. 724.
Bracizlaus II dux Bohemiae 168.
Brandenburgensis ep. Tiedo.
Bratislaus v. Wortizlaus.
Breidingen 407.
Bremenses archiepp. Herimannus,

Adelbertus I, Liemarus, Fridericus I, Adelbero II.
Bretlaensis, Brezlawensis episcopatus 626. 752.
Brixia 416. ep. Cuono.
Brixina Norica 133. epp. Adalbero, Althwinnus, Hugo, Hartmannus.
Bruningus abb. Scuterensis 574.
Bruno II archiep. Colon. 452.
Bruno archiep. Trevir. 285. 260. 262. 368. 369. 372. 375. 378. 507. 508.
Bruno ep. Argentin. 408. 432. 434. 559. 574. 724.
Brun ep. Augustensis 29.
Bruno ep. Signiensis 503.
Bruno ep. Spirensis 260. 261. 321. 383. 406. 407. 517.
Bruno ep. Veronensis 103. 136.
Brun ep. Wirziburg. 561.
Brun abb. Hirsaugiensis 569.
Bůchenbach 725.
Burchardus II archiep. Lugdunensis 29.
Burchardus ep. Basileensis 103.
Burchardus II ep. Halberstat. 55. 103.
Burchardus III ep. Lausanens. 103. 136.
Burchardus ep. Monasteriensis 295. 300. 307.
Burchardus I ep. Wormat. 28. 29. 475.
Burchardus II ep. Wormat. 304. 305. 397. 517. 579.
Burchardus abb. Madelhartestorf. 573.
Burchardus abb. Suarzah. 567.
Burchardus abb. Swinfurt. 571.
Burchardus mon. S. Mich. Bamb. 541 —543.
Burchard 471.
Burdan castrum 752.
Burdinus antipapa 323. 365. 548. 549. Burdiniana heresis 515.
Burgundia 92. 547.
C. episcopus 452.
Calissensis episcopatus 752.
Calixtus II papa 308. 314. 348—365. 384. 387. 388. 407. 430. 516—520. 548. 550. 595. 622. 627. 635. 718. 723.

Calliensis ep. Hugo.
Cameracum 202—225. 257. epp. Rothardus, Eralwinus, Walcherus, Manasses.
Camerinensis ep. Hugo.
Camin, Camina, Gamin, Gamina 628. 629. 646. 683. 762. 763. 765. 837. epp. Adalbertus, Cunradus I.
Capua 323. archiep. Hildebrandus.
Carinthia, Karinthia 453. 602. 607. 608. 734.
Carnotum 156. 157. epp. Gaufridus, Ivo.
Karolus ep. Constantiensis 68. 69. 71 —76. 78—80.
Karolus I imp. 561.
Carolus dux Lothar. inf. 472.
Castellum Felicitatis 281.
Castellanus (Tiphernensis) ep. Herimannus.
Castrum Corcollum 281.
Catalaunensis ep. Gwillelmus.
Centius ep. Sabinensis 275.
Centius card. S. Chrysogoni 323.
Chozegowa v. Gozgaugia.
Christianus ep. Pataviensis 29.
Cibilze 571.
Cicenses v. Naumburgenses.
Cistercium 469. 713. 714. 721.
Civitas Castellana 281. epp. Petrus, Iohannes.
Cladruna coen. 626. 647. 751.
Clemens II papa 562. 576.
Clemens III antipapa 42. 141. 144. 145. 150. 153. 154. 158—161. 169. 174. 175. 194—196. 245. 330.
Clemens III papa 839—841.
Clódona 785—787. v. Dodinensis locus.
Cluniacum 459. 548. ordo 713. 719.
Clunica, Cluinike coen. 610. 714.
Clusinus ep. Iohannes.
Colocensis archiep. Cosmas.
Colomanus rex Ung. 173. 732.
Colonia 143. 246. 314. 324. 451. 507. archiepp. Warinus, Heribertus, Pilegrinus, Anno, Sigewinus, Fridericus I, Bruno II.

Colubrega, Colobréga 647. 786.
Confluentia 242.
Chuono, Chuonradus ep. Sabinensis 419. 423. 425. 426. 442.
Conradus I archiep. Moguntinus 841.
Conradus I archiep. Salzburg. 307. 314 —317. 388. 437. 439. 448. 452. 528—531. 570.
Conradus II archiep. Salzburg. 576.
Cuonradus electus Bamb. 557.
Cunradus I ep. Caminensis 837.
Conrodus ep. Ianuensis 136.
Conradus ep. Traiectensis 136. 159.
Cuonradus I ep. Tullensis 408.
Cunradus abb. Michelfeld. 839.
Chuonradus abb. Salfeldens. a. 569. b. 572.
Cuonradus abb. Scuturensis 574.
Chuonradus praep. Aquensis 262.
Cuonrat praepositus 558.
Conradus custos eccl. Trevir. 535.
Chuonradus I rex 547.
Conradus II imp. 34. 35. 501. 545. 550. 557. 561.
Conradus III rex 324. 415. 416. 419. 442. 523. 528—531. 551. 554. 568. 641. 733—735.
Chuonradus dux de Dachowa 576.
Chuonradus marchio 568.
Cuonradus Sporo 406.
Constantienses epp. Gebhardus II, Lambertus, Heimo, Karolus, Otto I, Gebehardus III, Uodalricus I, Uodalricus II.
Constantinus ep. Aretinus 141. 142.
cóntina 777—779.
Corbini Montis ep. Deodatus.
Cosmas archiep. Colocensis 465.
Cozgougia v. Gozgaugia.
Cremona 416. ep. Arnoldus.
Crescentius ep. Sabinensis 351.
Crescentius diac. eccl. Rom. 44.
Cumanus ep. Albericus.
Cuonigunda abbatissa Gossensis 31.
Cunigunda, Kunegunda, Chunigunt ux. Heinrici II 33. 35. 37. 481. 550. 561. 562. 569. 589.

INDEX RERUM 851

Cunigunt comitissa 567.
Chuoniza, Chuneza comitissa de Gleche 557. 570.
Cuno cf. Conradus.
Chuono, Cono ep. Praenestinus 295. 308. 314. 322. 324. 326. 512.
Cuno archiep. Trevir. 61.
Cuno ep. Argentin. 255. 256.
Cuono ep. Brixiensis 135.
Chuono I ep. Ratisbon. 572.
Chuno dux 715.
Chuono com. pal. 52. 498.
Cono filius Cononis 471.
Curienses epp. Hildebaldus, Uodalricus I, Norberdus, Wido.
Cusentinus ep. Arnulfus.
D. cf. T.
D. marchio 47. com. 227.
Dagino archiep. Magdeburg. 28. 29. 481.
Daibertus archiep. Pisanus 177. 180.
Datia, Dacia, Dani 323. 652. 666. 667. 675. 745. 801. 821—823.
Declanus abb. S. Egidii Nurenberg. 574.
Deodatus ep. Montis Corbini 45.
Desiderius pr. card. tit. S. Caeciliae 44.
Desiderius card. S. Praxedis 349.
Didaldus ep. Vicentin. 136.
Dietpaldus card. Iohannis et Pauli 275.
Dietpaldus pr. card. tit. Pammachii 349.
Diepoldus archiep. Mediolan. 135.
Diepaldus marchio 713.
Dionisius ep. Placentin. 136.
Divizo pr. card. S. Martini tit. Equitii 275. 349.
Dodinensis locus 646. 647. cf. Clódona.
Dominicus III patr. Gradensis 44.
Dominicus ep. Babensis 44.
Domizlaus Caminensis 766.
Domizlaus Stetinensis 631. 632. 772.
Dornbach 567.
Drwize 560.
E. ep. 98. praep. 891.
Eberhardus I archiep. Salzburg. 558. 571. 573.

Eberhardus II archiep. Salzburg. 586.
Eberhardus, Eberchardus I ep. Bamb. 32—34. 37. 475. 479. 549. 550. 559. 562. 575. 589.
Eberhardus II ep. Bamb. 533. 551. 554. 559. 574.
Eberhardus I ep. Eichstet. 261.
Eberhardus ep. Merseburg. 840.
Eberhardus ep. Tridentinus 573.
Eberhardus abb. Pruvening. 566.
Eberhardus abb. Scuturensis 610.
Ebberhardus abbas 568.
Eberhardus praep. S. Iac., post S. Petri Bamb. 401. 402. 546. 551. 554. 559. 573. 597.
Eberhardus mon. S. Mich. Bamb. 688.
Eberhardus com. advocatus Wirziburg. 497.
Eberhardus poeta 466.
Ebersberc 724.
Eppo ep. Naumburg. 103.
Eppo abb. S. Petri 572.
Eppo abb. Madelhartestorf. 573.
Ebo mon. S. Mich. Bamb. 571. 580 sq.
S. Egidii coen. dioec. Nemausensis 605.
S. Egidii capella Bamb. 604. 614. 796.
Egilbertus archiep. Trevir. 127—133. 169. 170.
Egilbertus electus Aquileiensis, ep. Bamb. 437—439. 531. 551. 554. 558. 572. 578. 689.
Egilbertus ep. Frisingensis 29.
Eilbertus ep. Mindensis 103.
Egilbertus praep. S. Petri Bamb. 184— 186. 197-199. 226. 247. 554. 557. 597.
Egubinus comitatus 281. ep. Rodulfus.
Eichstetensis epp. Reginaldus, Megingaudus, Gebhardus I, Gûndecharus II, Odalricus I, Otto.
Einsa v. Isia.
Egbertus archiep. Trevir. 472.
Ecbertus ep. Bamb. 536. 558.
Ecbertus ep. Monasteriensis 437.
Eggibertus abb. S. Mich. Bamb. 552. 589. 590.
Ekebertus abb. Suarzahensis 578.

54*

Eckehard ep. Sleswigensis 30.
Ecardus abb. Augiensis 126.
Eggehardus abb. Steinah. 576.
Eggehardus abb. Urang., historicus 568. 610.
Ekkehardus marchio Misnensis 561.
Ekkehardus comes 35.
Ellinardus ep. Frising. 103.
Ellenhardus prior S. Mich. Bamb. 576. 679.
Ellenhardus can. S. Martini Traiect. 366—382.
Embrico ep. Augustens. 70. cf. Imbrico.
Emehardus ep. Wirziburg. 197. 568. 832.
Emicho abb. Madelhartestorf. 576.
Entistorf coen. 718.
Eralwinus ep. Camerac. 28.
Erasmus ep. Signiensis 45.
Erbo cf. Aribo.
Erbo camerarius Ottonis I ep. Bamb. 612.
Eribo, Aerbo abb. Pruvening. 573. 610.
Erpo decan. Halberstat. 525.
Erkanbaldus v. Herkanbaldus.
Erlolfus v. Arnoldus.
Erlungus ep. Wirziburg. 228. 293. 307. 382. 406.
Ermenfridus ep. Sedunensis 70.
Erminoldus abb. Pruvening. 567.
Ernostus II dux Sueviae 35.
Ernsto dux 557.
Esculanus ep. Gerardus.
Eskenvelt 724.
• Eugenius III papa 531. 549. 551.
Eurardus ep. Parmensis 136.
Everwacherus presb. 299.
Ezzo abb. S. Petri Wirziburg. 568.
Falernica vina 746.
Faventini epp. Robertus, Iacobus.
S. Felicis mons 442.
Feretranus ep. Andulphus.
Fermana marchia 281.
Fesulanus ep. Trasmuldus.
S. Fidis eccl. Bamb. 622. 623. 715.
Firmani epp. Udelricus, Hugo.

Flandria 257. 258.
Flavi, Valwen 446. 447.
Flavia 745—747.
Franco Aquensis 264—267.
Frankonofurt 27. 28.
Fresia 457.
Fridericus I archiep. Brem. 507.
Fridericus I archiep. Colon. 183. 184. 198. 226. 235. 294. 296. 300. 307. 314. 316. 396. 407. 420. 422. 512—515. archicanc. eccl. Rom. 279.
Fridericus I archiep. Magdeburg. 567.
Fridericus I archiep. Salzburg. 472.
Fridericus I ep. Halberstat. 164. 166. 510.
Fridericus ep. Leodiensis 361.
Fridericus I ep. Monasteriensis 103.
Fridericus abb. Castellensis 578.
Fridericus abb. Gengenbac. 579. 610.
Fridericus I imp. 551. 558. 839. 841.
Fridericus II dux Austriae et Stiriae 466. 536.
Fridericus dux Sueviae 308. 310. 312. 324. 396. 523.
Fridericus pal. com. 227. 228.
Fridricus fr. Ottonis I ep. Bamb. 825.
Fridericus a. 272. b. 641.
Fridislaria 324. 326.
Frisingenses epp. Abraham, Egilbertus, Ellinardus, Heinricus I.
fritsalus 732.
Fruomoldus abb. S. Mariae 572.
Fruotolfus mon. S. Mich. Bamb. 537. 567.
Fuldenses 99. 393. 396. 471.
Fulgineensis ep. Azo.
Fundensis ep. Marinus.
G. abbas vel praepositus 166.
G. camerarius regis Heinrici (IV?) 139.
Gaietanus ep. Leo.
Games urbs 682.
Gamin v. Camina.
Gaufridus archiep. Paris. 159.
Gaufridus ep. Carnotensis 156. 157.
Gebehardus archiep. Salzburg. 70. 79. 141. 503.

INDEX RERUM 853

Gebhardus I ep. Constantiensis 472.
Gebehardus III ep. Constantiensis 144. 161. 240. 253. 503.
Gebhardus II ep. Eichstet. 408.
Gebehardus I ep. Ratisbon. 29. 561.
Gebehardus ep. Tridentinus 307.
Gebehardus ep. Wirziburg. 17. 398. 399. 402—414. 520.
Gebehart praep. 502.
Gebehardus Waldekkendensis 625.
Gebizo fr. Oddonis 471.
Geboldus abb. Castellensis 569.
Gelasius II papa 322. 348. 515. 548. 550.
Geldulfus 472.
Genevensis ep. Hugo.
b. Georgii eccl. Bamb. 832. 833.
Geppa abbatissa Tulbensis 569.
Geraldus praep. xenodochii Hierosol. 389.
Gerdrudis ux. Conradi III 557. 570.
Gerdrudis ux. Andreae II reg. Ung. 559.
Gerdrudis palatissa 558.
Gerhardus, Gerardus presb. card. eccl. Rom. 399. 402. 409. 419. 420. 428. 432.
Gerhardus pr. card. S. Crucis 442.
Gerardus patr. Aquil. 438.
Gerhardus electus Halberstat. 524-527.
Gerhardus ep. Lausanensis 355.
Gerhardus ep. Merseburg. 291. 292.
Gerardus ep. Reatinus 45.
Gerardus ep. Rosellanus 45.
Gerhardus ep. Tullensis 472.
Gerhardus comes 578.
Gerovitus 655. 662. 798.
Gerungus abb. Paulinae 579.
Geulenriut 724.
gilda 298.
Gisela ux. Conradi II 35.
Giesela ducissa Bavariae 559.
Giselbertus ep. Tuscanensis 45.
Gisilbertus abb. Wilziburg. 572.
Giselbertus praep. S. Petri Bamb. 554. 558.

Gisilbertus praep. Lancheim. 572.
Giso III rex Ung. 735—737.
Gnezna 626. 627. 685. 752. archiep. Iacobus.
Gosfridus ep. Attelanensis 44.
Goslaria 99.
Gossia 32.
Goteboldus ep. Traiectensis (368. 369. 371. 372. 376. 378?). 407. 408.
Godeboldus comes 627.
Gothboldus comes 715.
Goteboldus praefectus Wirziburg. 410.
Gotefridus archiep. Trevir. 408.
Godefridus ep. Perusin. 44.
Gotefridus abb. Admunt. 573. 735. 736.
Gotefridus abb. Gengenbac. 574.
Gotefridus abb. Pruvening. 569.
Gotefrit praep. 558.
Gotefridus dux, sancti sepulcri advocatus 177. 180.
Godefridus V dux Lothar. inf. 257.
Godefridus com. pal. Rheni 310. 312. 324. 355. 356. 396.
Gottefredus marchio 472.
Gotefridus comes 272.
Gozbertus abb. Erolsfeld. 471.
Gozpertus abb. Michelfeld. 579.
Gozgaugia, Chozegowa, Cozgóugia 663. 664. 786. 798—802.
Gozmarus abb. Wizinah. 578.
Gozwinus abb. Suarzah. 573.
Gozwin comes 498. 502.
Gradensis patr. Dominicus III.
Gradicia 784.
Gratianus, fil. Petri Leonis 271.
Gredingin 171. 172.
Gregorius II papa 165.
Gregorius VII papa 44. 63. 84. 88. 91. 97. 101—111. 122—130. 133—135. 143. 153. 158. 159. 214. 216. 217. 220. 224. 245. 254. 273. 290. 329. 330. 339—345. 499—501. 503. 504. 547. 548.
Gregorius VIII papa 339.
Gregorius IX papa 535.

Gregorius card. diac. S. Angeli v. Innocentius II.
Gregorius card. SS. apostolorum 275.
Gregorius card. S. Chrysogoni 275.
Gregorius pr. card. tit. S. Lucinae 349.
Gregorius diac. card. 385.
Gregorius de Romano 290.
Grosseulanus archiep. Mediolan. 288.
Growze 654.
Gu. v. W.
Gumpertus abb. Suarzah. 578.
Gumpo dec. S. Iacobi Bamb. 606.
Gumpoldus abb. S. Mich. Bamb. 553. 574. 590. 606. 609.
Gundecharus II ep. Eichstet. 70.
Gunibertus ep. Taurinensis 45.
Guntharius ep. Bamb. 39. 46. 51—53. 57. 497. 502. 546. 559. 574.
Guntramus comes 471.
M. comes 234.
Habala fl. 790.
Habelbergense episcopium 655. 656.
Haga 51.
Halberstat 520. 521. 524. 713. 831. epp. Arnolfus, Burchardus II, Herrandus (Stephanus), Fridericus I, Reinhardus, Otto, Martinus, Gerhardus.
Halesprunne coen. 714.
Halla 732. 789. 790.
Hamerstein 395.
haranscara 39.
Hartmannus ep. Brixin. 579.
Hartmannus abb. Steinah. 579.
Hartnidus abb. Ensdorf. 575.
Hartungus mon. S. Mich. Bamb. 575.
Hartwicus archiep. Magdeburg. 154. 155. 163.
Hartwicus archiep. Salzburg. 29. 480.
Hartwicus ep. Bamb. 559. 562. 578.
Hartwicus I ep. Ratisbon. 185. 307. 313. 316. 317. 321. 625.
Harduwicus ep. Tudertinus 45.
Hartwicus ep. Verdensis 163.
Hartwicus abb. Kamberg. 572.
Hartwigus comes 52.

Hatto ep. Tridentinus 559.
Hato ep. Vivariensis 359.
Hedewic comitissa, mater S. Kunegundis 560.
Heidenvelt 66.
Heimo ep. Constantiensis 561.
Heimo ep. Virdunensis 28. 29.
Heimo can. S. Iac. Bamb. 536 sq. 551. 619. 620.
Henricus patr. Aquil. 136. 140.
Heinricus I archiep. Magdeburg. 509.
Henricus ep. S. Agathae 442.
Heinricus I ep. Augustensis 472.
Heinricus I ep. Bamb. 559.
Heinricus I ep. Frising. 392. 507.
Heinricus I ep. Lausanensis 30.
Heinricus I ep. Leodiensis 103. 160.
Heinricus II ep. Olomucensis 417.
Heinricus I ep. Ratisbon. 571.
Heinricus I ep. Spirensis 70.
Heinricus ep. Spoletanus 44.
Heinricus I Tridentinus 109. 559.
Heinricus II ep. Virdunensis 535.
Heinricus I ep. Wirziburg. 27. 28. 30. 472—479.
Heinricus II ep. Wirziburg. 557.
Heinricus ep. Yporegiensis 45.
Heinricus abb. August. 575.
Heinricus abb. S. Mich. Bamb. 562. 577. 589.
Heinricus abb. Laurisheim. 576.
Heinricus abb. S. Iacobi Mog. 577.
Heinricus abb. Wilziburg., deinde archiep. Poloniae 591—593.
Heinricus abb. Wizennab. 575.
Heinricus praep. S. Petri Bamb. 558.
Heinricus praep. Wirziburgensis 382.
Heinricus scriptor, mon. S. Mich. Bamb. 568.
Heinricus I rex 547.
Heinricus II imp. 25. 27. 31—34. 40. 53. 57. 58. 473—479. 481—497. 532. 545. 546. 549—551. 555. 562. 574. 588. 589. 600. 639. 723.
Heinricus III imp. 35. 37. 39. 138. 239. 498. 501. 545. 550. 559—562.

Heinricus IV imp. 38. 42. 59. 61. 65.
68. 73—80. 87. 92. 98. 100—102.
106—111. 125. 133. 136—144. 146.
154. 155. 160. 162. 166. 168. 170.
172. 176. 182. 189—194. 200—225.
230—234. 238. 241—246. 250. 309.
329. 330. 394. 498—502. 505—508.
545. 548. 550. 552. 553. 590—601.
708. 826—833.
Heinricus V imp. 182. 227—231. 233.
242—246. 250. 257—260. 268—277.
279—284. 287—291. 295. 302. 305
—315. 321. 323. 348. 353—365. 367.
383. 385. 387. 388. 394—397. 406.
407. 505—508. 512. 515. 517—519.
522. 545. 548. 550. 554. 558. 595.
602. 714.
Heinricus VI imp. 558. 841.
Heinricus rex (fil. Conr. III) 733—735.
Heinricus I rex Angl. 259.
Heinricus II dux Bavariae 559.
Heinricus IX dux Bavariae 176. 396.
Heinricus X dux Bavariae 530.
Heinricus dux Bavariae 713.
Heinricus Crassus com. de Saxonia 171.
183.
Heinricus pater Eberhardi I archiep.
Salzburg. 571.
Heinricus Holensis 366.
Heitingesveld 574.
Helmbricus, Helmricus abb. S. Mich.
Bamb. 553. 579.
Helmbericus abb. Ensdorf. 558. 570.
Helpe ux. Boethii 458.
Hemma abbatissa Kizingensis 567.
Hemphenvelt 724.
Herbordus presb. et mon. S. Mich.
Bamb. 576. 692 sq.
Heribertus archiep. Colon. 28. 29. 475.
479. 561.
Heribertus archiep. Ravennas 494.
Herbertus ep. Mutinensis 70. 141. 142.
Heribertus abb. Suarzah. 570.
Heribertus comes 471.
Erkanbaldus archiep. Mog. 480.
Herkenbaldus ep. Argentin. 471.

Herimannus archiep. Hamburg. 562.
Hermannus ep. Augustensis 307. 388.
444—447. 507. 832.
Herimannus I ep. Bamb. 70. 88. 91.
93. 546.
Hermannus II ep. Bamb. 551. 558. 572.
Herimannus ep. Castellanus (Tiphernensis) 44.
Herimannus ep. Mettensis 95. 103. 126.
141.
Hermannus ep. Prag. 324.
Hermannus abb. S. Mich. Bamb. 553.
578. 678. 731.
Herimannus abb. Fuldensis 570.
Herimannus abb. Urah. 569.
Herimannus praep. S. Petri Bamb. 498.
Herimannus Contractus 38.
Herimannus palatinus de Hohstet 576.
Herimannus II marchio Badensis 576.
Hermannus marchio 66.
Herimannus de Winceburc 295.
Hermannus comes 272.
Hermannus 472.
Heroldus ep. Wirziburg. 575.
Heroldus comes 627.
Herrandus, Stephanus ep. Halberstat.
163. 164.
Hesso mag. Argentinensis 353.
Hezil ep. Hildesheim. 103.
Hezelo decanus Aquensis 263—267.
Hezil dux 559.
Hezel comes a. 471. b. 557.
hiemalis domus 137.
Hildebaldus ep. Curiensis 472.
Ildebaldus ep. Wormat. 471.
Hildebrandus archiep. Capuanus 44.
Hiltigrimus abbas 572.
Hildesheimenses epp. Berenwardus,
Hezil, Bernhardus I.
Hildiwardus ep. Cicensis 29.
Hildolfus ep. Mantuanus 28.
Hildricus abb. Prumiensis 472.
Hirsaugia 606—609. 620. 688.
Hispania (Asiae) 178.
Hizala dutrix 559.
Hologost, Hologosta 660. 786. 794-798.

Honorius II papa 355. 357. 359. 388 — 387. 399. 400. 405. 410—415. 418—423. 425—428. 430. 518—520. 549. 550. 654. 751.
Hosterhoven v. Osterhoven.
Hozemannus ep. Spirensis 103. 127.
Hubertus ep. Ianuensis 45.
Hubertus ep. Lucensis 425.
Hugo pr. card. tit. apostolorum 349.
Hugo Candidus presb. card. tit. S. Clementis 135.
Hugo I archiep. Chrysopolitanus (Bisuntinus) 44.
Hugo III archiep. Bisuntinus 159.
Hugo archiep. Lugdun. 144. 159.
Hugo ep. Brixinensis 307.
Hugo ep. Calliensis 45.
Hugo ep. Camerinensis 44.
Hugo ep. Firmanus 136.
Hugo ep. Genevensis 30.
Hugo abbas Cluniacensis 252. 506.
Hugo abbas Magdeburg. 579.
Hugo comes Trecensis 360. 361.
Humanus ep. Wilelmus.
Huni v. Ungari.
Hyltanus, Hiltanus sacerdos 630. 768.
S. Iacobi eccl. Bamberg. 546.
S. Iacobus Compostellanus 92.
Iacobus archiep. Gnesnensis 627.
Iacobus ep. Faventinus 436.
Ianuenses epp. Hubertus, Conrodus.
Ibisia fl. 51.
Iburgenses 329.
Ieromirus ep. Pragensis 85.
Ildebaldus v. Hildebaldus.
Imadus ep. Paderbornensis 103.
Imbrico, Ymbrico ep. Wirziburg. 578. 691. 692. 741. cf. Embrico.
Imbrico abb. Michelfeld. 568. 610.
Inferius monast. Ratisb. 592.
Ingelbertus marchio Foroiuliensis 185.
Ingelheim 245.
Ingo ep. Balneoregensis 45.
Innocentius II papa 355. 419. 420. 423—432. 440. 442—444. 518—520. 522—527. 549. 550. 719.

Iohannes XVIII papa 28.
Iohannes ep. Ostiensis 418. 419. 423.
Iohannes ep. Portuensis a. 44. b. 503.
Iohannes ep. Sabinensis 44.
Iohannes ep. Tusculan. 503.
Iohannes pr. card. tit. S. Caeciliae 349.
Iohannes card. S. Chrysogoni 359.
Iohannes presb. card. tit. S. Marci 44.
Iohannes diac. S. Mariae in scola Greca 275. 279.
Iohannes card. S. Potentianae 275.
Iohannes IV patr. Aquil. 30.
Iohannes ep. Castellan. Civitat. 194. 196.
Iohannes ep. Clusinus 44.
Iohannes I ep. Moraviensis 86.
Iohannes II ep. Moraviensis 324.
Iohannes ep. Pennensis 44.
Iohannes ep. Senensis 44.
Iohannes ep. Suanensis 44.
Iohannes ep. Terracinensis 44.
Iohannes ep. Tiburtinus 44.
Iohannes ep. Trebiensis 45.
Iohannes presb. Uznoim. 663. 798.
Iohannes Brachiutus 134.
Ionathas card. diac. SS. Cosmae et Damiani 425. 426.
Iordanus archiep. Mediolan. 288.
Irmbertus abb. S. Mich. Bamb. 579.
Irmingart palatina 577.
Isia, Einsa fl. 51. 52.
Ismahel, Melo dux Apuliae 37. 38. 559.
Iudaei 175. Iudaismus 175.
Indita soror Heinr. IV imp. 590. 591. 593. 826. 827.
Iudita filia Wratislai ducis Bohemiae, ux. Wladislai Hermanni ducis Poloniae 625.
Iulin 617. 618. 629—631. 633. 639. 646. 649. 681. 767—770. 784. 785. 787. 818. 819. 822.
Iulius Caesar 618. 649—651. 819. 820.
Ivo ep. Carnotensis 156. 157.
Iwanus presb. 684. 685. 822. 823.
K. cf. C.
Kaezelinus de Hamfenfeld 498.
Kirchberg 655.

Kraft comes 498.
L. comes 228.
Laborans presb. card. S. Mariae trans Tiberim tit. Calixti 840.
Ladislaus I rex Ung. 172.
Ladislaus I dux Bohemiae 626. 647.
Lambertus ep. Ostiensis v. Honorius II.
Lambertus, Lanbertus ep. Constantiens. 28. 29.
Lancheim coen. 713.
Landulfus ep. Astensis 307. 313.
Lantfridus praep. Traiectensis 879.
Laodicia 180.
Lapis - Botonis v. Botenstein.
Laudunensis ep. Adelbero.
Lausanenses epp. Heinricus I, Burchardus III, Gerhardus.
Lavicanens. ep. Petrus.
Leo IX papa 547.
Leo pr. card. tit. S. Damasi 44.
Leo diac. S. Vitalis 275.
Leo ep. Gaietanus 44.
Leo Frangipane, Frangentis - panem 427. 442.
Leo fr. Anacleti II antipapae 427.
Leodium 201—225. 246. 258. 367. 373. 508. epp. Notkerus, Heinricus I, Otbertus, Fridericus.
Leuchtenberg, Luckenberge 625. 751.
Liebelin abb. Stenah. 579.
Liemarus archiep. Bremensis 136. 139. 159. 329. 595. 598.
Lingonensis ep. Robertus I.
Linpurch coen. 545.
Litifredus ep. Novariensis 416.
Liubana comitatus 32.
Liudolfus archiep. Trevirens. 28. 29.
Liutfridus, fr. Ottonis ep. Bamb. 568.
Lutegerus ep. 559.
Liutgerus abb. Regenstorf. 610.
Liuticia, Leuticia, Luticenses 635. 657—659. 745. 790. 791.
Liupoldestein 724.
Lupoldus archiep. Moguntinus 560.
Liupoldus ep. Bamb. 559.
Luitpoldus abb. Ahusensis 577.

Lupoldus praep. S. Iacobi Bamb. 559.
Liupoldus praep. S. Stephani Bamb. 558. 571.
Lyppoldus mon. S. Mich. Bamb. 686. 687.
Liupoldus III marchio Austriae 714.
Liutboldus marchio a. 562. b. 577.
Lotharius III rex 402. 409—411. 415. 416. 419. 420. 422. 424. 427—429. 432. 433. 436. 444—448. 451. 452. 521—525. 545. 550. 551. 560. 579. 654. 656. 657. 659. 669. 670. 678. 685. 713.
Lubinum castellum 784.
Lucenses epp. Anselmus I, Anselm. II.
Lucius III papa 534. 838. 839.
Ludowicus ep. Nucerinus 44.
Luodewicus abb. S. Mariae 572.
Ludowikus capellanus Heinrici II 28.
Ludewicus II imp. 389.
Ludovicus IV rex 28.
Ludovicus VI rex Franc. 286. 354.
Lugdunenses archiepp. Burchardus II, Hugo.
Lûgebûhel 605.
Luitoldus abb. Admunt. 575.
Lundensis archiep. Ascerus.
M. praep. Wirziburg. 382. com. 162.
Madelhartestorf coen. 713.
Magdeburg 126. 655. 678. archiepp. Adelbertus, Dagino, Hartwicus, Heinricus 1, Adelgotus, Rokkerus, Norpertus, Fridericus I, Wicmannus.
magistri: Dudo Bamb. 542 cet. Ekebertus Coloniensis 318. 319. F. 226. Hesso Argentinensis 353. Hezelinus Leodiensis 377. Lambertus Traiectensis 367. 371. 373. Meinnardus Bamb. 498. Petrus Coloniensis, deinde Bamb. 186. 197. 199. R. 199. T. Osnabrugensis 329.
Magnus dux Saxoniae 507.
maiata tellus 468.
Manasses ep. Camerac. 207.
Manasses faber ferrarius 298.
Manegaldus de Lutenbach 286.

Mancius archidiac. Rom. 44. 134.
Mantuanus ep. Hildolfus.
Marcholfus archiep. Mogunt. 572.
Mari 179.
S. Mariae eccl. Aquensis 262—267.
  Bamb. 603. 836. Colbergensis 647.
  Ratisbonensis 24. Spirensis 598.
  coen. Traiectense 451.
SS. Mariae et Gengolfi eccl. Bamberg.
  546. 569.
SS. Mariae et Lamberti eccl. Leodiensis 262—267.
Marinus ep. Fundensis 45.
Marquardus abb. S. Crucis 465.
Marcuuardus abb. Fuld. 574.
Marra 178.
S. Martini pictura 574.
Martinus electus Halberstat. 524—527.
masseboum 468.
Mathaeus ep. Albanensis 419. 423.
Mahthildis abbatissa S. Mariae Colon.
  575.
Mathilda ux. Heinrici V 308.
Mathilda ux. Heinrici I regis Angl. 259.
Mathilda marchisa 224.
Mathilda comitissa 110.
medicus Arnoldus presb. et mon. 575.
Mediolanum 288. 416. 513. synodus
  514. archiepp. Wido, Diepoldus,
  Grossulanus, Iordanus.
Megingaudus archiep. Trevirensis 480.
Megingaudus ep. Eichstet. 28.
Megingotus ep. Merseburg. 410.
Megingoz abbas 577.
Megingotus can. Traiectensis 366. 369.
  379. 382.
Megingaus 471.
Meginhardus ep. Prag. 416. 573. 626.
Meinardus ep. Urbinensis 44.
Meginhardus I ep. Wirziburg. 561.
Megenhart, Meinhardus II ep. Wirziburg. 503. 558.
Megenhardus com. Carinthiae 52.
Meinungun vicus 27.
Meginwardus ep. Frising. 136.
Melo v. Ismahel.

memoria (ecclesia) 682.
Merseburg 172. 292. 656. 659. epp.
  Gerhardus, Megingotus, Eberhardus.
Metis 142. 143. 355. 517. epp. Theodoricus II, Hermannus, Poppo, Adalbero IV.
Michahel ep. Poloniae 559.
S. Michaelis coen. Bamb. 546 sq.
Michelfeld coen. 624. 625. 647. 713.
Milecia 752.
Milo ep. Patavinus 136.
Mindenses 367. 372. epp. Teodricus II,
  Eilbertus, Siwardus.
Misico II dux Poloniae 571.
Mizlaus Gozgougiensis 665—668. 800
  —802.
Moguntia 27. 70. 77. 81. 88. 127. 135.
  142. 163. 165. 188. 226. 234. 243.
  244. 251. 278. 310. 316. 317. 322.
  384. 385. 387. 397. 408. 456. 505.
  511. 516. 521. 570. 597. 832. archiepp. Willigisus, Erkanbaldus, Aribo,
  Lupoldus, Sigefridus I, Adelbertus I,
  Marcholfus, Conradus I.
Monasterienses, Mimigardvordenses
  367. 371. epp. Suidgerus, Fridericus I, Burchardus, Theodericus II,
  Ecbertus.
Monasterium coen. 713.
Mons acutus 281.
Mons altus 281.
Moravia 745. 746. epp. Olomucenses
  Iohannes I, Iohannes II, Heinricus II.
de Morebach abbas 471.
Moriz populus 657.
Moseburgenses 391.
Mosella fl. 235.
Mosomum 356.
Muchelen, Müchelen 608. 655. 664.
Mutinenses epp. Albertus, Herbertus.
Nacla 749. 776.
Narnienses 281. ep. Pandolfus.
Naumburgenses, Neapolitani, Cicenses
  epp. Hildiwardus, Eppo, Waleramus.
Neapolitanus archiep. 25.
Nedamirus Iulinensis 631. 770.

INDEX RERUM

Nemecia 752.
Nicea 177.
Nicerium (Nuceria) 442. ep. Ludowicus.
Nicolaus I papa 840.
Nicolaus II papa 41. 46. 48. 49. 105. 114—122. 134. 230. 547.
Nicholaus abb. Sigib. 568.
Nienstein 641.
Nithardeshusen cella 715.
Norpertus, Noripertus, Nortpertus archiep. Magdeburg. 410. 423. 425. 447. 449. 572. 655—657. Norpertini 713. 715.
Norberdus ep. Curiensis 136.
Normanni 323.
Notkerus ep. Leodiensis 28. 472.
Novaria 416. epp. Otto, Litifredus.
Nurinberc 170. 233. 234. 433. 436. 641.
O. archipresb. Salvatoris Rom. 351.
O. comes a. 139. b. 234.
Obizo ep. Bobiensis 45.
Oderisius abb. Casinensis 503.
Odora fl. 629. 677. 784.
Ogerius ep. Yporegiensis 160.
Olomucenses v. Moravia.
Ortlieb abb. Nerneaheim. 573.
Osnabrugenses epp. Thietmarus, Benno II, Wido, Thiethardus.
Hosterhoven 610.
Ostienses epp. 141. Petrus, Otto, Gerhardus, Iohannes.
S. Oswaldi capella Bamb. 603.
Ota ux. Arnulfi imp. 24.
Otbertus ep. Leodiensis 212. 263. 508.
Otto I ep. Bamb. 112 sq.
Otto II ep. Bamb. 584. 551. 552. 558. 836. 837. 839.
Otto I ep. Constantiensis 103.
Otto ep. Eichstet. 840. 841.
Otto ep. Halberstat. 405. 410. 420. 422. 448—450. 521. 522.
Otto ep. Novariensis 45.
Otto ep. Ostiensis v. Urbanus II.
Otto ep. Ratisbonensis 108.
Otto ep. Terdonensis 135.

Otto abb. Steinensis 610.
Otto praep. S. Kyliani 570.
Otto praep. Vescerensis 575.
Otto praep. Wirziburg. 383. 399. 407 —411.
Otto I imp. 547.
Otto II imp. 547.
Otto III imp. 547.
Otto de Northeim dux Bavariae 47.
Otto dux Bohemiae 841.
Otto dux Meraniae 558.
Otto I dux Sueviae et Bavariae 471.
Otto III dux Sueviae 559. 563.
Otto palatinus 575.
O(tto) com. (de Ballenstet) 227. 228.
Otto pater Ottonis I ep. Bamb. 590.
Oddo frater Gebizonis 471.
P. de Rammio Pauli 290.
P. (B.) Rufus pr. card. 425. 426.
Pabo abb. S. Emmerammi 321.
Pabo abbas 573.
Pabunperg (papae mons) 482.
Paderbornenses epp. Radherius, Imadus.
Paduani, Patavini 162. 282. epp. Milo, Petrus.
pagi: Tullefelt 715. Volcfelt 27. 66.
Palladium Romanum 430.
Palumbo ep. Suranensis 44.
Pandolfus ep. Narniensis 44.
Papia 416. synodus 24. 25. ep. Wilhelmus.
Parisius 286. 855. archiep. Gaufridus.
Parma 269. 416. ep. Eurardus.
parschalhi 24.
Paschalis, Paschasius II papa 196. 201—225. 230. 235—237. 239. 247— 257. 260. 261. 269—284. 288—292. 302. 303. 306. 307. 309. 313. 321. 323. 390. 430. 506—514. 548. 550. 600—602. 711. 833—835.
Patavienses 714. epp. Altmannus, Uodalricus I, Reginbertus. coen. 393.
Paulicius centurio 752. 753. 755—757. 768. 769. 771.
S. Pauli abbatia 134.

Paulus comes 627.
pax Dei 441.
Pena fl. 791.
Pennensis ep. Iohannes.
Penno v. Benno.
Pensauriensis ep. Petrus.
Perusium 281. 547. ep. Godefridus.
S. Petri eccl. Iulinensis 689. 640. Stetinensis 651. 673.
SS. Petri et Georgii eccl. Bamb. 238. 394. 479—481. 545. 546. 550. 554. 642. cf. b. Georgii eccl. Bamb.
Petrus ep. Albanensis 503.
Petrus (Damiani) ep. Ostiensis 44.
Petrus ep. Portuensis 275. 348. 427.
Petrus Pisanus pr. card. 425. 426.
Petrus ep. Appruciensis 45.
Petrus ep. Civitatis Castalensis 44.
Petrus ep. Lavicanensis 44.
Petrus ep. Patavinus 194.
Petrus ep. Pensauriensis 45.
Petrus ep. 44.
Petrus capellanus Bernhardi ep. 618.
Petrus Lateranus consul Rom. 442.
Petrus Leonis 271. 272.
Petrus Wlast 747. 748.
Philippus rex 558.
Philippus I rex Franc. 241.
pictores: Wezil mon. S. Blasii 568. Wezil mon. S. Mich. Bamb. 569.
Pilegrimus archiep. Colon. 589.
Pilgrimus abb. S. Burchardi Wirzib. 569.
Piriscum, Pirissa 628. 754—760. 762.
Pisani 180. archiep. Daibertus.
Placentia 388. 416. epp. Dionisius, Guido III.
Placitus ep. Verulensis 45.
Pleifelt 386.
Polizlaus v. Boleslaus.
Polonia 590. 593. 626. 627. 647. 668. 670. 685. 745. 748. 752. 753. 824—827. dux 656.
Pomerizania 745.
Pontius abb. Cluniacensis 306. 354—360.

Poppo patr. Aquileiensis 494. 562.
Poppo ep. Bamb. 560.
Poppo ep. Mettensis 169.
Poppo I ep. Wirziburg. 568.
Poppo II ep. Wirziburg. 471.
Poppo abb. S. Burch. Wirziburg. 568.
Poppo abbas 578.
Poppo praepositus 558.
Poppo comes a. 560. b. 579.
Populonia 160. ep. Tegrino.
Portuenses epp. Iohannes, Petrus.
Pozenaensis, Pozenanensis episcopatus 626. 752.
Praenestini epp. Chuono, Guilielmus.
Praga, Braga 626. 751. epp. Adelbertus, Ieromirus, Hermannus, Meginhardus.
Pruveningen coen. 713.
Pruscia, Prusci, Prūzenses 618. 745 —747.
punctare 753.
R. comes de Civitate 443.
Radberius ep. Paderborn. 28.
Rado, Rato abb. S. Mich. Bamb. 561. 567. 588.
Rapholdus abb. S. Stephani Wirzib. 570.
Rapoto com., mon. Halesbrunn. 572.
Ratenzgowi comitatus 27.
Ratispona 24. 185. 258. 530. 591. 592. 602. 713. epp. Wolfkangus, Gebehardus I, Otto, Hartwicus I, Chuono I, Heinricus I.
Ravenna 288. archiepp. Heribertus, Wigbertus, Gualterus.
Reatinus ep. Gerardus.
Reinaldus I archiep. Remensis 159.
Regenaldus ep. Bellunensis 135.
Reginaldus ep. Eichstet. 472.
Reginoldus abb. Selingestat. 568.
Reginoldus vir nobilis 546.
Reginbertus ep. Pataviensis 578.
Reginboto comes a. 498. b. 557. c. 571. 577.
Reinerius pr. card. tit. S. Clementis 503.
Reinerus, Rainerus card. SS. Marcellini et Petri 275. 349.

Regengerus ep. Vercellensis 136.
Reinhardus ep. Halberstat. 256. 304. 307. 314. 509—513. 516. 520.
Regenhardus, Reinhardus ep. Wirziburg. 534. 558.
Reginhardus abb. Sigeberg. 578.
Regenheresthorf, Regenstorf coen. 655. 713.
Raimundus praep. xenodochii Hierosol. 389. 390.
Regimunt comes S. Egidii 177. 180.
Rainulfus comes Allifanus 442.
Remi 159. 356—365. archiepp. Arnolfus, Reinaldus I. concilia 296. 440.
Renus fl. 235.
rescella 595.
Ricardus ep Albanensis 237. 245. 246. 251. 505.
Richardus abb. Fuld. 562.
Richardus abb. Munstur. 574.
Richardus abb. S. Mariae Nuestat. 569.
Richardus Spirensis 594.
Ricbertus ep. Verdensis 103.
Richerius archiep. Senonens. 157. 159.
Richerus ep. Virdunensis 169. 234.
Richinza ux. Lotharii III 422. 429. 432. 434. 452. 551. 558. 572.
Richolfus ep. Tergestinensis 30.
Richolfus laicus 569.
Richpach 578.
Rofredus ep. Atesrensis 45.
Rolandus ep. Sutriensis 44.
Rolandus ep. Tarvisianus 136.
Romania 248. 601.
Romania (Asiae) 177. 181.
Romanus card. S. Marcelli 323.
Rosellanus ep. Gerardus.
Rostal 641.
Rotha cella 715.
Rodulfus ep. Egubinus 45.
Ruodolfus abb. de Kembeduno 472.
Rodulfus praep. Traiect. 367. 371. 373.
Rudolfus oeconomus Ottonis I ep. Bamb. 731—733.
Rodulfus, regni aemulus, dux Sueviae 125. 130. 501. 552.

Rodulfus pater Azolini 471.
S. Rufinae ep. Theodewinus.
Rugia, Ruthenia, Rutheni, Rutheni 665. 684. 745. 821—823.
Rokkerus archiep. Magdeburg. 515. 521.
Rokkerus, Rogerus ep. Wirziburg. 386. 398. 399. 407. 519. 520.
Ruggerus abb. Fuld. 572.
Ruogerus I rex Siciliae 442—444.
Rogerus com. de Ariano 443.
Ruodbertus card. S. Eusebii 275.
Rupertus, Ruopertus, Ruotpertus, Rubertus ep. Bamb. 103. 112—114. 136. 139. 140. 142. 168. 170. 175. 176. 188—193. 199. 502. 553. 558. 572. 596. 606. 721. 829.
Robertus ep. Faventinus 174.
Robertus I ep. Lingonensis 159.
Rupertus ep. Wirziburg. 230.
Ruodpertus abb. S. Mich. Bamb. 552. 589.
Ruotpertus abb. Suarzah. 568.
Ruotbertus rex 25.
Ruobertus II dux Normanniae 168.
Robertus II princeps Capuae 442.
Ruobertus II com. Flandriae 180. 201 —225. 257. 507.
Ruobertus com. Nortmanniae 180.
Ruthardus, Ruodhardus archiep. Moguntinus 168. 174. 175. 230. 234. 237. 240. 243. 247. 249. 250. 261. 507. 511. 600—602.
Rothardus ep. Camerac. 472.
Ruotmannus abb. Augensis 472.
Ruscia, Ruthenia, Rutheni 745—748.
Rusticellus comes 281.
Ruzelinus, Ruzilinus, Roscelinus 187.
Rysus card. S. Laurentii 275.
Sabinenses epp. Iohannes, Centius, Crescentius, Chuonradus.
Sabionensis ep. Alboinus.
Salemannus abb. Lauresham. 471.
Salernum 143. 443. 548. archiep. Alphanus.
Salevelt 182.

862 INDEX RERUM

Salzburgenses archiepp. Fridericus I, Hartwicus, Gebehardus, Thiemo, Conradus I, Eberhardus I, Conradus II, Eberhardus II.
Satischa v. Seizkea.
Saxo pr. card. tit. S. Stephani (in Coelio monte) 385. 518—520.
Scaphusa 144. 365.
Schidingen, Scidingen 608. 655.·664.
Schmalchalten 642.
Sclavi 27. 31. 477. 745. 822.
Sedunensis ep. Ermenfridus.
Seizkea, Satischa coen. 626.
Selikenvelde 522.
Senensis ep. Iohannes.
Sengaliensis ep. Teudicius.
Senonensis archiep. Richerius.
Sicco fil. Ottonis I imp. 471.
Sicco comes 472.
Sigebertus Gemblacensis 201.
Sigibertus fr. Adelberti I archiep. Mog. 406.
Sigifridus I archiep. Mog. 47. 53. 54. 58—66. 68. 70. 77. 81. 84. 88. 94. 95. 97. 103.
Sigefridus abb. Scafhus. 144. 161.
Sifridus capellanus Ottonis I ep. Bamb. 615.
Sifridus, Sefridus mon. S. Mich. Bamb. 571. 623. 624. 705 sq.
Sigefridus pal. comes 517.
Sifrit comes, pater S. Kunegundis 559.
Sigehardus abb. Suarzah. 568.
sigillaris 57.
Sigelohe cancellarius Heinrici VI 558.
Sigewardus, Siwardus ep. Mindens. 372. 410.
Sigewinus archiep. Colon. 143.
Signienses epp. Erasmus, Bruno.
Silvae Candidae ep. Umbertus.
Silvester III antipapa 236.
b. Simeonis coen. Trevirense 459.
Sleswigensis ep. Eckehard.
Sobieslaus I dux Bohemiae 417. 789.
Sophia filia Belae II regis Ung. 733 —738.

Spira 261. 306. 308. 311. 545. 596. monasterium 829. epp. Balzzo, Waltherus, Heinricus I, Hozemanaus, Bruno, Arnoldus II, Uodalricus.
Spoletanus ducatus 281. ep. Heinricus.
Stephanus X papa 41.
Stephanus ep. Troianensis 45.
Stephanus rex Ung. 532.
S. Stephani eccl. Bamb. 545. 546.
Sterchere comes 498.
Stetin, Stetinenses 630—633. 649. 651. 652. 654. 672—680. 683. 684. 749. 770—780. 782—784. 787. 804. 807 —819. 821—823.
Stiria 466.
Strigoniensis archiep. Aschericus.
Struomburc 311.
stupa 758.
Sturmi abb. Fuld. 562.
Swåtopolcus princeps Kiewensis 747.
Suanensis ep. Iohannes.
Suarzah. coen. 590.
Suessanus ep. Benedictus.
Suevia 824. Swevorum lex 161.
Snidgerus ep. Bamb. v. Clemens II papa.
Suidgerus ep. Monasteriensis 29.
Swidegerus ep. Poloniensis 569.
Swiggerus mon. S. Mich. Bamb. 688.
Swipoto abb. Breung. 568.
Suranensis ep. Palumbo.
Sutrium, Sudra 548. 601. 835. ep. Rolandus.
Synpbroniensis ep. Benedictus.
T. praep. Osnabrug. 328.
Tanchelmus, Tanchelmistae 296—300.
Tarentasiensis archiep. Baldolfus.
Tarvisianus ep. Rolandus.
Taurinensis ep. Gunibertus.
Tegrino ep. Populoniensis 45.
Terdonensis ep. Otto.
Tergestinensis ep. Richolfus.
Terracina 503. ep. Iohannes.
Teruwanensis episcopatus 299.
Teudicius ep. Sengaliensis 45.
Theotonica ecclesia 399.

INDEX RERUM

Teuzo card. 323.
Teuzo ep. Urbivetan. 44.
Tharisiense coen. 648.
Thaurus mons 734.
Theatensis ep. Atto.
Theodericus pr. card. 303. 814.
Theodoricus II ep. Mettensis 28.
Teodricus II ep. Mindensis 29.
Theodericus II ep. Monasteriens. 410.
Theodericus ep. Virdunens. 129—133.
Dietericus abb. Ahusensis 568.
Dietericus abb. Suarzah. 574.
Theodericus, Dietricus clericus 662. 663. 797. 798.
Theodericus dux Lotharingiae 507.
Deodericus comes 472.
Theodewinus ep. S. Rufinae 529. 531. 532.
Tiedo, Diedo ep. Brandenburg. 103. 136.
Thiemo archiep. Salzburg. 173.
Thimo ep. Bamb. 559.
Tiemo abb. S. Mich. Bamb. 502. 553. 567.
Tiemo praep. S. Stephani Bamb. 559. 576. 590.
Tiemo, Timo prior S. Mich. Bamberg. 577. 705 sq.
Thiethardus, Diethardus ep. Osnabrug. 328. 410.
Thietmarus ep. Osnabrugensis 29.
Thietmarus II ep. Verdensis 811.
Dietmarus praep. Vescerensis 575.
Thomas pr. card. tit. S. Vestinae 533.
Thuringia, Thuringi 61. 63. 81. 87. 93. 234. 311. 513. 600.
Tiburtinus ep. Iohannes.
Timina, Thimina 657—659. 786. 790. 791. 807.
Tolosa 352.
Tradeboto abb. Suarzah. 575.
Traiectum 296. 368. 375. 457. epp. Ansfridus, Willehelmus I, Conradus, Goteboldus, Andreas.
Trasmuldus ep. Fesulanus 44.
Trebiensis ep. Iohannes.

Trecense concilium 257.
Treveris, Treviri 129. 131. 368. 459. archiepp. Egbertus, Liudolfus, Megingaudus, Cuno I, Uoto, Egilbertus, Bruno, Gotefridus, Albero.
Tridentini epp. Hatto, Heinricus I, Gebehardus, Eberhardus, Adelbertus III.
Trigelawus, Triglaus 637. 638. 651. 675. 778.
Troianensis ep. Stephanus.
Truna fl. 52.
Tuckelnhusen 715.
Tudertinus comitatus 281. ep. Harduwicus.
Tûrestat, Tierstat, Twerstat 546. 554. 648.
Tullefelt pagus 715.
Tullenses epp. Gerhardus, Berahtoldus, Bibo, Cuonradus I.
Tungri 258.
Tuscanensis ep. Giselbertus.
Tusculanensis ep. Iohannes.
Tuoto abb. Tharissensis 570.
Tuoto, Tuto, Dudo magister Bamb. 542. 557. 569.
Tuoto, Tuto 144. 161. 365.

U.., Ô...
Ô. praep. Moseburg. 391.   com. 192.
Ućrani, Ucrania 671. 672. 805. 806.
·Udelricus archiep. Benevent. 44.
·Uodalricus ep. Augustens. 114. 547.
·Udalricus I ep. Constantiens. 307. 365.
·Uodalricus II ep. Constantiens. 396.
·Uodalricus I ep. Curiensis 28. 29.
·Odalricus I ep. Eichstet. 103. 140. 171.
·Udelricus ep. Firmensis 44.
·Uodalricus I ep. Pataviens. 253. 316.
·Uodalricus ep. Spireusis 579.
Uodalricus abb. Fuld. 396.
Uodalricus abb. Paulinae 576.
Uodalricus abb. Schirensis 567.
Uodalricus praep. S. Petri Bamb. 554. 557. 567.
Uodalricus presb. S. Egidii Bamb. 569. 588. 592. 610. 616. 620. 622—624.

649. 660—662. 666. 667. 669—674. 677. 796. 797. 801. 805. 806.
Uodalricus mon. S. Mich. Bamb. 1 sq. 17. 566.
Uoto, Uto, Udo archiep. Trevir. 70. 79. 103.
Udo ep. Astensis 136.
Uto abb. S. Mich. Bamb. 552. 576. 590.
Uodelscalcus abb. S. Uodalrici August. 569.
Umbertus ep. Silvae Candidae 43.
Ungaria, Ungari, Huni 532. 547. 732—736. 745. 746.
Ura coen. 713.
Uraha fl. 27.
Urangia coen. 713.
Urbanus II papa 144. 150. 153. 154. 156—161. 163. 164. 169. 207. 214. 216. 273. 290. 503. 504. 548.
Urbanus III papa 839.
Urbenetus comitatus 281.
Urbinensis ep. Meinardus.
Urbivetanus ep. Teuzo.
Uzda 627. 752.
Uznoim, Uznoimia 654. 659. 661. 662. 665. 669. 670. 679. 786. 791. 795. 797. 800. 805.
vadiare 839.
Valwen v. Flavi.
veletrum 837.
Vercellae 174. ep. Regengerus.
Verdenses epp. Ricbertus, Hartwicus, Thietmarus II.
Verona 838. ep. Bruno.
Verulensis ep. Placitus.
Vézzera, Vézzere cella 715.
Vicenburc 713.
Vicentini 162. ep. 302. ep. Didaldus.
Vicgerus 471.
Victor III papa 548.
Victor IV antipapa 533.
S. Victoris eccl. Paris. 286.
Viennensis archiep. Wido.
Virdunum 355. epp. Wicfridus, Heimo, Theodericus, Richerus, Heinricus II.
Vitalis ep. Albanensis 351.

Vitalis card. S. Balbinae 275.
Vitus librarius 17.
Vivariensis ep. Hato.
Vivus pr. card. tit. S. Mariae trans Tiberim 44.
Vohendreze 625. 751.
Volaterrensis ep. Wido.
Volcfelt pagus 27. 66.
Volgmarus abb. Corbeiensis 575.
Volmarus abb. Hirsaug. 567.
Volgmarus abb. Merseburg. 570.
Volemarus abb. Tekkin. 567.
Volcmarus 272.
Volgnandus abb. Uraug. 570.
Vratizlaus v. Wortizlaus.
S. Walburgae eccl. Altenburg. (Bamb.) 622.
Walcherus ep. Camerac. 207.
Walchuon, Walchunus abb. Ensdorf. 573. 610.
Waldo pater Egilberti ep. Bamb. 578.
Walramus, Gualeramus ep. Naumbergensis 267. 557.
Gualterus archiep. Ravennas 423. 429. 431. 432. 436.
Waltherus ep. Spirensis 28. 29.
Waltherus abb. Salfeld. 573.
Waltherus abb. Suarzah. 567.
Warinus archiep. Colon. 471.
Welfo (IV) I dux Bavariae 112—114. 161. 173. 176. 503.
Welfo (V) II dux Bavariae 176. 356.
Wendelmuot conversa 557. 628—672.
Werinharius I ep. Argentin. 28. 29.
Werinherus II ep. Argentin. 70. 90. 103.
Wernherus ep. Bobiensis 136.
Wernherus abb. Cotewic. 578.
Wernherus abb. Erpesfurt. 571.
Werinharius abb. Fuld. 471.
Wernherus abb. S. Georgii 570.
Wernherus abb. in Nigra Silva 579.
Wernherus abb. Wibilingensis 572.
Werinherus sacerdos de Erenbach 622.
Wernerius 235.
Westphalia 171.

Wicpertus v. Clemens III antipapa.
Wibertini 236. 323.
Wipertus princeps 244.
Wigbertus comes 521.
Wicbodo can. S. Iacobi Bamb. 605.
Wicfridus ep. Virdunensis 472.
Wicmannus archiep. Magdeburg. 559.
Wideradus abb. Fuld. 99.
Wido archiep. Mediolanensis 44.
Wido archiep. Vienn. v. Calixtus II.
Wido ep. Curiensis 507.
Wido ep. Osnabrug. 329.
Guido III ep. Placentinus 307. 313.
Wido ep. Volaterrensis 44.
Wignandus abb. Thariss. 572. 610. 613. 614. 640—646.
Wigoldus ep. Augustensis 503.
Willigisus archiep. Mog. 26. 28. 471. 475.
Guilielmus ep. Praenestinus 407. 408. 419. 423. 425. 426.
Wilelmus ep. Apuliae 45.
Gwillelmus de Campellis, ep. Catalaun. 286. 353—361.
Wilelmus ep. Humanus 44.
Wilhelmus ep. Papiensis 135.
Willehelmus I ep. Traiect. 103.
Willehelmus abb. Hirsaug. 574.
Wilhelmus II rex Angl. 168.
Willelmus com. Burgundiae 507.
Willihelmus comes 356.
Willeherus abb. Banz. 576.
Willirammus abb. Ebersberg. 566.
Willo abb. S. Mich. Bamb. 552. 574. 590.
Wilzeburg coen. 591.
Windebergen coen. 713.
Winitharius abb. de Eloganga 472.
Wirikindus, Wirigindus 655. 656.
Wirziburc, Wirzeburc, Herbipolis 27. 66. 199. 233. 325. 398—412. 436. 437. 502. 535. 712. 715. 841. epp. Poppo I, Poppo II, Heinricus I, Meginhardus I, Brun, Adalbero, Meinhardus II, Emehardus, Rupertus, Erlungus, Rogerus, Gebehardus, Imbrico, Heinricus II, Heroldus, Reinhardus.
Witigo abb. Castell. 577.
Witscacus, Wirtschachus Stetinensis 652—654. 675. 676. 809. 812.
Wizenburch 35. 36.
Wizo fil. Petri Leonis 271.
Wladislaus fil. Bolezlai III ducis Poloniae 747.
Wolfherus abb. Suarzah. 576.
Wolfkangus ep. Ratisbon. 472.
Wolframmus I abb. S. Mich. Bamb. 553. 573. 577. 606—610. 614. 615. 620. 643. 726.
Wolframmus II abb. S. Mich. Bamb. 534. 836—841.
Wolframmus abb. Suarzah. 576.
Wolframmus abbas 574.
Wolvramus comes 559.
Wolframmus advocatus Bamb. 497.
Wolodarus princeps Haliczensis 748.
Wolvoldus abb. Admunt. 578.
Wormatia, Guarmatia 109. 176. 260. 287. 322. 407. 517. epp. Ildebaldus, Burchardus I, Adelbertus, Burchardus II.
Wortizlaus, Vratizlaus, Bratizlaus dux Pomeraniae 627. 628. 630. 631. 657 —659. 662. 669. 670. 675. 679. 683. 749. 753—755. 762—764. 767. 768. 771. 785. 790—794. 796—798. 804. 805. 817. 818.
Wortwinus abb. Castell. 576.
Wulvingus ep. Bamb. 557.
Wŏuezesdorf 51.
Ymbrico v. Imbrico.
Ymgrammus abb. de Arnolstein 610.
Ymmo abb. S. Galli 472.
Yporegienses epp. Heinricus, Ogerius.
Zitarigroda 627.